全 世 界 无 产 者 ， 联 合 起 来 ！

马克思诞辰 200 周年纪念版

马克思

资 本 论

Das Kapital

第三卷

中共中央 马克思 恩格斯 列 宁 斯大林 著作编译局编译

人民出版社

凡　例

1.正文和附录中的文献分别按写作或发表时间编排。在个别情况下，为了保持一部著作或一组文献的完整性和有机联系，编排顺序则作变通处理。

2.目录和正文中凡标有星花＊的标题，都是编者加的。

3.在引文中尖括号〈　〉内的文字和标点符号是马克思或恩格斯加的，引文中加圈点。处，是马克思或恩格斯加着重号的地方。

4.在目录和正文中方括号［　］内的文字是编者加的。

5.未说明是编者加的脚注为马克思或恩格斯的原注。

6.《人名索引》、《文学作品和神话中的人物索引》、《文献索引》、《报刊索引》、《地名索引》、《名目索引》条目按汉语拼音字母顺序排列。

7.引文的出处中标有［P.］、［B.］、［M.］、［L.］、［Zh.］者，分别为马克思的《巴黎笔记》（1843年10月—1845年1月）、《布鲁塞尔笔记》（1845—1847年）、《曼彻斯特笔记》（1845年）、《伦敦笔记》（1850—1853年）和《引文笔记》（1859年）的外文缩写符号，符号后面的罗马数字和阿拉伯数字，分别指笔记本的编号和页码。

目　录

第 三 册
资本主义生产的总过程（上）

第 一 篇
剩余价值转化为利润和
剩余价值率转化为利润率

第　二　篇
利润转化为平均利润

第　三　篇
利润率趋向下降的规律

第 四 篇
商品资本和货币资本转化为商品经营资本和
货币经营资本（商人资本）

第 五 篇
利润分为利息和企业主收入。生息资本

资本主义生产的总过程（下）

第 五 篇
利润分为利息和企业主收入。生息资本（续）

第 六 篇
超额利润转化为地租

第 七 篇
各种收入及其源泉

插　　图

第三卷说明

本卷为《资本论》第三卷《资本主义生产的总过程》。这一卷是马克思逝世后由恩格斯编辑的,于1894年11月在汉堡出版。

第三卷是《资本论》理论部分的终结卷,共七篇五十二章,主要揭示和阐明资本主义生产总过程的各种具体形式。在这里,资本由前两卷分析中呈现的一般形式,转化为产业资本、商业资本和借贷资本;价值转化为生产价格;剩余价值转化为利润、平均利润,并进一步转化为产业利润、商业利润、利息和地租。

在第一篇中马克思主要分析了剩余价值到利润、剩余价值率到利润率的转化。他指出,资本主义生产方式生产的商品价值在社会表面上表现为成本价格与利润之和;在成本价格中不变资本与可变资本的区别消失了,这就造成一种假象,似乎生产中发生的价值变化不是来自可变资本,而是来自预付的全部资本,这样,剩余价值率就转化为利润率,剩余价值就转化为利润,这就掩盖了剩余价值的起源和存在的秘密。

在第二篇中马克思主要考察了利润转化为平均利润、价值转化为生产价格。前两卷假定商品按价值出售,但在现实中,等量资本不论其有机构成和周转速度如何,都得到等量利润。这似乎与价值规律相矛盾,是使资产阶级古典政治经济学破产的难题之一。马克思破解了这一难题。他指出,通过竞争,资本在不同部门间发生转移,由此个别利润率转化为平均利润率,个别利润转化为平均利润,等量资本获得等量利润。在平均利润率的前提下,商品价值转化为生产价格,后者等于成本价格加上平均利润。生产价格形成后,商品的市场价格不再以价值为中心而是以生产价格为中心上下波动,从而使价值规律的作用在形式上发生变化。

在第三篇中马克思主要阐明了利润率趋向下降的规律及其内在矛盾。他指出,随着社会生产力的发展,社会总资本的有机构成不断提高,一般利润率逐渐下降;与此同时,由于资本对工人剥削程度的加强以及提高剩余价值率的一系列其他因素的存在,利润率下降又受到相反作用的阻碍,并作为复杂的一般趋势表现出来。利润率趋向下降规律的内在矛盾的展开表明,资本主义生产方式不是绝对的、永恒的,而只是同物质生产条件的一定发展时期相适应的、历史的、暂时的生产方式。

在第四篇中马克思主要探讨了商品资本和货币资本向商品经营资本和货币经营资本的转化,阐明了商业资本的由来及其特征。马克思在前面各篇以产业资本为研究对象,现在转入研究商业资本。他指出,商业资本是产业资本的买卖职能独立化的结果,商业资本有助于产业资本缩短流通时间、扩大市场、降低全社会流通费用,从而间接增大产业资本生产的剩余价值;商业资本不创造价值,但参与利润的平均化;商业利润是对产业利润的扣除。马克思还阐述了货币经营资本的形成和职能,并考察了商人资本的历史。

在第五篇中马克思主要研究了货币资本到生息资本的转化以及相关问题。他指出,作为生息资本的资本主义形式的借贷资本把资本作为商品投入流通,其特殊使用价值是能够带来利润。职能资本家借入资本取得这种使用价值后从事经营,经过一定期限向贷出者还本付息。由此,资本的所有权和使用权相分离,职能资本家取得的利润分为利息和企业主收入,分属于借贷资本家和职能资本家。生息资本的发展导致银行和信用体系这些具体形式的产生。信用体系又进一步导致股份资本的形成以及股票等有价证券的流通,除现实资本的运动外,又出现虚拟资本的运动。由于股份资本和股份公司的出现,资本取得了联合起来的社会资本的形式,资本的职能和资本的所有权分离开来,这是资本主义生产方式在自身范围内的扬弃,是向更高生产方式的过渡点。不过,这一切还是局限在资本主义生产关系的范围内。马克思逝世后,恩格斯目睹了资本主义经济在更加成熟形式上的垄断化过程,在编辑本卷时对此做了重要补充。他指出:卡特尔等垄断组织的出现,为将来由整个社会共同占有生产资料做好了准备。

在第六篇中马克思主要论述了资本主义条件下的地租。他指出:地租是土地所有者凭借土地所有权而索取的收入,是土地所有权在经济上的实现形式;资本主义地租是租佃资本家使用土地所有者的土地而交纳的、由雇佣工人创造的、超过平均利润以上的那部分剩余价值,体现着土地所有者和租佃资本家分割剩余价值、共同剥削雇佣工人的关系。他分析了资本主义地租的表现形式,指出资本主义地租分为级差地租和绝对地租,级差地租产生于土地经营的垄断,来自土地等级、地理位置和连续投资的生产率的差异,其源泉是产品的个别生产价格低于社会生产价格而获得的超额利润;绝对地租产生于资本主义土地私有权的垄断,来自农业资本有机构成低于社会平均构成,其源泉是农产品价值超过生产价格而形成的超额利润。他还论述了建筑地段地租、矿山地租和垄断地租,探讨了土地价格问题,并叙述了资本主义地租的历史形成过程。

在第七篇中马克思主要阐明了资本主义制度下各种收入及其来源。这一篇是《资本论》三卷的总结,是对资本主义生产关系的总揭露。资产阶级政治经济学把资本主义条件下的各种收入归结为三位一体的公式:资本—利润,土地—地租,劳动—工资。马克思揭开了这一公式所掩盖的秘密,指出上述各种收入原本都来源于劳动创造的价值和剩余价值,强调资本主义分配关系的性质是由资本主义生产关系及所有制关系的性质决定的。与上述三种收入形式相对应,存在着三个社会阶级即无产阶级、资产阶级和土地所有者阶级,无产阶级同资产阶级和土地所有者阶级之间的对立和斗争,将促使资本主义生产方式最终瓦解。

《资本论》第三卷的问世,正如恩格斯所指出的,就像雷鸣闪电,完全驳倒了全部官方的资产阶级经济学。这一卷,连同此前已出版的两卷,将马克思的政治经济学理论成果完整地呈现在世人面前,给全世界无产阶级提供了锐利的思想武器。

卡·马克思

资 本 论
政 治 经 济 学 批 判

第 三 卷
第三册：资本主义生产的总过程

恩 格 斯 编

序　言

　　我终于把马克思的主要著作的第三册,理论部分的终结,交给读者了。[1]当1885年第二册出版的时候,我曾以为,第三册的困难大概只是技术性的,当然,某些极为重要的章节是例外。实际上情况也是这样;但我当时没有想到,正是全书这些最重要的章节会给我造成这么多的困难,同样也没有想到,还有其他一些障碍会如此严重地拖延本书的付排。

　　首先而且主要妨碍我的,是长期视力衰退,因此,我多年来不得不把写作时间限制到最低限度,直到现在,我在灯光下写东西也只是很偶尔的事情。此外,还有一些别的无法推卸的工作,如马克思和我本人以前各种著作的重新出版和翻译,就是说要订正、作序、增补(而这些工作没有新的研究往往是不可能进行的)等等。首先要提到的是第一册英文版[2],我对这个版本的文字负最后责任,所以它占了我许多时间。谁要是稍为注意一下最近10年国际社会主义文献的巨大增长,特别是马克思和我以前的著作的译本的数量,他就会同意我下面的看法:我很庆幸自己只能在有限的几种文字上对译者有所帮助,因而对译者的文字负有进行校订的不容推卸的责任。但是文献的增加不过是国际工人运动本身相应发展的一个象征。而这种发展又赋予我新的责任。从我们开始公开活动的那些日子起,各国的社会主义者和工人在本国进行的运动之间的联络工作,大部分落到马克思和我身上;这项工作随着整个运动的壮大而相应地增加了。但在马克思去世以前,这方面的工作主要由马克思担负,在他去世以后,这项不断增加的工作就落到我一个人身上了。不过在此期间,各国工人政党互相间的直接交往已经成为常规,而且值得庆幸的是,情况越来越是这样;虽然如此,从我的理论工作考虑,人们要求我给予的帮助还是太多了。但是谁要是像我这样50多年来一直在这个运动中从事活动,对他来说由此产生的各项工作就是一种义不容辞的、必须立即履行的义务。在我们这个动荡不定的时代,也像16世纪一样,在公共利益的领域内,只是在反动派方面还有单纯的理论家,正因为如此,这些先生们根本就不是真正的理论家,而只是反动派的辩护士。

我住在伦敦,进行这种党的交往,在冬季主要是靠通信,在夏季大部分是靠面谈。由于这个缘故,并且由于我必须注视着运动在日益增多的国家中的发展以及增加得更快的机关报刊的情况,因此,凡是不容中断的工作都只好到冬天,特别是一年的最初三个月去完成。一个人过了70岁,大脑中的迈内尔特联想纤维工作起来迟钝得令人讨厌,要克服困难的理论工作上的中断造成的影响,再也不像以前那样容易那样迅速了。因此,一个冬天的工作要是没有完成,到下一个冬天很大部分只好重新做起。这种情况发生了,特别在困难最多的第五篇。

读者从下面的叙述将会知道,本册的编辑工作根本不同于第二册。第三册只有一个初稿,而且极不完全。每一篇的开端通常都相当细心地撰写过,甚至文字多半也经过推敲。但是越往下,文稿就越是带有草稿性质,越不完全,越是离开本题谈论那些在研究过程中冒出来的、其最终位置尚待以后安排的枝节问题,句子也由于表达的思

Das Kapital.

Kritik der politischen Oekonomie.

Von

Karl Marx.

Dritter Band, erster Theil.

Buch III:
Der Gesammtprocess der kapitalistischen Produktion.
Kapitel I bis XXVIII.

Herausgegeben von Friedrich Engels.

Das Recht der Uebersetzung ist vorbehalten.

Hamburg
Verlag von Otto Meissner.
1894.

《资本论》第三卷1894年德文版的扉页

想是按照形成时的原样写下来的而越冗长,越复杂。在许多地方,笔迹和叙述非常清楚地显露出,作者由于工作过度而得的病发作了,并且逐渐加重;这种情况起先使他独自进行工作越来越困难,最后竟时常使他的工作完全无法进行。这并不奇怪。在1863年和1867年之间,马克思不仅已经为《资本论》后两册写成了初稿,把第一册整理好准备付印,而且还为国际工人协会³的创立和扩大做了大量的工作。但是,由于这个原因,他的病体的严重症状在1864年和1865年就显露出来了,这使他不能亲手完成第二册和第三册的工作。

我的工作首先是按照原文把全部手稿口授一遍,弄出一个易读的抄本;这个手稿的原文,甚至我也往往费很大劲才能辨认。这件事就花费了相当多的时间。抄完以后,才能开始真正的编辑工作。我把这种编辑工作限制在最必要的范围内。凡是意义明白的地方,我总是尽可能保存初稿的面貌。个别重复的地方,我也没有删去,因为在那些地方,像马克思通常所做的那样,问题总是从另一个角度来论述,或至少是用另一种说法来表达。在我所作的改动或增补已经超出单纯编辑的范围的地方,或在我必须利用马克思提供的实际材料,哪怕尽可能按照马克思的精神而自行得出结论的地方,我都用方括号①括起来,并附上我的姓名的缩写。我加的脚注有时没有用括号;但是,凡是注的末尾附有我的姓名的缩写的地方,这个注就全部由我负责。

在这个手稿里面有许多提示,表示这些地方留待以后阐述,可是这些诺言并没有全都实现,这对一个初稿来说是不言而喻的。我让这些地方保持原样,因为它们可以表明作者打算将来进行加工的

①本卷用六角括号〔 〕。——编者注

意图。

现在谈一下详细情况。

对第一篇来说,主要的手稿只有大大压缩才能使用。这份手稿一开始全是关于剩余价值率和利润率的关系的数学计算(构成我们的第三章),而我们的第一章阐述的题目,却是到后来才顺便说到。这里有两个各有对开纸八页的修改稿的开头部分可供利用,但不是始终都写得很连贯。现在的第一章就是由这两个部分编成的。第二章采自主要的手稿。可用于第三章的有一系列未完成的数学计算,此外还有写于70年代的整整一个几乎写满了的笔记本,用方程式来说明剩余价值率和利润率的关系。把第一册的大部分译成英文的我的朋友赛米尔·穆尔,为我整理了这个笔记,他作为剑桥的一位老数学家,担任这项工作是更合适得多的。然后我就按照他的摘要,有时也利用主要的手稿,编成第三章。第四章只有一个标题。但是,因为这一章研究的问题即周转对利润率的影响极为重要,所以由我亲自执笔写成,因而全章的正文都放在括号内。同时我又发现,第三章的利润率公式实际上需要作一些修改才能普遍适用。从第五章起,对本篇其余部分来说,主要的手稿是唯一的来源,虽然在这里也还必须作很多的变动和补充。

以下三篇,除了文字上的修订,我几乎可以完全按照原来的手稿进行编辑。少数几处,大多是关于周转的影响的地方,曾经过加工,以便和我补写的第四章一致起来;这些地方也都放在括号内,并且标上我的姓名的缩写。

主要的困难在第五篇。那里讨论的也是整个这一册最复杂的问题。正当马克思写这一篇时,上面提到的重病又突然发作了。因此,这一篇不但没有现成的草稿,甚至没有一个可以按照其轮廓来加以充实的纲要,只不过是开了一个头,不少地方只是一堆未经整理的笔记、评述和摘录的资料。起初我曾试图像对第一篇在某种程度上已经做过的那样来编辑这一篇,即把空白补足,对只有提示的片断进行加工,使这一篇至少可以接近于作者原来打算写成的那个样子。我至少这样试了三次,但每一次都失败了,由此丧失的时间就是出版推迟的主要原因之一。最后,我看到这条路是走不通的。要是这样做,我就得涉猎这方面的全部浩瀚的文献,而最后搞成的东西,就不会是马克思的著作了。没有别的办法,我只好当机立断,尽可能限于整理现有的材料,只作一些必不可少的补充。这样,我就在1893年的春天完成了这一篇的主要工作。

在各章中,第二十一章至第二十四章大体上已经完成。第二十五章和第二十六章需要对引证的材料加以取舍,并且把从别处发现的材料补充进去。第二十七章和第二十九章几乎完全可以照原稿付印,第二十八章有些地方则必须重新组织。但真正的困难是从第三十章开始。从这章起,不仅要整理引证的材料,而且要整理思路,因为思路不时为插入的句子、离题的论述等等所打断,然后再在别处展开,而且往往是完全附带地展开的。因此,第三十章是经过挪动和删节编成的,而这些挪走和删去的东西在别处得到了利用。第三十一章写得又比较连贯了。但手稿中接着是题为《混乱》的一长篇东西,都是议会关于1848年和1857年危机的报告的摘录。在这些摘录中,汇集了23个实业家和经济学著作家的证词,特别是关于货币和资本、金的流出、过度投机等等的证词,并且有些地方加了简短而诙谐的评注。几乎所有当时流行的关于货币和资本的关系的见解,都在这里用问答的方式表达出来了。马克思打算批判地讽刺地论述这里暴露出来的关于货币市场上什么是货币,什么是资本这个问题上的"混乱"。我经过多次尝试以后,相信要整理好这一章是不可能的;不过,在衔接得上的地方,我还是利用了那些材料,特别是马克思加了评注的那些材料。

接着是整理得相当好的、由我收在第三十二章内的东西。但紧接着这部分的,又是一批议会报告的摘录,谈到各种各样和这一篇有关的问题,其中夹杂着作者或长或短的评语。在快要结束时,这种摘录和评语越来越集中在货币金属和汇兑率的变动问题上,最后又是关于各种各样问题的补充说明。相反地,《资本主义以前的状态》一章(第三十六章)却写得很完整。

我把所有这些从《混乱》起的材料,除了在前面使用过的以外,编成了第三十三章至第三十五章。当然,我不得不插入很多话使之衔接起来。在这些插入的话不只是具有形式的性质时,我都清楚地标明是我加的。我用这个方法终于成功地把作者**所有的**同这个问题多少有关的论述都收进本文了。删去的不过是摘录的一小部分,它们或者只是重复别处已经说过的事情,或者涉及在手稿中没有进一步阐述的论点。

论述地租的一篇写得完整得多,尽管也决没有完全整理好。这从下面的事实就可以看出:马克思在第四十三章(在手稿中是地租篇的最后一部分)发觉有必要把全篇提纲简略地概括一下。这对编辑工作来说是十分适宜的,因为手稿是从第三十七章开始,接着是第四十五章至第四十七章,然后才是第三十八章至第四十四章。造成最大量工作的,是级差地租II的各个表,以及由于发现第四十三章本来应该考察的这种地租的第三种情形还完全没有加以研究。

马克思为了写地租这一篇,在70年代曾进行了全新的专门研究。他对于俄国1861年"改革"[4]以后必然出现的关于土地所有权的统计资料及其他出版物，——这是他的俄国友人以十分完整的形式提供给他的，——曾经根据原文进行了多年的研究，并且作了摘录，打算在重新整理这一篇时使用。由于俄国的土地所有制和对农业生产者的剥削具有多种多样的形式，因此在地租这一篇中，俄国应该起在第一册研究工业雇佣劳动时英国所起的那种作用。遗憾的是，马克思没有能够实现这个计划。

最后，第七篇的手稿是完整的，不过也只是初稿，必须先把无限错综复杂的文句拆开，才能付印。最后一章只有一个开头。在这一章，同地租、利润、工资这三大收入形式相适应的发达资本主义社会的三大阶级，即土地所有者、资本家、雇佣工人，以及由他们的存在所必然产生的阶级斗争，应该当做资本主义时期的实际存在的结果加以论述。[5]这种结论性的总结，马克思通常总要留到快付印的时候再作最后的加工，因为那时最新的历史事件会按照永不失效的规律性为他的理论阐述提供最恰当的现实例证。

本卷的引文和例证，和第二册一样，比第一册少得多。引自第一册的话都注明了第二版和第三版的页码。手稿中凡是引证以前的经济学家的理论叙述的地方，大都只记下姓名，引文本身则要到最后整理时补入。我当然只好让它保持原样。引用的议会报告只有四个，但是每个都利用得相当多。这四个报告是：

1.（下院）《委员会报告》第八卷，《商业危机》第二卷第一部，1847—1848年，证词。——引用时题为：《商业危机》，1847—1848年。

2.上院秘密委员会关于1847年商业危机的报告。报告1848年刊印。证词1857年刊印（因为在1848年刊印被认为过于有损声誉）。——引用时题为：《商业危机》，1848—1857年。

3. 1857年的银行法报告。——1858年的银行法报告。它们是下院委员会关于1844年和1845年银行法的影响的报告,附证词。——引用时题为:《银行法》(有时也题为:《银行委员会》),1857年或1858年。[6]

第四册——剩余价值理论史[7],只要有可能,我就着手去编。

———

在《资本论》第二册的序言中,我不得不对一些先生们[8]表示忍让,当时他们大喊大叫,因为他们声称"在洛贝尔图斯那里发现了马克思的秘密源泉和一个卓越先驱者"。我让他们有机会表明,"洛贝尔图斯的经济学到底能够提供什么";我要他们证明,"相等的平均利润率怎样能够并且必须不仅不违反价值规律,而且反而要以价值规律为基础来形成"。那些当时从主观原因或客观原因出发,但照例决不是从科学根据出发,把这个善良的洛贝尔图斯吹捧为一个经济学上的特大明星的先生们,毫无例外地没有作出回答。相反地,另外一些人倒认为值得下点工夫来研究一下这个问题。

威·莱克西斯教授在批评本书第二册时(1885年《康拉德年鉴》第11卷第452—465页)提出了这个问题,虽然他不想给予直接解决。[9]他说:

> "如果我们对不同种类的商品**单个地**进行考察,如果它们的价值必须等于它们的交换价值,而它们的交换价值必须等于它们的价格,或必须和它们的价格成比例,那个矛盾〈即李嘉图—马克思的价值规律和相等的平均利润率之间的矛盾〉就不可能解决。"

照他看来,那个矛盾只有在以下的场合才可能解决,那就是:

> "放弃用劳动来计量各种商品价值的做法,而只考察商品生产的**整体**,只考察它在整个资本家阶级和整个工人阶级之间的分配…… 工人阶级从总产品中只

获得一定的部分…… 落到资本家手里的另一部分,照马克思说来,形成剩余产品,也就是……剩余价值。然后,资本家阶级的各个成员把这全部剩余价值在他们自己中间进行分配,但**不是**按照他们所使用的工人的人数,而是按照各人所投的资本的量进行分配;而且把土地也作为资本价值计算在内。"马克思所说的由体现在商品中的劳动单位决定的观念价值,和价格并不一致,但可以"看做是一个移动的起点,由此达到实际价格。实际价格则以等量资本要求等量利润为条件"。因此,有些资本家出售他们的商品时会得到高于这些商品的观念价值的价格,另一些资本家出售他们的商品时会得到低于这些商品的观念价值的价格。"但因为剩余价值的损益会在资本家阶级内部互相抵消,所以,剩余价值的总量同一切价格都和商品的观念价值成比例时一样。"

我们看到,问题在这里远没有得到解决,尽管已经含糊地、肤浅地,然而大体上正确地被**提出来了**。像作者这样沾沾自喜地以"庸俗经济学家"自居的人能达到这一点,实际上已经出乎我们的意料;如果同我们后面将要说到的那些庸俗经济学家的论述比较一下,这简直令人惊奇。诚然,这位作者的庸俗经济学有点特别。他说,按照马克思的方式当然**可以**得出资本的利润,但没有理由**强迫**我们接受这种观点。正好相反。庸俗经济学有一种至少是似乎更有理的说明方法:

"资本主义的出售者、原料生产者、工厂主、批发商、零售商,由于每个人都高于买价出售,因而都按一定的百分比提高商品本身的成本价格,都能从他们的营业中获得利润。只有工人不可能实行类似的追加价值的办法。工人在资本家面前所处的不利地位,使他只好按照等于劳动本身费用的那种价格出卖劳动,也就是为了必要的生活资料而出卖劳动…… 因此,这种价格追加对于那些作为买者的雇佣工人来说,具有十分重要的意义,并且使总产品的一部分价值转移到资本家阶级手中。"

不用多动脑筋,就可以看出:这种对于资本利润所作的"庸俗经济学的"说明,实际上会和马克思的剩余价值理论得出相同的结果;

序　言

莱克西斯所说的工人所处的"不利地位",完全和马克思所说的一样；工人都是受欺诈的,因为每个非工人都可以高于价格出售,而工人则不能；就像在英国这里在杰文斯—门格尔的使用价值论和边际效用论[10]的基础上建立起庸俗社会主义一样,在莱克西斯的理论的基础上可以建立起至少同样似乎有理的庸俗社会主义。我甚至推测,如果乔治·肖伯纳先生知道这个利润理论,他就会双手抱住它,一脚踢开杰文斯和卡尔·门格尔,然后在这块岩石上重新建立起他的未来的费边社教堂。

但是,这个理论实际上只是对马克思的理论的一种改写。这全部追加的价格来自什么地方呢?来自工人的"总产品"。而且是因为"劳动"这种商品,或者用马克思的话来说,劳动力这种商品,必须低于价格出售。因为,如果高于生产费用出售是一切商品的共同属性,如果唯独劳动是例外,总是只能按照生产费用出售,那么,劳动也就正是低于在这个庸俗经济学界中被当做常规的价格出售。由此落到资本家或资本家阶级手中的额外利润就在于下面这个事实,并且归根到底只能来自下面这个事实:工人在再生产他的劳动的价格的补偿物以后,还要生产他没有得到报酬的产品——剩余产品,无酬劳动的产品,剩余价值。莱克西斯在用语的选择上是非常慎重的人。他从来没有直截了当地说过,上述见解就是他的见解。如果这是他的见解,那就很清楚,我们这里碰到的不是一个普通的庸俗经济学家,关于这种人,他自己就说过,他们中的每一个人,在马克思的眼中"充其量不过是一个毫无希望的笨蛋";我们碰到的是一个伪装成庸俗经济学家的马克思主义者。至于这种伪装是有意识的还是无意识的,那是一个我们在这里不感兴趣的心理学问题。要弄清这个问题的人不妨研究一下,像莱克西斯这样一个无疑很聪明的人,怎么竟然一时也会替复本位制这种荒谬的主张辩护。11

　　第一个真正试图回答问题的人，是**康拉德·施米特**博士，见他的著作《在马克思的价值规律基础上的平均利润率》（狄茨出版社1889年斯图加特版）。12施米特试图把形成市场价格的细节既同价值规律又同平均利润率协调起来。产业资本家从他的产品中首先得到他的预付资本的补偿物，然后又得到他没有支付任何报酬的剩余产品。但是，要得到这个剩余产品，他必须把他的资本预付到生产中；也就是说，他必须使用一定量的对象化劳动，才能占有这个剩余产品。因此，对资本家来说，他的这种预付资本就是他为了获得这个剩余产品而付出的社会必要的对象化劳动的量。这一点也适用于其他每个产业资本家。因为按照价值规律，产品是按照生产产品的社会必要劳动的比例来互相交换的，并且因为对资本家来说，制造他的剩余产品的必要劳动，就是那种已经积累在他的资本中的过去劳动，所以，剩余产品是按照生产它们所必需的资本的比例来互相交换的，而不是按照**实际**体现在它们里面的劳动的比例来互相交换的。这样，每个资本单位所应得的份额，就等于生产出来的全部剩余价值的总和除以所使用的资本的总和。因此，相等的资本在相等的期间内会提供相等的利润，而达到这一点的方法是，把剩余产品的这样计算的成本价格即平均利润，加到那个有酬产品的成本价格上，并按照这个已经提高的价格来出售这两个产品，即有酬产品和无酬产品。这样，尽管施米特认为单个商品的平均价格是按照价值规律决定的，但平均利润率还是形成了。

　　这种构想非常巧妙，完全是按照黑格尔的样式13作出的，但是它也和黑格尔的多数样式一样，是不正确的。如果价值规律对平均价格也**直接**适用，那么，剩余产品同有酬产品就没有区别，二者都必须按照制造它们所需要的、已经消耗在它们上面的社会必要劳动的比例来出售。价值规律从一开始就同那种由资本主义思想方法产生的见解相反。按照这种见解，构成资本的那种积累起来的过去劳动，不仅是一定数额的现成的价值，而且因为它作为生产和利润形成的因素，也形成价值，所以是比它自身更大的价值的源泉；价值规律则确认，只有活劳动才具有这种属性。资本家期望按照自己资本的量的比例来取得相等的利润，因而把他们预付的资本看做他们利润的一种成本价格，这是大家知道的。但是，如果施米特利用这个想法，借此来把那个按平均利润率计算的价格同价值规律协调起来，那么，他就把价值规律本身抛弃了，因为他把一种完全同价值规律相矛盾的想法，作为共同起决定作用的因素合并到这个规律中去了。

或者是，积累的劳动和活的劳动一起形成价值。如果是这样，价值规律就不适用了。

或者是，积累的劳动不形成价值。如果是这样，施米特的论证就同价值规律不相容。

施米特在问题已经临近解决的时候走上了这条岔路，因为他认为，他无论如何必须找到一个数学公式，来证明每一单个商品的平均价格是符合价值规律的。不过，虽然他在这里，在已经接近达到目的的地方，走上了歧途，他那本小册子的其余内容却表明，他多么懂得从《资本论》的前两册中得出各种进一步的结论。对于前人一直未能说明的利润率的下降趋势，马克思在第三册第三篇作出了正确的说明，而施米特独自找到了这种说明，这是属于他的荣誉。他还说明了商业利润来源于产业剩余价值，并提出一系列关于利息和地租的论述，从而预先说出了马克思在第三册第四篇和第五篇中所阐述的种种问题，这也是属于他的荣誉。

　　在以后的一篇文章中(1892—1893年《新时代》第3期和第4期)，施米特试图用另一种方法来解决问题。[14]这种方法可以归结为：平均利润率是由于竞争形成的，因为竞争使资本由利润不足的生产部门转移到有超额利润的生产部门。竞争是利润平均化的重大原因这种看法，并不是什么新东西。但是，施米特试图证明，利润的这种平均化等同于生产过多的商品的出售价格被归结为这样一种价值尺度，这种尺度是社会按价值规律能为这种商品支付的。为什么这样做也不能达到目的，这从马克思在本册所作的说明中可以看得很清楚。

　　继施米特之后，**彼·法尔曼**曾尝试解决这个问题(《康拉德年鉴》第3辑第3卷第793页)。[15]我不谈他对马克思的论述的其他方面所作的评论。这是出自他的误解，即认为马克思进行阐述的地方，就是马克思要下的定义，并认为人们可以到马克思的著作中去找一些不变的、现成的、永远适用的定义。但是，不言而喻，在事物及其互相关系不是被看做固定的东西，而是被看做可变的东西的时候，它们在思想上的反映，概念，会同样发生变化和变形；它们不能被限定在僵硬的定义中，而是要在它们的历史的或逻辑的形成过程中来加以阐明。这样，我们就会明白，为什么马克思在第一册的开头从被他当做历史前提的简单商品生产出发[16]，然后从这个基础进到资本，——为什么他要从简单商品出发，而不是从一个在概念上和历史上都是派生的形式，即已经在资本主义下变形的商品出发。这一点当然是法尔曼决不可能理解的。我们不妨把这些以及其他一些还会引起种种异议的枝节问题撇在一边，立即转入问题的核心。理论告诉这位作者，在剩余价值率已定时，剩余价值和所使用的劳动力的数量成正比，而经验却告诉这位作者，在平均利润率已定时，利润和所使用的总资本的量成正比。法尔曼对这一点的解释是：利润只是一个习惯现象(他的意思是说，利润只是属于一定的社会形态，并且和这种社会形态同生共死）；利润的存在只同资本联结在一起；当资本强大到足以获得利润的时候，由于竞争，它就只好为自己获得一个对一切资本来说都是相等的利润率。没有相等的利润率，资本主义生产就不可能存在；在这种生产形式的前提下，在利润率已定时，每一单个资本家获得的利润量，只能取决于他的资本的量。另一方面，利润是由剩余价值即无酬劳动构成的。在这里，其数量取决于对劳动的剥削的剩余价值，又怎样转化为其数量取决于所需资本量的利润呢？

> "这只是由于：在……不变资本和可变资本的比率最大的一切生产部门，商品高于它们的价值出售，这也就是说，在不变资本和可变资本的比率即c：v最小的那些生产部门，商品低于它们的价值出售，只有在那些c和v的比率代表一个中位数的生产部门，商品才按照它们的真正价值出售……　各个价格和它们各自的价值之间的这种不一致，是不是对价值原理的否定呢？绝对不是。因为当一些商品的价格提高到价值以上时，另一些商品的价格就按相同的程度降低到价值以下，所以价格的总额仍然和价值的总额相等……'归根到底'这种不一致就消失了。"这种不一致是一种"干扰"；"不过，在精确的科学上，人们从来不把可以估计到的干扰看成是对一个规律的否定。"

我们把第九章的有关段落同这一段比较一下，就会发现，法尔曼在这里实际上已经接触到了问题的关键。但是，他这篇如此重要的论文所受到的不应有的冷遇却证明，法尔曼甚至在这种发现以后，仍然需要有许多中间环节，才能完全地、明确地解决这个问题。虽然许多人也对这个问题感兴趣，但是他们总是害怕碰钉子。可以说明这一点的是，不仅法尔曼让他的发现留在不完善的形式上，而且他对于马克思的叙述的理解和他自己在这种理解的基础上对这种叙述提出的一般批评，具有不可否认的缺陷。[17]

凡是有机会在难题面前出丑的时候，总是少不了苏黎世的**尤利**

乌斯·沃尔弗教授先生。他告诉我们说（《康拉德年鉴》第3辑第2卷第352页及以下几页[18]），整个问题要由相对剩余价值来解决。相对剩余价值的生产以不变资本比可变资本相对增加为基础。

> "不变资本的增加以工人的生产力的增加为前提。但因为生产力的这种增加（由于使生活资料便宜）会引起剩余价值的增加，所以，在不断增加的剩余价值和不变资本在总资本中不断增加的份额之间就形成直接的关系。不变资本的增加，表示劳动生产力的增加。因此，在可变资本不变而不变资本增加时，剩余价值必然增加，这和马克思所说的一致。摆在我们面前的就是这样的问题。"

尽管马克思在第一册的上百个地方说了正好相反的话；尽管说什么马克思认为在可变资本减少时相对剩余价值的增加和不变资本的增加成正比，而这个断言令人如此吃惊，足以使一切议会辞令相形见绌；尽管尤利乌斯·沃尔弗先生写下的每一行都证明，无论是相对地说还是绝对地说，他既毫不理解绝对剩余价值，也毫不理解相对剩余价值；尽管他自己也说：

> "乍一看来，好像在这里我们真是处在一大堆的不合理现象中"，

顺便提一下，这是他整篇文章里唯一的一句老实话。但是，这一切又有什么关系呢？尤利乌斯·沃尔弗先生对自己的这种天才发现感到如此骄傲，以致他不禁要为此而给马克思以死后的颂扬，并且把他自己的毫无根据的这一派胡言说成是

> "一个新的证据，证明他〈马克思〉对于资本主义经济的批判体系，是多么深刻多么有远见"！

但是，接着就更妙了，沃尔弗先生说：

> "李嘉图也曾断言，相等的资本支出产生相等的剩余价值（利润），同样，相

等的劳动支出产生相等的剩余价值(按量计算)。问题是:一个怎样同另一个协调一致呢?可是马克思不承认问题的这种提法。他无疑已经(在第三册中)证明,这第二个论断并不是价值规律的必然结果,它甚至同他的价值规律相矛盾,因此……应该干脆推翻。"

于是他要研究,在我们两个人当中究竟是谁错了,是我还是马克思。当然他不会想到,陷在错误当中的是他自己。

如果我对这番高论哪怕再多说一句话,那就是在侮辱我的读者,就是没有完全看透这种可笑的场面。我只补充一点:他过去曾经大胆地说,"马克思无疑已经在第三册中证明了"什么,他现在又同样大胆地乘机散布一种所谓教授中间的流言,说什么康拉德·施米特的上述著作,是"在恩格斯的直接怂恿下"写的。尤利乌斯·沃尔弗先生啊!大概在您生活和活动的那个世界里,公开向别人提出一个问题,然后把答案私下告诉自己的朋友这种做法已经习以为常。我也乐于相信,您能够做出这样的事情。但是,我这一篇序言可以向您证明,在我来往的世界里,人们是不需要干这种卑鄙的勾当的。

马克思刚一去世,**阿基尔·洛里亚**先生就赶紧在《最新集萃》杂志(1883年4月)上发表了一篇关于马克思的文章[19]:首先是错误百出的传记,接着是对社会活动、政治活动和写作活动的批评。在那里,他以一种自信态度伪造和歪曲了马克思的唯物主义历史观,这种态度让人推测出他抱有一个巨大的目的。而这个目的达到了:1886年,同一个洛里亚先生出版了《关于政治制度的经济学说》一书,在这本书中,他居然把他在1883年曾经如此完全并如此有意地歪曲了的马克思的历史理论,宣布为自己的发现,而使同时代人大为惊奇。当然,马克思的理论在那里已经被降低到十分庸俗的水平;而且历史的证据和事例充满了连四年级小学生都不容犯的错误;但这一切又有什么关系呢?他用这本书证明,政治状态和政治事件无论何时何地都可以在相应的经济状态中找到说明这样一个发现,根本不是马克思在1845年作出的,而是洛里亚先生在1886年作出的。[20]至少,他曾经幸运地使他的本国人相信了这一点,自从他那本书用法文出版以后,又幸运地使某些法国人相信了这一点。直到他本国的社会主义者有朝一日从大名鼎鼎的洛里亚身上把他偷来的孔雀羽毛拔掉以前,他满可以在意大利趾高气扬地自称是一种有划时代意义的新的历史理论的创始人。

但是,这不过是洛里亚先生的手法的一个小小的样本。他还向我们保证:马克思的全部理论是建立在**自觉的**诡辩上的;马克思即使**认识到谬误本身**,也不会在这些谬误面前停下来,等等。他用一系列类似的下流滑稽故事向他的读者传授必要的知识,要他们相信马克思也是像洛里亚一样的野心家,也像这位帕多瓦的教授一样,为了获得一点小小的舞台效果而玩弄同样小小的下流的骗人花招。在这样干了之后,他现在可以向读者泄露一个重大的秘密了,同时,他也就使我们回到利润率的问题上来。

洛里亚先生说:在马克思看来,一个资本主义工业企业所生产的剩余价值(洛里亚先生在这里把它和利润等同起来)的量,取决于它所使用的可变资本,因为不变资本不提供任何利润。但是,这是同事实相矛盾的。因为实际上利润不是取决于可变资本,而是取决于总资本。马克思自己也看到了这一点(第一册第十一章[21]),并且承认,从表面上看事实是同他的理论相矛盾的。[22]但是马克思怎样解决这个矛盾呢?他要自己的读者去看一个尚未出版的续卷。关于这个续卷,洛里亚以前已经对**他的**读者说过,他认为马克思甚至没有闪过写这个续卷的念头。现在他扬扬得意地喊道:

"可见,我过去的说法不是没有道理的,我曾说过,马克思经常拿第二卷[23]来威胁自己的反对者,但这第二卷始终没有出版,这第二卷很可能是马克思在拿不出科学论据时使用的一种诡计。"

这样说来,现在谁要是不相信马克思和大名鼎鼎的洛里亚一样善于玩弄科学骗术,那他就真是不可救药了。

总之,我们已经知道,在洛里亚先生看来,马克思的剩余价值理论是同利润率普遍相等这个事实绝对不能相容的。现在第二册已经出版了,我恰好针对这一点而公开提出的问题也随之面世了。[24]假如洛里亚先生和我们一样是一个羞怯的德国人,他大概会觉得有些尴尬吧。然而他是一个厚脸皮的南方人,出生在气候炎热的地方,他尽可以断言,在那里,不结冰①在某种程度上是天然条件。利润率的问题公开提出来了。洛里亚先生曾经公开宣告这个问题不能解决。正因为如此,他现在将要超越自己的能力去公开解决这个问题。

这个奇迹出现在《康拉德年鉴》(新辑第20卷第272页及以下几页)上登载的一篇评述施米特的上述著作的文章中。在他从施米特那里知道了商业利润怎样形成之后,他就豁然开朗了。

"因为价值由劳动时间决定这件事会使那些以较大部分资本投在工资上面的资本家得到利益,所以,非生产〈应当说商业〉资本能够从这种受益的资本家那里强行索取较高的利息〈应当说利润〉,因而在各个工业资本家中间造成一种均等现象……　比如说,如果工业资本家A、B、C在生产中各使用100个工作日,而使用的不变资本分别是0、100和200,并且100个工作日的工资包含着50个工作日,那么,每个资本家就得到50个工作日的剩余价值,利润率对A来说是100%,对B来说是33.3%,对C来说是20%。但是,如果第四个资本家D

---

①"不结冰"的原文是"Unverfrorenheit",也有"厚颜无耻"的意思。——编者注

积累了300非生产资本,凭此向A抽取40个工作日的价值,向B抽取20个工作日的价值作为利息〈利润〉,资本家A和B的利润率就都会下降到20%,和C的一样了。D有资本300,获得利润60,这就是说,利润率也是20%,和其他几个资本家一样。"

　　大名鼎鼎的洛里亚用这种惊人的手法,转瞬之间就把那个他在10年前宣告为不能解决的问题解决了。可惜,他并没有把秘密泄露给我们:这种"非生产资本"究竟从何处得到权力,使它不仅可以从工业家手里抢走他们的超过平均利润率的这个额外利润,而且还把这个额外利润塞进自己的腰包,就像土地所有者把租地农场主的超额利润作为地租塞进自己的腰包完全一样。按照这种说法,事实上商人向工业家征收一种同地租完全类似的贡赋,并由此确立平均利润率。当然,在一般利润率的形成上,商业资本是一个极为重要的因素,这几乎是尽人皆知的。但是,只有从内心深处瞧不起全部经济学的写作冒险家,才敢于断言商业资本具有一种魔力,能够在一般利润率尚未确立以前,就把超过一般利润率的全部超额剩余价值吸取过来,并把它转化为自己的地租,而在这样做的时候并不需要有任何土地所有权。同样令人惊奇的断言是:商业资本能够发现那些其剩余价值恰好只和平均利润率相一致的工业家,并且它引以为荣的是,不要任何代价,甚至不要任何手续费,就替这些工业家销售产品,以使马克思价值规律的这些不幸牺牲者的运气多少变得好一些。一个什么样的魔术师才能想象得出马克思竟需要玩弄这样一套可怜的把戏!

　　但是,只有当我们把我们这位大名鼎鼎的洛里亚同他的北方竞争者们,例如同那个也不是昨天才出名的尤利乌斯·沃尔弗先生相比较的时候,我们的洛里亚才放射出他的全部光辉。在这位意大利人旁边，沃尔弗先生甚至在他的巨著《社会主义和资本主义社会制度》中，也多么像一个狂吠不已的家伙啊！和这位大师的高贵的放肆态度相比，沃尔弗先生是多么笨拙，我几乎想说是多么谦逊啊！这位大师就是用这样的态度断言：不言而喻，马克思不多也不少，和一切其他的人一样，是一个恰好和他洛里亚先生本人一样的自觉的诡辩家、谬论家、吹牛家和江湖骗子；并且马克思明明知道不可能也不打算写一个什么续卷，但每当陷入困境时，总是欺骗公众，说要在一个续卷中完成他的理论！极端的厚颜无耻，混不下去时又像鳗鱼一样滑掉；挨了别人的脚踢还充英雄好汉；抢占别人的研究成果；死皮赖脸地大做广告；依靠同伙的吹捧捞取声誉——在这一切方面，还有谁比得上洛里亚先生呢？

　　意大利是典型之邦。自从现代世界的曙光在那里升起的那个伟大时代以来，它产生过许多伟大人物，从但丁到加里波第，他们是无与伦比的完美的典型。但是，遭受屈辱和异族统治的时期，也给它留下了若干典型的人物脸谱，其中有两个经过特别刻画的类型：斯加纳列尔和杜尔卡马腊。我们看到，在我们这位大名鼎鼎的洛里亚身上体现着这二者的典型的统一。

　　最后，我必须把我的读者引到大西洋的彼岸去。纽约的**乔治·斯蒂贝林**医学博士先生，也找到了问题的答案，并且是一个极其简单的答案。因为它是这样简单，所以在大洋两岸都没有人愿意予以承认。对此他非常恼怒，于是写了数不尽的小册子和报刊文章，在大洋两岸极其痛苦地诉说不平。虽然有人已经在《新时代》[25]上指出他的全部答案是以一个计算上的错误为基础的，但他毫不在乎，说什么马克思也曾有过计算上的错误，但是在许多事情上是正确的。那就让我们看一下斯蒂贝林的答案吧。

"假定有两个工厂,用相同的资本进行相同时间的作业,但不变资本和可变资本的比率不同。假定总资本$(c+v)=y$,再用x来表示不变资本和可变资本比率上的差。对工厂 I 来说,$y=c+v$,对工厂 II 来说,$y=(c-x)+(v+x)$。因此,工厂 I 的剩余价值率$=\frac{m}{v}$,工厂 II 的剩余价值率$=\frac{m}{v+x}$。我把总资本y或c+v在一定时间内所增殖的全部剩余价值(m)叫做利润(p),就是说p=m。这样,工厂 I 的利润率是$=\frac{p}{y}$或$\frac{m}{c+v}$;工厂 II 的利润率同样是$=\frac{p}{y}$或$\frac{m}{(c-x)+(v+x)}$,即同样是$\frac{m}{c+v}$。因此,这个……问题就这样得到了解决:在价值规律的基础上,在资本相等,时间相等,但活劳动的量不等时,由于剩余价值率的变动,会产生出一个相等的平均利润率。"(乔治·斯蒂贝林《价值规律和利润率》纽约约翰·亨利希版)

尽管以上的计算很巧妙,很清楚,但我们还是不得不向斯蒂贝林博士先生提出一个问题:他怎么知道工厂 I 生产的剩余价值总量恰好等于工厂 II 生产的剩余价值总量?关于c、v、y和x,也就是关于计算上的其他一切因素,他清楚地告诉我们说,它们对这两个工厂来说都是相等的,但关于m却只字不提。但是无论如何不能因为他用代数符号m来代表这里的两个剩余价值量,就得出它们是相等的。相反地,这一点正好是他应当加以证明的,因为斯蒂贝林先生把利润p和剩余价值也直接等同起来了。这里只可能有两种情况:或者是,这两个m相等,每个工厂生产同样多的剩余价值,因此在总资本相等时,也生产同样多的利润量,如果是这样,斯蒂贝林先生就是从一开始把他应当证明的事情当做前提了;或者是,一个工厂比另一个工厂生产更多的剩余价值,如果是这样,他的全部计算就站不住脚了。

斯蒂贝林先生不辞劳苦,不惜工本,在他的这种错误计算的基础上,作出了堆积如山的计算,公之于众。我可以向他作出使他放心的保证,几乎他的所有计算都是错误的,即使有例外,那它们所证明的事情也完全不是他所要证明的事情。例如,他对1870年和1880年美国的国情调查材料作了比较,确实证明了利润率的下降,但他对于利润率下降的说明却是完全错误的,并且他认为,马克思关于始终不变的固定的利润率的理论必须根据实践来加以修正。但是,我们从这个第三册的第三篇中可以看到,这里所说的马克思的"固定的利润率",纯粹是捏造出来的;造成利润率下降趋势的原因,也同斯蒂贝林博士所说的正好相反。斯蒂贝林博士先生的用意显然是非常好的,但是一个人如果想研究科学问题,首先要学会按照作者写作的原样去阅读自己要加以利用的著作,并且首先不要读出原著中没有的东西。

全部研究的结果是:甚至在这个问题上,也只有马克思学派才取得了一些成就。如果法尔曼和康拉德·施米特读到这个第三册,他们就会对于他们各自的那部分工作感到完全满意了。

弗·恩格斯

1894年10月4日于伦敦

第 三 册

资本主义生产的总过程

（上）

第 一 篇

剩余价值转化为利润和
剩余价值率转化为利润率

第 一 章

成本价格和利润

在第一册中，我们研究的是资本主义**生产过程**本身作为直接生产过程考察时呈现的各种现象，而撇开了这个过程以外的各种情况引起的一切次要影响。但是，这个直接的生产过程并没有结束资本的生活过程。在现实世界里，它还要由**流通过程**来补充，而流通过程则是第二册研究的对象。在第二册中，特别是在把流通过程作为社会再生产过程的中介来考察的第三篇中指出：资本主义生产过程，就整体来看，是生产过程和流通过程的统一。至于这个第三册的内容，它不能是对于这个统一的一般的考察。相反地，这一册要揭示和说明**资本运动过程作为整体考察**时所产生的各种具体形式。资本在其现实运动中就是以这些具体形式互相对立的，对这些具体形式来说，资本在直接生产过程中采取的形态和在流通过程中采取的形态，只是表现为特殊的要素。因此,我们在本册中将阐明的资本的各种形态,同资本在社会表面上,在各种资本的互相作用中,在竞争中,以及在生产当事人自己的通常意识中所表现出来的形式,是一步一步地接近了。

————

按照资本主义方式生产的每一个商品W的价值,用公式来表示是$W = c + v + m$。如果我们从这个产品价值中减去剩余价值m,那么,在商品中剩下的,只是一个在生产要素上耗费的资本价值$c + v$的等价物或补偿价值。

例如,假定生产某一商品耗费500镑资本:其中劳动资料的损耗20镑,生产材料380镑,劳动力100镑;假定剩余价值率为100%,这样,产品价值就等于$400c + 100v + 100m = 600$镑。

减去100镑剩余价值之后,还剩下500镑的商品价值,而这500镑只是补偿已经耗费的资本500镑。商品价值的这个部分,即补偿所消耗的生产资料价格和所使用的劳动力价格的部分,只是补偿商品使资本家自身耗费的东西,所以对资本家来说,这就是商品的成本价格。

商品使资本家耗费的东西和商品的生产本身所耗费的东西,无疑是两个完全不同的量。商品价值中由剩余价值构成的部分,不需要资本家耗费什么东西,因为它耗费的只是工人的无酬劳动。但是,因为在资本主义生产的基础上,工人自己在进入生产过程之后,就成为执行职能的并属于资本家的生产资本的一个组成部分,也就是说,资本家是实际的商品生产者,所以,对资本家来说,商品的成本价格必然表现为商品本身的实际费用。我们把成本价格叫做k,$W = c + v + m$这个公式就转化为$W = k + m$这个公式,或者说,商品价值 = 成本价格 + 剩余价值。

因此,把商品价值中那些只是补偿商品生产上耗费的资本价值

《资本论》第三卷手稿的第一页

的部分概括为成本价格这个范畴,这一方面表明资本主义生产的特殊性质。商品的资本主义费用是用**资本**的耗费来计量的,而商品的实际费用则是用**劳动**的耗费来计量的。所以,商品的资本主义的成本价格,在数量上是与商品的价值或商品的实际成本价格不同的;它小于商品价值,因为,既然W＝k＋m,那么k＝W－m。另一方面,商品的成本价格也决不仅仅是资本家账簿上的一个项目。这个价值部分的独立存在,在现实的商品生产中,会经常在实际中表现出来,因为这个价值部分会通过流通过程,由它的商品形式不断地再转化为生产资本的形式,也就是说,商品的成本价格必须不断买回在商品生产上消费的各种生产要素。

但是,成本价格这一范畴,同商品的价值形成或同资本的增殖过程毫无关系。即使我们知道商品价值600镑的$\frac{5}{6}$或500镑,只是所耗费的500镑资本的等价物或补偿价值,因此只够买回这个资本的各种物质要素,我们由此还是不会知道,商品价值中形成商品成本价格的这个$\frac{5}{6}$是怎样生产出来的,也不会知道商品价值中形成剩余价值的最后$\frac{1}{6}$是怎样生产出来的。不过,我们通过研究将会看到,在资本主义经济中,成本价格具有一种假象,似乎它是价值生产本身的一个范畴。

我们再拿上面的例子来说。假定一个工人在一个社会平均工作日内生产的价值,表现为一个6先令＝6马克的货币额,那么,500镑预付资本＝400c＋100v,是$1\,666\frac{2}{3}$个十小时工作日的价值产品,其中$1\,333\frac{1}{3}$个工作日结晶在生产资料的价值＝400c中,$333\frac{1}{3}$个工作日结晶在劳动力的价值＝100v中。因此,在已假定的剩余价值率为100%的情况下,生产这个新形成的商品,需要耗费的劳动力＝100v＋100m＝$666\frac{2}{3}$个十小时工作日。

其次,我们知道(见第一册第七章第201／193页[26]),新形成的产品的价值600镑由两部分构成：1. 在生产资料上耗费的400镑不变资本的再现价值；2. 新生产的200镑价值。商品的成本价格＝500镑，包含再现的400c和新生产的200镑价值的一半（＝100v），也就是包含两个来源完全不同的商品价值要素。

由于在$666\frac{2}{3}$个十小时工作日内耗费的劳动的有目的的性质，所消费的生产资料的价值400镑，就由这些生产资料转移到产品中去了。所以，这个旧价值是作为产品价值的组成部分再现出来的，而不是在**这个**商品的生产过程中产生的。它之所以作为商品价值的组成部分存在，只是因为它以前已经作为预付资本的组成部分存在了。因此，所耗费的不变资本，是用它本身加到商品价值上的那部分商品价值来补偿的。可见，成本价格的这个要素具有双重意义：一方面，它加入商品的成本价格，因为它是商品价值中那个用来补偿所耗费的资本的组成部分；另一方面，它形成商品价值的一个组成部分，仅仅因为它是所耗费的资本的价值，或者说，因为生产资料花了这么多的费用。

成本价格的另一个组成部分的情况却完全相反。在商品生产中耗费的$666\frac{2}{3}$日的劳动，形成一个200镑的新价值。这个新价值中的一部分，只补偿100镑预付的可变资本，或者说，只补偿所使用的劳动力的价格。但是，这个预付的资本价值决不会参加新价值的形成。在预付资本中，劳动力被算做**价值**，而在生产过程中，它作为**价值形成的要素**执行职能。在预付资本中出现的劳动力价值，在实际**执行职能**的生产资本中，为形成价值的活的劳动力自身所代替。

商品价值中这些合起来形成成本价格的不同组成部分之间的区别，一旦所耗费的不变资本部分，或者所耗费的可变资本部分发生价值量的变化，就会显示出来。假定同样一些生产资料的价格或不变

恩格斯在《资本论》第三卷第一页抄写稿上的补充和修改

资本部分由400镑提高到600镑，或者相反，由400镑降低到200镑。在前一个场合，不仅商品的成本价格会由500镑提高到600c＋100v＝700镑，而且商品价值本身也会由600镑提高到600c＋100v＋100m＝800镑。在后一个场合，不仅成本价格会由500镑降低到200c＋100v＝300镑，而且商品价值本身也会由600镑降低到200c＋100v＋100m＝400镑。因为所耗费的不变资本会把它本身的价值转移到产品中去，所以在其他条件不变的情况下，产品价值将会随着这个资本价值的绝对量的增减而增减。反过来，假定在其他条件不变的情况下，同量劳动力的价格由100镑增加到150镑，或者相反，减少到50镑。虽然在前一个场合，成本价格会由500镑提高到400c＋150v＝550镑，而在后一个场合，会由500镑降低到400c＋50v＝450镑，但在这两个场合，商品价值还是保持不变＝600镑；在前一个场合＝400c＋150v＋50m；在后一个场合＝400c＋50v＋150m。预付的可变资本不会把它自身的价值加到产品中去。不如说，在产品中代替可变资本价值出现的，是一个由劳动创造的新价值。可变资本的绝对价值量的变化，只要仅仅表现劳动力价格的变化，就丝毫不会改变商品价值的绝对量，因为它并不改变出活动的劳动力创造的这个新价值的绝对量。相反地，这种变化只会影响新价值的两个组成部分的数量关系，其中，一个组成部分构成剩余价值，另一个组成部分则补偿可变资本，从而加入商品的成本价格。

成本价格的两部分，用我们的例子来说就是400c＋100v，只有一个共同点：二者都是商品价值中补偿预付资本的部分。

但是从资本主义生产的观点来看，这个实际的情况必然以颠倒的形式表现出来。

资本主义生产方式不同于建立在奴隶制基础上的生产方式的地方,除了其他方面,还在于:劳动力的价值或价格,表现为劳动本身的价值或价格,或者说,表现为工资(第一册第十七章)。因此,预付资本的可变价值部分,表现为在工资上耗费的资本,表现为一个用来支付在生产上耗费的全部劳动的价值或价格的资本价值。例如,假定一个十小时的社会平均工作日体现为一个6先令的货币额,那么,100镑预付可变资本就是一个在$333\frac{1}{3}$个十小时工作日内生产的价值的货币表现。但是这个在预付资本中出现的所购买的劳动力的价值,并不是实际执行职能的资本的部分。在生产过程本身中它为活的劳动力所代替。拿上述的例子来说,如果劳动力的剥削程度为100%,那么劳动力就会在$666\frac{2}{3}$个十小时工作日内耗费掉,从而把一个200镑的新价值加入产品。但在预付资本中,这100镑可变资本表现为在工资上支出的资本,或者说,表现为$666\frac{2}{3}$个十小时工作日内完成的劳动的价格。100镑除以$666\frac{2}{3}$,得3先令,这就是一个十小时工作日的价格,它是5小时劳动的价值产品。

如果把预付资本和商品价值二者比较一下,我们就会得到:

Ⅰ. 预付资本500镑＝在生产资料上耗费的资本400镑(即生产资料的价格)＋在劳动上耗费的资本100镑(即$666\frac{2}{3}$个工作日的价格或工资)。

Ⅱ. 商品价值600镑＝成本价格500镑(耗费的生产资料的价格400镑＋耗费的$666\frac{2}{3}$个工作日的价格100镑)＋剩余价值100镑。

在这个公式中,在劳动上支出的资本部分和在生产资料(例如棉花或煤炭)上支出的资本部分的区别,仅仅在于前者是用来支付一种物质上不同的生产要素,而决不在于前者在商品的价值形成过程中,从而在资本的增殖过程中,起着职能上不同的作用。生产资料的价格,正像它在预付资本中已经出现的那样,会在商品的成本价格中再现出来,这是因为这些生产资料已经有目的地用掉了。同样,在商品的生产上耗费的$666\frac{2}{3}$个工作日的价格或工资,也像它在预付资本中已经出现的那样,会在商品的成本价格中再现出来,这也是因为这个数量的劳动已经以有目的的形式耗费了。我们看到的只是完成的现有的价值,即加入产品价值形成的预付资本的各个价值部分,而不是创造新价值的要素。不变资本和可变资本的区别也就消失了。全部500镑的成本价格,现在取得了双重意义:第一,它是600镑商品价值中用来补偿商品的生产上耗费的500镑资本的组成部分;第二,商品价值的这个组成部分本身之所以存在,只是因为它以前已经作为所使用的生产要素即生产资料和劳动的成本价格存在了,也就是说,已经作为预付资本存在了。资本价值之所以作为商品的成本价格再现出来,是因为而且只是因为它已经作为资本价值耗费掉了。

预付资本的不同的价值组成部分已经消耗在物质上不同的生产要素,即劳动资料、原料、辅助材料和劳动上,这一情况只是决定了商品的成本价格必须再买回这些物质上不同的生产要素。而就成本价格本身的形成来说,只有一个区别会显现出来,即固定资本和流动资本的区别。用我们的例子来说,20镑算做劳动资料的损耗(400c＝劳动资料的损耗20镑＋生产材料380镑)。如果这个劳动资料的价值在商品生产之前＝1 200镑,那么,在商品生产之后,它就以两种形态存在:20镑表现为商品价值的一部分;1 200－20镑或1 180镑表现为仍归资本家所有的劳动资料的余下的价值,换句话说,不是表现为他的商品资本的价值要素,而是表现为他的生产资本的价值要素。和劳动资料相反,生产材料和工资却在商品的生产中全部消耗,因此,它们的全部价值也会加入所生产的商品的价值。我们讲过,预付资本的这些不同组成部分,就周转来说,采取固定资本和流动资本的形式。[27]

因此,预付资本＝1 680镑:固定资本1 200镑＋流动资本480镑(＝生产材料380镑＋工资100镑)。

但是,商品的成本价格只＝500镑(固定资本的损耗20镑,流动资本480镑)。

商品成本价格和预付资本的这种差别只是证明:商品的成本价格仅仅是由商品的生产上实际耗费的资本构成的。

在商品的生产上,所使用的劳动资料的价值是1 200镑,但这个预付资本价值在生产上只丧失了20镑。因此,所使用的固定资本只有一部分加入商品的成本价格,因为它只有一部分在商品的生产上消耗掉。所使用的流动资本则全部加入商品的成本价格,因为它在商品的生产上全部消耗掉了。而这无非是证明:所耗费的固定资本部分和所耗费的流动资本部分,会按照它们各自价值量的比例,同样加入商品的成本价格,商品价值的这个部分只是来源于商品的生产上所耗费的资本。如果不是这样,我们就不能理解,为什么预付的固定资本1 200镑只是把它在生产过程中丧失的20镑,而不是把它在生产过程中没有丧失的1 180镑也加入产品价值。

因此,固定资本和流动资本的这种差别,从成本价格的计算来说,不过证明成本价格从表面上看是由耗费的资本价值形成的,或者说,是由资本家自己在耗费的生产要素(包括劳动在内)上付出的价格形成的。另一方面,从价值形成来说,在劳动力上支出的可变资本部分,在这里,在流动资本这个项目下,显然和不变资本(即由生产材料构成的资本部分)等同起来,这样,资本的增殖过程的神秘化也就

完成了。⁽¹⁾

以上我们只考察了商品价值的一个要素,即成本价格。现在我们也必须看看商品价值的另一个组成部分,即超过成本价格的余额或剩余价值。剩余价值首先是商品价值超过商品成本价格的余额。但是,因为成本价格等于所耗费的资本的价值,并且不断地再转化为所耗费的资本的各种物质要素,所以,这个价值余额就是商品的生产上耗费掉的并且会从商品流通中流回的资本的价值增加额。

我们以前已经看到,²⁹虽然剩余价值m只是产生于可变资本v的价值变动,因而本来只是可变资本的一个增长额,但在生产过程结束以后,它同样也成为所耗费的总资本c+v的一个价值增加额。c+(v+m)这一公式——它表示,m的生产是由于预付在劳动力上的一定的资本价值v转化为一个流动的量,即一个不变量转化为一个可变量——也可以用(c+v)+m来表现。在生产开始以前,我们有一个500镑的资本。在生产完成以后,我们就有了一个500镑的资本加上一个100镑的价值增加额。⁽²⁾

但是,剩余价值不仅对进入价值增殖过程的预付资本部分来说是一个增加额,而且对不进入价值增殖过程的预付资本部分来说也

(1)这个事实在经济学家的头脑中能够引起什么样的混乱,我们已经在第一册第七章第3节第216／206页及以下几页²⁸,以纳·威·西尼耳为例,加以说明了。

(2)"实际上我们已经知道,剩余价值只是v这个转变为劳动力的资本部分发生价值变化的结果,因此,v+m＝v+Δv(v加v的增长额)。但是现实的价值变化和价值变化的比率却是被这样的事实掩盖了:由于资本可变组成部分的增加,全部预付资本也增加了。全部预付资本以前是500,现在变成了590。"(第一册第七章第1节第203／195页³⁰)

是一个增加额;因而,不仅对用商品的成本价格来补偿的所耗费的资本来说是一个价值增加额,而且对生产中所使用的全部资本来说也是一个价值增加额。在生产过程开始以前,我们有一个1 680镑的资本价值,即在劳动资料上支出的1 200镑固定资本(其中只有20镑的损耗加入商品价值),加上在生产材料和工资上支出的480镑流动资本。在生产过程完成以后,我们有了生产资本的价值组成部分1 180镑,加上一个商品资本600镑。把这两个价值额加在一起,这个资本家现在就占有了一个1 780镑的价值。从这个价值减去全部预付资本1 680镑,就剩下一个100镑的价值增加额。因此,100镑的剩余价值,对生产中所耗费的资本部分500镑来说,是一个价值增加额,对所使用的资本1 680镑来说,也是一个价值增加额。

现在对资本家来说很清楚,这个价值增加额来自用资本进行的生产过程,也就是来自资本自身;因为它在生产过程完成以后才存在,而在生产过程开始以前并不存在。首先就生产中所耗费的资本来说,好像剩余价值同样都来自所耗费的资本的不同价值要素,即由生产资料构成的价值要素和由劳动构成的价值要素,因为这些要素同样都加入成本价格的形成。它们同样都把自己的作为预付资本存在的价值加入产品价值,而并不区分为不变的价值量和可变的价值量。关于这一点,只要我们设想一下,全部所耗费的资本完全由工资构成,或者完全由生产资料的价值构成,就很清楚了。这时,在前一个场合,商品价值就不是$400c + 100v + 100m$,而是$500v + 100m$。在工资上支出的资本500镑,就是生产商品价值600镑所使用的全部劳动的价值,正因为如此,它形成全部产品的成本价格。但是,这个成本价格的形成,即所耗费的资本价值作为产品的价值组成部分借以再现的过程,是我们在这个商品价值的形成中所知道的唯一过程。至于这个商品价值中剩余价值组成部分100镑是怎样产生的,我们并不知道。在商品价值＝500c＋100m的第二个场合,情况也完全一样。在这两个场合,我们都知道,剩余价值是由一个既定的价值产生的,因为这个价值是以生产资本的形式预付的,至于是以劳动的形式预付,还是以生产资料的形式预付,那是没有关系的。但是,另一方面,这个预付的资本价值能形成剩余价值,并不是由于它已经被消耗,从而形成了商品的成本价格。因为,正是就它形成商品的成本价格来说,它形成的不是剩余价值,而只是所耗费的资本的等价物,或补偿价值。因而,就它形成剩余价值来说,它不是靠它作为所耗费的资本的特有属性,而是靠它作为预付资本,从而作为所使用的资本的特有属性,来形成剩余价值的。因此,剩余价值既由预付资本中那个加入商品成本价格的部分产生,也由预付资本中那个不加入商品成本价格的部分产生;总之,同样由所使用的资本的固定组成部分和流动组成部分产生。总资本在物质上是产品的形成要素,不管它作为劳动资料,还是作为生产材料和劳动,都是如此。总资本虽然只有一部分进入价值增殖过程,但在物质上总是全部进入现实的劳动过程。或许正是由于这个原因,它虽然只是部分地参加成本价格的形成,但会全部参加剩余价值的形成。不管怎样,结论总是:剩余价值是同时由所使用的资本的一切部分产生的。如果用马尔萨斯的粗浅的说法,这个推论还可以更简短地表达为:

"资本家对于他所预付的资本的一切部分,都**期望**得到同样的利益。"(3)

剩余价值,作为全部预付资本的这样一种观念上的产物,取得了

---

(3)马尔萨斯《政治经济学原理》1836年伦敦第2版第268页。

利润这个转化形式。因此，一个价值额之所以成为资本，是因为它用来生产利润[4]，换句话说，利润之所以产生出来，是因为有一个价值额被当做资本来使用。如果我们把利润叫做p，那么，$W=c+v+m=k+m$这个公式，就变成$W=k+p$这个公式，也就是**商品价值＝成本价格＋利润**。

因此，我们目前在这里看到的利润，和剩余价值是一回事，不过它具有一个神秘化的形式，而这个神秘化的形式必然会从资本主义生产方式中产生出来。因为在成本价格的表面的形成上，不变资本和可变资本之间的区别看不出来了，所以在生产过程中发生的价值变化的起源，必然从可变资本部分转移到总资本上面。因为在一极上，劳动力的价格表现为工资这个转化形式，所以在另一极上，剩余价值表现为利润这个转化形式。

我们知道，商品的成本价格小于它的价值。因为$W=k+m$，所以$k=W-m$。只有$m=0$，公式$W=k+m$才会化为$W=k$，即商品价值＝商品成本价格。这种情况在资本主义生产的基础上是决不会发生的，虽然在特殊的市场情况下，商品的出售价格可以降低到商品的成本价格，甚至降低到商品的成本价格以下。

因此，如果商品是按照它的价值出售的，那么，利润就会被实现，这个利润等于商品价值超过商品成本价格的余额，也就是等于商品价值中包含的全部剩余价值。然而，资本家即使低于商品的价值出售商品，也可以得到利润。只要商品的出售价格高于商品的成本价格，即使它低于商品的价值，也总会实现商品中包含的剩余价值的一

---

(4)"资本是用来取得利润的。"引自马尔萨斯《政治经济学定义》1827年伦敦版第86页。

部分,从而总会获得利润。用我们的例子来说,商品价值＝600镑,成本价格＝500镑。假定商品按510镑、520镑、530镑、560镑或590镑的价格出售,它就分别低于它的价值90镑、80镑、70镑、40镑或10镑出售,但从它的出售中仍然可以分别得到10镑、20镑、30镑、60镑或90镑的利润。在商品的价值和它的成本价格之间,显然会有无数的出售价格。商品价值中由剩余价值构成的要素越大,这些中间价格的实际活动余地也就越大。

这不仅可以说明日常的竞争现象,例如某些低价出售的情形,某些产业部门的商品价格异常低廉的现象[5]等等。我们下面将会看到,政治经济学迄今没有理解的关于资本主义竞争的基本规律,即调节一般利润率和由它决定的所谓生产价格的规律,就是建立在商品价值和商品成本价格之间的这种差别之上的,建立在由此引起的商品低于价值出售也能获得利润这样一种可能性之上的。

商品出售价格的最低界限,是由商品的成本价格规定的。如果商品低于它的成本价格出售,生产资本中已经消耗的组成部分,就不能全部由出售价格得到补偿。如果这个过程继续下去,预付资本价值就会消失。从这个观点来说,资本家就乐于把成本价格看做商品的真正的**内在**价值,因为单是为了保持他的资本,成本价格已是必要的价格。况且,商品的成本价格还是资本家自己为了生产商品而支付的购买价格,因而是由商品的生产过程本身决定的购买价格。因此,在资本家面前,在商品出售时实现的价值余额或剩余价值,表现为商品的出售价格超过它的价值的余额,而不是表现为它的价值超过它的成本价格的余额,因而商品中包含的剩余价值好像不是通过

（5）参看第一册第十八章第571／561页[31]。

商品的出售来实现,而是从商品的出售本身产生的。关于这种错觉,我们在第一册第四章第2节(《资本总公式的矛盾》)已经作了详细的论述,现在,我们回头看一下托伦斯等人在把这种错觉看成政治经济学超过李嘉图的一个进步时再次提出的那种说法。

> "自然价格由生产费用构成,或者换句话说,由生产或制造商品时的资本支出构成,它不可能包含利润……　一个租地农场主为耕种他的田地支出了100夸特谷物,而收回120夸特,这20夸特就是产品超过支出的余额,就是他的利润;但是把这个余额或利润叫做他的支出的一部分,却是荒谬的……　一个工厂主支出一定量的原料、工具和劳动所需的生活资料,而获得一定量的成品。这个成品,同为了获得这个成品而预付的原料、工具和生活资料相比,必须有一个更大的交换价值。"

托伦斯由此得出结论说:出售价格超过成本价格的余额或利润的产生是由于:消费者

> "通过直接的或间接的交换付出的部分,大于生产商品时所耗费的资本的一切组成部分"(6)。

实际上,超过一个定量的余额,不可能成为这个定量的一部分,因而,利润,商品价值超过资本家的支出的余额,也不可能形成这个支出的一部分。因此,如果除了资本家预付的价值,再没有任何别的要素加入商品的价值形成,那么我们就不明白,怎样会从生产中得出一个比加入生产中的价值更大的价值,不然的话就是无中生有了。但是托伦斯只是用从商品生产领域转移到商品流通领域的办法,来逃避这个无中生有的创造。托伦斯说,利润不可能从生产中产生,否则,它就包含在生产费用中了,因而也就不是超过这个费用的余额

---

(6)托伦斯《论财富的生产》1821年伦敦版第51—53、349页。

了。拉姆赛[32]反驳说,如果利润不是在商品交换以前就已经存在,它也就不能从商品的交换中产生出来。互相交换的产品的价值总额,显然不会通过产品的交换而改变,因为这个价值总额本来就是这些产品的价值总额。它在交换以后同它在交换以前是一样的。这里应当指出,马尔萨斯明确地以托伦斯的权威意见作为根据[(7)][33],虽然他自己对于商品高于它的价值出售这个问题,提出过不同的解释,或者不如说没有作过什么解释,因为所有这类论证,实际上和当时流行的燃素有负重量的说法[34],完全是一路货色。

在资本主义生产占统治地位的社会状态内,非资本主义的生产者也受资本主义观念的支配。以对现实关系具有深刻理解而著名的巴尔扎克,在他最后的一部小说《农民》里,切当地描写了一个小农为了保持住一个高利贷者对自己的厚待,如何白白地替高利贷者干各种活,并且认为,他这样做,并没有向高利贷者献出什么东西,因为他自己的劳动不需要花费他自己的现金。这样一来,高利贷者却可以一箭双雕。他既节省了工资的现金支出,同时又使那个由于无法在自有土地上劳动而日趋没落的农民,越来越深地陷入高利贷的蜘蛛网中。

有一种糊涂观念以为,商品的成本价格构成商品的现实价值,而剩余价值是由于商品高于价值出售产生的,因而,只要商品的出售价格等于它的成本价格,也就是等于在它上面消耗的生产资料的价格加上工资,商品就是按照它的价值出售的。这种糊涂观念,被那个惯于用科学招牌来招摇撞骗的蒲鲁东吹嘘为新发现的社会主义秘密。[35]把商品价值归结为商品成本价格,实际上就是他的人民银行[36]

---

(7)马尔萨斯《政治经济学定义》1853年伦敦版第70、71页。

的基础。以前已经指出,产品的不同价值组成部分,可以表现在产品本身的各个相应部分上。例如(第一册第七章第2节第211／203页[37]),假定20磅棉纱的价值是30先令,其中24先令代表生产资料,3先令代表劳动力,3先令代表剩余价值,那么这个剩余价值就可以表现在产品的 $\frac{1}{10}$ ＝2磅棉纱上。如果这20磅棉纱按照它的成本价格即27先令的价格出售,那么买者就可以白得2磅棉纱,或者说,商品就是低于它的价值 $\frac{1}{10}$ 出售的;但是工人仍然提供了他的剩余劳动,不过不是为资本主义的棉纱生产者提供,而只是为棉纱的购买者提供。认为只要一切商品都按各自的成本价格出售,结果实际上就会和一切商品都高于各自的成本价格但按各自的价值出售一样,这是完全错误的。因为,即使劳动力的价值、工作日的长度和劳动的剥削程度到处相等,不同种类商品的价值中包含的剩余价值量,也仍然会由于生产这些商品所预付的资本的有机构成不同而极不相等。[8]

---

(8)"在劳动力的价值已定和劳动力受剥削的程度相同的情况下,不同的资本所生产的价值量和剩余价值量,同这些资本的可变组成部分即转化为活劳动力的组成部分的量成正比。"(《资本论》第1册第9章第312／303页[38])

第 二 章

利 润 率

资本的总公式是G—W—G′;这就是说,一个价值额投入流通,是为了从流通中取出一个更大的价值额。这个更大价值额的产生过程,是资本主义的生产;这个更大价值额的实现过程,是资本的流通。资本家生产商品,不是为了商品本身,不是为了商品的使用价值或他的个人消费。资本家实际关心的产品,不是可以摸得着的产品本身,而是产品的价值超过在产品上消费的资本的价值的余额。资本家预付总资本时并没有考虑它的各个组成部分在剩余价值的生产上所起的不同作用。他把这一切组成部分同样地预付出去,不仅是为了再生产预付资本,而且是为了生产一个超过预付资本的价值余额。他只有使他所预付的可变资本的价值同活劳动相交换,即对活劳动进行剥削,才能把这个价值转化为一个更大的价值。但是,他只有同时预付实现这种劳动的条件,即劳动资料和劳动对象,机器和原料,也就是说,他只有把他所占有的一个价值额转化为生产条件的形式,才能对这种劳动进行剥削;他所以是一个资本家,能完成对劳动的剥削过程,也只是因为他作为劳动条件的所有者同只是作为劳动力的占有者的工人相对立。还在前面第一册[39]就已经指出,正是非劳动者对这种生产资料的占有,使劳动者转化为雇佣工人,使非劳动者转化为资本家。

资本家究竟是为了从可变资本取得利润才预付不变资本,还是为了使不变资本增殖才预付可变资本;他究竟是为了使机器和原料有更大的价值才把货币用在工资上,还是为了对劳动进行剥削才把货币预付在机器和原料上;这件事不管怎样看,对资本家来说,都是无关紧要的。虽然只有可变资本部分才能创造剩余价值,但它只有在另一些部分,即劳动的生产条件也被预付的情况下,才会创造出剩余价值。因为资本家只有预付不变资本才能对劳动进行剥削,因为他只有预付可变资本才能使不变资本增殖,所以在他的心目中,这两种资本就完全混同在一起了。而且,因为他实际获利的程度不是决定于利润和可变资本的比率,而是决定于利润和总资本的比率,即不是决定于剩余价值率,而是决定于利润率,所以情形就更是这样。我们将会看到,利润率可以不变,然而它可以表示不同的剩余价值率。

产品中由资本家支付的一切价值组成部分,或者说,由他投入生产的这些价值组成部分的等价物,都属于产品成本。单是使资本保存下来,或者说,按原有的量再生产出来,就必须使这些成本得到补偿。

商品包含的价值,等于制造商品所耗费的劳动时间,这个劳动的总和则由有酬劳动和无酬劳动构成。而对资本家来说,商品成本只由他所支付的对象化在商品中的那部分劳动构成。商品包含的剩余劳动不需要资本家耗费什么东西,虽然它同有酬劳动一样,需要工人付出劳动,并且它同有酬劳动一样创造价值,作为价值形成要素加入商品。资本家的利润是这样来的:他可以出售他没有支付分文的某种东西。剩余价值或利润,恰恰就是商品价值超过商品成本价格的余额,或者说,就是商品包含的劳动总量超过它包含的有酬劳动量的余额。据此,不管剩余价值来自何处,它总是一个超过全部预付资本的余额。因此,这个余额和总资本会保持一个比率,这个比率可以用分数 $\frac{m}{C}$ 来表示,其中C表示总资本。这样,我们就得到了一个与剩余价值率 $\frac{m}{v}$ 不同的**利润率** $\frac{m}{C} = \frac{m}{c+v}$。

用可变资本来计算的剩余价值的比率,叫做剩余价值率;用总资本来计算的剩余价值的比率,叫做利润率。这是同一个量的两种不同的计算法,由于计算的标准不同,它们表示的是同一个量的不同的比率或关系。

应当从剩余价值率到利润率的转化引出剩余价值到利润的转化,而不是相反。实际上,利润率从历史上说也是出发点。剩余价值和剩余价值率相对地说是看不见的东西,是要进行研究的本质的东西,而利润率,从而剩余价值作为利润的形式,却会在现象的表面上显示出来。

至于单个资本家,那么很清楚,他唯一关心的,是剩余价值即他出售自己的商品时所得到的价值余额和生产商品时所预付的总资本的比率;而对这个余额和资本的各个特殊组成部分的特定关系以及这个余额和它们之间的内在联系,他不仅不关心,而且掩盖这个特定关系和这种内在联系,正是他的利益所在。

虽然商品价值超过它的成本价格的余额是在直接生产过程中产生的,但它只是在流通过程中才得到实现,而且由于这个余额在现实中、在竞争中、在现实市场上是否实现,实现到什么程度,都要取决于市场的状况,因此这个余额更容易造成一种假象,好像它来自流通过程。在这里没有必要说明,如果一个商品高于或低于它的价值出售,这时发生的只是剩余价值的另一种分配;这种不同的分配,即在不同个人之间分割剩余价值的比率的变更,既丝毫不会改变剩余价值的大小,也丝毫不会改变剩余价值的性质。在实际流通过程中,不仅发生着我们在第二册已经考察过的各种转化,而且这些转化还同现实的竞争,同商品高于或低于它的价值的买和卖结合在一起,因此对单个资本家来说,由他本人实现的剩余价值,既取决于对劳动的直接剥削,也取决于互相诈骗的行为。

在流通过程中起作用的,除了劳动时间,还有流通时间,它也限制着可以在一定时间内实现的剩余价值的量。此外,还有另一些来自流通的要素,也会对直接生产过程产生决定性的影响。直接生产过程和流通过程二者不断互相交织、互相渗透,从而不断使它们互相区别的特征分辨不清。以前已经说过,在流通过程中,剩余价值的生产和一般价值的生产一样,会获得新的规定;资本会经历它的各种转化的循环;最后,它可以说会从它的内部的有机生命,进入外部的生活关系,在这些关系中,互相对立的不是资本和劳动,而一方面是资本和资本,另一方面又是单纯作为买者和卖者的个人;流通时间和劳动时间在它们的进程中会互相交错,好像二者同样地决定着剩余价值;资本和雇佣劳动互相对立的最初形式,会由于一些看来与此无关的关系的干扰而被掩盖起来;剩余价值本身也不是表现为占有劳动时间的产物,而是表现为商品的出售价格超过商品的成本价格的余额。成本价格因此也就容易表现为商品的固有价值(Valeur intrinsèque),结果利润就表现为商品的出售价格超过商品的内在价值的余额。

诚然,在直接生产过程中,剩余价值的性质会不断在资本家的意识中出现;在我们考察剩余价值时谈到的资本家对他人劳动时间的贪求等等,已经向我们证明了这一点。但是,1. 直接生产过程本身只是一个转瞬即逝的要素,它会不断转入流通过程,就像流通过程会不断转入生产过程一样,因此,关于生产过程中所获得的利益的源泉,即关于剩余价值的性质,虽然在生产过程中已经有了一点隐隐约约的感觉,但至多不过表现为一个和下述看法同样合理的要素,按照这种看法,已实现的余额,好像来源于与生产过程无关而由流通本身产生的运动,也就是属于资本而又与资本对劳动的关系无关的运动。难怪连现代经济学家如拉姆赛、马尔萨斯、西尼耳、托伦斯等人也直接用流通的这些现象来证明:资本在它的单纯物质存在上,与它同劳动的社会关系(正是这种关系使它成为资本)无关,是一个与劳动并列而且与劳动无关的剩余价值的独立源泉。2. 在既包括工资,也包括原料价格、机器磨损等等的成本项目下,无酬劳动的榨取,只是表现为成本中某一项支付上的节约,只是表现为对一定量劳动的支付上的减少;就像由于买进的原料比较便宜或由于机器磨损减少而得到节约完全一样。因此,剩余劳动的榨取,就失去了它的独特性质;它同剩余价值的独特关系也被弄得模糊不清了;正如我们在第一册第六篇[40]已经指出的,劳动力价值表现为工资形式,又大大促进和助长了上述这种情况。

由于资本的一切部分都同样表现为超额价值(利润)的源泉,资本关系也就神秘化了。

不过,剩余价值通过利润率而转化为利润形式的方式,只是生产过程中已经发生的主体和客体的颠倒的进一步发展。我们已经在生产过程中看到,劳动的全部主体生产力怎样表现为资本的生产力。[41]一方面,价值,即支配着活劳动的过去劳动,人格化为资本家;另一方面,工人反而仅仅表现为物质劳动力,表现为商品。从这种颠倒的关系出发,还在简单的生产关系中,已经必然产生出相应的颠倒的观念,即歪曲的意识,这种意识由于真正流通过程的各种转化和变形而进一步发展了。

我们在李嘉图学派那里可以看到,把利润率的规律直接表现为剩余价值率的规律,或者相反,完全是一种荒谬的尝试。在资本家的头脑中,这两个规律当然是没有区别的。在 $\frac{m}{C}$ 这个表现中,剩余价值是按照为生产它而预付的总资本的价值计算的,总资本在这个生产中一部分完全被消费掉,一部分只是被使用了。实际上,$\frac{m}{C}$ 这个比率表示全部预付资本的增殖程度;这就是说,按照剩余价值的概念上的、内在的联系和性质来说,这个比率表示可变资本的变动量和全部预付资本量之间的关系。

总资本的价值量本来同剩余价值量没有任何内在关系,至少没有直接的内在关系。就总资本的物质要素来说,总资本减去可变资本,也就是不变资本,是由实现劳动的物质条件即劳动资料和劳动材料构成的。要使一定量劳动实现在商品中,从而形成价值,就需要一定量的劳动材料和劳动资料。在劳动的量和这个活劳动要追加于其上的生产资料的量之间,按照追加劳动的特殊性质,存在一定的技术关系。因此,就这一点来说,在剩余价值量或剩余劳动量和生产资料量之间,也存在着一定的关系。例如,如果生产工资的必要劳动每天为6小时,那么工人为了提供6小时剩余劳动,为了创造100%的剩余价值,就必须劳动12小时。他在12小时内用掉的生产资料比6小时内用掉的多一倍。但是,他在6小时内追加的剩余价值,同6小时或者甚至12小时内用去的生产资料的价值并没有任何直接关系。后者的价值在这里是完全没有意义的;重要的只是技术上必要的量。原料或劳动资料不管贵贱都是完全没有关系的;只要它们具有所要求的使用价值,并且和要被吸收的活劳动保持一个技术上规定的比例就行了。如果我知道,1小时纺掉棉花x磅,值a先令,我当然也就知道,12小时纺掉棉花12x磅＝12a先令;这样,我就能够计算出剩余价值和12小时内用去的棉花的价值的比例,就像能够计算出剩余价值和6小时内用去的棉花的价值的比例一样。但是,活劳动和生产资料**价值**的比例,只是在a先令充当x磅棉花的标志时,在这里才能成立;因为,一定量棉花有一定的价格,因而反过来,只要棉花价格不变,一定的价格也能够充当一定量棉花的指数。如果我知道,为了占有6小时剩余劳动,我必须要别人劳动12小时,也就是说,我必须准备好供12小时用的棉花,并且我又知道12小时所需要的这个棉花量的价格,那么在棉花价格(作为必要量的指数)和剩余价值之间就间接地存在一个比例。但是反过来,我却无论如何也不能从原料的价格中推断出比如说1小时(不是6小时)能够纺掉的原料的总量。因此,在不变资本价值和剩余价值之间,从而在总资本价值(＝c＋v)和剩余价值之间,没有任何内在的、必然的关系。

如果剩余价值率已知,剩余价值量也已定,那么利润率所表示的,就只是它实际所指的东西,即剩余价值的另一种计算法,也就是用总资本的价值来计算,而不是用和劳动相交换的、直接产生出剩余价值的那部分资本的价值来计算。但在现实中(也就是在现象世界中),事情正好相反。剩余价值是已定的,然而是作为商品出售价格超过商品成本价格的余额而已定的;这个余额的来源依然是神秘的:是来自生产过程中对劳动的剥削,是来自流通过程中买者所受的欺诈,还是同时来自这二者?其次,已定的,还有这个余额和总资本价值的比率即利润率。用全部预付资本价值来计算出售价格超过成本价格的余额,是很重要、很自然的,因为总资本增殖的比率,或者说总资本的增殖程度,实际就是这样找到的。如果从这个利润率出发,那么就根本不可能推论出这个余额和在工资上支出的资本部分之间的任何独特关系。我们在以后的一章中[42]将会看到,马尔萨斯在试图走这一条路来探寻剩余价值的秘密以及剩余价值和可变资本部分之间的独特关系的秘密时,作了多么滑稽的表演。利润率本身所表明的,不如说是这个余额对同样大小的各个资本部分的同样的关系。从这一观点出发,资本就根本没有显示出任何内在的区别,只有固定资本和流动资本的区别显示出来。而这个区别所以能够显示出来,也只是因为余额的计算有两种方法。第一,作为一个简单的量即超过成本价格的余额来计算。在余额的这第一个形式上,全部流动资本会加入成本价格,而固定资本中却只有损耗会加入成本价格。第二,作为这个价值余额和预付资本总价值的比率来计算。在这里,全部固定资本的价值和流动资本的价值一样加入计算。流动资本在这两个场合都以同一方式加入计算;而固定资本在前一个场合,以一种和流动资本不同的方式加入计算,在后一个场合,却以相同的方式加入计算。因此,流动资本和固定资本的区别在这里就作为唯一的区别显示出来了。

因此,当这个余额从利润率中,用黑格尔的语言来说[43],再自身反映时,或者换句话说,当这个余额通过利润率进一步表示出自己的特征时,它就表现为资本在每年或在一定流通期间内所创造的、超过其本身价值的一个余额。

因此,尽管利润率和剩余价值率在数量上不同,而剩余价值和利润实际上是一回事并且数量上也相等,但是利润还是剩余价值的一个转化形式,在这个形式中,剩余价值的起源和它存在的秘密被掩盖了,被抹杀了。实际上,利润是剩余价值的表现形式,而剩余价值只有通过分析才得以从利润中剥离出来。在剩余价值中,资本和劳动的关系赤裸裸地暴露出来了;在资本和利润的关系中,也就是在资本和剩余价值——它一方面表现为在流通过程中实现的、超过商品成本价格的余额,另一方面表现为一个通过它对总资本的关系而获得进一步规定的余额——的关系中,**资本**表现为**一种对自身的关系**,在这种关系中,资本作为原有的价值额,同它自身创造的新价值相区别。至于说资本在它通过生产过程和流通过程的运动中创造出这个新价值,这一点是人们意识到了的。但是这种情况是怎样发生的,现在却神秘化了,好像它来自资本本身固有的秘密性质。

我们越往后研究资本的增殖过程,资本关系就越神秘化,它的内部机体的秘密就暴露得越少。

在这一篇中,利润率和剩余价值率在数量上是不同的;相反地,利润和剩余价值被看做是同一个数量,只是形式不同。在下一篇我们会看到,外在化的过程将进一步发展,并且利润在数量上也将表现为一个和剩余价值不同的量。

第 三 章

利润率和剩余价值率的关系

正如在前一章的末尾指出的那样,我们在这里,和在这个第一篇全篇一样,假定一定量的资本所取得的利润额,和这个资本在一定流通期间产生的剩余价值总额相等。因此,我们暂时撇开以下的事实:这个剩余价值一方面分成各种派生形式,即资本利息、地租、赋税等等;另一方面,在多数场合,它和按照一般平均利润率占有的利润是不一致的。关于一般平均利润率,我们将在第二篇加以讨论。

当利润和剩余价值在数量上被看做相等时,利润的大小和利润率的大小,就由在每个场合已定或可定的单纯数量的关系来决定。因此,首先要在纯粹数学的范围内进行研究。

我们仍然沿用第一册和第二册的各种符号。总资本C分为不变资本c和可变资本v,生产一个剩余价值m。我们把这个剩余价值和预付可变资本的比率$\frac{m}{v}$叫做剩余价值率,并且用m′来表示。这样,$\frac{m}{v}$＝m′,因而m＝m′v。这个剩余价值如果不是同可变资本相对比,而是同总资本相对比,就叫做利润(p),而剩余价值m和总资本C的比率$\frac{m}{C}$,就叫做利润率p′。这样我们就得到:

$$p′＝\frac{m}{C}＝\frac{m}{c+v},$$

用m的上述的值m′v代替m,我们又得到:

$$p' = m'\frac{v}{C} = m'\frac{v}{c+v},$$

这个方程式也可以用如下的比例来表示：

$$p':m' = v:C;$$

利润率和剩余价值率之比，等于可变资本和总资本之比。

　　从这个比例可以看出，利润率p′总是小于剩余价值率m′，因为可变资本v总是小于C，即v＋c之和，可变资本加上不变资本之和；不过要把v＝C这种唯一的、但是实际上不可能有的情形除外，也就是要把资本家完全不预付不变资本，不预付生产资料，而只预付工资的情形除外。

　　此外，在我们的研究中，还要考虑到一系列对c、v和m的大小有决定性影响的其他因素，因此要简略地提一下这些因素。

　　第一是**货币的价值**。我们可以假定，货币的价值到处都是不变的。

　　第二是**周转**。我们暂时完全不考虑这个因素，因为周转对利润率的影响，我们要在以后的一章中专门进行考察。〔在这里，我们只是先提出一点：公式$p' = m'\frac{v}{C}$，严格地说，只是对可变资本的**一个**周转期间来说，才是正确的。但是，如果用年剩余价值率m′n代替简单的剩余价值率m′，这个公式也适用于年周转；在这里，n代表可变资本一年内周转的次数（见第二册第十六章第Ⅰ节）。——弗·恩·〕

　　第三，还要考虑到**劳动生产率**。劳动生产率对剩余价值率的影响，已经在第一册第四篇详细讨论过了。但它对利润率，至少对单个资本的利润率，也能发生直接的影响，如果像我们在第一册第十章第323/314页[44]中说过的情形那样，这个单个资本用高于社会平均生产率的生产率来进行工作，按低于同种商品的社会平均价值的价值来提供产品,因而实现一个额外利润。但这个情形在这里仍然不予考虑,因为在这一篇,我们还是假定各种商品是在社会正常的条件下生产,并且按照它们的价值出售的。因此,我们在每一个场合都假定劳动生产率保持不变。事实上,投在一个产业部门的资本的价值构成,也就是可变资本和不变资本的一定比率,总是表示一定程度的劳动生产率。所以,一旦这个比率的变化不是由不变资本的各个物质组成部分的单纯的价值变化或工资的变化引起的,那也就必定表示,劳动生产率已经发生了变化,因此,我们常常可以看到,c、v和m这几个因素的变化同时也包含着劳动生产率的变化。

其余三个因素,即**工作日长度**、**劳动强度和工资**的情况,同样如此。它们对剩余价值量和剩余价值率的影响,我们已在第一册详细论述过了。[45]因此,很清楚,虽然为了简便起见,我们总是假定这三个因素保持不变,但是v和m的变化同样可以包含着它们的这几个决定要素的量的变化。在这里,我们只是简单地提一下,工资对剩余价值量和剩余价值率的影响,同工作日长度和劳动强度对它们的影响是相反的;工资的增加会减少剩余价值,而工作日的延长和劳动强度的提高则会增加剩余价值。

例如,假定有一个100的资本,使用20个工人,在他们每天劳动10小时,每周总工资为20的情况下,生产一个20的剩余价值。这样,我们就得到:

$$80c + 20v + 20m\,; m' = 100\%\,, p' = 20\%。$$

假定工作日延长到15小时,但工资不增加。这样,20个工人的总价值产品,就由40增加到60(10:15 = 40:60);因为支付的工资v保持不变,所以剩余价值就由20增加到40。这样,我们就得到:

$$80c + 20v + 40m\,; m' = 200\%\,, p' = 40\%。$$

另一方面,如果每天劳动仍旧是10小时,而工资由20下降到12,那么总价值产品仍旧是40,但分配情况不同了;v减少到12,余下的28就是m。这样,我们就得到:

$$80c + 12v + 28m; m' = 233\frac{1}{3}\%, p' = \frac{28}{92} = 30\frac{10}{23}\%。$$

由此可见,工作日的延长(或劳动强度的相应提高)和工资的降低,都会增加剩余价值量,从而会提高剩余价值率;相反,在其他条件不变的情况下,工资的增加则会降低剩余价值率。所以,如果v因工资的增加而增加,这并不表示劳动量增加了,而只是表示劳动量的报酬更高了;在这个场合,m′和p′就不会提高,而会降低。

在这里就可以看出,工作日、劳动强度和工资的变化,一定会使v和m以及它们的比率同时发生变化,从而也会使p′,即m和c＋v(总资本)的比率同时发生变化。同样很清楚,m和v的比率的变化,也就意味着上述三个劳动条件中至少有一个条件已经发生变化。

在这里正好可以看出可变资本同总资本的运动及其增殖之间的特殊的有机联系,以及可变资本同不变资本的区别。就价值形成而言,不变资本所以重要,只是在于它具有的价值。在这里,对价值形成来说,1 500镑不变资本究竟是代表1 500吨铁(假定每吨1镑)还是代表500吨铁(每吨3镑),是完全没有关系的。不变资本的价值究竟代表多少实际材料,对价值形成和利润率来说,是完全没有关系的。不变资本价值的增减和这个资本所代表的物质使用价值的量不管什么比率,利润率同不变资本价值总是按相反的方向变动。

可变资本的情况就完全不是这样。在这里重要的,首先不是在于可变资本具有的价值,不是在于对象化在可变资本中的劳动,而是在于这个价值只是可变资本所推动的但没有在可变资本中体现的总劳动的指数。这个总劳动和在可变资本本身中体现的劳动即有酬劳动的差额,或者说,总劳动中形成剩余价值的部分,在可变资本本身包含的劳动越小的时候,就越大。假定一个10小时的工作日等于10先令＝10马克。如果必要劳动即补偿工资或可变资本的劳动＝5小时＝5先令,那么,剩余劳动就＝5小时,剩余价值就＝5先令。如果必要劳动＝4小时＝4先令,那么,剩余劳动就＝6小时,剩余价值就＝6先令。

因此,只要可变资本价值的大小不再是它所推动的劳动量的指数,或者不如说,这个指数的尺度本身已经发生变化,那么,剩余价值率就会随之按相反的方向和相反的比例发生变化。

现在我们把上述的利润率方程式$p' = m'\dfrac{v}{C}$,应用于各种可能的情况。我们依次变更$m'\dfrac{v}{C}$中各个因素的值,并确定这些变化对利润率的影响。这样,我们就会得到一系列不同的情况。我们可以把这些情况看做同一个资本的依次变化的作用条件,但也可以看做同时并存于不同产业部门或不同国家、为了比较才列在一起的不同的资本。因此,如果把我们所举的某些例子理解为同一个资本在时间上先后出现的状态,这样显得勉强或实际上不可能,那么,只要把它们理解为互相独立的资本在进行比较,这种指责也就可以消除了。

因此,我们把$m'\dfrac{v}{C}$这个乘积分成两个因素,m'和$\dfrac{v}{C}$;我们先把m'当做是不变的,研究$\dfrac{v}{C}$的各种可能变化的结果;然后把$\dfrac{v}{C}$这个分数当做是不变的,使m'发生各种可能的变化;最后,我们假定一切因素都是可变的,并列举所有的情形,由此推出利润率的各种规律。

I. m' 不变, $\dfrac{v}{C}$ 可变

我们可以为这种情况——它又包含许多派生情况——提出一个

总公式。假定有两个资本C和C_1，它们的可变组成部分分别为v和v_1，剩余价值率同为m′，利润率分别为p′和p'_1——这样：

$$p' = m' \frac{v}{C} ; p'_1 = m' \frac{v_1}{C_1} 。$$

现在使C和C_1相比，v和v_1相比。例如，假定分数$\frac{C_1}{C}$之值 = E，分数$\frac{v_1}{v}$之值 = e，这样，$C_1 = EC$，$v_1 = ev$。用所得之值，代替上述p'_1方程式中的C_1和v_1，我们就得到：

$$p'_1 = m' \frac{ev}{EC} 。$$

把上述两个方程式变成比例，我们就可以由这两个方程式引出第二个公式：

$$p' : p'_1 = m' \frac{v}{C} : m' \frac{v_1}{C_1} = \frac{v}{C} : \frac{v_1}{C_1} 。$$

因为以同数乘除分子和分母，分数的值不变，所以我们可以把$\frac{v}{C}$和$\frac{v_1}{C_1}$化为百分比，也就是，使C和C_1各 = 100。这样，我们就得到$\frac{v}{C} = \frac{v}{100}$和$\frac{v_1}{C_1} = \frac{v_1}{100}$，我们还可以把上述比例中的分母去掉，于是就得到：

$$p' : p'_1 = v : v_1 ; 也就是说，$$

就任何两个以相同的剩余价值率发生作用的资本来说，利润率之比，等于按各自总资本以百分比计算的可变资本部分之比。

这两个公式，包含着$\frac{v}{C}$的变化的一切情况。

在分别考察这些情况之前，还要指出一点。因为C是c和v即不变资本和可变资本之和，因为剩余价值率和利润率通常都用百分比来表示，所以一般地说，假定c + v之和也为100，也就是用百分比来表示c和v，是比较方便的。在我们不是要确定利润量，而是要确定利润率时，不管是说一个15 000的资本，其中不变资本12 000，可变资本3 000，生产一个3 000的剩余价值，还是把这个资本化为百分比，结果都是一样：

$$15\,000C = 12\,000c + 3\,000v(+3\,000m)$$
$$100C = \qquad 80c + \quad 20v(+ \quad 20m)。$$

在这两个场合,剩余价值率 m′ 都是 = 100%,利润率都是 = 20%。

当我们拿两个资本作比较时,情况也是如此,例如,我们拿上面那个资本同另一个如下的资本作比较:

$$12\,000C = 10\,800c + 1\,200v(+1\,200m)$$
$$100C = \qquad 90c + \quad 10v(+ \quad 10m),$$

在这两个场合,m′ 都是 = 100%,p′ 都是 = 10%,而用百分比的形式来同上面那个资本作比较,结果就清楚得多。

相反,在我们考察同一个资本的变化时,百分比形式就很少应用,因为这个形式几乎总是把这些变化掩盖起来。如果一个资本由百分比形式

$$80c + 20v + 20m$$

变为百分比形式

$$90c + 10v + 10m,$$

那么,我们就看不出,这个变化了的百分比构成即 90c + 10v,是由 v 的绝对减少引起的,还是由 c 的绝对增加引起的,还是同时由二者引起的。要看出这一点,我们必须有绝对的数字。而在研究下述的各个变化情况时,整个问题恰恰在于这种变化是怎样发生的,80c + 20v 变为 90c + 10v,是由于不变资本增加、可变资本不变,如 12\,000c + 3\,000v 变为 27\,000c + 3\,000v(百分比形式是 90c + 10v);或者由于不变资本不变、可变资本减少,如 12\,000c + 3\,000v 变为 12\,000c + 1\,333\frac{1}{3}v(百分比形式也是 90c + 10v);或者由于二者都发生变化,如 12\,000c + 3\,000v 变为 13\,500c + 1\,500v(百分比形式

还是90c＋10v)。我们现在正要依次研究这些情况,因此,尽管百分比的形式十分方便,我们只好放弃不用,或者只是把它当做次要的形式来使用。

1. m′和 C 不变，v可变

如果v的大小发生变化,那么C要保持不变,C的另一个组成部分,即不变资本c,就要和v以同额但按相反的方向发生变化。假定C原来＝80c＋20v＝100,现在v减为10,C就只有在c增加到90的时候,才能仍旧＝100;90c＋10v＝100。一般说来,如果v变为v±d,即v加上d或减去d,那么,c就必须变为c∓d,即必须以同额但按相反的方向发生变化,这样才能满足当前这种情况的各种条件。

同样,当剩余价值率m′不变,但可变资本v变化时,剩余价值量m必然发生变化,因为m＝m′v,而m′v的一个因素v已有了一个不同的值。

这个场合所假定的各种前提,使我们在原方程

$$p' = m' \frac{v}{C}$$

之外,又由v的变化,得到了第二个方程式:

$$p'_1 = m' \frac{v_1}{C},$$

其中v变为v_1,现在应当求出由此而引起变化的利润率p'_1。

这个利润率可以由如下的比例求出:

$$p' : p'_1 = m' \frac{v}{C} : m' \frac{v_1}{C} = v : v_1。$$

也就是说,在剩余价值率和总资本不变时,原利润率和由可变资本的变化而产生的利润率之比,等于原可变资本和变化以后的可变资本之比。

假定资本原来像上面所说的那样是：

I. 15 000C＝12 000c＋3 000v(＋3 000m)；现在是：

II. 15 000C＝13 000c＋2 000v(＋2 000m)；在这两个场合，

C＝15 000，m′＝100%，I的利润率20%和II的利润率$13\frac{1}{3}$%之比，等于I的可变资本3 000和II的可变资本2 000之比，即$20\%:13\frac{1}{3}\%=3\ 000:2\ 000$。

可变资本可以增加，也可以减少。我们先拿可变资本增加的例子来说。假定一个资本原来的构成和发生作用的情况如下：

I. 100c＋20v＋10m；C＝120，m′＝50%，$p′＝8\frac{1}{3}$%。

现在，可变资本增加到30；按照前提，要使总资本保持不变，仍然＝120，不变资本必须由100减少到90。所生产的剩余价值，在剩余价值率仍然是50%的情况下，就必须增加到15。因此我们得到：

II. 90c＋30v＋15m；C＝120，m′＝50%，$p′＝12\frac{1}{2}$%。

我们首先假定工资不变。这时，剩余价值率的其他因素，工作日和劳动强度，也必须保持不变。因此，v的增加(由20增加到30)，只能表示所使用的工人人数增加了$\frac{1}{2}$。这样，总的价值产品也将增加$\frac{1}{2}$，由30增加到45，分配的情况和以前完全一样，$\frac{2}{3}$作为工资，$\frac{1}{3}$作为剩余价值。但在工人人数增加的同时，不变资本即生产资料的价值，却由100减少到90了。于是，我们就看到了一种情况：劳动生产率的降低与不变资本同时减少联系在一起；这种情况在经济上是可能的吗？

在农业和采掘工业中(在这两个部门，劳动生产率的降低，从而所使用的工人人数的增加，是容易理解的)，这个过程——在资本主义生产的范围内和在它的基础上——就不是和不变资本的减少，而是和不变资本的增加联系在一起的。甚至在c的上述那种减少只是由于价格的下降造成时,单个资本也只有在十分例外的情形下才能完成由I到II的转变。但就投在不同国家或不同农业部门或采掘工业部门的两个独立资本来说,一个场合比另一个场合使用更多的工人(从而使用更大的可变资本)同时却使用价值更小或数量更少的生产资料的情况,就不足为奇了。

但如果我们抛弃工资不变的假定,用工资提高 $\frac{1}{2}$ 来解释可变资本由20提高到30,那么,情况就完全不同了。同数工人——比如说20个工人——用同量或不过略为减少的生产资料继续工作。如果工作日不变,比如说仍旧是10小时,总价值产品也就不变;它仍旧=30。但这30必须全部用来补偿预付的可变资本30;剩余价值就会消失。可是我们的前提是剩余价值率不变,像I一样仍旧是50%。这只有在工作日延长 $\frac{1}{2}$,即延长到15小时的条件下,才有可能。这时,20个工人在15小时内会生产一个45的总价值,一切条件都满足了:

II. $90c + 30v + 15m$; $C = 120$, $m' = 50\%$, $p' = 12\frac{1}{2}\%$ 。

在这个场合,和I相比,20个工人不会使用更多的劳动资料,即工具、机器等等;只是原料或辅助材料必须增加 $\frac{1}{2}$ 。因此,在这些材料的价格下降时,按照我们的前提,由I转变到II,甚至对单个资本来说,在经济上也是可能发生的。资本家由于他的不变资木贬值可能遭受的损失,至少会由较大的利润,得到某种程度的补偿。

现在,我们假定可变资本不是增加,而是减少。这样,我们只需要把上面的例子颠倒过来,把II当做原来的资本,由II转变为I。

II. $90c + 30v + 15m$ 变为

I. $100c + 20v + 10m$,很明显,这种颠倒不会使那些决定双方利润率及其互相关系的条件发生任何变化。

如果在不变资本增加时,v因所使用的工人人数减少$\frac{1}{3}$而由30减少到20,那么,我们在这里就看到了现代工业的正常情况:劳动生产率提高,人数较少的工人使用数量较大的生产资料。这个运动必然和利润率的同时下降联系在一起,关于这一点我们将在本册第三篇加以论述。

但是,如果v因同数工人按较低的工资被雇用而由30减少到20,那么在工作日不变时,总价值产品会仍旧=30v+15m=45;既然v下降到20,剩余价值就会增加到25,剩余价值率就会由50%增加到125%,而这是和前提相违背的。为了符合我们所规定的条件,按50%的比率计算的剩余价值,相反地必须下降到10,因而总价值产品必须由45减少到30。这只有在工作日缩短$\frac{1}{3}$的情况下,才有可能。这样,我们得到的结果就和上面一样:

$$100c + 20v + 10m \, ; m' = 50\% \, , p' = 8\frac{1}{3}\% \, 。$$

不用说,在工资减少时劳动时间又这样缩短的情况,实际上也许是不会发生的。但这没有什么关系。利润率是许多变数的函数,如果我们要知道这些变数怎样对利润率发生影响,我们就必须依次研究每个变数单独的影响,不管这种孤立的影响对同一资本来说在经济上是不是可能发生。

2. m′不变,v可变,C因v的变化而变化

这个场合和上述场合只有程度上的区别。在这个场合,c不是在v增加时以同额减少,或在v减少时以同额增加,而是保持不变。但是,在大工业和农业的目前条件下,可变资本只是总资本的一个比较

小的部分,因此,在总资本的减少或增加由可变资本的变化决定时,总资本的减少或增加也是比较小的。我们再从这样一个资本出发:

I. $100c + 20v + 10m; C = 120, m' = 50\%, p' = 8\frac{1}{3}\%$,

现在假定它变为:

II. $100c + 30v + 15m; C = 130, m' = 50\%, p' = 11\frac{7}{13}\%$。

与此相反的可变资本减少的情况,又可以由II再转变为I来加以说明。

各种经济条件本质上会和上述场合一样,因此,无须重述。由I到II的转变意味着:劳动生产率降低$\frac{1}{2}$;为了使用100c,II式所需的劳动比I式多$\frac{1}{2}$。这种情况在农业中可能发生。[9]

不过在上述场合,总资本因不变资本转化为可变资本,或可变资本转化为不变资本,而保持不变;而在这里,在可变部分增加时会有追加资本被束缚,在可变部分减少时会有原来使用的资本被游离。

3. m′和 v 不变，c 可变，因而 C 也可变

在这个场合,方程式

$$p' = m'\frac{v}{C} 变为: p'_1 = m'\frac{v}{C_1},$$

把两边共有的因素去掉,就得到如下的比例:

$$p'_1 : p' = C : C_1;$$

在剩余价值率相等,可变资本部分也相等时,利润率和总资本成反比。

（9）手稿中这里有一句话:"以后再来研究这种情况同地租有什么联系。"

例如,假定有三个资本,或同一个资本有三种不同的情况:

I.　$80c + 20v + 20m$;$C = 100$,$m' = 100\%$,$p' = 20\%$;

II. $100c + 20v + 20m$;$C = 120$,$m' = 100\%$,$p' = 16\frac{2}{3}\%$;

III. $60c + 20v + 20m$;$C =\ \ 80$,$m' = 100\%$,$p' = 25\%$;

那么就会得到如下的比例:

$$20\% : 16\frac{2}{3}\% = 120 : 100 ; 20\% : 25\% = 80 : 100 。$$

关于m'不变时$\frac{v}{C}$的各种变化,我们前面提出的总公式是:

$$p'_1 = m'\frac{ev}{EC} ; 现在它变为:p'_1 = m'\frac{v}{EC} ,$$

因为v没有变化,所以因素$e = \frac{v_1}{v}$在这里变为$= 1$。

因为$m'v = m$,即剩余价值量,又因为m'和v都保持不变,所以m不会因C的变化而受到影响;剩余价值量在变化以后,和在变化以前一样。

假定c减为零,p'就会$= m'$,利润率就会等于剩余价值率。

c的变化,可能由不变资本的物质要素的单纯价值变化引起,也可能由总资本技术构成的变化,即由该生产部门劳动生产率的变化引起。在后一种情况下,随着大工业和农业的发展而提高的社会劳动生产率,用上面的例子来说,要求按照由III到I,由I到II这样的顺序来转变。一个以20为报酬但生产价值40的劳动量,最初使用了价值60的劳动资料;当生产率提高但价值不变时,所使用的劳动资料起初增加到80,然后增加到100。生产率下降,则引起顺序的相反变化;同量劳动所能推动的生产资料就会减少,生产就会缩减,这种情况可能在农业、采矿业等部门发生。

不变资本的节约,一方面会提高利润率,另一方面会使资本游离,因此,对资本家来说具有重要的意义。关于这一点以及不变资本要素(特别是原料)价格变动的影响,我们以后①还要进行详细的研究。

在这里又表明,不变资本的变化,不论是由c的物质组成部分的增加或减少引起,还是由c的物质组成部分的单纯价值变化引起,都同样会对利润率发生影响。

4. m′不变，v、c 和 C 都可变

在这个场合,上述利润率已经变化的总公式

$$p'_1 = m' \frac{ev}{EC}$$

也是适用的。在剩余价值率不变时,从这个公式可以得出如下结果:

(a)如果E大于e,也就是说,如果不变资本的增加,使总资本比可变资本按更大的比率增加,那么,利润率就会下降。如果一个80c + 20v + 20m的资本变为170c + 30v + 30m的构成,那么m′仍旧 = 100%,尽管v和C都增加了,但$\frac{v}{C}$会由$\frac{20}{100}$降低到$\frac{30}{200}$,利润率也就会相应地由20%降低到15%。

(b)只有e = E,也就是说,只有$\frac{v}{C}$这个分数在表面上发生变化,但其值不变,也就是说,只有分子和分母以同数乘除,利润率才会保持不变。80c + 20v + 20m和160c + 40v + 40m二者的利润率显然都是20%,因为m′仍然 = 100%,而$\frac{v}{C} = \frac{20}{100} = \frac{40}{200}$在这两个例子中,都代表相等的值。

(c)如果e大于E,也就是说,如果可变资本比总资本按更大的比率增加,利润率就会提高。如果80c + 20v + 20m变为120c +

---

① 见本卷第91—153页。——编者注

$40v+40m$，利润率就会由20%增加到25%，因为在m'不变时，$\dfrac{v}{C}=\dfrac{20}{100}$已经提高到$\dfrac{40}{160}$，由$\dfrac{1}{5}$提高到$\dfrac{1}{4}$。

如果v和C按相同的方向变化，我们就可以这样来看待这种量的变化，即二者达到一定点时，按相同的比率变化，在这个点上，$\dfrac{v}{C}$保持不变。超过这一点，二者之中仿佛就只有一个发生变化。这样，我们就可以把这种较为复杂的情况化为上述一种较为简单的情况。

例如，如果$80c+20v+20m$变为$100c+30v+30m$，那么，只要这种变化达到$100c+25v+25m$这一点时，v和c，从而v和C的比率，就会保持不变。因此在这一点上，利润率也会保持不变。我们现在可以把$100c+25v+25m$当做出发点；我们使v增加5，即增加到$30v$，C也就由125增加到130，这样我们就得到上述的第二种情况，即只有v的变化以及由此引起的C的变化。利润率原来是20%，在剩余价值率不变的情况下由于增加了$5v$，现在就提高到$23\dfrac{1}{13}\%$了。

甚至在v和C按相反的方向在数量上发生变化时，我们同样可以把它化为一个较为简单的情况。例如，我们再从$80c+20v+20m$出发，使它变为$110c+10v+10m$的形式，而当变化为$40c+10v+10m$这一点时，利润率会仍旧是20%。把$70c$加到这个中间形式中去，利润率就会下降到$8\dfrac{1}{3}\%$。这样，我们也就把这个情况再化为仿佛只有一个变数c变化的情况了。

因此，v、c和C同时发生变化的情况，没有提出任何新的观点。它最后总是化为只有一个因素可变的情况。

还有一个情况，就是v和C在数字上还是和以前一样大，但它们的物质要素发生了价值变化，因此v所代表的，是被推动的劳动的已经变化了的量,c所代表的,是被推动的生产资料的已经变化了的量。但甚至这个唯一剩下的情况,实际上也已经包括在上述范围内了。

假定80c＋20v＋20m中,20v原来代表20个工人每天10小时劳动的工资。现在,假定每个人的工资由1增加到$1\frac{1}{4}$。这样,20v已经不能支付20个工人的报酬,而只能支付16个工人的报酬。但是,20个工人在200个劳动小时内会生产40的价值,而16个工人在每天10小时内,也就是在总共160个劳动小时内,将只生产32的价值。扣除20v作为工资,在32的价值中,就只剩下12作为剩余价值;剩余价值率就会由100%降低到60%。但是按照我们的前提,剩余价值率必须保持不变,因此工作日必须延长$\frac{1}{4}$,即由10小时延长到$12\frac{1}{2}$小时;20个工人在每天10小时内,即在200个劳动小时内会生产40的价值,16个工人在每天$12\frac{1}{2}$小时内,即在200小时内,也会生产相同的价值,80c＋20v的资本,现在也和以前一样,会生产20的剩余价值。

反过来,如果工资降低,20v可以支付30个工人的工资,那么,m′要保持不变,工作日就要由10小时缩短到$6\frac{2}{3}$小时。$20 \times 10 = 30 \times 6\frac{2}{3} = 200$个劳动小时。

至于在这些相反的假定下,c究竟在什么程度以内可以在其价值的货币表现上保持不变,但又能代表随着情况的变化而变化了的生产资料量,我们实质上在前面已经解释过了。这种情况只有在极其例外的场合,才可能以纯粹的形式出现。

至于c的各种要素的价值变化会增加或减少这些要素的量,但不会影响c的价值额这种情况,那么,只要这种变化不会引起v的数量变化,它就既不会影响利润率,也不会影响剩余价值率。

　　至此,我们已经把我们方程式中v、c和C各种可能的变化情况都列举出来了。我们看到,在剩余价值率保持不变时,利润率可以降低,不变,或提高,因为v和c或v和C的比率稍微发生变化,就足以使利润率也发生变化。

　　其次,我们看到,v的变化到处都有一个界限,这个界限一经达到,m′要保持不变,就会成为经济上不可能的事情。因为c的每一个单方面的变化,也必然会达到一个界限,这个界限一经达到,v就不能再保持不变,所以对$\frac{v}{C}$一切可能的变化来说,都有一个界限,超过这个界限,m′也就必然会变为可变。在m′变化时,我们方程式中各个变数的这种互相作用,还会更清楚地显示出来。我们现在就来研究m′的各种变化。

II. m′可变

　　如果把方程式
$$p' = m' \frac{v}{C}$$

变为另一个方程式
$$p'_1 = m'_1 \frac{v_1}{C_1},$$

其中p'_1、m'_1、v_1和C_1表示p'、m'、v和C的变化了的值,那么,我们就为各种不同剩余价值率下的利润率,求得一个总公式,而不管$\frac{v}{C}$是不变的,或同样是可变的。这样,我们就得到:

$$p' : p'_1 = m' \frac{v}{C} : m'_1 \frac{v_1}{C_1},$$

由此得到:
$$p'_1 = \frac{m'_1}{m'} \times \frac{v_1}{v} \times \frac{C}{C_1} \times p'。$$

1. m′ 可变，$\dfrac{v}{C}$ 不变

在这个场合，我们有两个方程式：

$$p' = m'\,\frac{v}{C}\,;\; p'_1 = m'_1\,\frac{v}{C}\,,$$

在这两个方程式中，$\dfrac{v}{C}$ 是等值的。因而可以得出如下比例：

$$p' : p'_1 = m' : m'_1\,。$$

具有相同构成的两个资本的利润率之比，等于它们的剩余价值率之比。因为在 $\dfrac{v}{C}$ 这个分数中，重要的不是v和C的绝对量，而只是二者的比率，所以，这适用于具有相同构成的一切资本，而不管它们的绝对量如何。

$$80c + 20v + 20m\,;\, C = 100\,,\, m' = 100\%\,,\, p' = 20\%$$
$$160c + 40v + 20m\,;\, C = 200\,,\, m' = 50\%\,,\, p' = 10\%$$
$$100\% : 50\% = 20\% : 10\%\,。$$

如果v和C的绝对量在两个场合是相等的，利润率还和剩余价值量成正比。

$$p' : p'_1 = m'v : m'_1v = m : m_1\,。$$

例如：

$$80c + 20v + 20m\,;\, m' = 100\%\,,\, p' = 20\%$$
$$80c + 20v + 10m\,;\, m' = 50\%\,,\, p' = 10\%$$
$$20\% : 10\% = 100 \times 20 : 50 \times 20 = 20m : 10m\,。$$

现在很清楚，就构成的绝对数或百分比相同的资本来说，剩余价值率只有在工资或工作日长度或劳动强度不等的情况下，才能是不等的。假定有三种情况：

I.　$80c + 20v + 10m\,;\, m' = 50\%\,,\, p' = 10\%\,,$

II. $80c + 20v + 20m$；$m' = 100\%$，$p' = 20\%$，

III. $80c + 20v + 40m$；$m' = 200\%$，$p' = 40\%$，

总价值产品在I式是$30(20v + 10m)$，在II式是40，在III式是60。这种情形可以由三种方式引起。

第一，工资不等，因而20v在各个场合表示不同的工人人数。假定在I式是按$1\frac{1}{3}$镑的工资雇用15个工人劳动10小时，生产30镑价值，其中20镑补偿工资，10镑是剩余价值。如果工资降低到1镑，就可以雇用20个工人劳动10小时，因此生产40镑的价值，其中20镑补偿工资，20镑是剩余价值。如果工资再降低到$\frac{2}{3}$镑，就可以雇用30个工人劳动10小时，生产60镑的价值，其中除去20镑工资，还剩下40镑剩余价值。

在这个场合，资本的百分比构成不变，工作日不变，劳动强度不变，但剩余价值率因工资变化而变化了。只有这个唯一的场合才符合李嘉图的如下假定：

"利润的高低**恰好**和工资的高低**成反比**。"(《政治经济学原理》，载于麦克库洛赫编《李嘉图全集》1852年版第1章第3节第18页)

第二，劳动强度不等。这时，比如说20个工人用相同的劳动资料，在每天10个劳动小时内生产的某种商品，在I式是30件，在II式是40件，在III式是60件。每件商品除了耗费在其中的生产资料的价值，都体现着1镑的新价值。因为在每个场合都要有20件商品＝20镑来补偿工资，所以剩余价值在I式是10件商品＝10镑，在II式是20件商品＝20镑，在III式是40件商品＝40镑。

第三，工作日长度不等。如果20个工人在劳动强度相同的情况下，在I式每天劳动9小时，在II式每天劳动12小时，在III式每天

劳动18小时,那么,它们的总产品之比30∶40∶60,就等于9∶12∶18,而且,因为工资在每个场合都=20,所以剩余价值又分别是10,20和40。

可见,工资的提高或降低会以相反的方向,劳动强度的提高或降低和工作日的延长或缩短会以相同的方向,影响剩余价值率,从而在$\frac{v}{C}$不变时,影响利润率。

2. m′和v可变, C不变

在这个场合,下面的比例也是适用的:

$$p' : p'_1 = m' \frac{v}{C} : m'_1 \frac{v_1}{C} = m'v : m'_1 v_1 = m : m_1。$$

利润率之比,等于相应的剩余价值量之比。

在可变资本不变时,剩余价值率的变化,意味着价值产品在数量上和分配上发生了变化。v和m′同时变化,也总是包含价值产品分配上的变化,但并不总是包含价值产品数量上的变化。这里可能有三种情况:

(a)v和m′按照相反的方向,但是以相等的数量发生变化;例如:

$$80c + 20v + 10m;m' = \ \ 50\%,p' = 10\%$$
$$90c + 10v + 20m;m' = 200\%,p' = 20\%。$$

在这两个场合,价值产品是相等的,因而,提供的劳动量也是相等的;$20v + 10m = 10v + 20m = 30$。区别只是在于:在前一个场合,20作为工资支付,10是剩余价值;而在后一场合,工资只有10,因而剩余价值是20。这是当v和m′同时发生变化时,工人人数、劳动强度和工作日长度都保持不变的唯一场合。

(b)m′和v也按照相反的方向,但不是以相等的数量发生变化。这时,或者是v的变化占优势,或者是m′的变化占优势。

I.　$80c + 20v + 20m$；$m′ = 100\%$，　$p′ = 20\%$

II.　$72c + 28v + 20m$；$m′ = 71\frac{3}{7}\%$，$p′ = 20\%$

III.　$84c + 16v + 20m$；$m′ = 125\%$，　$p′ = 20\%$。

在I的价值产品40中,有20v支付工资;在II的价值产品48中,有28v支付工资;在III的价值产品36中,有16v支付工资。价值产品和工资都变化了;但是,价值产品的变化,意味着提供的劳动量的变化,因而,或者是工人人数的变化,或者是劳动持续时间的变化,或者是劳动强度的变化,或者是三项中一项以上的变化。

(c)m′和v按照相同的方向发生变化;这时,一种变化会加强另一种变化的影响。

$90c + 10v + 10m$；$m′ = 100\%$，$p′ = 10\%$

$80c + 20v + 30m$；$m′ = 150\%$，$p′ = 30\%$

$92c + \ \ 8v + \ \ 6m$；$m′ = \ 75\%$，$p′ = \ \ 6\%$。

在这里,三个价值产品也是不同的,即20、50和14;而每个场合的劳动量大小上的这种差别,又可以化为工人人数、劳动持续时间或劳动强度的差别,或者化为一个以上的因素或所有这些因素上的差别。

3. m′、v 和 C 都可变

这个场合不会提供任何新的观点,可以用II即m′可变这一节中求得的总公式来解决。

———

可见,剩余价值率大小的变化对于利润率的影响,会产生下列各种情形:

1. 如果$\frac{v}{C}$不变,那么p′和m′会按照相同的比率提高或降低。

$$80c + 20v + 20m;m′ = 100\%,p′ = 20\%$$

$$80c + 20v + 10m;m′ = \ 50\%,p′ = 10\%$$

$$100\%:50\% = 20\%:10\%。$$

2. 如果$\frac{v}{C}$和m′按照相同的方向变化,即m′提高,$\frac{v}{C}$也提高,m′降低,$\frac{v}{C}$也降低,那么p′会比m′按照更大的比率提高或降低。

$$80c + 20v + 10m;m′ = 50\%,\quad p′ = 10\%$$

$$70c + 30v + 20m;m′ = 66\frac{2}{3}\%,p′ = 20\%$$

$$50\%:66\frac{2}{3}\% < 10\%:20\%。$$

3. 如果$\frac{v}{C}$和m′按照相反的方向,但是$\frac{v}{C}$比m′按照更小的比率变化,那么p′会比m′按照更小的比率提高或降低。

$$80c + 20v + 10m;m′ = \ 50\%,p′ = 10\%$$

$$90c + 10v + 15m;m′ = 150\%,p′ = 15\%$$

$$50\%:150\% > 10\%:15\%。$$

4. 如果$\frac{v}{C}$和m′按照相反的方向,但是$\frac{v}{C}$比m′按照更大的比率变化,那么,尽管m′降低,p′还是会提高,或者尽管m′提高,p′还是会降低。

$$80c + 20v + 20m;m′ = 100\%,p′ = 20\%$$

$$90c + 10v + 15m;m′ = 150\%,p′ = 15\%$$

m'由100%提高到150%;p'由20%降低到15%。

5. 最后,如果$\frac{v}{C}$和m'按照相反的方向,但是恰好按照相同的比率在大小上发生变化,那么,尽管m'提高或降低,p'还是会保持不变。

只有最后这个情况还需要作一些解释。前面在论述$\frac{v}{C}$的变化时,我们看到,同一个剩余价值率可以表现为极不相同的利润率,而在这里我们看到,同一个利润率可以以极不相同的剩余价值率为基础。但是在m'不变时,v和C的比率上的任何一种变化,都足以引起利润率的差别,而在m'发生大小上的变化时,$\frac{v}{C}$就必须以恰好相应的程度,按照相反的方向发生大小上的变化,才能使利润率保持不变。这种情形,就同一个资本或同一国家的两个资本来说,只有在非常例外的情况下才是可能的。例如,有一个资本

$$80c + 20v + 20m;C = 100,m' = 100\%,p' = 20\%,$$

假定工资下降,现在只需要$16v$而不需要$20v$就可以雇到同数工人。这时,就有$4v$游离出来,在其他条件不变的情况下,我们就得到:

$$80c + 16v + 24m;C = 96,m' = 150\%,p' = 25\%。$$

现在p'要和以前一样$=20\%$,总资本就必须增加到120,从而不变资本就必须增加到104:

$$104c + 16v + 24m;C = 120,m' = 150\%,p' = 20\%。$$

这种情形,只有在劳动生产率随着工资下降而同时发生变化,因而要求资本构成发生这样一种变化的时候,或者在不变资本的货币价值由80增加到104的时候,总之,只有在各种条件仅仅在例外的情况下偶然结合在一起的时候,才是可能的。事实上,m'发生变化,但不同时引起v的变化,因而也不引起$\frac{v}{C}$的变化,这种情形只有在十分特定的情况下,即只有在那些仅仅使用固定资本和劳动,而劳动对象则由自然界提供的产业部门,才是可以设想的。

但是把两个国家的利润率作比较时,情况就不同了。在这个场合,相同的利润率,实际上多半表现不同的剩余价值率。

因此,从所有以上五种情况可以得出结论:剩余价值率降低或者提高,利润率可以提高;剩余价值率提高或者降低,利润率可以降低;剩余价值率提高或者降低,利润率可以不变。至于剩余价值率不变,利润率也可以提高、降低或者不变,这一点我们在第I节已经讲过了。

———

可见,利润率取决于两个主要因素:剩余价值率和资本的价值构成。这两个因素的影响,可以概括如下。在这里,我们可以用百分比来表示资本的构成,因为变化发生在两个资本部分中的哪一个部分,在这里是无关紧要的。

两个资本的利润率或同一个资本在两个连续的、不同的状态下的利润率,

在下列情况下,**是相等的**:

1. 资本的百分比构成相等,剩余价值率也相等。

2. 资本的百分比构成不等,剩余价值率也不等,但是剩余价值率和按百分比计算的可变资本部分(m′和v)的乘积相等,也就是说,按总资本以百分比计算的剩余价值量(m＝m′v)相等,换句话说,在这两个场合m′和v两个因素互成反比。

在下列的情况下,**是不等的**:

1. 资本的百分比构成相等,但是剩余价值率不等。这时,利润率之比,等于剩余价值率之比。

2. 剩余价值率相等,资本的百分比构成不等。这时,利润率之比,等于可变资本部分之比。

3. 剩余价值率不等,资本的百分比构成也不等。这时,利润率之比,等于 m′v 的乘积即按总资本的百分比计算的剩余价值量之比。[10]

---

(10)在手稿中,关于剩余价值率和利润率的差数(m′−p′),还可以看到各种极为详细的计算。这种差数具有各式各样的有趣的特色,它的运动显示出这两个比率相距越来越远或越来越近的各种情况。这些运动还可以用曲线来表示。我没有把这个资料编入,因为它对本书的直接目的不怎么重要,对那些想进一步研究这个问题的读者来说,简单地指出这一点也就够了。——弗·恩·

第 四 章

周转对利润率的影响

〔周转对剩余价值的生产,从而对利润的生产的影响,已经在第二册作了说明。这种影响可以简述如下:因为周转需要持续一段时间,所以,在生产中不能同时使用全部资本;一部分资本总是以货币资本的形式,以储存的原料的形式,以已经制成但尚未售出的商品资本的形式,或者以尚未到期的债权的形式闲置起来;在实际生产中即在创造和占有剩余价值中发生作用的资本,总是要减去这个部分,而所创造和占有的剩余价值,也总是要按相同的比例减少。所以,周转时间越短,同全部资本相比,这个闲置的资本部分就越小,因此,在其他条件相同时,所占有的剩余价值也就越大。

第二册已经详细说明,周转时间或它的两个部分(生产时间和流通时间)中的任何一个部分的缩短,都会增加所生产的剩余价值量。[46]但是,因为利润率表示的,只是所生产的剩余价值量和参加剩余价值量生产的总资本的比率,所以,很清楚,每一次这样的缩短,都会提高利润率。我们以前在第二册第二篇对剩余价值的阐述,同样适用于利润和利润率,没有必要在这里重复。不过,我们要着重指出几个要点。

缩短生产时间的主要方法是提高劳动生产率,这就是人们通常所说的工业进步。如果这不会同时由于添置昂贵的机器等等而引起总投资的大大增加，从而不会引起按总资本计算的利润率的降低，那么利润率就必然会提高。在冶金工业和化学工业上许多最新的进步中，情况确实是这样。贝色麦、西门子、吉尔克里斯特—托马斯等人新发明的炼铁炼钢法，就以较少的费用，把以前需时很长的过程缩短到最低限度。由煤焦油提炼茜素或茜红染料的方法，利用现有的生产煤焦油染料的设备，已经可以在几周之内，得到以前需要几年才能得到的结果。茜草生长需要一年，然后还需要让茜根长几年，等茜根成熟，才能制成染料。

缩短流通时间的主要方法是改进交通。近50年来，交通方面已经发生了革命，只有18世纪下半叶的工业革命才能与这一革命相比。在陆地上，碎石路已经被铁路排挤到次要地位，在海上，缓慢的不定期的帆船已经被快捷的定期的轮船航线排挤到次要地位，并且整个地球布满了电报网。苏伊士运河才真正开辟了通往东亚和澳洲的轮船交通。1847年，运往东亚的商品的流通时间，至少还需要12个月（见第二册第235页[47]），现在已经减少到12个星期左右。1825年到1857年期间的两大危机策源地，美国和印度，由于交通手段的这种变革，同欧洲的工业国家靠近了70%—90%，因而失去了它们的爆发能力的大部分。全世界贸易的周转时间，都已经按相同的程度缩短，参加世界贸易的资本的活动能力，已经增加到两倍或三倍多。不用说，这不会不对利润率发生影响。

要把总资本的周转对利润率的影响纯粹地表示出来，我们就必须假定，互相比较的两个资本的其他一切条件是相等的。所以，除了要假定剩余价值率和工作日相等，还特别要假定资本的百分比构成相等。假定资本A的构成是$80c + 20v = 100C$，剩余价值率为

100%,资本每年周转两次。这样,年产品就是:

160c＋40v＋40m。但是在求利润率时,我们不是按周转的资本价值200来计算40m,而是按预付资本价值100来计算。因此,p′＝40%。

让我们用这个资本和资本B＝160c＋40v＝200C比较一下。资本B有同样的剩余价值率100%,但每年只周转一次。这样,年产品就和上述的年产品一样是:

160c＋40v＋40m。但在这个场合,40m要按预付资本200来计算,利润率只有20%,也就是只有资本A的利润率的一半。

由此可见:在资本百分比构成相等,剩余价值率相等,工作日相等的时候,两个资本的利润率和它们的周转时间成反比。如果在互相比较的两种情况中,资本构成不相等,或剩余价值率不相等,或工作日不相等,或工资不相等,那当然会造成利润率的进一步的差别;但这些事情同周转无关,所以也同我们这里的问题无关;而且这些事情已经在第三章研究过了。

周转时间的缩短对剩余价值的生产,从而对利润的生产的直接影响,在于使可变资本部分由此提高效率。这一点我们在第二册第十六章《可变资本的周转》中考察过了。那里指出,一个每年周转10次的可变资木500,和一个剩余价值率相等、工资相等、但每年只周转一次的可变资本5 000,会在这个时间内占有同样多的剩余价值。

我们假定资本Ⅰ是由固定资本10 000(它每年损耗10%＝1 000)、流动不变资本500和可变资本500构成。剩余价值率100%,可变资本每年周转10次。为简便起见,我们在以下所有例子中都假定,流动不变资本也和可变资本一样在同一时间内进行周转,而实际情况大多也是这样的。因此,每个周转期间的产品将是:

$$100c(损耗) + 500c + 500v + 500m = 1\,600$$

每年周转10次，全部年产品就是：

$$1\,000c(损耗) + 5\,000c + 5\,000v + 5\,000m = 16\,000，$$

$$C = 11\,000，m = 5\,000，p' = \frac{5\,000}{11\,000} = 45\frac{5}{11}\%。$$

我们现在假定有资本II：其中固定资本9 000，每年的损耗1 000，流动不变资本1 000，可变资本1 000，剩余价值率100%，可变资本每年周转5次。因此，可变资本每个周转期间的产品将是：

$$200c(损耗) + 1\,000c + 1\,000v + 1\,000m = 3\,200，$$

周转5次，全部年产品就是：

$$1\,000c(损耗) + 5\,000c + 5\,000v + 5\,000m = 16\,000，$$

$$C = 11\,000，m = 5\,000，p' = \frac{5\,000}{11\,000} = 45\frac{5}{11}\%。$$

我们再假定有资本III，其中完全没有固定资本，只有流动不变资本6 000和可变资本5 000。剩余价值率100%，每年周转一次。这时，一年的全部产品就是：

$$6\,000c + 5\,000v + 5\,000m = 16\,000，$$

$$C = 11\,000，m = 5\,000，p' = \frac{5\,000}{11\,000} = 45\frac{5}{11}\%。$$

因此，在所有这三个场合，我们有相同的年剩余价值量＝5 000；并且，因为所有这三个场合的总资本相同，即＝11 000，所以也有相同的利润率45$\frac{5}{11}$%。

但是，如果上述资本I的可变部分不是每年周转10次，而是每年只周转5次，情况就不同了。这时，周转一次得到的产品就是：

$$200c(损耗) + 500c + 500v + 500m = 1\,700。$$

或年产品是：

$$1\,000c(损耗)+2\,500c+2\,500v+2\,500m=8\,500,$$

$$C=11\,000,m=2\,500,p'=\frac{2\,500}{11\,000}=22\frac{8}{11}\%。$$

利润率下降了一半,因为周转时间延长了一倍。

因此,一年内占有的剩余价值量,等于**可变**资本一个周转期间所占有的剩余价值量乘以一年内可变资本周转的次数。如果我们把一年内占有的剩余价值或利润叫做M,一个周转期间所占有的剩余价值叫做m,一年内可变资本周转的次数叫做n,那么,M=mn,年剩余价值率M′=m′n。这一点已经在第二册第十六章第Ⅰ节说明过了。[48]

不言而喻,利润率的公式$p'=m'\frac{v}{C}=m'\frac{v}{c+v}$,只有在分子中的v和分母中的v是同一个东西的时候,才是正确的。在分母中,v是总资本中平均作为可变资本用于工资的整个部分。在分子中,v首先只是由下面的事实规定的:它曾经生产并占有一定量的剩余价值m;而剩余价值和v的比率$\frac{m}{v}$,就是剩余价值率m′。只是通过这样的途径,$p'=\frac{m}{c+v}$这个方程式才转化为另一个方程式$p'=m'\frac{v}{c+v}$。现在,分子中的v要进一步加以规定:它必须和分母中的v,也就是和资本C中的整个可变部分相等。换句话说,$p'=\frac{m}{C}$这个方程式,只有在m是指可变资本的**一个**周转期间所生产的剩余价值的时候,才能够转化为另一个方程式$p'=m'\frac{v}{c+v}$而不致发生错误。如果m只包括这个剩余价值的一部分,那么m=m′v固然还是正确的,但这个v在这里,就比C=c+v中的v小,因为它比投在工资上的全部可变资本小。但是,如果m比v周转一次得到的剩余价值大,那么这个v的一部分,甚至它的全部,就曾经两次执行职能,先是在第一次周转中,然后又在第二次周转中,或者,在第二次以及以后各次周转中执行职能;所以,生产剩余价值并代表所付工资总额的

v，就比c＋v中的v大，因此计算也就不正确了。

要使年利润率的公式完全正确，我们必须用年剩余价值率代替简单的剩余价值率，即用M′或m′n代替m′。换句话说，我们必须让剩余价值率m′——或者让C中所含的可变资本部分v——乘以这个可变资本在一年内周转的次数n。这样我们就得到：$p' = m'n\frac{v}{C}$，这就是年利润率的计算公式。

但是，投在一个企业中的可变资本究竟有多大，在绝大多数场合，连资本家自己也不知道。我们已经在第二册第八章看到，并且以后还会进一步看到，资本家认为他的资本中唯一的重大差别，是固定资本和流动资本的差别。如果资本家不把那个以货币形式留在自己手里的流动资本部分存入银行，而是放在自己的钱柜中，他就会从这个钱柜取出货币来支付工资，也会从这同一个钱柜取出货币来购买原料和辅助材料，把这两项记在同一个现金账户的贷方。即使他为所支付的工资开立一个特别的账户，这个账户到年终时所记下的也是支付的工资总额，是vn，而不是可变资本v本身。要确定这个v，他必须进行一种特别的计算。关于这种计算，我们不妨举一个例子。

我们仍用第一册第209/201页[49]曾经说过的那个拥有10 000个走锭纺纱机纱锭的纺纱厂为例，并且假定该厂1871年4月某一周的统计数字适用于全年。包含在机器中的固定资本是10 000镑。流动资本没有举出；我们假定它是2 500镑。这是一个相当高的估计，但是这种估计是有理由的，因为在这里我们总是必须假定没有信用业务，也就是没有他人的资本可供长期的或暂时的利用。每周产品按其价值来说由机器损耗20镑，预付的流动不变资本358镑（租金6镑，棉花342镑，煤炭、煤气、煤油10镑），在工资上支出的可变资本52镑和剩余价值80镑构成，因此：

20c（损耗）＋358c＋52v＋80m＝510。

可见，每周预付的流动资本＝358c＋52v＝410；它的百分比构成＝87.3c＋12.7v。按全部流动资本2 500镑计算，就是2 182镑不变资本和318镑可变资本。因为一年的工资总支出等于52镑的52倍，即2 704镑，所以318镑可变资本在一年内几乎正好周转$8\frac{1}{2}$次。剩余价值率为$\frac{80}{52}＝153\frac{11}{13}$％。根据这些要素，把$m'＝153\frac{11}{13}$，$n＝8\frac{1}{2}$，$v＝318$，$C＝12\,500$这几个数值代入$p'＝m'n\frac{v}{C}$公式，我们就可以算出利润率如下：

$$p'＝153\frac{11}{13}^{50}×8\frac{1}{2}×\frac{318}{12\,500}＝33.27\%。$$

我们用$p'＝\frac{m}{C}$这个简单的公式来验算一下。一年的全部剩余价值或利润等于80镑×52＝4 160镑，除以总资本12 500镑，得33.28％，同上面的结果几乎相等，这是一个非常高的利润率，只有用暂时特别有利的条件（棉花价格非常便宜，而棉纱价格又非常高）才能说明，实际上，这样高的利润率当然不能在全年维持下去。

$p'＝m'n\frac{v}{C}$公式中的$m'n$，如上所述，就是第二册所说的年剩余价值率。[48]在上述例子中，它等于$153\frac{11}{13}$％×$8\frac{1}{2}$；用准确的数字来说，就是$1\,307\frac{9}{13}$％。因此，有一个庸人[51]，看到第二册一个例子中提出的极高的年剩余价值率1 000％，感到十分惊奇，但他在这里看到这个从曼彻斯特活生生的实践中举出的事实，一个超过1 300％的年剩余价值率，也许就会平静下来了。在高度繁荣的时期，——当然，我们已经好久没有再经历这样的时期了，——这样的年剩余价值率，并不是什么罕见的事情。

顺便说一下，我们在这里有了一个关于现代大工业中资本的实际构成的例子。总资本分为12 182镑不变资本和318镑可变资本，合计12 500镑。用百分比表示，就是$97\frac{1}{2}$c$+2\frac{1}{2}$v$=100$C。总资本只有$\frac{1}{40}$的部分用来支付工资，但这部分每年周转八次以上。

　　因为只有少数资本家才想到要对自己的企业进行这样的计算，所以，统计学几乎完全没有关于社会总资本的不变部分和可变部分的比例的记载。只有美国的国情调查，才提供了在现有条件下能够提供的情况，即每个生产部门所支付工资的总数及其所获利润的总数。尽管这种资料令人怀疑，因为它只是以工业家们自己的未经核实的报告为根据，但它仍然极为宝贵，是我们掌握的关于这个问题的唯一的资料。在欧洲，我们太温和了，没有要求我们的大工业家也这样暴露事实。——弗·恩·〕

第 五 章

不变资本使用上的节约

I. 概 论

在可变资本不变,也就是说,按相同的名义工资使用的工人人数不变的条件下,绝对剩余价值的增加,或剩余劳动从而工作日的延长,——不管额外时间有没有报酬都一样,——会相对地降低不变资本同总资本、同可变资本相比的价值,并由此提高利润率(这里也是把剩余价值量的增加和剩余价值率的可能的提高撇开不说)。不变资本的固定部分即工厂建筑物、机器等等的规模,不管用来工作16小时,还是12小时,都会仍旧不变。工作日的延长并不要求在不变资本的这个最花钱的部分上有新的支出。此外,固定资本的价值,由此会在一个较短的周转期间系列中再生产出来,因而,这种资本为获得一定利润所必须预付的时间缩短了。因此,甚至在额外时间支付报酬,而且在一定限度内甚至比正常劳动时间支付较高报酬的情况下,工作日的延长都会提高利润。因此,现代工业制度下不断增长的增加固定资本的必要性,也就成了唯利是图的资本家延长工作日的一个主要动力。(11)

---

(11)"因为一切工厂都有极大量的固定资本投在建筑物和机器上,所以,这些机器能够工作的时数越多,利润就越大。"(《工厂视察员报告。1858年10月31日》第8页)

工作日不变时,这种情形就不会发生。这时,要剥削一个较大的劳动量(在这里我们把工资的减少或工资降低到正常水平以下的情形撇开不说),就必须增加工人人数,同时还要按一定的比例增加固定资本即建筑物、机器等等的数量。或者,在劳动强度增加,或劳动生产力提高,总之,有较多相对剩余价值产生的时候,在那些使用原料的生产部门中,不变资本的流动部分的量会增加,因为在一定时间内会有更多的原料等等被加工;其次,同数工人开动的机器会增加,因而不变资本的这个部分也会增加。因此,剩余价值的增加,会引起不变资本的增加;对劳动的剥削的增加,会引起用来剥削劳动的生产条件的费用的增加,也就是会引起资本支出的增加。这样,利润率由此从一方面说会降低,而从另一方面说会提高。

有整整一系列经常的非生产费用,不论工作日长短,都是几乎一样或完全一样的。500个工人在18个劳动小时内所需的监督费用,比750个工人在12个劳动小时内所需的监督费用要少。

“一个工厂工作10小时和工作12小时的经营费用几乎是一样的。”(《工厂视察员报告。1848年10月》第37页)

国税、地方税、火灾保险费、各种常雇人员的工资、机器的贬值和工厂的其他各种非生产费用,都不会因劳动时间的长短而变化;生产越是减少,同利润相比,这些费用就越是增加。(《工厂视察员报告。1862年10月》第19页)

把机器和固定资本其他组成部分的价值再生产出来的持续时间,实际上不是由它们的单纯的存在时间决定的,而是由它们在其中发挥作用和被使用的整个劳动过程的持续时间决定的。如果工人每天必须做苦工18小时,而不是12小时,那么,一周就会多出三天,一周就会变为一周半,两年就会变为三年。如果额外时间没有报酬,工人就会在正常的剩余劳动时间之外,每两周再白送一周,每两年再白送一年。这样,机器价值的再生产也会加快50%,并且只要平常必要时间的$\frac{2}{3}$就行了。

在研究这个问题以及研究原料价格的变动情况(第六章)时,为了避免问题的不必要的复杂化,我们总是假定剩余价值量和剩余价值率是已定的。

在论述协作、分工和机器时,我们已经指出[52],生产条件的节约(这是大规模生产的特征)本质上是这样产生的:这些条件是作为社会劳动的条件,社会结合的劳动的条件,因而作为劳动的社会条件执行职能的。它们在生产过程中由总体工人共同消费,而不是由一批互相没有联系的,或最多只是在小范围内互相直接协作的工人以分散的形式消费。在一个有一台或两台中央发动机的大工厂内,发动机的费用,不会和发动机的马力,因而不会和发动机的可能的作用范围,按相同的比例增加;传动机的费用,不会和传动机所带动的工作机的数量,按相同的比例增加;工作机机身,也不会和被它用做自己的器官来执行职能的工具的数目的增加,按比例变得更贵,等等。其次,生产资料的集中,可以节省各种建筑物,这不仅指真正的工场,而且也指仓库等等。燃料、照明等等的支出,也是这样。其他生产条件,不管由多少人利用,会仍旧不变。

但是,这种由生产资料的集中及其大规模应用而产生的全部节约,是以工人的聚集和协作,即劳动的社会结合这一重要条件为前提的。因此,如果说剩余价值来源于单独地考察的每一个工人的剩余劳动,那么,这种节约来源于劳动的社会性质。甚至在这里可能进行和必须进行的不断改良,也完全是由大规模结合的总体工人的生产所提供的和所给予的社会的经验和观察产生的。

关于生产条件节约的另一个大类，情况也是如此。我们指的是生产排泄物，即所谓的生产废料再转化为同一个产业部门或另一个产业部门的新的生产要素；这是这样一个过程，通过这个过程，这种所谓的排泄物就再回到生产从而消费（生产消费或个人消费）的循环中。我们以后还要比较详细地探讨的这一类节约，也是大规模社会劳动的结果。由于大规模社会劳动所产生的废料数量很大，这些废料本身才重新成为贸易的对象，从而成为新的生产要素。这种废料，只有作为共同生产的废料，因而只有作为大规模生产的废料，才对生产过程有这样重要的意义，才仍然是交换价值的承担者。这种废料——撇开它作为新的生产要素所起的作用——会按照它可以重新出售的程度降低原料的费用，因为正常范围内的废料，即原料加工时平均必然损失的数量，总是要算在原料的费用中。在可变资本的量已定，剩余价值率已定时，不变资本这一部分的费用的减少，会相应地提高利润率。

如果剩余价值已定，利润率就只能由生产商品所需要的不变资本的价值的减少来提高。就不变资本加入商品的生产来说，唯一要考虑的，不是它的交换价值，而是它的使用价值。如果劳动生产率的程度已定，也就是说，如果技术发展的水平已定，亚麻在一个纺纱厂内能够吸收多少劳动，就不是取决于亚麻的价值，而是取决于亚麻的数量。同样，一台机器对例如三个工人提供的帮助，不是取决于这台机器的价值，而是取决于它作为机器的使用价值。在技术发展的一个阶段上，一台性能差的机器可能很贵，而在另一个阶段上，一台性能好的机器可能很便宜。

资本家比如说因棉花和纺纱机变得便宜而得到更大的利润，这是劳动生产率提高的结果,当然,不是纺纱业中劳动生产率提高的结果,而是机器制造业和植棉业中劳动生产率提高的结果。现在,要使一定量的劳动对象化,从而占有一定量的剩余劳动,在劳动条件上只需要较少的支出了。占有这一定量的剩余劳动所需要的费用减少了。

我们已经说过总体工人——社会结合工人——在生产过程中共同使用生产资料而造成的节约。下面我们将进一步考察由于流通时间的缩短(在这里,交通工具的发展是重要的物质要素)在不变资本的支出上产生的节约。但在这里,应该立即想到机器的不断改良所引起的节约,也就是:1.机器的材料改良了,例如铁代替了木材;2.由于机器制造的改良,机器便宜了;这样,不变资本固定部分的价值虽然随着大规模劳动的发展而不断增加,但远不是按相同的程度增加[12];3.那种使现有机器的使用更便宜和更有效的特殊改良,例如蒸汽锅炉的改良等等,这一点我们以后还要比较详细地讲到;4.由于机器的改良,废料减少了。

凡是使机器从而全部固定资本在一定生产期间内的损耗减少的事情,不仅会使单个商品变得便宜(因为每个商品都在它的价格中再现归它负担的损耗部分),而且会使这个期间内相应的资本支出减少。维修劳动等等,凡是必要的,在计算时就要包括在机器原来的费用之内。这种劳动会因机器更加耐用而减少,这会相应地降低机器的价格。

所有这一类节约,在大多数场合又只有在存在结合工人的情况下才可能实现,并且往往要在更大规模的劳动下才能实现,因而要

---

[12]见尤尔论工厂建设的进步。[53]

求工人直接在生产过程中达到更大规模的结合。

但是另一方面,**一个**生产部门,例如铁、煤、机器的生产或建筑业等等的劳动生产力的发展,——这种发展部分地又可以和精神生产领域内的进步,特别是和自然科学及其应用方面的进步联系在一起,——在这里表现为**另一些**产业部门(例如纺织工业或农业)的生产资料的价值减少,从而费用减少的条件。这是不言而喻的,因为商品作为产品从一个产业部门生产出来后,会作为生产资料再进入另一个产业部门。它的便宜程度,取决于把它作为产品生产出来的生产部门的劳动生产率,同时它的便宜程度不仅是它作为生产资料参加其生产的那种商品变得便宜的条件,而且也是它构成其要素的那种不变资本的价值减少的条件,因此又是利润率提高的条件。

产业的向前发展所造成的不变资本的这种节约,具有这样的特征:在这里,**一个**产业部门利润率的提高,要归功于**另一个**产业部门劳动生产力的发展。在这里,资本家得到的好处,又是社会劳动的产物,虽然并不是他自己直接剥削的工人的产物。生产力的这种发展,最终总是归结为发挥作用的劳动的社会性质,归结为社会内部的分工,归结为脑力劳动特别是自然科学的发展。在这里,资本家利用的,是整个社会分工制度的优点。在这里,劳动生产力在其他部门即为资本家提供生产资料的部门的发展,相对地降低资本家所使用的不变资本的价值,从而提高利润率。

提高利润率的另一条途径,不是来源于生产不变资本的劳动的节约,而是来源于不变资本本身使用上的节约。工人的集中和他们的大规模协作,一方面会节省不变资本。同样的建筑物、取暖设备和照明设备等等用于大规模生产所花的费用,比用于小规模生产相对地说要少。动力机和工作机也是这样。它们的价值虽然绝对地说是增加了,但是同不断扩大的生产相比,同可变资本的量或者说同所推动的劳动力的量相比,相对地说却是减少了。一个资本在本生产部门内实现的节约,首先是并且直接是劳动的节约,即本部门内工人的有酬劳动的减少;而上面所说的那种节约,却是用最经济的方式,也就是说,在既定的生产规模上,用最少的费用,来实现对他人无酬劳动的这种尽可能大的占有。这种节约的基础不是上面已经提到的对用于不变资本生产的社会劳动的生产率的利用,而是不变资本本身使用上的节约,就这一点说,这种节约或者是直接来源于一定生产部门本身内的协作和劳动的社会形式,或者是来源于机器等的生产已经达到这样一种规模,以致机器等的价值不是和它们的使用价值按相同的比例增加。

在这里,要注意两点:如果c的价值＝0,那么p′就＝m′,利润率就达到它的最高限度。但是第二,就对劳动本身的直接剥削来说,重要的决不是所使用的剥削手段的价值,不管这些剥削手段是固定资本,还是原料和辅助材料。就机器、建筑物、原料等充当劳动吸收器,充当劳动从而剩余劳动在其中对象化或借以对象化的手段来说,它们的交换价值多大,是完全没有关系的。在这里,唯一重要的是,一方面,它们的数量在技术上要适合与一定量的活劳动相结合的需要,另一方面,它们要合乎目的,因此不仅要有性能好的机器,而且要有优质的原料和辅助材料。利润率部分地取决于原料的优劣。优质材料留下的废料比较少;因此,为吸收同量劳动所需要的原料数量也较少。其次,工作机遇到的障碍也较少。这甚至会部分地影响剩余价值和剩余价值率。原料差,工人加工同量的原料就需要更多的时间;在支付的工资不变时,这会减少剩余劳动。这还会大大影响资本的再生产和积累。我们在第一册第627/619页[54]及以下几页已经说过,资本的再生产和积累,更多地取决于所使用的劳动的生产率,而不是所使用的劳动量。

因此,资本家狂热地节约生产资料是可以理解的。要做到一点也不损失,一点也不浪费,要做到生产资料只按生产本身的要求的方式来消耗,这部分地取决于工人的训练和教育,部分地取决于资本家强加给结合工人的纪律。这种纪律在工人为自己的利益而劳动的社会状态中是多余的,正如现在在实行计件工资的地方已经几乎完全是多余的一样。另一方面,这种狂热也表现在生产要素的掺假上。这种掺假是使不变资本的价值同可变资本相比而降低,从而使利润率提高的一种主要手段;这里还要加上这些生产要素以高于它们在产品中再现的价值出售这种情况,这是欺骗行为的重要因素。这个因素特别在德国工业中起着决定性的作用。德国工业有一条基本原则:只要先给顾客送好样品,然后给他次货,就能使他满舒服。不过这些属于竞争的现象,和我们这里无关。

必须指出,这种由不变资本的价值从而费用的减少而引起的利润率的提高,同发生这种现象的产业部门是生产奢侈品,是生产会进入工人消费的生活资料,还是生产生产资料本身,都是完全没有关系的。这些产业部门生产什么,只有在谈到剩余价值率时才是重要的,因为剩余价值率本质上取决于劳动力的价值,也就是取决于工人日常生活资料的价值。但在这里,我们假定剩余价值和剩余价值率是已定的。在这种情况下,剩余价值和总资本的比率如何——这个比率决定利润率——,完全取决于不变资本的价值,而决不是取决于不变资本的构成要素的使用价值。

生产资料的相对便宜,当然并不排除它们的绝对价值额的增加;因为所使用的生产资料的绝对数量,会随着劳动生产力的发展,以及随之而来的生产规模的扩大而大大增加。不变资本使用上的节约，无论从哪一方面来考察，部分地只是生产资料作为结合工人的共同生产资料执行职能和被消费的结果，所以这种节约本身表现为直接生产劳动的社会性质的产物；但是部分地又是那些为资本提供生产资料的部门的劳动生产率发展的结果，所以，如果我们把总劳动和总资本对立起来考察，而不仅是把资本家X所使用的工人和这个资本家X对立起来考察，这种节约就再表现为社会劳动生产力发展的产物，而区别不过是，资本家X不仅从他自己的工场的劳动生产率中，而且也从其他工场的劳动生产率中得到利益。然而对资本家来说，不变资本的节约表现为一个对工人来说完全异己的、和工人绝对不相干的条件，工人和它完全无关；而资本家始终很清楚地知道，他用同样多的货币能够买到多少劳动的问题，确实同工人有点关系（因为在资本家的意识中，他和工人之间的交易就是这样表现的）。生产资料使用上的这种节约，这种用最少的支出获得一定结果的方法，同劳动所固有的其他力量相比，在更大得多的程度上表现为资本的一种固有的力量，表现为资本主义生产方式所特有的并标志着它的特征的一种方法。

这种看法并不令人奇怪，是因为事实的外观和它相符，并且是因为资本关系实际上把内在联系隐藏起来了，使工人在自己劳动的实现条件面前处于完全不相干、完全外在化和异化的状态中。

第一，构成不变资本的各种生产资料，只代表资本家的货币（正如兰盖所说，罗马债务人的身体，代表债权人的货币一样[55]），并且只和资本家有关，而工人在现实生产过程中和生产资料接触时，只把它们当做生产上的使用价值，当做劳动资料和劳动材料。因此，这个价值是增加还是减少，和工人究竟是干铜活还是干铁活一样，丝毫不涉及工人和资本家的关系。当然,正如我们以后[①]将会指出的那样,当生产资料的价值增加,因而利润率降低时,资本家就喜欢把事情说成另一个样子。

第二,就这些生产资料在资本主义生产过程中同时是劳动的剥削手段来说,这些剥削手段的相对的贵或贱同工人无关,正如嚼子和缰绳的贵或贱同马无关一样。

最后,我们以前已经说过[56],工人实际上把他的劳动的社会性质,把他的劳动和别人的劳动为一个共同目的的结合,看成一种对他来说是异己的权力;实现这种结合的条件,对他说来是异己的财产,如果他不是被迫节约这种财产,那么浪费一点,对他说来毫无关系。而在属于工人自己的工厂,例如罗奇代尔的工厂中[57],情况就完全不是这样。

因此,几乎用不着说,当一个生产部门的劳动生产率使另一个生产部门的生产资料变得便宜和得到改良,从而提高了利润率时,社会劳动的这种普遍联系,就表现为某种对工人来说完全异己的东西,事实上它也只和资本家有关,因为只有资本家才购买和占有这些生产资料。他是用本生产部门工人的产品购买另一个生产部门工人的产品,因此他只有无偿地占有了本部门工人的产品,才能支配其他部门工人的产品,这是一种被流通过程等等幸运地掩盖起来的联系。

此外,因为大规模生产首先是在资本主义形式上发展起来的,所以,一方面是疯狂追求利润的欲望,另一方面是迫使人们尽可能便宜地生产商品的竞争,使不变资本使用上的这种节约表现为资本主义生产方式的特点,从而表现为资本家的职能。

---

① 见本卷第125—153页。——编者注

资本主义生产方式一方面促进社会劳动生产力的发展,另一方面也促进不变资本使用上的节约。

但问题还不只是限于:在工人即活劳动的承担者这一方和他的劳动条件的经济的,即合理而节约的使用这另一方之间,存在着异化和毫不相干的现象。资本主义生产方式按照它的矛盾的、对立的性质,还把浪费工人的生命和健康,压低工人的生存条件本身,看做不变资本使用上的节约,从而看做提高利润率的手段。

因为工人一生的大部分时间是在生产过程中度过的,所以,生产过程的条件大部分也就是工人的能动生活过程的条件,是工人的生活条件,这些生活条件中的节约,是提高利润率的一种方法;正如我们在前面已经看到的[58],过度劳动,把工人变成一种役畜,是加速资本自行增殖,加速剩余价值生产的一种方法。这种节约的范围包括:使工人挤在一个狭窄的有害健康的场所,用资本家的话来说,这叫做节约建筑物;把危险的机器塞进同一些场所而不安装安全设备;对于那些按其性质来说有害健康的生产过程,或对于像采矿业中那样有危险的生产过程,不采取任何预防措施,等等。更不用说缺乏一切对工人来说能使生产过程合乎人性、舒适或至少可以忍受的设备了。从资本主义的观点来看,这会是一种完全没有目的和没有意义的浪费。总之,资本主义生产尽管非常吝啬,但对人身材料却非常浪费,正如另一方面,由于它的产品通过贸易进行分配的方法和它的竞争方式,它对物质资料也非常浪费一样;资本主义生产一方面使社会失去的东西,就是另一方面使各个资本家获得的东西。

资本有一种趋势,要在直接使用活劳动时,把它缩减为必要劳动,并且要利用劳动的各种社会生产力来不断缩减生产产品所必要的劳动,因而要尽量节约直接使用的活劳动,同样,它还有一种趋势,要在最经济的条件下使用这种已经缩减到必要程度的劳动,也就是说,要把所使用的不变资本的价值缩减到它的尽可能最低的限度。如果说商品价值是由商品包含的必要劳动时间决定,而不是由商品一般地包含的劳动时间决定,那么,正是资本才实现这种决定,同时不断地缩短生产商品所需要的社会必要劳动时间。这样一来,商品的价格就缩减到它的最低限度,因为生产商品所需要的劳动的每一个部分都缩减到它的最低限度了。

我们在考察不变资本使用上的节约时,必须注意如下的区别。如果使用的资本的数量增加了,它的价值额也随之增加了,那么,这首先只是表明更多的资本积聚在一个人手里。然而正是在一个人手里使用的资本量的这种增大——在大多数情况下,与此相适应,被使用的劳动量绝对地增大,但相对地减少——,使不变资本的节约成为可能。就单个资本家来看,资本特别是固定资本的必要支出的数量增大了;但就所加工的材料量和被剥削的劳动量来说,这种支出的价值却是相对地减少了。

现在我们举几个例子来对这一点作简要的说明。我们从最后一点,也就是从生产条件的节约说起,因为生产条件同时又是工人的生存条件和生活条件。

II. 靠牺牲工人而实现的
劳动条件的节约

煤矿。对最必要支出的忽视。

　　"在煤矿主之间……盛行竞争的情况下,除了为克服最明显的肉体上的困难所必需的费用之外,不再花别的费用;在煤矿工人(他们的人数通常总是过多)之间存在竞争的情况下,煤矿工人情愿冒极大的危险,忍受最有害的影响,为的是挣得比附近的农业短工略高的工资,此外,还因为矿山劳动能使他们的儿女找到挣钱的机会。这种双重竞争……使大部分煤矿只有极不完善的排水设备和通风设备;往往是竖井建造得很差,支架很糟,机械师不够格,坑道和车道设计和修建得不好;结果是生命、肢体和健康遭到损害,关于这方面的统计展示出一幅令人不寒而栗的景象。"(《矿山童工调查委员会的第1号报告。1829年4月21日》第102页)

　　1860年前后,在英国煤矿中平均每周有15人死亡。根据《煤矿事故》的报告(1862年2月6日),在1852—1861年的10年内共死亡8 466人。但是,正如报告本身所指出的,这个数字大大缩小了,因为在刚开始设立视察员的最初几年,他们的管区太大,大量不幸的和死亡的事故根本没有呈报。尽管死亡事故还是很多,视察员的人数不够,他们的权力又太小,但是,自从视察制度建立以来,事故的次数已经大大减少。正是这种情况,表明了资本主义剥削的自然趋势。——这种草菅人命的情况,绝大部分是由于煤矿主的无耻贪婪造成的,例如,好些地方只开一个竖井,以致不仅没有足够的空气流通,而且一旦这个竖井堵塞,连一个出口都没有。

　　如果我们单独考察资本主义生产并且把流通过程和激烈竞争撇开不说,资本主义生产对已经实现的、对象化在商品中的劳动,是异常节约的。相反地,它对人,对活劳动的浪费,却大大超过任何别的生产方式,它不仅浪费血和肉,而且也浪费神经和大脑。在这个直接处于人类社会实行自觉改造以前的历史时期,人类本身的发展实际上只是通过极大地浪费个人发展的办法来保证和实现的。因为这里所说的全部节约都来源于劳动的社会性质,所以,实际上正是劳动的

这种直接社会性质造成工人的生命和健康的浪费。从这方面说,工厂视察员罗·贝克提出的问题就已经很有代表性:

> "怎样才能最好地防止这种**由共同劳动造成的儿童生命的牺牲**呢?这整个问题是值得郑重考虑的。"(《工厂视察员报告。1863年10月》第157页)

　　工厂。在这里可以看到,即使是真正的工厂也缺乏保障工人安全、舒适和健康的一切措施。关于产业大军伤亡的战报(见工厂年度报告)很大一部分就是由此而来的。同样,车间拥挤,通风很差,等等。

　　早在1855年10月,伦纳德·霍纳就抱怨说,尽管横轴的危险已经不断为事故,而且往往是为死亡事故所证明,而安全设备既不用花许多钱,又丝毫不妨碍生产,但许多工厂主仍反对关于横轴应有安全设备的法律规定。(《工厂视察员报告。1855年10月》第6页)工厂主在反对这种法律规定和其他法律规定时,得到了那些不拿报酬的治安法官的竭力支持。这些治安法官本人大多数都是工厂主或是工厂主的朋友,而这类案件要由他们来判决。这些先生们是怎样判决的呢?首席法官坎伯尔在谈到一件向他上诉的这类判决案件时说:

> "这不是解释议会法令,简直是废除议会法令。"(同上,第11页)

　　在同一个报告中,霍纳还谈到,许多工厂在开动机器时没有预先向工人发出信号。因为在未开动的机器上总是有些事要做,所以总是有手和手指同机器接触,这样,仅仅由于没有信号,就不断发生事故。(同上,第44页)当时工厂主为了反对工厂法,在曼彻斯特组织了一个行业团体,名叫"争取修改工厂法全国协会"。1855年3月,这个协会按每马力交会费2先令的办法,筹集了一笔超过5万镑的基金,以便在工厂视察员提出控告时为协会会员支付诉讼费用,并为协会出面进行的诉讼支付费用。目的是要证明,如果为利润而杀人,那么,杀人并不就是杀人犯[59]。苏格兰工厂视察员约翰·金凯德爵士谈到,格拉斯哥一家公司利用自己工厂的废铁,为它的全部机器装上安全设备,总共花9镑1先令。这个公司使用110马力,如果它加入上述协会,就要交纳会费11镑,比全部安全设备的费用还多。但是,这个全国协会1854年显然是为反对那条规定必须安装这类安全设备的法律而成立的。在1844—1854年这整个时期,工厂主对这条法律丝毫未予注意。根据帕麦斯顿的指令,工厂视察员现在通知工厂主说,这条法律今后必须切实执行。工厂主立即成立了这个协会。该协会的许多非常著名的会员本身就是治安法官,并以这种身份来执行法律。1855年4月新任内务大臣乔治·格雷爵士提出一个折中方案,表示政府愿意满足于一些几乎只是徒有其名的安全设备,而全国协会甚至连这一点也愤怒地加以拒绝了。在几次不同的诉讼中,著名工程师威廉·费尔贝恩,用他的名誉作赌注,以专家身份尽力替资本的节约和资本的受到侵犯的自由进行辩护。工厂视察长伦纳德·霍纳,受到了工厂主各式各样的迫害和诽谤。

但是,工厂主在促使王座法院[60]作出判决以前一直不肯罢休。按照王座法院的解释,1844年的法律并未规定离地七英尺以上的横轴要有安全设备。他们终于在1856年依靠伪君子威尔逊-帕滕——一个用宗教装潢门面而随时准备为讨好钱袋骑士去干肮脏勾当的虔诚者——通过了一项在当时情况下使他们感到满意的议会法令。这个法令事实上剥夺了工人的一切特殊保护,它让工人在受到机器的伤害时向普通法院提出赔偿损失的诉讼(在英国诉讼费用很高,这纯粹是一种嘲弄),而另一方面又对专家鉴定作了一种非常巧妙的规定，使工厂主几乎不可能败诉。结果是事故急剧增加。视察员贝克发现，在1858年5月到10月的半年中，事故比前一个半年，就增加了21%。在他看来，全部事故的36.7%是可以避免的。诚然，1858年和1859年同1845年和1846年相比，事故的次数显著减少了，即减少了29%，而且是在受到工厂视察制度监督的工业部门的工人人数增加了20%的情况下减少的。原因何在呢？现在（1865年），争执平息了，这主要是由于采用了新机器。这种新机器本身已经装了安全设备，由于它不要工厂主支付额外费用，他们乐于采用。此外，有几个工人因失去手臂经法院判决获得大笔赔偿费，并且这个判决还得到最高一级法院的批准。（《工厂视察员报告。1861年4月30日》第31页和《工厂视察员报告。1862年4月》第17页）

以上说的是用以防止工人（其中包括许多儿童）因直接操作机器而造成生命危险和四肢残废的那种保护设备的节约。

室内劳动。大家知道，空间的节约，从而建筑物的节约，使工人拥挤在狭小地方的情况多么严重。此外，还有通风设备的节约。这两件事，再加上劳动时间过长，使呼吸器官的疾病大量增加，从而使死亡人数增加。以下的例证摘自《公共卫生。1863年第6号报告》；这个报告是本书第一册中屡次谈到的约翰·西蒙医生编写的。[61]

工人的结合和协作，使机器的大规模使用、生产资料的集中、生产资料使用上的节约成为可能，而大量的共同劳动在室内进行，并且在那种不是为工人健康着想，而是为便利产品生产着想的环境下进行，也就是说，大量的工人在同一个工场里集中，一方面是资本家利润增长的源泉，另一方面，如果没有劳动时间的缩短和特别的预防措施作为补偿，也是造成生命和健康浪费的原因。

西蒙医生提出了一条规律，并且用大量统计材料加以证明：

"一个地方靠室内共同劳动为生的人越多，在其他条件相同的情况下，那个地区由肺病引起的死亡率就越高。"（第23页）原因是通风设备差。"不管什么地区，只要那里一个重要的行业是在室内经营的，那里工人死亡率的增加，就足以使整个地区的死亡统计带有一种特色，即死于肺病的占绝对多数。这条规律也许在整个英国都没有例外。"（第23页）

1860年和1861年卫生局调查了在室内经营的产业部门，这些部门的死亡统计表明：就同等数量的15岁到55岁的男子来说，如果在英国农业地区因肺结核和其他肺病引起的死亡数为100，在以下几个地方的死亡数是：考文垂死于肺结核的为163，布莱克本和斯基普顿167，康格尔顿和布拉德福德168，莱斯特171，利克182，麦克尔斯菲尔德184，博尔顿190，诺丁汉192，罗奇代尔193，德比198，索尔福德和阿什顿安德莱恩203，利兹218，普雷斯顿220，曼彻斯特263。（第24页）下表提供了一个更明显的例子。这个表按性别分别列出每10万个15岁到25岁的人中死于肺病的人数。表上所选择的是这样一些地区，那里只有妇女在室内经营的产业中工作，而男子却在各种劳动部门工作。

在男子参加工厂劳动较多的丝织业地区，男子的死亡率也较高。男女两性中因肺结核等引起的死亡率，在这里揭露了报告中所说的如下事实：

"我国丝织业大部分是在糟糕的卫生条件下经营的。"

但正是在这个丝织业中，工厂主却以他们的企业卫生条件特别好为借口，要求13岁以下的儿童劳动特别长的时间，并且这种要求还部分地得到许可。（第一册第八章第6节第296/286页[62]）

地　　区	主要产业	每10万个15岁到25岁的人中死于肺病的人数	
		男	女
伯克姆普斯特德	草辫业(女工)	219	578
莱顿巴泽德	草辫业(女工)	309	554
纽波特帕格内尔	花边业(女工)	301	617
托斯特	花边业(女工)	239	577
约维尔	手套业(主要是女工)	280	409
利克	丝织业(主要是女工)	437	856
康格尔顿	丝织业(主要是女工)	566	790
麦克尔斯菲尔德	丝织业(主要是女工)	593	890
有益健康的农村地区	农业	331	333

"到目前为止考察过的各种工业,也许没有一种比斯密斯医生所描写的裁缝业的情况更坏的了……　他说,各个工场的卫生状况是大不相同的;但几乎所有的工场都十分拥挤,通风很差,对健康极其有害……　这样的房间必然很闷热;如果再点起煤气灯来,例如在雾天或冬季傍晚的时候,温度就会上升到80度甚至90度〈华氏,＝摄氏27度到33度〉,使工人汗流浃背,使水蒸气凝结在玻璃窗上,以致水珠不断往下流,或从天窗上滴下来,工人只好打开一些窗户,尽管他们这样做不免要受凉。——关于伦敦西头最大的16家工场的情况,他作了如下的描述:在这些通风很差的房间内,每个工人占有的空间最大是270立方英尺,最小是105立方英尺,平均每人只有156立方英尺。有一个工场,四围都是走廊,光线只能从上面进来,有92人到100多人在干活,点着好多盏煤气灯;厕所就在工场旁边,而每人所占的空间不超过150立方英尺。另有一个工场,设在光线只能从上面照进来的小院里,像狗窝一样,只有一个通气的小天窗,有五六个人在里边工作,每人只占空间112立方英尺。"并且"在斯密斯医生所描写的这种条件非常恶劣的工场内,裁缝工人通常每天要劳动12—13小时,有时要连续劳动15—16小时"(第25、26、28页)。

雇工人数	产业部门和所在地	每10万人中的死亡率		
		25—35岁	35—45岁	45—55岁
958 265	英格兰和威尔士的农业	743	805	1 145
22 301 男 } 12 377 女	伦敦的裁缝工人	958	1 262	2 093
13 803	伦敦的排字工人和印刷工人	894	1 747	2 367

（第30页）

　　必须指出，并且实际上已由卫生部门的主管人员、报告的编写人约翰·西蒙指出，报告中列举的伦敦25—35岁的裁缝工人、排字工人和印刷工人的死亡率的数字大大缩小了，因为在这两个行业中，伦敦的业主从农村招收大批青年人（大概均不满30岁）当学徒和"见习生"，也就是让他们进一步学手艺。这些人使计算伦敦产业人口死亡率所依据的雇工总人数增加了；可是他们并没有按相同的比例增加伦敦的死亡人数，因为他们留在伦敦不过是暂时的；如果这个期间他们得了病，他们就回到农村的家里去，如果死了，就在那里进行死亡登记。就年纪较轻的工人来说，情况更是如此，这就使伦敦人口的这一年龄的死亡率根本不能成为衡量产业不卫生状况的尺度。（第30页）

　　排字工人的情况同裁缝工人相似。对他们来说，除了缺少通风设备，呼吸有毒的空气以外，还要加上做夜工。他们的劳动时间通常是12—13小时，有时是15—16小时。

　　"煤气灯点着后，室内非常闷热……　此外，往往还有铸字房的烟雾，机器或下水道的恶臭，从楼下侵入，使楼上的空气更加污浊。下面房间的热气使天花板发热，增加了楼上房间的温度。如果房间矮，煤气消耗量大，那就是很大的

109

祸害。而在楼下装有蒸汽锅炉、整个房屋闷热得难受的地方,情形就更坏……一般说来,通风极差,完全不足以在日落之后把热气和煤气燃烧的产物排除出去。很多工场,特别是原来作为住房的工场,情况尤为悲惨。""在有些工场,特别是印刷周报的工场(这里也雇用12岁到16岁的少年),工人几乎要接连不断地劳动两天一夜;而在另一些承担'急'件的排字房,工人星期日也得不到休息,他们每周的工作日是7天,而不是6天。"(第26、28页)

我们在第一册第八章第3节第249/241页[63]曾经谈到女时装工过度劳动的情形。她们的工作场所,在这个报告中,由奥德医生作了描述。即使有时白天情况好一些,但是煤气点燃以后,这种工场非常闷热,又加上空气污浊,很不卫生。在34家较好的工场中,奥德医生发现,每个女工平均占有的空间如下:

"4家在500立方英尺以上;4家是400—500立方英尺;5[家是300—400立方英尺;5家是250—300立方英尺;7家]是200—250立方英尺;4家是150—200立方英尺;9家只有100—150立方英尺。即使在其中最好的几家,要持久地工作,空气也不足,除非那里有完善的通风设备……　即使通风良好的工场,天黑以后,由于必须点燃很多盏煤气灯,也还是太闷热。"

下面是奥德医生关于他曾经访问过的一家由中间商人开设的小工场的记述:

"一个1 280立方英尺的房间,上班的工人有14名,每人所占的空间为91.5立方英尺。这里的女工都显出疲劳憔悴的样子。她们的工资,除茶水外,每周7—15先令……　劳动时间是上午8时到下午8时。这个小房间里挤着14个人,通风很差。只有两个可打开的窗户和一个已经堵塞的烟囱,此外没有任何专门通风设备。"(第27页)

这个报告在谈到女时装工的过度劳动时说:

"高级时装店青年女工的过度劳动,一年中大约只有4个月,但达到了可怕的程度,这在很多场合一度引起公众的震惊和愤慨;在这几个月内,她们在工场照例每天要干整整14小时,在有大批紧急订货的时候,每天要干17—18小时。在其他季节,也许要在工场干10—14小时;在家里劳动的,通常要干12或13小时。在女大衣、披肩、衬衫等成衣业中,工人在共同的工场内干活的时间,包括使用缝纫机的劳动在内,要少一些,大多不超过10—12小时";但是奥德医生说:"有几家有时用额外时间付给特殊报酬的办法,来大大延长正常的劳动时间;另外几家在正常的劳动时间结束后,让工人把活带回家里去完成。我们可以补充一句,这两种过度劳动,往往都是强制性的。"(第28页)

约翰·西蒙在这页的一个注中指出:

"传染病协会的秘书拉德克利夫先生,有特别多的机会考察第一流成衣店女工的健康状况,他在每20个自称'完全健康'的女工中,发现只有一个是健康的;其余的人都在不同程度上显得体力疲惫、神经衰弱以及各种各样由此引起的机能失调。他所列举的原因,首先是劳动时间过长。他估计,甚至在淡季,每天至少也劳动12小时;第二是工场过分拥挤,通风很差,煤气灯使空气变得污浊不堪,食物不够或太差,以及对房间是否舒适漠不关心。"

英国卫生局的这个主管人员得出的结论是:

"工人要坚持他们在理论上的首要的健康权利,也就是说,要求雇主无论叫工人干什么活时,都要在他的责任所及的范围内并由他出钱使这种共同劳动避免一切不必要的、有害健康的情况,这实际上是办不到的;并且,当工人事实上没有能力自己争得这个健康权利的时候,不管立法者设想的意图是什么,工人也不能指望从那些实施卫生警察法的官员那里得到任何有效的帮助。"(第29页)——"毫无疑问,要划一条准确的界限,确定雇主在这个界限内应该服从法规,会有一些小小的技术上的困难。但是……在原则上,保护健康的要求是带有普遍性的。现在千千万万个男女工人的生命,只是由于他们的职业所造成的无止境的肉体折磨,便无谓地受到摧残而缩短了。为了他们的利益,我要大胆表示这样的希望:劳动的卫生条件应当普遍地置于适当的法律保护之下,至少要保证在一切室内工作场所安装良好的通风设备,并且在每一个按其性质来说本来就不卫生的劳动部门,要尽量地限制那种对于健康特别有害的影响。"(第31页)

III. 动力生产、动力传送和建筑物的节约

伦·霍纳在他的1852年10月的报告中,引用了帕特里克罗夫特的著名工程师、蒸汽锤的发明人詹姆斯·内史密斯的一封信[64],其中谈到:

"关于我提到过的〈蒸汽机〉体系的那些改变和改良所引起的动力的巨大增长,公众知道得很少。我们这个地区〈兰开夏郡〉的机器动力,大约有40年一直处在怯懦的和充满偏见的传统的压迫下,现在我们幸运地得到了解放。近15年来,特别是近四年来〈从1848年起〉,冷凝式蒸汽机的操作方式已经有了一些极为重要的改变……　结果是……同样的机器可以完成大得多的工作量,而耗煤量却显著减少……　这个地区的工厂采用蒸汽力以来,许多年内,人们一直认为,冷凝式蒸汽机的速度,只能达到每分钟活塞冲程约220英尺,也就是说,一台活塞冲程5英尺的机器,按规定每分钟只能旋转曲轴22次。人们认为,让机器转得更快,是不合适的;并且因为全部装置是和活塞运动的这种每分钟220英尺的速度相适应的,所以许多年来,这种缓慢的和受到无理限制的速度,一直支配着整个生产。后来,由于碰巧有人不知道这种规程,或者由于一个大胆的革新者的倡议,试用了更大的速度,结果非常顺利,这个先例就被人模仿起来;人们让机器——用当时的说法——摆脱缰绳,并且改换了传动装置的主轮,使蒸汽机每分钟能完成300英尺以上的活塞冲程,而机器装置保持原来的速度……　这种加快蒸汽机速度的办法,现在几乎已经普遍采用了,因为经验表明,这样做不仅可以由同一台机器得到较多的可供利用的动力,而且因为飞轮的力矩更大了,运动也更有规律了。在气压和冷凝器真空度不变的情况下,单是加快活塞的运动,就得到了更多的动力。例如,如果我们对一台在活塞冲程每分钟200英尺时有40马力的蒸汽机,作适当的改变,使之在气压和真空度不变的情况下把活塞冲程增加到每分钟400英尺,那么,我们就能得到恰好两倍的动力;并且因为气压和真空度在两个场合都没有变,所以机器各部分的受

力程度以及发生'事故'的危险,在速度增大时都不会显著增加。所不同的只是:蒸汽的消耗与活塞运动的加速成比例或者近似成比例地增加。此外,轴承或摩擦部分的磨损略有增加,不过这几乎不值得一提…… 但是,要用加速活塞运动的办法从同一台机器得到更多的动力,就必须在同一个蒸汽锅炉内烧掉更多的煤,或采用一种汽化能力较大的蒸汽锅炉,总之,必须产生更多的蒸汽。这一点也做到了,就是在'速度加快的'旧机器上安装一个能产生更大量蒸汽的锅炉。这就使这些机器所作的功,在很多场合增加100%。大约在1842年,康沃尔郡各矿山蒸汽机非常便宜地产生动力的方法,开始引人注意;棉纺业的竞争,迫使工厂主在'节约'方面寻找利润的主要来源;康沃尔蒸汽机显示出的每小时每马力耗煤量的显著差别,和伍尔夫双缸蒸汽机的异常经济的效果,也使我们这个地区把节约燃料问题提到首要地位。康沃尔蒸汽机和双缸蒸汽机产生一马力,每小时耗煤 $3\frac{1}{2}$ 磅到4磅,而棉纺织业的机器一般每马力每小时耗煤8磅到12磅。这种显著的差别,诱使我们这个地区的工厂主和机器制造业主采用类似的方法,去达到像康沃尔郡和法国所获得的那种异常经济的成果。这种成果在康沃尔郡和法国早就屡见不鲜,因为那里煤炭价格高昂,工厂主不得不尽量限制他们企业中这项极高的费用。这造成了非常重要的结果。首先,在以前利润很高的时候,很多锅炉的上半部分露在外界的冷空气中,现在用厚毡,或用砖和泥灰等材料包盖起来,这样,花那么多钱产生的热就不易散失了。蒸汽输送管也用同样的方法保护起来,汽缸也用毡条和木头包住。其次,采用了高气压。以前,安全阀在它承受的压力达到每平方英寸4磅、6磅或8磅时就放汽;现在人们发现,把压力提高到14磅或20磅……就可以大大地节省煤炭;换句话说,工厂的工作可以用少得多的耗煤量来完成…… 有资金和胆量这样做的人,都采用增加气压,使之极度膨胀的办法,并使用构造适当的蒸汽锅炉,这种锅炉提供每平方英寸30磅、40磅、60磅或70磅压力的蒸汽;这样高的压力,一定会把旧派工程师吓倒的。但是,因为提高气压的经济成果……很快就可以用镑、先令、便士这种明显的形式表示出来,所以,在冷凝式蒸汽机上安装高压锅炉,几乎成了普遍的现象。实行彻底改革的人,采用了伍尔夫蒸汽机,并且大多数最近制造的机器,都采用了这种蒸汽机。这种蒸汽机有两个汽缸,从锅炉进入其中一个汽缸的蒸汽,由于压力超过大气压力而产生动力,但这种蒸汽不会像以前那样,在活塞的每一个冲程之后跑掉,而是转入另一个容积大约大三倍的低压汽缸中,并且在那里完成进一步的膨胀之后,导入冷凝器中。

人们在这种机器上得到的经济效果是,提供一马力,每小时只耗煤$3\frac{1}{2}$磅或4磅,而旧式机器要耗煤12磅到14磅。一个巧妙的装置,可以使伍尔夫双缸体系即高低压联合机,应用到现有的旧机器上,从而提高机器的功效,并同时减少耗煤量。最近8—10年,人们把高压机和冷凝机结合起来,使高压机用过的蒸汽转入冷凝机,来推动冷凝机,这样做取得了同样的结果。这个办法在许多场合都很有用处。"

"要准确估计以前的那些蒸汽机在作了某些或全部这种新的改良之后所增加的功效,不是一件容易的事。但是我确信:现在从一台重量与过去相等的蒸汽机,至少平均可以多得50%的效能或功;并且在很多场合,同一台在每分钟速度限制为220英尺时只提供50马力的蒸汽机,现在可以提供100马力以上。冷凝机应用高压蒸汽所得的巨大的经济效果,以及为了扩大企业而对旧蒸汽机提出的高得多的要求,最近三年来,促进了管状锅炉的采用,由此蒸汽生产的费用再一次显著减少。"(《工厂视察员报告。1852年10月》第23—27页)

以上关于发动机所说的话,也同样适用于传动装置和工作机。

"近几年来机器改良的迅速发展,使工厂主能够不增加动力而扩大生产。由于工作日缩短,必须更节约地使用劳动。大多数经营得法的工厂,都在不断考虑既能增加生产又能减少支出的办法。由于我的管区一位很有才智的绅士的好意,我手头有一份关于他的工厂所雇用的工人的人数和年龄、所使用的机器、从1840年到现在所支付的工资的材料。1840年10月,他的公司雇用600个工人,其中有200个未满13岁。1852年10月,他只雇用350个工人,其中只有60个未满13岁。但是在这两个年度里,运转的机器数相等(极少例外),并且支付的工资额也相等。"(雷德格雷夫《工厂视察员报告。1852年10月》第58、59页)

机器的这些改良,只有在它们被安装在适宜的新厂房中的时候,才能充分发挥它们的作用。

"谈到机器的改良,我必须指出,首先在建造适于安装这种新机器的工厂方面,已经有巨大的进步…… 我把底层全部用来并纱,把29 000个并纱锭全部安装在这里。单在这个车间和库房,我至少节省了10%的劳动。这种节省,与其说是并纱方法本身改良的结果,不如说是机器集中管理的结果;并且,我已经能够用一个传动轴来推动同样多的纱锭，所以，和别的公司比较，我节省了60%—80%的传动装置。此外还可以大量节约机油、润滑油等等……　总之，有了完善的工厂设备和改良的机器，我少算些，也节省了10%的劳动，并且还大大节省了动力、煤炭、机油、油脂、传动轴、皮带等等。"(一个纺纱厂主的证词，《工厂视察员报告。1863年10月》第109、110页)

IV. 生产排泄物的利用

生产排泄物和消费排泄物的利用，随着资本主义生产方式的发展而扩大。我们所说的生产排泄物，是指工业和农业的废料；消费排泄物则部分地指人的自然的新陈代谢所产生的排泄物，部分地指消费品消费以后残留下来的东西。因此，化学工业在小规模生产时损失掉的副产品，制造机器时废弃的但又作为原料进入铁的生产的铁屑等等，是生产排泄物。人的自然排泄物和破衣碎布等等，是消费排泄物。消费排泄物对农业来说最为重要。在利用这种排泄物方面，资本主义经济浪费很大；例如，在伦敦，450万人的粪便，就没有什么好的处理方法，只好花很多钱用来污染泰晤士河。

原料的日益昂贵，自然成为废物利用的刺激。

总的说来，这种再利用的条件是：这种排泄物必须是大量的，而这只有在大规模的劳动的条件下才有可能；机器的改良，使那些在原有形式上本来不能利用的物质，获得一种在新的生产中可以利用的形态；科学的进步，特别是化学的进步，发现了那些废物的有用性质。当然，在小规模园艺式的农业中，例如在伦巴第，在中国南部，在日本，也有过这种巨大的节约。不过总的说来，这种制度下的农业生产率,以人类劳动力的巨大浪费为代价,而这种劳动力也就不能用于其他生产部门。

　　所谓的废料,几乎在每一种产业中都起着重要的作用。例如,1863年10月的工厂报告中提到的英格兰和爱尔兰许多地方的租地农场主不愿种植亚麻和很少种植亚麻的一个主要理由是:

　　"靠水力推动的小型梳麻工厂,在加工亚麻的时候留下……很多废料……在加工棉花时废料比较少,但在加工亚麻时废料却很多。用水渍法和机械梳理法精细处理,可以使这种损失大大减少……　在爱尔兰,亚麻通常是用极粗糙的方法梳理,以致损失28%—30%。"

　　这种损失,用较好的机器就可以避免。因为留下来的麻屑这样多,所以工厂视察员说:

　　"有人告诉我,爱尔兰一些梳麻工厂的工人,常常把那里的废麻拿回家去当燃料,可是这些废麻是很有价值的。"(同上,第140页)

　　关于废棉,我们在下面谈到原料价格变动的时候再讲。
　　毛纺织业比亚麻加工业精明。

　　"收集废毛和破烂毛织物进行再加工,过去一向认为是不光彩的事情,但是,对已成为约克郡毛纺织工业区的一个重要部门的再生呢绒业来说,这种偏见已经完全消除。毫无疑问,废棉加工业很快也会作为一个符合公认的需要的生产部门,而占有同样的位置。30年前,破烂毛织物即纯毛织物的碎片等等,每吨平均约值4镑4先令;最近几年,每吨已值44镑。同时,需求量如此之大,连棉毛混纺织物也被利用起来,因为有人发明一种能破坏棉花但不损伤羊毛的方法;现在已经有数以千计的工人从事再生呢绒的制造,消费者由此得到了巨大利益,因为他们现在能用低廉的价格买到普通质量的优秀毛织物。"(《工厂视察员报告。1863年10月》第107页)

　　这种再生羊毛,在1862年底,已占英国工业全部羊毛消费量的

$\frac{1}{3}$。(《工厂视察员报告。1862年10月》第81页)"消费者"的"巨大利益",不过是他的毛料衣服只穿到以前$\frac{1}{3}$的时间就会磨破,穿到以前$\frac{1}{6}$的时间就会磨薄。

英国的丝织业所走的也是这样一条下坡路。从1839年到1862年,真正生丝的消费略为减少,而废丝的消费却增加了一倍。人们使用经过改良的机器,能够把这种本来几乎毫无价值的材料,制成有多种用途的丝织品。

化学工业提供了废物利用的最显著的例子。它不仅找到新的方法来利用本工业的废料,而且还利用其他各种各样工业的废料,例如,把以前几乎毫无用处的煤焦油转化为苯胺染料,茜红染料(茜素),近来甚至把它转化为药品。

应该把这种通过生产排泄物的再利用而造成的节约和由于废料的减少而造成的节约区别开来,后一种节约是把生产排泄物减少到最低限度和把一切进入生产中去的原料和辅助材料的直接利用提到最高限度。

废料的减少,部分地要取决于所使用的机器的质量。机器零件加工得越精确,抛光越好,机油、肥皂等物就越节省。这是就辅助材料而言的。但是部分地说,——而这一点是最重要的,——在生产过程中究竟有多大一部分原料变为废料,这取决于所使用的机器和工具的质量。最后,这还取决于原料本身的质量。而原料的质量又部分地取决于生产原料的采掘工业和农业的发展(即本来意义上的文化①的进步),部分地

---

①"文化"一词原文为"Kultur",原意指农耕及其对植物的培育,后引申为对人的身体和精神两方面的培育,即现今所说的"文化"、"文明"的含义。——编者注

取决于原料在进入制造厂以前所经历的过程的发达程度。

"帕芒蒂耶曾经证明,从一个不是很远的时期以来,例如从路易十四时代以来,法国的磨谷技术大大改善了,同旧磨相比,新磨几乎能够从同量谷物中多提供一半的面包。实际上,巴黎每个居民每年消费的谷物,原来是4瑟提埃,后来是3瑟提埃,最后是2瑟提埃,而现在只是每人$1\frac{1}{3}$瑟提埃,约合342磅…… 在我住过很久的佩尔什,用花岗石和暗色岩石粗制的磨,已经按照30年来获得显著进步的力学的原理实行改造。现在,人们用拉费泰的优质磨石来制磨,把谷物磨两次,使粉筛成环状运动,于是同量谷物的面粉产量便增加了$\frac{1}{6}$。因此,我不难明白,为什么罗马人每天消费的谷物和我们每天消费的谷物相差如此之多。全部原因只是在于磨粉方法和面包制造方法的不完善。我看,普林尼在他的著作第十八卷第二十章第二节所叙述的一个值得注意的事实,也必须根据这一点来说明…… 在罗马,一莫提面粉,按质量不同,分别值40、48或96阿司。面粉价格和当时的谷物价格相比这样高,其原因是当时的磨还处在幼稚阶段,很不完善,因此磨粉费用相当大。"(杜罗·德拉马尔《罗马人的政治经济学》1840年巴黎版第1卷第280、281页)

V. 由于发明而产生的节约

固定资本使用上的这种节省,如上所述,是劳动条件大规模使用的结果,一句话,是劳动条件成为直接社会的、社会化的劳动的条件,或成为生产过程内直接协作的条件的结果。一方面,这是力学和化学上的各种发明得以应用而又不会使商品价格变得昂贵的唯一条件,并且这总是不可缺少的条件。另一方面,从共同的生产消费中产生的节约,也只有在大规模生产中才有可能。但是最后,只有结合工人的经验才能发现并且指出,在什么地方节约和怎样节约,怎样用最简便的方法来应用各种已有的发现,在理论的应用即把它用于生产过程的时候,需要克服哪些实际障碍,等等。

附带指出,应当把一般劳动和共同劳动区别开来。二者都在生产过程中起着自己的作用,并互相转化,但二者也有区别。一般劳动是一切科学劳动,一切发现,一切发明。它部分地以今人的协作为条件,部分地又以对前人劳动的利用为条件。共同劳动以个人之间的直接协作为前提。

以上所述,从时常观察到的下列事实中得到新的证明:

1. 一台新机器初次制造的费用和再生产的费用之间有很大的差别。关于这点,可以参看尤尔和拜比吉的著作[65]。

2. 经营一个建立在新发明基础上的企业所需要的费用,同后来在它的废墟上,在它的遗骸上出现的企业相比,要大得多。这种现象如此普遍,以致最初的企业家大都遭到破产,而后来用比较便宜的价格得到建筑物、机器等等的人才兴旺起来。因此,从人类精神的一般劳动的一切新发展中,以及这种新发展通过结合劳动所取得的社会应用中,获得最大利润的,大多数是最无用和最可鄙的货币资本家。

第 六 章

价格变动的影响

I. 原料价格的波动及其
对利润率的直接影响

在这里,也同前面一样,假定剩余价值率没有发生任何变化。为了对这种情况在其纯粹状态下进行研究,这个假定是必要的。不过,在剩余价值率不变的情况下,资本仍然可能由于我们在这里要考察的原料价格的波动而收缩或膨胀,以致资本所雇用的工人人数可能增加或减少。在这种情况下,剩余价值率不变,剩余价值量也会发生变化。不过在这里也要把这个现象作为偶然情况排除在外。如果机器的改良和原料价格的变动同时影响到一定资本所雇用的工人人数,或影响工资的水平,那么,只要把 1. 不变资本的变化对利润率的影响和 2. 工资的变化对利润率的影响综合在一起,结论就自然可以得出。

但是总的说来,在这里也和以前一样,必须指出:如果由于不变资本的节约或由于原料价格的波动而出现了变化,那么这些变化即使完全不影响工资,因而完全不影响剩余价值率和剩余价值量,也总会影响利润率。这些变化会改变 $m'\dfrac{v}{C}$ 中 C 的大小,从而改变整个分数的值。因此,在这里,和考察剩余价值时看到的情形不同,这些变化发生在哪些生产部门,这些变化所影响的产业部门是否生产工人的生活资料或者这种生活资料生产上所用的不变资本,都是完全一样的。这里的阐述也同样适用于奢侈品生产发生变化的场合,而这里所说的奢侈品生产,是指一切对劳动力的再生产不是必需的那种生产。

在这里,原料也包括辅助材料,如蓝靛、煤炭、煤气等等。其次,如果在这个项目下也考察机器,那么机器本身的原料是由铁、木材、皮革等等构成的。因此,机器本身的价格也会由于制造机器所用的原料的价格波动而受到影响。如果构成机器的原料或机器运转时消费的辅助材料发生价格波动,从而引起机器价格上涨,利润率就会相应地下降。反过来,情况也就相反。

我们在下面研究原料的价格波动时所说的原料,既不是指制造作为劳动资料来执行职能的机器所用的原料,也不是指机器使用时所用的辅助材料,而是指加入商品的生产过程的原料。在这里,只有一点必须指出:机器的制造和使用所必需的主要要素如铁、煤炭、木材等的自然财富,在这里表现为资本的自然丰度,并且是一个不以工资的高低为转移的决定利润率的要素。

因为利润率是 $\frac{m}{C}$ 或 $\frac{m}{c+v}$,所以很清楚,一切使c的大小,从而使C的大小发生变化的东西,即使在m和v以及它们相互间的比例保持不变的情况下,也会使利润率发生变化。但原料是不变资本的一个主要部分。甚至在不使用真正原料的产业部门,也有原料作为辅助材料或机器组成部分等等加入,这样,原料的价格波动也会相应地影响利润率。如果原料的价格降低了,降低的数额＝d,那么,$\frac{m}{C}$ 或 $\frac{m}{c+v}$ 就变为 $\frac{m}{C-d}$ 或 $\frac{m}{(c-d)+v}$;因而利润率就提高。相反,如果原料价格提高了，那么，$\frac{m}{C}$ 或 $\frac{m}{c+v}$ 就变为 $\frac{m}{C+d}$ 或 $\frac{m}{(c+d)+v}$，因而利润率就下降。因此，在其他条件不变的情况下，利润率的高低和原料价格成反比。由此可以看出，即使在原料的价格波动时产品出售领域完全没有发生变化，就是说，即使完全撇开供求关系，原料价格的低廉对工业国来说也是非常重要的。其次，还可以看出，即使撇开对外贸易由于使必要生活资料便宜而对工资产生的任何影响，对外贸易也会影响利润率。这就是说，它会影响工业或农业中所使用的原料或辅助材料的价格。由于人们对利润率的性质和利润率同剩余价值率的独特区别一直理解得很不完全，因此，一方面有些经济学家强调原料价格对利润率的由实际经验得出的重大影响，而在理论上却作了完全错误的解释（托伦斯[66]）；另一方面，又有一些像李嘉图[67]那样的经济学家，坚持一般原理，而不承认比如说世界贸易对利润率的影响。

因此很清楚，废除或减轻原料关税，对工业具有很大的意义。因此，让原料尽可能自由输入，已经成了发展得更合理的保护关税制度的重要原则。这一点和废除谷物关税[68]一样，是英国自由贸易派的主要目标，他们也特别关心废除棉花关税。

我们可以拿面粉在棉纺织业上的使用为例，来说明一种并非真正的原料，而是一种辅助材料但同时又是主要食物的价格降低，具有多么重要的意义。1837年，罗·海·格雷格[13] 已经计算过，当时大不列颠棉织业使用的100 000台动力织机和250 000台手工织机，每年浆纱消费的面粉达4 100万磅。此外，漂白等工序所用的面粉，

（13）罗·海·格雷格《工厂问题。"十小时工作日法案"》1837年伦敦版第115页。

又等于这个数量的 $\frac{1}{3}$。这样消费掉的面粉的总价值，按照他的计算，在最近10年内，每年等于342 000镑。和大陆上的面粉价格比较一下就可以看出，仅面粉一项，谷物关税就迫使工厂主每年多付出170 000镑。根据格雷格估计，1837年至少多付出200 000镑。他还说到一家公司，每年为面粉的这种加价多付出1 000镑。因此，

> "大工厂主、精打细算的实业家都说，谷物关税一旦废除，每天劳动10小时就足够了。"（《工厂视察员报告。1848年10月》第98页）

谷物关税废除了，棉花和其他原料的关税也废除了。但是这个目的刚一达到，工厂主们反对十小时工作日法案[69]的劲头比以前任何时候都更大了。此后不久，当十小时工厂劳动终于定为法律时，由此产生的第一个结果就是企图普遍降低工资。

原料和辅助材料的价值全部一次加入由于它们被消耗才生产出来的产品的价值，而固定资本各要素的价值只是按其损耗的程度，因而只是逐渐加入产品。由此可以得出结论，虽然利润率是由所使用的资本的价值总额决定（不管其中有多少已被消费都一样），但是原料的价格对产品价格的影响，比固定资本的价格对产品价格的影响要大得多。然而很清楚，市场的扩大或缩小取决于单个商品的价格，并和这个价格的涨落成反比，——虽然我们只是顺便提到这一点，因为在这里我们仍然假定，商品是按照它的价值出售的，由竞争引起的价格波动在这里仍与我们无关。因此，在现实中也有这样的情形：成品价格不是和原料价格按相同的比例提高，也不是和原料价格按相同的比例下降。因此，同商品按其价值出售的情况相比，利润率在前一场合会下降得更低，在后一场合会上升得更高。

其次，所使用的机器的数量和价值会随着劳动生产力的发展而

增加,但并不是和劳动生产力按相同的比例增加,也就是说,不是和这些机器提供的产品数量按相同的比例增加。因此,对使用原料的产业部门来说,也就是对劳动对象本身已经是过去劳动的产品的产业部门来说,劳动生产力的增长正是表现为这样一个关系,即吸收一定量的劳动需用更多的原料,也就是表现为,比如说,一个劳动小时内转化成产品即加工成商品的原料量增加了。因此,随着劳动生产力的发展,原料的价值会在商品产品的价值中形成一个越来越大的组成部分,这不仅因为原料会全部加入商品产品的价值,而且因为在总产品的每一部分中,由机器磨损形成的部分和由新的追加劳动形成的部分会越来越小。由于这种下降运动,另一个由原料形成的价值部分就相应地增长起来,除非由于制造原料本身所使用的劳动的生产率的提高,使原料价值相应减少,以致这种增长被抵消。

其次,因为原料和辅助材料完全同工资一样是流动资本的组成部分,必须不断地从产品的每次出售中全部得到补偿,而机器只有磨损部分才需要补偿,并且首先是以准备金的形式补偿,——每次出售是否都为这个准备金提供它的一部分,事实上是无关紧要的,我们只是假定全年的出售能够为这个准备金提供相当于一年的份额,——所以在这里又可以看到,如果出售商品所得的价格不够补偿商品的一切要素,或者不能使生产过程按照同它的技术基础相适应的规模继续进行,以致只有一部分机器能够工作,或者全部机器不能按通常的全部时间工作,那么,原料价格的提高就会缩小或是阻碍全部再生产过程。

最后,由废料所引起的费用的变动和原料价格的波动成正比:原料价格提高,它就提高;原料价格下降,它就下降。但是这里也有一个界限。1850年就有这样的说法:

"由原料价格上涨造成的重大损失的一个根源,即废料造成的损失,除了实际经营纺纱业的人以外,谁都不加以注意。有人告诉我说,棉花涨价时,纺纱业者支出的费用,特别是生产次等纱支出的费用,其增长的比例高于已付出的价格的上涨的比例。纺粗纱时产生的废棉达到15%以上;因此,按照这样的百分率,在棉花每磅值$3\frac{1}{2}$便士时,每磅的损失是$\frac{1}{2}$便士,当棉花的价格上涨到每磅7便士时,每磅的损失就增加到1便士。"(《工厂视察员报告。1850年4月》第17页)

但是,当美国南北战争[70]使棉花的价格上涨到近100年来闻所未闻的高度时,报告的说法就完全不同了:

"现在为废棉付出的代价和废棉在工厂里作为原料的重新使用,在某种程度上补偿了印棉和美棉之间因废棉造成的损失而引起的差额。这个差额大约是$12\frac{1}{2}$%。印棉加工时的损失为25%,因此,纺纱业者在这种棉花上付出的费用比他所付出的价格实际上还要多$\frac{1}{4}$。当美棉每磅值5便士或6便士时,废棉造成的损失并不那么严重,因为每磅的损失不会超过$\frac{3}{4}$便士;但是,现在棉花每磅值2先令,由废棉造成的损失每磅已达6便士,这种损失就非常严重了。"[14](《工厂视察员报告。1863年10月》第106页)

11. 资本的增值和贬值、游离和束缚

我们在这一章中研究的各种现象要得到充分阐明,必须以信用

---

(14)报告的最后一句话有错误。废棉造成的损失不是6便士,而是3便士。这个损失就印棉来说固然是25%,但这里说的是美棉,其损失只有$12\frac{1}{2}$%—15%,这个百分率在前面美棉价格为5便士到6便士时已经准确计算出来了。不过,在美国南北战争的最后几年,输入欧洲的美棉的废棉所占的百分率,也往往比以前大大提高了。——弗·恩·

制度和世界市场上的竞争为前提,因为一般说来,世界市场是资本主义生产方式的基础和生活环境。但资本主义生产的这些比较具体的形式,只有在理解了资本的一般性质以后,才能得到全面的说明;不过这样的说明不在本书计划之内,而属于本书一个可能的续篇的内容。尽管如此,标题中提到的几种现象,还是可以在这里概括地考察一下。首先,它们互相之间有联系;其次,它们同利润率和利润量有联系。它们造成了一种假象,似乎不仅利润率,而且利润量(它实际上和剩余价值量是同一个东西),它们的增减都是不以剩余价值量或剩余价值率的运动为转移的,仅仅由于这个原因,就必须对它们进行简略的考察。

能否一方面把资本的游离和束缚,另一方面把资本的增值和贬值当做不同的现象来考察呢?

首先要问:我们怎样理解资本的游离和束缚?增值和贬值的意思是不言自明的。它们不外就是指:现有资本由于某些一般的经济情况(因为这里说的不是任何一个私人资本的特殊遭遇)在价值上增加或减少了,也就是说,预付在生产中的资本,撇开它所使用的剩余劳动造成的增殖不说,在价值上提高或降低了。

我们把资本的束缚理解为:当生产要按照原有的规模继续进行时,产品总价值中的一定部分必须重新转化为不变资本或可变资本的各种要素。我们把资本的游离理解为:当生产要在原有规模的限度内继续进行时,产品总价值中一个一直必须再转化为不变资本或可变资本的部分,现在成为可以自由支配和多余的了。资本的这种游离或束缚和收入的游离或束缚不同。如果一个资本C的年剩余价值比方说=x,那么,由于资本家所消费的商品便宜了,现在用x－a就能获得和以前一样多的享受品等等。因此,收入的一部分

（＝a）就会游离出来,它可以用来扩大消费,或者再转化为资本(即积累)。反之,如果需要用x＋a才能继续维持同样的生活方式,那就必须或者对这种生活方式加以限制,或者把以前用做积累的收入部分(＝a)现在当做收入来花掉。

增值和贬值,既可以发生在不变资本上面,也可以发生在可变资本上面,或者同时发生在二者上面。当它们发生在不变资本上面的时候,它们又可以发生在固定资本上面,或者发生在流动资本上面,或者同时发生在二者上面。

就不变资本来说要考察的是:原料和辅助材料,包括半成品(我们把以上这些统称为原料),机器和其他固定资本。

以上我们考察了原料的价格或价值的变动及其对利润率的影响,并且得出了一个普遍规律:在其他条件相同时,利润率和原料价值的高低成反比。这个规律对于新投入企业的资本来说,是无条件正确的,在这种场合,投资,即货币转化为生产资本,是第一次发生。

但是,撇开这种新投入的资本不说,已经执行职能的资本中有很大一部分是处在流通领域中,而另一个部分则处在生产领域中。一部分在市场上作为商品存在,需要转化为货币;另一部分,不管具有什么形式,作为货币存在,需要再转化为各种生产条件;最后,第三部分则处在生产领域中,其中一部分具有生产资料的最初形式,即原料、辅助材料、从市场上买来的半成品、机器以及其他固定资本,另一部分是正在制造的产品。增值或贬值在这里怎样发生作用,在很大程度上取决于这些组成部分的相互比例。为了简便起见,我们先撇开全部固定资本不说,只考察由原料、辅助材料、半成品、正在制造的商品和已经制成并投入市场的商品所构成的那部分不变资本。

如果原料例如棉花的价格提高了,用比较便宜的棉花制成的棉制品——半成品(如棉纱)和成品(如棉布等等)——的价格也会提高;同样,尚未加工的库存棉花和正在加工的棉花的价值也会提高。由于反作用,这种棉花现在代表更多的劳动时间,因此,它加在有它作为组成部分的产品上的价值,超过它本身原有的价值和资本家为它支付的价值。

因此,如果在原料价格提高时,市场上已有大量现成的商品(不论已经完成到什么程度),那么,这种商品的价值就会提高,同时现有资本的价值也会提高。生产者手中储备的原料等等也是这样。这种增值,可以补偿单个资本家,甚至资本的整整一个特殊生产部门由原料价格提高引起的利润率下降而遭受的损失,甚至补偿之后还有余。在这里,我们不去详细研究竞争的影响,但是为了完整起见,可以指出:1. 如果库存的储备原料相当多,就会对原料产地发生的价格提高起相反的作用;2. 如果市场上现有的半成品或成品严重积压,就会阻碍这些成品和半成品的价格按照它们的原料价格的比例上涨。

如果原料价格降低,就会出现相反的情况。在其他条件不变时,利润率就会提高。但市场上现有的商品、正在制造的物品和储备的原料都会贬值,从而对同时发生的利润率的提高起相反的作用。

当营业年度即将告终,原料重新得到大量供应的时候,就农产品来说,也就是在收获之后,生产领域和市场上的储备越少,原料价格变动的影响就越会以纯粹的形式表现出来。

我们的全部研究都是从下面这个前提出发的:价格的提高或降低,是实际价值变动的表现。但是,因为这里研究的问题是这种价格波动对利润率的影响,所以,这种波动究竟是由于什么原因引起,事实上是没有关系的;因此,在价格的涨落不是由于价值变动,而是由于信用制度、竞争等等的影响造成时,这里的阐述也是同样适用的。

因为利润率等于产品价值的余额和全部预付资本价值的比率，所以，由预付资本贬值造成的利润率的提高，是和资本价值的损失结合在一起的，同样，由预付资本增值造成的利润率的降低，也可能和资本价值的收益结合在一起。

至于不变资本的另一部分，即机器和一般固定资本，那么，这方面发生的增值，特别是和建筑物、土地等等有关的增值，离开地租学说是无法阐明的，因而不是这里应当讨论的问题。但是，关于贬值，以下所说却具有一般的意义：

首先是不断实行的改良，这会相对地减低现有机器、工厂设备等等的使用价值，从而减低它们的价值。这个过程，特别是在采用新机器的初期，在机器尚未达到一定的成熟程度以前，具有强烈的影响，因而在机器还没有来得及再生产出自身的价值以前，就不断变得陈旧了。这就是为什么在这样的时期盛行无限延长劳动时间、日夜换班工作的原因之一，这样做的目的是要在较短期间内再生产出机器的价值，而又不使机器的损耗算得过高。反之，如果机器的短暂的作用期间（在可以预见的改良面前，机器的寿命总是短暂的）不能用这种办法得到补偿，它就会把过大的价值部分作为无形损耗转移到产品中去，这样它甚至连手工劳动也竞争不过。[15]

当机器、建筑物设备、一般固定资本达到一定成熟程度，至少它们的基本结构可以在较长时期内保持不变时，由于这些固定资本再生产方法上的改进，类似的贬值现象也会出现。这时，机器等等的价

---

[15]这方面的例子，还可以在拜比吉[71]那里找到。资本家的惯用伎俩——降低工资——在这种场合也会施展出来，所以这种不断贬值的作用，是和凯里先生的和谐的头脑中梦想的情况[72]完全不同的。

值的降低,不是因为有更新的、生产效率更高的机器等等迅速把它们排挤掉,或在一定程度上使它们贬值,而是因为现在能够用比较便宜的方法把它们再生产出来。这就是为什么大企业往往要到第一个占有者破产之后,在第二个占有者手里才繁荣起来的原因之一。这第二个占有者用便宜的价钱把大企业买过来,所以一开头就用较少的投资来开始他的生产。

在农业中可以特别明显地看到,那些会提高或降低产品价格的原因,也会提高或降低资本的价值,因为资本本身有很大一部分就是由谷物、牲畜等这类产品构成的。(李嘉图[73])

————

现在还需要提一下可变资本。

如果劳动力价值提高,是因为再生产劳动力所必需的生活资料的价值提高了,或者反过来,劳动力价值降低,是因为这种生活资料的价值降低了,——而可变资本的增值和贬值不外就是这两种情形的表现,——那么,在工作日长度不变时,和这种增值相适应的是剩余价值的减少,和这种贬值相适应的是剩余价值的增加。但是,和这种现象同时联系在一起的还可能有别的情况——资本的游离和束缚。这些情况,上面还没有研究,现在必须简略地谈一谈。

如果工资因劳动力价值降低(这种现象甚至可以和劳动的实际价格的提高结合在一起)而降低了,那么以前投在工资上面的资本,就会有一部分游离出来。这就是可变资本的游离。这种情况对于新投入的资本产生的影响不过是,这个资本在执行职能时具有的剩余价值率会提高。它可以用比过去少的货币,推动和以前一样多的劳动,这样,无酬劳动部分就靠有酬劳动部分的减少而增加。但是对于已经使用的资本来说,不仅剩余价值率会提高,而且以前投在工资上面的资本的一部分还会游离出来。这个部分过去被束缚起来，形成一个经常存在的部分，如果企业要按原有规模经营，这个部分就要从出售产品所得的货款中扣出，投在工资上面，作为可变资本执行职能。现在，这个部分可以自由支配，因而可以当做新的投资来利用，——或者用来扩大同一企业，或者用在另外一个生产部门。

例如，我们假定每周雇用500工人原来需要500镑，现在只需要400镑。如果这两种情况下生产的价值量都=1 000镑，那么，在前一种情况下，每周的剩余价值量就=500镑，剩余价值率$\frac{500}{500}$=100%；但是，在工资降低之后，剩余价值量为1 000镑－400镑＝600镑，剩余价值率$\frac{600}{400}$=150%。剩余价值率的这种提高，对于一个用400镑可变资本和相应的不变资本在同一生产部门开办新企业的人来说，是唯一的结果。但是对一个已经经营的企业来说，在这种情况下，由于可变资本的贬值，不仅剩余价值量由500镑提高到600镑，剩余价值率由100%提高到150%；而且还会有100镑可变资本游离出来，可以再用来对劳动进行剥削。因此，不仅可以在更有利的条件下剥削同量劳动，而且由于有100镑游离出来，同一个500镑可变资本可以比以前按更高的剩余价值率剥削更多的工人。

现在，看看相反的情形。假定雇用的工人是500，原来的产品分配比例是：400v＋600m＝1 000，因而剩余价值率＝150%。工人每周所得为$\frac{4}{5}$镑＝16先令。如果由于可变资本的增值，现在500工人每周要花费500镑，那么每个工人的周工资就＝1镑，而400镑就只能雇用400工人。因此，如果雇用的工人人数和以前一样多，我们就会得到500v＋500m＝1 000；剩余价值率就会由150%降低到100%，即降低$\frac{1}{3}$。对于新投入的资本来说，唯一的结果就是剩余价值率降低了。在其他条件相同时，利润率也会相应降低，虽然不是按相同的比例降低。例如,假定c＝2 000,在前一种情况下,我们就会得到2 000c＋400v＋600m＝3 000。m′＝150％,p′＝$\frac{600}{2\ 400}$＝25％。在后一种情况下,我们就会得到2 000c＋500v＋500m＝3 000,m′＝100％;p′＝$\frac{500}{2\ 500}$＝20％。反之,对于已经投入的资本来说,就会产生双重结果。用400镑可变资本,现在只能雇用400工人,而且提供的剩余价值率是100％。因此,它产生的全部剩余价值只有400镑。其次,因为价值2 000镑的不变资本要有500工人来推动,所以400工人只能推动价值1 600镑的不变资本。因此,要使生产按原有规模进行,不让$\frac{1}{5}$的机器停下来,那就必须增加100镑可变资本才能和从前一样雇用500工人。要做到这一点,就只有把原来可供支配的资本束缚起来,这就是说,本应用来扩大生产的一部分积累,现在只好用来填补缺口,或者,原定作为收入来花费的那个部分必须追加到原有的资本中去。结果,可变资本方面的投资增加了100镑,生产出来的剩余价值减少了100镑。为了雇用同等数目的工人,需要有更多的资本,而每个工人所提供的剩余价值却减少了。

由可变资本的游离产生的利益和由可变资本的束缚造成的损失,只有对已经投入的、因而是在一定关系下进行再生产的资本来说,才是存在的。对于新投入的资本来说,利益和损失这两方面,只涉及剩余价值率的提高或降低,以及利润率的相应的、但决不是按比例的变动。

————

刚才研究的可变资本的游离和束缚,是可变资本各种要素即劳动力再生产费用的贬值和增值的结果。但是,如果由于生产力的发展,在工资率不变时,推动同量不变资本所需要的工人减少了,那么可变资本也能游离出来。反之,如果由于劳动生产力的降低,推动同量不变资本所需要的工人增加了,那么也能发生追加可变资本的束缚。另一方面,如果有一部分以前作为可变资本使用的资本,现在作为不变资本使用了,因而只是同一资本的各个组成部分之间的分配起了变化,那么,这固然也会影响剩余价值率和利润率,但不属于我们这里所考察的资本的束缚和游离的范围。

我们已经看到,由于组成不变资本的各种要素的增值或贬值,不变资本也可能被束缚或游离。撇开这一点不说,如果劳动生产力增长了,同量劳动可以生产更多产品,因而可以推动更多不变资本,那么,不变资本才有可能被束缚(在一部分可变资本不转化为不变资本的情形下)。如果生产力降低了,那么,在一定条件下也能发生同样的现象,例如,在农业上,这时同量劳动要生产出同样多的产品,就需要有更多的生产资料,例如更多的种子、肥料或排水设备等等。如果由于各种改良、自然力的应用等等,一个价值较小的不变资本能够发挥以前一个价值较大的不变资本那样的技术作用,那么,即使没有贬值,不变资本也能游离。

我们在第二册中已经看到[74],在商品转化为货币即出售之后,这个货币的一定部分,必须按照每个生产部门的一定技术性质所需要的比例,再转化为不变资本的各种物质要素。在这里,撇开工资,也就是撇丌可变资本不说,对一切部门米说,最重要的要素就是原料,包括辅助材料在内,而在不使用真正原料的生产部门,例如采矿业和一切采掘工业,辅助材料则特别重要。只要机器一般还能工作,必须用来补偿机器磨损的那部分价格,不妨说是在观念上加以计算的;这部分价格,不管是在今天或者明天,不管是在资本周转时间的哪一个阶段上得到支付和用货币来补偿,都是没有多大关系的。原料却不是这样。如果原料的价格上涨了,那么,在扣除工资以后,它就不可能从商品的价值中得到完全补偿。因此,剧烈的价格波动,会在再生产过程中引起中断,巨大的冲突,甚至灾难。特别是真正的农产品,即从有机自然界得到的原料,由于收成的变化不定等等,——这里我们还是完全撇开信用制度不说,——会发生这种价值变动。在这里,由于无法控制的自然条件,年景的好坏等等,同量劳动可以体现为极不相等的使用价值量,因此,一定量的这种使用价值会有极不相同的价格。如果价值x体现在100磅商品a中,那么一磅商品a的价格 = $\frac{x}{100}$;如果价值x体现在1 000磅商品a中,那么一磅商品a的价格 = $\frac{x}{1\,000}$,如此等等。这就是原料价格波动的一个要素。第二个要素——在这里,我们仅仅为了完整起见才提到它,因为竞争和信用制度还不属于我们这里考察的范围——是:按照事物的本性,植物性材料和动物性材料不能和例如机器和其他固定资本、煤炭、矿石等等那样按同样的程度突然增加,因为前二者的生长和生产必须服从一定的有机界规律,要经过一定的自然时段,而后面这些东西在一个工业发达的国家,只要具备相应的自然条件,在最短时间内就能增加。因此,由固定资本即机器等等组成的不变资本部分的生产和增加,可能会并且在发达的资本主义生产中甚至不可避免地会比由有机原料组成的不变资本部分快得多,结果对有机原料的需求会比它的供给增长得快,因此,它的价格会提高。这种价格提高,实际上会导致如下的结果:1. 这种原料会从较远的地区运来,因为提高的价格可以弥补较贵的运费;2. 这种原料的生产会增加,不过按照事物的本性,也许要在一年以后,产量才能实际增加;3. 以前没有使用过的各种代用品会被利用,废料会更经济地加以利用。如果价格的提高开始非常明显地影响生产的扩大和供给,这多半表明已经达到一个转折点:由于原料和以这种原料为要素的各种商品长期持续地涨价,需求会下降,因此在原料价格中也会出现一种反作用。撇开这种反作用由于不同形式的资本的贬值而引起的震动不说,还会出现一些别的情况,我们现在就来谈谈这些情况。

首先,从以上所说可以清楚地看到:资本主义生产越发达,因而,由机器等组成的不变资本部分突然增加和持续增加的手段越多,积累越快(特别是在繁荣时期),机器和其他固定资本的相对生产过剩也就越严重,植物性原料和动物性原料的相对生产不足也就越频繁,上面所说的这些原料价格上涨的现象以及随后产生的反作用也就越显著。因此,由再生产过程的一个主要要素的这种剧烈的价格波动引起的激变,也就越频繁。

但是,如果由于这些原料价格的提高一方面引起了需求的减少,另一方面既引起了当地生产的扩大,又使人们从遥远的一向很少利用或者根本不利用的生产地区去取得供给,而这两方面加在一起使原料的供给超过需求(而且是在原来的高价下超过需求),以致这种高价现在发生暴跌,那么,由此产生的结果,要从各种不同的角度来考察。原料价格的突然暴跌,会阻碍原料的再生产;因此,生产条件最有利的原出产国,会恢复它的垄断地位,这也许是受到一定限制的恢复,但毕竟是恢复。当然,一旦受到一定的刺激,原料的再生产会按扩大的规模进行,特别是在对这种生产或多或少占有垄断地位的国家。但是,在机器等增加以后生产借以进行的基础,——这个基础经过若干波动后,应当成为新的正常的基础,新的起点,——也由于上一次周转周期中发生的过程而显著扩大了。而这时,在一部分次要的原料产地,刚刚开始增长的再生产会再次遇到严重的障碍。例如,我们可以从出口统计表看出,近30年来(到1865年为止),当美棉生产减少时,印棉生产就增加,但此后又突然地并且比较持久地减少下去。在原料昂贵时期，产业资本家就联合起来，组成协会，来调节生产。例如，1848年棉价提高以后的曼彻斯特就是这样。爱尔兰亚麻的生产也有过类似的情形。但是，直接的刺激一旦过去，"到最便宜的市场上购买"（而不是像那些协会那样，力图提高各原出产国的生产能力，而不管这些国家当时能够提供产品的直接价格如何）这个竞争的一般原则一旦重新取得统治地位，人们就会重新让"价格"去调节供给。一切企图对原料生产进行共同的、全面的和有预见的控制——这种控制整个说来是和资本主义生产的规律根本不相容的，因而始终只是一种善良的愿望，或者只是在面临巨大危险和走投无路时例外采取的一种共同步骤——的想法，都要让位给供求将会互相调节的信念。(16)在这方面，资本家的迷信已经如此根深蒂固，以致工厂视察员在他们的报告中也再三表示惊讶不已。好年成和坏年成的交替，当然也会使原料便宜。这个情况除了对需求的扩大产生直接影响以外，还会作为一种刺激对利润率发生上面提到的那种影响。上面所说的机器等的生产逐渐超过原料生产的过程，这时会

---

(16)自从写了上面这段话以来(1865年)，由于一切文明国家，特别是美国和德国的工业的迅速发展，世界市场上的竞争大大加剧了。迅速而巨大地膨胀起来的现代生产力，一天比一天厉害地不再顺从它们应当在其中运动的资本主义商品交换规律——这个事实，资本家本人今天也越来越强烈地意识到了。这一点特别表现在下述两种征兆中。第一，普遍实行保护关税的新狂热。这种保护关税和旧的保护关税制度的区别特别表现在：它保护得最多的恰好是可供出口的物品。第二，整个大生产部门的工厂主组成卡特尔(托拉斯)，其目的是调节生产，从而调节价格和利润。不言而喻，这种试验只有在经济气候比较有利的时候才能进行。风暴一到来，它们就会被抛弃，并且会证明，虽然生产需要调节，但是负有这个使命的，肯定不是资本家阶级。在此期间，这种卡特尔只有一个目的，那就是使小资本家比以前更快地被大资本家吃掉。——弗·恩·

按更大的规模重演。要真正改良原料，使它不仅按需要的数量，而且按需要的质量来提供，例如，要由印度来供给达到美棉那样质量的棉花，那就要求欧洲存在持久的、不断增加的和稳定的需求(把印度生产者在他本国所处的经济条件完全撇开不说)。但是，原料生产部门的发展不过是跳跃式的，有时突然扩大，然后又急剧缩小。所有这一切以及资本主义生产的精神，都可以根据1861—1865年的棉荒[75]来进行很好的研究，那个时期还有一个特点，即再生产上最重要要素之一的原料有时根本没有。其实，在供给充足时，如果这种供给是在比较困难的条件下实现的，价格也可能提高。不然的话，就可能是原料真正缺乏。在棉业危机中最初出现的，是后面这种情形。

因此，在生产史上，我们越是接近现代，就会越是经常地发现，特别是在有决定意义的产业部门中，从有机自然界获得的原料，是处在一种不断重复的变动中：先是相对的昂贵，然后是由此引起的贬值。上面所说的情况可以用下面从工厂视察员报告中摘录的例子加以说明。

历史的教训(这个教训从另一角度考察农业时也可以得出)是：资本主义制度同合理的农业相矛盾，或者说，合理的农业同资本主义制度不相容(虽然资本主义制度促进农业技术的发展)，合理的农业所需要的，要么是自食其力的小农的手，要么是联合起来的生产者的控制。

————

现在我们就来看一看刚刚提到的从英国工厂报告中摘录下来的那些例证：

"营业情况好些了；但是随着机器的增加，好时光和不好时光的周期缩短了。这样一来，随着对原料的需求的增加，营业状况的波动也更为频繁了……目前，在1857年恐慌之后，不仅信任恢复了，而且恐慌本身看来也几乎完全被人忘记了。这种好转是否能持久，在很大程度上取决于原料的价格。据我看

　　来,已经有若干迹象,表明在某些场合已经达到最高限度,超过这个限度,制造业就会变得越来越无利可图,直至最后完全不再提供利润。例如,我们考察一下精梳毛纺织业利润丰厚的年度1849年和1850年,就会看到,英国出产的精梳羊毛的价格为每磅13便士,澳大利亚出产的精梳羊毛的价格为每磅14—17便士,1841—1850年的10年间,英国出产的羊毛的平均价格从来没有涨到每磅14便士以上,澳大利亚出产的羊毛的平均价格从来没有涨到每磅17便士以上。但是在不幸的1857年年初,澳大利亚出产的羊毛已经涨到每磅23便士;同年12月,在恐慌发展到顶点的时候,跌到18便士;但是在1858年又涨到现在的价格21便士。同样,英国出产的羊毛的价格在1857年年初为20便士,4月和9月涨到21便士,1858年1月跌到14便士,此后又涨到17便士,因此,它比上面提到的那10年的平均价格每磅贵3便士……　据我看来,这表明:或者近似的价格引起的1857年的破产已被人们忘记;或者出产的羊毛刚好够现有的纱锭消耗;或者毛织品的价格将会持续上涨……　但是,根据我过去的经验,我看到,纱锭和织机在极短的时间内,不仅在数量上,而且在运转速度上增加了好几倍;其次,我国羊毛对法国的输出也几乎按相同的比例增加了,然而国内外饲养的羊的平均年龄却越来越短,因为人口在迅速增加,畜牧业者希望尽快把他们的家畜变成货币。因此,我常常感到忧虑的是,我看到有些人不了解这个情况,把他们的技能和他们的资本投入这样一些企业,这些企业的成败取决于那种只有按照一定的有机界规律才能增加的产品的供给……　一切原料的供求状况……似乎可以用来说明棉纺织业方面的许多变动,以及1857年秋季英国羊毛市场的状况和跟着发生的商业危机。"(17)(罗·贝克《工厂视察员报告。1858年10月》第56—61页)

　　约克郡西区精梳毛纺织业的兴盛时期是1849—1850年。那里,该行业雇用的工人,1838年为29 246人;1843年为37 000人;1845年为48 097人;1850年为74 891人。这个区使用的机械织机,1838年为2 768台;1841年为11 458台;1843年为16 870台;1845年为

---

　　(17)不言而喻,我们不能像贝克先生那样,用原料和成品之间的价格不平衡来**说明**1857年的毛纺织业危机。这种不平衡本身不过是一种征兆,而危机却是普遍的。——弗·恩·

19 121台；1850年为29 539台。(《工厂视察员报告。1850年[10月]》第60页)精梳毛纺织业的这种兴盛，在1850年10月，已开始出现凶兆。副视察员贝克在1851年4月的报告中，在谈到利兹和布拉德福德的情况时说：

"近来营业状况很不能令人满意。精梳毛纺业主正迅速失去1850年的利润，大多数织布业主的情况也不太妙。我相信，目前停工的毛纺织机比以前任何时候都多。同时，亚麻纺织业主也在解雇工人，让机器停下来。纺织工业的周期现在实际上很不稳定；我想，我们不久就会认识到……在纱锭的生产能力、原料的数量和人口的增加之间没有保持比例。"(第52页)

棉纺织业的情形也是这样。刚刚引用的1858年10月的报告中说：

"自从工厂的劳动时间被规定以来，一切纺织业的原料消费量、生产量、工资量，已经归结为一个简单的比例计算法……　我引用布莱克本市现任市长贝恩斯先生最近关于棉纺织业的报告，他在报告中极其精确地提供了该地区的工业统计材料：

'一实际马力可以推动450个自动纱锭及其预备装置，或推动200个翼锭纺纱机纱锭，或推动15台幅宽40英寸的织布机以及卷绕、整经和刷浆的机器。一马力在纺纱时需要$2\frac{1}{2}$个工人，在织布时需要10个工人；他们的平均工资为每人每周$10\frac{1}{2}$先令多一点……　加工出来的平均支数，经纱为30—32支，纬纱为34—36支；假定每周每个纱锭产纱13盎司，那么每周总共是824 700磅，消费棉花970 000磅，或2 300包，花费28 300镑……　我们这个地区(布莱克本周围5英里以内)每周消耗的棉化为1 530 000磅，或3 650包，花费44 625镑。这等于联合王国全部棉纺业的$\frac{1}{18}$，全部机械棉业的$\frac{1}{6}$。'

因此，按照贝恩斯先生的计算，联合王国棉纺业纱锭的总数为28 800 000个，要使这些纱锭充分开工，每年需要棉花1 432 080 000磅。但是在1856年和1857年，棉花的进口额减去出口额后只有1 022 576 832磅；因此，缺额必然是409 503 168磅。贝恩斯先生好意地把自己的看法告诉了我。他认为，根据布莱克本地区的消费量计算的棉花常年消费量是偏高的，因为不仅纺纱的支数有差别，而且机器也有优劣之分。他估计联合王国每年消费的棉花总量为10亿磅。但是，如果说他估计对了，确实有2 250万磅的供给过剩，那么看来供求现在已经接近平衡了,不过这里还没有把追加的纱锭和织机考虑在内。按贝恩斯先生的说法,在他所在的地区正在安装这种追加的纱锭和织机,并且据此判断,在其他地区大概也会有这种情况。"(第59、60、61页)

III. 一般的例证:1861—1865年的棉业危机

前史(1845—1860年)

1845年。棉纺织业的兴盛时期。棉花价格很低。关于这一点,伦·霍纳曾经说过:

"最近八年,我没有看到过像去年夏秋两季那样活跃的营业时期。特别是棉纺业。整整半年,我每周都收到有关工厂有新投资的报告,或者是建立了新的工厂,或者是少数闲着的工厂找到了新的承租人,或者是正在生产的工厂扩大了,安装了新式的马力更大的蒸汽机,增加了工作机的数量。"(《工厂视察员报告。1845年10月》第13页)

1846年。怨言开始出现了。

"很久以来,我就从棉纺织厂主那里听到了对营业不振的十分普遍的怨言…… 最近六周有些工厂开始缩短劳动时间,通常是每天劳动8小时而不是12小时;这种情况看来还在发展…… 棉花价格大大上涨了…… 成品的价格不仅没有提高,反而……比棉花涨价以前低了。最近四年间棉纺织工厂大量增加,其结果必然是:一方面对原料的需求急剧增加,另一方面市场上成品的供给也急剧增加;在原料的供给和成品的需求保持不变的时候,这两个原因合起来必然引起利润下降;但它们实际的影响还要大得多,因为一方面棉花的供给近来已经不足,另一方面国内外市场对成品的需求又减少了。"(《工厂视察员报告。1846年10月》第10页)

原料需求增加和市场制成品充斥,二者自然是齐头并进的。——附带说一下,当时产业的扩大和随之而来的停滞,并不限于棉纺织业区。布拉德福德梳毛区的工厂1836年只有318家,1846年已有490家。这个数字远没有表示出生产的实际增加,因为原有的工厂同时也显著扩大了。亚麻纺织业的情况尤其如此。

"这一切在最近10年都多少助长了市场商品过剩,现在的营业停滞大部分必须归咎于此…… 在工厂和机器如此急速增加之后,自然会出现营业不振的状态。"(《工厂视察员报告。1846年10月》第30页)

1847年。10月发生了货币危机。贴现率8%。在此以前,铁路投机和东印度公司证券投机已经失败。但是:

"贝克先生提供了一些非常有趣的详细材料,说明最近几年来,对棉花、羊毛、亚麻的需求由于有关工业的扩大而增加了。他认为,对这些原料需求的增加,特别是当这种情况出现在这些原料的供给远远低于平均数的时候,几乎足以说明这些生产部门现在的营业不振,而无须再提货币市场的紊乱了。我本人的观察以及我从内行人那里了解到的情况,都完全证实了这种看法。在贴现还容易按5%或更低的百分率进行时,这些生产部门的营业都已经十分不振。相反,生丝的供给是充足的,价格也公道,因此营业活跃到……最近两三个星期,这时,货币危机毫无疑问地不仅影响到丝织业主本身,而且还更严重地影响到他们的主要顾客,即时装制造业主。看一下官方发表的报告,就知道棉纺织业的生产最近三年几乎增加了27%。结果,用整数来说,棉花由每磅4便士上涨到6便士,而棉纱由于供给增加,只略高于原价。毛纺织业1836年开始扩大;此后,它的生产在约克郡增加了40%,在苏格兰增加得更多。精梳毛纺织业生产的增加更大。(18)根据计算,它在同时期内增加了74%以上。因此,羊毛原料的消费很大。亚麻纺织业的生产自1839年以来,在英格兰大约增加了25%,

(18)在英国,毛纺织业和精梳毛纺织业是有严格区别的,前者用短羊毛纺成粗纺毛纱和织成东西,主要中心是利兹,后者用长羊毛纺成精梳毛纱和织成东西,主要中心是约克郡的布拉德福德。——弗·恩·

在苏格兰增加了22%,在爱尔兰大约增加了90%。(19)由于这个缘故,同时亚麻又歉收,原料每吨上涨了10镑,但纱价却每绞下跌了6便士。"(《工厂视察员报告。1847年10月》第30、31页)

1849年。自1848年最后几个月起,营业好转了。

"亚麻价格很低,几乎在将来可能发生的任何情况下,都能保证有适当的利润。这就促使工厂主把营业继续进行下去。毛纺织厂主年初一度非常繁忙……但我担心,委托销售的毛纺织品往往代替实际的需求,虚假繁荣即充分就业的时期并不总是存在真正需求的时期。几个月来,精梳毛纺织业的状况特别好……　在这个期间开始的时候,羊毛价格特别低;毛纺业主都是按照有利的价格买进的,而且买进的数量也确实很大。当羊毛在春季拍卖中涨价时,毛纺业主已经由此得到了利益,而且,因为对成品的需求很大、很迫切,所以他们又把这种利益保持住了。"(《工厂视察员报告。1849年[4月]》第42页)

"如果看一下这三四年各工厂区营业状况的变化,我相信,我们一定会承认,在某个地方存在着一个巨大的扰乱生产的根源……　新添机器的惊人的生产力,不是会成为这方面的一个新的要素吗?"(《工厂视察员报告。1849年4月》第42、43页)

1848年11月,1849年5月和夏季,直到10月,营业越来越兴旺。

"集中在布拉德福德和哈利法克斯的以精梳毛纱为原料的行业,尤其如此;这个行业的扩展从来没有接近过现在的规模……　在棉纺织业中,原料的投机和原料供给的不可靠所引起的紊乱和波动,早就比任何其他生产部门更大和更经常。目前,在这里较粗糙的棉织品大量积压,这使小纺纱业主感到不安,并且已经使他们受到损失,他们之中已有很多家缩减了劳动时间。"(《工厂视察员报告。1849年10月》第64、65页)

---

(19)亚麻纱机纺业在爱尔兰的迅速发展,当时对德国(西里西亚、劳西茨和威斯特伐利亚)用手纺亚麻纱织成的亚麻布的出口,给予了致命的打击。——弗·恩·

1850年。4月。营业还很活跃。例外是：

"棉纺织业中已有一部分由于粗纱和重磅棉织品的原料供给不足，大为萧条…… 有人担心，精梳毛纺织业由于最近增添了很多机器，会引起类似的反应。按照贝克先生的计算，单是1849年，这个生产部门通过织机所生产的产品，就增加了40%，通过纱锭所生产的产品增加了25%—30%，而且还在按相同的比例增加。"(《工厂视察员报告。1850年4月》第54页)

1850年。10月。

"棉花价格继续……使这个工业部门的营业显著不振，对那些生产费用大部分由原料构成的商品来说，尤其如此。生丝价格的猛涨，也一再使这个工业的许多部门营业不振。"(《工厂视察员报告。1850年10月》第14页)

按照这里引用的爱尔兰皇家亚麻种植协会的报告，在其他农产品价格低廉时，昂贵的亚麻价格，保证了第二年的亚麻生产显著增加。(第33页)

1853年。4月。大繁荣。伦·霍纳说：

"17年来，我因职务关系，对兰开夏郡工厂区的情况有所了解，我从来没有看到过像现在这样普遍繁荣的景象；一切部门都异常活跃。"(《工厂视察员报告。1853年4月》第19页)

1853年。10月。棉纺织业萧条。"生产过剩"。(《工厂视察员报告。1853年10月》第15页)

1854年。4月。

"毛纺织业虽然不活跃，但所有工厂都充分开工；棉纺织业也是这样。精梳毛纺织业在过去整整半年情况完全不正常…… 麻纺织业由于克里木战争的影响，从俄国得到的亚麻和大麻供给减少了，因而遇到了困难。"(《工厂视察员报告。1854年[4月]》第37页)

1859年。

"苏格兰亚麻纺织业的营业状况依然不振……　因为原料少而且贵。我们的主要供给来源是波罗的海沿岸各国,去年那里收成不好,这就给苏格兰地区的营业带来有害的影响;相反,在制造许多粗麻织物上逐渐代替亚麻的黄麻,价格既不特别贵,数量也不少……在邓迪,约有一半的机器现在改纺黄麻。"(《工厂视察员报告。1859年4月》第19页)——"由于原料价格高,亚麻纺织业还远远谈不上有利,当其他一切工厂充分开工时,我们却看到好些加工亚麻的机器停工的例子……　黄麻纺织业……情况比较令人满意,因为近来这种材料的价格已经下跌,较为适中。"(《工厂视察员报告。1859年10月》第20页)

1861—1864年。美国南北战争[70]。棉荒。生产过程由于原料缺乏和昂贵而中断的最明显的例子

1860年。4月。

"至于营业状况,我感到高兴的是能够告诉各位,虽然原料价格高昂,但是除丝织业以外,一切纺织业最近半年情况一直很好……　某些棉纺织业区已经登广告招收工人,并且从诺福克及其他农业郡把工人招来了……　每个工业部门似乎都很缺乏原料……　唯一使我们受到限制的就是缺乏原料。在棉纺织业中,新建工厂的数目,现有工厂的扩建以及对工人的需求,也许是前所未有的。人们到处去寻找原料。"(《工厂视察员报告。1860年4月》[第57页])

1860年。10月。

"棉、毛、亚麻纺织业区的营业状况良好;据说,爱尔兰的营业状况一年多来甚至非常好,如果原料价格不高,情况还会更好。亚麻纺织业主似乎比以往更迫切地希望修建铁路,来开发印度这个补充的原料产地,并使它的农业得到相应的发展,以便最终……使亚麻的供给能适应他们的需要。"(《工厂视察员报告。1860年10月》第37页)

1861年。4月。

"目前营业已经不振……少数棉纺织厂缩减了劳动时间,许多丝织厂只是部分开工。原料昂贵。几乎在每一个纺织业部门,原料价格都超过了广大消费者能够承受的程度。"(《工厂视察员报告。1861年4月》第33页)

现在很清楚,1860年棉纺织业已经生产过剩;由此产生的后果在以后几年还可以感觉到。

"1860年生产的过剩商品,花了两三年时间才被世界市场吸收掉。"(《工厂视察员报告。1863年10月》第127页)"1860年初棉纺织品在东亚市场上的不振状态,已经反过来对布莱克本的营业产生了相应的影响,在布莱克本平均有3万台机械织机几乎专门为这个市场生产棉织品。因此,在棉花封锁的影响可以感觉到以前好几个月,对劳动的需求在这里已经受到了限制…… 这种情况使许多工厂主幸运地避免了破产。只要仓库有存货,存货的价值就提高了。因此,在这样一次危机中本来不可避免的可怕的贬值现象得到了避免。"(《工厂视察员报告。1862年10月》第28、29、30页)

1861年。10月。

"若干时候以来,营业已经大为不振…… 很可能,许多工厂将在冬季几个月大大缩减劳动时间。诚然,这是预料得到的……完全撇开那些曾经中断我国通常的美棉进口和我国的出口贸易的原因不说,由于最近三年生产的急剧增加和印度、中国市场的紊乱,在即将来临的冬天,劳动时间必然要缩减。"(《工厂视察员报告。1861年10月》第19页)

废棉。东印度棉(苏拉特棉)。对工人工资的影响。机器的改良。用淀粉和矿物代替棉花。淀粉浆纱对工人的影响。细纱纺纱业主。工厂主的欺诈

"有一个工厂主写信对我说:'至于对每个纱锭的棉花消费量的估计,您肯

定没有充分考虑到如下的事实:在棉花昂贵时,每一个生产普通棉纱(比如说40支以下,主要是12—32支)的纺纱业主都尽量纺细纱,就是说,原来纺12支的,改纺16支,原来纺16支的,改纺22支,等等;而用这种细纱织布的织布业主,会上很多的浆料,来使他的棉布达到通常的重量。现在,工业上使用这种办法简直达到卑鄙无耻的程度。我从可靠方面得知,8磅的布里有$2\frac{3}{4}$磅浆料。这还是供出口的普通的衬衫布。其他种类的布里有时竟加了50%的浆料,因此工厂主吹嘘他们之所以发财致富,是因为他们的布卖得比布包含的纱的价值还便宜,这决不是撒谎。'"(《工厂视察员报告。1864年4月》第27页)

"还有人对我说,织布工人认为他们患病日益增多的现象,要归咎于浆料,这种用在东印度棉纺成的经纱上的浆料,不像从前那样完全是面粉做的。可是,这种面粉代用品据说会带来很大的好处,它会显著地增加织物的重量,使15磅棉纱在织成布后重20磅。"(《工厂视察员报告。1863年10月》第63页。这种代用品,是一种名叫中国瓷土的滑石粉,或名叫法国滑石的石膏。)"由于用面粉代用品浆纱,织布业者〈这里指工人〉的收入就大为减少了。这种浆料使棉纱重量增加,但也使它变得硬而脆。每一根经纱在织机中都要通过所谓的'综框',而综框内坚韧的综丝使经纱保持正确的位置;浆硬了的经纱会经常地把综丝拉断。每断一次,织布工人都要花5分钟时间去修理;现在,织布工人进行这种修理的次数,至少相当于以前的10倍;而织机在劳动时间内所织的布自然也就相应地减少了。"(同上,第42、43页)

"在阿什顿、斯泰利布里奇、莫斯利、奥尔德姆等地,劳动时间整整缩减了$\frac{1}{3}$,而且每周还在继续缩减……　在劳动时间缩减的同时,许多部门又降低了工资。"(第13页)

1861年初,兰开夏郡某些地方的机械织机织工举行了罢工。有些工厂主宣布要降低工资5%—7.5%;工人坚持工资率要保持不变,但劳动时间可以缩减。这个要求遭到了拒绝,于是罢工就发生了。一个月后,工人不得不让步。现在他们得到了两个结果:

"除了工人最后同意降低工资以外,许多工厂现在还缩减了劳动时间。"(《工厂视察员报告。1861年4月》第23页)

1862年。4月。

"从我上次提出报告以来,工人的痛苦大大加深了;但在产业史上工人从来没有表现出这样的沉默退让和这样的容忍克制,来忍受如此突然如此深重的痛苦。"(《工厂视察员报告。1862年4月》第10页)"目前完全失业的工人的比例数,看来并不比1848年大很多,那时笼罩着一种通常的恐慌,但是已经足以促使惶惶不安的工厂主去编制一种类似现在每周发行的关于棉纺织业的统计资料…… 1848年5月,曼彻斯特全部棉纺织业工人中有15%失业,12%做短时工,70%以上做全日工。1862年5月28日,15%失业,35%做短时工,49%做全日工…… 在邻近地区,例如斯托克波特,半失业和全失业工人的百分比更高,充分就业的百分比更低",因为那里纺的纱比曼彻斯特的更粗。(第16页)

1862年。10月。

"根据最近的一次官方统计,[1861年]联合王国有2 887家棉纺织厂,其中有2 109家在我的管区(兰开夏郡和柴郡)。我知道,在我的管区内的2 109家工厂中,有很大一部分是只雇用少数人的小厂。但当我发现这个数字是多么大时,我吃了一惊。392家即19%,使用的动力(蒸汽或水)在10马力以下;345家即16%,使用的动力在10—20马力之间;1 372家使用的动力是20马力或更大一些…… 很大一部分小工厂主——占总数$\frac{1}{3}$以上——不久以前自己还是工人;他们支配不了资本…… 所以,主要负担落在其余$\frac{2}{3}$的人身上。"(《工厂视察员报告。1862年10月》第18、19页)

根据同一报告,在兰开夏郡和柴郡的棉纺织业工人中,当时充分就业的有40 146人,占11.3%;半就业的有134 767人,占38%;失业的有179 721人,占50.7%。如果在这里去掉有关曼彻斯特和博尔顿的统计数字(那里主要纺细纱,这种部门受棉荒的影响较小),那么情况就更不妙,就是说,充分就业的占8.5%,半就业的占38%,失业的占53.5%。(第19、20页)

"加工好棉还是次棉,对工人来说是有重大区别的。本年头几个月,工厂主使用了可以廉价买到手的一切棉花,企图以此来维持他们的工厂,这时,大量次棉进入了以前通常使用好棉的工厂；工人工资的差额很大，引起了多次罢工，因为现在按原来的计件工资，工人再也拿不到可以过得去的日工资了……　在某些场合，由于使用次棉，工资差额甚至在做全日工时，也只有总工资的一半。"（第27页）

1863年。4月。

"今年，棉纺织业工人中能充分就业的将只稍多于$\frac{1}{2}$。"（《工厂视察员报告。1863年4月》第14页）

"现在，各工厂都不得不使用东印度棉，这造成了非常严重的恶果，使机器的速率必须大大减低。最近几年曾用一切办法来提高机器速率，以便同一台机器可以完成更多的工作。速率的减低既影响工厂主，也影响工人；因为多数工人都是按计件工资领取报酬的：纺纱工人按纺成的棉纱的磅数领取报酬，织布工人按织成的棉布的匹数领取报酬；甚至对另外一些按周领取报酬的工人来说，工资也因生产减少而减少。根据我的调查……和我得到的有关今年棉纺织业工人工资的统计资料……可以看出，同1861年的工资水平相比，现在工资平均降低了20%，有些地方降低了50%。"（第13页）"工资额取决于……加工材料的质量……　就所得的工资数额来说，工人现在〈1863年10月〉的状况，已经比去年同时期好得多。机器已经改良，工人对原料的性质更了解了，工人对他们在最初不得不努力克服的困难，也已经比较容易对付了。去年春天，我去过普雷斯顿的一个缝纫学校〈为失业者设立的救济机关〉；有两个少女前几天被送到一个织布厂去了，根据工厂主的说法，她们每周可以挣4先令，但她们请求再回学校，并且抱怨说她们在织布厂每周挣不到1先令。我还接到了关于自动走锭纺纱机的看管工的报告……　看管两台走锭纺纱机的工人，做满14天全工，得到8先令11便士；从这个数中扣除房租，而工厂主又把房租的一半作为礼物送还工人〈多么仁慈啊！〉。看管工拿回家去的总共是6先令11便士。1862年的最后几个月，好些地方，自动走锭纺纱机看管工的周工资是5—9先令，织布工人周工资是2—6先令……　现在情形好了，虽然大多数地区的工资还是减少了很多……　除了印棉纤维较短，成分不纯，还有一些原因使工人的收入减少。例如，把大量废棉掺到印棉中去，现在已成惯例，这自然会给纺纱工人增加更多困难。因为纤维短，纱条从走锭纺纱机牵伸出来并加拈成纱时容易断。走锭纺纱机也不能那样正常地运转……　一个织布女工也由于要把注意力高度集中在纱线上，往往只能看管一台织机，只有很少的人能够看管两台以上……　在许多场合，工人的工资减少了5%，7.5%或10%……　在多数场合，工人都必须尽力对付原料，争取能按普通工资率得到报酬……　织布工人有时还必须克服另一种困难，这就是要他用坏原料织出好布来。如果工作达不到要求，就要受到扣工资的处分。"（《工厂视察员报告。1863年10月》第41—43页）

甚至在做全日工的地方，工资也少得可怜。棉纺织业工人对任何一种公共工程，例如挖沟、修路、碎石、铺砌街道，无论哪里需要他们，都愿意干，为的是由此得到地方当局的救济（其实这是对工厂主的救济，见第一册第598／589页[76]）。整个资产阶级的眼睛都盯着工人。如果对工人提出了微薄不堪的工资，而工人拒绝接受，救济委员会就把他的名字从救济名单上勾销。这是工厂主老爷们的黄金时代，因为工人要想不饿死，就只好按照对资产者最有利的任何价格去做工。而救济委员会总是充当工厂主的看门狗。同时，工厂主在政府的默契下，竭力阻止工人外迁，一方面是为了经常准备好他们的存在于工人血肉中的资本，另一方面是为了保证得到从工人身上榨取的房租。

"在这一点上，救济委员会卡得很严。一旦给了工人工作，他们的名字就立即从救济名单上勾销，所以，他们只好接受给他们的工作。如果他们拒绝工作……　那是因为他们的工资徒有其名，而工作却异常艰苦。"（同上，第97页）

工人愿意从事任何一种根据公共工程法令安排的劳动。

"组织劳动就业的原则，各个城市极不相同。但是，即使在户外劳动不是绝对当做试工的地方，这种劳动得到的报酬，要么只有普通的救济费那样多，要么只多一点点，结果这种劳动实际上还是一种试工。"（第69页）"1863年的公共工程法令试图消除这个弊病，使工人能够作为不依赖别人的短工取得日工资。这项法律有三重目的：1.使地方当局（在取得中央济贫局局长的同意后）能够从国库贷款委员会得到贷款；2.使各棉纺织工业区的城市的改善比较容易进行；

3.使失业工人获得工作和适当的报酬。"

到1863年10月底为止,按这项法律批准的贷款,已达883 700镑。(第70页)实施的工程,主要是挖下水道,修筑道路,铺砌街道,修建自来水厂的蓄水池等等。

布莱克本委员会主席亨德森先生曾就这个问题写信给工厂视察员雷德格雷夫说:

> "在目前这个艰难困苦的时期,我所经历的一切事情中,再没有比本区失业工人乐于接受布莱克本市政当局按公共工程法令给他们安排的工作这件事,更使我感动和高兴的了。那些从前在工厂充当熟练工人的纺纱工人,现在是在14英尺或18英尺深的地方充当挖排水沟的短工,很难想象出还有比这更为鲜明的对比了。"

(他们做这种工作,根据家庭人口多少,每周可以挣4—12先令;这笔"巨款"竟然往往要用来维持八口之家。市侩老爷们因此得到了双重的利益:第一,他们以特别低廉的利息获得了资金,来改善他们的乌烟瘴气的、无人过问的城市;第二,他们付给工人的工资,比正常工资率低得多。)

> "工人已经习惯于几乎是热带的气温,习惯于更需要技巧和准确性而不需要体力的那种劳动,习惯于得到比现在多一倍,有时多两倍的工资。而这样的工人现在愿意接受给他们安排的工作,就表现了他们十分令人尊敬的自我克制和深思熟虑。在布莱克本,人们几乎在每一种可能的户外劳动中受过考验;挖掘很深的泥泞的黏土,排水,碎石,修路,挖掘14英尺、16英尺、有时20英尺深的下水道。他们经常站在10—12英寸深的泥水里,而且总是要忍受潮湿寒冷的气候,就潮湿寒冷的程度来说,这种气候比英国任何地方都有过之无不及。"(第91、92页)"工人的态度几乎是无可非议的……　他们愿意接受这种户外劳动并且努力去完成。"(第69页)

1864年。4月。

　　"各地区都可以偶尔听到工人短缺的怨言,这主要是发生在像织布业这样一些部门……但是这种怨言之产生,固然是由于这个特殊部门的工人在某种程度上确实不够,但也是由于工人所能得到的工资太低,而这又是由所使用的棉纱质量太差造成的。上月,某些工厂主同他们的工人之间由于工资问题发生了多次争议。我很遗憾,罢工发生得太经常了……　工厂主感到公共工程法令的作用是一种竞争,因此贝克普地方委员会已经停止活动,因为虽然工厂还没有全都开工,但工人已经不够了。"(《工厂视察员报告。1864年4月》第9页)

　　现在,该是工厂主先生们着急的时候了。由于公共工程法令的实施,对工人的需求迅速增加,以致有些工厂工人现在可以在贝克普采石场每天挣得4—5先令。因此,公共工程只好逐渐停下来,它是1848年国家工场[77]的新版,不过这一次是为了资产阶级的利益而举办的。

在无价值体上做实验

　　"我虽然列举了〈做全日工的工人的〉已经大大降低的工资,即各工厂的工人的实际收入,但是不能认为,他们每星期都能得到这个数目。由于工厂主在同一工厂中把各种棉花和废棉按不同的比例掺在一起,不断地进行实验,工人的状况极不稳定;人们称之为'混合棉'的原料经常改变,工人的收入随着混合棉的质量而增减。有时只有原来的15%,而且在一两个星期内就下降到50%或60%。"

　　写这个报告的工厂视察员雷德格雷夫,从实际调查中提出一个工资统计材料。在这里,从中举出下面几个例子就够了。

　　A. 织布工人,全家6口人,每星期就业4天,得6先令8$\frac{1}{2}$便士;B. 拈接工人,每星期就业4$\frac{1}{2}$天,得6先令;C. 织布工人,全家4口人,每星期就业5天,得5先令1便士;D. 粗纺工人,全家6口人,

每星期就业4天,得7先令10便士;E.织布工人,全家7口人,每星期就业3天,得5先令,等等。雷德格雷夫接着说:

> "以上的统计材料值得注意,因为它证明,就业对有些家庭来说简直是一种不幸,因为就业不仅减少了收入,而且把收入减低到如此程度,以致这种收入只能满足一家的绝对需要的很小一部分,除非在一家的收入比完全失业时所领的救济金还少时,发给它一笔追加的救济金。"(《工厂视察员报告。1863年10月》第50—53页)
>
> "1863年6月5日以来,所有工人在一星期中的平均的全部就业时间,从来没有超过2天7小时零若干分钟。"(同上,第121页)

从危机开始到1863年3月25日,济贫所、中央救济委员会、伦敦市政厅发放的款项已近300万镑。(第13页)

> "在一个纺上等细纱的地区……　由于纺海岛棉改为纺埃及棉,纺纱工人的工资间接降低了15%……　在一个废棉大量地同印棉混合使用的广大地区,纺纱工人的工资降低了5%,此外,由于加工苏拉特棉和废棉,工资又损失了20%—30%。织布工人看管的织机由四台减为两台。1860年,看管一台织机得到5先令7便士;1863年只得到3先令4便士……　过去用美棉时,〈对纺纱工人的〉罚款是3便士至6便士,现在增加到1先令至3先令6便士。"

在一个把埃及棉同东印度棉混合使用的地区:

> "走锭纺纱机看管工的平均工资,1860年是18—25先令,现在是10—18先令。造成这种情况的原因,不仅是由于棉花的质量差,而且也是由于走锭纺纱机的速率减低了,这是为了把棉纱拈得更紧些,而在平时干这种活是要按工资表付给额外报酬的。"(第43、44、45—50页)"虽然东印度棉的加工也许有时对工厂主有利,但是我们看到〈见第53页的工资表〉,同1861年相比,工人却吃亏了。如果固定使用苏拉特棉,工人就会要求与1861年相同的工资;但是这会严重地影响工厂主的利润,除非他可以从棉花或成品的价格中得到补偿。"(第105页)

房租。

"如果工人所住的小屋归工厂主所有,那么,即使他是做短时工的,房租也往往要从工资中扣除。可是,这种建筑物的价值已经下跌,小屋现在比从前便宜25%—50%;原来每星期租金为3先令6便士的小屋,现在只要2先令4便士就可以租到,有时甚至还要便宜。"(第57页)

外迁。工厂主们当然反对工人外迁,一方面,因为他们

"在等待棉纺织业情况好转的时机,希望把这种手段保留在手边,以便以最有利的方式来经营他们的工厂"。另一方面,"许多工厂主就是他们所雇工人居住的小屋的房主;至少有些工厂主无疑打算以后能够把积欠的一部分租金收回来。"(第96页)

贝尔纳-奥斯本先生1864年10月22日在议会选举期间向他的选民发表的演说中说:兰开夏郡的工人像古代哲学家(斯多亚派)一样行事。不就是说像绵羊一样吗?

第 七 章

补 充 说 明

在这一篇中,我们假定每个特殊生产部门占有的利润量,和投入这个部门的总资本所产生的剩余价值的总和相等。即使如此,资产者也不会把利润和剩余价值即无酬的剩余劳动,看做是同一的东西,其原因如下:

1. 他在流通过程中忘记了生产过程。在他看来,实现了商品价值,——包括商品中剩余价值的实现,——就是创造了剩余价值。〔手稿中留有一个空白,表示马克思打算对这一点作进一步的说明。——弗·恩·〕

2. 假定劳动的剥削程度相同,正如我们已经看到的,撇开信用制度所引起的一切变化,撇开资本家互相间的一切欺骗和诈取,再撇开对市场的一切有利的选择,利润率仍然可以有很大的差别,这取决于采购的原料的价格的贵贱,原料采购人员的内行程度;取决于所使用的机器的生产效率、适用程度和便宜程度;取决于生产过程各个阶段的总安排的完善程度,即原料的浪费是否被杜绝,指挥和监督是否简单而有效,等等。总之,如果一定量可变资本的剩余价值已定,这个剩余价值会表现为多大的利润率,从而会提供多大的利润量,在很大的程度上还要取决于资本家自己或他的经理和职员的经营本领。

假定同一个1 000镑剩余价值,作为1 000镑工资的产物,在企业A中,要求有9 000镑不变资本,在企业B中,要求有11 000镑不变资本。在A场合,利润率$p' = \frac{1\,000}{10\,000} = 10\%$。在B场合,$p' = \frac{1\,000}{12\,000} = 8\frac{1}{3}\%$。总资本在A产生的利润比在B相对地说要大,这是因为前者的利润率比后者高,虽然预付可变资本在两个场合都=1 000镑,由此榨取的剩余价值也都=1 000镑,也就是说在两个场合,存在着对同数工人的同等程度的剥削。同一剩余价值量的表现上的这种差别,或利润率从而利润本身的差别,在劳动的剥削程度相等时,也可以由别的根源引起;但是它也可以只是来源于两个企业的经营技巧上的差别。这一情况使资本家产生了错觉,使他相信,他的利润不是来自对劳动的剥削,而是至少有一部分也来自与此无关的另外一些事情,特别是来自他个人的活动。

————

根据本册第一篇的论述,可以看出一种见解(洛贝尔图斯[78])的错误,按照这种见解,资本的量的变化,不会影响利润和资本之间的比率,即不会影响利润率,因为,如果利润量增大,计算利润时作为基础的资本量也会增大,反过来,情况也就相反(这和地租不同,例如,地租增大时,土地面积保持不变)。

这种见解只有在以下两个场合才是正确的。第一个场合是:其他一切条件不变,特别是剩余价值率不变,只有充当货币商品的那种商品发生了价值变化。(在只是发生名义上的价值变化,即价值符号提高或降低,而其他条件不变时,情况便是这样。)假定总资本=100镑,利润=20镑,因而利润率=20%。如果金跌价或涨价100%,那么,在前一个场合,同一个资本原来值100镑,现在则值200镑,利润将具有40镑的价值,也就是说,从前用20镑来表现的利润,现在要用40镑来表现；在后一个场合，资本的价值降低到50镑，而利润则表现为价值10镑的产品。但是在这两个场合，$200:40=50:10=100:20=20\%$。可是，在所有这些场合，实际上资本价值并没有发生量的变化，只是同一价值和同一剩余价值的货币表现发生了量的变化。因此，$\frac{m}{C}$ 即利润率没有受到影响。

另一个场合是：价值发生了实际的量的变化，但在发生这种量的变化时，v和c的比率没有发生变化；也就是说，在剩余价值率不变时，投在劳动力上的资本（作为所推动的劳动力的指数的可变资本）和投在生产资料上的资本之间的比率保持不变。在这种情况下，不管我们的资本是C、nC还是 $\frac{C}{n}$，比如说，不管是1 000、2 000还是500，在利润率为20%时，利润在第一个场合＝200，在第二个场合＝400，在第三个场合＝100；但是 $\frac{200}{1\,000}=\frac{400}{2\,000}=\frac{100}{500}=20\%$。这就是说，利润率在这里保持不变，因为资本的构成没有发生变化，没有受到资本的量的变动的影响。因此，在这里，利润量的增加或减少，只表示所使用的资本量的增加或减少。

可见，在第一个场合，所使用的资本只是表面上发生了量的变化；在第二个场合，所使用的资本实际上发生了量的变化，但是资本的有机构成，即它的可变部分和不变部分的比率没有发生变化。不过除了这两个场合以外，或者所使用的资本量的变化，是资本的一个组成部分先行发生了价值变化的**结果**，因而是（在可变资本变化时剩余价值本身并未同时发生变化的情况下）它的各个组成部分的相对量发生变化的**结果**，或者这种量的变化（例如在进行大规模的劳动，采用新机器等等的时候），是资本的两个有机组成部分的相对量发生变化的**原因**。因此，在所有这些场合，在其他条件不变的情况下，所使用的资本量的变化，必然会同时伴有利润率的变化。

—————

利润率的提高总是这样发生的:剩余价值同它的生产费用即同全部预付资本相比,相对地或绝对地增加了,或者说,利润率和剩余价值率之间的差额缩小了。

不以资本有机组成部分的变化或资本绝对量为转移的利润率波动,可以在下述情况下发生:预付资本——不管是以固定的形式存在还是以流动的形式存在——的价值提高或降低,是由于预付资本的再生产所必需的劳动时间的增加或减少,而这种增加或减少与现有的资本无关。每一种商品(因而也包括构成资本的那些商品)的价值,都不是由这种商品本身包含的必要劳动时间决定的,而是由它的再生产所需要的**社会**必要劳动时间决定的。这种再生产可以在和原有生产条件不同的、更困难或更有利的条件下进行。如果在改变了的条件下再生产同一物质资本一般需要加倍的时间,或者相反,只需要一半的时间,那么在货币价值不变时,以前值100镑的资本,现在则值200镑或50镑。如果这种增值或贬值以同等程度影响资本的一切部分,那么利润也就会相应地表现为加倍的或减半的货币额。但是,如果它包含资本有机构成的变化,就是说,使可变资本部分对不变资本部分的比率提高或降低,那么,在其他条件不变的情况下,利润率就会随着可变资本的相对提高而提高,随着可变资本的相对降低而降低。如果只是预付资本的货币价值(由于货币的价值变动)提高或降低,那么,剩余价值的货币表现就会按相同的比例提高或降低。利润率则保持不变。[79]

第 二 篇

利润转化为平均利润

第 八 章

不同生产部门的资本的不同构成和由此引起的利润率的差别

在前一篇中,除了其他方面,还论证了,在剩余价值率不变的情况下,利润率可以怎样变化,可以怎样提高或降低。在这一章中,我们假定,劳动剥削程度,从而剩余价值率和工作日的长度,在一个国家的社会劳动所分成的一切生产部门都一样大,一样高。关于不同生产部门劳动剥削上的许多差别,亚当·斯密[80]已经作了详细的论证,说明它们会由于各种实际的或人们的偏见认可的补偿理由而得到平衡,因而,它们作为只是表面的暂时的差别,在研究一般关系时不应加以考虑。另一些差别,例如工资水平的差别,大部分是以第一册开头(第19页[81])就提到的简单劳动和复杂劳动的差别为基础的。这些差别虽然会使不同生产部门的工人的命运很不一样,但决不会影响这些不同部门的劳动剥削程度。例如,如果金匠的劳动报酬高于短工的劳动报酬,那么,金匠的剩余劳动所创造的剩余价值,也会按相同的比例大于短工的剩余劳动所创造的剩余价值。即使工资和工作日,从而剩余价值率在不同生产部门之间甚至在同一生产部门的不同投资之间的平均化,会因各种地区性障碍而受到阻挠,可是随着资本主义生产的进步,随着一切经济关系服从于这种生产方式,这种平均化会日益形成。不管关于这些阻力的研究对于专门研究工资的著作来说多么重要,但在对资本主义生产进行一般研究的时候,可以把这些阻力看做偶然的和非本质的东西而搁在一边。在进行这种一般研究的时候,我们总是假定,各种现实关系是同它们的概念相符合的,或者说,所描述的各种现实关系只是表现它们自身的一般类型的。

不同国家的剩余价值率的差别,也就是说,各国劳动剥削程度的差别,对于我们当前的研究是无关紧要的。我们在这一篇中要说明的恰恰是,一般利润率在一个国家内是通过什么方式形成的。但是很清楚,在比较不同国家的利润率时,我们只要把前面说明过的东西和这里要说明的东西加以对照就行了。我们本应先考察各国剩余价值率的差别,然后在这些已知的剩余价值率的基础上,比较各国利润率的差别。如果各国利润率的差别不是由各国剩余价值率的差别引起的,那么,这种差别一定是由这样一些情况造成的,这些情况,就像在本章的研究中所做的那样,都是以剩余价值相等、不变为前提的。

在前面的一章中已经指出,假定剩余价值率不变,一定资本提供的利润率,仍然可以提高或降低,因为有些情况会提高或降低不变资本的这个部分或那个部分的价值,从而影响不变资本部分和可变资本部分的比率。此外还指出,那些会延长或缩短资本的周转时间的情况,也会对利润率产生同样的影响。因为利润量同剩余价值量,同剩余价值本身是同一的,所以很清楚,利润**量**——和利润**率**不同——

不会受上述价值变动的影响。这些价值变动只会改变一定量剩余价值从而一定量利润所借以表现的比率，也就是说，只会改变利润的相对量，即它同预付资本量相比的量。诚然，当资本由于这些价值变动发生束缚或游离时，不仅利润率，而且利润本身也会通过这种间接的途径受到影响。但这始终只适用于已经投入的资本，不适用于新的投资；此外，利润本身的增加或减少，总是取决于同一个资本由于这些价值变动所能推动的劳动增加或减少的程度，从而在剩余价值率不变时所能生产的剩余价值量增加或减少的程度。可见，这个表面上的例外，远不是和一般规律相矛盾，远不是一般规律的一个例外，它实际上只是一般规律应用上的一个特殊场合。

在前一篇中已经指出，在劳动的剥削程度不变时，利润率会随着不变资本各个组成部分的价值变化以及资本周转时间的变化而变化。由此自然可以得出结论说，如果其他条件不变，不同生产部门所使用的资本的周转时间不同，或者这些资本的有机组成部分的价值比率不同，那么，同时并存的不同生产部门的利润率就会不同。我们以前当做同一个资本在时间上相继发生的变化来考察的东西，现在要当做不同生产部门各个并存的投资之间同时存在的差别来考察。

在这里，我们必须研究：1. 资本**有机构成**上的差别；2. 资本周转时间上的差别。

不言而喻，这整个研究的前提是：当我们说到某一生产部门的资本的构成或周转时，我们总是指投在这个生产部门的资本的平均正常状况，一般说来，也就是指投在这个生产部门的总资本的平均状况，而不是指投在这个部门的各个资本的偶然差别。

其次，因为假定剩余价值率和工作日不变，并且因为这个假定也包含着工资不变，所以，一定量的可变资本表示一定量的被推动的劳动力,因此也表示一定量的对象化劳动。这样,如果100镑代表100个工人一周的工资,也就是实际上代表100个劳动力,那么,n×100镑就代表n×100个工人的劳动力,而$\frac{100镑}{n}$则代表$\frac{100}{n}$个工人的劳动力。这样一来,可变资本在这里(在工资已定时总是这样)成了一定量的总资本所推动的劳动量的指数;因而所使用的可变资本的量的差别,也就成了所使用的劳动力的量的差别的指数。如果100镑代表100个工人的一周劳动,因而在每周劳动60小时的时候代表6 000个劳动小时,那么,200镑就代表12 000个劳动小时,50镑就只代表3 000个劳动小时。

正如在第一册中已经说过的,我们把资本的构成理解为资本的能动组成部分和它的被动组成部分的比率,理解为可变资本和不变资本的比率。在这里,我们要考察两个比率,虽然它们在一定情况下能够发生相同的作用,但它们并不具有同样的意义。

第一个比率是建立在技术基础上的,它在生产力的一定发展阶段可以看做是已定的。例如,要在一天之内生产一定量的产品,因而——这里也就意味着——要推动一定量的生产资料,机器、原料等等,在生产中把它们消费掉,就必须有一定数目的工人所代表的一定量的劳动力。一定量的生产资料,必须有一定数目的工人与之相适应;也就是说,一定量的已经对象化在生产资料中的劳动,必须有一定量的活劳动与之相适应。这个比率在不同的生产部门是极不相同的,甚至在同一个产业的不同部门,也往往是极不相同的,尽管在彼此相隔很远的产业部门,这个比率偶尔可能完全相同或大致相同。

这个比率形成资本的技术构成,并且是资本有机构成的真正基础。

但是,就可变资本只是劳动力的指数,不变资本只是这个劳动力所推动的生产资料量的指数来说,这个比率在不同产业部门也可能是相同的。例如,就铜器业和铁器业中的某些劳动来说,可以假定在劳动力和生产资料量之间有相同的比率。但因为铜比铁贵,所以,在这两个场合,可变资本和不变资本的价值比率就会不同,因此二者的总资本的价值构成也就不同。在每一个产业部门,技术构成和价值构成的差别都表现为:在技术构成不变时,资本的两个部分的价值比率可以发生变化,在技术构成发生变化时,资本的两个部分的价值比率可以保持不变;当然,后一种情况,只有在所使用的生产资料量和劳动力的比率上的变化,为二者价值上的相反的变化所抵消时,才会产生。

我们把由资本技术构成决定并且反映这种技术构成的资本价值构成,叫做资本的**有机**构成。[20]

这样,就可变资本来说,我们假定它是一定量的劳动力或一定数目的工人或一定量被推动的活劳动的指数。我们在前一篇中看到,可变资本价值量的变化,可能只表示同量劳动的价格的增加或减少,但是在这里,剩余价值率和工作日都被看成是不变的,一定劳动时间的工资也被看成是既定的,因此这种情况就不会发生。另一方面,虽然不变资本的量的差别,也可以是一定量劳动力所推动的生产资料的数量变化的指数;但是这种差别也可能来源于一个生产部门所推动的生产资料的价值和其他生产部门所推动的生产资料的价值的差别。因此,在这里这两个角度都要加以考虑。

---

[20] 以上所说在第一册第三版第628页,即第二十三章开头[82]已经作过简略的说明。因为头两版没有包括这段话,所以在这里更有必要把它重述一遍。——弗·恩·

最后，必须指出下面这个重要事实：

假定100镑是100个工人一周的工资。假定每周劳动时间＝60小时。再假定剩余价值率＝100％。在这种情况下，工人在60小时内，30小时为自己劳动，30小时白白地为资本家劳动。100镑工资，其实只体现着100个工人的30个劳动小时，或者总计3 000个劳动小时；而他们劳动的其余3 000小时，则体现为被资本家装入腰包的100镑剩余价值或利润。因此，虽然100镑工资不是表现100个工人一周的劳动对象化而成的价值，但它仍然表明（因为工作日的长度和剩余价值率已定），这个资本在总计6 000个劳动小时内推动了100个工人。100镑资本会表明这一点，第一，因为它表明了被推动的工人的人数，1镑＝1个工人（一周），所以100镑＝100个工人；第二，因为在剩余价值率为100％时，每一个被推动的工人所完成的劳动，都等于他的工资中所包含的劳动的两倍，所以，他的1镑工资，只表现半周劳动，却推动着整整一周的劳动，同样，100镑虽然只包含50周的劳动，却推动着100周的劳动。因此，对于投在工资上面的可变资本，必须指出一个非常重要的区别：一方面，它的价值，即工资额，代表着一定量对象化劳动；另一方面，它的价值只是它所推动的活劳动量的指数。它所推动的活劳动量，总是大于它所包含的劳动量，因此，也总是表现为一个大于可变资本的价值的价值；这个价值一方面取决于可变资本所推动的工人的人数，另一方面取决于工人所完成的剩余劳动量。

从对可变资本的这种考察中可以得出如下结论：

如果在生产部门A的一个投资中，总资本每700中只有100用在可变资本上，600用在不变资本上，而在生产部门B的一个投资中，600用在可变资本上，只有100用在不变资本上，那么，A的总资本700就只能推动100劳动力，按照以前的假定，也就是只能推动100劳动周或6 000小时活劳动，而B的一个同样大的总资本却能推动600劳动周或36 000小时活劳动。因此，A的资本只能占有50劳动周或3 000小时剩余劳动；而B的一个同样大的资本却能占有300劳动周或18 000小时剩余劳动。可变资本不仅是它本身所包含的劳动的指数；在剩余价值率已定时，它同时还是超出这个限度所推动的超额劳动或剩余劳动的指数。在劳动剥削程度相等时，在前一个场合，利润为 $\frac{100}{700}=\frac{1}{7}=14\frac{2}{7}\%$；在后一个场合 = $\frac{600}{700}=85\frac{5}{7}\%$，是前者6倍的利润率。但是在这个场合，利润本身实际上也是前者的6倍，对B来说是600，对A来说是100，因为用相等的资本，B所推动的活劳动为A所推动的活劳动的6倍，所以在劳动剥削程度相等时，生产了6倍的剩余价值，也就是生产了6倍的利润。

如果投在A中的资本不是700镑，而是7 000镑，而投在B中的资本只是700镑，那么，当有机构成不变时，资本A就会把7 000镑中的1 000镑用做可变资本，也就是每周雇用1 000个工人 = 60 000小时活劳动，其中30 000小时为剩余劳动。但是A的每700镑资本，仍旧和过去一样，只推动相当于B的 $\frac{1}{6}$ 的活劳动，因此，也只推动 $\frac{1}{6}$ 的剩余劳动，因而也只生产 $\frac{1}{6}$ 的利润。如果考察利润率，那么A的利润率是 $\frac{1\,000}{7\,000}=\frac{100}{700}=14\frac{2}{7}\%$，资本B的利润率是 $\frac{600}{700}=85\frac{5}{7}\%$。即使资本额相等，利润率在这里也不等，因为在剩余价值率相等时，由于所推动的活劳动量不等，所生产的剩余价值量就不等，因而利润也就不等。

如果一个生产部门的技术条件和另一个部门相同，但前者所使用的不变资本的要素的价值大于或小于后者，实际上也会产生相同的结果。我们假定两个生产部门都用100镑作为可变资本，每周都雇用100个工人来推动同等数量的机器和原料，但是，B的机器和原料比A贵。在这种情况下，100镑可变资本在A推动的不变资本，比如说，是200镑，在B推动的是400镑。在剩余价值率为100%时，二者所生产的剩余价值都是100镑；因而它们的利润也都是100镑。但在A那里，$\dfrac{100}{200c+100v}=\dfrac{1}{3}=33\dfrac{1}{3}\%$；而在B那里，是$\dfrac{100}{400c+100v}=\dfrac{1}{5}=20\%$。事实上，如果我们在两个场合各从总资本中取出一个部分来看，那么，在B那里，每100镑只有20镑或$\dfrac{1}{5}$形成可变资本，而在A那里，每100镑中却有$33\dfrac{1}{3}$镑或$\dfrac{1}{3}$形成可变资本。B每100镑所生产的利润较少，因为同A相比，它推动的活劳动较少。这样，利润率的差别，在这里又归结为每100投资所生产的利润量的差别，而这又是因为所生产的剩余价值量有差别。

这第二个例子和前一个例子的差别仅仅在于：在第二个场合，技术基础相同，所以A和B之间的平均化，仅仅要求A或B的不变资本的价值发生变化；而在第一个场合，两个生产部门的技术构成本身不同，要实现平均化，就必须改变技术构成。

因此，资本的有机构成不同，同资本的绝对量无关。问题始终只是：每100中有多少可变资本，有多少不变资本。

可见，用百分比计算的不等量资本，——或者说等量资本，在这里是一样的，——在工作日相等、劳动剥削程度相等时，会生产出极不相同的利润量，因为它们会生产出极不相同的剩余价值量；确切些说，这是因为在不同的生产部门由于资本的有机构成不同，它们的可变部分也就不同，因而它们所推动的活劳动量也就不同，它们所占有的剩余劳动量，即剩余价值从而利润的实体的量，也就不同。在不同生产部门，总资本中大小相等的各资本，包含着剩余价值的大小不等的源泉,而剩余价值的唯一源泉是活劳动。在劳动剥削程度相等时,资本100所推动的劳动量,从而它所占有的剩余劳动量,取决于它的可变组成部分的大小。如果一个百分比构成为90c＋10v的资本和一个构成为10c＋90v的资本,在劳动剥削程度相等时,会生产出同样多的剩余价值或利润,那就非常清楚,剩余价值,从而价值本身的源泉必定不是劳动,而是别的什么东西了,这样一来,政治经济学就会失去任何合理的基础了。如果我们仍旧假定一镑等于一个工人一周60个劳动小时的工资,剩余价值率＝100%,那么很清楚,一个工人一周内能够提供的总价值产品＝2镑;因而10个工人一周内能够提供的总价值产品不会多于20镑;并且,因为这20镑中10镑用来补偿工资,所以,10个工人创造的剩余价值不会多于10镑;而90个工人——他们的总产品＝180镑,他们的工资＝90镑——却会创造出90镑剩余价值。因此,利润率在一个场合是10%,而在另一个场合是90%。如果不是这样,价值和剩余价值就必定不是对象化劳动,而是别的什么东西了。可见,因为不同生产部门按百分比考察的资本——或者说,等量资本——,是按不同比率分为不变要素和可变要素的,它们所推动的活劳动不等,因而所创造的剩余价值从而利润也不等,所以,它们的利润率,即那个正好由剩余价值对总资本用百分比计算得出的利润率也就不同。

但是,如果不同生产部门用百分比计算的资本,或者说,不同生产部门的等量资本,由于它们的有机构成不同,会生产出不等的利润,那么由此可以得出结论,不同生产部门的不等资本的利润,不可能和这些资本各自的大小保持比例,也就是说,不同生产部门的利润,不和各部门分别使用的资本量保持比例。因为,如果利润会和所使用的资本量成比例地增加,那就是假定,用百分比计算,利润是相等的,也就是说,不同生产部门的等量资本,尽管它们的有机构成不同,仍会有相等的利润率。只有在资本的有机构成已定的同一生产部门之内,或在资本的有机构成相等的不同生产部门之间,利润量才会和所使用的资本量成正比。说不等量资本的利润和这些资本的量保持比例,无非就是说,等量资本会提供等量利润,或者说,一切资本不论大小和有机构成如何,它们的利润率都是相等的。

以上的论述是以商品按照它们的价值出售为前提的。一个商品的价值,等于该商品中包含的不变资本的价值,加上该商品中再生产的可变资本的价值,加上这个可变资本的增长额,即所生产的剩余价值。在剩余价值率相等时,剩余价值量显然取决于可变资本量。资本100的产品的价值,在一个场合是 $90c + 10v + 10m = 110$;在另一个场合是 $10c + 90v + 90m = 190$。如果商品是按照它们的价值出售的,那么,第一种产品就卖110,其中10代表剩余价值或无酬劳动;第二种产品就卖190,其中90代表剩余价值或无酬劳动。

这一点在比较各国的利润率时特别重要。假定在一个欧洲国家,剩余价值率为100%,这就是说,工人半天为自己劳动,半天为雇主劳动;在一个亚洲国家,剩余价值率 $= 25\%$,这就是说,工人在一天中 $\frac{4}{5}$ 的时间为自己劳动,$\frac{1}{5}$ 为雇主劳动。假定在这个欧洲国家,国民资本的构成是 $84c + 16v$;在这个亚洲国家,国民资本的构成是 $16c + 84v$,因为在那里机器等等用得不多,并且在一定时间内一定量劳动力在生产中消费掉的原料也比较少。这样,我们就会得出以下计算:

在这个欧洲国家,产品价值 $= 84c + 16v + 16m = 116$;利润率 $= \frac{16}{100} = 16\%$。

在这个亚洲国家,产品价值 $= 16c + 84v + 21m = 121$;利润

率 $=\dfrac{21}{100}=21\%$。

可见,这个亚洲国家的利润率比这个欧洲国家的利润率高25%以上,尽管前者的剩余价值率只有后者的$\dfrac{1}{4}$。凯里、巴师夏之流一定会得出正好相反的结论。

附带说一句,各国的不同的利润率,大多是以各国的不同的剩余价值率为基础的;但在这一章,我们比较的,却是同一剩余价值率所产生的不同的利润率。

除了资本的有机构成不同以外,也就是说,除了等量资本在不同生产部门会推动不等量劳动,从而在其他条件相同时会推动不等量剩余劳动以外,利润率的不等还有另外一个源泉,即不同生产部门资本的周转时间不同。我们在第四章已经看到,在资本构成相同,其他条件也相同时,利润率和周转时间成反比;我们还看到,如果同一个可变资本的周转时间不同,它生产的年剩余价值量就会不等。所以,周转时间的差别,是等量资本在不同生产部门在相等时间内生产出不等量利润的另一个原因,因而也是这些不同生产部门利润率不等的另一个原因。

至于由固定资本和流动资本组成的资本构成的比率,就它本身来说,它根本不会影响利润率。它只有在两种场合才会影响利润率:或者是这种不同的构成与可变部分和不变部分的不同比率相一致,因而利润率的差别是由可变资本和不变资本的比率的差别引起的,而不是由固定资本和流动资本的比率的差别引起的;或者是固定组成部分和流动组成部分的不同比率引起了实现一定量利润所需的周转时间的差别。如果各资本按不同的比率分为固定部分和流动部分,这个情况当然总是会对这些资本的周转时间发生影响,并引起周转时间上的差别;但不能由此得出结论说,这些资本实现利润所需的周转时间是不同的。例如,A必须不断把较大部分的产品转化为原料等等,而B却要在较长时间内在耗费较少原料的情况下使用同样多的机器等等,尽管如此,A和B只要都在从事生产,就总是要动用它们的一部分资本,一个是用于原料,即用做流动资本,另一个是用于机器,即用做固定资本。A不断把它的一部分资本从商品形式转化为货币形式,再从货币形式转化为原料的形式;B却把它的一部分资本在较长时间内当做劳动工具来使用,而无须经过这样的变化。如果二者使用同样多的劳动,那么,虽然它们在一年内出售的产品总量的价值不等,但两个产品总量中包含的剩余价值会一样多,并且它们按全部预付资本计算的利润率也会相同,尽管它们的固定资本和流动资本的构成不同,它们的周转时间也不同。两个资本虽然周转时间不同,但在相等的时间内会实现相等的利润。[21]周转时间的差别本身,只有当它影响同一资本在一定时间内所能占有和实现的剩余劳动量的时候,才有意义。因此,既然流动资本和固定资本构成上的不等,并不一定包含着那种又会引起利润率不等的周转时间上

---

[21]〔从第四章可以看出,只有在资本A和资本B有不同的价值构成,但它们的用百分比计算的可变组成部分和它们的周转时间成正比,也就是和它们的周转次数成反比的时候,以上所说才是正确的。假定资本A的百分比构成为20c(固定的)+70c(流动的),因而是90c+10v=100。在剩余价值率为100%时,周转一次,10v就会生产10m,因此,周转一次的利润率=10%。再假定资本B=60c(固定的)+20c(流动的),因而是80c+20v=100。按照上述的剩余价值率,周转一次,20v就会生产20m,因此,周转一次的利润率=20%,也就是等于A的两倍。但是如果A一年周转两次,B一年只周转一次,那么,A一年中同样会生产2×10=20m。它们二者的年利润率就会相等,都是20%。——弗·恩·〕

的不等,那就很清楚,如果出现了利润率不等的现象,这并不是由于流动资本和固定资本的不同构成本身造成的,相反地,是因为在这里,这种不同的构成只是表明了一种会对利润率发生影响的周转时间上的不等。

可见,在不同产业部门中由固定资本和流动资本组成的不变资本的不同构成本身,对利润率来说,并没有什么意义,因为起决定作用的,是可变资本和不变资本之比,并且不变资本的价值,因而不变资本同可变资本相比的相对量,同不变资本的各个组成部分的固定性质或流动性质是完全无关的。然而可以看到这样的事实——这个事实往往导致错误的结论——,在固定资本显著发达的地方,这种发达只不过表明,生产是大规模进行的,因此不变资本大大超过可变资本,或者说,所使用的活劳动力同它所推动的生产资料量相比是很小的。

这样,我们已经指出,在不同产业部门,与资本的不同的有机构成相适应,并且在一定限度内与资本的不同的周转时间相适应,不同的利润率占着统治地位;因此,即使在剩余价值率相等的情况下,利润和资本量成正比,从而等量资本在相等时间内提供等量利润的规律(作为一般的趋势)——假定周转时间相等——,也只适用于有机构成相等的资本。以上所述,和我们直到现在为止的全部论述一样,是建立在同一基础上的,即商品是按照它们的价值出售的。另一方面,毫无疑问,如果撇开那些非本质的、偶然的、互相抵消的差别不说,对不同产业部门来说,平均利润率的差别实际上并不存在,而且也不可能存在,除非把资本主义生产的整个体系摧毁。所以,在这里,价值理论好像同现实的运动不一致,同生产的实际现象不一致,因此,理解这些现象的任何企图,也好像必须完全放弃。

从本册第一篇可以得出,不同的生产部门,不管资本的有机构成如何不同,只要为生产产品所预付的资本部分相等,其产品的成本价格总是相等的。对资本家来说,在成本价格上,可变资本和不变资本的区别消失了。资本家为了生产一种商品,必须支出100镑,不管他的支出是90c + 10v还是10c + 90v,这种商品总是耗费一样多。对他来说,商品总是要耗费100镑,不多也不少。不管所生产的价值和剩余价值多么不同,成本价格对投在不同部门的等量资本来说总是一样的。成本价格的这种等同性,形成各个投资竞争的基础,而平均利润就是通过这种竞争确定的。

第 九 章

一般利润率(平均利润率)的形成和
商品价值转化为生产价格

　　资本的有机构成,在任何时候都取决于两种情况:第一,所使用的劳动力和所使用的生产资料量的技术比率;第二,这些生产资料的价格。我们已经知道,资本的有机构成,必须按它的百分比来考察。一个资本的$\frac{4}{5}$为不变资本,$\frac{1}{5}$为可变资本,它的有机构成,我们用80c + 20v这个公式来表示。其次,在比较时,假定剩余价值率不变,并且可以任意假定这个比率,例如100%。因此,80c + 20v的资本产生20m的剩余价值,按总资本计算,利润率为20%。它的产品的实际价值有多大,现在要看不变资本的固定部分有多大,并且要看固定部分中作为损耗加入产品的部分有多大,没有加入产品的部分有多大。但是,因为这种情况对于利润率,从而对于我们现在的研究毫无意义,所以,为了简便起见,假定不变资本到处都是同样地全部加入所考察的资本的年产品。其次还假定,不同生产部门的资本,会和它们的可变部分的量成比例地每年实现同样多的剩余价值;这就是说,我们把周转时间的差别能在这方面引起的差别暂时撇开不说。这一点以后再研究。

　　让我们拿五个不同的生产部门来说。投在这五个生产部门的资

本的有机构成各不相同,例如:

资　　本	剩余价值率	剩余价值	产品价值	利润率
I.　80c＋20v	100%	20	120	20%
II.　70c＋30v	100%	30	130	30%
III.60c＋40v	100%	40	140	40%
IV.　85c＋15v	100%	15	115	15%
V.　95c＋ 5v	100%	5	105	5%

在这里我们看到,不同的生产部门,在劳动的剥削程度相等的情况下,按照资本的不同有机构成,有很不相同的利润率。

投在五个部门的资本的总额等于500;它们生产的剩余价值的总额等于110;它们生产的商品的总价值等于610。如果我们把这500看做一个资本,I—V不过是这个资本的不同部分(比方说好像一个棉纺织厂分成不同部分:梳棉间、粗纺间、纺纱间和织布间,这些部分的不变资本和可变资本的比率各不相同,而整个工厂的平均比率只有通过计算才能得出),那么,首先这个资本500的平均构成是390c＋110v,用百分比表示,是78c＋22v。既然每个资本100都只是被看做总资本的$\frac{1}{5}$,那么它的构成就是这个平均构成78c＋22v;同样,每100都有22作为平均剩余价值;因此,平均利润率＝22%;最后,这500所生产的总产品的任何$\frac{1}{5}$的价格＝122。因此,全部预付资本的任何$\frac{1}{5}$所生产的产品,都必须按122的价格出售。

但是,为了避免得出完全错误的结论,必须认为不是所有成本价格都＝100。

在资本有机构成＝80c＋20v,剩余价值率＝100%时,如果全部不变资本都加入年产品,资本I＝100所生产的商品的总价值

就 $=80c+20v+20m=120$。在有些情况下,这个结果也许能在一定生产部门内发生。但在所有c和v的比率 $=4:1$ 的地方,很难都有这样的结果。因此,在谈到不同资本每100所生产的商品的价值时,必须考虑到,商品价值会因c中固定组成部分和流动组成部分之比不同而不同,并且不同资本的固定组成部分又会快慢不等地损耗,从而在相同的时间内把不等的价值量加入产品。不过,这对利润率来说没有什么关系。不论80c是把价值80,50,或5转移到年产品中去,从而也不论年产品是 $=80c+20v+20m=120$,还是 $=50c+20v+20m=90$,或者 $=5c+20v+20m=45$,在所有这些场合,产品的价值超过产品的成本价格的余额,都等于20;并且在所有这些场合,在确定利润率时,这20都按资本100计算;因此,在所有这些场合,资本I的利润率都 $=20\%$。为了把这一点说得更清楚些,我们在为上述五个资本编制的下表中,假定不变资本各以不同的部分加入产品的价值。

资 本	剩余价值率	剩余价值	利润率	已经用掉的c	商品价值	成本价格
I. $80c+20v$	100%	20	20%	50	90	70
II. $70c+30v$	100%	30	30%	51	111	81
III. $60c+40v$	100%	40	40%	51	131	91
IV. $85c+15v$	100%	15	15%	40	70	55
V. $95c+5v$	100%	5	5%	10	20	15
合计 $390c+110v$	—	110	—	—	—	—
平均 $78c+22v$	—	22	22%	—	—	—

如果我们再把资本I—V看做一个总资本,那么就会看到,在这

个场合,这五个资本的总和的构成是500＝390c＋110v,平均构成＝78c＋22v,仍然和以前一样;平均剩余价值也是22。把剩余价值平均分配给Ⅰ—Ⅴ,就会得到如下的商品价格:

资　　　本	剩余价值	商品价值	商品成本价格	商品价格	利润率	价格同价值的偏离
Ⅰ.　80c＋20v	20	90	70	92	22%	＋ 2
Ⅱ.　70c＋30v	30	111	81	103	22%	－ 8
Ⅲ.　60c＋40v	40	131	91	113	22%	－ 18
Ⅳ.　85c＋15v	15	70	55	77	22%	＋ 7
Ⅴ.　95c＋ 5v	5	20	15	37	22%	＋ 17

　　总起来说,这些商品比价值高2＋7＋17＝26出售,又比价值低8＋18＝26出售,所以,价格的偏离,由于剩余价值的均衡分配,或者说,由于每100预付资本有平均利润22分别加入Ⅰ—Ⅴ的各种商品的成本价格,而互相抵消。一部分商品出售时比自己的价值高多少,另一部分商品出售时就比自己的价值低多少。并且,只因为它们是按照这样的价格出售,Ⅰ—Ⅴ的利润率才能同样是22%,虽然资本Ⅰ—Ⅴ的有机构成不同。求出不同生产部门的不同利润率的平均数,把这个平均数加到不同生产部门的成本价格上,由此形成的价格,就是**生产价格**。生产价格以一般利润率的存在为前提;而这个一般利润率,又以每个特殊生产部门的利润率已经分别化为同样多的平均率为前提。这些特殊的利润率在每个生产部门都＝$\frac{m}{C}$,并且像本册第一篇所做的那样,它们要从商品的价值引申出来。没有这种引申,一般利润率(从而商品的生产价格)就是一个没有意义、没有内

容的概念。因此,商品的生产价格,等于商品的成本价格加上依照一般利润率按百分比计算应加到这个成本价格上的利润,或者说,等于商品的成本价格加上平均利润。

由于投在不同生产部门的资本有不同的有机构成,因而,由于等量资本按可变部分在一定量总资本中占有不同的百分比而推动极不等量的劳动,等量资本也就占有极不等量的剩余劳动,或者说,生产极不等量的剩余价值。根据这一点,不同生产部门中占统治地位的利润率,本来是极不相同的。这些不同的利润率,通过竞争而平均化为一般利润率,而一般利润率就是所有这些不同利润率的平均数。按照这个一般利润率归于一定量资本(不管它的有机构成如何)的利润,就是平均利润。一个商品的价格,如等于这个商品的成本价格,加上生产这个商品所使用的资本(不只是生产它所消费的资本)的年平均利润中根据这个商品的周转条件归于它的那部分,就是这个商品的生产价格。例如,我们拿一个500的资本来说,其中100为固定资本,400为流动资本,并且在流动资本每一个周转期间内,固定资本的损耗为10%。再假定这个周转期间内的平均利润是10%。这样,在这个周转期间内制造的产品的成本价格就是:固定资本的损耗10c＋流动资本400(c＋v)＝410,它的生产价格则是成本价格410＋利润50(500的10%)＝460。

因此,虽然不同生产部门的资本家在出售自己的商品时收回了生产这些商品所用掉的资本价值,但是他们不是得到了本部门生产这些商品时所生产的剩余价值从而利润,而只是得到了社会总资本在所有生产部门在一定时间内生产的总剩余价值或总利润均衡分配时归于总资本的每个相应部分的剩余价值从而利润。每100预付资本,不管它的构成怎样,每年或在任何期间得到的利润,就是作为总资本一个部分的100在这个期间所得的利润。就利润来说,不同的资本家在这里彼此只是作为一个股份公司的股东发生关系,在这个公司中,按每100资本均衡地分配一份利润。因此,对不同的资本家来说,他们的各份利润之所以有差别,只是因为每个人投在总企业中的资本量不等,因为每个人在总企业中的入股比例不等,因为每个人持有的股票数不等。因此,商品价格的一个部分,即用来补偿生产商品所用掉的资本价值,从而必须用来买回这些用掉的资本价值的部分,也就是说,成本价格,完全是由各生产部门的支出决定的,而商品价格的另一个组成部分,即加在这个成本价格上的利润,却不是由这个一定资本在这个一定生产部门于一定时间内生产的利润量决定的,而是由每个所使用的资本作为总生产所使用的社会总资本的一定部分在一定时间内平均得到的利润量决定的。[22]

因此,如果资本家按商品的生产价格出售他的商品,他就取回相当于他在生产上所耗费的资本的价值量的货币,并且比例于他的只是作为社会总资本的一定部分的预付资本取得利润。他的成本价格是特殊的。加在这个成本价格上的利润,不以他的特殊生产部门为转移,而只是归于每100预付资本的平均数。

我们假定上述例子中五个不同的投资I—V属于一个人。I—V中每个投资所使用的每100资本在商品的生产上所消费的可变资本和不变资本的数量是已知的,而且I—V的商品的这个价值部分自然会形成它们的价格的一部分,因为至少这个价格必须用来补偿预付的并用掉的资本部分。因此,这些成本价格对I—V的每种商品来说是不同的,而且作为成本价格被占有者不同地确定下来。至于

---

(22)舍尔比利埃。83

I—V所生产的不同的剩余价值量或利润量,资本家会很容易认为这是他所预付的总资本的利润,所以,每100资本都能得到一个相应的部分。因此,I—V中每个投资所生产的商品的成本价格各不相同,但在所有这些商品中,由每100资本追加的利润形成的那部分出售价格,都是相等的。这样,I—V的商品的总价格是同它们的总价值相等的,也就是说,是同I—V的成本价格的总和加上I—V所生产的剩余价值或利润的总和相等的;因而,事实上也就是I—V的商品所包含的过去劳动和新追加劳动的总量的货币表现。同样,如果把社会当做一切生产部门的总体来看,社会本身所生产的商品的生产价格的总和等于它们的价值的总和。

这个论点好像和下述事实相矛盾:在资本主义生产中,生产资本的要素通常要在市场上购买,因此,它们的价格包含一个已经实现的利润,这样,一个产业部门的生产价格,连同其中包含的利润一起,会加入另一个产业部门的成本价格,就是说,一个产业部门的利润会加入另一个产业部门的成本价格。但是,如果我们把全国商品的成本价格的总和放在一方,把全国的利润或剩余价值的总和放在另一方,那么很清楚,我们就会得到正确的计算。例如,我们拿商品A来说。A的成本价格可以包含B、C、D等等的利润,A的利润也可以再加入B、C、D等等的成本价格。如果我们进行计算,A的利润就不会算到它自己的成本价格中,B、C、D等等的利润也不会算到它们自己的成本价格中。谁也不会把自己的利润算到自己的成本价格中。举例来说,如果有n个生产部门,每个部门的利润都等于p,所有部门合起来计算,成本价格就=k−np。从总的计算来看,只要一个生产部门的利润加入另一个生产部门的成本价格,这个利润就已经算在最终产品的总价格一方,而不能再算在利润一方。如果这个利润算在利润一方,那只是因为这个商品本身已经是最终产品,它的生产价格不加入另一种商品的成本价格。

如果有一个总额p表示生产资料的生产者的利润,加入一个商品的成本价格,又有一个利润p_1加到这个成本价格上,总利润P就＝$p+p_1$。商品的总成本价格,抽去一切代表利润的价格部分以后,就是这个商品本身的不包括P在内的成本价格。把这个成本价格称为k,很清楚,$k+P=k+p+p_1$。我们在第一册第七章第2节第211/203页[84]研究剩余价值时已经看到,每一个资本的产品都可以这样看待,好像其中一部分只补偿资本,另一部分只代表剩余价值。把这种计算方法应用到社会总产品上,必须作一些修改,因为就整个社会来看,例如,亚麻价格中包含的利润不能出现两次,不能既作为麻布价格的部分,同时又作为亚麻生产者的利润的部分。

就例如A的剩余价值加入B的不变资本来说,剩余价值和利润二者之间没有区别。对商品的价值来说,商品中包含的劳动由有酬劳动构成还是由无酬劳动构成,是完全没有关系的。这不过表示,A的剩余价值由B支付。在总计算中,A的剩余价值不能计算两次。

但是二者之间存在着如下的区别。一个产品的价格,例如资本B的产品的价格,会同它的价值相偏离,因为实现在B中的剩余价值可以大于或小于加入B的产品价格的利润,除此之外,在形成资本B的不变部分的商品上,以及在作为工人生活资料因而间接形成资本B的可变部分的商品上,也会发生同样的情况。就不变部分来说,它本身等于成本价格加上剩余价值,在这里等于成本价格加上利润,并且这个利润又能够大于或小于它所代替的剩余价值。就可变资本来说,平均的日工资固然总是等于工人为生产必要生活资料而必须劳动的小时数的价值产品,但这个小时数本身,由于必要生活资料的生产价格同它的价值相偏离又不会原样反映出来。不过这一切总是归结为这样的情形：加入某种商品的剩余价值多多少，加入另一种商品的剩余价值就少多少，因此，商品生产价格中包含的偏离价值的情况会互相抵消。总的说来，在整个资本主义生产中，一般规律作为一种占统治地位的趋势，始终只是以一种极其错综复杂和近似的方式，作为从不断波动中得出的、但永远不能确定的平均数来发生作用。

因为一般利润率是由每100预付资本在一定期间比如说一年内的不同利润率的平均数形成的，所以，在一般利润率中，由不同资本的周转时间的差别引起的差别，也就消失了。但这种差别，对不同生产部门的不同利润率有决定作用，而这些不同的利润率的平均数形成一般利润率。

在上述关于一般利润率形成的例解中，我们假定每个生产部门每个资本都等于100。这样做，是为了说明利润率的百分比差别，从而说明各等量资本所生产的商品的价值的差别。但是不言而喻，由于每个这样的生产部门的资本构成都是已定的，每个特殊生产部门所生产的实际的剩余价值量就取决于所使用的资本的量。不过，一个生产部门的特殊的利润**率**，不会由于所使用的资本是100，是m×100，还是xm×100，而受到影响。不管总利润是10∶100，还是1 000∶10 000，利润率总是10%。

但是，因为不同生产部门的利润率各不相同，——这又是由于这些生产部门各自的可变资本和总资本的比率不同，因而所生产的剩余价值量从而利润量差别很大，——所以很清楚，社会资本每100的平均利润，从而平均利润率或一般利润率，由于投在不同部门的各自的资本量不等而差别很大。假定有四个资本A、B、C、D。它们的剩余价值率都等于100%。再假定每100总资本中的可变资本，A是

25，B是40，C是15，D是10。这时，每100总资本所得的剩余价值或利润，A是25，B是40，C是15，D是10；合计＝90。如果这四个资本一样大，平均利润率就是$\frac{90}{4}$％＝$22\frac{1}{2}$％。

如果这几个总资本的量分别是：A＝200，B＝300，C＝1 000，D＝4 000，所生产的利润也就分别是50、120、150和400。资本5 500的利润合计为720，平均利润率为$13\frac{1}{11}$％。

所生产的总价值的量，由于分别预付在A、B、C、D上的各个总资本的量的不同而不同。因此，在一般利润率的形成上，问题不仅在于不同生产部门利润**率**的差别，求出它们的简单平均数，而且还在于这些不同利润率在平均数形成上所占的比重。而这取决于投在每个特殊部门的资本的相对量，也就是取决于投在每个特殊生产部门的资本在社会总资本中占多大的部分。总资本中究竟是较大的部分或较小的部分提供较高的利润率或较低的利润率，当然会有很大的差别。而这又取决于有多少资本投在可变资本在总资本中所占比例较大的部门，有多少资本投在可变资本所占比例较小的部门。这和高利贷者计算平均利息率的情况完全一样。高利贷者按不同的利息率，如4％、5％、6％、7％等等，贷出不同的资本。平均利息率完全要看他按各种利息率贷出的资本各有多少而定。

可见，一般利润率取决于两个因素：

1. 不同生产部门的资本的有机构成，从而各个部门的不同的利润率；

2. 社会总资本在这些不同部门之间的分配，即投在每个特殊部门因而有特殊利润率的资本的相对量；也就是，每个特殊生产部门在社会总资本中所吸收的相对份额。

我们在第一册和第二册只是研究了商品的**价值**。现在，一方面，

成本价格作为这个价值的一部分而分离出来了，另一方面，商品的**生产价格**作为价值的一个转化形式而发展起来了。

假定社会平均资本的构成是80c＋20v，年剩余价值率m′＝100%。这样，一个100的资本的年平均利润就＝20，一般的年利润率就＝20%。不管一个100的资本一年内生产的商品的成本价格k如何，它的生产价格总是＝k＋20。在资本构成＝(80−x)c＋(20＋x)v的生产部门，实际生产的剩余价值或在这个部门内生产的年利润＝20＋x，比20大，所生产的商品价值＝k＋20＋x，也比k＋20大，也就是说，比它的生产价格大。在资本构成是(80＋x)c＋(20−x)v的部门，每年生产的剩余价值或利润＝20−x，比20小，因此，商品价值k＋20−x，也比生产价格k＋20小。撇开周转时间上可能发生的差别不说，只有在资本构成偶然＝80c＋20v的部门，商品的生产价格才等于商品的价值。

社会劳动生产力在每个特殊生产部门的特殊发展，在程度上是不同的，有的高，有的低，这和一定量劳动所推动的生产资料量成正比，或者说，和一定数目的工人在工作日已定的情况下所推动的生产资料量成正比，也就是说，和推动一定量生产资料所需要的劳动量成反比。因此，我们把那种同社会平均资本相比，不变资本占的百分比高，从而可变资本占的百分比低的资本，叫做**高**构成的资本。反之，把那种同社会平均资本相比，不变资本比重小，而可变资本比重大的资本，叫做**低**构成的资本。最后，我们把那种和社会平均资本有同样构成的资本，叫做平均构成的资本。如果社会平均资本，用百分比表示，由80c＋20v构成，那么一个由90c＋10v构成的资本就**高于**社会平均数，一个由70c＋30v构成的资本，就**低于**社会平均数。一般地说，在社会平均资本的构成＝m_c＋n_v，m和n为不变量，并且

m＋n＝100时，(m＋x)c＋(n－x)v就代表一个资本或资本群的高构成，(m－x)c＋(n＋x)v则代表一个资本或资本群的低构成。这些资本在平均利润率确定之后，在一年周转一次的前提下，怎样执行职能，可由下表看出。在表内，I代表平均构成，因此，平均利润率＝20％。

I.　80c＋20v＋20m。利润率＝20％。

产品的价格＝120。价值＝120。

II.　90c＋10v＋10m。利润率＝20％。

产品的价格＝120。价值＝110。

III.70c＋30v＋30m。利润率＝20％。

产品的价格＝120。价值＝130。

这样，就资本II生产的商品来说，价值小于生产价格，就资本III生产的商品来说，生产价格小于价值。只有就资本构成偶然是社会平均构成的生产部门的资本I来说，价值才等于生产价格。此外，我们把这些符号应用到一定场合时，当然还要考虑到，c和v之比同一般平均数的偏离，在多大程度上不是由技术构成的差别，而只是由不变资本各要素的价值变动引起的。

　　当然，以上所说，对商品成本价格的规定是一种修正。我们原先假定，一个商品的成本价格，等于该商品生产中所消费的各种商品的**价值**。但一个商品的生产价格，对它的买者来说，就是它的成本价格，因而可以作为成本价格加入另一个商品的价格形成。因为生产价格可以偏离商品的价值，所以，一个商品的包含另一个商品的这个生产价格在内的成本价格，也可以高于或低于它的总价值中由加到它里面的生产资料的价值构成的部分。必须记住成本价格这个修正了的意义，因此，必须记住，如果在一个特殊生产部门把商品的成本价格看做和该商品生产中所消费的生产资料的价值相等,那就总可能有误差。对我们现在的研究来说,这一点没有进一步考察的必要。无论如何,商品的成本价格总是小于商品的价值这个论点,在这里仍然是正确的。因为,无论商品的成本价格能够怎样偏离商品中所消费的生产资料的价值,这个过去的误差对资本家来说是无关紧要的。商品的成本价格是既定的,它是一个不以他即资本家的生产为转移的前提,而资本家生产的结果则是一个包含剩余价值的商品,也就是一个包含超过商品成本价格的价值余额的商品。此外,成本价格小于商品价值的论点,现在实际上转化为成本价格小于生产价格的论点。对生产价格和价值相等的社会总资本来说,这个论点同以前关于成本价格小于价值的论点是一致的。尽管这个论点对特殊生产部门来说要加以修正,但其根据始终是如下的事实:从社会总资本来看,它所生产的商品的成本价格小于价值,或者在这里从所生产的商品总量来看,小于和这个价值相一致的生产价格。商品的成本价格,只是涉及商品中包含的有酬劳动的量;价值,是涉及商品中包含的有酬劳动和无酬劳动的总量;生产价格,是涉及有酬劳动加上不以特殊生产部门本身为转移的一定量无酬劳动之和。

商品的生产价格=k+p,即等于成本价格加上利润,这个公式,现在得到了如下的进一步规定:p=kp′(p′代表一般利润率),因而生产价格=k+kp′。如果k=300,p′=15%,生产价格k+kp′就=$300+300 \times \frac{15}{100} = 345$。

商品的生产价格,在每个特殊生产部门,都会在下述每个场合发生量的变动:

1. 商品价值不变(也就是说,加入商品生产的死劳动和活劳动的量不变),但一般利润率发生了一种不以该部门为转移的变化。

2.一般利润率不变,但价值发生了变动,这或是由于该生产部门本身的技术发生了变化,或是由于作为形成要素加入该部门不变资本的商品的价值发生了变动。

3.最后,上述两种情况共同发生作用。

尽管各个特殊生产部门的实际利润率不断发生巨大的变动——这一点以后我们会进一步看到——,一般利润率的实际变化,在不是例外地由异常的经济事件引起的时候,总是由一系列延续很长时期的波动所造成的、很晚才出现的结果,这些波动需要经过许多时间才能巩固为和平均化为一般利润率的一个变化。因此,在任何一个较短的时期内(把市场价格的波动完全撇开不说),生产价格的变化显然总是要由商品的实际的价值变动来说明,也就是说,要由生产商品所必需的劳动时间的总和的变动来说明。价值不变,而只是它的货币表现发生变动的情形,在这里当然完全不予考察。⁽²³⁾

另一方面,很清楚,从社会总资本来看,由它生产的商品的价值总额(用货币表示,就是它们的价格)=不变资本的价值+可变资本的价值+剩余价值。假定劳动的剥削程度不变,那么,在剩余价值量不变时,只有不变资本的价值发生变动,或可变资本的价值发生变动,或二者都发生变动,以致C发生变化,从而$\frac{m}{C}$即一般利润率发生变化,利润率才会发生变动。因此,在每一个场合,一般利润率的变动,都以那些作为形成要素加入不变资本,或加入可变资本,或加入二者的商品的价值变动为前提。

或者,如果商品价值不变,而劳动的剥削程度发生变动,那么,一般利润率就会发生变动。

---

(23)柯贝特⁸⁵,第174页。

或者，如果劳动的剥削程度不变，而由于劳动过程中的技术变化，所使用的劳动的总额同不变资本相比发生相对变动，那么，一般利润率就会发生变动。但这样的技术变化，必然总是表现在商品的价值变动上，因而必然总是伴随有商品的价值变动，因为现在生产这些商品所需要的劳动比以前更多或者更少了。

我们在第一篇已经看到，从量的方面来看，剩余价值和利润是同一的。不过，利润率一开始就和剩余价值率有区别，这首先只表现为不同的计算方式；但这一开始就使剩余价值的真实起源完全模糊了和神秘化了，因为利润率会在剩余价值率不变时提高或下降，或者反过来，并且因为利润率是资本家实际上唯一关心的事情。然而，量的差别只存在于剩余价值率和利润率之间，而不是存在于剩余价值和利润本身之间。因为在利润率中，剩余价值是按总资本计算的，是以总资本为尺度的，所以剩余价值本身也就好像从总资本产生，而且同样地从总资本的一切部分产生，这样，不变资本和可变资本的有机差别就在利润的概念中消失了；因此，实际上，剩余价值本身在它的这个转化形态即利润上否定了自己的起源，失去了自己的性质，成为不能认识的东西。但到目前为止，利润和剩余价值的差别，只同质的变化，同形式变换有关，而在转化的这个第一阶段上，实际的量的差别还只存在于利润率和剩余价值率之间，而不是存在于利润和剩余价值之间。

一般利润率，从而与各不同生产部门所使用的既定量资本相适应的平均利润一经形成，情况就不同了。

现在，一个特殊生产部门实际生产的剩余价值或利润，同商品出售价格中包含的利润相一致，这只是一种偶然的现象。现在，不仅利润率和剩余价值率，而且利润和剩余价值，通常都是实际不同的量。

现在,在劳动的剥削程度已定时,一个特殊生产部门生产的剩余价值量,对社会资本的总平均利润,从而对整个资本家阶级,比直接对每个生产部门的资本家更重要。它对每个特殊生产部门的资本家之所以重要(24),只是因为他那个部门生产的剩余价值量作为一个决定的因素参加平均利润的调节。但这是一个在他背后进行的过程,这个过程是他所看不见的,不理解的,实际上不关心的。现在,在各特殊生产部门内,利润和剩余价值之间——不仅是利润率和剩余价值率之间——实际的量的差别,把利润的真正性质和起源完全掩盖起来,这不仅对由于特殊利益在这一点上欺骗自己的资本家来说是这样,而且对工人来说也是这样。随着价值转化为生产价格,价值规定的基础本身就被掩盖起来。最后,如果在剩余价值单纯转化为利润时,形成利润的商品价值部分,与作为商品成本价格的另一个价值部分相对立,以致对资本家来说,价值概念在这里已经消失——因为他看到的不是生产商品所耗费的总劳动,而只是总劳动的一部分,即他已经在活的或死的生产资料的形式上支付的部分——,因而在他看来,利润是某种存在于商品的内在价值以外的东西,那么,现在这种看法就完全被确认、固定和僵化了,因为当我们考察特殊生产部门时,加在成本价格上的利润,的确不是由该部门本身的价值形成过程的界限决定,而是由完全外在的条件确定的。

　　这个内在联系在这里还是第一次被揭示出来;我们在后面和在第四册中[86]将会看到,以前的经济学,或者硬是抽掉剩余价值和利润之间、剩余价值率和利润率之间的差别,以便能够坚持作为基础的价

---

　　(24)当然,这里把那种用压低工资,规定垄断价格等办法取得暂时额外利润的可能性撇开不说。[弗·恩·]

值规定,或者在放弃这个价值规定的同时,也放弃了对待问题的科学态度的全部基础,以便坚持那种在现象上引人注目的差别,——理论家的这种混乱最好不过地表明,那些陷在竞争斗争中,无论如何不能透过竞争斗争的现象来看问题的实际资本家,必然也不能透过假象来认识这个过程的内在本质和内在结构。

第一篇所阐述的关于利润率提高和降低的一切规律,实际上都具有下述双重意义:

1. 一方面,这些规律是一般利润率的规律。根据以上的阐述,有多种多样的原因会使利润率提高或降低,这样,人们可能认为,一般利润率必定每天都会变动。但是,一个生产部门的运动,会抵消另一个生产部门的运动,各种影响交错在一起,并失去作用。我们以后将要研究,这些波动最终趋向哪一方;然而这些波动是缓慢的;各个生产部门的波动的突然性、多面性和时间的长短不一,使波动部分地由于发生时间的先后而得到平衡,以致涨价后又跌价,或者跌价后又涨价,因而波动依然是局部的,也就是限于特殊生产部门;最后,不同的局部的波动还会互相中和。在每个特殊生产部门中都发生变动,都发生同一般利润率的偏离,但一方面,它们在一定时间内互相抵消,因此不会影响一般利润率;另一方面,它们不会影响一般利润率,还因为它们为另一些同时发生的局部波动所抵消。因为一般利润率不仅由每个部门的平均利润率决定,而且还由总资本在不同特殊部门之间的分配决定;并且因为这种分配经常在变动,所以这又是一般利润率变动的一个经常的原因,——但是变动的这个原因,又由于这个运动的不间断性[1]和全面性,在很大程度上使自己失去作用。

---

① 1894年的版本中是"间断性"。——编者注

2.在每个生产部门中,本部门的利润率会发生或长或短时间的波动,直到这种波动经过一系列提高或降低稳定下来,足以赢得时间来影响一般利润率,从而不只是具有局部的意义。因此,在这样的空间和时间的界限内,本册第一篇所阐明的关于利润率的规律同样是适用的。

关于剩余价值最初转化为利润时的理论见解,即认为资本的每个部分都同样地产生利润的见解[25],表达出一个实际的事实。不管一个产业资本的构成怎样,不管它推动的是$\frac{1}{4}$死劳动,$\frac{3}{4}$活劳动,还是$\frac{3}{4}$死劳动,$\frac{1}{4}$活劳动,以致在一个场合比在另一个场合吸收大两倍的剩余劳动,生产大两倍的剩余价值,——假定劳动的剥削程度相等,并且把个别的、会自行消失的差别撇开不说,因为在这两个场合,我们所指的只是整个生产部门的平均构成,——它在这两个场合都会提供相等的利润。目光短浅的单个资本家(或每一个特殊生产部门的全体资本家)有理由认为,他的利润不只是来自他所雇用的或他那个部门所雇用的劳动。这就他的平均利润来说是完全正确的。这个利润究竟在多大程度上由总资本,即由他的全体资本家同伙对劳动的总剥削产生,——这对他来说完全是一个秘密,因为连资产阶级的理论家,政治经济学家,直到现在也没有揭露这个秘密。节省劳动——不仅节省生产某种产品所必要的劳动,而且也节省所雇用的工人人数——和更多地使用死劳动(不变资本),都表现为经济上完全合理的行为,看来决不会损害一般利润率和平均利润。既然生产上所必要的劳动量的减少,看来不仅不会损害利润,而且在某些情况下反而会表现为增加利润的直接源泉,至少对单个资本家来说是这

---

(25)马尔萨斯。[87]

样,那么,活劳动又怎么能是利润的唯一源泉呢?

如果在一个生产部门,成本价格中代表不变资本价值的部分增加了或减少了,那么,这个部分就会从流通中退出来,并且一开始就以增大了的量或减少了的量进入商品的生产过程。另一方面,如果所雇用的一定数目的工人在相同的时间内生产得更多了或更少了,从而在工人人数不变时,生产一定量商品所需要的劳动量发生了变化,那么,成本价格中代表可变资本价值的部分可以仍旧不变,也就是说,可以以相同的量加入总产品的成本价格。但就每一单个商品(它们的总和形成总产品)来说,它包含的劳动(有酬劳动从而无酬劳动)增多了或减少了,因此,为这个劳动的支出也增多了或减少了,工资部分也增多了或减少了。资本家支付的总工资仍旧不变,但是按单个商品计算,工资已经不同了。因此在这里,商品成本价格的这个部分发生了变化。不管单个商品的成本价格(或一定量资本所生产的商品的总和的成本价格),由于商品本身或商品要素的这种价值变化而提高了还是降低了,只要平均利润比如说原来是10%,现在就仍然是10%;虽然就单个商品来看,由于这里假定的价值变动而引起的单个商品成本价格的量的变动,10%已经代表完全不同的量了。(26)

谈到可变资本——而这是最重要的,因为可变资本是剩余价值的源泉,并且因为一切把可变资本同资本家致富的关系掩盖起来的东西,都使整个体系神秘化了——,事情变得粗糙了,或者说,在资本家看来是这样:例如一个100镑的可变资本,代表100个工人的周工资。如果这100个工人,在工作日已定时,每周生产200件商品=

---

(26)柯贝特[88]。[第20页]

200W，那么，既然100镑＝200W，撇开成本价格中由不变资本加入的部分不说，1W就＝$\frac{100镑}{200}$＝10先令。现在假定劳动生产力发生了变化；假如它提高了一倍，同样数目的工人在以前生产200W的同一时间内生产的比200W多一倍。在这个场合（就成本价格只由工资构成来说），因为现在100镑＝400W，所以1W＝$\frac{100镑}{400}$＝5先令。如果生产力降低一半，那么，同量劳动就只生产$\frac{200W}{2}$；并且因为100镑＝$\frac{200W}{2}$，所以1W现在就＝$\frac{200镑}{200}$＝1镑。生产商品所需要的劳动时间的变化，从而商品价值的变动，现在就成本价格因而就生产价格来说，都表现为相同工资在更多的或更少的商品上的不同分配，这要看在相同的劳动时间内，用相同的工资所生产的商品是增加了还是减少了。资本家从而政治经济学家看到，分摊到每个商品上的有酬劳动部分，因而每件商品的价值，会随着劳动生产率的变化而变化；但是他没有看到，每件商品中包含的无酬劳动的情况也是这样。因为平均利润事实上只是偶然地由他本生产部门吸收的无酬劳动决定的，所以，他更加看不到这一点。商品价值由其中包含的劳动决定这一事实，现在只是在这种粗糙而没有概念的形式中表现出来。

第 十 章

一般利润率通过竞争而平均化。
市场价格和市场价值。超额利润

一部分生产部门所使用的资本具有中等构成或平均构成,也就是说,这部分生产部门的资本的构成完全是或接近于社会平均资本的构成。

在这些部门中生产的商品的生产价格,是同这些商品的用货币来表现的价值完全一致或接近一致的。如果没有别的方法可以达到数学上的极限,那么,用这样的方法也许可以达到。竞争会把社会资本这样地分配在不同的生产部门中,以致每个部门的生产价格,都按照这些中等构成部门的生产价格的样板来形成,也就是说,它们=k+kp′(成本价格加上成本价格乘以平均利润率所得之积)。但是这种平均利润率,不外就是这些中等构成部门的用百分比计算的利润,在这些部门中利润是同剩余价值一致的。因此,利润率在一切生产部门都是一样的,也就是说,是同资本的平均构成占统治地位的中等生产部门的利润率相等的。因此,一切不同生产部门的利润的总和,必然等于剩余价值的总和;社会总产品的生产价格的总和,必然等于它的价值的总和。但是很清楚,具有不同构成的各生产部门之间的平均化,必然总是力求使这些部门同那些具有中等构成的部门相等,而不管后者是同社会的平均数恰好一致,还是仅仅接近一致。在那些或多或少接近平均数的部门中间,又有一种力求达到理想的、即实际上并不存在的中位的平均化趋势,也就是说,以这种中位为中心进行调整的趋势。于是,这样一种趋势必然会起支配作用,它使生产价格成为价值的单纯转化形式,或者使利润转化为剩余价值的单纯部分,不过这些部分不是按照每个特殊生产部门所生产的剩余价值的比例,而是按照每个生产部门所使用的资本量的比例来分配的,因此,只要资本的量相等,那就不管资本的构成如何,它们都会从社会总资本所生产的总剩余价值中分到相等的份额(可除部分)。

因此,对中等构成或接近中等构成的资本来说,生产价格是同价值完全一致或接近一致的,利润是同这些资本所生产的剩余价值完全一致或接近一致的。一切其他资本,不管它们的构成如何,在竞争的压力下,都力求和中等构成的资本拉平。但是,因为中等构成的资本是同社会平均资本相等或接近相等的,所以一切资本,不管它们本身生产多少剩余价值,都力求通过它们的商品的价格来实现平均利润,而不是实现这个剩余价值,也就是说,力求实现生产价格。

另一方面,可以说,凡是在平均利润,从而一般利润率已经形成的地方,不管这个结果是怎么达到的,这个平均利润只能是社会平均资本的利润,它的总和等于剩余价值的总和,并且由于这个平均利润加入成本价格而形成的价格,只能是转化为生产价格的价值。即使某些生产部门的资本,由于某些原因没有参与平均化过程,事情也不会发生任何变化。在这种情况下,平均利润就按参加平均化过程的那一部分社会资本来计算。很清楚,平均利润只能是按照每个生产部门的资本量的比例分配给每个生产部门的资本量的剩余价值总量。这是已经实现的无酬劳动的总和,而这个总量同有酬的死劳动和活劳动一样,体现在资本家所占有的商品和货币的总量中。

在这里,真正困难的问题是:利润到一般利润率的这种平均化是怎样进行的,因为这种平均化显然是结果,而不可能是起点。

首先很清楚,对商品价值的估计,例如,用货币来估计,只能是商品交换的结果;因此,如果我们把这种估计作为前提,我们就必须把这种估计看做商品价值同商品价值实际交换的结果。但是,这种按照实际价值进行的商品交换,又是怎样实现的呢?

我们先假定,不同生产部门的一切商品都按照它们的实际价值出售。这样一来会怎么样呢?如前所述,在不同的生产部门占统治地位的就会是极不相同的利润率。商品是按照它们的价值来出售(即按照它们包含的价值的比例,按照与它们的价值相一致的价格来交换),还是按照那种使它们的出售能为它们的各自生产上所预付的等量资本提供等量利润的价格来出售,这显然是完全不同的两件事情。

推动不等量活劳动的资本会生产出不等量剩余价值这件事,至少在一定程度上以劳动剥削程度或剩余价值率相等为前提,或以这方面存在的差别会通过某些实际的或想象的(习惯的)补偿理由而拉平为前提。而这又以工人之间的竞争,并以工人不断地由一个生产部门转移到另一个生产部门而达到平衡为前提。这样一个一般的剩余价值率——像一切经济规律一样,要当做一种趋势来看——,是我们为了理论上的简便而假定的;但是实际上,它也确实是资本主义生产方式的前提,尽管它由于实际的阻力会多少受到阻碍,这些阻力会造成一些相当显著的地方差别,例如,为英国的农业短工而制定的定居法[89]就是如此。但是我们在理论上假定,资本主义生产方式的规律是以纯粹的形式展开的。实际上始终只存在着近似的情况;但是,资本主义生产方式越是发展,它同以前的经济状态的残余混杂不清的情况越是被消除,这种近似的程度也就越大。

全部困难是由这样一个事实产生的:商品不只是当做**商品**来交换,而是当做**资本的产品**来交换。这些资本要求从剩余价值的总量中,分到和它们各自的量成比例的一份,或者在它们的量相等时,要求分到相等的一份。一定资本在一定时间内生产的商品的总价格,应该满足这种要求。但是,这些商品的总价格,只是资本所生产的各个商品的价格的总和。

如果把问题看成是工人各自占有自己的生产资料,并且互相交换他们的商品,那么,问题的关键就非常清楚地显示出来了。这时,这种商品就不会是资本的产品了。不同劳动部门所使用的劳动资料和劳动材料的价值,就会由于不同部门的劳动的技术性质而有所不同;同样,撇开所使用的生产资料具有不等的价值这一点不说,一定量的劳动所需要的生产资料的量,就会由于一种商品一小时就能制成,而另一种商品一天才能制成等等,而有所不同。其次,假定这些工人的平均劳动时间相等,并且把由劳动强度不同等等而产生的平均化考虑在内。这时,第一,两个工人会从商品中,即从他们一天劳动的产品中,补偿他们的支出,即已经消耗掉的生产资料的成本价格。这种支出由于各个劳动部门的技术性质而有所不同。第二,他们两人会创造出等量的新价值,即追加到生产资料中去的那个工作日。这个新价值包含他们的工资加上剩余价值,后者也就是超过他们的必要的需要的剩余劳动,而这种剩余劳动的成果属于他们自己。按照资本主义的说法,他们两人得到相等的工资加上相等的利润,即得到例如体现在一个十小时工作日的产品中的价值。但是第一,他们的商品的价值会不相同。例如,商品 I 中已经用掉的生产资料所占的价值部分,可能比商品 II 中的要大;并且,为了把各种可能的差别立即估计在内,假定商品I吸收的活劳动比商品II多,因而在制造商品时比商品II需要更长的劳动时间。这样,商品I和商品II的价值会大不相同。同样,商品价值的总和,即工人I和工人II在一定时间内所完成的劳动的产物,也是如此。如果在这里我们把剩余价值和投入的生产资料的总价值的比率叫做利润率,那么,对I和II来说,利润率也会大不相同。在这里,I和II在生产期间每天消费的并且代表着工资的生活资料,形成预付生产资料中通常被我们叫做可变资本的部分。但是,I和II在相等的劳动时间内会有相等的剩余价值。或者更确切地说,因为I和II各自得到一个工作日的产品的价值,所以,在扣除预付的"不变"要素的价值以后,他们各自会得到相等的价值,其中一部分可以看做是生产上消费掉的生活资料的补偿,另一部分可以看做是除此以外的剩余价值。如果I的支出较多,那么,这些支出会由他的商品中一个较大的、补偿这个"不变"部分的价值部分来补偿,因而他也必须把他的产品总价值中一个较大的部分再转化为这个不变部分的物质要素。而如果II在这方面收回的较少,那么,他必须再转化的价值也就较少。因此,在这种假定下,利润率的差别是一件无所谓的事情,正像在今天,对雇佣工人来说,从他们身上榨取的剩余价值量表现为什么样的利润率,是一件无所谓的事情一样;也正像在国际贸易上,对各国的商品交换来说,不同国家的利润率的差别,是一件无所谓的事情一样。

因此,商品按照它们的价值或接近于它们的价值进行的交换,比那种按照它们的生产价格进行的交换,所要求的发展阶段要低得多。按照它们的生产价格进行的交换,则需要资本主义的发展达到一定的高度。

不同商品的价格不管最初用什么方式来互相确定或调节,它们的变动总是受价值规律的支配。在其他条件相同的情况下,如果生

产商品所需要的劳动时间减少了,价格就会降低;如果增加了,价格
就会提高。

因此,撇开价格和价格变动受价值规律支配不说,把商品价值
看做不仅在理论上,而且在历史上先于生产价格,是完全恰当的。这
适用于生产资料归劳动者所有的那种状态;这种状态,无论在古代世
界还是近代世界,都可以在自耕农和手工业者那里看到。这也符合我
们以前所说的见解[27],即产品发展成为商品,是由不同共同体之间
的交换,而不是由同一公社各个成员之间的交换引起的。[91]这一点,
正像它适用于这种原始状态一样,也适用于后来以奴隶制和农奴制
为基础的状态,同时也适用于手工业行会组织,只要它处于这样一种
情况:固定在每个生产部门中的生产资料很不容易从一个部门转移
到另一个部门,因而不同生产部门的互相关系在一定限度内就好像
不同的国家或不同的共产主义共同体之间的互相关系一样。

要使商品互相交换的价格接近于符合它们的价值,只需要:
1. 不同商品的交换,不再是纯粹偶然的或仅仅一时的现象;2. 就直
接的商品交换来说,这些商品是双方按照大体符合彼此需要的数量
来生产的,这一点是由交换双方在销售时取得的经验来确定的,因此
是从连续不断的交换本身中产生的结果;3. 就出售来说,没有任何
自然的或人为的垄断能使立约双方的一方高于价值出售,或迫使一
方低于价值抛售。至于偶然的垄断,我们是指那种由偶然的供求状况
所造成的对买者或卖者的垄断。

---

(27)那时,即1865年,这还只是马克思的"见解"。今天,自从毛勒直到摩
尔根[90]等人对原始公社作了广泛的研究以来,这已经成了不容争辩的事实
了。——弗·恩·

不同生产部门的商品按照它们的价值来出售这个假定,当然只是意味着:它们的价值是它们的价格围绕着运动的重心,而且价格的不断涨落也是围绕这个重心来拉平的。此外,必须始终把**市场价值**——下面我们就要谈到它——与不同生产者所生产的个别商品的个别价值区别开来。在这些商品中,有些商品的个别价值低于市场价值(也就是说,生产这些商品所需要的劳动时间少于市场价值所表示的劳动时间),另外一些商品的个别价值高于市场价值。市场价值,一方面,应看做一个部门所生产的商品的平均价值,另一方面,又应看做是在这个部门的平均条件下生产的并构成该部门的产品很大数量的那种商品的个别价值。只有在特殊的组合下,那些在最坏条件下或在最好条件下生产的商品才会调节市场价值,而这种市场价值又成为市场价格波动的中心,不过市场价格对同类商品来说是相同的。如果满足通常的需求的,是按平均价值,也就是按两端之间的大量商品的中等价值来供给的商品,那么,其个别价值低于市场价值的商品,就会实现一个额外剩余价值或超额利润,而其个别价值高于市场价值的商品,却不能实现它们所包含的剩余价值的一部分。

说什么在最坏条件下生产的商品能够出售,就证明这样的商品是满足需求所必需的,这种说法是无济于事的。在上述假定的情况下,如果价格高于中等的市场价值,需求就会减少①。在一定的价格下,一种商品能在市场上占有一定的地盘;在价格发生变化时,这个地盘只有在价格的提高同商品量的减少相一致,价格的降低同商品量的增加相一致的情况下,才能保持不变。另一方面,如果需求非常强烈,以致当价格由最坏条件下生产的商品的价值来调节时也不降

---

①1894年版中是"增加",马克思的手稿中是"减少"。——编者注

低,那么,这种在最坏条件下生产的商品就决定市场价值。这种情况,只有在需求超过通常的需求,或者供给低于通常的供给时才可能发生。最后,如果所生产的商品的量大于这种商品按中等的市场价值可以找到销路的量,那么,那种在最好条件下生产的商品就调节市场价值。例如,这种商品能够完全按照或者大致按照它们的个别价值来出售,这时可能出现这样的情况:那些在最坏条件下生产的商品,也许连它们的成本价格都不能实现,而那些按中等平均条件生产的商品,也只能实现它们所包含的剩余价值的一部分。这里关于市场价值所说的,也适用于生产价格,只要把市场价值换成生产价格就行了。生产价格是在每个部门中调节的,并且是按照特殊的情况调节的。不过它本身又是一个中心,日常的市场价格就是围绕着这个中心来变动,并且在一定时期内朝这个中心来拉平的。(见李嘉图关于生产价格由在最坏条件下经营的企业决定的论述。[92])

不管价格是怎样调节的,我们都会得到如下的结论:

1. 价值规律支配着价格的运动,生产上所需要的劳动时间的减少或增加,会使生产价格降低或提高。正是在这个意义上李嘉图(他当然感到了,他的生产价格是同商品价值偏离的)说,他

"希望引起读者注意的这个研究,涉及的是商品相对价值的变动的影响,而不是商品绝对价值的变动的影响"[93]。

2. 决定生产价格的平均利润,必定总是同一定资本作为社会总资本的一个相应部分所分到的剩余价值量接近相等。假定一般利润率,从而平均利润,表现为一个货币价值,这个价值高于按货币价值计算的实际平均剩余价值。就资本家来说,在这种情况下,他们互相计算的利润是10%还是15%,是没有什么关系的。一个百分率并不

比另一个百分率更符合实际的商品价值,因为货币表现上的过度现象是相互的。就工人(在这里,假定他们得到的是正常工资,因而平均利润的提高并不是表示工资的实际扣除,也就是说,并不是表示与资本家的正常剩余价值完全不同的什么东西)来说,同平均利润的提高所引起的商品价格的提高相一致的,必然是可变资本的货币表现的提高。事实上,利润率和平均利润这样普遍地在名义上提高到超过实际的剩余价值和全部预付资本的比率,不能不引起工资的提高,以及引起形成不变资本的那些商品价格的提高。如果降低,情况就会相反。既然商品的总价值调节总剩余价值,而总剩余价值又调节平均利润从而一般利润率的水平——这是一般的规律,也就是支配各种变动的规律——,那么,价值规律就调节生产价格。

竞争首先在一个部门内实现的,是使商品的不同的个别价值形成一个相同的市场价值和市场价格。但只有不同部门的资本的竞争,才能形成那种使不同部门之间的利润率平均化的生产价格。这后一过程同前一过程相比,要求资本主义生产方式有更高的发展。

要使生产部门相同、种类相同、质量也接近相同的商品按照它们的价值出售,必须具备两个条件:

第一,不同的个别价值,必须平均化为**一个**社会价值,即上述市场价值,为此就需要在同种商品的生产者之间有一种竞争,并且需要有一个可供他们共同出售自己商品的市场。为了使种类相同,但各自在不同的带有个别色彩的条件下生产的商品的市场价格,同市场价值相一致,而不是同市场价值相偏离,即既不高于也不低于市场价值,这就要求各个卖者互相施加足够大的压力,以便把社会需要所要求的商品量,也就是社会能够按市场价值支付的商品量提供到市场上来。如果产品量超过这种需要,商品就必然会低于它们的市场价值出售;反之,如果产品量不够大,就是说,如果卖者之间的竞争压力没有大到足以迫使他们把这个商品量带到市场上来,商品就必然会高于它们的市场价值出售。如果市场价值发生了变化,总商品量得以出售的条件也就会发生变化。如果市场价值降低了,社会需要(在这里总是指有支付能力的需要)平均说来就会扩大,并且在一定限度内能够吸收较大量的商品。如果市场价值提高了,商品的社会需要就会缩减,就只能吸收较小的商品量。因此,如果供求调节市场价格,或者确切地说,调节市场价格同市场价值的偏离,那么另一方面,市场价值调节供求关系,或者说,调节一个中心,供求的变动使市场价格围绕这个中心发生波动。

如果作进一步的考察,我们就会发现,适用于单个商品的价值的条件,在这里会作为决定这种商品总额的价值的条件再现出来;这是因为资本主义生产一开始就是大量生产,而且,甚至其他不太发达的生产方式——至少就主要商品来说——,也是把较小量地生产出来的东西,作为共同产品(哪怕是许多零星小生产者的共同产品),作为整个一个生产部门或其中一个或大或小的部分的共同产品,在市场上大量地集中在、堆积在相对说来比较少的商人手中,由他们加以出售的。

在这里顺便指出,"社会需要",也就是说,调节需求原则的东西,本质上是由不同阶级的互相关系和它们各自的经济地位决定的,因而也就是,第一是由全部剩余价值和工资的比率决定的,第二是由剩余价值所分成的不同部分(利润、利息、地租、赋税等等)的比率决定的。这里再一次表明,在供求关系借以发生作用的基础得到说明以前,供求关系绝对不能说明什么问题。

虽然商品和货币这二者都是交换价值和使用价值的统一,但我们已经看到(第一册第一章第3节),在买和卖的行为上,这两个规定分别处在两端,商品(卖者)代表使用价值,货币(买者)代表交换价值。商品要有使用价值,因而要满足社会需要,这是卖的一个前提。另一个前提是,商品中包含的劳动量要代表社会必要的劳动,因而,商品的个别价值(在这里的前提下,也就是出售价格)要同它的社会价值相一致。(28)

让我们把这一点应用到市场上现有的、构成某一整个部门的产品的商品总量上来。

如果我们把商品总量,首先是把**一个**生产部门的商品总量,当做**一个**商品,并且把许多同种商品的价格总额,当做**一个**总价格,那么问题就很容易说明了。这样一来,关于单个商品所说的话就完全适用于市场上现有的一定生产部门的商品总量。商品的个别价值应同它的社会价值相一致这一点,现在在下面这一点上得到了实现或进一步的规定:这个商品总量包含着为生产它所必要的社会劳动,并且这个总量的价值=它的市场价值。

现在假定这些商品的很大数量是在大致相同的正常社会条件下生产出来的,因而社会价值同时就是这个很大数量的商品由以构成的各个商品的个别价值。这时,如果这些商品中有一个较小的部分的生产条件低于这些条件,而另一个较小的部分的生产条件高于这些条件,因此一部分的个别价值大于大部分商品的中等价值,另一部分的个别价值小于这种中等价值,如果这两端互相拉平,从而使属于这两端的商品的平均价值同属于中间的大量商品的价值相等,那么,市场价值就会由中等条件下生产的商品的价值来决定。(29)商品总量的价值,也就同所有单个商品合在一起——既包括那些在中等条件下生产

---

(28)卡·马克思《政治经济学批判》1859年柏林版94。

(29)卡·马克思《政治经济学批判》95。

的商品,也包括那些在高于或低于中等条件下生产的商品——的价值的实际总和相等。在这种情况下,商品总量的市场价值或社会价值,即其中包含的必要劳动时间,就由中间的大量商品的价值来决定。

相反,假定投到市场上的该商品的总量仍旧不变,然而在较坏条件下生产的商品的价值,不能由于较好条件下生产的商品的价值而拉平,以致在较坏条件下生产的那部分商品,无论同中间的商品相比,还是同另一端的商品相比,都构成一个相当大的量,那么,市场价值或社会价值就由在较坏条件下生产的大量商品来调节。

最后,假定在高于中等条件下生产的商品量,大大超过在较坏条件下生产的商品量,甚至同中等条件下生产的商品量相比也构成一个相当大的量;那么,市场价值就由在最好条件下生产的那部分商品来调节。这里撇开市场商品充斥的情况不说,因为在那种情况下,市场价格总是由在最好条件下生产的那部分商品来调节的;但是,我们这里所谈的,并不是和市场价值不同的市场价格,而是市场价值本身的不同的规定。(30)

――――――――――

(30)因此,施托尔希和李嘉图在地租问题上的争论(就事情本身说是一场争论,实际上他们彼此谁也没有注意对方),即市场价值(在他们那里,不如说是市场价格或生产价格)是由最不利条件下生产的商品来调节(李嘉图),还是由最有利条件下生产的商品来调节(施托尔希)[96],这个争论要这样来解决:他们两人都有对的地方和不对的地方,不过他们两人同样都完全忽略了中等情况。参看柯贝特关于价格由最好条件下生产的商品来调节的那些情况的论述[97]。"这并不是说,他〈李嘉图〉主张,如果两类不同商品中分别取出的两件商品,例如,一顶帽子和一双鞋,是由等量劳动生产的,那么,这两件商品就能互相交换。这里所说的'商品',应该理解为'一类商品',而不是单独一顶帽子,一双鞋等等。英国生产所有帽子的全部劳动,为此必须看做分配在所有帽子上面的。在我看来,这一点从一开始以及在这个学说的一般阐述中都没有表示出来。"(《评政治经济学上若干用语的争论》1821年伦敦版第53、54页)

　　事实上,严格地说(当然,实际上只是接近如此,而且还会有千变万化),在第一种情况下,由中等价值调节的商品总量的市场价值,等于它们的个别价值的总和;尽管这个价值,对两端生产的商品来说,表现为一种强加于它们的平均价值。这样,在最坏的一端生产的人,必然低于个别价值出售他们的商品;在最好的一端生产的人,必然高于个别价值出售他们的商品。

　　在第二种情况下,在两端生产的两个个别价值量并不拉平,而是在较坏条件下生产的商品起了决定作用。严格地说,每一单个商品或商品总量的每一相应部分的平均价格或市场价值,在这里是由那些在不同条件下生产的商品的价值相加而成的这个总量的总价值,以及每一单个商品从这个总价值中所分摊到的部分决定的。这样得到的市场价值,不仅会高于有利的一端生产的商品的个别价值,而且会高于属于中等部分的商品的个别价值;但它仍然会低于不利的一端生产的商品的个别价值。至于它和后一种个别价值接近到什么程度,或最后是否和它相一致,这完全要看不利的一端生产的商品量在该商品部门中具有多大规模。只要需求稍占优势,市场价格就会由在不利条件下生产的商品的个别价值来调节。

　　最后,假定和第三种情况一样,在有利的一端生产的商品量,不仅同另一端相比,而且同中等条件下生产的商品量相比,都占据较大的地盘,那么,市场价值就会降低到中等价值以下。这时,由两端和中等条件下生产的商品的价值额合计得到的平均价值,就会低于中等价值;它究竟是接近还是远离这个中等价值,这要看有利的一端所占据的相对地盘而定。如果需求小于供给,那么在有利条件下生产的那部分不管多大,都会把它的价格缩减到它的个别价值的水平,以便强行占据地盘。但市场价值决不会同在最好的条件下生产的商品的这种个别价值相一致,除非供给极大地超过了需求。

以上**抽象地**叙述的市场价值的确定,在需求恰好大到足以按这样确定的价值吸收掉全部商品的前提下,在实际市场上是通过买者之间的竞争来实现的。在这里,我们就谈到另外一点了。

第二,说商品有使用价值,无非就是说它能满足某种社会需要。当我们只是说到单个商品时,我们可以假定,存在着对这种特定商品的需要——它的量已经包含在它的价格中——,而用不着进一步考察这个有待满足的需要的量。但是,只要一方面有了整个生产部门的产品,另一方面又有了社会需要,这个量就是一个重要的因素了。因此,现在有必要考察一下这个社会需要的规模,即社会需要的量。

在上述关于市场价值的各个规定中,我们假定,所生产的商品的量是不变的,是已定的,只是这个在不同条件下生产的量的各个组成部分的比例发生了变化,因此,同样数量的商品的市场价值按不同的情况来调节。假定这个量就是通常的供给量,并且我们撇开所生产的商品的一部分会暂时退出市场的可能性不说。如果对这个总量的需求仍旧是通常的需求,这个商品就会按照它的市场价值出售,而不管这个市场价值是按以上研究过的三种情况中的哪一种情况来调节。这个商品量不仅满足了一种需要,而且满足了社会范围内的需要。与此相反,如果这个量小于或大于对它的需求,市场价格就会偏离市场价值。第一种偏离就是:如果这个量过小,市场价值就总是由最坏条件下生产的商品来调节,如果这个量过大,市场价值就总是由最好条件下生产的商品来调节,因而市场价值就由两端中的一端来决定,尽管单纯就不同条件下生产的各个量的比例来看,必然会得到另外的结果。如果需求和生产量之间的差额更大,市场价格也就会偏离市场价值更远,或者更高于市场价值,或者更低于市场价值。但是所生产的商品量和按市场价值出售的商品量之间的差额,可以由双重原因产生。或者是这个量本身发生了变化,变得过小或过大了,因而再生产必须按照与调节现有市场价值的规模不同的另一种规模来进行。在这种情况下,供给发生了变化,尽管需求仍旧不变,这样一来,就会产生相对的生产过剩或生产不足的现象。或者是再生产即供给保持不变,但需求由于各种各样的原因而增加或减少了。在这里,尽管供给的绝对量不变,但它的相对量,也就是同需要相比较或按需要来计量的量,还是发生了变化。结果是和第一种情形一样,不过方向相反。最后:如果两方面都发生了变化,但方向相反,或者方向相同,但程度不同,总之,如果双方都发生了变化,而且改变了它们之间的以前的比例,那么,最后结果就必然总是归结为上述两种情况中的一种。

要给需求和供给这两个概念下一般的定义,真正的困难在于,它们好像只是同义反复。让我们首先考察供给,这就是处在市场上的产品,或者能提供给市场的产品。为了不涉及在这里完全无用的细节,我们在这里只考虑每个产业部门的年再生产总量,而把不同商品有多少能够从市场取走,储存起来,以备比如说下一年消费这一点撇开不说。这个年再生产首先表现为一定的量,是多大量还是多少个,要看这个商品量是作为可分离的量还是作为不可分离的量来计量而定;它们不仅是满足人类需要的使用价值,而且这种使用价值还以一定的量出现在市场上。其次,这个商品量还有一定的市场价值,这个市场价值可以表现为单位商品的或单位商品量的市场价值的倍数。因此,市场上现有商品的数量和它们的市场价值之间,没有必然的联系,例如,有些商品的价值特别高,另一些商品的价值特别低,因而一定的价值额可以表现为一种商品的很大的量,也可以表现为另一种商品的很小的量。在市场上现有的物品量和这些物品的市场价值之间只有这样一种联系:在一定的劳动生产率的基础上,每个特殊生产部门制造一定量的物品,都需要一定量的社会劳动时间,尽管这个比例在不同生产部门是完全不同的,并且同这些物品的用途或它们的使用价值的特殊性质没有任何内在联系。在其他条件完全相同的情况下,如果a量的某种商品花费劳动时间b,na量的商品就花费劳动时间nb。其次,既然社会要满足需要,并为此目的而生产某种物品,它就必须为这种物品进行支付。事实上,因为商品生产是以分工为前提的,所以,社会购买这些物品的方法,就是把它所能利用的劳动时间的一部分用来生产这些物品,也就是说,用该社会所能支配的劳动时间的一定量来购买这些物品。社会的一部分人,由于分工的缘故,要把他们的劳动用来生产这种既定的物品;这部分人,当然也要从体现在各种满足他们需要的物品上的社会劳动中得到一个等价物。但是,一方面,耗费在一种社会物品上的社会劳动的总量,即总劳动力中社会用来生产这种物品的可除部分,也就是这种物品的生产在总生产中所占的数量,和另一方面,社会要求用这种特定物品来满足的需要的规模之间,没有任何必然的联系,而只有偶然的联系。尽管每一物品或每一定量某种商品都只包含生产它所需要的社会劳动,并且从这方面来看,所有这种商品的市场价值也只代表必要劳动,但是,如果某种商品的产量超过了当时社会的需要,社会劳动时间的一部分就浪费掉了,这时,这个商品量在市场上代表的社会劳动量就比它实际包含的社会劳动量小得多。(只有在生产受到社会实际的预定的控制的地方,社会才会在用来生产某种物品的社会劳动时间的数量和要由这种物品来满足的社会需要的规模之间,建立起联系。)因此,这些商品必然要低于它们的市场价值出售,其中一部分甚至会根本卖不出去。如果用来生产某种商品的社会劳动的数量，同要由这种产品来满足的特殊的社会需要的规模相比太小，结果就会相反。但是，如果用来生产某种物品的社会劳动的数量，和要满足的社会需要的规模相适应，从而产量也和需求不变时再生产的通常规模相适应，那么这种商品就会按照它的市场价值来出售。商品按照它们的价值来交换或出售是理所当然的，是商品平衡的自然规律。应当从这个规律出发来说明偏离，而不是反过来，从偏离出发来说明规律本身。

现在，我们考察另一个方面：需求。

商品被买来当做生产资料或生活资料，以便进入生产消费或个人消费，——即使有些种类商品能达到这两个目的，也不会引起任何变化。因此，生产者（这里指的是资本家，因为假定生产资料已经转化为资本）和消费者都对商品有需求。看来，这首先要假定：在需求方面有一定量的社会需要，而在供给方面则有不同生产部门的一定量的社会生产与之相适应。如果棉纺织业每年按一定规模重新进行再生产，那就要有往年那样数量的棉花；如果考虑到再生产因资本积累每年在扩大，在其他条件不变的情况下，就还要有棉花的追加量。生活资料也是这样。工人阶级要维持通常的中等水平的生活，至少必须再得到同样数量的必要生活资料，虽然这个数量在各种商品上的分配可能会有或多或少的变化；如果考虑到人口每年在增长，那就还要有必要生活资料的追加量。这里所说的情况，经过或多或少的修改，也适用于其他阶级。

因此，在需求方面，看来存在着某种数量的一定社会需要，要满足这种需要，就要求市场上有一定量的某种物品。但是，从量的规定性来说，这种需要具有很大的弹性和变动性。它的固定性是一种假象。如果生活资料便宜了或者货币工资提高了,工人就会购买更多的生活资料,对这些商品种类就会产生更大的"社会需要"。这里完全撇开需要救济的贫民等等不说,这种人的"需求"甚至低于他们的身体需要的最低限度。另一方面,比如说,如果棉花便宜了,资本家对棉花的需求就会增长,投入棉纺织业中的追加资本就会增加,等等。这里决不要忘记,根据我们的前提,生产消费的需求是资本家的需求,他的真正目的是生产剩余价值,因此,只是为了这个目的,他才生产某种商品。另一方面,这种情况并不妨碍资本家在他作为例如棉花的买者出现在市场上的时候,代表着对棉花的需要;就像对棉花的卖者来说,棉花的买者把棉花转化为衬衣料子,还是转化为火棉,还是想用它来堵塞自己和世人的耳朵,都是无所谓的。可是,这种情况对于资本家是什么样的买者当然会有很大的影响。他对棉花的需要由于下述情况而发生本质的变化:这种需要实际上只是掩盖他榨取利润的需要。**市场上**出现的对商品的需要,即需求,和**实际的社会**需要之间存在着数量上的差别,这种差别的界限,对不同的商品说来当然是极不相同的;我说的是下面二者之间的差额:一方面是所要求的商品量;另一方面是商品的货币价格发生变化时可能要求的商品量,或者,买者的货币条件或生活条件发生变化时可能要求的商品量。

要理解供求之间的不平衡,以及由此引起的市场价格同市场价值的偏离,是再容易不过的了。真正的困难在于确定,供求一致究竟是指什么。

如果供求之间的比例,使某个生产部门的商品总量能够按照它们的市场价值出售,既不高,也不低,供求就是一致的。这是我们听到的第一点。

第二点是：如果商品都能够按照它们的市场价值出售，供求就是一致的。

如果供求一致，它们就不再发生作用，正因为如此，商品就按照自己的市场价值出售。如果有两种力量按照相反的方向发生相等的作用，它们就会互相抵消，而不会对外界发生任何影响，在这种条件下发生的各种现象，就必须用另外的作用，而不是用这两种力量的作用来解释。如果互相抵消，它们就不再说明任何事情，就不会对市场价值发生影响，并且使我们更加无从了解，为什么市场价值正好表现为这样一个货币额，而不表现为另外一个货币额。资本主义生产的实际的内在规律，显然不能由供求的互相作用来说明（完全撇开对这两种社会动力的更深刻的分析不说，在这里不需要作出这种分析），因为这种规律只有在供求不再发生作用时，也就是互相一致时，才纯粹地实现。供求实际上从来不会一致；如果它们达到一致，那也只是偶然现象，所以在科学上等于零，可以看做没有发生过的事情。可是，在政治经济学上必须假定供求是一致的[98]。为什么呢？这是为了对各种现象在它们的合乎规律的、符合它们的概念的形态上来进行考察，也就是说，撇开由供求变动引起的假象来进行考察。另一方面，是为了找出供求变动的实际趋势，为了在一定程度上把这种趋势确定下来。因为各种不平衡具有互相对立的性质，并且因为这些不平衡会彼此接连不断地发生，所以它们会由它们的相反的方向，由它们互相之间的矛盾而互相平衡。这样，虽然在任何一个场合供求都是不一致的，但是它们的不平衡的接连发生，——而且朝一个方向偏离的结果，会引起另一个方向相反的偏离——从一个或长或短的时期的整体来看，使供求总是互相一致；然而这种一致只是作为过去的变动的平均，并且只是作为它们的矛盾的不断运动的结果。由此，各种同市场价值相偏离的市场价格,按平均数来看,就会平均化为市场价值,因为这种和市场价值的偏离会作为正负数互相抵消。这个平均数决不是只有理论意义,而且对资本来说还有实际意义,因为投资要把或长或短的一定时期内的变动和平均化计算在内。

因此,供求关系一方面只是说明市场价格同市场价值的偏离,另一方面是说明抵消这种偏离的趋势,也就是抵消供求关系的作用的趋势。(那种有价格而没有价值的商品是一种例外,在这里不必考察。)供求可以在极不相同的形式上消除由供求不平衡所产生的作用。例如,如果需求减少,因而市场价格降低,结果,资本就会被抽走,这样,供给就会减少。但这也可能导致这样的结果:由于某种发明缩短了必要劳动时间,市场价值本身降低了,因而与市场价格平衡。反之,如果需求增加,因而市场价格高于市场价值,结果,流入这个生产部门的资本就会过多,生产就会增加到使市场价格甚至降低到市场价值以下;或者另一方面,这也可以引起价格上涨,以致需求本身减少。这还可以在这个或者那个生产部门,在一个或长或短的期间内引起市场价值本身的提高,因为所需要的一部分产品在这个期间内必须在较坏的条件下生产出来。

如果供求决定市场价格,那么另一方面,市场价格,而在进一步分析下,也就是市场价值,又决定供求。就需求来说,那是很清楚的,因为需求按照和价格相反的方向变动,如果价格跌落,需求就增加,反之,价格提高,需求就减少。而就供给来说,情况也是这样。因为加到所供给的商品中去的生产资料的价格,决定对这种生产资料的需求,因而也决定这样一些商品的供给,这些商品的供给本身包含对这种生产资料的需求。棉花的价格对棉布的供给具有决定意义。

除了价格由供求决定而同时供求又由价格决定这种混乱观点之

外,还要加上:需求决定供给,反过来供给决定需求,生产决定市场,市场决定生产。(31)

甚至一个平庸的经济学家(见脚注)也懂得,即使没有由外界情况引起的供给或需求的变化,供求比例仍然可以由于商品市场价值的变化而变化。甚至他也不得不承认,不论市场价值如何,供求必须平衡,才能得出市场价值。这就是说,供求比例并不说明市场价值,而是相反,市场价值说明供求的变动。《评用语的争论》的作者在说了脚注中引用的这段话之后,接着说道:

---

(31)下述"高见"荒谬透顶:"在生产一种商品所需要的工资、资本和土地的数量,同以前相比,已经发生变化的时候,那种被亚当·斯密叫做该商品的自然价格的东西也会发生变化,并且那种以前曾经是该商品的自然价格的价格,也会随着这种变化而变为该商品的市场价格,虽然供给和需求量可能没有变化〈在这种情况下,供给和需求都会发生变化,这正是因为,市场价值或亚·斯密所说的生产价格会因价值变化而变化〉,然而,这种供给,并不是恰好同那些能够支付并且愿意支付现在代表生产费用的价格的人的需求相一致,而是要么更大,要么更小,因此,供给和那种就新生产费用来说代表有效需求的需求之间的比例,也会和以前不同。所以,只要中途没有什么阻碍,供给就会发生变化,最后使商品具有新的自然价格。因此,有些人会认为下述说法是好的:因为商品是通过它的供给的变化而恢复它的自然价格的,所以,自然价格取决于一种供求比例,正像市场价格取决于另一种供求比例一样;可见,自然价格正如市场价格完全一样,依存于供求比例。("供给和需求的重大原理的运用,是为了确定亚·斯密所说的自然价格和他所说的市场价格。"——马尔萨斯[99])"(《评政治经济学上若干用语的争论》1821年伦敦版第60、61页)这个聪明人不理解:在这里所说的情况下,正好是生产费用的变化,因而正好是价值的变化,引起需求的变化,从而引起供求比例的变化,并且需求的这种变化,也能够引起供给的变化;这正好会证明我们这位思想家想要证明的事情的反面;就是说,这会证明,生产费用的变化,无论如何不是由供求比例来调节的,而是相反,生产费用的变化调节供求比例。

　　"但是〈供求之间的〉这个比例——如果'需求'和'自然价格'这两个词的意义,正好和我们引用亚当·斯密时所理解的意义一样的话——必然总是相等的比例,因为只有在供给同有效需求,也就是同不多不少正好会支付自然价格的那种需求相等的时候,自然价格才会在实际上被支付;结果是,同一商品在不同时期可以有两个极不相同的自然价格,但供求比例在两个场合能够是一样的,即相等的。"

　　这就是承认,当同一商品在不同时期有两个不同的"自然价格"时,如果商品在两个场合都按照它的"自然价格"出售,那么供求在每个场合都能够互相一致,并且必然互相一致。既然在这两个场合,供求比例没有差别,而"自然价格"本身的量有差别,那就很明显,"自然价格"不依赖供求而决定,因此也极少可能由供求来决定。

　　要使一个商品按照它的市场价值来出售,也就是说,按照它包含的社会必要劳动来出售,耗费在这种商品总量上的社会劳动的总量,就必须同这种商品的社会需要的量相适应,即同有支付能力的社会需要的量相适应。竞争,同供求比例的变动相适应的市场价格的波动,总是力图把耗费在每一种商品上的劳动的总量归结到这个标准上来。

　　在商品的供求关系上再现了下列关系:第一,使用价值和交换价值的关系,商品和货币的关系,买者和卖者的关系;第二,生产者和消费者的关系,尽管二者可以由第三者即商人来代表。在考察买者和卖者时,为了阐明他们之间的关系,把他们单个地对立起来就行了。要把商品的完整的形态变化,从而把买和卖的全部过程表示出来,有三个人也就够了。A把商品卖给B时,把自己的商品转化为B的货币;他用货币向C购买时,又把自己的货币转化为商品;整个过程就是在这三个人中间进行的。其次,在考察货币时,我们曾假定,商品是按照它们的价值出售的,因为,既然问题只在于商品在它转化为货币,再由货币转化为商品时所经历的形式变化,那就没有任何理由去考察那种同价值相偏离的价格。只要商品已经售出,并且用所得的货币又购买了新的商品,全部形态变化就摆在我们面前了,而商品价格究竟是低于还是高于它的价值,对这种形态变化本身来说是没有关系的。商品价值作为基础仍然是重要的,因为货币只有从这个基础出发才能在概念上得到说明,而价格就其一般概念来说,首先也只是货币形式上的价值。当然,当我们把货币作为流通手段考察时,假定所发生的不只是一个商品的**一个**形态变化。相反,我们考察的是这种形态变化的社会交错的现象。只有这样,我们才谈得上货币的流通,谈得上货币作为流通手段的职能的发展。但是,虽然这个联系对货币过渡到流通手段的职能以及由此引起的货币的形态变化来说,十分重要,但它对买者和卖者个人之间的交易来说,却是无关紧要的。

但是,说到供给和需求,那么供给等于某种商品的卖者或生产者的总和,需求等于这同一种商品的买者或消费者(包括个人消费和生产消费)的总和。而且,这两个总和是作为两个统一体,两个集合力量来互相发生作用的。个人在这里不过是作为社会力量的一个部分,作为总体的一个原子来发生作用,并且也就是在这个形式上,竞争显示出生产和消费的**社会**性质。

在竞争中一时处于劣势的一方,同时就是这样一方,在这一方中,个人不顾自己那群竞争者,而且常常直接反对这群竞争者而行动,并且正因为如此,使人可以感觉到一个竞争者对其他竞争者的依赖,而处于优势的一方,则或多或少地始终作为一个团结的统一体来同对方相抗衡。如果对这种商品来说,需求超过了供给,那么,在一定限度内,一个买者就会比另一个买者出更高的价钱,这样就使这种商品对全体买者来说都昂贵起来,提高到市场价值以上;另一方面,卖者却会共同努力,力图按照高昂的市场价格来出售。相反,如果供给超过了需求,那么,一个人开始廉价抛售,其他的人不得不跟着干,而买者却会共同努力,力图把市场价格压到尽量低于市场价值。只有每个人通过共同行动比没有共同行动可以得到更多好处,他才会关心共同行动。只要自己这一方变成劣势的一方,而每个人都力图靠自己的力量找到最好的出路,共同行动就会停止。其次,如果一个人用较便宜的费用进行生产,用低于现有市场价格或市场价值出售商品的办法,能售出更多的商品,在市场上夺取一个更大的地盘,他就会这样去做,并且开始起这样的作用,即逐渐迫使别人也采用更便宜的生产方法,把社会必要劳动减少到新的更低的标准。如果一方占了优势,每一个属于这一方的人就都会得到好处;好像他们实现了一种共同的垄断一样。如果一方处于劣势,每个人就可各自努力去取得优势(例如用更少的生产费用来进行生产),或者至少也要尽量摆脱这种劣势;这时,他就根本不顾自己周围的人了,尽管他的做法,不仅影响他自己,而且也影响他所有的同伙。(32)

供求以价值转化为市场价值为前提;当供求在资本主义基础上发生的时候,当商品是资本的产品的时候,供求以资本主义生产过程为前提,因而以和单纯的商品买卖完全不同的复杂化了的关系为前

---

(32)"如果一个集团中的每个人从来不能在总的收益和财产中取得多于一定份额或相应部分的东西,他就愿意联合起来去提高这个收益〈只要供求关系许可,他就这样做〉:这就是垄断。但是,如果每个人都认为自己能够用某种方法增加自己这一份的绝对数额,即使这样做会使总额减少,他也常常会这样做:这就是竞争。"(《关于需求的性质和消费的必要性的原理》1821年伦敦版第105页)

提。这里问题已经不是由商品的价值到价格的形式上的转化，即不是单纯的形式变化，而是市场价格同市场价值，进而同生产价格的一定的量的偏离。在简单的买和卖上，只要有商品生产者自身互相对立就行了。如果作进一步的分析，供求还以不同的阶级和阶层的存在为前提，这些阶级和阶层在自己中间分配社会的总收入，把它当做收入来消费，因此造成那种由收入形成的需求；另一方面，为了理解那种由生产者自身互相造成的供求，就需要弄清资本主义生产过程的全貌。

在资本主义生产中，问题不仅在于，要用那个以商品形式投入流通的价值额，取出另一种形式（货币形式或其他商品形式）的等量的价值额，而且在于，要用那个预付在生产中的资本，取出和任何另一个同量资本所取得的一样多的或者与资本的大小成比例的剩余价值或利润，而不管预付资本是用在哪个生产部门；因此，问题在于，最低限度要按照那个会提供平均利润的价格，即生产价格来出售商品。在这种形式上，资本就意识到自己是一种**社会权力**，每个资本家都按照他在社会总资本中占有的份额而分享这种权力。

第一，资本主义生产本身并不关心它所生产的商品具有什么样的使用价值，不关心它所生产的商品具有什么样的特殊性质。在每个生产部门中，它所关心的只是生产剩余价值，在劳动产品中占有一定量的无酬劳动。同样，从属于资本的雇佣劳动，按它的性质来说，也不关心它的劳动的特殊性质，它必须按照资本的需要让人们变来变去，把它从一个生产部门抛到另一个生产部门。

第二，事实上，一个生产部门和另一个生产部门好坏都是一样的。每个生产部门都提供同样的利润，而且，如果它所生产的商品不去满足某种社会需要，它就是无用的。

　　但是,如果商品都按照它们的价值出售,那就像已经说过的那样,不同生产部门由于投入其中的资本量的有机构成不同,会产生极不相同的利润率。但是资本会从利润率较低的部门抽走,投入利润率较高的其他部门。通过这种不断的流出和流入,总之,通过资本在不同部门之间根据利润率的升降进行的分配,供求之间就会形成这样一种比例,使不同的生产部门都有相同的平均利润,因而价值也就转化为生产价格。资本主义或多或少能够实现这种平均化,资本主义在一国社会内越是发展,也就是说,该国的条件越是适应资本主义生产方式,资本就越能够实现这种平均化。随着资本主义生产的发展,这种生产的各种条件也发展了,这种生产使生产过程借以进行的全部社会前提从属于它的特殊性质和它的内在规律。

　　那种在不断的不平衡中不断实现的平均化,在下述两个条件下会进行得更快:1.资本有更大的活动性,也就是说,更容易从一个部门和一个地点转移到另一个部门和另一个地点;2.劳动力能够更迅速地从一个部门转移到另一个部门,从一个生产地点转移到另一个生产地点。第一个条件的前提是:社会内部已有完全的贸易自由,消除了自然垄断以外的一切垄断,即消除了资本主义生产方式本身造成的垄断;其次,信用制度的发展已经把大量分散的可供支配的社会资本在各个资本家面前集中起来;最后,不同的生产部门都受资本家支配。最后这一点,在我们假定一切按资本主义方式经营的生产部门的价值转化为生产价格时,已经包括在我们的前提中了;但是,如果有数量众多的非资本主义经营的生产部门(例如小农经营的农业)插在资本主义企业中间并与之交织在一起,这种平均化本身就会遇到更大的障碍。最后还必须有很高的人口密度。——第二个条件的前提是:废除了一切妨碍工人从一个生产部门转移到另一个生产部门,或者从一个生产地点转移到另一个生产地点的法律;工人对于自己劳动的内容是不关心的;一切生产部门的劳动都已尽可能地化为简单劳动;工人抛弃了一切职业的偏见;最后,特别是:工人受资本主义生产方式的支配。关于这个问题的进一步说明,属于专门研究竞争的范围。

根据以上所说可以得出结论,每一单个资本家,同每一个特殊生产部门的所有资本家总体一样,参与总资本对全体工人阶级的剥削,并参与决定这个剥削的程度,这不只是出于一般的阶级同情,而且也是出于直接的经济利益,因为在其他一切条件(包括全部预付不变资本的价值)已定的前提下,平均利润率取决于总资本对总劳动的剥削程度。

平均利润和每100资本所生产的平均剩余价值相一致;就剩余价值来说,以上所述本来是不言而喻的。就平均利润来说,不过要把预付资本价值作为利润率的一个决定因素加进来。事实上,一个资本家或一定生产部门的资本,在对他直接雇用的工人的剥削上特别关心的只是:或者通过例外的过度劳动,或者通过把工资降低到平均工资以下的办法,或者通过所使用的劳动的例外生产率,可以获得一种额外利润,即超出平均利润的利润。撇开这一点不说,一个在本生产部门内完全不使用可变资本,因而完全不使用工人的资本家(事实上这是一个极端的假定),会像一个只使用可变资本,因而把全部资本都投到工资上面的资本家(又是一个极端的假定)一样地关心资本对工人阶级的剥削,并且会像后者一样地从无酬的剩余劳动获取他的利润。但劳动的剥削程度,在工作日已定时,取决于劳动的平均强度,而在劳动强度已定时,则取决于工作日的长度。剩余价值率的高低,因而,在可变资本的总额已定时,剩余价值量,从而利润量,取决于劳动的剥削程度。一个部门的资本,与总资本不同,对本部门直接雇用的工人的剥削会表现出特别的关心,而单个资本家,与整个本部门不同,则对他个人使用的工人的剥削会表现出特别的关心。

另一方面,资本的每一个特殊部门和每一个资本家,都同样关心总资本所使用的社会劳动的生产率。因为有两点取决于这种生产率:第一是平均利润借以表示的使用价值量;这一点有双重的重要性,因为这个平均利润既可以充当新资本的积累基金,又可以充当供享受的收入基金。第二是全部预付资本(不变资本和可变资本)价值的大小;在整个资本家阶级的剩余价值量或利润量已定时,这个价值的大小决定利润率或一定量资本的利润。在一个特殊的生产部门或这个部门的特殊的单个企业内出现的特殊的劳动生产率,只有当它使单个部门同总资本相比,或者使单个资本家同他所属的部门相比能够获得一笔额外利润的时候,才会引起那些直接有关的资本家的关心。

因此,我们在这里得到了一个像数学一样精确的证明:为什么资本家在他们的竞争中表现出彼此都是假兄弟,但面对整个工人阶级却结成真正的共济会团体。

生产价格包含着平均利润。我们把它叫做生产价格,——实际上这就是亚·斯密所说的"自然价格",李嘉图所说的"生产价格"、"生产费用",重农学派所说的"必要价格",不过他们中间谁也没有说明生产价格同价值的区别,——因为从长期来看生产价格是供给的条件,是每个特殊生产部门商品再生产的条件。[33]我们也理解了,为什么那些反对商品价值由劳动时间,由商品中包含的劳动量来

---

(33)马尔萨斯。*100*

决定的经济学家,总是把生产价格说成是市场价格围绕着发生波动的中心。他们所以会这样做,因为生产价格是商品价值的一个已经完全表面化的、而且乍看起来是没有概念的形式,是在竞争中表现的形式,因而是存在于庸俗资本家的意识中,因而也是存在于庸俗经济学家的意识中的形式。

———

根据以上所说可以看出,市场价值(关于市场价值所说的一切,加上必要的限定,全都适用于生产价格)包含着每个特殊生产部门中在最好条件下生产的人所获得的超额利润。把危机和生产过剩的情况完全除外,这一点也适用于所有的市场价格,而不管市场价格同市场价值或市场生产价格有多大的偏离。就是说,市场价格包含这样的意思:对同种商品支付相同的价格,虽然这些商品可以在极不相同的个别条件下生产出来,因而会有极不相同的成本价格。(这里我们不说那种普通意义上的垄断——人为垄断或自然垄断——所产生的超额利润。)

此外,超额利润还能在下列情况下产生出来:某些生产部门可以不把它们的商品价值转化为生产价格,从而不把它们的利润化为平均利润。在论述地租的那一篇,我们将研究超额利润的这两种形态的更进一步的变形。

第十一章

工资的一般变动对生产价格的影响

假定社会资本的平均构成是80c＋20v，利润是20％。在这种情况下，剩余价值率就是100％。假定其他一切条件相同，工资的一般提高就是剩余价值率的降低。对平均资本来说，利润和剩余价值是一致的。假定工资提高25％。以前花费20来推动的劳动量，现在就要花费25。因此，一次周转的价值以前是80c＋20v＋20p，现在是80c＋25v＋15p。可变资本推动的劳动和以前一样，生产一个40的价值额。现在v由20增加到25，所以余额m或p只＝15。利润15，按105计算，等于$14\frac{2}{7}$％，这是新的平均利润率。因为平均资本生产的商品的生产价格是和它们的价值一致的，所以这种商品的生产价格不变；因此，工资的提高，虽然引起利润的降低，但不会引起商品价值和价格的变动。

以前，当平均利润＝20％时，一个周转期间所生产的商品的生产价格，等于它们的成本价格加上按这个成本价格计算的20％的利润，也就是＝$k＋kp'＝k＋\frac{20k}{100}$。在这里，k是一个可变量，随着加入商品的生产资料的价值不同而不同，并且随着生产商品所使用的固定资本转移到产品中去的损耗量不同而不同。现在，生产价格是$k＋\frac{14\frac{2}{7}k}{100}$。

我们先来看这样一个资本,它的构成低于社会平均资本原来的构成80c+20v(现在变为$76\frac{4}{21}$c+$23\frac{17}{21}$v);例如50c+50v。在这里,为了简便起见,我们假定全部固定资本都作为损耗加入年产品,并假定周转时间与I相同,那么,在工资提高之前,年产品的生产价格就是50c+50v+20p=120。工资提高25%,推动同量劳动的可变资本就由50提高到$62\frac{1}{2}$。如果年产品还是按照以前的生产价格120出售,结果就是50c+$62\frac{1}{2}$v+$7\frac{1}{2}$p,因而利润率是$6\frac{2}{3}$%。但新的平均利润率是$14\frac{2}{7}$%,并且因为我们假定其他一切条件相同,所以,这个50c+$62\frac{1}{2}$v的资本也应该赚到这个利润。一个$112\frac{1}{2}$的资本,按照$14\frac{2}{7}$的利润率计算,赚到$16\frac{1}{14}$的利润。因此,这个资本所生产的商品的生产价格,现在就是50c+$62\frac{1}{2}$v+$16\frac{1}{14}$p=$128\frac{8}{14}$。在这里,由于工资提高25%,同量该种商品的生产价格就由120提高到$128\frac{8}{14}$,也就是说,提高7%以上。

反过来,我们再来看这样一个生产部门,它的构成高于平均资本,例如92c+8v。原来的平均利润在这里也是=20;我们再假定全部固定资本加入年产品,周转时间也与I和II相同,商品的生产价格在这里也就=120。

由于工资提高25%,推动等量劳动的可变资本就由8增加到10,因而商品的成本价格就由100增加到102,而平均利润率已经由20%下降到$14\frac{2}{7}$%。但是,$100:14\frac{2}{7}=102:14\frac{4}{7}$。这样,现在102应有的利润是$14\frac{4}{7}$,因而总产品要按k+kp′=102+$14\frac{4}{7}$=$116\frac{4}{7}$来出售。这就是说,生产价格由120下降到$116\frac{4}{7}$,即下降$3\frac{3}{7}$%。

可见,由于工资提高25%:

1. 对于社会平均构成的资本来说,商品的生产价格保持不变;

2. 对于较低构成的资本来说,商品的生产价格提高了,虽然不是按照利润降低的比例而提高;

3. 对于较高构成的资本来说,商品的生产价格降低了,虽然也不是按照利润降低的比例而降低。

因为平均资本的商品的生产价格保持不变,和产品的价值相等,所以一切资本的产品的生产价格的总额也保持不变,和总资本所生产的价值的总额相等;一方面的提高,和另一方面的降低,对总资本来说,会平均化为社会平均资本的水平。

商品的生产价格在例II中提高了,在例III中降低了,这种由剩余价值率降低即由工资一般提高引起的相反的结果,已经表明:在这里谈不到工资的提高由价格来补偿,因为III中生产价格的降低当然不能补偿资本家的利润的降低,II中价格的提高也不能防止利润的降低。相反,在价格提高和价格降低这两个场合,利润都和价格保持不变的平均资本的利润相同。对II和对III来说,利润都同样是那个已经下降 $5\frac{5}{7}$,即下降略多于25%的平均利润。由此可以得出结论,如果II的价格不提高,III的价格不降低,II就要低于新的已经下降的平均利润出售,III就要高于它出售。不言而喻,根据每100资本中投在劳动上的是10,25,还是50的不同情况,工资的提高,必然对以资本的 $\frac{1}{10}$ 投在工资上的资本家和以资本的 $\frac{1}{4}$ 或 $\frac{1}{2}$ 投在工资上的资本家,产生极不相同的影响。根据资本高于或低于社会平均构成的不同情况,一方的生产价格会提高,另一方的生产价格会降低,这只是由于利润平均化为新的已经下降的平均利润。

工资的一般降低和与之相适应的利润率的一般提高,从而平均利润的一般提高,对各个按相反方向同社会平均构成相偏离的资本所生产的商品的生产价格,会产生怎样的影响呢?我们只要把以上的说明反过来,就可以得到结果(这一点李嘉图没有研究过)。

I. 平均资本＝80c＋20v＝100;剩余价值率＝100%;生产价格＝商品价值＝80c＋20v＋20p＝120;利润率＝20%。假定工资降低$\frac{1}{4}$,同一不变资本就由15v来推动,而不是由20v来推动。因此,商品价值就是80c＋15v＋25p＝120。v所生产的劳动量仍旧不变,不过由此创造的新价值会按不同的比例分配在资本家和工人之间。剩余价值由20增加到25,剩余价值率由$\frac{20}{20}$增加到$\frac{25}{15}$,也就是由100%增加到$166\frac{2}{3}$%。按资本95计算的利润现在＝25,所以按100计算的利润率＝$26\frac{6}{19}$。用百分比表示的新的资本构成现在是$84\frac{4}{19}$c＋$15\frac{15}{19}$v＝100。

II. 低构成。如上所说,原来是50c＋50v。工资降低$\frac{1}{4}$,v就减少到$37\frac{1}{2}$,全部预付资本就减少到50c＋$37\frac{1}{2}$v＝$87\frac{1}{2}$。把新的利润率$26\frac{6}{19}$%应用到这个资本上,就得到100:$26\frac{6}{19}$＝$87\frac{1}{2}$:$23\frac{1}{38}$。同一个商品量以前值120,现在值$87\frac{1}{2}$＋$23\frac{1}{38}$＝$110\frac{10}{19}$。价格几乎降低10。

III. 高构成。原来是92c＋8v＝100。工资降低$\frac{1}{4}$,8v就减少到6v,总资本就减少到98。因此,100:$26\frac{6}{19}$＝98:$25\frac{15}{19}$。商品的生产价格,以前是100＋20＝120,现在,在工资降低以后,是98＋$25\frac{15}{19}$＝$123\frac{15}{19}$,几乎提高4。

这样,我们看到,只要按相反的方向重述以上的说明并加上必要的修改就行了;工资一般降低的结果,是剩余价值和剩余价值率的一般提高,并且在其他条件不变的情况下,还有利润率的一般提高,虽然比例不同;对低构成的资本所生产的商品来说,生产价格会降低,对高构成的资本所生产的商品来说,生产价格会提高。这和工资一

般提高时的结果恰好相反。[34]在这两个场合,——工资提高的场合
和工资降低的场合,——我们都假定工作日不变,一切必要生活资料
的价格也不变。因此,在这里,工资只有在它原来就高于劳动正常价
格的情况下,或在被压低到这个价格以下的情况下,才可能降低。如
果工资的提高或降低是由通常进入工人消费的商品的价值从而生产
价格的变动引起的,事情会发生什么样的变化,这将部分地在论述地
租的那一篇进一步研究。但在这里,我们要断然指出:

如果工资的提高或降低由必要生活资料的价值变动引起,那么
以上所说,只有在那些因自身的价格变动而使可变资本增加或减少
的商品,也作为构成要素进入不变资本,因而不只是影响工资的情况
下,才需要加以修改。如果它们只是影响工资,那么以上所说就已经
包含所要说的一切了。

在整个这一章,一般利润率的形成,平均利润的形成,从而价值
到生产价格的转化,都假定为既定的事实。问题只是,工资的一般提
高或降低怎样影响被假设为既定的商品生产价格。同本篇考察的其
他重要之点相比,这是一个很次要的问题。但在这里提到的问题中,
只有这个问题是李嘉图研究过的,并且我们将会看到[103],他对这个
问题的研究也是片面的和有缺陷的。

---

[34]非常奇怪的是:李嘉图[101](他当然按照和这里不同的方法来论述,因
为他不理解价值平均化为生产价格的问题)从来没有想到这种情况,只是考察
了第一种情况,即工资的提高和它对商品生产价格的影响。一群只会模仿的奴
仆[102]甚至没有想到作出这个非常明显的、事实上只是同义反复的应用。

第十二章

补 充 说 明

I. 引起生产价格变化的原因

一个商品的生产价格发生变化，只能由于两个原因：

第一，一般利润率发生变化。它之所以能够发生变化，只是因为平均剩余价值率本身发生变化，或者，平均剩余价值率不变，所占有的剩余价值的总额和预付社会总资本的总额的比率发生了变化。

如果剩余价值率的变化不是基于工资被压低到它的正常水平以下或提高到它的正常水平以上——这种运动只能看成是一种波动——，那么，一般利润率的变化只能这样发生：或者由于劳动力的价值降低或提高；如果生产生活资料的劳动的生产率不发生变化，从而，进入工人消费的商品的价值不发生变动，这种降低和提高是不可能的。

或者由于所占有的剩余价值的总额和预付社会总资本的比率发生变化。在这里，因为变动不是由剩余价值率引起，所以必然是由总资本，而且是由总资本的不变部分引起。这个不变部分的量，从技术上看，与可变资本所购买的劳动力成比例地增减，并且它的价值量随着它本身的量的增减而增减；因此，这个价值量也与可变资本的价值量成比例地增减。如果同量劳动推动较多的不变资本,劳动就有了较高的生产效率。反过来,情况也就相反。可见,如果劳动生产率发生了变动,某些商品的价值就一定发生变动。

因此,对这两种情况来说,下述规律都是适用的:如果一个商品的生产价格由于一般利润率的变动而发生变动,它本身的价值可以保持不变,但一定有另一些商品的价值发生变动。

第二,一般利润率保持不变。这时,一个商品的生产价格能够变动,只是因为它本身的价值已经变动,只是因为它本身的再生产所需要的劳动增多了或减少了,这或是由于生产取得最终形式的商品本身的劳动生产率发生了变动,或是由于生产那些进入该商品生产中的商品的劳动生产率发生了变动。棉纱生产价格的下降,可以是因为原棉的生产变得便宜,也可以是因为纺纱劳动由于机器的改良而提高了生产效率。

以前已经说过,生产价格=k+p,等于成本价格加上利润。但这又等于k+kp′,k代表成本价格,它是一个未定量,对不同生产部门来说是不同的,并且到处都是等于生产商品时所用掉的不变资本和可变资本的价值;p′则代表按百分比计算的平均利润率。如果k=200,p′=20%,生产价格k+kp′就$=200+200×\frac{20}{100}=200+40=240$。很清楚,即使商品的价值发生变化,这个生产价格可以仍旧不变。

商品生产价格的一切变动最终都可以归结为价值的变动,但并不是商品价值的一切变动都要表现为生产价格的变动,因为生产价格不只是由特殊商品的价值决定,而且还由一切商品的总价值决定。因此,商品A的变动可以由商品B的相反的变动抵消,以致一般关系仍保持不变。

II. 中等构成的商品的生产价格

我们已经看到,生产价格同价值的偏离是由下述原因造成的:

1. 加在一个商品的成本价格上的,不是该商品中包含的剩余价值,而是平均利润;

2. 一个商品的这样同价值偏离的生产价格,会作为要素加入另一个商品的成本价格,因此,撇开商品本身由于平均利润和剩余价值的差额而发生的偏离不说,一个商品的成本价格,就已经能够包含同该商品中所消费的生产资料价值的偏离。

因此,即使就中等构成的资本所生产的商品来说,成本价格也可能同构成生产价格的这个组成部分的各种要素的价值总额发生偏离。假定中等构成是80c＋20v。对具有这种构成的现实资本来说,80c也可能大于或小于不变资本c的价值,因为这个c可以是由生产价格同价值相偏离的商品构成。同样,如果工资耗费在生产价格同价值不一致的商品上,20v也可以同它的价值相偏离;因此,与必要生活资料的生产价格同它们的价值相一致的时候比较,工人要买回这些商品(补偿这些商品),就必须劳动更多或更少的时间,也就是完成更多或更少的必要劳动。

然而,这种可能性根本不影响关于中等构成的商品所提出的各个论点的正确性。归于这些商品的利润量,等于其中包含的剩余价值量。例如,就上述那个按80c＋20v构成的资本来说,在剩余价值的决定上重要的不是这些数字是否表示实际的价值,而是它们互相之间形成什么比例;这就是,$v=\frac{1}{5}$总资本,$c=\frac{4}{5}$总资本。只要情况如此,那就正如上面所假设的,v所生产的剩余价值等于平均利润。

另一方面,因为它等于平均利润,所以生产价格＝成本价格＋利润＝k＋p＝k＋m,实际上等于商品的价值。这就是说,在这种情况下,工资的提高或降低,正如它不会使商品的价值变动一样,也不会使k＋p变动,而只会引起利润率的相应的、方向相反的运动,即降低或提高。也就是说,如果在这里商品价格由于工资的提高或降低而发生变动,这些具有中等构成的部门的利润率就会高于或低于其他部门的利润率水平。只有价格保持不变时,具有中等构成的部门才保持和其他部门相同的利润水平。这样,实际上就好像是这些具有中等构成的部门是按照实际价值出售它们的产品的。也就是说,如果商品按照它们的实际价值出售,那就很清楚,在其他条件相同的情况下,工资的提高或降低会引起利润的相应的降低或提高,但不会引起商品的价值变动,并且在一切情况下,工资的提高或降低决不会影响商品的价值,而总是只会影响剩余价值的量。

III. 资本家的补偿理由

我们已经说过,竞争使不同生产部门的利润率平均化为平均利润率,并由此使这些不同部门的产品的价值转化为生产价格。而这是通过资本从一个部门不断地转移到利润暂时高于平均利润的另一个部门来实现的;可是,这里还要考虑到一定产业部门在一定时期内同收益少的年份和收益多的年份的更替结合在一起的利润波动。资本在不同生产部门之间这样不断地流出和流入,引起利润率上升和下降的运动,这种运动会或多或少地互相平衡,因此有一种使利润率到处都化为同一个共同的和一般的水平的趋势。

　　资本的这种运动首先总是由市场价格的状况引起的,市场价格在这里把利润提高到一般的平均水平以上,在那里又把它压低到这个水平以下。我们暂且不谈在这里还同我们无关的商人资本;正如突然爆发的对某些热门货的投机所表明的,商人资本能够非常迅速地把大量资本从一个营业部门抽走,并且同样突然地把它投入另一个营业部门。但在每一个真正从事生产的部门——工业、农业、矿业等等——,资本从一个部门转移到另一个部门却有很大的困难,特别是因为存在着固定资本。此外,经验还表明,一个产业部门,例如棉纺织业,如果在一个时期利润特别高,那么在另一个时期利润就会特别低,甚至会亏损,因此,在一个若干年的周期中,它的平均利润会和其他部门大致相同。而资本很快就懂得了要考虑到这个经验。

　　但是,竞争所**没有**表明的,是支配着生产运动的价值规定,是在生产价格背后的、归根到底决定生产价格的价值。相反,竞争所表明的却是:1. 平均利润,它不以不同生产部门的资本的有机构成为转移,因而不以一定资本在一定经营部门占有的活劳动量为转移;2. 因工资水平的变动而引起的生产价格的涨落,这是一种乍看起来和商品的价值关系完全矛盾的现象;3. 市场价格的波动,它使一定时期内商品平均市场价格不是归结为市场**价值**,而是归结为一种和这个市场价值相偏离、而且和它差别很大的市场生产价格。所有这些现象,**似乎**都和价值由劳动时间决定相矛盾,也和剩余价值由无酬的剩余劳动形成的性质相矛盾。**因此,在竞争中一切都颠倒地表现出来。**在表面上呈现出来的经济关系的完成形态,在这种关系的现实存在中,从而在这种关系的承担者和代理人试图借以说明这种关系的观念中,是和这种关系的内在的、本质的、但是隐蔽着的核心形态以及与之相适应的概念大不相同的,并且事实上是颠倒的和相反的。[104]

其次,一旦资本主义生产发展到一定的程度,各个部门的不同利润率平均化为一般利润率,也就决不只是通过市场价格对资本的吸引作用和排斥作用来实现了。在平均价格和与之相适应的市场价格确立一段时期之后,各个资本家**意识到**,在这种平均化中**某些差别**会互相抵消,因此,他们会立即把这些差别包括在他们的互相计算中。这些差别存在于资本家的观念中,并被他们作为补偿理由加入计算。

在这里,基本观念是平均利润本身,是等量资本必须在相同时间内提供等量利润。而这又以下述观念为基础:每个生产部门的资本,都应按照各自大小的比例来分享社会总资本从工人那里榨取来的总剩余价值;或者说,每个特殊资本都只作为总资本的一部分,每个资本家事实上都作为总企业的一个股东,按照各自资本股份的大小比例来分享总利润。

资本家的计算是以这个观念为依据的。例如,一个资本,由于商品在生产过程中停留的时间较久,或者由于商品必须在很远的市场上出售,周转较慢,然而它还是会把由此失去的利润捞回,就是说,它会靠加价得到补偿。或者,那些要冒较大风险的投资,例如航运业的投资,也会靠加价得到补偿。一旦资本主义生产发展起来并且与此同时保险事业发展起来,风险对一切生产部门来说实际上都一样了(见柯贝特的著作[105]);风险较大的部门要支付较高的保险费,但会从它们的商品的价格中得到补偿。这一切在实际上可以归结为:每一种可以使某一投资获利较少而使另一投资获利较多的情况——在一定限度内所有投资都被看做是同样必要的——,都会被作为永远有效的补偿理由加入计算,用不着总是要重新靠竞争活动来证明这个动机或计算因素的合理性。资本家只是忘记了——或者不如说没有看到,因为竞争没有向他表明这一点——,他们在互相计算不同生产部门的商品价格时彼此提出的这一切补偿理由,只是基于这样一点:所有资本家都按照他们资本的比例,对共同的掠夺物即全部剩余价值,拥有同样大的权益。相反,因为他们收进的利润和他们榨取的剩余价值不相等,所以他们以为,这些补偿理由**似乎**并不是使全部剩余价值的分享平均化,而是**创造利润本身**,因为利润似乎只是来自于根据这种或那种理由对商品成本价格的加价。

此外,我们在第七章第116页[①]论述资本家对剩余价值源泉的看法时所说的一切,也适用于平均利润。在这里,只是就下面这一点来说,事情才表现得有所不同:在商品的市场价格已定和劳动的剥削程度已定时,成本价格的节约取决于个人的干练、精心程度等等。

[①]见本卷第155页。——编者注

第 三 篇

利润率趋向下降的规律

第 十 三 章

规 律 本 身

在工资和工作日已定时,一个可变资本,例如100,代表着一定数目的被推动的工人;它就是这个人数的指数。例如,假定100镑是100个工人一周的工资。如果这100个工人所完成的必要劳动和剩余劳动一样多,也就是说,如果他们每天为自己劳动的时间,即再生产他们的工资的时间,和他们为资本家劳动的时间,即生产剩余价值的时间一样多,那么,他们的总价值产品就=200镑,他们生产的剩余价值则是100镑。剩余价值率$\frac{m}{v}$就=100%。但是我们已经知道,这个剩余价值率由于不变资本c的大小不等,从而由于总资本C的大小不等,会表现为极不相同的利润率,因为利润率=$\frac{m}{C}$。假定剩余价值率为100%:

如果c = 50,v = 100,那么p′ = $\frac{100}{150}$ = $66\frac{2}{3}$% ;

如果c = 100,v = 100,那么p′ = $\frac{100}{200}$ = 50% ;

如果c = 200,v = 100,那么p′ = $\frac{100}{300}$ = 33$\frac{1}{3}$%;

如果c = 300,v = 100,那么p′ = $\frac{100}{400}$ = 25%;

如果c = 400,v = 100,那么p′ = $\frac{100}{500}$ = 20%。

这样,在劳动的剥削程度不变时,同一个剩余价值率会表现为不断下降的利润率,因为随着不变资本的物质量的增加,不变资本从而总资本的价值量也会增加,虽然不是按相同的比例增加。

如果我们进一步假定,资本构成的这种逐渐变化,不仅发生在个别生产部门,而且或多或少地发生在一切生产部门,或者至少发生在具有决定意义的生产部门,因而这种变化就包含着某一个社会的总资本的平均有机构成的变化,那么,不变资本同可变资本相比的这种逐渐增加,就必然会有这样的结果:在剩余价值率不变或资本对劳动的剥削程度不变的情况下,**一般利润率会逐渐下降**。而我们已经看到,随着资本主义生产方式的发展,可变资本同不变资本相比,从而同被推动的总资本相比,会相对减少,这是资本主义生产方式的规律。这只是说,由于资本主义生产内部所特有的生产方法的日益发展,一定价值量的可变资本所能支配的同数工人或同量劳动力,会在同一时间内推动、加工、生产地消费掉数量不断增加的劳动资料,机器和各种固定资本,原料和辅助材料,——也就是价值量不断增加的不变资本。可变资本同不变资本从而同总资本相比的这种不断的相对减少,和社会资本的平均有机构成的不断提高是一回事。这也只是劳动的社会生产力不断发展的另一种表现,而这种发展正好表现在:由于更多地使用机器和一般固定资本,同数工人在同一时间内可以把更多的原料和辅助材料转化为产品,也就是说,可以用较少的劳动把它们转化为产品。与不变资本价值量的这种增加——虽然它只是大致地表现出在物质上构成不变资本的各种使用价值的实际数量的增加——相适应的,是产品的日益便宜。每一个产品就其本身来看,同较低的生产阶段相比,都只包含一个更小的劳动量,因为在较低的生产阶段上,投在劳动上的资本比投在生产资料上的资本大得多。因此,本章开头假设的序列,表示了资本主义生产的实际趋势。资本主义生产,随着可变资本同不变资本相比的日益相对减少,使总资本的有机构成不断提高,由此产生的直接结果是:在劳动剥削程度不变甚至提高的情况下,剩余价值率会表现为一个不断下降的一般利润率。(以后我们将会看到①,为什么这种下降不是以这个绝对的形式而是以不断下降的趋势表现出来。)因此,一般利润率日益下降的趋势,只是劳动的社会生产力的日益发展**在资本主义生产方式下所特有的表现**。这并不是说利润率不能由于别的原因而暂时下降,而是根据资本主义生产方式的本质证明了一种不言而喻的必然性:在资本主义生产方式的发展中,一般的平均的剩余价值率必然表现为不断下降的一般利润率。因为所使用的活劳动的量,同它所推动的对象化劳动的量相比,同生产中消费掉的生产资料的量相比,不断减少,所以,这种活劳动中对象化为剩余价值的无酬部分同所使用的总资本的价值量相比,也必然不断减少。而剩余价值量和所使用的总资本价值的比率就是利润率,因而利润率必然不断下降。

尽管这个规律经过上述说明显得如此简单,但是我们在以后的一篇106中将会看到,以往的一切经济学都没有能把它揭示出来。经济学看到了这种现象,并且在各种自相矛盾的尝试中绞尽脑汁地去解释它。由于这个规律对资本主义生产极其重要,因此可以说,它是

---

①见本卷第十四章。——编者注

一个秘密，亚当·斯密以来的全部政治经济学一直围绕着揭开这个秘密兜圈子，而且亚·斯密以来的各种学派之间的区别，也就在于为揭开这个秘密进行不同的尝试。另一方面，如果我们考虑到：以往的一切政治经济学虽然摸索过不变资本和可变资本的区别，但从来没有能够把它明确地表述出来；它们从来没有把剩余价值和利润区别开来，没有在纯粹的形式上说明过利润本身，把它和它的彼此独立的各个组成部分——产业利润、商业利润、利息、地租——区别开来；它们从来没有彻底分析过资本有机构成的差别，因而从来没有彻底分析过一般利润率的形成，——那么，它们从来不能解开这个谜，这已不再是什么谜了。

在说明利润分割为互相独立的不同范畴以前，我们有意识地先说明这个规律。这个说明同利润分割为归各类人所有的各个部分这一点无关，这一事实一开始就证明，这个规律，就其一般性来说，同这种分割无关，同这种分割所产生的各种利润范畴的相互关系无关。我们这里所说的利润，只是剩余价值本身的另一个名称；不过在这里，剩余价值只是与总资本发生关系，而不是与产生它的可变资本发生关系。所以，利润率的下降表示剩余价值本身和全部预付资本的比率的下降，因而同这个剩余价值在各个范畴之间的任何一种分配无关。

我们已经看到，在资本构成 c：v＝50：100 的资本主义发展阶段上，剩余价值率100%表现为利润率 $66\frac{2}{3}$%；在资本构成 c：v＝400：100 的较高的阶段上，同一个剩余价值率却仅仅表现为利润率20%。一个国家中各个相继发展的阶段的情况是这样，不同国家中同时并存的不同发展阶段的情况也是这样。在前一种资本构成作为平均构成的不发达国家，一般利润率＝$66\frac{2}{3}$%，而在处于后一种高得多的发展阶段的国家，一般利润率＝20%。

　　两个国家的利润率的差别,可以由于下述情况而消失,甚至颠倒过来:在比较不发达的国家里,劳动的生产效率比较低,因而较大量的劳动表现为较小量的同种商品,较大的交换价值表现为较小的使用价值,就是说,工人必须用他的大部分时间来再生产他自己的生活资料或它的价值,而用小部分时间来生产剩余价值,提供较少的剩余劳动,结果剩余价值率也比较低。假定在一个比较不发达的国家里,工人以工作日的$\frac{2}{3}$为自己劳动,以$\frac{1}{3}$为资本家劳动,那么,按照上述例子的假定,同一个劳动力得到的报酬是$133\frac{1}{3}$,而提供的余额只有$66\frac{2}{3}$。假定同$133\frac{1}{3}$这个可变资本相适应的不变资本是50。这样,剩余价值率就等于$66\frac{2}{3}:133\frac{1}{3}=50\%$,利润率则等于$66\frac{2}{3}:183\frac{1}{3}$,约$36\frac{1}{2}\%$。

　　因为我们到现在为止还没有研究利润分割成的各个组成部分,因而它们对我们来说还是不存在的,所以,我们仅仅为了避免误解,才预先指出下面这一点:把发展阶段不同的各个国家加以比较时,即把资本主义生产发达的国家同工人虽然在实际上受资本家剥削但劳动还没有在形式上从属于资本的国家(例如在印度,莱特[107]就是作为独立的农民从事经营,他的生产本身还没有从属于资本,虽然高利贷者以利息的形式不仅榨取他的全部剩余劳动,而且按照资本主义的用语,甚至还榨取他的一部分工资)加以比较时,如果我们用一个国家的利息率水平来衡量一个国家的利润率水平,那是非常错误的。在劳动还没有在形式上从属于资本的国家,利息包含全部利润,甚至比利润更多,不像在资本主义生产发达的国家,它只代表所生产的剩余价值或利润的一部分。[108]另一方面,这里决定利息率的主要是这样的情况(高利贷者向显贵们即地租所有者提供的贷款),它们同利润完全无关,不如说,它们只是说明高利贷按什么比率占有地租。

在资本主义生产发展阶段不同、因而资本有机构成也不同的各个国家中，剩余价值率（剩余价值是决定利润率的一个因素）在正常工作日较短的国家可以高于正常工作日较长的国家。**第一**，如果英国的10小时工作日由于劳动强度较高，而和奥地利的14小时工作日相等，那么，在工作日分割相同的情况下，英国5小时剩余劳动，在世界市场上可以比奥地利7小时剩余劳动代表更高的价值。**第二**，同奥地利相比，英国的工作日可以有较大的部分形成剩余劳动。

一个同样的或甚至一个不断提高的剩余价值率表现为不断下降的利润率这个规律，换一个说法就是：某个一定量的社会平均资本（例如资本100）表现为劳动资料的部分越来越大，表现为活劳动的部分越来越小。这样，因为追加在生产资料上的活劳动的总量，同这种生产资料的价值相比，减少了，所以，无酬劳动和体现无酬劳动的价值部分，同预付总资本的价值相比，也减少了。或者说，所投总资本中转化为活劳动的部分越来越小，因而这个总资本所吸收的剩余劳动，同它自己的量相比，也越来越小，虽然所使用的劳动的无酬部分和有酬部分的比率可以同时增大。可变资本的相对减少和不变资本的相对增加（尽管这两个部分都已经绝对增加），如上所说，只是劳动生产率提高的另一种表现。

假定资本100由80c＋20v构成，后者＝20个工人；剩余价值率为100％，就是说，工人半天为自己劳动，半天为资本家劳动。再假定在一个比较不发达的国家，资本＝20c＋80v，后者＝80个工人。但是，这些工人需要用工作日的$\frac{2}{3}$为自己劳动，只用$\frac{1}{3}$为资本家劳动。如果其他一切条件相同，工人在前一场合生产价值40，在后一场合生产价值120。前一个资本生产80c＋20v＋20m＝120；利润率＝20％；后一个资本生产20c＋80v＋40m＝140；利润率＝

40%。所以，尽管剩余价值率在前一场合＝100%，在后一场合只＝50%，在前一场合为在后一场合的两倍，利润率在后一场合还是在前一场合的两倍。但是另一方面，一个同样大小的资本在前一场合只占有20个工人的剩余劳动，在后一场合却占有80个工人的剩余劳动。

利润率不断下降的规律，或者说，所占有的剩余劳动同活劳动所推动的对象化劳动的量相比相对减少的规律，决不排斥这样的情况：社会资本所推动和所剥削的劳动的绝对量在增大，因而社会资本所占有的剩余劳动的绝对量也在增大；同样也决不排斥这样的情况：单个资本家所支配的资本支配着日益增加的劳动量，从而支配着日益增加的剩余劳动量，甚至在这些资本所支配的工人人数并不增加的时候，也支配着日益增加的剩余劳动量。

假定工人人口已定，例如200万，再假定平均工作日的长度、强度以及工资也已定，因而必要劳动和剩余劳动的比率也已定，那么，这200万工人的总劳动，以及他们的表现为剩余价值的剩余劳动，就总是生产出同样大小的价值量。但是，随着这个劳动所推动的不变资本（固定资本和流动资本）的量不断增加，这个价值量和这个资本的价值（这个价值和资本的量一起增加，虽然不是按相同的比例增加）的比率会下降。因此，这个比率从而利润率会下降，尽管资本所支配的活劳动的量和它吸收的剩余劳动的量同以前一样。这个比率所以会发生变化，并不是因为活劳动的量减少了，而是因为活劳动所推动的已经对象化的劳动的量增加了。这种减少是相对的，不是绝对的，实际上同所推动的劳动和剩余劳动的绝对量毫无关系。利润率的下降，不是由于总资本的可变组成部分的绝对减少，而只是由于它的相对减少，由于它同不变组成部分相比的减少。

　　关于劳动量和剩余劳动量已定的情况所说的话,也适用于工人人数增加的情况,从而,在上述前提下,一般也适用于所支配的劳动量增加的情况,特别是适用于这个劳动的无酬部分即剩余劳动的量增加的情况。如果工人人口由200万增加到300万,以工资形式付给工人人口的可变资本现在也由以前的200万增加到300万,而不变资本由400万增加到1 500万,那么,在上述前提下(工作日和剩余价值率不变),剩余劳动量或剩余价值量就增加一半,即50%,由200万增加到300万。但是,尽管剩余劳动的绝对量,因而剩余价值的绝对量增加了50%,可变资本和不变资本的比率还是会由2:4下降到3:15,而剩余价值和总资本的比率如下(以百万为单位):

$$\text{I.}\quad 4c + 2v + 2m;C = 6,p' = 33\frac{1}{3}\%;$$

$$\text{II.}\;15c + 3v + 3m;C = 18,p' = 16\frac{2}{3}\%。$$

剩余价值量增加了一半,而利润率则比以前下降了一半。但是,利润只是按社会资本计算的剩余价值,因而就社会范围来说,利润量,利润的绝对量,同剩余价值的绝对量相等。因此,尽管这个利润量和全部预付资本的比率大大下降了,即一般利润率大大下降了,利润的绝对量,它的总量,还是增加了50%。所以,尽管利润率不断下降,资本所使用的工人人数,即它所推动的劳动的绝对量,从而它所吸收的剩余劳动的绝对量,从而它所生产的剩余价值量,从而它所生产的利润的绝对量,仍然**能够**增加,并且不断增加。事情还不只是**能够**如此。在资本主义生产的基础上,撇开那些暂时的波动,事情也**必然**如此。

　　资本主义生产过程实质上同时就是积累过程。我们已经指出,在资本主义生产的发展中,那个必须单纯再生产即保存的价值量,甚至在所使用的劳动力不变的情况下,也会随着劳动生产率的提高而增加。但是,随着劳动的社会生产力的发展,所生产的使用价值——生产资料是其中的一个部分——的量,还会增加得更多。而追加劳动——通过对它的占有,这种追加财富能够再转化为资本——并不是取决于这种生产资料(包括生活资料)的价值,而是取决于它的量,因为工人在劳动过程中不是同生产资料的价值发生关系,而是同生产资料的使用价值发生关系。然而,资本的积累本身以及随之而来的资本积聚,本身就是提高生产力的一个物质手段。但是,生产资料的这种增加已经意味着工人人口的增加,意味着创造出同剩余资本相适应的工人人口,甚至大体上总是超过这个资本的需要的工人人口,即过剩工人人口。剩余资本暂时超过它所支配的工人人口,这会发生双重的作用。一方面,这会提高工资,从而缓和那些使工人后代减少和绝灭的影响,使结婚变得容易,由此使工人人口逐渐增加。另一方面,这会使创造相对剩余价值的方法(机器的采用和改良)得到采用,由此更迅速得多地创造出人为的相对过剩人口;而这种相对过剩人口又成为使人口实际上迅速增加的温室,因为在资本主义生产中,贫困会产生人口。[109]因此,从资本主义积累过程——它只是资本主义生产过程的一个要素——的性质来看,自然会得出如下的结论:预定要转化为资本的已经增加了的生产资料的量,总会随时找到相应地增加了的、甚至过剩的可供剥削的工人人口。所以,在生产过程和积累过程的发展中,可以被占有和已经被占有的剩余劳动的量,从而社会资本所占有的利润的绝对量,都**必然**会增加。但是,同一些生产规律和积累规律,会随着不变资本的量增加,使不变资本的价值同转化为活劳动的可变资本部分的价值相比,越来越快地增加。因此,同一些规律,使社会资本的绝对利润量日益增加,使它的利润率日益下降。

　　这里完全撇开了下述情况:随着资本主义生产以及与之相适应的社会劳动生产力的发展,随着生产部门以及产品的多样化,同一个价值量所代表的使用价值量和享受品的量会不断增加。

　　资本主义生产和积累的发展进程,要求劳动过程的规模及其范围日益扩大,要求每一个企业的预付资本相应地日益增加。因此,日益增长的资本积聚(与此同时,资本家人数也会增加,只是增加的程度较小),既是资本主义生产和积累的物质条件之一,又是二者本身产生的结果之一。与此同时进行并互相影响的,是或多或少直接从事生产的人日益被剥夺。因此,对各单个资本家来说,不言而喻的是:他们支配的劳动军越来越大(尽管对他们来说,可变资本同不变资本相比已经减少);他们占有的剩余价值量,从而利润量,会随着利润率的下降并且不顾这种下降而同时增长起来。那些使大批劳动军集中在各单个资本家支配下的原因,又正好使所使用的固定资本和原料、辅助材料的量同所使用的活劳动量相比以越来越大的比例增加起来。

　　在这里还需要提一下,在工人人口已定时,如果剩余价值率提高了,不管这是由于工作日的延长或强化,还是由于劳动生产力的发展而引起的工资价值下降,那么,剩余价值量,从而绝对利润量,就必然会增加,尽管可变资本同不变资本相比是相对地减少了。

　　社会劳动生产力的发展,表现为可变资本同总资本相比相对减少和积累由此加速的那些规律,——而另一方面,积累又反过来成为生产力进一步发展和可变资本进一步相对减少的起点,——这同一发展,撇开一切暂时的波动,还表现为所使用的总劳动力越来越增加,表现为剩余价值的从而利润的绝对量越来越增加。

利润**率**的下降和绝对利润**量**的同时增加产生于同一些原因的这个二重性的规律,必然会以什么样的形式表现出来呢?也就是说,这样一个规律,——这个规律建立在下面这个事实上,即在一定条件下,所占有的剩余劳动量,从而所占有的剩余价值量,将会增加,而从总资本来看,或者从单个资本只是作为总资本的一个部分来看,利润和剩余价值是相同的量,——必然会以什么样的形式表现出来呢?

假定我们拿资本的一个可除部分,例如100,来计算利润率。这100代表总资本的平均构成,比如说80c+20v。我们在本册第二篇已经看到,不同生产部门的平均利润率,不是由每一个部门特殊的资本构成决定,而是由资本的社会平均构成决定①。随着可变部分同不变部分相比,从而同总资本100相比的相对减少,利润率在劳动剥削程度不变甚至提高时会下降,剩余价值的相对量,即剩余价值和全部预付资本100的价值的比率也会下降。但是不仅这个相对量会下降。总资本100所吸收的剩余价值量或利润量,也会绝对地下降。在剩余价值率为100%时,资本60c+40v生产剩余价值量或利润量40;资本70c+30v生产利润量30;在资本为80c+20v时,利润就下降到20。这种下降同剩余价值量从而利润量有关,这种下降所以发生,是因为总资本100推动的活劳动减少了,所以在剥削程度不变时推动的剩余劳动也减少了,因而生产的剩余价值减少了。如果我们拿社会资本即有社会平均构成的资本的任何一个可除部分作为计量剩余价值的尺度——在计算利润时总是这样做的——,那么,剩余价值的相对下降和它的绝对下降总是一致的。在上面所举的例子中,利润率由40%下降到30%,再下降到20%,因为同一个资本

①见本卷第193—195页。——编者注

所生产的剩余价值量从而利润量,实际上已经绝对地由40下降到30,再下降到20。因为用来计量剩余价值的资本价值量已定,即=100,所以,剩余价值和这个不变量的比率的下降,就只能是剩余价值的绝对量和利润的绝对量减少的另一种表现。事实上这是一个同义反复。但是,这种减少产生于资本主义生产过程发展的性质,这一点我们在前面已经证明了。

但是另一方面,使一定资本的剩余价值从而利润绝对减少,因而使按百分比计算的利润率绝对下降的同样一些原因,又会引起社会资本(即资本家全体)所占有的剩余价值从而利润的绝对量的增加。这种情况必然会怎样表现出来呢?只能怎样表现出来呢?或者说,这个表面上的矛盾包含着哪些条件呢?

如果社会资本任何一个=100的可除部分,从而任何一个具有社会平均构成的资本100是一个已定量,因而对这个已定量来说,利润率的下降和利润绝对量的减少是一致的,这正是因为在这里用来计量这个绝对量的资本是一个不变量,那么,与此相反,社会总资本的量以及各单个资本家手中的资本量,是一个可变量,而且为了符合上面所假定的条件,这个可变量的变化必须和它的可变部分的减少成反比。

在前面的例子中,当百分比构成为60c+40v时,剩余价值或利润为40,因而利润率为40%。假定在构成的这个阶段上总资本为100万,这时,总剩余价值,从而总利润,就是40万。当构成后来变为80c+20v时,剩余价值或利润,在劳动剥削程度不变时,每100就=20。但是,因为前面我们已经指出,尽管利润率下降了,资本每100所生产的剩余价值减少了,剩余价值或利润,就其绝对量来说,还是增加了,比如说由40万增加到44万,所以,这种情况之可能发生,只是由于和这种新的构成同时形成的总资本已经增加到220万。被推动的总资本的量增加到220%,而利润率下降了50%。如果资本只增加一倍,它在利润率为20%时所生产的剩余价值量和利润量,和原有资本100万在利润率为40%时所生产的正好相等。如果资本增加不到一倍,它所生产的剩余价值或利润,就比原有资本100万所生产的要少,而这个资本在其构成和以前一样的时候,为了使它的剩余价值由40万增加到44万,只要由100万增加到110万就行了。

这里又出现了以前已经阐述过的规律[110]:随着可变资本的相对减少,就是说,随着劳动的社会生产力的发展,为了推动同量的劳动力和吸收同量的剩余劳动,所需要的总资本量越来越大。因此,工人人口相对过剩的可能性随着资本主义生产的发展以同样的程度发展起来,这并不是因为社会劳动的生产力**降低了**,而是因为社会劳动的生产力**提高了**;就是说,不是由于劳动和生活资料或生产这种生活资料的资料之间的绝对的不平衡,而是由于对劳动的资本主义剥削所引起的不平衡,即资本的不断增加和它对不断增加的人口的需要的相对减少之间的不平衡。

利润率下降50%,也就是下降一半。因此,要使利润量保持不变,资本就必须增加一倍。要使利润量在利润率下降时保持不变,表示总资本增加的乘数,就必须和表示利润率下降的除数相等。如果利润率由40下降到20,要使结果保持不变,总资本就必须反过来按20:40的比例增加。如果利润率由40下降到8,资本就必须按8:40的比例增加,即增加到五倍。资本100万在利润率为40%时生产40万,资本500万在利润率为8%时也生产40万。必须如此,结果才会保持不变。但是要使结果增加,资本增加的比例就必须大于利润率下降的比例。换句话说,要使总资本的可变组成部分不仅绝对地保持不变,而且绝对地增加(尽管它作为总资本的一个部分所占的百分比已经下降),总资本增加的比例必须大于可变资本所占百分比下降的比例。总资本必须这样增加:它在新的构成上,不仅需要有原来的可变资本部分,而且需要有比这更大的部分来购买劳动力。如果资本100的可变部分由40减少到20,那么,总资本必须增加到200以上,才能使用一个比40更大的可变资本。

　　甚至在被剥削的工人人口的总数不变,只是工作日的长度和强度增加时,所使用的资本的量也必须增加,因为在资本构成变化时,即使要按旧的剥削关系使用同量劳动,资本量也必须增加。

　　因此,劳动的社会生产力的同一发展,在资本主义生产方式的发展中,一方面表现为利润率不断下降的趋势,另一方面表现为所占有的剩余价值或利润的绝对量的不断增加;结果,总的说来,与可变资本和利润的相对减少相适应的,是二者的绝对增加。我们讲过,这种双重的作用,只是在总资本的增加比利润率的下降更快的时候才能表现出来。要在构成更高或不变资本以更大程度相对增加的情况下使用一个绝对增加了的可变资本,总资本不仅要和更高的构成成比例地增加,而且要增加得更快。由此可见,资本主义生产方式越是发展,要使用同量劳动力,就需要越来越大的资本量;如果要使用更多的劳动力,那就更是如此。因此,在资本主义的基础上,劳动生产力的提高必然会产生永久性的表面上的工人人口过剩。如果可变资本以前占总资本的 $\frac{1}{2}$,现在只占 $\frac{1}{6}$,那么,要使用同量劳动力,总资本就必须增加到三倍;如果所用的劳动力要增加一倍,总资本就必须增加到六倍。

　　以往的经济学说明不了利润率下降的规律,它把利润量的增加,单个资本家或者社会资本的利润绝对量的增加,当做一种安慰的理由,但这种理由也只是以一些陈词滥调和可能性为根据的。

说利润量决定于两个因素,一是利润率,二是按这个利润率所使用的资本的量,这只是同义反复。因此,说利润量有可能不管利润率下降而同时增加,这也只是这个同义反复的另一种表现,无助于我们前进一步,因为资本增加而利润量不增加,甚至资本增加而利润量减少的情况,都同样是可能的。100按25%算,得25,而400按5%算,只得20。[35]但是,如果使利润率下降的同一些原因,也会促进积累,即促进追加资本的形成,如果每个追加资本都会推动追加劳动,并且生产追加剩余价值;另一方面,如果单是利润率的下降就包含不变资本从而全部旧资本已经增加这一事实,那么,这整个过程就不再

---

[35] "我们也可以预计到,虽然资本的利润率会因农业中资本的积累和工资的提高而降低,利润总额仍然会增加。例如,假定连续多次进行积累,每次为10万镑,而利润率从20%下降到19%,18%,17%,就是说,不断下降,那么,我们可以预计到,先后相继的资本所有者得到的利润总额会不断增加;资本为20万镑时的利润总额会大于资本为10万镑时的利润总额,资本为30万镑时的利润总额还会更大些,依此类推,因此,即使利润率不断下降,利润总额也会随着资本的每次增加而增加。但是这样的级数只在一定时间内有效。例如,20万镑的19%大于10万镑的20%,30万镑的18%又大于20万镑的19%;但是当资本积累到了很大的数额,而利润又下降的时候,进一步的积累就会使利润总额减少。例如,假定积累达到100万镑,利润为7%,利润总额就是7万镑。如果现在100万镑再加上10万镑资本,而利润降到6%,那么,虽然资本总额从100万镑增加到110万镑,资本占有者得到的将只是66 000镑,或者说,少了4 000镑。"(李嘉图《政治经济学和赋税原理》第7章,载于麦克库洛赫编《李嘉图全集》1852年版第68、69页)实际上这里所假定的是资本由100万镑增加到110万镑,即增加10%,而利润率由7下降到6,即下降$14\frac{2}{7}$%。原来这就是痛哭流涕的原因![111]

是神秘的了。我们以后将会看到,为了抹杀利润量随着利润率的下降而同时增加的可能性,曾怎样求助于在计算时有意伪造数字的办法。[106]

我们已经指出,造成一般利润率趋向下降的同一些原因,又会引起资本的加速积累,从而引起资本所占有的剩余劳动(剩余价值、利润)绝对量或总量的增加。正如在竞争中,从而在竞争当事人的意识中,一切都以颠倒的形式表现出来一样,这个规律——我指的是两个表面上互相矛盾的事物之间的这种内在的和必然的联系——也是如此。很明显,在上面列举的比例中,一个拥有巨额资本的资本家所赚得的利润量,大于一个表面上赚得高额利润的小资本家所赚得的利润量。其次,对竞争的最肤浅的考察表明,在某些情况下,例如在危机时期,当大资本家要在市场上夺取地盘,排挤小资本家时,他实际上就是利用这个办法,即有意识地压低自己的利润率,以便把小资本家挤垮。特别是以后要详细说到的商人资本,会显示出一些现象,似乎利润的下降是营业扩大和资本扩大的结果。对于这种错误见解,我们将在以后作出真正科学的说明。类似的肤浅见解,是由比较各个特殊营业部门在自由竞争的统治下还是在垄断的统治下所得到的利润率而得出的。这种存在于竞争当事人头脑中的非常浅薄的观念,在我们的罗雪尔身上就可以找到:利润率这样下降,是"比较明智和比较人道的"[112]。在这里,利润率的下降好像是资本增加的**结果**,好像是资本家由此考虑到利润率较低却会赚得较大的利润量的**结果**。这一切(除了以后要说到的亚·斯密[113])都是由于完全不理解一般利润率究竟是怎么回事,并且也是由于这样一种粗浅的观念:价格实际上是通过把一个多少带有任意性的利润量加到商品的实际价值上而决定的。这些观念无论多么粗浅,但它们是必然会产生的,这是因为资本主义生产的内在规律在竞争中是以颠倒的形式表现出来的。

————

利润率因生产力的发展而下降,同时利润量却会增加,这个规律也表现为:资本所生产的商品的价格下降,同时商品所包含的并通过商品出售所实现的利润量却会相对增加。

因为生产力的发展以及与之相适应的资本构成的提高,会使数量越来越小的劳动,推动数量越来越大的生产资料,所以,总产品中每一个可除部分,每一个商品,或者说,所生产的商品总量中每一定量商品,都只吸收较少的活劳动,而且也只包含较少的对象化劳动,即所使用的固定资本的损耗以及所消费的原料和辅助材料中所体现的对象化劳动。因此,每一个商品都只包含一个较小的、对象化在生产资料中的劳动和生产中新追加的劳动的总和。这样,单个商品的价格就下降了。尽管如此,单个商品中包含的利润量,在绝对剩余价值率或相对剩余价值率提高时仍能增加。它包含较少的新追加劳动,但是这种劳动的无酬部分同有酬部分相比却增加了。不过,只有在一定范围内情况才是这样。当单个商品中包含的新追加的活劳动的总和在生产发展过程中大大地绝对减少时,其中包含的无酬劳动的量也会绝对地减少,不管它同有酬部分相比相对地增加了多少。尽管剩余价值率提高了,每一个商品中的利润量却会随着劳动生产力的发展而大大减少;而这种减少和利润率的下降完全一样,只是由于不变资本要素变得便宜,由于本册第一篇所指出的在剩余价值率不变甚至下降时使利润率提高的其他情况才延缓下来。

各单个商品(其总和构成资本总产品)的价格下降,只是意味着一定量劳动实现在一个较大的商品量中,因而每一个商品所包含的劳动比以前少。甚至在不变资本的一部分如原料等等的价格提高时,情况也是这样。除了个别情况(例如在劳动生产力同样地使不变资本和可变资本的一切要素变便宜的时候),利润率会不管剩余价值率提高而下降,1. 因为一个较小的新追加劳动的总量中即使有一个较大的无酬部分,这个部分同从前一个较大的总量中的一个较小的无酬的可除部分相比,仍然是比较小的;2. 因为在单个商品中,较高的资本构成表现为:单个商品中代表新追加劳动的价值部分,同其中代表原料、辅助材料和固定资本损耗的价值部分相比已经减少。单个商品的价格的不同组成部分的比例上的这种变化,即代表新追加的活劳动的价格部分的减少和代表过去的对象化劳动的价格部分的增加——是可变资本同不变资本相比已经减少这个事实在单个商品价格中表现出来的形式。这种减少对一定量资本例如100来说是绝对的,同样,它对作为再生产的资本的一个可除部分的每一个商品来说,也是绝对的。不过,利润率如果只按单个商品的价格要素计算,它就会表现得和实际的利润率不同。理由如下:

〔利润率是按所使用的总资本计算的,但是按一定的时间,实际是按一年计算的。一年内获得和实现的剩余价值或利润对总资本的以百分比计算的比率,就是利润率。所以,它和那种不以年而以这个资本的周转期间为计算基础的利润率,是不必相等的。只有在这个资本恰好一年周转一次时,二者才是一致的。

另一方面,一年内获得的利润,只是这一年内生产和出售的商品的利润的总和。如果我们现在按商品的成本价格来计算利润,我们就会得到一个利润率 $= \dfrac{p}{k}$,其中p是一年内实现的利润,k是同时期内生产和出售的商品的成本价格的总和。显然,这个利润率 $\dfrac{p}{k}$,和实际的利润率 $\dfrac{p}{C}$,即利润量除以总资本,只有在k＝C,即在资本恰好一年周转一次时,才能互相一致。

我们以一个产业资本的三种不同的状态为例：

I. 资本8 000镑每年生产并出售5 000件商品，每件30先令，因此它的年周转额为7 500镑。它从每件商品得利润10先令，一年＝2 500镑。所以每件商品都包含20先令预付资本和10先令利润，因而每件商品的利润率为$\frac{10}{20}$＝50%。周转额7 500镑包含预付资本5 000镑和利润2 500镑。按周转计算的利润率$\frac{p}{k}$也＝50%。但是，按总资本计算的利润率$\frac{p}{C}$，则＝$\frac{2\ 500}{8\ 000}$＝$31\frac{1}{4}$%。

II. 假定资本增加到10 000镑。由于劳动生产力的提高，它每年可以生产商品10 000件，每件的成本价格为20先令。它出售每件商品得利润4先令，因而每件按24先令出售。这时年产品的价格＝12 000镑，其中10 000镑为预付资本，2 000镑为利润。$\frac{p}{k}$按每件计算＝$\frac{4}{20}$，按年周转额计算＝$\frac{2\ 000}{10\ 000}$，因此都＝20%，而因为总资本等于成本价格的总和，即10 000镑，所以实际利润率$\frac{p}{C}$这时也＝20%。

III. 假定资本由于劳动生产力不断提高而增加到15 000镑，现在每年生产商品30 000件，每件成本价格13先令，利润2先令，也就是每件按15先令出售。因此，年周转额＝30 000×15先令＝22 500镑，其中19 500镑为预付资本，3 000镑为利润。所以，$\frac{p}{k}＝\frac{2}{13}＝\frac{3\ 000}{19\ 500}＝$$15\frac{5}{13}$%。但是，$\frac{p}{C}＝\frac{3\ 000}{15\ 000}＝20$%。

由此我们看到，只有在第II个场合，即周转的资本价值等于总资本时，按每件商品计算的利润率或按周转额计算的利润率，才等于按总资本计算的利润率。在第I个场合，即周转额小于总资本时，按商品成本价格计算的利润率高于按总资本计算的实际利润率；在第III个场合，即总资本小于周转额时，按商品成本价格计算的利润率低于按总资本计算的实际利润率。以上所述是普遍适用的。

在商业实践中,周转通常是计算得不准确的。只要所实现的商品价格的总和达到所使用的总资本的总和,人们就认为资本已经周转一次。但是,只有在所实现的商品的**成本价格**的总和等于总资本的总和时,**资本**才能完成整个一次周转。——弗·恩·〕

这里又一次表明下述一点是多么重要:在资本主义生产下,不能把单个商品或任何一个时期内生产的商品产品作为单纯的商品孤立地就它本身来进行考察,而要把它作为预付资本的产物,就这个商品和生产它的总资本的关系来进行考察。

虽然在计算利润**率**时,所生产和所实现的剩余价值量,不只是要按在商品中再现出来的已经消费掉的资本部分来计算,而且要按这个部分加上没有被消费掉、但已被使用并且在生产中继续被使用的资本部分来计算,但是利润**量**仍然只能和商品本身包含的并由商品的出售实现的利润量或剩余价值量相等。

如果产业的生产率提高了,单个商品的价格就会降低。商品中包含的劳动,有酬劳动和无酬劳动都更少了。假定同量劳动生产的产品比如说增加到三倍;这时,单个产品所包含的劳动就减少 $\frac{2}{3}$。因为利润只能形成单个商品所包含的这个劳动量的一部分,所以单个商品的利润量必然减少,并且在一定限度内,甚至在剩余价值率提高时,情况也是这样。但是,只要资本在剥削程度不变的情况下使用的工人人数同以前一样多,总产品的利润量在所有的场合都不会下降到原利润量以下。(如果在剥削程度提高的情况下使用较少的工人,情况也会是这样。)因为单个产品的利润量减少的比例和产品的数量增加的比例相同。利润量保持不变,只是在商品总量上的分配改变了;新追加劳动所创造的价值量在工人和资本家之间的分配,也不会因此发生任何变化。利润量只有在使用的劳动量相同而无酬的剩余劳动增加时才能增加,或者只有在劳动的剥削程度不变而工人人数增加时才能增加。或者只有在这两种情况共同发生作用时才能增加。在所有这些场合——但是按照假定,这些场合以不变资本同可变资本相比已经增加和所使用的总资本的量已经增加为前提——,单个商品包含的利润量减少,利润率甚至按单个商品计算也下降;一定量追加劳动表现为较大量的商品;单个商品的价格下降。抽象地考察,在单个商品的价格由于生产力提高而下降的时候,从而在这些比较便宜的商品的数量同时增加的时候,利润率可以保持不变;例如,生产力的提高同时对商品的一切组成部分发生同等程度的影响,以致商品总价格下降的比例和劳动生产率提高的比例相同,而另一方面商品价格的不同组成部分的相互比例保持不变,这时,情况就是这样。如果随着剩余价值率的提高,不变资本特别是固定资本的各种要素的价值显著减少,那么,利润率甚至可以提高。但是,我们已经看到,实际上利润率从长远来说会下降。在任何场合,都不能只由单个商品价格的下降而得出有关利润率的结论。一切取决于参加商品生产的资本的总额有多大。例如,一码布的价格由3先令下降到$1\frac{2}{3}$先令;如果我们知道,在价格跌落以前,其中$1\frac{2}{3}$先令是不变资本如棉纱等等,$\frac{2}{3}$先令是工资,$\frac{2}{3}$先令是利润,而在价格跌落以后,其中1先令是不变资本,$\frac{1}{3}$先令是工资,$\frac{1}{3}$先令是利润,那么,我们还是不知道,利润率是否保持不变。这取决于全部预付资本是否增加,增加多少,以及在一定时间内多生产了多少码。

在劳动生产率提高时,单个商品或一定量商品的价格下降,商品数量增加,单个商品的利润量和商品总额的利润率下降,而商品总额的利润量却增加,这是从资本主义生产方式的性质产生的现象,这种现象在表面上只表现为:单个商品的利润量下降,它的价格也下降,社会总资本或单个资本家所生产的已经增加了的商品总量的利润量则增加。于是有人这样理解这个现象，似乎资本家心甘情愿地从单个商品取得较少的利润，然而会从他所生产的商品数量的增加而得到补偿。这种看法的基础是让渡利润[114]的观念，而这个观念又是从商人资本的看法引申出来的。

我们以前在第一册第四篇和第七篇已经看到[115]，同劳动生产力一起增长的商品量和单个商品的变得便宜（只要这些商品对劳动力的价格不发生决定性的影响），尽管价格下降，本身也不会影响单个商品内有酬劳动和无酬劳动的比例。

因为在竞争中一切都以假象出现，也就是以颠倒的形式表现出来，所以单个资本家会以为：1. 他由于降低商品价格，使得他的单个商品的利润下降，但是由于他所出售的商品的量较大，因此仍然赚到较大的利润；2. 他是先确定单个商品的价格，然后用乘法决定总产品的价格，可是本来的过程是除法的过程（见第一册第十章第314/323页[116]），而且乘法只是作为第二步即以这种除法为前提才是正确的。庸俗经济学家所做的实际上只是把那些受竞争束缚的资本家的奇特观念，翻译成表面上更理论化、更一般化的语言，并且煞费苦心地论证这些观念是正确的。[117]

商品价格下降，而变得便宜的更大量商品的利润量增加，这种情况实际上只是利润率下降，而利润量同时增加这个规律的另一种表现。

研究下降的利润率能够在多大程度上和上涨的价格相一致，这和以前在第一册第314/323页[116]论述相对剩余价值时说到的那个论点一样，也不属于这里讨论的范围。一个采用经过改良的但尚未普遍推广的生产方式的资本家，可以低于市场价格，但高于他的个别的生产价格出售产品;因此,他的利润率会提高,直到竞争使它平均化为止;在这个平均化期间会出现另一个必要的条件,即所投资本增加;根据所投资本增加的程度,资本家现在能够在新的条件下,使用他从前雇用的工人的一部分,也许是全部,或者更多,因而能够生产出同样大或者更大的利润量。

第 十 四 章

起反作用的各种原因

如果我们考虑到,同以往的一切时期相比,仅仅最近30年间社会劳动生产力有了巨大的发展;特别是,如果我们考虑到,除了真正的机器,又有大量的固定资本加入社会生产过程的总体,那么,一向使经济学家感到麻烦的困难,即说明利润率下降,就会让位给相反的困难,即说明这种下降为什么不是更大、更快。必然有某些起反作用的影响在发生作用,来阻挠和抵消这个一般规律的作用,使它只有趋势的性质,因此,我们也就把一般利润率的下降叫做趋向下降。下面就是这些原因中最普遍的原因:

I. 劳动剥削程度的提高

劳动的剥削程度,剩余劳动和剩余价值的占有,特别会由于工作日的延长和劳动的强化而提高。这两点在第一册论述绝对剩余价值和相对剩余价值的生产时已经详细说明过了。使劳动强化的因素很多,其中包括不变资本同可变资本相比的相对增加,因而也包括利润率的下降,例如在一个工人必须看管更多机器的时候,情况就是这样。在这里——也像生产相对剩余价值时使用的大多数方法一样——，引起剩余价值率提高的同一些原因，都包含着按所使用的总资本的一定量来考察的剩余价值量的减少。但是，还有使劳动强化的另一些因素，例如提高机器速度，这些因素固然会在同一时间内消费更多的原料，而就固定资本来说，固然会加速机器的磨损，但是丝毫不会影响机器价值和使机器运转的劳动的价格的比率。而特别是延长工作日这一现代工业的发明，会增加所占有的剩余劳动的量，但是不会使所使用的劳动力和它所推动的不变资本的比率发生实质上的变化，实际上反而会使不变资本相对减少。此外，我们已经指出——这是利润率趋向下降的真正秘密——，生产相对剩余价值的办法总的说来可以归结为：一方面，使一定量劳动尽可能多地转化为剩余价值，另一方面，同预付资本相比，又尽可能少地使用劳动；所以，使人们可以提高劳动剥削程度的同一些原因，都使人们不能用同一总资本去剥削和以前一样多的劳动。这是两个相反的趋势，它们使剩余价值率提高，同时又使一定量资本所生产的剩余价值量减少，从而使利润率下降。这里也要提到大规模使用妇女劳动和儿童劳动，因为即使付给他们全家的工资总额增加了（这决不是普遍的情况），他们全家为资本提供的剩余劳动数量必然比以前更大了。——在所使用的资本的量不变时仅仅通过方法的改善来促进相对剩余价值生产的一切办法，都有这样的作用，例如在农业中就是这样。虽然在这里，所使用的不变资本同被我们看做所使用的劳动力的指数的可变资本相比并没有增加，但是产品量同所使用的劳动力相比却增加了。如果劳动（不管它的产品是进入工人消费，还是成为不变资本的要素）的生产力从交通方面的各种障碍下，从各种任意的或随着时间的推移会起干扰作用的限制下，总之，从各种束缚下解放出来，不致由此直接影响可变资本和不变资本的比率,那么,也会产生同样的结果。

有人可能提出这样的问题:有些原因会阻碍利润率的下降,但归根到底总是会加速这种下降,在这些原因中是否包含这样的事实:对那些利用了还没有被普遍采用的发明等等的资本家来说,剩余价值将会暂时地,但不断反复地,时而在这个生产部门,时而在那个生产部门提高到一般水平以上。对这个问题的回答应是肯定的。

一定量资本所生产的剩余价值量,是两个因数的乘积,即剩余价值率乘以在该剩余价值率下使用的工人人数。因此,它在剩余价值率已定时,取决于工人人数,在工人人数已定时,取决于剩余价值率,总之,取决于可变资本绝对量和剩余价值率的复比。我们已经指出,平均地说,使相对剩余价值率提高的同一些原因,都会使所使用的劳动力的量减少。但是很清楚,在这里,增加或减少取决于这个相反的运动形成的一定比例;并且利润率下降的趋势特别会由于工作日的延长所产生的绝对剩余价值率的提高而减弱。

我们在研究利润率时总的说来已经发现,同利润率由于所使用的总资本的量增加而下降相适应的,是利润量的增加。[①]就社会的全部可变资本来看,它生产的剩余价值等于它生产的利润。剩余价值的绝对量增加,剩余价值率也同时提高;前者增加,是因为社会所使用的劳动力的量已经增加;后者提高,是因为这个劳动的剥削程度已经提高。但就一定量资本例如100来说,剩余价值率可以在剩余价值量平均说来降低时提高;因为剩余价值率取决于可变资本部分增殖的比率,而剩余价值量则取决于可变资本在总资本中所占的比

---

①见本卷第236页及以下几页。——编者注

例部分。

　　剩余价值率的提高是决定剩余价值量从而决定利润率的一个因素。这特别是因为这种提高，如上所述，在不变资本同可变资本相比完全没有增加或不按比例增加的情况下也会发生。这个因素不会取消一般的规律。但是，它不如说会使一般的规律作为一种趋势来发生作用，即成为这样一种规律，它的绝对的实现被起反作用的各种情况所阻碍、延缓和减弱。但是，因为使剩余价值率提高（甚至延长劳动时间也是大工业的一个结果）的同一些原因，具有使一定量资本所使用的劳动力减少的趋势，所以同一些原因具有使利润率降低的趋势，同时又使这种降低的运动延缓下来。如果一个工人被迫完成按理要两个工人才能完成的劳动，而如果这是在这个工人能代替三个工人的条件下发生的，那么，他所提供的剩余劳动就和以前两个工人提供的一样多，这样，剩余价值率就提高了。但是一个工人提供的剩余劳动不会和以前三个工人提供的一样多，因此剩余价值量减少了。但是它的减少会由剩余价值率的提高得到补偿或受到限制。如果全部人口都按照已经提高的剩余价值率被使用，剩余价值量就会增加，虽然人口保持不变。在人口增加时就更加是这样；虽然这种情况是和所使用的工人人数与总资本量相比的相对减少联系在一起的，但是这种减少仍然会由于剩余价值率的提高而得到缓和或受到阻碍。

　　在我们转到下面一点之前，还要再一次强调指出，在资本量已定时，剩余价值**率**可以提高，虽然剩余价值量会降低，反过来也是一样。剩余价值量等于剩余价值率乘以工人人数；但是剩余价值率从来不按总资本计算，而只按可变资本计算，实际上只按一个工作日计算。相反，在资本价值量已定时，**剩余价值量**不增加或减少，**利润率**也就不可能提高或降低。

II. 工资被压低到劳动力的价值以下

在这里,这种情况只是作为经验的事实提出,因为它和其他许多似乎应该在这里提到的情况一样,实际上同资本的一般分析无关,而属于不是本书所要考察的竞争的研究范围。但它是阻碍利润率下降趋势的最显著的原因之一。

III. 不变资本各要素变得便宜

本册第一篇关于利润率在剩余价值率不变时提高或不以剩余价值率为转移而提高的各种原因所说的一切,都属于这里研究的范围。因此,特别要说到这样一种情况:就总资本来看,不变资本的价值并不和它的物质量按同一比例增加。例如,一个欧洲纺纱工人在一个现代工厂中加工的棉花量,同一个欧洲纺纱业者从前用纺车加工的棉花量相比,是极大地增加了。但是加工的棉花的价值,并不和它的量按同一比例增加。机器和其他固定资本的情况也是这样。总之,使不变资本量同可变资本相比相对增加的同一发展,由于劳动生产力的提高,会使不变资本各要素的价值减少,从而使不变资本的价值不和它的物质量,就是说,不和同量劳动力所推动的生产资料的物质量,按同一比例增加,虽然不变资本的价值会不断增加。在个别情况下,不变资本各要素的量,甚至会在不变资本的价值保持不变或甚至下降的时候增加。

同上述情况有关的,是现有资本(即它的物质要素)随着工业发展而发生的贬值。它也是阻碍利润率下降的不断发生作用的原因之一,虽然它在某些情况下会使提供利润的资本的量减少,从而使利润量减少。这里再一次表明,造成利润率下降趋势的同一些原因,也会阻碍这种趋势的实现。

IV. 相对过剩人口

相对过剩人口的产生,是和表现为利润率下降的劳动生产力的发展分不开的,并且由于这种发展而加速。一个国家的资本主义生产方式越发展,这个国家的相对过剩人口就表现得越明显。一方面,相对过剩人口又是造成下述情况的原因:许多生产部门中劳动或多或少不完全从属于资本的现象继续存在,而且,即使这种现象初看起来和一般发展水平已不相适应,这种现象仍会继续存在;它也是下述情况造成的结果:可供支配的或被游离的雇佣工人价格低廉和数量众多,一些生产部门出于其本性而更加强烈地反对由手工劳动转化为机器劳动。另一方面,出现了新的生产部门,特别是生产奢侈品的部门,这些生产部门把其他生产部门中常常由于不变资本占优势而被游离的上述相对过剩人口作为基础,而这些生产部门本身又建立在活劳动要素占优势的基础之上,只是逐渐地走上其他生产部门所走过的路。在这两个场合,可变资本在总资本中占有相当大的比重,工资则低于平均水平,结果这些生产部门的剩余价值率和剩余价值量都非常高。因为一般利润率是由各特殊生产部门利润率的平均化而形成的,所以,造成利润率下降趋势的同一些原因,在这里又会产

生一种和这种趋势相反的对抗力量，或多或少地抵消这种趋势的
作用。

V. 对 外 贸 易

对外贸易一方面使不变资本的要素变得便宜，一方面使可变资
本转变成的必要生活资料变得便宜，就这一点说，它具有提高利润率
的作用，因为它使剩余价值率提高，使不变资本价值降低。一般说来，
它在这方面起作用，是因为它可以使生产规模扩大。因此，它一方面
加速积累，但是另一方面也加速可变资本同不变资本相比的相对减
少，从而加速利润率的下降。同样，对外贸易的扩大，虽然在资本主义
生产方式的幼年时期是这种生产方式的基础，但在资本主义生产方
式的发展中，由于这种生产方式的内在必然性，由于这种生产方式要
求不断扩大市场，它成为这种生产方式本身的产物。在这里，我们再
一次看见了同样的二重作用。(李嘉图完全忽视了对外贸易的这个方
面。[118])

另一个问题——由于它的特殊性，本来不属于我们研究的范围
——是：一般利润率会不会由于投在对外贸易、特别是殖民地贸易上
的资本具有较高的利润率而提高呢？

投在对外贸易上的资本能提供较高的利润率，首先因为这里是
和生产条件较为不利的其他国家所生产的商品进行竞争，所以，比较
发达的国家高于商品的价值出售自己的商品，虽然比它的竞争国卖
得便宜。在这里，只要比较发达的国家的劳动作为比重较高的劳动来
使用，利润率就会提高，因为这种劳动没有被作为质量较高的劳动

来支付报酬,却被作为质量较高的劳动来出售.对有商品输入和输出的国家来说,同样的情况也都可能发生;就是说,这种国家所付出的实物形式的对象化劳动多于它所得到的,但是它由此得到的商品比它自己所能生产的更便宜.这好比一个工厂主采用了一种尚未普遍采用的新发明,他卖得比他的竞争者便宜,但仍然高于他的商品的个别价值出售,就是说,他把他所使用的劳动的特别高的生产力作为剩余劳动来使用.因此,他实现了一个超额利润.另一方面,至于投在殖民地等处的资本,它们能提供较高的利润率,是因为在那里,由于发展程度较低,利润率一般较高,由于使用奴隶和苦力等等,劳动的剥削程度也较高.为什么投在某些部门的资本以这种方式提供的并且送回本国的较高的利润率,在没有垄断的妨碍时,不应当在本国参加一般利润率的平均化,因而不应当相应地提高一般利润率呢,这是不能理解的.⁽³⁶⁾特别是在那些投资部门受自由竞争规律支配的情况下,这就更不能理解.相反地,李嘉图所想象的情况是:用在国外按较高的价格出售所得的货币,在那里购买商品,并且送回本国;这些商品在国内出售,因此,这至多只会使这些处在有利条件下的生产部门比别的生产部门得到一种暂时的额外利益.只要撇开货币形式,这种假象就会消失.处在有利条件下的国家,在交换中以较少的劳动换回较多的劳动,虽然这种差额,这种余额,同劳动和资本之间进行交换时通常发生的情况一样,总是会被某一个阶级装进腰包.所以,只要利润率较高是因为它在殖民地国家一般比较高,那么,在

---

(36)就这一点说,亚·斯密是对的,李嘉图是错了.李嘉图说:"他们断言,利润的均等是由利润的普遍提高造成的;而我却认为,特别有利的部门的利润会迅速下降到一般水平."(《李嘉图全集》,麦克库洛赫编,第73页)

殖民地国家的有利的自然条件下,较高的利润率就可以和较低的商品价格同时存在。平均化是会发生的,但不是像李嘉图认为的那样,平均化到原来的水平。

但是,同一对外贸易在国内会使资本主义生产方式得到发展,从而使可变资本同不变资本相比相对减少,另一方面,对国外来说,它引起生产过剩,因而以后又会起反作用。

因此,一般说来,我们已经看到,引起一般利润率下降的同一些原因,又会产生反作用,阻碍、延缓并且部分地抵消这种下降。这些原因不会取消这个规律,但是会减弱它的作用。否则,不能理解的就不是一般利润率的下降,反而是这种下降的相对缓慢了。所以,这个规律只是作为一种趋势发生作用;它的作用,只有在一定情况下,并且经过一个长的时期,才会清楚地显示出来。

在作进一步的研究以前,为了避免误解,我们还要重述一下已经多次说明过的两个论点。

第一,在资本主义生产方式的发展进程中使商品变得便宜的同一过程,也会使生产商品所使用的社会资本的有机构成发生变化,并由此使利润率下降。因此,我们不应当把单个商品的相对费用的减少以及这个费用中代表机器磨损部分的减少,和不变资本价值同可变资本价值相比的相对增加,混为一谈,虽然反过来,在不变资本的物质要素的量不变或增加时,不变资本的相对费用的每一次减少,都具有提高利润率的作用,就是说,它会使不变资本的价值同按日益下降的比例使用的可变资本相比相应地减少。

第二,加在一起构成资本产品的各单个商品中所包含的追加的活劳动,同其中包含的劳动材料和其中消费的劳动资料相比,会日益减少,就是说,对象化在单个商品中的追加的活劳动量会日益减少,因为生产它们所需要的劳动会随着社会生产力的发展而减少，——
这种情况同商品中包含的活劳动分为有酬劳动和无酬劳动的比例无
关。情况正好相反，虽然商品中包含的追加的活劳动的总量减少了，
但是由于有酬部分绝对的或相对的缩小，无酬部分同有酬部分相比
却会增加，因为使商品中追加的活劳动的总量减少的同一生产方式，
也会引起绝对剩余价值和相对剩余价值的增加。利润率趋向下降，和
剩余价值率趋向提高，从而和劳动剥削程度趋向提高是结合在一起
的。因此，最荒谬的莫过于用工资率的提高来说明利润率的降低了，
虽然这种情况在例外的场合也是存在的。只有理解了形成利润率的
各种关系，才有可能根据统计对不同时期、不同国家的工资率进行实
际的分析。利润率下降，不是因为劳动的生产效率降低了，而是因为
劳动的生产效率提高了。剩余价值率提高和利润率降低，这二者只是
劳动生产率的提高在资本主义下借以表现的特殊形式。

VI. 股份资本的增加

　　除上述五点外，还可以补充下面一点，不过关于这一点，我们暂
时不能进行深入的研究。在和加速的积累同时并进的资本主义生产
的发展中，资本的一部分只作为生息资本来计算和使用。这里的生息
资本不是在下述意义上说的：每个贷出资本的资本家满足于利息，
而产业资本家则取得企业主收入。这同一般利润率的水平无关，因为
对一般利润率来说，利润＝利息＋各种利润＋地租；利润在这些特
殊范畴中的分配，同一般利润率无关。这里的生息资本是在下述意义
上说的：这些资本虽然投在大的生产企业上，但在扣除一切费用之

后,只提供或大或小的利息,即所谓股息。例如,投在铁路上的资本就是这样。因此,这些资本不参加一般利润率的平均化,因为它们提供的利润率低于平均利润率。如果它们参加进来,平均利润率就会下降得更厉害。从理论上说,我们可以把它们计算进去,这样得到的利润率小于表面上存在的并且对资本家实际上起决定作用的利润率,因为恰好在这些企业内,不变资本同可变资本相比最大。

第 十 五 章
规律的内部矛盾的展开

I. 概　　论

　　我们在本册第一篇已经看到,用利润率来表现剩余价值率总是比剩余价值率本身低。现在我们看到,甚至提高的剩余价值率也具有表现为下降的利润率的趋势。只有c＝0,就是说,只有全部资本都投在工资上,利润率才等于剩余价值率。只有不变资本的价值和推动它的劳动力的量之间的比例保持不变,或者这种劳动力的量同不变资本的价值相比已经增加,下降的利润率才表现下降的剩余价值率。

　　李嘉图自以为考察了利润率,实际上只是考察了剩余价值率,而且只是考察了在工作日的内涵和外延都是不变量这个前提下的剩余价值率。[119]

　　利润率的下降和积累的加速,就二者都表现生产力的发展来说,只是同一个过程的不同表现。积累,就引起劳动的大规模集中,从而引起资本构成的提高来说,又加速利润率的下降。另一方面,利润率的下降又加速资本的积聚,并且通过对小资本家的剥夺,通过对那些还有一点东西可供剥夺的直接生产者的最后残余的剥夺,来加速资本的集中。所以,虽然积累率随着利润率的下降而下降,但是积累在量的方面还是会加速进行。

另一方面,就总资本的增殖率,即利润率,是资本主义生产的刺激(因为资本的增殖是资本主义生产的唯一目的)来说,利润率的下降会延缓新的独立资本的形成,从而表现为对资本主义生产过程发展的威胁;利润率的下降在促进人口过剩的同时,还促进生产过剩、投机、危机和资本过剩。所以,像李嘉图那样把资本主义生产方式看做绝对生产方式的经济学家,在这里也感觉到,这种生产方式为它自己造成了一种限制,因此,他们不是把这种限制归咎于生产,而是把它归咎于自然(在地租学说中就是这样)。但是在他们对利润率的下降所感到的恐惧中,重要的是这样一种感觉:资本主义生产方式在生产力的发展中遇到一种同财富生产本身无关的限制;而这种特有的限制证明了资本主义生产方式的局限性和它的仅仅历史的、过渡的性质;证明了它不是财富生产的绝对的生产方式,反而在一定阶段上同财富的进一步发展发生冲突。[120]

诚然,李嘉图及其学派只考察了包括利息在内的产业利润。但是地租率也有下降趋势,虽然它的绝对量在增加,它同产业利润相比也可以相对地增加。(见爱·威斯特的著作[121],他**在李嘉图之前**阐述了地租的规律。)如果我们考察社会总资本C,用p_1表示扣除利息和地租以后剩下的产业利润,z表示利息,r表示地租,那么,$\frac{m}{C} = \frac{p}{C} = \frac{p_1+z+r}{C} = \frac{p_1}{C} + \frac{z}{C} + \frac{r}{C}$。我们已经知道,虽然在资本主义生产发展的进程中,剩余价值总额m不断增加,但是$\frac{m}{C}$仍然不断下降,因为C比m会增加得更快。所以,在$\frac{m}{C} = \frac{p}{C}$以及$\frac{p_1}{C}$、$\frac{z}{C}$、$\frac{r}{C}$各自变得越来越小时,$p_1$、z和r都能各自变得越来越大,或者,$p_1$同z相比,或r同$p_1$相比,或r同$p_1$和z相比会相对地增大,这完全没有什么矛盾。在全部剩余价值或利润m＝p增加而利润率$\frac{m}{C}$＝$\frac{p}{C}$同时下降时,由m＝p所分成的各部分p_1、z和r之间的量的比例,可以在总量m的界限以内任意变动,而m或$\frac{m}{C}$的大小不会由此受到影响。

　　p_1、z和r互相之间的变化,只是m在不同项目之间的不同分配。因此,虽然一般利润率$\frac{m}{C}$下降了,但是,个别产业利润率、利息率和地租对总资本的比率,即$\frac{p_1}{C}$、$\frac{z}{C}$和$\frac{r}{C}$,一个同另一个相比可以提高;唯一的条件是三者之和＝$\frac{m}{C}$。如果资本构成在剩余价值率＝100%时由50c＋50v变为75c＋25v,利润率由50%下降到25%,那么,在前一场合,资本1 000提供利润500,在后一场合,资本4 000提供利润1 000。m或p增加一倍,但是p′下降一半。如果以前在50%中有20是利润,10是利息,20是地租,那么,$\frac{p_1}{C}$＝20%,$\frac{z}{C}$＝10%,$\frac{r}{C}$＝20%。如果在变为25%时这些比率仍旧不变,那么,$\frac{p_1}{C}$＝10%,$\frac{z}{C}$＝5%,$\frac{r}{C}$＝10%。但是,如果$\frac{p_1}{C}$下降到8%,$\frac{z}{C}$下降到4%,那么,$\frac{r}{C}$就提高到13%。r同p_1和z相比已经相对增大,但是p′仍旧不变。在这两种假定下,p_1、z和r之和增加了,因为生产它的资本已经增加了三倍。此外,李嘉图关于产业利润(加上利息)原来包含全部剩余价值这个假定[122],从历史上和概念上来说都是错误的。其实,只是资本主义生产的发展,才使1. 全部利润首先归于产业资本家和商业资本家,然后再行分配;2. 地租归结为超过利润的余额。在这个资本主义的基础上,地租以后还会增加,它是利润(即看做总资本的产物的剩余价值)的一部分,但不是这个产物中被资本家装进腰包的那个特殊部分。

　　假定已经有必要的生产资料,即充足的资本积累,那么,在剩余价值率从而劳动的剥削程度已定时,剩余价值的创造就只会遇到工人人口的限制,在工人人口已定时,就只会遇到劳动剥削程度的限制。资本主义的生产过程,实质上就是剩余价值的生产,而剩余价值体现为剩余产品或体现为所生产的商品中由无酬劳动对象化成的可除部分。决不应当忘记,这种剩余价值的生产——剩余价值的一部分再转化为资本,或积累,也是这种剩余价值生产的不可缺少的部分——是资本主义生产的直接目的和决定性动机。[123]因此,决不能把这种生产描写成它本来不是的那个东西,就是说,不能把它描写成以享受或者以替资本家生产享受品为直接目的的生产。如果这样,就完全无视这种生产在其整个内在本质上表现的独特性质。

这个剩余价值的取得,形成直接的生产过程,而这个生产过程,正如我们已经指出的,除了上面所说的那些限制,再没有别的限制。一旦可以榨出的剩余劳动量对象化在商品中,剩余价值就生产出来了。但是,这样生产出剩余价值,只是结束了资本主义生产过程的第一个行为,即直接的生产过程。资本已经吮吸了这么多无酬劳动。随着表现为利润率下降的过程的发展,这样生产出来的剩余价值的总量会惊人地膨胀起来。现在开始了过程的第二个行为。总商品量,即总产品,无论是补偿不变资本和可变资本的部分,还是代表剩余价值的部分,都必须卖掉。如果卖不掉,或者只卖掉一部分,或者卖掉时价格低于生产价格,那么,工人固然被剥削了,但是对资本家来说,这种剥削没有原样实现,这时,榨取的剩余价值就完全不能实现,或者只是部分地实现,资本就可能部分或全部地损失掉。进行直接剥削的条件和实现这种剥削的条件,不是一回事。二者不仅在时间和地点上是分开的,而且在概念上也是分开的。前者只受社会生产力的限制,后者受不同生产部门的比例关系和社会消费力的限制。

但是社会消费力既不是取决于绝对的生产力,也不是取决于绝对的消费力,而是取决于以对抗性的分配关系为基础的消费力;这种分配关系,使社会上大多数人的消费缩小到只能在相当狭小的界限以内变动的最低限度。其次,这个消费力还受到追求积累的欲望,扩大资本和扩大剩余价值生产规模的欲望的限制。这是资本主义生产的规律,它是由生产方法本身的不断革命,由总是和这种革命联系在一起的现有资本的贬值,由普遍的竞争斗争以及仅仅为了保存自身和避免灭亡而改进生产和扩大生产规模的必要性决定的。因此,市场必须不断扩大,以致市场的联系和调节这种联系的条件,越来越取得一种不以生产者为转移的自然规律的形式,越来越无法控制。这个内部矛盾力图通过扩大生产的外部范围求得解决。但是生产力越发展,它就越和消费关系的狭隘基础发生冲突。在这个充满矛盾的基础上,资本过剩和日益增加的人口过剩结合在一起是完全不矛盾的;因为在二者相结合的情况下,所生产的剩余价值的量虽然会增加,但是生产剩余价值的条件和实现这个剩余价值的条件之间的矛盾,恰好也会随之而增大。

如果利润率已定,利润量就总是取决于预付资本的量。而在这种情况下,积累取决于这个利润量中再转化为资本的部分。但因为这个部分等于利润减去资本家所消费的收入,所以它不仅仅取决于这个利润量的价值,而且也取决于资本家能够用这个利润量来购买的各种商品的便宜程度;这些商品一部分为他所消费,加入他的收入,一部分加入他的不变资本。(这里假定工资已定。)

工人推动的、其价值通过工人的劳动保存下来并再现在产品中的资本量,是和工人追加的价值完全不同的。如果资本量=1 000,追加劳动=100,那么,再生产出来的资本=1 100。如果资本量=

100,追加劳动＝20,那么再生产出来的资本＝120。利润率在前一场合＝10%,在后一场合＝20%。然而从100中可以比从20中积累得更多。因此,资本的源流,或者说资本的积累,将比例于资本已有的量而不是比例于利润率的高度而滚滚向前(撇开资本由于生产力的提高而发生的贬值)。如果工作日很长,即使劳动的生产效率不高,高的利润率也是可能的,只要它以高的剩余价值率为基础;高的利润率之所以可能,是因为劳动的生产效率虽然不高,但是工人的需要很小,平均工资因此也很低。与工资低相适应的将是工人的精力缺乏。因此,尽管利润率高,资本的积累还是很慢。人口停滞,生产产品所耗费的劳动时间很多,虽然支付给工人的工资很少。[124]

利润率下降,不是因为对工人的剥削少了,而是因为所使用的劳动同所使用的资本相比少了。

如果像前面指出的那样,利润率的下降和利润量的增加同时发生,那么,在劳动的年产品中,被资本家在资本范畴下占有的部分(作为已经耗费的资本的补偿)变大了,在利润范畴下被占有的部分相应变小了。这样就产生了查默斯牧师的幻想[125]:年产品中资本家用做资本的量越小,他们吞掉的利润就越大;于是,国教会[126]就来帮助他们,要他们把很大一部分的剩余产品用于消费,而不要把它资本化。这位牧师把原因和结果混淆了。此外,利润量甚至在利润率较低时也会随着所投资本量的增加而增加。但是,这同时需要有资本的积聚,因为这时各种生产条件都要求使用大量资本。这同样需要有资本的集中,即小资本家为大资本家所吞并,小资本家丧失资本。这不过又是劳动条件和生产者的再一次的分离,这些小资本家还属于生产者,因为对他们来说,本人的劳动还起着作用;一般说来,资本家的劳动和他的资本量成反比,就是说,和他成为资本家的程度成反比。

正是劳动条件和生产者之间的这种分离,形成资本的概念;这种分离从原始积累(第一册第二十四章)开始,然后在资本的积累和积聚中表现为不断的过程,最后表现为现有资本集中在少数人手中和许多人丧失资本(现在剥夺正向这方面变化)。如果没有相反的趋势总是在向心力之旁又起离心作用,这个过程很快就会使资本主义生产崩溃。

II. 生产扩大和价值增殖之间的冲突

劳动社会生产力的发展表现在两方面:第一,表现在已经生产出来的生产力的大小上,表现在新的生产借以进行的生产条件的价值量和数量上,表现在已经积累起来的生产资本的绝对量上。第二,表现在投在工资上的资本部分同总资本相比的相对微小上,即表现在为一定量资本的再生产和增殖、为进行大量生产所必需的活劳动的相对微小上。这同时也要以资本的积聚为前提。[127]

就所使用的劳动力来说,生产力的发展也表现在两方面:第一,表现在剩余劳动的增加,即再生产劳动力所必需的必要劳动时间的缩短上。第二,表现在推动一定量资本所使用的劳动力的数量(即工人人数)的减少上。

这两种运动不仅同时并进,而且互为条件,是表现同一个规律的两种现象。但是,它们对利润率起着相反的影响。利润总量等于剩余价值总量,利润率$=\dfrac{m}{C}=\dfrac{剩余价值}{全部预付资本}$。但是,剩余价值作为一个总量,第一取决于剩余价值率,第二取决于按这个比率同时使用的劳动量,即取决于可变资本量。从一方面看,前一个因素即剩余价值率提高;从另一方面看,后一个因素即工人人数(相对地或绝对地)减少。只要生产力的发展使所使用劳动的有酬部分减少，它就使剩余价值增加，因为它使剩余价值率提高了；但是，只要它使一定量资本所使用的劳动的总量减少，它就使人数这个在求剩余价值量时和剩余价值率相乘的因素减少。两个每天劳动12小时的工人，即使可以只靠空气生活，根本不必为自己劳动，他们所提供的剩余价值量也不能和24个每天只劳动2小时的工人所提供的剩余价值量相等。[128]因此，就这方面来说，靠提高劳动剥削程度来补偿工人人数的减少，有某些不可逾越的界限；所以，这种补偿能够阻碍利润率下降，但是不能制止它下降。

因此，随着资本主义生产方式的发展，利润率会下降，而利润量会随着所使用的资本量的增加而增加。在利润率已定的情况下，资本增加的绝对量，就取决于现有的资本量。另一方面，在现有的资本量已定的情况下，它增加的比率，即它的增长率，就取决于利润率。只有生产力的提高（前面已经提到，它总是和现有资本的贬值同时并进的①），通过利润率的提高使年产品中再转化为资本的价值部分增加时，它才能直接增加资本的价值量。如果我们考察的是劳动生产力，那么，只有相对剩余价值由此提高，或不变资本的价值由此减少，就是说，只有加入劳动力再生产或不变资本要素的那些商品由此变得便宜，这种情况才能发生（因为这个生产力同现有资本的**价值**没有直接关系）。但是，二者都包含现有资本的贬值，二者都和可变资本同不变资本相比的相对减少同时并进。二者都引起利润率的下降，二者都延缓这种下降。其次，只要利润率的提高引起对劳动需求的增加，它就会使工人人口增加，从而使可供剥削的材料增加；而正是

---

①见本卷第263页。——编者注

这种可供剥削的材料,使资本成为资本。

但是,劳动生产力的发展间接促使现有资本价值增加,因为它增加了使用价值的数量和种类,而这些使用价值体现同一交换价值,并形成资本的物质实体,物质要素,即那些直接构成不变资本和至少间接构成可变资本的物品。用同一资本和同一劳动会创造出更多的可以转化为资本的物品,而不管它们的交换价值如何。这些物品可以用来吮吸追加劳动,从而也可以用来吮吸追加的剩余劳动,由此形成追加资本。资本所能支配的劳动量,不是取决于资本的价值,而是取决于构成资本的原料和辅助材料、机器和固定资本要素以及生活资料的数量,而不管这些物品的价值如何。只要所使用的劳动的量由此增加了,因而剩余劳动的量也由此增加了,再生产出来的资本的价值和新加入资本的剩余价值也就增加了。

但是,我们不能像李嘉图那样,只在静止的并存状态中考察这两个包含在积累过程中的因素;它们包含着一个矛盾,后者表现为互相矛盾的趋势和现象。互相对抗的因素同时发生互相对抗的作用。

社会总产品中作为资本起作用的部分的增加,刺激工人人口的实际增加,同时,创造仅仅相对的过剩人口的一些因素也在起作用。

利润率下降,同时,资本量增加,与此并进的是现有资本的贬值,这种贬值阻碍利润率的下降,刺激资本价值的加速积累。

生产力发展,同时,资本构成越来越高,可变部分同不变部分相比越来越相对减少。

这些不同的影响,时而主要在空间上并行地发生作用,时而主要在时间上相继地发生作用;各种互相对抗的因素之间的冲突周期性地在危机中表现出来。危机永远只是现有矛盾的暂时的暴力的解决,永远只是使已经破坏的平衡得到瞬间恢复的暴力的爆发。

总的说来,矛盾在于:资本主义生产方式包含着绝对发展生产力的趋势,而不管价值及其中包含的剩余价值如何,也不管资本主义生产借以进行的社会关系如何;而另一方面,它的目的是保存现有资本价值和最大限度地增殖资本价值(也就是使这个价值越来越迅速地增加)。它的独特性质是把现有的资本价值用做最大可能地增殖这个价值的手段。它用来达到这个目的的方法包含着:降低利润率,使现有资本贬值,靠牺牲已经生产出来的生产力来发展劳动生产力。

现有资本的周期贬值,这个为资本主义生产方式所固有的、阻碍利润率下降并通过新资本的形成来加速资本价值的积累的手段,会扰乱资本流通过程和再生产过程借以进行的现有关系,从而引起生产过程的突然停滞和危机。

与生产力发展并进的、可变资本同不变资本相比的相对减少,刺激工人人口的增加,同时又不断地创造出人为的过剩人口。资本的积累,从价值方面看,由于利润率下降而延缓下来,但这样一来更加速了使用价值的积累,而使用价值的积累又使积累在价值方面加速进行。

资本主义生产总是竭力克服它所固有的这些限制,但是它用来克服这些限制的手段,只是使这些限制以更大的规模重新出现在它面前。

资本主义生产的**真正限制**是**资本自身**,这就是说:资本及其自行增殖,表现为生产的起点和终点,表现为生产的动机和目的;生产只是为**资本**而生产,而不是反过来生产资料只是生产者**社会**的生活过程不断扩大的手段。以广大生产者群众的被剥夺和贫穷化为基础的资本价值的保存和增殖,只能在一定的限制以内运动,这些限制不断与资本为它自身的目的而必须使用的并旨在无限制地增加生产,为生产而生产,无条件地发展劳动社会生产力的生产方法相矛盾。手段——社会生产力的无条件的发展——不断地和现有资本的增殖这个有限的目的发生冲突。因此,如果说资本主义生产方式是发展物质生产力并且创造同这种生产力相适应的世界市场的历史手段,那么,这种生产方式同时也是它的这个历史任务和同它相适应的社会生产关系之间的经常的矛盾。[129]

III. 人口过剩时的资本过剩

单个资本家为了生产地使用劳动所必需的资本最低限额,随着利润率的下降而增加;这个最低限额所以是必需的,既是为了剥削劳动,也是为了使所用劳动时间成为生产商品的必要劳动时间,使它不超过生产商品的平均社会必要劳动时间。同时积聚也增长了,因为超过一定的界限,利润率低的大资本比利润率高的小资本积累得更迅速。这种不断增长的积聚,达到一定程度,又引起利润率重新下降。因此,大量分散的小资本被迫走上冒险的道路:投机、信用欺诈、股票投机、危机。所谓的资本过剩,实质上总是指利润率的下降不能由利润量的增加来抵消的那种资本——新形成的资本嫩芽总是这样——的过剩[130],或者是指那种自己不能独立行动而以信用形式交给大经营部门的指挥者去支配的资本的过剩。资本的这种过剩是由引起相对过剩人口的同一些情况产生的,因而是相对过剩人口的补充现象,虽然二者处在对立的两极上:一方面是失业的资本,另一方面是失业的工人人口。

因此,资本的生产过剩,——不是个别商品的生产过剩,虽然资本的生产过剩总是包含着商品的生产过剩，——仅仅是资本的积累过剩。要了解这种积累过剩究竟是怎么回事（以后还要详细地研究），必须假定它只是绝对的。资本的生产过剩在什么时候是绝对的呢？而且生产过剩在什么时候不仅扩展到这个或那个或几个重要的生产部门，而且在范围上成为绝对的，即包括一切生产部门呢？

只要为了资本主义生产目的而需要的追加资本＝0，那就会有资本的绝对生产过剩。但是，资本主义生产的目的是资本增殖，就是说，是占有剩余劳动，生产剩余价值，利润。因此，只要资本同工人人口相比已经增加到既不能延长这些人口所提供的绝对劳动时间，也不能增加相对剩余劳动时间（后一点在对劳动的需求相当强烈从而工资有上涨趋势时，本来就是不可能的）；就是说，只要增加以后的资本同增加以前的资本相比，只生产一样多甚至更少的剩余价值量，那就会发生资本的绝对生产过剩；这就是说，增加以后的资本$C+\Delta C$同增加ΔC以前的资本C相比，生产的利润不是更多，甚至更少了。在这两个场合，一般利润率也都会急剧地和突然地下降，但是这一回是由资本构成的这样一种变化引起的，这种变化的原因不是生产力的发展，而是可变资本货币价值的提高（由于工资已经提高），以及与此相适应的、剩余劳动同必要劳动相比的相对减少。

实际上事情可能是这样：一部分资本全部或部分地闲置下来（因为它要自行增殖就得先把已经执行职能的资本从原有地盘上排挤出去），另一部分资本由于受到失业或半失业的资本的压迫以较低的利润率来增殖。一部分追加资本是否代替旧资本，而旧资本是否因此算到追加资本中去，在这里是没有关系的。我们总是一方面有旧资本额，另一方面有追加资本额。这一回，利润率的下降会引起利润量的绝对减少，因为在我们的前提下，所使用的劳动力的量不能增加，剩余价值率不能提高,因而剩余价值量也不能增加。而减少了的利润量却要按增大了的总资本来计算。——但是,即使假定就业的资本继续按原来的利润率来增殖,因而利润量不变,那么,这个利润量仍然要按增加了的总资本来计算,这也包含着利润率的下降。如果总资本1 000提供利润100,在增加到1 500之后同样只提供100,那么,在后一场合,1 000就只提供$66\frac{2}{3}$。旧资本的增殖已经绝对减少。在新的条件下,资本1 000所提供的利润并不比以前一个资本$666\frac{2}{3}$提供的多。

但是很清楚,不经过斗争,就不可能发生旧资本这种实际上的贬值,不经过斗争,追加资本ΔC也不可能作为资本执行职能。利润率不是由于资本的生产过剩所引起的竞争而下降。而是相反,因为利润率的下降和资本的生产过剩产生于同一些情况,所以现在才会发生竞争斗争。原来执行职能的资本家会把他们手中的ΔC部分或多或少地闲置下来,以便使他们的原资本不致贬值,使它在生产领域中占有的地位不致缩小,或者,他们会使用ΔC,以便即使自己遭受暂时的损失,也能把追加资本的闲置转嫁给新的侵入者,转嫁给他们的竞争者。

新资本家手中的ΔC部分,力图排挤旧资本来取得自己的地位,而且只要它使一部分旧资本闲置下来,强迫旧资本把旧位置让给它,使旧资本处于部分就业或完全失业的追加资本的地位,这就部分地获得了成功。

在任何情况下,一部分旧资本必然会闲置下来,就是说,从其资本属性来看,就其必须执行资本职能和自行增殖来说,必然会闲置下来。究竟是哪部分会这样闲置下来,这取决于竞争斗争。在一切都顺利的时候,正如我们在研究一般利润率的平均化时已经指出的那样,竞争实际上表现为资本家阶级的兄弟情谊,使他们按照各自的投资比例,共同分配共同的赃物。但是,一旦问题不再是分配利润,而是分配损失,每一个人就力图尽量缩小自己的损失量,而把它推给别人。对整个阶级来说,损失是不可避免的。但是每个资本家要分担多少,要分担到什么程度,这就取决于力量的大小和狡猾的程度了,在这种情况下,竞争也就变为敌对的兄弟之间的斗争了。这时,每个资本家的利益和资本家阶级的利益之间的对立就显示出来了,正如以前这两种利益的一致性通过竞争在实际上得到实现一样。

　　这种冲突怎样再得到解决,同资本主义生产的"健康的"运动相适应的关系又怎样再建立起来呢?解决的方法已经包含在这里所说的要加以解决的那个冲突的表现本身中。这个方法就是:把在价值上与全部追加资本 ΔC 或其一部分相等的资本闲置下来,甚至使它部分地毁灭。虽然,正如我们在说明这种冲突时已经指出的一样[1],这种损失决不是均衡地分摊给各个特殊资本,而是这种损失的分摊决定于竞争斗争:在竞争斗争中,损失是按照特殊的优势或已经夺得的地盘而极不平均地、以极不相同的形式进行分摊的,结果,一个资本闲置下来,另一个资本被毁灭,第三个资本只受到相对的损失,或者只是暂时地贬值,等等。

　　但是在任何情况下,平衡都是由于一个或大或小的资本被闲置下来,甚至被毁灭而得到恢复。这会部分地影响到资本的物质实体;这就是说,一部分生产资料即一部分固定资本和流动资本会不执行资本的职能,不起资本的作用;已经开始生产的一部分企业会停工。虽然就这方面来说,时间会对一切生产资料(土地例外)起侵蚀和毁

---

①见本卷第217—220页。——编者注

坏作用,但是在这里,由于职能停滞,生产资料所受到的实际破坏会大得多。然而这方面的主要影响是:这些生产资料会不再起生产资料的作用;它们作为生产资料的职能在一个或长或短的时期内会遭到破坏。

主要受害的并且受害最严重的,会是具有价值属性的资本,即资本**价值**。资本价值中有一部分仅仅表现为参与剩余价值即利润未来分配的凭证,这一部分实际上就是不同形式的用于生产的债券,当它预计的收入减少时,将会立即贬值。现有的一部分金银闲置下来,不再执行资本的职能。市场上的一部分商品,只有通过它的价格的极大的下降,即通过它所代表的资本的贬值,才能完成它的流通过程和再生产过程。同样,固定资本的要素也会或多或少地贬值。此外,一定的、预定的价格关系是再生产过程的条件,所以,由于价格的普遍下降,再生产过程就陷入停滞和混乱。这种混乱和停滞,会使货币的那种随着资本的发展而同时出现的并以这些预定的价格关系为基础的支付手段职能发挥不了作用,会在许许多多点上破坏按一定期限支付债务的锁链,而在随着资本而同时发展起来的信用制度由此崩溃时,会更加严重起来,由此引起强烈的严重危机,突然的强制贬值,以及再生产过程的实际的停滞和混乱,从而引起再生产的实际的缩小。

同时,另一些因素也会起作用。生产的停滞会使工人阶级的一部分闲置下来,由此使就业的部分处于这样一种境地:他们只好让工资下降,甚至下降到平均水平以下。这种情况对资本所发生的影响,就好像在工资保持平均水平而相对剩余价值或绝对剩余价值已经提高时一样。繁荣时期会使更多的工人结婚,并会减少他们子女的死亡;这种情形——不管它使人口实际增加多少——并没有使实际劳动的人口增加,但是会对工人和资本的关系发生这样的影响,好像实际从事劳动的工人人数增加了。另一方面,价格下降和竞争斗争也会刺激每个资本家通过采用新的机器、新的改良的劳动方法、新的结合,使他的总产品的个别价值下降到它的一般价值以下,就是说,提高既定量劳动的生产力,降低可变资本和不变资本的比率,从而把工人游离出来,总之,就是造成人为的过剩人口。其次,不变资本要素的贬值,本身就是一个会使利润率提高的要素。所使用的不变资本的量同可变资本相比相对增加,但是这个量的价值可能下降。已经发生的生产停滞,为生产在资本主义界限内以后的扩大准备好了条件。

这样,周期会重新通过。由于职能停滞而贬值的资本的一部分,会重新获得它原有的价值。而且,在生产条件扩大,市场扩大以及生产力提高的情况下,同样的恶性循环会再次发生。

但是,即使在我们所作的最极端的假定下,资本的绝对生产过剩,也不是一般的绝对生产过剩,不是生产资料的绝对生产过剩。它只是在下面这个意义上说的生产资料的生产过剩,就是说,生产资料应当**作为资本执行职能**,从而应当同随着自己的量的增加而增加的价值成比例地增殖这个价值,生产追加价值。

但是,这终究会是生产过剩,因为资本已经不能按照资本主义生产过程的"健康的、正常的"发展所需要的剥削程度来剥削劳动,而这种发展所需要的剥削程度至少要使利润量随着所使用的资本量的增加而增加,从而使利润率不会在资本增加时按同一程度下降,更不会比资本的增加更为迅速地下降。

资本的生产过剩,从来仅仅是指能够作为资本执行职能即能够用来按一定剥削程度剥削劳动的生产资料——劳动资料和生活资料——的生产过剩;而这个剥削程度下降到一定点以下,就会引起资本主义生产过程的混乱和停滞、危机、资本的破坏。资本的这种生产过剩伴随有相当可观的相对人口过剩,这并不矛盾。使劳动生产力提高、商品产量增加、市场扩大、资本在量和价值方面加速积累和利润率降低的同一些情况,也会产生并且不断地产生相对的过剩人口,即过剩的工人人口,这些人口不能为过剩的资本所使用,因为他们只能按照很低的劳动剥削程度来使用,或者至少是因为他们按照一定的剥削程度所提供的利润率已经很低。

如果资本输往国外,那么,这种情况之所以发生,并不是因为它在国内已经绝对不能使用。这种情况之所以发生,是因为它在国外能够按更高的利润率来使用。但是,这种资本对就业的工人人口和该国本身来说,都是绝对的过剩资本。它是作为绝对的过剩资本和相对的过剩人口并存的;这是二者同时并存和互为条件的一个例子。

另一方面,和积累结合在一起的利润率的下降也必然引起竞争斗争。利润率的下降由利润量的增加得到补偿,这只适用于社会总资本和地位已经巩固的大资本家。新的、独立执行职能的追加资本不具备这种补偿条件,它必须先争得这种条件,因而是利润率的下降引起资本之间的竞争斗争,而不是相反。诚然,这种竞争斗争会引起工资的暂时提高和由此产生的利润率进一步暂时下降。这种情况也表现为商品的生产过剩和市场商品充斥。因为资本的目的不是满足需要,而是生产利润,因为资本达到这个目的所用的方法,是按照生产的规模来决定生产量,而不是相反,所以,在立足于资本主义基础的有限的消费范围和不断地力图突破自己固有的这种限制的生产之间,必然会不断发生不一致。而且,资本是由商品构成的,因而资本的生产过剩包含商品的生产过剩。由此产生了这样一种奇怪的现象：那些否认商品生产过剩的经济学家，却承认资本的生产过剩。[131]如果有人说，发生的不是一般的生产过剩，而是不同生产部门之间的不平衡，[132]那么，这仅仅是说，在资本主义生产内部，各个生产部门之间的平衡表现为由不平衡形成的一个不断的过程，因为在这里，全部生产的联系是作为盲目的规律强加于生产当事人，而不是作为由他们的集体的理性所把握、从而受这种理性支配的规律来使生产过程服从于他们的共同的控制。这样一来就是又要求资本主义生产方式不发达的国家，按照和资本主义生产方式的国家相适应的程度来进行消费和生产。如果有人说生产过剩只是相对的，这是完全正确的；但是整个资本主义生产方式也只是相对的生产方式，它的限制不是绝对的，然而对这种生产方式来说，在这种生产方式的基础上，则是绝对的。否则，人民群众缺乏的那些商品，怎么会没有需求呢；为了能在国内支付工人平均程度的必要生活资料量，却必须到国外、到远方市场去寻找这种需求，这种事情又怎么可能发生呢？因为只是在这种独特的、资本主义的关系中，剩余产品才具有这样一种形式：剩余产品的所有者只有在这种产品对他来说再转化为资本的时候，才能让这种产品由消费去支配。最后，如果有人说资本家只需要在他们之间互相交换和消费商品，[133]那么，这就忘记了资本主义生产的全部性质，忘记了这里的问题是资本的增殖，而不是资本的消费。总之，所有否认显而易见的生产过剩现象的意见（它们并不能阻止这种现象的发生）可以归结为：**资本主义**生产的限制，不是**一般生产**的限制，因而也不是这种独特的、资本主义的生产方式的限制。但是，这种资本主义生产方式的矛盾正好在于它的这种趋势：使生产**力**绝对发展，而这种发展和资本在其中运动、并且只能在其中运动的独特的生产**条件**不断发生冲突。

生活资料和现有的人口相比不是生产得太多了。正好相反。要使大量人口能够体面地、像人一样地生活,生活资料还是生产得太少了。

对于人口中有劳动能力的那部分人的就业来说,生产资料生产得不是太多了。正好相反。首先是在人口中生产出了一个过大的部分,他们实际上不会劳动,他们由于自己的条件可以靠剥削别人的劳动来生活,或者靠这样一种劳动来生活,这种劳动只有在可鄙的生产方式下才能称为劳动。其次,要使全部有劳动能力的人口在生产效率最大的情况下劳动,就是说,要使他们的绝对劳动时间能够由于劳动时间内所使用的不变资本的数量和效率而得到缩短,已经生产出来的生产资料还很不够。

但是,要使劳动资料和生活资料作为按一定的利润率剥削工人的手段起作用,劳动资料和生活资料就周期地生产得太多了。要使商品中包含的价值和剩余价值能够在资本主义生产所决定的分配条件和消费关系下实现并再转化为新的资本,就是说,要使这个过程能够进行下去,不至于不断地发生爆炸,商品就生产得太多了。

不是财富生产得太多了。而是资本主义的、对立的形式上的财富,周期地生产得太多了。

资本主义生产方式的限制表现在:

1. 劳动生产力的发展使利润率的下降成为一个规律,这个规律在某一点上和劳动生产力本身的发展发生最强烈的对抗,因而必须不断地通过危机来克服。

2. 生产的扩大或缩小,不是取决于生产和社会需要即社会地发展了的人的需要之间的关系,而是取决于无酬劳动的占有以及这个无酬劳动和对象化劳动之比,或者按照资本主义的说法,取决于利润以及这个利润和所使用的资本之比,即一定水平的利润率。因此,当生产扩大到在另一个前提下还显得远为不足的程度时,对资本主义生产的限制已经出现了。资本主义生产不是在需要的满足要求停顿时停顿,而是在利润的生产和实现要求停顿时停顿。

如果利润率下降,那么一方面,资本就紧张起来,个别资本家就用更好的方法等等把他的单个商品的个别价值压低到它的社会平均价值以下,因而在市场价格已定时赚得额外利润;另一方面,就出现了欺诈,而普遍助长这种欺诈的是狂热地寻求新的生产方法、新的投资、新的冒险,以便保证取得某种不以一般平均水平为转移并且高于一般平均水平的额外利润。

利润率即资本的相对增长率,首先对一切新的独立形成的资本嫩芽来说,是重要的。只要资本的形成仅仅发生在某些可以用利润量来弥补利润率的少数现成的大资本手中,使生产活跃的火焰就会熄灭。生产就会进入睡眠状态。利润率是资本主义生产的推动力;那种而且只有那种生产出来能够提供利润的东西才会被生产。英国经济学家对利润率下降的担忧就是由此产生的。单是这种可能性就使李嘉图感到不安,这正好表明他对资本主义生产条件有深刻的理解。有人责难他,说他在考察资本主义生产时不注意“人”,只看到生产力的发展,而不管这种发展以人和资本**价值**的多大牺牲为代价。[134]这正好是他的学说中的重要之处。发展社会劳动的生产力,是资本的历史任务和存在理由。资本正是以此不自觉地创造着一种更高级的生产形式的物质条件。使李嘉图感到不安的是:利润率,资本主义生产的刺激,积累的条件和动力,会受到生产本身发展的威胁。而且在这里,数量关系就是一切。实际上,成为基础的还有某种更为深刻的东西,他只是模糊地意识到了这一点。在这里,资本主义生产的限制,它的相对性,以纯粹经济学的方式,就是说,从资产阶级立场出发,在资本主义理解力的界限以内,从资本主义生产本身的立场出发而表现出来,也就是说这里表明,资本主义生产不是绝对的生产方式,而只是一种历史的、和物质生产条件的某个有限的发展时期相适应的生产方式。

IV. 补 充 说 明

因为劳动生产力的发展在不同的产业部门极不相等,不仅程度上不相等,而且方向也往往相反,所以得出的结论是,平均利润(=剩余价值)的量必然会大大低于按最进步的产业部门中生产力的发展程度来推算的水平。不同产业部门生产力的发展不仅比例极不相同,而且方向也往往相反,这不仅仅是由竞争的无政府状态和资产阶级生产方式的特性产生的。劳动生产率也是和自然条件联系在一起的,这些自然条件的丰饶度往往随着社会条件所决定的生产率的提高而相应地减低。因此,在这些不同的部门中就发生了相反的运动,有的进步了,有的倒退了。例如,我们只要想一想决定大部分原料产量的季节的影响,森林、煤矿、铁矿的枯竭等等,就明白了。[135]

不变资本的流动部分即原料等等,就数量来说,和劳动生产力的提高成比例地不断增加,而固定资本即厂房、机器、照明设备、取暖设备等等却不是这样。虽然机器随着它的体积的增大绝对地变得更贵了,但它相对地却变得更便宜了。当5个工人生产的商品为以前的10倍时,固定资本的支出并不因此为以前的10倍;虽然不变资本中这个部分的价值随着生产力的发展而增加,但它远不是按同一比例增加。关于在利润率的下降上表现出来的不变资本和可变资本的比率和随着劳动生产率的发展在单个商品及其价格上表现出来的同一比率之间的差别,我们已经多次指出过了。

〔商品的价值,取决于加入商品的总劳动时间,即过去劳动的时间和活劳动的时间。劳动生产率的提高正是在于:活劳动的份额减少,过去劳动的份额增加,但结果是商品中包含的劳动总量减少;因而,所减少的活劳动大于所增加的过去劳动。体现在商品价值中的过去劳动——不变资本部分——一部分由固定不变资本的损耗构成,一部分由全部加入商品的流动不变资本——原料和辅助材料——构成。来自原料和辅助材料的价值部分,必然随着劳动生产率的[提高]而减少,因为就这些材料来说,这种生产率正好表现在:它们的价值已经下降。另一方面,劳动生产力提高的特征正好是:不变资本的固定部分大大增加,因而其中由于损耗而转移到商品中的价值部分也大大增加。一种新的生产方法要证明自己实际上提高了生产率,就必须使固定资本由于损耗而转移到单个商品中的追加价值部分小于因活劳动的减少而节约的价值部分,总之,它必须减少商品的价值。即使像个别情况下所发生的那样,除了固定资本的追加损耗部分以外,还有一个由于原料或辅助材料的增加或更贵而追加的价值部分加入商品价值的形成中去,它也不言而喻地必须减少商品的价值。由于活劳动的减少而减少的价值部分必须抵消一切增加的价值部分而有余。

因此,加入商品的劳动总量的这种减少,好像是劳动生产力提高的主要标志,无论在什么社会条件下进行生产都一样。在生产者按照预定计划调节生产的社会中,甚至在简单的商品生产中,劳动生产率也无条件地要按照这个标准来衡量。但是资本主义生产的情况又怎样呢?

　　假定某个资本主义生产部门在下述条件下生产它的商品的标准件:固定资本的损耗每件为$\frac{1}{2}$先令或马克;加入每一件的原料和辅助材料为$17\frac{1}{2}$先令;工资为2先令,在剩余价值率为100%时,剩余价值为2先令.总价值=22先令或马克.为了简便起见,我们假定,这个生产部门的资本构成是社会资本的平均构成,从而商品的生产价格和它的价值是一致的,资本家的利润和所生产的剩余价值是一致的.这样,商品的成本价格=$\frac{1}{2}+17\frac{1}{2}+2=20$先令,平均利润率$\frac{2}{20}=$10%,一件商品的生产价格等于它的价值=22先令或马克.

　　我们假定发明了一种机器,它使每件商品所需要的活劳动减少一半,但是由固定资本的损耗所构成的价值部分因此增加了两倍.于是,情况就变为:损耗=$1\frac{1}{2}$先令,原料和辅助材料同以前一样为$17\frac{1}{2}$先令,工资1先令,剩余价值1先令,总计21先令或马克.现在商品价值下降1先令;新机器明显地提高了劳动生产力.但是对资本家来说,情况却变为:他的成本价格现在是:损耗$1\frac{1}{2}$先令,原料和辅助材料$17\frac{1}{2}$先令,工资1先令,总计20先令,同以前一样.因为利润率不会由于新机器的采用而立即发生变化,所以,他一定会在成本价格以上得到10%,赚得2先令;因此,生产价格不变=22先令,但高于价值1先令.对于在资本主义条件下进行生产的社会来说,商品并**没有**便宜,新机器也**不是**什么改良.因此,资本家对采用新机器并没有什么兴趣.并且,因为采用新机器会使他原有的还没有用坏的机器变得一钱不值,变成一堆废铁,从而使他受到直接的损失,所以他十分小心谨慎,不做这种对他来说纯属空想的蠢事.

　　因此,对资本来说,劳动生产力提高的规律不是无条件适用的.对资本来说,不是在活劳动一般地得到节约的时候,而是只有在活劳动中节约下来的**有酬**部分大于追加的过去劳动部分的时候,这种生产力才提高了,这一点在本书第一册第十三章第2节第409/398页[136]已经简略地说明过了。资本主义生产方式在这里陷入了新的矛盾。它的历史使命是无所顾忌地按照几何级数推动人类劳动的生产率的发展。如果它像这里所说的那样,阻碍生产率的发展,它就背叛了这个使命。它由此只是再一次证明,它正在衰老,越来越过时了。﹞(37)

————

一个独立的工业企业为了进行卓有成效的生产所必需的资本的最低限额,随着生产力的提高而提高,这种情况在竞争中表现为:只要新的较贵的生产设备普遍得到采用,较小的资本在将来就会被排除在这种生产之外。只是在各生产部门机器发明的初期,较小的资本才能在这些部门独立执行职能。另一方面,像铁路之类的规模极大的企业,不变资本占的比例异常巨大,它们不提供平均利润率,只提供它的一部分,即利息。否则,一般利润率就会降得更低。但是,资本在股份形式上的巨大的聚集,在这里也找到了直接的活动场所。

资本的增长,从而资本的积累,只是在资本的各个有机组成部分的比例随着这种增长发生上述变化的时候,才包含着利润率的下降。但是,尽管生产方式不断地每天发生变革,总资本中时而这个时而那个或大或小的部分,在一定时期内,会在那些组成部分保持某个既定的平均比例的基础上继续积累,结果在资本增长的同时,并没有发生任何有机的变化,因而也没有出现利润率下降的原因。旧的生产方法在新方法已经被采用的同时仍然会安然存在,资本在旧生产方法

————

(37)这几段话放在括号内,因为它们虽然是由手稿的一个片断[137]改写成的,但是某些说明已经超出了手稿中包含的材料的范围。——弗·恩·

基础上的这种不断的增大,从而生产在这个基础上的扩大,又是使利润率下降的程度和社会总资本增长的程度不一致的一个原因。

尽管投在工资上的可变资本相对减少,工人的绝对人数仍然会增加,这并不会发生在一切生产部门,也不会均等地发生在一切生产部门。在农业中,活劳动要素的减少可以是绝对的。

此外,雇佣工人的人数尽管相对减少,但仍然会绝对增加,这只是资本主义生产方式的需要。对资本主义生产方式来说,只要不再需要每天使用劳动力12—15小时,劳动力就已经过剩了。生产力的发展,如果会使工人的绝对人数减少,就是说,如果实际上能使整个国家在较少的时间内完成自己的全部生产,它就会引起革命,因为它会断绝大多数人口的活路。在这里,资本主义生产的特有限制又出现了,资本主义生产决不是发展生产力和生产财富的绝对形式,它反而会在一定点上和这种发展发生冲突。这种冲突部分地出现在周期性危机中,这种危机是由于工人人口中时而这个部分时而那个部分在他们原来的就业方式上成为过剩所引起的。资本主义生产的限制,是工人的剩余时间。社会所赢得的绝对的剩余时间,与资本主义生产无关。生产力的发展,只是在它增加工人阶级的剩余劳动时间,而不是减少物质生产的一般劳动时间的时候,对资本主义生产才是重要的;因此,资本主义生产是在对立中运动的。

我们已经知道,资本积累的增长包含着资本积聚的增长。因此,资本的权力在增长,社会生产条件与实际生产者分离而在资本家身上人格化的独立化过程也在增长。资本越来越表现为社会权力,这种权力的执行者是资本家,它和单个人的劳动所能创造的东西不再发生任何可能的关系;但是资本表现为异化的、独立化了的社会权力,这种权力作为物,作为资本家通过这种物取得的权力,与社会相对立。由资本形成的一般的社会权力和资本家个人对这些社会生产条件拥有的私人权力之间的矛盾,越来越尖锐地发展起来,并且包含着这种关系的解体,因为它同时包含着把生产条件改造成为一般的、公共的、社会的生产条件。这种改造是由生产力在资本主义生产条件下的发展和实现这种发展的方式决定的。[138]

————

一种新的生产方式,不管它的生产效率有多高,或者它使剩余价值率提高多少,只要它会降低利润率,就没有一个资本家愿意采用。但每一种这样的新生产方式都会使商品便宜。因此,资本家最初会高于商品的生产价格出售商品,也许还会高于商品的价值出售商品。他会得到他的商品的生产费用和按照较高的生产费用生产出来的其他商品的市场价格之间的差额。他能够这样做,是因为生产这种商品所需要的平均社会劳动时间大于采用新的生产方式时所需要的劳动时间。他的生产方法比平均水平的社会生产方法优越。但是竞争会使他的生产方法普遍化并使它服从一般规律。于是,利润率就下降——也许首先就是在这个生产部门下降,然后与别的生产部门相平衡——,这丝毫不以资本家的意志为转移。

关于这一点还应当指出,这同一规律,对这样一些生产部门来说,也起着支配作用,这些生产部门的产品既不直接也不间接加入工人的消费或加入工人的生活资料的生产条件;因而,这些生产部门的商品变得便宜,既不能增加相对剩余价值,也不能使劳动力变得便宜。(当然,在所有这些部门,不变资本变得便宜,在对工人的剥削不变时,会提高利润率。)只要新的生产方式开始推广,因而在实际上证明这些商品可以更便宜地生产出来,在旧的生产条件下进行生产的资本家,就必须低于产品的充分的生产价格来出售他们的产品,因为这种商品的价值已经下降,他们生产这种商品所需要的劳动时间多于社会必要劳动时间。总之——这表现为竞争的作用——,他们也必须采用使可变资本同不变资本相比已经相对减少的新的生产方式。[139]

机器的使用会使机器生产的商品的价格便宜,所有造成这种结果的情况总是会减少单个商品所吸收的劳动量;其次,还会减少把其价值加入单个商品的机器磨损部分。机器磨损得越慢,它的磨损就越是分配在更多的商品上,机器在它的再生产期限到来以前所代替的活劳动就越多。在这两种情况下,同可变资本相比,固定不变资本的量和价值都增加了。

> "在其他一切条件相同的情况下,一个国家从它的利润中进行积蓄的能力,随着利润率的变化而变化,这种能力在利润率高时就大,在利润率低时就小;但是在利润率下降时,其他一切条件就不会保持不变……　在利润率低时,积累的速度通常会比人口增加的速度快,例如在英国……　在利润率高时,积累的速度通常会比人口增加的速度慢。"例如:波兰、俄国、印度等等。(理查·琼斯《政治经济学绪论》1833年伦敦版第50—51页)

琼斯正确地指出:尽管利润率下降,积累的欲望和能力仍然会增加。[140]第一,由于相对过剩人口增加。第二,由于随着劳动生产率的提高,同一个交换价值所代表的使用价值量,即资本的物质要素的量会增加。第三,由于生产部门会多样化。第四,由于信用制度、股份公司等等的发展以及由此引起的结果,即自己不成为产业资本家,也很容易把货币转化为资本。第五,由于需要和致富欲望的增长。第六,由于固定资本的大量投资不断增长,如此等等。

————

资本主义生产的三个主要事实:

1. 生产资料集中在少数人手中，因此不再表现为直接劳动者的财产，而是相反地转化为社会的生产能力，尽管首先表现为资本家的私有财产。这些资本家是资产阶级社会的受托人，但是他们会把从这种委托中得到的全部果实装进私囊。

2. 劳动本身由于协作、分工以及劳动和自然科学的结合而组织成为社会的劳动。

从这两方面，资本主义生产方式把私有财产和私人劳动扬弃了，虽然是在对立的形式上把它们扬弃的。[141]

3. 世界市场的形成。

在资本主义生产方式内发展着的、与人口相比惊人巨大的生产力，以及虽然不是与此按同一比例的、比人口增加快得多的资本价值（不仅是它的物质实体）的增加，同这个惊人巨大的生产力为之服务的、与财富的增长相比变得越来越狭小的基础相矛盾，同这个不断膨胀的资本的价值增殖的条件相矛盾。危机就是这样发生的。

第 四 篇

商品资本和货币资本转化为商品经营资本和货币经营资本(商人资本)

第 十 六 章

商品经营资本

商人资本或商业资本分为两个形式或亚种,即商品经营资本和货币经营资本。现在,我们要在分析资本的核心构造所必要的范围内,较详细地说明这两种资本的特征。由于现代经济学,甚至它的最优秀的代表,都把商业资本直接和产业资本混为一谈,实际上完全看不到商业资本的特性,我们就更有必要这样做了。[142]

———

商品资本的运动在第二册[143]已经分析过了。就社会总资本来说,它的一部分总是作为商品处在市场上,以便转化为货币,虽然这部分的构成要素不断改变,甚至数量也在变化;另一部分则以货币形式处在市场上,以便转化为商品。社会总资本总是处在这种转化即这种形态变化的运动中。只要处在流通过程中的资本的这种职能作为一种特殊资本的特殊职能独立起来,作为一种由分工赋予特殊一类资本家的职能固定下来,商品资本就成为商品经营资本或商业资本。

我们(在第二册第六章《流通费用》第II和III节中)已经说明,运输业以及处于可以分配的形式中的商品的保管和分发,应当在多大程度上看做生产过程在流通过程中的继续。商品资本流通中的这些附带的事项,部分地同商人资本或商品经营资本的特有的职能混淆在一起;部分地同这种资本的特有的专门的职能实际上结合在一起,虽然随着社会分工的发展,商人资本的职能也会以纯粹的形式出现,也就是说,同上述这些实际的职能相分离而独立存在。我们的目的是确定这种特殊形态的资本的特征,因此,我们必须把上述这些职能抽象掉。单纯在流通过程中执行职能的资本,特别是商品经营资本,只要部分地把上述这些职能同自己的职能结合在一起,它就不是以纯粹的形式表现出来。只有把这些职能排除和抛掉,我们才会得到这种资本的纯粹形式。

我们已经知道[144],资本作为商品资本的存在和它作为商品资本在流通领域内,在市场上所经历的形态变化——这种形态变化分解为买和卖,即商品资本转化为货币资本和货币资本转化为商品资本——,形成产业资本再生产过程的一个阶段,因而形成产业资本总生产过程的一个阶段;但同时我们也知道,资本在它执行流通资本的这种职能时,同它作为生产资本的自身区别开来。这是同一资本的两种特殊的、互相区别的存在形式。社会总资本的一部分不断地在这一存在形式上作为流通资本处在市场上,不断地处在这种形态变化过程中,虽然对每一单个资本来说,它作为商品资本的存在和它作为商品资本所经历的形态变化,只是它的连续不断的生产过程的一个不断消失和不断更新的经过点,一个过渡阶段;并且,虽然处在市场上的商品资本的各要素这样一来会不断变化,因为它们会不断地从商品市场上被取走,同样又会不断地作为生产过程的新产品被投回商品市场。

商品经营资本不外是这个不断处在市场上、处在形态变化过程中并总是局限在流通领域内的流通资本的一部分的转化形式。我们说一部分,是因为商品的买和卖有一部分是不断地在产业资本家自身中间直接进行的。在这里的研究中,我们把这个部分完全抽象掉,因为它对于规定商人资本的概念,对于理解商人资本的特有性质毫无帮助,另一方面,在第二册中,我们已经对这个部分做了为我们的目的所需要做的详尽说明。[145]

商品经营者,作为资本家一般,首先是作为某个货币额的代表出现在市场上;他作为资本家预付这个货币额,也就是说,他要把这个货币额从x(这个货币额的原有价值)转化为x + △x(这个货币额加上它的利润)。但是,对他这个不仅是作为资本家一般,而且特别是作为商品经营者的人来说,不言而喻的是,他的资本最初必须以货币资本的形式出现在市场上,因为他不生产商品,而只是经营商品,对商品的运动起中介作用,而要经营商品,他就必须首先购买商品,因此必须是货币资本的占有者。

假定一个商品经营者有3 000镑,把它当做经营资本来增殖。他用这3 000镑从麻布厂主那里购买比如说30 000码麻布,每码2先令。他再把这30 000码麻布卖掉。如果年平均利润率＝10%,他在扣除一切其他花费之后赚到10%的年利润,那么,他在年终时就把这3 000镑转化为3 300镑了。他怎样赚得这笔利润,那是我们以后才要研究的问题。在这里,我们首先要考察的只是他的资本的运动的形式。他不断地用这3 000镑购买麻布,并且不断地把这些麻布卖掉;他不断地重复为卖而买这一行为,G—W—G′。这是完全局限在流通过程中的资本的简单形式,不会因处在这一资本的自身运动和职能范围以外的生产过程所造成的间歇而中断。

这种商品经营资本同作为产业资本的一个单纯存在形式的商品资本的关系又是怎样的呢?拿麻布厂主来说,他靠商人的货币实现了他的麻布的价值,完成了他的商品资本的形态变化的第一阶段,把他的商品资本转化为货币了,在其他条件不变的情况下,他现在能够把这些货币再转化为麻纱、煤炭、工资等等,另一方面,也转化为生活资料等等,以花掉他的收入;因此,如果撇开收入的花费不说,他现在就能够继续进行再生产过程了。

但是,麻布到货币的形态变化,麻布的出售,对他这个麻布生产者来说,虽然已经发生,然而,对麻布本身来说,还没有发生。麻布仍旧作为商品资本处在市场上,有待于完成它的第一形态变化,即卖掉。对这批麻布来说,不过是它的占有者改换了。按它本身的性质来说,按它在过程中所处的地位来说,它仍旧是商品资本,是要出售的商品;只不过它现在是在商人手中,而不像以前那样是在生产者手中。把麻布卖掉的职能,即对麻布形态变化的第一阶段起中介作用的职能,由商人从生产者手里接过来了,成为商人的特殊业务了,而以前,这种职能是生产者在完成生产麻布的职能以后要由自己去完成的。

假定在麻布生产者把另一批价值3 000镑的麻布30 000码投入市场之前的这段间歇期间里,商人未能把这30 000码麻布卖掉。

商人不能重新购买麻布,因为他在仓库里还有30 000码麻布没有卖出去,这些麻布对他来说还没有再转化为货币资本。于是,停滞发生了,再生产中断了。当然,麻布生产者可能拥有追加的货币资本,尽管这30 000码麻布没有卖掉,他也能够把这笔追加的货币资本转化为生产资本,使生产过程继续进行。但是这个假定丝毫没有使事情发生变化。只要我们考察的是预付在30 000码麻布上的资本,那么,这个资本的再生产过程毕竟是中断了。因此,这里实际上已经非常清楚地说明,商人的活动不过是为了把生产者的商品资本转化为货币所必须完成的活动,不过是对商品资本在流通过程和再生产过程中的职能起中介作用的活动。如果专门从事这种卖出以及买进活动的,不是独立的商人,而只是生产者的代理人,那么这种联系就始终是一清二楚的。

因此,商品经营资本无非是生产者的商品资本,这种商品资本必须经历它转化为货币的过程,必须在市场上完成它作为商品资本的职能;不过这种职能已经不是表现为生产者的附带活动,而是表现为一类特殊资本家即商品经营者的专门活动,它已经作为一种特殊投资的业务而独立起来。

此外,这种情况也表现在商品经营资本的特有流通形式上。商人购买商品,然后把它卖掉:G—W—G′。在简单的商品流通中,甚至在表现为产业资本的流通过程的商品流通W′—G—W中,流通都是以每一个货币两次转手为中介的。麻布生产者出售他的商品麻布,把它转化为货币;买者的货币转到了他的手中。他用这个货币购买麻纱、煤炭、劳动等等,即再一次支出这个货币,以便把麻布的价值再转化为构成麻布生产要素的商品。他购买的商品和他出售的商品,不是同一个商品,不是同一种商品。他卖出产品,买进生产资料。但是,商人资本的运动却不是这样。麻布商人用3 000镑买进30 000码麻布;他把这30 000码麻布卖掉,为的是从流通中取回货币资本(3 000镑加上利润)。因此,这里两次换位的不是同一货币,而是同一商品;这个商品从卖者手中转到买者手中,又从现在已经成为卖者的买者手中转到另一个买者手中。这个商品卖了两次,如果还有一系列商人插在中间,它还可以卖许多次;而且,正是由于这种反复出售,正是由于同一商品的两次换位,第一个买者才取回购买商品时预付的货币,这些货币才流回到他手中。在一个场合W′—G—W,同一货币两次换位,使商品在一种形态上被让渡,而在另一种形态上被占有。在另一个场合G—W—G′,同一商品两次换位,把预付货币重新从流通中取回。这正好表明,当商品由生产者手中转到商人手中时,它还没有被最后卖掉;商人只是在继续进行出售活动,或者说,作为中介使商品资本继续执行职能。但是这同时也表明,对生产资本家来说是W—G的行为,即他的资本执行其商品资本这一暂时形态上的简单职能的行为,对商人来说却是G—W—G′的行为,即他所预付的货币资本实现特殊增殖过程的行为。商品形态变化的一个阶段,在这里,对商人来说,表现为G—W—G′,也就是表现为一种独特的资本的演变。

商人最终会把商品即麻布卖给消费者,不管是生产消费者(例如漂白业者),还是把麻布用于私人消费的个人消费者。这样一来,预付资本(加上利润)就回到商人手中,他就能重新开始活动。如果在购买麻布时货币只是执行支付手段的职能,商人要在进货后六个星期才支付,而如果他在到期以前已经把麻布卖掉,那么,他自己用不着预付货币资本,就能够对麻布生产者实行支付了。如果他没有把麻布卖掉,他就必须在到期的时候预付3 000镑,不过用不着在麻布交货的时候立即付款;而且,如果市场价格下降,他只好低于购买价格出售麻布,这样,他就必须用他自己的资本来弥补亏损的部分。

既然商品经营资本在自行销售的生产者手中显然只是他的资本在再生产过程中的一个特殊阶段上,即停留在流通领域的时候所表现的一种特殊形式,那么,是什么情况使商品经营资本具有一个独立地执行职能的资本的性质呢?

第一,是下面这个情况:商品资本是在一个和它的生产者不同的当事人手中完成它最终转化为货币的过程,即完成它的第一形态变化,完成它在市场上作为商品资本所固有的职能的;商品资本的这种职能,是以商人的活动,即商人的买卖为中介的,于是这种活动就形成一种特别的、与产业资本的其他职能分离的、因而是独立存在的业务。这是社会分工的一种特殊形式,结果是,一部分本来要在资本再生产过程的一个特殊阶段(在这里就是流通阶段)中完成的职能,现在表现为一种和生产者不同的、特别的流通当事人的专门职能。但是单有这一点,这种特殊业务还决不会表现为一种和处于再生产过程的产业资本不同的、独立于产业资本之外的特殊资本的职能;在商品经营只是由产业资本家的推销员或其他直接代理人进行的地方,它实际上还没有表现为这种职能。因此,还必须有第二个因素。

第二,这是由于独立的流通当事人,商人,在这个地位上要预付货币资本(他自有的或借入的)。那个对于处在再生产过程中的产业资本来说只表现为W—G,即商品资本转化为货币资本或单纯的卖的行为,对商人来说却表现为G—W—G′,即同一商品的买和卖,因而表现为货币资本的回流,这个货币资本在商人进行购买时离开了他,通过出售又回到他手中。

在商人预付资本向生产者购买商品时对商人来说表现为G—W—G的行为,总是W—G,即商品资本转化为货币资本;总是商品资本的第一形态变化,虽然对生产者或处于再生产过程的产业资本来说,这同一个行为可以表现为G—W,即货币再转化为商品(生产资料),或形态变化的第二阶段。对麻布生产者来说,W—G是第一形态变化,即商品资本转化为货币资本。这个行为对商人来说则表现为G—W,即他的货币资本转化为商品资本。如果他现在把麻布卖给漂白业者,那么,这对漂白业者来说就表现为G—W,即货币资本转化为生产资本或他的商品资本的第二形态变化;但是对商人来说,则是W—G,出售他所购买的麻布。实际上,麻布厂主生产的商品资本只是这时才最终卖掉,或者说,商人的这个G—W—G,对两个生产者之间的W—G来说,只是中介过程。或者,我们假定麻布厂主用卖掉的麻布的一部分价值向麻纱商人购买麻纱,那么,这对麻布厂主来说是G—W。但是对出售麻纱的商人来说,这是W—G,是麻纱的再出售;而对作为商品资本的麻纱本身来说,这只是它的最终的出售,它由此从流通领域转入消费领域;是W—G,即它的第一形态变化的最终完成。因此,不管商人是向产业资本家购买,还是向产业资本家售卖,他的G—W—G,即商人资本的循环所表示的,对商品资本本身来说,对再生产中的产业资本的这个过渡形式来说,始终只是W—G,只是它的第一形态变化的完成。商人资本的G—W,只有对产业资本家来说,才同时是W—G,但对他所生产的商品资本来说却不是这样:这只是商品资本从产业家手中转到流通当事人手中;只有商人资本的W—G才是执行职能的商品资本的最终的W—G。

G—W—G只是同一商品资本的两个W—G,两次相继的出售,它们只是对这一商品资本的最终的出售起中介作用。

因此,商品资本会在商品经营资本形式上取得一种独立资本的形态,是由于这样一种情况:商人预付货币资本,这种资本所以能作为资本自行增殖,能执行资本的职能,是因为它专门从事这样一种活动,即作为中介实现商品资本的形态变化,实现这一资本作为商品资本的职能,也就是实现它向货币的转化,并且这一点是通过商品的不断的买和卖来实现的。这是商品经营资本的唯一活动;对产业资本流通过程起中介作用的这种活动,就是商人使用的货币资本的唯一职能。通过这种职能,商人把他的货币转化为货币资本,把他的G表现为G—W—G′;并且通过同一过程,他把商品资本转化为商品经营资本。

商品经营资本,只要它以商品资本的形式存在,从社会总资本的再生产过程来看,显然不过是产业资本中那个还处在市场上、处在自己的形态变化过程中、现在作为商品资本存在和执行职能的部分。因此,这只是商人预付的**货币**资本,这种货币资本是专门用于买卖商品的,因而只采取商品资本和货币资本的形式,而从来不采取生产资本的形式,并且总是处在资本的流通领域中——我们现在就资本的总再生产过程要考察的,也只是这种货币资本。

一旦生产者即麻布厂主把他的30 000码麻布卖给商人,得到了3 000镑,他就会用由此得到的货币购买必要的生产资料,他的资本就会再进入生产过程;他的生产过程就会继续进行下去,不会发生中断[146]。对他来说,他的商品已经转化为货币。但是我们知道,对麻布本身来说,这种转化还没有发生。它还没有最终再转化为货币,还没有作为使用价值进入生产消费或个人消费。原来由麻布生产者代表的同一商品资本,现在在市场上由麻布商人来代表了。对麻布生产者来说,形态变化的过程缩短了,但只是要在商人手中继续进行下去。

如果麻布生产者必须等待,直等到他的麻布实际上已经不再是商品,已经转入最后的买者手中,即转入生产消费者或个人消费者手中,那么,他的再生产过程就会中断。或者,为了使再生产过程不致中断,他就必须限制他的业务,把他的较小部分的麻布转化为麻纱、煤炭、劳动等等,总之,转化为生产资本的各种要素,而把他的较大部分的麻布作为货币准备金保存起来,以便在他的资本的一部分作为商品处在市场上的时候,另一部分能够使生产过程继续进行下去,因而,在这一部分作为商品出现在市场上的时候,那一部分则以货币形式流回。他的资本的这种分割,不会由于商人的介入而消除。但是,如果没有商人的介入,流通资本中以货币准备金形式存在的部分,同以生产资本形式使用的部分相比,必然会不断增大,与此相适应,再生产的规模就会受到限制。而现在,生产者能够把他的资本中较大的部分不断地用于真正的生产过程,而把较小的部分用做货币准备金。

但是这样一来,社会资本的另一个部分现在就以商人资本的形式不断地处在流通领域中。这个部分始终只是用来买卖商品。因此,看起来只是握有这种资本的人改换了。

如果商人不是把3 000镑用来购买麻布,然后把它再卖出去,而是自己把这3 000镑用于生产,那么,社会的生产资本似乎就会增大了。不过在这种情况下,麻布生产者当然就必须把他的相当大一部分资本作为货币准备金保存起来;现在已经转化为产业资本家的商人也必须这样做。反之,如果商人仍然是商人,那么,生产者就可以把出售商品的时间节省下来用于监督生产过程,而商人则必须把他的全部时间用于出售商品。

只要商人资本没有超过它的必要的比例,那就必须承认:

1. 由于分工,专门用于买卖的资本(在这里,除了购买商品的货币以外,还包括在经营商业所必要的劳动方面和在商人的不变资本即仓库、运输等等方面必须支出的货币),小于产业资本家在必须亲自从事他的企业的全部商业活动时所需要的这种资本。

2. 因为商人专门从事这种业务,所以,不仅生产者可以把他的商品较早地转化为货币,而且商品资本本身也会比它处在生产者手中的时候更快地完成它的形态变化。

3. 就全部商人资本同产业资本的关系来看,商人资本的一次周转,不仅可以代表一个生产部门许多资本的周转,而且可以代表不同生产部门若干资本的周转。前一种情况是,例如,在麻布商人用他的3 000镑购买麻布生产者的产品并再把它卖掉以后,在这个生产者再把同量商品投入市场以前,他又去购买另一个或几个麻布生产者的产品并再把它卖掉,这样也就对同一生产部门中的不同资本的周转起中介作用。后一种情况是,例如,在商人把麻布卖掉之后,接着买进生丝,从而对另一个生产部门的资本的周转起中介作用。

总的来说必须指出:产业资本的周转,不仅受流通时间的限制,而且也受生产时间的限制。商人资本在只经营某一种商品的时候,它的周转并不是受一个产业资本的周转的限制,而是受同一生产部门的一切产业资本的周转的限制。在商人购买一个生产者的麻布并把它卖掉以后,他可以在这个生产者再把商品投入市场以前,购买另一个生产者的麻布,并把它卖掉。因此,同一商人资本,可以依次对投入一个生产部门的各个资本的不同周转起中介作用;所以,它的周转和单个产业资本的周转不是一回事,因而它不只是代替这一单个产业资本家必须保存在手边的货币准备金。一个生产部门的商人资本的周转,自然要受这个生产部门的总生产的限制。但是,它不受该部门的单个资本的生产范围的限制,或单个资本由生产时间决定的周转时间的限制。假定A提供一种商品,它需要三个月才能生产出来。当商人比如说在一个月内买进这个商品并且把它卖出以后,他可以向另一个生产者购买同一种产品并把它卖掉。或者,比如说在他卖掉一个租地农场主的谷物以后,他可以用同一货币购买第二个租地农场主的谷物并把它卖掉,等等。他的资本的周转受他在一定时间内,比如说一年内,能够依次买进和卖出的谷物总量的限制,而租地农场主资本的周转,撇开流通时间不说,则要受为期一年的生产时间的限制。

同一商人资本的周转,还可以同样有效地对不同生产部门的各个资本的周转起中介作用。

只要同一商人资本,在不同的周转中用来使各个不同的商品资本相继转化为货币,即依次把它们买进和卖出,那它作为货币资本对商品资本完成的职能,就和货币通过它在一定时期内的多次流通对商品完成的职能相同。

商人资本的周转,与一个同样大小的产业资本的周转或一次再生产是不同的;相反地,它同若干个这种资本的周转的总和相等,而不管这种资本是属于同一生产部门还是属于不同生产部门。商人资本周转得越快,总货币资本中充当商人资本的部分就越小;商人资本周转得越慢,总货币资本中充当商人资本的部分就越大。生产越不发达,商人资本的总额,同投入流通的商品的总额相比,就越大;但是绝对地说,或者同比较发达的状态相比,则越小。反过来,情况也就相反。因此,在这样的不发达状态下,真正的货币资本大部分掌握在商人手中,这样,商人的财产对于其他人的财产来说成为货币财产。[147]

商人预付的货币资本的流通速度取决于:1. 生产过程更新的速度和不同生产过程互相衔接的速度;2. 消费的速度。

商人资本仅仅为了完成上述周转,不需要按自己的全部价值量先买进商品,然后再把它卖掉。商人同时完成这两种运动。在这种情况下,他的资本分为两部分。一部分由商品资本构成,另一部分由货币资本构成。他在这里买东西,从而把他的货币转化为商品。他在那里卖东西,从而把另一部分商品资本转化为货币。一方面,他的资本作为货币资本流回他手中,另一方面,商品资本流到他手中。以一种形式存在的部分越大,以另一种形式存在的部分就越小。二者互相交替并互相平衡。如果货币作为支付手段的应用和由此发展起来的信用制度,同货币作为流通手段的应用结合在一起,那么,商人资本的货币资本部分同这个商人资本完成的交易额相比,就会更加减少。如果我购买了价值1 000镑的葡萄酒,支付期是三个月,在三个月期满以前,我已经按现金交易把葡萄酒卖掉了,那么,进行这笔交易就一文钱也没有预付。在这种情况下也很清楚,这里充当商人资本的货币资本,无非是以货币资本的形式存在、以货币的形式处在流回过程中的产业资本本身。(至于以三个月为支付期出售价值1 000镑的商品的生产者,可以把票据即债务证书拿到银行家那里去贴现,这不会使事情有任何改变,并且同商品经营者的资本没有任何关系。)如果商品的市场价格在这个期间比如说下降$\frac{1}{10}$,商人就不仅得不到利润,而且只能收回2 700镑,而不是3 000镑。为了支付,他必须添进300镑。这300镑只是执行准备金的职能,用来平衡价格差额。但是,这种情况也适用于生产者。如果生产者自己按降低了的价格出售产品,那么,他同样会损失300镑,在没有准备资本的情况下,他就不能按原有规模重新开始生产。

麻布商人用3 000镑向工厂主购买麻布;工厂主从这3 000镑中比如说拿出2 000镑购买麻纱;他是向麻纱商人购买这些麻纱的。工厂主付给麻纱商人的货币不是麻布商人的货币;因为麻布商人已经用这些货币得到了等额价值的商品。这是工厂主自己的资本的货币形式。这2 000镑在麻纱商人手中现在表现为流回的货币资本;但是这2 000镑在怎样的程度上是这种流回的货币资本,而同作为麻布所抛弃的货币形式和麻纱所取得的货币形式的那2 000镑相区别呢?如果麻纱商人赊购麻纱,并在支付期满以前按现金交易把商品卖掉,那么,在这2 000镑中就丝毫没有包含同产业资本本身在它的循环过程中采取的货币形式相区别的商人资本。既然商品经营资本不是以商品资本或货币资本的形态处在商人手中的产业资本的单纯形式,那它无非就是属于商人自己的并且在商品的买卖中流转的那部分货币资本。这部分货币资本以缩小的规模代表着为生产而预付的资本中必须作为货币准备金和购买手段不断处在产业家手中,并且不断作为他们的货币资本来流通的部分。这个部分现在以缩小的规模处在商业资本家手中,并且作为这样的东西不断在流通过程中执行职能。它是总资本中——撇开作为收入来花费的部分不说——那个必须不断作为购买手段在市场上流通,以便再生产过程能够继续进行的部分。而再生产过程进行得越迅速,货币作为支付手段的职能越发展,也就是说,信用制度越发展,这个部分同总资本相

比就越小。(38)

商人资本不外是在流通领域内执行职能的资本。流通过程是总再生产过程的一个阶段。但是在流通过程中,任何价值也没有生产出来,因而任何剩余价值也没有生产出来。在这个过程中,只是同一价值量发生了形式变化。事实上不过是发生了商品的形态变化,这种形态变化本身同价值创造或价值变化毫无关系。如果说在生产的商品出售时实现了剩余价值,那是因为剩余价值已经存在于该商品中;因此,在第二个行为,即货币资本同商品(各种生产要素)的再交换中,买者也不会实现任何剩余价值,在这里货币同生产资料和劳动

---

(38)为了能把商人资本归入生产资本,拉姆赛把它和运输业混为一谈了,并把商业叫做"商品从一个地点向另一个地点的运输"。(《论财富的分配》第19页)在韦里(《政治经济学研究》第4节[第32页])和萨伊(《论政治经济学》第1卷第14、15页)那里,已经有同样的混淆。——赛·菲·纽曼在《政治经济学原理》(1835年安多弗—纽约版)中说:"在社会的现有经济制度中,居于生产者和消费者之间的商人的真正业务,是把资本预付给前者,并得到产品作为报酬,然后把这个产品交给后者,由此把资本收回。这种交易既便利了社会的经济过程,也会把价值加入它所经营的产品。"(第174页)这样,生产者和消费者都因为商人的介入而节省了金钱和时间,这种服务需要预付资本和劳动,并且必须给予报酬,"因为它把价值加入产品;因为同一产品在消费者手里比在生产者手里具有更大的价值"。因此,他完全和萨伊先生一样,认为商业"严格来说是一种生产行为"(第175页)。纽曼的这种见解是根本错误的。商品的**使用价值**,在消费者手中比在生产者手中大,是因为它只有在消费者手中才得以实现。因为,商品的使用价值,只有在商品进入消费领域以后,才能实现,才能发挥作用。它在生产者手中只是以潜在的形式存在。但是,谁也不会为一个商品支付两次:先支付它的交换价值,然后又额外地支付它的使用价值。只要我支付了它的交换价值,我就占有了它的使用价值。至于商品是从生产者手里还是从中间商人手里转移到消费者手里去的,这个情况丝毫也不会增加商品的交换价值。[148]

力的交换只是为剩余价值的生产做了准备。相反地,既然这些形态变化要花费流通时间——在这个时间内资本根本不生产东西,因而也不生产剩余价值——,这个时间也就限制价值的创造,表现为利润率的剩余价值会正好和流通时间的长短成反比。因此,商人资本既不创造价值,也不创造剩余价值,就是说,它不直接创造它们。但既然它有助于流通时间的缩短,它就能间接地有助于产业资本家所生产的剩余价值的增加。既然它有助于市场的扩大,并对资本之间的分工起中介作用,因而使资本能够按更大的规模来经营,它的职能也就会提高产业资本的生产效率和促进产业资本的积累。既然它缩短流通时间,它也就提高剩余价值对预付资本的比率,也就是提高利润率。既然它把资本的一个较小部分作为货币资本束缚在流通领域中,它就增大了直接用于生产的那部分资本。

第 十 七 章

商 业 利 润

    我们已经在第二册看到[149],资本在流通领域内的纯粹职能,——产业资本家首先为了实现他的商品的价值,其次为了把这个价值再转化为商品的生产要素所必须进行的活动,对商品资本的形态变化W′—G—W起中介作用的活动,也就是卖和买的行为,——既不生产价值,也不生产剩余价值。相反,那里已经说明,为此所需要的时间,客观上对商品来说,主观上对资本家来说,都对价值和剩余价值的生产形成界限。关于商品资本自身的形态变化所说的话,当然不会因为商品资本的 一部分取得商品经营资本的形态而发生任何变化,也不会因为对商品资本的形态变化起中介作用的那些活动表现为特殊种类资本家的特殊业务,或表现为一部分货币资本的专门职能,而发生任何变化。如果商品的卖和买——商品资本的形态变化W′—G—W总是归结为这种行为——,是由产业资本家自己进行的、不创造价值或剩余价值的活动,那么它们也不可能因为不是由产业资本家而是由另一些人进行,就成为创造价值和剩余价值的活动。其次,如果社会总资本的一部分必须能够不断作为货币资本以供人支配,以便使再生产过程不致为流通过程所中断,能继续进行,——如果这部分货币资本既不创造价值,也不创造剩余价值,那么，即使它不是由产业资本家，而是由另一类资本家不断投入流通去执行同一职能，它也不会由此获得这种属性。至于商人资本在怎样的程度上能够起间接生产的作用，这个问题我们在上面已经提到，以后还要进一步说明。

可见，商品经营资本——撇开可以和它结合在一起的一切异质的职能，如保管、发送、运输、分类、分装等，只说它的真正的为卖而买的职能——，既不创造价值，也不创造剩余价值，它只是对它们的实现起中介作用，因而同时也对商品的实际交换，对商品从一个人手里到另一个人手里的转让，对社会的物质变换起中介作用。但是，因为产业资本的流通阶段，和生产一样，形成再生产过程的一个阶段，所以在流通过程中独立地执行职能的资本，也必须和在各不同生产部门中执行职能的资本一样，提供年平均利润。如果商人资本比产业资本带来百分比更高的平均利润，那么，一部分产业资本就会转化为商人资本。如果商人资本带来更低的平均利润，那么就会发生相反的过程，一部分商人资本就会转化为产业资本。没有哪一种资本比商人资本更容易改变自身的用途，更容易改变自身的职能了。

因为商人资本本身不生产剩余价值，所以很清楚，以平均利润的形式归商人资本所有的剩余价值，是总生产资本所生产的剩余价值的一部分。但是现在问题在于：商人资本怎样从生产资本所生产的剩余价值或利润中获得归它所有的那一部分呢?[150]

认为商业利润是单纯的加价，是商品价格在名义上高于它的价值的结果，这不过是一种假象。

很清楚，商人只能从他所出售的商品的价格中获得他的利润，更清楚的是，他出售商品时赚到的这个利润，必然等于商品的购买价格和它的出售价格之间的差额,必然等于后者超过前者的余额。

商品在买进以后卖出以前可能会有追加费用(流通费用)加入商品,同样也可能没有这种费用加入商品。如果有这种费用加入,那就很清楚,出售价格超过购买价格的余额,就不只是代表利润了。为了使我们的研究简便起见,我们先假定,没有任何这种费用加入。

就产业资本家来说,他的商品的出售价格和购买价格之间的差额,等于商品的生产价格和它的成本价格之间的差额;或者就社会总资本来看,就是等于商品的价值和商品使资本家耗费的成本价格之间的差额。这个差额又归结为对象化在商品中的劳动总量超过对象化在商品中的有酬劳动量的差额。产业资本家购买的各种商品,在重新作为可以出售的商品再投入市场以前,必须经历生产过程。商品价格中后来作为利润实现的组成部分,只是在生产过程中才生产出来的。商品经营者的情况却不是这样。只有当商品处在它的流通过程中的时候,它才在商品经营者手里。他只是把由生产资本家开始的商品出售,即商品价格的实现,继续进行下去,因此,不会计商品经历任何能够重新吸收剩余价值的中间过程。产业资本家只是在流通中实现在此之前已经生产出来的剩余价值或利润,相反地,商人不仅要在流通中并通过流通来实现他的利润,而且要在流通中并通过流通才获得他的利润。这一点看来好像只有按下述方式才能做到:商人把产业资本家按商品生产价格,或者就总商品资本来看,按商品价值卖给他的商品,高于它的生产价格出售,即对商品价格实行名义上的加价,因而,就总商品资本来看,也就是高于它的价值出售,并且把商品的名义价值超过它的实际价值的这个余额攫为己有;一句话,就是商品卖得比它的原价贵。

这种加价的形式是很容易理解的。例如，1码麻布值2先令。如果我要从再出售中获得10%的利润，我就必须加价$\frac{1}{10}$，也就是，按每码2先令$2\frac{2}{5}$便士出售。在这种情况下，它的实际生产价格和它的出售价格之间的差额 $= 2\frac{2}{5}$便士。这就是2先令的10%的利润。在这种情况下，我卖给买者1码麻布的价格，实际上是$1\frac{1}{10}$码麻布的价格。或者换一种说法也一样：我按2先令卖给买者的麻布只有$\frac{10}{11}$码，而把$\frac{1}{11}$码为自己留下来了。事实上，如果每码麻布的价格按2先令$2\frac{2}{5}$便士计算，我可以用$2\frac{2}{5}$便士买回$\frac{1}{11}$码麻布。因此，这不过是一条迂回的道路，为的是通过商品价格的名义上的提高，来分享剩余价值和剩余产品。

这就是从现象上最初表现出来的情形：商业利润通过商品加价而实现。事实上，认为利润来自商品价格的名义上的提高或商品高于它的价值出售这整个看法，是从对商业资本的直觉中产生的。

但是，只要仔细考察一下，马上就可以看到，这不过是假象。并且可以看到，假定资本主义生产方式是占统治地位的生产方式，商业利润就不是以这个方式实现的。（在这里，我们谈的始终只是平均的情况，而不是个别的情况。）为什么我们假定，商品经营者只有高于商品生产价格比如说10%出售商品，才能在他的商品上实现10%的利润呢？因为我们已经假定，这种商品的生产者，产业资本家（作为产业资本的人格化，对外界来说，他总是作为"生产者"出现）是按商品的生产价格把商品卖给商人的。如果商品经营者支付的商品购买价格等于它的生产价格，归根到底，也就是等于它的价值，以致商品的生产价格，归根到底，也就是商品的价值，对商人来说代表成本价格，那么，商人的出售价格超过他的购买价格的余额——只有这个差额才是他的利润的源泉——，事实上就必然是商品的商业价格超过它的生产价格的余额,因此,归根到底,商人是高于商品价值出售一切商品的。但是,为什么假定产业资本家是按商品的生产价格把商品卖给商人的呢?或者不如说,这个假定是以什么为前提的呢?这就是:商业资本(在这里,我们还只是把它看做商品经营资本)不参加一般利润率的形成。在说明一般利润率时,我们必须从这个前提出发,第一,因为商业资本本身那时对我们来说还不存在;第二,因为平均利润,从而一般利润率,首先必须作为不同生产部门的产业资本实际生产的利润或剩余价值的平均化来说明。但是,说到商人资本,我们考察的却是一种不参加利润生产而只分享利润的资本。所以,现在必须对以前的说明进行补充。

假定一年中预付的总产业资本 $=720c+180v=900$(比如说以百万镑为单位),$m'=100\%$。因而产品 $=720c+180v+180m$。然后我们把这个产品或生产出来的商品资本叫做W,它的价值或生产价格(因为就全部商品来说,二者是一致的)就 $=1\,080$,总资本900的利润率 $=20\%$。按照前面的阐述,这个20%是平均利润率,因为在这里剩余价值不是根据这个或那个具有特殊构成的资本计算的,而是根据具有平均构成的总产业资本计算的。因而W $=1080$,利润率 $=20\%$。现在我们假定,在这900镑产业资本之外,还有100镑商人资本加入,它要按照自己大小的比例从利润中分得和产业资本相同的份额。按照假定,它是总资本 $1\,000$ 中的 $\frac{1}{10}$。因此,它从全部剩余价值180中分得 $\frac{1}{10}$;也就是按18%的比率获得一笔利润。因此,留下来要在其余 $\frac{9}{10}$ 的总资本中进行分配的利润实际上只有162,对资本900来说也是18%。因此,产业资本900的所有者把W卖给商品经营者的价格 $=720c+180v+162m=1\,062$。因此,如果商人对他的资本100加上18%的平均利润,他就是按照 $1\,062+$

18＝1080，也就是按照商品的生产价格来出售商品，或者就总商品资本来看，也就是按照商品的价值来出售商品，虽然他的利润只是在流通中并且通过流通才获得的，只是由于他的出售价格超过他的购买价格的余额才获得的。不过，他还是没有高于商品的价值或高于商品的生产价格出售商品，而正是因为他是低于商品的价值或低于商品的生产价格从产业资本家那里购买商品的。

因此，商人资本会按照它在总资本中所占的比例，作为一个决定的因素参加一般利润率的形成。拿上述例子来说，平均利润率＝18%，所以，如果不是总资本有$\frac{1}{10}$是商人资本，由此使一般利润率降低了$\frac{1}{10}$，那么一般利润率就会＝20%。这样一来，关于生产价格也就出现一个更确切的有限制的规定。我们仍然要把生产价格理解为商品的价格，即＝商品的成本（商品中包含的不变资本＋可变资本的价值）＋平均利润。但是，这个平均利润现在是由另外的方法决定的。它是由总生产资本所生产的总利润决定的；但不是按这个总生产资本来计算的，而是按总生产资本＋商业资本来计算的。在前一个场合，如果总生产资本如上所述＝900，利润＝180，平均利润率就会＝$\frac{180}{900}$＝20%；在后一个场合，如果生产资本为900，商业资本为100，平均利润率就＝$\frac{180}{1\,000}$＝18%。因此，生产价格＝k（成本）＋18，而不是＝k＋20。在平均利润率中，总利润中归商业资本所有的部分已经计算在内了。因此，总商品资本的实际价值或实际生产价格＝k＋p＋h（在这里，h代表商业利润）。所以，生产价格或者说产业资本家本人出售商品的价格，小于商品的实际生产价格；或者，就商品的总体来看，产业资本家阶级出售全部商品的价格，小于这全部商品的价值。这样，拿上述例子来说，900（成本）＋900的18%，即900＋162＝1 062。现在商人把他花费100的商品，按118

出售,他当然加价18%;但是,因为他用100买来的商品本来值118,所以他并没有高于商品的价值出售。我们以后要在上述这个更确切的意义上使用生产价格这个用语。在这种情况下很清楚,产业资本家的利润等于商品的生产价格超过它的成本价格的余额,而和这种产业利润不同,商业利润等于商品的出售价格超过它的生产价格的余额,这个生产价格对商人来说就是商品的购买价格;但是,商品的实际价格＝商品的生产价格＋商业利润。正像产业资本之所以能实现利润,只是因为利润作为剩余价值已经包含在商品的价值中一样,商业资本之所以能实现利润,只是因为产业资本在商品的价格中实现的并非全部的剩余价值或利润。[39]因此,商人的出售价格之所以高于购买价格,并不是因为出售价格高于总价值,而是因为购买价格低于总价值。

可见,商人资本虽然不参加剩余价值的生产,但参加剩余价值到平均利润的平均化。因此,一般利润率已经意味着从剩余价值中扣除了属于商人资本的部分,也就是说,对产业资本的利润作了一种扣除。

根据以上所说可以得出如下结论:

1.同产业资本相比,商人资本越大,产业利润率就越小。反过来,情况也就相反。

2.如果像第一篇已经说明的那样,利润率总是表现为一个小于实际剩余价值率的比率,也就是说,总是把劳动的剥削程度表现得过小,如以上述720c＋180v＋180m的情况为例,一个100%的剩余价值率仅仅表现为一个20%的利润率,那么,既然平均利润率本身在商人资本应得的份额计算进来时表现得更小,在这里,是18%,而

―――――――――

(39) 约翰·贝勒斯。[151]

不是20%，这个比率就相差得更大。因此，直接进行剥削的资本家的平均利润率所表现的利润率小于实际的利润率。

假定其他一切条件不变，商人资本(但零售商人的资本例外，它是混合类的东西)的相对量，是和它的周转速度成反比的，因此，也是和再生产过程本身的活力成反比的。在科学分析的进程中，一般利润率的形成，是从产业资本和它们之间的竞争出发的，后来由于商人资本参加进来才得到校正、补充和修正。在历史发展的进程中，情况却正好相反。使商品价格最先或多或少由商品的价值决定的，是商业资本，而最先形成一般利润率的领域，是对再生产过程起中介作用的流通领域。最初是商业利润决定产业利润。只是在资本主义生产方式确立起来，生产者自己成了商人之后，商业利润才被归结为由作为社会再生产过程中使用的总资本的一个相应部分的商业资本在全部剩余价值中应获得的适当部分。

在由于商人资本参加进来而得到补充的利润的平均化中，我们已经看到，对于商人预付的货币资本来说，并没有在商品的价值中加入任何追加的要素；商人借以获得利润的价格追加额，只等于商品价值中没有被生产资本计算到商品的生产价格中去的部分，即它放弃的部分。这个货币资本的情况，和产业资本家的固定资本的情况相同，既然它没有被消耗，因此它的价值也就不会成为商品的价值要素。就是说，商人按照商品资本的购买价格，用货币来补偿商品资本的生产价格，$=G$。他出售的价格，如上所说，$=G+\Delta G$。ΔG表示由一般利润率决定的商品价格增加额。因此，如果他把商品卖掉了，那么，流回到他手中的，除了ΔG之外，还有他购买商品时预付的原有的货币资本。这里我们又一次看到，他的货币资本无非是产业资本家的转化为货币资本的商品资本。如果这个商品资本不是卖给商人,而是直接卖给最后消费者,那也不会影响这个商品资本的价值量。事实上,商人的货币资本不过是把最后消费者的支付提前了。但是这里所说的,只有在我们以前假定的情况下才是正确的:商人不花任何费用,或者说,他除了向生产者购买商品而必须预付货币资本以外,无须在商品的形态变化过程中,在买卖的过程中,预付任何别的流动资本或固定资本。可是正如我们在考察流通费用时(第二册第六章)看到的,事实并不是这样。这些流通费用,一部分是商人要从别的流通当事人那里收回的费用,一部分则是直接从他的特有业务中产生的费用。

不管这些流通费用属于什么种类,不管它们是从纯粹的商人业务本身中产生的,因而属于商人的特有的流通费用,还是代表那些由事后在流通过程中加进的生产过程如发送、运输、保管等等所产生的费用,它们总是以下面这一点为前提:商人除了为购买商品而预付的货币资本以外,总是还要预付一个追加的资本,用来购买和支付这种流通手段。如果这个成本要素是由流动资本构成的,它就全部作为追加要素加入商品的出售价格,如果这个成本要素是由固定资本构成的,它就按照自己损耗的程度,作为追加要素加入商品的出售价格;不过,这样一个要素,即使它和纯粹的商业流通费用一样不形成商品价值的实际追加,也会作为一个形成名义价值的要素加入商品的出售价格。但是,这全部追加资本不管是流动的还是固定的,都会参加一般利润率的形成。

纯粹的商业流通费用(因而发送、运输、保管等费用除外),归结为这样一些费用:为了实现商品的价值,使之由商品转化为货币或由货币转化为商品,对商品交换起中介作用所必需的。在这里,我们把那些会在流通行为中继续进行的并且可以和商人业务完全分开的生产过程撇开不说。正像例如真正的运输业和发送业事实上可以是而且是和商业完全不同的产业部门一样,待买和待卖的商品也可以堆在码头或别的公共场所,由此引起的费用,如果必须由商人预付,会由第三者记在商人账上。这一切都会在真正的批发商业中发生。在批发商业中,商人资本以最纯粹的形式出现,最少同其他职能交织在一起。运输业者、铁路经营者、船主,都不是"商人"。我们在这里考察的费用,是指买和卖方面的费用。以前已经指出,这种费用归结为计算、簿记、市场、通讯等方面的开支。为此必需的不变资本包括事务所、纸张、邮资等。另外一些费用则归结为可变资本,这是为雇用商业上的雇佣工人而预付的。(发送费用,运输费用,关税的预付等等,部分地可以这样看待:它们是商人在购买商品时预付的,因此,对商人说来,它们会加入购买价格。)

所有这些费用都不是在生产商品的使用价值时花掉的,而是在实现商品的价值时花掉的;它们是纯粹的流通费用。它们不加入直接的生产过程,但是加入流通过程,因而加入再生产的总过程。

在这些费用中,我们在这里唯一感兴趣的部分,是花费在可变资本上的那部分。(此外,本来还应当研究:第一,只有必要劳动才加入商品价值这个规律,在流通过程中是如何起作用的;第二,积累在商人资本上是怎样表现的;第三,商人资本在实际的社会总再生产过程中是怎样执行职能的。)

这些费用是从产品作为商品的经济形式中产生的。

如果产业资本家自己互相直接出售商品时损失的劳动时间——从客观上说,也就是商品的流通时间——根本不会给这些商品加进任何价值,那么很清楚,这种劳动时间决不会因为由商人来花费而不是由产业资本家来花费,就获得另一种性质。由商品(产品)到货币和由货币到商品(生产资料)的转化,是产业资本的必要职能,因而是资本家——他事实上只是人格化的具有自己的意识和意志的资本——的必要活动。但是这种职能既不会增加价值,也不会创造剩余价值。当商人进行这些活动时,或者说,当商人在生产资本家不再执行资本在流通领域内的职能以后,继续执行这种职能时,他只是代替了产业资本家。这些活动所花费的劳动时间,是用在资本的再生产过程的必要活动上的,但它不会加进任何价值。如果商人不去进行这些活动(因而也不花费这些活动所需要的劳动时间),他就不会作为产业资本的流通代理人来使用他的资本,也不会继续执行产业资本家的已经中断的职能,因此也就不会作为资本家,按照他所预付的资本的比例,分享产业资本家阶级所生产的利润量。因此,商业资本家为了分享剩余价值量,使自己预付的货币作为资本增殖,是无须使用雇佣工人的。如果他的业务和资本都很小,他自己也许就是他所使用的唯一工人。他得到的报酬,就是利润的一部分,对他来说,这部分来自商品的购买价格和商品的实际生产价格之间的差额。

但是另一方面,如果商人预付的资本量很小,他实现的利润可能丝毫不比一个报酬比较优厚的熟练雇佣工人的工资多,甚至还可能少。事实上,同商人一起执行职能的,还有产业资本家的直接商业代理人,如采购员、推销员、跑街,他们得到的收入同商人一样多,或者比商人还多,收入的形式或者是工资,或者是对每次出售所获得的利润的分红(佣金,分成)。在第一个场合,商人作为独立的资本家,获得商业利润;在第二个场合,一部分利润,在工资形式上,或者在产业资本家利润的一个比例部分的形式上,支付给办事员,即产业资本家的雇佣工人,他的直接代理人,而雇主自己在这个场合既把产业利润也把商业利润装入腰包。但是，在所有这些场合，尽管对流通代理人自己来说他的收入可能表现为纯粹的工资，表现为他所完成的劳动的报酬，并且尽管在这种收入不是表现为这种形式的地方，他的利润量可能只相当于报酬比较优厚的工人的工资，——在所有这些场合，他的收入都只是来源于商业利润。这是因为，他的劳动不是创造价值的劳动。

对产业资本家来说，流通行为的延长意味着：1. 他的个人时间会受到损失，因为这会妨碍他作为生产过程本身的管理者去执行自己的职能；2. 他的产品会更久地以货币形式或商品形式停留在流通过程中，在这个过程中，产品的价值不会增殖，并且直接的生产过程会被中断。要使直接的生产过程不被中断，就或者必须限制生产，或者必须预付追加的货币资本，以便生产过程不断按同一规模继续进行。这在每一次都会造成如下的结果：或者使原来的资本只取得较少的利润，或者必须预付追加的货币资本，以便取得原来的利润。即使商人代替了产业资本家，这一切仍然不变。这时，不是产业资本家把更多的时间花在流通过程中，而是商人把更多的时间花在流通过程中；不是产业资本家为流通预付追加的资本，而是商人预付追加的资本。或者，换一种说法也一样：不是产业资本的一个相当大的部分不断在流通过程中流转，而是商人的资本完全束缚在流通过程中；不是产业资本家生产的利润少了，而是他必须把他的利润的一部分完全让给商人。只要商人资本限制在必要限度以内，差别就只是在于：由于资本职能的这种划分，专门用在流通过程上的时间减少了，为流通过程预付的追加资本减少了，而且总利润中以商业利润的形式表现出来的损失也比在没有这种划分的情况下减少了。拿我们上述 $720c+180v+180m$ 的例子来说，如果在存在一个商人资本100的时候，给产业资本家带来的利润是162或18％，因此利润减少了18，那么，在没有这种独立的商人资本的时候，必要的追加资本也许会是200，因此，产业资本家的预付总额不是900，而是1 100了，这样，按剩余价值180计算，利润率只是$16\frac{4}{11}$％。

如果产业资本家同时又是自己的商人，他除了预付追加资本，以便在他的处在流通中的产品再转化为货币以前购买新的商品，还要为实现他的商品资本的价值，也就是为流通过程预付资本（事务所费用和商业工人的工资），那么，这些支出固然会形成追加资本，但不会生产任何剩余价值。它们必须从商品的价值中得到补偿；这些商品的一部分价值必须再转化为这种流通费用；但由此不会形成任何追加的剩余价值。就社会总资本来看，这事实上无非就是说，总资本的一部分是那些不加入价值增殖过程的次一级的活动所需要的，并且社会资本的这个部分必须为这些目的而不断地再生产出来。对单个资本家和整个产业资本家阶级来说，利润率会因此减少。对他们来说，每一次追加资本都会产生这样的结果，只要这种追加是推动同量可变资本所必需的。

当这种和流通业务本身有关的追加费用由商业资本家替产业资本家担负起来的时候，利润率的这种减少也会发生，不过程度较小了，途径也不同了。现在，情况是这样：同没有这种费用时需要预付的资本相比，商人要预付更多的资本；这种追加资本的利润会增加商业利润总额，因此，会有更多的商人资本同产业资本一起参加平均利润率的平均化，也就是说，平均利润会下降。拿我们上述的例子来说，如果在商人资本100之外，还要为所说的各种费用预付追加资本50，那么，全部剩余价值180现在就要按照生产资本900加上商人资本150，总共是1 050来分配了。因此平均利润率会下降

到 $17\frac{1}{7}$ %。产业资本家按照 $900+154\frac{2}{7}=1054\frac{2}{7}$ 的价格把商品卖给商人,商人再按照1 130的价格(即1 080＋50的费用,这是他必须再收回的)把商品卖掉。此外,必须承认,随着商人资本和产业资本的划分,会同时出现商业费用的集中,从而商业费用的减少。

现在要问:商业资本家即这里所说的商品经营者所雇用的商业雇佣工人的情况,是怎样的呢?

从一方面说,一个这样的商业工人,和任何另一个工人一样,是雇佣工人。第一,因为这种劳动是用商人的可变资本,而不是用作为收入来花费的货币购买的;因此,购买这种劳动的目的并不是为了替私人服务,而是为了使预付在这上面的资本自行增殖。第二,因为他的劳动力的价值,从而他的工资,也和一切其他雇佣工人的情况一样,是由他特有的劳动力的生产费用和再生产费用决定的,而不是由他的劳动的产物决定的。

但是,在商业工人和产业资本直接雇用的工人之间,必然会出现产业资本和商业资本之间,从而产业资本家和商人之间出现的同样的差别。因为商人作为单纯的流通当事人既不生产价值,也不生产剩余价值(因为他由自己的费用加到商品上的追加价值,不过是原先已有的价值的追加,尽管这里还有一个问题:他究竟怎样保持和保存他的不变资本的这个价值?),所以,他雇用的执行同样职能的商业工人,也不可能直接为他创造剩余价值。在这里,也像在生产工人的场合一样,我们假定工资是由劳动力的价值决定的,因此,商人不是靠克扣工资的办法来发财致富,也就是说,他不是把对劳动的一笔预付计入成本,却只支付这笔成本的一部分,换句话说,他不是靠欺骗他的店员等等的办法来发财致富。

　　就商业雇佣工人来说,困难决不在于说明,他们怎样直接为他们的雇主生产利润,尽管他们不直接生产剩余价值(利润不过是它的转化形式)。这个问题通过对商业利润的一般分析实际上已经解决了。产业资本所以能获得利润,是由于它把包含在并实现在商品中的、但它没有支付等价物的劳动拿来出卖,同样,商业资本所以能获得利润,是由于它没有把包含在商品中的无酬劳动(只要投在这种商品生产上的资本是作为总产业资本的一个相应部分执行职能)全部支付给生产资本,相反地,在出售商品时却让人把这个还包含在商品中的、它未作支付的部分支付给自己。商人资本和剩余价值的关系不同于产业资本和剩余价值的关系。产业资本通过直接占有无酬的他人劳动来生产剩余价值。而商人资本使这个剩余价值的一部分从产业资本手里转移到自己手里,从而占有这部分剩余价值。

　　商业资本只是由于它的实现价值的职能,才在再生产过程中作为资本执行职能,因而才作为执行职能的资本,从总资本所生产的剩余价值中取得自己的份额。对单个商人来说,他的利润量取决于他能够用在这个过程中的资本量,而他的店员的无酬劳动越大,他能够用在买卖上的资本量就越多。商业资本家会把他的货币借以成为资本的职能本身,大部分交给他的工人去承担。这些店员的无酬劳动,虽然不创造剩余价值,但能使他占有剩余价值;这对这个资本来说,就结果而言是完全一样的;因此,这种劳动对商业资本来说是利润的源泉。否则,商业就不可能大规模地经营,就不可能按资本主义的方式经营了。[152]

　　正如工人的无酬劳动为生产资本直接创造剩余价值一样,商业雇佣工人的无酬劳动,也为商业资本在那个剩余价值中创造出一个份额。

　　困难在于:既然商人本身的劳动时间和劳动不是创造价值的劳

动(尽管这种劳动为他在已经生产的剩余价值中创造出一个份额)，他用来购买商业劳动力的可变资本的情况又是怎样的呢?这个可变资本是否应当作为成本支出而列入预付的商人资本中呢?如果不应当列入，那么，这看来是和利润率平均化的规律相矛盾的;当一个资本家只能把100算做预付资本时，哪一个资本家会预付150呢?如果应当列入，那么，这看来是和商业资本的本质相矛盾的，因为这一类资本所以能执行资本的职能，并不是由于它像产业资本一样推动了他人的劳动，而是由于它自己进行劳动，也就是说，执行买和卖的职能，并且正是由于这个缘故和通过这个途径，才把产业资本所生产的剩余价值的一部分转移到自己手里。

(因此，应当研究下述各点:商人的可变资本;流通领域中的必要劳动的规律;商人劳动怎样保持他的不变资本的价值;商人资本在总再生产过程中的作用;最后，一方面，向商品资本和货币资本的二重化，另一方面，向商品经营资本和货币经营资本的二重化。)

如果每个商人所拥有的资本，只够他本人用自己的劳动来周转，那就会发生商人资本的无限分散;随着生产资本在资本主义生产方式的进展中以越来越扩大的规模来进行生产，以越来越增大的量来进行活动，这种分散必然会越来越加剧。因此，商人资本和生产资本之间的不平衡会越来越加剧。资本在生产领域内越集中，它在流通领域内就越分散。产业资本家的纯粹商人业务，从而他的纯粹商业支出，因此会无限制地扩大，因为现在他要和1 000个商人打交道，而不是和100个商人打交道了。这样，商业资本独立地进行活动的利益，就会大部分丧失掉。除了纯粹的商业费用之外，别的流通费用，如分类、发送等等的费用也会增加。这是就产业资本来说的。现在我们来考察商人资本。首先看看纯粹的商业劳动。计算大额数字并不比计算小额数字多花费时间。十次100镑的购买所花费的时间,等于**一次**1 000镑的购买所花费的时间的十倍。和十个小商人通信时在信件、纸张和邮费方面的支出,等于和**一个**大商人通信时的支出的十倍。商业工场内的严格规定的分工,一个人管簿记,另一个人管出纳,第三个人管文书,这个人管买,那个人管卖,另一个人管推销等等,会节省大量劳动时间,所以,批发商业所使用的商业工人的人数,和营业的相对量是完全不成比例的。这是因为,在商业中比在产业中会更多地出现这样的现象:同一职能,不管是大规模地完成还是小规模地完成,都要花费同样多的劳动时间。因此,从历史上来看,集中的现象在商人业务中比在产业工场中出现得早。其次,看看不变资本方面的支出。100个小事务所的费用比一个大事务所的费用多得无法比拟。100个小货栈的费用比一个大货栈的费用也多得无法比拟,等等。那种至少要作为预付费用加入商人业务中去的运输费用,也会因分散而增加。

这样,产业资本家就不得不在他的业务的商业部分上花费更多的劳动和流通费用。同一商人资本,如果分给许多小商人,由于这种分散就需要多得多的工人来完成它的职能;此外,为了使同一商品资本周转,也需要有更大量的商人资本。

如果我们把直接投在商品买和卖上的全部商人资本叫做B,把用来支付商业辅助工人报酬的相应的可变资本叫做b,那么,B＋b会小于在每个商人都自己经营,没有助手,因而也没有任何部分投在b上面时所需的全部商人资本B。不过,我们还是没有解决困难。

商品的出售价格必须:1. 足以支付B＋b的平均利润。这一点,已经从下述事实中得到了说明,即B＋b本是原来的B的一种减少,它所代表的商人资本小于没有b的时候所必需的商人资本。

但是,这个出售价格还必须:2.除了补偿b的现在追加出现的利润之外,足以补偿所支付的工资,即商人的可变资本b本身。造成困难的就是这后者。b是价格的一个新的组成部分呢,还是仅仅是用B＋b获得的利润的一部分,即只对商业工人来说表现为工资,而对商人自己来说表现为他的可变资本的单纯补偿呢?如果是后一种情形,商人从他预付的资本B＋b中获得的利润,就会只等于按照一般利润率应归B所有的利润,加上他以工资形式支付的但本身不会提供任何利润的b。

事实上,问题在于发现b的(数学意义上的)界限。我们首先要把困难准确地确定下来。我们把直接投在商品买卖上的资本叫做B,把在执行这个职能时消耗的不变资本(物质上的经营费用)叫做K,把商人投入的可变资本叫做b。

B的补偿不会造成任何困难。对商人说来,它只是已经实现的购买价格,对工厂主说来,它只是生产价格。商人支付这个价格,但在再出售时会把B作为他的出售价格的一部分收回;在这个B之外,正如我们在前面所说的那样,他还会得到B的利润。例如,商品值100镑。利润假定是10%。那么,商品就要卖110镑。这个商品原来就已经值100镑;商人资本100只是给它加进了10。

再说K。它至多和生产者在卖出和买进上所消耗的那部分不变资本一样大,但事实上总是比后者小;然而这部分不变资本会形成生产者在生产上直接使用的不变资本的一种追加。但无论如何,这个部分总是必须不断由商品的价格得到补偿,或者同样可以说,必须有一个相应部分的商品不断以这个形式支出,就社会总资本来看,也就是必须不断以这个形式再生产出来。这部分预付不变资本,和直接投在生产上的全部不变资本一样,会对利润率发生限制作用。只要产业资本家把他的业务的商业部分转交给商人,他就无须预付这部分资本。商人会代替他预付这部分资本。但这只是名义上的预付;商人既不生产也不再生产他所消费的不变资本(物质上的经营费用)。因此,这种不变资本的生产表现为某些产业资本家的专门业务,或者至少表现为他们的业务的一部分。这些产业资本家所起的作用,是和那些为生活资料的生产者提供不变资本的产业资本家所起的作用一样的。商人首先要得到这种不变资本的补偿;其次要取得这种不变资本的利润。因此,二者都会使产业资本家的利润减少。不过,由于与分工相连的集中和节约,利润的减少,比在产业资本家必须亲自预付这种资本的情况下要小。利润率的减少比较小,因为这样预付的资本比较小。

因此,到现在为止,出售价格是由B+K+(B+K的利润)构成的。出售价格的这个部分,根据以上所说,不会造成任何困难。但是,现在出现了b,即商人预付的可变资本。

这样一来,出售价格就变为B+K+b+(B+K的利润)+(b的利润)。

B只是补偿购买价格,它除了把B的利润加入这个价格以外,再不会加进任何部分。K不仅会把K的利润,而且会把K本身加到这个价格中去;不过K+K的利润,即以不变资本形式预付的那一部分流通费用+相应的平均利润,在产业资本家手里,会比在商业资本家手里大。平均利润的减少,是以如下的形式表现出来的:按照预付产业资本(不包括B+K)计算出十足的平均利润,但是,从中为B+K扣除出平均利润并支付给商人,于是这个扣除部分就表现为一种特殊资本即商人资本的利润。

但是,当我们说到b+b的利润,在假定利润率=10%的上述场合,也就是说到$b+\frac{1}{10}b$时,情形却不是这样。而真正的困难也就在这里。

商人用b购买的,按照假定,只是商业劳动,即只是对资本的流通职能即对W—G和G—W起中介作用所必要的劳动。但商业劳动是使一个资本作为商人资本执行职能、对从商品到货币和从货币到商品的转化起中介作用所必要的劳动。这种劳动实现价值,但不创造价值。并且,只是由于一个资本执行了这些职能——也就是说,一个资本家用他的资本进行了这些活动,进行了这些劳动——,这个资本才作为商人资本执行职能,才参加一般利润率的规定,也就是说,才从总利润中取得它的份额。不过在b+b的利润中,看来要支付的是:第一,劳动的报酬(不管产业资本家是为商人自己的劳动支付报酬,还是为商人所雇用的店员的劳动支付报酬都一样);第二,对这种劳动——本来应由商人自己完成的劳动——所作的支付额应获得的利润。商人资本第一会得到b的补偿物,第二会得到b的利润;因此,这是这样产生的:第一,它让人对那种使它得以作为**商人**资本执行职能的劳动付给它报酬;第二,它让人付给它利润,因为它作为**资本**执行了职能,也就是说,因为它作为执行职能的资本完成了一种应得到利润作为报酬的劳动。因此,这就是我们要解决的问题。

我们假定B＝100,b＝10,利润率＝10%。我们还假定K＝0,以便使购买价格中这个与这里无关并且已经得到说明的要素不再不必要地重新加入计算中去。这样,出售价格＝B+p+b+p(＝B+Bp′+b+bp′,p′在这里代表利润率)＝100＋10＋10＋1＝121。

但是,如果商人不是把b投在工资上面,——因为b只是用来支付商业劳动的报酬,而这种劳动是实现由产业资本投入市场的商品资本的价值所必需的，——情形就会变成这样：商人只好花费自己的时间用B（＝100）从事购买或出售；我们假定，这是他能够支配的唯一时间。如果这个用b或10来代表的商业劳动不是通过工资而是通过利润来支付，那就要假定另外还有一个商人资本＝100，因为它按10％计算＝b＝10。这第二个B（＝100）不会追加到商品价格中去，但是这个10％却会追加到商品价格中去。因此，会有两个用100进行的业务，加起来＝200，这样，商品要按200＋20＝220来购买。

因为商人资本决不是别的东西，而只是一部分在流通过程中执行职能的产业资本的独立化的形式，所以，一切和它有关的问题，都必须这样来解决：问题首先要在这样的形式上提出，即商人资本所特有的各种现象还没有独立地表现出来，而是还和产业资本直接联系在一起，作为产业资本的一个分支表现出来。在流通过程中，商业资本以与工场相区别的事务所形式继续执行职能。所以，现在成为问题的b，首先也要在这里，在产业资本家本人的事务所里进行研究。[153]

这种事务所，同产业工场相比，从一开始就总是小到极点。此外，很清楚，随着生产规模的扩大，为了产业资本的流通而必须不断进行的商业活动将会增加；而这些活动既是为了出售处在商品资本形式上的产品，也是为了把由此得到的货币再转化为生产资料，并对这一切进行计算。价格计算、簿记、出纳、通讯，都属于这类活动。生产规模越扩展，产业资本的商业活动，从而，为实现价值和剩余价值而需要的劳动及其他流通费用也就越增加，虽然决不是按比例增加。因此，使用商业雇佣工人就成为必要了，他们组成真正的事务所。为雇用商业雇佣工人的支出，虽然表现为工资，但不同于购买生产劳动时耗费的可变资本。它增加了产业资本家的支出，增加了必须预付的资本的量，但不会直接增加剩余价值。因为这种支出所支付的劳动,只是用来实现已经创造出来的价值。像任何别的这类支出一样,这种支出也会降低利润率,因为预付资本增加了,但剩余价值却没有增加。如果剩余价值m仍旧不变,但预付资本C增加到$C+\Delta C$,利润率$\frac{m}{C}$就会变为较小的利润率$\frac{m}{C+\Delta C}$。因此,产业资本家力图把这种流通费用减少到最低限度,就像力图把他在不变资本上的支出减少到最低限度一样。因此,产业资本与自己的商业雇佣工人的关系,和它与自己的生产雇佣工人的关系是不一样的。在其他一切条件都不变时,它使用的生产雇佣工人越多,生产的规模就越大,剩余价值或利润也就越大。反过来,情况也就相反。生产的规模越大,待实现的价值和剩余价值越大,从而所生产的商品资本越大,事务所费用绝对地(虽然不是相对地)也就越增大,并且越会引起一种分工。利润在多大程度上是这种支出的前提,除了别的方面,还表现在如下事实上:当商业人员的薪金增加时,这种薪金的一部分往往用利润分红的办法来支付。理所当然,一种只是起中介活动作用的劳动,——它部分地同价值的计算,部分地同价值的实现,部分地同已经实现的货币到生产资料的再转化有关,因此,它的规模取决于已经生产的和待实现的价值的量,——这种劳动不是像直接的生产劳动那样,作为这些价值的量的原因起作用,而是作为这些价值的量的结果起作用。其他各种流通费用有类似的情形。要多量、多称、多包装、多运输,就必须存在很多东西;包装劳动和运输劳动等等的量,以商品的量为转移,即以这些劳动的活动对象为转移,而不是相反。

商业工人不直接生产剩余价值。但是,他的劳动的价格是由他的劳动力的价值决定的,也就是由他的劳动力的生产费用决定的,而这个劳动力的应用,作为一种发挥,一种力的表现,一种消耗,却和任何别的雇佣工人的情况一样,是不受他的劳动力的价值限制的。因此,他的工资并不与他帮助资本家实现的利润量保持任何必要的比例。资本家为他支出的费用,和他带给资本家的利益,是不同的量。他给资本家带来利益,不是因为他直接创造了剩余价值,而是因为他在完成劳动——一部分是无酬劳动——的时候,帮助资本家减少了实现剩余价值的费用。真正的商业工人是属于报酬比较优厚的那一类雇佣工人,他们的劳动是熟练劳动,高于平均劳动。不过随着资本主义生产方式的进展,甚至同平均劳动相比,工资也有下降的趋势。这部分地是由于事务所内部的分工;因此,劳动能力只需要有片面的发展,并且这种发展的费用部分地说不需要资本家负担,工人的熟练程度会通过职能本身发展起来,并且随着分工的发展而变得越是片面,它就发展得越迅速。其次,这是由于:资本主义生产方式越是使教学方法等等面向实践,随着科学和国民教育的进步,基础教育、商业知识和语言知识等等,就会越来越迅速地、容易地、普遍地、便宜地再生产出来。由于国民教育的普及,就可以从那些以前受不到教育并且习惯于较差的生活方式的阶级中招收这种工人。而且,这种普及增加了这种工人的供给,因而加强了竞争。因此,除了少数例外,随着资本主义生产的进展,这种人的劳动力会贬值。他们的劳动能力提高了,但是他们的工资下降了。[154]只要有更多的价值和利润需要实现,资本家就会增加这种工人的人数。这种劳动的增加,总是剩余价值增加的结果,而决不是剩余价值增加的原因。[39a]

[39a]这个在1865年作出的关于商业无产阶级命运的预言,怎样为以后的事实所证实,关于这一点,成百上千的德国店员都有亲身体验。他们熟悉一切商业业务,掌握三四种语言,但在伦敦西蒂区却找不到一个每周挣25先令工资(远远低于熟练的机器制造工人的工资)的工作。——手稿在此留下两页空白,表示对这一点还要作进一步的说明。此外,可以参看第二册第六章(《流通费用》)第105—113页,在那里,各种与此有关的问题都涉及了。——弗·恩·

————

可见,发生了二重化。一方面,资本作为商品资本和货币资本(因而进一步就是作为商业资本)的职能,是产业资本的一般的形式规定性。另一方面,特殊的资本,因而特殊种类的资本家,专门执行这些职能;这些职能因此也就变成了资本增殖的特殊领域。

商业职能和流通费用,只有就商业资本来说才是独立化的东西。产业资本面向流通的方面,不仅存在于它不断作为商品资本和货币资本的存在中,而且也存在于与工场并列的事务所中。但就商业资本来说,这个方面已经独立化了。对商业资本来说,事务所就是它的唯一工场。以流通费用形式使用的那部分资本,在批发商人那里显得比在产业家那里大得多,因为,除了每个产业工场本身附设的真正商业事务所以外,本应由整个产业资本家阶级这样来使用的那部分资本,被集中在各个商人手中了。这些商人负责流通职能的继续执行,并担负由此产生的流通费用的继续支出。

对产业资本来说,流通费用表现为并且确实是非生产费用。对商人来说,流通费用表现为他的利润的源泉,在一般利润率的前提下,他的利润和这种流通费用的大小成比例。因此,对商业资本来说,投在这种流通费用上的支出,是一种生产投资。所以,它所购买的商业劳动,对它来说,也是直接生产的。[155]

第十八章

商人资本的周转。价格

产业资本的周转是它的生产时间和流通时间的统一,因此包括整个生产过程。与此相反,商人资本的周转,因为事实上只是商品资本的独立化的运动,所以只是把商品形态变化的第一阶段W—G,表现为一种特殊资本自我回流的运动;从商人来看的G—W、W—G,表现为商人资本的周转。商人先是买,把他的货币转化为商品,然后是卖,把同一商品再转化为货币;并且这样反复不断地进行下去。在流通中,产业资本的形态变化总是表现为W_1—G—W_2;把出售所生产的商品W_1而得到的货币,用来购买新的生产资料W_2;这实际上是W_1和W_2相交换,因此,同一货币两次转手。货币的运动对两种不同商品W_1和W_2的交换起中介作用。相反地,在商人那里,在G—W—G′中两次转手的,却是同一商品;它只是对货币流回到商人手中起中介作用。

例如,有一个商人资本100镑,商人用这100镑购买商品,然后按110镑把这个商品卖掉,他的这个资本100就完成了一次周转,而一年中周转的次数则取决于G—W—G′这个运动在一年中反复进行的次数。

在这里,我们把购买价格和出售价格之间的差额中可能包含的费用完全撇开不说,因为这些费用丝毫不会改变我们这里首先要考察的形式。

因此,一定量商人资本的周转次数,在这里和货币作为单纯流通手段的流通的反复,十分相似。正像同一个塔勒流通10次就是买了10次价值一塔勒的商品一样,商人手中的同一货币资本,例如100,周转10次就是买了10次价值100的商品,或者说,实现了价值10倍的总商品资本＝1 000。但是有一个区别:在货币作为流通手段进行流通时,同一货币要经过不同人的手,就是说,反复完成同一职能,因此流通的货币量由流通速度来弥补。但是,在商人那里,同一货币资本(不管它是由哪些货币单位构成),同一货币价值,却是按其价值额反复买卖商品资本,因而作为G＋ΔG反复流回同一个人手里,也就是作为价值加上剩余价值流回它的起点。这就是它的周转作为资本的周转所具有的特征。从流通中取出的货币总是比投入流通的货币多。此外,不言而喻,随着商人资本周转的加速(在发达的信用制度下,货币作为支付手段的职能成了货币的主要职能),同一货币量的流通也会加快。

但是,商品经营资本的反复周转,始终只是表示买和卖的反复;而产业资本的反复周转,则表示总再生产过程(其中包括消费过程)的周期性和更新。但这一点对商人资本来说,只表现为外部条件。产业资本必须不断把商品投入市场,并从市场再取走商品,商人资本才能保持迅速周转。如果再生产过程是缓慢的,商人资本的周转也就是缓慢的。当然,商人资本对生产资本的周转起中介作用,但这只是就它缩短生产资本的流通时间来说的。它不会直接影响生产时间,而生产时间也是对产业资本周转时间的一个限制。这对商人资本的周转来说是第一个界限。第二,把再生产消费所造成的限制撇开不说,商人资本的周转最终要受全部个人消费的速度和规模的限制,因为商品资本中加入消费基金的整个部分,取决于这种速度和规模。

但是(把商业界内部的周转撇开不说,在那里,一个商人总是把同一商品卖给另一个商人,在投机时期,这种流通会显得非常旺盛),第一,商人资本会缩短生产资本的W—G阶段。第二,在现代信用制度下,商人资本支配着社会总货币资本的一个很大的部分,因此,它可以在已购买的物品最终卖掉以前反复进行购买。在这里,无论是我们这个商人直接把商品卖给最后的消费者,还是在这二者之间另有12个商人,都与问题无关。当再生产过程有巨大的弹性,能够不断突破每一次遇到的限制时,商人在生产本身中不会发现任何限制,或者只会发现有很大弹性的限制。因此,除了由于商品性质造成的W—G和G—W的分离以外,这里将会创造出一种虚假的需求。尽管商人资本的运动独立化了,它始终只是产业资本在流通领域内的运动。但是,由于商人资本的独立化,它的运动在一定界限内就不受再生产过程的限制,因此,甚至还会驱使再生产过程越出它的各种限制。内部的依赖性和外部的独立性会使商人资本达到这样一点:内部联系要通过暴力即通过一次危机来恢复。

因此,在危机中发生这样的现象:危机最初不是在和直接消费有关的零售业中暴露和爆发的,而是在批发商业和向它提供社会货币资本的银行业中暴露和爆发的。

的确,工厂主可以把产品卖给出口商人,出口商人可以再把它卖给他的外国主顾;进口商人可以把他的原料卖给工厂主,工厂主可以把他的产品卖给批发商人,等等。但是,在某一个看不见的点上,商品堆起来卖不出去了;或者是一切生产者和中间商人的存货逐渐变得过多了。消费通常正好是在这个时候兴旺到了极点,这部分地是因为一个产业资本家推动了一系列其他的产业资本家,部分地是因为他们雇用的工人由于充分就业,比平时支出多。资本家的支出也会随着他们的收入增加而增加。此外,正如我们以前已经说过的(第二册第三篇[156]),不变资本和不变资本之间会发生不断的流通(甚至把加速的积累撇开不说也是这样)。这种流通就它从来不会加入个人的消费来说,首先不以个人消费为转移,但是它最终要受个人消费的限制,因为不变资本的生产,从来不是为了不变资本本身而进行的,而只是因为那些生产个人消费品的生产部门需要更多的不变资本。由于所期望的需求的刺激,这种生产在一段时间内能够安稳地进行下去,因此,在这些部门,商人和产业家的营业非常活跃。一旦那些把货物运销远处(或存货在国内堆积起来)的商人的资本回流如此缓慢,数量如此之少,以致银行催收贷款,或者为购买商品而开出的汇票在商品再卖出去以前已经到期,危机就会发生。这时,强制拍卖,为支付而进行的出售开始了。于是崩溃爆发了,它一下子就结束了虚假的繁荣。

然而,由于同一个商人资本的周转能够同时或依次对极不相同的生产资本的周转起中介作用,商人资本周转的外在性和无概念性还会更大。

但是,商人资本的周转,不仅能够对不同产业资本的周转,而且还能够对商品资本形态变化的相反的阶段起中介作用。例如,商人向工厂主买麻布,并把它卖给漂白业者。在这里,同一个商人资本的周转——事实上是同一个W—G,即麻布的实现——,代表两个不同的产业资本的两个相反的阶段。只要商人是为生产消费而卖,他的W—G总是代表着一个产业资本的G—W,并且他的G—W总是代表着另一个产业资本的W—G。

如果我们像在本章中所做的那样,把流通费用K撇开不说,也就是把商人在购买商品时支出的金额以外预付的那部分资本撇开不说,那么,商人用这个追加资本获得的追加利润ΔK当然也就抛在一边了。当需要考察商人资本的利润和周转怎样对价格产生影响时,这是严格合乎逻辑的、数学上正确的考察方法。

如果1磅砂糖的生产价格为1镑,商人用100镑就能买到100磅砂糖。如果这是他在一年内买卖的数量,如果年平均利润率为15%,他就会在100镑上加进15镑,即在1磅的生产价格1镑上加进3先令。这样,他会按1镑3先令的价格出售1磅砂糖。现在,如果1磅砂糖的生产价格下降到1先令,商人用100镑就能买到2 000磅砂糖,并且会按每磅1先令1$\frac{4}{5}$便士的价格来出售。投在砂糖营业上的100镑资本的年利润仍旧=15镑。不过在一个场合,他只要卖100磅,在另一个场合,他却要卖2 000磅。生产价格的高低,对利润率没有任何意义;但是,对每磅砂糖的出售价格中构成商业利润的部分的大小,也就是说,对商人在一定量商品(产品)上的加价的多少,却有很大的、决定性的意义。如果一个商品的生产价格很小,商人预付在该商品的购买价格上的金额,即为一定量该商品预付的金额也就很小,因此,在利润率已定时,他从这个一定量廉价商品上获得的利润额也就很小。或者,换一种说法也一样:商人在这种情况下能用一定量资本,例如100镑,买到大量这种便宜的商品,他从这100镑上获得的总利润15,会分成很小的份额,分配到这个商品量的每个单位上去。反过来,情况也就相反。这完全取决于把商人所经营的商品生产出来的那个产业资本的生产率的大小。如果把商人是垄断者并且同时垄断着生产的情况,比如荷兰东印度公司[157]当时的情况撇开不说,那么,再也没有什么东西比下面这种流行的看法更为荒唐的了,按照这种看法,就单个商品来说,是薄利多销,还是厚利少销,完全取决于商人自己。他的出售价格有两个界限:一方面是商品的生产价格,这是不由他做主的;另一方面是平均利润率,这也是不由他做主的。他能够决定的只有一件事情,就是他愿意经营昂贵的商品还是经营便宜的商品;但即使在这件事情上,他可以支配的资本量和其他一些情况也在起作用。因此,商人怎么干,完全取决于资本主义生产方式的发展程度,而不是取决于商人的愿望。只有像旧荷兰东印度公司那样的垄断着生产的纯粹商业公司才能想象,在情况完全改变以后还可以继续采用至多只和资本主义生产初期相适应的方法。[(40)]

这种流行的偏见和一切关于利润等等的错误看法一样,是来自对纯粹的商业的直觉和商人的偏见,它所以能够保持下来,除了别的方面,还由于下列情况:

第一,竞争的现象。但是这些现象,只涉及商业利润在各个商人即全部商人资本的股份所有者之间的分配;例如,在一个商人为了击败他的对手而廉价出售商品的时候,情况就是这样。

---

(40) "根据一般原理,不论价格有多高,利润总是一样;它像一个在涨落的浪潮中漂浮的物体一样,保持着一定的位置。因此,在价格上涨时,商人就会提高价格,在价格下跌时,商人就会降低价格。"(柯贝特《个人致富的原因和方法的研究》1841年伦敦版第20页)[158]——这里和本书其他各处所说的,只是普通商业,而不是投机。投机以及一切与商业资本的分割有关的问题,都不在我们的考察范围之内。"商业利润是一个加到资本中去的、不以价格为转移的价值;后者〈投机利润〉却是以资本价值或价格本身的变动为基础的。"(同上,第128页)

第二,像罗雪尔教授这类经济学家,在莱比锡还居然想象得出,出售价格的变化,是由"明智和人道"引起的,而不是生产方式本身发生变革的结果[112]。

第三,如果生产价格由于劳动生产力的提高而降低,因而出售价格也降低,那么,需求往往会比供给增加得更快,市场价格也会随着需求的增加而提高,以致出售价格会提供大于平均利润的利润。

第四,某个商人可以压低出售价格(这始终不外是压低他加到价格中去的普通利润),以便在他的营业中有更多的资本更迅速地周转。所有这一切都只和商人本身之间的竞争有关。

我们在第一册已经指出[159],商品价格的高低,既不决定一定量资本所生产的剩余价值量,也不决定剩余价值率;虽然单个商品的价格的大小,从而这个价格中的剩余价值部分的大小,要看一定量劳动所生产的商品的相对量而定。每一个商品量的价格,只要它和价值相一致,都是由对象化在这些商品中的劳动的总量决定的。如果少量劳动对象化在许多商品中,单个商品的价格就低,包含的剩余价值就少。体现在一个商品中的劳动怎样分为有酬劳动和无酬劳动,从而这个价格中有多大的量代表剩余价值,这同这个劳动总量无关,因此也同商品的价格无关。但是,剩余价值率不是取决于单个商品价格中包含的剩余价值的绝对量,而是取决于它的相对量,取决于它和该商品中包含的工资的比率。因此,虽然每一单个商品的剩余价值的绝对量很小,但剩余价值率却可以很大。每一单个商品中的剩余价值的绝对量,首先取决于劳动生产率,其次才取决于劳动分为有酬劳动和无酬劳动的分割。

对商业的出售价格来说,生产价格现在是一个既定的外部的前提。

在以往的时代,商业的商品价格高,是由于:1. 生产价格高,也就是说,劳动生产率低;2. 缺少一般利润率,商人资本从剩余价值中占有的份额,比它在资本可以普遍移动时应该得到的份额大得多。因此,从两方面来看,这种状况的消除都是资本主义生产方式发展的结果。

在不同的商业部门,商人资本的周转有长有短,它在一年间周转的次数也就有多有少。在同一个商业部门,在经济周期的不同阶段,周转也有快有慢。但是,根据经验可以找出平均的周转次数。

我们已经知道,商人资本的周转不同于产业资本的周转。这是由事物的性质造成的;产业资本周转的一个阶段,表现为一个独立商人资本或者至少是其中一个部分的完全的周转。商人资本的周转也同利润的决定和价格的决定处于另一种关系。

就产业资本来说,一方面,周转表示再生产的周期性,因此它决定着一定时期内投入市场的商品量。另一方面,流通时间形成一个界限,虽然是一个可以伸缩的界限,它对价值和剩余价值的形成或多或少起着限制的作用,因为它对生产过程的规模发生着影响。因此,周转不是作为一个积极的因素,而是作为一个起限制作用的因素,参加决定一年内生产的剩余价值量,从而参加决定一般利润率的形成。相反地,对商人资本来说,平均利润率是一个已定的量。商人资本不直接参与利润或剩余价值的创造;它按照自己在总资本中所占的部分,从产业资本所生产的利润量中取得自己的份额,只是就这一点来说,它才作为一个决定的因素参加一般利润率的形成。

一个产业资本在第二册第二篇所说明的各种条件下周转的次数越多,它所形成的利润量也就越大。固然,由于一般利润率的形成,总利润在不同资本之间不是按照它们直接参加总利润生产的比例分配的,而是按照它们各自在总资本中所占的份额,也就是说,按照它们比例的大小分配的。但这种情况丝毫也不会改变事情的本质。总产业资本的周转次数越多,利润量或一年内生产的剩余价值量也就越大,因此,在其他条件不变时,利润率也就越高。商人资本的情况却不是这样。对商人资本来说,利润率是一个已定的量,一方面由产业资本所生产的利润量决定,另一方面由总商业资本的相对量决定,即由总商业资本同预付在生产过程和流通过程中的资本总额的数量关系决定。它的周转次数,当然会作为一个决定的因素影响它和总资本的比率,或影响流通所必要的商人资本的相对量,因为很清楚,必要的商人资本的绝对量和它的周转速度成反比;如果其他一切条件不变,它的相对量,即它在总资本中所占的份额,就由它的绝对量决定。如果总资本是10 000,那么,在商人资本等于总资本的 $\frac{1}{10}$ 时,就=1 000;如果总资本是1 000,它的 $\frac{1}{10}$ 就=100。就这种情况来说,尽管商人资本的相对量仍旧不变,它的绝对量却不同了,按照总资本的量而不同了。在这里,我们假定它的相对量已定,比如说是总资本的 $\frac{1}{10}$。但是,这个相对量本身又由周转决定。在周转快的时候,它的绝对量在第一个场合比如说=1 000,在第二个场合=100,因此,它的相对量= $\frac{1}{10}$。在周转较慢的时候,它的绝对量在第一个场合比如说=2 000,在第二个场合=200。因此,它的相对量就由总资本的 $\frac{1}{10}$,增加到总资本的 $\frac{1}{5}$。各种会缩短商人资本平均周转的情况,例如,运输工具的发展,都会相应地减少商人资本的绝对量,从而会提高一般利润率。反过来,情况也就相反。同以前的状况相比,发达的资本主义生产方式会对商人资本产生双重影响:同量商品可以借助一个数量较小的实际执行职能的商人资本来周转;由于商人资本周转的加速和再生产过程速度的加快(前者以后者为基础),商人资本对产业资本的比率将会缩小。另一方面,随着资本主义生产方式的发展,一切生产都会变成商品生产,因而一切产品都会落到流通当事人手中。这里要补充一点,在以前那种小规模进行生产的生产方式下,撇开生产者自己直接以实物形式消费的大量产品和以实物形式缴纳的大量赋税不说,很大一部分生产者把他们的商品直接卖给消费者,或者为消费者的私人订货而生产。因此,在以前的生产方式中,商业资本尽管同它所周转的商品资本相比来说较大,但是:

1. 绝对地说却较小,因为总产品中只有一个非常小的部分,是作为商品生产出来的,必须作为商品资本进入流通并且落到商人手中;它较小,因为商品资本较小。但是,相对地说,它同时又较大,这不仅是由于它的周转较慢,并且由于同它所周转的商品量相比是如此。它较大,还因为这个商品量的价格,从而预付在这个商品量上的商人资本,由于劳动生产率较低,比在资本主义生产条件下大,因而同一价值体现为较小的商品量。

2. 在资本主义生产方式的基础上,不仅会生产出较大量的商品(在这里要考虑到这个商品量的价值的减少);而且在同量产品(例如谷物)中,会形成一个较大的商品量,也就是说,其中会有越来越多的部分进入商业。结果,不仅商人资本的量会增加;而且投在流通中的一切资本,例如投在航运、铁路、电报等等上面的资本都会增加。

3. 但是——这是一个要在"各资本的竞争"[160]的范围内论述的观点——,随着资本主义生产方式的进展,随着商人资本容易挤进零售商业,随着投机的发展,随着游离资本的过剩,不执行职能或半执行职能的商人资本会增加。

但是,假定商人资本同总资本相比的相对量是已定的,不同商业部门中周转的差别,就不会影响归商人资本所有的总利润量,也不会影响一般利润率。商人的利润,不是由他所周转的商品资本的量决定的,而是由他为了对这种周转起中介作用而预付的货币资本的量决定的。如果一般年利润率为15%,商人预付100镑,那么,在他的资本一年周转一次时,他就会按115的价格出售他的商品。如果他的资本一年周转5次,他就会在一年中5次按103的价格出售他按购买价格100买来的商品资本,因而在全年内就是按515的价格出售500的商品资本。但是和前一场合一样,他的预付资本100所得到的年利润仍旧是15。如果情况不是这样,商人资本就会随着它的周转次数的增加,比产业资本提供高得多的利润,而这是和一般利润率的规律相矛盾的。

因此,不同商业部门的商人资本的周转次数,会直接影响商品的商业价格。商业加价的多少,一定资本的商业利润中加到单个商品的生产价格上的部分的大小,和不同营业部门的商人资本的周转次数或周转速度成反比。如果一个商人资本一年周转5次,而另一个商人资本一年只能周转一次,那么,前者对同一价值的商品资本的加价,就只有后者对同一价值的商品资本的加价的 $\frac{1}{5}$ 。

资本在不同商业部门的平均周转时间对出售价格的影响,可以归结为这样一点:同一个利润量(在商人资本的量已定时,这个利润量是由一般年利润率决定的,也就是说,不以这个资本的商业活动的特殊性质为转移),会根据这种周转速度的快慢以不同的方式分配在同一价值的商品量上;例如,在一年周转5次的情况下,对商品价格的加价是 $\frac{15}{5}$ % = 3% ,而在一年周转一次的情况下,对商品价格的加价是15%。

因此,不同商业部门的商业利润的同一百分率,会依照这些部门周转时间的长短,按计算到商品价值上的完全不同的百分率,提高该商品的出售价格。

　　相反地，就产业资本来说，周转时间决不会影响所生产的单个商品的价值量，虽然它会影响一定量资本在一定时间内所生产的价值和剩余价值的量，因为它会影响被剥削的劳动的量。当然，一旦我们只注意生产价格，这种情况就被掩盖起来，并且表现为另一个样子，但这只是因为不同商品的生产价格按照以前已经说明的规律偏离了它们的价值。如果我们考察总生产过程，考察总产业资本所生产的商品量，我们就会立即发现这个一般的规律得到了证实。

　　因此，就产业资本来说，如果我们更精确地考察一下周转时间对价值形成的影响，我们就会回到商品价值由商品中包含的劳动时间决定这个一般规律和政治经济学的基础上来，但是，商人资本的周转对商业价格的影响却会呈现出各种现象，如果不详细地分析各个中间环节，这些现象似乎是以价格的纯粹任意决定为前提，也就是说，所以这样决定价格，似乎只是由于资本已决定要在一年内获得一定量的利润。特别是由于周转的这种影响，似乎流通过程本身会在一定范围内不以生产过程为转移而独立地决定商品的价格。一切关于再生产总过程的表面的和颠倒的见解，都来自对商人资本的考察，来自商人资本特有的运动在流通当事人头脑中引起的观念。

　　既然像读者已经感到遗憾地认识到的那样，对资本主义生产过程的现实的内部联系的分析，是一件极其复杂的事情，是一项极其细致的工作；既然把看得见的、只是表面的运动归结为内部的现实的运动是一种科学工作，那么，不言而喻，在资本主义生产当事人和流通当事人的头脑中，关于生产规律形成的观念，必然会完全偏离这些规律，必然只是表面运动在意识中的表现。[161]商人、交易所投机者、银行家的观念，必然是完全颠倒的。工厂主的观念由于他们的资本所经历的流通行为,由于一般利润率的平均化而被歪曲了。[41]在这些人的头脑中,竞争也必然起一种完全颠倒的作用。如果已知价值和剩余价值的界限,那就不难理解,资本的竞争如何把价值转化为生产价格并且进一步转化为商业价格,如何把剩余价值转化为平均利润。但是,如果没有这些界限,那就绝对不能理解,为什么竞争会把一般利润率限制为这个界限,而不是那个界限,限制为15%,而不是1 500%。竞争至多只能把利润率限制为**一个**水平。但是,竞争中绝对没有可以决定这个水平本身的任何要素。

因此,从商人资本的观点来看,周转本身好像决定价格。另一方面,虽然产业资本的周转速度,由于它会影响一定量资本所剥削的劳动的多少,所以会对利润量、从而会对一般利润率起决定和限制的作用,但对商业资本来说,利润率是外部既定的,利润率和剩余价值的形成之间的内在联系已经完全消失。如果在其他一切条件不变,特别是有机构成不变的情况下,同一产业资本一年内不是周转两次,而是周转四次,它所生产的剩余价值,从而利润,就会增加一倍;并且,只要这个资本对那种会加速它的周转的改良生产方法拥有垄断权,这一点就会清楚地表现出来。相反地,不同商业部门的不同周转时间,却是表现在这样一点上:一定量商品资本周转一次获得的利润,同实现这个商品资本的周转所需的货币资本的周转次数成反比。薄利快销,特别对零售商人来说是他原则上遵循的一个原则。

---

[41]下面这段话是一种非常天真而又非常正确的意见:"因此,同一商品可以从不同的卖者那里按根本不同的价格买到这种情况,当然往往是以不正确的计算为基础的。"(费勒和奥德曼《商业算术大全》1859年第7版[第451页])这表明,价格的决定如何成了纯粹理论的即抽象的东西。

此外，不言而喻，商人资本周转的这个规律在每个商业部门中——撇开互相抵消的、较快的周转和较慢的周转交替出现的情况不说——，只适用于投入该部门的全部商人资本的平均周转。和资本B投在同一个部门内的资本A的周转次数，可能多于或少于平均周转次数。在这种情况下，其他资本的周转次数就会少于或多于平均周转次数。这丝毫也不会改变投在该部门的商人资本总量的周转。但是，这对单个商人或零售商人来说却有决定意义。在这种情况下，他会赚到超额利润，正像在比平均条件更有利的条件下进行生产的产业资本家会赚到超额利润一样。如果为竞争所迫，他可以卖得比他的伙伴便宜一些，但不会使他的利润降到平均水平以下。如果那些使他能加速资本周转的条件本身是可以买卖的，例如店铺的位置，那么，他就要为此付出额外的租金，也就是说，把他的一部分超额利润转化为地租。

第 十 九 章
货币经营资本

货币在产业资本和现在我们可以补充进来的商品经营资本的流通过程中(因为商品经营资本把产业资本的一部分流通运动当做自己特有的运动承担起来)所完成的各种纯粹技术性的运动,当它们独立起来,成为一种特殊资本的职能,而这种资本把它们并且只把它们当做自己特有的活动来完成的时候,就把这种资本转化为货币经营资本了。产业资本的一部分,进一步说,还有商品经营资本的一部分,不仅要作为货币资本一般,而且要作为正在执行这些技术职能的货币资本,不断处于货币形式。现在,从总资本中有一定的部分在货币资本的形式上分离出来并独立起来,这种货币资本的资本职能,是专门替整个产业资本家和商业资本家阶级完成这些活动。就像在商品经营资本的场合一样,这里也是在流通过程中以货币资本形态存在的一部分产业资本分离出来,替其余的所有资本完成再生产过程中的这些活动。所以,这种货币资本的运动,仍然不过是处在自己的再生产过程中的产业资本的一个独立部分的运动。

只有在资本新投入的时候,而且只是就此而言——在积累的场合,情况也是这样——,货币形式的资本才表现为运动的起点和终点。但对每一个已经处在过程中的资本来说,起点和终点都只表现为经过点。既然产业资本从离开生产领域到再进入生产领域必须通过形态变化W′—G—W，那正像我们在考察简单商品流通时已经指出的那样，G实际上只是形态变化的一个阶段的最终结果，从而成为一个相反的、作为前一阶段的补充的阶段的起点。虽然产业资本的W—G对商业资本来说总是表现为G—W—G，但是对一个已经发生作用的商业资本来说，现实的过程总是W—G—W。不过，商业资本是同时完成W—G和G—W行为的。也就是说，并非单纯是**一个**资本处在W—G阶段，另一个资本处在G—W阶段，而是同一资本因生产过程的连续性而在同一时间里不断地买和不断地卖；它在同一时间里总是不断地处在两个阶段上。当这个资本的一部分转化为货币，以便随后再转化为商品时，它的另一个部分同时转化为商品，以便再转化为货币。

　　货币在这里是作为流通手段还是作为支付手段执行职能，这取决于商品交换的形式。在这两个场合，资本家都要不断地把货币支付给许多人，并且不断地得到许多人支付给他的货币。这种单纯技术性的收付货币业务，本身就构成劳动，它在货币执行支付手段职能的时候，使计算差额和结算的行为成为必要。这种劳动是一种流通费用，是一种不创造价值的劳动。由于这种劳动由一类特殊的代理人或资本家替整个其余的资本家阶级担负起来，这种劳动就缩短了。

　　资本的一定部分，必须不断作为贮藏货币，作为可能的货币资本存在，这就是：购买手段的准备金，支付手段的准备金，一种在货币形式上等待使用的闲置的资本；而且资本的一部分不断以这种形式流回。除了收付货币和记账以外，这又使贮藏货币的保管成为必要，而这又是一种特殊的业务。也就是说，这种业务实际上是使贮藏货币不断分解为流通手段和支付手段，并且使出售得到的货币和到期的进款重新形成贮藏货币;这种与资本职能本身相分离的、作为货币而存在的资本部分的不断运动,这种纯粹技术性的业务,会引起特殊的劳动和费用——流通费用。

分工造成这样的结果:这些由资本的职能决定的技术性业务,尽可能由一类代理人或资本家当做专门的职能替整个资本家阶级来完成,或者集中在这些人手中。在这里,正像在商人资本的场合一样,发生了双重意义的分工。一种特殊的营业出现了,并且因为它作为特殊的营业是替整个阶级的货币机制服务的,所以它会集中起来,大规模地进行;在这种特殊的营业内部又发生了分工,既分成不同的互相独立的部门,又在这些部门内部形成了专门设施(庞大的事务所,人数众多的会计员和出纳员,细密的分工)。货币的收付、差额的平衡、往来账的登记、货币的保管等等,已经同使这些技术性的业务成为必要的那些行为分开,从而使预付在这些职能上的资本成为货币经营资本。¹⁶²

这些不同的业务——由于它们独立出来而成为特殊的营业,便产生了货币经营业——,是从货币本身的各种规定性中,从货币的各种职能中,从而也是资本在货币资本形式上必须执行的各种职能中产生的。

我以前已经指出,货币一般说来最初是在不同共同体之间的产品交换中发展起来的。⁽⁴²⁾

因此,货币经营业,即经营货币商品的商业,首先是从国际交易中发展起来的。自从各国有不同的铸币以来,在外国办货的商人,就得把本国铸币换成当地铸币和把当地铸币换成本国铸币;或者把不

---

(42)《政治经济学批判》第27页。¹⁶³

同的铸币同作为世界货币的、未铸币的纯银或纯金相交换。由此就产生了兑换业，它应被看成是近代货币经营业的自然发生的基础之一。(43)汇兑银行就是从兑换业发展而来的。在汇兑银行中，银(或金)与通用的铸币不同，是作为世界货币——而现在是作为银行货币或商业货币——执行职能的。如果说汇兑业只是指一国的一个汇兑业者通知另一国的一个汇兑业者付款给旅行者，那么，它早在罗马和希腊就已从本来的兑换业者的业务中发展起来了。164

以金银作为商品(制造奢侈品的原料)的贸易，是金银贸易或促使货币作为世界货币执行职能的那种贸易的自然发生的基础。以前已经讲过(第一册第三章第3节c)，这些职能是双重的：货币往返于

---

(43)"单是由于许多王侯和城市拥有铸币权，他们的铸币在重量、成色方面，以及在花纹方面都极不相同，而在商业必须用一种铸币进行结算的情况下，就到处产生了使用当地铸币的必要性。为了用现金支付，商人在国外市场旅行时，要携带未铸币的纯银或纯金。同样，在启程回国时，要把他们收进的当地铸币换成未铸币的银或金。因此，兑换业，即把贵金属兑换成当地铸币和把当地铸币兑换成贵金属，就成了一种十分普遍的有利可图的事业了。"(休耳曼《中世纪城市》1826—1829年波恩版第1卷第437、438页)"汇兑银行所以得名……不是因为它发行汇票，开办信汇，而是因为它兑换各种货币。在1609年阿姆斯特丹汇兑银行创立以前很久，在尼德兰各商业城市已经可以看到兑换业者，兑换所，甚至汇兑银行……　这些兑换业者的业务，是把外国商人带入国内的各种各样的铸币，换成当地法定通用的铸币。他们的业务范围后来逐渐扩大……　他们变成了那时候的出纳业者和银行业者。但是，阿姆斯特丹政府认为，出纳业和兑换业结合在一起是一种危险。为了应付这种危险，它决定建立一个赋有公开的全权去兼营出纳业和兑换业的大机构。这就是著名的1609年的阿姆斯特丹汇兑银行。由于不断需要兑换各种货币，威尼斯、热那亚、斯德哥尔摩、汉堡也设立了汇兑银行，所有这些汇兑银行中，只有汉堡银行今天还存在，因为这个没有自己的造币制度的商业城市，仍然需要有这样一个机构，等等。"(西·菲瑟灵《实用国民经济手册》1860年阿姆斯特丹版第1部第247、248页)

不同国家的流通领域之间,以平衡国际支付,并从资本的移动中谋取利息;除此之外,还有一种运动,就是货币从贵金属产地流到世界市场,并把贵金属的供给分配给不同国家的流通领域。在英国17世纪的大部分时间内,金匠还执行银行家的职能。在这里,我们完全撇开国际支付的平衡如何进一步发展为汇票交易等等,完全撇开一切和有价证券营业有关的事情;总之,完全撇开信用制度的一切特殊形式不谈,这些方面在这里还与我们无关。

作为世界货币时,一国的货币就抛弃了它的地方性;一国的货币可以用另一国的货币来表现,因此,所有的货币都还原为它们的金或银的含量;同时,金和银这两种商品作为世界货币来流通时,又要归结为它们互相之间的不断变动的价值比率。货币经营者把这种中介作用变成自己的特殊业务。所以,兑换业和金银贸易是货币经营业的最原始的形式,并且产生于货币的双重职能:作为一国铸币的职能和作为世界货币的职能。

从资本主义生产过程中,同样从商业一般中——甚至在资本主义以前的生产方式下——都会产生如下结果:

第一,把货币作为贮藏货币,也就是说,现在是把那部分必须不断以货币形式充当支付手段和购买手段的准备金的资本积攒起来。这是货币贮藏的第一个形式,在资本主义生产方式下,货币贮藏会以这个形式再现出来,并且通常会在商业资本的发展中至少为这种资本而形成起来。这两种情况既适用于国内流通,也适用于国际流通。这种贮藏货币不断地流动着,它不断地进入流通并不断地从流通中流回。货币贮藏的第二个形式是在货币形式上闲置的、暂时不用的资本,其中也包括新积累的尚未投入的货币资本。由于这种货币贮藏本身而成为必要的一些职能,首先是货币的保管、记账等等。165

第二，与此密切相连的还有购买时的支出货币，出售时的收入货币，支付中的付款和收款，支付的平衡等等。所有这一切最初都是由货币经营者作为单纯的**出纳业者**替商人和产业资本家完成的。(44)

一旦借贷的职能和信用贸易同货币经营业的其他职能结合在一起，货币经营业就得到了充分的发展，而这种情况即使在货币经营业

---

(44)"出纳业者的制度，也许在任何地方都没有像在尼德兰的商业城市中那样纯粹地保存着它最初的独立性质。(关于阿姆斯特丹出纳业的起源，见埃·卢扎克《荷兰财富》第3卷)他们的职能部分地与古老的阿姆斯特丹汇兑银行的职能相一致。出纳业者从那些利用他的服务的商人那里收到一笔货币，并在他的账簿中为商人开立'贷方'的户头；商人还把他们的债权送交给他，由他替他们去收款，并把收到的钱也记在贷方栏内。另一方面，他要对这些商人所出的票据实行支付，并把支付的钱数记在商人的往来账上。他对这些收款和付款索取小额手续费，这是仅仅由于他在双方之间完成的周转额而得到的一个与他的劳动相当的报酬。如果和同一个出纳业者打交道的两个商人需要抵消他们的支付，那么，这样的支付通过对账就很容易了结，因为出纳业者逐日把他们互相间的债权进行抵消。因此，出纳业者的真正业务，就是这样给支付作中介；所以，这种业务不包括各种产业企业活动、投机和空头信用；因为这里必须遵守这样一个原则：出纳业者为在他那里开立账户的商人支付的货币决不超过商人的存款额。"(菲瑟灵《实用国民经济手册》第243、244页)关于威尼斯的金库联合会，休耳曼说过这样的话："由于威尼斯的需要和地理位置，——在那里，现金的运送比在任何地方都更不方便，——这个城市的批发商人，在妥善的保护、监督和管理的情况下，组织了金库联合会。如果某个这种联合会的会员存入一定数额的款项，那么凭这笔存款，他们可以向他们的债权人开出支付凭证，然后在为此设置的账簿中把应付的金额从债务人的账页上注销，并把它转入同一账簿中债权人的存款。这就是所谓转账银行的萌芽。这种联合会是很古老的。但是，如果说它起源于12世纪，那就把它和1171年设立的国债机关混同起来了。"(休耳曼《中世纪城市》第453、454页)

的最初时期也总会发生。关于这一点,我们在下一篇论述生息资本时再谈。

金银贸易本身,即把金或银从一国运到另一国,只是商品贸易的结果,而这种结果是由表示国际支付状态和不同市场利息率状态的汇兑率决定的。从事金银贸易的商人,只是为这种结果作中介。

在考察货币,考察它的运动和形式规定性怎样从简单商品流通中发展起来时,我们已经看到(第一册第三章),作为购买手段和支付手段来流通的货币的量的运动,是由商品形态变化,由商品形态变化的规模和速度决定的;现在我们又知道,这种商品形态变化本身只是总再生产过程的一个要素。至于如何从产地取得货币材料金和银,那么,这归根到底是通过直接的商品交换,也就是通过金和银作为商品同其他商品的交换,因此,这就像取得铁或其他金属一样,是商品交换的一个要素。至于贵金属在世界市场上的运动(在这里,只要这种运动表现的是由借贷造成的资本转移,也即是以商品资本的形式进行的转移,我们就不加以考察),那么,它完全是由国际商品交换决定的,正像作为国内的购买手段和支付手段的货币的运动是由国内商品交换决定的一样。贵金属从一国的流通领域到另一国的流通领域的流出和流入,如果只是由于一国铸币贬值或复本位制[11]引起的,就与货币流通本身无关,而只是对从国家方面任意造成的误差所作的纠正。最后,关于贮藏货币,如果它是用于国内贸易或对外贸易的购买手段或支付手段的准备金,并且,如果它同样是暂时闲置的资本的单纯形式,那么,它在这两个场合都只是流通过程的一种必然的沉淀物。

如果整个货币流通就它的规模、它的形式和它的运动来说,只是商品流通的结果,而从资本主义的观点来看,商品流通本身只表示资本的流通过程(在这里,就收入花费在零售商业中来说,既包括资本对收入的交换,又包括收入对收入的交换),那么,不言而喻,货币经营业就不只是对商品流通的这个单纯结果和表现方式,即对货币流通起中介作用。这个货币流通本身,作为商品流通的一个要素,对货币经营业来说是既定的。货币经营业作为中介,担任货币流通的各种技术性业务,使之集中、缩短和简化。货币经营业不进行货币贮藏,而是提供技术手段,使自愿进行的这个货币贮藏(因而,既不是闲置资本的表现,也不是再生产过程紊乱的表现)减少到它的经济上的最低限度,因为购买手段和支付手段的准备金,在对它的管理是为了整个资本家阶级的场合,不需要像它由每个资本家各自管理的场合那样大。货币经营业不购买贵金属,只是在商品经营业买了贵金属以后对它的分配起中介作用。就货币执行支付手段的职能来说,货币经营业会使差额的平衡易于进行,并且会通过各种人为的结算机制减少平衡差额所需要的货币量;但它既不决定各种互相支付的联系,也不决定它们的规模。例如,在银行和票据交换所内互相交换的汇票和支票,就代表完全独立的营业,是已经完成的各种活动的结果,问题只在于使这些结果的平衡在技术上更完善。就货币作为购买手段而流通来说,买和卖的规模与次数就完全不以货币经营业为转移。货币经营业只能缩短买和卖引起的各种技术活动,并由此减少这种周转所必要的货币现金量。

可见,我们在这里考察的纯粹形式的货币经营业,即与信用制度相分离的货币经营业,只与商品流通的一个要素即货币流通的技术以及由此产生的不同的货币职能有关。

这是货币经营业在本质上区别于商品经营业的地方。商品经营业对商品的形态变化和商品交换起中介作用,或者,甚至使商品资本的这个过程表现为一个由产业资本分离出来的资本的过程。因此,如果说商品经营资本表示一个独特的流通形式G—W—G,在其中,商品两次换位,货币由此流回(这和W—G—W相反,在其中,货币两次转手,由此对商品交换起中介作用),那么,在货币经营资本那里看不出这样的特殊形式。

只要对货币流通起这种技术上的中介作用的货币资本——这个资本以缩小的规模代表商人和产业资本家自己在另一种情况下也必须为这个目的预付的追加资本——,是由特殊一类资本家预付的,资本的一般形式G—G′也就会在这里出现。由于G的预付,对预付者来说,就会产生出$G + \Delta G$。但是,在G—G′中作为中介的东西,在这里与形态变化的物质要素无关,而只与它的技术要素有关。

显然,货币经营者所操作的货币资本的总量,就是商人和产业家的处在流通中的货币资本;货币经营者所完成的各种活动,只是他们作为中介所实现的商人和产业家的活动。

同样很清楚,货币经营者的利润不过是从剩余价值中所作的一种扣除,因为他们的活动只与已经实现(即使只是在债权形式上实现)的价值有关。

像在商品经营业那里一样,在这里也发生了职能的二重化。因为,同货币流通结合在一起的技术业务,有一部分必须由商品经营者和商品生产者自己去完成。

第 二 十 章

关于商人资本的历史考察

商品经营资本和货币经营资本的货币积累的特殊形式,我们要在下一篇才考察。

从以上的说明自然可以得出结论说,最荒唐的看法莫过于把商人资本——不管它以商品经营资本的形式或货币经营资本的形式出现——看做是产业资本的一个特殊种类,就像采矿业、农业、畜牧业、制造业、运输业等等是由社会分工造成的产业资本的分支部门,从而是产业资本的特殊投资领域一样。只要简单地看一看这样一个事实,即每个产业资本,当它处在自己的再生产过程的流通阶段时,作为商品资本和货币资本所执行的职能,恰好就表现为商人资本在它的两个形式上的专门职能,——只要看一看这个事实,就必然会使这种粗陋的见解站不住脚。相反地,作为生产资本的产业资本和处在流通领域中的同一资本之间的区别,所以会在商品经营资本和货币经营资本上独立起来,是因为资本在流通领域中暂时采取的一定的形式和职能表现为资本的一个分离出来的部分的独立形式和职能,并且完全同资本的这个部分结合在一起。产业资本的转化形式,和不同生产部门各生产资本之间由于不同产业部门的性质不同而造成的物质区别,是有天壤之别的。[166]

360

　　除了一般经济学家在考察形式区别时表现出的那种粗鲁态度
（他们感兴趣的只是这种区别的物质方面）以外，在庸俗经济学家那
里，这种混淆还有以下两点作为基础。第一，他们没有能力就商业利
润的特性来说明商业利润；第二，他们力图进行辩护，要把那些首先
以商品流通、从而以货币流通为基础的资本主义生产方式的特有形
式所产生的商品资本形式和货币资本形式，从而商品经营资本形式
和货币经营资本形式，说成是生产过程本身必然产生的形态。

　　如果商品经营资本和货币经营资本同谷物栽培业的区别，不过
像谷物栽培业同畜牧业和制造业的区别一样，那就很清楚，生产和资
本主义生产也就完全是一回事了，特别是社会产品在社会各成员之
间的分配（无论是用于生产消费还是用于个人消费），也就永远必须
有商人和银行家作中介，就像要吃肉必须有畜牧业，要穿衣必须有服
装业一样了。(45)

　　由于伟大的经济学家如斯密、李嘉图等人考察的是资本的基本
形式，是作为产业资本的资本，而流通资本（货币资本和商品资本）事

―――――――――――――

　　(45)聪明的罗雪尔¹⁶⁷挖空心思地想出，既然有些人把商业说成是生产者
和消费者之间的"中介"，"人们"也同样能够把生产本身说成是消费的"中介"
（在谁与谁之间？）。由此自然会得出结论：商业资本像农业资本和工业资本一
样，是生产资本的一部分。因此，既然我们可以说，人只有以生产作中介才能保
证自己的消费（一个人即使没有在莱比锡受过教育¹⁶⁸，也必须这样做），或者
说，为了占有自然就必须劳动（人们可以把这叫做"中介"），由此自然会得出结
论：由生产的一个特殊社会形式所产生的社会"中介"——**因为**是中介——具有
同样的必然性的绝对性，具有同样的地位。中介这个词决定一切。此外，商人也并
不是生产者和消费者（我们暂时把那种有别于生产者的消费者，即不进行生产的
消费者撇开不说）之间的中介，而是这些生产者互相进行产品交换的中介，只是
一种交换的中间人，在成千成万的场合，这种交换没有这种中间人也在进行。

实上只是在它本身是每个资本的再生产过程的一个阶段的时候才加以考察,因此,他们遇到商业资本这种独特种类的资本,就陷入了困境。考察产业资本时直接得出的关于价值形成、利润等等的原理,并不直接适用于商人资本。因此,他们事实上把商人资本完全搁在一边了,在提到它时,只是把它当做产业资本的一种。在他们特别论述商人资本的场合,例如在李嘉图论述对外贸易的时候,他们总是力图证明,它不创造价值(因而也不创造剩余价值)。但是,关于对外贸易的论述,也适用于国内贸易。[169]

———

以上我们是从资本主义生产方式的角度,并且在资本主义生产方式的界限内,来考察商人资本的。但是,不仅商业,而且商业资本也比资本主义生产方式古老,实际上它是资本在历史上最古老的自由的存在方式。

因为我们已经知道,货币经营业和预付在它上面的资本只需要批发商业的存在,进一步说,只需要商品经营资本的存在,就可以发展起来,所以,我们要在这里考察的,也只是商品经营资本。

因为商业资本限制在流通领域,而它的职能是专门对商品交换起中介作用,所以,它的存在——撇开由直接的物物交换所产生的各种不发达的形式不说——所必要的条件,无非就是简单的商品流通和货币流通所必要的条件。或者不如说,简单的商品流通和货币流通就是**它的**存在条件。作为商品而进入流通的产品,不论是在什么生产方式的基础上生产出来的——不论是在原始共同体的基础上,还是在奴隶生产的基础上,还是在小农民和小市民的生产的基础上,还是在资本主义生产的基础上生产出来的——,都不会改变自己的作为商品的性质;作为商品,它们都要经历交换过程和随之发生的形态变化。商人资本为之作中介的两极,对商人资本来说,是已经存在的东西,就像它们对货币和对货币的运动来说是已经存在的东西一样。唯一必要的事情是这两极作为商品已经存在,而不管生产完全是商品生产,还是投入市场的只是独立经营的生产者靠自己的生产满足自己的直接需要以后余下的部分。商人资本只是对这两极的运动,即对它来说已经作为前提存在的商品的运动,起中介作用。

产品进入商业、通过商人之手的规模,取决于生产方式,而在资本主义生产充分发展时,即在产品只是作为商品,而不是作为直接的生存资料来生产时,这个规模达到自己的最大限度。另一方面,在每一种生产方式的基础上,商业都会促进那些为了增加生产者(这里是指产品所有者)的享受或贮藏货币而要进入交换的剩余产品的生产;因此,商业使生产越来越具有面向交换价值的性质。

商品的形态变化,它们的运动,1. 在物质上由不同商品的互相交换构成;2. 在形式上由商品转化为货币和货币转化为商品,即卖和买构成。而商人资本的职能就是归结为这些职能,即通过买和卖来交换商品。因此,它只是对商品交换起中介作用;不过这种交换从一开始就不能单纯理解为直接生产者之间的商品交换。在奴隶关系、农奴关系、贡赋关系(指原始共同体时的贡赋关系)下,只有奴隶主、封建主、接受贡物的国家,才是产品的所有者,因而才是产品的出售者。商人为许多人而进行买卖。买和卖都集中在他手中;因此,买和卖就不再与购买者(作为商人)的直接需要联系在一起了。

但是,不论以商人为中介进行商品交换的各生产部门的社会组织如何,商人的财产总是作为货币财产而存在,他的货币也总是作为资本执行职能。这个资本的形式总是G—W—G′;货币,交换价值的独立形式,是出发点,而增加交换价值是独立的目的。商品交换本身和对商品交换起中介作用的各种活动——这些活动和生产相分离，并且由非生产者来完成——，只是不仅增加财富，而且增加一般社会形式的财富即作为交换价值的财富的手段。动机和决定目的是把G转化为G＋ΔG；对G—G′行为起中介作用的G—W和W—G′行为，只表现为由G到G＋ΔG这个转化的过渡要素。这个G—W—G′，作为商人资本的具有特征的运动，不同于W—G—W，即生产者本身之间的商品贸易，因为后者的最终目的是交换使用价值。

因此，生产越不发达，货币财产就越集中在商人手中，或表现为商人财产的独特形式。

在资本主义生产方式中——也就是说，一旦资本支配生产本身并赋予生产一个完全改变了的独特形式——，商人资本只是表现为执行一种**特殊**职能的资本。在以前的一切生产方式中，商人资本表现为资本的真正职能，而生产越是为生产者本人直接生产生活资料，情形就越是如此。

因此，要理解商人资本为什么在资本支配生产本身以前很久就表现为资本的历史形式，这丝毫也不困难。商人资本的存在和发展到一定的水平，本身就是资本主义生产方式发展的历史前提。1. 因为这种存在和发展是货币财产集中的先决条件；2. 因为资本主义生产方式的前提是为贸易而生产，是大规模的销售，而不是面向一个个顾客的销售，因而需要有这样的商人，他不是为满足他个人需要而购买，而是把许多人的购买行为集中到他的购买行为上。另一方面，商人资本的一切发展都会促使生产越来越具有面向交换价值的性质，促使产品越来越转化为商品。但是像我们在下面马上就要进一步叙述的那样，商人资本的发展就它本身来说，还不足以促成和说明一个生产方式到另一个生产方式的过渡。

在资本主义生产中,商人资本从它原来的独立存在,下降为投资的一个特殊要素,而利润的平均化,又把它的利润率化为一般的平均水平。它只是作为生产资本的要素执行职能。在这里,随着商人资本的发展而形成的特殊社会状态,不再具有决定的作用;相反地,在商人资本占优势的地方,过时的状态占着统治地位。这一点甚至适用于同一个国家,在那里,比如说,纯粹的商业城市就和工业城市完全不同,而呈现出类似过去的状态。[46]

资本作为商人资本而实现的独立的、优先的发展,意味着生产还没有从属于资本,就是说,资本还是在一个和资本格格不入的、不以它为转移的社会生产形式的基础上发展。因此,商人资本的独立发展,是与社会的一般经济发展成反比例的。

独立的商人财产作为占统治地位的资本形式,意味着流通过程离开它的两极而独立,而这两极就是进行交换的生产者自己。这两极对流通过程仍保持独立,而流通过程对这两极也仍保持独立。产品在这里通过商业而变成商品。在这里,正是商业使产品发展为商品,而不是已经生产出来的商品以自己的运动形成商业。因此,资本作为资本,在这里首先是在流通过程中出现的。在流通过程中,货币

---

[46] 威·基瑟尔巴赫先生(《中世纪世界贸易史和欧洲社会生活的发展》1860年版)的头脑里实际上仍然充满着以商人资本为一般资本形式的那个世界的观念。他对资本的现代意义一无所知,就像蒙森先生在他的《罗马史》中谈论"资本"和资本统治时一样。在英国现代史上,真正的商业阶层和商业城市在政治上也是反动的,它们同土地贵族和金融贵族结成联盟来反对产业资本。例如,我们可以把利物浦的政治作用和曼彻斯特、伯明翰的政治作用比较一下。产业资本的完全统治,只是在废除谷物关税[68]等等以后,才为英国的商人资本和金融贵族(moneyed interest)所承认。

发展成为资本。在流通中,产品首先发展成为交换价值,发展成为商品和货币。资本在学会统治流通过程的两极,即以流通为中介的不同生产部门以前,能够而且必定在流通过程中形成。货币流通和商品流通能够对组织极不相同、按其内部结构主要仍然是从事使用价值生产的那些生产领域起中介作用。使各个生产领域通过一个第三者而互相结合起来的这种流通过程的独立化,表明两个情况。一方面,流通还没有支配生产,而是把生产当做已经存在的前提。另一方面,生产过程还没有把流通作为单纯的要素吸收进来。相反地,在资本主义生产中,这两个情况都已发生。生产过程完全建立在流通的基础上,而流通只是生产的一个要素,一个过渡阶段,不过是作为商品而生产出来的产品的实现及其作为商品而生产出来的各生产要素的补偿。在这里,直接从流通中产生出来的资本形式——商业资本——只表现为资本在它的再生产运动中的形式之一。[170]

商人资本的独立发展与资本主义生产的发展程度成反比例这个规律,在例如威尼斯人、热那亚人、荷兰人等经营的转运贸易(carrying trade)的历史上表现得最为明显,在这种贸易上,主要利润的获取不是靠输出本国产品,而是靠在商业和一般经济不发达的各共同体间的产品交换中起中介作用,靠对两个生产国家进行剥削。[(47)]

---

(47)"商业城市的居民从一些富国运进精致的工业品和昂贵的奢侈品,因而助长了大地主们的虚荣心,这些大地主热衷于购买这种东西,并且用大量的本国原产品来支付。因此,当时欧洲大部分地区的商业,都是一个国家用自己的原产品去交换一个工业比较进步的国家的工业品……一旦这种嗜好普遍流行,以致引起大量需求,商人为了节省运费,就开始在他们本国建立类似的制造业。"(亚·斯密[《国富论》1848年阿伯丁—伦敦版]第3卷第3章[第267页])

在这个场合,商人资本是纯粹的,是同两极即以它作为中介的各个生产部门相分离的。这就是商人资本形成的一个主要源泉。但是,转运贸易的这种垄断权,从而这种贸易本身,是随着这样一些民族的经济发展而衰落下去的,这些民族从两方面受这种垄断的剥削,其不发达状况曾是这种垄断的存在基础。就转运贸易来说,这种衰落不仅表现为一个特殊商业部门的衰落,而且也表现为纯粹商业民族的优势的衰落和这些民族的以这种转运贸易为基础的商业财富的衰落。这只是商业资本在资本主义生产的发展进程中从属于产业资本这一事实借以表现的一种特殊形式。商人资本在它直接支配生产的地方是怎样干的,关于这一点,不仅一般的殖民地经济(所谓殖民制度),而且特别是旧荷兰东印度公司[157]的经济,提供了鲜明的例证。

因为商人资本的运动是G—W—G′,所以商人的利润,第一,是通过只在流通过程中发生的行为获得的,也就是说,是通过买和卖这两个行为获得的;第二,它是在后一种行为即卖中实现的。因此,这是让渡利润,profit upon alienation[114]。乍一看来,只要产品按照它们的价值出售,纯粹的、独立的商业利润好像是不可能的。贱买贵卖,是商业的规律。也就是说,不是等价交换。这种交换中所包含的价值概念就是,不同商品都是价值,从而是货币;从质的方面来说,它们同样是社会劳动的表现。但它们不是相等的价值量。产品进行交换的数量比例,起初完全是偶然的。它们所以取得商品形式,是因为它们是可以交换的东西,也就是说,是同一个第三者的表现。继续不断的交换和比较经常的为交换而进行的再生产,越来越消除这种偶然性。但是,这种情况首先不适用于生产者和消费者,而是适用于二者之间的中介人,即把货币价格加以比较并把差额装入腰包的商人。商人通过自己的运动本身确立起等价。

商业资本起初只是不受它支配的两极之间,并非由它创造的两个前提之间的中介运动。

正像货币不仅作为价值尺度和流通手段,而且作为商品的从而财富的绝对形式,作为贮藏货币,从简单商品流通形式W—G—W中产生出来,并且货币作为货币而自行保存和增加成为目的本身一样,货币,贮藏货币,也会作为某种通过简单让渡而自行保存和自行增加的东西,从商人资本的简单流通形式G—W—G′中产生出来。

古代的商业民族存在的状况,就像伊壁鸠鲁的神存在于世界的空隙中[171],或者不如说,像犹太人存在于波兰社会的缝隙中一样。最初的独立的、获得巨大发展的商业城市和商业民族的商业,是作为纯粹的转运贸易建立在生产民族的野蛮状态的基础上的,这些商业城市和商业民族对这些生产民族起着中介人的作用。[172]

在资本主义社会以前的各阶段中,商业支配着产业;在现代社会里,情况正好相反。当然,商业对于那些互相进行贸易的共同体来说,会或多或少地发生反作用;它会使生产越来越从属于交换价值,因为它会使享受和生活日益依赖于出售,而不依赖于产品的直接消费。它由此使旧的关系解体。它增进了货币流通。它已经不再是仅仅掌握生产的余额,而且逐渐地侵蚀生产本身,使整个整个的生产部门依附于它。不过,这种解体作用,在很大程度上取决于从事生产的共同体的性质。

只要商业资本是对不发达的共同体的产品交换起中介作用,商业利润就不仅表现为侵占和欺诈,而且大部分是从侵占和欺诈中产生的。撇开商业资本榨取不同国家的生产价格之间的差额(就这方面来说,它促使商品价值均等化和使之确定下来)不说,上述这些生产方式造成了如下结果:商人资本占据了剩余产品的绝大部分,这一方面源于商人资本充当各个共同体之间的中介,这些共同体基本上还是生产使用价值,对于它们的经济组织来说,大体说来进入流通的那部分产品的出售,也就是大体说来产品按照其价值的出售,还居于次要的地位;另一方面,是因为在以往那些生产方式中,商人与之做生意的剩余产品的主要占有者,即奴隶主,封建地主,国家(例如东方专制君主),代表供人享受的财富,对于这些财富,商人会设下圈套来猎取,这一点在上面引用的亚·斯密有关封建时期的那段话中已经被正确地嗅出来了。因此,占主要统治地位的商业资本,到处都代表着一种掠夺制度[48],它在古代和近代的商业民族中的发展,是和暴

---

[48] "现在,商人对贵族或盗匪非常埋怨,因为他们经商必须冒巨大的危险,他们会遭到绑架、殴打、敲诈和抢劫。如果商人是为了正义而甘冒这种风险,那么他们当然就成了圣人了…… 但既然商人在全世界,甚至在他们自己中间,干下了这样多的不义行为和非基督教的盗窃抢劫行为,那么,上帝让这样多的不义之财重新失去或者被人抢走,甚至使他们自己遭到杀害,或者被绑架,又有什么奇怪呢?…… 国君应当对这种不义的交易给予应有的严惩,并保护他们的臣民,使之不再受商人如此无耻的掠夺。因为国君没有这么办,所以上帝就利用骑士和强盗,假手他们来惩罚商人的不义行为,他们应当成为上帝的魔鬼,就像上帝曾经用魔鬼来折磨或者用敌人来摧毁埃及和全世界一样。所以,他是用一个坏蛋来打击另一个坏蛋,不过在这样做的时候没有让人懂得,骑士是比商人小的强盗,因为一个骑士一年内只抢劫一两次,或者只抢劫一两个人,而商人每天都在抢劫全世界。""以赛亚的预言正在应验:你的国君与盗贼作伴。因为他们把一个偷了一个古尔登或半个古尔登的人绞死,但是和那些掠夺全世界并比所有其他的人都更肆无忌惮地进行偷窃的人串通一气。大盗绞死小偷这句谚语仍然是适用的。罗马元老卡托说得好:小偷坐监牢,戴镣铐,大盗戴金银,衣绸缎。但是对此上帝最后会说什么呢?他会像他通过以西结的口所说的那样去做,把国君和商人,一个盗贼和另一个盗贼熔化在一起,如同把铅和铜熔化在一起,就像一个城市被焚毁时出现的情形那样,既不留下国君,也不留下商人。"(马丁·路德《论商业与高利贷》。1527年[173])

力掠夺、海盗行径、绑架奴隶、征服殖民地直接结合在一起的；在迦太基、罗马，后来在威尼斯人、葡萄牙人、荷兰人等等那里，情形都是这样。

　　商业和商业资本的发展，到处都使生产朝着交换价值的方向发展，使生产的规模扩大，使它多样化和世界化，使货币发展成为世界货币。因此，商业对各种已有的、以不同形式主要生产使用价值的生产组织，到处都或多或少地起着解体的作用。但是它对旧生产方式究竟在多大程度上起着解体作用，这首先取决于这些生产方式的坚固性和内部结构。并且，这个解体过程会导向何处，换句话说，什么样的新生产方式会代替旧生产方式，这不取决于商业，而是取决于旧生产方式本身的性质。在古代世界，商业的影响和商人资本的发展，总是以奴隶经济为其结果；不过由于出发点不同，有时也只是使家长制的、以生产直接生存资料为目的的奴隶制度，转化为以生产剩余价值为目的的奴隶制度。相反，在现代世界，它会导致资本主义生产方式。由此可以得出结论，这些结果本身，除了取决于商业资本的发展以外，还取决于完全另外一些情况。

　　城市工业本身一旦和农业分离，它的产品会从一开始就是商品，因而它的产品的出售就需要有商业作为中介，这是理所当然的。因此，商业依赖于城市的发展，而城市的发展也要以商业为条件，这是不言而喻的。但工业的发展在多大程度上与此齐头并进，在这里，却完全取决于另外一些情况。在古罗马，还在共和制的后期，商人资本已发展到古代世界前所未有的高度，而工业的发展却没有什么进步；在科林斯，在欧洲和小亚细亚的其他希腊城市，商业的发展却伴随有手工业的高度发展。另一方面，正好与城市的发展及其条件相反，对那些没有定居下来的游牧民族来说，商业的精神和商业资本的发展，却往往是它们固有的特征。

毫无疑问——并且正是这个事实产生了完全错误的观点——，在16世纪和17世纪，由于地理上的发现[174]而在商业上发生的并迅速促进了商人资本发展的大革命，是促使封建生产方式向资本主义生产方式过渡的一个主要因素。世界市场的突然扩大，流通商品种类的倍增，欧洲各国竭力想占有亚洲产品和美洲宝藏的竞争热，殖民制度，——所有这一切对打破生产的封建束缚起了重大的作用。但现代生产方式，在它的最初时期，即工场手工业时期，只是在它的各种条件在中世纪内已经形成的地方，才得到了发展。例如，我们可以拿荷兰同葡萄牙进行比较。[(49)]另外，如果说在16世纪，部分地说直到17世纪，商业的突然扩大和新世界市场的形成，对旧生产方式的衰落和资本主义生产方式的勃兴，产生过压倒一切的影响，那么，这种情况反过来是在已经形成的资本主义生产方式的基础上发生的。世界市场本身形成这个生产方式的基础。另一方面，这个生产方式所固有的以越来越大的规模进行生产的必要性，促使世界市场不断扩大，所以，在这里不是商业使工业发生革命，而是工业不断使商业发生革命。商业的统治权现在也是和大工业的各种条件的或大或小的优势结合在一起的。例如，我们可以拿英国和荷兰来比较一

---

(49)撇开其他情况不说，由渔业、工场手工业和农业打下的基础，对荷兰的发展起了多么重大的作用，这已经由18世纪的著作家说明了。我们可以参看例如马西的著作[175]。——前人总是低估亚细亚的、古代的和中世纪的商业的规模和意义；与此相反，对它们异乎寻常地予以过高的估计，现在已经成了一种时髦。纠正这种看法的最好办法，是考察一下18世纪初英国的进出口，并把它们同今天的进出口相比较。不过就在当时，英国的进出口也比任何一个过去的商业民族大得不可比拟。(见安德森《商业史》[第261页和以下几页])

下。荷兰作为一个占统治地位的商业国家走向衰落的历史,就是一部商业资本从属于工业资本的历史。资本主义以前的、民族的生产方式具有的内部的坚固性和结构,对于商业的解体作用造成了多大的障碍,这从英国人同印度和中国的交往中可以明显地看出来。在印度和中国,小农业和家庭工业的统一形成了生产方式的广阔基础。此外,在印度还有建立在土地公有制基础上的农村公社的形式,这种农村公社在中国也是原始的形式。在印度,英国人曾经作为统治者和地租所得者,同时使用他们的直接的政治权力和经济权力,以图摧毁这种小规模的经济公社。⁽⁵⁰⁾如果说他们的商业在那里对生产方式发生了革命的影响,那只是指他们通过他们的商品的低廉价格,消灭了纺织业,——工农业生产的这种统一体的一个自古不可分割的部分,这样一来也就破坏了公社。但是,就是在这里,对他们来说,这种解体进程也是进行得极其缓慢的。在中国,那就更缓慢了,因为在这里没有直接政治权力的帮助。因农业和手工制造业的直接结合而造成的巨大的节约和时间的节省,在这里对大工业产品进行了最顽强的抵抗;因为在大工业产品的价格中,会加进大工业产品到处都要经历的流通过程的各种非生产费用。同英国的商业相反,俄国的商业则没有触动亚洲生产的经济基础。⁽⁵¹⁾

---

(50)如果有哪一个民族的历史可以看做失败的和真正荒唐的(在实践上是无耻的)经济实验的历史,那就是英国人在印度经营的历史了。在孟加拉,他们创作了一幅英国大土地所有制的漫画;在印度东南部,他们创作了一幅小块土地所有制的漫画;在西北部,他们又做了他们能做的一切,把实行土地公有制的印度经济公社,变成了它本身的一幅漫画。

(51)自从俄国竭力发展完全依赖国内市场和接壤的亚洲市场的本国资本主义生产以来,这种情况也开始发生变化。——弗·恩·

从封建生产方式开始的过渡有两条途径。生产者变成商人和资本家,而与农业的自然经济和中世纪城市工业的受行会束缚的手工业相对立。这是真正革命化的道路。或者是商人直接支配生产。不论后一条途径在历史上作为过渡起过多大的作用——例如17世纪英国的呢绒商人曾经把那些仍然是独立的织布业者置于自己的控制之下,把羊毛卖给他们,而向他们购买呢绒——,就它本身来说,它并没有引起旧生产方式的变革,而不如说保存了这种生产方式,把它当做自己的前提予以维持。例如,直到本世纪中叶,法国的丝织业以及英国的织袜业和花边业的工厂主,大部分仍然只是名义上的工厂主,实际上只是商人,他让织布业者按照他们原来的分散的方式继续劳动,而他只是作为商人实行统治,织布业者实际上是为这种商人劳动。[52]这种习惯到处都成了真正的资本主义生产方式的障碍,它随着资本主义生产方式的发展而消灭。它不变革生产方式,只是使直接生产者的状况恶化,把他们变成单纯的雇佣工人和无产者,使他们所处的条件比那些直接受资本支配的人所处的条件还要坏,并且在旧生产方式的基础上占有他们的剩余劳动。同样的情况在伦敦一部分手工家具制造业上也可以看到,不过略有变化。这种制造业,特别在陶尔哈姆莱茨区[176],经营的规模非常大。整个生产分成许多互相独立的营业部门。一个部门只做椅子,另一个部门只做桌子,第三个部门只做柜子等等。这些部门本身或多或少都是按手工业方式由

---

[52]莱茵地区的绦带编织业,丝辫编织业和丝织业的情况也是这样。克雷费尔德附近甚至还专门铺设一条铁路来沟通这些农村手工织工和城市"工厂主"之间的交易。但是后来机械棉业使这一条铁路和手工织工一起失业了。——弗·恩·

一个小老板带领几个帮工经营的。不过,如果是直接为了顾客个人而劳动,生产规模就未免太大了。它们的购买者是家具店主。每星期六老板都上家具店主那里去,并把产品卖给他们;这时进行讨价还价,就像在当铺内对这件或那件东西该当多少钱进行讨价还价一样。这些老板单是为了在下一周能够重新购买原料并支付工资,就需要逐周出售自己的产品。在这种情况下,他们实质上只是商人和他们自己的工人之间的中介。商人是真正的资本家,他把剩余价值的最大部分装进了自己的腰包。(53)在那些过去用手工业方法经营,或者作为农村副业经营的部门向工场手工业过渡时,可以看到类似的情况。随着这种独立的小本经营的技术发展——这种小本经营本身已经使用手工操作的机器——,也会发生向大工业的过渡;机器将改用蒸汽推动而不是用手推动;例如,最近英国织袜业中出现的情况就是这样。177

可见,这里发生了三重过渡:**第一**,商人直接成为工业家;在各种以商业为基础的行业,特别是奢侈品工业中情形就是这样;这种工业连同原料和工人一起都是由商人从外国输入的,例如在15世纪,从君士坦丁堡向意大利输入。**第二**,商人把小老板变成自己的中介人,或者也直接向独立生产者购买;他在名义上使这种生产者独立,并且使他的生产方式保持不变。**第三**,工业家成为商人,并直接为商业进行大规模生产。

波珀说得对,在中世纪,商人不过是行会手工业者或农民所生产的商品的"包买商"。178商人成了工业家,或者不如说,他让那些手工

---

(53)从1865年以来,这个制度有了更大规模的发展。详细情况可以参看《上院血汗制特别委员会第1号报告》1888年伦敦版。——弗·恩·

业性质的小工业,特别是农村小工业为他劳动。另一方面,生产者成了商人。例如,呢绒织造业师傅不再是一小批一小批地逐次从商人那里获得羊毛,然后同帮工一起为商人劳动,而是自己购买羊毛或毛纱,并把他的呢绒出售给商人。各种生产要素,都作为他自己买来的商品进入生产过程。呢绒织造业者现在不是为个别商人或某些顾客生产,而是为商业界生产了。生产者自己就是商人。商业资本还要完成的只是流通过程。起初,商业是行会手工业、农村家庭手工业和封建农业转化为资本主义企业的前提。它使产品发展成为商品,这有时是因为它为产品创造了市场,有时是因为它提供了新的商品等价物,为生产提供了新的原料和辅助材料,并由此开创了一些一开始就以商业为基础的生产部门,它们既以替市场和世界市场生产为基础,也以世界市场造成的生产条件为基础。一旦工场手工业相当巩固了,尤其是大工业相当巩固了,它就又为自己创造市场,并用自己的商品来夺取市场。这时,商业就成了工业生产的奴仆,而对工业生产来说,市场的不断扩大则是它的生活条件。不断扩大的大量生产,会使现有市场商品充斥,因此,它不断扩大这个市场,突破它的界限。限制这种大量生产的,不是商业(就它仅仅反映现有需求而言),而是执行职能的资本的量和劳动生产力的发展水平。产业资本家总是面对着世界市场,并且把他自己的成本价格不仅同国内的市场价格相比较,而且同全世界的市场价格相比较,同时必须经常这样做。以前,这种比较几乎完全是商人的事,这样就保证了商业资本对产业资本的统治。[179]

对现代生产方式的最初的理论探讨——重商主义[180]——必然从流通过程独立化为商业资本运动时呈现出的表面现象出发,因此只是抓住了假象。这部分地是因为商业资本是资本本身的最初的自由存在方式;部分地是因为它在封建生产的最初的变革时期,即现代生产的发生时期,产生过压倒一切的影响。真正的现代经济科学,只是当理论研究从流通过程转向生产过程的时候才开始。诚然,生息资本也是资本的古老形式。但为什么重商主义不从生息资本出发,反而对生息资本采取攻击的态度,这一点,我们以后就会知道。

第 五 篇

利润分为利息和企业主收入。
生息资本

第二十一章
生 息 资 本

　　在最初考察一般利润率或平均利润率时（本册第二篇），这个利润率还不是在它的完成形态上出现在我们面前，因为平均化还只表现为投在不同部门的产业资本之间的平均化。这种情况已经在上一篇得到补充。在那里，我们说明了商业资本如何参加这个平均化，并且说明了商业利润。这样，一般利润率和平均利润就表现在比以前狭窄的范围内了。在阐述的过程中，以后凡是说到一般利润率或平均利润时，要注意我们总是就后一种意义而言，即只是就平均利润率的完成形态而言。因为这种利润率现在对产业资本和商业资本来说是相同的，所以，在只考察这个平均利润的时候，就不再需要区分产业利润和商业利润了。不管资本是作为产业资本投在生产领域内，还是作为商业资本投在流通领域内，它都会按照它的数量比例，提供相同的年平均利润。

货币——在这里它被看做一个价值额的独立表现，而不管这个价值额实际上以货币形式还是以商品形式存在——在资本主义生产的基础上能转化为资本，并通过这种转化，由一个一定的价值变为一个自行增殖、自行增加的价值。它会生产利润，也就是说，使资本家能够从工人那里榨出一定量的无酬劳动，剩余产品和剩余价值，并把它据为己有。这样，货币除了作为货币具有的使用价值以外，又取得一种追加的使用价值，即作为资本来执行职能的使用价值。在这里，它的使用价值正在于它转化为资本而生产的利润。就它作为可能的资本，作为生产利润的手段的这种属性来说，它变成了商品，不过是一种特别的商品。或者换一种说法，资本作为资本，变成了商品。(54)

假定年平均利润率是20%。这时，一台价值100镑的机器，在平均条件以及平均的智力水平和合乎目的的活动下当做资本使用，会提供20镑的利润。因此，一个拥有100镑的人，手中就有使100镑变成120镑，或生产20镑利润的权力。他手中有100镑可能的资本。如果这个人把这100镑交给另一个人为期一年，让后者把这100镑实际当做资本来使用，他也就给了后者生产20镑利润即剩余价值的权力。这个剩余价值对后者来说什么也不花费，他没有为它支付等价物。如果后者在年终把比如说5镑，即把所生产的利润的

---

(54)在这里，可以引用几段话，来说明经济学家们正是这样考虑问题的。——"您〈英格兰银行〉是经营**资本商品**的大商人吗?"这个问题是在就《银行法报告》对证人的询问中向该行的一位董事提出的，见《银行法报告》(下院1857年［第104页］)。

一部分付给这100镑的所有者,他就是用这5镑来支付这100镑的使用价值,来支付这100镑的资本职能即生产20镑利润的职能的使用价值。他支付给所有者的那一部分利润,叫做利息。因此,利息不外是一部分利润的一个特殊名称,一个特殊项目;执行职能的资本不能把这部分利润装进自己的腰包,而必须把它支付给资本的所有者。

很清楚,100镑的所有权,使其所有者有权把利息,把他的资本生产的利润的一定部分据为己有。如果他不把这100镑交给另一个人,后者就不能生产利润,也就根本不能用这100镑来执行资本家的职能。(55)

在这里,同吉尔巴特一起(见注)说什么自然正义,这是毫无意义的。生产当事人之间进行的交易的正义性在于:这种交易是从生产关系中作为自然结果产生出来的。这种经济交易作为当事人的意志行为,作为他们的共同意志的表示,作为可以由国家强加给立约双方的契约,表现在法律形式上,这些法律形式作为单纯的形式,是不能决定这个内容本身的。这些形式只是表示这个内容。这个内容,只要与生产方式相适应,相一致,就是正义的;只要与生产方式相矛盾,就是非正义的。在资本主义生产方式的基础上,奴隶制是非正义的;在商品质量上弄虚作假也是非正义的。

这100镑作为资本——不管是作为产业资本还是作为商业资本——执行职能,因而生产20镑的利润。但是,作为资本执行这种职能的必要条件是,把这100镑作为资本支出,也就是说,把货币支

---

(55)"一个用借款来牟取利润的人,应该把一部分利润付给贷放人,这是不言而喻的自然正义的原则。"(吉尔巴特《银行业的历史和原理》1834年伦敦版第163页)

付出去购买生产资料(如果是产业资本)或购买商品(如果是商业资本)。但是,这100镑要被支出,就必须已经存在。如果这100镑的所有者A把这100镑用在自己的私人消费上,或者把它们作为贮藏货币保存起来,它们就不能由执行职能的资本家B作为资本支出了。资本家B不是支出自己的资本,而是支出A的资本;但没有A的同意,他就不能支出A的资本。因此,把这100镑最初作为资本支出的实际上是A,虽然他作为资本家执行的全部职能只限于把这100镑作为资本支出。在我们考察这100镑时,B所以会作为资本家执行职能,只是因为A把这100镑交给了他,从而把这100镑作为资本支出了。

我们先来考察生息资本的特有的流通。然后第二步再来研究它作为商品出售的独特方式,即它是贷放,而不是永远出让。

起点是A贷给B的货币。A把货币贷给B,可以有担保,也可以没有担保;前一种形式是比较古老的,不过用商品或用像票据、股票等等的债券做担保的贷款除外。这些特殊形式和我们这里无关。在这里,我们只是考察普通形式上的生息资本。

货币在B手中实际转化为资本,完成G—W—G′运动,然后作为G′,作为G+△G回到A手中,在这里,△G代表利息。为简便起见,我们在这里暂且把资本长期留在B手中并按期支付利息的情况撇开不说。

这样,运动就是:

$$G—G—W—G′—G′。$$

在这里,出现两次的是,1. 货币作为资本的支出;2. 货币作为已经实现的资本,作为G′或G+△G的流回。

在商业资本的运动G—W—G′中,同一商品转手两次,如果是商人卖给商人,那就要转手多次;但同一商品每次这样的换位,都表示一个形态变化,表示商品的买或卖,而不管这个过程在商品最后进入消费以前要反复进行多少次。

另一方面在W—G—W中,同一货币换位两次,却表示商品的一个完全的形态变化,先是商品转化为货币,然后再由货币转化为另一种商品。

相反,在生息资本的场合,G的第一次换位,既不是商品形态变化的要素,也不是资本再生产的要素。它在第二次支出时,在用它来经营商业或把它转化为生产资本的那个执行职能的资本家手中,才变成这样的要素。在这里,G的第一次换位,无非表示它已经由A转移到或转交到B手中;这种转移通常在一定的法律形式和条件下进行。

与货币作为资本的这种双重支出——其中第一次支出只是由A转移到B——相适应的,是它的双重回流。它作为G′或G＋ΔG,从运动中流回到执行职能的资本家B手中。然后,执行职能的资本家B让它带着一部分利润,作为已经实现的资本,作为G＋ΔG再转给A。在这里,ΔG不等于利润的全部,而只是利润的一部分,即利息。它流回到B手中,只是作为B曾经支出的东西,作为执行职能的资本,但它属于A所有。因此,要使它的回流完全起来,B就要把它再转给A。但除了资本额,B还要把他用这个资本额赚得的一部分利润在利息的名义下转交给A,因为A只是把这个货币作为资本,即作为不仅在运动中保存自己,而且为它的所有者创造剩余价值的价值交给B的。它只有在它是执行职能的资本的时候,才留在B手中。并且,只要资本到期流回,它就不再作为资本执行职能。而作为不再执行职能的资本,它就必须再转移到A手中,因为A一直是它的法律上的所有者。

在这里,资本是作为商品出现的,或者说,货币作为资本变成了商品。从这个规定中就已经可以得出这种商品即作为商品的资本所特有的贷放形式(不过这种形式在其他交易中也会出现),而不是出售形式。

这里我们必须作如下的区别。

我们已经说过(第二册第一章),并且在这里还可以简单地回顾一下,流通过程中的资本,是作为商品资本和货币资本执行职能的。但是,在这两种形式上,资本不是作为资本变成商品的。

生产资本一旦转化为商品资本,它就必须投到市场上去,作为商品来出售。在这里,它是单纯地作为商品执行职能的。资本家在这里只作为商品的卖者出现,就像买者作为商品的买者出现一样。作为商品,产品必须在流通过程中,通过它的出售来实现它的价值,取得它的转化形态即货币。因此,这个商品是由一个消费者作为生活资料来购买,还是由一个资本家作为生产资料,作为资本的组成部分来购买,也是完全没有关系的。在流通行为中,商品资本只是作为商品,而不是作为资本执行职能。它是和简单商品不同的商品**资本**,因为:1. 它已经怀有剩余价值,因此,它的价值的实现同时就是剩余价值的实现;但是,这个事实并不影响它单纯地作为商品,作为有一定价格的产品而存在;2. 它作为商品所执行的这种职能,是它作为资本所进行的再生产过程的一个要素,因而它作为商品所进行的运动,由于只是它所进行的过程的部分运动,同时就是它作为资本所进行的运动;但它作为商品所进行的运动成为它作为资本所进行的运动,并不是由于卖的行为本身,而只是由于这个行为同这个一定的价值额作为资本所进行的总运动的联系。

同样,作为货币资本,它实际上也只是单纯地作为货币,也就是作为商品(生产要素)的购买手段来起作用。这种货币在这里同时是货币资本,是资本的一种形式,也并不是由于购买的行为,不是由于它在这里作为货币执行的实际职能,而是由于这个行为同资本总运动的联系,因为它作为货币所完成的这个行为,是资本主义生产过程的先导。

但是,在商品资本和货币资本实际执行职能,在过程中实际发生作用时,商品资本仅仅起商品的作用,货币资本仅仅起货币的作用。在形态变化的无论哪一个要素上,就其本身来看,资本家都不是把商品作为**资本**出售给买者(虽然这种商品对他来说代表资本),他也不是把货币作为资本让渡给卖者。在这两个场合,他把商品单纯作为商品来让渡,把货币单纯作为货币,作为购买商品的手段来让渡。

资本在流通过程中,只有同整个过程联系起来,在出发点同时表现为复归点的时候,在G—G′或W—W′中,才作为资本出现(它在生产过程中作为资本出现,则是由于工人从属于资本家,由于生产剩余价值)。但在这种回流的时候,中介过程已经消失。这里存在的,是G′或G+ΔG(不管这个增加了ΔG的价值额现在以货币的形式,以商品的形式,还是以生产要素的形式存在),是一个等于原预付货币额加上一个余额即已经实现的剩余价值的货币额。正是在这个资本作为已经实现的资本,作为已经增殖的价值而存在的复归点上,在这样的形式上——这个复归点想象地或者现实地作为静止点固定下来——,资本从来不进入流通,而是相反地表现为从流通中退出来的东西,表现为整个过程的结果。如果它再被支出,它也决不是**作为资本**让渡给第三者,而是作为单纯的商品卖给他,或者作为单纯的货币,为购买商品而支付给他。它在自己的流通过程中从来不表现为资本,而只是表现为商品或货币,并且在这里,这就是它**对他人来说**的唯一存在形式。商品和货币在这里成为资本,并不是由于商品转化为货币,货币转化为商品,并不是由于它们对买者或对卖者的现实的关系,而只是由于它们的观念上的关系,无论对资本家本身来说(主观地说),或者作为再生产过程的要素来说(客观地说)都是如此。在现实的运动中,资本并不是在流通过程中,而只是在生产过程中,在剥削劳动力的过程中,才作为资本存在。

生息资本却不是这样。它的特有的性质也正在于此。要把自己的货币作为生息资本来增殖的货币占有者,把货币让渡给第三者,把它投入流通,使它成为一种**作为资本**的商品;不仅对他自己来说是作为资本,而且对他人来说也是作为资本;它不仅对把它让渡出去的人来说是资本,而且它一开始就是作为资本交给第三者的,这就是说,是作为这样一种价值,这种价值具有创造剩余价值、创造利润的使用价值;它在运动中保存自己,并在执行职能以后,流回到原来的支出者手中,在这里,也就是流回到货币占有者手中;因此,它不过暂时离开他,不过暂时由它的所有者的占有物变为执行职能的资本家的占有物,这就是说,它既不是被付出,也不是被卖出,而只是被贷出;它不过是在这样的条件下被转让:第一,它过一定时期流回到它的起点;第二,它作为已经实现的资本流回,流回时,已经实现它的能够生产剩余价值的那种使用价值。

作为资本贷放的商品,按照它的性质,或是作为固定资本贷放,或是作为流动资本贷放。[181]货币可以在这两种形式上贷放。例如,如果它是在终身年金的形式上偿还,让资本一部分一部分地带着利息流回,它就是作为固定资本贷放。有些商品,例如房屋、船舶、机器等等,按照它们的使用价值的性质,始终只能作为固定资本贷放。不过,一切借贷资本,不管它的形式如何,也不管它的偿还会怎样受它的使用价值性质的影响,都始终只是货币资本的一个特殊形式。因为这里贷放的,总是一定的货币额,并且利息也是按这个金额计算的。如果贷出的既不是货币,也不是流动资本,它就会按照固定资本流回的方式来偿还。贷出者定期得到利息,并得到固定资本自身的一部分已经消耗的价值,即周期损耗的等价物。贷出的固定资本中尚未消耗的部分,到期也以实物形式还回来。如果借贷资本是流动资本,它也就会按照流动资本流回的方式回到贷出者手中。

因此,流回的**方式**总是由自身得到再生产的资本及其特殊种类的现实循环运动决定的。但是,借贷资本的回流采取偿还的**形式**,因为它的预付、它的让渡,具有贷放的形式。

在这一章中,我们只研究本来意义的货币资本,借贷资本的其他形式都是由此派生出来的。

贷出的资本的回流是双重的;在再生产过程中,它流回到执行职能的资本家手中,然后回流再进行一次,转移到贷出者即货币资本家手中,偿还给它的真正的所有者,它的法律上的起点。

在现实的流通过程中,资本总是只表现为商品或货币,并且它的运动总是分解为一系列的买和卖。总之,流通过程分解为商品的形态变化。如果我们考察的是再生产过程的整体,情形就不同了。如果我们从货币出发(从商品出发也是一样,因为那时我们还是要从商品的价值出发,这样商品本身要作为货币形态来考察),那就会看到,有一个货币额被支出,它经过一定时期以后,带着一个增长额流回来。预付的货币额得到补偿,并且加上了剩余价值。它经历一定的循环运动后,保存下来了,并且增加了。但是现在,作为资本贷放的货币,也正是作为这样一个会自行保存、自行增加的货币额贷出的,它经过一定时期以后,带着附加额流回来,并且能够不断地重新通过相同的过程。它既不是作为货币,也不是作为商品支出的,也就是说,它作为货币预付时,不是去交换商品,它作为商品预付时,不是为取得货币而出售;它是作为资本支出的。这种自己对自身的关系,——当我们把资本主义生产过程看做整体和统一体时,资本就表现为这样一种关系;在这种关系上,资本表现为会生出货币的货币,——在这里,不借助起中介作用的中间运动,已经单纯地作为资本的性质,作为资本的规定性,同资本结合在一起。而当资本作为货币资本贷放时,它就是在这种规定性上让渡的。

蒲鲁东关于货币资本的作用所持的见解颇为奇特(《无息信贷。弗·巴师夏先生和蒲鲁东先生的辩论》1850年巴黎版)。在蒲鲁东看来,贷放是一件坏事,因为它不是出售。取息的贷放

> "是人们可以不断重新出售同一物品,并且不断重新为此得到价格,但从来不出让对所售物品的所有权"(第9页)。[182]

货币、房屋之类的物品,不会变更所有者,这同在买和卖时不一样。不过蒲鲁东没有看到,当货币以生息资本的形式放出时,并没有得到等价物作为报酬。当然,在每一次买和卖的行为上,既然有交换过程发生,就一定有物品被让出去。所售物品的所有权总是要被放弃。但人们不会放弃它的价值。在卖的场合,商品被放弃了,但它的价值没有被放弃,它以货币的形式或以债务证书或支付凭证的形式被收回来,在这里,债务证书或支付凭证不过是货币的另一种形式罢了。在买的场合,货币被放弃了,但它的价值没有被放弃,它以商品的形式得到补偿。在整个再生产过程中,产业资本家都保有同一价值(撇开剩余价值不说),不过形式不同罢了。

在交换即物品交换发生时,不会发生价值变化。同一资本家总是握有同一价值。而在资本家生产剩余价值时,不会发生交换;当交换发生时,剩余价值已经包含在商品中了。只要我们不是考察单个交换行为,而是考察资本的总循环G—W—G′,那么,在这里总是要不断预付一定的价值额,并且不断从流通中取回这个价值额加上剩余价值或利润。当然,这个过程的中介作用在单纯的交换行为中是看不见的。而贷出货币的资本家的利息,正是以作为资本的G的这个过程为基础,并产生于这个过程。蒲鲁东说:

> "实际上,出售帽子的制帽业主……得到了帽子的价值,不多也不少。但借贷资本家……不仅一个不少地收回他的资本,而且他得到的,比这个资本,比他投入到交换中去的东西多;他除了这个资本还得到利息。"(第69页)

制帽业主在这里代表生产资本家,而同借贷资本家相对立。蒲鲁东显然没有弄清楚这个秘密:生产资本家怎么能够按照商品的价值出售商品(如何平均化为生产价格的问题,在这里,从他的见解来说,是无关紧要的),并由此除了取得他投入到交换中去的资本,还能取得利润。假定100顶帽子的生产价格=115镑,并且这个生产价格恰好和帽子的价值相等,就是说,生产帽子的资本恰好具有社会平均构成。如果利润=15%,制帽业主在他按照这些商品的价值115镑出售这些商品时,就会实现15镑的利润。他生产这些商品只花费100镑。如果他是用他自有的资本进行生产,他就会把这15镑余额全部装进腰包;如果他是用借入的资本进行生产,他也许就要拿出5镑作为利息。这样做决不改变帽子的价值,而只改变已经包含在这个价值中的剩余价值在不同个人之间的分配。既然帽子的价值不受支付利息的影响,蒲鲁东下面的这些话就毫无意义了:

"因为在商业中,资本的利息加到工人的工资上,共同构成商品的价格,所以,工人要买回他自己的劳动的产品,就不可能了。靠劳动生活的原则,在利息的支配下,包含着矛盾。"(第105页)(56)

在下面这句话里,蒲鲁东把一般资本的运动说成是生息资本特有的运动,这说明蒲鲁东多么不理解资本的性质。他说:

"货币资本从交换到交换,通过利息的积累,不断流回到它的起点,由此可以得出结论,不断由同一个人反复进行的贷放,会不断为同一个人带回利润。"[同上,第154页]

那么,在生息资本特有的运动中,什么东西对他来说还是不解之谜呢?是购买、价格、物品出让这几个范畴以及剩余价值在这里借以表现的没有中介的形式;总之,是这样一种现象:在这里,资本作为资本已经变成商品,因而出售已经变成贷放,价格已经变成利润的一部分。

资本流回到它的起点,一般地说,是资本在它的总循环中的具有特征的运动。这决不只是生息资本的特征。作为生息资本的特征的,是它的表面的、已经和作为中介的循环相分离的流回形式。借贷资本家把他的资本放出去,把它转给产业资本家时,没有得到等价物。放出资本根本不是资本现实循环过程中的行为,而只是为这个要由产业资本家去完成的循环做了准备。货币的这第一次换位,不表示形态变化的任何行为,既不表示买,也不表示卖。所有权没有被

---

(56)因此,照蒲鲁东说来,"房屋"、"货币"等等就不应当作为"资本"来贷放,而应当作为"商品……按照成本价格"(第43、44页)来让渡。路德比蒲鲁东高明一些。他已经知道,牟利与贷放或购买的形式无关:"从购买当中也能获得高利。但是现在要一口吃掉,那就太多了。现在必须先谈一种,即先谈放债的高利贷。等我们搞掉这个以后(在末日审判以后),我们再来谴责购买上的高利贷。"(马丁·路德《给牧师们的谕示:讲道时要反对高利贷》1540年维滕贝格版)

出让,因为没有发生交换,也没有得到等价物。货币由产业资本家手中流回到借贷资本家手中,不过是把放出资本这第一个行为加以补充。这个以货币形式预付的资本,通过循环过程,又以货币形式回到产业资本家手中。但因为资本支出时不是归他所有,所以流回时也不能归他所有。通过再生产过程这件事,并不会使这个资本变为产业资本家的所有物。因此,产业资本家必须把它归还给贷出者。第一次支出,使资本由贷出者手中转到借入者手中,这是一个法律上的交易手续,它与资本的现实的再生产过程无关,只是为这个再生产过程做了准备。资本的偿还,使流回的资本再由借入者手中转到贷出者手中,这是第二个法律上的交易手续,是第一个交易手续的补充。一个是为现实过程做了准备,另一个则是发生在现实过程之后的补充行为。因此,借贷资本的出发点和复归点,它的放出和收回,都表现为任意的、以法律上的交易为中介的运动,它们发生在资本现实运动的前面和后面,同这个现实运动本身无关。即使资本本来就归产业资本家所有,因而作为他的所有物只流回到他手中,那么,对这个现实运动来说,这也不会有什么不同。

在第一个作为先导的行为中,贷出者把他的资本交给借入者。在第二个作为补充的结束行为中,借入者把资本还给贷出者。如果我们只考察二者之间的交易——暂时撇开利息不说——,也就是说,如果我们只考察贷出的资本本身在贷出者和借入者之间的运动,这两种行为(有一个或长或短的时间把它们分开,资本的现实再生产运动就是在这个时间内进行)就已经包括这个运动的全部。这个运动——以偿还为条件的付出——一般地说就是贷和借的运动,即货币或商品的只是有条件让渡的这种特有形式的运动。

一般资本的具有特征的运动,即货币流回到资本家手中,资本流

回到它的起点,在生息资本的场合,取得了一个完全表面的和现实
运动相分离的形态,这个形态便是现实运动的形式。A把他的货币
不是作为货币,而是作为资本放出去。在这里,资本没有发生任何
变化。它不过转手而已。它只是在B手中才实际转化为资本。但对A
来说,单是把它交给B,它就成了资本。资本从生产过程和流通过程
实际流回的现象,只有对B来说才发生。而对A来说,流回是在和让
渡相同的形式上进行的。资本由B手中再回到A手中。把货币放出即
贷出一定时期,然后把它连同利息(剩余价值)一起收回,是生息资
本本身所具有的运动的全部形式。贷出的货币作为资本所进行的
现实运动,是贷出者和借入者之间的交易以外的事情。在双方进行
的交易中,中介过程消失了,看不见了,不直接包含在内了。作为独
特的商品,资本也具有它的独特的让渡方式。因此在这里,回流也
不是表现为一定系列的经济行为的归宿和结果,而是表现为买者
和卖者之间的一种特有的法律契约的结果。流回的时间取决于再
生产的过程;而就生息资本来说,它作为资本的回流,**好像**只取决
于贷出者和借入者之间的协议。因此,就这种交易来说,资本的回
流不再表现为由生产过程决定的结果,而是表现为:好像贷出的资
本从来就没有丧失货币形式。当然,这种交易实际上是由现实的回
流决定的。但这一点不会在交易本身中表现出来。实际的情形也并
不总是这样。如果现实的回流没有按时进行,借入者就必须寻求别
的办法来履行他对贷出者的义务。资本的单纯**形式**——货币,它以
A额支出,经过一定时间,除了这种时间上的间隔,不借助于任何别
的中介,再以$A + \dfrac{1}{x}A$额流回——不过是现实资本运动的没有概念
的形式。[183]

在资本的现实运动中,回流是流通过程的一个要素。货币先转

化为生产资料;生产过程把它转化为商品;通过商品出售,它再转化
为货币,并在这个形式上流回到那个最初以货币形式预付资本的资
本家手中。但就生息资本来说,回流和放出一样,只是资本所有者和
另一个人之间进行的一种法律交易手续的结果。我们看见的只是放
出和偿还。中间发生的一切都消失了。

但是,正因为作为资本预付的货币具有一种属性,要流回到那
个把它预付出去即把它作为资本支出的人那里,正因为G—W—G′
是资本运动的固有形式,所以,货币占有者能够把货币作为资本来贷
放,作为这样一种东西来贷放,这种东西具有一种属性,即要流回到
它的起点,并且要在它所通过的运动中作为价值来保存自己和增加
自己。他把它作为资本放出,因为它在作为资本被使用之后,会流回
到它的起点,也就是说,经过一定时间,能够由借入者偿还,而这正是
因为它已经流回到借入者自身那里。

因此,货币作为资本贷放——以在一定时期以后流回为条件而
放出货币——要有一个前提:货币实际上会当做资本使用,实际上会
流回到它的起点。因此,货币作为资本进行的现实的循环运动,就是
借入者必须把货币偿还给贷出者的那种法律上的交易的前提。如果
借入者不把这个货币作为资本来使用,那是他的事情。贷出者是把货
币作为资本贷出的,而作为资本,它必须执行资本的职能,包括货币
资本的循环,直到它以货币形式流回到它的起点。

一定的价值额作为货币或商品借以执行职能的流通行为G—W
和W—G′,只是中介过程,只是这个价值额的总运动中的各个要素。
作为资本,这个价值额通过总运动G—G′。它作为货币或某种形式
的价值额预付出去,又作为价值额流回。货币贷出者不把货币用来购
买商品,在这个价值额以商品形式存在时,也不把它卖出去换取货

币,而是把它作为资本,作为G—G′,作为经过一定时期又会流回到它的起点的价值预付出去。他不买也不卖,而是贷放。因此,这种贷放就是把价值**作为资本**而不是作为货币或商品来让渡的适当形式。但由此决不能得出结论说,贷放不可能也是那些和资本主义再生产过程无关的交易的形式。

――――

以上我们只考察了借贷**资本**在它的所有者和产业资本家之间的运动。现在来研究**利息**。

贷出者把他的货币作为资本放出去;他让渡给另一个人的价值额是资本,因此,这个价值额会流回到他那里。但单是流回到他那里,还不是**作为资本**贷出的价值额的回流,而只是一个贷出的价值额的偿还。预付的价值额要作为资本流回,就必须在运动中不仅保存自己,而且增殖自己,增大自己的价值量,也就是必须带着一个剩余价值,作为G＋ΔG流回。在这里,这个ΔG是利息,或者说平均利润中不是留在执行职能的资本家手中,而是落到货币资本家手中的部分。

货币资本家把货币作为资本让渡,这就是说,货币必须作为G＋ΔG回到他那里。我们以后还要特别考察一种形式,按照这种形式,在贷出期内,利息按期流回,但资本不流回,它要等到一个较长的时期结束时才偿还。

货币资本家给予借入者即产业资本家的是什么呢?前者实际上让渡给后者的是什么呢?而只有这种让渡的行为,才使货币的贷放成为作为资本的货币的让渡,也就是说,成为作为商品的资本的让渡。

只是由于这种让渡的行为,资本才由货币贷出者作为商品交给另一个人,或者说,他所支配的商品才作为资本交给另一个人。

就通常的出售来说,让渡的是什么呢?那不是所出售的商品的价值,因为这个价值只是改变了形式。这个价值在它以货币形式实际地转到卖者手中以前,已经作为价格观念地存在于商品之中。在这里,同一价值,同一价值量,不过改变形式而已。在一个场合,它们以商品形式存在;在另一个场合,它们以货币形式存在。卖者实际让渡的,从而进入买者的个人消费或生产消费的,是商品的使用价值,是作为使用价值的商品。

货币资本家在借出期内让渡并出让给生产资本家即债务人的使用价值又是什么呢?是货币由于下面这一点而取得的使用价值:它能够转化为资本,能够作为资本执行职能,因而在它的运动中,它除了保存自己原有的价值量,还会生产一定的剩余价值,生产平均利润(在这里,高于或低于平均利润都表现为偶然的事情)。就其余的商品来说,使用价值最终会被消费掉,因而商品的实体和它的价值会一道消失。相反,资本商品有一种特性:由于它的使用价值的消费,它的价值和它的使用价值不仅会保存下来,而且会增加。

货币资本家在把借贷资本的支配权出让给产业资本家的时间内,就把货币作为资本的这种使用价值——生产平均利润的能力——让渡给产业资本家。

在这个意义上,这样贷出的货币,同那种与产业资本家发生关系的劳动力,有某种类似的地方。不过,产业资本家对劳动力的价值是支付,而他对借贷资本的价值只是偿还。对产业资本家来说,劳动力的使用价值在于:当劳动力被使用的时候,它会比它本身具有的价值,比它所费的价值,生产更多的价值(利润)。这个价值余额,对产业资本家来说,就是劳动力的使用价值。同样,借贷货币资本的使用价值,也表现为这种资本生产价值和增加价值的能力。

货币资本家事实上让渡了一种使用价值,因此,他所让出的东西,是作为商品让出的。从这方面来说,完全和商品本身相类似。第一,一个价值由一个人手中转到另一个人手中。在简单的商品即商品本身的场合,在买者和卖者手中保留着的是相同的价值,只是形式不同;双方在交易前和交易后拥有和他们让渡的价值相同的价值,不过一个以商品形式存在,一个以货币形式存在。区别在于:在贷放上,只有货币资本家在这种交易中让出价值;但他会由未来的偿还而保持住这个价值。在贷放上,只有一方得到价值,因为只有一方让出价值。第二,一方让渡现实的使用价值,另一方得到并且使用这个使用价值。但这个使用价值与普通商品不同,它本身就是价值,也就是由于货币作为资本使用而产生的那个价值量超过货币原有的价值量所形成的余额。利润就是这个使用价值。

贷出的货币的使用价值是:能够作为资本执行职能,并且作为资本在平均条件下生产平均利润。[57]

那么,产业资本家支付的是什么呢,借贷资本的价格又是什么呢?在马西看来:

"人们为了使用他们所借的东西而作为利息支付的,是所借的东西能够生产的利润的一部分。"[58]

---

[57]"收取利息的合理性,不是取决于借债人是否赚到利润,而是取决于它〈所借的东西〉如果使用得当,能够生产利润。"(《论决定自然利息率的原因。对威廉·配第爵士和洛克先生关于这个问题的见解的考察》1750年伦敦版第49页。这部匿名著作的作者是约·马西。)

[58]"富人不亲自使用自己的货币……而是把它贷给别人,让别人用这些货币去营利,并且把由此获得的利润的一部分留给原主。"(同上[《论决定自然利息率的原因。对威廉·配第爵士和洛克先生关于这个问题的见解的考察》1750年伦敦版]第23、24页)

一个普通商品的买者所购买的,是这个商品的使用价值;他支付的,是这个商品的价值。同样,借款人所购买的,是货币作为资本的使用价值;但他支付的是什么呢?那当然不是像在购买别的商品时那样,是它的价格或价值。在贷出者和借入者之间,不像在买者和卖者之间那样,会发生价值的形式变化,以致这个价值在一个时候以货币形式存在,在另一个时候以商品形式存在。放出的价值和收回的价值的同一性,在这里是以完全不同的方式表现出来的。价值额,货币,在没有等价物的情况下付出去,经过一定时间以后交回来。贷出者总是同一价值的所有者,即使在这个价值已经从他手中转到借入者手中,也是这样。在简单商品交换中,货币总是在买者方面;但在贷放中,货币却是在卖者方面。他把货币放出去一定时期,资本的买者则把资本作为商品接受下来。但是,只有当货币能够作为资本执行职能,从而被预付时,这才是可能的。借入者是把货币作为资本,作为自行增殖的价值借来的。不过,和任何处在起点上,处在预付那一瞬间的资本一样,这个货币还不过是可能的资本。它通过使用才自行增殖,才作为资本来实现。但借入者必须把它作为**已经实现的**资本,即作为价值加上剩余价值(利息)来偿还;而利息只能是他所实现的利润的一部分。只是一部分,不是全部,因为对于借入者来说,这个货币的使用价值,就在于它会替他生产利润。不然的话,贷出者就没有让渡使用价值。另一方面,利润也不能全部归借入者。不然的话,他对于这种使用价值的让渡就没有支付什么,他把贷款还给贷出者时,就只是把它作为单纯的货币,而不是把它作为资本,作为已经实现的资本来偿还了,因为它只有作为$G + \Delta G$,才是已经实现的资本。

贷出者和借入者双方都是把同一货币额作为资本支出的。但它只有在后者手中才执行资本的职能。同一货币额作为资本对两个人来说取得了双重的存在,这并不会使利润增加一倍。它所以能对双方都作为资本执行职能,只是由于利润的分割。其中归贷出者的部分叫做利息。

按照前提,这全部交易发生在两类资本家之间,即货币资本家和产业资本家或商业资本家之间。

决不要忘记,在这里,资本作为资本是商品,或者说,我们这里所说的商品是资本。因此,这里出现的一切关系,从简单商品的观点来看,或者从那种在再生产过程中作为商品资本执行职能的资本的观点来看,都是不合理的。贷和借(不是卖和买)的区别,在这里是由商品——资本——的特有性质产生的。同样不要忘记,这里支付的,是利息,而不是商品价格。如果我们把利息叫做货币资本的价格,那就是价格的不合理的形式,与商品价格的概念完全相矛盾。[59]在这里,价格已经归结为它的纯粹抽象的和没有内容的形式,它不过是对某个按某种方式执行使用价值职能的东西所支付的一定货币额;而按照价格的概念,价格等于这个使用价值的以货币表现的价值。

利息是资本的价格这种说法,从一开始就是完全不合理的。在这里,商品有了双重价值,先是有价值,然后又有和这个价值不同的价格,而价格是价值的货币表现。货币资本首先不外是一个货币额,或者是作为一个货币额固定下来的一定量商品的价值。如果商品作为资本来贷放,这个商品就只是一个货币额的伪装形式。因为作为资本贷放的,并不是若干磅棉花,而是在棉花形式上作为棉花价值存

---

(59)"价值(value)这个用语用在通货上有三种意义……　2.将与以后某一天收进的同额的通货相比较的手中现有的通货。这时,通货的价值要由利息率来计量,利息率则由借贷资本的总额和对它的需求之间的比例决定。"(罗·托伦斯上校《论1844年银行法的实施对商业信贷的影响》1847年[伦敦]第2版[第5、6页])

在的若干货币。所以，资本的价格，即使不像托伦斯先生所说的那样（见注59），和作为通货的资本有关，也和作为货币额的资本有关。一个价值额怎么能够在它本身的价格之外，在那个要用它本身的货币形式来表示的价格之外，还有一个价格呢?价格毕竟是和商品的使用价值相区别的商品的价值(市场价格也是这样，它和价值的区别，不是质的区别，而只是量的区别，只与价值量有关)。和价值有质的区别的价格，是荒谬的矛盾。[60]

资本通过自己的增殖来表明自己是资本;它的增殖程度，表示它作为资本而实现的量方面的程度。它所生产的剩余价值或利润，——其比率或水平，——只能通过它和预付资本的价值作比较来计量。因此，生息资本的增殖的大小，也只能通过利息额，即总利润中归生息资本的部分，和预付资本的价值作比较来计量。因此，如果价格表示商品的价值，那么，利息则表示货币资本的增殖，因而表现为一个为货币资本而支付给贷出者的价格。由此可见，像蒲鲁东那样，把以货币为中介的交换即买和卖的简单关系直接运用到这里来，从一开始就是荒诞无稽的。根本的前提恰好是，货币是作为资本执行职能的，因而可以作为自在的资本，作为可能的资本，转给第三者。

但是在这里，资本本身所以表现为商品，是因为资本被提供到市场上来，并且货币的使用价值实际上作为资本被让渡。它的使用价值是:生产利润。作为资本的货币或商品，其价值不是由它们作为货

---

(60)"货币的或流通手段的价值这个用语，不加区别地既用来表示商品的交换价值，又用来表示资本的使用价值。由此产生的双重含义，是引起混乱的经常性根源。"(图克《通货原理研究》第77页)——但是，图克没有看到主要混乱(它包含在事情本身之中):价值本身(利息)变成了资本的使用价值。

币或商品所具有的价值来决定,而是由它们为自己的占有者生产的剩余价值的量来决定.资本的产物是利润.在资本主义生产的基础上,货币是作为货币支出,还是作为资本预付,只是货币的不同的用途.货币或商品,自在地,在可能性上是资本,正像劳动力在可能性上是资本一样.因为1.货币可以转化为各种生产要素,并且实际上只是各种生产要素的抽象表现,是它们作为价值的存在;2.财富的各种物质要素具有在可能性上已经是资本的属性,因为在资本主义生产的基础上,存在着作为这些物质要素的补充物的对立面,也就是使这些要素变为资本的东西——雇佣劳动。

物质财富的对立的社会规定性——物质财富同作为雇佣劳动的劳动之间的对立——,离开生产过程,已经表现在资本所有权本身中.这个要素是资本主义生产过程本身不断产生的结果,并且作为这样的结果又是它的不断存在的前提;这个要素离开资本主义生产过程本身,现在表现在这样的事实上:货币,商品也一样,自在地,潜在地,在可能性上是资本,它们能够作为资本出售,并且以这个形式支配他人的劳动,要求占有他人的劳动,因而是自行增殖的价值.这里也清楚地表明了:占有他人劳动的根据和手段,就是这种关系,而不是资本家方面提供的任何作为对等价值的劳动。[184]

其次,资本所以表现为商品,是因为利润分割为利息和本来意义的利润是由供求,从而由竞争来调节的,这完全和商品的市场价格是由它们来调节的一样.但是在这里,不同之处和相同之处一样地明显.如果供求平衡,商品的市场价格就和它的生产价格相一致,也就是说,这时它的价格就表现为由资本主义生产的内部规律来调节,而不是以竞争为转移,因为供求的变动只是说明市场价格同生产价格的偏离.这种偏离会互相抵消,所以从某个较长的时期来看,平均市场价格等于生产价格。一旦供求平衡，这些力量就不再起作用，互相抵消；决定价格的一般规律这时也就适用于个别的场合；市场价格这时就在它的直接存在上，而不只是作为市场价格运动的平均数，同由生产方式本身的内在规律调节的生产价格相一致。工资也是这样。如果供求平衡，供求的作用就会互相抵消，工资就等于劳动力的价值。但货币资本的利息却不是这样。在这里，竞争并不是决定对规律的偏离，而是除了由竞争强加的分割规律之外，不存在别的分割规律，因为我们以后会看到，并不存在"自然"利息率。相反，我们把自然利息率理解为由自由竞争决定的比率。利息率没有"自然"界限。在竞争不只是决定偏离和波动的场合，因而，在它们的互相起反作用的力量达到均衡而任何决定都停止的场合，那种需要决定的东西就是某种本身没有规律的、任意的东西。在下一章，我们要进一步讨论这一点。

在生息资本的场合，一切都表现为外表的东西：资本的预付表现为资本单纯由贷出者手中转移到借入者手中；已经实现的资本的回流，表现为借入者单纯把资本连同利息归还或偿还给贷出者。这也适用于资本主义生产方式所内在固有的这样一种性质：利润率不仅由一次周转所获得的利润和预付资本价值的比率决定，而且也由这个周转时间本身的长短决定，也就是说，它是作为产业资本在一定期间内提供的利润来决定的。这一点在生息资本的场合也表现为完全外表的东西，好像一定的利息是为一定的期间而支付给贷出者的。

浪漫主义的亚当·弥勒，以他观察事物内部联系的日常见解说道：

"决定物品价格时，无须考虑时间；决定利息时，主要的是考虑时间。"（《治国艺术原理》1809年柏林版［第3册］第138页）

他没有看到,生产时间和流通时间怎样参加商品价格的决定,资本在一定周转时间内的利润率怎样也正好是这样决定的,而利息正好由一定时期的利润的决定来决定。在这里也和通常一样,他的深刻洞察力就在于,看到表面上的尘埃,就狂妄地把这层尘埃说成是神秘莫测的重要的东西。

第二十二章

利润的分割。利息率。

"自然"利息率

　　这一章研究的对象,和所有要在以后说明的信用现象一样,不能在这里详细研究。贷出者和借入者之间的竞争以及货币市场上由此造成的短暂变动,都在我们考察的范围之外。[160]要说明利息率在产业周期中通过的循环,必须先说明产业周期本身,但这种说明同样不能在这里进行。世界市场上利息率或大或小的、近似的平均化,也不能在这里说明。我们要在这里阐述的,只是生息资本的独立形态和利息从利润中独立出来的过程。

　　因为利息只是利润的一部分,按照我们以上的前提,这个部分要由产业资本家支付给货币资本家,所以,利润本身表现为利息的最高界限,达到这个最高界限,归执行职能的资本家的部分就会=0。撇开利息事实上可能大于利润,因而不能用利润支付的个别情况不说,我们也许还可以把全部利润减去其中可以归结为监督工资的部分(这部分我们以后加以说明)的余额,看做是利息的最高界限。利息的最低界限则完全无法规定。它可以下降到任何程度。不过这时候,总会出现起反作用的情况,使它提高到这个相对的最低限度以上。

"为使用资本而支付的金额和这个资本本身之间的比率,表示利息率,这是用货币来计量的。"——"利息率决定于:1. 利润率;2. 全部利润在贷放人和借款人之间分割的比率。"(1853年1月22日《经济学家》)"因为人们为了他们所借的东西而作为利息支付的,是所借的东西能够生产的利润的一部分,所以这个利息总是要由这种利润调节。"(马西,同上[《论决定自然利息率的原因》1750年伦敦版]第49页)

首先让我们假定,总利润和其中要作为利息支付给货币资本家的部分之间的比率是固定的。在这种情况下很清楚,利息会随着总利润而提高或降低,而总利润则由一般利润率和一般利润率的变动决定。例如,如果平均利润率=20%,利息等于利润的$\frac{1}{4}$,利息率就=5%;如果平均利润率=16%,利息率就=4%。在利润率为20%时,利息尽可以提高到8%,而产业资本家获得的利润,仍会和利润率=16%,利息率=4%的时候一样,即12%。如果利息只提高到6%或7%,产业资本家仍会把较大部分的利润保留下来。如果利息等于平均利润的一个不变的部分,结果就是:一般利润率越高,总利润和利息之间的绝对差额就越大,因而总利润中归执行职能的资本家的部分就越大;反过来,情况也就相反。假定利息等于平均利润的$\frac{1}{5}$。10的$\frac{1}{5}$是2;总利润和利息之间的差额=8。20的$\frac{1}{5}$=4;差额=20-4=16。25的$\frac{1}{5}$=5;差额=25-5=20。30的$\frac{1}{5}$=6;差额=30-6=24。35的$\frac{1}{5}$=7;差额=35-7=28。在这里,4%、5%、6%、7%这几个不同的利息率,都只代表总利润的$\frac{1}{5}$或20%。因此,在利润率不同时,不同的利息率可以代表总利润中同一个部分,或总利润中同一个百分比部分。在利息有这样的不变的比率时,一般利润率越高,产业利润(总利润和利息之间的差额)就越大;反过来,情况也就相反。

假定其他一切条件相同,也就是说,假定利息和总利润之间的比率或多或少是不变的,执行职能的资本家就能够并且也愿意与利润率的高低成正比地支付较高或较低的利息。⁽⁶¹⁾因为我们已经知道,利润率的高低和资本主义生产的发展成反比,所以由此可以得出结论,如果利息率的差别实际上表示利润率的差别,一个国家利息率的高低就同样会和产业发展的水平成反比。我们以后会知道,情形并不总是这样。在这个意义上我们可以说,利息是由利润调节的,确切些说,是由一般利润率调节的。并且,这种调节利息的方法,甚至也适用于利息的平均水平。

不管怎样,必须把平均利润率看成是利息的有最后决定作用的最高界限。

我们现在就来较详细地考察一下利息和平均利润有关这个情况。当要在两个人之间分割一个已定的总量,例如利润的时候,当然首先要看这个有待分割的总量有多大,而这个总量,即利润的量,是由平均利润率决定的。假定一般利润率是已定的,也就是说,假定一定数量的资本比如说100的利润量是已定的,显然,利息的变动就和用借入的资本营业的执行职能的资本家手中所留下的那部分利润的变动成反比。而那些决定有待分割的利润的量即无酬劳动所生产的价值的量的事情,和那些决定利润在这两类资本家之间的分割的事情,是极不相同的,并且往往按完全相反的方向发生作用。⁽⁶²⁾

————————

(61)"自然利息率是由各个人营业的利润决定的。"(马西,同上[《论决定自然利息率的原因》1750年伦敦版]第51页)

(62)这里在手稿上有一个注:"在阐述这一章的过程中发现,比较好的做法是,在研究利润如何进行分割的规律以前,先阐述一下量的分割怎么会变成质的分割。为了由前一章过渡到这一点,只需要先假定利息是利润的一个尚未精确规定的部分。"[弗·恩·]

如果我们考察一下现代工业在其中运动的周转周期，——沉寂状态、逐渐活跃、繁荣、生产过剩、崩溃、停滞、沉寂状态等等，对这种周期作进一步分析，则不属于我们的考察范围，——我们就会发现，低利息率多数与繁荣时期或有额外利润的时期相适应，利息的提高与繁荣转向急转直下的阶段相适应，而达到高利贷极限程度的最高利息则与危机相适应。[63]从1843年夏季起，出现了明显的繁荣；在1842年春季仍然是$4\frac{1}{2}$％的利息率，到1843年春季和夏季，已经降低到2％[64]；9月甚至降低到$1\frac{1}{2}$％（吉尔巴特［《银行实用业务概论》1849年伦敦第5版］第1卷第166页）；后来在1847年的危机期间，它提高到8％和8％以上。

当然，另一方面，低的利息可能和停滞结合在一起，适度提高的利息可能和逐渐活跃结合在一起。

利息率在危机期间达到最高水平，因为这时人们不得不以任何代价借钱来应付支付的需要。同时，由于和利息的提高相适应的是有价证券价格的降低，这对那些拥有可供支配的货币资本的人来说，是一个极好的机会，可以按异常低廉的价格，把这种有息证券抢到手，而这种有息证券，在正常的情况下，只要利息率重新下降，就必然

---

(63)"在第一个时期，也就是紧接在营业不振时期后面的那个时期，货币充裕，但是没有投机；在第二个时期，货币充裕，投机盛行；在第三个时期，投机开始减弱，人们寻求货币；在第四个时期，货币奇缺，营业不振开始。"（吉尔巴特，同上［《银行实用业务概论》1849年伦敦第5版］第1卷第149页）

(64)图克"用剩余资本的积累，即前几年资本缺乏有利用途时必然随之发生的现象，用贮藏货币的出笼，用对营业发展已恢复信心"，来解释这种现象。（《价格史。1839—1847年》1848年伦敦版第54页）

会至少回升到它们的平均价格。(65)

不过,利息率即使完全不以利润率的变动为转移,也具有下降的趋势。这是由于两个主要原因:

> I. "即使我们假定,借入资本除了用于生产之外,决不用于其他目的,那么,在总利润率没有任何变化的时候,利息率仍然可能变化。因为随着一个民族的财富不断增长,有一类人产生出来并不断增加,他们靠自己祖先的劳动占有一笔只凭利息就足以维持生活的基金。还有许多人,他们在青壮年时期积极经营,晚年退出,靠蓄积的钱的利息过安逸的生活。随着国家财富的增长,这两类人都有增加的趋势;这是因为那些在开始时已有相当资本的人,比那些开始时只有少数资本的人,更容易获得独立的财产。因此,在老的富有的国家,不愿亲自使用资本的人所占有的国民资本部分,在社会全部生产资本中所占的比例,比新垦殖的贫穷的国家大。在英国,食利者阶级的人数是多么多啊!随着食利者阶级的增大,资本贷放者阶级也增大起来,因为他们是同一些人。"(拉姆赛《论财富的分配》第201、202页)

II. 信用制度发展了,以银行家为中介,产业家和商人对社会各阶级一切货币储蓄的支配能力也跟着不断增大,并且这些储蓄也不断集中起来,达到能够起货币资本作用的数量,这些事实,都必然会起压低利息率的作用。关于这一点,我们以后还要详细说明。

关于利息率的决定,拉姆赛说,利息率

> "部分地取决于总利润率,部分地取决于总利润分为利息和企业主收入(profits of enterprise)的比例。这个比例取决于资本的贷出者和借入者之间的竞争;这

---

(65)"当一个老主顾以价值20万镑的有价证券作抵押,向一个银行家请求借款时,这个银行家拒绝了他;当这个老主顾准备离开,打算去宣布停止支付时,这个银行家告诉他,不一定非采取这个步骤不可,这个银行家表示在这种情况下愿意用15万镑来购买这些证券。"([亨·罗伊]《兑换理论。1844年银行法》1864年伦敦版第80页)

种竞争受预期的总利润率的影响,但不是完全由它调节。[66]竞争所以不是完全由它调节,一方面是因为有许多人借钱并不打算用在生产上;另一方面又因为全部借贷资本的量随着国家的财富而变化,不以总利润的任何变化为转移。"(拉姆赛,同上[《论财富的分配》]第206、207页)

要找出平均利息率,就必须:1.算出大工业周期中发生变动的利息率的平均数;2.算出那些资本贷出时间较长的投资部门中的利息率。

一个国家中占统治地位的平均利息率——不同于不断变动的市场利息率——,不能由任何规律决定。在这方面,像经济学家所说的自然利润率和自然工资率那样的自然利息率,是没有的。关于这一点,马西就已经完全正确地说过:

"在这里唯一会产生的疑问是,在这个利润中,多大一部分归借债人,多大一部分归放债人才算合理;这一般地只有根据借贷双方的意见来决定;因为,在这方面合理不合理,仅仅是双方同意的结果。"([马西《论决定自然利息率的原因》1750年伦敦版]第49页)[185]

供求平衡——假定平均利润率已定——在这里没有任何意义。当我们在其他地方求助于供求平衡这个公式(在那些地方这种做法实际上也是正确的)时,它的用处是为了发现不以竞争为转移、而是相反地决定竞争的那个基本规律(起调节作用的界限或起界限作用的量);特别是为了让那些为竞争的实践、为竞争的现象及由此产生的各种观念所俘虏的人,对于在竞争中表现出来的经济关系的内部

---

[66]因为总的来说利息率由平均利润率决定,所以,异乎寻常的欺诈行为往往和低利息率结合在一起。例如1844年夏季的铁路欺诈就是这样。英格兰银行的利息率,只是到1844年10月16日才提高到3%。

联系,得到一个哪怕是很肤浅的观念。这种方法的目的,是要从伴随着竞争的各种变动中求得这些变动的界限。但对平均利息率来说却不是这样。没有任何理由可以说明,为什么中等的竞争条件,贷出者和借入者之间的均衡,会使贷出者得到他的资本的3%、4%、5%等等的利息率,或得到总利润的一定的百分比部分,例如20%或50%。当竞争本身在这里起决定作用时,这种决定本身是偶然的,纯粹经验的,只有自命博学或想入非非的人,才会试图把这种偶然性说成必然的东西。[67] 在1857年和1858年关于银行立法和商业危机的议会报告中,载有英格兰银行董事、伦敦银行家、各地银行家和职业理论家关于"实际产生的利息率"[real rate produced]的各种议论。再没有比听他们的高谈阔论更有趣的事了。他们说来说去无非是老一套,例如:"付给借贷资本的价格,应随着这种资本的供给的变化而变化","高利息率和低利润率不能长期并存",以及诸如此类的陈词滥

---

　　[67] 例如,乔·奥普戴克在《论政治经济学》(1851年纽约版)一书中,就完全徒劳地试图从永恒的规律来说明5%利息率的普遍性。[186] 卡·阿恩德先生在《与垄断精神及共产主义相对立的合乎自然的国民经济学》(1845年哈瑙版)一书中,说得更加无比天真。在那里可以读到这样的话:"在财物生产的自然进程中,只有一个现象——在已经充分开发的国家里——看来在一定程度内负有调节利息率的使命,那就是欧洲森林的树木总量由于树木的逐年增长而增加的比率。这种增长完全不以树木的交换价值为转移〈说树木的增长不以树木的交换价值为转移,这是多么滑稽啊!〉,而按每100棵增加3—4棵的比率来进行。因此〈也就是因为,树木的交换价值虽然在很大程度上要取决于树木的增长,但树木的增长完全不以树木的交换价值为转移〉,不能指望它〈利息率〉会下降到最富有的国家的现有水平以下。"(第124、125页)这种利息率应当称为"原始的森林利息率"。这种利息率的发现者在这同一著作中,还曾作为"犬税哲学家"[187]对"我们的科学"作出贡献[第420、421页]。

调。⁽⁶⁸⁾在中等利息率不仅作为平均数,而且作为现实的量存在时,习惯和法律传统等等都和竞争本身一样,对它的决定发生作用。在许多法律诉讼中,当需要计算利息时,就必须把中等利息率作为合法的利息率。如果有人进一步问,为什么中等利息率的界限不能从一般规律得出来,那么答复很简单:由于利息的性质。利息不过是平均利润的一部分。同一资本在这里有双重规定:在贷出者手中,它是作为借贷资本;在执行职能的资本家手中,它是作为产业或商业资本。但它只执行一次职能,本身只生产一次利润。在生产过程本身中,资本作为借贷资本的性质不起任何作用。这两种有权要求享有利润的人将怎样分割这种利润,本身是和一个股份公司的共同利润在不同股东之间按百分比分配一样,纯粹是经验的、属于偶然性王国的事情。利润率的决定在本质上是建立在剩余价值和工资的分割基础上的,在剩余价值和工资的分割上,劳动力和资本这两个完全不同的要素起着决定的作用;那是两个独立的互为界限的可变数的函数;从它们的**质的区别**中产生了所生产的价值的**量的分割**。我们以后会知道,在剩余价值分割为地租和利润时,会出现同样的情况。但在利息上,却不会发生类似的情况。我们立即就会看到,在这里,**质的区别**相反地是从同一剩余价值部分的**纯粹量的分割**中产生的。

根据以上所述可以得出结论,并没有什么"自然"利息率。但是,如果从一方面来说,与一般利润率相反,那种和不断变动的市场利息

⁽⁶⁸⁾英格兰银行按照金的流入和流出来提高或降低它的贴现率,虽然它这样做时,自然也总是考虑到公开市场上占统治地位的贴现率。"因此,由于预料到银行贴现率即将变动而进行的汇票贴现的投机,现在已经成为货币中心〈即伦敦货币市场〉巨头们的一半业务了。"([亨·罗伊]《兑换理论》第113页)

率不同的中等利息率或平均利息率,其界限不能由任何一般的规律来确定,因为这里涉及的只是总利润在两个资本占有者之间以不同的名义进行的分配;那么,反过来说,利息率,不管是中等利息率还是各个特殊场合的市场利息率,都与一般利润率的情况完全不同,表现为同一的、确定的、明确的量。[69]

利息率对利润率的关系,同商品市场价格对商品价值的关系相类似。就利息率由利润率决定来说,利息率总是由一般利润率决定,而不是由可能在特殊产业部门内占统治地位的特殊利润率决定,更不是由某个资本家可能在某个特殊营业部门内获得的额外利润决定。[70]因此,一般利润率事实上会作为经验的、既定的事实,再表

---

[69] "商品的价格不断变动,商品各有不同的用途;货币则可以用于任何目的。商品,甚至同类商品,质量也各不相同;现金却总是有相同的价值或应当有相同的价值。因此,我们用利息这个词来表示的货币价格,比任何其他物品的价格具有较大的固定性和一致性。"(詹·斯图亚特《政治经济学原理》法译本1789年版第4卷第27页)

[70] "不过,利润分割的这个规则,并非对每个单位的贷出者和借入者适用,而是从总体上说对贷出者和借入者适用…… 特人的利润或特小的利润,是对业务熟练或缺乏营业知识的报酬,同贷出者根本没有关系,因为他们既不会由于一种情况而受损,也不会由于另一种情况而得利。我们就同一营业中各个人所说的情况,也适用于各种不同的营业部门;如果某一个营业部门的商人和制造业者可以用他们借来的货币,获得比本国其他的商人和制造业者所获得的普通利润更多的利润,那么,这种额外利润就属于他们自己,尽管这种额外利润的获得,只需要有普通的熟练和营业知识;这种额外利润不属于贷给他们货币的贷出者……因为贷出者把货币贷给某个营业部门时,是不会同意利息低于一般利息率的条件的,所以,不管用他们的货币获得多大的利益,他们都不应该得到更多的利息。"(马西,同上[《论决定自然利息率的原因》1750年伦敦版]第50、51页)

现在平均利息率上,虽然后者并不是前者的纯粹的或可靠的表现。

不错,利息率本身随着借款人提供的担保的种类不同,随着借款时间的长短不同,也经常会有所不同;但对每一种类来说,利息率在一定时刻是一致的。因此,这种差别不会损害利息率的固定的、一致的形态。(71)

中等利息率在每个国家在较长期间内都会表现为不变的量,因为一般利润率——尽管特殊的利润率在不断变动,但一个部门的变动会被另一个部门的相反的变动所抵消——只有在较长的期间内才会发生变动。并且一般利润率的相对的不变性,正是表现在中等利息率(average rate or common rate of interest)的这种或大或小的不变性上。

---

(71)银行贴现率 ······ 5%

以60天为期的汇票的市场贴现率 ······ $3\frac{5}{8}$%

以3个月为期的汇票的市场贴现率 ······ $3\frac{1}{2}$%

以6个月为期的汇票的市场贴现率 ······ $3\frac{5}{16}$%

以一天为期的对汇票经纪人的贷款 ······ 1%—2%

以一周为期的对汇票经纪人的贷款 ······ 3%

以14天为期的对证券经纪人贷款的最后的利息率 ······ $4\frac{3}{4}$%—5%

存款利息(银行) ······ $3\frac{1}{2}$%

存款利息(贴现公司) ······ 3%—$3\frac{1}{4}$%

上述伦敦货币市场1889年12月9日的利息率表可以证明,在同一天内,这种差别可以有多大。这个表是摘自12月10日《每日新闻》的金融消息。下限是1%,上限是5%。[弗·恩·]

　　至于不断变动的市场利息率,那么,它和商品的市场价格一样,在每一时刻都是作为固定的量出现的,因为在货币市场上,全部借贷资本总是作为一个总额和执行职能的资本相对立,从而,借贷资本的供给和借贷资本的需求之间的关系,决定着当时市场的利息状况。信用制度的发展和由此引起的信用制度的集中,越是赋予借贷资本以一般的社会的性质,并使它一下子同时投到货币市场上来,情形就越是这样。与此相反,一般利润率只是不断地作为一种趋势,作为一种使各种特殊利润率平均化的运动而存在。在这里,资本家之间的竞争——这种竞争本身就是这种平均化的运动——就在于,他们逐渐把资本从利润长期低于平均水平的部门抽出,并逐渐把资本投入利润高于平均水平的部门;或是逐渐按不同的比例把追加资本分配在这些部门当中。对这些不同的部门来说,这是资本的投入和抽出的不断变动,从来不像决定利息率的场合那样,是资本总额同时发生作用。

　　我们已经知道,生息资本虽然是和商品绝对不同的范畴,但却变成特种商品,因而利息就变成了它的价格,这种价格,就像普通商品的市场价格一样,任何时候都由供求决定。因此,市场利息率虽然在不断变动,但在每一既定的时刻,都像商品在每个时候的市场价格一样,不断表现为固定的和一致的。货币资本家供给这种商品,职能资本家则购买这种商品,形成对它的需求。这种情况在利润平均化为一般利润率时是不会发生的。如果一个部门的商品价格低于或高于生产价格(在这里要撇开每种营业所特有的、与工业周期的不同阶段联系在一起的变动不说),那么,平均化就会通过生产的扩大或缩小来达到,也就是说,通过产业资本投到市场上来的商品量的扩大或缩小来达到,而这种扩大或缩小又通过资本在各特殊生产部门的流入和流出来实现。由于商品的平均市场价格通过这个办法而平均化为生产价格，特殊利润率同一般利润率或平均利润率的偏离，会得到纠正。这个过程从来没有也从来不能具有这样的表现：产业资本或商业资本**本身**，像生息资本那样，对买者来说是商品。就这个过程的表现来说，它不过表现为商品市场价格围绕生产价格的波动和商品市场价格到生产价格的平均化，而不是表现为平均利润的直接确定。事实上，决定一般利润率的是：1. 总资本所生产的剩余价值；2. 剩余价值和总资本价值的比率；3. 竞争，不过这里所说的竞争，是指这样的一种运动，通过这种运动，投在各特殊生产部门的资本，力图按照各自相对量的比例，从这个剩余价值中取得相等的一份。因此，一般利润率的决定和市场利息率的决定不同，市场利息率是由供求关系直接地、不通过任何中介决定的，一般利润率事实上是由完全不同的更复杂得多的原因决定的，因而也不像利息率那样是明确的和既定的事实。不同生产部门的特殊利润率本身或多或少是不确定的；但是，就它们的表现来说，所表现的并不是它们的一致性，而是它们的差别性。而一般利润率本身又不过表现为利润的最低界限，而不是表现为实际利润率的经验的直接可见的形态。

在我们着重指出利息率和利润率的这种区别时，我们还撇开了有利于利息率固定化的以下两种情况：1. 在历史上是先有生息资本，并且有一般利息率留传下来；2. 世界市场不以一个国家的生产条件为转移而对利息率的确定所产生的直接影响，比它对利润率的影响大得多。

平均利润不表现为直接既定的事实，而是表现为通过研究才能确定的各种相反变动的平均化的最后结果。利息率却不是这样。利息率就其至少在某一地区具有普遍适用性来说，是每天固定的事实,这个事实对产业资本和商业资本来说,甚至是它们从事活动时计算上的前提和项目。生出2%、3%、4%或5%,成了每100镑货币额普遍具有的能力。同记载气压和温度状况的气象报告相比,这种不是为这个或那个资本编制,而是为货币市场上现有的资本即整个借贷资本编制的记载利息率状况的证券交易所报告,其准确性毫不逊色。[188]

在货币市场上,只有贷出者和借入者互相对立。商品具有同一形式——货币。资本因投在特殊生产部门或流通部门而具有的一切特殊形态,在这里都消失了。在这里,资本是以独立价值即货币的没有差别的彼此等同的形态而存在的。特殊部门之间的竞争在这里停止了;它们全体一起作为借款人出现,资本则以这样一个形式与它们全体相对立,在这个形式上,按怎样的方式使用的问题对资本来说还是无关紧要的事。如果说产业资本只是在特殊部门之间的运动和竞争中表现为**一个阶级的自在的共有资本**,那么,资本在这里则是现实地充分地在资本的供求中表现为这样的东西。另一方面,货币市场上的货币资本也实际具有这样一个形态,在这个形态上,它是作为共同的要素,而不问它的特殊使用方式如何,根据每个特殊部门的生产需要,被分配在不同部门之间,被分配在资本家阶级之间。并且,随着大工业的发展,出现在市场上的货币资本,会越来越不由个别的资本家来代表,即越来越不由市场上现有资本的这个部分或那个部分的所有者来代表,而是越来越表现为一个集中的有组织的量,这个量和实际的生产完全不同,是受那些代表社会资本的银行家控制的。因此,就需求的形式来说,和借贷资本相对立的是一个阶级的力量;就供给来说,这个资本本身作为群体表现为借贷资本。

这就是为什么一般利润率同确定的利息率相比,表现为模糊不清的东西的一些原因.利息率的大小固然也会变动,但因为它对所有借款人来说都一样地发生变动,所以它在他们面前总是表现为固定的、既定的量.像货币的价值虽然发生变动,但并不妨碍它对一切商品来说都具有相同的价值一样,像商品的市场价格虽然每天发生波动,但并不妨碍它逐日被记录在行情表中一样,利息率的变动也不妨碍它作为"货币的价格"有规则地被记录下来.这是因为资本本身在这里是在货币形式上作为商品提供的;因此,它的价格的确定,和一切其他商品的情形一样,就是它的市场价格的确定;因此,利息率总是表现为一般利息率,表现为这样多的货币取得这样多的利息,表现为一个确定的量.相反地,利润率甚至在同一个部门内,在商品市场价格相等的情况下,也会由于各单个资本生产相同的商品时的条件不同而不同;因为单个资本的利润率不是由商品的市场价格决定的,而是由市场价格和成本价格之间的差额决定的.这些不同的利润率,只是通过不断的变动,才能够先是在同一部门内,然后在不同部门之间达到平均化.

————

(为以后整理而作的备注.)信用的一个特殊形式:我们知道,在货币作为支付手段而不是作为购买手段执行职能时,商品被让渡了,但它的价值要到以后才实现.如果支付要在商品重新卖出以后才进行,那么,这次卖就不是表现为买的结果,而是相反地,买通过卖而实现.或者说,卖成了买的手段.第二,债权证书,票据等等,成了债权人的支付手段.第三,债权证书的互相抵消代替了货币.

第二十三章
利息和企业主收入

我们在上两章已经看到,利息原来表现为,原来是并且实际上始终不外是利润即剩余价值的一部分,这个部分是执行职能的资本家,即产业家或商人,在他不是使用自有的资本而是使用借入的资本时,必须支付给这个资本的所有者和贷出者的。如果他只使用自有的资本,利润的这种分割就不会发生;利润就会全部归他所有。事实上,如果资本的所有者亲自把资本用于再生产过程,他们也就不会参与决定利息率的竞争。这一点已经可以说明,利息的范畴——没有利息率的决定,就不可能有这个范畴——同产业资本本身的运动无关。

> "利息率可以定义为:它是为在一年内或任何一个或长或短的期间内使用一定数额的货币资本而经贷出者同意接受,并经借入者同意支付的比例金额…… 如果资本的所有者亲自把资本用于再生产,他就不能算在这样一种资本家里面,这种资本家和借入者人数之间的比例决定利息率。"(托·图克《价格史》1838年伦敦版第2卷第355、356页)

事实上,只有资本家分为货币资本家和产业资本家,才使一部分利润转化为利息,一般地说,才产生出利息的范畴;并且,只有这两类资本家之间的竞争,才产生出利息率。

只要资本还在再生产过程中执行职能——甚至假定它为产业

资本家自己所有,因而无须偿还给贷出者——,产业资本家以私人资格支配的,就不是资本本身,而只是他可以作为收入来花费的利润。只要他的资本还作为资本执行职能,这个资本就属于再生产过程,就固定在这个过程中。他虽然是它的所有者,但只要他把它用做资本来剥削劳动,这种所有权就使他不能按别种方式去支配它。货币资本家的情形也是这样。只要他的资本贷出去,从而作为货币资本发生作用,它就为他带来利息,即利润的一部分,但他不能支配本金。例如,当他以一年或数年为期贷出资本,并按一定期间得到利息,但不收回资本的时候,情形就是这样。即使他收回资本,事情也不会有什么改变。如果他把资本收回,他也必须不断地重新把它贷出去,才能使资本对他发挥资本的作用,在这里也就是发挥货币资本的作用。只要资本留在他手中,它就不会生出利息,并且不会作为资本起作用;只要它生出利息,并且作为资本起作用,它就不会留在他手中。资本永久贷出的可能性就是这样产生的。因此,图克反对博赞克特时所作的如下评注是完全错误的。他引用博赞克特的话(《硬币、纸币和信用货币》第73页):

　　"如果利息率压低到1%,借入的资本就会和自有的资本几乎处于同等地位。"

　　图克对这句话批评说:

　　"说按照这样的利息率或更低的利息率借入的资本,会和自有的资本几乎处于同等地位,这是一种非常奇怪的主张,如果不是出自一个如此智慧的并如此熟悉问题的各个细节的著作家之口,简直不值得我们认真加以注意。难道他忽视了偿还是借贷资本的前提,或把这一点看成是没有多大意义的事?"(图克《通货原理研究》1844年伦敦第2版第80页)

如果利息＝0，用借入资本经营的产业资本家就会和用自有资本经营的资本家处于同等地位。二者会取得相同的平均利润；资本，不管是借入的还是自有的，只有在它生产利润的时候，才发挥资本的作用。资本必须偿还，这个条件在这个问题上不会引起任何变化。利息率越是接近于零，例如降低到1％，借入的资本就越是和自有的资本接近处于同等地位。货币资本要作为货币资本存在，它就必须不断地再被贷出，并且要按现行的利息率，比如说1％，不断地再被贷给同一个产业资本家和商业资本家阶级。只要产业资本家和商业资本家执行资本家的职能，用借入资本经营的资本家和用自有资本经营的资本家之间的区别，就不过是一个需要支付利息，另一个不需要支付利息；一个把利润p全部装进腰包，另一个只得到p－z，即利润减去利息；z越是接近于零，p－z就越是接近于p，这两种资本就越是接近处于同等地位。一个必须偿还资本，并重新借入资本；而另一个，只要他的资本要执行职能，就同样必须不断地重新把资本预付到生产过程中去，而不能在这个过程之外支配这个资本。此外，唯一剩下的不言而喻的区别是：一个是自己资本的所有者，另一个则不是。

现在产生的问题是：利润分为纯利润和利息这种纯粹量的分割，怎么会转变为质的分割？换句话说，只使用自有资本，不使用借入资本的资本家，怎么也要把他的总利润的一部分，归入利息这个特殊的范畴，要特别把它作为利息来计算？从而进一步说，怎么一切资本，不管是不是借入的，都要作为生息的资本，和作为生出纯利润的资本的自身区别开来？

我们知道，并不是利润的每一个偶然的量的分割，都会照这样转变为质的分割。例如，一些产业资本家合股经营企业，然后在他们中间按照合法的契约来分配利润;另一些资本家则不是合股,而是各自经营自己的企业。后者就用不着按两个范畴计算他们的利润,把其中一部分当做个人的利润,把另一部分当做并不存在的股东的利润。因此在这里,量的分割不会转变为质的分割。在所有者偶然地是由若干法人组成的场合,才会发生这种分割,否则是不会发生这种分割的。

为了回答这个问题,我们必须更详细地谈一下利息形成的实际起点;也就是从这样的前提出发:货币资本家和生产资本家实际上互相对立,不仅在法律上有不同的身份,而且在再生产过程中起着完全不同的作用,或者说,在他们手中,同一资本实际上要通过双重的完全不同的运动。一个只是把资本贷出去,另一个则把资本用在生产上。

对那种用借入的资本从事经营的生产资本家来说,总利润会分成两部分:利息和超过利息的余额。他必须把前者支付给贷出者,而后者则形成他自己所占的利润部分。如果一般利润率已定,这后一部分就由利息率决定;如果利息率已定,这后一部分就由一般利润率决定。其次,无论总利润即全部利润的实际价值量在每个具体场合可以怎样同平均利润发生偏离,其中属于执行职能的资本家的部分仍然要由利息决定,因为利息是由一般利息率(撇开特殊的合法协议不说)确定的,并且在生产过程开始以前,也就是在它的结果即总利润取得以前,已经当做预先确定的量了。我们已经知道,资本的真正的特有产物是剩余价值,进一步说,是利润。但对用借入的资本从事经营的资本家来说,那就不是利润,而是利润减去利息,是支付利息以后留给自己的那部分利润。因此,这部分利润,对他来说必然表现为执行职能的资本的产物;这对他来说确实也是这样,因为他所代表的资本只是执行职能的资本。他在资本执行职能的时候,才是资本的人格化,而资本在它投在产业或商业中带来利润,并由它的使用者用来从事本营业部门要求的各种活动的时候,才执行职能。因此,同他必须从总利润中付给贷出者的利息相反,剩下归他的那部分利润必然采取产业利润或商业利润的形式,或者用一个把二者包括在内的德语名词来表达,就是采取Unternehmergewinn[企业主收入]的形态。如果总利润等于平均利润,这个企业主收入的大小就只由利息率决定。如果总利润同平均利润相偏离,总利润和平均利润(在二者都扣除利息以后)的差额,就由一切会引起暂时偏离——不管这种偏离是一个特殊生产部门的利润率同一般利润率的偏离,还是某个资本家在一定生产部门获得的利润同这个特殊部门的平均利润的偏离——的市场行情决定。但是我们现在已经看到,利润率在生产过程本身中,不仅取决于剩余价值,而且取决于许多其他情况:生产资料的购买价格,效率高于平均水平的生产方法,不变资本的节约,等等。并且撇开生产价格不说,资本家是否高于或低于并且按什么程度高于或低于生产价格购买或出售,因而在流通过程中占有总剩余价值的一个较大的或较小的部分,取决于一些特殊的市场行情,而就每一笔交易来说,取决于资本家的狡猾程度和钻营能力。但是不管怎样,总利润的量的分割在这里都会转化为质的分割,并且,由于这种量的分割本身还取决于供分割的东西是**什么**,取决于能动资本家**怎样**用资本来经营,取决于这个资本作为执行职能的资本,也就是说,资本家作为能动资本家执行职能,使他获得怎样的总利润,情况就更是如此。在这里,职能资本家被假定为资本的非所有者。对他来说,代表资本所有权的是贷出者即货币资本家。因此,他支付给贷出者的利息,表现为总利润中属于资本所有权本身的部分。与此相反,属于能动资本家的那部分利润,现在则表现为企业主收入,这一收入好像完全是从他用资本在再生产过程中所完成的活动或职能产生出来的,特别是从他作为产业或商业企业主所执行的职能产生出来的。因此,利息对他来说只是表现为资本所有权的果实,表现为抽掉了资本再生产过程的资本自身的果实,即不进行"劳动",不执行职能的资本的果实;而企业主收入对他来说则只是表现为他用资本所执行的职能的果实,表现为资本的运动和过程的果实,这种过程对他来说现在表现为他自己的活动,而与货币资本家的不活动,不参加生产过程相对立。总利润这两部分之间的这种质的区分,即利息是资本自身的果实,是撇开了生产过程的资本所有权的果实,而企业主收入则是处在过程中的、在生产过程中发挥作用的资本的果实,因而是资本使用者在再生产过程中所起的能动作用的果实,——这种质的区分决不仅仅是货币资本家和产业资本家的主观见解。这种区分以客观事实为基础,因为利息归货币资本家所有,归资本的单纯所有者,也就是在生产过程之前和生产过程之外单纯代表资本所有权的贷出者所有;企业主收入则归单纯的职能资本家所有,归资本的非所有者所有。

对于用借入的资本从事经营的产业资本家和不亲自使用自己的资本的货币资本家来说,总利润在两种不同的人,即在两种对同一资本,从而对由它产生的利润享有不同合法权的人之间的单纯量的分割,都会因此转变为质的分割。利润的一部分现在表现为**一个**规定上的资本应得的果实,表现为利息;利润的另一部分则表现为一个相反规定上的资本的特有的果实,因而表现为企业主收入。一个单纯表现为资本所有权的果实,另一个则表现为用资本单纯执行职能的果实,表现为处在过程中的资本的果实,或能动资本家所执行的职能的果实。总利润的这两部分硬化并且互相独立化了,好像它们出自两个本质上不同的源泉。这种硬化和互相独立化,对整个资本家阶级和整个资本来说,现在必然会固定下来。而且,不管能动资本家所使用的资本是不是借入的,也不管属于货币资本家的资本是不是由他自己使用,情况都是一样。每个资本的利润,从而以资本互相平均化为基础的平均利润,都分成或被割裂成两个不同质的、互相独立的、互不依赖的部分,即利息和企业主收入,二者都由特殊的规律来决定。用自有的资本从事经营的资本家,同用借入的资本从事经营的资本家一样,把他的总利润分为利息和企业主收入。利息归他所有,因为他是资本的所有者,是把资本贷给自己的贷出者,企业主收入也归他所有,因为他是能动的、执行职能的资本家。因此,对于这种质的分割来说,资本家实际上是否和另一个资本家共分,是没有意义的。资本的使用者,即使是用自有的资本从事经营,也具有双重身份,即资本的单纯所有者和资本的使用者;他的资本本身,就其提供的利润范畴来说,也分成资本**所有权**,即处在生产过程**以外**的、本身提供利息的资本,和处在生产过程**以内**的、由于在过程中活动而提供企业主收入的资本。

　　因此,利息固定下来,以致现在它不是表现为总利润的一种同生产无关的、仅仅在产业家用别人的资本从事经营时才偶然发生的分割。即使产业家用自有的资本从事经营,他的利润也会分为利息和企业主收入。因此,单纯量的分割变为质的分割;不管产业家是不是自己的资本的所有者,同这种偶然的情况无关,这种分割都会发生。这不仅是在不同的人之间进行分配的利润的不同部分,而且还是利润的两种不同范畴。它们和资本有不同的关系,也就是说,和资本的不同规定性有关。[189]

　　为什么总利润分为利息和企业主收入这种分割,一旦转变为质的分割,就会对整个资本和整个资本家阶级保持这种质的分割的性质,现在理由变得很简单了。

第一,这是由于下面这种简单的经验的事实:大多数产业资本家都按照不同的比例兼用自有资本和借入资本来从事经营,并且自有资本和借入资本之间的比例在不同的时期是变动的。

第二,总利润的一部分转化为利息形式,就会使它的另一部分转化为企业主收入。一旦利息作为独特的范畴存在,企业主收入事实上就只是总利润超过利息的余额所采取的对立形式。对总利润怎样分化为利息和企业主收入的全部研究,可以简单地归结为对总利润的一部分怎样一般地硬化为并且独立化为利息的研究。不过,从历史上说,生息资本是作为一种现成的、遗留下来的形式存在的,因而在资本主义生产方式以及与之相适应的资本观念和利润观念存在以前很久,利息就作为资本所生产的剩余价值的现成的从属形式存在了。因此,在一般人的观念中,货币资本,生息资本,至今仍被看做资本本身,看做真正的资本。因此,另一方面,就产生了直到马西那个时候仍然占统治地位的看法,即认为货币本身是用利息支付报酬的东西。借贷资本不管是否实际作为资本使用,甚至在它只为消费而借的时候都会提供利息这个事实,使得关于这个资本形式具有独立性的看法固定下来。在资本主义生产方式的初期,利息对利润来说是独立的,生息资本对产业资本来说是独立的,这一点的最好证明是:直到18世纪中叶,利息只是总利润的一部分这个事实,才(被马西,在他之后又被休谟[190])发现,而且竟然需要有这样一种发现。

第三,不管产业资本家是用自有的资本还是用借入的资本从事经营,都不会改变这样的情况,即货币资本家阶级是作为一种特殊的资本家,货币资本是作为一种独立的资本,利息是作为一个与这种特别资本相适应的独立的剩余价值形式,来同产业资本家相对立的。

从**质**的方面来看,利息是资本的单纯所有权所提供的剩余价值,是资本自身提供的剩余价值,虽然资本的所有者一直处在再生产过程之外;因此,是资本在和自己的过程相分离的情况下提供的剩余价值。

从**量**的方面来看,形成利息的那部分利润,表现为不是同产业资本本身和商业资本本身有关,而是同货币资本有关,并且剩余价值的这一部分的比率,即利息率,又把这种关系固定下来。因为第一,利息率——尽管它取决于一般利润率——是独立地决定的;第二,利息率像商品的市场价格一样,同不可捉摸的利润率相反,表现为在任何变动中都是固定的、一致的、明确的、总是既定的比率。如果全部资本都处在产业资本家手中,那就不会有利息和利息率。总利润的量的分割所采取的独立形式,产生了质的分割。如果产业资本家同货币资本家进行比较,那么,使前者区别于后者的只是企业主收入,即总利润超过平均利息而形成的余额,而平均利息则由于利息率而表现为经验上既定的量。另一方面,如果这个产业资本家同用自有资本而不是用借入资本来经营的产业资本家进行比较,那么,后者和前者的区别只在于:后者是把利息装进自己腰包而不必支付出去的货币资本家。在这两个场合,对产业资本家来说,总利润中和利息不同的那一部分都表现为企业主收入,利息本身则表现为资本自身提供的剩余价值,因而表现为资本不在生产中使用也会提供的剩余价值。

对单个资本家来说,这种看法实际上是正确的。不管他的资本在起点上已经作为货币资本存在,还是先要转化为货币资本,他总可以进行如下的选择:或是把他的资本作为生息资本贷出去,或是把他的资本作为生产资本来亲自使它增殖。但如果普遍地看,也就是说,把它应用于全部社会资本,就像某些庸俗经济学家所做的那样,甚至把它当做利润的根据,那当然是荒谬的。全部资本都转化为货币资本,而没有人购买和使用生产资料——全部资本除了其中以货币形式存在的相对小的部分以外,都以生产资料的形式存在——并用来增殖价值,这当然是荒唐的。说什么在资本主义生产方式的基础上,资本不作为生产资本执行职能,即不创造剩余价值(利息不过是其中的一部分),也会提供利息;说什么没有资本主义生产,资本主义生产方式也会照样进行下去,那就更加荒唐了。假如大部分的资本家愿意把他们的资本转化为货币资本,那么,结果就会是货币资本大大贬值和利息率惊人下降;许多人马上就会不可能靠利息来生活,因而会被迫再变为产业资本家。但是,正如我们已经说过的,对单个资本家来说,这是事实。因此,甚至在他是用自有资本经营的场合,他也必然把他的平均利润中与平均利息相等的部分,看成是他的资本本身撇开生产过程而生出的果实;同这个独立化为利息的部分相反,他把总利润超过这个利息而形成的余额,看成是单纯的企业主收入。

第四,〔手稿这里是空白。〕

上面已经指出,执行职能的资本家必须对所借入资本的单纯所有者支付的那部分利润,转化成一部分利润的独立形式,这部分利润是由全部资本本身,不管是借入的还是非借入的,在利息的名称下提供的。这个部分的大小,取决于平均利息率的高低。它的起源只是在下面这一点上还表示出来:执行职能的资本家,当他是自己资本的所有者时,不会参加——至少不会积极地参加——决定利息率的竞争。利润在两个对它有不同合法权的人中间进行的纯粹的量的分割,已经转变为质的分割,这种质的分割好像是从资本和利润本身的性质产生的。因为,正如我们已经说过的,只要利润的一部分一般采取利息的形式,平均利润和利息之间的差额或利润超过利息的部分,就会转化为一种同利息相对立的形式,即企业主收入的形式。利息和企业主收入这两个形式,只存在于它们的对立之中。因此,它们二者不是与剩余价值发生关系——它们只是剩余价值固定在不同范畴、不同项目或名称下的部分——,而是互相发生关系。因为利润的一部分转化为利息,所以它的另一部分表现为企业主收入。

我们这里所说的利润,始终是指平均利润,因为个别利润的偏离或不同生产部门的利润的偏离——即在平均利润或剩余价值分配上随竞争和其他情况而发生的忽上忽下的变动——,在这里完全与我们无关。这一点,总的说来适用于我们当前的全部研究。

用拉姆赛的话来说,利息就是资本所有权本身提供的纯利润[191],不管它是提供给处在再生产过程之外的单纯贷出者,还是提供给亲自把自己的资本用于生产的所有者。它所以也为后者提供纯利润,并不是因为后者是执行职能的资本家,而是因为他是货币资本家,他把自有资本作为生息资本贷给作为执行职能的资本家的他自己。就像货币或一般地说价值转化为资本,是资本主义生产过程不断产生的结果一样,它作为资本而存在,也是资本主义生产过程不断需要的前提。由于它有转化为生产资料的能力,它就不断支配着无酬劳动,并因而把商品的生产过程和流通过程转化为替它的所有者进行的剩余价值的生产。因此,利息不过是这样一个事实的表现:价值一般——一般社会形式上的对象化劳动——,在现实生产过程中采取生产资料形态的价值,会作为独立的权力与活的劳动力相对立,并且是占有无酬劳动的手段;它所以是这样一种权力,因为它是作为他人的财产与工人相对立。但是另一方面,在利息的形式上,这种与雇佣劳动的对立却消失了;因为生息资本就它本身来说,不是以雇佣劳动为自己的对立面,而是以执行职能的资本为自己的对立面;借贷资本家就他本身来说,直接与在再生产过程中实际执行职能的资本家相对立,而不是与正是在资本主义生产基础上被剥夺了生产资料的雇佣工人相对立。生息资本是**作为所有权**的资本与**作为职能**的资本相对立的。但是,资本在它不执行职能的时候,不剥削工人,也不是同劳动处于对立之中。

另一方面,企业主收入也不与雇佣劳动形成对立,而只与利息形成对立。

第一,假定平均利润已定,企业主收入率就不是由工资决定,而是由利息率决定。企业主收入率的高低与利息率成反比。(72)

第二,执行职能的资本家不是从他对资本的所有权中,而是从资本的职能中,即同资本只是作为惰性的所有权而存在的规定性相对立的职能中,得出他对企业主收入的要求权,从而得出企业主收入本身。一旦他用借入的资本来经营,因而利息和企业主收入归两种不同的人所得,这种情形就会表现为直接存在的对立。企业主收入来自资本在再生产过程中的职能,也就是说,是来自于职能资本家执行产业资本和商业资本的这些职能时所从事的那种活动或行动。但是,充当职能资本的代表,并不像充当生息资本的代表那样,是领干薪的闲职。在资本主义生产的基础上,资本家指挥生产过程和流通过程。对生产劳动的剥削也要花费气力,不管是他自己花费气力,还是让别人替他花费气力。因此,在他看来,与利息相反,他的企业主

---

(72)"企业主收入取决于资本的纯利润,而不是后者取决于前者。"(拉姆赛,同上[《论财富的分配》1836年爱丁堡版]第214页。在拉姆赛的著作中,纯利润总是=利息。)

收入是同资本的所有权无关的东西,宁可说是他作为非所有者,作为**劳动者**执行职能的结果。

因此,在资本家的脑袋里必然产生这样的观念:他的企业主收入远不是同雇佣劳动形成某种对立,不仅不是他人的无酬劳动,相反,它本身就是**工资**,是监督工资,wages of superintendence of labour,是高于普通雇佣工人工资的工资,1. 因为这是较复杂的劳动,2. 因为是资本家给自己支付工资。利息归资本家所有,即使他不执行资本家的任何职能,而只是资本的所有者;相反,企业主收入归执行职能的资本家所有,即使他不是他用来执行职能的资本的所有者。由于这种对立,人们完全忘记了:资本家作为资本家,他的职能是生产剩余价值即无酬劳动,而且是在最经济的条件下进行这种生产。由于利润即剩余价值所分成的两个部分的对立形式,人们忘记了,二者不过是剩余价值的不同部分,并且它的分割丝毫不能改变剩余价值的性质、它的起源和它的存在条件。

在再生产过程中,执行职能的资本家代表他人所有的资本,同雇佣工人相对立,而货币资本家则由执行职能的资本家来代表,参与对劳动的剥削。由于在再生产过程中的资本职能同在再生产过程外的资本的单纯所有权的对立,人们忘记了:能动资本家只有作为生产资料的代表同工人相对立,才能执行职能,才能使工人为他的利益而劳动,或者说,使生产资料执行资本的职能。

事实上,利润即剩余价值的这两个部分作为利息和企业主收入所采取的形式,并不表示对劳动的关系,因为这种关系只存在于劳动和作为这两个部分的总和、整体、统一体的利润,或更确切些说,剩余价值之间。利润分割的比率和进行这种分割所依据的不同的合法权,都以利润是现成的,利润已经存在为前提。因此,如果资本家就是他用来执行职能的资本的所有者,他就会把全部利润或剩余价值装进自己的腰包;对工人来说,资本家是把全部利润装进自己的腰包,还是把利润的一部分付给某个第三者,即法律上的所有者,是完全没有关系的事情。因此,利润要在两种资本家中间实行分割的理由,就不知不觉地变成有待分割的利润即剩余价值——不管以后如何分割,资本本身总会从再生产过程中把这个剩余价值取出来——存在的理由了。既然利息同企业主收入相对立,企业主收入同利息相对立,二者互相对立,而不是同劳动相对立,由此就产生一个问题:企业主收入加上利息,即利润,进一步说也就是剩余价值,是以什么为基础呢?是以这两个部分的互相对立的形式为基础!但是,在利润进行这种分割以前,在能够谈得上这种分割以前,利润已经生产出来了。

生息资本只有在借贷货币实际转化为资本并生产一个余额(利息是其中的一部分)时,才证明自己是生息资本。但这一点并不排除:生息这种属性,不管有没有生产过程,都同生息资本长在一起。劳动力也只有当它在劳动过程中被使用,被实现的时候,才证明它有创造价值的能力;但这一点并不排除:劳动力自在地,在可能性上,作为一种能力,是创造价值的活动,并且作为这样的活动,它不是从过程中才产生的,而相反地是过程的前提。它是作为创造价值的能力被人购买的。购买它的人也可以不让它去从事生产劳动,例如,把它用于纯粹私人的目的,用于服务等等。资本也是这样。借入者是不是把它作为资本来用,也就是说,是不是实际上使它所固有的生产剩余价值的属性发挥作用,那是借入者自己的事情。在这两种场合,他为之支付的,是那个自在地,在可能性上已经包含在资本商品中的剩余价值。[192]

————

现在,我们来更详细地考察企业主收入。

因为在资本主义生产方式下,资本特有的社会规定性的因素——具有支配他人劳动这一属性的资本所有权——已经固定下来,利息又因此表现为资本在这种关系中生出的剩余价值的一部分,所以剩余价值的另一部分——企业主收入——就必然表现为:它不是由作为资本的资本生出的,而是由同资本特有的社会规定性(这种规定性已经以资本利息这个名称取得特殊存在方式)相分离的生产过程生出的。但是,生产过程同资本分离开来,就是劳动过程一般。因此,同资本所有者相区别的产业资本家,不是表现为执行职能的资本,而是表现为甚至与资本无关的执行职能的人员,表现为一般劳动过程的简单承担者,表现为劳动者,而且是表现为雇佣劳动者。[193]

利息本身正好表明,劳动条件作为资本而存在,同劳动处于社会对立中,并且转化为同劳动相对立并且支配着劳动的个人权力。利息把单纯的资本所有权表现为占有他人劳动产品的手段。但是,它是把资本的这种性质表现为某种在生产过程之外属于资本的东西,而不是表现为这个生产过程本身的独特的资本主义规定性的结果。它不是把资本的这种性质表现为同劳动直接对立,而是相反地同劳动无关,只是表现为一个资本家对另一个资本家的关系,也就是说,表现为一种存在于资本对劳动本身的关系之外的、与这种关系无关的规定。因此,在利息上,在利润的这个特殊形态上,资本的对立性质固然得到了独立的表现,但是表现成这样:这种对立在其中已经完全消失,完全抽掉。利息是两个资本家之间的关系,不是资本家和工人之间的关系。

另一方面,这个利息形式又使利润的另一部分取得企业主收入,以至监督工资这种质的形式。资本家作为资本家所要执行的特殊职能，并且恰好是他在同工人相区别和相对立中具有的特殊职能，被表现为单纯的劳动职能。他创造剩余价值，不是因为他**作为资本家**进行劳动，而是因为他除了具有作为资本家的属性以外，他**也**进行劳动。因此，剩余价值的这一部分也就不再是剩余价值，而是与剩余价值相反的东西，是所完成的劳动的等价物。因为资本的异化性质，它同劳动的对立，被转移到现实剥削过程之外，即转移到生息资本上，所以这个剥削过程本身也就表现为单纯的劳动过程，在这个过程中，执行职能的资本家与工人相比，不过是在进行另一种劳动。因此，剥削的劳动和被剥削的劳动，二者作为劳动成了同一的东西。剥削的劳动，像被剥削的劳动一样，是劳动。利息成了资本的社会形式，不过被表现在一种中立的、没有差别的形式上；企业主收入成了资本的经济职能，不过这个职能的一定的、资本主义的性质被抽掉了。

在资本家的意识中，这里所说的情况同本册第二篇①论述利润平均化为平均利润时提出的各种补偿理由的情况是一样的。这些在剩余价值分配上作为决定的要素起作用的补偿理由，在资本家的观念中，已被歪曲成为利润本身产生的理由和为利润本身辩护的(主观的)理由。

企业主收入是劳动的监督工资这种看法，是从企业主收入同利息的对立中产生的，并由于下面这个事实而得到进一步加强：利润的一部分事实上能够作为工资分离出来，并且确实也作为工资分离出来，或者不如反过来说，在资本主义生产方式的基础上，一部分工资表现为利润的不可缺少的组成部分。正如亚·斯密已经正确地发现

---

① 见本卷第230—233页。——编者注

的那样,在那些生产规模等等允许有充分的分工,以致可以对一个经理支付特别工资的营业部门中,这个利润部分会以经理的薪水的形式纯粹地表现出来,一方面同利润(利息和企业主收入的总和),另一方面同扣除利息以后作为所谓企业主收入留下的那部分利润相独立并且完全分离出来。194

凡是直接生产过程具有社会结合过程的形态,而不是表现为独立生产者的孤立劳动的地方,都必然会产生监督和指挥的劳动。(73)不过它具有二重性。

一方面,凡是有许多个人进行协作的劳动,过程的联系和统一都必然要表现在一个指挥的意志上,表现在各种与局部劳动无关而与工场全部活动有关的职能上,就像一个乐队要有一个指挥一样。这是一种生产劳动,是每一种结合的生产方式中必须进行的劳动。

另一方面——完全撇开商业部门不说——,凡是建立在作为直接生产者的劳动者和生产资料所有者之间的对立上的生产方式中,都必然会产生这种监督劳动。这种对立越严重,这种监督劳动所起的作用也就越大。因此,它在奴隶制度下所起的作用达到了最大限度。(74)但它在资本主义生产方式下也是不可缺少的,因为在这里,生产过程同时就是资本家消费劳动力的过程。这完全同在专制国家中一样,在那里,政府的监督劳动和全面干涉包括两方面:既包括由一切社会的性质产生的各种公共事务的执行,又包括由政府同人民

(73)"在这里〈在农民是土地所有者的地方〉,监督是完全不必要的。"(约·埃·凯尔恩斯《奴隶劳力》1862年伦敦版第48、49页)

(74)"如果劳动的性质要求劳动者〈即奴隶〉分散在一个广阔的地面上劳动,监工的人数以及这种监督所需的劳动的费用就会相应地增加。"(凯尔恩斯,同上[《奴隶劳力》1862年伦敦版]第44页)

大众相对立而产生的各种特有的职能。

在那些亲眼目睹奴隶制度的古代著作家的著作中,像在那些把资本主义生产方式看做绝对生产方式的现代经济学家的著作中一样,监督劳动的这两个方面在理论上是和在实践上一样不可分地联系在一起的。另一方面,我马上就要举一个例子来说明,现代奴隶制度的辩护士也懂得怎样把监督劳动用做替奴隶制度辩护的理由,就像其他一些经济学家懂得怎样把这种监督劳动用做替雇佣劳动制度辩护的理由一样。

关于卡托时代的斐力卡斯[195]:

"庄园管事(villicus von villa)居于庄园奴隶(familia rustica)之首,他掌管收支、买卖,执行主人的命令,当主人不在的时候,还发布命令,执行惩罚⋯⋯管事自然比别的奴隶较为自由;马贡农书[196]建议允许管事结婚,生育子女,有自己的钱财;卡托也建议让男管事和女管事结婚。也只有这种管事可以指望在品行端正的情况下,从主人那里获得自由。除此以外,他们的地位与奴隶一样⋯⋯　每一个奴隶,包括管事本身在内,每隔一段时间,按照规定的标准,从主人那里取得自己赖以维持生活的必需品⋯⋯　所得的数量以劳动为准,例如,管事的劳动比奴隶的劳动轻,所得的数量也比奴隶少。"(蒙森《罗马史》1856年第2版第1卷第809、810页)

亚里士多德:

"因为主人〈资本家〉不是通过获得奴隶〈通过使他有权购买劳动的资本所有权〉,而是通过使用奴隶〈通过在生产过程中使用劳动者,在今天是使用雇佣工人〉,来证明他自己是主人。这种学问并没有什么博大高深的地方;那不过是,凡是奴隶必须会做的事情,主人应当会命令。在主人不必自己操心的地方,**这种荣誉**就由管家来承受,而主人自己则从事政务或研究哲学。"(亚里士多德《政治学》,贝克尔编,第1册第7章)

亚里士多德直率地说,在经济领域内和在政治领域内,统治权把各种统治的职能加在掌权者身上，这就是说，在经济领域内，他们必须会消费劳动力。他还说，这种监督劳动没有什么博大高深的地方，因此，主人一旦有了足够的财富，他就会把干这种操心事的"荣誉"让给一个管家。

指挥和监督的劳动，当它不是由一切结合的社会劳动的性质引起的特殊职能，而是由生产资料所有者和单纯的劳动力所有者之间的对立所引起的职能时，——不管这种劳动力是像奴隶制度下那样同劳动者本身一道被人买去，还是由工人自己出卖劳动力，因而生产过程同时表现为资本消费工人劳动的过程，——这种由奴役直接生产者而产生的职能，常常被人们用做替这种关系本身进行辩护的理由，而对他人的无酬劳动的剥削即占有，也同样常常被人们说成是资本所有者应得的工资。但最妙不可言的，是美国奴隶制度的一个维护者奥康瑙尔律师，他在1859年12月19日在纽约的一次集会上，打着"为南方说几句公道话"的旗号发表高论。他在热烈的掌声中说道：

> "是呀，各位先生，自然本身已经决定黑人要处于这种奴隶状态。他身体强壮，干活有劲，但是，给他以这种强壮身体的自然，却既没有给他以统治的智慧，也没有给他以劳动的意志。"（鼓掌）"这两样东西他都没有！而没有给他以劳动意志的同一个自然，却给了他一个主人，把这个意志强加于他，使他在适合于他生存的那种气候条件下，成为一个既对他自己又对统治他的主人有用的仆人。我认为，使黑人处于自然安排他所处的那种状态，给他一个主人来统治他，这并没有什么不公平。如果人们强迫黑人再去劳动，并为他的主人提供正当的报酬，来报答他的主人为统治他，为使他成为一个对自己和对社会有用的人而花费的劳动和才能，这并没有剥夺他的任何权利。"[197]

现在，雇佣工人也和奴隶一样，必须有一个主人叫他去劳动，并且统治他。既然这种统治和奴役的关系成为前提，那么，雇佣工人被迫生产他自己的工资,并且在这个工资之外再生产监督工资,作为对统治和监督他而花费的劳动的补偿,"并为他的主人提供正当的报酬,来报答他的主人为统治他,为使他成为一个对自己和对社会有用的人而花费的劳动和才能",就是理所当然的了。

监督和指挥的劳动,就它由对立的性质,由资本对劳动的统治产生而言,因而就它为包括资本主义生产方式在内的一切以阶级对立为基础的生产方式所共有而言,这种劳动在资本主义制度下,也是直接地和不可分离地同由一切结合的社会劳动交给单个人作为特殊劳动去完成的生产职能,结合在一起的。一个Epitropos[古希腊的"管家"]或封建法国所称的régisseur①[管家]的工资,只要企业达到相当大的规模,足以为这样一个经理(manager)支付报酬,就会完全同利润分离而采取熟练劳动的工资的形式,虽然我们的产业资本家远没有因此去"从事政务或研究哲学"。

尤尔先生早已指出,"我们的工业制度的灵魂"不是产业资本家,而是产业经理。(75)关于企业的商业部分,我们已经在上一篇中说了我们必须说的一切。②

资本主义生产本身已经使那种完全同资本所有权分离的指挥劳动比比皆是。因此,这种指挥劳动就无须资本家亲自进行了。一个乐队指挥完全不必就是乐队的乐器的所有者;如何处理其他演奏者

---

(75)安·尤尔《工厂哲学》,法译本,1836年版第1卷第67、68页。在这本书中,工厂主的这位平达同时还证明,大多数工厂主对于他们所使用的机器一窍不通。¹⁹⁸

---

①见本书第1卷第24章《所谓原始积累》中的脚注(229)。——编者注
②见本卷第322—324页。——编者注

的"工资"问题,也不是他这个乐队指挥职能范围以内的事情。合作工厂提供了一个实例,证明资本家作为生产上的执行职能的人员已经成为多余的了,就像资本家自己发展到最成熟时,认为大地主是多余的一样。只要资本家的劳动不是由单纯作为资本主义生产过程的那种生产过程引起,因而这种劳动并不随着资本的消失而自行消失;只要这种劳动不只限于剥削他人劳动这个职能;从而,只要这种劳动是由作为社会劳动的劳动的形式引起,由许多人为达到共同结果而形成的结合和协作引起,它就同资本完全无关,就像这个形式本身一旦把资本主义的外壳炸毁,就同资本完全无关一样。说这种劳动作为资本家的劳动,作为资本家的职能是必要的,这无非意味着,庸俗经济学家不能设想各种在资本主义生产方式内部发展起来的形式竟能够离开并且摆脱它们的对立的、资本主义的性质。[199]相对于货币资本家来说,产业资本家是劳动者,不过是作为资本家的劳动者,即作为对他人劳动的剥削者的劳动者。他为这种劳动所要求和所取得的工资,恰好等于他所占有的他人劳动的量,而且就他为进行剥削而亲自花费必要的精力来说,上述的工资直接取决于对这种劳动的剥削程度,而不是取决于他为进行这种剥削所付出的、并且在适当的报酬下可以让一个经理去承担的那种努力的程度。每一次危机以后,我们都可以在英国工厂区看到许多以前的工厂主,他们现在作为经理,为了低微的工资,替那些往往就是他们自己的债权人的新工厂主,去管理他们自己从前所有的工厂。(76)

---

(76)我知道这样一件事,在1868年危机以后,有一个破产的工厂主,变成了他自己以前的工人的领取工资的雇佣劳动者。也就是说,在破产以后,工厂已经改组成工人的合作工厂,而由以前的工厂主担任经理。——弗·恩·

　　商业经理和产业经理的管理工资,在工人的合作工厂和资本主义的股份企业中,都是完全同企业主收入分开的.管理工资同企业主收入的分离,在其他的场合是偶然发生的,而在这里则是经常的现象.在合作工厂中,监督劳动的对立性质消失了,因为经理由工人支付报酬,他不再代表资本而同工人相对立.随着信用而发展起来的股份企业,一般地说也有一种趋势,就是使这种管理劳动作为一种职能越来越同自有资本或借入资本的占有权相分离,这完全像司法职能和行政职能随着资产阶级社会的发展,同土地所有权相分离一样,而在封建时代,这些职能却是土地所有权的属性.但是一方面,因为执行职能的资本家同资本的单纯所有者即货币资本家相对立,并且随着信用的发展,这种货币资本本身取得了一种社会的性质,集中于银行,并且由银行贷出而不再是由它的直接所有者贷出;另一方面,又因为那些不能在任何名义下,既不能以借贷也不能以别的方式占有资本的单纯的经理,执行着一切应由执行职能的资本家自己担任的现实职能,所以,留下来的只有执行职能的人员,资本家则作为多余的人从生产过程中消失了.

　　根据英国各合作工厂公布的账目(77),我们可以看到,在扣除经理的工资——这种工资同其他工人的工资完全一样,形成所投可变资本的一部分——以后,利润大于平均利润,虽然这些工厂有时比私营工厂主支付更高得多的利息.在所有这些场合,利润高的原因是由于不变资本的使用更为节约.但这里使我们感兴趣的是:在这里,

---

(77)这里引用的账目最多到1864年为止,因为上文是1865年写成的.——弗·恩·

平均利润(＝利息＋企业主收入)实际地并且明显地表现为一个同管理工资完全无关的量。因为在这里利润大于平均利润,所以企业主收入也大于通常的企业主收入。

在某些资本主义股份企业如股份银行中,也可以看到同样的情况。1863年伦敦威斯敏斯特银行支付30%的年股息,伦敦联合银行等等支付15%的年股息。在这里,从总利润中除了扣除经理的薪水以外,还扣除了对存款支付的利息。这里的高额利润是由于缴入资本同存款相比只占很小的比例。例如,1863年伦敦威斯敏斯特银行缴入资本为1 000 000镑,存款为14 540 275镑。1863年伦敦联合银行缴入资本为600 000镑,存款为12 384 173镑。

企业主收入和监督工资或管理工资的混淆,最初是由利润超过利息的余额所采取的同利息相对立的形式造成的。由于一种辩护的意图,即不把利润解释为剩余价值即无酬劳动,而把它解释为资本家自己劳动所取得的工资,这种混淆就进一步发展了。针对这种情况,于是社会主义者提出了要求:要把利润实际地缩减为它在理论上伪称的那种东西,即单纯的监督工资。[200]不过,一方面,随着一个人数众多的产业经理和商业经理阶级的形成,这种监督工资会像所有其他工资一样,越来越具有确定的水平和确定的市场价格[78],另一方面,随着导致受过专门训练的劳动力生产费用的下降

---

(78)"师傅和他们的帮工一样是工人。在这一点上,他们的利益和他们帮工的利益完全相同。但除此以外,他们还是资本家或是资本家的代理人,在这方面,他们的利益和工人的利益则截然相反。"(霍吉斯金《保护劳动反对资本的要求》1825年伦敦版第27页)"这个国家的产业工人的教育已广为普及,这就使得几乎所有师傅和老板的劳动和技艺的价值日益降低,因为教育的广为普及,使拥有这种专门知识的人数增加了。"(同上,第30页)

的普遍发展,这种工资也像所有熟练劳动的工资一样,越来越降低[79],这样一来,上述这个要求对于理论上的粉饰来说就越发变得讨厌。随着工人方面的合作事业和资产阶级方面的股份企业的发展,混淆企业主收入和管理工资的最后口实也站不住脚了,利润在实践上也就表现为它在理论上无可辩驳的那种东西,即表现为单纯的剩余价值,没有支付等价物的价值,已经实现的无酬劳动;因此,执行职能的资本家实际上是在剥削劳动,并且在他是用借入资本从事经营的时候,他的剥削的结果就分为利息和企业主收入,即利润超过利息的余额。

在资本主义生产的基础上,一种涉及管理工资的新的欺诈在股份企业中发展起来,这就是:在实际的经理之外并在他们之上,出现了一批董事和监事。对这些董事和监事来说,管理和监督实际上不过是掠夺股东、发财致富的一个借口而已。关于这一点,我们可以在《西蒂区,或伦敦营业生理学;附交易所和咖啡馆概述》(1845年伦敦版)一书中,看到极为有趣的详细记载。

"从下面这个例子我们可以知道,银行家和商人参加八个或九个不同公司董事会得到了什么:蒂莫西·亚伯拉罕·柯蒂斯先生在他破产后提交破产法庭的私人账目表明,他在董事项目下每年的收入为800—900镑。因为柯蒂斯先生曾经是英格兰银行和东印度公司的董事,所以每个股份公司都以能够争取他担任董事为荣。"(第81、82页)

这一类公司的董事每周出席一次会议,至少可得一个基尼(21

___

[79] "习惯障碍的普遍削弱和受教育机会的增加,不是使非熟练工人的工资趋于提高,而是使熟练工人的工资趋于降低。"(约·斯·穆勒《政治经济学原理》1849年伦敦第2版第1卷第479页)

马克)的报酬。破产法庭进行的审理表明,这种监督工资照例和这种挂名董事实际行使的监督成反比。

第二十四章

资本关系在生息资本
形式上的外表化

在生息资本上,资本关系取得了它的最表面和最富有拜物教性质的形式。在这里,我们看到的是$G—G'$,是生产更多货币的货币,是没有在两极间起中介作用的过程而自行增殖的价值。在商人资本$G—W—G'$上,至少还存在着资本主义运动的一般形式,虽然这种运动只处在流通领域内,因而利润只表现为让渡利润;但不管怎样,利润仍然表现为一种社会**关系**的产物,而不是表现为单纯的**物**的产物。商人资本的形式,仍然表现一个过程,表现两个相反阶段的统一,表现一种分为两个相反行为即商品的买和卖的运动。在$G—G'$这个生息资本的形式上,这种运动就消失不见了。例如,资本家贷出1 000镑,利息率为5%,作为资本的这1 000镑的价值在一年内$=C+Cz'$;在这里,C代表资本,z'代表利息率,因而这5% $=\dfrac{5}{100}=\dfrac{1}{20}$,$1\ 000+1\ 000\times\dfrac{1}{20}=1\ 050$镑。作为资本的1 000镑的价值$=1\ 050$镑,就是说,资本不是一个简单的量。它是一个数量**关系**,是作为一定价值的本金同作为自行增殖的价值的自身,即作为已经生产剩余价值的本金自身的关系。我们已经说过,对一切能动资本家来说,不管他们是用自有的资本还是用借入的资本执行职能,资本本身总是表现为这种会直接自行增殖的价值。

G—G′。在这里,我们看到资本的最初起点,G—W—G′公式中的货币,已归结为两极G—G′,其中G′＝G＋ΔG,即创造更多货币的货币。这是被缩简成了没有意义的简化式的资本最初的一般公式。这是已经完成的资本,是生产过程和流通过程的统一,因而是在一定期间内提供一定剩余价值的资本。在生息资本的形式上,这种性质是直接地表现出来的,没有生产过程和流通过程做中介。资本表现为利息的即资本自身增殖的神秘的和富有自我创造力的源泉。现在,**物**(货币、商品、价值)作为单纯的物已经是资本,资本表现为单纯的物;总再生产过程的结果表现为物自身具有的属性;究竟是把货币作为货币支出,还是把货币作为资本贷出,取决于货币占有者,即处在随时可以进行交换的形式上的商品的占有者。因此,在生息资本上,这个自动的物神,自行增殖的价值,会生出货币的货币,纯粹地表现出来了,并且在这个形式上再也看不到它的起源的任何痕迹了。社会关系最终成为一种物即货币同它自身的关系。这里显示的,不是货币到资本的实际转化,而只是这种转化的没有内容的形式。像在劳动力的场合一样,在这里,货币的使用价值是创造价值,创造一个比它本身所包含的价值更大的价值。货币本身在可能性上已经是会自行增殖的价值,并且作为这样的价值被贷放,而贷放就是这种独特商品的出售形式。创造价值,提供利息,成了货币的属性,就像梨树的属性是结梨一样。货币贷放人也是把他的货币作为这种可以生息的东西来出售的。但这还不是事情的全部。我们说过,甚至实际执行职能的资本也会这样表现,好像它并不是作为执行职能的资本,而是作为资本自身,作为货币资本而提供利息。

下面这一点也是颠倒的:尽管利息只是利润即执行职能的资本

家从工人身上榨取的剩余价值的一部分,现在利息却反过来表现为资本的真正果实,表现为原初的东西,而现在转化为企业主收入形式的利润,却表现为只是在再生产过程中附加进来和增添进来的东西。在这里,资本的物神形态和资本物神的观念已经完成。在G—G′上,我们看到了资本的没有概念的形式,看到了生产关系的最高度的颠倒和物化:资本的生息形态,资本的这样一种简单形态,在这种形态中资本是它本身再生产过程的前提;货币或商品具有独立于再生产之外而增殖本身价值的能力,——资本的神秘化取得了最显眼的形式。

对于要把资本说成是价值即价值创造的独立源泉的庸俗经济学来说,这个形式自然是它求之不得的。在这个形式上,利润的源泉再也看不出来了,资本主义生产过程的结果也离开过程本身而取得了独立的存在。

资本只有在货币资本的形式上才变成这样一种商品,这种商品的自行增殖的性质具有一个固定的价格,这个价格在每一场合都表示在当时的利息率上。

作为生息资本,而且正是在其作为生息货币资本的直接形式上(生息资本的其他形式同我们这里无关,这些其他形式也是由这个形式派生出来的,并以这个形式为前提),资本取得了它的纯粹的物神形式,即G—G′,一个主体,一个可出售的物。**第一**,这是由于资本作为货币的不断存在;在这样的形式上,资本的一切规定性都已经消失,它的现实要素也看不出来。货币正好是这样的一个形式,在这个形式上,商品作为使用价值的差别消失了,因而由这些商品和它们的生产条件构成的各种产业资本的差别也消失了;在这个形式上,价值——在这里也就是资本——是作为独立的交换价值而存在的。在资本的再生产过程中,货币形式只是一个转瞬即逝的要素,一个单纯的经过点。相反地,在货币市场上,资本总是以这个形式存在。**第二**,资本所生产的剩余价值——在这里又是在货币形式上——表现为资本本身应得的东西。像生长表现为树木固有的属性一样,生出货币(τόκος[利息和利子])表现为资本在这种货币资本形式上固有的属性。[201]

在生息资本的场合,资本的运动被简化了;中介过程被省略了。因此,一个1 000的资本已确定为这样一种物,这种物本身＝1 000,经过一定时期变成1 100,好像窖内的葡萄酒,经过一定时期也会改善它的使用价值一样。资本现在是物,而作为物它是资本。货币现在"害了相思病"[202]。只要它被贷放出去,或者投到再生产过程中去(这时,它会为作为资本所有者的职能资本家,除提供企业主收入外还提供利息),那就无论它是睡着,还是醒着,是在家里,还是在旅途中,利息都会日夜长到它身上来。这样,在生息的货币资本(而且,一切资本就它的价值表现来说都是货币资本,或者现在被看成是货币资本的表现)上货币贮藏者的虔诚愿望得到了实现。

利息长在货币资本上就像长在一个物上一样(资本生产剩余价值的事实在这里就是这样表现的),这就是路德在他反对高利贷的天真的狂吼中十分注意的事情[203]。路德作了如下的说明:当资本不能按规定期限偿还给贷出者,以致贷出者不能支付,因而受到损失时,或者当贷出者本来可以通过购买例如一座花园来获得利润,但由于资本不能按规定期限偿还给他而丧失获得这种利润的机会时,都可以要求利息。然后他接着说道:

"这样,我把它们〈100古尔登〉贷放给你,你使我两头受损失:这里我不能支付,那里我不能购买,也就是我在两方面都不得不受到损失,这就叫做双重损失：既遭受损失，又丧失利益……　他们①听说汉斯贷放100古尔登受了损失，并要求适当的赔偿，就急忙趁此机会对每100古尔登都索取这双重损失的赔偿，即为不能支付的损失和失去购买花园的机会所受的损失要求赔偿，好像每100古尔登都自然会生出这样双重的损失一样。因此，只要他们有100古尔登，他们就会贷放出去，并按照他们实际上没有受到的这样双重的损失来要求赔偿……　既然谁也没有使你受损失，并且你既不能证明，也不能计算这种损失，你却从邻人手里取得货币来赔偿你虚构的损失，因此，你就是高利贷者。法学家把这种损失不是叫做实际的损失，而是叫做幻想的损失。这是各个人为自己而想象出来的损失……　因此，说我可能会受损失，因为我可能既不能支付也不能购买，是不行的。如果这种说法能够成立，那就是从偶然生出必然，就是无中生有，就是从未必会有的东西生出确实会有的东西。这种高利贷，要不了几年，不就会把整个世界吞掉了吗？……　如果贷出者不以他本人的意志为转移而遭受偶然的损失，那他是应该得到补偿的，但在这种交易中情况却不是这样，而是正好相反，人们总是费尽心机编造损失，让贫苦的邻人来赔偿，企图以此为生和发财致富，靠别人的劳动、忧患、危险和损失而使自己过着骄奢淫逸和荣华富贵的生活。我坐在火炉旁边，让我的100古尔登在国内为我搜集钱财。因为这是贷放出去的货币，所以终归要保存在我的钱袋里，没有任何危险，一点也不用担忧。朋友啊，谁不乐意这样做呢？"（马·路德《给牧师们的谕示：讲道时要反对高利贷》1540年维滕贝格版）

关于资本是一种会自行再生产、会在再生产中自行增殖的价值，它由于天生的属性——也就是经院哲学家[204]所说的隐藏的质——，是一种永远保持、永远增长的价值，这种观念，曾经使普赖斯博士生出许多荒诞无稽的幻想。它们已经远远超过炼金术士的幻想。对于这些幻想，皮特深信不疑，并且，他在制定还债基金[205]的条例时，把这些幻想当做他的财政政策的支柱。

"生复利的钱，起初增长得很慢。以后就不断加快，过了一段时期之后，其

---

①指贪财的人。——编者注

速度就超出任何想象。一个便士，在耶稣降生那一年以5%的复利放出，到现在会增长成一个比15 000万个纯金地球还要大的数目。可是如果以单利放出，在同样长的时间里，它至多只能变成7先令4$\frac{1}{2}$便士。直到现在，我们的政府宁可用后一种方法而不用前一种方法来理财。"(80)

在《评继承支付》(1772年伦敦版)中，普赖斯更是想入非非：

"一个先令，在耶稣降生那一年以6%的复利放出〈大概是投放在耶路撒冷的圣殿〉，会增长成一个比整个太阳系——假设它变成一个直径同土星轨道的直径相等的圆球——所能容纳的还要大的数目。""因此，一个国家从来不会陷入困境；因为它只要有最小的积蓄就能在它的利益所要求的短期限内清偿最大的债务。"(第XIII、XIV页)

这对英国国债来说，是一个多么美妙的理论指导啊！

普赖斯简直为几何级数的庞大数字所迷惑。因为他完全不顾再

---

(80)理查·普赖斯《关于国债问题告公众书》1772年伦敦版[第19页]。他说得天真可笑："我们必须用单利来借钱，以便用复利来使它增殖。"(见罗·汉密尔顿《关于大不列颠国债的产生和发展的调查》1814年爱丁堡[增订]第2版[第133页])按照这种说法，借钱对私人来说也成了致富的最可靠的手段。但是，如果我按5%的年息借到比如说100镑，我就必须在年终支付5镑，假定这个借款继续一亿年，那我在这个期间每年总是只有100镑可以贷放出去，并且每年同样要支付5镑。这样一来，我永远不可能借入100镑，再贷出105镑。我靠什么来支付这5%的利息呢？只有靠新的借入；如果说的是国家，那就是靠课税。如果是产业资本家借钱，他就能够在获取例如15%的利润时，把5%支付利息，把5%用在消费上(虽然他的胃口会同他的收入一同增大)，把5%变成资本。这就是说，必须以15%的利润为前提，才能不断支付5%的利息。如果这个过程继续下去，根据前面已经阐明的理由，利润率还会由比如说15%降低到10%。普赖斯完全忘记了5%的利息是以15%的利润率为前提的，并且假定这个利润率会随着资本积累而继续下去。他完全不考虑现实的积累过程，只考虑把货币贷放出去，以便使它带着复利流回来。至于这是怎么来的，对他来说却是完全没有关系的，因为那正是生息资本天生的性质。

生产和劳动的条件,把资本看做自行运动的自动机,看做一种纯粹的、自行增长的数字(完全像马尔萨斯把人类看做是按几何级数增长一样[206]),所以他竟然以为,他已经在下述公式中发现了资本增长的规律:$s = c(1+z)^n$。在这个公式中,s＝资本＋复利的总和,c＝预付资本,z＝利息率(表示在100的相应部分上),n代表过程进行的年数。

皮特十分认真地看待普赖斯博士的这种玄想谬说。1786年下院通过决议,为了公共利益举债100万镑。按照皮特所相信的普赖斯的说法,当然最好是向人民征税,来"积累"这个借到的金额,并且用复利的神秘法术来驱除国债。在下院通过这个决议后不久,接着就颁布了皮特提出的一项法律,规定积累25万镑,

"直至包括到期的终身年金在内的基金逐年增长到400万镑为止"(乔治三世二十六年第31号法令)。

皮特在他1792年提议增加还债基金金额的演说中,认为机器和信用等等也是使英国商业占优势的原因,但是,

"积累是最广泛和最持久的原因。这个原理在斯密这位天才的著作中已经得到完全的发挥和充分的说明……资本的这种积累得以实现,是因为人们至少把年利润的一部分再投回去以增加本金,而本金在次年按同样的方法被使用,连续地提供利润"。

这样,靠普赖斯博士的帮助,皮特就把斯密的积累理论变成一国人民通过债务积累而致富的理论,并且进入一个无限借债——为还债而借债——的愉快过程。

在柴尔德这个现代银行业之父的著作中,我们已经发现这样的话:

"100镑按10%的利息率以复利计算,经过70年,就会生出102 400镑。"(柴尔德《论商业》1754年阿姆斯特丹—柏林版第115页,1669年写成)

普赖斯博士的见解怎样不知不觉地混入了现代经济学中,可以由《经济学家》上的一段话得到说明:

"资本加上每部分储蓄资本的复利,把一切东西都攫取走了,以致世界上能提供收入的一切财富早就成了资本的利息…… 所有的地租现在也是对以前已经投在土地上的资本支付的利息。"(1851年7月19日《经济学家》)[207]

就资本作为生息资本的属性来说,一切能生产出来的财富都属于资本所有,而资本迄今已经获得的一切,不过是对资本的无所不吞的食欲的分期偿付。按照资本的天生固有的规律,凡是人类所能提供的一切剩余劳动都属于它。这个摩洛赫!

最后,还有"浪漫主义的"弥勒的如下胡说:

"普赖斯博士所说的复利的惊人增长,或人的自行加速的力量的惊人增长,如果要产生如此巨大的作用,就要以许多世纪不分割的或不中断的划一的顺序为前提。资本一旦分割开来,分成许多单个的自行生长的幼芽,力量积累的全过程就重新开始。自然赋予每个工人〈!〉增长力量的期间平均是20年到25年。过了这个期间,工人就离开人生道路,就要把那由劳动按复利积累起来的资本,转交给新的工人,在大多数情况下,是分给许多工人或儿童。这些工人和儿童在能由他们得到的资本取得真正的复利以前,必须先学会怎样去推动和运用这些资本。其次,市民社会所获得的巨额资本,即使在最活跃的共同体内也要经过多年才会逐渐积累起来,并且不是用来直接扩大劳动,而是相反地,一旦聚积成相当数额,就以贷放的名义,转移给另一个人,一个工人,一个银行或一个国家。然后接受的人在实际运用资本时从中收取复利,从而能够容易地向贷出者提出支付单利的保证。最后,如果只有生产或节约的规律发生作用,人的力量及其产物就会以惊人的速度增长,但消费、贪婪和浪费的规律会对这种增长起反作用。"(亚·弥勒,同上[《治国艺术原理》1809年柏林版]第3册第147—149页)

在少数几行内再也不能拼凑比这更多的令人恶心的胡言乱语了。且不说他可笑地把工人和资本家,劳动力的价值和资本的利息等等混为一谈,他还说明,获得复利的原因在于,资本"贷放出去","在这之后"资本就带来"复利"。我们这位弥勒所用的方法,具有一切行业的浪漫主义的特征。它的内容是由日常的偏见构成的,是从事物最表面的假象取来的。然后,这种错误的平庸的内容被用神秘的表达方法"提高"和诗化了。

只有当利润(剩余价值)中再转化为资本的那部分,即被用来吮吸新的剩余劳动的那部分,可以叫做利息的时候,资本的积累过程才可以看做是复利的积累。但是:

1. 撇开一切偶然的干扰不说,现有资本的一大部分,会不断在再生产过程的进行中或多或少地贬值,因为商品的价值不是由生产商品原来所耗费的劳动时间决定,而是由再生产商品所耗费的劳动时间决定,并且这种时间由于劳动的社会生产力的发展而不断减少。因此,在社会生产率的较高的发展阶段上,一切现有的资本不是表现为资本积累的长期过程的结果,而是表现为相对地说非常短的再生产时间的结果。(81)

2. 本册第三篇已经证明,利润率会随着资本积累的增加和与之相适应的社会劳动生产力的提高而降低;而社会劳动生产力的提高,正好表现为可变资本部分同不变资本部分相比越来越相对减少。当一个工人推动的不变资本增加为10倍时,要产生相同的利润率,剩余劳动时间也必须增加为10倍。这样,即使全部劳动时间,甚至一

---

(81)见穆勒和凯里的著作,以及罗雪尔按其错误理解对此所作的注释。208

日24小时都被资本占有,也不够用。但利润率不会降低的观念,是普赖斯所说的级数的基础,并且总的说来,也是"复利资本无所不吞"这样一种说法的根据。(82)

剩余价值和剩余劳动的同一,为资本的积累设置了一个质的界限:**总工作日**、生产力和人口(可以同时剥削的工作日数目由人口限定)在各个时期的发展。相反地,如果剩余价值在利息这个没有概念的形式上来理解,那么,界限就只是量的界限,并且会超出任何想象。

但是,在生息资本的形式上,资本拜物教的观念完成了。按照这个观念,积累的劳动产品,而且是作为货币固定下来的劳动产品,由于它天生的秘密性质,作为纯粹的自动体,具有按几何级数生产剩余价值的能力,以致像《经济学家》所认为的那样,这种积累的劳动产品,早已对自古以来世界所有的财富进行了贴现,依法据为己有。过去的劳动的产品,过去的劳动,在这里本身就孕育着现在的或未来的活的剩余劳动的一部分。不过我们知道,过去劳动的产品的价值保存下来,也就是说再生产出来,这实际上**只是**它们同活劳动接触的结果;其次,过去劳动的产品对于活的剩余劳动的支配权,恰好只是在存在着资本关系——一定的社会关系,在这种社会关系中,过去劳动独立地同活劳动相对立,并支配着活劳动——的时期内才存在。

(82)"很清楚,任何劳动,任何生产力,任何才智,任何技术,都不能满足复利的压倒一切的要求。但一切积蓄都是从资本家的收入中来的,因此,这些要求实际上不断地被提出,而劳动生产力同样不断地拒绝满足它们。因此,不断有一种平衡创造出来。"(《保护劳动反对资本的要求》第23页——霍吉斯金著)209

第二十五章
信用和虚拟资本

    详细分析信用制度和它为自己所创造的工具(信用货币等等),在我们的计划之外。在这里,只着重指出为说明资本主义生产方式一般的特征所必要的少数几点。因此,在这里,我们只谈商业信用和银行信用。这种信用的发展和公共信用的发展之间的联系,也在考察范围之外。

    我以前已经指出(第一册第三章第3节b),货币充当支付手段的职能,从而商品生产者和商品经营者之间债权人和债务人的关系,是怎样由简单商品流通而形成的。随着商业和只是着眼于流通而进行生产的资本主义生产方式的发展,信用制度的这个自然基础也在扩大、普遍化、发展。大体说来,货币在这里只是充当支付手段,也就是说,商品不是为取得货币而卖,而是为取得定期支付的凭证而卖。为了简便起见,我们可以把这种支付凭证概括为票据这个总的范畴。这种票据直到它们期满,支付日到来之前,本身又会作为支付手段来流通;它们形成真正的商业货币。就这种票据由于债权和债务的平衡而最后互相抵消来说,它们是绝对地作为货币来执行职能的,因为在这种情况下,它们已无须最后转化为货币了。就像生产者和商人的这种互相预付形成信用的真正基础一样,这种预付所用的流通工具,票据,也形成真正的信用货币如银行券等等的基础。真正的信用货币不是以货币流通(不管是金属货币还是国家纸币)为基础,而是以票据流通为基础。

威·利瑟姆(约克郡的银行家)在《关于通货问题的书信》(1840年伦敦增订第2版)中说:

"我认为,1839年全年票据的总额是528 493 842镑〈他认为外国的汇票约占总额的七分之一〉,该年同时流通的票据额是132 123 460镑。"(第55、56页)"汇票是通货的一个组成部分,其数额比其余一切部分加在一起的数额还要大。"(第3、4页)"汇票这个巨大的上层建筑,是建立〈!〉在由银行券和金的总额形成的基础之上的;如果在事情演变当中这个基础变得过分窄小,这个上层建筑的坚固性,甚至它的存在,就会处于危险境地。"(第8页)"如果估计一下全部通货〔他是指银行券〕和所有银行必须立即支付的债务额,那么我认为,可以依法要求兑换为金的总额是15 300万镑,而用来满足这种要求的金只有1 400万镑。"(第11页)"汇票没有别的办法加以控制,除非防止出现货币过剩,防止出现低利率或低贴现率,这样可以避免产生一部分汇票,并不致使汇票过度膨胀。要判断票据有多少是来自实际的营业,例如实际的买和卖,有多少是人为地制造的,只由融通票据构成,这是不可能的。融通票据,就是人们在一张流通的汇票到期以前又签发另一张代替它的汇票,这样,通过单纯流通手段的制造,就创造出虚拟资本。在货币过剩和便宜的时候,我知道,这个办法被人使用到惊人的程度。"(第43、44页)

詹·惠·博赞克特在《硬币、纸币和信用货币》(1842年伦敦版)中说:

"每个营业日在票据交换所[210]〔伦敦银行家互相交换他们所收的支票和到期的汇票的地方〕结清的平均支付额在300万镑以上,但每天为这个目的需用的货币额只略多于20万镑。"(第86页)〔1889年,票据交换所的周转总额为761 875万镑,在大约300个营业日中,平均每天为2 550万镑。——弗·恩·〕"如果汇票通过背书把所有权由一个人转移给另一个人,它就毫无疑问是不以货币为转移的流通手段(currency)。"(第92、93页)"平均地说,可以假定每张流通的汇票都有两次背书,因而每一张汇票在到期以前都结清过两次支付。因此,单由背书一项,在1839年,通过汇票转移的所有权的价值就等于52800万镑的两倍或105600万镑,每天在300万镑以上。因此,没有疑问,汇票和存款加在一起,没有货币的帮助,单通过所有权从一个人手里转到另一个人手里,每天至少完成1800万镑货币的职能。"(第93页)

关于信用一般,图克说过如下的话:

"信用,在它的最简单的表现上,是一种适当的或不适当的信任,它使一个人把一定的资本额,以货币形式或以估计为一定货币价值的商品形式,委托给另一个人,这个资本额到期后一定要偿还。如果资本是用货币贷放的,也就是用银行券,或用现金,或用一种对客户开出的支取凭证贷放的,那么,就会在还款额上加上百分之几,作为使用资本的报酬。如果资本是用商品贷放的,而商品的货币价值已经在当事人之间确定,商品的转移形成出售,那么,要偿付的总额就会包含一个赔偿金额,作为对资本的使用和对偿还以前所冒的风险的报酬。这种信用通常立有文据,记载着确定的支付日期。这种可以转移的债券或凭据成了一种手段,借助这种手段,当贷放人在他们持有的票据到期以前,发现有机会可以在货币形式上或在商品形式上利用他们的资本时,他们多半可以按较低的条件借到货币或较便宜地买到商品,因为他们自己的信用由于有了第二个人在票据上签字而得到加强。"(《通货原理研究》第87页)

沙·科克兰在《工业信贷和工业银行》(见1842年《两大陆评论》第31卷[第797页])中说:

"在任何一个国家,多数信用交易都是在产业关系本身范围内进行的……原料生产者把原料预付给从事加工制造的工厂主,从他那里得到一种定期支付的凭据。这个工厂主完成他那一部分工作以后,又以类似的条件把他的产品预付给另一个要进一步对产品进行加工的工厂主。信用就是这样一步步展开,由一个人到另一个人,一直到消费者。批发商人把商品预付给零售商人,他自己则向工厂主或代理商人赊购商品。每一个人都是一只手借入,另一只手贷出。借入和贷出的东西有时是货币,但更经常的是产品。这样,在产业关系之内,借和贷不断交替发生,它们互相结合,错综复杂地交叉在一起。正是这种互相借贷的增加和发展,构成信用的发展;这是信用的威力的真正根源。"

信用制度的另一方面,与货币经营业的发展联系在一起,而在资本主义生产中,货币经营业的发展又自然会和商品经营业的发展齐头并进。我们在前一篇(第十九章)已经看到,实业家的准备金的保管,货币出纳、国际支付和金银贸易的技术性业务,怎样集中在货币经营者的手中。同这种货币经营业相联系,信用制度的另一方面,生息资本或货币资本的管理,就作为货币经营者的特殊职能发展起来。货币的借入和贷出成了他们的特殊业务。他们以货币资本的实际贷出者和借入者之间的中介人的身份出现。一般地说,这方面的银行业务是:银行家把借贷货币资本大量集中在自己手中,以致与产业资本家和商业资本家相对立的,不是单个的贷出者,而是作为所有贷出者的代表的银行家。银行家成了货币资本的总管理人。另一方面,由于他们为整个商业界而借款,他们也把借入者集中起来,与所有贷出者相对立。银行一方面代表货币资本的集中,贷出者的集中,另一方面代表借入者的集中。银行的利润一般地说在于:它们借入时的利息率低于贷出时的利息率。

银行拥有的借贷资本,是通过多种途径流到银行那里的。首先,因为银行是产业资本家的出纳业者,每个生产者和商人作为准备金保存的或在支付中得到的货币资本,都会集中到银行手中。这样,这种基金就转化为借贷货币资本。商业界的准备金,由于作为共同的准备金集中起来,就可以限制到必要的最低限度,而本来要作为准备金闲置起来的一部分货币资本也就会贷放出去,作为生息资本执行职能。第二,银行的借贷资本还包括可由银行贷放的货币资本家的存款。此外,随着银行制度的发展,特别是自从银行对存款支付利息以来,一切阶级的货币积蓄和暂时不用的货币,都会存入银行。小的金额是不能单独作为货币资本发挥作用的,但它们结合成为巨额,就形成一个货币力量。这种收集小金额的活动是银行制度的特殊作用，应当把这种作用同银行在真正货币资本家和借款人之间的中介作用区别开来。最后，各种只是逐渐花费的收入也会存入银行。

贷放（这里我们只考察真正的商业信用）是通过票据的贴现——使票据在到期以前转化成货币——来进行的，是通过不同形式的贷款，即以个人信用为基础的直接贷款，以有息证券、国债券、各种股票作抵押的贷款，特别是以提单、栈单及其他各种证明商品所有权的凭证作抵押的贷款来进行的，是通过存款透支等等来进行的。

银行家提供的信用，可以采取不同的形式，例如：向其他银行签发汇票、支票，开立同样的信用账户，最后，对拥有钞票发行权的银行来说，是发行本行的银行券。银行券无非是向银行家签发的、持票人随时可以兑现的、由银行家用来代替私人汇票的一种汇票。最后这一种信用形式在外行人看来特别令人注目和重要，首先因为这种信用货币会由单纯的商业流通进入一般的流通，并在那里作为货币执行职能；还因为在大多数国家里，发行银行券的主要银行，作为国家银行和私人银行之间的奇特的混合物，事实上有国家的信用作为后盾，它们的银行券在不同程度上是合法的支付手段；因为在这里可以明显看到的是，银行家经营的是信用本身，而银行券不过是流通的信用符号。但银行家也经营一切其他形式的信用，甚至贷放存在他那里的货币现金。实际上，银行券只形成批发商业的铸币，而对银行来说具有最重要意义的始终是存款。苏格兰的银行提供了最好的证明。

对我们的目的来说，我们不需要更详细地考察各种特殊的信用机构和银行本身的各种特殊形式。

"银行家的业务……可以分成两部分……　1.从那些不能直接运用资本的人那里收集资本，把它分配给或转移给能够运用它的人。2.从顾客的收入接受存款,并在顾客需要把它用于消费的时候,如数付给他们。前者是**资本**的流通,后者是**货币**(currency)的流通。""前者是一方面集中资本,另一方面分配资本;后者是为周围地区的地方需要而调节流通。"——图克《通货原理研究》第36、37页。

在第二十八章,我们将回过头来讨论这一段话。

《委员会报告》第八卷,《商业危机》第二册第一部分,1847—1848年,附证词。——(以下引证时简称:《商业危机》,1847—1848年。)40年代,在伦敦进行汇票贴现时,通常不是用银行券,而是用一个银行向另一个银行签发的以21天为期的汇票(地方银行家约·皮斯的证词,第4636号和4645号)。同一个报告中说,在货币短缺时,银行家总是习惯于用这种汇票付给他的顾客。如果受款人想要银行券,他就只好把这种汇票再拿去贴现。对银行来说,这等于取得了造币的特权。琼斯·劳埃德公司"长期以来",每当货币短缺,利息率达到5%以上的时候,就用这个方法来支付。顾客也高兴接受这种银行家的汇票,因为琼斯·劳埃德公司的汇票比自己的汇票更容易贴现。此外,这种汇票往往经过了20个人到30个人的手。(同上,第901—905,992号)

这一切形式的作用,都在于使支付要求权可以转移。

"几乎每种信用形式都不时地执行货币的职能;不管这种形式是银行券,是汇票,还是支票,过程本质上都是一样的,结果本质上也是一样的。"——富拉顿《论通货的调整》1845年伦敦增订第2版第38页。——"银行券是信用的零钱。"(第51页)

以下的话,引自詹·威·吉尔巴特《银行业的历史和原理》(1834年伦敦版):

"银行的资本包括两部分:投资(invested capital)和借入的银行资本(banking capital）。"（第117页）"银行资本或借入资本是通过以下三条途径取得的：1. 接受存款；2. 发行本行的银行券；3. 签发汇票。如果有一个人贷给我100镑而不要任何报酬，我又把这100镑按4％的利息贷给另一个人，那我就会在一年中由这笔交易赚到4镑。同样，如果别人愿意接受我的保证支付的凭证〈I promise to pay［我保证支付］是英国银行券的普通公式〉，到年终时把它付还给我，再为此付给我4％的利息，像我真的曾经贷给他100镑一样，那我也会由这笔交易赚到4镑；又如果一个地方城市的某人交给我100镑，条件是21天以后我把这笔钱付给伦敦的某个第三者，那我在这个期间内能够由这笔钱赚到的利息都是我的利润。以上就是关于银行的经营和通过存款、银行券和汇票而建立银行资本的方法的一个概述。"（第117页）"一个银行家的利润，一般地说与他的借入资本或银行资本的数额成比例。要确定银行的实际利润，就必须从总利润中扣除投资的利息。余额就是银行利润。"（第118页）**"银行家是把别人的货币贷给他的顾客"**。（第146页）"正是那些不发行银行券的银行家，用汇票贴现的方法来建立银行资本。他们借助贴现业务来增加自己的存款。伦敦的银行家只为自己的存户贴现。"（第119页）"那种向银行办理了汇票贴现并按汇票全部金额支付了利息的商行，至少要把这个金额的一部分留在银行手里而不取任何利息。用这个办法，银行家贷出货币的利息率比通行的利息率要高，并且靠这个留在自己手里的余额建立银行资本。"（第120页）

关于准备金、存款和支票的节约，他说：

"存款银行用转账的办法，节约了流通手段的使用，用小额实际货币来结清大额交易。这样腾出来的货币，再用贴现等办法，由银行家贷给他的顾客。因此，转账增进了存款制度的效果。"（第123页）"两个互相交易的顾客是与同一个银行家往来，还是与不同的银行家往来，是没有关系的。这是因为银行家会在票据交换所彼此交换他们的支票。这样，靠转账的办法，存款制度能够达到完全不使用金属货币的程度。如果每个人都在银行开户存款，并用支票来进行一切支付，这种支票就会成为唯一的流通手段。不过在这个场合，必须假定银行家手里有货币，否则，这种支票就会没有任何价值。"（第124页）

地方交易集中在银行手中，是通过：1. 支行。地方银行在本地区各小城市内设有支行；伦敦的银行也在伦敦各区设有支行。2. 代理处。

"每一个地方银行都在伦敦设有代理处,以便在伦敦兑付本行的银行券或汇票,并接受伦敦居民存入本地居民账户的各种款项。"(第127页)"每个银行家都收兑别家的银行券,但不再发行出去。在每个较大的城市中,他们每星期聚会一次或两次,交换各人的银行券。差额就用在伦敦兑付的汇票来付清。"(第134页)"银行的目的在于便利营业。但一切便利营业的事情,都会便利投机。营业和投机在很多情况下紧密地结合在一起,很难说营业在哪一点终止,投机从哪一点开始……　在有银行的地方,都可以较容易和较便宜地获得资本。资本便宜会助长投机,就像牛肉和啤酒便宜会鼓励人们贪食嗜酒一样。"(第137、138页)"因为发行本行银行券的银行总是用这种银行券来支付,所以他们的贴现业务好像完全是用这个办法创造出来的资本进行的,但实际上并不是这样。一个银行家用本行的银行券来兑付一切他所贴现的票据,然而他所有票据的十分之九仍然可能代表实际资本。因为,他自己虽然只用本行的纸币来兑付这种票据,但这种纸币不必在流通中停留到票据到期的时候。票据也许要三个月才到期,而银行券可能三天内就流回来了。"(第172页)"存户透支是一项正常业务;实际上,发放现金贷款也就是为了这个目的……　发放现金贷款不仅有个人担保,而且也有有价证券的存入作为保证。"(第174、175页)"以商品作担保而贷给资本,和以票据贴现形式贷给资本所起的作用相同。如果某人用他的商品作担保借进100镑,那和他把这宗商品出售而取得100镑的票据,并把这张票据在银行家那里贴现是一样的。有了这种贷款,他就能使商品保存到市场状况较好的时候,并能避免为了取得急需的货币而不得不遭受的那种牺牲。"(第180、181页)

《通货论评述》第62、63页:

"无可争辩的事实是,我今天存在A处的1 000镑,明天会被支付出来,形成B处的存款。后天它又可能由B处再支付出来,形成C处的存款,依此类推,以至无穷。因此,这1 000镑货币,通过一系列的转移,可以成倍地增长为一个绝对无法确定的存款总额。因此很可能,**英国全部存款的十分之九,除存在于银行家**各自的**账面上外,根本就不存在**……　例如在苏格兰,流通的货币〔而且几乎完全是纸币!〕从来没有超过300万镑,而银行存款却有2 700万镑。只要没有普遍的突然提取存款的要求,这1 000镑来回提存,就可以同样容易地抵

消一个同样无法确定的金额。因为我今天用来抵消我欠某商人债务的同一个
1 000镑,明天又可以被用来抵消他欠另一个商人的债务,后天又可以被这个商
人用来抵消他欠银行的债务,依此类推,以至无穷;所以,这同一个1 000镑可以
从一个人手里转到另一个人手里,从一家银行转到另一家银行,抵消任何一个
可以想象的存款额。”

〔我们已经看到,吉尔巴特在1834年就已知道:

“一切便利营业的事情,都会便利投机。营业和投机在很多情况下紧密地结
合在一起,很难说营业在哪一点终止,投机从哪一点开始。”

用未售的商品作担保得到贷款越是容易,这样的贷款就越是增
加,仅仅为了获得这样的贷款而制造商品或把制成的商品投到远方
市场去的尝试,也就越是增加。至于一个国家的整个商业界会怎样充
满这种欺诈,最后结果又会如何,1845—1847年的英国商业史为我
们提供了一个明显的例子。从这个例子,我们可以看到,信用能够干
些什么。为了阐明下面的几个例子,我们先作一些简短的说明。

1842年底,从1837年以来几乎不间断地压在英国工业身上的
压力开始减弱。在其后的两年中,外国对英国工业品的需求增加得
更多;1845—1846年是高度繁荣的时期。1843年,鸦片战争为英国
商业打开了中国的门户。新的市场,给予当时已经存在的蓬勃扩
展,特别是棉纺织业的扩展以新的借口。“我们怎么会有生产过多
的时候呢?我们要为3亿人提供衣服。”——当时曼彻斯特一位工厂
主就是这样对笔者说的。但是,一切新建的厂房、蒸汽机、纺织机,都
不足以吸收从兰开夏郡大量涌来的剩余价值。人们怀着扩充生产时
具有的那种热情,投身于铁路的建筑;在这里,工厂主和商人的投机
欲望第一次得到满足,并且从1844年夏季以来已经如此。人们尽可
能多地认股,这就是说,只要有钱足够应付第一次缴款,就把股份认购

下来;至于以后各期股款的缴付,总会有法可想!当以后付款的期限来到时——按照《商业危机》1848—1857年第1059号提问的记载,1846—1847年投在铁路上的资本,达到7 500万镑——,人们不得不求助于信用,商行本来的营业多半也只好为此而失血。

并且,这种本来的营业在大多数场合也已经负担过重。诱人的高额利润,使人们远远超出拥有的流动资金所许可的范围来进行过度的扩充活动。不过,信用可加以利用,它容易得到,而且便宜。银行贴现率低:1844年是$1\frac{3}{4}$%—$2\frac{3}{4}$%;1845年直到10月,是在3%以下,后来有一个短时间(1846年2月)上升到5%,然后1846年12月,又下降到$3\frac{1}{4}$%。英格兰银行地库中的金储备达到了空前的规模。国内一切证券交易的行情比以往任何时候都高。因此,为什么要放过这个大好的机会呢?为什么不大干一番呢?为什么不把我们所能制造的一切商品运往迫切需要英国工业品的外国市场上去呢?为什么工厂主自己不应该从在远东出售纱和布当中,并从在英国出售换回的货物当中获取双重的利益呢?

于是就产生了为换取贷款而对印度和中国实行大量委托销售[211]的制度。这种制度,像我们在以下的说明中将详细描述的那样,很快就发展成为一种专门为获得贷款而实行委托销售的制度。结果就必然造成市场商品大量过剩和崩溃。

这次崩溃随着1846年农作物歉收而爆发了。英格兰,特别是爱尔兰,需要大量进口生活资料,特别是谷物和马铃薯。但供给这些物品的国家,只能接受极少量的英国工业品作为对这些物品的支付;必须付给贵金属;至少有900万镑的金流到国外去了。其中足有750万镑的金取自英格兰银行的库存现金,这就使英格兰银行在货币市场上的活动自由受到了严重限制;其他那些把准备金存于英格兰银行、事实上和英格兰银行储备的是同一笔准备金的银行,也同样必须紧缩它们的货币信贷;迅速而流畅地集中到银行进行的支付现在陷于停滞。停滞起初是局部的,后来成了普遍现象。银行贴现率在1847年1月还只有3%—$3\frac{1}{2}$%,在恐慌最初爆发的4月已上升到7%,然后在夏季再一次出现暂时的微小的缓和($6\frac{1}{2}$%,6%),但当农作物再一次歉收时,恐慌就重新更加激烈地爆发了。英格兰银行官方规定的最低贴现率10月已经上升到7%,11月又上升到10%,这就是说,绝大多数的汇票只有支付惊人的高利贷利息才能得到贴现,或根本不能贴现;支付的普遍停滞使一系列第一流商行和许许多多中小商行倒闭;英格兰银行本身也由于狡猾的1844年银行法[212]加给它的种种限制而濒于破产。政府迫于普遍的要求,于10月25日宣布暂停执行银行法,从而解除了那些加给英格兰银行的荒谬的法律限制。这样,该行就能不受阻碍地把库存的银行券投到流通中去;因为这种银行券的信用事实上得到国家信用的保证,不会发生动摇,所以货币紧迫的情况立即得到了决定性的缓和;当然,不少陷入绝境的大小商行还是破产了,但危机的顶点过去了,银行贴现率12月又下降到5%,并且还在1848年中,一个新的营业活跃期就已准备就绪了,它挫伤了1849年大陆上革命运动的锐气,并在50年代先是导致了前所未有的工业繁荣,然后又引起了1857年的崩溃。——弗·恩·]

I. 关于国债券和股票在1847年危机中大为贬值的情况,上院在1848年发表的一个文件中曾经提出说明。按照这种说明,1847年10月23日与同年2月相比,价值降低的总额如下:

英国国债券 ························· 93 824 217镑

船坞和运河股票 ····················· 1 358 288镑

铁路股票 ·····························　　<u>19 579 820镑</u>
　　　　　　　　　　　　合计：114 762 325镑

II. 在东印度贸易上，人们已经不再是因为购买了商品而签发汇票，而是为了能够签发可以贴现、可以换成现钱的汇票而购买商品。关于这种贸易上的欺诈，1847年11月24日《曼彻斯特卫报》有如下的记载：

伦敦的A托B向曼彻斯特工厂主C购买货物，准备运往东印度D那里去。B凭C向B签发的以6个月为期的汇票向C支付。B也用向A签发的以6个月为期的汇票使自己得到补偿。货物一经起运，A又凭提单向D签发以6个月为期的汇票。

"这样，购货人和发货人二者都在货物实际得到支付的几个月以前已经有了资金；并且这种汇票在到期时通常总是会再更新一次，借口是在这种'长期贸易'中回流需要有一段时间。但遗憾的是，这样一种营业上的损失，并没有导致营业的收缩，而是恰恰导致营业的扩大。当事人越穷，就越需要购买，因为他们要通过购买得到新的贷款，以便补偿他们在以前投机中已经损失的资本。现在，购买已经不是由供求来调节，而是成了一个陷于困境的商行进行金融活动的最重要的组成部分。但这只是事情的一个方面。在本国工业品输出上发生的现象，也在外国农产品购买和运输上发生了。印度的那些有足够信用可以拿汇票去贴现的商行所以购买砂糖、蓝靛、丝或棉花，并不是因为购买价格和伦敦最近的价格相比有利可图，而是因为从前向伦敦某商行签发的汇票快要到期，必须设法弥补。还有什么比购买一批砂糖，用向伦敦某商行签发以10个月为期的汇票来进行支付，并把提单邮寄伦敦的办法更为简单的吗？不到两个月，这批刚刚寄出的货物的提单，连同这批货物本身，就抵押到伦巴特街213的银行去了，而伦敦的商行也在为这批货物签发的汇票到期以前8个月，就得到了货币。只要贴现公司还有充裕的货币可以凭提单和栈单提供贷款，并为印度商行向明辛街214的'著名'商行签发的汇票进行漫无限制的贴现，这一切就都会顺利进行，不会遇到阻碍和困难。"

〔在来往印度的商品必须绕过好望角用帆船运送的时候，这种欺诈办法一直流行着。但自从商品通过苏伊士运河并用汽船运送以来，这种制造虚拟资本的方法就丧失了基础：漫长的商品运输时间。而自从英国商人对印度市场的状况，印度商人对英国市场的状况能够在当日由电报得知以来，这个办法就完全行不通了。——弗·恩·〕

III. 下面是我们已经引用过的《商业危机》报告（1847—1848年）中的一段话：

"1847年4月最后一个星期，英格兰银行通知利物浦皇家银行说，从现在起，该行对皇家银行的贴现业务将减少一半。这个通知起了很坏的作用，因为近来在利物浦用汇票支付比用现金支付的情况多得多；并且因为通常要带许多现金到银行去兑付本人承兑汇票的商人，近来可以只带他们出售棉花及其他产品所得的汇票。这种做法迅速扩大，营业困难也同时增加了。银行必须为商人支付的承兑汇票，多半是国外签发的，以前多半要用产品所得的进款来偿付。商人现在所携带的用来代替以前的现金的汇票，有不同的期限和不同的种类，相当大一部分是以三个月为期的银行汇票，大多数是为棉花签发的汇票。这种汇票，如果是银行汇票，总是由伦敦的银行家承兑，如果不是，就由在巴西、美国、加拿大、西印度等地的各行各业的商人承兑……　商人不互相签发汇票，但在利物浦购买货物的国内顾客，会用向伦敦的银行，或向伦敦其他的商行，或向任何一个人签发的汇票来偿付。英格兰银行的通知，使那种为已出售的外国产品签发的汇票缩短了期限，以前这种汇票的期限往往在三个月以上。"（第26、27页）

如上所述，英国从1844年到1847年的繁荣时期，是和第一次大规模的铁路欺诈活动结合在一起的。关于这次欺诈活动对一般营业所产生的影响，上述报告有如下的记载：

"1847年4月，几乎所有商行都由于它们的一部分商业资本投在铁路上而开始程度不等地缩小自己的营业。"（第41、42页）"有人凭铁路股票按高利息率如8%向私人、银行家、保险公司借款。"（第66、67页）"这些商行给予铁路这么多投资,这使他们自己不得不再用汇票贴现的办法,向银行过多地借入资本来继续进行他们本身的业务。"(第67页)(问:)"您是说,铁路股票的缴款大大加强了〔1847年〕4月和10月〔货币市场上〕已经存在的压力吗?"(答:)"我认为,那对4月份的压力未必会有什么影响。据我看,铁路股票的缴款,一直到4月,也许一直到夏季,不是削弱了而是加强了银行家的地位。因为货币的实际支出,完全不像货币的缴入那样迅速;因此,在该年初,大多数银行手里都有数额相当可观的铁路基金。〔这一点已经由银行家在《商业危机》(1848—1857年)中的许多证词所证实。〕这个铁路基金在夏季已逐渐消失,到12月31日已大为减少。10月份形成压力的原因之一,就是银行手里铁路基金的逐渐减少;在4月22日和12月31日之间,我们手里的铁路基金余额已减少三分之一。铁路缴款在整个英国都有这种影响;它使银行存款渐渐枯竭。"(第43、44页)

赛米尔·葛尼(臭名昭著的奥弗伦—葛尼公司[215]的经理)也说:

"1846年,铁路所需要的资本数额特别大,但利息率并没有提高。小额资本聚集成大额资本,而这种大额资本是在我们的市场上用掉的;因此,大体说来结果是,投在西蒂货币市场上的货币多于从西蒂货币市场上取走的货币。"[第159页]

利物浦股份银行的董事,亚·霍奇森曾经指出,汇票可以在多大程度上成为银行家的准备金,他说:

"我们的习惯是,至少把我们的全部存款的十分之九和我们从别人手里得到的全部货币,以一天天到期的汇票的形式保存在我们的票据箱内……所以在危机期间,每天到期的汇票额几乎和每天向我们提出的要求付款的金额相等。"(第53页)

投机汇票。

(第5092号)"这种汇票〈为所出售的棉花而签发的汇票〉主要由什么人承兑呢?"〔罗·加德纳,本书多次提到的一个棉纺织厂主:〕"由商品经纪人承兑;一个商人买了棉花,把它交给一个经纪人,向这个经纪人签发汇票,并拿汇票去贴现。"——(第5094号)"这种汇票是交到利物浦银行,并在那里贴现吗?"——

"是的,但也在别处……　如果没有这种主要由利物浦银行办理的信贷,依我看,去年的棉花每磅就会便宜 $1\frac{1}{2}$ 便士或2便士。"——(第600号)"您说过,大量流通的汇票是由投机家向利物浦的棉花经纪人签发的;除棉花以外,对于贵行为其他殖民地产品的汇票的付款,您的这种说法也是适用的吗?"——〔亚·霍奇森,利物浦的银行家;〕"一切种类的殖民地产品都是这样,棉花特别是这样。"——(第601号)"您作为一个银行家,要设法拒收这种汇票吗?"——"不;我们认为,这种汇票,只要适量就是完全合法的……　这种汇票往往要延期。"

1847年东印度市场和中国市场上的欺诈。——查理·特纳(利物浦一家从事东印度贸易的第一流商行的经理):

"我们大家都知道毛里求斯商业上和类似的商业上发生的事情。经纪人习惯于不仅在商品抵埠以后,以这种商品作为抵押(这是完全合法的),和以提单作为抵押,取得贷款,来偿付凭这批商品签发的汇票……　而且在产品起运以前,有些时候甚至在产品制造以前,就以产品作为抵押来取得贷款。例如有一次,我在加尔各答买了6 000—7 000镑汇票;出售汇票所得的钱被送往毛里求斯,以便资助那里的甘蔗种植;汇票被送到英国时,其中半数以上被人拒收;原因在于,在本应用来兑付这种汇票的砂糖终于运到时,发现这些砂糖在起运以前,实际上几乎还在熬制以前,已经抵押给第三者了。"(第78页)"现在必须为运往东印度市场的商品向工厂主支付现金;但这没有多大关系,因为只要购买者在伦敦有一点信用,他就能向伦敦签发汇票,并把汇票在伦敦贴现,伦敦现在的贴现率并不算高;他把用这个方法得到的货币付给工厂主……向印度运送商品的人,至少要12个月,才能从那里收回货款……　一个拥有10 000镑或15 000镑的经营印度贸易的人,会在伦敦一家商行那里得到巨额的信用;他给该商行1%的手续费,按如下的条件向它签发汇票:送往印度的商品所得的货款,将交到这家伦敦商行;双方默契,这家伦敦商行不必实际预付现钱,这就是说,汇票会延期,直到货款流回为止。这种汇票在利物浦、曼彻斯特、伦敦贴现,其中有不少保留在苏格兰的银行手里。"(第79页)——(第786号)"有一家商行最近在伦敦倒闭了。人们在查账时发现了如下的情况:在曼彻斯特有一家商行,在加尔各答另有一家商行;它们在这家伦敦商行开有20万镑信用的账户,这就是说,从格拉斯哥和曼彻斯特运商品去委托加尔各答那家商行销售的这家曼彻斯特商行的营业伙伴,有权向该伦敦商行签发总额20万镑的汇票;同时还商定,该加尔各答商行也向该伦敦商行签发20万镑的汇票;这种汇票在加尔各答出售,卖得的钱则被用来购买别的汇票寄给伦敦那家商行,让它能够兑付最初由格拉斯哥或曼彻斯特所签发的汇票。这样,通过这种交易,就产生60万镑汇票。"——(第971号)"现在,如果加尔各答某商行〔为英国〕购买一船货物,用该行向伦敦代理商签发的汇票来支付,并把提单送往伦敦,那么,这种提单就会立即被他们拿到伦巴特街去获取贷款;因此,在他们的代理商必须兑付汇票以前,他们有8个月的时间可以利用这宗货币。"

IV. 1848年,上院一个秘密委员会开会研究1847年危机[216]的原因。但是,为这个委员会提供的证词,到1857年才公布(《调查商业危机原因的上院秘密委员会证词记录》(1857年),本书引用时简称:《商业危机》,1848—1857年)。在那里,利物浦联合银行董事李斯特先生作证时说:

(第2444号)"1847年春,信用过度膨胀……　因为实业家已经把他们的资本由他们的营业转移到铁路方面去,但还是想维持原有的营业规模。每个人当初也许都认为,他可以出售铁路股票获得利润,由此弥补营业上需用的货币。也许他已经发觉这是不可能的,因此,他在自己以前用现金支付的营业中,现在改用信用。这样一来,信用就膨胀了。"

(第2500号)"这种使承兑银行蒙受损失的汇票,主要是为谷物或棉花签发的吗?……　这是为各种产品,如谷物、棉花、砂糖和其他各种国外产品签发的汇票。当时几乎没有一种产品不跌价,也许只有油是例外。"——(第2506号)"只要没有充分的保证,包括对作为担保品的商品跌价的补偿,承兑汇票的经纪人就不会承兑它。"

(第2512号)"为产品而签发的汇票有两种。属于第一种的,是国外向进口商人签发的原汇票……　这种为产品签发的汇票,往往在产品抵埠以前已经到期。因此,在商品抵埠的时候,如果这个商人没有足够的资本,他就必须把商品送到经纪人那里去押款,直到他能把商品售出时为止。于是马上会由利物浦的商人用那宗商品作担保,向经纪人签发另一种汇票……　因此,要弄清经纪人那里是否有这宗商品,以及他为这宗商品提供了多少贷款,就成了银行家要做的事情。银行家必须弄清楚,经纪人是否有财产能够在蒙受损失时用来补偿损失。"

　　(第2516号)"我们也接受来自外国的汇票……某人在国外购买那种在英国兑付的汇票,并把它送到英国的一个商行。从这种汇票,我们看不出它签发得适当还是不适当,是代表产品还是只代表风。"

　　(第2533号)"您说,几乎每一种外国产品售出时都要蒙受巨大的损失。您认为,这是由于在这类产品上进行了不当的投机造成的吗?——这是由于这类产品进口很多,但没有相应的消费可以吸收它们。无论从哪一点看,消费都非常显著地下降了。"——(第2534号)"10月间……产品几乎完全卖不出去。"

　　关于在崩溃最严重的时刻人们怎样普遍地"各自逃命"①,一位第一流的行家,可敬的狡猾的贵格教徒,奥弗伦—葛尼公司的赛米尔·葛尼,在同一个报告中说:

　　(第1262号)"在恐慌笼罩着的时候,一个实业家不会自问,他把自己的银行券投放出去能获得多少,也不会问,他在出售国库券或利息率为3%的债券时会受1%的损失还是2%的损失。只要他一旦处于恐怖的影响之下,他就不再关心是赢利还是损失;他只求自身安全,不管其他人的死活。"

　　V.关于两个市场互相造成商品充斥的问题,一个从事东印度贸易的商人亚历山大先生,曾向1857年银行法下院委员会(本书引用时简称:《银行委员会》,1857年)作证说:

　　(第4330号)"目前,如果我在曼彻斯特投下6先令,我将在印度收回5先令;如果我在印度投下6先令,我也将在伦敦收回5先令。"

　　这样,印度市场为英国商品所充斥,英国市场也同样为印度商品

---

　　① 法文成语,原文是Sauve qui peut,是战场上大溃败时喊的口号。——编者注

所充斥。而且,这是在1857年夏天发生的情况,和1847年的惨痛经验相距还不到10年!

第二十六章

货币资本的积累，
它对利息率的影响

"在英国，正在发生追加财富的不断积累，其趋势是最终采取货币形式。但是，在获得货币的愿望之后，下一个迫切的愿望是，按照某种会带来利息或利润的投资方法，再把货币投放出去；因为，作为货币的货币是什么也生不出来的。因此，如果在过剩资本不断涌来的同时，投资范围得不到逐渐的充分的扩大，那么，寻找投资场所的货币就必然会周期地，在不同情况下多少不等地积累起来。多年来，国债一直是英国过剩财富的一个大吸收器。自从国债在1816年达到最高限度，不再起吸收器的作用以来，每年至少有2 700万在寻找别的投资场所。此外，还有各种的资本偿还……在经营上需要巨额资本并不时地吸引多余的闲置资本的各种企业……至少在我国是绝对必要的，以便为在普通投资部门找不到地盘的社会过剩财富的周期积累打开出路。"(《通货论评述》1845年伦敦版第32—34页)

关于1845年，该书说：

"在很短的时期内，物价已经由萧条时期的最低点急剧回升……利息率3%的国债券几乎照票面价值买卖了……英格兰银行地库中的黄金总额超过了以前任何一个时期的储备额。各种股票的价格都高到几乎前所未闻的程度，而利息率却降到几乎只剩一个名义了……这一切都证明：在英国，又一次出现了闲置财富的沉重积累；不要多久，我们将又一次面临投机的狂热时期。"(同上，第36页)

"虽然金的输入不是对外贸易获利的可靠标志，但在没有另外一种说明方法的情况下，这种金的输入的一部分，显然代表着这样一种利润。"（约·盖·哈伯德《通货和国家》1843年伦敦版第40、41页）"假定在营业一直兴旺、价格有利、通货充足的时期，由于农作物歉收，需要输出500万镑金以输入同额价值的谷物。通货〔下面马上就可以看到，这不是指流通手段，而是指闲置的货币资本。——弗·恩·〕会按同额减少。私人手中掌握的流通手段也许还和以前一样多，但是，商人在他们的银行里的存款，银行在它们的货币经纪人手里的余款以及银行库存的准备金都会减少，而闲置资本额的这种减少的直接结果，将是利息率的提高，例如由4%提高到6%。因为营业状况良好，所以信任没有动摇，而信用会得到更高的评价。"（同上，第42页）"如果商品价格普遍下降，多余的货币就会以增加存款的形式流回银行，闲置资本的过剩就会使利息率下降到最低限度，并且这种情况将继续下去，直到较高的物价或比较活跃的营业使这种闲置的货币得到使用，或者，直到这种货币投在外国有价证券或外国商品上而被吸收掉。"（第68页）

以下摘录又是引自议会关于《商业危机》的报告（1847—1848年）。——由于1846—1847年的歉收和饥荒，必须大量进口粮食。

"因此，进口大大超过了出口……　因此，货币大量从银行流出，那些有汇票需要贴现的人越来越多地拥向贴现经纪人，经纪人开始仔细审查汇票。以前承诺提供的信贷受到了非常严格的限制；基础薄弱的商行倒闭了。完全依赖信用的人开始破产。这种情况更增加了以前已经感到的不安；银行家等人发现，他们不再像以前那样有把握地可以把他们的汇票和其他有价证券换成银行券，以偿还他们的债务；他们对信贷采取了更大的限制并且往往干脆加以拒绝；他们在许多场合把他们的银行券储藏起来，以便将来偿付他们自己的债务；他们宁愿根本不发出银行券。不安和混乱与日俱增。如果没有约·罗素勋爵那封信函，全面的破产恐怕已经发生了。"（第74、75页）

罗素的信函[217]，使银行法暂停执行。——前面提到的那位查·特纳作证说：

"有些商行有巨额的资金,但这些资金不能流动。他们的全部资本都固定在毛里求斯的地产或蓝靛厂、制糖厂上了。当他们的债务达到50万—60万镑时,他们已经没有流动资金来支付为此签发的汇票了;最后,他们只有靠他们的信用,而且是足够的信用,才能支付他们的汇票。"(第81页)

前面提到的那位赛·葛尼说:

[第1664号]"现在〈1848年〉到处都出现了交易缩减和货币大大过剩的现象。"——(第1763号)"我不认为,利息率提得这样高是由于缺少资本;这是由于惊慌,由于获得银行券的困难。"

1847年,英国为进口食物至少向外国支付了900万镑金。其中,750万镑来自英格兰银行,150万镑来自别的地方(第301页)。——英格兰银行总裁莫里斯说:

"1847年10月23日,公债券、运河股票、铁路股票已经贬值114 752 225镑。"(第312页)

同一个莫里斯在答复乔·本廷克勋爵时说:

[第3846号]"难道您不知道,投在各种证券和产品上的一切资本都同样贬值了吗,原料、原棉、生丝和原毛都以同样的抛售价格运往大陆了吗,砂糖、咖啡和茶叶都被强制拍卖了吗?——为了对付由于大量进口食物而引起的金的流出,国家必须忍受巨大的牺牲,这是不可避免的。——您是不是认为,与其忍受这种牺牲使金流回,还不如动用银行库存的800万镑呢?——**我不认为是这样。**"

下面是对这种英雄主义所作的注释。迪斯累里向英格兰银行的董事和前任总裁威·柯顿先生问道:

"1844年英格兰银行的股东得到多少股息?——那一年是7%。——1847年的股息是多少?——9%。——今年英格兰银行要替它的股东交所得税吗?——是的。——1844年也是这样吗?——不是。[83]——这样看来,这个银行法〈1844年的银行法〉对股东非常有利了……结果是,从新银行法实施以来,股东的股息已由7%增加到9%,此外,股东在以前必须交纳的所得税,现在由银行交纳了,是不是呢?——**确实是这样。**"(第4356—4361号)

关于1847年危机[216]期间银行的货币贮藏,地方银行家皮斯先生说:

(第4605号)"因为银行不得不越来越提高它的利息率,人们普遍产生了忧虑;地方银行都增加了自己手中的货币额和银行券额;我们当中的许多人,平时也许只保留几百镑金或银行券,现在都立刻在钱柜和账桌抽屉里贮存了数千镑,因为大家对于贴现和汇票在市场上的流通力都感到极不可靠;结果普遍都贮藏货币。"

委员会的一个委员指出:

(第4691号)"所以,不管过去12年内原因是什么,结果总是更有利于犹太人和货币经营者,而不是更有利于一般的生产阶级。"

至于货币经营者曾经多么厉害地利用危机时期,图克说:

"沃里克郡和斯塔福德郡的金属制品业,1847年拒绝了许多订货单,因为工厂主拿汇票去贴现时必须支付的利息率,把他的全部利润吞掉还嫌不够。"(第5451号)

我们现在再引用一个以前已经引用过的议会报告:《银行法特别委员会的报告》,1857年由下院向上院提出(以下引证时简称:《银行

---

[83]这就是说,以前是先定股息,然后在付给各个股东时扣去所得税;1844年以后,是先从银行总利润中交纳税款,然后在分配股息时"免扣所得税"。因此,名义上相等的百分率,在后一个场合,就多了这个所得税的数额。——弗·恩·

471

委员会》,1857年)。在这个报告中,"通货原理"[218]派的巨星,英格兰银行董事诺曼先生,受到了如下的质问:

> （第3635号）"您说,您认为利息率不是取决于银行券的数量,而是取决于资本的供求。您是否可以谈一谈,您所说的资本,除了银行券和硬币而外,还指什么?——我认为,资本的普通定义是:生产上使用的商品或服务。"——（第3636号）"当您谈到利息率时,是否把一切商品都包括在资本一词中了?——生产上使用的一切商品都包括在内了。"——（第3637号）"当您谈到利息率时,您把这一切都包括在资本一词中了?——是的。假定有一个棉纺织厂主,他的工厂需要棉花。他大概会用这样的办法弄到棉花:他先从他的银行家那里获得一笔贷款,带着这样得到的银行券到利物浦去购买。他真正需要的是棉花;他需要银行券或金,只是当做获得棉花的手段。或者,他需要资金,是为了给他的工人支付报酬;这样,他又要借银行券,用来支付工人的工资;而工人又需要食物和住所;货币就是对这些需要实行支付的手段。"——（第3638号）"但是对货币要支付利息吗?——当然,首先要支付利息;但是还有另外一种情况。假定他赊购棉花,没有从银行取得任何贷款;这时,现金价格和赊购价格在到期付款时出现的差额,就是利息的尺度。即使根本没有货币,利息还是存在。"

这种自鸣得意的胡言乱语,只有"通货原理"派的这位台柱才说得出口。首先是天才的发现:银行券或金是购买某种物品的手段;人们借银行券或金,不是为了它们本身。由此要问,利息率是由什么东西调节的?是由商品的供求调节的,而我们以前只知道商品的市场价格是由商品的供求调节的。但是,完全不同的利息率,是和不变的商品市场价格并行不悖的。——往下似乎又显得很机智。"但是对货币要支付利息"这个正确的提法,当然包括如下的问题:根本不经营商品的银行家所得的利息,同这些商品又有什么关系呢?难道那些把货币投在各个完全不同的市场上的工厂主们,也就是那些把货币投在生产上所使用的各种商品会遇到完全不同的供求关系的市场上的工厂主们,不是要按同一利息率得到货币吗?对于这个问题,这位可敬的天才的回答是:如果工厂主赊购棉花,"现金价格和赊购价格在到期付款时出现的差额,就是利息的尺度"。刚好相反。现有的利息率——天才诺曼应当说明的正是这种利息率是如何调节的——才是现金价格和赊购价格在到期付款时出现的差额的尺度。首先,棉花是按照它的现金价格出售的,这个价格由市场价格决定,而市场价格本身由供求的状况调节。例如,价格=1 000镑。就买卖而言,工厂主和棉花经纪人之间的交易由此就结束了。但是,还有第二种交易加进来。这就是贷出者和借入者之间的交易。1 000镑的价值是以棉花贷给工厂主的;他必须在比如说三个月内用货币偿还。这时,1 000镑在三个月内按市场利息率得到的利息,就是高于现金价格的加价。棉花的价格是由供求决定的。但是1 000镑棉花价值在三个月内贷出的价格,是由利息率决定的。棉花本身以这种方式转化为货币资本这一事实,在诺曼先生看来,就是证明:即使根本没有货币,利息还是存在。如果根本没有货币,那也就决不会有一般利息率了。

首先,资本是"生产上使用的商品"这种见解是一种庸俗的见解。在这些商品作为资本执行职能时,它们作为**资本**的价值,不同于它们作为**商品**的价值,表现在由它们的生产用途或商业用途产生的利润中。并且,利润率虽然在任何情况下总是同所购买商品的市场价格和它们的供求有某种关系,但它仍然由完全不同的事情决定。并且,毫无疑问,利息率一般说来是以利润率为它的界限的。但诺曼先生正是应当告诉我们,这个界限是如何决定的。它是由**不同于**其他资本形式的货币资本的供求决定的。现在,可以进一步问:货币资本的供求又是怎样决定的呢?毫无疑问,在物质资本的供给和货币资本的供给之间,有一种看不见的联系;同样毫无疑问,产业资本家对货币资本的需求,是由实际生产情况决定的。诺曼不向我们说清楚这一点,却向我们兜售这样一个哲言:对货币资本的需求和对货币本身的需求不是一回事;并且所以兜售这个哲言,只是因为他、奥弗斯顿以及"通货原理"的其他先知们暗中总是不安好心,他们力图通过人为的立法的干涉,从流通手段本身造出资本,并且提高利息率。

现在我们来看一看奥弗斯顿勋爵,亦即赛米尔·琼斯·劳埃德,看他要怎样来解释下面这个问题:为什么由于国内"资本"如此缺少,他就要为他的"货币"取得10%的利息。

(第3653号)"利息率的波动,是由于下述两个原因之一:或者是由于资本价值的变动",

(妙极了!一般地说,资本的价值,正好就是利息率!所以在这里,利息率的变动就是由于利息率的变动。我们以前已经指出,"资本的价值"在理论上从来没有别的理解。但是,或者奥弗斯顿先生把资本的价值理解为利润率了。如果是这样,这位深刻的思想家就回到利息率由利润率调节这一点上来了!)

"或者是由于国内现有货币额的变动。利息率所发生的一切巨大的波动,不管是波动时间久的或者波动范围广的,都可以明确无误地归结为资本的价值的变动。1847年和最近两年〈1855—1856年〉利息率的提高,是这一事实的最显著的实际例证;现有货币额的变化所产生的较小的利息率波动,影响范围小,持续时间短。这些波动是经常发生的;并且波动越频繁,就越能达到它的目的"。

这个目的就是使奥弗斯顿之流的银行家发财致富。赛米尔·葛尼朋友①曾经非常天真地在上院委员会面前说到这一点(《商业危

①赛·葛尼是贵格会成员,该会成员之间以朋友相称。——编者注

机》,1848[—1857年])。

> (第1324号)"您认为,去年发生的利息率的大波动是否有利于银行家和货币经营者呢?——我认为它们有利于货币经营者。营业上的一切波动对熟悉内情的人都是有利的。"——(第1325号)"在利息率很高的情况下,银行家会不会由于他的最好的顾客陷于贫困而最终受到损失呢?——不会,我不认为这种影响已经达到值得注意的程度。"

这些话说得很明白。

关于现有货币额对利息率的影响,我们以后还会谈到。但是我们现在就必须指出,奥弗斯顿在这里又犯了一个混淆概念的错误。1847年,对货币资本的需求(10月以前,人们对货币短缺的现象,对奥弗斯顿在前面指货币资本而言的"现有货币量"还没有产生任何忧虑),由于下列各种不同的原因而增加了:谷物昂贵,棉价上涨,砂糖因生产过剩而卖不出去,铁路投机和破产,国外市场棉纺织品充斥,以及前面已经说到的旨在进行汇票投机而对印度的强制输出和从印度的强制输入。所有这些情况,工业生产过剩和农业生产不足,因而是完全不同的原因,引起了对货币资本需求的增加,即对信用和货币的需求的增加。货币资本需求的这种增加,可以在生产过程本身的进行中找到原因。但是,不管原因是什么,正是对**货币**资本的需求提高了利息率,即货币资本的价值。如果奥弗斯顿想说,货币资本的价值提高了,是**因为**它提高了,这是同义反复。但是,如果他在这里把"资本的价值"理解为利润率的提高,把利润率的提高看做利息率提高的原因,我们就立即可以看到他的错误。尽管利润减少,但货币资本的需求,因而"资本的价值"还是可以提高;一旦货币资本的相对供给减少了,它的"价值"就会提高。奥弗斯顿想要证明:1847年的危机以及随之而来的高利息率,同"现有货币量"无关,也就是说,同他所鼓吹的1844年的银行法[212]的规定无关。然而事实上它同这些规定是有关的,因为对银行准备金枯竭——奥弗斯顿的一个创造——的恐惧,使1847—1848年的危机加上了货币恐慌。但是现在问题不在这里。由于营业范围同现有资金相比过度扩大,货币资本荒已经存在;由于农作物歉收、铁路投资过多、生产过剩特别是棉纺织品的生产过剩、在印度和中国的营业欺诈、投机、砂糖输入过多等等而引起的再生产过程的混乱,导致了货币资本荒的爆发.对于那些按每夸特120先令的价格购买了谷物的人来说,在谷物价格跌到60先令时所缺少的,就是他们多支付的60先令,以及以谷物为抵押在伦巴特街取得同额贷款的相应信用。妨碍他们按原价120先令把谷物转化成货币的,根本不是由于缺少银行券.对于那些过多地输入砂糖以致几乎卖不出去的人来说,情形也是这样.对于那些把流通资本(floating capital)[219]固定在铁路上,因而要依靠信用来补充"正当"经营所需要的流通资本的先生们来说,情形也是这样。但在奥弗斯顿看来,这一切都好像是"对他的货币的已经提高的价值的道义上的承认"。但是,在货币资本的价值这样提高的同时,另一方面现实资本(商品资本和生产资本)的货币价值正好下降。资本的价值在一种形式上提高了,是因为资本的价值在另一种形式上下降了。而奥弗斯顿却企图把不同种类的资本的这两种价值等同起来,把它们看做资本一般的唯一价值;他的手法是使二者都同流通手段缺乏,即同现有货币缺乏对立起来。但是,同额货币资本可以用极不相等的流通手段量贷放出去。

现在,我们拿他所说的1847年的例子来看。官方的银行利息率:1月3%—3$\frac{1}{2}$%。2月4%—4$\frac{1}{2}$%。3月大部分是4%。4月

(恐慌)4%—7$\frac{1}{2}$%。5月5%—5$\frac{1}{2}$%。6月大体上说是5%。7月5%。8月5%—5$\frac{1}{2}$%。9月5%,但略有变动,5$\frac{1}{4}$%,5$\frac{1}{2}$%或6%。10月5%,5$\frac{1}{2}$%,7%。11月7%—10%。12月7%—5%。——在这个场合,利息增加是因为利润减少和商品的货币价值大幅度下降。所以,如果奥弗斯顿在这里说,利息率在1847年提高了,是因为资本的价值提高了,那么,他所理解的资本的价值就只能是货币资本的价值,而货币资本的价值正好是利息率,不是别的。但后来露出了狐狸尾巴,原来他把资本的价值和利润率等同起来了。

至于1856年人们所付的高利息率,奥弗斯顿事实上不知道,这种高利息率部分地说正是一个征兆,表明那种不是用利润而是用别人的资本来支付利息的信用冒险家这一类人物出现了;他在离1857年危机[220]只有几个月前还断言,"营业情况非常良好"。

他还说:

（第3722号）"认为营业利润会由于利息率的提高而受损的看法是极端错误的。第一,利息率的提高很少持续很长时间;第二,如果它持续很长时间并且幅度很大,那么按照事物的本性,它就是资本的价值的提高;而资本的价值为什么会提高呢?因为利润率提高了。"

在这里,我们终于弄清楚了"资本的价值"的含义是什么。不过,利润率可以在一个比较长的时间内仍旧很高,但企业主收入下降而利息率提高,结果是利息吞掉了利润的大部分。

（第3724号）"利息率的提高是我国营业巨大发展和利润率大大提高的结果;如果有人抱怨说,提高了的利息率损害作为它自己的原因的上述两件事情,那是不合逻辑的说法,对此我们不知道应当说些什么。"

这种说法的逻辑性,就像他要说出下面这样的话一样:利润率的提高是商品价格由于投机而提高的结果,如果有人抱怨说,价格的提高损害它自己的原因,即投机,那是不合逻辑的说法,等等。一物最终能损害该物自身的原因这种说法,只有对那些热衷于高利息率的高利贷者来说,才是不合逻辑的说法。罗马人的强大是他们进行征服的原因,但这种征服损害了他们的强大。财富是奢侈的原因,但奢侈对财富有损害作用。好一个狡猾的家伙!这个百万富翁,这个暴发户贵族的"逻辑"竟博得了整个英国的尊敬,这是关于当今资产阶级世界的愚蠢的最好写照。此外,虽然高利润率和营业扩大可以是高利息率的原因,但高利息率决不因此就是高额利润的原因。而问题正好是:在高利润率早已消失之后,这种高利息率(这是危机中实际发生的情况)是不是还继续下去,或者说,是不是才达到了它的顶点。

> (第3718号)"至于贴现率的显著提高,那么,这个情况完全是资本的价值增加的结果,而资本的价值这种增加的原因,我认为任何一个人都能十分清楚地指出来。我已经提到这样一个事实,即在这个银行法生效的13年内,英国的贸易由4 500万镑增长到了12 000万镑。想一想这个简单的数字材料所包含的一切事情吧,想一想商业如此巨大的增长所引起的对资本的巨大需求吧,同时再想一想对这种巨大需求提供供给的自然源泉,即国家逐年的积蓄,在过去三四年内被无利可图的战争开支吞食的情况吧。我承认,我感到惊讶的是,利息率怎么没有涨得更高;换句话说,我感到惊讶的是,由于这些巨大的影响,资本紧迫现象怎么没有比您已经看到的现象更严重得多。"

我们这位高利贷逻辑学家的用语混乱是多么令人吃惊啊!在这里,他再一次谈到了他所说的资本的价值的提高!他似乎认为,一方面发生了再生产过程的巨大的扩展,也就是现实资本的积累,另一方面又存在着一个"资本",对这个资本产生了"巨大需求",目的是实现商业的这种如此巨大增长!生产的这种巨大增长不就是资本的增长吗?如果它造成了需求,它不同时也就造成了供给,并且同时也就造成了货币资本供给的增加吗?如果利息率提得很高,那只是因为货币资本的需求比它的供给增长得更快,换句话说,是因为工业生产在信用制度基础上的经营随着工业生产的扩大而扩大了。换句话说,实际的产业扩大,造成了对"信贷"需求的增加。后面这种需求,显然就是我们这位银行家所说的"对资本的巨大需求"。出口贸易之所以由4 500万镑增加到12 000万镑,当然不只是由于资本**需求**的扩大。其次,当奥弗斯顿说,克里木战争[221]所消耗的国家的逐年积蓄,就是对这种巨大需求提供供给的自然源泉时,他的意思是什么呢?第一,在1792—1815年战争期间[222](这是一场同小小的克里木战争完全不同的战争),英国是用什么进行积累的呢?第二,如果自然源泉已经枯竭,资本是从什么源泉流出来的呢?大家知道,英国没有向外国借债。如果在自然源泉之外还有人为源泉,那么,把自然源泉用于战争,把人为源泉用于营业,对一个国家来说是最好的办法。但是,如果只有原有的货币资本,它能靠高利息率把它的作用提高一倍吗?奥弗斯顿先生显然认为,国家逐年的积蓄(但在这个场合据说已经被消耗掉了),只转化为货币资本。但是,如果没有实际的积累,也就是说,没有生产的提高和生产资料的增长,那么,债权在货币形式上的积累,对这种生产有什么好处呢?

奥弗斯顿把由高利润率引起的"资本的价值"的提高和由货币资本需求的增长而引起的提高混为一谈。这种需求的增长可以由那些和利润率完全无关的原因引起。他自己就举过一个例子:1847年这种需求的增长是由现实资本的贬值引起的。他根据自己的方便,把资本的价值一会儿说成是属于现实资本的,一会儿说成是属于货币资本的。

下面这段话进一步暴露了我们这位银行勋爵的不老实态度和他以教训的口吻强调的银行家的狭隘观点：

（第3728号。问：）"您说，在您看来，贴现率对于商人没有重要意义。您是否可以告诉我，您认为普通利润率是什么？"

奥弗斯顿先生声称，要对这个问题作出答复是"不可能"的。

（第3729号）"假定平均利润率为7%—10%；这时，如果贴现率由2%变到7%或8%，就一定会对利润率发生重大影响，是不是？"

（这个问题本身把企业主收入率和利润率混为一谈，忽视了利润率是利息和企业主收入的共同源泉。利息率可以不影响利润率，但不能不影响企业主收入。奥弗斯顿回答说：）

"第一，实业家不会支付那种会吞掉大部分利润的贴现率；他们宁愿停止营业。"

（的确会这样，如果他们这样做而不至于破产。在他们的利润高的时候，他们要求贴现，因为他们愿意这样做；在利润低的时候，他们要求贴现，因为他们必须这样做。）

"贴现是什么意思？为什么一个人要拿汇票去贴现呢？……　因为他希望得到一个更大的资本"；

（且慢！那是因为他希望使他的已投下的资本提前实现货币回流，并避免他的营业的中止。因为他必须偿付到期的欠款。他只是在营业顺利，或者即使营业不顺利但用他人的资本进行投机的情况下，才要求增加资本。贴现决不仅仅是扩大营业的手段。）

"他为什么要得到对一个更大的资本的支配权呢？因为他要使用那个资本。他又为什么要使用那个资本呢？因为这样做可以赚钱；但是，如果贴现会把他的利润吞掉，这对他来说就无钱可赚了。"

这位自鸣得意的逻辑学家以为，汇票贴现只是为了扩大营业，而扩大营业是因为可以赚钱。第一个假定是错误的。一个普通实业家去贴现是为了提前实现他的资本的货币形式，由此使再生产过程继续进行；不是为了扩大营业或获得追加资本，而是为了要用他得到的信用来平衡他所提供的信用。如果他要靠信用来扩大他的营业，那么，汇票贴现对他来说没有多大用处，因为那只是已经处在他手中的货币资本从一种形式转化为另一种形式；他宁可借一笔比较长期的固定贷款。当然，信用冒险家为了扩大他的营业，为了用一种骗人的营业来掩盖另一种骗人的营业，会把他的融通票据拿去贴现；但这不是为了赚得利润，而是为了占有别人的资本。

奥弗斯顿先生这样把贴现同借入追加资本等同起来（不是同代表资本的汇票转化为现金等同起来）以后，一碰到难题，就立即退却了。

（第3730号。问：）"已经开始营业的商人，不是要在一定时间内不顾利息率的暂时提高而继续进行他们的业务吗？"——（奥弗斯顿回答：）"毫无疑问，在任何一个交易中，如果一个人能够用低利息率而不是用高利息率获得对资本的支配权，从这个有限的观点来看，这对他来说是一件愉快的事情。"

奥弗斯顿先生突然把"资本"仅仅理解为他的银行家资本，因而，把到他那里贴现汇票的人看做一个没有资本的人，因为这个人的资本是以商品形式存在的，或者，他的资本的货币形式是一张汇票，要由奥弗斯顿先生把它转化为其他的货币形式，但这时，他的观点却是无限的了。

（第3732号）"关于1844年银行法，您能告诉我们利息率和银行的金准备之间的大概关系吗?有人说在银行金准备为900万镑或1 000万镑时,利息率为6%或7%,在银行金准备为1 600万镑时,利息率大约为3%到4%,对吗?"

(提问人的意图,是要迫使他用受资本的价值影响的利息率来解释受银行存金量影响的利息率。)

"我认为情况不是这样……但是,如果情况是这样,那么,我认为,我们就必须采取比1844年法令更严厉的措施;因为,如果真是存金量越大,利息率就越低,那么,我们就必须按照这种观点来办事,把存金量增加到无限额,这时,我们就会把利息率降低到零。"

提问人凯利对这种拙劣的机智无动于衷,继续问道:

(第3733号)"如果事情是这样,假定有500万镑金流回银行,因此银行的存金量在以后6个月内达到约1 600万镑,再假定利息率因此下降到3%—4%,我们怎么能断定,利息率的下降是由营业的巨大收缩造成的呢?——我是说,近来利息率的大提高,而不是利息率的下降,和营业的大发展有密切联系。"

但是,凯利说的是:如果和存金量的减少一起发生的利息率的提高,是营业扩大的标志,那么,和存金量的增加一起发生的利息率的下降,也就一定是营业缩小的标志。对于这一点,奥弗斯顿没有回答。

(第3736号。〔问:〕)"我要指出,您〈原文总是说勋爵阁下〉说过,货币是获得资本的工具。"

(把货币理解为工具,是荒谬的;它是资本的**形式**。)

"当〔英格兰银行的〕存金量减少时,严重的困难不正好相反,是**资本家**不能获得货币吗?——〔奥弗斯顿答:〕不;想要获得货币的,不是资本家,而是非资本家。他们为什么想要获得货币呢?…… 因为有了货币,他们就对资本家的资本获得支配权,于是使营业由不是资本家的人来管理。"

在这里，他直截了当地宣布，工厂主和商人不是资本家，资本家的资本只是货币资本。

(第3737号)"难道签发汇票的人不是资本家吗?——签发汇票的人可能是资本家，也可能不是资本家。"

在这里，他搁浅了。

现在，他应当回答一个问题:商人的汇票是不是代表他们已经卖掉或已经运出的商品。他否认这种汇票完全像银行券代表金一样，代表商品的价值。(第3740、3741号)这真是有点厚颜无耻。

(第3742号)"商人的目的不是获得货币吗?——不是;获得货币不是签发汇票的目的;获得货币是汇票贴现的目的。"

签发汇票是使商品转化为一种形式的信用货币，而汇票贴现是使这种信用货币转化为另一种信用货币即银行券。无论如何，奥弗斯顿先生在这里承认贴现的目的是获得货币。以前他却说，贴现不是为了使资本从一种形式转化为另一种形式，而是为了获得追加资本。

(第3743号)"在您的证词中提到的1825年、1837年和1839年发生的恐慌的压迫下，商业界最希望获得什么呢?他们的目的是想获得资本呢，还是想获得合法的支付货币呢?——他们的目的是想获得对资本的支配权，以便继续进行他们的营业。"

他们的目的是想在信用缺少的情况下获得支付手段，来偿付要由他们偿付的到期的汇票，以免被迫低于价格出售他们的商品。如果他们自己根本没有资本，他们自然就在得到支付手段的同时也得到资本，因为他们没有付出等价物就得到了价值。对货币本身的渴求，始终只在于这样一种愿望:把价值由商品或债权的形式转变为货币形式。因此,即使把危机撇开不说,借入资本和贴现之间也存在着巨大的差别。贴现只是促成货币索取权由一种形式转化为另一种形式,或转化为现实的货币。

〔我——编者——在这里插进几段话。

在诺曼和劳埃德-奥弗斯顿看来,银行家总是"贷放资本"的人,他的客户总是向他要求"资本"的人。例如,奥弗斯顿说,一个人拿汇票去找银行家贴现,是"因为他希望得到**资本**"(第3729号),如果他"能够用低利息率获得**对资本的支配权**",这对他来说是一件愉快的事情(第3730号)。"货币是获得**资本的**工具"(第3736号),在恐慌时,商业界最希望获得"**对资本的支配权**"(第3743号)。不管劳埃德-奥弗斯顿对什么是资本这个问题的看法如何混乱,但有一点是非常清楚的:他把银行家交给商业客户的东西称为资本,即这个客户原来没有的、作为对他原有资本的一种追加而贷给他的资本。

银行家已经习惯于通过贷放来充当货币形式上的可供支配的社会资本的分配人,以致他每执行一次付出货币的职能,对他来说都表现为贷放。他付出的一切货币,在他看来都是贷款。如果货币直接用于贷放,那当然是完全正确的。如果货币用于汇票贴现,那么,在汇票到期以前,这对他自己来说实际上是贷款。因此,他的头脑里就形成了固定的看法,似乎他的一切支付无不都是贷款。这种贷款不仅仅是从这个意义上来说的:每次为赚取利息或利润而投下的货币,在经济学上都被看做该货币占有者作为私人向作为企业主的他自己提供的一笔贷款。而且是从下述特定意义上来说的:银行家用贷放的方式把一笔钱交给他的客户,使后者已有的资本中增加了这笔钱。

这种由银行营业厅传到政治经济学上来的观念,引起了混乱的争论:银行家以现金形式交给他的客户支配的东西,究竟是资本呢还是只是货币,流通手段,通货呢?为了解决这个本来非常简单的争论,我们必须站在银行客户的立场上。问题在于:这个银行客户要求什么,并且得到什么。

如果银行同意只凭客户的个人信用给予他一笔贷款,而不需要客户提供担保,那么,事情是很清楚的。客户无条件地获得了一定量价值的贷款,这是他原来已经使用的资本的追加。他是在货币形式上得到这笔贷款的,因此,他得到的不仅是货币,而且是货币**资本**。

如果他以有价证券等等为抵押得到这笔贷款,那么,这就是下面这种意义上的贷款:货币是在将来会偿还的条件下交付给他的。但这不是资本的贷放。因为,有价证券也代表资本,并且代表着比贷款更大的金额。因此,受款人得到的资本价值小于他拿去抵押的资本价值;这对他来说根本不是获得追加资本。他做这种交易不是因为他需要资本——他在自己的有价证券上已经有了这个资本——,而是因为他需要货币。因此,这里是**货币**的贷放,而不是资本的贷放。

如果贷款采取汇票贴现的形式,那就连贷款的**形式**也消失了。这是一种纯粹的买卖。汇票通过背书转为银行所有,货币则转为客户所有;客户方面已没有偿还的问题。如果顾客用一张汇票或类似的信用工具来购买现款,那么,这就像他用他的其他商品如棉花、铁、谷物来购买现款一样,不是贷款。在这里,更加谈不上什么**资本**的贷放。商人和商人间的每一次买卖,都是资本的转移。但是,只有在资本不是互相转移,而是单方面的并且是有期限的转移的时候,才发生贷放。因此,只有在汇票是一种融通汇票,根本不代表任何已经卖掉的商品的时候,对这种汇票的贴现才是资本的贷放;一旦银行家识破了它,他就不会要它。因此,在正常的贴现业务中,银行客户得到的决不是贷款,既不是资本贷款也不是货币贷款,他得到的是由卖掉的商品换来的货币。

因此,一种情况是客户向银行要求资本并获得资本,另一种情况是他仅仅获得贷给他的货币或向银行购买货币,这两种情况是显然不同的。既然劳埃德-奥弗斯顿先生通常只是在极少的情况下才不要担保而贷出他的基金(他曾经是为我在曼彻斯特的公司223开户的银行家),那么很清楚,他所说的关于宽宏大量的银行家把大量资本贷给缺少资本的工厂主的漂亮话,是纯粹的吹牛。

马克思在第三十二章①中也谈到了基本上相同的情况:"只要商人和生产者能够提供可靠的担保,对支付手段的需求,就只是对**转化为货币的可能性**的需求;如果不是这样,就是说,如果支付手段的贷放不仅给他们提供**货币形式**,而且也给他们提供他们所缺少的任何一种形式的用于支付的**等价物**,那么,对支付手段的需求就是对**货币资本**的需求。"——在第三十三章②又说:"在发达的信用制度下,货币集中在银行手中,银行**至少在名义上**贷放货币。这种贷放只与流通中的货币有关。这是**通货**的贷放,不是借助这些通货而流通的资本的贷放。"——应该知道这种情况的查普曼先生,也证实了上述的有关贴现业务的见解(《银行委员会》,1857年):

"银行家有了汇票,银行家已经**购买了汇票**。"(证词第5139号)

我们还要在第二十八章③中再讨论这个问题。——弗·恩·]

(第3744号)"您是否愿意谈一谈您把资本这个词实际理解为什么

---

①见本卷第583页。——编者注
②见本卷第602页。——编者注
③见本卷第516—518页。——编者注

吗?——〔奥弗斯顿答:〕资本是由营业借以进行的各种商品构成的;有固定资本,有流动资本。你们的船舶,你们的码头,你们的造船厂是固定资本;你们的粮食,你们的衣服等等是流动资本。"

(第3745号)"金流出国外会给英国造成有害的后果吗?——不会,只要赋予这个词以合理的含义。"

(接着是李嘉图的那套旧的货币学说[224]。)

……"在事物的自然状态下,世界的货币会按某些比例分配在世界各国之间;这些比例是这样的:在〔货币〕的这样分配下,任何一国和世界其他各国之间的交易,都是一种单纯的物物交换;但时而会有各种影响货币分配的干扰;在发生这种干扰的时候,某个国家的一部分货币就会流入别的国家。"——(第3746号)"您现在用了货币这个名词。如果我以前对您的话理解得正确的话,您曾把这叫做资本的损失。——我曾把什么叫做资本的损失?"——(第3747号)"金的流出。——不,我没有这样说。如果您把金当做资本,那么,这无疑是资本的损失;那是构成世界货币的贵金属的一定部分的放弃。"——(第3748号)"您以前不是说,贴现率的变动只是资本的价值的变动的一个标志吗?——是的。"——(第3749号)"贴现率一般说来不是和英格兰银行的金准备一起变动吗?——是的;但我已经说过,由一个国家内货币量〈因而,他在这里把货币量理解为实在的金的量〉的变化引起的利息率的变动,是微不足道的……"

(第3750号)"因此,您是不是想说,当贴现率在较长时间内、但仍然只是暂时地提高到通常的贴现率以上的时候,资本就减少了?——在这个词的某种意义上来说,是减少了。资本和对资本的需求之间的比例已经发生变动;但是,这种变动可能是由于对资本的需求的增加引起的,而不是由于资本量的减少引起的。"

(但是,他刚才还说资本=货币或金,更早一些,他还用由营业或资本的扩大,不是由它们的收缩所引起的高利润率来说明利息率的提高。)

(第3751号)"您在这里特别指哪一种资本呢?——这完全要看每人需要什么资本而定。这是国民为了继续从事他们的营业所必须支配的资本;如果营业扩大一倍,对继续从事营业所需要的资本的需求,就必然大大增加。"

（这位狡猾的银行家先让营业扩大一倍,然后让营业扩大一倍所需要的资本的需求也扩大一倍。他的眼中始终只有那种向劳埃德先生要求更多的资本以便把自己的营业扩大一倍的客户。）

"资本是和任何别的商品一样的〈但是,根据劳埃德先生的说法,资本不外是商品的总体〉;它根据供求的情况变动自己的价格。"

（因此,商品会两次变动价格,一次作为商品,另一次作为资本。）

（第3752号）"贴现率的变动,一般说来同英格兰银行金库的存金额的变动有联系。这就是您所说的资本吗?——不是。"——（第3753号）"您能不能举出一个例子来说明,在英格兰银行积累了大量的资本储备的同时,贴现率也很高?——英格兰银行积累的,不是资本,而是货币。"——（第3754号）"您说过,利息率取决于资本量;您是否愿意谈一谈您指的资本是什么?您能举出一个英格兰银行的金的储备额很大而同时利息率又很高的例子吗?——英格兰银行的金的积累和低利息率同时发生,是很可能的〈啊哈!〉,因为对资本〈指货币资本〉的需求减少的时期〈这里指繁荣时期1844年和1845年〉,是人们借以支配资本的手段或工具能够自然而然地积累起来的时期。"——（第3755号）"那么,您认为贴现率和英格兰银行金库的存金量之间没有联系吗?——可能有联系,但不是原则上的联系〈但是,他的1844年银行法给英格兰银行规定的原则正好是:按照它所拥有的金量来规定利息率〉;这些现象可以同时发生。"——（第3758号）"您的意思是说:我国商人在货币短缺时期,由于贴现率提高而碰到的困难,在于获得资本,而不是在于获得货币吗?——您把两个东西混在一起了。我可没有在这个形式上把它们连在一起。困难在于获得资本,困难也同样在于获得货币…… 获得货币的困难和获得资本的困难,是从过程的两个不同阶段来看的同一个困难。"

在这里,鱼再一次搁浅了。前一个困难是进行汇票贴现,或者用商品作抵押来获得贷款。困难在于把资本或资本价值的商业符号转化为货币。这种困难,除了别的方面,还表现在高利息率上。但是,货币一经获得,那么后一个困难是什么呢?如果问题只是要支付,难道有人在付出货币时会遇到困难吗?如果问题是要购买,难道有人在危机时期会遇到买进东西的困难吗?再假定这里说的只涉及谷物、棉花等昂贵的特殊情况,那么,这种困难不会表现在货币资本的价值即利息率上,而只能表现在商品的价格上;而这个困难由于我们的当事人现在已经有钱可以购买商品而得到了克服。

(第3760号)"但是,较高的贴现率不是增加了获得货币的困难吗?——它增加了获得货币的困难,但问题不在于获得货币;这只是获得资本更加困难这件事在文明状态的复杂关系中所表现出来的形式。"

(正是这种形式把利润装进了银行家的腰包。)

(第3763号)〔奥弗斯顿回答说:〕"银行家是中介人,他一方面接受存款,另一方面又利用这些存款,**在资本形式上**把它们委托于别人,而这些人……"

我们在这里终于明白了**他**所理解的资本是什么。当他把货币"委托"于人的时候,更不客气地说,就是当他把货币贷出去生息的时候,他就把货币转化为资本了。

奥弗斯顿先生以前说过,贴现率的变动同英格兰银行的金的储备额或同现有货币额的变动没有本质上的联系,而至多只是在时间上是一起发生的,然后,他重复说:

(第3805号)"如果国内的货币由于流出而减少,它的价值就会提高。英格兰银行必须适应货币价值的这种变化。"

(因此,必须适应**作为资本**的货币的价值的变化,换句话说,必须适应利息率的变化,因为同商品比较,货币**作为货币**的价值仍旧不变。)

　　"用术语来说就是,英格兰银行会提高利息率。"
　　(第3819号)"我从来没有把二者混在一起。"

这里指货币和资本,理由很简单,因为他从来没有把它们区别开来。

　　(第3834号)"为国家的必要生活资料〈1847年为购买谷物〉而必须付出的巨款,**事实上就是资本**。"
　　(第3841号)"贴现率的波动无疑同〔英格兰银行的〕金储备状况有非常密切的关系;因为金储备状况是国内现有货币量增加或减少的标志;货币的价值会按照国内货币的增加或减少的比例而下降或提高,而银行贴现率会适应这种情况。"

这样,他在这里承认了他在第3755号中曾经断然否定的情况。

　　(第3842号)"二者之间有密切联系。"

这就是说,在发行部的存金量和银行部的银行券准备金之间有密切联系。他在这里用货币量的变动来说明利息率的变动。但是他的话是错误的。准备金可以因国内流通货币的增加而减少。在公众取走更多的银行券而金属储备不减少时,情形就是这样。但这时,利息率会提高,因为这时英格兰银行的银行资本按照1844年银行法[212]而受到限制。然而,他不敢说出这种情况,因为按照这个法令,银行的这两个部是完全分开的。

　　(第3859号)"高利润率总是会造成对资本的巨大需求;对资本的巨大需求会提高资本的价值。"

因此,我们在这里终于看到了奥弗斯顿所想象的高利润率和资本需求之间的联系。例如在1844—1845年间,棉纺织业的利润率普遍很高,因为在对棉纺织品有强烈需求的时候,原棉却很便宜,并且一直很便宜。资本(在前面所引的一段话中，奥弗斯顿把每个人营业上所需用的东西都叫做资本)的价值，因而，在这里是原棉的价值，对工厂主来说并没有提高。尽管高利润率诱使不少的棉纺织工厂主设法弄到钱来扩大自己的营业，但由此增加的是他对**货币**资本的需求，而不是对其他东西的需求。

> (第3889号)"金可以是货币，也可以不是货币，正像纸可以是银行券，也可以不是银行券一样。"
> (第3896号)"您在1840年曾经主张，英格兰银行的流通银行券的变动，应该根据存金量的变动来调整。如果我对您理解得正确的话，您已经放弃了这个论点，是不是?——根据我们今天的认识水平，我们还必须把留在英格兰银行的银行准备金中的银行券加到流通银行券中去，就这一点来说，我是把这个论点放弃了。"

好极了。英格兰银行发行的纸币可以相当于它的金库中拥有的金，此外再加上1 400万镑，这个任意的规定，当然要求银行券的发行随金储备的变动而变动。但是，因为"我们今天的认识水平"已经可以使我们弄清楚，英格兰银行按上述规定能够印制的银行券数额(即由发行部交给银行部的银行券数额)，这种在英格兰银行的两个部之间进行的并且随金储备的变动而变动的流通，并不决定英格兰银行以外的银行券流通的变动，所以，后一种流通，即现实的流通，现在也就与英格兰银行的管理无关了;只有英格兰银行的两个部之间的流通(它和现实的流通的区别会在准备金上反映出来)才具有决定性的意义。但对外界来说，这种流通之所以重要，只是因为准备金会表明，英格兰银行离银行券的法定发行最高限额还相差多少，该银行的客户还能从银行部得到多少银行券。

关于奥弗斯顿的不老实，有一个鲜明的例子:

（第4243号）"您是否认为，资本量的逐月变动已经达到这样的程度，以致使资本的价值由此发生变动，就像最近数年我们在贴现率的变动上所看到的情形那样？——资本的供求之间的关系甚至在短时期内无疑也会发生变动……　如果法国明天宣布，它想得到一笔巨额借款，这无疑会立即在英国引起**货币的价值即资本的价值**的巨大变动。"

（第4245号）"如果法国宣布，为了某种目的，它突然需要价值3 000万的商品，那么，用比较科学和比较简洁的语言来说，这就产生了对**资本**的巨大需求。"

（第4246号）"法国愿意用它的借款来购买的**资本**是**一回事**，法国用来购买这个资本的**货币**是**另外一回事**；是什么改变了自己的价值，是货币不是？——我们又回到老问题上来了。我相信，这个问题在学者的研究室里研究比在委员会的会议厅里研究更合适一些。"

说完这句话，他就走了，但并不是走到研究室里去。⁽⁸⁴⁾

（84）关于奥弗斯顿在资本问题上的概念混乱，我们将在第三十二章的末尾作进一步的叙述。——[弗·恩·]

第二十七章

信用在资本主义生产中的作用

到现在为止,我们关于信用制度所作的一般评述,可归结为以下几点:

I. 信用制度的必然形成,以便对利润率的平均化或这个平均化运动起中介作用,整个资本主义生产就是建立在这个运动的基础上的。

II. 流通费用的减少。

1. 一项主要的流通费用,就是货币本身,因为货币自身具有价值。通过信用,货币以三种方式得到节约。

A. 相当大的一部分交易完全用不着货币。

B. 流通手段的流通加速了。[85]这一点,和第2点中要说的,有部分共同之处。一方面,这种加速是技术性的;也就是说,在现实的、对消费

----

(85)"法兰西银行银行券的平均流通额,1812年为106 538 000法郎;1818年为101 205 000法郎;而货币流通,即所有收支总额,1812年为2 837 712 000法郎;1818年为9 665 030 000法郎。所以,法国1818年的流通活动同1812年的流通活动相比为3:1。流通速度的巨大调节器是信用…… 由此可以说明,为什么货币市场所受到的沉重压力,通常是和充实的流通同时并存。"(《通货论评述》第65页)——"1833年9月和1843年9月之间,

起中介作用的商品流转额保持不变时，较小量的货币或货币符号，可以完成同样的服务。这是同银行业务的技术联系在一起的。另一方面，信用又会加速商品形态变化的速度，从而加速货币流通的速度。

C. 金币为纸币所代替。

2. 由于信用，流通或商品形态变化的各个阶段，进而资本形态变化的各个阶段加快了，整个再生产过程因而也加快了。（另一方面，信用又使买和卖的行为可以互相分离较长的时间，因而成为投机的基础。）准备金缩小了，这可以从两方面来考察：一方面，流通手段减少了；另一方面，必须经常以货币形式存在的那部分资本缩减了。(86)

III. 股份公司的成立。由此：

1. 生产规模惊人地扩大了，个别资本不可能建立的企业出现了。同时，以前曾经是政府企业的那些企业，变成了社会的①企业。

2. 那种本身建立在社会生产方式的基础上并以生产资料和劳动力的社会集中为前提的资本，在这里直接取得了社会资本（即那些直接联合起来的个人的资本）的形式，而与私人资本相对立，并且它的

在大不列颠开办了将近300家发行自己的银行券的银行；结果银行券的流通减少了250万镑；1833年9月底是36 035 244镑，1843年9月底是33 518 544镑。"（同上，第53页）——"苏格兰的流通惊人地活跃，以致在那里用100镑就可以结清在英格兰需要用420镑才能结清的货币业务。"（同上，第55页。最后一点，只涉及业务的技术方面。）

(86)"在银行设立以前，执行流通手段的职能所需要的资本额，任何时候都比实际的商品流通所需要的数额大。"（1845年《经济学家》第238页）

---

①此处译文中的"社会的"一词，德文原文为"gesellschaftlich"。——编者注

企业也表现为社会企业①,而与私人企业相对立。这是作为私人财产的资本在资本主义生产方式本身范围内的扬弃。

3. 实际执行职能的资本家转化为单纯的经理,别人的资本的管理人,而资本所有者则转化为单纯的所有者,单纯的货币资本家。因此,即使后者所得的股息包括利息和企业主收入,也就是包括全部利润(因为经理的薪金只是,或者应该只是某种熟练劳动的工资,这种劳动的价格,同任何别种劳动的价格一样,是在劳动市场上调节的),这全部利润仍然只是在利息的形式上,即作为资本所有权的报酬获得的。而这个资本所有权这样一来现在就同现实再生产过程中的职能完全分离,正像这种职能在经理身上同资本所有权完全分离一样。因此,利润(不再只是利润的一部分,即从借入者获得的利润中理所当然地引出来的利息)表现为对他人的剩余劳动的单纯占有,这种占有之所以产生,是因为生产资料已经转化为资本,也就是生产资料已经和实际的生产者相异化,生产资料已经作为他人的财产,而与一切在生产中实际进行活动的个人(从经理一直到最后一个短工)相对立。在股份公司内,职能已经同资本所有权相分离,因而劳动也已经完全同生产资料的所有权和剩余劳动的所有权相分离。资本主义生产极度发展的这个结果,是资本再转化为生产者的财产所必需的过渡点,不过这种财产不再是各个互相分离的生产者的私有财产,而是联合起来的生产者的财产,即直接的社会财产。另一方面,这是再生产过程中所有那些直到今天还和资本所有权结合在一起的职能转化为联合起来的生产者的单纯职能,转化为社会职能的过渡点。

---

①此处译文中的"社会企业",德文原文为"Gesellschaftsunternehmungen"。——编者注

在我们作进一步阐述以前,还要指出一个经济上重要的事实:因为利润在这里纯粹采取利息的形式,所以那些仅仅提供利息的企业仍然可以存在;这是阻止一般利润率下降的原因之一,因为这些不变资本比可变资本庞大得多的企业,不一定参加一般利润率的平均化。

〔自从马克思写了上面这些话以来,大家知道,一些新的产业经营的形式发展起来了。这些形式代表着股份公司的二次方和三次方。在大工业的一切领域内,生产现在能以日益增长的速度增加,与此相反,这些增产的产品的市场的扩大却不断地变慢。大工业在几个月中生产的东西,市场在几年内未必吸收得了。此外,那种使每个工业国家同其他工业国家,特别是同英国隔绝的保护关税政策,又人为地提高了本国的生产能力。结果是全面的经常的生产过剩,价格下跌,利润下降甚至完全消失;总之,历来受人称赞的竞争自由已经日暮途穷,必然要自行宣告明显的可耻破产。这种破产表现在:在每个国家里,一定部门的大工业家会联合成一个卡特尔,以便调节生产。一个委员会确定每个企业的产量,并最后分配接到的订货。在个别场合,甚至有时会成立国际卡特尔,例如英国和德国在铁的生产方面成立的卡特尔。但是生产社会化的这个形式还嫌不足。各个公司的利益的对立,过于频繁地破坏了这个形式,并恢复了竞争。因此,在有些部门,只要生产发展的程度允许的话,就把该部门的全部生产,集中成为**一个**大股份公司,实行统一领导。在美国,这个办法已经多次实行;在欧洲,到现在为止,最大的一个实例是联合制碱托拉斯。这个托拉斯把英国的全部碱的生产集中到唯一的一家公司手里。单个工厂——超过30家——原来的所有者,以股票的形式取得他们的全部投资的估定价值,共约500万镑,代表该托拉斯的固定资本。技术方面的管理,仍然留在原来的人手中,但是营业方面的领导则已集中在总管理处手中。

约100万镑的流动资本是向公众筹集的。所以,总资本共有600万镑。因此,在英国,在这个构成整个化学工业的基础的部门,竞争已经为垄断所代替,并且已经最令人鼓舞地为将来由整个社会即全民族来实行剥夺做好了准备。——弗·恩·〕

这是资本主义生产方式在资本主义生产方式本身范围内的扬弃,因而是一个自行扬弃的矛盾,这个矛盾明显地表现为通向一种新的生产形式的单纯过渡点。它作为这样的矛盾在现象上也会表现出来。它在一定部门中造成了垄断,因而引起国家的干涉。它再生产出了一种新的金融贵族,一种新的寄生虫,——发起人、创业人和徒有其名的董事;并在创立公司、发行股票和进行股票交易方面再生产出了一整套投机和欺诈活动。这是一种没有私有财产控制的私人生产。

IV. 把股份制度——它是在资本主义体系本身的基础上对资本主义的私人产业的扬弃;随着它的扩大和侵入新的生产部门,它也在同样的程度上消灭着私人产业——撇开不说,信用为单个资本家或被当做资本家的人,提供在一定界限内绝对支配他人的资本,他人的财产,从而他人的劳动的权利。[87]对社会资本而不是对自己的资

---

[87] 例如,我们可以在《泰晤士报》上看到1857年这样一个危机年[220]的破产表,并且把破产者自己的财产和他们的负债额比较一下。——"真的,那些有资本和信用的人的购买力,远非一个对投机市场毫无实际知识的人所能想象。"(图克《通货原理研究》第79页)"一个人,只要他有这种名声,即被公认为拥有充足的资本可以经营他的经常的营业,并且在同业中又享有良好的信用,如果他对他所经营的货物的行情看涨持有乐观的估计,而在投机开始和进行中又一切顺利,那么,他就可以按照一个比他的资本大得多的规模来购买。"(同上,第136页)——"工厂主、商人等等,都大大超过他们的资本来进行交易……现在,资本与其说是任何一种商业交易的界限,不如说是用来建立良好信用的基础。"(1847年《经济学家》第1333页)

本的支配权,使他取得了对社会劳动的支配权。因此,一个人实际拥有的或公众认为他拥有的资本本身,只是成为信用这个上层建筑的基础。以上所述特别适用于经手绝大部分社会产品的批发商业。在这里,一切尺度,一切在资本主义生产方式内多少还可以站得住脚的辩护理由都消失了。进行投机的批发商人是拿社会的财产,而不是拿**自己的**财产来进行冒险的。资本起源于节约的说法,也变成荒唐的了,因为那种人正是要求**别人**为他而节约。〔如不久前整个法国为巴拿马运河的骗子总共节约了15亿法郎。巴拿马运河的全部骗局[225]在它发生整整20年之前,就已经在这里多么准确地描绘出来了。——弗·恩·〕他的奢侈——奢侈本身现在也成为获得信用的手段——正好给了另一种关于禁欲的说法一记耳光。在资本主义生产不很发达的阶段还有某种意义的各种观念,在这里变得完全没有意义了。在这里,成功和失败同时导致资本的集中,从而导致最大规模的剥夺。在这里,剥夺已经从直接生产者扩展到中小资本家自身。这种剥夺是资本主义生产方式的出发点;实行这种剥夺是资本主义生产方式的目的,而且最后是要剥夺一切个人的生产资料,这些生产资料随着社会生产的发展已不再是私人生产的资料和私人生产的产品,它们只有在联合起来的生产者手中还能是生产资料,因而还能是他们的社会财产,正如它们是他们的社会产品一样。但是,这种剥夺在资本主义制度本身内,以对立的形态表现出来,即社会财产为少数人所占有;而信用使这少数人越来越具有纯粹冒险家的性质。因为财产在这里是以股票的形式存在的,所以它的运动和转移就纯粹变成了交易所赌博的结果;在这种赌博中,小鱼为鲨鱼所吞掉,羊为交易所的狼所吞掉。在股份制度内,已经存在着社会生产资料借以表现为个人财产的旧形式的对立面;但是,这种向股份形式的转化本身,还是局限在资本主义界限之内;因此,这种转化并没有克服财富作为社会财富的性质和作为私人财富的性质之间的对立,而只是在新的形态上发展了这种对立。

工人自己的合作工厂[226],是在旧形式内对旧形式打开的第一个缺口,虽然它在自己的实际组织中,当然到处都再生产出并且必然会再生产出现存制度的一切缺点。但是,资本和劳动之间的对立在这种工厂内已经被扬弃,虽然起初只是在下述形式上被扬弃,即工人作为联合体是他们自己的资本家,也就是说,他们利用生产资料来使他们自己的劳动增殖。这种工厂表明,在物质生产力和与之相适应的社会生产形式的一定的发展阶段上,一种新的生产方式怎样会自然而然地从一种生产方式中发展并形成起来。没有从资本主义生产方式中产生的工厂制度,合作工厂就不可能发展起来;同样,没有从资本主义生产方式中产生的信用制度,合作工厂也不可能发展起来。信用制度是资本主义的私人企业逐渐转化为资本主义的股份公司的主要基础,同样,它又是按或大或小的国家规模逐渐扩大合作企业的手段。资本主义的股份企业,也和合作工厂一样,应当被看做是由资本主义生产方式转化为联合的生产方式的过渡形式,只不过在前者那里,对立是消极地扬弃的,而在后者那里,对立是积极地扬弃的。

以上,我们主要联系产业资本考察了信用制度的发展以及在这一制度中包含的资本所有权的潜在的扬弃。以下几章,我们将要联系生息资本本身来考察信用,考察信用对这种资本的影响和信用在这里所采取的形式;同时,我们还要作几点专门的经济学的评述。

在此之前,先谈谈下面这点:

如果说信用制度表现为生产过剩和商业过度投机的主要杠杆,那只是因为按性质来说具有弹性的再生产过程,在这里被强化到了极限。它所以会被强化,是因为很大一部分社会资本为社会资本的非所有者所使用,这种人办起事来和那种亲自执行职能、小心谨慎地权衡其私人资本的界限的所有者完全不同。这不过表明:建立在资本主义生产的对立性质基础上的资本增殖,只容许现实的自由的发展达到一定的限度,因而,它事实上为生产造成了一种内在的、但会不断被信用制度打破的束缚和限制。(88)因此,信用制度加速了生产力的物质上的发展和世界市场的形成;使这二者作为新生产形式的物质基础发展到一定的高度,是资本主义生产方式的历史使命。同时,信用加速了这种矛盾的暴力的爆发,即危机,因而促进了旧生产方式解体的各要素。

　　信用制度固有的二重性质是:一方面,把资本主义生产的动力——用剥削他人劳动的办法来发财致富——发展成为最纯粹最巨大的赌博欺诈制度,并且使剥削社会财富的少数人的人数越来越减少;另一方面,造成转到一种新生产方式的过渡形式。正是这种二重性质,使信用的主要宣扬者,从约翰·罗到伊萨克·贝列拉,都具有这样一种有趣的混合性质:既是骗子又是预言家。

---

(88)托马斯·查默斯[《论政治经济学……》1832年格拉斯哥版]。

第二十八章

流通手段和资本。
图克和富拉顿的见解

图克[89]、威尔逊等人指出的通货和资本之间的区别——在他们那里,作为货币的流通手段,作为一般货币资本的流通手段和作为

---

[89]这里,我们把第390[①]页上曾经用德文摘引过的图克的话的原文抄录如下:"The business of bankers, setting aside the issue of promissory notes payable on demand, may be divided into two branches, corresponding with the distinction pointed out by Dr. (Adam) Smith of the transactions between dealers and dealers, and between dealers and consumers. One branch of the bankers' business is to collect *capital* from those who have not immediate employment for it, and to distribute or transfer it to those who have. The other branch is to receive deposits of the *incomes* of their customers, and to pay out the amount, as it is wanted for expenditure by the latter in the objects of their consumption... the former being a circulation of *capital*,the latter of *currency*." ["银行家的业务,除了发行凭票即付的银行券以外,可以分成两部分,这同(亚当·)斯密博士指出的商人与商人之间的交易和商人与消费者之间的交易二者的区别是一致的。银行家的业务,一部分是从那些不能直接运用资本的人那里收集资本,把它分配给或转移给能够运用它的人。另一部分是从顾客的收入接受存款,并在

---

①见本卷第454—455页。——编者注

生息资本(英语是moneyed capital)的流通手段之间的区别,是杂乱无章地混淆在一起的——,可以归结为如下两点。

一方面,流通手段,就它对**收入的花费**,从而对个人消费者和零售商人之间的交易起中介作用来说,是作为**铸币**(货币)流通的。零售商人这个范畴,包括一切向消费者——与生产消费者或生产者相区别的个人消费者——出售商品的商人。在这里,货币是以铸币的职能进行流通的,虽然它不断地**补偿资本**。一个国家的货币的一定部分会不断执行这种职能,虽然这个部分是由不断变换的一枚一枚的铸币构成的。另一方面,就货币对**资本的转移**起中介作用来说,不管它是充当购买手段(流通手段)还是充当支付手段,它都是**资本**。所以,使它和铸币区别开来的,既不是它作为购买手段的职能,也不是它作为支付手段的职能,因为即使在商人和商人之间,它也可以作为购买手段执行职能,只要他们彼此用现金进行购买;同时它也可以在商人和消费者之间执行支付手段的职能,只要出现信贷,从而收入

____

顾客需要把它用于消费的时候,如数付给他们……　前者是资本的流通,后者是货币的流通。"](图克《通货原理研究》第36页)前者是"一方面集中资本,另一方面分配资本",后者是"为周围地区的地方需要而调节流通"(同上,第37页)。——金尼尔的下面这段话,更接近于正确的理解:"货币被用来完成两种本质上不同的行为。作为商人和商人之间的交换手段,它是使资本转移的工具;也就是使一定量的货币形式的资本同等量的商品形式的资本相交换。但是,为支付工资而支出的货币和商人与消费者之间买卖上支出的货币,不是资本,而是收入;这是社会收入中用于日常开支的部分。这种货币在经常的日常开支上流通,只有这种货币可以在严格的意义上叫做流通手段(currency)。资本的贷放,完全取决于银行或其他资本所有者的意志,——因为借款人随时可以找到;但流通手段的总量,取决于社会需要。货币就是在社会范围内为日常开支的目的而流通。"(约·金尼尔《危机和通货》1847年伦敦版[第3、4页])

可以先被消费,后被支付。因此,区别在于:在第二个场合,这个货币不仅为一方即卖者补偿资本,而且被另一方即买者作为资本来支出,来预付。因此,区别事实上是**收入的货币形式**和**资本的货币形式**之间的区别,而不是通货和资本之间的区别,因为货币的一定量部分,会作为中介在商人之间**流通**,同样也会作为中介在消费者和商人之间**流通**,所以在**两种**职能上,它都同样是**通货**。但是,在图克的见解中,产生了各式各样的混乱,这是由于:

1. 混淆了职能上的规定;

2. 混进了关于在两种职能上合计需要多少流通货币量的问题;

3. 混进了关于在两种职能上,从而在再生产过程的两个领域内流通的流通手段量互相保持相对比例的问题。

关于第1点:混淆职能上的规定,即分不清货币在一种形式上是通货(currency),在另一种形式上是资本。只要货币在这种或那种职能上发挥作用,不管是实现收入还是转移资本,它都是在买卖中或在支付中,作为购买手段或支付手段执行职能,在更广泛的意义上说,作为流通手段执行职能。货币在它的支出者或接受者的计算中具有的进一步规定,即货币对他来说代表资本还是代表收入这个规定,绝对不会对这点有任何改变;并且这件事也从两方面表示出来了。虽然在两个领域内流通的货币属于不同的种类,但同一货币,例如一张五镑的银行券,会由一个领域转到另一个领域,交替完成两种职能;单是因为零售商人只能在他从自己的买者那里得到的铸币的形式上赋予他的资本以货币形式,这个现象就是不可避免的。我们可以假定,真正的辅币主要是在零售商业领域内流通;零售商人要不断用它来找零钱,并在他的顾客付款时不断把它收回。但他也接受货币,即接受充当价值尺度的金属的铸币,在英国就是接受金镑甚至银行券,例如5镑和10镑的小面额银行券。这种金币和银行券,再加上一些剩余的辅币,会每日或每周由他存入银行,然后根据他在银行里的存款开出支票来偿付他所购买的东西。可是这同一些金币和银行券,又会不断被作为消费者的全体公众,直接地或者间接地(例如工厂主在支付工资时使用的零钱)作为他们的收入的货币形式再从银行那里取走,并且不断流回到零售商人那里,从而使这些零售商人重新实现他们的资本的一部分,但同时也使他们重新实现他们的收入的一部分。这后一种情况是重要的,可是完全被图克忽视了。只有当货币作为货币资本来使用时,在再生产过程的开端(第二册第一篇227),资本价值才纯粹作为资本价值而存在。这是因为在生产出来的商品中不仅包含资本,而且已经包含剩余价值;这些商品不仅是可能的资本,而且是已经实现的资本,包含已同它合为一体的收入源泉的资本。因此,零售商人为了货币流回到他手中而出售的东西,即他的商品,对他来说,是资本加上利润,资本加上收入。

其次,当流通的货币流回到零售商人那里时,它会重新成为他的资本的货币形式。

因此,把流通作为收入的流通和作为资本的流通之间的区别变成通货和资本之间的区别,是完全错误的。图克所以会有这种说法,是因为他单纯站在发行自己的银行券的银行家的立场上。银行家的不断处在公众手中并作为流通手段执行职能的银行券的数额(虽然这个数额不断由不同的银行券构成),除了纸张和印刷方面以外,无须他花费分文。这是对他自己签发的流通债券(汇票),但它们会为他带来货币,因而会成为一种使他的资本增殖的手段。然而它们和他的资本有区别,不管是自有的资本还是借入的资本。因此,对他来说,在通货和资本之间产生了一种独特的区别;不过,这种区别同概念规定本身毫无关系,至少和图克所提出的那些概念规定毫无关系。

这种不同的规定性——货币是作为收入的货币形式,还是作为资本的货币形式执行职能——首先不会改变货币作为流通手段的性质;不管货币在完成这个职能还是在完成那个职能,它都会保持这个性质。诚然,当货币以收入的货币形式出现时,它更多地是作为真正的流通手段(铸币、购买手段)执行职能,因为这些买和卖的活动是分散的,并且因为大多数的收入花费者,工人,相对地说很少能够进行赊购;而在流通手段是资本的货币形式的那种商业界交易中,部分地由于集中,部分地由于信用制度起支配作用,货币主要是执行支付手段的职能。但作为支付手段的货币和作为购买手段(流通手段)的货币之间的区别,是一种属于货币本身的区别;不是货币和资本之间的区别。因为在零售商业中流通的,多数是铜币和银币,在批发商业中流通的,多数是金币,所以银币和铜币为一方和金币为另一方之间的区别,并不是通货和资本的区别。

关于第2点:混进了关于在两种职能上合计需要多少流通货币量的问题。只要货币作为购买手段或支付手段流通,——无论它在两个领域中的哪一个领域内流通,也不管它的职能是实现收入还是实现资本,——对于它的流通总量来说,我们以前在第一册第三章第2节b中考察简单商品流通时所阐明的各个规律都是适用的。流通速度,也就是同一货币在一定时间内反复完成同一个购买手段和支付手段的职能的次数,同时进行的买卖或支付的总量,流通商品的价格总和,最后,必须在同一时间内结清的支付差额,在两个场合,都决定流通货币即通货的总量。这样执行职能的货币对支付者或接受者来说,究竟是代表资本还是代表收入,这是没有关系的,决不会使情况有任何变化。货币的总量是简单地由它作为购买手段和支付手段的职能决定的。

　　关于第3点:关于在两种职能上,从而在再生产过程的两个领域内流通的流通手段量的相对比例的问题。两个流通领域具有一种内在联系,因为一方面,待花费的收入的量表示消费的规模,另一方面,生产和商业上流通的资本量的大小,表示再生产过程的规模和速度。尽管如此,同一些情况,对两种职能上或两个领域内流通的货币量,或英国人的银行用语所说的通货量,还是会发生不同的甚至相反的作用。这又为图克对通货和资本作出庸俗的区别提供了新的根据。"通货学派"[218]先生们混淆了两种不同的东西这一事实,决不是可以把它们表述为不同概念的理由。

　　在繁荣时期,在再生产过程大大扩张、加速并且充满活力的时期,工人会充分就业。在大多数情况下,工资也会提高,这在某种程度上会使商业周期的其他时期工资下降到平均水平以下的情形得到些补偿。同时,资本家的收入也会显著增加。消费会普遍提高。商品价格通常也会提高,至少在各个起决定作用的营业部门会提高。因此,流通的货币量会增加,至少在一定限度内会增加;之所以是一定限度,是由于较快的流通速度又会限制流通手段量的增加。因为由工资构成的那部分社会收入,本来是由产业资本家以可变资本的形式并且总是以货币形式预付的,所以这部分社会收入的流通在繁荣时期需要有更多的货币。但是我们不应把它计算两次:一次当做可变资本的流通所必需的货币,另一次当做工人收入的流通所必需的货币。作为工资付给工人的货币,会在零售交易中被花费,并且在各个较小的循环中对各式各样的中间交易起中介作用之后,差不多每周都会作为零售商人的存款回到银行。在繁荣时期,货币的回流对产业资本家来说是流畅的,因此,他们对货币信贷的需要,并不会因为他们必须支付更多的工资,需要更多的货币来使他们的可变资本流通,就增加起来。

总的结果是,在繁荣时期,用在收入的花费上的流通手段的量,将会显著增加。

至于资本转移所需要的通货,即资本家自身之间必需的通货,那么,这个营业兴旺时期同时也就是信用最具弹性和最易获得的时期。资本家和资本家之间的流通的速度,直接由信用调节,因而,结算支付差额、甚至现金购买所需要的流通手段量,会相应地减少。绝对地说,它可以增加;但相对地说,和再生产过程的扩大相比来说,它在所有情况下都会减少。一方面,较大额的支付,无须货币介入就可以了结;另一方面,在再生产过程非常活跃的时候,同量货币无论作为购买手段还是作为支付手段都会以较快的速度运动。同量货币会对更多单个资本的回流起中介作用。

总的说来,在这样的时期,货币流通显得很充足,尽管第二部分(资本的转移)至少会相对缩小,而第一部分(收入的花费)会绝对扩大。

货币的回流表示商品资本再转化为货币,G—W—G′,这是我们在第二册第一篇考察再生产过程时已经看到的。信用使货币形式上的回流不以实际回流的时间为转移,这无论对产业资本家来说还是对商人来说都是如此。二者都会赊卖;因此,他们的商品,是在这些商品对他们来说再转化为货币之前,也就是以货币形式流回到他们那里之前让渡的。另一方面,他们也会赊购;这样,他们的商品的价值,在实际转化为货币以前,在商品价格到期支付以前,对他们来说,已经再转化为生产资本或商品资本。在这样的繁荣时期,回流是容易而流畅的。零售商人会准确无误地付款给批发商人,批发商人会准确无误地付款给工厂主,工厂主会准确无误地付款给原料进口商人,等等。回流迅速而可靠这种假象,在回流实际上已经消失以后,总是会由于已经发生作用的信用,而在较长时间内保持下去,因为信用的回流会代替实际的回流。但只要银行的客户付给银行的汇票多于货币,银行就会开始感到危险。关于这一点,可以参看前面引证的利物浦银行董事所说的那些话,见第398页①。

在这里,还要插入一段我以前讲过的话:"在信用活跃的时期,货币流通的速度比商品价格增加得快,而在信用紧缩的时期,商品价格比流通速度降低得慢。"(《政治经济学批判》1859年第83、84页[228])

在危机时期,情形正好相反。第一种流通缩小,物价下降,工资也下降;就业工人的人数减少,交易的总额减少。另一方面,在第二种流通上,随着信用的紧缩,对货币信贷的需要增加了。这一点,我们马上就要更详细地论述。

毫无疑问,在同再生产过程的停滞结合在一起的信用紧缩的情况下,第一种流通即收入的花费所需要的通货量就会减少,而第二种流通即资本的转移所需要的通货量则会增加。但是必须研究一下,这个原理在多大程度上和富拉顿等人提出的下述原理相一致:

"对借贷资本的需求和对追加流通手段的需求,是完全不同的两回事,也不是常常结合在一起的。"(90)

---

(90)"A demand for capital on loan and a demand for additional circulation are quite distinct things, and not often found associated."(富拉顿[《论通货的调整》1845年伦敦版]第82页,第5章的标题。)——"认为对信贷的需求(即对资本的借贷的需求)和对追加流通手段的需求是一回事,或者甚至认为这二者是常常结合在一起的,这实际上是一个很大的错误。这每一种需求,都是在它特有的与别的需求极不相同的情况下产生的。在一切看起来都很繁荣的时候,在工资高,物价上涨,工厂繁忙的时候,通常都需要有**流通手段**的追加供给,以便完成各种

---

①见本卷第465—466页。——编者注

首先,很清楚,在上述两个场合的第一个场合,即流通手段量必

同扩大和增加支付的必要性分不开的追加职能。而利息上涨,要求银行贷放**资本**的压力,主要是出现在商业周期的较晚的阶段,那时困难开始显露出来,市场商品充斥,回流延滞。当然,银行通常除了发行银行券以外没有别的办法来贷放资本,因此,拒绝发行银行券就是拒绝提供信贷。但是信贷一经提供,一切就都会和市场的需要相适应了;贷款会保留下来,流通手段如不需要,就会流回到发行者那里。所以只要粗略地翻一下议会报告,每个人都会相信,英格兰银行持有的有价证券的数额,通常是同该行银行券的流通额按相反的方向变动的,而不是按相同的方向变动的;并且相信,这个大银行的例子,不会是地方银行家们如此大力强调的下述原则的例外。这个原则是:任何一个银行,如果其流通的银行券数额已经适应于银行券流通的通常目的,它就不能扩大它的流通银行券的数额;如果银行要超过这个界限增发贷款,它就必须使用自己的资本,必须出售一些作为准备的有价证券,或者停止把进款再投在有价证券上。我前面曾经提到的议会报告关于1833年到1840年这个期间编制的表,不断提供例子来证明这个真理。但其中有两个例子非常突出,因此,我完全没有必要再举其他的例子。1837年1月3日,英格兰银行的资金,为了维持信用和应付货币市场上的困难而紧张到了极点,这时我们发现,该行用于贷款和贴现的金额异常惊人,达到17 022 000镑。这是[反雅各宾]战争以来很少见过的巨额,几乎等于发行的银行券的全部。那时,银行券的发行额不变地固定在17 076 000镑这样一个低标准上。另一方面,我们又发现,在1833年6月4日,银行券的流通额等于18 892 000镑,但银行持有的私人有价证券没有超过972 000镑,即使不是过去50年间最低的记录,也几乎是最低的记录。"(富拉顿,同上,第97、98页)——我们从英格兰银行总裁魏格林先生的下述证词中可以看出,货币信贷的需求根本不必与金(威尔逊、图克等人把它叫做资本)的需求相一致。他说,"汇票的贴现到这个程度为止〈接连三天,每天100万镑〉是不会使准备金〈银行券的准备金〉减少的,除非公众要求得到更大量的现实的通货。在汇票贴现时发出的银行券,会通过银行的中介作用,通过存款而流回。因此,如果这种交易不是以金的输出为目的,如果国内没有笼罩着那样一种恐慌,以致公众不愿把银行券存入银行,而宁愿把它留在身边,银行的准备金就不会受到这种巨额交易的影响。"——"英格兰银行可以每天贴现150万镑,并且照这样继续做下去,而丝毫不会影响它的准备金。银行券会作为存款流回,所发生的唯一的变化是,它们由一个账户转入另一个账户。"(《银行法报告》,1857年第241、500号证词)因此,在这个场合,银行券只是充当信用转移的手段。

须增加的繁荣时期,对流通手段的需求增加了。但是,同样清楚的是,如果一个工厂主因为要在货币形式上支出更多的资本,从他的银行存款中提取更多的金或银行券,那么,由此他对资本的需求并未增加,而只是他对支出自己资本的那个特殊形式的需求增加了。这种需求只涉及他把自己的资本投入流通的技术形式。这正像例如在信用制度发展程度不等的情况下,同一可变资本或同量工资,在一个国家比在另一个国家需要更大的流通手段量一样;例如,在英格兰比在苏格兰大,在德国比在英格兰大。同样,在农业方面,在再生产过程中活动的同一资本,也会因季节不同而需要有不同的货币量来完成它的职能。

但是,富拉顿提出的那种对立,是不正确的。使停滞时期同繁荣时期区别开来的,并不是像他所说的那样,是对贷款的强烈需求,而是在繁荣时期,这种需求容易得到满足,在停滞发生之后,这种需求难以得到满足。正是信用制度在繁荣时期的惊人发展,从而,正是对借贷资本的需求在繁荣时期的巨大增加,以及这种需求在繁荣时期容易得到满足,造成了停滞时期的信用紧迫。因此,作为两个时期的特征的,并不是贷款需求的数量差别。

正像以前已经指出的那样,使两个时期互相区别的,首先是下述情况:在繁荣时期,占统治地位的是对消费者和商人之间的流通手段的需求,在停滞时期,占统治地位的是对资本家之间的流通手段的需求。在营业停滞时期,前一种需求会减少,后一种需求会增加。

富拉顿等人认为有决定意义的是这种现象:在英格兰银行手中握有的有价证券——贷款抵押品和汇票——增加的时期,它的银行券的流通就减少;反过来,情形也就相反。但是,有价证券的多少所表示的是货币信贷的规模,即已贴现的汇票和以可流通的有价证券为抵押的贷款的规模。因此,富拉顿在前面第436页注(90)^①所引用的那一段话中说:英格兰银行拥有的有价证券,通常是同该行银行券的流通额按相反的方向变动的,这种现象证实了私人银行久已遵循的一条原则,即任何一个银行都不能使它的银行券的发行额超过它的客户的需要所决定的一定数额;如果它要超过这个数额发放贷款,它就必须用自己的资本来这样做,也就是说,或者使有价证券流通,或者是把本来打算投在有价证券上面的进款改用于这个目的。

但是,这里也表明了富拉顿把资本理解成什么。在这里,资本是指什么呢?是指银行不再能用自己发行的银行券,不再能用那种当然不花费它什么的支付凭据来发放贷款。然而在这种情况下它用什么来发放贷款呢?用出售作为准备金的有价证券,即国债券、股票和其他有息的有价证券所得到的进款来发放贷款。但是它出售这类证券是为了获得什么呢?是为了获得货币,即获得金或能充当合法的支付手段的银行券,如英格兰银行的银行券。因此,银行贷出的东西在任何情况下都是货币。不过这种货币现在构成银行的资本的一部分。如果银行贷出的是金,这个情形是一目了然的。如果它贷出的是银行券,这些银行券现在就代表资本,因为银行为了获得银行券,让渡了一个实际的价值,即有息的有价证券。就私人银行来说,由于出售有价证券而流回到它们那里的银行券,大部分可能只是英格兰银行的银行券或它们自己发行的银行券,因为别的银行券用来支付有价证券时很难被接受。如果英格兰银行本身这样做,那么,它由此收回的本行银行券,需要它耗费资本,即有息的有价证券。此外,它由此会把本行的银行券从流通中取出。如果它再发行这些银行券,

---

① 见本卷第508—509页。——编者注

或发行同额新券作为代替,它们现在就代表资本。而且,无论当它们被借给资本家的时候,还是在以后,当它们因对这种货币信贷的需求减少而被重新投在有价证券上的时候,它们总是代表资本。在所有这些场合,资本这个词都只是在银行家的观点上使用的,即表示银行家被迫发放的贷款超过了他的单纯信用。

大家知道,英格兰银行是用自己的银行券发放它的一切贷款的。尽管如此,如果该行银行券的流通额照例随着该行手里的贴现汇票和贷款抵押品的增加,从而随着该行所发放的贷款的增加而减少,那么,投入流通的银行券会怎么样呢?它们怎样流回英格兰银行呢?

首先,如果货币信贷的需求是由国家的支付逆差引起的,并由此引起金的流出,事情就非常简单。汇票会用银行券来贴现。银行券会在英格兰银行发行部兑换成金,而金被输出。这和英格兰银行在汇票贴现时直接支付金,而不用银行券作为中介是一样的。一个如此增大的需求——在某些场合,竟达到700万镑至1 000万镑——,当然不会把任何一张五镑的银行券加到国内的流通中去。如果我们说,在这个场合英格兰银行贷出的是资本,而不是流通手段,那么,这句话有双重意义。第一,它贷出的不是信用,而是实际的价值,即它自己的资本的一部分或存在它那里的资本的一部分。第二,它不是为国内流通,而是为国际流通贷出货币,它贷出的是世界货币;为了这个目的,货币必须总是以贮藏货币的形式存在,以它的金属形体存在;在这个形式上,货币不仅是价值的形式,而且本身就等于以它为货币形式的价值。虽然这种金现在对英格兰银行来说,对输出金的商人来说,代表资本,代表银行家资本或商人资本,但是对金的需求并不是作为对资本的需求,而是作为对货币资本的绝对形式的需求产生的。这种需求正是在外国市场充满不能实现的英国商品资本的时候产生的。所以，人们要求的东西，不是作为**资本**的资本，而是作为**货币**的资本，是这样一种形式上的资本，在这种形式上，货币是世界市场的一般商品，并且这就是作为贵金属的货币的原来形式。所以，金的流出，并不像富拉顿、图克等人所说的那样，是"一个单纯的资本问题"，而是"一个货币问题"，虽然在这里货币是处在一个特有的职能上。它固然不像"通货学派"的人们所主张的那样，是**国内**流通的问题，但这根本不能证明，它像富拉顿等人所认为的那样，是一个单纯的"资本问题"。这是货币充当国际支付手段这样一种形式上的"货币问题"。

> "这个资本〔指国内谷物歉收后向国外购买的数百万夸特的小麦的价格〕是以商品形式转移出去还是以硬币形式转移出去，根本不影响营业的性质。"（富拉顿，同上，第131页）

但它对金是否流出的问题有极其重大的影响。资本是以贵金属的形式输出的，因为它在商品形式上输出要么是根本不可能的，要么是受到极大的损失。现代银行主义对金的流出感到的恐惧，超过了认为贵金属是唯一真正财富的货币主义[229]所梦想的一切。例如，我们可以看看英格兰银行总裁莫里斯在议会委员会面前关于1847—1848年危机所提出的下述证词：

> （第3846号。问：）"当我说储备品（stocks）和固定资本贬值时，难道您不知道，投在各种储备品和产品上的一切资本都同样贬值了吗，原棉、生丝、原毛都以同样的抛售价格运往大陆了吗，砂糖、咖啡和茶叶都像在强制拍卖时那样亏本出售了吗？——为了对付由于大量进口粮食而引起的**金的流出**，国家必须忍受**巨大的牺牲**，这是不可避免的。"——（第3848号）"您是不是认为，与其忍受这种牺牲使金流回，还不如动用银行库存的800万镑呢？——不，**我不认为是这样**。"

在这里,金被当做唯一的真正的财富。

富拉顿引用过图克的如下发现,

"除了一两个可以得到令人满意的说明的例外,在过去半世纪,每一次伴随有金的流出的汇兑率的显著下降,总是和流通手段相对缺少的状况结合在一起的;反过来,情况也就相反。"(富拉顿,第121页)

这个发现证明,这种金的流出现象,多半是在活跃和投机的时期之后发生的,是

"崩溃已经开始的信号……表示市场商品充斥,外国对我国产品的需求停止,回流迟滞,而这一切的必然结果是,商业丧失信用,工厂关门,工人挨饿,工业和企事业普遍停滞"。(第129页)

同时,这个发现当然最好不过地驳斥了"通货学派"的下述论断,

"通货充足会驱逐金,通货缺少会吸引金。"

相反,尽管英格兰银行在繁荣时期多半都有强大的金准备,但是,这个货币贮藏总是在继风暴之后的冷落停滞时期形成的。

可见,有关金的流出的全部高见,可以归结为:对**国际**流通手段和支付手段的需求,与对**国内**流通手段和支付手段的需求不同(由此又自然得出结论:"金的流出,不一定包含对国内流通手段需求的减少",这是富拉顿在第112页上所说的);把贵金属从国内输出并投入国际流通,与把银行券或铸币投入国内流通,不是一回事。此外,我以前已经指出,作为国际支付准备金而集中的贮藏货币的运动,就它本身来说,与作为流通手段的货币的运动无关。[230]我曾经根据货币的性质阐明了贮藏货币的各种职能:它作为支付手段(国内已经到期的支付)的准备金的职能;作为流通手段的准备金的职能;最后,作为

世界货币的准备金的职能。当然,当所有这些职能都由唯一的一个准备金承担时,问题就变得复杂起来;由此也可以得出结论说,在某些情况下,英格兰银行的金向国内流出的现象和它向国外流出的现象是可以结合在一起的。但是,使问题进一步复杂化的,还有那种任意加在这个贮藏货币上的新的职能,即在信用制度和信用货币发达的国家充当银行券兑换的保证金的职能。除此之外,最后还有,1. 国家准备金集中在唯一的一家大银行手中;2. 这个准备金尽可能减少到最低限度的现象。因此,富拉顿抱怨说(第143页):

> "在英国,只要英格兰银行的金贮藏好像快要完全枯竭,便会发生激烈的不安和惊慌。而在大陆各国,汇兑率的变动通常都是十分平静而轻易地发生的。当我们看到这种现象时,不能不对金属通货在这方面具有的巨大好处感到惊奇。"

现在,我们且把金的流出撇开不说,一个发行银行券的银行,例如英格兰银行,如果不增加它的银行券的发行又怎么能够增加它所提供的货币信贷呢?

一切留在银行外面的银行券,无论它们是在流通中还是堆在私人贮藏库中,对银行本身来说,都是处在流通中,也就是说,都是处在银行的占有之外。因此,如果银行扩大它的贴现和抵押业务,即增加以有价证券为抵押的贷款,那么它为此目的发行的银行券必须再流回到它那里,因为如果不这样,这些银行券就会使流通手段的总额增加,这正好是不应发生的情形。这种回流能够按照两个方法进行。

第一,银行把银行券支付给A,取得有价证券;A把这些银行券支付给B,以偿付到期的汇票;B再把这些银行券存入银行。这些银行券的流通到此就结束了,但是贷款依然存在。

("贷款依然存在,而通货,如果不需要,就回到发行者那里。"富拉顿,第97页)

银行贷给A的银行券,现在回到银行那里;不过银行成了A的债权人,或成了A拿来贴现的那张汇票的兑付人的债权人,而就这些银行券所表示的价值额来说,银行又成了B的债务人,因此,B就取得了对银行资本的一个相应部分的支配权。

第二,A支付给B,B自己或从B那里得到这种银行券的C,再用这种银行券直接地或间接地向银行偿付到期的汇票。在这个场合,付给银行的是它自己的银行券。这时交易由此就完成了(不过A还要向银行偿还贷款)。

那么,银行向A发放的贷款在什么程度上可以看做是资本的贷放,在什么程度上只可以看做是支付手段的贷放呢?[91]

〔这取决于贷放本身的性质。在这里,需要研究三种情形。

第一种情形——A凭他个人的信用,从银行获得贷款,而没有为这种贷款提供任何担保。在这个场合,他获得的贷款不仅是支付手段,而且必定也是一笔新资本。这笔资本在归还银行之前,他可以作为追加资本用在他的营业上,并使之增殖。

第二种情形——A把有价证券、国债券或股票向银行抵押,从而比如按时价三分之二获得现金贷款。在这个场合,他获得的是他所需要的支付手段,而不是追加资本,因为他已经把一个比他从银行得

---

[91]原稿由此往下的文句和上下文联系起来无法理解。六角括号内的文句是编者重新改写过的。这一点,我曾联系别的问题在第二十六章中①谈过了。——弗·恩·

---

①见本卷第484—486页。——编者注

到的价值更大的资本价值交给银行了。但是一方面,这个更大的资本价值已经不能用来满足他当前的需要,即充当支付手段,因为它已经为了获得利息而在一定形式上投下;另一方面,A也有理由不用出售的办法把这个资本价值直接转化为支付手段。他的有价证券本来还要用做准备资本;他现在就是让它执行准备资本的职能。所以,在A和银行之间,发生了一个暂时的互相的资本转移,A没有得到任何追加资本(正好相反!),但他得到了所需要的支付手段。相反地,对银行来说,这种营业是暂时把货币资本固定在一种贷款的形式上,是使货币资本由一种形式转化为另一种形式,而这种转化正是银行业务的重要职能。

第三种情形——A拿一张汇票向银行贴现,并在扣除贴水之后得到一笔现金。在这个场合,他是把一个非流动形式的货币资本卖给银行,而换成了一个流动形式的价值额;也就是把尚未到期的汇票卖掉而换成了现金。现在,这张汇票成了银行的财产。这一点不会因汇票无人偿付时最后一个背书人A要对银行负偿付责任而发生任何变化;A会同其他背书人和出票人一起分担这个责任,他可以及时向他们提出偿还的要求。所以,在这里,根本不是什么贷款,而只是通常的买和卖。因此A也不需要向银行偿还什么东西;汇票到期时,银行就会通过汇票兑现而得到补偿。在这个场合,在A和银行之间也发生了互相的资本转移,而且同任何其他商品的买卖完全一样,正因为如此,A并没有获得任何追加资本。他所需要的和所得到的,是支付手段;他得到这种支付手段,是因为银行已经为他把他的货币资本由一种形式转化为另一种形式,即由汇票转化为货币了。

可见,只有在第一种情形下,才谈得上真正的资本贷放。在第二种情形和第三种情形下,至多只是在每次投入资本都是"资本预付"

的意义上,才能说是资本贷放.在这个意义上,银行把货币资本贷放给A了;但对A来说,货币资本至多在它是A所有的资本的一部分这个意义上,是货币**资本**.他需要它,使用它,并不是专门把它当做资本,而是专门把它当做支付手段.不然的话,每一次可以使人们获得支付手段的通常的商品出售,也都可以被看做接受了一次资本贷放.——弗·恩·〕

对于发行银行券的私人银行来说,区别在于:如果它的银行券既不留在地方上的流通中,也不以存款的形式或支付到期汇票的形式流回到它那里,那么,这种银行券就会落到那些要求私人银行用金或英格兰银行的银行券来兑换它的人手中.因此在这个场合,私人银行的银行券的贷放,事实上代表英格兰银行的银行券的贷放,或者,——这对私人银行来说也是一样,——代表金的贷放,因而代表它的银行资本的一部分.当英格兰银行本身,或任何一个别的受发行银行券的法定最高限额约束的银行,必须出售有价证券,以便从流通领域中收回它们自己的银行券,然后再把它们作为贷款发放出去的时候,以上所说同样适用;在这个场合,它们自己的银行券代表它们的可以动用的银行资本的一部分.

即使通货纯粹是金属,也可能同时发生这样的情形:1.金的流出〔这里所说的金的流出显然是指,至少有一部分金流到国外去.——弗·恩·〕使金库空虚;2.因为银行要求金,主要是为了结算支付差额(即结清过去的交易),所以银行以有价证券为担保发放的贷款会大大增加,不过它们又会以存款的形式或支付到期汇票的形式流回银行;于是一方面,在银行手中掌握的有价证券增多时,银行的存金总额却会减少;另一方面,银行从前作为所有人持有的同一金额,现在由银行作为自己存款人的债务人持有;最后,流通手段的总量会减少。

以上我们都是假定贷款是用银行券发放的,因此,银行券的发行量至少会暂时增加,虽然这种增加又会立即消失。但是,事情并不是必须如此。银行可以不发行纸币,而为A开立一个信用账户,从而使银行的债务人A变成它的想象的存款人。A用向银行签发的支票来支付给他的债权人,受票人再把支票付给他自己的银行家,这个银行家用这种支票再在票据交换所交换那种要由他兑付的支票。在这个场合,没有任何银行券介入;全部交易只限于:银行用一张向它本身开出的支票来结清它必须履行的债务,而它实际得到的补偿则是它对A所持有的信用债权。在这种情况下,银行是把它的银行资本的一部分贷给A了,因为贷给A的是银行自己的债权。

如果说这种对货币信贷的需求就是对资本的需求,那也不过是对货币资本的需求;从银行家的观点来看,是对资本的需求,也就是对金的需求——在金向国外流出的场合——或者对国家银行的银行券的需求;私人银行要获得这种银行券必须用等价物去购买,所以,它对私人银行来说代表资本。或者,最后,那些为了获得金或银行券而必须被卖掉的是有息的有价证券、国债券、股票等等。但是,如果这是国债券,那就只是对它的买者来说是资本;它代表着买者支付的购买价格,代表着他投在国债券上的资本;它本身不是资本,而只是债权。如果这是地产抵押单,那它就只是有权获得未来地租的凭证。如果这是股票,那它就只是有权取得未来剩余价值的所有权证书。所有这些东西,都不是实际的资本,也都不是资本的组成部分,并且本身也不是价值。通过这一类交易,原来属于银行的货币也可以转化为存款,以致就这个货币来说,银行由所有人变成债务人,不过会在别的占有权名义下把这个货币保持在手中。虽然这一点对银行本身来说非常重要，但它丝毫不会改变国内储备的资本甚至货币资本的量。因此在这里，资本只是充当货币资本；如果它不是以实际的货币形式存在，那就作为单纯的资本所有权证书存在。这一点非常重要，因为**银行**资本的缺乏和对它的迫切需求，同**实际**资本的减少被混同起来了，而在这样的情况下，正好相反，以生产资料和产品形式存在的实际资本却过多了，并给市场以压力。

可见，要说明在流通手段的总量不变或减少时，银行作为担保品得到的有价证券的量怎样增加的问题，因而要说明银行怎样能够满足对货币信贷的扩大了的需求的问题，是很简单的。在这样的货币紧迫的时期，流通手段的总量的确会受到下述双重限制：1. 由于金的流出；2. 由于需要有货币作为单纯的支付手段，这时，已发行的银行券会立即流回，或者通过账面信用，用不着发行任何银行券就可以结清交易；因而，只需要一个信用交易来作为支付的中介，这个信用交易的唯一目的就是结清各种支付。货币的特点是，在它只是被用来结清各种支付的时候（而在危机期间，接受贷款是为了支付，而不是为了购买，是为了结束旧的交易，而不是为了开始新的交易），它的流通，甚至在结算不是通过单纯的信用业务，不是没有货币介入的地方，也只是转瞬即逝的；因此，当人们对货币信贷迫切需求时，大量的这种交易在不扩大流通手段的情况下也能够进行。但是，在英格兰银行发放的货币信贷大量增加的同时，该行银行券的流通保持不变甚至减少这个简单的事实，显然决不能证明富拉顿、图克等人的看法：作为支付手段执行职能的货币（银行券）的流通不会增加和扩大（富拉顿、图克等人错误地认为，货币信贷同接受借贷资本，接受追加资本是一回事）。因为作为购买手段的银行券的流通，在迫切需要货币信贷的营业停滞时期会减少，所以，尽管作为支付手段的银行券的流通能够增加,通货的总额,作为购买手段和支付手段执行职能的银行券的总额,还是能够保持不变甚至减少。作为支付手段并且会立即流回发行银行的银行券的流通,在这些经济学家看来,根本不是流通。

如果货币作为支付手段的流通增加的程度,超过了它作为购买手段的流通减少的程度,那么,流通总额就会增加,虽然作为购买手段执行职能的货币的总量已大大减少。这种情形在危机的某些时刻,即在信用已经完全崩溃的时候,确实会发生,这时,不仅商品和有价证券卖不出去,而且汇票也不能贴现,除了支付现金,或者像商人所说的支付现款以外,什么也不行。因为富拉顿之流不了解,作为支付手段的银行券的流通,正是这种货币荒时期的特征,所以他们把这种现象看做偶然的现象。

　　"为获得银行券而拼命竞争,是恐慌时期的特征。这种竞争有时,例如1825年底,导致发行额突然增大,虽然这只是暂时的增大,甚至当金还在继续流出时也是如此。我认为,不应当把这样的例子看做是低汇兑率的自然的或必然的伴随现象;在这种情况下的需求并不是对通货〈应当说:作为购买手段的通货〉的需求,而是对贮藏货币的需求。这是吓坏了的银行家和资本家的需求,这种需求一般是在金的长期流出之后,在危机的最后一幕中产生的〈因而是对作为支付手段的准备金的需求〉,并且是危机即将结束的预兆。"(富拉顿,第130页)

在考察作为支付手段的货币时(第一册第三章第3节b),我们已经说明,在支付锁链被激烈破坏时,货币对商品说来,由价值的单纯观念的形式变成价值的实物的同时又是绝对的形式。关于这一点,我们还在该章注(100)和注(101)中提供了一些例子。这种破坏部分地是信用动摇以及随之而来的各种情况,如市场商品过剩、商品贬值、生产中断等等的结果,部分地又是它们的原因。

但是很清楚,富拉顿把作为购买手段的货币和作为支付手段的货币之间的区别,变成通货和资本之间的虚假的区别了。在这里,作为基础的仍旧是银行家关于流通的狭隘观念。——

还可以问一下:在这样的紧迫时期,人们缺少的究竟是资本还是要作为支付手段来用的货币?大家知道,这是一个争论问题。

首先,如果紧迫情况表现在金的流出上,那么很清楚,人们需要的东西是国际支付手段。但是要作为国际支付手段来用的货币,是金属实体的金,是本身已是价值的实体,是价值量。它同时也是资本,但不是作为商品资本的资本,而是作为货币资本的资本,不是商品形式的资本,而是货币形式的资本(并且这里所说的货币,是那种崇高意义上的货币,即作为世界市场的一般商品而存在的货币)。在这里不存在对作为支付手段的货币的需求和对资本的需求之间的对立。对立存在于货币形式的资本和商品形式的资本之间。而这里所需要的形式,唯一能够执行职能的形式,是资本的货币形式。

把这种对金(或银)的需求撇开不说,我们不能说,在这样的危机时期,都会以某种方式发生资本短缺。在谷物昂贵、棉花奇缺等非常情况下,这种情形是可能发生的;但是,这些情形决不是危机时期必然会有或照例会有的伴随现象。因此,不能因为出现对货币信贷的迫切需求,立即就得出结论说,资本的这种缺少已经存在。恰好相反。市场已经商品过剩,商品资本已经过多。因此,紧迫无论如何不是由**商品**资本的缺少引起的。以后我们还要回头来讨论这个问题。

资本主义生产的总过程

（下）

第 五 篇

利润分为利息和企业主收入。
生息资本
（续）

第二十九章

银行资本的组成部分

现在，我们必须更仔细地考察一下银行资本是由什么组成的。

我们刚才已经看到，富拉顿等人把作为流通手段的货币和作为支付手段（如果考虑到金的流出，也是作为世界货币）的货币的区别，变成了通货和资本的区别。

资本在这里所起的特别作用，使得这种银行家的经济学千方百计地要人记住货币事实上是真正的资本，就像启蒙经济学曾经同样千方百计地力图要人记住货币不是资本一样。

在以后的研究中，我们将会说明，他们在这里是把货币资本和生息资本意义上的货币资本（moneyed capital）混为一谈了。其实，前一种意义上的货币资本，始终只是同资本的其他形式相区别即同商品资本和生产资本相区别的资本的一种经过形式。

　　银行资本由两部分组成：1.现金，即金或银行券；2.有价证券。我们可以再把有价证券分成两部分：一部分是商业证券即汇票，它们是流动的，按时到期的，它们的贴现已经成为银行家的基本业务；另一部分是公共有价证券，如国债券、国库券，各种股票，总之，各种有息的而同汇票有本质差别的证券。这里还可以包括地产抵押单。由这些物质组成部分构成的资本，又分为银行家自己的投资和别人的存款，后者形成银行营业资本或借入资本。对那些发行银行券的银行来说，这里还包括银行券。我们首先把存款和银行券撇开不说。很明显，银行家资本的这些现实组成部分——货币、汇票、有息证券——决不因为这些不同要素是代表银行家自有的资本，还是代表存款即别人所有的资本，而会发生什么变化。不论银行家只用自有的资本来经营业务，还是只用在他那里存入的资本来经营业务，银行家资本的上述区分仍然不变。

　　生息资本的形式造成这样的结果：每一个确定的和有规则的货币收入都表现为一个资本的利息，而不论这种收入是不是由一个资本生出。货币收入首先转化为利息，有了利息，然后得出产生这个货币收入的资本。同样，有了生息资本，每个价值额只要不作为收入花掉，都会表现为资本，也就是都会表现为本金，而同它能够生出的可能的或现实的利息相对立。

　　事情是简单的：假定平均利息率是一年5%。如果500镑的金额转化为生息资本，一年就会生出25镑。因此，每一笔固定的25镑的年收入，都可以看做500镑资本的利息。但是，这总是一种纯粹幻想的观念，除非这25镑的源泉——不论它是单纯的所有权证书，即债权，还是像地产一样是现实的生产要素——可以直接转移，或采取一种可以转移的形式。我们以国债和工资为例。

　　国家对借入资本每年要付给自己的债权人以一定量的利息。在这个场合,债权人不能向债务人宣布解除契约,而只能卖掉他的债权,即他的所有权证书。资本本身已经由国家花掉了,耗费了。它已不再存在。对于国家的债权人来说,1.他持有一张比如说100镑的国债券;2.他靠这张国债券有权从国家的年收入即年税收中索取一定的金额,比如说5镑,或5%;3.他可以随意把这张100镑的债券卖给别人。如果利息率是5%,国家提供的保证又很可靠,那么占有者A通常就能按100镑把这张债券卖给B,因为对B来说,无论是把100镑按年息5%借给别人,还是通过支付100镑而从国家的年赋税中保证每年得到5镑,是完全一样的。但在这一切场合,这种资本,即把国家付款看成是自己的幼仔(利息)的资本,是幻想的虚拟的资本。这不仅是说贷给国家的金额已经不再存在。这个金额从来不是要作为资本支出的,不是要作为资本投下的,而只有作为资本投下,它才能转化为一个自行保存的价值。对于原债权人A来说,他在年税收中所占有的部分代表着他的资本的利息,就像对高利贷者来说,他在挥霍浪费者的财产中所占有的部分代表着他的资本的利息一样,虽然在这两种情况下,贷出的货币额都不是作为资本支出的。国债券出售的可能性,对A来说,代表着本金流回的可能性。对B来说,从他私人的观点看,他的资本是作为生息资本投下的。但就事情本身来看,B只是代替了A,买进了A对国家的债权。不管这种交易反复进行多少次,国债的资本仍然是纯粹的虚拟资本;一旦债券不能卖出,这个资本的假象就会消失。然而,我们马上就会知道,这种虚拟资本有它的独特的运动。

　　为了同国债资本对比,——在国债的场合,负数表现为资本;因为生息资本一般是一切颠倒错乱形式之母,所以,在银行家的观念中,比如债券可以表现为商品,——我们现在来考察劳动力。在这里,工资被看成是利息,因而劳动力被看成是提供这种利息的资本。例如,如果一年的工资等于50镑,利息率等于5%,一年的劳动力就被认为是一个等于1 000镑的资本。资本家们思考方式的错乱在这里达到了顶点,资本的增殖不是用劳动力的被剥削来说明,相反,劳动力的生产性质却用劳动力本身是这样一种神秘的东西即生息资本来说明。在17世纪下半叶(例如在配第那里[231]),这已经是一种很流行的观念,但是一直到今天,一部分是庸俗经济学家,另一部分主要是德国的统计学家[1],还非常热衷于这个观念。在这里,不幸有两件事情和这种轻率的观念令人不快地交错着:第一,工人必须劳动,才能获得这种利息;第二,他不能通过转让的办法把他的劳动力的资本价值转化为货币。其实,他的劳动力的年价值只等于他的年平均工资,而他必须由他的劳动补偿给劳动力的买者的,却是这个价值本身加上剩余价值,也就是加上这个价值的增殖额。在奴隶制度下,劳动者有一个资本价值,即他的购买价格。如果他被出租,承租人就首先要支付这个购买价格的利息,此外要补偿这个资本的年损耗。

　　人们把虚拟资本的形成叫做资本化。人们把每一个有规则的会反复取得的收入按平均利息率来计算,把它算做是按这个利息率贷

----

　　[1]"工人有资本价值,如果我们把他的常年服务的货币价值看做是利息收入,就会发现这个资本价值……　只要……把平均日工资按4%的利息率资本化,我们就会得到一个男性农业工人的平均价值:在德意志奥地利是1 500塔勒,在普鲁士是1 500,在英格兰是3 750,在法国是2 000,在俄国内地是750塔勒。"(弗·雷登《比较文化统计学》1848年柏林版第434页)

出的一个资本会提供的收益,这样就把这个收入资本化了;例如,在年收入＝100镑,利息率＝5%时,100镑就是2 000镑的年利息,这2 000镑现在就被看成是每年取得100镑的法定所有权证书的资本价值。对这个所有权证书的买者来说,这100镑年收入实际代表他所投资本的5%的利息。因此,和资本的现实增殖过程的一切联系就彻底消灭干净了。资本是一个自行增殖的自动机的观念就牢固地树立起来了。

即使在债券——有价证券——不像国债那样代表纯粹幻想的资本的地方,这种证券的资本价值也纯粹是幻想的。我们上面已经讲过①,信用制度怎样产生出联合的资本。这种证券被当做代表这种资本的所有权证书。铁路、采矿、轮船等公司的股票代表现实资本,也就是代表在这些企业中投入的并执行职能的资本,或者说,代表股东所预付的、在这些企业中作为资本来用的货币额。这里决不排除股票也只是一种欺诈的东西。但是,这个资本不能有双重存在:一次是作为所有权证书即股票的资本价值,另一次是作为在这些企业中实际已经投入或将要投入的资本。它只存在于后一种形式,股票不过是对这个资本所实现的剩余价值的一个相应部分的所有权证书。A可以把这个证书卖给B,B可以把它卖给C。这样的交易并不会改变事物的性质。这时,A或B把他的证书转化为资本,而C把他的资本转化为一张对股份资本预期可得的剩余价值的单纯所有权证书。

这些所有权证书——不仅是国债券,而且是股票——的价值的独立运动,加深了这样一种假象,好像除了它们能够有权索取的资本或权益之外,它们还形成现实资本。这就是说,它们已经成为商品,

①见本卷第494—495页。——编者注

而这些商品的价格有独特的运动和决定方法。它们的市场价值,在现实资本的价值不发生变化(即使它的价值已增殖)时,会和它们的名义价值具有不同的决定方法。一方面,它们的市场价值,会随着它们有权索取的收益的大小和可靠程度而发生变化。假定一张股票的名义价值即股票原来代表的投资额是100镑,又假定企业提供的不是5%而是10%,那么,在其他条件不变的情况下,在利息率是5%时,这张股票的市场价值就会提高到200镑,因为这张股票按5%的利息率资本化,现在已经代表200镑的虚拟资本。用200镑购买这张股票的人,会由这个投资得到5%的收入。如果企业的收益减少,情况则相反。这种证券的市场价值部分地有投机的性质,因为它不是由现实的收入决定的,而是由预期得到的、预先计算的收入决定的。但是,假定现实资本的增殖不变,或者假定像国债那样,资本已不存在,年收益已经由法律规定,并且又有充分保证,那么,这种证券的价格的涨落就和利息率成反比。如果利息率由5%涨到10%,保证可得5镑收益的有价证券,就只代表50镑的资本。如果利息率降到$2\frac{1}{2}$%,这同一张有价证券就代表200镑的资本。它的价值始终只是资本化的收益,也就是一个幻想的资本按现有利息率计算可得的收益。因此,在货币市场紧迫的时候,这种有价证券的价格会双重跌落;第一,是因为利息率提高,第二,是因为这种有价证券大量投入市场,以便实现为货币。不管这种证券保证它的持有者取得的收益,可能像国债券那样是不变的,也不管这种证券所代表的现实资本的增殖,可能像在产业企业中那样会因再生产过程的扰乱而受到影响,在这两种场合,这种价格跌落的现象都是会发生的。只是在后一种场合,除了上述贬值以外,还会加上进一步贬值。一旦风暴过去,只要这种证券代表的不是一个破产的或欺诈性质的企业,它们就会回

升到它们以前的水平。它们在危机中的贬值,会作为货币财产集中的一个有力的手段来发生作用。[(2)]

只要这种证券的贬值或增值同它们所代表的现实资本的价值变动无关,一国的财富在这种贬值或增值以后,和在此以前是一样的。

"到1847年10月23日,公债以及运河和铁路股票已贬值114 752 225镑。"(《商业危机》,1847—1848年[第3800号],英格兰银行总裁莫里斯的证词。)

只要这种贬值不表示生产以及铁路和运河运输的实际停滞,不表示已开始经营的企业的停闭,不表示资本在毫无价值的企业上的白白浪费,一个国家就决不会因为名义货币资本这种肥皂泡的破裂而减少分文。

所有这些证券实际上都只是代表已积累的对于未来生产的索取权或权利证书,它们的货币价值或资本价值,或者像国债那样不代表任何资本,或者完全不决定于它们所代表的现实资本的价值。

在一切进行资本主义生产的国家,都有巨额的所谓生息资本或货币资本(moneyed capital)采取这种形式。货币资本的积累,大部分不外是对生产的这种索取权的积累,是这种索取权的市场价格即幻想的资本价值的积累。

银行家资本的一部分,就是投在这种所谓有息证券上。这本身

---

(2)〔二月革命[232]以后不久,当商品和有价证券在巴黎大跌特跌并且完全卖不出去时,利物浦有个瑞士商人茨维尔兴巴特先生(他是亲自对我父亲讲这件事的),把他一切能换的东西都换成货币,带着现金来到巴黎去找路特希尔德,向他提议合伙做一笔生意。路特希尔德凝视着他,走到他身边,抓住他的两个肩膀问:"你身边有钱吗?"——"有,男爵先生!"——"好吧,让我们合伙吧。"于是他们两个做了一笔漂亮的生意。——弗·恩·〕

是准备资本即不在实际银行业务中执行职能的资本的一部分。这些证券的最大部分,是汇票,即产业资本家或商人的支付凭据。对货币贷放者来说,这种汇票是有息证券;就是说,在他购买汇票时,会扣除汇票到期以前的利息。这就是所谓的贴现。因此,从汇票所代表的金额中扣除多少,这要看当时的利息率而定。

银行家资本的最后一部分,是他的由金或银行券构成的货币准备。存款,如果没有立据规定较长的期限,随时可由存款人支取。这种存款处在不断的流动中。在有人支取时,又有人会存入,所以,在营业正常进行时,存款的一般平均总额很少变动。

在资本主义生产发达的国家,银行的准备金,总是表示贮藏货币的平均量,而这种贮藏货币的一部分本身又是自身没有任何价值的证券,只是对金的支取凭证。因此,银行家资本的最大部分纯粹是虚拟的,是由债权(汇票)、国债券(它代表过去的资本)和股票(对未来收益的支取凭证)构成的。在这里,不要忘记,银行家保险箱内的这些证券,即使是对收益的可靠支取凭证(例如国债券),或者是现实资本的所有权证书(例如股票),它们所代表的资本的货币价值也完全是虚拟的,是不以它们至少部分地代表的现实资本的价值为转移的;既然它们只是代表取得收益的要求权,并不是代表资本,那么,取得同一收益的要求权就会表现在不断变动的虚拟货币资本上。此外,还要加上这种情况:这种虚拟的银行家资本,大部分并不是代表他自己的资本,而是代表公众在他那里存入的资本——不论有利息,或者没有利息。

存款总是存入货币——金或银行券,或者存入对它们的支取凭证。除了根据实际流通的需要时而收缩时而扩大的准备金外,事实上,这种存款一方面总是在产业资本家和商人手里,他们的汇票靠这种存款来贴现,他们也是靠这种存款来取得贷款;另一方面,这种存款是在有价证券的交易人(交易所经纪人)手里,或者在已经出售有价证券的私人手里,或者在政府手里(例如在发行国库券和举借新债的场合)。存款本身起着双重作用。一方面,正如前面已经讲过的,它们会作为生息资本贷放出去,因而不会留在银行的保险柜里,而只是作为存款人提供的贷款记在银行的账簿上。另一方面,在存款人相互间提供的贷款由他们的存款支票互相平衡和互相抵消时,它们只是作为账面项目起作用;在这里,无论存款存在同一银行家那里,由他在各账户之间进行结算,或者存款存入不同的银行,由这些银行互相交换支票,而只是支付差额,情况都完全是一样的。

随着生息资本和信用制度的发展,一切资本好像都会增加一倍,有时甚至增加两倍,因为有各种方式使同一资本,甚至同一债权在各种不同的人手里以各种不同的形式出现。(3)这种"货币资本"的最大部分纯粹是虚拟的。全部存款,除了准备金外,只不过是银行家账

---

(3)〔在最近几年,资本这种增加一倍和两倍的现象,例如,已由金融信托公司大大发展了。这种金融信托公司,在伦敦的交易所报告中已占有特殊一栏。这种公司是为了购买某种有息证券,例如外国的国债券、英国的市政债券、美国的公债券、铁路股票等等而成立的。资本,比如说200万镑,是通过认股的方法筹集的。董事会买进了相应的有价证券,或在这上面多少主动地作一些投机,并且在扣去各项开支以后,把年利息收入作为股息分配给各个股东。——其次,还有些股份公司习惯于把通常的股票分为两类:优先股和普通股。优先股的利息率是确定的,比如5%,当然,这以总利润许可这样付息为前提。付息后如有剩余,就由普通股获得。这样,优先股的"可靠的"投资,就或多或少和普通股的真正的投机分开了。因为有些大企业不愿采用这个新办法,所以就出现了这样的公司,它们把100万镑或几百万镑投在这些企业的股票上,然后按这种股票的名义价值发行新的股票,其中一半为优先股,一半为普通股。在这种情况下,原来的股票增加了一倍,因为它们是发行新股票的基础。——弗·恩·〕

上的结存款项,但它们从来不是作为现金保存在那里。如果存款用在转账业务上,它们就会在银行家把它们贷出以后,对银行家执行资本的职能。银行家彼此之间通过结算的办法,来互相偿付他们对这种已经不存在的存款的支取凭证。

关于资本在货币借贷上所起的作用,亚·斯密曾说:

"即使在货币借贷上,货币也似乎只是一种凭证,这种凭证使某个所有者不使用的资本从一个人手里转到另一个人手里。这种资本,同作为资本转移工具的货币额相比,不知可以大多少倍;同一些货币可以连续用来进行许多次的借贷,正像可以用来进行许多次的购买一样。例如,A借给W1 000镑,W立即用来向B购买价值1 000镑的商品。B因为不需要用钱,所以又把这1 000镑借给X,X又立即用来向C购买价值1 000镑的商品。C又用同一方法,由于同一理由,把这1 000镑借给Y,Y再用来向D购买商品。因此,同一些金币或纸币,在数日之内,就可以用来借贷三次和购买三次,而每一次在价值上都和这个货币总额相等。A、B、C是三个有钱的人,W、X、Y是三个借钱的人,前者转给后者的是进行这种购买的权力。这些借贷的价值和效用都是由这种权力构成的。这三个有钱的人所贷出的资本,等于用这个资本所能够购买的商品的价值,所以等于购买时所使用的货币的价值的3倍。但是,只要这些债务人购买的商品使用适当,能及时收回同等价值的金币或纸币,并取得利润,那么,这些借贷仍然可以具有十分可靠的保证。就像同一些货币能够用做等于其价值3倍至30倍的借贷的手段一样,它们也能够用做依次进行偿还的手段。"(第2篇第4章²³³)

既然同一货币额根据它的流通速度可以完成多次购买,它也可以完成多次借贷,因为购买使货币从一个人手里转到另一个人手里,而借贷不过是货币不以购买为中介而从一个人手里转到另一个人手里。对任何一个卖者来说,货币都代表他的商品的转化形式;而在每一个价值都表现为资本价值的今天,说货币在各次借贷中先后代表各个资本,其实只不过是以前那种认为货币能先后实现各个商品价值的说法的另一种表现。同时,货币还充当流通手段,使那些物质资本从一个人手里转移到另一个人手里。在借贷中,它并不是作为流通手段从一个人手里转移到另一个人手里。只要货币在贷出者手里,那么货币在他手里就不是流通手段,而是他的资本的价值存在。在借贷中,贷出者就是在这个形式上把货币转给另一个人。如果A把货币借给B,B又把货币借给C,而没有以购买作为中介,那么同一个货币就不是代表三个资本,而只是代表一个资本,**一个**资本价值。它实际代表多少个资本,就取决于它有多少次作为不同商品资本的价值形式执行职能。

亚·斯密关于借贷一般所说的话,也适用于存款;因为存款只是公众给予银行家的贷款的特殊名称。同一些货币可以充当不知多少次存款的工具。

"无可争辩的事实是,今天你在A那里存入的1 000镑,明天又会被付出,在B那里存入。后天又由B付出,在C那里存入,依此类推,以至无穷。这样,同一个1 000镑货币可以通过一系列的转手,倍增为一个绝对无法确定的存款总额。因此,联合王国全部存款的$\frac{9}{10}$,除了记在银行家的账簿上,由他们进行结算外,很可能根本不存在。……例如苏格兰的情形就是这样,在那里,货币流通额从来不超过300万镑,但存款却有2 700万镑。如果不发生普遍向银行提取存款的风潮,只要同一个1 000镑反复流回,就能够同样容易地抵消一个同样无法确定的金额。因为同一个1 000镑今天由某人用来抵消他对某个零售商人的债务,明天由这个零售商人用来抵消他对某个批发商人的债务,后天由这个批发商人用来抵消他对银行的债务,依此类推,以至无穷;所以,同一个1 000镑可以从一个人手里转到另一个人手里,从一家银行转到另一家银行,抵消任何一个可以想象的存款额。"(《通货论评述》第62、63页)

正如在这种信用制度下一切东西都会增加一倍和两倍,以至变为纯粹幻想的怪物一样,人们以为终究可以从里面抓到一点实在东西的"准备金"也是如此。

让我们再一次听听英格兰银行总裁莫里斯先生是怎么说的:

"私人银行的准备金,以存款形式存放在英格兰银行手里。金流出的影响首先好像只涉及英格兰银行;但它会同样对其他银行的准备金发生影响,因为这也是它们存放在我们银行里的准备金的一部分的流出。它还会对一切地方银行的准备金发生同样的影响。"(《商业危机》,1847—1848年[第3639、3642号])

可见,这些准备金最后实际上会并入英格兰银行的准备金。[4]

---

(4)〔此后,这种情况发展到什么程度,我们可以用1892年11月伦敦15家最大银行的银行准备金公报(引自1892年12月15日《每日新闻》)来证明:

银 行 名 称	负 债(镑)	现金准备(镑)	现金准备对负债的百分比
西蒂银行	9 317 629	746 551	8.01
京都银行	11 392 744	1 307 483	11.47
帝国银行	3 987 400	447 157	11.22
劳埃德银行	23 800 937	2 966 806	12.46
伦敦威斯敏斯特银行	24 671 559	3 818 885	15.20
伦敦西南银行	5 570 268	812 353	14.58
伦敦股份银行	12 127 993	1 288 977	10.62
伦敦内地银行	8 814 499	1 127 280	12.79
伦敦郡银行	37 111 035	3 600 374	9.70
国民银行	11 163 829	1 426 225	12.77
国民地方银行	41 907 384	4 614 780	11.01
帕尔斯联合银行	12 794 489	1 532 707	11.98
普雷斯科特公司	4 041 058	538 517	13.07
伦敦联合银行	15 502 618	2 300 084	14.84
威廉斯—迪肯—曼彻斯特公司	10 452 381	1 317 628	12.60
总 计	232 655 823	27 845 807	11.97

但是,这种准备金也有双重存在。英格兰银行银行部的准备金,等于该行有权发行的银行券超过流通中的银行券的数额。该行银行券的法定最高限额＝1 400万镑(发行这个数额,不需要有金属准备;这个数额大约等于国家对该行所负的债务),加上该行的贵金属储备额。因此,如果贵金属的储备额＝1 400万镑,该行就可以发行银行券2 800万镑。而如果其中有2 000万镑在流通,银行部的准备金就＝800万镑。这时,这800万镑银行券按照法律就是该行可以支配的银行家资本,同时又是该行接受存款的准备金。如果现在金的流出使该行的金属储备额减少600万镑——因而必须销毁同样数额的银行券——那么银行部的准备金也就会由800万镑减少到200万镑。一方面,该行将会大大提高它的利息率;另一方面,那些在该行拥有存款的银行以及其他存款人将会发现,作为他们自己在该行存款的保证的准备金已经大大减少。1857年,如果英格兰银行没有得到暂停执行1844年银行法[212]的“政府信函”[5],伦敦四家最大的股份银行就要强行提取它们的存款,从而会使银行部破产。因此,尽管发行部还有好几百万镑(例如1847年有800万镑)作为流通的银行券兑现的保证,银行部还是会像1847年一样垮台。不过,银行券兑现的这种保证也是幻想的。

在这大约2 800万镑的准备金中,至少有2 500万镑存入英格兰银行,至多有300万镑现金存放在这15家银行自己的保险箱内。但英格兰银行银行部的现金准备,在1892年同一个11月内,一直不满1 600万镑!——弗·恩·]

(5)〔1844年银行法的暂停执行,使英格兰银行可以发行任何数量的银行券,而不用考虑自己手中有多少金准备可以作为保证;这样,使它可以创造任何数量的纸票形式的虚拟货币资本,从而用来贷给各个银行和各个票据经纪人,并且通过他们,贷给商业界。[——弗·恩·]〕

"银行家自己不直接需用的存款的大部分，都转到'bill-brokers'〈字面上是票据经纪人，事实上是半个银行家〉手里，他们把他们已经为伦敦或其他地方的人贴现的商业票据作为担保交给银行家，来获得银行的贷款。这种票据经纪人对银行家负责偿还这种随时可以提取的存款；这种交易的数额非常巨大，连现任〔英格兰〕银行总裁尼夫先生在作证时也说：'我们知道某个经纪人有500万镑，并且我们有理由认为另一个经纪人有800万—1 000万镑；一个有400万镑，另一个有350万镑，第三个有800万镑以上。我说的是掌握在经纪人手里的存款。'"（《银行法委员会的报告》，1857—1858年第Ⅴ页第8号）

"伦敦的票据经纪人……在进行巨额交易时，没有任何现金准备；他们指望陆续到期的汇票的收入，在紧急时，就指望用他们已贴现的汇票作担保向英格兰银行借款。"[同上，第Ⅷ页第17号]——"1847年，伦敦有两家票据经纪人公司停止支付，后来又恢复营业。1857年它们再一次停止支付。其中一家在1847年的负债额约计为2 683 000镑，而资本为180 000镑；1857年的负债额为5 300 000镑，而资本也许不超过1847年的四分之一。另一家的负债额两次都在300万—400万之间，而资本却不超过45 000镑。"（同上，第ⅩⅪ页第52号）

第 三 十 章

货币资本和现实资本。I

我们现在在考察信用制度时要遇到的仅有的几个困难问题是：

第一，真正货币资本的积累。它在什么程度上是资本的现实积累的标志，即规模扩大的再生产的标志，又在什么程度上不是这种标志呢？所谓资本过剩[plethora][234]，一个始终只用于生息资本即货币资本的用语，仅仅是表现产业生产过剩的一个特殊方式呢，还是除此以外形成一种特殊的现象呢？这种过剩即货币资本的供给过剩，是否与停滞的货币总量（金银条块、金币和银行券）的存在相一致，从而现实货币的这种过剩，是否就是借贷资本的上述过剩的反映和表现形式呢？

第二，货币紧迫，即借贷资本不足，又在什么程度上反映出现实资本（商品资本和生产资本）的不足呢？另一方面，它又在什么程度上与货币本身的不足，即流通手段的不足相一致呢？

在以上考察货币资本和货币财产的积累的特有形式时，我们已经把这种积累的形式归结为对劳动的所有权要求的积累。前面已经说过，国债资本的积累，不过是表明国家债权人阶级的增加，这个阶级有权把税收中的一定数额预先划归自己所有。⁽⁶⁾连债务积累也能表现为资本积累这一事实,清楚地表明那种在信用制度中发生的颠倒现象已经达到完成的地步。这些为原来借入的并且早已用掉的资本而发行的债券,这些代表已经消灭的资本的纸制复本,在它们是可卖商品,因而可以再转化为资本的情况下,对它们的占有者来说,就作为资本执行职能。

公用事业、铁路、矿山等等的所有权证书,正如我们上面所说的,事实上是现实资本的证书。但有了这种证书,并不能去支配这个资本。这个资本是不能提取的。有了这种证书,只是在法律上有权索取这个资本应该获得的一部分剩余价值。但是,这种证书也就成为现实资本的纸制复本,正如提货单在货物之外,和货物同时具有价值一样。它们成为并不存在的资本的名义代表。这是因为现实资本存在于这种复本之外,并且不会由于这种复本的转手而改变所有者。这种复本所以会成为生息资本的形式,不仅因为它们保证取得一定的收益,而且因为可以通过它们的出售而能得到它们的资本价值的偿付。当这些证券的积累表示铁路、矿山、汽船等等的积累时,它们也表示现实再生产过程的扩大,就像动产征税单的扩大表

---

(6)"国家有息证券不过是一种想象的资本,它代表用来偿还国债的那部分年收入。与此相等的一笔资本已经消耗掉了;它是国债的分母,但国家有息证券所代表的并不是这笔资本,因为这笔资本早已不再存在。但新的财富必然会由产业劳动产生出来;而在这个财富中每年都有一部分预先指定给那些曾经贷出这个被消耗掉的财富的人;这个部分是用课税的方法从生产这些财富的人那里取走,然后付给国家债权人的。并且人们根据本国通行的资本和利息的比率,设想出一个想象的资本,这个资本的大小和能产生债权人应得年利的那个资本相等。"(西斯蒙第《政治经济学新原理》第2卷第229—230页)

示这种动产的增加一样。但是,作为纸制复本,这些证券只是幻想的,它们的价值额的涨落,和它们有权代表的现实资本的价值变动完全无关,尽管它们可以作为商品来买卖,因而可以作为资本价值来流通。它们的价值额,也就是,它们在证券交易所内的行情,会随着利息率的下降——就这种下降与货币资本特有的运动无关,只不过是利润率趋向下降的结果来说——而必然出现上涨的趋势,所以,单是由于这个原因,这个想象的财富,就其原来具有一定名义价值的每个组成部分的价值表现来说,也会在资本主义生产发展的进程中扩大起来。(7)

由这种所有权证书的价格变动而造成的盈亏,以及这种证书在铁路大王等人手里的集中,就其本质来说,越来越成为赌博的结果。赌博已经取代劳动,表现为夺取资本财产的本来的方法,并且也取代了直接的暴力。这种想象的货币财产,不仅构成私人货币财产的很大的部分,并且正如我们讲过的,也构成银行家资本的很大的部分。

为了尽快地弄清问题,我们不妨把货币资本的积累,理解为银行家(职业的货币贷放者)手中的财富的积累,即私人货币资本家一方和国家、团体以及从事再生产的借款人另一方之间的中介人手中的财富的积累;因为整个信用制度的惊人的扩大,总之,全部信用,都被他们当做自己的私有资本来利用。这些人总是以货币的形式或对货

---

(7)一部分积累的借贷货币资本,事实上只是产业资本的表现。例如,1857年,英国向美国铁路和其他企业投资8 000万镑,这笔投资几乎完全是靠输出英国商品实现的。对于这些商品,美国人没有偿还分文。英国的出口商人凭这些商品开出在美国兑付的汇票,英国的认股人就购进这种汇票,寄到美国去缴付他们已经认购的股金。[——弗·恩·]

币的直接索取权的形式占有资本和收入。这类人的财产的积累，可以按极不同于现实积累的方向进行，但是无论如何都证明，他们攫取了现实积累的很大一部分。

让我们在较狭小的范围内来谈谈这个问题：国债券也像股票及其他一切有价证券一样，是借贷资本即用于生息的资本的投资领域。它们是资本贷出的形式。但它们本身不是投在它们上面的借贷资本。另一方面，就信用在再生产过程中起直接作用来说，必须指出下面一点：产业资本家或商人拿汇票来贴现或申请一笔贷款时所需要的，既不是股票，也不是国债券。他需要的是货币。所以，如果他不能用别的方法取得货币，他就把那些有价证券抵押或卖出去。我们要在这里研究的问题，就是**这种**借贷资本的积累，而且，特别是借贷货币资本的积累。我们在这里不讨论房屋、机器或其他固定资本的借贷。我们也不涉及产业资本家和商人互相在商品上和在再生产过程范围内进行的借贷，虽然我们对于这点也要预先进行比较仔细的研究。我们这里只研究银行家作为中介人对产业资本家和商人发放的贷款。

————

因此，我们首先分析商业信用，即从事再生产的资本家互相提供的信用。这是信用制度的基础。它的代表是汇票，是一种有一定支付期限的债券，是一种延期支付的证书。每一个人都一面提供信用，一面接受信用。我们首先撇开银行家的信用不说，它是一个本质上完全不同的要素。如果这些汇票通过背书而在商人自己中间再作为支付手段来流通，由一个人转到另一个人，中间没有贴现，那就不过是债权由A到B的转移，而这绝对不会影响整个的联系。这里发生的只是人的变换。即使在这种场合，没有货币的介入，也照样可以进行结算。例如,纺纱业者A要向棉花经纪人B兑付一张汇票,棉花经纪人B要向进口商人C兑付一张汇票。现在如果C又出口棉纱(这是十分常见的现象),他就可以凭这张汇票购买A的棉纱,纺纱业者A又可以用这张由C支付而得到的、要经纪人B自己兑付的汇票,来偿付经纪人B。在这里,至多只有差额要用货币来支付。这全部交易只是棉花和棉纱相交换的中介。出口商人只代表纺纱业者,棉花经纪人只代表棉花种植业者。

在这种纯粹商业信用的循环中,需要指出以下两点:

第一,这些互相的债权的抵消,取决于资本的回流;也就是说,取决于只是延期的W—G。如果纺纱业者从棉织厂主那里得到一张汇票,这个棉织厂主只要能在到期之前,把他投放市场的棉布出售,就可以兑付这张汇票。如果谷物投机商人向他的代理人签发一张汇票,这个代理人只要能在到期之前按预期的价格把谷物出售,就能够支付货币。因此,这种支付取决于再生产的顺畅进行,也就是说,取决于生产过程和消费过程的顺畅进行。但由于信用是互相的,每一个人的支付能力同时就取决于另一个人的支付能力;因为在签发汇票时,一个人不是指望他本人企业中的资本回流,就是指望在这期间要向他兑付汇票的第三者企业中的资本回流。把这种对资本回流的指望撇开不说,支付就只有依靠准备资本,这是由出票人自己支配,以便在回流延迟时偿付债务的。

第二,这种信用制度并不排除现金支付的必要。首先,支出的一大部分,例如工资、税款等等,总是要用现金支付。其次,例如B从C那里得到一张代替付款的汇票,但他本人在这张汇票到期之前就要向D兑付一张到期汇票,为此,他必须握有现金。一个如此完全的再生产循环,像我们上面假设的由棉花种植业者到棉纺纱业者、又由棉纺纱业者到棉花种植业者的循环,只能是一个例外,实际上这种循环总要在许多点上发生中断。我们在论述再生产过程时(第二册第三篇235)已经看到,不变资本的生产者彼此之间是用一部分不变资本进行交换的。这样一来,汇票就能或多或少地互相抵消。从生产的上行序列来看,棉花经纪人向纺纱业者,纺纱业者向棉织厂主,棉织厂主向出口商人,出口商人向进口商人(也许又是棉花进口商人)签发汇票的情况,也是这样。不过,并没有同时发生交易的循环,因而,并没有同时发生债权序列的逆转。例如,纺纱业者对织布业者的债权,就不能用煤炭供应商人对机器制造业者的债权来抵消;纺纱业者在他的营业中,对于机器制造业者,从来不会有相反的债权,因为他的产品,棉纱,从来不会成为机器制造业者的再生产过程中的要素。因此,这样的债权只有用货币来结算。

这种商业信用的界限就其自身来考察是:1. 产业资本家和商人的财富,即在回流延迟时他们所能支配的准备资本;2. 这种回流本身。这种回流可能在时间上延迟,或者商品价格也可能在这段时间内下降,或者在市场停滞时,商品还可能暂时滞销。首先,汇票的期限越长,准备资本就要越大,回流因价格下降或市场商品过剩而发生减少或延迟的可能性也就越大。其次,最初的交易越是依赖对商品价格涨落的投机,回流就越没有保证。很明显,随着劳动生产力的发展,从而大规模生产的发展,1. 市场会扩大,并且会远离生产地点,2. 因而信用必须延长,并且3. 投机的要素必然越来越支配交易。大规模的和供应远地市场的生产,会把全部产品投入商业当中;但是,要使一国的资本增加一倍,以致达到商业能够用自有的资本把全国的产品买下来并且再卖掉,这是不可能的。在这里,信用就是不可避免的了;信用的数量会随着生产的价值量一起增长,信用的期限也会随着市场距离的增大而延长。在这里是互相影响的。生产过程的发展促使信用扩大，而信用又引起工商业活动的扩展。

如果我们把这种信用同银行家的信用分开来进行考察，那就很清楚，这种信用随着产业资本本身的规模一同增大。在这里，借贷资本和产业资本是一个东西；贷出的资本就是商品资本，不是用于最后的个人的消费，就是用来补偿生产资本的不变要素。所以，这里作为贷出的资本出现的，总是那种处在再生产过程的一定阶段上的资本，它通过买卖，由一个人手里转到另一个人手里，不过它的代价要到后来才按约定的期限由买者支付。例如，棉花为换取一张汇票而转到纺纱业者手中，棉纱为换取一张汇票而转到棉织厂主手中，棉布为换取一张汇票而转到商人手中，然后它再为换取一张汇票而从该商人手中转到出口商人手中，再为换取一张汇票而从出口商人手中转到一个在印度经商的商人手中，该印度商人把它出售，用以购买靛蓝等等。在这样转手的时候，棉花已经完成了它转化为棉布的过程，棉布最后运到印度，并同靛蓝交换，靛蓝被运到欧洲，在那里再进入再生产过程。在这里，再生产过程的不同阶段都以信用为中介，纺纱业者没有对棉花支付现金，棉织厂主没有对棉纱支付现金，商人也没有对棉布支付现金等等。在过程的最初几个行为中，商品棉花通过了不同的生产阶段，而这种转移是以信用为中介的。但是，一旦棉花在生产中取得它的最后的商品形式，同一商品资本就只要经过各种商人之手，这些商人把它运到远方市场，最后一个商人才最终地把它卖给消费者，然后购买进入消费过程或再生产过程的其他商品。因此，在这里必须把两个时期区分开来：在第一个时期，信用在同一物品生产的各实际相继的阶段中起中介作用；在第二个时期，它只是在商人之间的转手（其中包括运输）中，即在W—G行为中起中介作用。但是,在这里,商品至少总还是处在流通行为中,所以总还是处在再生产过程的一个阶段中。

因此,在这里贷出的资本,决不是闲置的资本,而是在它的占有者手中必须变更自己形式的资本,是对它的占有者来说只是存在于商品资本形式上的资本,也就是说,这是必须完成再转化,即至少必须先转化为货币的资本。可见,在这里,信用是商品形态变化的中介,即不仅是W—G,而且也是G—W和现实生产过程的中介。把银行家的信用撇开不说,再生产循环内大量的信用,并不意味着有大量闲置资本供贷出和寻找能获利的投资场所,而是表明资本在再生产过程内已被大量运用。所以,信用的中介作用在这里表现为:1. 就产业资本家来说,使产业资本由一个阶段转移到另一个阶段,使彼此有关和彼此衔接的各生产部门联系起来;2. 就商人来说,使商品由一个人手里运到和转入另一个人手里,直到商品最终出售,变成货币,或者交换成其他商品。

在这里,信用的最大限度,等于产业资本的最充分的运用,也就是等于产业资本的再生产能力不顾消费界限而达到极度紧张。这些消费界限也会因再生产过程本身的紧张而扩大:一方面这种紧张会增加工人和资本家对收入的消费,另一方面这种紧张和生产消费的紧张是一回事。

只要再生产过程顺畅地进行,从而资本回流确有保障,这种信用就会持续下去和扩大起来,并且它的扩大是以再生产过程本身的扩大为基础的。一旦由于回流延迟,市场商品过剩,价格下降而出现停滞,产业资本就会过剩,不过这种过剩是在产业资本不能执行自己的各种职能的形式上表现出来的。有大量的商品资本,但卖不出去。有大量的固定资本,但由于再生产停滞,大部分闲置不用。信用将会收缩,1.因为这种资本闲置不用,也就是停滞在它的再生产的一个阶段上,因为它不能完成它的形态变化;2.因为再生产过程顺畅进行的信念已经遭到破坏;3.因为对这种商业信用的需求已经减少。纺纱业者缩减了生产,并且还有大量卖不出去的棉纱堆在库房里,他无须通过信用来购买棉花;商人也无须通过信用来购买商品,因为他手中的商品已经过多了。

因此,只要再生产过程的这种扩大受到破坏,或者哪怕是再生产过程的正常紧张状态受到破坏,信用就会减少。通过信用来获得商品就比较困难。要求现金支付,对赊售小心谨慎,是产业周期中紧接着崩溃之后的那个阶段所特有的现象。在危机中,因为每个人都要卖而卖不出去,但是为了支付,又必须卖出去,所以,正是在这个信用最缺乏(并且就银行家的信用来说,贴现率也最高)的时刻,不是闲置的寻找出路的资本,而是滞留在自身的再生产过程内的资本的数量也最大。这时,由于再生产过程的停滞,已经投入的资本实际上大量地闲置不用。工厂停工,原料堆积,制成的产品作为商品充斥市场。因此,如果把这种情况归因于生产资本的缺乏,那就大错特错了。正好在这个时候,生产资本是过剩了,无论就正常的、但是暂时紧缩的再生产规模来说,还是就已经萎缩的消费来说,都是如此。

我们假定整个社会只是由产业资本家和雇佣工人构成。此外,我们撇开价格的变动不说。这种价格变动使总资本的大部分不能在平均状况下实行补偿,并且,由于整个再生产过程的普遍联系(特别是由信用发展起来的这种联系),这种价格变动必然总是引起暂时的普遍停滞。同样,我们撇开信用制度所助长的买空卖空和投机交易不说。这样,危机好像只能由各个不同部门生产的不平衡,由资本家自己的消费和他们的积累之间的不平衡来说明。然而实际情况是,投在生产上的资本的补偿,在很大程度上依赖于非生产阶级的消费能力;而工人的消费能力一方面受工资规律的限制,另一方面受以下事实的限制,就是他们只有在他们能够为资本家阶级带来利润时才能被雇用。一切现实的危机的最终原因始终是:群众贫穷和群众的消费受到限制,而与此相对立,资本主义生产却竭力发展生产力,好像只有社会的绝对的消费能力才是生产力发展的界限。

至少在资本主义发达的国家,只有当普遍歉收——不管是主要食物歉收,还是最重要的工业原料歉收——的时候,才可以谈到生产资本的实际不足。

不过,除了这种商业信用外,现在还要加上真正的货币信用。产业资本家和商人互相间的信贷,同银行家和货币贷放者对他们的货币信贷交织在一起。在汇票贴现时,信贷只是徒有其名。一个工厂主出售他的产品而得到一张汇票,他把这张汇票拿到汇票经纪人那里去贴现。事实上,这个汇票经纪人只是发放他的银行家的贷款,而银行家贷给他的又是银行的存款人的货币资本,这些存款人就是产业资本家和商人自己,也有工人(通过储蓄银行),以及地租所得者和其他非生产阶级。因此,每一个工厂主或商人个人无须握有巨额的准备资本,也不必依赖现实的资本回流。但是另一方面,部分地因为人们使用单纯的空头汇票,部分地因为有些商品交易专门以创造汇票为目的,于是全部过程就变得十分复杂,以致在资本回流实际上早已只有一部分靠牺牲那些受骗的货币贷放者,一部分靠牺牲那些受骗的生产者才能实现之后,竟然还能平静地继续维持营业扎实可靠、回流十分顺畅的假象。因此,正好在崩溃的前夕,营业总是显得几乎安然无恙。关于这一点，例如1857年和1858年的《银行法报告》提供了最好的证据。在那里，所有银行董事，商人，总之，以奥弗斯顿勋爵为首的所有被邀请的专家，都互相祝贺营业的繁荣和稳定，——这正好是在1857年8月危机爆发前的一个月。而令人奇怪的是，图克作为研究历次危机的历史学家，在他的《价格史》一书中，也再一次陷入这种错觉。在崩溃一下子到来之前，营业总是非常稳定，特别兴旺。

———

现在我们回过头来谈货币资本的积累。

借贷货币资本的增大，并不是每次都表示现实的资本积累或再生产过程的扩大。这种情况，在产业周期中紧接着危机过后的那个阶段中，表现得最为明显，这时，借贷资本大量闲置不用。在这种时刻，生产过程紧缩（1847年危机[216]后，英国各工业区的生产减少三分之一），商品价格降到最低点，企业信心不足，这时，低微的利息率就起着支配作用。这种低微的利息率无非是表明：借贷资本的增加，正是由于产业资本的收缩和委靡不振造成的。当商品价格下跌，交易减少，投在工资上的资本收缩时，所需的流通手段就会减少；另一方面，在对外债务一部分由金的流出，一部分由破产而偿清之后，也就不需要追加的货币去执行世界货币的职能了；最后，汇票贴现业务的规模，随着汇票本身的数目和金额的缩小而缩小，——这一切都是一目了然的。因此，对借贷货币资本的需求，不论是用于流通手段，还是用于支付手段（这里还谈不上新的投资），都会减少，这样，借贷货币资本相对说来就充裕了。不过，正如以后将会看到的，在这样的情况下，借贷货币资本的供给也会实际增加。

例如,1847年危机后,就流行着"交易紧缩,货币过多"的现象(《商业危机》,1847—1848年,证词第1664号)。因为"商业几乎完全遭到破坏,投入货币的可能性几乎完全没有",所以利息率是很低的(同上,第45页,利物浦皇家银行董事霍奇森的证词)。这些绅士(而霍奇森还是其中最出色的一个)为了说明这种现象而发表过什么谬论,从下面一段话就可以看到:

"货币紧迫〈1847年〉是由国内货币资本的实际减少引起的,而这种减少部分地是由于从世界各地进口的货物必须用金支付,部分地是由于流通资本(floating capital)转化为固定资本而造成的。"[同上,第63页]

流通资本转化为固定资本,怎么会减少国内的货币资本,这是不可理解的。因为,拿铁路这个当时的主要投资项目来说,无论金或纸币都没有用来架设桥梁和铺设铁轨,并且购买铁路股票的货币,只要它的存入是为了交付股金,就同一切其他银行存款完全一样地执行职能,正如上面指出的①,甚至还会暂时增加借贷货币资本;而这些货币在实际用在建筑上的时候,它们就作为购买手段和支付手段在国内流通。固定资本不是可供出口的物品,由于不能出口,也就不会有出口货物换回的可供支配的资本,从而也就不会有现金或金银条块形式上的回流。只是就这一点来说,货币资本会由于流通资本转化为固定资本而受到影响。不过,当时英国的出口货物,在国外市场上也是大量堆积,卖不出去。当时曼彻斯特等地的商人和工厂主,把自己企业的一部分正常资本投在铁路股票上面,于是不得不靠借入资本来经营自己的企业,对他们来说,流通资本实际上已经固定下

---

①见本卷第529页。——编者注

来,因此,他们不得不自食其果。如果他们把属于自己企业的资本提取出来,不是投到铁路方面,而是投到比如说采矿业方面,并且采矿业的产品铁、煤、铜等等本身也是流通资本,其结果还是一样。——当然,由于歉收、谷物进口、金的流出而造成的可供支配的货币资本的实际减少,则是一件和铁路投机毫不相干的事情。

> "为了把自己的货币投到铁路方面,几乎所有商行都开始程度不等地缩小自己的营业。"[同上,第42页]——"各商行都把这样大量的货币贷给铁路,结果这些商行不得不通过汇票贴现的方式再向银行取得大量贷款,并以此来维持自己的营业。"(同一位霍奇森,同上,第67页)"在曼彻斯特,铁路投机使许多人遭到巨大损失。"(罗·加德纳,同上,证词第4884号。在第一册第十三章第3节c[236]及其他地方曾多次提到过这个人。)

1847年危机的主要原因,是市场商品的惊人过剩和东印度贸易上的无限度的欺诈。但是还有别的情况促使有关部门的一些十分富有的商行遭到破产:

> "它们有雄厚的资金,但这些资金不能流动。它们的全部资本都固定在毛里求斯的地产或靛蓝厂和制糖厂上了。后来,当它们的债务达50万—60万镑时,它们已经没有流动资金米兑付它们的票据了,最后才发觉,为了兑付它们的票据,只有完全依靠它们的信用"(查·特纳,利物浦经营印度贸易的大商人,同上,第730号)。

再看看加德纳的证词(同上,第4872号):

> "中国条约[237]签订后,国内立即出现了竭力扩大对华贸易的广阔前景,有许多大工厂专门为了做这种生意而建立起来,以便制造那种主要是销往中国市场的棉织品,因此,除了我国已有的全部工厂外,还要加上这些工厂。"——(第4874号)"这种生意做得怎样呢?——倒霉透了,真是一言难尽;我不认为,1844年和1845年对华出口总额的三分之二以上已经收回;因为茶叶是主要的回头货,并且因为曾使我们抱有很大的期望,所以我们工厂主都确信茶叶税会大大

降低。"

请看英国工厂主所特有的信念的天真流露：

"我们对国外市场的贸易,不是受国外市场购买商品的能力的限制,而是受国内我们对作为我国工业品的回头货而得到的那些产品的消费能力的限制。"

(那些和英国通商的比较穷的国家,对任何数量的英国工业品当然都能够进行支付和消费,而遗憾的是,富有的英国竟不能消化作为回头货的产品。)

(第4876号)"起初我运出一些商品,出售时大约亏损15%,因为我完全相信,我的代理商购买茶叶的价格,可以使我在英国转卖这些茶叶时,获得一笔足以补偿上述损失的利润;结果我非但没有获得利润,有时反而亏损25%,甚至50%。"——(第4877号)"工厂主出口是自负盈亏吗?——主要是这样的;商人好像不久就发觉,他们从中得不到什么好处,所以他们怂恿工厂主采取委托销售的办法,而不必亲自参与。"

可是,在1857年,损失和破产主要落到了商人身上,因为这一次是工厂主让商人对国外市场商品过剩承担了"自负盈亏"的责任。

————

随着银行制度的发展(参看下面举出的关于伊普斯威奇地区的例子,在1857年以前的几年间,那里的租地农民的存款增加了三倍①),从前的私人贮藏货币或铸币准备金,都在一定时间内转化为借贷资本。这样造成的货币资本的扩大,和伦敦股份银行开始对存款支付利息时存款的增长一样,并不表示生产资本的增加。在生产规模保持不变时,这种扩大只会引起借贷货币资本比生产资本充裕。

---

①见本卷第563页。——编者注

由此出现低利息率。

如果再生产过程再一次达到过度紧张状态以前的那种繁荣局面,商业信用就会大大扩张,这种扩张实际上又是资本容易流回和生产扩大的"健全"基础。在这种情况下,利息率虽然已经高于最低限度,但是仍然很低。事实上这是**唯一的**这样一个时期,这时低利息率,从而借贷资本的相对充裕,可以说是和产业资本的现实扩大结合在一起的。由于资本回流容易并且具有规则性,加上商业信用扩大,这就保证了借贷资本的供给(虽然需求已经增长),防止了利息率水平的上升。另一方面,只有到这时,没有准备资本甚至根本没有任何资本而完全依靠货币信用进行操作的冒险家们,才引人注目地涌现出来。此外,还有各种形式的固定资本的显著扩大和新型大企业的大批开张。现在,利息提高到它的平均水平。一旦新的危机爆发,信用突然停止,支付停滞,再生产过程瘫痪,并且,除了上述的例外情况,在借贷资本几乎绝对缺乏的同时,闲置的产业资本发生过剩,这时,利息就会再升到它的最高限度。

因此,表现在利息率上的借贷资本的运动,和产业资本的运动,总的说来是方向相反的。有一个阶段,低的但是高于最低限度的利息率,与危机以后的"好转"和信任的增强结合在一起;特别是另一个阶段,利息率达到了它的平均水平,也就是离它的最低限度和最高限度等距的中位点,——只是在这两个阶段,充裕的借贷资本才和产业资本的显著扩大结合在一起。但是,在产业周期的开端,低利息率和产业资本的收缩结合在一起,而在周期的末尾,则是高利息率和产业资本的过多结合在一起。伴随"好转"而来的低利息率,表示商业信用对银行信用的需要是微不足道的,商业信用还是立足于自身。

这种产业周期的情况是,同样的循环一旦受到最初的推动,就必然会周期地再现出来.(8)在松弛的情况下,生产下降到上一个周期已经达到并且现在已经奠定技术基础的那个水平以下.在繁荣期——中位期,生产在这个基础上继续发展.在生产过剩和投机盛行的时期,生产力伸张到极点,直至越过生产过程的资本主义限制.

在危机期间,支付手段不足,这是不言而喻的.汇票的可兑现性,取代了商品本身形态变化的地位,并且,单靠信用来进行交易的商家越多,这个时期的情形就越是这样.像1844—1845年那样不明智的和错误的银行立法,只会加深这种货币危机.但是,任何银行立

---

(8)〔我曾在别的地方指出238,自上一次大规模的普遍危机爆发以来,在这方面已经发生了转变.周期过程的急性形式和迄今10年一次的周期,看来让位给比较短暂的营业稍许好转和比较持久的含混不振这二者之间比较慢性的和拖延时日的互相交替现象,这种现象在不同的工业国发生于不同的时间.但这也许只是周期的持续时间拖长了.在世界贸易的幼年期,自1815年至1847年,大约是5年一个周期;自1847年至1867年,周期显然是10年一次;现在我们不又是处在一个空前激烈的新的世界性的崩溃的准备时期吗?有许多征兆好像在预示这一点.自1867年最近一次的普遍危机爆发以来,已经发生了巨大的变化.由于交通工具的惊人发展——远洋轮船、铁路、电报、苏伊士运河——,第一次真正地形成了世界市场.除了以前垄断工业的英国,现在又出现了一系列的同它竞争的工业国家,欧洲的过剩资本,在世界各地开辟了无限广阔和多种多样的投资领域,所以资本比以前分散得更加广泛,并且地方性的过度投机也比较容易克服了.由于这一切,以前的危机策源地和造成危机的机会,多数已经消除或大大削弱.同时,国内市场上的竞争,由于卡特尔和托拉斯的出现而后退,国外市场上的竞争也由于保护关税(英国以外的一切大工业国都用这个办法来保护自己)的实行而受到限制.但是,这种保护关税本身,只不过是最后的、全面的、决定世界市场霸权的工业战争的准备.所以,每一个对旧危机的重演有抵消作用的要素,都包含着更猛烈得多的未来危机的萌芽.——弗·恩·〕

法也不能消除危机。

在再生产过程的全部联系都是以信用为基础的生产制度中,只要信用突然停止,只有现金支付才有效,危机显然就会发生,对支付手段的激烈追求必然会出现。所以乍看起来,好像整个危机只表现为信用危机和货币危机。而且,事实上问题只是在于汇票能否兑换为货币。但是这种汇票多数是代表现实买卖的,而这种现实买卖的扩大远远超过社会需要的限度这一事实,归根到底是整个危机的基础。不过,除此以外,这种汇票中也有惊人巨大的数额,代表那种现在已经败露和垮台的纯粹投机营业;其次,代表利用别人的资本进行的已告失败的投机;最后,还代表已经跌价或根本卖不出去的商品资本,或者永远不会实现的资本回流。这种强行扩大再生产过程的全部人为体系,当然不会因为有一家像英格兰银行这样的银行,用它的纸券,给一切投机者以他们所缺少的资本,并把全部已经跌价的商品按原来的名义价值购买进来,就可以医治好。并且,在这里,一切都以颠倒的形式表现出来,因为在这个纸券的世界里,在任何地方显现出来的都不是现实价格和它的现实要素,而只是金银条块、硬币、银行券、汇票、有价证券。在全国金融中心,例如伦敦,这种颠倒表现得尤为明显。全部过程都变为不可理解;而在生产中心,情况就不这么厉害。

关于危机中出现的产业资本过多的现象,还要指出:商品资本自在地同时也是货币资本,是表现在商品价格上的一定的价值额。作为使用价值,它是一定量的有用物品,这些物品在危机期间出现过剩。但是,作为自在的货币资本,作为可能的货币资本,它总是处在不断的扩张和收缩中。在危机前夕和危机期间,商品资本就其作为可能的货币资本这个属性来说会收缩。商品资本对它的持有者和这些持有者的债权人(也包括作为汇票和贷款的担保)来说,同它被买进和用做贴现与抵押的依据的时候相比,只代表更少的货币资本。如果这就是认为一国的货币资本在货币紧迫时将会减少的那种主张所说的意思,那就等于说商品的价格已经下跌。而价格的这种狂跌,只是和它以前的猛涨相抵消。

非生产阶级和靠固定收入为生的人的收入,在同生产过剩和投机过度同时发生的价格猛涨期间,绝大部分还是保持不变。所以,他们的消费能力会相对下降,同时他们对再生产总额中平常应归他们消费的那部分的补偿能力也会相对下降。他们的需求即使名义上保持不变,实际上也在减少。

关于进口和出口,应当指出,一切国家都会先后卷入危机,那时就会发现,一切国家,除了少数例外,出口和进口过多,以致**支付差额对一切国家来说都是逆差**,所以实际上问题并不在于支付差额方面。例如英国正苦于金的流出。它进口过多。但同时,所有别的国家堆积着过多的英国商品。所以,它们也进口过多或被输入过多。(当然,在凭信用出口的国家和不凭信用或只很少凭信用出口的国家之间,是有差别的。不过,后一类国家仍然会凭信用进口;只有在商品按委托销售[211]办法运到那里去的时候,情况不是这样。)危机也许首先是在英国,在这个提供信用最多而接受信用最少的国家爆发,因为支付差额,即必须立即结清的各种到期支付的差额,**对它来说是逆差**,尽管总的贸易差额**对它来说是顺差**。这后一情况的原因是:一方面它提供信用,另一方面又贷给外国大量资本,于是除了真正的贸易回头货外,还有大量商品流回本国。(但是,危机有时候也会先在美国,在这个从英国接受商业信用和资本信用最多的国家爆发。)在英国以金的流出作为开端并且伴随这种流出而发生的崩溃,使英国的支付差额所以得到结清,部分地是由于英国进口商人宣告破产(下面还要谈到这一点),部分地是由于在国外廉价抛售一部分英国商品资本,部分地是由于出售外国有价证券,买进英国有价证券等等。现在轮到另一个国家了。对它来说,支付差额暂时是顺差。但现在,支付差额和贸易差额之间平时适用的期限,由于危机而废除或缩短;所有的支付都要一下子结清。因此,同样的事情也在这里重演了。现在英国有金流回,而另一个国家则有金流出。一国进口过剩,在另一国就表现为出口过剩,反过来也是如此。但是,一切国家都发生了进口过剩和出口过剩(在这里,我们谈的不是歉收等等,而是普遍的危机);也就是说,都发生了生产过剩,而由于信用和随信用发生的物价的普遍上涨,这种过剩更加严重了。

1857年,美国爆发了危机。于是金从英国流到美国。但是美国物价的涨风一停止,危机接着就在英国发生了。金又由美国流到英国。英国和大陆之间也发生了同样的情况。在普遍危机的时刻,支付差额对每个国家来说,至少对每个商业发达的国家来说,都是逆差,不过,这种情况,总是像排炮一样,按照支付的序列,先后在这些国家里发生;并且,在一个国家比如在英国爆发的危机,会把这个支付期限的序列压缩到一个非常短的期间内。这时就会清楚地看到,这一切国家同时出口过剩(也就是生产过剩)和进口过剩(也就是贸易过剩),物价在一切国家上涨,信用在一切国家过度膨胀。接着就在一切国家发生同样的崩溃。于是金流出的现象会在一切国家依次发生。这个现象的普遍性恰好证明:1. 金的流出只是危机的现象,而不是危机的原因;2. 金的流出现象在不同各国发生的顺序只是表明,什么时候会轮到这些国家算总账,什么时候会轮到这些国家发生危机,并且什么时候危机的潜在要素会轮到在这些国家内爆发。

英国的经济学著作家——而且自1830年以来,值得提到的经济学文献主要是论述通货、信用和危机的——,有一个特点,就是:他们单从英国的立场出发来考察危机时期贵金属的输出,不管汇兑率怎样变动,总是把这种输出看做纯粹一国的现象,完全闭眼不看如下的事实:如果他们的银行在危机时期提高利息率,那么,欧洲其他一切银行也会这样做,如果今天在英国对金的流出大声叫苦,那么,明天在美国,后天在德国和法国也会发出同样的叫喊。

> 1847年,"英国所负的债务〈极大部分是由于进口谷物而负的〉应该偿还了。不幸的是,其中大部分是用破产的办法偿还的。〈富裕的英国,竟然用破产的办法从它对大陆和美国的债务中脱身。〉不过,只要这些债务没有用破产的办法结清,就只有用输出贵金属的办法来偿还。"(《银行法委员会的报告》,1857年)

因此,就英国的危机由于银行立法而变得尖锐化来说,这种立法不过是一种手段,在饥荒时期先向谷物出口国骗取谷物,然后再赖掉它们谷物的货款。所以,那些本身也多少苦于物价上涨的国家在这个时候就禁止谷物出口,这是对付英格兰银行的一个理所当然的手段,因为该行计划"用破产的办法"来"偿还"由于进口谷物而负的"债务"。谷物生产者和投机商为本国的利益而牺牲他们的一部分利润,比他们为英国的利益而牺牲他们的资本要合算得多。

由以上所述可以看到,商品资本代表可能的货币资本的那种属性,在危机中和一般地说在营业停滞时期,将会大大丧失。虚拟资本,生息的证券,就它们本身作为货币资本在证券交易所内进行流通而言,也是如此。它们的价格随着利息的提高而下降。其次,它们的价格还会由于信用的普遍缺乏而下降,这种信用的缺乏迫使证券所有者在市场上大量抛售这种证券,以便获得货币。最后,就股票来说,它的价格下降,部分地是由于股票有权要求的收入减少了,部分地是由于它们代表的往往是那种带有欺诈性质的企业。在危机时期,这种虚拟的货币资本大大减少,从而它的所有者凭它在市场上获得货币的力量也大大减少。这些有价证券的行情的下降,虽然和它们所代表的现实资本无关,但是和它们的所有者的支付能力关系极大。

第三十一章

货币资本和现实资本。II

（续）

关于以借贷货币资本形式进行的资本积累，究竟在多大程度上同现实的积累，即再生产过程的扩大相一致的问题，我们还没有探讨完。

货币转化为借贷货币资本，是一件比货币转化为生产资本更简单得多的事情。但是，在这里我们必须把以下两点区别开来：

1. 货币单纯地转化为借贷资本；

2. 资本或收入转化为货币，这种货币再转化为借贷资本。

只有后一点，才能包含同产业资本的现实积累相联系的、真正的借贷资本的积累。

1. 货币转化为借贷资本

我们已经看到，只是由于和生产积累成反比而同生产积累有联系的那种借贷资本的堆积或过多，是能够发生的。这种情况发生在产业周期的两个阶段上：第一是在生产资本和商品资本这两种形式上的产业资本已经收缩,也就是危机以后周期开始的时期;第二是在已经开始好转但商业信用还不大需要银行信用的时期。在前一种场合,以前用在生产和商业上的货币资本,表现为闲置的借贷资本;在后一种场合,货币资本以不断增长的规模被使用,但利息率很低,因为现在正是产业资本家和商业资本家迫使货币资本家接受条件的时候。借贷资本的过剩,在第一种场合,表示产业资本的停滞,在第二种场合,表示商业信用对银行信用的相对独立,这种情况,是以货币回流顺畅,信用期限短,经营主要靠自有资本进行为基础的。依赖他人信用资本的投机家,这时还没有出场;用自有资本进行经营的人,距离近乎纯粹的信用经营还很远。在第一个阶段,借贷资本过剩,正好是现实积累的相反表现。在第二个阶段,借贷资本过剩同再生产过程的新扩大结合在一起,伴随着后者,但不是后者的原因。借贷资本的过剩已经减少,仅仅同需求相比还相对地过剩。在这两种场合,现实积累过程的扩大都会得到促进,因为在第一种场合同低廉的物价相结合的低微利息,以及在第二种场合同缓慢上升的物价相结合的低微利息,都会增加利润中转化为企业主收入的部分。在繁荣时期的顶点,当利息提高到平均水平的时候,情况更是这样,因为这时利息虽然增加了,但是还比不上利润的增加。

另一方面,我们已经看到,在没有任何现实积累的时候,借贷资本的积累,可以通过各种纯技术性的手段,如银行业务的扩大和集中,流通准备金或私人支付手段准备金的节约(因此,这些准备金在短期内就转化为借贷资本)而实现。虽然这种借贷资本——它因此又叫做"流动性资本"(floating capital)——始终只是在短期内保持借贷资本的形式(并且也只能用来进行短期贴现),但是它会不断地流入和流出。一个人把它提出,另一个人就把它存入。因此,借贷货币资本的总量(我们在这里说的完全不是定期若干年的贷款,而只是凭汇票和抵押品的短期贷款),实际上会在同现实积累完全无关的情况下增加起来。

《银行委员会》,1857年(第501号。问:)"您认为,流动性资本是什么?〔英格兰银行总裁魏格林先生:〕这是一种可以用来进行短期贷款的资本…… (第502号)英格兰银行的银行券…… 地方银行的银行券,以及国内现有的货币量。"——〔问:〕"根据委员会得到的报告,如果您认为'流动性资本'就是能动的通货〔即英格兰银行的银行券〕,那么,这种能动的通货似乎不会发生很显著的变动吧?"〔但是,这种能动的通货是由谁预付的,是由货币贷放者,还是由进行再生产的资本家自己,这有很大的区别。——魏格林答:〕"我把银行家的准备金包括在'流动性资本'中,这种准备金会发生显著的变动。"

因此,这就是说,会发生显著变动的是银行家没有再贷放出去,而是留做他们的准备金——其中大部分在存入英格兰银行时也成为该行的准备金——的存款部分。最后,这位先生说:"流动性资本"就是bullion,即金银条块和金属货币(第503号)。十分奇怪的是,在货币市场上这种有关信用的费解的行话中,政治经济学上的一切范畴,都获得了另外的含义和另外的形式。在这种费解的行话中,"流动性资本"就表示"流通资本"——这后者当然是某种完全另外的东西——,而且还有,货币就是资本,金银条块就是资本,银行券就是通货,资本就是商品,债务就是商品,固定资本就是投在难于出售的证券上的货币!

"伦敦各股份银行……的存款,由1847年的8 850 774镑,增加到1857年的43 100 724镑…… 委员会现有的证据和证词,使我们得出如下结论:在这个巨大的金额中,有很大一部分来自以前不能用于这个目的的源泉;在银行家那里开个户头并把货币存到他那里去的习惯,已经扩大到以前不能用于这个目的的许多源泉;在银行家那里开个户头并把货币存到他那里去的习惯,已经普及到从前不这样使用自己资本⟨!⟩的许多阶级。被地方私人银行〔不同于股份银行〕协会派去向委员会作证的该协会主席罗德韦尔先生说，在伊普斯威奇地方，在该区租地农民和零售商当中，这样做的人最近增加了三倍；几乎所有租地农民，甚至那些每年只付地租50镑的人，现在都有了银行存款。大量的这种存款当然要在营业上寻找出路，特别是被吸引到伦敦这个商业活动中心去，在那里它们首先被用在汇票贴现上，或用在给伦敦银行家的客户发放的其他贷款上。但其中很大一部分，因银行家自己对它没有直接需要，而转到'票据经纪人'手里，'票据经纪人'则把他们已经为伦敦及各地的人贴现过一次的商业汇票交给银行家，作为贷款的担保。"(《银行委员会》，1858年第[V页]第8号)

当银行家凭票据经纪人已经贴现过一次的汇票，贷款给这个票据经纪人时，他事实上为这种汇票进行了一次再贴现；但实际上，许多这种汇票已经由票据经纪人再贴现过了，而银行家用来为票据经纪人的汇票进行再贴现的货币，又被票据经纪人用来再贴现新的汇票。由此引起的结果是：

"膨胀了的虚假信用，是由融通汇票和空头信用制造出来的。这样的事情所以非常容易，是因为地方股份银行为这样的汇票贴现以后，把它拿到伦敦市场的票据经纪人那里去再贴现，并且单凭银行的信用，而不顾汇票的其他性质。"(同上，[第XXI页第54号])

关于这种再贴现，以及关于借贷货币资本的这种单纯技术性的增加对信用欺诈所起的促进作用，《经济学家》的下面一段话是很有意思的。

"过去许多年间，资本⟨即借贷货币资本⟩在国内某些地区积累得比人们能够使用的程度更快，但在其他地区，资本的用途比资本自身增加得更快。当农业区的银行家找不到机会把存款有利地、稳妥地投到本地区时，工业区和商业城市对资本的需要却超过了银行家所能提供的规模。由于不同地区的这种不同情况，近年来一种从事资本分配的新型商行产生了，并且迅速发展起来。这种商行虽然通常叫做票据经纪人，但实际上是资本雄厚的银行家。这种商行的业务是，按约定的期限和商定的利息，从剩余资本找不到出路的地区的银行，吸收剩余资本，以及从各股份公司和大商行吸收暂时闲置的资金，并按更高的利息率，把这种货币借给对资本有更多需要的地区的银行；办法通常是对它们的客户的汇票再贴现……　因此，伦巴特街[213]就成了一个大中心，国内的闲置资本通过这个中心，就由不能有利地使用它的地方，转移到需要它的地方去；这种情形适用于国内各地区，也适用于处境与此相似的个人。这种业务原来几乎仅限于凭银行认为适合的抵押品来进行借贷。但是，随着国内资本的迅速增加，以及因银行的设立而带来的资本的日益节约，这种贴现公司所支配的基金已经变得很大，以致它们最初以栈单，后来以提单为担保来发放贷款。这种提单所代表的，是一种根本还没有到达的产品，虽然有时（即使不是经常地）以这种产品为担保的汇票已经签发给商品经纪人了。这种做法立即改变了英国商业的全部性质。伦巴特街这样提供的便利，大大加强了明辛街[214]商品经纪人的地位；商品经纪人又把全部好处给予进口商人，后者已经十分广泛地享用这些好处，如果在25年前，凭提单甚至栈单为担保去借款，就会使一个商人的信用破产，但是近年来这种做法已经十分普遍，以致人们已经把它看做一种常规，而再不像25年前那样把它看做罕见的例外了。这个制度已经广泛推行，以致伦巴特街的巨额贷款，是凭那些以远方殖民地**还在生长中**的农产品为担保的汇票发放的。这种便利的结果是，进口商人扩大他们的国外营业，把他们以前营业用的流动性（floating）资本投放在最不可靠的部门，即他们不大可能或完全不能控制的殖民地种植园。在这里，我们看到了信用的直接锁链。在我国农业地区，积累的资本，作为小额存款存放在地方银行，并且集中在伦巴特街供人利用。但是，它首先被用来为我国各工矿地区的银行的汇票进行再贴现，以此扩大这些地区的营业；其次是被用来发放以栈单和提单为担保的贷款，为外国产品的进口提供更大的便利，使那些经营对外贸易和殖民地贸易的商行的'合法'商人资本能够游离出来，从而用到海外种植园这种最不可靠的投资部门去。"（1847年《经济学家》第1334页）

　　这就是信用的"美妙的"交错联系。农村的存款人以为自己只是在他的银行家那里存款，并且以为银行家贷款总是贷给银行家所认识的个人。他决没有想到，这个银行家会把他的存款交给伦敦一个票据经纪人去支配，对于这个经纪人的交易，他们两个都丝毫也不能控制。

我们已经看到,像铁路建筑那样大的公共企业,因为股东所缴纳的款项在实际使用前总会有一段时间留在银行手里,由银行支配,所以也能暂时使借贷资本增加。

————

但是,借贷资本的量和通货的量是完全不同的。我们这里所说通货的量,是指一个国家内一切现有的、流通的银行券和包括贵金属条块在内的一切硬币的总和。这个量的一部分,构成银行的数量不断变动的准备金。

> "1857年11月12日〈1844年银行法暂停执行的日期〉,英格兰银行包括一切分行在内的准备金总额,只有580 751镑;同时存款额为2 250万镑,其中约有650万镑为伦敦各银行家所有。"(《银行法》,1858年第LVII页)

利息率的变动(撇开较长时期内利息率的变动或不同国家利息率的差别不说;前者由一般利润率的变动决定,后者由利润率之间的差别和信用发展上的差别决定),取决于借贷资本的供给(假定其他一切条件,如信任的程度等等,是相同的),也就是说,取决于以货币形式,即以硬币和银行券形式贷出的资本的供给;这种资本和产业资本不同,后者是以商品形式通过商业信用在再生产当事人本身之间进行贷放的。

但是,这种借贷货币资本的量,终究不同于流通货币的量,并且是不以后者为转移的。

例如,如果20镑每天贷出5次,那么就有100镑的货币资本被贷出,这同时还意味着这20镑至少已经4次作为购买手段或支付手段执行职能;因为,如果没有购买和支付作为中介,它就不会至少4次代表资本的转化形式(商品,其中也包括劳动力),从而不会构成一个100镑的资本，而只会构成5次各20镑的债权。

在信用发达的国家，我们可以假定，一切可供借贷的货币资本，都以存款的形式，存放在银行和货币贷放者手里。这个假定至少对整个营业来说是适用的。此外，在营业兴旺时期，在真正的投机尚未盛行之前，由于信用容易取得，信任不断增长，所以流通职能的大部分是通过简单的信用转移而完成的，无须金属货币或纸币介入。

在流通手段量较小时，是否能有巨额存款，仅仅取决于：

1. 同一货币所完成的购买和支付的次数；

2. 同一货币作为存款流回银行的次数。它反复执行购买手段和支付手段的职能，是通过它重新转化为存款来完成的。例如，一个零售商每周把货币100镑存到银行家那里去；银行家用它来支付工厂主存款的一部分；工厂主把它支付给工人；工人把它付给零售商；零售商重新把它存入银行。因此，零售商存入的100镑，第一，是用来支付工厂主的存款，第二，是用来支付给工人，第三，是用来支付给零售商自己，第四，是用来作为这个零售商的货币资本的另一个部分存入银行；所以，经过20周后，如果他自己没有动用这笔存款，他就已经用这100镑在银行家那里存入2 000镑了。

这个货币资本究竟在多大程度上闲置不用，只有从银行准备金的流入和流出中才能看出。因此，1857年任英格兰银行总裁的魏格林先生得出结论说，英格兰银行的金是"唯一的"准备资本：

（第1258号）"照我看来，贴现率事实上决定于国内现有的闲置资本的总额。闲置资本的总额，则由英格兰银行的准备金代表，这种准备金事实上就是金准备。因此，当金流出时，国内的闲置资本的总额就会减少，从而余下的部分的价值就会提高。"——（第1364号）[纽马奇：]"英格兰银行的金准备，实际上是国内整个营业借以进行的中央准备或现金贮藏…… 经常影响这种贮藏或准备的是外汇率。"（《银行法报告》，1857年）

———

进出口的统计材料,可以说明现实资本即生产资本和商品资本的积累的规模。这些统计材料总是表明,对于英国工业的以10年为一个周期的发展时期(1815—1870年)来说,前一个繁荣时期在危机**以前**的最高点,每次都作为下一个繁荣时期的最低点而再现出来,然后又上升到一个高得多的新的最高点。

大不列颠和爱尔兰在繁荣的1824年,出口产品的实际价值或申报价值是40 396 300镑。1825年发生危机,出口总额降到这个数额以下,每年在3 500万镑到3 900万镑之间波动。1834年再度繁荣,出口总额超过了以前的最高水平,达到41 649 191镑,在1836年达到新的最高点53 368 571镑。1837年,出口总额又降到4 200万镑,以致新的最低点已经高于旧的最高点,然后在5 000万镑到5 300万镑之间波动。1844年恢复繁荣,出口总额增加到5 850万镑,已远远超过1836年的最高点。1845年出口总额达到60 111 082镑;随后在1846年下降到5 700多万镑,1847年约为5 900万镑,1848年约为5 300万镑,1849年增加到6 350万镑,1853年约为9 900万镑,1854年为9 700万镑,1855年为9 450万镑,1856年约为11 600万镑,1857年达到最高点,为12 200万镑。1858年出口总额下降到11 600万镑,但1859年增加到13 000万镑,1860年约为13 600万镑,1861年仅为12 500万镑(在这里,新的最低点再一次高于以前的最高点),1863年为14 650万镑。

当然,在标志市场扩大的进口方面,也可以举出同样的情况;但在这里我们要说的只是生产的规模。〔不言而喻,以上所述,对英国来说,只适用于它实际上占工业垄断地位的时期。但在世界市场还在扩大的时候,以上所述,对于拥有现代大工业的所有国家来说也是

适用的。——弗·恩·]

2. 资本或收入转化为货币，这种
货币再转化为借贷资本

我们这里考察的货币资本的积累，既不是商业信用活动发生停滞的表现，也不是实际流通手段或再生产当事人的准备资本的节约的表现。

除了这两种情况以外，货币资本的积累，还可以由于金的异乎寻常的流入而发生，例如1852年和1853年，由于澳大利亚和加利福尼亚新金矿的发现[239]，就发生过这种情况。这种金被存入英格兰银行。存金人由此取去了银行券，但没有把这些银行券直接再存到银行家那里去。因此，流通手段异常地增加了。(魏格林的证词，《银行委员会》，1857年第1329号)银行企图通过把贴现率减低到2%的办法，来利用这种存金。积存在银行的金量，在1853年的6个月内，增加到2 200万—2 300万镑。

不言而喻，一切发放贷款的资本家进行的积累，总是直接以货币形式进行的积累，但我们已经看到，产业资本家进行的现实积累，通常要由再生产中的资本本身的各种要素的增加来实现。[240]因此，只是信用事业的发展和货币借贷业务在大银行手中的异常集中，就其本身来说必然会使借贷资本的积累，作为一个和现实积累不同的形式而加速进行。借贷资本的这种迅速发展是现实积累的结果，因为它是再生产过程发展的结果，而构成这种货币资本家的积累源泉的利润，只是从事再生产的资本家榨取的剩余价值的一种扣除(同时也是对**他人**储蓄所得的利息的一部分的占有)。借贷资本靠同时牺牲产业资本家和商业资本家而进行积累。我们已经看到,在工业周期的各个不利阶段,利息率能够提高到这样的程度,以致暂时把一些处境特别不好的营业部门的利润全部吞掉。同时,国债券及其他有价证券的价格则会下降。这正是货币资本家大量购进这种贬值的证券的时机,而这种证券的价格,在以后的阶段,很快又恢复并超过它的正常水平。那时,它又被卖掉,因此公众的一部分货币资本就被他们占有了。没有卖出的部分则带来较高的利息,因为它是在降价时买进的。但是,货币资本家赚到的、由他们再转化为资本的全部利润,首先转化为借贷货币资本。因此,借贷货币资本的积累——它虽然是现实积累的产物,但和现实的积累不同——,甚至在我们只考察货币资本家,银行家等等的时候,就已经表现为这特殊一类资本家进行的积累了。并且,凡是在信用事业随着再生产过程的现实扩大而扩大时,这种积累也都必然跟着增加。

如果利息率低,那么货币资本的这种贬值,主要是由存款人承担,而不是由银行承担。在股份银行发展以前,在英国,全部银行存款的 $\frac{3}{4}$ 是没有利息的。现在对这些存款也支付利息了,但至少比通常的利息率低1%。

至于谈到其他各类资本家的货币积累,我们要把投在有息证券上并以这种形式积累的部分撇开不说,只考察其中作为借贷货币资本投入市场的部分。

在这里,我们首先要说到不是作为收入来花费、而是要用于积累、但产业资本家最初还不能在他们自己的营业中利用的那部分利润。这个利润直接存在于商品资本中,构成商品资本价值的一部分,并且和商品资本一起实现为货币。现在,如果这个利润不再转化为商品资本的生产要素（我们先把商人撇开，我们将专门来谈他们），那么，它就必须在货币形式上停留一段时间。甚至在利润率下降的时候，这部分利润的总量也会随着资本本身总量的增加而增加。要作为收入来花费的部分，是会逐渐消费掉的，但在消费以前的那段时间内，它会作为存款，构成银行家的借贷资本。因此，甚至作为收入来花费的利润部分的增加，也表现为借贷资本的逐渐的不断反复的积累。用于积累的另一部分，也是这样。因此，随着信用事业及其组织的发展，甚至收入的增加，即产业资本家和商业资本家消费的增加，也表现为借贷资本的积累。并且，一切逐渐消费的收入，例如地租、高级工资、非生产阶级的收入等等，也是这样。它们都在一定时间内采取货币收入的形式，因此可以变为存款，并由此变为借贷资本。一切收入，不论是预定用于消费还是用于积累的，只要它存在于某种货币形式中，它就是商品资本转化为货币的价值部分，从而是现实积累的表现和结果，但不是生产资本本身。如果一个纺纱业主把他的棉纱换成棉花，但把其中构成收入的部分换成货币，那么他的产业资本的现实存在，就是已经转到织布业主或者例如私人消费者手中的棉纱，而棉纱不管是用于再生产还是用于消费，都既是它包含的资本价值的存在，又是它包含的剩余价值的存在。转化为货币的剩余价值量，取决于棉纱中包含的剩余价值量。但剩余价值一转化为货币，这个货币就只是这个剩余价值的价值存在。而货币作为这种存在，就变成了借贷资本的要素。如果这个货币没有被它的所有者本人贷出，只要它变为存款，它就可以变成借贷资本的要素。但是，要再转化为生产资本，这个货币就必须先达到一定的最低限额。

第三十二章
货币资本和现实资本。III
（续完）

这样再转化为资本的货币的量,是大量再生产过程的结果,但就这些货币本身来看,作为借贷货币资本,它们本身并不是再生产资本的量。

在以上的说明中,最重要的一点是,用于消费的收入部分(这里撇开工人不说,因为工人的收入＝可变资本)的扩大,首先表现为货币资本的积累。因此,在货币资本的积累中,加入了一个本质上和产业资本的现实积累不同的要素,因为年产品中用于消费的部分,并不是资本。年产品的另一部分是**补偿**资本的,即补偿消费资料生产者的不变资本的,但只要它实际转化为资本,它就会存在于这个不变资本生产者的收入的实物形式上。代表收入、仅仅充当消费中介的同一货币,通常会在一段时期转化为借贷货币资本。只要这个货币表现工资,它同时就是可变资本的货币形式;只要这个货币用来补偿消费资料生产者的不变资本,它就是他们的不变资本所暂时采取的货币形式,被用来购买他们所要补偿的不变资本的各种实物要素。虽然它的数量和再生产过程的规模一同增长,它本身无论在这个形式上或在那个形式上都不表示积累。但它暂时执行借贷货币的职能,即货币资本的职能。因此，从这方面看，货币资本的积累所反映的资本积累，必然总是比现实存在的资本积累更大。这是由于以下的事实：个人消费的扩大因为以货币为中介而表现为货币资本的积累，因为个人消费的扩大，为现实的积累，为开辟新的投资场所的货币，提供了货币形式。

因此，借贷货币资本的积累，部分地说，无非表示这样的事实：由产业资本在自己的循环过程中转化成的一切货币，不是采取进行再生产的资本家**预付**的货币的形式，而是采取他们**借入**的货币的形式。因此，在再生产过程中必然发生的货币的预付，实际上都表现为借贷货币的预付。事实上，在商业信用的基础上，一个人会把货币贷给在再生产过程中需用货币的另一个人。但现在这一点是采取这样的形式：一部分进行再生产的资本家把货币贷给银行家，这个银行家又把货币贷给另一部分进行再生产的资本家，因此，银行家就表现为恩赐者了；同时，对这种资本的支配权，就完全落到作为中介人的银行家手里了。

现在还要说一下货币资本积累的几种特殊的形式。例如，由于生产要素、原料等等价格的下降，资本会游离出来。如果产业家不能直接扩大他的再生产过程，他的货币资本的一部分，就会作为过剩的货币资本从循环中排除出来，并转化为借贷货币资本。其次，特别是在商人那里，只要营业中断，资本就会以货币形式游离出来。如果商人已经完成了一系列的交易，现在由于这样的中断，要到以后才能开始新的一系列交易，那么，已经实现的货币，对他来说，就只代表贮藏货币，即过剩的资本。但是，这种货币同时也直接表现为借贷货币资本的积累。在前一种情况下，货币资本的积累，表示再生产过程在比较有利的条件下的重复，表示以前被束缚的资本的一部分已发生现实的游离,表示再生产过程用同样多的货币资金就可以得到扩大。而在后一种情况下,它只是表示不断进行的交易的中断。但在这两种情况下,这种货币都会转化为借贷货币资本,表现为借贷货币资本的积累,并对货币市场和利息率发生同样的影响,虽然在前一种情况下,它表示的是对现实积累过程的促进,在后一种情况下,它表示的却是对现实积累过程的阻碍。最后,货币资本的积累是由一群发了财并退出再生产领域的人引起的。在产业周期过程中所获得的利润越多,这种人的人数就越多。这里,借贷货币资本的积累,一方面表示现实的积累(就它的相对规模来说);另一方面只是表示产业资本家转化为单纯的货币资本家的程度。

至于利润的另一部分,即不是作为收入来消费的部分,那么,它只有在不能直接用来扩大它从中产生的那个生产部门的营业的情况下,才会转化为货币资本。这可以有两个原因。或者因为这个部门的资本已经饱和,或者因为要能够执行资本的职能,积累必须首先达到该部门的新投资数量所要求的一定规模。因此,积累额首先转化为借贷货币资本,并用于扩大别的部门的生产。假定其他一切情况不变,用于再转化为资本的利润量,就取决于所获得的利润量,因而就取决于再生产过程本身的扩大。但是,如果这种新的积累难于找到用途,缺少投资领域,就是说各生产部门资本充斥,借贷资本供给过多,那么,借贷货币资本的这种过剩[234],不过是证明了**资本主义**生产的局限性。接着而来的信用欺诈证明,对于这种过剩资本的应用来说,并不存在实际的障碍。所存在的障碍,是由于资本增殖的规律,由于资本作为资本能够增殖的界限而产生的。货币资本本身的过剩,不是必然地表示生产过剩,甚至也不是必然地表示缺少投资领域。

借贷资本的积累只是在于，货币作为借贷货币沉淀下来。这个过程，和货币实际转化为资本的过程，是很不相同的；这只是货币在可能转化为资本的形式上所进行的积累。但这种积累，像已经证明的那样，可以表示各种和现实积累很不相同的要素。在现实积累不断扩大时，货币资本积累的这种扩大，一部分是这种现实积累扩大的结果，一部分是各种和现实积累的扩大相伴随但和它完全不同的要素造成的结果，最后，一部分甚至是现实积累停滞的结果。仅仅由于这些和现实积累相独立、但和它相伴随的要素扩大了借贷资本的积累，就总会在周期的一定阶段出现货币资本的过剩；并且这种过剩会随着信用的发达而发展。因此，驱使生产过程突破资本主义界限的必然性，同时也一定会随着这种过剩而发展，也就是产生贸易过剩，生产过剩，信用过剩。同时，这种现象必然总是在引起反作用的各种形式上出现。

至于货币资本的积累还会来自地租、工资等等的问题，在这里就无须详述了。只需要着重指出这样一点：实际的节约和节欲[241]——它们提供积累的要素——这种由货币贮藏者所做的事情，由于资本主义生产过程中的分工，已经让给那些只能得到这种要素的最小限额、并且还十分经常地丧失自己所节约的东西的人去做了，例如在银行倒闭时，工人们就是这样的人。一方面，产业资本家的资本不是他自己"节约"的，他不过是按照他的资本量支配他人节约的东西；另一方面，货币资本家把他人节约下来的东西变成他自己的资本，并且把进行再生产的资本家们互相提供的和公众提供给他们的信贷，变成他私人发财致富的源泉。于是，认为资本似乎是本人劳动和节约的果实这样一种资本主义制度的最后幻想，也就破灭了。不仅利润来自对他人劳动的占有，而且用来推动和剥削他人劳动的资本也来自他人的财产,这种财产是由货币资本家提供给产业资本家支配的,并且为此货币资本家也剥削产业资本家。

关于信用资本,还要作几点说明:

同一货币能够执行多少次借贷资本的职能,像上面已经说明的那样,完全取决于:

1. 这个货币曾经多少次在出售或支付过程中实现商品的价值,也就是曾经多少次转移资本,进一步说,取决于它曾经多少次实现收入。因此,它曾经多少次作为资本或收入的已实现的价值转到他人手中,显然取决于实际交易的规模和数量;

2. 取决于支付的节约以及信用事业的发展和组织;

3. 最后,取决于信用的衔接和活动速度,这样一来,当这一货币在一个地方作为存款沉淀下来时,它在另一个地方就会立即再作为贷款发放出去。

即使假定借贷资本存在的形式,只是现实货币即金或银的形式,只是以自己的物质充当价值尺度的商品的形式,那么,这个货币资本的相当大的一部分也必然只是虚拟的,也就是说,完全像价值符号一样,只是价值的权利证书。当货币在资本循环中执行职能时,它虽然会暂时成为货币资本,但它不会转化为借贷货币资本,而是或者换成生产资本的要素,或者在实现收入时作为流通手段付出去,因此,不可能为它的持有者转化为借贷资本。但是当它转化为借贷资本,并且同一货币反复代表借贷资本时,很清楚,它只是在一点上作为金属货币存在,而在所有其他点上,它只是以资本索取权的形式存在。按照假定,这种索取权的积累是由现实积累,也就是由商品资本等等的价值转化为货币而产生的;虽然如此,这种索取权或权利证书本身的积累,既不同于它由以产生的现实积累,也不同于以贷放的货币为中介而实现的未来积累(新的生产过程)。

借贷资本起初总是以货币形式存在[9]，后来却作为货币索取权而存在，因为它原来借以存在的货币，现在已经以现实货币的形式处于借款人手中。对贷放人来说，它已经转化为货币索取权，转化为所有权证书了。因此，同一数额的现实货币，可以代表数额极不相同的货币资本。如果我们考察已经发展的信用制度的一般形式，那么，单纯的货币，不管是代表已经实现的资本，还是代表已经实现的收入，

---

[9]《银行法》，1857年，银行家特韦尔斯的证词：(第4516号)"您作为银行家，经营资本还是经营货币呢？——我们经营货币。"——(第4517号)"存款是怎样存入您的银行的？——用货币。"——(第4518号)"存款又是怎样付出的呢？——也是用货币。"——[第4519号.]"能说存款是不同于货币的某种东西吗？——不能。"

奥弗斯顿(见第26章)①总是把"资本"和"货币"混淆起来。对他来说，"货币的价值"也是利息，而这个利息是由货币量决定的；"资本的价值"才应该是利息，这个利息是由对生产资本的需求以及由生产资本生出的利润决定的。他说：(第4140号)"资本这个词的使用是很危险的。"——(第4148号)"金从英国输出，国内的货币量就减少，一般来说，货币量的减少自然会引起货币市场上需求的增加〈因此，按照这种说法，不是资本市场上需求的增加〉。"——(第4112号)"货币从一国输出多少，国内的货币量就减少多少。国内现有货币量的减少，使这个货币的价值提高〈在他的理论中，这句话原来的意思是：同商品的价值相比，货币作为货币的价值由于通货收缩而提高；因此，货币价值的这种提高＝商品价值的下降。但因为在这期间甚至对他来说也无疑地证明了，流通货币量不决定价格，所以，现在作为流通手段的货币的减少，就应该提高它作为生息资本的价值，从而提高利息率。〉留下的货币的价值的这种提高，会制止货币的流出，并且，这种提高会继续下去，直到它带回足以恢复平衡的货币量时为止。"——奥弗斯顿的矛盾，下面我们再谈。②

---

①见本卷第468页及以下几页。——编者注
②见本卷第581页及以下几页。——编者注

都会通过单纯的贷出行为,通过货币到存款的转化,而变为借贷资本。存款对存款人来说是货币资本。但在银行家手中,它可以只是可能的货币资本,现在它是闲放在银行家的保险柜里,而不是闲放在它的所有者的保险柜里。(10)

　　随着物质财富的增长,货币资本家阶级也增长起来;第一,退出营业的资本家即食利者的人数和财富增加了;第二,信用制度更发展

---

　　(10)这里出现了混乱:存款作为一种要求银行家偿付的索取权和存入银行家手中的货币,这二者都成了"货币"。银行家特韦尔斯在1857年银行委员会面前曾举出如下的例子:"我用10 000镑开始我的营业。我用5 000镑购买商品,堆在我的库房里。我把其余5 000镑存在一个银行家那里,以便需要时取出。但我仍然把10 000镑全部看做我的资本,虽然其中的5 000镑是处于存款或货币形式。"(第4528号)由此,引出了下面一场很妙的辩论:(第4531号)"您已经以银行券的形式把您的5 000镑给了某人吗?——是的。"——(第4532号)"这样,这个人就有了5 000镑存款吗?——是的。"——(第4533号)"您也有5 000镑存款吗?——完全正确。"——(第4534号)"他有5 000镑货币,您也有5 000镑货币吗?——是的。"——(第4535号)"那最终都是货币吗?——不是。"——这个混乱部分地是这样造成的:存入5 000镑的A,可以把这5 000镑提出,就像这5 000镑仍在他手里一样由他支配。就这一点来说,这5 000镑对他执行着可能的货币的职能。但他每一次提款,都会相应地减少他的存款额。如果他取出现实的货币,而他原来的货币已经贷给别人,那么,他得到的就不是他自己的货币,而是另一个存款人存入的货币。如果他用一张向他的银行家签发的支票,来偿付他对B的债务,B把这张支票存放在自己的银行家那里,而A的银行家也有一张向B的银行家签发的支票,以致这两个银行家只要交换一下支票就行了,那么,由A存入的货币就执行了两次货币的职能:一次是在已经得到A所存入的货币的人手里,一次是在A自己手里。在第二次执行职能时,货币并没有介入,却抵消了债权(A对他的银行家的债权和这个银行家对B的银行家的债权)。在这里,存款执行了两次货币的职能:即作为现实的货币,然后又作为货币索取权。单纯的货币索取权,只能通过债权的抵消来代替货币。

了，因此，银行家、货币贷放者、金融家等等的人数也增加了。——前面已经说过，随着可供支配的货币资本的发展，有息证券、国债券、股票等等的总量也发展了。但是，对可供支配的货币资本的需求同时也增加了，因为在这些证券上搞投机活动的经纪人在货币市场上起着主要作用。如果这些证券的所有买卖都只是现实投资的表现，那么，说它们不会影响对借贷资本的需求，似乎也是正确的，因为当A出售他的证券时，他所取出的货币，和B投在这种证券上面的货币刚好一样多。可是，甚至在证券虽然还存在，但是它原来代表的资本已不存在（至少不作为货币资本存在）的情况下，它总是对这样的货币资本产生相应的新的需求。但无论如何，这时候它都是货币资本，以前由B支配，现在由A支配。

《银行法》，1857年（第4886号）："如果我说，贴现率是由市场上可以用在商业票据（不同于其他有价证券）的贴现上的资本量来调节的，按照您的意见，这是不是对决定贴现率的原因的正确表述呢？"——〔查普曼：〕"不是。我认为，利息率会受到一切容易兑换的有价证券的影响；把问题只局限于票据贴现上，是错误的；因为，如果像最近流行的那样，对货币的巨大需求，必须以统一公债甚至国库券〔为抵押〕，并且交付远远高于商业利息率的利息，那么，说我们的商业界不会因此受到影响，就是荒谬的；实际上它会因此受到非常重大的影响。"——（第4890号）"如果市场上有银行家承认的可靠的和通用的有价证券，所有者又愿意用它来取得货币，那它就一定会影响商业票据；例如，如果一个人能够以统一公债等等为抵押，按6%的利息把货币贷出，那我就不能同时指望他以商业票据为抵押，按5%的利息把他的货币贷给我；这种情况对我们产生同样的影响；如果我能按6%的利息把我的货币贷出，谁也不能要求我按5.5%的利息为他的票据贴现。"——（第4892号）"关于那些用2 000镑，或5 000镑，或10 000镑来购买有价证券作为可靠投资的人，我们没有说他们是否在货币市场上产生重要的影响。如果您向我问到以统一公债〔为抵押〕的贷款的利息率时，那么我指的是那些经营数十万镑生意的人，即所谓经纪人，他们认购或在市场上购买巨额的公债，而且必然会把这种证券保留到有利可图的时候把它出售;这种人必然会为这个目的去占有货币。"

随着信用事业的发展,像伦敦那样的大的集中的货币市场就兴起了。这类货币市场,同时还是进行这种证券交易的中心。银行家把公众的货币资本大量交给这伙商人去支配,因此,这帮赌棍就繁殖起来。

1848年,当时英格兰银行的总裁[詹姆斯·莫里斯]在上院秘密委员会上作证时说:

"货币在证券交易所里通常比在任何别的地方都便宜。"(《商业危机》,1848年,1857年刊印,第219号)

在考察生息资本时已经说明,在其他条件不变的情况下,连续多年的长期平均利息是由平均利润率决定的,而不是由平均企业主收入率决定的,因为企业主收入本身不外是利润减去利息。[①]

我们在前面也曾指出,对商业利息(即货币贷放者在商业界进行贴现和贷放时确定的利息)的变动来说,在产业周期中,将会出现一个阶段,那时,利息率超过它的最低限度,达到中等平均水平(然后超过这个水平),而这种运动就是利润提高的结果。关于这点,以后还要进一步加以研究。

但是,这里需要说明以下两点:

第一,如果利息率长时期一直很高(这里我们说的是像英国那样的国家里的利息率,在那里,中等利息率是按较长的时期规定的,这种利息率也表现在为长期贷款所付的利息上,这种利息可称为私人利息),那么,这清楚地证明,在这个期间利润率也很高,但决不证明,

---

①见本卷第418页及以下几页。——编者注

企业主收入率也很高。这后一种区别,对那些主要是用自有资本经营的资本家来说,或多或少是不存在的;他们实现高利润率,因为他们是给自己支付利息的。长期持续高利息率的可能性,——这里我们撇开货币真正紧迫的阶段不说,——是和高利润率一起出现的。但是,很可能,这个高利润率,除去高利息率之后,只留下一个低的企业主收入率。企业主收入率可以在高利润率持续存在时缩减。这种情况之所以可能,是因为企业一经开办,就必须继续下去。在这个阶段,营业在很大程度上单靠信用资本(他人的资本)来进行;而且高利润率有时可以是投机性的,预期性的。在利润率高但企业主收入减少时,高利息率也会有人支付。这种高利息率可以不用利润支付,而用借入的他人的资本支付。在投机时期部分地说就是这样,并且,这种情况还可以持续一段时间。

第二,一种说法是,因为利润率高,所以对货币资本的需求增长,从而利息率提高;一种说法是,对产业资本的需求增长,因而利息率高。这两种说法并不是一回事。

在危机时期,对借贷资本的需求达到了最高限度,与此同时,利息率也达到了最高限度;利润率几乎没有了,与此同时,对产业资本的需求也几乎没有了。在这个时期,每个人借钱都只是为了支付,为了结清已经欠下的债务。相反地,在危机以后的复苏时期,人们要求借贷资本,却是为了购买,为了把货币资本转化为生产资本或商业资本。所以,这时,要求借贷资本的,或者是产业资本家,或者是商人。产业资本家把借贷资本用于购买生产资料和劳动力。

当利息率是由利润率决定时,对劳动力需求的增加本身,决不可能是利息率提高的原因。较高的工资决不是较高的利润的原因,虽然对产业周期某些特殊的阶段来说,较高的工资可以是较高的利润的结果之一。

对劳动力的需求可以因为对劳动的剥削是在特别有利的情况下进行而增加,但对劳动力需求的增加,从而对可变资本需求的增加本身,不是使利润增多,而是相应地使利润减少。虽然如此,由于以上原因,对可变资本的需求会增加,因而对货币资本的需求也会增加,而这种情况能够提高利息率。这时,劳动力的市场价格就超过它的平均水平,就有超过平均数的工人就业,同时利息率也提高了,因为在那种情况下,对货币资本的需求增加了。对劳动力需求的增加,使这种商品像每种其他商品一样变贵,使它的价格上涨,但并没有使利润增多,因为利润恰恰主要是以这种商品相对便宜为基础的。但是同时——在上面假定的情况下——这种需求会提高利息率,因为它提高了对货币资本的需求。如果货币资本家不是贷出货币,而是转化为一个产业家,那么,他必须对劳动支付较高的报酬这件事本身,并不会提高他的利润,而会相应地减少他的利润。总的经济情况可能是:虽然如此,他的利润还是提高了,但这决不是因为他对劳动支付了较高的报酬。然而,只要这件事增加了对货币资本的需求,就足以提高利息率。如果其他经济情况不利,工资却由于某种原因提高了,那么,工资的提高会使利润率下降,但是,会按照它所增加的对货币资本的需求程度使利息率相应地提高。

撇开劳动不说,奥弗斯顿叫做"对资本的需求"的,只是对商品的需求。对商品的需求提高商品的价格,而不管是需求超过了平均水平,还是供给低于平均水平。如果产业资本家或商人对自己从前付100镑的同一商品量,现在例如要付150镑,那么,他本来要借100镑,现在就要借150镑,因而在利息率为5%时,他本来要付5镑,现在就要付$7\frac{1}{2}$镑。他所支付的利息量会增加，因为借入的资本量增加了。

奥弗斯顿先生的全部尝试，就在于把借贷资本的利益和产业资本的利益说成是一致的，而他的银行法却正好打算利用这两种利益的差别，以利于货币资本。

在商品的供给低于平均水平时，对商品的需求所吸收的货币资本不比以前多，这种情况是可能的。为商品总价值支付的金额是一样的，也许更少，不过用同一金额得到的使用价值量会减少。在这种情况下，对借贷货币资本的需求保持不变，因而利息率不会提高，虽然和商品的供给相比，对商品的需求会增加，因而商品的价格会提高。只有当对借贷资本的总需求增加时，利息率才会受到影响；而在上面的假定中，情形并不是这样。

但是，也可能有这种情况，即一种商品的供给可能低于平均水平——例如，在谷物、棉花等歉收的场合——，可是对借贷资本的需求却会增加，因为人们指望价格会进一步提高而进行投机，而提高价格的最直接的手段，就是暂时从市场上撤走一部分供给。为了支付买进的商品而不卖出商品，就要通过商业的"票据业务"获得货币。在这种情况下，对借贷资本的需求就会增加，并且利息率也会由于市场上的商品供给受到这种人为阻碍而提高。这时，较高的利息率就表现出商品资本供给的人为的减少。

另一方面，对一种商品的需求，可以因为它的供给已经增长和它的价格低于它的平均价格而增长。

在这种情况下，对借贷资本的需求会保持不变，甚至会减少，因为用相同的货币额，能够得到更多的商品。但是在这里，也可能形成

投机性的商品储备,这部分地是为了利用对生产有利的时机,部分地
是为了等待以后价格上涨。在这种情况下,对借贷资本的需求会增
加,而利息率的提高则表明,资本已经投在生产资本的各种要素的过
剩储备中。这里,我们只考察对借贷资本的需求在受到商品资本供求
的影响时的情况。以前已经说明,再生产过程在产业周期各个阶段中
的变动状态,是怎样影响借贷资本的供给的。奥弗斯顿狡猾地把市场
利息率决定于(借贷)资本的供求这个平凡的论点,和他自己所作的
借贷资本和一般资本是同一个东西的假定掺和在一起,企图用这个
办法把高利贷者转化为唯一的资本家,并把高利贷者的资本转化为
唯一的资本。

在货币紧迫时期,对借贷资本的需求,就是对支付手段的需求,
再不是别的什么东西,决不是对作为购买手段的货币的需求。同
时,利息率能够提得很高,而不论现实资本——生产资本和商品资
本——是过剩还是不足。只要商人和生产者能够提供可靠的担保,对
支付手段的需求,就只是对转化为**货币**的可能性的需求;如果不是这
样,就是说,如果支付手段的贷放不仅给他们提供**货币形式**,而且也
给他们提供他们所缺少的任何一种形式的用于支付的**等价物**,那么,
对支付手段的需求就是对**货币资本**的需求。正是在这一点上,流行的
危机理论争论的双方各有正确和错误的地方。断言只缺少支付手段
的人,要么他们眼中只看到那些拥有可靠担保的人,要么他们自己是
一些蠢人,认为银行有义务也有权力用纸票把所有破产的投机家转
化为有支付能力的稳健的资本家。断言只缺少资本的人,要么只是
玩弄字眼,因为正是这时,由于输入过剩、生产过剩,有大量**不能转
化成**货币的资本存在,要么他们说的就只是那些信用冒险家,这些人
现在实际上已经处于再也得不到他人的资本来经营业务的境地,因

此要求银行不仅帮助他们补偿丧失的资本,而且使他们能够继续进行投机活动。

　　货币作为独立的价值形式同商品相对立,或者说,交换价值必须在货币上取得独立形式,这是资本主义生产的基础。而这所以可能,只是因为某种特定的商品成了这样的材料,所有其他商品都用它的价值来衡量,它也因此成了一般的商品,成了一种同一切其他商品相对立的真正意义上的商品。这一点必然会在两方面显示出来;而特别是在资本主义发达的国家更是这样,在那里,货币在很大程度上一方面为信用经营所代替,另一方面为信用货币所代替。[第一,]在信用收缩或完全停止的紧迫时期,货币会突然作为唯一的支付手段和真正的价值存在,绝对地同商品相对立。因此,商品会全面跌价,并且难于甚至不可能转化为货币,就是说,难于甚至不可能转化为它们自己的纯粹幻想的形式。但是,第二,信用货币本身只有在它的名义价值额上绝对代表现实货币时,才是货币。在金流出时,它兑换成货币的可能性,即它和现实的金的同一性,就成问题了。为了保证这种兑换的条件,就采取各种强制性的措施,提高利息率等等。这种做法,可以由于错误的立法或多或少地被导致极端,这种立法是以错误的货币理论为依据,并且为了货币经营者奥弗斯顿之流的利益而强加于国家的。但是信用货币的这个基础是和生产方式本身的基础一起形成的。信用货币的贬值(更不用说它的只是幻想的货币资格的丧失)会动摇一切现有的关系。因此,为了保证商品价值在货币上的幻想的、独立的存在,就要牺牲商品的价值。一般说来,只要货币有保证,商品价值作为货币价值就有保证。因此,为了几百万货币,必须牺牲许多百万商品。这种现象在资本主义生产中是不可避免的,并且是它的妙处之一。在以前的生产方式中没有这种现象,因为在它们借以运动的那种狭隘的基础上,信用和信用货币都还没有得到发展。一旦劳动的**社会**性质表现为商品的**货币存在**,从而表现为一个处于现实生产之外的**东西**,货币危机——与现实危机相独立的货币危机,或作为现实危机尖锐化表现的货币危机——就是不可避免的。另一方面很清楚,只要一个银行的信用没有动摇,这个银行在这样的情况下通过增加信用货币就会缓和恐慌,但通过收缩信用货币就会加剧恐慌。全部现代产业史都表明,如果国内的生产已经组织起来,事实上只有当国际贸易平衡暂时遭到破坏时,才要求用金属来结算国际贸易。国内现在已经不需要使用金属货币了,这已由所谓国家银行停止兑现的办法所证明。而且每当遇到紧急情况,这个办法总是被作为唯一的救急手段来使用。

在两个人之间,说他们在互相交易上都有支付逆差,似乎是荒唐可笑的。如果他们互相是债务人和债权人,那很清楚,只要他们的债权不能相抵,就余额说,必然会有一方是另一方的债务人。但国与国之间决不是这样。所有经济学家都承认情况不是这样,他们所依据的论点是:虽然两国之间的贸易差额最后必须相抵,但支付差额对一国来说可能是顺差或者逆差。支付差额和贸易差额的区别在于:支付差额是一个必须在一定时间内结清的贸易差额。危机造成的,是把支付差额和贸易差额之间的差别压缩在一个短时间内;而在危机已经发生,因而支付期限已到的国家,又会有某些情况发展起来,这些情况本身会引起结算时期的这种缩短。首先是输出贵金属;然后是抛售委托销售的商品;输出商品,以便抛售这些商品,或凭这些商品在国内取得贷款;提高利息率,宣布废止信用,使有价证券跌价,抛售外国有价证券,吸收外国资本投到这些已经贬值的有价证券上,最后是宣告破产,以清偿大量债权。这时,还往往要把金属输出到已经爆发危机的国家,因为向那里签发的汇票是没有保证的,因此最安全的办法是用金属支付。此外还有如下情况:对亚洲来说,一切资本主义国家大都同时直接或间接地是它的债务国。一旦上述各种情况对另一个有关国家发生充分的影响,那个国家也会开始输出金银,一句话,支付期限接连到来,于是会重复同样一些现象。

在商业信用中,利息,作为信用价格和现金价格的差额,只是当汇票的流通期限比通常的期限长时,才加到商品的价格中去。否则,就不会。这种情况之所以产生,是因为每一个人都是一手接受信用,另一手给予信用。〔这和我的经验是不一致的。——弗·恩·〕但是,只要贴现以这种形式在这里出现,贴现就不是由这种商业信用调节,而是由货币市场调节。

如果决定利息率的货币资本的供求,像奥弗斯顿所断言的那样,和现实资本的供求是一回事,那么,利息就必然会因为我们考察的是不同的商品,或者是同一商品的不同阶段(原料、半成品、成品),而同时是低的又是高的了。1844年英格兰银行的利息率,是在4%(1月到9月)、$2\frac{1}{2}$%—3%(11月到年终)之间变动的。1845年利息率为$2\frac{1}{2}$%、$2\frac{3}{4}$%、3%(1月至10月),最后几个月是在3%和5%之间。优级奥尔良棉的平均价格,在1844年为$6\frac{1}{4}$便士。在1845年为$4\frac{7}{8}$便士。利物浦的存棉在1844年3月3日为627 042包;在1845年3月3日为773 800包。按照棉花的低廉的价格判断,1845年的利息率必然是低的,而在这个时期的绝大部分时间内,它也确实是低的。但是如按照棉纱来判断,利息率却必然是高的,因为棉纱的价格是相对高的,棉纱的利润是绝对高的。每磅价值4便士的棉花,1845年用4便士的纺纱费就可以纺成棉纱(上等二号40支细纱),这个棉纱一共只要纺纱者花费8便士,而在1845年9月和10月,他却可以按每磅$10\frac{1}{2}$便士或$11\frac{1}{2}$便士的价格出售(见下述怀利的证词)①。

　　整个问题可以这样来解决：

　　如果借贷资本的供求要和资本一般的供求相一致(不过资本一般的供求这句话是荒谬的;对产业家或商人来说,商品是他的资本的一个形式,而他所要的从来不是资本本身,相反,他所要的始终只是这种特殊的商品本身,并且把它作为商品——谷物或棉花——来购买和支付,而不管它在他的资本循环中起什么作用),那就要假定没有货币贷放者,代替货币贷放者的是占有机器、原料等等的借贷资本家,他们像出租房屋一样,把这些东西贷给或租给那些自己也有一部分这些物品的产业资本家。在这样的情况下,借贷资本的供给就会和对产业资本家的生产要素的供给相一致,会和对商人的商品的供给相一致。但是,很明显,这样,利润在贷出者和借入者之间的分配,首先就会完全取决于贷出的资本和使用者所有的资本之间的比例。

　　按照魏格林先生的说法(《银行法》,1857年),利息率是由"闲置的资本量"决定的(第252号);"只是寻找投资场所的闲置的资本量的指数"(第271号);这种闲置的资本后来又叫做"流动资本"(第485号),他所说的流动资本也包括"英格兰银行的银行券和国内其他的流通手段,例如地方银行的银行券和国内现有的铸币……　我把各银行的准备金也列入了流动资本"(第502、503号);后来把金条也列入了(第503号)。所以,同一个魏格林又说,"在我们〈英格兰银行〉手里实际握有绝大部分闲置的资本时",英格兰银行对利息率会有巨大的影响(第1198号),而按照奥弗斯顿先生以上的证词,英格兰银行

---

①见本卷第626页。——编者注

却"没有资本的位置"。魏格林还说：

> "照我看来,贴现率是由国内闲置的资本量调节的。闲置的资本量则由英格兰银行的准备金所代表,而这种准备金实际上是金属准备。因此,当金属贮藏减少时,就会使国内闲置的资本量减少,从而使现有的其余部分的价值提高。"(第1258号)

约·斯图亚特·穆勒说（第2102号）：

> "银行为了要维持它的银行部的支付能力,必须竭力充实银行部的准备金;因此,它一旦发觉已有现金流出,它就必须使它的准备金得到保证,或者限制它的贴现,或者出售有价证券。"

如果只考察银行部,准备金就只是存款的准备金。按照奥弗斯顿的意见,银行部应该只作为银行家来经营业务,而不用考虑银行券的"自动"发行。不过,在真正的货币紧迫时期,英格兰银行就会不顾单由银行券构成的银行部准备金,而紧紧盯住金属贮藏;如果它不想破产,它就必须这样做。因为,随着金属贮藏消失,银行券的准备金也相应地消失;关于这一点,利用1844年银行法对这个问题作了英明处理的奥弗斯顿先生,应该比谁都清楚。

第三十三章

信用制度下的流通手段

　　"流通速度的巨大调节器是信用。由此可以说明,为什么货币市场上尖锐的紧迫状态,通常是和充实的流通同时并存。"(《通货论评述》第65页)

　　这一点应该从两方面去理解。一方面,一切节省流通手段的方法都以信用为基础。而另一方面,以一张500镑的银行券为例。A今天在兑付汇票时把这张银行券交给B;B在同一天把它存到他的银行家那里;这个银行家在同一天用它来为C的汇票贴现;C把它支付给他的银行,这个银行再把它贷给汇票经纪人等等。银行券在这里为购买或支付而流通的速度,是由它不断以存款的形式流回到某人手里,并以贷款的形式再转移到他人手里的速度所决定的。流通手段的单纯节约,在票据交换所里,在到期汇票的单纯交换上发展到了最高点,这时货币作为支付手段的主要职能只是结清余额。但这种汇票的存在本身又是以工商业者互相提供的信用为基础的。如果这种信用减少了,票据,特别是长期票据的数目就会减少,因而这种结算方法的效力也会减小。这种节约是由于在交易上排除货币,完全以货币的支付手段职能为基础,而这种职能又是以信用为基础的。这种节约只能有两种(撇开已或多或少发展的集中支付的技术不说):汇票或支票所代表的互相的债权,或是由同一个银行家结算,他

只是把债权从一个户头转到另一个户头;或是由不同的银行家
互相之间进行结算。⁽¹¹⁾把800万—1 000万的汇票集中在一个
票据经纪人(例如奥弗伦—葛尼公司)手里,是在当地扩大这种
结算规模的主要手段之一。流通手段的效力通过这种节约而提
高了,因为单纯结算差额需要的流通手段量变小了。另一方面,
作为流通手段的货币的流通速度(流通速度又节约流通手段),
完全取决于买卖的顺畅进行,在支付依次以货币进行时,也取
决于各种支付的衔接。但信用会作为中介促进并从而提高流通
速度。如果货币原来的持有者A向B买,B向C买,C向D买,D向
E买,E向F买,也就是,货币只是以现实的买卖作中介从一个
人手里转移到另一个人手里,那么,同一货币就会比如说只流
通五次,并且在每个人手里都会停留较长的时间,——这就是
没有信用介入时货币作为单纯流通手段的情形。但是,如果B
把A付给他的货币存到他的银行家那里,这个银行家为C的
汇票贴现而把它付给C,C向D买,D把它存到他的银行家那

---

(11)一张银行券停留在流通中的平均天数:

年　度	5镑券	10镑券	20—100镑券	200—500镑券	1 000镑券
1792	?	236	209	31	22
1818	148	137	121	18	13
1846	79	71	34	12	8
1856	70	58	27	9	7

(上表是英格兰银行出纳员马歇尔在《银行法报告》1857年第Ⅱ篇附件第
300、301页上提出的。)

里,这个银行家再把它贷给E,E向F买,那么,货币作为单纯流通手段(购买手段)的速度本身,就是以多次信用活动为中介的:B存款到他的银行家那里,这个银行家为C贴现,D存款到他的银行家那里,这个银行家为E贴现;就是说,是以这四次信用活动为中介的。如果没有这些信用活动,同一货币就不会在一定时间内依次完成五次购买。在没有现实的买卖作为中介的情况下,同一货币在存款和贴现上的转手,在这里,加快了它在一系列现实的买卖中的转手。

　　上面已经指出,同一张银行券怎样会在不同的银行家那里形成存款。同样,它也会在同一个银行家那里形成不同的存款。这个银行家用A存入的银行券,贴现B的汇票;B付给C,C再把同一张银行券存到发放它的那个银行家那里。

———

　　在考察简单的货币流通时(第一册第三章第2节),我们已经证明,已知流通的速度和支付的节约,现实流通的货币量是由商品的价格和交易量决定的。[242]银行券的流通也受这个规律的支配。

　　下表是英格兰银行的银行券——5镑和10镑券、20镑—100镑券和200镑—1 000镑的大额券——每年在公众手中的年平均额,以及每一栏银行券在流通的银行券总额中所占的百分比。数字以千为单位,千以下的三位数字从略。

年　度	5—10镑券		20—100镑券		200—1 000镑券		总　额
	镑	%	镑	%	镑	%	镑
1844	9 263	45.7	5 735	28.3	5 253	26.0	20 241
1845	9 698	46.9	6 082	29.3	4 942	23.8	20 722
1846	9 918	48.9	5 778	28.5	4 590	22.6	20 286
1847	9 591	50.1	5 498	28.7	4 066	21.2	19 155
1848	8 732	48.3	5 046	27.9	4 307	23.8	18 085
1849	8 692	47.2	5 234	28.5	4 477	24.3	18 403
1850	9 164	47.2	5 587	28.8	4 646	24.0	19 398
1851	9 362	48.1	5 554	28.5	4 557	23.4	19 473
1852	9 839	45.0	6 161	28.2	5 856	26.8	21 856
1853	10 699	47.3	6 393	28.2	5 541	24.5	22 653
1854	10 565	51.0	5 910	28.5	4 234	20.5	20 709
1855	10 628	53.6	5 706	28.9	3 459	17.5	19 793
1856	10 680	54.4	5 645	28.7	3 323	16.9	19 648
1857	10 659	54.7	5 567	28.6	3 241	16.7	19 467

(《银行法》,1858年第XXVI页)

　　虽然进出口显示出来的营业额已增加一倍以上,但从1844年到1857年流通的银行券总额还是绝对减少了。这个表说明,5镑和10镑的小额银行券,已由1844年的9 263 000镑增加到1857年的10 659 000镑。并且,这是和正好在当时出现的金流通的猛烈增加同时发生的。相反地,大额券(200镑—1 000镑)却由1852年的5 856 000镑减少到1857年的3 241 000镑,即减少了250多万镑。对这种情况的解释是：

> "1854年6月8日，伦敦各私人银行家允许各股份银行参加票据交换所的组织，此后不久就由英格兰银行实行最后的票据交换。每天的结算都是通过各银行在英格兰银行所开的户头的转账来进行的。这个制度的采用，使各银行以前用来互相结算的大额券成为多余。"（《银行法》，1858年第Ⅴ页）

在批发商业上，货币的使用已减少到多么小的最低限度，我们可以参看第一册第三章注（103）[243]所列的表。这个表是由莫里逊—狄龙公司（伦敦最大的贸易公司之一，零售商可以在那里买到十分齐全的各种商品以资备货）提供给银行委员会的。

根据威·纽马奇向银行委员会提出的证词（《银行法》，1857年第1741号），另外一些情况，如一便士邮政制、铁路、电报，总之，各种改进了的交通工具，也有助于流通手段的节约；因此，现在英国虽然银行券的流通量几乎一样，却可以经营五倍甚至六倍的营业。但据他说，这主要也是由于10镑以上的银行券撤出了流通。在他看来，这就是对苏格兰和爱尔兰（在那里，甚至有一镑券流通）银行券的流通增加大约31%的理所当然的解释（第1747号）。联合王国银行券的流通总额，包括一镑券在内，据说为3 900万镑（第1749号）。金的流通额为7 000万镑（第1750号）。在苏格兰，银行券的流通额在1834年为3 120 000镑；在1844年为3 020 000镑；在1854年为4 050 000镑（第1752号）。

由此就可以看出，只要银行券可以随时兑换货币，发行银行券的银行就决不能任意增加流通的银行券的数目。〔这里谈的根本不是不能兑现的纸币；不能兑现的银行券，只有在它实际上得到国家信用支持的地方，例如现在的俄国，才会成为一般的流通手段。因此，这种银行券受不能兑现的国家纸币的规律的支配，这些规律在

以前就已经阐明过了。(第一册第三章第2节c《铸币。价值符号》)——弗·恩·〕

流通的银行券的数量是按照交易的需要来调节的,并且每一张多余的银行券都会立即回到它的发行者那里去。因为在英国,只有英格兰银行的银行券是作为法定的支付手段通用的,所以在这里,我们可以略而不谈各地方银行的为数不多的、只有地方性质的银行券的流通。

英格兰银行总裁尼夫先生向1858年银行委员会作证说:

> (第947号。问:)"您是说,无论您用什么办法,公众手里的银行券数额都是一样,都大约是2 000万镑吗?——在平时,看来公众大约需要使用2 000万镑。在一年的某些季节,会增加100万镑或150万镑。我说过,当公众需要增加时,他们总是能够从英格兰银行得到它。"——(第948号)"您说过,在恐慌时期,公众不会允许您把银行券数额减少;您能说出理由吗?——我认为,在恐慌时期,公众完全有权得到银行券;当然,只要银行负有债务,公众就可以根据这种债务,从银行提取银行券。"——(第949号)"这样,看来任何时候都需要大约2 000万镑英格兰银行的银行券?——2 000万镑在公众手里;它是有变动的。可以是1 850万、1 900万、2 000万等等;但平均可以说是在1 900万—2 000万之间。"

托马斯·图克向上院商业危机调查委员会提出的证词(《商业危机》,1848—1857年)(第3094号):

> "银行无权按照自己的愿望来扩大公众手里的银行券数额;它有权减少公众手里的银行券数额,但只有采取断然措施才能办到。"

诺丁汉的一位有30年经验的银行家查·莱特,在详细说明了地方银行任何时候都不可能使数量超过公众需要和要求的银行券保持在流通中以后,谈到英格兰银行的银行券(《商业危机》,1848—1857年)(第2844号):

"我不知道英格兰银行〈发行银行券〉有任何限制,但任何多余的通货都会转为存款,因此采取另一种形式。"

苏格兰也是这样。那里几乎只有纸币流通,因为在那里,像在爱尔兰一样,也准许一镑券流通,并且"苏格兰人讨厌金子"[244]。苏格兰一家银行的经理肯尼迪指出,银行从来不会减少它们的银行券流通,他

"认为在国内交易需要银行券或金来完成时,银行家必须根据存户的要求,或由于别的什么原因,提供这些交易所需要的流通手段…… 苏格兰各银行能够限制自己的营业,但不能控制银行券的发行"(同上,第3446、3448号)。

苏格兰联合银行的经理安德森持同样的意见(同上,第3578号):

〔在苏格兰各银行之间〕"互相交换银行券的制度,会防止个别银行方面的银行券发行过度吗?——是的;但是我们还有一个比交换银行券更为有效的办法〈事实上,这个办法和这里所说的事情毫无关系,虽然它保证每家银行的银行券可以在苏格兰全境流通〉,那就是苏格兰普遍实行的在银行开一个户头的做法。每个多少有些钱的人,都在银行开一个户头,并且每天把一切不是自己立即要用的钱都存入银行,所以,在每天营业结束时,除了各人身边的钱以外,所有的钱都在银行里。"

爱尔兰也是这样,可以看看爱尔兰银行总裁麦克唐奈和爱尔兰地方银行的经理默里向同一个委员会提出的证词。

银行券的流通既不以英格兰银行的意志为转移,也不以该行为保证银行券兑现而在地库中贮藏的金的数量为转移。

"1846年9月18日,英格兰银行的银行券流通额为2 090万镑,它的金属贮藏为16 273 000镑。1847年4月5日,流通额为20 815 000镑,金属贮藏为10 246 000镑。所以,虽然贵金属输出了600万镑,但流通额没有缩小。"

(约·金尼尔《危机和通货》1847年伦敦版第5页)

但是,不言而喻,这个结论只是在英国现在占支配地位的各种关系下才适用,并且它在那里之所以适用,也只是因为立法没有规定银行券发行和金属贮藏的另外的比例。

因此,只有营业本身的需要才会影响流通的货币即银行券和金的数量。这里首先要考察周期的变动。这种变动,不管一般的营业状况如何,每年都要重复一次,以致20年来,

"在某一个月,通货多,在另一个月,通货少,而在某第三个月,通货适中"(纽马奇,《银行法》,1857年第1650号)。

因此,每年8月都有几百万镑,大多数是金,从英格兰银行进入国内流通,以支付收获时期的各种费用;因为这主要是为了支付工资,工资在英国很少用银行券来支付。到年底,这些货币再流回英格兰银行。在苏格兰,几乎只用一镑券,不用索维林;因此,在苏格兰,在相应的情况下,银行券的流通会每年两次,即5月和11月,由300万镑增加到400万镑。14天后,就开始流回,一个月内几乎全部流回(安德森,同上[商业危机,1848—1857年],第3595—3600号)。

英格兰银行的银行券的流通,因"债息"即国债的利息按季支付,也会每季经历一次暂时的变动。首先是银行券从流通中抽出,然后再投入公众手中;但它很快又会流回。魏格林(银行法,1857年第38号)估计,由此引起的银行券流通的变动,为数达250万镑。但声名狼藉的奥弗伦—葛尼公司的查普曼先生却估计,由此在货币市场上引起的风潮要大得多。

"你们为支付债息而从流通中取出600万镑或700万镑税收时,必然有人在这个期间把这个金额提供出来。"(《银行法》,1857年第5196号)

流通手段总额同产业周期的不同阶段相适应的变动,更显著也更持久得多。关于这个问题,我们可以听听该公司的另一个股东,可敬的贵格教徒赛米尔·葛尼的话(《商业危机》,1848—1857年第2645号):

"〈1847年〉10月底,公众手中的银行券共有2 080万镑。那时,要在货币市场上获得银行券是极其困难的。这是因为人们普遍担心由于1844年银行法的限制而得不到银行券。现在〈1848年3月〉公众手中的银行券数额为……1 770万镑,但是因为现在没有任何商业上的恐慌,所以,大大超过了需要的数额。在伦敦,没有哪个银行家或货币经营者不是持有比他能够使用的数额更多的银行券。"
——(第2650号)"如果不同时把……商业界状况和信用状况考虑进去,英格兰银行以外的……银行券数额,就是流通的实际状况的一个十分不足的指数。"
——(第2651号)"我们对公众手中现有的通货额所以产生绰绰有余的感觉,在很大程度上,是由于我们现在异常停滞的状态。如果物价高昂,营业活跃,我们就会对1 770万镑感到不足。"

〔在营业的状况使得贷款有规则地流回,从而信用依然没有动摇的时候,通货的扩张和收缩完全取决于工商业者的需要。因为至少在英国,金在批发商业上是无足轻重的,并且撇开季节性的变动不说,金的流通又可以看成是一个在较长时期内几乎不变的量,所以英格兰银行的银行券的流通,是这种变动的十分准确的测量器。在危机以后的消沉时期,通货额最小,随着需求的复苏,又会出现对流通手段的较大的需要。这种需要随着繁荣的增进而增加;而在过度扩张和过度投机的时期,流通手段量将达到最高点,——这时危机突然爆发了,昨天还是如此充足的银行券,一夜之间就从市场上消失了;随着银行券的消失,汇票贴现者,要有价证券作担保的贷款人,商品购买者,也消失了。英格兰银行应该出来援助——但是它很快也就无能为力了;正是在全世界叫喊着要银行券的时候,在商品占有者卖不出去，但仍然要支付，因而准备不惜任何牺牲来获得银行券的时候，1844年的银行法强迫英格兰银行限制它的银行券的流通额。上面曾经提到的那位银行家莱特说（同上，第2930号）：

> "在恐慌时期，国家所需的通货等于平时的两倍，因为流通手段被银行家和其他人收起来了。"

危机一旦爆发，问题就只在于支付手段了。但是，因为这种支付手段的收进，对每个人来说，都要依赖于另一个人，而谁也不知道另一个人能不能如期付款；所以，将会发生对市场上现有的支付手段即银行券的全面追逐。每一个人都想尽量多地把自己能够获得的货币贮藏起来，因此，银行券将会在人们最需要它的那一天从流通中消失。赛米尔·葛尼（《商业危机》，1848—1857年第1116号）估计，在恐慌时期这样保藏起来的银行券，1847年10月一个月就有400万镑到500万镑。——弗·恩·]

在这一方面，特别令人感兴趣的，是葛尼的同事、上面已经提到的那位查普曼于1857年向银行委员会作证时的证词。在这里，我把这个证词的主要内容归纳在一起引述如下，虽然其中涉及的某些论点我们以后才研究。

查普曼先生是这样说的：

> （第4963号）"我还要毫不迟疑地说，货币市场竟听任某个资本家个人的支配（像伦敦有过的情况那样），让他能够在正是流通量很小的时候造成货币异常短缺和紧迫状态，我并不认为这是正当的……　很可能……能够从流通中取出100万镑或200万镑银行券的不只是一个资本家，如果他们这样做可以达到一个目的的话。"

（第4965号）一个大投机家能够出售100万镑或200万镑统一

公债,这样从市场取走货币。类似的情况不久以前还发生过,"这造成了货币的极度紧迫状态"。

(第4967号)这时,银行券当然是非生产的。

　　"但这没有关系,只要达到一个重要目的就行了;这个重要目的就是压低证券价格,造成货币紧迫,他完全有力量做到这一点。"

举一个例子来说:有一天,证券交易所发生了巨大的货币需求;谁也不知道是什么原因;某人向查普曼要求按7%的利息借5万镑。查普曼感到惊奇,因为他的利息率要低得多;他答应了。不久这个人又来了,按7.5%的利息率再借5万镑;后来,又按8%的利息率借10万镑,并且愿意按8.5%的利息率再借一些。这时候,甚至查普曼也感到惊慌不安。后来才明白已经有大量货币突然从市场被抽走。但查普曼说,

　　"我已经按8%的利息率贷出一个很大的数目;我不敢再前进一步了;我不知道结果将如何"。

决不要忘记,公众手中的银行券,虽然被认为几乎经常是在1 900万—2 000万之间,但是这些银行券实际流通的部分同当做准备金闲置在银行中的部分,这两者互相之间是在不断地显著地发生变动的。如果这个准备金很多,从而实际流通的通货很少,那么,从货币市场的观点看,这就是通货充足(the circulation is full, money is plentiful);如果这个准备金很少,从而实际流通的通货很多,从货币市场的观点看,就叫做通货短缺(the circulation is low, money is scarce),也就是说,代表闲置的借贷资本的那部分,只有一个很小的数额。通货的实际的、与产业周期各阶段无关的膨胀或收缩,——因而公众需要的数额仍保持不变,——可以只是由于技术上

的原因产生的,例如在纳税或支付国债利息时就是这样。在纳税时,银行券和金流入英格兰银行超过通常的程度,所以实际上是不管对通货的需要如何而使通货收缩。在支付国债利息时,情况就恰好相反。在前一场合,人们向银行要求借款,以便获得流通手段。在后一场合,各私人银行的利息率将会降低,因为它们的准备金将会暂时增加。这同流通手段的绝对量无关,而只同把这种流通手段投入流通的银行有关,并且对银行来说,这个过程表现为借贷资本的出让,所以,它把由此而来的利润放进自己的腰包。

在一个场合,流通手段只是发生暂时的位置变动,英格兰银行会在每季纳税和每季支付国债利息以前不久,按低息发放短期贷款,以便这种变动得到平衡。这些这样发行出去的过剩的银行券,首先会把纳税所造成的空隙填补;但由于要偿还上述银行贷款,支付国债利息而投到公众手中的过剩银行券又会立即流回银行。

在另一场合,通货的短缺或充足,始终只是同一数量的流通手段在现款和存款(即借贷工具)之间的不同的分配。

另一方面,例如,如果由于金流入英格兰银行,银行券的发行额相应增加,那么,这些银行券就会参加这个银行以外的贴现业务,并且会在贷款偿还的时候流回,所以,流通的银行券的绝对量只是暂时增加。

如果通货充足是由于营业的扩大(这在物价比较低的时候也是可能发生的),那么,由于利润增大和新的投资增加所引起的对借贷资本的需求,利息率可能是比较高的。如果通货短缺是由于营业收缩或信用非常活跃,那么,利息率在物价高的时候,也可能是低的(见哈伯德的著作①)。

---

① 见本卷第623—624页。——编者注

通货的绝对量只有在紧迫时期,才对利息率产生决定的影响。这时,对充足的通货的需求,只是表示由于信用缺乏(把货币流通的速度已经减慢和同一些货币不断转化为借贷资本的速度已经减慢的情况撇开不说)而产生了对贮藏手段的需求,例如1847年,银行法的暂停执行并没有引起通货膨胀,却足以使贮藏的银行券重见天日,投入流通。或者在一定的情况下,也可能实际上需要更多的流通手段。例如1857年,银行法暂停执行后,通货实际上暂时增加了。

在另外的情况下,通货的绝对量不会影响利息率。第一,这是因为通货的绝对量——假定周转的节约和速度不变——是由商品的价格和交易的总量决定的(这时候,一个要素通常会抵消另一个要素的作用),最后是由信用的状况决定的(而通货的绝对量决不会反过来决定信用的状况);第二,这是因为在商品价格和利息之间并无任何必然的联系。

在银行限制法[245]实施期间(1797—1820年),发生通货过剩,利息率始终比恢复兑现以来高得多。后来,随着银行券的发行受到限制和汇兑率提高,利息率迅速下降了。1822年、1823年、1832年,一般说来通货很少,利息率也低。1824年、1825年、1836年,通货很多,利息率也提高了。1830年夏,通货很多,但利息率低。自从金矿发现[239]以后,整个欧洲的货币流通都膨胀了,利息率却提高了。所以,利息率并不取决于流通的货币量。

流通手段的发行和资本的贷放之间的差别,在现实的再生产过程中,表现得最清楚。我们已经在以前(第二册第三篇)看到,生产的不同组成部分是怎样进行交换的。例如可变资本在物质上是工人的生活资料,即工人自己的一部分产品。但这部分产品是用货币一点一点付给他们的。资本家必须预付这些货币,并且他能不能在下周再用他上周付出的那些货币来支付新的可变资本,在很大程度上要取决于信用事业的组织。社会总资本的各个组成部分之间的交换行为,例如消费资料和消费资料的生产资料之间的交换行为,也是这样。我们已经知道,它们的流通所需要的货币,必须由交换当事人的一方或双方预付。这时,这种货币会留在流通中,但交换完成后,总是又回到预付人的手里,因为这种货币是他在他实际使用的产业资本之外所预付的(见第二册第二十章[246])。在发达的信用制度下,货币集中在银行手中,银行至少在名义上贷放货币。这种贷放只与流通中的货币有关。这是通货的贷放,不是借助这些通货而流通的资本的贷放。

查普曼:

(第5062号)"可能有这样的时候,公众手中的银行券数目非常大,但是弄不到手。"

货币在恐慌时期仍是存在着的;但每个人都当心不让它转化为借贷资本,不让它转化为借贷货币;每个人都抓住它不放,以便应付实际的支付需要。

(第5099号)"农村地区的银行,会把它们的闲置的过剩部分,送到贵行和伦敦其他的银行去吗?——是的。"——(第5100号)"另一方面,兰开夏郡和约克郡的工厂区,为了自己营业的目的而在贵行贴现汇票吗?——是的。"——(第5101号)"可见,通过这种方法,一个地区的过剩货币,可以用来应付另一地区的需要?——完全正确。"

查普曼说,银行用它的过剩的货币资本在较短期间内购买统一公债和国库券的习惯做法,近来已经大大减少,而发放随时可收回的贷款,已经成为习惯。他自己也觉得购买这种证券,对他的营业来说很不合算。因此,他把货币投在可靠的汇票上,这些汇票每天都有一部分到期,所以他始终知道,他每天可以指望得到多少现款。(第5101—5105号)——

　　甚至出口的增加,或多或少会对每个国家,特别是对提供信用的国家,表现为国内货币市场需要的增加,但是,只有在紧迫时期才会这样被人感觉到。在出口增加的时候,工厂主照例会凭委托销售的英国工业品,对出口商人签发长期汇票(第5126号)。

　　(第5127号)"是不是常有这样的事情,互相同意随时重新签发汇票?——〔查普曼:〕这件事他们对我们保密;我们是不会容许这种汇票的……当然,这样的事情可能发生,但关于这类事情,我不能说什么。〈纯洁的查普曼啊。〉"——(第5129号)"如果出口大量增加,例如去年一年就增加了2000万镑,那么,要贴现那些代表这种出口的汇票,不是自然而然会引起对资本的巨大需求吗?——这是毫无疑问的。"——(第5130号)"既然英国照例为它的一切出口对外国提供信用,那么,在信用延续的期间不是必定会吸收相应的追加资本吗?——英国提供巨额的信用;但它也为它的原料接受信用。人们在美国向我们签发的汇票总是以60天为期,另外一些地方签发的汇票是以90天为期。另一方面,我们也提供信用;我们把商品运往德国时,就提供以两个月或三个月为期的信用。"

　　威尔逊问查普曼(第5131号),是不是在这种进口原料和殖民地商品起运的同时,已经凭这些货物对英国签发汇票?是不是这种汇票会和提单同时寄到?查普曼相信是这样,但是他对这种"商人的"业务一无所知,建议我们去问内行的人。——查普曼说,在对美国的出口上,"商品在过境时被象征化了"[第5133号];这种含混不清的说法的意思应当是说,英国出口商人凭他的商品向伦敦的一家美国大银行签发以四个月为期的汇票,这家银行则从美国得到支付。

　　(第5136号)"同远方各国的交易,不是照例由那些要等商品售出才有资本可用的商人经营吗?——一些商行拥有巨大的私人财富,它们能够投下它们自己的资本,而不需要靠商品来获得贷款;但这些商品大部分会通过某些著名公司的承兑而转化为贷款。"——(第5137号)"这些商行设在……伦敦、利物浦和其他地方。"——(第5138号)"所以,无论工厂主是自己出钱,还是在伦敦或利物浦找到一个商人来提供这种贷款,都没有差别;这不仍然是在英国作出的预付吗?——一点不错。工厂主只是在少数场合〈相反,在1847年几乎是在一切场合〉这样做。例如,一个经营工业品的商人在曼彻斯特购买商品,并且通过伦敦一家可靠的公司把商品装船运走;当伦敦这家公司确信一切都已按照合同办妥时,这个商人就会凭这批运往印度、中国或其他地方的货物,向伦敦这家公司签发一张以六个月为期的汇票;然后银行界参加进来,替他把这张汇票贴现;所以,当他必须对这些商品支付的时候,他已经通过汇票的贴现而拥有货币了。"——(第5139号)"那个人虽然有了货币,银行家不是必须贷出这些货币吗?——**银行家有这张汇票;银行家购买了这张汇票**;他就是在这个形式上,即在商业汇票的贴现上,运用他的银行资本的。"

〔可见,查普曼也认为汇票贴现不是发放贷款,而是购买商品。——弗·恩·〕

(第5140号)"这不仍然是对伦敦货币市场的需求的一部分吗?——毫无疑问;这是货币市场和英格兰银行的重要业务。英格兰银行和我们一样乐于得到这种汇票,它知道这是很好的投资。"——(第5141号)"是不是出口业越发展,对货币市场的需求就越增加?——随着国家繁荣的增进,我们〈查普曼之流〉也得到好处。"——(第5142号)"所以,如果这些不同的投资范围突然扩大,自然的结果就是利息率的提高?——这是毫无疑问的。"

(第5143号)查普曼"不很了解,在我们的出口额十分巨大的时候,金对我们竟会有这么大的用处"。

(第5144号)尊敬的威尔逊问道:

"我们在我们的出口上提供的信用,是不是可能比我们在我们的进口上得到的信用多?——我自己对这一点是有所怀疑的。如果有人凭他运往印度的曼彻斯特商品来要求承兑,您是不能以少于10个月的期限给他承兑的。在印度对我们进行支付以前的一些时候,我们就必然要为美国的棉花而对美国进行支付,这是肯定无疑的。但是要弄清这件事的影响究竟如何,却是一个颇为微妙的问题。"——(第5145号)"如果我们像去年一样增加工业品的出口2000万镑,那么,我们必须事先就大大增加原料的进口〈这已经表明,出口过剩和进口过剩,生产过剩和贸易过剩是一回事〉,以便生产这个增加的商品量吗?——这是没有疑问的。"——[第5146号]"我们必然要支付一个很大的差额;这就是说,在这个时期内,对我们来说一定是逆差,但久而久之,同美国之间的汇兑率是对我们有利的,并且较长时期以来,我们已经从美国得到了巨额贵金属的输入。"

(第5148号)威尔逊问那位高利贷大王查普曼,他是否认为他的高额利息是大繁荣和高额利润的标志。查普曼对这个献媚者的天真显然大吃一惊,他当然认为是这种标志,但十分坦白地加上一句保留的话:

"有些人别无他法;他们要还债,他们必须偿付债务,不管有没有利润;不过,只要它〔高利息率〕持续下去,它就会标志着繁荣。"

他们两人都忘记了,高利息率也可以标志着像1857年那样的情况:到处奔波的信用冒险家使国家陷于不安。他们能够支付高额利息,因为他们是从他人的钱袋掏出钱来支付的(而与此同时,也就参与决定对一切人适用的利息率),并在此期间,靠预期中的利润,过着阔绰的生活。同时,正是这种情况能够给工厂主等提供实际上极为有利的营业。回流由于这种借贷制度而变得完全不可靠了。这一点还说明了下述情况,这些情况对英格兰银行来说,是用不着加以说明的,因为在利息率高的时候,它会按比别人低的利息率来贴现。

(第5156号)查普曼说:"我尽可以说,我们的贴现额,在我们这样长期具有高利息率的现在,达到了最大限度。"

(查普曼是在1857年7月21日,崩溃之前几个月说这句话的。)

（第5157号）"1852年〈那时利息很低〉贴现额远不是这么大。"

因为那时候营业实际上正常得多。

（第5159号）"如果市场上货币显著过多……而银行贴现率又低,汇票就会
减少……　1852年我们处于一种完全不同的局面。当时我国的出口和进口,同
今天相比,简直等于没有。"——（第5161号）"在贴现率这样高的情况下,我们的
贴现业务同1854年一样多〈当时利息为5%—5$\frac{1}{2}$%〉。"

查普曼的证词中,最可笑的是,这伙人实际上把公众的钱看做
自己的财产,并且相信他们有权把他们所贴现的汇票随时换成现
款。提问和回答都极为天真。立法有责任让这些已经由大公司承兑
的汇票可以随时换成现款,让英格兰银行在任何情况下都为票据经
纪人进一步再贴现。但是,1857年,三个这样的票据经纪人破产了,
他们负债大约800万镑,而他们自己的资本,同这种债务相比,简直
微不足道。

（第5177号）"您是想说,照您的意思,它们〈贝林公司或劳埃德公司承兑
的汇票〉应该能够强制贴现,就像现在英格兰银行的银行券可以强制换成金
吗?——我认为,如果这些汇票不能贴现,那是一件非常令人遗憾的事情;如果
一个人因为他持有的斯密—佩恩公司或琼斯·劳埃德公司承兑的汇票不能贴
现,以致不得不停止支付,那是一种极不正常的情况。"——（第5178号）"贝林
公司的承兑,不就是承担义务在汇票到期时支付一定数额的货币吗?——一点
不错;但是贝林公司承担这种义务,是像任何一个承担这种义务的商人一样
的,他们做梦也没有想到,他们将必须用索维林去兑付这张汇票;他们原以为,
他们将在票据交换所兑付这张汇票。"——（第5180号）"那么,您的意思是不是
说,必须设计出某种机制,使得公众由于有人必须为汇票贴现而有权在汇票到期
之前得到货币?——不是这样;这不是承兑人的想法。但是,如果您这句话的意
思是说,我们不应该有商业汇票贴现的可能,那么,我们就必然使事情全部改
观。"——（第5182号）"因此,您是认为,它〔商业汇票〕必须能换成货币,正如
英格兰银行的银行券必须能换成金?——在一定情况下,确实应当这样。"——

（第5184号）"因此，您是认为，必须这样制定通货制度，以使那种确实稳当可靠的商业汇票能像银行券一样容易地随时换成货币？——我是这么想。"——（第5185号）"您是不是认为，英格兰银行或任何其他人，都应由法律强制来兑现这种汇票呢？——我的意思确实是说，在我们制定管理通货的法律时，我们应采取措施，以防止发生那种稳当可靠的国内商业汇票不能兑现的情况。"

这就是同银行券的兑现性相对比的商业汇票的兑现性。

（第5190号）"我国的货币经营者事实上只代表公众。"——

查普曼先生后来在审理戴维森案件的巡回法庭[247]上就是这样说的。见《金融大骗案》。

（第5196号）"每季（付息的时候）……我们都绝对必须向英格兰银行求助。你们因预备付息而从流通中取出600万镑或700万镑的国家收入时，必然有人在这个期间把这个金额提供出来。"

（可见，在这种场合，问题在于货币的供给，而不是资本或借贷资本的供给。）

（第5169号）"每一个熟悉我国商业界情况的人都必定知道，当我们处在国库券不能出售，东印度公司[248]的债券完全无用，最好的商业汇票也不能贴现这样的情况时，就必然会在这样一种人中间引起很大的不安，他们的营业使他们一遇到要求，就必须立即用国内通用的流通手段来支付，而这就是一切银行家的处境。其结果是，每个人都要有加倍的准备金。如果500左右的地方银行家每人都嘱咐他的伦敦代理人汇寄5 000镑银行券，您想一想，这在全国会发生什么样的影响。甚至在我们十分荒谬地把这样小的金额当做平均数的时候，我们也要从流通中提出250万镑。那又怎样去补充呢？"

另一方面，拥有货币的私人资本家等等，不管利息多大，都不愿贷出货币，因为他们像查普曼那样说：

（第5195号）"我们宁可完全不要利息，也不愿担心在我们需要货币时不能把货币收回。"

（第5173号）"我们的制度是这样：我们有3亿镑债务，这笔债务可能在一个指定的日期被要求用国内通用的铸币偿付；而国内的这些铸币，即使全部用来还债，也不过等于2 300万镑或差不多这样大的一个数目；这不是随时都会使我们陷入动荡的一种状况吗？"

因此，在危机中，信用主义会突然转变成货币主义。

把危机时期的国内恐慌撇开不说，我们说到货币量，总只是指金属即世界货币。查普曼却恰好把这排除在外；他只提到2 300万镑**银行券**。

同一个查普曼还说：

（第5218号）"货币市场紊乱〔1847年4月以及后来的10月〕的最初原因，无疑是由于当年异乎寻常的大量进口需要大量货币来调节汇兑率。"

第一，世界市场货币的这个贮藏，当时已经减少到最低限度。第二，它同时还是信用货币即银行券兑现的保证。这样，它就把两种完全不同的职能结合在一起了。但是，这两种职能都是由货币的性质引起的，因为现实的货币总是世界市场货币，并且信用货币总是建立在世界市场货币的基础上。

1847年，如果不是暂停执行1844年的银行法[212]，"票据交换所的业务一定已经不能进行了"。（第5221号）

查普曼对于日益迫近的危机毕竟是有一点感觉的：

（第5236号）"货币市场上会出现某种情况（并且现在离这种情况已不很远），在这种情况下，货币很难到手，人们必须求助于银行。"

（第5239号）"至于谈到我们在星期五、星期六和星期一即1847年10月19日、20日、22日从银行提出的金额，如果我们能够在下星期三把这些汇票收回，那我们就会感到太满意了；恐慌一过，货币就会立即流回我们手里。"

　　但是,星期二,10月23日,银行法暂停执行,危机就被制止了。

　　查普曼相信(第5274号),同时涌向伦敦的汇票,有10 000万—12 000万镑。各地区的地方汇票,还不包括在内。

　　(第5287号)"1856年10月,公众手中的银行券的数额,已经增加到21 155 000镑,但要获得货币还是非常困难,尽管公众手中有这么多货币,但我们无法得到。"

　　这是由于货币紧迫引起的恐惧所致。东方银行曾一度(1856年3月)处于这种紧迫状态中。

　　(第5290号)恐慌一过,

"一切靠利息得到利润的银行家,都立即开始使用他们的货币"。

　　(第5302号)查普曼认为,银行准备金减少时所以引起不安,并不是因为对存款有恐惧心理,而是因为一切有可能要突然支付巨额货币的人都非常清楚地知道,他们在货币市场紧迫的时候,会被迫向银行寻求最后的支援;但是,

"如果银行只有一笔很小的准备金,它就不会高兴接待我们,而是相反"。

　　准备金作为实有的量是怎样消失的,也是一件有趣的事情。银行家为了他们当前的营业需要,持有一笔最低限额的准备金,一部分保存在自己身边,一部分保存在英格兰银行。票据经纪人持有"国内闲置的银行货币",但没有准备金。英格兰银行对于存款负债,除了以公共存款等作保证外,只有以银行家和其他人的准备金作保证,它可以把这个准备金减低到最低点,比如说,200万镑。所以,在这200万镑纸币之外,除了金属贮藏,在货币紧迫时期(并且货币紧迫会减少准备金,因为为兑换流出的金属而流入的银行券必须报废),这全

部欺诈活动绝对没有任何其他准备，因此，每一次因金的流出而引起的金属贮藏的减少，都会加深危机。

（第5306号）"如果没有货币用来结清票据交换所的差额，那么，除了大家凑到一起并用第一流的票据（向国库、斯密—佩恩公司等签发的票据）来支付之外，我不知道还有什么别的办法。"——（第5307号）"所以，如果政府不能供给你们流通手段，你们就要为自己创造一种流通手段吗？——我们有什么办法？公众进来，从我们手里取走流通手段；流通手段没有了。"——（第5308号）"所以，你们在伦敦做的事情，不过是人们每天在曼彻斯特做的事情吗？——是的。"

对凯利（伯明翰的阿特伍德派[249]分子）关于奥弗斯顿的资本观念所提的问题，查普曼的回答真是妙极了：

（第5315号）"有人向这个委员会作证说，在像1847年那样的紧迫时期，人们不是追求货币，而是追求资本；您对此有什么意见？——我不懂您的意思；我们只经营货币；我不懂您说的究竟是什么。"——（第5316号）"如果您把它〈商业资本〉理解为一个人在他的营业中属于自己所有的货币量，如果您把这叫做资本，那么，在大多数场合，这不过是他以公众给他的信用作中介而在他的营业中使用的货币的极小部分。"——也就是以查普曼之流作中介。

（第5339号）"是缺少财富使我们暂时停止兑现的吗？——根本不是；……我们并不缺少财富；但我们是在一种极其人为的制度下活动，以致在我们非常迫切需要流通手段的时候，可能出现一些情况妨碍我们去获得流通手段。全国的商业活动应当因此停顿吗？我们应当堵塞营业的一切门路吗？"——（第5338号）"如果有人提出问题说，我们应当维持兑现还是应当维持国内产业，我知道我应当放弃二者中的哪一个。"

至于贮藏银行券"以加剧紧迫状态并从中得利"（第5358号），他说，这很容易做到。只要有三家大银行就足够了。

（第5383号）"您这位熟悉我国首都各大营业的人，想必知道，资本家利用这种危机，从那些被作为牺牲品的人的破产中获得大量利润，不是吗？——这是毋庸置疑的。"

虽然查普曼先生的"从牺牲者的破产中获得大量利润"的企图，最终在商业上遭到失败，但我们仍然可以相信他说的这些话。因为，当他的同事葛尼说，营业上每一次变动都对那些熟悉内情的人有利时，查普曼却说：

> "社会的一部分不熟悉另一部分；例如，向大陆出口工业品或从大陆进口原料的工厂主，一点也不熟悉那些做金条生意的人的情况。"（第5046号）

终于有一天，葛尼和查普曼本人因不"熟悉内情"而遭到了可耻的破产。

我们在上面已经看到，银行券的发行并不是在一切场合都意味着资本的贷放。图克向上院商业危机委员会（1848年）提出的下述证词不过证明，资本的贷放即使是通过银行发行新券的办法来实行，也不一定就是流通的银行券的数量的增加。

> （第3099号）"您认为，例如英格兰银行能够显著扩大它的贷款而不致引起银行券发行额的增加吗？——大量事实可以证明这一点。最明显的一个例子是1835年，当时英格兰银行把西印度的存款和向东印度公司的借款用于扩大对公众的贷款；同一时候，公众手中的银行券数额事实上却略有减少…… 1846年在铁路存款缴入银行时，可以看到类似的情况。〈贴现和存入的〉有价证券增加到大约3 000万镑；而公众手里的银行券数额，没有受任何显著的影响。"

但是除银行券之外，批发商业还有第二种而且对它来说是更重要得多的流通手段，这就是票据。查普曼先生曾经告诉我们，对于一个正常的营业进程来说，如果可靠的票据能够到处并且在一切情况下都在支付上被人接受，那将是一件多么重要的事情。如果"连《泰斯维斯-钟托夫》都不再适用了，那还有什么东西适用呢？天哪！"[250]

这两种流通手段的互相关系是怎样的呢？

关于这点，吉尔巴特说：

"限制银行券的流通额，照例会增加票据的流通额。票据有两种——商业票据和银行家票据——……货币少的时候，货币贷放者就会说：'向我们签发票据吧，我们会承兑。'并且，当一个地方银行家为一个客户的一张票据贴现时，他不是给他现金，而是给他一张自己的以21天为期并由他的伦敦代办处兑付的汇票。这些票据作为流通手段来用。"（詹·威·吉尔巴特《论1839年货币市场紧张的原因》第31页）

纽马奇略微改变一下说法，也确认这一点（《银行法》，1857年第1426号）：

"在流通的票据额的变动和流通的银行券数额的变动之间没有什么联系……唯一比较一致的结果是……只要货币市场稍微发生那种在贴现率提高时可以看到的紧迫现象，票据流通的规模就会显著增加；反过来，情况也就相反。"

不过，这时候签发的汇票，决不只是吉尔巴特所说的短期的银行票据。正好相反，那大部分是融通票据，它们不代表任何现实的营业，或只代表这样一种营业，它之所以被经营，不过为了要凭它签发汇票。关于这二者，我们已经举了充分的例子。所以，《经济学家》（威尔逊编）把这种票据的可靠性同银行券的可靠性加以比较时就说：

"随时可兑的银行券，决不会停滞在银行外面，处于过剩状态中，因为过剩额总会回到银行去兑换。以两个月为期的票据却可以有很大的过剩额，因为在它们到期以前，没有任何手段可以控制它们的发行，而在它们到期的时候，它们可能又已经被其他票据代替了。所以，一个国家对将来某一日期才兑付的票据的流通认为确实可靠，而对于随时可兑的纸币的流通却表示疑虑，这在我们看来是完全不能理解的。"（1847年《经济学家》第575页）

因此，流通的汇票的数量，和银行券的数量一样，完全是由交易上的需要决定的;50年代在联合王国,平时除了3 900万镑银行券之外,大约还有30 000万镑汇票流通着,其中10 000万—12 000万镑只是向伦敦签发的。汇票流通的规模对银行券流通的规模没有影响,并且,它也只是在货币短缺的时候,才受银行券流通的规模的影响,那时,汇票的数量将会增加,汇票的质量却会下降。最后,在危机期间,汇票流通会完全停止;没有人能够使用支付凭证,因为每个人都只接受现金支付;至少直到现在的英国,只有银行券还保持流通的能力,因为国家以其全部财富做英格兰银行的后盾。

————

我们已经看到,甚至查普曼先生这位1857年货币市场上的实力人物,也痛苦地抱怨说,伦敦有很多大的货币资本家,他们有足够的力量在一定的时候使整个货币市场陷于混乱,并从中极其无耻地榨取那些较小的货币经营者。这就是说,有这样一些大鲨鱼,他们能够抛售一二百万镑统一公债,从市场取走等额的银行券(同时也就是取走等额可供支配的借贷资本),因而使紧迫情况大大尖锐起来。只要三家大银行联合行动,就能够用同一手法把紧迫情况变为恐慌。

伦敦的最大资本势力,当然是英格兰银行。但它的半国家机关的地位,使它不可能用这样粗暴的方式,来显示它的统治力量。尽管如此,它还是清楚地知道要用什么手段和方法来牟取私利,特别是从1844年银行法公布以来。

英格兰银行有14 553 000镑资本,此外还支配着大约300万镑"结余"即尚未分配的利润,以及政府在税收等名义下收入的全部货币,这些货币必须存入英格兰银行,直到需用的时候才提取。如果再加上其他的存款(平时大约有3 000万镑)和没有准备金而发行的银行券的数目,我们就会觉得纽马奇的下述估计还是比较适中的,他说

(《银行法》,1857年第1889号):

> "我相信,经常在〔伦敦〕货币市场上使用的基金总额大约有12 000万镑,在这12 000万镑中,英格兰银行支配着很大一部分,大约15%—20%。"

英格兰银行不用它的地库内的金属贮藏做准备金而发行银行券时,它创造了一些价值符号,它们不仅是流通手段,而且对英格兰银行来说,它们还按没有准备金的银行券的票面总额,形成了追加的——虽然是虚拟的——资本。并且这一追加的资本,会为它提供追加的利润。——银行法,1857年,威尔逊问纽马奇:

> (第1563号)"银行本行的银行券流通,即保留在公众手中的平均数额,是该行有效资本的一种追加,是不是?——一点不错。"——(第1564号)"所以,银行从这个流通得到的全部利润,都是从信用产生,而不是从它实际握有的资本产生的吗?——一点不错。"

当然,这对发行银行券的私人银行来说也是适用的。纽马奇在他的回答(第1866—1868号)中认为,这些银行所发行的全部银行券的三分之二(对其余的三分之一,这些银行必须持有金属准备)是"同额资本的创造",因为这个数额的硬币被节约下来了。银行家的利润,也许不会因此就比其他资本家的利润更大。事实仍然是,他们从硬币的这种国民节约中获得了利润。国民节约表现为私人获取利润,这丝毫也没有使资产阶级经济学家感到震惊,因为利润本来就是对国民劳动的占有。例如,还有什么比1797年至1817年的英格兰银行的下述做法更荒谬的吗?它的银行券只是因为国家的支持才具有信用;它能把这些银行券由纸变为货币,然后贷给国家,也是国家给予它的权力;但是它却要国家,也就是公众,以国债利息的形式对这种权力付给报酬。

银行还有其他的创造资本的手段。根据同一个纽马奇的说法,各地方银行,正如上面谈到的,习惯于把它们的剩余基金(即英格兰银行的银行券)送到伦敦的票据经纪人那里去,而经纪人则把贴现的汇票送回给它们。银行用这种汇票来为它的客户服务,因为从当地客户手里接受的汇票,银行照例是不再发出的,以免客户的营业活动被客户周围的人知道。这种从伦敦得到的汇票,不仅会在客户不愿要银行本行签发的在伦敦兑付的汇票的时候,被用来发给那些要在伦敦直接支付的客户;它也被用来结算本地区的支付,因为银行家的背书,可以作为这种汇票在当地有信用的保证。例如在兰开夏郡,这种汇票已经把地方银行本行的全部银行券和英格兰银行的大部分银行券从流通中排挤出去。(同上,第1568—1574号)

因此,在这里,我们看到各银行创造信用和资本的方法:1. 发行本行的银行券;2. 签发以21天为期在伦敦兑付的汇票,但在签发汇票时,立即收进现金;3. 付出已经贴现的汇票,这种汇票之所以有信用能力,至少对有关地区来说,首先是并且主要是因为有了银行的背书。

英格兰银行的权力,在它对市场利息率的调节上显示出来。在营业正常进行的时候,很可能出现这样的情况:英格兰银行不能用提高贴现率的办法[12],来防止金从它的金属贮藏中适度流出,因为对

---

(12)在1894年1月17日伦敦联合银行股东大会上,主席里奇先生谈到,英格兰银行在1893年把贴现率由(7月)的$2\frac{1}{2}$%,提高到8月的3%—4%,尽管如此,在四星期之内还是损失了450万镑黄金,所以又把贴现率提高到5%,于是,金流回来了,银行贴现率也在9月下降到4%,在10月下降到3%。但这种银行贴现率是市场所不承认的。"当银行贴现率为5%时,市场贴现率为$3\frac{1}{2}$%,利息率为$2\frac{1}{2}$%;银行贴现率下降到4%时,市场贴现率为$2\frac{3}{8}$%,利息率为$1\frac{3}{4}$%;银行贴现率下降到3%时,市场贴现率为$1\frac{1}{2}$%,利息率更要低一些。"(1894年1月18日《每日新闻》)——弗·恩·

支付手段的需要，将从私人银行、股份银行和票据经纪人那里得到满足，这些银行和经纪人在过去30年中已经获得了相当大的资本权力。因此，英格兰银行只好使用其他手段。但对紧急时期说来，银行家格林（格林—米尔斯—柯里公司的股东）在《商业危机》（1848—1857年）中的证词仍然适用：

（第1709号）"在国内货币非常紧迫的时候，英格兰银行会控制利息率。"——（第1710号）"在货币异常紧迫的时候……私人银行或经纪人的贴现业务比较受到限制，这种业务就会落在英格兰银行身上，于是它就有了确定市场利息率的权力。"

当然，英格兰银行作为一个受国家保护并赋有国家特权的公共机关，是不可能像私人营业那样肆无忌惮地利用自己的权力的。因此，哈伯德也在银行委员会（《银行法》，1857年）面前说：

（第2844号。问：）"是不是贴现率最高的时候，就是英格兰银行以最低代价提供服务的时候；贴现率最低的时候，则是经纪人以最低代价提供服务的时候？——（哈伯德：）情况总是这样，因为英格兰银行从来不会像它的竞争者那样大幅度地降低贴现率，贴现率最高时，也从来不会像它的竞争者那样大幅度地提高贴现率。"

但是，尽管如此，如果英格兰银行在货币紧迫时期，如俗话所说，把螺丝拧紧，也就是把已经高于平均数的利息率再提高，那终究是营业生活上一件严重的事情。

"一旦英格兰银行把螺丝拧紧，一切为向外国出口而进行的购买都会停止……　出口商人要等价格降到最低点时才购买，而不是在此之前购买。但当这一点达到时，汇兑率又已经调整了——金会在价格降到最低点以前停止输出。购买供输出用的商品，也许能带回一部分已经送往外国的黄金，但要防止金的外流，就未免太晚了。"（詹·威·吉尔巴特《论货币市场紧张的原因》1840年伦敦版第35页）"用外汇率来调节流通手段的另一个影响是，在货币紧迫时期造成很高的利息率。"(同上,第40页)"调整汇兑率的费用落在国内的生产性的产业上,而在这个过程的进行中,英格兰银行的利润却因它用较少量的贵金属来维持它的业务而实际增加了。"(同上,第52页)

但是,赛米尔·葛尼朋友却说,

"利息率的这些大波动对银行家和货币经营者有利——营业上的一切波动对熟悉内情的人都是有利的。"

即使葛尼之流肆无忌惮地利用营业上的困难状况自肥,英格兰银行却不能同样自由地这样做,但它仍然可以取得十分可观的利润——至于自然而然落到那些有特别机会知道一般营业情况的董事先生们手里的私人利润就更不用说了。按照1817年恢复兑现时对上院委员会提出的报告,英格兰银行在1797年到1817年这整个时期内获得的利润如下:

红利和追加股息	7 451 136
分配给股东的新股	7 276 500
资本的增值	14 553 000
合　计	29 280 636

这是11 642 400镑资本在19年中获得的利润总额。(丹·哈德卡斯尔《银行和银行家》1843年伦敦第2版第120页)如果我们按照相同的原则来估计也是在1797年暂停兑现的爱尔兰银行的总利润,我们就会得到如下的结果:

1821年到期的股息 ·······················	4 736 085
申报的红利 ·······················	1 225 000
资产的增加 ·······················	1 214 800
资本的增值 ·······················	4 185 000

合 计 11 360 885

这是300万镑资本所获的总利润。(同上,第363、364页)

再谈谈集中!那种以所谓国家银行为中心,并且有大的货币贷放者和高利贷者围绕在国家银行周围的信用制度,就是一个巨大的集中,并且它给予这个寄生者阶级一种神话般的权力,使他们不仅能周期地消灭一部分产业资本家,而且能用一种非常危险的方法来干涉现实生产——而这伙匪帮既不懂生产,又同生产没有关系。1844年和1845年的法令,就是这伙包括金融业者和证券投机家的匪帮的权力日益增加的证据。

然而,如果还有人怀疑,这伙高贵的匪帮,只是为了生产和被剥削者自身的利益,而对国内和国际的生产进行剥削,那就请他读一读下面这段话,认识一下银行家的高尚的道德品质吧:

"银行制度是宗教的和道德的制度。青年商人不是往往由于害怕被他的银行家的警戒的、非难的眼睛看见而不敢结交吃喝玩乐的朋友吗?他渴望博得银行家的好评,总是表现得规规矩矩!银行家皱皱眉头,也比朋友的忠告对他的作用更大;他总是提心吊胆,怕人说他是在骗人,或者有一点点不老实,以致引起怀疑,因而可能使银行家限制甚至取消对他的贷款!对他来说,银行家的忠告比牧师的忠告更为重要。"(苏格兰银行董事贝尔《股份银行业哲学》1840年伦敦版第46、47页)

第三十四章

通货原理和1844年英国的银行立法

〔李嘉图从货币价值对商品价格的关系上所提出的货币价值的理论,已经在以前的一部著作中[13]研究过了;所以在这里,我们可以只就最必要的事情说一下。按照李嘉图的说法,货币——金属货币——的价值是由对象化在其中的劳动时间决定的,但只有在货币的数量同要交换的商品的数量和价格保持正确比例的时候才是这样。在其他条件不变的情况下,如果货币量超过这个比例,货币价值就会降低,商品价格就会提高;如果货币量降到这个正确比例以下,货币价值就会提高,商品价格就会降低。在第一个场合,金过剩的国家,会把跌到价值以下的金输出,并把商品输入;在第二个场合,金就会流往金的估价高于其价值的国家,而估价低的商品就会从那里输往它能获得正常价格的其他市场去。既然依照这些假定,"金本身,不论是铸币或是条块,都能变成大于或小于它自身金属价值的一个金属价值的价值符号,那么显而易见,流通中的可兑银行券也有同样的命运。虽然银行券可以兑换,也就是它的实在价值符合于它的名义价值,但是由金和银行券构成的流通中的货币总量可以升值或贬

---

(13)马克思《政治经济学批判》1859年柏林版第150页及以下几页[251]。

值,这要看这一总量由于上述原因升到由流通中商品交换价值和金的金属价值所决定的水平之上或降到这一水平之下而定…… 这种贬值不是纸币对于金的贬值,而是纸币和金共同的贬值,或一国流通手段总量的贬值,这是李嘉图的主要发现之一;奥弗斯顿勋爵之流利用了这一发现,把它用做1844年和1845年罗伯特·皮尔爵士银行立法的基本原理。"(《政治经济学批判》第155页[252])

前书对李嘉图这个学说的错误已经作了论证,这些论证用不着我们在这里重复。使我们感到兴趣的只是,把上述皮尔银行法强加于人的这一派银行理论家,是用什么方法对李嘉图的这些教条进行加工的。

"19世纪的商业危机,特别是1825年和1836年的大危机,并没有使李嘉图的货币学说得到进一步的发展,但是确实使它得到新的应用。这已经不再是个别的经济现象,不是休谟眼中的16、17世纪的贵金属贬值,或者说,也不是李嘉图眼中的18世纪和19世纪初期的纸币贬值,而是使资产阶级生产过程中的一切因素的矛盾都爆发出来的世界市场大风暴;人们从这个生产过程的最表面和最抽象的领域即货币流通的领域中去寻找这种大风暴的根源和抵御它的对策。这个经济气象学派所依据的真正的理论前提,实际上不过是以为李嘉图已经发现了纯粹金属流通规律这一信条。留给他们去做的,是使信用券或银行券流通也从属于这个规律。

商业危机的最普遍和最显著的现象,就是商品价格在长期普遍上涨之后突然普遍跌落。商品价格的普遍跌落可以说成是货币同一切商品相比其相对价值上涨,相反,价格的普遍上涨也可以说成是货币的相对价值跌落。两种说法都是叙述现象而不是解释现象……说法虽然不同,但课题并没有改变,正如这一课题从德文译成英文也并不改变一样。因此,李嘉图的货币理论用在这里特别合适,因为它赋予同义反复以因果关系的外貌。商品价格为什么周期性地普遍跌落?因为货币的相对价值周期性地上涨。反过来问,商品价格为什么周期性地普遍上涨?因为货币的相对价值周期性地跌落。我们可以说,价格的周期性涨跌就是由于价格的周期性涨跌,这同样是正确的……　只要同意把同义反复变成因果关系,其他一切就好办了。商品价格的上涨是由于货币价值的跌落,而货币价值的跌落,我们从李嘉图那里知道,是由于流通中的货币过多,也就是由于流通中的货币量超过了货币本身的内在价值和商品的内在价值所决定的水平。反过来也是这样,商品价格的普遍跌落是由于流通中的货币不足使货币价值超过它的内在价值。因此,价格周期性地上涨和跌落是由于周期性地有过多或过少的货币在流通。如果有人证实,价格在流通中的货币减少时上涨,在流通中的货币增加时跌落,那么即使这样,也仍然可以断言,由于流通中的商品量有了某种虽然在统计上完全无从证明的减少或增加,流通中的货币量就有了虽然不是绝对的然而是相对的增加或减少。我们已经知道,按照李嘉图的看法,价格的这种普遍波动就是在纯粹的金属流通中也必然发生,但由于涨跌的交替发生而抵消,例如,流通中的货币不足引起商品价格的跌落,商品价格跌落引起商品向国外输出,商品输出引起金输入,货币输入再引起商品价格上涨。流通中的货币过多则相反,那时会输入商品和输出金。尽管这种普遍的价格波动产生于李嘉图式的金属流通的性质本身,但是它的尖锐的和暴力的形式即危机形式却属于发达的信用事业时期,所以十分明显,银行券的发行不是完全按照金属流通的规律来调节的。金属流通以贵金属的输入和输出作为补救手段;而贵金属是立即当做铸币进入流通的,因此,它们的流进或流出使商品价格跌落或上涨。对商品价格的这种作用,现在必须人为地由银行仿照金属流通规律来进行了。如果货币从国外输入,那么这就证明流通中货币不足,货币价值太高,商品价格太低,因而银行券必须同新输入的金成比例地投入流通。反之,它必须同金的流出国外成比例地从流通中收回。换句话说,必须依照贵金属的输入和输出或依照汇兑率来调节银行券的发行。李嘉图错误地假定金只是铸币,因此所有输入的金都增加着流通中的货币,从而使价格上涨,所有输出的金都减少着铸币,从而使价格跌落。这个理论的假定在这里变成了**实际的实验,有多少金存在就要使多少铸币流通**。奥弗斯顿勋爵(银行家琼斯·劳埃德)、托伦斯上校、诺曼、克莱、阿巴思诺特以及一大批其他在英国以'通货原理'[218]派著称的著作家,不仅宣扬这种信条,而且通过1844年和1845年的罗伯特·皮尔爵士银行法把它变成英格兰和苏格兰银行立法的基础。这一信条在最大的、全国规模的实验之后,无论在理论上或实践上都遭到了可耻的破产,关于这点,在信用学说中才能加以说明。"(同上,第165—168页[253])

对于这个学派,托马斯·图克、詹姆斯·威尔逊(见1844—1847年的《经济学家》)和约翰·富拉顿曾进行过批判。但是他们对于金的性质的看法也有很多缺点,并且没有弄清货币和资本的关系。关于这点,我们已经多次,特别是在本册第二十八章中看到。在这里,我们再从1857年下院委员会关于皮尔银行法的调查报告(《银行委员会》,1857年)中举几个事例。——弗·恩·〕

英格兰银行前总裁约·盖·哈伯德作证说:

(第2400号)"金的输出……决不会影响商品的价格。但它对有价证券的价格却有十分显著的影响,因为随着利率的变动,体现着这种利息的商品的价值,必然会受到强烈的影响。"

他列出了两个表,一个是关于1834—1843年的,一个是关于1844—1853年的。这两个表表明,15种最重要的贸易品的价格变动,完全同金的输出和输入以及利息率无关。但它们却表明,金(事实上是"我们的寻找投资场所的资本的代表")的输出和输入同利息率有密切的联系。

[第2402号]"1847年,数额很大的美国有价证券流回美国,俄国的有价证券也流回俄国,而欧洲大陆其他国家的有价证券则流往向我们出口谷物的各国。"

哈伯德在下面两个表中所举的15种主要商品是:棉花、棉纱、棉织品、羊毛、呢绒、亚麻、麻布、靛蓝、生铁、白铁皮、铜、油脂、糖、咖啡、丝。

表 I 1834—1843年

日 期	银行的金属贮藏(镑)	市 场贴现率	15种主要商品中		
			价 格上涨的	价 格下跌的	价 格不变的
1834年3月1日	9 104 000	$2\frac{3}{4}$ %	—	—	—
1835年3月1日	6 274 000	$3\frac{3}{4}$ %	7	7	1
1836年3月1日	7 918 000	$3\frac{1}{4}$ %	11	3	1
1837年3月1日	4 077 000	5 %	5	9	1
1838年3月1日	10 471 000	$2\frac{3}{4}$ %	4	11	—
1839年9月1日	2 684 000	6 %	8	5	2
1840年6月1日	4 571 000	$4\frac{3}{4}$ %	5	9	1
1840年12月1日	3 642 000	$5\frac{3}{4}$ %	7	6	2
1841年12月1日	4 873 000	5 %	3	12	—
1842年12月1日	10 603 000	$2\frac{1}{2}$ %	2	13	—
1843年6月1日	11 566 000	$2\frac{1}{4}$ %	1	14	—

表 II 1844—1853年

日　　　期	银行的金属 贮藏(镑)	市　场 贴现率	15种主要商品中		
			价　格 上涨的	价　格 下跌的	价　格 不变的
1844年3月1日	16 162 000	$2\frac{1}{4}$%	—	—	—
1845年12月1日	13 237 000	$4\frac{1}{2}$%	11	4	—
1846年9月1日	16 366 000	3%	7	8	—
1847年9月1日	9 140 000	6%	6	6	3
1850年3月1日	17 126 000	$2\frac{1}{2}$%	5	9	1
1851年6月1日	13 705 000	3%	2	11	2
1852年9月1日	21 853 000	$1\frac{3}{4}$%	9	5	1
1853年12月1日	15 093 000	5%	14	—	1

哈伯德对这两个表作出如下解释：

"如同1834—1843年的10年中一样,在1844—1853年,银行存金的变动,每次都伴有在贴现上贷出的货币的借贷价值的增加或减少;而另一方面,国内商品价格的变动则表明,它和英格兰银行存金的变动所显示出来的通货量完全无关。"(《银行法报告》,1857年第2部分第290、291页)

因为商品的需求和供给调节着商品的市场价格,所以这里很清楚,奥弗斯顿把表现在贴现率上的对借贷货币资本的需求(或者更确切些说,借贷货币资本的供给同对它的需求脱节)和对现实"资本"的需求混为一谈,这是多么错误。认为商品价格是由流通的货币量的变动来调节这种论断,现在被这样的说法掩盖起来了:贴现率的变动,表示对不同于货币资本的现实物质资本的需求的变动。我们已经看到,诺曼和奥弗斯顿事实上都在这个委员会面前这样说过;而且我们也看到,特别是后者,不得不求助于可怜的诡辩,直至他最后完全进入了死胡同(第二十六章)。说什么现有金量的变动,在它增加或减少国内的流通手段量时,必然会使该国范围内商品价格上涨或下跌,这实际上已经是陈词滥调了。如果金被输出,那么,按照这个通货理论,输入金的国家的商品价格就必然会提高,从而在金输入国的市场上,金输出国的出口品价值将提高;相反地,在金输出国的市场上,金输入国的出口品价值将降低,而在这些出口品的原产地金输入国,它们的价值将提高。事实上,金量的减少只会提高利息率,而金量的增加则降低利息率。如果不是因为在成本价格的确定上或需求和供给的决定上,要考虑到利息率的这种变动,商品的价格是完全不会受这种变动影响的。——

在同一个报告内,一家经营印度贸易的大商行的经理纳·亚历山大,对50年代中期银向印度和中国的大量流出(部分地是由于中国的内战[254]妨碍了英国纺织品在中国的销售,部分地是由于欧洲丝蚕的疫病,使意大利和法国的养蚕业大大缩小)发表了这样的见解:

(第4337号)"究竟是向中国还是向印度流出呢?——人们把银运到印度,并用其中很大一部分买了鸦片,全部运到中国去,以形成用来购买蚕丝的基金;印度〈尽管有银堆积在那里〉的市场状况是,把银运到那里去比把纺织品或其他英国工业品运到那里去,对商人们更为有利。"——(第4338号)"我们得到的银不是从法国大量流出来的吗?——是的,流出的量很大。"——(第4344号)"我们不是从法国和意大利进口丝,而是把大量孟加拉丝和中国丝运往法国和意大利。"

因此，银——世界的这个地区的货币金属——代替商品被送到亚洲去，并不是因为这些商品的价格在生产它们的国家（英国）上涨了，而是因为这些商品的价格在进口它们的国家，由于进口过剩而下跌了；虽然银是英国从法国得来的，而且一部分必须用金来支付。按照通货理论，在出现这种进口的时候，价格在英国必定下跌，而在印度和中国必定上涨。

再举一个例子。利物浦的一个第一流大商人怀利向上院委员会（《商业危机》，1848—1857年）作证说：

（第1994号）"在1845年底，没有什么营业〔比棉纺业〕更为有利可图，能提供这样大的利润。存棉很多，而且适用的优质棉以每磅4便士的价格就能买到，用这种棉花可以纺成上等二号40支细纱，费用同样是4便士，所以纺纱业主总共支出大约8便士。这种棉纱在1845年9月和10月曾以每磅$10\frac{1}{2}$便士和$11\frac{1}{2}$便士的价格大量出售并订了大量的供货合同。有时纺纱业主所赚得的利润和棉花的购买价格相等。"——（第1996号）"营业到1846年初还很赚钱。"——（第2000号）"1844年3月3日的存棉〔627 042包〕，为现有存棉〔1848年3月7日是301 070包〕的两倍多，但是每磅价格却要贵$1\frac{1}{4}$便士〔$6\frac{1}{4}$便士对5便士〕。同时，棉纱，上等二号40支细纱，到1847年10月也由$11\frac{1}{2}$—12便士，跌到了$9\frac{1}{2}$便士，到12月底又跌到了$7\frac{3}{4}$便士。棉纱是以纺成它的棉花的购买价格出售的。"（同上，第2021、2023号）

这一点说明奥弗斯顿对私利盘算很精明，在他看来，货币应该"昂贵"，因为资本"缺乏"。1844年3月3日，银行利息率为3%，1847年10月和11月上升为8%—9%，1848年3月7日，仍为4%。由于销售完全停滞和恐慌以及与此相应的高利息率，棉花价格跌到远低于和供给状况相适应的价格。其结果是，一方面1848年的棉花进口惊人减少，另一方面，美国棉花生产减少了；因此，1849年棉花价格重新上涨。按照奥弗斯顿的意见,商品太贵,是因为国内的货币太多了。

> (第2002号)"最近棉纺织业状况的恶化,并不是由于原料缺乏,因为虽然原棉的储存已大大减少,但是价格降低了。"

但是,在奥弗斯顿那里,商品价格或价值同货币价值即利息率美妙地混淆了。怀利在答复第2026号的质问时,对通货理论——1847年5月卡德威尔和查理·伍德爵士曾以这个理论为根据,坚持必须贯彻1844年银行法的全部内容——提出了他总的评价:

> "在我看来,这些原理是这样的:它们使货币具有人为的高价值,而使一切商品具有人为的使人破产的低价值。"

他还说到了这个银行法对于一般营业的影响:

> "因为以四个月为期的票据,即工业城市向商人和银行家就所购买的运往美国的商品签发的通常的汇票,只有忍受巨大的牺牲,才能办理贴现,所以,在10月25日政府的信函通知〔暂停执行银行法〕恢复这种以四个月为期的票据的贴现以前,订货的履行在很大的程度上受到了阻碍。"(第2097号)

因此,这个银行法的暂停执行,在各地方都起了解救的作用。

> (第2102号)"去年〔1847年〕10月,几乎一切在这里购买商品的美国采购者,都立即尽可能地缩减了他们的订货;当货币昂贵的消息传到美国时,一切新的订货都停止了。"——(第2134号)"谷物和砂糖是特殊情况。谷物市场受到了预期的收成的影响,砂糖则受到了大量存货和进口的影响。"——(第2163号)"我们对美国的支付义务……有许多是由委托销售的商品的强制拍卖来结算的;还有许多恐怕是以这里发生的破产来注销的。"——(第2196号)"如果我没有记错,我国的证券交易所里1847年10月支付过70%的利息。"

〔1837年的危机带来了长期的痛苦后果,紧接着在1842年又发

生了一次正规的后续危机,加上产业家和商人利令智昏,坚决不肯承
认生产过剩,——因为庸俗经济学认为,这是荒谬的而且是不可能
的!——终于引起了思想上的混乱,致使通货学派得以在全国范围内
实施他们的教条。1844—1845年的银行法被通过了。

　　1844年的银行法把英格兰银行划分为一个发行部和一个银行
部。前者持有担保品——绝大部分是政府债券——1 400万镑,并持
有全部金属贮藏(其中银最多不得超过四分之一),并按二者的总和
发行等额的银行券。一切不在公众手中的银行券都在银行部,再加上
日常使用所必需的少数铸币(大约100万),形成银行部的常设准备
金。发行部以金交换公众手里的银行券并以银行券交换公众手里的
金;同公众的其他交易则由银行部办理。1844年已有权在英格兰和
威尔士发行本行银行券的各私人银行,仍然保留这种权利,不过发行
额已经限定。如果这些银行中有某个银行停止发行它本行的银行券,
英格兰银行就可以按这个停止发行的限额的三分之二,增加它的没
有准备金作保证的银行券发行额。通过这个方法,到1892年,该行没
有准备金保证的银行券发行额由1 400万镑增加到约1 650万镑(精
确数字为1 645万镑)。

　　因此,每有5镑金从银行金库内流出,就会有一张5镑银行券流
回发行部并被销毁;每有5索维林流入银行金库,就会有一张新的5
镑银行券进入流通。这样,奥弗斯顿理想中的严格遵循金属流通规
律的纸币流通,就实现了,按照通货学派的论断,危机因此就永远不
可能了。

　　但是,把银行分成两个独立的部的办法,实际上使银行董事会不
能在决定性时刻自由支配它可以支配的全部资金,因而可能发生这
种情况:当发行部还有几百万镑金和1 400万镑担保品原封未动时,

银行部却已经濒于破产了。由于几乎每次危机都有一个金向国外大量流出的阶段,而且流出的金主要由银行的金属贮藏来补偿,所以这种情况更容易发生。但在这个场合,每有5镑金流往国外,在国内流通中就被抽去一张5镑银行券,因此,正好是在最迫切需要最大量流通手段的时候,流通手段的量却减少了。这样,1844年的银行法就直接促使整个商业界在危机爆发时立即大量贮藏银行券,从而加速并加剧了危机;这个银行法由于在决定性时刻人为地增加了对贷款的需求,即增加了对支付手段的需求,同时又限制它的供给,就促使利息率在危机时期上升到空前的高度;所以,这个银行法并没有消除危机,反而使危机加剧了,以致达到了不是整个产业界必然破产,就是银行法必然破产的程度。危机曾两次(一次在1847年[216]10月25日,一次在1857年[220]11月12日)达到这个高度;当时政府暂停执行1844年的法令,解除了银行在发行银行券上所受的限制,而这个办法已经足以打破了两次危机。在1847年,凭第一流的担保品就可能再得到银行券的信心,已足以使贮藏的四五百万镑银行券重见天日并回到流通中来;1857年,超过法定量发行的银行券,将近100万镑,但为时很短。

还应当提一下,1844年的立法显示出人们对于19世纪最初20年即银行停止兑现和银行券贬值时期的记忆的痕迹。担心银行券可能丧失信用的恐惧心理还很明显;这种恐惧心理完全是多余的,因为早在1825年,由于发行一批既存的已停止流通的旧的一镑券,而打破了一次危机,这就证明了,即使在最普遍最强烈的不信任时期,银行券的信用仍然没有动摇。这也是完全可以理解的;实际上,这种价值符号是以全国的信用作为其后盾的。——弗·恩·]

现在让我们听听关于银行法的影响的几种证词。约翰·斯图亚特·穆勒认为，1844年的银行法曾抑制过度的投机。这个聪明人幸运地是在1857年6月12日说这话的。四个月后，危机就爆发了。他一本正经地向"银行董事们和整个商业界人士"祝贺，因为他们

"对商业危机的性质理解得比以往清楚得多，并且认识到他们因支持过度投机而使自己和公众受到极大的损害"（银行委员会，1857年第2031号）。

聪明的穆勒认为，如果发行票面额一镑的银行券，

"把它作为给那些要支付工资的工厂主等等的贷款……这种银行券就不免要落到那些把它们用于消费目的的人手里，在这个场合，银行券本身就会形成一种对商品的需求，并可能暂时有促使物价上涨的趋势"。[第2066号]

难道穆勒先生认为，因为工厂主用纸而不用金来支付工资，所以他们将支付较高的工资吗？或者他认为，如果工厂主得到的贷款是票面额100镑的银行券，把这种银行券再换成金，那么，这个工资和直接用一镑券支付时相比，将形成较小的需求吗？难道他不知道，例如在某些矿区，工资是用地方银行券支付的，因而要好几个工人合起来才得到一张五镑券吗？这就会增加他们的需求吗？还是说银行家用小额券贷款给工厂主比用大额券更容易而且预付的货币更多吗？

〔如果穆勒的全部政治经济学著作不是表现出一种在任何矛盾面前都毫不退缩的折中主义，那就无法解释他对于一镑银行券的这种特别的恐惧。一方面他在许多问题上赞成图克，反对奥弗斯顿，另一方面他又相信，商品价格是由现有的货币量决定的。因此他决不认为，在其他一切条件相同的情况下，每发行一张一镑银行券，就会有一个索维林回到银行金库里去；他担心的是，流通手段的量会增加，并因而贬值，也就是说，可能使商品价格上涨。隐藏在上述那种恐惧后面的无非就是这一点而已。——弗·恩·〕

关于银行划分为两个部以及为保证银行券兑现而采取的过分的预防措施,图克向商业危机调查委员会(1848—1857年)表示了如下的意见:

1847年的利息率比1837年和1839年变动得更大,这只是由于银行划分为两个部的结果(第3010号)。——银行券的保证不论是在1825年,还是在1837年或1839年,都没有受到影响(第3015号)。——1825年对金的需求只有一个目的,就是要填补因地方银行一镑券完全丧失信用而形成的空隙。在英格兰银行也发行一镑券以前,这种空隙只能用金来填补(第3022号)。——在1825年11月和12月,丝毫也不存在用于输出目的的对金的需求(第3023号)。

"至于银行在国内外信用的丧失,那么,停止支付债息和存款,同停止兑换银行券相比,会引起更严重得多的后果。"(第3028号)

(第3035号)"您是不是想说,任何最终会危害银行券的兑现的情况,都会在商业紧迫的时候引起新的严重的困难?——绝对不是。"

在1847年期间,"银行券发行额的增加,本来也许能有助于再充实银行的金贮藏,如在1825年就曾有过这样的情形"(第3058号)。

纽马奇向银行法委员会(1857年)说:

(第1357号)"把〈银行〉划分为两个部,从而必须把金准备也划分为两部分的……第一个不良后果是,英格兰银行的银行业务,也就是使该行同全国商业发生直接联系的全部业务,只能用以前准备金的一半来进行了。由于准备金的这种划分,就形成了这样一种情况:只要银行部的准备金稍一缩减,银行就被迫提高它的贴现率。因此,这个减少了的准备金,引起贴现率的一系列突然的变动。"——(第1358号)"自1844年以来〈至1857年6月〉,大约发生过60次这样的变动,而1844年以前,在同样长的时期内,却不到12次。"

帕尔默——1811年以来一直是英格兰银行的董事,并曾一度担任总裁——向上院商业危机调查委员会(1848—1857年)提出的证

词也特别有意思:

(第828号)"1825年12月,银行只剩下大约110万镑的金。如果这个法令〈1844年的法令〉那时已经颁布,银行一定会完全破产。我相信,银行曾经在12月份一个星期之内发行了500万或600万镑银行券,因而大大缓和了当时的恐慌。"

(第825号)"如果英格兰银行企图把它已经开始的交易进行到底,现行银行立法势必会垮台的第一个时期〈1825年7月1日以后〉应该是1837年2月28日;当时银行拥有390万镑至400万镑,而它所持有的准备金可能只有65万镑了。另一个时期是在1839年,由7月9日继续到12月5日。"——(第826号)"这一次的准备金是多少呢?9月5日,准备金共计缺少20万镑。11月5日增加到大约100万镑到150万镑。"——(第830号)"1844年的法令,如果在1837年,一定会使银行无法支持对美贸易。"——(第831号)"有三家经营对美贸易的最大的商行倒闭了……几乎每一家经营对美贸易的商行都丧失了信用,如果当时银行不出来援助,恐怕只有一两家商行能够维持下去。"——(第836号)"1837年的紧迫情况,不能和1847年的紧迫情况相比。1837年的紧迫情况,主要只限于对美贸易。"——(第838号)"〈1837年6月初,银行董事会讨论过怎样解决紧迫情况的问题〉那时有几位先生坚持这样的见解……认为正确的原则应是提高利息率,由此降低商品的价格;总之,是使货币昂贵,商品低廉,用这个办法来完成对外的支付。"——(第906号)"1844年的法令对银行权力所实行的人为限制,代替了银行权力的旧有的自然限制,即该行实有金属储备额的限制。这个办法造成了人为的营业上的困难,从而使商品价格受到影响,如果没有这个法令,这种影响是完全可以避免的。"——(第968号)"1844年的法令规定,银行的金属储备通常不得锐减到950万镑以下。这可能会造成对价格和信用的压力,这种压力又会引起外汇率的变动,致使金的输入增加,从而增加发行部的金的数额。"——(第996号)"在现在这样的限制下,当需要银来影响外汇率的时候,您〔银行〕就不可能支配足够的银。"——(第999号)"为了什么目的要规定银行的银储备只限于它的金属储备的五分之一呢?——这个问题我不能回答。"

目的是使货币更贵。撇开通货理论不说,把银行划分为两个部以及强制规定苏格兰和爱尔兰各银行必须为超过定额所发行的银行券保持金准备,也是为了同样的目的。这样就使一国的金属贮藏分散,削弱了它纠正不利的汇兑率的能力。所有下面这一切规定的目的都是为了提高利息率:英格兰银行除了凭金准备外,发行银行券不得超过1400万镑;银行部应作为普通银行来加以管理,在货币过剩时压低利息率,在货币紧迫时提高利息率;限制银储备,而后者是调整对欧洲大陆和亚洲的汇兑率的主要手段;对苏格兰、爱尔兰各银行发出指令,这些银行虽然从来不需要输出金①,而现在必须持有金,其借口是为它们的银行券维持一种事实上完全是幻想的兑现性。事实是,1844年的法令才第一次在1857年使苏格兰各银行发生了一次挤兑金的风潮。新的银行立法也没有把金向国外的流出和在国内的流出加以区别,虽然二者的作用显然是完全不同的。因此,市场利息率不断发生激烈的变动。关于银,帕尔默曾两次(第992号和第994号)谈到,只有在汇兑率对英国有利,从而银过剩的时候,英格兰银行才可能用银行券来购买银;因为:

（第1003号）"在金属贮藏中保持很大一部分银的唯一目的是,在汇兑率对英国不利时,可以便于进行对外支付。"——（第1004号）"银是一种商品,因为它是世界其他各国的货币,所以它是实现这个目的〔对外支付〕的最适宜的商品……　只有美国近来已经完全用金。"

按照他的看法,只要没有不利的汇兑率使金向国外输出,银行在紧迫的时期,就用不着把利息率提高到5%的旧标准以上。如果没有1844年的法令,那么银行就能毫无困难地为它所接到的所有第一流汇票进行贴现（第1018—1020号）。但是,有了1844年的法令和在银行1847年10月所处的情况下,

---

　　①第一版中是"货币",马克思的手稿中是"金"。——编者注

"不论银行向有信用的商行要求多高的利息率，商行都会情愿支付，以便维持自己的继续支付的能力"[第1022号]。

这种高利息率，正是这个法令的目的。

（第1029号）"我必须把利息率对国外〔对贵金属〕的需求会产生影响，和国内信用缺乏时为了防止银行所受压力而提高利息率这两件事严格区别开来。"——（第1023号）"在1844年的银行法制定以前，在汇兑率于英国有利，但国内普遍呈现不安甚至确实出现恐慌的时候，银行券的发行是不受任何限制的，只有如此才能使这种紧迫状态得到缓和。"

以上是一个曾任英格兰银行董事39年之久的人所说的话。现在，我们再来听听一个私人银行家特韦尔斯的话。他自1801年以来，就是斯普纳—阿特伍德公司的股东。在向1857年银行委员会作证的所有证人中，他是使我们能够看到当时英国的实际情况的唯一证人，并且只有他看到危机即将来临。就其他方面来说，他可以说是一个伯明翰的"小先令派"[249]，和他的同伙、这个学派的创立者阿特伍德兄弟一样（见《政治经济学批判》第59页[255]）。他说：

（第4488号）"您认为，1844年的法令发生了什么影响呢？——如果我以银行家的身份回答您，那么，我就说，它已经产生了非常好的影响，因为它使银行家及各种〔货币〕资本家得到了丰富的收获。但对那些需要有稳定的贴现率，才有信心去安排业务的诚实而勤勉的商人来说，它已经产生了很坏的影响……这个法令使货币借贷成为一种非常赚钱的营业。"——（第4489号）"它〔银行法〕使伦敦的股份银行能够支付给股东20%—22%的股息吗？——不久以前有一家支付18%，并且我相信还有一家支付20%；他们有一切理由要极其坚决地支持这个法令。"——（第4490号）"对那些没有大资本的小企业家和诚实商人……它的妨碍很大。……我看到他们的承兑票据没有被兑付的数量这么惊人，就使我认识到这一点了。这些承兑票据通常是小额的，大约是20—100镑，其中有许多没有被兑付，而且因无人兑付而被退回到国内各处，这常常是……零售商人窘困的一种标志。"

(第4494号)他声称,现在营业无利可图。他下面这段话很重要,因为谁都还没有预感到危机的时候,他已经看到潜在的危机了。

(第4494号)"明辛街[214]的商品价格还是相当稳定,只是什么也卖不出去,随便按什么价格,也卖不出去;我们保持着名义上的价格。"

(第4495号)他说到有这样一件事:一个法国人把一批价值3 000镑的商品交给明辛街一个经纪人,要他按一定的价格出售。经纪人卖不到要求的价格,这个法国人又不肯削价出售。商品就留在那里卖不出去,但这个法国人急需钱用,因此经纪人就用下述方式贷给他1 000镑,即由这个法国人以商品作为担保,向这个经纪人签发一张以三个月为期的1 000镑汇票。三个月后,汇票到期,而这宗商品却仍然卖不出去。经纪人这时必须兑付汇票,尽管他手里有价值3 000镑的担保品,但不能变卖,因而陷入了困境。一个人就是这样把另一个人拖垮的。

(第4496号)"至于说到巨额的输出…… 如果国内营业不振,那么必然会引起巨额的输出。"——(第4497号)"您认为国内的消费已经减少了吗?——**非常显著地……十分惊人地减少了**…… 零售商人是这里最好的证人。"——(第4498号)"但是,进口也很大;这不也表示消费很大吗?——**如果您可以把这些东西卖出去**,那就确实是这样;但有许多货栈都堆满了这些东西,在我刚才提到的那个例子中,就进口了价值3 000镑的一宗商品,但是卖不出去。"

(第4514号)"如果货币昂贵,您就会说,资本是便宜的?——是的。"

因此,这个人决不会赞同奥弗斯顿把高利息率和昂贵资本混为一谈的意见。

关于业务现在是怎样经营的问题:

(第4616号)"另外一些人热衷于经营巨额的进出口业务,这种业务大大超过了他们的资本所许可的程度；关于这点是毫无疑问的。这些人可能很走运；他们也许会碰到某种运气而大发其财，并且把所欠的全部债务还清。这在很大程度上就是今天很大一部分营业所遵循的制度。这些人情愿在一次船运中损失20%、30%—40%；下一次营业可以把它赚回来。但如果接连两次失败，他们就完了；这就是我们最近常常看到的情形；一些公司倾家荡产，倒闭了。"

（第4791号）"〔近10年来的〕低利息率固然对银行家有不利的影响，但如果不是把营业账簿放在您面前，我就很难对您说明白，现在的利润〔他自己的利润〕，究竟比过去高了多少。当银行券发行过多，因而利息率低的时候，我们有巨额的存款；当利息率高的时候，它就为我们带来了直接的利益。"——（第4794号）"如果货币可以按中常的利息率得到，我们对货币的需求就会更多；我们也会贷出更多；它的作用〔对我们银行家〕就是这样。如果利息率提高，我们就会得到比利息率低时更多的利益；我们会得到额外的利益。"

我们已经看到，英格兰银行的银行券的信用在一切专家看来是稳固的。尽管如此，银行法为了保证银行券的兑现，仍然绝对规定要有900万镑到1 000万镑的金。因此，维护这个金贮藏的神圣不可侵犯性，是和从前的货币贮藏者的情形完全不同的。利物浦的威·布朗作证说（《商业危机》，1848—1857年第2311号）：

"说到这些货币〈发行部的金属贮藏〉在当时的用处，就如同把它们扔到大海里去一样；因为要拿出其中最小的一个部分来用，就要违背议会的法令。"

我们以前曾提到的那位建筑业主爱·卡普斯——我们叙述伦敦的现代建筑制度时（第二册第十二章[256]）曾引用过他的证词——曾把他对1844年银行法的看法概括如下（《银行法》，1857年）：

（第5508号）"总的说来，您认为，现行〈银行立法〉制度是一种很巧妙的安排，其目的在于周期地把产业利润放到高利贷者的钱袋中去吗？——这是我的看法。我知道，它对建筑业的影响就是这样。"

上面曾经谈到,苏格兰各银行由于1845年的银行法而被迫采用一种和英格兰的制度近似的制度。它们必须拥有金准备,才能发行超过本行法定限额的银行券。这个制度究竟产生了什么影响,可以看一看下面几段证词(《商业危机》,1848—1857年)。

苏格兰一家银行的经理肯尼迪作证说:

(第3375号)"在1845年的法令实施以前,在苏格兰有什么可以叫做金流通的东西吗?——没有这一类东西。"——(第3376号)"那么在此以后,又有什么追加的金流通吗?——一点也没有;苏格兰人不喜欢金子。"——(第3450号)在他看来,1845年以后苏格兰各银行必须保持的大约90万镑金只有害处,而且"它把苏格兰资本中一个相等的部分吸收掉了,却没有带来任何利润"。

其次,苏格兰联合银行的经理安德森作证说:

(第3558号)"苏格兰各银行向英格兰银行提取金的巨大需求,只是缘于外汇率吗?——是这样;这种需求也不会由于我们有金保存在爱丁堡而减少。"——(第3590号)"只要我们有同额的有价证券存在英格兰银行〈或英格兰的私人银行〉,我们就有和以前一样的权力,造成英格兰银行金的流出。"

最后,还要引用《经济学家》(威尔逊编)上的一篇文章:

"苏格兰各银行把闲置的现金存在它们的伦敦代办处;这些代办处又把它存在英格兰银行。这种情形使苏格兰各银行在这个金额限度内拥有对英格兰银行的金属贮藏的支配权。在有对外的支付时,它随时都可供人提取。"

这个制度被1845年的法令打乱了。

"由于针对苏格兰的1845年法令,近来发生了英格兰银行金币的大量流出,以便应付苏格兰境内只是可能发生但也许永远不会发生的需求…… 从那时候起,就始终有一个巨大的金额保留在苏格兰,而且有另一个相当可观的金额不断地往返于伦敦和苏格兰之间。如果某一时期一个苏格兰银行家认为对他的银行券的需求将要增加,那么,就会有一箱子黄金从伦敦运来;这个时期一

过去,同一个箱子常常是原封不动地又运回伦敦。"(《经济学家》1847年10月23日)

〔而银行法之父,银行家赛米尔·琼斯·劳埃德,也就是奥弗斯顿勋爵,对于这一切又说了些什么呢?

他早在1848年就向上院商业危机调查委员会一再说到,

"因缺少充足的资本而引起的货币紧迫和高利息率,不能用增发银行券的办法来缓和"(第1514号),

可是,1847年10月25日政府**准许**增发银行券的一个指令,就已经足以减轻了危机的尖锐程度。

他仍然坚持认为,

"高利息率和工厂工业不振,是用于工商业目的的**物质**资本已经减少的必然结果。"(第1604号)

但数月来工厂工业不振,正好是表现为物质商品资本过剩而堆在货栈内卖不出去,而且正是因为这样,所以物质生产资本全部或半数已闲置不用,为的是不致有更多的卖不出去的商品资本生产出来。

他还向1857年银行委员会说:

"只要严格地一丝不苟地遵循1844年法令的原则,一切事情就都会有条不紊,非常顺利,货币制度就很可靠,不可动摇,国家的繁荣就不成问题,公众对1844年法令的信心就日益增强。如果委员会还要为这个法令所根据的原理的可靠性,以及它所保证的有益结果的可靠性,去寻找进一步的实际的证据,那么,切实而充分的回答就是:看看周围吧;看看我国现在的营业状况吧,看看人民的满足心情吧;看看社会各阶级的富裕和繁荣吧;这样做了之后,委员会就能作出决断:它是否要阻止继续执行这个取得了这样多成果的法令。"(《银行委员会》,1857年第4189号)

对于奥弗斯顿7月14日在委员会面前唱出的这首颂歌,回答的是同年11月12日一封给银行董事会的信中所唱的反调。政府为了挽救当时尚可挽救的事情,在这封信里决定暂停执行这个能创造奇迹的1844年法令。——弗·恩·]

第三十五章
贵金属和汇兑率

I. 金贮藏的变动

关于紧迫时期银行券的贮藏,应当指出,社会最原始状态下不安定时期出现过的贮藏贵金属的现象,在这里重新出现了。1844年法令[212]的效果之所以令人注意,是因为它想把国内一切现有的贵金属转化为流通手段;它企图把金的流出和流通手段的收缩,金的流入和流通手段的膨胀等同起来。但实施这个法令的经验证明,情况正好相反。除了我们下面就要说到的唯一的例外,英格兰银行的流通券数额,自1844年以来,从未达到它有权发行的最高限额。另一方面,1857年的危机[220]又证明,这个最高限额在一定情况下是不够的。从1857年11月13日至30日,流通中超过这个最高限额的银行券,每日平均达488 830镑(《银行法》,1858年第XI页)。当时,法定的最高限额为14 475 000镑加上银行地库内贮藏的金属总额。

关于贵金属的流出和流入,必须指出:

第一,要区别以下两方面的情况:一方面,金属在不产金银的区域内流来流去,另一方面,金银从它们的产地流入其他各国,以及这个追加额分配在这些国家之间。

在俄国、加利福尼亚和澳大利亚的金矿[239]发生影响以前，从19世纪初以来，供给一直只够补偿铸币的磨损，满足对奢侈品的通常需求，以及对亚洲的银的输出。

但是，从那个时期以来，首先，随着美洲和欧洲对亚洲的贸易的增长，对亚洲的银的输出大大地增加了。从欧洲输出的银，大部分是用追加的金来补偿的。其次，一部分新输入的金，为国内的货币流通所吸收。据估计，到1857年为止，英国的国内流通中增加的金大约已有3000万镑。[14]再次，自1844年以来，欧洲和北美所有中央银行的金属准备的平均水平都提高了。国内货币流通的增加，同时导致以下的结果：在恐慌以后，在随之而来的消沉时期，银行准备金已经由于大量金铸币从国内流通中被排出并停滞下来，而更快地增加起来。最后，自从新金矿发现以来，用于奢侈品的贵金属的消费，由于财富的增加而增加了。

第二，贵金属在不产金银的各国中间不断流来流去；同一个国家

（14）威·纽马奇的下述证词，说明了这件事在货币市场上发生了什么影响：[《银行法》，1857年]（第1509号）"将近1853年底，公众产生了严重的不安；9月，英格兰银行先后三次提高它的贴现率…… 10月初……公众表现十分忧虑和惊慌。但11月底以前，这种不安，这种惊慌，已经在很大程度上缓和下来，后来因为有500万镑贵金属从澳大利亚输入，所以几乎完全消除了。1854年秋，同样的情况又发生了，当时在10月和11月输入了大约600万镑贵金属。1855年秋，大家知道这是一个紧张和不安的时期，当时又发生了同样的情况，大约有800万镑贵金属在9月、10月和11月之间流入。1856年底，我们发现同样的情况又发生了。总之，我完全可以根据委员会几乎每一个委员的经验来证实，每当金融紧迫时期，我们已经习惯于把运金船的到达，看成一种自然的圆满的补救手段。"

不断地把金银输入,又同样不断地把金银输出。因为这种只是摆来摆去并且往往平行的运动,大部分会互相中和,所以只有占优势的朝这一个方向或那一个方向的运动,才能最后决定流出还是流入。但也正因为如此,所以人们在考虑这种现象的结果时,就忽视了这两种运动的经常性和整个说来并行的进程。人们总只是这样理解,好像贵金属的输入过多和输出过多,只是商品输入和输出对比关系的结果和表现,其实它同时还是和商品交易无关的贵金属本身输入和输出对比关系的表现。

第三,输入超过输出以及相反的现象,大体说来,可以用中央银行的金属准备的增加或减少来测量。这个尺度准确到什么程度,当然首先取决于整个银行业务已集中到什么程度。因为所谓国家银行的贵金属贮藏在什么程度上代表一国的金属贮藏,就是取决于这一点。但是,假定情况真是这样,这个尺度也并不准确,因为在一定情况下,追加的输入可以由于国内的流通或用于制造奢侈品的金银的增加而被吸收掉;其次,因为没有追加的输入,也会为了国内的流通而取出金铸币,这样,虽然没有同时增加输出,金属贮藏仍会减少。

第四,如果减少的运动持续很长时间,以致减少竟表现为运动的趋势,并且银行的金属准备下降到显著地低于中等水平,几乎达到这个准备的平均最低限度,那么,金属的输出就会采取流出(drain)的形式。而这个平均最低限度多少是任意规定的,因为它是由有关银行券等等的兑现保证的立法在不同情况下分别规定的。关于这种流出在英国能够达到的数量界限,纽马奇在《银行法》(1857年)的证词(第1494号)中曾说:

"按经验判断,对外贸易的任何一种变动所引起的金属流出,都未必能超过300万镑或400万镑。"

1847年,英格兰银行10月23日金准备的最低水平,和1846年12月26日相比,减少5 198 156镑,而和1846年(8月29日)的最高水平相比,减少6 453 748镑。

第五,所谓国家银行的金属准备的用途——这种用途决不能单独调节金属贮藏量,因为后者可以仅仅由于国内外营业的停滞而增大——有三个方面:1. 作为国际支付的准备金,一句话,作为世界货币的准备金;2. 作为时而扩大时而收缩的国内金属流通的准备金;3. 是和银行的职能有联系,但和货币作为单纯货币的职能无关的事情:作为支付存款和兑换银行券的准备金。因此,这种金属准备会受到涉及这三种职能中每一种职能的事情的影响;就是说,作为国际基金,它会受支付差额的影响,而不管这种差额是由什么原因决定的,不管这种差额和贸易差额的关系如何;作为国内金属流通的准备金,它会受这种流通的扩大或收缩的影响。第三种职能,即作为保证金的职能,虽然不决定金属准备的独立运动,但有双重的影响。如果发行银行券是为了在国内流通中代替金属货币(在以银作为价值尺度的国家,也代替银币),那么,第二项中所说的准备金的职能就会丧失。而用在这上面的一部分贵金属,就会长期流到国外。在这种情况下,就不能为了国内流通而取出金属铸币;同时,也不能由于一部分流通的金属铸币的停滞而暂时增加金属准备。其次,如果为了支付存款和兑换银行券,在任何情况下都必须保持最低限额的金属贮藏,那么,这种现象就会以独特的方式对金的流出或流入的结果发生影响;它会对银行在任何情况下都必须保持的那部分贮藏,或对银行在另外时期作为无用的东西打算脱手的那部分贮藏发生影响。在纯粹是金属流通和银行业集中的情况下，银行还会把它的金属贮藏看做支付存款的保证，而在金属流出时，就可能发生像1857年在汉堡所发生的那样的恐慌。

第六，除了1837年也许是个例外，现实的危机总是在汇兑率发生逆转以后，就是说，在贵金属的输入又超过它的输出时爆发。

1825年，现实的崩溃就是在金的流出已经停止以后发生的。1839年金流出的现象发生了，但没有引起崩溃。1847年金的流出在4月停止，而崩溃在10月才发生。1857年金向国外的流出从11月初起就停止了，而崩溃到11月较晚的时候才发生。

这种情况在1847年危机中表现得特别清楚。那时，金的流出在引起了一个比较轻微的先兆危机以后，已于4月停止，然后到10月才爆发真正的商业危机。

以下的证词，是在1848年上院商业危机秘密委员会上提出的。这个证词到1857年才印行（引用时也题为：《商业危机》，1848—1857年）。

图克的证词：

"1847年4月，紧迫情况发生了，严格说来，等于一次恐慌，但历时较短，并且没有同时发生任何重大的商业破产。10月，紧迫情况比4月的任何时候都厉害得多，商业破产事件几乎达到了前所未闻的数目。"（第2996号）——"4月间，汇兑率，特别是对美国的汇兑率，使我们不得不输出大量的金，以便对非常大量的进口货进行支付；只是通过非常艰巨的努力，银行才制止了金的流出，并提高了汇兑率。"（第2997号）——"10月，汇兑率对英国有利。"（第2998号）——"汇兑率的转变在4月的第三个星期已经开始。"（第3000号）——"7月和8月，汇兑率忽高忽低；从8月初起，它始终对英国有利。"（第3001号）——8月间金的流出，"是由于国内流通的需求造成的"[第3003号]。

英格兰银行总裁詹·莫里斯：虽然自1847年8月以来，汇兑率已对英国有利，因此已经有金输入，但银行的金属准备还是在减少。

　　"由于国内的需求,已经有220万镑金从银行流入国内。"(第137号)——这种情况,一方面要由铁路建筑工人就业的增加,另一方面要由"危机时期银行家都想握有自己的金准备的愿望"来说明。(第147号)

　　英格兰银行前总裁帕尔默(他从1811年以来就是英格兰银行的董事):

　　(第684号)"从1847年4月中到暂停执行1844年银行法的那一天止,[①]这整个期间的汇兑率都对英国有利。"

　　因此,在1847年4月曾引起一次独立的货币恐慌的金属流出,在这里和往常一样,不过是危机的前奏,并且在危机爆发以前已经扭转。1839年,在营业严重不振时,为了支付谷物等等的款项,金属大量流出,但没有引起危机和货币恐慌。

　　第七,一旦普遍的危机结束,金和银——撇开新开采的贵金属从产地流入的现象不说——就会按金银在平衡状态下在各国形成特别贮藏的比例再行分配。在其他条件不变时,每个国家的相对储藏量,是由该国在世界市场上所起的作用决定的。贵金属会从存额超过正常水平的国家流到别的国家去;这种流出和流入的运动,不过是恢复金属贮藏在各国之间原来的分配。但是,这种再分配是通过各种条件的作用来实现的,这些条件,我们在讨论汇兑率时将会提到。一旦正常的分配得到恢复,从这时起,先是会出现增长,然后又会流出。〔最后一句话,显然只适用于作为世界货币市场中心的英国。——弗·恩·〕

---

　　①1857年11月12日。——编者注

第八，金属的流出，在大多数情况下总是对外贸易状况变化的象征，而这种变化又是情况再次逐步接近危机的预兆。[15]

第九，支付差额对亚洲来说可能是顺差，而对欧洲和美洲来说都是逆差。[16]

———

贵金属的输入主要发生在两个时期。首先是在利息率低微的第一阶段，这个阶段尾随危机之后，并且反映生产的缩小；然后是在利息率提高但尚未达到平均水平的第二阶段。在这个阶段上，资本回流容易实现，商业信用的规模很大，因而对借贷资本的需求的增长赶不上生产的扩大。在借贷资本相对地说是富裕的这两个阶段，处于金银形式，即处于首先只能作为借贷资本执行职能的形式的过剩资本的回流，必然大大影响利息率，因而影响全部营业的状况。

另一方面，只要回流不畅，市场商品过剩，虚假的繁荣单靠信用来维持，就是说，只要对借贷资本已有极为强烈的需求，利息率因此至少已达到它的平均水平，流出，即贵金属不断的大量输出就会发生。在这些正是通过贵金属的流出反映出来的情况下，资本在直接

[15] 在纽马奇看来，金流出可以有三个原因。1. 由于纯贸易上的原因，即由于输入超过输出，1836年到1844年间的情形，以及1847年的情形就是这样，当时主要是由于大量谷物的输入；2. 为了筹集资金，以便把英国资本投到国外，例如1857年，对印度铁路的投资，3. 用于国外的绝对支出，如1853年和1854年用于东方战争的支出。

[16]（第1918号）纽马奇："如果您把印度和中国合在一起，如果您考虑到印度和澳大利亚之间的交易，考虑到更为重要的中国和美国之间的交易，——而在这种情况下，营业是三角贸易，结算是通过我们的中介进行的，——……那么，说贸易差额不仅对英国是逆差，并且对法国和美国也是逆差，是正确的。"——（《银行法》，1857年）

作为借贷货币资本存在的形式上的不断提取所产生的影响,就会显
著加强。这必然会直接影响利息率。但利息率的提高不会限制信用业
务,而会使它扩大,使它的一切辅助手段过分膨胀。因此,这个时期发
生在崩溃之前。

纽马奇被问道(《银行法》,1857年):

(第1520号)"这么说来,流通的票据额,会随着利息率的提高而增加吗?
——好像是这样。"——(第1522号)"在平静的通常时期,总账就是现实的交
换工具;但在发生困难时,例如在我以上所说的情况下,银行的贴现率就会提
高……　这时,交易自然变为签发汇票;这种汇票不仅更适合充当已经完成
的交易的合法证据,而且也更便于进一步的购买,特别是作为信用手段来获
得资本。"

此外,只要银行在比较危险的情况下提高它的贴现率,——同
时,银行很可能会限制它所贴现的票据的有效期,——那就会产生普
遍的担心,担心这种情况会变得越来越厉害。因此,每一个人,首先是
信用冒险家,都企图把未来的东西拿去贴现,并且要在一定的时刻,
支配尽可能多的信用手段。因此,根据以上所叙述的各种理由,可以
得出:不论输入的还是输出的贵金属的量,都不单纯是作为量本身发
生作用;而是第一,它发生作用,是由于贵金属作为货币形式的资本,
有它的特殊性质,第二,它的作用,像加到天平秤盘上的一根羽毛的
作用一样,足以决定这个上下摆动的天平最后向哪一方面下坠;它
发生作用,是由于它处在这样一种情况下,这时加在这边或那边的
任何一点东西,都会具有决定性意义。没有这些理由,就根本不能理
解,为什么比如说500万镑到800万镑的金的流出(而根据过去的经
验,这就是界限)竟能发生重大的作用;资本的这种少量的增减,即使
和在英国流通中平均有的7 000万镑金相比,也是很小的,而在英国

那样的生产规模中,它实际上是一个微不足道的量。[17]但是,正是信用制度和银行制度的发展,一方面迫使所有货币资本为生产服务(也就是说,使所有货币收入转化为资本),另一方面又在周期的一定阶段,使金属准备减少到最低限度,使它不再能执行它应执行的职能。正是这种发达的信用制度和银行制度,引起了整个机体的这种过敏现象。在生产不够发达的阶段,货币贮藏少于或多于它的平均标准,相对地说是没有关系的。同样,即使金流出的数量非常可观,但只要这不是发生在产业周期的危机时期,相对地说,就不会有什么影响。

在以上的说明中,我们把由于农作物歉收等等而造成的贵金属的流出撇开不说。在这种情况下,对生产平衡突然地遭到严重的破坏(它的表现就是金的流出)所产生的影响,不需要作进一步的说明。这样的破坏越是发生在生产正全力进行的时期,影响就越大。

其次,我们也把金属贮藏作为银行券兑现保证和作为整个信用制度枢纽的职能撇开不说。中央银行是信用制度的枢纽。而金属准备又是银行的枢纽。[18]我在第一册第三章论述支付手段时已经指

---

(17)例如,我们可以看看魏格林的可笑的回答。他说,流出500万镑金就是减少500万镑资本。他要根据这一点,来说明在现实产业资本无限地涨价或贬值、膨胀或收缩时**不会**发生的各种现象。另一方面,直接把这些现象当做现实资本(即资本的物质要素)量膨胀或收缩的象征来解释的企图,也同样是可笑的。

(18)纽马奇(《银行法》,1857年):(第1364号)"英格兰银行的金属准备,实际上……是中央准备金或中央金属贮藏,国家的全部营业都是在这个基础上进行的。可以说,它是国家全部营业的枢纽;国内所有其他银行,都把英格兰银行看做中央的贮藏库或它们取得硬币准备的蓄水池;外汇率总是恰好对这个贮藏库和蓄水池发生影响。"

出,信用主义转变为货币主义[229]是必然的现象[257]。图克和劳埃德-奥弗斯顿都承认,必须让现实财富作出最大的牺牲,以便在危机时期维持住这个金属的基础。争论的中心,只是数量多一些或少一些的问题,以及怎样更合理地对付不可避免的事情的问题。[(19)]一定的、和总生产相比为数很小的金属量,竟被认为是制度的枢纽。因此,即使把金属在危机时期作为枢纽的这种特性的惊人例证撇开不说,这里也产生了美妙的理论上的二元论。当启蒙经济学专门考察"资本"时,它是极为轻视金和银的,把它们看做资本的事实上最无关紧要和最无用处的形式。一旦它讨论到银行制度,一切就倒转过来了,金和银成了真正的资本;为了维持这个资本,必须牺牲所有其他形式的资本和劳动。但是,金和银同别的财富形态的区别何在呢?不在于价值量大小,因为价值量是由其中对象化的劳动量决定的。相反,在于它们是财富的**社会**性质的独立体现和表现。〔社会的财富,只是作为私有者的个人的财富存在的。它之所以表现为社会的财富,只是因为这些个人为了满足自己的需要,而互相交换不同质的使用价值。在资本主义生产中,他们只有用货币作中介,才能做到这点。所以,只是由于用货币作中介,个人的财富才实现为社会的财富。这个财富的社会性质,就体现在货币这个东西上。——弗·恩·〕因此,财富的这个社会存在,就表现为彼岸的东西,表现为社会财富的现实要素之旁和之外的东西,物品,商品。只要生产顺畅地进行,这一点就

---

(19)"因此,实际上,图克和劳埃德两人都主张用提高利息率,减少资本贷放,及早限制信用的办法,来对付对金的过度需求。不过劳埃德凭他的幻想,作出了烦琐的甚至危险的〔法律的〕限制和规定。"(《经济学家》1847年[12月11日]第1418页)

会被人忘记。同样作为财富的社会形式的信用,排挤货币,并篡夺它的位置。正是由于对生产社会性质的信任,才使得产品的货币形式表现为某种转瞬即逝的和观念的东西,表现为单纯想象的东西。但是,一当信用发生动摇——而这个阶段总是必然地在现代产业周期中出现——,一切现实的财富就都会要求现实地、突然地转化为货币,转化为金和银。这是一种荒谬的要求,但是它必然会由这个制度本身产生出来。而应当能够满足这种巨大要求的全部金银,不过是银行地库里的几百万镑。[20]因此,在金流出的影响下,生产作为社会生产而实际上不受社会监督这一事实,将在下述形式中尖锐地表现出来:财富的社会形式,作为一种**物品**而存在于财富之外。事实上,资本主义体系和以前的以商品交易和私人交换为基础的生产体系,在这一点上是共同的。但是,这种情况之所以在资本主义体系内表现得最为尖锐,并且以矛盾百出、荒唐可笑的形式表现出来,是因为 1. 在资本主义体系中,为直接的使用价值,为生产者本人的需要而进行的生产,已经完全废止,因此,财富只是作为社会过程而存在,这个社会过程表现为生产和流通的错综交织;2. 随着信用制度的发展,资本主义生产不断地企图突破对财富及其运动的这个金属的限制,突破这个物质的同时又是幻想的限制,但又不断地在这个限制面前碰破头。

在危机中,会出现这样的要求:所有的票据、有价证券和商品应

_____

(20)"您完全同意,除了提高利息率,就没有别的途径可以缓和对金的需求吗?"——查普曼〔一家大票据经纪人商行奥弗伦—葛尼公司的股东〕说:"这是我的意见。如果我们的金下降到一定点,那么,我们最好是立即把警钟敲起来,并且说:我们是在走下坡路,凡是把金弄到外国去的,都必须由他自己承担风险。"(《银行法》,1857年证词第5057号)

该能立即同时兑换成银行货币,而所有的银行货币又应该能立即同时再兑换成金。

II. 汇　兑　率

〔众所周知,汇兑率是货币金属的国际运动的晴雨计。如果英国对德国的支付多于德国对英国的支付,马克的价格,以英镑表示,就会在伦敦上涨;英镑的价格,以马克表示,就会在汉堡和柏林下跌。如果英国多于德国的这个支付义务,比如说,不能由德国在英国的超额购买来恢复平衡,向德国签发的马克汇票的英镑价格,就必然会上涨到这样一点,那时不是用汇票来支付,而是由英国向德国输出金属——金币或金块——来支付就变得合算了。这就是典型的过程。

如果贵金属的这种输出的规模比较大,持续时间比较长,英国的银行准备金就会被动用,以英格兰银行为首的英国货币市场就必然会采取保护措施。我们已经看到,这种保护措施,主要就是提高利息率。在金大量流出时,货币市场通常会出现困难,就是说,对货币形式的借贷资本的需求会大大超过它的供给,因此,较高的利息率就会自然而然地形成;英格兰银行所定的贴现率会适应于这种情况,并在市场上通行。但是也有这样的情形:金属的流出不是由于普通的商贸关系,而是由于其他的原因(例如借款给外国,向国外投资等等)引起的,伦敦的货币市场本身,没有任何理由要实际提高利息率;于是,英格兰银行就会通过在"公开市场"上大量借款,如通常所说,首先"使货币短缺",以便人为地造成这样一种状况:好像利息的提高是有理由的,或者必要的。这种手法对英格兰银行来说,一年比一年更难

实行了。——弗·恩·〕

利息率的这种提高是怎样影响汇兑率的,这从下面几段向1857年银行法下院委员会提供的证词(引用时题为:《银行法》,或《银行委员会》,1857年)中可以看出。

约翰·斯图亚特·穆勒:

(第2176号)"营业困难时……有价证券的价格会显著下跌……　外国人将托人在英国这里购买铁路股票,英国人也会把他们持有的外国铁路股票在国外出售……　以便相应地制止金的输出。"——(第2182号)"各国利息率的平衡和商业气压的平衡,通常要由银行家和证券商人这样一个富有的大阶级来实现。这个阶级……总是窥伺时机,购进那种价格看涨的有价证券……　而最适合他们购买有价证券的地方,就是那些把金送到外国去的地方。"——(第2184号)"这种投资在1847年曾大规模地进行,这足以减少金的流出。"

英格兰银行前总裁约·盖·哈伯德(他从1838年以来就是英格兰银行的董事):

(第2545号)"大量的欧洲有价证券……在欧洲一切不同的货币市场上流通。这种证券只要在一个市场上跌价1%或2%,就会立即被人买去,送到它的价值还维持原状的市场上去。"——(第2565号)"外国不是对英国商人负有大量的债务吗?——为数很大。"——(第2566号)"因此,单是这种债务的收回,不是就足以说明为什么英国会有非常大量的资本积累吗?——1847年,我们最后就是由于结清了美国和俄国从前对英国所负的好几百万债款,才恢复了我们的地位。"

〔英国对美俄两国,也同时负有"好几百万"的谷物债款,但它也成功地通过英国债务人的破产,"结清"了其中的一大部分。见1857年的银行法报告,第30章第31页[①]。〕

---

①见本卷第558页。——编者注

（第2572号）"1847年，英国和彼得堡之间的汇兑率很高。政府信函通知银行发行银行券可以不受〔金准备以外的〕1400万镑限额的约束时，条件是贴现率必须维持在8％。那时候，按照当时的贴现率来说，把金从彼得堡运到伦敦，并在金运到时，在为所出售的金而签发的以三个月为期的票据到期以前，按8％利息把它贷出去，也是一种有利的营业。"——（第2573号）"在一切同金有关的交易上，有许多点要考虑到。这里是指汇兑率和人们在〔凭金签发的〕票据到期以前投放货币能够得到的利息率。"

对亚洲的汇兑率

下述各点是重要的，一方面，因为它们表明，当英国对亚洲的汇兑率处于不利地位时，它怎样必然从那些由亚洲输入商品、但要由英国作中介来进行支付的国家取得补偿。另一方面，还因为威尔逊先生在这里，再一次作了愚蠢的尝试，企图把贵金属的输出对汇兑率的影响和一般资本的输出对汇兑率的影响等同起来；在这两个场合所说的，都不是作为支付手段或购买手段的输出，而是以投资为目的的输出。首先，不言而喻，为了在印度建筑铁路而投入的上千万镑，不管是用贵金属还是用铁轨输往印度，都只是同量资本从一国向另一国转移的不同形式；而且，这样一种转移不会进入普通的商业计算，对于这种转移，输出国除了期待以后每年由这些铁路的营业进款中得到收入以外，不会期望得到任何其他的收入。如果这种输出是以贵金属的形式进行的，那就虽然不是在一切情况下，至少在以前所说的情况下，一定会直接影响贵金属输出国的货币市场，从而影响其利息率，因为这是贵金属，而贵金属直接是借贷的货币资本，是整个货币制度的基础。它也会直接影响汇兑率。贵金属所以被输出，只是因为伦敦货币市场上供给的，例如对印度签发的汇票不能满足对这种额外汇款的需求,并且只是以此为限。这就是说,对向印度签发的汇票的需求超过供给,汇兑率因此暂时变得对英国不利,这并不是因为英国对印度负有债务,而是因为它要把异常大的金额输送到印度去。如果这样向印度输出贵金属的现象持续下去,就会使印度对英国商品的需求增加,因为它间接增加印度对欧洲商品的消费能力。相反,如果资本是用铁轨等等的形式输出,这就不会对汇兑率发生任何影响,因为印度用不着对此付款。由于同一原因,这也不应该对货币市场发生影响。威尔逊企图证明这种影响是存在的,说什么这种额外的支出会引起对贷款的额外需求,因此影响利息率。这是可能的;但如果认为在一切情况下都必然是这样,那就完全错了。不管这些铁轨运到哪里,铺在哪里,是在英国的土地上,还是在印度的土地上,都只是表示英国的生产在一定领域内的一定的扩大。认为生产的扩大,甚至在极为广泛的界限内,不提高利息率也是不可能实现的,这种看法是荒谬的。贷款可能增加,就是说,有信用活动参与的营业总额可能增长;但这种信用活动在利息率不变的情况下也会增加。40年代在英国出现铁路热时,情况确实是这样。利息率并没有提高。而且很明显,如果考察的是现实资本,在这里也就是商品,那么不管这些商品是供输出还是供国内消费,货币市场所受的影响都是完全一样的。只有当英国的国外投资限制了英国的商业输出(这种输出应得到支付,因而会产生货币的回流),或者这种投资总的说来已经是信用过度膨胀或欺诈活动开始的象征时,才会出现区别。

以下是威尔逊问,纽马奇答。

(第1786号)"至于东亚对银的需求,您以前曾说,在您看来,尽管有大量金属贮藏不断输往东亚,英国对印度的汇兑率,仍然对英国有利。您的这种看法有什么根据呢?——当然有……　我发现,1851年,联合王国向印度输出的实际价值是742万镑；此外，还要加上印度大厦的汇票，即东印度公司作为本公司经费从印度取来的基金。这种汇票在那年是320万镑；所以，由联合王国输出到印度的总额是1 062万镑。1855年……出口商品的实际价值增加到1 035万镑；印度大厦的汇票为370万镑；所以，输出总额为1 405万镑。就1851年来说，我相信，我们无法确定英国从印度进口商品的实际价值。但1854年和1855年进口商品的实际价值却可以确定。1855年，英国从印度进口商品的实际价值总额是1 267万镑，而这个总额和1 405万镑相比，在两国的直接贸易中，出现一个有利于英国的差额，计138万镑。"

威尔逊于是指出，汇兑率也受间接贸易的影响。例如，印度向澳大利亚和北美的出口，是用向伦敦签发的汇票来支付的，因此，这种出口对汇兑率发生的影响，就像印度直接向英国出口商品完全一样。其次，如果把印度和中国合起来计算，对英国来说就是逆差，因为中国必须为购买鸦片不断向印度进行大量支付，英国又必须向中国支付。这个金额就是这样迂回地流到印度的。(第1787、1788号)

(第1791号)威尔逊问道：汇兑率所受的影响，会不会由于资本"以铁轨和机车的形式输出，或者以金属货币的形式输出"而有所不同。纽马奇对此作了完全正确的回答：近几年为建筑铁路而输送到印度的1 200万镑，已经用来购买印度按规定期限应支付给英国的年金。

"至于说贵金属市场所受的直接影响，那么，这1 200万镑的投资，只有在必须输出金属进行现实的货币投资时，才会发生这样的影响。"

(第1797号)(魏格林问：)"如果这种铁〈轨〉没有带来任何货币回流，我们怎么能说，它会影响汇兑率呢？——我不相信，以商品形式输出的那部分投资，会影响汇兑率的状况…… 我们只能说，两国间的汇兑率状况，受到一国提供的债券或票据的数量和另一国向它提供的债券或票据的数量之间的对比的影响；这是关于汇兑率的合理的理论。至于这1 200万镑的输出，那么，这1 200万镑首先要在英国筹集；现在，如果营业的状况是这样的，即这1 200万镑全部要以硬币形式投在加尔各答、孟买、马德拉斯……　那么，这种突然的需求就会强烈地影响银的价格和汇兑率，这就像东印度公司明天宣布把它的汇票由300万镑增加到1 200万镑一样。然而，这1 200万镑的半数，已经用来购买英国商品……铁轨、木材以及其他材料……　这是英国资本投在英国本国，以便购买某些向印度输出的商品，而事情也就到此结束。"——(第1798号)(魏格林：)"但是，铁路建筑所需要的铁和木材等商品的生产，还要消费许多外国商品，而这会影响汇兑率吗？——当然会。"

威尔逊认为，铁大部分是代表劳动，而为这种劳动支付的工资，则大部分代表进口商品(第1799号)，接着又问道：

(第1801号)"但是一般说来：如果要靠消费这些进口商品才能生产出来的商品是按这样的方式输出的，即我们既不能以产品形式，也不能以别的形式得到回头货，这不会使汇兑率对我们不利吗？——这个原理正好是铁路大投资时期〔1845年〕在英国出现的"。"在接连三年、四年或五年内，你们把3 000万镑投在铁路上，并且几乎全部用在工资上。你们在三年期间，在铁路建筑、机车制造、车辆制造、车站建筑上维持的人数，比所有工厂区合起来还要多。这些人……用他们的工资购买茶叶、砂糖、酒及其他外国商品；这些商品都必须进口；但在进行这种大量支出时，无疑地，英国和其他国家之间的汇兑率，并没有受到重大的干扰。贵金属没有流出，反而流入了。"

(第1802号)威尔逊认为，在英国和印度之间贸易差额彼此平衡和汇兑率保持平价时，铁和机车的额外输出"必然影响对印度的汇兑率"。纽马奇不认为是这样，因为铁轨是作为投资输出的，而印度并不以这种或那种形式对这些铁轨进行支付；纽马奇还说：

"我同意这样一个原理：任何一个国家都不会在对所有同它通商的国家的汇兑率上，长期处于不利地位。对一个国家的不利的汇兑率，必然会产生出对另一个国家的有利的汇兑率。"

对此，威尔逊向他提出了下面这个庸俗的见解：

（第1803号）"不论资本是以这种形式或那种形式输出，不都同样是资本的转移吗?——如果是说债务，那确实是这样。"——（第1804号）"因此，不管您是输出贵金属，还是输出商品，印度建筑铁路对英国资本市场的影响不是一样吗，不是和全部用贵金属输出一样，会提高资本的价值吗?"

如果铁的价格没有提高，那么，无论如何都会证明，铁轨内包含的"资本"的"价值"并没有增加。而这里的问题在于货币资本的价值，在于利息率。威尔逊想把货币资本和资本一般混为一谈。简单的事实首先是，在英国，曾为建筑印度的铁路募集了1 200万镑。这是一件和汇兑率没有直接关系的事情，至于这1 200万镑怎样使用，对货币市场来说，也是没有什么关系的。如果货币市场情况良好，这就根本不会影响货币市场，就像1844年和1845年募集英国铁路股份没有影响货币市场一样。如果货币市场出现某些困难，利息率固然会因此受到影响，但也只是使利息率提高，而按照威尔逊的理论，这必然使汇兑率对英国有利，就是说，必然会阻止贵金属输出（即使不是向印度输出，也是向别的国家输出）的趋势。威尔逊先生从一件事情跳到另一件事情上。在回答第1802号的问题时，说受到影响的是汇兑率;在第1804号的问题中，说受到影响的是"资本的价值"，这是完全不同的两件事。利息率会影响汇兑率，汇兑率也会影响利息率，但汇兑率变动时，利息率可以不变，利息率变动时，汇兑率也可以不变。威尔逊不理解，在资本向外国输送时，输送的形式本身，已造成这样不同的影响;就是说，他不理解，资本的不同形式，首先是资本的货币形式，会具有这样的重要性，这是和启蒙经济学的说法完全相反的。纽马奇对威尔逊的答复是片面的，因为他根本没有指出，后者已经非常突然地并且毫无理由地从汇兑率跳到利息率上了。纽马奇在回答第1804号的那个问题时，没有把握地含糊其辞地说:

　　"毫无疑问，如果要筹款1 200万镑，这1 200万镑是以贵金属形式还是以材料形式送出，在我们考察一般利息率时，是不重要的。但是〈这个但是，是一个美妙的过渡，目的是要说出恰恰相反的话〉我相信，这并不完全是不重要的〈它不重要，但是又不是不重要〉，因为在一种情况下，会有600万镑立即流回；而在另一种情况下，它却不会这样迅速地流回。因此，这600万镑是在国内支出，还是全部都输出，是会有些〈多么明确啊！〉区别的。"

　　说600万镑会立即流回，这是什么意思呢？如果600万镑是在英国支出，那么，它们就会以铁轨、机车等形式存在，这些铁轨、机车等要送到印度去，但不会再从那里流回，并且它们的价值只能分期偿还，就是说只能非常缓慢地流回，而600万镑贵金属也许会非常迅速地以实物形式流回。如果这600万镑在工资上支出，那么，它们就被消费掉了；但是用来预付工资的货币，照旧在国内流通，或者形成准备金。铁轨生产者的利润和600万镑中补偿他的不变资本的部分，也是这样。因此，纽马奇用"流回"这种含混不清的说法，只是为了避免直说：货币仍然留在国内，并且只要这些货币执行借贷货币资本的职能，对货币市场来说（撇开流通可能吸收较多的硬币不说）就只有以下区别：它将由A支付，而不是由B支付。这种以商品形式而不是以贵金属形式把资本转移到外国去的投资，只有当这种出口商品的生产需要其他外国商品的额外进口时，才会影响汇兑率（并不影响对得到投资的那个国家的汇兑率）。这时，这种生产不是用来抵消这种额外进口的。但是，同样的情况，在每一次以信用方式输出时都会发生，而无论它是作为投资，还是为了普通商业的目的。此外，这种额外进口也可以通过反作用，例如在殖民地或美国方面，引起对英国商品的额外需求。

————

纽马奇以前[第1786号]曾说过①，由于有东印度公司的汇票，英国对印度的出口已大于进口。查理·伍德爵士曾就这点对他进行反复盘问。英国对印度的出口之所以超过进口，实际上是由于英国没有对从印度来的进口支付等价物所引起的：东印度公司（现在是东印度政府）的汇票，成了从印度征收的贡赋。例如1855年，英国从印度的进口是1 267万镑；英国向印度的出口是1 035万镑。因此印度有顺差225万镑。

"如果事情到此为止，这225万镑就必须以某种形式汇往印度。但这时，印度大厦提出了要求。它宣称，它能对印度各管区签发总额达325万镑的汇票〈这个总额是为东印度公司在伦敦的各种费用并为支付给股东的股息而征收的〉。这个数额不但抵消了225万镑的贸易差额，而且还提供了100万镑的余额。"（第1917号）

（第1922号）（伍德：）"因此，印度大厦的这种汇票的影响不是增加对印度的输出，而是相应地减少这种输出吗？"

（应当说：减少了下面这种必要性，即从印度的输入，必须用同等数额的向印度的输出来弥补。）纽马奇先生对此作了如下的解释：英国人为这370万镑，向印度输出了一种"德政"（第1925号）。曾任印度事务大臣、对于这种由英国输出到印度的"德政"十分熟悉的伍德，正确而挖苦地说（第1926号）：

"这样，正如您所说的，印度大厦汇票所引起的输出，不是商品的输出，而是德政的输出了。"

因为英国"用这种方式"为了"德政"和国外投资而输出了许多东西，——因此得到了一种完全和普通营业无关的输入品作为贡赋，即

---

①见本卷第654—655页。——编者注

部分地作为输出"德政"的报偿,部分地作为在殖民地或其他地方投资的收入,也就是作为无须支付任何等价物的贡赋,——所以很清楚,如果英国不作相应的输出,只是吃光这种贡赋,汇兑率是不会受到影响的;因此也很清楚,如果英国不把这种贡赋投在英国,而是生产地或非生产地把它再投到国外,例如,英国凭这种贡赋向克里木运送军需品,那么,汇兑率也不会受到影响。并且,只要来自国外的输入品列入英国的收入,——当然,这种输入品必须得到支付,或者是作为无须等价物的贡赋,或者是通过同这种无偿的贡赋的交换,或者是通过普通的贸易往来而得到支付,——英国就可以或者把它消费掉,或者把它作为资本重新投入营业。但无论是这样做还是那样做,汇兑率都不会受到影响,而聪明的威尔逊却没有看到这一点。不论收入的一部分是由本国产品还是由外国产品形成(不过后一种情况要以本国产品和外国产品的交换为前提),这种收入的消费,不管是生产消费还是非生产消费,都丝毫不会改变汇兑率,虽然它会改变生产的规模。应当根据这一点来判断下面的问题。

(第1934号)伍德问他说,把军用物资运往克里木,是怎样影响对土耳其的汇兑率的。纽马奇回答说:

"我不理解,单是输出军用物资,怎么必然会影响汇兑率,不过输出贵金属确实会影响汇兑率。"

可见,在这里,他把货币形式的资本和其他形式的资本区分开了。但接着威尔逊问道:

(第1935号)"如果您大量输出某种商品,但没有相应的输入",

(威尔逊先生忘记了,英国进行了非常大量的输入,而除了输出"德政"或以前为投资而输出资本以外,从来没有任何相应的输出;无论如何,这不是那种列入通常贸易活动的输入。但这种输入的物品会再用来交换比如说美国产品,至于美国产品又被输出,而没有相应的输入,那么,这丝毫不会改变以下的事实:这种输入品的价值可以被消费掉,而无须有任何等价物的外流。这种输入在没有相应的输出的情况下就实现了;因此,它也可以在不列入贸易差额的情况下被消费掉。)

"这样,您就无须偿还由于输入而欠下的外债。"

(但是,如果您例如通过国外信贷,已经事先对这种输入进行了支付,那也就不会因此欠债了,这个问题和国际差额根本无关;问题在于是生产支出还是非生产支出,而不管这样消费的产品是本国产品还是外国产品。)

"于是您必然会通过这种交易影响汇兑率,这是由于以下的事实:因为您的输出没有相应的输入,所以没有外债要偿还。——这对所有国家来说都是正确的。"

威尔逊的说法就在于,凡是没有相应输入的输出,同时都是没有相应输出的输入,因为有外国的即进口的商品加入出口商品的生产。这里是假定,每一种这样的输出,都是以未支付的输入为基础的,或者都会产生未支付的输入,——因而产生外债。这个假定是错误的,即使把下述两种情况撇开不说:1. 英国有各种不支付任何等价物的、无偿的输入,例如从印度输入的一部分物品就是这样。英国可以用这些输入品交换美国的输入品,并且在没有相应输入的情况下把后者输出,无论如何,就价值方面来说,英国输出的都不过是它白白得到的东西。2. 英国可能已对形成追加资本的输入品,例如美国的输入品进行了支付;如果英国把它们非生产地消费掉,例如作为军用物资,那就不会形成对美国的债务,也不会影响对美国的汇兑率。纽马奇在第1934号和第1935号上是自相矛盾的,而关于这一点,伍德在第1938号提出的问题中已经指出了:

　　"如果制造那些我们用以输出而没有相应的回流的物品〈军事开支〉所使用的商品中,没有任何部分是从这些物品所输往的国家来的,这又怎么会影响对这个国家的汇兑率呢?假定和土耳其的贸易处于通常的平衡状态,英国和土耳其之间的汇兑率,又怎么会因为向克里木输出军用物资而受到影响呢?"

　　在这里,纽马奇失去了冷静;他忘记了,他在第1934号已正确地回答了这个简单的问题,并且说:

　　"在我看来,我们已谈完了实际的问题,现在进入了一个非常高深的形而上学的讨论的领域。"

————

　　〔威尔逊对于他的主张——资本每一次由一国转移到另一国,而不管这种转移是以贵金属形式还是以商品形式进行的,汇兑率都会受到影响——还有另一种解释。威尔逊当然知道,影响汇兑率的是利息率,特别是与互相的汇兑率有关的那两个国家之间的现行利息率的比例。如果他能证明,资本的过剩,首先是各种商品(包括贵金属在内)的过剩,也对利息率的决定发生影响,他就向他的目标接近了一步;要是这样,这个资本的相当大的一部分向另一个国家的转移,就必然会在两国按相反的方向改变利息率,而这样一来,下一步也就改变两国之间的汇兑率。——弗·恩·〕

　　他在当时由他编辑的《经济学家》(1847年第574页)上写道:

　　"很清楚,像各种商品(包括贵金属在内)的大量储存所表示的那样的资本过剩,不仅必然引起一般商品的价格的下降,而且必然引起作为资本的使用报酬的利息率的下降(1)。如果我们手里的存货足以在今后两年内供应本国,那么,和存货刚够供应两个月相比,我们就能按低得多的利息率,获得对这些商品的在一定期间的支配权(2)。一切货币借贷,不论以什么形式进行,都不过是商品支配权由一个人手里到另一个人手里的转移。因此,商品过剩,货币利息就必然低,商品不足,货币利息就必然高(3)。如果商品较富裕,和买者的人数相比,卖者的人数就会增加;并且按照商品量超过直接消费需要的程度,必然会有一个越来越大的部分保存下来,以备将来使用。在这种情况下,和有把握可以在几个星期之内把全部存货出售的时候不同,商品占有者会按较低的条件,用延期付款或赊卖的办法出售商品(4)。”

　　关于第(1)点,必须指出,贵金属可以在生产**缩减**的同时大量**流入**。危机过去以后那个时期的情况,就总是这样。在下一阶段,贵金属也可以从主要生产贵金属的国家流入;其他商品的输入,在这个时期通常由输出来平衡。在这两个阶段内,利息率是低的,并且只是慢慢地提高;为什么会这样,我们已经在前面说明了。这种低利息率,没有“各种商品的大量储存”的任何影响,也到处可以得到说明。而这种影响又是怎样发生的呢?例如,棉花的价格低廉,使纺纱业者等等有可能获得高利润。可是利息率为什么低呢?当然不是因为用借入的资本能够获得的利润高。而只是因为在当时情况下,对借贷资本的需求没有按这个利润增长的比例增长;就是说,只是因为借贷资本具有不同于产业资本的运动。《经济学家》所要证明的事情却正好相反;它要证明借贷资本的运动和产业资本的运动是一致的。

　　关于第(2)点,如果我们退一步说这个荒谬的假定——有供应今后两年需要的存货——还有某种意义,那么,这个论点就是以商品市场发生过剩为前提的。这样就会引起价格下降。现在为一包棉花支付的货币比以前少了。但由此决不能得出结论说,购买一包棉花所需的货币可以更便宜地弄到。这要看货币市场的状况。如果货币可以更便宜地弄到,那也只是因为商业信用处于这样一种状况,就是它对于银行信用的需要比平常少。充斥市场的商品,或是生活资料,或是生产资料。二者的价格低廉,都会提高产业资本家的利润。如果不是因为产业资本的充裕和对贷款的需求互相对立(不是互相一致),那价格低廉为什么会减低利息呢?情况是这样,商人和产业家能够更容易地彼此提供信用;因为商业信用易于获得,所以产业家和商人都只需要较少的银行信用;因此,利息率可以是低的。这个低利息率和贵金属的流入无关,虽然这两种现象可以并行,而且造成输入品价格低廉的原因,也可以造成输入的贵金属的过剩。如果进口市场实际上已经发生过剩,这会证明对进口商品的需求已经减少。这种需求的减少,在价格低廉时,只能解释成是国内工业生产缩减的结果;不过,这种缩减在价格低廉的输入过多时,又是不能解释的。这些十足荒谬的东西,是为了证明,价格的下降=利息的下降。二者可以同时并存。但是在这种情况下,这只是表现产业资本运动方向和借贷货币资本运动方向的对立,而不是表现二者方向的一致。

关于第(3)点,为什么商品过剩,货币利息就会低这个问题,即使有了这种进一步的说明,也还是难于理解。如果商品便宜,为了购买一定量商品,我需要比如说1 000镑,而不是以前的2 000镑。但也许现在我花了2 000镑,用来购买比以前多一倍的商品,并且通过也许我必须借来的同量资本的预付,来扩大我的营业。现在我和以前一样,购买2 000镑的商品。因此,即使我对商品市场的需求随着商品价格的下降而增加,我对货币市场的需求仍然不变。但如果对商品市场的需求减少,就是说,如果生产不是随着商品价格的下降而扩大,——而这和《经济学家》所谈的全部规律相矛盾,——那么,对借贷货币资本的需求就会减少,虽然利润会增加。但这种利润的增加,会引起对借贷资本的需求。并且，商品价格的低廉，可以有三个原因。首先，是因为需求不足。这时，利息率低，是由于生产萎缩，而不是由于商品便宜，商品便宜只是生产萎缩的表现。或是因为供给大大超过需求。这可以是由于市场商品过剩等等造成的，而市场商品过剩会导致危机，并在危机时期和高利息率结合在一起。或是因为商品价值已经下降，以致同样的需求可以按较低的价格得到满足。在后一种情况下，利息率为什么会下降呢？是因为利润增加了吗？如果因为现在获得同量生产资本或商品资本所需要的货币资本比较少，那么，这只是证明，利润和利息互成反比。因此，在任何场合，《经济学家》的一般论点都是错误的。商品的货币价格低和利息率低，不是必然连在一起的。否则，在产品的货币价格最低的那些最贫穷的国家，利息率也应该最低；而在农产品的货币价格最高的那些最富有的国家，利息率也应该最高。一般地说，《经济学家》也承认，如果货币的价值下降，这就不会影响利息率。100镑仍然带来105镑；如果100镑所值较少，5镑利息所值也较少。这个比率不受原来金额增值或贬值的影响。作为价值来看，一定量的商品等于一定额的货币。如果这个商品量的价值提高了，它就等于一个较大的货币额；如果它的价值下降了，结果也就相反。如果它＝2 000，5％就＝100；如果它＝1 000，5％就＝50。但是这丝毫不会改变利息率。在这里只有一点是对的：既然购买同量商品以前只需要1 000镑，现在需要2 000镑，因此需要更多的贷款。但这一点在这里不过表明利润和利息之间的反比例。因为利润随着不变资本要素和可变资本要素的便宜而增长，而利息则下降。不过，相反的情形也能发生，并且经常发生。例如，棉花可以因为对棉纱和棉布没有需求而变得便宜；它也可以因为棉纺织业的大量利润对棉花产生大量需求而相对变得昂贵。另一方面,产业家的利润又可以正好因为棉花的价格低廉而提高。哈伯德的统计表证明,利息率和商品价格各自进行着完全独立的运动;而利息率的运动同金属贮藏和汇兑率的运动却正好是互相适应的[①]。《经济学家》写道:

> "因此,商品过剩,货币利息就必然低。"

但在危机时期情况正好相反;商品过剩,不能转化为货币,因此利息率高。在周期的另一个阶段,对商品的需求大,因此回流容易,但同时商品价格提高,而由于回流容易,利息率较低。"它们〈商品〉不足,货币利息就必然高"。但是,在危机以后的松弛时期,情况又正好相反。商品不足,——绝对地说,不是同需求相对来说——,而利息率是低的。

关于第(4)点。在市场商品过剩时,和现有存货预期可以迅速卖完时相比,商品占有者——如果他能出售——将廉价抛售商品,这是十分明白的。但利息率为什么会因此下降,却不是很明白的。

如果市场上进口商品过剩,利息率可能提高,因为所有者不愿把商品倾销到市场上,而对借贷资本有更大的需求。但利息率也可能下降,因为商业信用活跃,对银行信用的需求就保持在相对低的水平上。

————

《经济学家》提到利息率的提高和货币市场所受的其他压力对1847年汇兑率的迅速影响。但是不要忘记,尽管汇兑率发生了逆转,一直到4月底,金还是继续外流;只是到5月初,才发生逆转。

————

①见本卷第623—624页。——编者注

1847年1月1日,银行的金属贮藏为15 066 691镑;利息率为$3\frac{1}{2}$%;3个月期的汇兑率,对巴黎为25.75;对汉堡为13.10;对阿姆斯特丹为12.3$\frac{1}{4}$。3月5日,金属贮藏减少到11 595 535镑;贴现率提高到4%;汇兑率对巴黎跌到25.67$\frac{1}{2}$,对汉堡跌到13.9$\frac{1}{4}$,对阿姆斯特丹跌到12.2$\frac{1}{2}$。金继续外流;见下表:

1847年 月 日	英格兰银行 贵金属贮藏 (镑)	货币市场	3个月期的最高汇兑率		
			巴黎	汉堡	阿姆斯特丹
3月20日	11 231 630	银行贴现率4%	25.67$\frac{1}{2}$	13.09$\frac{3}{4}$	12.2$\frac{1}{2}$
4月3日	10 246 410	银行贴现率5%	25.80	13.10	12.3$\frac{1}{2}$
4月10日	9 867 053	货币非常缺少	25.90	13.10$\frac{1}{3}$	12.4$\frac{1}{2}$
4月17日	9 329 841	银行贴现率5$\frac{1}{2}$%	26.02$\frac{1}{2}$	13.10$\frac{3}{4}$	12.5$\frac{1}{2}$
4月24日	9 213 890	紧迫	26.05	13.12	12.6
5月1日	9 337 716	紧迫的情况更严重	26.15	13.12$\frac{3}{4}$	12.6$\frac{1}{2}$
5月8日	9 588 759	紧迫达到最高点	26.27$\frac{1}{2}$	13.15$\frac{1}{2}$	12.7$\frac{3}{4}$

[《经济学家》1847年8月21日]

1847年,英国输出的贵金属总额为8 602 597镑。其中:

向美国输出 3 226 411镑

向法国输出 2 479 892镑

向汉撒各城市输出 958 781镑

向荷兰输出 247 743镑

尽管3月底汇兑率发生了逆转,金的外流仍持续了整整一个月;也许是流向美国。

　　（1847年《经济学家》第954页中说）："在这里我们看到，利息率的提高以及随之而来的货币紧迫，在纠正不利的汇兑率，并使金的流动发生转向方面，起了多么迅速和显著的作用，结果金又流回英国。这种作用的发生，和支付差额完全无关。较高的利息率，使英国和外国的有价证券价格跌落，并由此造成了外国账户大量购买有价证券的局面。这种情况增加了由英国签发的票据的金额。但是另一方面，在利息率高时，获得货币很困难，以致在票据额增大时，对这种票据的需求却减少了。由于同样原因，对外国商品的订单取消了，英国人在外国有价证券上的投资实现了，货币又被送回英国进行投资。于是，例如在5月10日的《里约热内卢物价通报》上，我们看到：〔对英国的〕汇兑率发生了新的跌落，这主要是因为英国账户大量出售〔巴西〕公债所得的金额的汇寄对市场形成了压力而引起的。英国利息率极低时投在外国各种有价证券上的英国资本，因此会在利息率提高时重新流回。"

英国的贸易差额

　　单是印度就要为"德政"，为英国资本的利息和股息等等，向英国支付约500万镑的贡赋，这里还不包括每年寄回英国的汇款，其中部分是官吏积蓄的薪俸，部分是英国商人为在英国投资而寄回的一部分利润。每个英国殖民地，都由于同样的原因，不断地寄回大量汇款。澳大利亚、西印度、加拿大等地的大多数银行，都是用英国资本设立的，股息也必须付给英国。英国还拥有许多外国的国债券，即欧洲的、北美洲的和南美洲的国债券，从中都有利息可得。此外，英国还参与外国铁路、运河、矿山等事业，也有相应的股息。而所有这些项目的汇款，几乎完全是以超过英国输出额的产品的形式得到的。另一方面，因外国人持有英国有价证券和英国人居留国外需要消费而从英国流到国外的金额，对比之下，是微不足道的。

　　当问题只限于贸易差额和汇兑率时，它

"在任何一定的时候,都是一个时间的问题。通常……英国对它的输出品提供长期的信用,而对输入品则用现金来支付。有的时候,这种习惯上的区别对汇兑率发生重大的影响。在我们的输出大大增加时,如1850年,英国的投资就持续地增加……这样,1849年出口商品得到的款项,可能到1850年才汇回来。但是如果1850年的输出额超过1849年的输出额600万镑,实际的结果就必然是,这一年流出国外的货币比同年流回的要多;并且也就是以这种方式对汇兑率和利息率发生影响。但是,当我们的营业在危机中受到挫折,我们的输出大为减少时,因前几年输出较多而得到的到期汇款,就会大大超过我们输入物品的价值;汇兑率相应地变得对我们有利,资本迅速地在国内积累起来,利息率下降"(1851年1月11日《经济学家》)。

外汇率可以由于以下原因而发生变化:

1. 一时的支付差额。不管造成这种差额的是什么原因——纯粹商业的原因,国外投资,或国家在战争等等场合所做的支出,只要由此会引起对外的现金支付。

2. 一国货币的贬值。不管是金属货币还是纸币都一样。在这里汇兑率的变化纯粹是名义上的。如果现在1镑只代表从前代表的货币的一半,那它就自然不会算做25法郎,而只算做12.5法郎了。

3. 如果一国用银,一国用金作"货币",那么,在谈到这两国之间的汇兑率时,这种汇兑率就取决于这两种金属价值的相对变动,因为这种变动显然影响这两种金属的平价。例如1850年的汇兑率就是这样:它对英国来说是不利的,虽然那时英国的输出大大增加了。不过当时并没有发生金的外流。这是银价值和金价值相比暂时提高的结果。(见1850年11月30日《经济学家》)

1英镑的汇兑率平价,对巴黎为25法郎20生丁;对汉堡为13银行马克$10\frac{1}{2}$先令;对阿姆斯特丹为11佛罗伦97分。只要对巴黎的汇兑率超过25.20,它就会相应地有利于对法国欠债的英国人,或有利于购买法国商品的人。在这两种情况下,英国人都可以用较少的英镑来达到自己的目的.对那些遥远的不易获得贵金属的国家来说,如果汇票短缺,不够应付汇回英国的汇款,那么,自然的结果就是提高各种通常向英国输出的产品的价格,因为对这些用来代替汇票送往英国的产品,产生了更大的需求.在印度,情况往往就是这样.

当英国货币大量过剩,利息率低落,有价证券的价格提高时,不利的汇兑率,甚至金的外流就可能发生.

在1848年,英国从印度得到了大量的银,因为可靠的汇票不多,而普通的汇票由于1847年的危机[216]和印度商业的大失信用而不受欢迎.这全部的银刚到英国,就流向大陆去了,在那里,革命[258]到处引起贮藏货币的现象.这些银在1850年大部分又流回印度,因为当时汇兑率的状况,使这种做法有利.

————

货币主义[229]本质上是天主教的;信用主义本质上是基督教的."苏格兰人讨厌金子"[244].作为纸币,商品的货币存在只是一种社会存在.**信仰**使人得救[259].这是对作为商品内在精神的货币价值的信仰,对生产方式及其预定秩序的信仰,对只是作为自行增殖的资本的人格化的各个生产当事人的信仰.但是,正如基督教没有从天主教的基础上解放出来一样,信用主义也没有从货币主义的基础上解放出来.

第三十六章

资本主义以前的状态

生息资本或高利贷资本(我们可以把古老形式的生息资本叫做高利贷资本),和它的孪生兄弟商人资本一样,是资本的洪水期前的形式[260],它在资本主义生产方式以前很早已经产生,并且出现在极不相同的经济社会形态中。

高利贷资本的存在所需要的只是,至少已经有一部分产品转化为商品,同时随着商品买卖的发展,货币已经在它的各种不同的职能上得到发展。

高利贷资本的发展,和商人资本的发展,并且特别和货币经营资本的发展,是联结在一起的。在古代罗马,从共和国末期开始,虽然手工制造业还远远低于古代的平均发展水平,但商人资本、货币经营资本和高利贷资本,却已经——在古代形式范围内——发展到了最高点。

我们已经知道,有了货币,就必然出现货币贮藏。[261]但是,职业的货币贮藏家只有当他转化为高利贷者时,才起重要的作用。

商人借货币,是为了用这个货币牟取利润,是为了把它作为资本使用,也就是为了把它作为资本耗费。因此,即使在以前的各社会形式内,货币贷放者对于商人的关系,也完全和他对于现代资本家的关系一样。这种独特关系，天主教的各个大学已经感觉到了。

> "阿尔卡拉、萨拉曼卡、因戈尔施塔特、布赖斯高的弗赖堡、美因茨、科隆和特里尔这些地方的大学先后承认，商业贷款的利息是合法的。这些承认书中最早的五份已归入里昂市政厅的档案，并刊载在里昂的布利塞–朋苏斯出版的《高利贷和利息概论》一书的附录中。"（马·奥日埃《论公共信用》1842年巴黎版第206页）

在奴隶经济（不是家长制的奴隶经济，而是后来希腊罗马时代那样的奴隶经济）作为致富手段存在的一切形式中，因而，在货币通过购买奴隶、土地等等而成为占有别人劳动的手段的一切形式中，货币正是因为可以这样使用，所以作为资本可以增殖，生出利息。

然而，高利贷资本在资本主义生产方式以前的各时期具有特征的存在形式有两种。我说的是具有特征的形式。同一些形式会在资本主义生产的基础上再现，但只是作为从属的形式。在这里，它们不再是决定生息资本特征的形式了。这两种形式是：**第一**是对那些大肆挥霍的显贵，主要是对地主放的高利贷；**第二**是对那些自己拥有劳动条件的小生产者放的高利贷。这种小生产者包括手工业者，但主要是农民，因为总的说来，在资本主义以前的状态中，只要这种状态允许独立的单个小生产者存在，农民阶级必然是这种小生产者的大多数。

富裕地主因高利贷而遭到破产，小生产者被敲骨吸髓，这二者造成了大货币资本的形成和集中。但是，这个过程会在多大的程度上像在现代欧洲那样使旧的生产方式废除，并且是否会以资本主义生产方式代替它，这完全要取决于历史的发展阶段以及由此产生的各种情况。

高利贷资本作为生息资本的具有特征的形式，是同小生产，自耕农和小手工业主占优势的情况相适应的。在发达的资本主义生产方式下，劳动条件和劳动产品是作为资本同工人相对立的，工人无须作为生产者借钱。如果他借钱，例如到当铺去，那是为了个人生活的需要。但是，当劳动者实际上或名义上是他的劳动条件和产品的所有者时，他却会作为生产者同货币贷放者的资本发生关系，这种资本作为高利贷资本和他相对立。纽曼对这一点讲得很庸俗，说什么银行家所以受人尊敬，而高利贷者所以受人憎恨和鄙视，是因为前者贷款给富人，而后者贷款给贫民。(弗·威·纽曼《政治经济学讲演集》1851年伦敦版第44页)他没有看到，这里的区别是两个社会生产方式之间以及和它们相适应的社会制度之间的区别，并且这个问题是不能用贫富的对立来解决的。而且，榨取贫苦小生产者的高利贷是和榨取富裕大地主的高利贷携手并进的。一旦罗马贵族的高利贷把罗马的平民、小农彻底毁灭，这种剥削形式也就到了末日，纯粹的奴隶经济就取代了小农经济。

超过生产者最必要的生存资料(即后来的工资额)的全部余额，在这里能够以利息形式被高利贷者所侵吞(这部分后来表现为利润和地租)。因此，拿**这个**利息的水平和现代利息率的水平加以对比，是非常荒谬的，因为除了归国家所有的部分外，高利贷者的利息会占有**全部**剩余价值，而现代的利息，至少是正常的利息，只是这个剩余价值的一部分。在进行这种对比时，人们忘记了这样一点：雇佣工人为雇用他的资本家生产和提供利润、利息和地租，即全部剩余价值。凯里作这种荒谬的比较，是为了要说明，资本的发展和伴随而来的利息率的下降，对劳动者是多么有利。其次，如果高利贷者不满足于只榨取他的牺牲者的剩余劳动，而逐渐取得了对后者的劳动条件本身的所有权，即土地、房屋等等的所有权，并用这种办法不断地对后者进行剥夺,那么,又会从另一方面忘记这样一点:劳动者的劳动条件这样完全被剥夺,并不是资本主义生产方式所要达到的结果,而是它作为出发点的现成的前提。雇佣奴隶和真正的奴隶一样,由于所处的地位,不能成为债务奴隶,至少作为生产者不能成为债务奴隶;他至多只是作为消费者才能成为债务奴隶。这种形式的高利贷资本,实际上会占有直接生产者的全部剩余劳动,而不改变生产方式;在这里,生产者对劳动条件的所有权或占有权——以及与此相适应的个体小生产——是本质的前提;因而,在这里,资本不是直接支配劳动,从而不是作为产业资本同劳动相对立。这种高利贷资本使这种生产方式陷入贫困的境地,不是发展生产力,而是使生产力萎缩,同时使这种悲惨的状态永久化,在这种悲惨的状态中,劳动的社会生产率不像在资本主义生产中那样靠牺牲劳动本身而发展。

因此,一方面,高利贷对于古代的和封建的财富,对于古代的和封建的所有制,发生破坏和解体的作用。另一方面,它又破坏和毁灭小农民和小市民的生产,总之,破坏和毁灭生产者仍然是自己的生产资料的所有者的一切形式。在发达的资本主义生产方式下,劳动者不是生产条件即他所耕种的土地、他所加工的原料等等的所有者。但是在这里,与生产条件同生产者的这种异化²⁶²相适应,生产方式本身发生了真正的变革。分散的劳动者联合在大工场内,从事有分工的但又互相衔接的活动;工具变成了机器。生产方式本身不再容许生产工具处于那种和小所有制结合在一起的分散状态,也不再容许劳动者自己处于孤立状态。在资本主义生产中,高利贷不能再使生产条件同生产者相分离,因为二者已经分离了。

高利贷在生产资料分散的地方,把货币财产集中起来。高利贷不改变生产方式,而是像寄生虫那样紧紧地吸附在它身上,使它虚弱不堪。高利贷吮吸着它的脂膏，使它精疲力竭，并迫使再生产在每况愈下的条件下进行。由此产生了民众对高利贷的憎恶，这种憎恶在古代世界达到了极点，因为在那里，生产者对生产条件的所有权，同时是政治关系的基础，即市民独立地位的基础。

在奴隶制占统治地位或者剩余产品由封建主及其家臣消费，而奴隶主或者封建主陷入高利贷之中的情况下，生产方式仍旧不变；只是它对劳动者变得更加残酷。负债的奴隶主或封建主榨取得更厉害，因为他自己被榨取得更厉害了。或者，他最后让位给高利贷者，高利贷者本人像古罗马的骑士一样成为土地所有者或奴隶主。旧剥削者的剥削或多或少带有家长制的性质，因为这主要是政治权力的手段。现在代替旧剥削者出现的，则是残酷的拼命要钱的暴发户了。但生产方式本身仍旧不变。

高利贷在资本主义以前的一切生产方式中所以有革命的作用，只是因为它会破坏和瓦解这样一些所有制形式，正是在这些所有制形式的牢固基础和它们以同一形式的不断再生产上建立着政治制度。在亚洲的各种形式下，高利贷能够长期延续，这除了造成经济的衰落和政治的腐败以外，没有造成别的结果。只有在资本主义生产方式的其他条件已经具备的地方和时候，高利贷才表现为形成新生产方式的手段之一；这一方面是由于封建主和小生产遭到毁灭，另一方面是由于劳动条件集中为资本。[263]

"在中世纪，任何一个国家都没有一般的利息率。教会从一开始就禁止任何放债取息的行为。法律和法庭对于借贷很少给予保障。因此，在个别场合，利息率就更高。因为货币的流通量少，而在大多数支付上必须使用现金，所以就不得不去借钱，而且票据业务越是不发达，情况就越是这样。那时利息率相差很悬殊，关于高利贷的概念差别也很大。在查理大帝时代，收取100%的利息，被认为是高利贷。1344年，在博登湖畔的林道，本地市民收取$216\frac{2}{3}$％的利息。在苏黎世，评议会规定$43\frac{1}{3}$％为法定利息。在意大利，有时必须支付40％的利息，虽然从12世纪到14世纪，普通的利息率不超过20％。维罗纳规定$12\frac{1}{2}$％为法定利息。弗里德里希二世皇帝规定10％的利息率，但只是给犹太人规定的。对于基督徒，他不想说什么。早在13世纪，10％已经是德国莱茵地区的普通利息率了。"（休耳曼《中世纪城市》第2卷第55—57页[264]）

高利贷资本有资本的剥削方式，但没有资本的生产方式。在资产阶级经济中，在一些落后的产业部门或仍在拒绝采用现代生产方式的产业部门，这种关系也会重新出现。例如，如果我们想把英国的利息率和印度的利息率比较一下，那么就不要采用英格兰银行的利息率，而要采用比如那些把小机器租给家庭工业小生产者的人所收取的利息率。

高利贷同消费的财富相反，它本身作为资本的一个产生过程在历史上是重要的。高利贷资本和商人财产促进了不依赖于土地所有权的货币财产的形成。产品的商品性质越是不发达，交换价值越是没有占领生产的全部广度和深度，货币就越是表现为真正的财富本身，表现为一般财富，而同财富在使用价值上的有限表现方式相对立。货币贮藏就是建立在这个基础上的。撇开作为世界货币和贮藏货币的货币不说，货币正是在支付手段的形式上表现为商品的绝对形式。而正是货币的支付手段职能，使利息从而使货币资本得到发展。奢侈和腐化的富者所要的，是作为货币的货币，是作为购买一切东西的手段的货币。（也是作为偿还债务的手段。）而小生产者需要货币，却首先是为了支付。（向地主和国家交纳的实物租和实物贡赋转化为货币租和货币税，在这里具有重要的作用。）在这两个场合，货币都是作为货币使用的。另一方面，货币贮藏只有在高利贷中才是现实的,才会实现它的梦想。货币贮藏者所要的,不是资本,而是作为货币的货币;但是通过利息,他把这种贮藏货币为自己转化为资本,转化为一种手段,他依靠这种手段占有全部或部分剩余劳动,以及一部分生产条件本身,虽然对他来说这种生产条件名义上仍然是他人的财产。高利贷好像是生活在生产的缝隙中,就像伊壁鸠鲁的神生活在世界的空隙中[171]一样。商品形式越没有成为产品的一般形式,货币就越难获得。因此,高利贷者除了货币需要者的负担能力或抵抗能力外,再也不知道别的限制。在小农民和小市民的生产中,货币作为购买手段来使用,主要是在劳动者由于偶然的事故或意外的变化丧失了生产条件的时候(在这些生产方式中,劳动者多半还是这些生产条件的所有者),或者至少是在劳动条件不能由通常的再生产过程得到补偿的时候。生活资料和原料是这些生产条件的基本部分。如果它们涨价,它们就不可能由出售产品所得的货款来补偿,就像单是歉收就使农民不能用实物来补偿他的谷种一样。罗马贵族不断进行战争,强迫平民服兵役,阻碍了他们的劳动条件的再生产,因而使他们变得贫穷(在这里,贫穷化,即再生产条件的萎缩或丧失,是主要的形式)而终于破产。正是这些战争使罗马贵族的仓库和地窖里藏满了掠夺来的铜,即当时的货币。贵族不是把平民所需的商品如谷物、马、牛等等直接给他们,而是把对自己没有用处的铜借给他们,而利用这个地位来榨取惊人的高利贷利息,使平民变为自己的债务奴隶。在查理大帝统治下,法兰克的农民也是因战争而破产的,他们除了由债务人变为农奴外,再没有别的出路。在罗马帝国,大家都知道,饥荒逼迫自由民出卖儿女和出卖自身去给富人当奴隶的现象是经常发生的。以上所说的是一般的转折点。如果就个别情况来说,那么,小生产者是保持还是丧失生产条件,取决于无数偶然的事故,而每一次这样的事故或丧失,都意味着贫穷化,是使高利贷寄生虫得以乘虚而入的机会。对小农来说,只要死一头母牛,他就不能按原有的规模来重新开始他的再生产。这样,他就坠入高利贷者的摆布之中,而一旦落到这种地步,他就永远不能翻身。

但是,货币的支付手段职能,是高利贷的真正的、广阔的和独有的地盘。每一笔在一定期限到期的交款,如地租、贡赋、赋税等等,都必须用货币来支付。因此,从古代罗马一直到现代,大量放高利贷的都是包税者,大包税人,收税人。然后,随着商业发展和商品生产普遍化,购买和支付越来越在时间上分离。货币必须在一定期限内付出。这一点会造成一直到今天还使货币资本家和高利贷者彼此混淆不清的那种状况,这已由现代的货币危机所证明。但是,高利贷本身又是使货币充当支付手段的必要性得到进一步发展的主要手段,因为它使生产者越来越深地陷入债务,使他因背上利息的重负而不可能进行正常的再生产,从而使他失去了通常的支付手段。在这里,高利贷产生于货币的支付手段职能,而又扩大货币的这种职能,即扩大自己的本来的地盘。[265]

信用制度是作为对高利贷的反作用而发展起来的。但是,我们对这一点不要误解,决不要把它理解成像古代著作家、教父、路德或旧的社会主义者所说的那样。这一点所表示的,恰好就是生息资本从属于资本主义生产方式的条件和需要。

总的说来,在现代信用制度下,生息资本要适应于资本主义生产的各种条件。高利贷本身不仅依然存在,而且在资本主义生产发达的国家,还摆脱了一切旧的立法对它的限制。对于那些不是或不能在资本主义生产方式的意义上进行借贷的个人、阶级或情况来说,生息资本都保持高利贷资本的形式。例如,在下列场合:或者出于个人的需要去到当铺进行借贷;或者把钱借给那些享乐的富人,供他们挥霍浪费;或者借给那些非资本主义的生产者,如小农民、手工业者等等,即自己仍然占有生产条件的直接生产者;最后,借给那种经营规模很小,接近于自食其力的生产者的资本主义生产者。

就生息资本是资本主义生产方式的一个重要要素来说,它和高利贷资本的区别,决不在于这种资本本身的性质或特征。区别只是在于,这种资本执行职能的条件已经变化,从而和货币贷出者相对立的借入者的面貌已经完全改变。即使得到贷款的产业家或商人是没有财产的人,那也是由于相信他会用借来的资本执行资本家的职能,占有无酬劳动。他是作为可能的资本家得到贷款的。一个没有财产但精明强干、稳重可靠、有能力和经营知识的人,通过这种方式也能成为资本家(因为在资本主义生产方式中,每一个人的商业价值总会得到或多或少正确的评价),这是经济学辩护士们所赞叹不已的事情,这种情况虽然不断地把一系列不受某些现有资本家欢迎的新的幸运骑士召唤到战场上来,但巩固了资本本身的统治,扩大了它的基础,使它能够从社会下层不断得到新的力量来补充自己。这和中世纪天主教会的情况完全一样,当时天主教会不分阶层,不分出身,不分财产,在人民中间挑选最好的人物来建立其教阶制度,以此作为巩固教会统治和压迫俗人的一个主要手段。一个统治阶级越能把被统治阶级中的最优秀的人物吸收进来,它的统治就越巩固,越险恶。

因此,现代信用制度创始人的出发点,并不是把一般生息资本革出教门,而是相反,对它予以公开承认。

在这里,我们不谈那种企图使贫民摆脱高利贷的措施,如公立当铺[266](1350年设立于弗朗什孔泰的萨尔兰,后来1400年和1479年设立于意大利的佩鲁贾和萨沃纳)。这种公立当铺所以值得注意,只是因为它表示了一种历史的讽刺:虔诚的愿望在实现时正好走向它的反面。按照审慎的估计,英国工人阶级对当铺这个公立当铺的后继者支付的利息为100%。[21]这里也不谈例如那位休·张伯伦医师或约翰·布里斯科的信用幻想,他们在17世纪的最后10年,曾企图设立农业银行,以土地所有权为基础,发行一种纸币,使英国贵族摆脱高利贷的盘剥。[22]

12世纪和14世纪在威尼斯和热那亚设立的信用组合,是由于海外贸易和建立在这种基础上的批发商业需要摆脱旧式高利贷的统治和货币经营的垄断而产生的。如果说在这些城市共和国设立的真正的银行同时是使国家以未来的税收作为担保取得贷款的那种公共信用机关,那么,不应当忘记,设立这种组合的商人自己就是那些国家的第一流的人物,他们一心要使他们的政府和他们自己都摆脱高

---

[21]"因为在同一个月内不断地典押和赎回,而且典押一物是为了赎回另一物,二者相抵后所得货币很少,所以当铺的利息是非常高的。伦敦领有执照的当铺有240家,各地区约有1 450家。所用资本估计约有100万镑。这笔资本在一年内至少周转3次,每次平均取得$33\frac{1}{2}$%的利息;所以,英国的下层阶级,为了要获得这100万镑临时贷款,每年必须支付100%的利息。过期不赎所受的损失,还不包括在内。"(约·德·塔克特《劳动人口今昔状况的历史》1846年伦敦版第1卷第114页)

[22]他们甚至在自己著作[267]的名称上也表明了自己的宗旨:"使土地所有者普遍得到福利,使土地价值大大提高,免除贵族和绅士等的税务,增加他们的年收入等等"。按照他们的说法,受到损失的,只会是民族的最可恶的敌人高利贷者,这种人给贵族和自耕农[268]造成的危害比法国侵略军所能造成的危害还要大。

利贷的盘剥⁽²³⁾，从而更严格地更牢固地控制国家。因此，当计划设立英格兰银行时，托利党就抗议说：

> "银行是共和国的制度。在威尼斯、热那亚、阿姆斯特丹和汉堡，银行很繁荣。但是，谁听说过有什么法兰西银行或西班牙银行呢？"

阿姆斯特丹银行(1609年)，和汉堡银行(1619年)一样，并不标志着现代信用制度发展中的一个时代。它纯粹是一个存款银行。银行发出的本票，事实上只是存入的贵金属铸币和贵金属条块的收据，要有它们的持有人的背书才可以流通。但是，在荷兰，商业信用和货币经营业已经随着商业和工场手工业的发展而发展，而在发展过程中，生息资本已从属于产业资本和商业资本。这一点已经表现在利息率的低微上。然而，和现在的英国一样，17世纪的荷兰被认为是经济发展的模范国家。以贫穷为基础的旧式高利贷的垄断，在那里已经自然而然地被推翻了。

整个18世纪都有一种呼声——立法也照此办理——，要以荷兰为例，强制压低利息率，来使生息资本从属于商业资本和产业资本，而不是相反。主要倡议人是乔赛亚·柴尔德爵士，现代英国私人银行业之父。他抨击高利贷者的垄断，完全和摩西父子成衣批发公司

---

(23)"例如，英国查理二世就要付给'金匠'(银行家的先驱)20%—30%的巨额高利贷利息和贴水。因为这种营业这样有利可图，所以'金匠'给王室的贷款越来越多，他们预先得到国家的全部税收，把议会通过的每项拨款都作为抵押，还彼此争先购进或受押票据、付款通知单和借契，实际上，全部国家收入都经过他们的手。"(约翰·弗兰西斯《英格兰银行史》1848年伦敦版第1卷第30、31页)"设立一家银行的建议以前已经提出多次。设立一家银行毕竟是必要的。"(同上，第38页)"仅就遭受高利贷者盘剥的政府来说，要以议会的拨款作为担保获得适当利息的贷款，就已经有必要设立银行。"(同上，第59、60页)

叫嚣反对"私人裁缝"的垄断一样。这个乔赛亚·柴尔德同时又是英国证券交易业之父。因此，他这个东印度公司的独裁者，是以贸易自由的名义来为东印度公司的垄断作辩护的。他反对托马斯·曼利（《对货币利息的错误看法》）[269]说：

> "他作为一帮心惊胆战的高利贷者的卫士，把他的大炮台建筑在我认为最不坚固的地点上……　他直截了当地否认低利息率是财富的原因，而硬说这只是财富的结果。"（《论商业》1669年版。译自英文，1754年阿姆斯特丹—柏林版[第120页]）"如果使一国富裕的是商业，而压低利息又使商业扩大，那么，压低利息或限制高利贷，无疑是足以使一国致富的主要原因。同一件事可以在一种情况下是原因，同时在另一种情况下又是结果，这种说法决不是荒谬的。"（同上，第155页）"鸡蛋是母鸡的原因，而母鸡又是鸡蛋的原因。利息降低，可以使财富增加，而财富增加，又可以使利息进一步大大降低。"（同上，第156页）"我是勤劳的辩护者，而我的反对者却为懒惰和游手好闲辩护。"（第179页）

这种反高利贷的激烈斗争，这种让生息资本从属于产业资本的要求，只是这样一种有机创造物的先声，这种有机创造物以现代银行制度为形式创造了资本主义生产的这些条件。现代银行制度，一方面把一切闲置的货币准备金集中起来，并把它投入货币市场，从而剥夺了高利贷资本的垄断，另一方面又建立信用货币，从而限制了贵金属本身的垄断。

在17世纪最后30多年和18世纪初英国出版的一切论述银行制度的著作中，和在柴尔德的著作中一样，都可以看到反对高利贷的主张，看到使商业和工业以及国家摆脱高利贷盘剥的要求。同时可以看到，人们对于信用，对于贵金属失去垄断地位所起的奇迹般的作用，对于贵金属被纸代替等等，却发生了巨大的错觉。英格兰银行和苏格兰银行的创始人，苏格兰人威廉·帕特森，简直就是罗一世。[270]

"一切金匠和典当业者都大肆咆哮"，反对英格兰银行。（麦考莱

《英国史》第4卷第499页）

> "在最初10年间,银行必须克服很大的困难;外界的敌视很强烈;银行券要远远低于名义价值,才被接受…… 金匠〈在他们手中,贵金属的交易是一种原始银行业务的基础〉非常嫉妒银行,因为有了银行,他们的营业减少了,他们的贴现率压低了,他们同政府的营业转到他们的对手那里去了。"(约·弗兰西斯《英格兰银行史》第73页)

在英格兰银行创立以前,在1683年已经有设立一家国家信用银行的计划,其中有一个目的是:

> "让企业家在他们拥有大量商品时,能够依靠该行的支持,寄托他们的商品,而用这种保存的储备作为担保,取得贷款,以雇用他们的职工,扩大他们的营业,直到他们找到良好的市场,无须亏本出售为止"271。

经过多次努力,这家信用银行终于在主教门街的德文郡大厦内成立。该银行以寄托的商品为担保,把商品价值的四分之三以票据形式贷给产业家和商人。为了使这种票据便于流通,每个营业部门都有一伙人结成公司,每个持有这种票据的人可以很容易地用票据从公司换取商品,就像用现金支付一样。这个银行的营业并不兴隆。机构太复杂,商品跌价时风险太大。

如果考察一下那些在理论上维护并鼓励在英国建立现代信用制度的著作的实际内容,那么,我们所发现的无非是这样一种要求:生息资本,总之,可供借贷的生产资料,应该从属于资本主义的生产方式,成为它的一个条件。如果我们只是抓住这些著作中的词句,那么,这些著作同圣西门主义者的银行幻想和信用幻想一直到用语上的一致,往往会使我们感到吃惊。

像重农学派所说的耕作者[cultivateur]不是指真正种地的农民,而是指大租地农场主一样,圣西门所说——他的学生也往往这样说——的劳动者[travailleur]也不是指工人,而是指产业资本家和商业资本家。

> "一个劳动者必须有助手,有帮伙,有**工人**;他寻求那种聪明的、能干的、忠实的人。他叫他们去劳动,而他们的劳动是生产的。"([安凡丹]《圣西门宗教。政治经济学和政治学》1831年巴黎版第104页)

　　总之,我们不要忘记,圣西门只是在他的最后一本著作《新基督教》中,才直接作为工人阶级的代言人出现,才宣告他的努力的最终目的是工人阶级的解放。他以前写的所有著作,事实上只是歌颂现代资产阶级社会,反对封建社会,或者说,只是歌颂产业家和银行家,反对拿破仑时代的元帅和法律制造者。把这些著作和同时代的欧文的著作比较一下,就会知道它们之间有多大的差别!(24)在他的后继者的著作中,正如刚才的引文已指出的,产业资本家也仍然是真正的劳动者。如果我们批判地读读他们的著作,我们就不会因为他们的信用幻想和银行幻想的实现无非是前圣西门主义者埃米尔·贝列拉所创设的动产信用公司272而感到吃惊,这种形式也只有在法国这样一个信用制度和大工业都还没有发展到现代水平的国家,才会流

---

　　(24)如果马克思来得及修订这个手稿,他无疑会把这一段话大加修改。这一段话,是他看到那些前圣西门主义者在法兰西第二帝国所起的作用有感而发的。在法国,正是在马克思写这段话的时候,这个学派的救世的信用幻想,由于历史的讽刺,作为规模空前的骗局得到了实现。后来,马克思说到圣西门,总只是赞美他的天才和百科全书式的头脑。如果说圣西门在以前的著作中,忽视了资产阶级和法国刚刚诞生的无产阶级之间的对立,把资产阶级中从事生产的那部分人算做劳动者,那么,这同傅立叶想把资本和劳动融合起来的观点是一致的,这要由当时法国的经济政治状况来说明。如果说欧文对这个问题的观点前进了一步,那只是因为他生活在另外一种环境中,即生活在产业革命和阶级对立已经尖锐化的时期。——弗·恩·

行起来。在英国和美国,这样的情况是不可能的。——《圣西门学说释义》(第一年卷,1828—1829年;1831年巴黎第3版)中的下面几段话,已经包含着动产信用公司的萌芽。显然,银行家的贷款可以比资本家和私人高利贷者更便宜。因此,这种银行家

"给产业家提供的工具比地主和资本家提供的可以便宜得多,也就是说,**利息低得多**,地主和资本家在选择借款人时很容易犯错误"。(第202页)

但是,作者们自己在注解中又说:

"由银行家在有闲者和劳动者之间作中介而必然会产生的利益,往往被抵消,甚至被消灭,因为我们这个无组织的社会使利己主义表现为各种招摇撞骗的行为;银行家往往钻到劳动者和有闲者中间,对双方进行榨取,因而使社会受到损害。"

在这里,劳动者是指产业资本家。此外,把现代银行支配的资金,单纯看做是有闲者的资金,这是错误的。第一,这是产业家和商人以货币形式持有的暂时闲置的资本部分,即货币准备或尚未使用的资本;所以,是有闲的资本,而不是有闲者的资本。第二,这是一切收入和积蓄中永远或暂时用于积累的部分。这两点对于确定银行制度的性质具有重大意义。

但是,决不要忘记,第一,货币——贵金属形式的货币——仍然是基础,信用制度按其本性来说**永远**不能脱离这个基础。第二,信用制度以社会生产资料(以资本和土地所有权的形式)在私人手里的垄断为前提,所以,一方面,它本身是资本主义生产方式固有的形式,另一方面,它又是促使资本主义生产方式发展到它所能达到的最高和最后形式的动力。

银行制度,就其形式的组织和集中来说,正如早在1697年出版

的《对英格兰利息的几点看法》一书已经指出的,是资本主义生产方式造成的最人为的和最发达的产物。因此,像英格兰银行这样的机构,对商业和工业拥有极大的权力,虽然商业和工业的现实运动仍然完全处在它的领域之外,而它对于它们的现实运动也是采取被动的态度。当然,银行制度同时也提供了社会范围的公共簿记和生产资料的公共分配的形式,但只是形式而已。我们已经知道,单个资本家或每个特殊资本的平均利润,不是由这个资本直接占有的剩余劳动决定的,而是由总资本占有的剩余劳动总量决定的,每个特殊资本仅仅是按照它在总资本中所占的比例从这个剩余劳动总量中取得自己的股息。资本的这种社会性质,只是在信用制度和银行制度有了充分发展时才表现出来并完全实现。另一方面,还不仅如此。信用制度和银行制度把社会上一切可用的、甚至可能的、尚未积极发挥作用的资本交给产业资本家和商业资本家支配,以致这个资本的贷放者和使用者,都不是这个资本的所有者或生产者。因此,信用制度和银行制度扬弃了资本的私人性质,从而自在地,但也仅仅是自在地包含着资本本身的扬弃。银行制度从私人资本家和高利贷者手中夺走了资本的分配这样一种特殊营业,这样一种社会职能。但是这样一来,银行和信用同时又成了使资本主义生产超出它本身界限的最有力的手段,也是引起危机和欺诈行为的一种最有效的工具。

其次,银行制度用各种形式的流通信用代替货币,这表明货币事实上无非是劳动及其产品的社会性的一种特殊表现,但是,这种社会性,和私人生产的基础相对立,归根到底总要表现为一个物,表现为和其他商品并列的一种特殊商品。

最后,毫无疑问,在由资本主义的生产方式向联合起来劳动的生产方式过渡时,信用制度会作为有力的杠杆发生作用;但是,它仅仅是和生产方式本身的其他重大的有机变革相联系的一个要素。与此相反,关于信用制度和银行制度的奇迹般的力量的种种幻想所以会被赋予社会主义的意义,是由于对资本主义生产方式和作为它的形式之一的信用制度完全没有认识。只要生产资料不再转化为资本(这里也包括土地私有制的废除),信用本身就不会再有什么意义,而这一点,甚至圣西门主义者也是懂得的。另一方面,只要资本主义生产方式继续存在,生息资本就作为它的形式之一继续存在,并且事实上形成它的信用制度的基础。只有蒲鲁东这个既要保存商品生产又要废除货币的风靡一时的作家(25),才会梦想出无息信贷[274]这种怪物,妄想实现小资产阶级的这种虔诚愿望。

《圣西门宗教。经济学和政治学》一书第45页上说:

"在一些人有产业工具,但没有能力或意志使用这种工具,而另一些人很勤勉,但没有劳动工具的社会内,信用的目的是用尽可能简便的方法把这种工具从占有工具的前一些人手里转到知道怎样使用工具的后一些人手里。应当指出,按照这个定义,信用是**财产**构成方法和方式的结果。"

因此,信用会和财产的这个构成一起消亡。下面在第98页上说:现在的银行

"认为它自己的任务,是跟在它外面进行的营业的运动后面,而不是推动这种运动本身;换句话说就是,银行对那些得到它贷放的资本的劳动者来说,起着资本家的作用"。

认为银行本身应该负起领导责任,并

---

(25)卡尔·马克思《哲学的贫困》1847年布鲁塞尔—巴黎版。——卡尔·马克思《政治经济学批判》第64页[273]。

"通过它所指挥的机构和它所开创的工作的数量和效用"(第101页)

来显示自己的特点,在这样的思想里面,已经潜藏着动产信用公司的主张。同样,康斯坦丁·贝魁尔也要求银行(圣西门主义者所说的总的银行制度)"统治生产"。总的说来,贝魁尔本质上是一个圣西门主义者,虽然更激进得多。他要求

"信用机关……统治一国生产的全部运动。"——"你们去办一个国家信用机关试试,让它贷款给那种没有财产但有才干和功劳的人,但不是强制地把这些借款人在生产和消费中密切联系在一起,而是与此相反,使他们能够自己决定自己的交换和生产。你们用这种办法能够做到的事情,就只是现在私人银行已经做到的事情,即无政府状态,生产和消费之间的不平衡,一些人突然破产,另一些人突然发财;因此,你们设立的机关,只能是为一些人带来若干幸福,而使另一些人遭受同样多的苦难…… 你们只不过是使那些受你们的贷款支持的雇佣工人,有可能像他们的资本家雇主现在所做的一样互相进行竞争而已。"(康·贝魁尔《社会经济和政治经济的新理论》1842年巴黎版第433、434页)

我们已经知道,商人资本和生息资本是资本的最古老形式[260]。但是,生息资本自然而然在人们的观念中表现为真正的资本的形式。在商人资本中存在着起中介作用的活动,而不管把它说成是欺骗,是劳动,还是别的什么东西。相反,在生息资本中,资本自行再生产的性质,即自行增殖的价值,剩余价值的生产,却纯粹表现为一种神秘的性质。由于这一点,甚至一部分政治经济学家,特别是在产业资本还没有充分发展的国家,例如在法国,也坚持认为生息资本是资本的基本形式,并且把例如地租看做只是它的另一种形式,因为借贷形式在这里也占支配地位。这样一来,对资本主义生产方式的内部结构的认识就完全错了,并且完全忽视了这样的事实:土地和资本一样只是贷给资本家。当然,借贷也可以不用货币而用实物形式的生产资料,如机器、厂房等等,但这时,它们代表的是一定的货币额,至于除

了支付利息外还要支付补偿损耗的部分,那么,这是由于这些资本要素的使用价值,即它们特有的实物形式而引起的。这里决定性的事情仍然是:它们是贷给直接生产者,还是贷给产业资本家,在前一场合是以资本主义生产方式还不存在、至少在进行借贷的领域内还不存在为前提,后一场合则正是以资本主义生产方式的基础为前提。至于把用于个人消费的房屋等等的租借也扯到这里来,那就更不恰当,更没有意义了。工人阶级也会受到这种形式的欺诈,甚至受到的欺诈是骇人听闻的,这是很明显的事实;但是,工人阶级也会受到供应他们生活资料的零售商人的欺诈。这是伴随着在生产过程本身中直接进行的原有剥削的一种第二级剥削。在这里,出售和借贷之间的区别,完全是无关紧要的、形式上的区别。前面已经指出①,只有那些对实际联系完全没有认识的人,才会把这种区别看做是本质的区别。

———

　　高利贷和商业一样,是剥削已有的生产方式,而不是创造这种生产方式,它是从外部同这种生产方式发生关系[275]。高利贷力图直接维持这种生产方式,是为了不断地重新对它进行剥削;高利贷是保守的,只会使这种生产方式处于越来越悲惨的境地。生产要素越是不作为商品进入生产过程和不作为商品离开生产过程,由货币转化为生产要素的行为就越是表现为一种特殊的行为。流通在社会再生产中所起的作用越是不重要,高利贷就越是兴盛。

　　货币财产作为特殊的财产来发展这一事实,就高利贷资本来说,意味着它是在货币索取权的形式上拥有它的一切索取权的。一个国家的大量生产越是限于实物等等，也就是，越是限于使用价值，该国的高利贷资本就越是发展。

　　高利贷有两种作用：第一，总的说来，它同商人财产并列，形成独立的货币财产，第二，它把劳动条件占为己有，也就是说，使旧劳动条件的占有者破产，因此，它对形成产业资本的前提是一个有力的杠杆。

中世纪的利息

　　"在中世纪，纯粹是农业人口。在这种人口中和在封建统治下，交易是很少的，利润也是很小的。因此，在中世纪，反高利贷的法律是理所当然的。况且，在一个农业国，一个人很少需要借钱，除非他陷入贫穷困苦的境地……　亨利八世把利息限为10％，詹姆斯一世限为8％，查理二世限为6％，安女王限为5％……那时候，货币贷放者虽不是合法的垄断者，却是事实上的垄断者，所以，必须限制他们，就像限制其他的垄断者一样……　在我们现代，利息率是由利润率调节的；而在那个时候，利润率却是由利息率调节的。如果货币贷放者要商人负担很高的利息率，那么，商人就不得不提高他的商品的利润率。这样，大量货币就从买者的口袋里转到货币贷放者的口袋里。"（吉尔巴特《银行业的历史和原理》第164、165页）

　　"有人对我说，现在每年在每一次莱比锡博览会上要收取10古尔登，就是说每100收取30。[276]有人还加上诺因堡集市，因此，每100要收取40，是否只是这样，我不知道。岂有此理，这样下去怎么得了？……　现在，在莱比锡，一个有100佛罗伦的人，每年可以收取40，这等于每年吃掉一个农民或市民。如果他有1 000佛罗伦，每年就会收取400，这等于每年吃掉一个骑士或一个富有的贵族。如果他有10 000佛罗伦，每年就会收取4 000，这等于每年吃掉一个富有的伯爵。如果他有100 000佛罗伦（这是大商人必须具有的），每年就会收取40 000，这等于每年吃掉一个富有的侯爵。如果他有1 000 000佛罗伦，每年就会收取400 000，这等于每年吃掉一个大的国王。为此，他不必拿他的身体或商品去冒险，也不必劳动，只是坐在炉边，烤苹果吃。所以，一个强盗坐在家里，可以在10年内吃掉整个世界。"(引自1540年出版的《给牧师们的谕示:讲道时要反对高利贷》。《路德全集》1589年维滕贝格版第6册[第312页])

"15年前我已经写过反对高利贷的文章,因为那时高利贷势力已经很大,我不抱任何改善的希望。从那时起,高利贷的身价高了,它已不愿被看做是丑恶、罪行或耻辱,而是让人作为纯粹的美德和荣誉来歌颂,好像它给了人民伟大的爱和基督教的服务似的。既然耻辱已经变为荣誉,丑恶已经变为美德,那还有什么办法呢?"(《给牧师们的谕示:讲道时要反对高利贷》1540年维滕贝格版)

"犹太人、伦巴第人、高利贷者、吸血者,是我国最早的银行家,是我国原始的金融业者。他们这种人简直可以说是不顾廉耻…… 后来,伦敦的金匠加入了他们的行列。整个说来……我国原始的银行家……是一伙很坏的人,他们是贪得无厌的高利贷者,是铁石心肠的吸血鬼。"(丹·哈德卡斯尔《银行和银行家》1843年伦敦第2版第19、20页)

"因此,威尼斯〈设立一家银行〉的先例,很快就有人模仿;一切沿海的城市,总之,一切因独立和商业而著名的城市,都设立了它们的最早的银行。这些城市的船舶的往返往往需要很长的时间,所以不可避免地产生给予贷款的习惯。美洲的发现和随后同美洲进行的通商使这种习惯进一步发展了。〈这是主要点。〉船舶运货,需要巨额贷款,在古代雅典和希腊已经是这样了。1308年,汉撒城市布吕赫已经有一个保险公司。"(马·奥日埃《论公共信用》1842年巴黎版第202、203页)

在17世纪最后30多年,在现代信用制度发展以前,对地主,一般说来,也就是对享乐的富人放债,甚至在英国也很盛行。关于这一点,从达德利·诺思(他不仅是一个第一流的英国商人,而且也是当时最著名的理论经济学家之一)的著作[277]中也可以看到:

"在我国,为生息而放的债款,其中甚至不到十分之一是借给商人营业用的,大部分是被借去买奢侈品以及供这样一些人花费,这些人虽然是大地主,但是,他们从地产所得到的还不够他们的花费;他们不愿把地产卖掉,宁愿拿地产作抵押。"(《贸易论》1691年伦敦版第6、7页)

18世纪的波兰:

"华沙进行大量汇兑业务,但其主要基础和目的是该市银行家放高利贷。这种银行家为了要弄到货币,使他们能以8%或8%以上的利息率借给大肆挥霍的贵族,他们在外国寻找并且找到了一种空头汇票信用,也就是说,一种不以任何商品交易为基础的信用。在这种空头汇票产生的汇款还不是无望到来时,外国的受票人只好承兑这种汇票。但是,由于达培尔和其他很有名望的华沙银行家的破产,他们付出了很高的代价。"(约·格·毕希《论商业的各种业务的理论和实践》1808年汉堡第3版第2卷第232、233页)

教会由禁止取息得到的好处

"教会禁止收取利息;但不禁止在应付急需时出卖财产;也不禁止在一定期间内,在借款归还以前,把财产抵押给货币贷放者,使他们在占有期间能够作为贷款的补偿使用这种财产……　教会本身或教会所属各团体和慈善机构,由此得到了很大的好处,特别是在十字军征讨时代。这就使国民财富的很大一部分由所谓'死手'占有[278],这尤其是由于如下的原因:犹太人不能用这种方法放高利贷,因为占有这样固定的抵押品是无法掩盖的……　不禁止取息,教会和修道院就不可能那么富裕。"(同上,第55页)

第 六 篇

超额利润转化为地租[279]

第三十七章

导　　论

对土地所有权的各种历史形式的分析,不属于本书的范围。我们只是在资本所产生的剩余价值的一部分归土地所有者所有的范围内,研究土地所有权的问题。因此,我们假定,农业和制造业完全一样受资本主义生产方式的统治,也就是说,农业是由资本家经营;这种资本家和其他资本家的区别,首先只在于他们的资本和这种资本推动的雇佣劳动所投入的部门不同。对我们来说,租地农场主生产小麦等等,和工厂主生产棉纱或机器是一样的。资本主义生产方式已经支配农业这样一个假定,包含着这样的意思:资本主义生产方式已经统治生产的和资产阶级社会的一切部门,因此它的下列条件,如资本的自由竞争、资本由一个生产部门向另一个生产部门转移的可能性、同等水平的平均利润等等,都已经完全成熟。我们所考察的土地所有权形式,是土地所有权的一个独特的历史形式,是封建的土地所有权或小农维持生计的农业(在后一场合,土地的**占有**是直接生产者的生产条件之一,而他对土地的**所有权**是**他的**生产方式的最有利的条件,即**他的**生产方式得以繁荣的条件)受资本和资本主义生产方式的影响而**转化成的**形式。如果说资本主义生产方式总的说来是以劳动者被剥夺劳动条件为前提,那么,在农业中,它是以农业劳动者被剥夺土地并从属于一个为利润而经营农业的资本家为前提。因此,如果有人提醒我们说,从前曾经有过,或者说现在还有其他一些土地所有权形式和农业形式,那么,这对我们的阐述来说,完全是毫不相干的指责。只有对那些把农业中的资本主义生产方式及与之相适应的土地所有权形式不是看做历史的范畴,而是看做永恒的范畴的经济学家来说,这种指责才会有意义。

对我们来说,考察现代的土地所有权形式所以是必要的,是因为我们要考察资本投入农业而产生的一定的生产关系和交往关系。不作这种考察,对资本的分析就是不完全的。这样,我们的研究仅限于真正的农业上的投资,即人们赖以生活的主要植物性产品的生产上的投资。我们可以谈谈小麦,因为小麦是现代的,资本主义发达的各民族的主要食物(或者,不谈农业,而谈谈采矿业,因为规律是一样的)。

亚·斯密的巨大功绩之一在于:他说明了,用于生产其他农产品(例如亚麻、染料植物)和经营独立畜牧业等等的资本的地租,是怎样由投在主要食物生产上的资本所提供的地租决定的[280]。在斯密以后,这方面实际上并没有任何进步。我们可以指出的某些限制性的或补充性的东西,也是属于土地所有权的独立研究的范围,而不属于这里的范围。因此,凡是同用来生产小麦的土地无关的土地所有权,我们就不专门谈论,而只是为了举例子有时才提到。

为了全面起见,必须指出,在这里,只要水流等等属于一个所有者,是土地的附属物,我们也把它作为土地来理解。

土地所有权的前提是,一些人垄断一定量的土地,把它当做排斥其他一切人的、只服从自己私人意志的领域。(26)在这个前提下,问题就在于说明这种垄断在资本主义生产基础上的经济价值,即这种垄断在资本主义生产基础上的实现。用这些人使用或滥用一定量土地这样一种法律权力来说明问题,是什么问题也解决不了的。土地

---

(26)没有什么比黑格尔关于土地私有权的说法更可笑的了。他认为,人作为人格,必须使自己的意志这个外在自然界的灵魂具有现实性,因此,他必须把这个自然界作为自己的私有财产来占有。如果这就是"**人格**"的规定,就是人作为人格的规定,那么,由此可以得出结论说,每个人都必定是土地所有者,才能作为人格而实现。土地的自由私有权——一种十分现代的产物——据黑格尔说,不是一定的社会关系,而是人作为人格对于"自然界"的关系,是"人对一切物的绝对占有权"(黑格尔《法哲学》1840年柏林版第79页)。[281]首先,很明显,一个人格不能单凭自己的"意志"硬说自己是一块土地的所有者,而不顾他人也要在这块土地上体现的意志。这里要有和善良的意志完全不同的东西。此外,"人格"把实现自己意志的界限划定在什么地方,是把自己的意志的存在实现在整个一个国家内,还是要去占有一大批国家,以便"表示我的意志对物的至高无上"[第80页],这是绝对看不出来的。黑格尔在这里是完全碰壁了。"占有完全是零星的;我不能占有比我的身体所接触到的更多的东西,但是,另一方面,外界的东西比我所能把握的更为广大。因此我占有某物时,总有他物与之相联系。我用手占有,但手的范围可以扩大。"(第90、91页)但是,和这个他物相联系的,又有另一个他物。因此,我的意志作为灵魂注入土地的界限就消失了。"当我占有某物时,理智立即推想到,不仅我直接占有的东西是我的,而且与此有联系的东西也是我的。实在法必须作出各种规定,因为从概念中进一步已推导不出任何东西。"(第91页)这是"概念"的异常天真的自白,并且证明这个概念对土地所有权的实际形成"毫无概念",因为这个概念从一开始就错了,就把关于土地所有权的一个完全特定的、属于资产阶级社会的法律观念看做绝对的东西。同时其中还包含这样的自白:随着社会发展即经济发展的需要的变化,"实在法"可以而且必须改变自己的各种规定。

的这种使用,完全取决于不以他们的意志为转移的经济条件。法律观念本身只是说明,土地所有者可以像每个商品占有者处理自己的商品一样去处理土地;并且,这种观念,这种关于土地自由私有权的法律观念,在古代世界只是在有机的社会秩序解体的时期才出现[282];在现代世界只是随着资本主义生产的发展才出现。在亚洲这种观念只是在某些地方由欧洲人输入的。在论述原始积累的那一部分(第一册第二十四章),我们已经看到,这个生产方式的前提一方面是直接生产者从土地的单纯附属物(在依附农、农奴、奴隶等形式上)的地位中解放出来,另一方面是人民群众的土地被剥夺。在这个意义上,土地所有权的垄断是资本主义生产方式的一个历史前提,并且始终是它的基础,正像这种垄断曾是所有以前的、建立在对群众的这一或那一剥削形式上的生产方式的历史前提和基础一样。不过,资本主义生产方式产生时遇到的土地所有权形式,是同它不相适应的。同它相适应的形式,是它自己使农业从属于资本之后才创造出来的;因此,封建的土地所有权,克兰[283]的所有权,同马尔克公社[284]并存的小农所有权,不管它们的法律形式如何不同,都转化为同这种生产方式相适应的经济形式。资本主义生产方式的巨大成果之一是,它一方面使农业由社会最不发达部分的单凭经验的和刻板沿袭下来的经营方法,在私有制条件下一般能够做到的范围内[(27)],转化为农艺学

[(27)]非常保守的农业化学家,例如约翰斯顿承认,真正合理的农业到处都在私有制上碰到不可克服的限制[285]。那些专门为土地私有权的垄断辩护的著作家,也承认这一点。例如沙尔·孔德先生在他那两卷特意为私有制辩护的著作中就说过:"如果养活一国国民的土地的每一个部分,得不到最符合共同利益的应用,该国就不能达到它本来可以达到的那种繁荣富强的程度。要使该国财富得到巨大的发展,就要有一个唯一的和首先是开明的意志,尽可能去掌握

的自觉的科学的应用；它一方面使土地所有权从统治和从属的关系下完全解脱出来，另一方面又使作为劳动条件的土地同土地所有权和土地所有者完全分离，土地对土地所有者来说只代表一定的货币税，这是他凭他的垄断权，从产业资本家即租地农场主那里征收来的；[它]使这种联系发生如此严重的解体，以致在苏格兰拥有土地所有权的土地所有者，可以在君士坦丁堡度过他的一生。这样，土地所有权就取得了纯粹经济的形式，因为它摆脱了它以前的一切政治的和社会的装饰物和混杂物，简单地说，就是摆脱了一切传统的附属物，而这种附属物，像我们以后将要看到的那样，在产业资本家自己及其理论代言人同土地所有权进行斗争的热潮中，曾被斥责为无用的和荒谬的赘瘤。一方面使农业合理化，从而才使农业有可能按社会化的方式经营，另一方面，把土地所有权变成荒谬的东西，——这是资本主义生产方式的巨大功绩。资本主义生产方式的这种进步，同它的所有其他历史进步一样，首先也是以直接生产者的完全贫困化为代价而取得的。

在我们谈到本题以前，为了避免误解，还要作几点说明。

该国领土每一块土地的支配权，使每一块土地都有利于其他一切土地的繁荣。但是，这样一个意志的存在……和土地分为许多私人地块……和保障每个所有者都能够几乎绝对任意支配自己的财产，是不相容的。"286约翰斯顿、孔德等人，在说明私有制和合理的农业的矛盾时，只注意到把一国的土地作为一个整体来耕种的必要性。但各独特土地产品的种植对市场价格波动的依赖，这种种植随着这种价格波动而发生的不断变化，以及资本主义生产指望获得直接的眼前的货币利益的全部精神，都和维持人类世世代代不断需要的全部生活条件的农业有矛盾。森林是说明这一点的最好例子。只有在森林不归私人所有，而归国家管理的情况下，森林的经营才会有时在某种程度上符合全体的利益。

资本主义生产方式的前提是：实际的耕作者是雇佣工人，他们受雇于一个只是把农业作为资本的特殊开发场所，作为对一个特殊生产部门的投资来经营的资本家即租地农场主。这个作为租地农场主的资本家，为了得到在这个特殊生产场所使用自己资本的许可，要在一定期限内（例如每年）按契约规定支付给土地所有者即他所开发的土地的所有者一个货币额（和货币资本的借入者要支付一定利息完全一样）。这个货币额，不管是为耕地、建筑地段、矿山、渔场还是为森林等等支付的，统称为地租。这个货币额，在土地所有者按契约把土地租借给租地农场主的整个时期内，都要进行支付。因此，在这里地租是土地所有权在经济上借以实现即增殖价值的形式。其次，在这里我们看到了构成现代社会骨架的三个并存的而又互相对立的阶级——雇佣工人、产业资本家、土地所有者。

资本能够固定在土地上，即投入土地，其中有的是比较短期的，如化学性质的改良、施肥等等，有的是比较长期的，如修排水渠、建设灌溉工程、平整土地、建造经营建筑物等等。我在别的地方，曾把这样投入土地的资本，称为土地资本[28]。它属于固定资本的范畴。为投入土地的资本以及为土地作为生产工具由此得到的改良而支付的利息，可能形成租地农场主支付给土地所有者的地租的一部分[29]，但这种

---

[28]《哲学的贫困》第165页[287]。我在那里曾把土地物质和土地资本区别开来。"人们只要对已经变成生产资料的土地进行新的投资，就可以在不增加土地物质即土地面积的情况下增加土地资本……　土地资本也同其他任何资本一样不是永恒的……　土地资本是固定资本，但是固定资本同流动资本一样也有损耗。"

[29]我说"可能"，因为这种利息在一定条件下由地租的规律来调节，因而，例如在自然肥力较高的新土地加入竞争时，这种利息就可能消失。

地租不构成真正的地租。真正的地租是为了使用土地本身而支付的，不管这种土地是处于自然状态，还是已被开垦。如果系统地论述土地所有权——这不在我们的计划以内——，土地所有者收入的这个部分是应该详加说明的。在这里，稍微谈一谈就够了。在农业的通常的生产过程中，比较短期的投资，毫无例外地由租地农场主来进行。这种投资，和一般单纯的耕作一样——只要这种耕作在某种程度上合理地进行，也就是说，不像以前美国奴隶主那样对土地进行野蛮的掠夺（不过为了防止这一点，土地所有者先生们得到契约的保证）——会改良土地[30]，增加土地产量，并使土地由单纯的物质变为土地资本。一块已耕土地，和一块具有同样自然性质的未耕土地相比，有较大的价值。投入土地的较长期的，即经过较长时间才损耗尽的固定资本，也大部分是，而在某些领域往往完全是由租地农场主投入的。但是，契约规定的租期一满，在土地上实行的各种改良，就要作为实体的即土地的不可分离的偶性，变为土地所有者的财产。这就是为什么随着资本主义生产的发展，土地所有者力图尽可能地缩短租期的原因之一。在签订新租约时，土地所有者把投入土地的资本的利息，加到真正的地租上，而不论他是把土地租给那个曾实行改良的租地农场主，还是租给另一个租地农场主。因此，他的地租就要上涨；或者，如果他要出卖土地——我们马上会看到，土地价格是怎样决定的——，土地的价值现在就要增加。他不单是出卖土地，而且是出卖经过改良的土地，出卖不费他分文的投入土地的资本。把真正地租的变动完全撇开不说，这就是随着经济发展的进程，土地所有者日益富裕，他们的地租不断上涨，他们土地的货币价值不断增大

---

[30] 见詹姆斯·安德森和凯里的著作[288]。

的秘密之一。这样,他们就把不费他们一点气力的社会发展的成果,装进他们的私人腰包——他们是为享受果实而生[289]的。但这同时是合理农业的最大障碍之一,因为租地农场主避免进行一切不能期望在自己的租期内完全收回的改良和支出。而且我们看到,这种情况不断地被谴责为合理农业的障碍,进行这种谴责的,在上一世纪有詹姆斯·安德森[290](现代地租理论的真正创始人,同时又是实际的租地农场主,当时的著名农学家),在今天有英国现行土地制度的一些反对者。

关于这一点,阿·阿·沃尔顿在《大不列颠和爱尔兰土地占有史》(1865年伦敦版第96、97页)中写道:

> "只要耕作的改良使地产的价值和土地所有者的租金增加的程度,远远高于租地农场主或农业工人状况由此得到的改善,我国为数众多的农业机构的一切努力,就都不能在耕作改良的实际进展上产生很重要的或真正显著的结果。总的说来,租地农场主同土地所有者、他的收租人或者甚至农业学会主席一样,清楚地知道,排水良好,施肥充足,经营得当,加上更多地使用劳动来精耕细作,将会在改良土壤和增加产量方面产生惊人的结果。但是,这一切都需要有庞大的支出,而租地农场主也清楚地知道,不管他们怎样改良土地或提高土地的价值,土地所有者通过增加地租和提高土地价值的办法,结局总会占有由此得到的主要利益……　他们十分敏锐地察觉到,那些发言人〈在农界宴会上发言的土地所有者和他们的收租人〉令人奇怪地总是忘记告诉他们,租地农场主进行的一切改良的绝大部分收益,最后总是要落入土地所有者的腰包……　不论原来的租地人怎样改良了租地,他的后继人总是发现,土地所有者会按照土地价值因先前的改良而增加的程度来提高租金。"

在真正的农业中,这个过程还不像土地作为建筑地段使用的场合表现得那么明显。在英国,用于建筑目的而不是作为自由地出卖的土地的绝大部分,由土地所有者按99年的期限出租,或者有可能时按较短的期限出租。这个期限一满,建筑物就随同土地本身一起落入土地所有者手中。

> "他们〔租地人〕在租约满期时,在付清了满期以前的苛刻的地租以后,有义务把房屋在适宜住人的良好状态下移交给大土地所有者。租约一满期,土地所有者的代理人或检查人员就来查看你的房屋,让你把房屋收拾好,然后占有它,归入他主人的财产范围。事实是,如果听任这套办法更长时间地充分发挥作用,王国境内的全部房产,就会和农村地产一样,全部落入大地主的手中。整个伦敦西头[291],庙关[292]的北部和南部,几乎只属于大约六个大地主,全部按异常高的地租出租,而在租约还没有完全满期的地方,也很快就要陆续满期了。在王国的每个城市里,或多或少都是这样。然而,这套排他性和垄断性的贪婪做法甚至没有就此止步。我国沿海城市的船坞设备,几乎全都由于这样的掠夺过程而落入大土地鲸吞者手中。"(同上,第92、93页)

在这种情形下,很明显,如果1861年英格兰和威尔士的人口调查查明,总人口是20 066 224人,其中房产所有者是36 032人,那么,把小房产所有者和大房产所有者分别加以统计,则房产所有者对房屋数目和人口数目的比例就完全呈现为另一个样子。

这个有关建筑物所有权的例子是重要的,1. 因为这个例子清楚地指出了真正的地租和投入土地的固定资本的利息——它能够成为地租的追加部分——的区别。建筑物的利息,和农业上租地农场主投入土地的资本的利息一样,在租约有效期间,属于产业资本家即建筑投机家或租地人,它本身和因利用土地而每年必须按一定期限支付的地租无关。2. 因为这个例子指出了,别人投入土地的资本,最终怎样和土地一起落入土地所有者手中,并且这种资本的利息最终使他的地租上涨。

有些著作家,其中一些人作为土地所有权的代言人,反对资产阶级经济学家的攻击,另一些人,如凯里,则竭力把资本主义生产制度说成是一种"和谐"的而并非对立的制度,他们全都企图把地租这种土地所有权的特殊经济表现,说成和利息一样的东西。好像这样一来,土地所有者和资本家之间的对立就消失了。[293]在资本主义生产的初期人们曾有过相反的做法。那时,在一般人的观念中,土地所有权还被看做私有财产的原始的和受人尊重的形式,而资本的利息则被看做高利贷而受人指责。因此,达德利·诺思、洛克等人把资本利息说成一种类似地租的形式,这和杜尔哥由地租的存在推导出利息的合理性完全一样[294]。——这些近代的著作家忘记了(在这里把以下的事实完全撇开不说:地租可以以纯粹的形态,即以没有附加投入土地的资本的利息的形态而存在,并且这样存在着),土地所有者用这个方法,不仅从不费他们分文的别人的资本获得利息,而且还无偿地得到别人的资本。土地所有权的正当性,和一定生产方式的一切其他所有权形式的正当性一样,要由生产方式本身的历史的暂时的必然性来说明,因而也要由那些由此产生的生产关系和交换关系的历史的暂时的必然性来说明。当然,像我们以后会看到的那样[1],土地所有权同其他各种所有权的区别在于:在一定的发展阶段,甚至从资本主义生产方式的观点来看,土地所有权也是多余而且有害的。

地租还可能在另一种形式上和利息相混同,以致它的独特性质为人误解。地租表现为土地所有者出租一块土地而每年得到的一定的货币额。我们已经知道,任何一定的货币收入都可以资本化,也就是说,都可以看做一个想象资本的利息。[295]例如,假定平均利息率是5%,那么一个每年200镑的地租就可以看做一个4 000镑的资本的利息。这样资本化的地租形成土地的购买价格或价值,一看就知道,它和劳动的价格完全一样,是一个不合理的范畴,因为土地不是劳动

---

① 见本卷第918页。——编者注

的产品,从而没有任何价值。可是,另一方面,在这个不合理的形式的背后,却隐藏着一种现实的生产关系。如果一个资本家用4 000镑购买的土地每年提供200镑地租,那么,他从这4 000镑得到5%的年平均利息,这和他把这个资本投在有息证券上,或按5%的利息直接借出去完全一样。这是一个4 000镑的资本按5%增殖。在这个假定下,他就会在20年内用他的地产的收入,补偿这一地产的购买价格。因此,在英国,土地的购买价格,是按年收益若干倍来计算的[296],这不过是地租资本化的另一种表现。实际上,这个购买价格不是土地的购买价格,而是土地所提供的地租的购买价格,它是按普通利息率计算的。但是,地租的这种资本化是以地租为前提,地租却不能反过来由它本身的资本化而导出和说明。在这里,不如说,和出售无关的地租的存在,是出发的前提。

由此可见,假定地租是一个不变量,土地价格的涨落就同利息率的涨落成反比。如果普通利息率由5%下降到4%,那么一个200镑的年地租就不是代表一个4 000镑的资本的年增殖额,而是代表一个5 000镑的资本的年增殖额,并且同一块土地的价格因此也由4 000镑上涨到5 000镑,或由年收益的20倍上涨到年收益的25倍。在相反的情况下,结果也就相反。这是和地租本身变动无关而只由利息率决定的土地价格的变动。但是,因为我们已经知道,在社会发展的进程中利润率有下降的趋势,所以,从利息率由利润率决定来说,利息率也有下降的趋势;此外,即使撇开利润率不说,由于借贷货币资本的增大,利息率也有下降的趋势,所以可以得出结论,土地价格,即使撇开地租的变动以及土地产品价格(地租构成它的一个部分)的变动来看,也有上涨的趋势。

把地租本身和地租在土地购买者面前采取的利息形式混同起

来，——这种混同是由于对地租的性质完全不理解，——必然会得出一些非常奇怪的错误结论。因为一切古老国家都把土地所有权看做所有权的特别高尚的形式，并且把购买土地看做特别可靠的投资，所以，购买地租所依据的利息率，多半低于其他较长期投资的利息率，例如，土地购买者只得到购买价格的4%，而他用同一资本投在其他方面却能得到5%；这也就是说，他为地租付出的资本，多于他在其他投资上为等量年货币收入所付出的资本。根据这一点，梯也尔先生在他的整个说来非常拙劣的论述财产的著作(1848年他在法国国民议会上反对蒲鲁东的演说的单行本)[297]中得出结论说，地租是低的。其实这不过证明，地租的购买价格是高的。

资本化的地租表现为土地价格或土地价值，以及土地因此和任何其他商品一样可进行买卖这一事实，成了某些辩护士替土地所有权辩护的理由，因为购买者为土地所有权，像为任何其他商品一样，支付了一个等价物，并且大部分土地所有权是按这个方式转手的。但这样一来，这个理由也可以用来为奴隶制辩护了，因为对于用现金购买奴隶的奴隶主来说，奴隶劳动的收益只代表用来购买奴隶的资本的利息。由地租的买卖引出地租存在的理由，也就是把地租的存在当做地租存在的理由。

为了科学地分析地租，即土地所有权在资本主义生产方式基础上的独立的特有的经济形式，摆脱一切使地租受到歪曲和模糊不清的附加物而去纯粹地考察地租，是很重要的；另一方面，为了理解土地所有权的实际作用，甚至为了从理论上了解同地租的概念和性质相矛盾但毕竟表现为地租的存在方式的大量事实，认识造成这种理论混乱的各种因素，也是同样重要的。

当然，租地农场主为了获得经营土地的许可而以租金形式支付给土地所有者的一切,实际上都表现为地租。这种贡赋不论是由什么组成部分构成,不论是由什么来源产生,都和真正的地租有一个共同点:对一块土地的垄断权,使所谓土地所有者能够去征收贡赋,课取租税。这种贡赋和真正的地租有一个共同点:它决定土地价格,如上所述,土地价格无非是出租土地的资本化的收入。

我们已经知道,投入土地的资本的利息,可能形成地租的这样一个外来的组成部分,这个组成部分,随着经济发展的进程,必然会在一个国家的地租总额中形成一个不断增大的追加部分。但是,把这种利息撇开不说,在租金里面还可能有一个部分,在一定场合可能是所有部分(也就是在完全没有真正地租的时候,因而在土地实际上没有价值的时候),都是来自平均利润中的扣除,或来自正常工资中的扣除,或同时是来自这二者中的扣除。利润或工资的这个部分在这里以地租形式出现,因为它不像平常那样归产业资本家或雇佣工人所有,而是以租金形式付给土地所有者。从经济学上来说,无论上述利润部分或工资部分都不形成地租;但实际上它们都形成土地所有者的收入,是他的垄断权在经济上的实现,和真正的地租完全一样。并且,和真正的地租一样,对于土地的价格也有决定的作用。

我们在这里不谈这样一些情况:资本主义生产方式本身还不存在,租地农民自己还不是产业资本家,或者他的经营方式还不是资本主义的经营方式,但是地租,与资本主义生产方式相适应的土地所有权的方式,在形式上已经存在。例如,**爱尔兰**的情况就是这样。那里的租地农民一般都是小农。他作为租金支付给土地所有者的东西,往往不仅占去他的利润——即他自己的剩余劳动,他作为自己劳动工具的所有者对这个剩余劳动享有权利——的一部分,而且还占去他在其他情况下付出同量劳动本来会得到的正常工资的一部分。此外,对土地改良根本没有做一点事情的土地所有者,还把租地农民大部分通过自己的劳动投入土地的小额资本剥夺去,这和高利贷者在类似情况下的做法完全一样。不过,高利贷者在这样做的时候,至少要用他自己的资本来冒一点风险。这种不断的掠夺,成了爱尔兰土地立法上争论的对象,这种立法实质上是要强迫土地所有者在宣布解除同租佃者的租约时要对租佃者在土地上进行的改良或投入土地的资本给以补偿[298]。对于这个问题,帕麦斯顿通常总是恬不知耻地回答说:

"下院就是土地所有者的议院。"

我们也不谈以下的例外情况:甚至在进行资本主义生产的国家,土地所有者也能榨取高额的、与土地产量毫无联系的租金,例如,在英国工业地区,把小块土地租给工厂工人用做小菜园,或用于余暇时的作为业余爱好的耕种。(《工厂视察员报告》)

我们要谈的是资本主义生产发达的国家的农业地租。例如,在英国的租地农民中,有一定数量的小资本家,他们受制于和迫于教育、教养、传统、竞争以及其他条件,不得不作为租地农民把自己的资本投到农业上。他们被迫满足于平均利润以下的利润,并把其中一部分以地租形式交给土地所有者。只有在这个条件下,才允许他们把资本投入土地,投到农业上。因为土地所有者到处都对立法有相当大的影响,在英国甚至有压倒一切的影响,所以这种影响就会被利用来欺诈整个租地农民阶级。例如,1815年的谷物法[68],——这种加在国内居民身上的面包税,公开承认是为了保证有闲的土地所有者继续得到在反雅各宾战争[222]期间异常增大的地租收入,——除了个别例外的丰收年,确实起过这样的作用:把农产品的价格维持在谷物自由进口时会下降到的水平以上。但是,它没有能够把价格保持在主持立法的土地所有者作为外国谷物进口的法律界限而颁布的标准价格的水平上。可是,租约是在这种标准价格的影响下缔结的。一旦错觉破灭,就会制定新的法律,规定新的标准价格,这种新的标准价格和旧的一样,不过是贪得无厌的土地所有权幻想的无力表现。从1815年到30年代,租地农民一直就是这样受着欺诈。因此,在这整个时期,农业凋敝成为经常的话题。因此,在这个时期,整整一代租地农民遭到剥夺,归于灭亡,并被一个新的资本家阶级所代替[(31)]。

但是,一个更普遍得多更重要得多的事实是,真正农业工人的工资被压低到它的正常平均水平以下,以致工资的一部分由工人手中扣除下来,形成租金的一个组成部分,从而在地租的伪装下流到土地所有者而不是工人的手中。例如,在英格兰和苏格兰,除了几个位置有利的郡以外,情况一般就是这样。在英国实行谷物法以前成立的议会工资水平调查委员会的报告[300],直到今天还是19世纪工资史的最有价值的、但几乎完全未被利用的文献,同时也是英国贵族和资产阶级为他们自己竖立的耻辱柱;这些报告毫无疑问地证明了,在反雅各宾战争中,地租率高以及与此相适应的土地价格的上涨,部分地只是仰仗从工资中作的扣除,以及工资甚至被压低到身体需要的最低限度以下,也就是说,正常工资的一部分被交给了土地所有者。当

---

(31)见几篇反谷物法的得奖论文[299]。可是,谷物法总是把价格维持在人为的高水平上。这对上层租地农民是有利的。他们从大多数租地农民(不管有没有理由,他们总是指望罕见的平均价格)因实行保护关税而陷入的停滞状态中得到了利益。

时有各种各样的情况,如货币贬值,农业地区济贫法的实施[301]等等,使这种做法成为可能,而与此同时,租地农场主收入异常增大,土地所有者大发横财。然而,租地农场主和土地所有者主张实行谷物关税的主要论据之一都是:从身体需要方面来说,已经不可能把农业短工的工资再降低了。这种情况一直没有发生重大的变化,并且在英国和在欧洲各国一样,正常工资的一部分仍然是地租的组成部分。舍夫茨别利伯爵,当年人称阿什利勋爵,贵族慈善家之一,对于英国工厂工人的状况曾大为激动,于是在争取十小时工作日运动中充当他们在议会的代言人[302],当时,工业家的代言人为了报复,公布了一份关于该伯爵所拥有的几个村庄的农业短工的工资统计材料(见第一册第二十三章第5节e:《不列颠的农业无产阶级》)[303]。这份统计材料清楚地表明,这位慈善家的地租的一部分,不过是他的租地人替他从农业工人的工资中掠夺而来的。这个统计材料的公布之所以有意思,还因为其中包含的事实,可以毫不犹豫地和1814年、1815年调查委员会[304]所揭露的最坏的事实相媲美。当情况迫使农业短工的工资暂时提高时,租地农场主就立即叫嚷说,要把工资提高到其他产业部门所通行的正常水平,而不同时降低地租,是不可能的,并且这必然会使他们破产。因此,这里面包含着这样的自供:租地农场主以地租的名义,克扣一部分工资交给土地所有者。例如,1849—1859年,英格兰农业工人的工资由于下面的一系列有决定意义的情况而提高了:爱尔兰的人口外流断绝了从该地来的农业工人的供给;工厂工业异常大量地吸收农业人口;战争[305]需要兵员;异常大量的人口移居澳洲和美国(加利福尼亚),以及其他一些不必在这里详细论述的原因。同时,除了1854—1856年歉收时期以外,这个期间的谷物平均价格下降了16%以上。租地农场主叫嚷要求降低地租。在个别情况下,他们达到了目的。但是总的说来,他们的这个要求并没有成功。他们只好求助于降低生产费用,如大量采用蒸汽发动机和新机器,这些机器,一方面代替了马,把马从经营上排挤出去,另一方面也把农业短工游离出来,造成了一个人为的过剩人口,并由此引起工资的再度下降。这10年来,尽管和总人口的增长相比,农业人口普遍地相对减少了,并且尽管某些纯农业区的农业人口绝对减少了,但上述情况还是发生了。[32]1865年10月12日,当时剑桥大学的政治经济学教授福塞特(1884年在邮政总长的任内去世),在社会科学会议[307]上也说过:

> "农业短工开始向国外迁移,租地农场主开始抱怨说他们将无力像往常那样支付如此高的地租,因为向国外移民使劳动变得更贵了。"

因此,在这里,高地租和低工资完全是一回事。只要土地价格的水平取决于这种使地租增加的情况,土地的升值和劳动的贬值就是一回事,七地价格的昂贵和劳动价格的低廉就是一回事。

法国的情况也是这样。

> "租价上涨了,因为面包、葡萄酒、肉类、蔬菜和水果的价格上涨了,而劳动的价格却保持不变。如果老人们查看一下他们父辈的账目,——这将把我们带回到大约一百年以前,——他们就会发现,当时法国农业地区一个工作日的价格,正好和现在一样。肉类价格从那时起却上涨了两倍……谁是这种变化的牺牲者呢?是租地的所有者富人,还是耕种租地的穷人?……租价上涨,是公众不幸的证明。"(莫·吕比雄《法国和英国的社会结构》1837年巴黎第2版第101页)

---

[32]约翰·查·摩尔顿《论农业中使用的动力》,1859年在伦敦技艺协会[306]的报告。该报告所依据的是从苏格兰12个郡和英格兰35个郡近百个租地农场主那里搜集来的真实材料。

以下几个例子,可以说明地租一方面是对平均利润作扣除的结果,另一方面是对平均工资作扣除的结果:

前面引述的地产经理人和农业技师摩尔顿[308]说:人们在许多地方已经注意到,大租地农场的租金,比小租地农场的租金低,因为

"求租后者方面的竞争,通常比求租前者方面的竞争更激烈;并且因为小租地农民除了农业外,不大可能从事别的工作。他们迫于必须找到合适的工作,往往心甘情愿支付他们明知过高的租金"。(约翰·洛·摩尔顿《地产的资源》1858年伦敦版第116页)

但是,在他看来这种差别在英国正逐渐消失,他认为,正是小租地农民阶级向国外迁移,大大促进了这一点。同一个摩尔顿还举了一个例子,说明租地农民自己的工资显然有一个扣除部分归入了地租,因而他所雇用的人的工资更加肯定是这样了。在那些不能使用双马犁的不到70—80英亩(30—34公顷)的租地农场,情况就是这样。

"如果租地农民不像别的劳动者那样凭自己的双手勤勉地劳动,他靠他的租地农场是无法生活的。如果他把工作交给他雇的人去做,而自己只从旁监督,那么,他很可能马上就会发现,他将无力支付自己的地租。"(同上,第118页)

摩尔顿由此得出结论说:如果一个地方的租地农民不是很穷,租地农场不致少于70英亩,那么,租地农民才养得起两匹到三匹马。

莱昂斯·德·拉韦涅先生(研究院[309]院士和中央农业协会的会员)表现了非凡的才智。他在他的《英格兰的农村经济》(根据1855年伦敦版英译本引用)一书中,就牛(牛在法国干活,在英国不干活,因为已被马取代)的年收益,作了如下的比较(第42页):

法　国	英　国
牛奶…… 400万镑	牛奶……1 600万镑
牛肉……1 600万镑	牛肉……2 000万镑
干活…… 800万镑	干活…… —
2 800万镑	3 600万镑

但是,根据他自己的材料,英国所以有较高的产值,是因为英国的牛奶价格比法国贵一倍,而牛肉价格他假定两国是相等的(第35页);因此,如果英国的牛奶产值缩减到800万镑,那么,总产值也要缩减到2 800万镑,和法国一样。拉韦涅先生竟把产量和价格差额同时列入他的计算,以致当英国某些物品的生产比法国更昂贵(这充其量表示租地农场主和土地所有者得到更大的利润)时,这竟被看做英国农业的一个优点。他的这种做法确实有点过分。

拉韦涅先生不仅熟悉英国农业的经济成果,而且也相信英国租地农场主和土地所有者的偏见。他在第48页中证明了这一点:

"种植谷物通常有一个很大的害处……它会使种植谷物的土地耗尽地力。"

拉韦涅先生不仅认为其他植物不会造成这种后果,而且他还认为饲料植物和块根植物会使土地肥沃。

"饲料植物会从大气中摄取它生长所需的各种主要养分,而它还给土地的,多于它从土地摄取的。因此,它从两方面,即直接地和通过它转化为厩肥,来补偿谷物及其他耗尽地力的作物所造成的损失。因此,有一个原则:它至少应当和这些作物轮种。诺福克的轮作制就是这样形成的。"(第50、51页)

相信英国这种农村童话的拉韦涅先生,也相信自从废除谷物关税以来,英国农业短工的工资已经失去以前的反常现象,这是并不奇

怪的。(见我们以前在第一册第二十三章第5节第701—729页关于
这一点的论述。)[310]我们不妨再听听约翰·布莱特先生1865年12月
13日在伯明翰的演说。他在谈到500万户家庭在议会中完全没有代
表以后,接着说:

> "其中列入需要救济的贫民的不幸名册的家庭,在联合王国有100万户,
> 或确切些说有100万户以上。另外有100万户家庭的处境比需要救济的贫民稍
> 好些,但也随时有成为需要救济的贫民的危险。他们的现状和前途并不好一
> 些。现在,请看一看社会的这个部分的无知的下层。请看一看他们受排斥的境
> 遇,他们的贫困,他们的痛苦,他们的完全绝望的处境。甚至在美国,甚至在奴
> 隶制度占统治时期的南部各州,每个黑人也还相信欢乐的日子终有一天会来
> 临。但是,我在这里必须坦率地说,对这些人来说,对我国最下层的这些群众
> 来说,决不相信情况会发生某种好转,甚至连这样想也不敢想。诸位最近在报
> 纸上是否读到过一篇关于多塞特郡一个农业短工约翰·克罗斯的报道?他每
> 周劳动6天,深受他的雇主的好评,他按每周8先令的工资,替他的雇主干了24
> 年活。约翰·克罗斯要靠这点工资在他的小屋养活一个有7个孩子的家庭。他
> 为了给他生病的妻子和婴儿取暖,而拿走了——在法律上说,我认为,就是偷
> 窃了——一个价值6便士的木栅栏。为了这个过失,他被治安法官判处14或20
> 天的监禁。我可以告诉诸位,在全国,特别是在南部,可以找到好几千起和约
> 翰·克罗斯情况类似的事件。他们的这种处境竟使得最正直的研究家都一直
> 无法揭开他们怎样勉强维持生命的秘密。诸位请看一看全国,看一看这500万
> 户家庭和这个阶层所处的绝望状态吧。难道不能如实地说,这些被剥夺选举
> 权的国民大众从事苦役,不断从事苦役,几乎没有休息吗?请把他们和统治阶
> 级对比一下,——但如果我这样做,人们就会给我加上共产主义的罪名……
> 但是请把这些劳累不堪,没有选举权的国民大众,和可以看做统治阶级的那
> 部分人对比一下。请看看他们的财富,他们的豪华,他们的奢侈。请看看他们
> 的疲倦,——因为他们也有疲倦的时候,但这是享乐过度后的疲倦,——请看
> 看他们如何忙着到处游荡,似乎唯一要做的事情,就是寻求新的欢乐。"(1865
> 年12月14日《晨星报》)

下面还要指出,剩余劳动,也就是剩余产品本身,怎样和地租,即

剩余产品的这个至少在资本主义生产方式基础上在量和质的方面已经特别规定的部分相混同。一般剩余劳动的自然基础,即剩余劳动必不可少的自然条件是:只须花费整个工作日的一部分劳动时间,自然就以土地的植物性产品或动物性产品的形式或以渔业产品等形式,提供出必要的生活资料。农业劳动(这里包括单纯采集、狩猎、捕鱼、畜牧等劳动)的这种自然生产率,是一切剩余劳动的基础;而一切劳动首先并且最初是以占有和生产食物为目的的。(动物同时还提供兽皮,供人在冷天保暖;此外,还有供人居住的洞穴等等。)

剩余产品和地租的这种混同,在达夫先生那里[311],有不同的表现。最初,农业劳动和工业劳动不是分离的;后者同前者是连接在一起的。农业部落、家庭公社或家庭的剩余劳动和剩余产品,既包含农业劳动,也包含工业劳动。二者是同时并进的。狩猎、捕鱼、耕种,没有相应的工具是不行的。织和纺等等当初是农业中的副业。

我们在前面曾指出[312],一个工人的劳动分为必要劳动和剩余劳动,工人阶级的全部劳动同样可以这样划分:为工人阶级生产全部生活资料(包括为此所需的生产资料)的那部分,完成整个社会的必要劳动;工人阶级所有其余部分所完成的劳动,可以看做剩余劳动。但是,必要劳动决不是只包括农业劳动,而且也包括生产其他一切必然进入工人平均消费的产品的劳动。并且,从社会的观点来看,一些人只从事必要劳动,是因为另一些人只从事剩余劳动,反之亦然。这只是他们之间的分工。农业工人和工业工人之间的分工一般来说也是这样。和一方面的劳动的纯工业性质相适应的,是另一方面的劳动的纯农业性质。这种纯农业劳动,决不是自然发生的,相反,它本身是社会发展的产物,并且是很现代的、决不是到处都已达到的产物,它是和一个完全特定的生产阶段相适应的。正像一部分农业劳动会对象化在只用做奢侈品,或只形成工业原料,但决不会用做食物,更不会用做大众食物的产品中一样,另一方面,一部分工业劳动也会对象化在用做农业工人和非农业工人的必要消费资料的产品中。从社会的观点来看,把这种工业劳动看做剩余劳动,是错误的。工业劳动的一部分和农业劳动的必要部分一样也是必要劳动。它只是以前和农业劳动自然结合在一起的一部分工业劳动的独立形式,是现在已经和工业劳动分离的纯农业劳动的必要的相互的补充物。(从纯粹物质方面看,例如,500个机器织布工人以高得多的程度生产剩余布匹,也就是说,生产比他们自己衣着所需的多得多的布匹。)

最后,在考察地租的表现形式,即为取得土地的使用权(无论是为生产的目的还是为消费的目的)而以地租名义支付给土地所有者的租金时,必须牢牢记住,那些本身没有任何价值,即不是劳动产品的东西(如土地),或者至少不能由劳动再生产的东西(如古董,某些名家的艺术品等等)的价格,可以由一些结合在一起的非常偶然的情况来决定。要出售一件东西,唯一的条件是,它可以被独占,并且可以让渡。

————

在研究地租时,有三个妨害分析的主要错误应当避免。

1. 把适应于社会生产过程不同发展阶段的不同地租形式混同起来。

不论地租的特殊形式是怎样的,它的一切类型有一个共同点:地租的占有是土地所有权借以实现的经济形式,而地租又是以土地所有权,以某些个人对某些地块的所有权为前提。土地所有者可以是代表共同体的个人,如在亚洲、埃及等地那样;这种土地所有权也可以只是某些人对直接生产者人格的所有权的附属品,如在奴隶制度或农奴制度下那样;它又可以是非生产者对自然的单纯私有权,是单纯的土地所有权;最后,它还可以是这样一种对土地的关系,这种关系,就像在殖民地移民和小农土地所有者的场合那样,在劳动孤立地进行和劳动的社会性不发展的情况下,直接表现为直接生产者对一定土地的产品的占有和生产。

不同地租形式的这种**共同性**——地租是土地所有权在经济上的实现,即不同的人借以独占一定部分土地的法律拟制在经济上的实现,——使人们忽略了区别。

2. 一切地租都是剩余价值,是剩余劳动的产物。地租在它的不发达的形式即实物地租的形式上,还直接是剩余产品。由此产生了一种错误看法,认为只要把剩余价值本身和利润本身的一般存在条件解释清楚,和资本主义生产方式相适应的地租,——它始终是超过利润的余额,即超过商品价值中本身也由剩余价值(剩余劳动)构成的那个部分的余额,——剩余价值的这个特殊的独特的组成部分也就解释清楚了。这些条件是:直接生产者的劳动时间,必须超过再生产他们自己的劳动力即再生产他们本身所需要的时间。他们总是必须完成剩余劳动。这是主观的条件。而客观的条件是:他们也**能够**完成剩余劳动;自然条件是,他们的可供支配的劳动时间的**一部分**,就足以使他们自己作为生产者再生产出来和自我维持下去,他们的必要生活资料的生产,不会耗费掉他们的全部劳动力。在这里自然的肥力是一个界限,一个出发点,一个基础。另一方面,他们劳动的社会生产力的发展,则是另一个界限,出发点,基础。更进一步考察就是,因为食物的生产是直接生产者的生存和一切生产的首要的条件,所以在这种生产中使用的劳动,即经济学上最广义的农业劳动,必须有足够的生产率,使可供支配的劳动时间不致全被直接生产者的食物生产占去；也就是使农业剩余劳动，从而农业剩余产品成为可能。进一步说，社会上的一部分人用在农业上的全部劳动——必要劳动和剩余劳动——必须足以为整个社会，从而也为非农业劳动者生产必要的食物；也就是使从事农业的人和从事工业的人有实行这种巨大分工的可能，并且也使生产食物的农民和生产原料的农民有实行分工的可能。虽然食物直接生产者的劳动，对他们自己来说也分为必要劳动和剩余劳动，但对社会来说，它所代表的只是生产食物所需的必要劳动。并且，不同于一个工场内部分工的整个社会内部的全部分工也是如此。这是生产特殊物品，满足社会对特殊物品的一种特殊需要所必要的劳动。如果这种分工是合乎比例的，那么，不同类产品就按照它们的价值（进一步说，按照它们的生产价格）出售，或按照这样一种价格出售，这种价格是这些价值或生产价格的由一般规律决定的变形。事实上价值规律所影响的不是个别商品或物品，而总是各个特殊的因分工而互相独立的社会生产领域的总产品；因此，不仅在每个商品上只使用必要的劳动时间，而且在社会总劳动时间中，也只把必要的比例量使用在不同类的商品上。这是因为条件仍然是使用价值。但是，如果说个别商品的使用价值取决于该商品是否满足一种需要，那么，社会产品量的使用价值就取决于这个量是否符合社会对每种特殊产品的量上一定的需要，从而劳动是否根据这种量上一定的社会需要按比例地分配在不同的生产领域。（我们在论述资本在不同的生产领域的分配时，必须考虑到这一点。）在这里，社会需要，即社会规模的使用价值，对于社会总劳动时间分别用在各个特殊生产领域的份额来说，是有决定意义的。但这不过是已经在单个商品上表现出来的同一规律，也就是：商品的使用价值是商品的交换价值的前提，从而也是商品的价值的前提。这一点只有在这种比例的破坏使商品的价值,从而使其中包含的剩余价值不能实现的时候,才会影响到必要劳动和剩余劳动之比。例如,假定棉织品按比例来说生产过多了,尽管在这个棉织品总产品中实现的只是既定条件下生产这个总产品的必要劳动时间。但是,总的来说,这个特殊部门消耗的社会劳动是过多了;就是说,产品的一部分已经没有用处。可见,只有当全部产品是按必要的比例生产时,它们才能卖出去。社会劳动时间可分别用在各个特殊生产领域的份额的这个数量界限,不过是价值规律本身进一步展开的表现,虽然必要劳动时间在这里包含着另一种意义。为了满足社会需要,只有如此多的劳动时间才是必要的。在这里界限是由于使用价值才产生的。社会在既定生产条件下,只能把它的总劳动时间中如此多的劳动时间用在这样一种产品上。但是,剩余劳动和剩余价值本身的主观条件和客观条件,和一定的形式(不管是利润形式或地租形式)无关。这些条件对剩余价值本身起作用,而不管它采取什么特殊的形式。因此它们不能说明地租。

3. 正是在土地所有权在经济上的实现中,在地租的发展中,有一点表现得特别突出,这就是:地租的量完全不是由地租获得者的参与所决定的,而是由他没有参与、和他无关的社会劳动的发展决定的。因此,很容易把一切生产部门及其一切产品在商品生产基础上,确切地说,在资本主义生产(这种生产在它的整个范围内都是商品生产)基础上共有的现象,当做地租的(和农产品一般的)特征来理解。

在社会发展的进程中,地租的量(从而土地的价值)作为社会总劳动的结果而增长起来。一方面,随着社会的发展,土地产品的市场和需求会增大;另一方面,对土地本身的直接需求也会增大,因为土地本身对一切可能的,甚至非农业的生产部门来说,都是进行竞争的生产条件。确切地说,只是就真正的农业地租来说,地租以及土地价值会随着土地产品市场的扩大,从而随着非农业人口的增加,随着他们对食物和原料的需要和需求的增加而增长。资本主义生产方式由于它的本性,使农业人口同非农业人口比起来不断减少,因为在工业(狭义的工业)中,不变资本比可变资本的相对增加,是同可变资本的绝对增加结合在一起的,虽然可变资本相对减少了;而在农业中,经营一定土地所需的可变资本则绝对减少,因此,只有在耕种新的土地时,可变资本才会增加,但这又以非农业人口的更大增加为前提。

其实,这并不是农业及其产品所特有的现象。不如说,在商品生产及其绝对形式即资本主义生产的基础上,这对其他一切生产部门和产品来说都是适用的。

这些产品之所以成为商品,即成为具有交换价值的,而且是具有可以实现的、可以转化为货币的交换价值的使用价值,仅仅因为有其他商品成为它们的等价物,仅仅因为有作为商品和作为价值的其他产品同它们相对立;也就是说,仅仅因为这些产品并不是作为生产者本人的直接生活资料,而是作为商品,即作为只有通过变为交换价值(货币),通过转让才变成使用价值的产品来生产的。由于社会分工,这些商品的市场会扩大;生产劳动的分工,使它们各自的产品互相变成商品,互相成为等价物,使它们互相成为市场。这决不是农产品的特征。

只有在商品生产的基础上,确切地说,只有在资本主义生产的基础上,地租才能作为货币地租发展起来,并且按照农业生产变为商品生产的程度而发展起来;也就是,按照和农业生产相独立的非农业生产的发展程度而发展起来;因为农产品就是按照这个程度变成商品,变成交换价值和价值的。当商品生产,从而价值生产随着资本主义生产发展时,剩余价值和剩余产品的生产也按照相同的程度发展起来。但随着后者的发展,土地所有权依靠它对土地的垄断权,也按照相同的程度越来越能够攫取这个剩余价值中一个不断增大的部分,从而提高自己地租的价值和土地本身的价格。资本家在这个剩余价值和剩余产品的发展上还是一个能动的执行职能者。土地所有者只是坐享剩余产品和剩余价值中一个这样无须他参与而不断增大的份额。这就是他所处地位的特征;至于土地产品的价值,从而土地的价值总是随着它们的市场的扩大,需求的增加,以及同土地产品相对立的商品世界的扩大,换句话说,也就是随着非农业的商品生产者人数和非农业的商品生产量的扩大,按相同的程度增加,这却不是他所处地位的特征。但是,因为这个结果是没有土地所有者的参与就发生的,所以下面这种情况在他那里就表现为某种特有的东西:价值量,剩余价值量,以及这个剩余价值的一部分向地租的转化,都取决于社会生产过程,取决于商品生产一般的发展。因此,例如达夫这样的人,就想以此来说明地租。他说,地租不取决于农产品的量,而取决于它的价值[313];但这个价值,又取决于非农业人口的数量和生产率。其实,这种说法也适用于任何其他产品,因为产品只有随着构成它的等价物的其他商品系列的数量和种类的增加,才作为商品发展起来。这一点在价值的一般论述中,已经指出了[314]。一方面,一个产品的交换能力,一般说来,取决于在它之外存在的商品的多样性。另一方面,这个产品本身能够作为商品来生产的数量,尤其取决于这种多样性。

任何生产者,不管是从事工业,还是从事农业,孤立地看,都不生产价值或商品。他的产品只有在一定的社会联系中才成为价值和商品。第一,只要这个产品是社会劳动的表现,从而,他自己的劳动时间表现为整个社会劳动时间的一部分；第二,他的劳动的这种社会性质,通过他的产品的货币性质,通过他的产品的由价格决定的普遍的可交换性,表现为他的产品所具有的社会性质。

因此,如果说一方面,被说明的不是地租,而是剩余价值,或者更狭隘地说是剩余产品一般,那么,另一方面,这里犯了一个错误,即把作为商品和价值的一切产品具有的性质,说成是农产品特有的性质。这种说明,当从价值的一般规定,回溯到一定商品价值的**实现**时,变得更加肤浅。每一种商品都只能在流通过程中实现它的价值；它是否实现它的价值,在多大程度上实现它的价值,这取决于当时的市场条件。

因此,农产品发展成为价值,并且作为价值而发展的现象,也就是说,农产品作为商品和其他商品相对立,而非农产品和作为商品的农产品相对立的现象,或者说,它们作为社会劳动的特殊表现而发展的现象,并不是地租的特征。地租的特征是：随着农产品作为价值(商品)而发展的条件和它们的价值的实现条件的发展,土地所有权在这个未经它参与就创造出来的价值中占有不断增大部分的权力也发展起来,剩余价值中一个不断增大的部分也就转化为地租。

第三十八章

级差地租：概论

在分析地租时,我们首先要从下面这个前提出发:支付这种地租的产品,也就是其剩余价值的一部分、因而其总价格的一部分转化为地租的产品——对于我们的目的来说,想到农产品或者甚至矿产品也就够了——,也就是说,土地和矿山的产品像一切其他商品一样,是按照它们的生产价格出售的。就是说,它们的出售价格,等于它们的成本要素(已耗费的不变资本和可变资本的价值)加上一个由一般利润率决定的、按照预付总资本(包括已经消耗的和没有消耗的)计算的利润。因此,我们假定,这些产品的平均出售价格,等于它们的生产价格。现在要问,在这个前提下,地租怎么能够发展起来,就是说,利润的一部分怎么能够转化为地租,因而商品价格的一部分怎么能够落到土地所有者手中。

为了表明地租这个形式的一般性质,我们假定,一个国家的工厂绝大多数是用蒸汽机推动的,少数是用自然瀑布推动的。我们假定,在这些工业部门,一个耗费资本100的商品量的生产价格是115。15%的利润,不是仅仅按已经耗费的资本100计算的,而是按这个商品价值生产上曾经使用的总资本计算的。前面已经指出[1],这个生

---

① 见本卷第193—221页。——编者注

产价格不是由每个从事生产的工业家的个别成本价格决定的,而是由整个生产部门的资本在平均条件下生产这种商品平均耗费的成本价格决定的。这实际上是市场生产价格,是和它的各种波动相区别的平均市场价格。商品价值的性质,——即价值不是由某个生产者个人生产一定量商品或某个商品所必要的劳动时间决定,而是由社会必要的劳动时间,由当时社会平均生产条件下生产市场上这种商品的社会必需总量所必要的劳动时间决定,——正是通过市场价格的形式,进一步说,正是通过起调节作用的市场价格或市场生产价格的形式而表现出来。

因为所确定的数字比例在这里完全是无关紧要的,所以我们要再假定,用水力推动的工厂的成本价格只是90,而不是100。因为这个商品量的调节市场的生产价格=115,其中有利润15%,所以靠水力来推动机器的工厂主,同样会按115,也就是按调节市场价格的平均价格出售。因此,他们的利润是25,而不是15;起调节作用的生产价格所以会允许他们赚到10%的超额利润,并不是因为他们高于生产价格出售他们的商品,而是因为他们按照生产价格出售他们的商品,因为他们的商品是在特别有利的条件下,即在优于这个部门占统治地位的平均水平的条件下生产出来的,或者说,因为他们的资本是在这种特别有利的条件下执行职能的。

这里立即表明两点:

第一,用自然瀑布作为动力的生产者的超额利润,和一切不是由流通过程中的交易偶然引起,也不是由市场价格的偶然波动引起的超额利润(我们在谈到生产价格时①,已经对这个范畴作了说明)首

---

①见本卷第219—221页。——编者注

先是性质相同的。因此,这种超额利润,同样也就等于这个处于有利地位的生产者的个别生产价格和这整个生产部门的一般的、社会的、调节市场的生产价格之间的差额。这个差额,等于商品的一般生产价格超过它的个别生产价格的余额。对这个余额起调节作用的有两个界限:一方面是个别的成本价格,因而也就是个别的生产价格;另一方面是一般的生产价格。利用瀑布进行生产的商品的价值比较小,因为生产这种商品所需要的劳动总量比较少,也就是说,因为以对象化形式即作为不变资本部分加入生产的劳动比较少。这里所使用的劳动是生产率较高的,它的个别的生产力,比大量同类工厂所使用的劳动的生产力要大。它的较大的生产力表现在:同别的工厂相比,它生产同量商品,只需要较少量的不变资本,只需要较少量的对象化劳动。此外,因为水车无须加热,所以它需要的活劳动的量也较少。所使用的劳动的这种较大的个别生产力,会减少商品的价值,但也会减少商品的成本价格,从而减少商品的生产价格。对工业家来说,这一点表现为他的商品的成本价格较小。他只须为较少的对象化劳动支付代价,也只须为所使用的较少的活的劳动力支付较少的工资。因为他的商品的成本价格较小,所以他的个别生产价格也较小。对他来说,成本价格是90,不是100。所以,他的个别生产价格也只是$103\frac{1}{2}$,不是115($100:115=90:103\frac{1}{2}$)。他的个别生产价格和一般生产价格之间的差额,以他的个别成本价格和一般成本价格之间的差额为界限。这是构成他的超额利润的界限的数量之一。另一个数量则是一般生产价格的大小,而参加形成一般生产价格的,有作为调节因素之一的一般利润率。如果煤炭变得便宜了,他的个别成本价格和一般成本价格之间的差额就会缩小,因此他的超额利润也会减少。如果他必须按照商品的个别价值或由商品的个别价值决定的生产价格出售商品,这个差额就会消失。这个差额是这样造成的:一方面,商品要按照它的一般市场价格,也就是按照竞争使个别价格平均化时形成的价格来出售;另一方面,他所推动的劳动的较大的个别生产力,不是给劳动者带来好处,而是和劳动的所有生产力一样,给他们的雇主带来好处,就是说,表现为资本的生产力。

因为这个超额利润的界限之一是一般生产价格的水平,而一般利润率的水平又是一般生产价格水平的因素之一,所以这个超额利润只能产生于一般生产价格和个别生产价格之间的差额,因而只能产生于个别利润率和一般利润率之间的差额。超过这个差额的余额的前提是,产品不是按这个由市场调节的生产价格出售,而是高于这个生产价格出售。

第二,到目前为止,那个用自然瀑布而不用蒸汽作动力的工厂主的超额利润,同一切其他的超额利润没有任何区别。一切正常的,也就是并非由于偶然的出售行为或市场价格波动而产生的超额利润,都是由这个特殊资本的商品的个别生产价格和一般生产价格(它调节着这整个生产部门的资本的商品的市场价格,或者说这个生产部门所投总资本的商品的市场价格)之间的差额决定的。

但是,现在就出现了区别。

在当前考察的场合,工厂主能够取得超额利润,即由一般利润率来调节的生产价格对他个人提供的余额,应该归功于什么呢?

首先应该归功于一种自然力,瀑布的推动力。瀑布是自然存在的,它和把水变成蒸汽的煤不同。煤本身是劳动的产品,所以具有价值,必须用一个等价物来支付,需要一定的费用。瀑布却是一种自然的生产要素,它的产生不需要任何劳动。

但是,不仅如此。利用蒸汽机进行生产的工厂主,也利用那些不费他分文就会增加劳动生产率的自然力,而且,只要这样会使工人必需的生活资料的生产变便宜,这些自然力就会增加剩余价值,从而增加利润;因此,这些自然力,和由协作、分工等引起的劳动的社会自然力完全一样,是被资本垄断的。工厂主要对煤炭进行支付,但是对于水改变物态,变成蒸汽的能力,对于蒸汽的压力等等,却没有进行支付。对自然力的这种垄断,也就是对这种由自然力促成的劳动生产力的提高实行的垄断,是一切用蒸汽机进行生产的资本的共同特点。这种垄断可以增加代表剩余价值的劳动产品部分,而相对减少转化为工资的劳动产品部分。只要它发生这样的作用,它就会提高一般利润率,可是没有创造超额利润,因为超额利润正好是个别利润超过平均利润的余额。因此,如果说一种自然力如瀑布的利用,在这里创造出超额利润,那么,这不可能只是由于这样一个事实:在这里一种自然力的利用引起了劳动生产力的提高。这里还必须有其他一些引起变化的情况。

恰恰相反。自然力在工业上的单纯利用所以会影响一般利润率的水平,是因为它会影响生产必要生活资料所需要的劳动量。但它本身并不会造成同一般利润率的偏离,而这里所涉及的问题,却正好是这种偏离。此外,个别资本通常在某一特殊生产部门中所实现的超额利润——因为各特殊生产部门之间利润率的偏离会不断地平均化为平均利润率——,如果把纯粹偶然的偏离撇开不说,总是来自成本价格即生产费用的减少。这种减少,或者是由于这一情况:资本的应用量大于平均量,以致生产上的杂费减少了,而提高劳动生产力的一般性原因(协作、分工等),也由于劳动场所比较宽广,而能够在更高的程度上,以更大的强度发生作用;或者是由于这一情况:把执行职能的资本的规模撇开不说,由于采用更好的工作方法、新的发

725

明、改良的机器、化学的制造秘方等等,一句话,由于采用新的、改良的、超过平均水平的生产资料和生产方法。成本价格的减少以及由此而来的超额利润,在这里,是执行职能的资本的投入方式造成的。它们的产生,或者是因为异常大量的资本积聚在一个人手中(这种情况在平均使用同样大的资本量的时候就会消失),或者是因为一定量资本以一种生产率特别高的方式执行职能(这种情况在例外的生产方式已经普遍应用,或者为更发达的生产方式所超过的时候也会消失)。

　　因此,在这里,超额利润来源于资本本身(包括它所推动的劳动):或者是所用资本的量的差别,或者是这种资本的更适当的应用。本来没有什么事情会妨碍同一生产部门的全部资本按同样的方式来使用。相反地,资本之间的竞争,使这种差别越来越趋于平衡;价值由社会必要劳动时间决定这一点,是通过商品变便宜和迫使商品按同样有利的条件进行生产的压力而为自己开辟道路的。但是,那个利用瀑布的工厂主的超额利润,却不是这样。他所用劳动的已经提高的生产力,既不是来自资本和劳动本身,也不是来自某种不同于资本和劳动、但已并入资本的自然力的单纯利用。它来自和一种自然力的利用结合在一起的劳动的较大的自然生产力,但这种自然力不像蒸汽的压力那样,在同一生产部门可供一切资本自由支配,所以并不是凡有资本投入这个部门,这种自然力的利用就会成为不言而喻的事情。这种自然力是一种可以垄断的自然力,就像瀑布那样,只有那些支配着特殊地段及其附属物的人才能够支配它。但要像每个资本都能把水变成蒸汽那样,创造出这种使劳动有较大生产力的自然条件,就完全不取决于资本了。这种自然条件在自然界只存在于某些地方。在它不存在的地方,它是不能由一定的投资创造出来的。

它不是同能够由劳动创造的产品如机器、煤炭等等结合在一起,而是同一部分土地的一定的自然条件结合在一起。占有瀑布的那一部分工厂主,不允许不占有瀑布的那一部分工厂主利用这种自然力,因为土地是有限的,而有水力资源的土地更是有限的。这并不排除:虽然一个国家自然瀑布的数量是有限的,但工业上可利用的水力的数量是能够增加的。为了充分利用瀑布的动力,可以对瀑布进行人工引流。有了瀑布,就可以改良水车,以便尽可能多地利用水力。在水流的状况不便于使用普通水车的地方,可以使用涡轮机等等。这种自然力的占有,在它的占有者手中形成一种垄断,成为所投资本有较高生产力的条件,这种条件是不能由资本本身的生产过程创造的[33];能够这样被人垄断的这种自然力,总是和土地分不开的。这样的自然力,既不是相关生产部门的一般条件,也不是该生产部门一般都能创造的条件。

现在,我们假定瀑布连同它所在的土地,属于那些被认为是这一部分土地的所有者的人,即土地所有者所有。他们不许别人把资本投在瀑布上,不许别人通过资本利用它。他们可以允许或拒绝别人去利用它。但资本自己不能创造出瀑布。因此,利用瀑布而产生的超额利润,不是产生于资本,而是产生于资本对一种能够被人垄断并且已经被人垄断的自然力的利用。在这种情况下,超额利润就转化为地租,也就是说,它落入瀑布的所有者手中。如果工厂主每年要为瀑布而付给瀑布的所有者10镑,工厂主的利润就是15镑;是当前场合他的生产费用100镑的15%;所以,他的情况会和本生产部门用

---

[33]关于额外利润,见《论马尔萨斯先生近来提倡的关于需求的性质和消费的必要性的原理》(一本反驳马尔萨斯的著作)。315

蒸汽进行生产的所有其他资本家的情况一样好,甚至可能更好。如果资本家自己就拥有瀑布,那情况也不会有什么改变。他会照旧以瀑布所有者的身份,而不是以资本家的身份,占有这10镑超额利润。并且,正是因为这个余额不是由于他的资本本身而产生,而是由于支配一种可以和他的资本分离、可以垄断并且数量有限的自然力而产生,所以这个余额就转化为地租。

第一,很明显,这种地租总是级差地租,因为它并不作为决定要素加入商品的一般生产价格,而是以这种生产价格为前提。它总是产生于支配着一种被垄断的自然力的个别资本的个别生产价格和投入该生产部门的一般资本的一般生产价格之间的差额。

第二,这种地租不是产生于所用资本或这个资本所占有的劳动的生产力的绝对提高。一般说来,这种提高只会减少商品的价值。这种地租的产生,是由于一定的投入一个生产部门的个别资本,同那些没有可能利用这种例外的、有利于提高生产力的自然条件的投资相比,相对来说具有较高的生产率。例如,尽管煤炭有价值,水力没有价值,但如果利用蒸汽能提供利用水力所达不到的巨大利益,而这种利益已足以补偿费用而有余,那么,水力就不会有人使用,就不会产生任何超额利润,因而也不会产生任何地租。

第三,自然力不是超额利润的源泉,而只是超额利润的一种自然基础,因为它是特别高的劳动生产力的自然基础。这就像使用价值总是交换价值的承担者,但不是它的原因一样。如果一个使用价值不用劳动也能创造出来,它就不会有交换价值,但作为使用价值,它仍然具有它的自然的效用。但是,另一方面,如果一物没有使用价值,也就是没有劳动的这样一个自然的承担者,它也就没有交换价值。如果不同的价值不平均化为生产价格,不同的个别生产价格不平均化为一般的调节市场的生产价格，那么，通过使用瀑布而引起的劳动生产力的单纯的提高，就只会减低那些利用瀑布生产的商品的价格，而不会增加这些商品中包含的利润部分，从另一方面说，这同下述情况完全一样：如果资本不把它所用劳动的生产力（自然的和社会的），当做它自有的生产力来占有，那么，劳动的这种已经提高的生产力，就根本不会转化为剩余价值。

第四，瀑布的土地所有权本身，同剩余价值（利润）部分的创造，从而同借助瀑布生产的商品的价格的创造，没有任何关系。即使没有土地所有权，例如，即使瀑布所在的土地是作为无主的土地由工厂主来利用，这种超额利润也会存在。所以，土地所有权并不创造那个转化为超额利润的价值部分，而只是使土地所有者，即瀑布的所有者，能够把这个超额利润从工厂主的口袋里拿过来装进自己的口袋。它不是使这个超额利润创造出来的原因，而是使它转化为地租形式的原因，也就是使这一部分利润或这一部分商品价格被土地或瀑布的所有者占有的原因。

第五，很明显，瀑布的价格，也就是土地所有者把瀑布卖给第三者或卖给工厂主本人时所得的价格，首先，虽然会加到工厂主的个别成本价格上，但不会加到商品的生产价格上，因为在这里，地租产生于用蒸汽机生产的同种商品的生产价格，这种价格的调节和瀑布没有关系。其次，瀑布的这个价格完全是一个不合理的表现，在它背后却隐藏着一种现实的经济关系。瀑布和土地一样，和一切自然力一样，没有价值，因为它本身中没有任何对象化劳动，因而也没有价格，价格通常不外是用货币来表现的价值。在没有价值的地方，也就没有什么东西可以用货币来表现。这种价格不外是资本化的地租。土地所有权使所有者能够把个别利润和平均利润之间的差额占为己有。这样获得的逐年更新的利润能够资本化，并表现为自然力本身的价格。如果瀑布的利用对工厂主提供的超额利润是每年10镑，平均利息为5％，那么，这10镑每年就代表200镑资本的利息；瀑布使它的所有者每年能够从工厂主那里占有的10镑的这种资本化，也就表现为瀑布本身的资本价值。瀑布本身没有价值，它的价格只是被占有的超额利润在资本家的计算上的一种反映，这一点立即表现为这样：200镑的价格只是10镑超额利润乘以20年的积，尽管在其他条件不变的情况下，同一瀑布使它的所有者能够在一个不定的时期内，比如说，30年内，100年内，或x年内，每年获得这10镑；另一方面，如果有一种新的不用水力的生产方法，使那些用蒸汽机生产的商品的成本价格由100镑减低到90镑，那么，超额利润，从而地租，从而瀑布的价格就会消失。

我们在这样确定级差地租的一般概念之后，现在就要进而考察真正农业中的级差地租了。关于农业所要说的，大体上也适用于采矿业。

第三十九章

级差地租的第一形式
（级差地租Ⅰ）

李嘉图的下述论点完全正确：

> "地租〈即级差地租；他认为，除了级差地租，根本不存在什么别的地租〉总是使用两个等量的资本和劳动所取得的产品量之间的差额。"（《政治经济学和赋税原理》1821年伦敦版第59页）

既然指的是地租，而不是超额利润，他本来应当加上一句："在同量土地上。"

换句话说：如果超额利润是正常地产生的，不是由于流通过程中的偶然情况产生的，它就总是作为两个等量资本和劳动的产品之间的差额而产生出来。如果两个等量资本和劳动被使用在等面积土地上而产生的结果不等，这个超额利润就转化为地租。此外，这种超额利润并不是绝对必须从所用资本量相等而结果不等的情况中产生。在不同的投资中，也可以使用不等量的资本；这种现象在大多数情况下甚至是前提；而每笔资本中相等的一份，例如各自的100镑，则会产生不相等的结果；也就是说，利润率不同。这是超额利润在任何一个投资部门中都能够存在的一般前提。其次的一点是这种超额利润到地租形式（一般说就是租金，一种和利润不同的形式）的转化；这种转化在什么时候发生,怎样发生,在什么情况下发生,总是我们必须研究的问题。

其次,李嘉图的研究既然只限于级差地租,他的下述论点也是正确的:

> "凡是使同一土地或新地上所得产品的差额缩小的事物,都有减低地租的趋势;凡是扩大这种差额的,必然产生相反的结果,都有提高地租的趋势。"(同上,第74页)

不过,在这些原因中,不仅包括一般的原因(肥力和位置),而且也包括:1.赋税的分担,看这种分担是否均等;如果像英国那样不是由中央集中征税,而且是征收土地税,不是征收地租税,那么,这种分担就总是不均等的。2.由不同地区农业的发展程度不同而引起的不平衡,因为这个产业部门,由于它的传统性质,要比工业更难于平衡。3.资本在租地农场主之间的分配上的不平衡。因为资本主义生产方式占领农业,自耕农转化为雇佣工人,实际上是这种生产方式的最后一次征服,所以这些不平衡在这里比在任何其他产业部门都大。

在作了这些事先的说明以后,我想简单地谈谈,我的阐述和李嘉图等人的不同之处。

————

我们首先考察等量资本在等面积的不同土地上使用时所产生的不相等的结果;或者,在面积不等时,考察按等量土地面积计算的结果。

这些不相等的结果,是由下面两个和资本无关的一般原因造成的:1.**肥力**。(关于这第1点,应当说明一下,土地的自然肥力的全部内容是什么,其中又包括哪些不同的要素。)2.土地的**位置**。这一点对殖民地来说是一个决定性的因素,并且一般说来,各级土地耕种的序列就是由此决定的。其次,很明显,级差地租的这两个不同的原因,肥力和位置,其作用可以是彼此相反的。一块土地可能位置很好,但肥力很差;或者情况相反。这种情况很重要,因为它可以向我们说明,一国土地的开垦为什么既可以由较好土地推向较坏土地,也可以相反。最后,很明显,整个社会生产的进步,一方面,由于它创造了地方市场,并且通过建立交通运输手段而使位置变得便利,所以对形成级差地租的位置会发生拉平的作用;另一方面,由于农业和工业的分离,由于一方面大的生产中心的形成,以及由于另一方面农村的相对孤立化,土地的地区位置的差别又会扩大。

但是,我们先不考察位置这一点,只考察自然肥力。撇开气候等要素不说,自然肥力的差别是由表层土壤的化学成分的差别,也就是由表层土壤所含植物养分的差别形成的。不过,具有相同的化学成分,并且在这个意义上具有相等的自然肥力的两块土地,其现实的有效的肥力还会由于这种植物养分所处的形态而有所不同,因为在有的形态下这些养分容易被同化为、被直接吸收为植物养分,在有的形态下则不容易。因此,在自然肥力相同的各块土地上,同样的自然肥力能被利用到什么程度,一方面取决于农业中化学的发展,一方面取决于农业中机械的发展。这就是说,肥力虽然是土地的客体属性,但从经济方面说,总是同农业中化学和机械的发展水平有关系,因而也随着这种发展水平的变化而变化。可以用化学的方法(例如对硬黏土施加某种流质肥料,对重黏土进行熏烧)或用机械的方法(例如对重土壤采用特殊的耕犁),来排除那些使同样肥沃的土地实际收成较少的障碍(排水也属于这一类)。或者说,甚至各级土地耕种的序列,也能由此发生变更。例如,在英国农业的某个发展时期,轻砂土和重黏土之间就发生过这种情形。这就再次表明,从历史上看——从耕种的发展过程来说——怎样既可以由比较肥沃的土地推向比较不肥沃的土地,同样也可以采取相反的做法。对土壤结构进行人工改造,或者只是改变耕作方法,都会产生这种效果。最后,当下层土壤也被纳入耕作范围,变成耕作层时,由于下层土壤状况的不同,土地等级便会发生变化,从而产生同样的效果。这一方面取决于应用新耕作方法(如饲草的种植),一方面取决于应用各种机械方法,即或者把下层土壤翻成表层土壤,或者使下层土壤和表层土壤混合,或者耕作下层土壤但不把它翻上来。

所有这些对不同土地的不同肥力施加的影响,都归结为一点:从经济肥力的角度来看,劳动生产力的状态,这里指的是农业可以立即利用土地自然肥力的能力——这种能力在不同的发展阶段上是不同的——,和土地的化学成分及其他自然属性一样,也是土地的所谓自然肥力的要素。

因此,我们假定农业处于一定的发展阶段。其次,我们假定,土地的等级是按照这种发展阶段评定的,对不同土地上同时进行的各个投资来说,情况当然也总是这样。这时,级差地租就可以用一个上升的或下降的序列来表现,因为,尽管就实际耕种的土地总体来说序列已经确定,但总是发生了一个形成这种序列的连续的运动。

假定有四级土地A、B、C、D。再假定小麦1夸特的价格＝3镑或60先令。因为这里地租还只是级差地租,所以这个每夸特60先令的价格,对最坏土地来说,就等于生产费用[316],也就是等于资本加上平均利润。

假定A是这种最坏土地。它由50先令的支出,生产了1夸特＝60先令;因此利润是10先令,或20％。

假定B由等额的支出,生产了2夸特＝120先令,这就提供了70先令的利润,或者说,60先令的超额利润。

假定C由等额的支出,生产了3夸特＝180先令;总利润＝130先令,超额利润＝120先令。

假定D生产了4夸特＝240先令,超额利润就是180先令。

这样,我们就有了如下的序列:

表 I

土地等级	产 量		预付资本	利 润		地 租	
	夸特	先令		夸特	先令	夸特	先令
A	1	60	50	$\frac{1}{6}$	10	—	—
B	2	120	50	$1\frac{1}{6}$	70	1	60
C	3	180	50	$2\frac{1}{6}$	130	2	120
D	4	240	50	$3\frac{1}{6}$	190	3	180
合 计	10	600	—	—	—	6	360

各自的地租:对D来说＝190先令－10先令,即D和A之间的差额;对C来说＝130先令－10先令,即C和A之间的差额;对B来说＝70先令－10先令,即B和A之间的差额。而对B、C、D来说,总地租＝6夸特＝360先令,等于D和A、C和A、B和A之间的差额的总和。

表现一定状态下的一定产品的这种序列,抽象地考察(我们已经说明,为什么实际上也能出现这种情况),可以是下降的序列(由D到A,即由肥沃的土地下降到越来越不肥沃的土地),也可以是上升的序列(由A到D,即由相对不肥沃的土地,上升到越来越肥沃的土地);最后,还可以交替进行,时而下降,时而上升,例如由D到C,由C到A,再由A到B。

在下降的序列中,过程是这样的:1夸特的价格逐渐上涨,比如说由15先令上涨到60先令。一旦D所生产的4夸特(这可以设想为几百万夸特)已经不足时,小麦价格就会不断上涨,直到不足的供给能由C的生产来弥补时为止。也就是说,价格必须上涨到每夸特20先令。一旦小麦价格上涨到每夸特30先令,就可以耕种B,一旦上涨到60先令,就可以耕种A,而不至于使这里的投资不得不满足于20%以下的利润率。这样,对D来说就形成一种地租,起初是每夸特5先令,对它所生产的4夸特来说是20先令;然后是每夸特15先令,对它所生产的4夸特来说是60先令;然后是每夸特45先令,对它所生产的4夸特来说是180先令。

如果D的利润率原来也=20%,它由4夸特获得的总利润也就只是10先令。不过,这10先令在谷物价格为15先令时,比在价格为60先令时代表更多的谷物。但因为谷物会进入劳动力的再生产,并且每夸特都有一部分必须补偿工资,另一部分必须补偿不变资本,所以在这个前提下,剩余价值较大,因而在其他条件不变时,利润率也就较高。(关于利润率问题,还应该特别地和更详细地加以研究。)

如果序列相反,过程是由A开始,那么,一旦必须开垦新的土地,每夸特的价格起初就会超过60先令;但因为必要的供给,即2夸特必要的供给是由B提供,所以价格会回跌到60先令;这是因为,B虽然按每夸特30先令生产,但是按60先令出售,因为它的供给正好只够满足需要。这样,对B来说就会形成一笔地租,目前是60先令,对C和D来说,会以同样方式形成一笔地租;我们总是假定,C和D虽然相对地说分别按20先令和15先令的实际价值提供1夸特,但是,因为A所提供的1夸特的供给仍然是满足总的需要所必要的,所以市场价格仍然是60先令。这时,如果需求的增长超过了首先是由A、然后是由A和B所满足的需要量,结果就会不是按顺序耕种B、C、D,而是一般扩大耕地,比较肥沃的土地只是后来才偶然地被耕种。

在第一个序列中,随着价格的提高,地租会增加,利润率则会降低。利润率的这种降低,可以全部或部分地受到起相反作用的各种情况的抑制;关于这点,我们以后还要详细谈到。不应忘记,一般利润率并不是均衡地由**所有**生产部门的剩余价值决定。不是农业利润决定工业利润,而是相反。[317]关于这点,以后再说。

在第二个序列中,所投资本的利润率不变;利润量会表现为较小量的谷物;但和其他商品相比,谷物的相对价格已经上涨。在利润增加的情况下,利润的增加额不是流入经营产业的租地农场主手中,不是表现为利润的增加,而是以地租的形式从利润中分离出来。不过,在假定的前提下,谷物价格仍旧不变。

因此,无论价格不变,还是价格上涨,无论由较坏土地不断推进到较好土地,还是由较好土地不断退向较坏土地,级差地租总是同样发展和增加。

到目前为止,我们假定:1. 价格在一个序列中提高,而在另一个序列中不变;2. 不断地由较好土地转到较坏土地,或者反过来,由较坏土地转到较好土地。

但现在我们假定,谷物的需要已经由原来的10夸特增加到17

夸特；又假定，最坏土地A为另一块土地A所代替，后者将以60先令的生产费用(50先令的成本加上10先令即20%的利润)提供$1\frac{1}{3}$夸特的小麦，因此1夸特的生产价格＝45先令。或假定，旧的A级土地由于不断的合理化耕作已经得到改良；或由于例如种植苜蓿等等，已经可以用同样的费用，按较高的生产率来耕作，这样，在预付资本不变的情况下，产量却增加到$1\frac{1}{3}$夸特。我们还假定：B、C、D各级土地提供的产量不变，但已开垦了肥力介于A和B之间的新地A′，以及肥力介于B和C之间的新地B′、B″。在这种情况下，就会看到如下的现象。

第一，小麦1夸特的生产价格，或它的起调节作用的市场价格，会由60先令下降到45先令，或下降25％。

第二，由比较肥沃的土地转到比较不肥沃的土地和由比较不肥沃的土地转到比较肥沃的土地，这两种过程会同时出现。土地A′比A肥沃，但不比以前耕种的B、C、D肥沃，并且B′和B″也比A、A′和B肥沃，但不比C和D肥沃。因此，行进的序列是相互交错的；不是去耕种同A等等相比绝对不肥沃的土地，而是去耕种同原来最肥沃的土地C和D相比相对不肥沃的土地；另一方面，也不是去耕种绝对肥沃的土地，而是去耕种同原来最不肥沃的土地A或A和B相比相对肥沃的土地。

第三，B的地租下降了；C和D的地租也下降了；但用谷物表现的地租总额已由6夸特增加到$7\frac{2}{3}$夸特；提供地租的耕地的数量增加，产品量也由10夸特增加到17夸特。利润虽然对A来说还是没有变，但用谷物来表现，它却增加了；利润率本身可能提高，因为相对剩余价值已经增大。在这种情况下，由于生活资料便宜了，工资即可变资本的支出，从而总支出都会减少。用货币表现的地租总额，会由

360先令减少到345先令。

我们把这个新的序列列举如下：

表　II

土地等级	产量		投资	利润		地租		每夸特的生产价格
	夸特	先令		夸特	先令	夸特	先令	先令
A	$1\frac{1}{3}$	60	50	$\frac{2}{9}$	10	—	—	45
A′	$1\frac{2}{3}$	75	50	$\frac{5}{9}$	25	$\frac{1}{3}$	15	36
B	2	90	50	$\frac{8}{9}$	40	$\frac{2}{3}$	30	30
B′	$2\frac{1}{3}$	105	50	$1\frac{2}{9}$	55	1	45	$25\frac{5}{7}$
B″	$2\frac{2}{3}$	120	50	$1\frac{5}{9}$	70	$1\frac{1}{3}$	60	$22\frac{1}{2}$
C	3	135	50	$1\frac{8}{9}$	85	$1\frac{2}{3}$	75	20
D	4	180	50	$2\frac{8}{9}$	130	$2\frac{2}{3}$	120	15
合　计	17	—	—	—	—	$7\frac{2}{3}$	345	—

最后，如果照旧只耕种A、B、C、D各级土地，而它们的收益能力已经提高，结果A不是生产1夸特而是生产2夸特，B不是生产2夸特而是生产4夸特，C不是生产3夸特而是生产7夸特，D不是生产4夸特而是生产10夸特，从而同样的原因在不同土地上产生不同的

效果,那么,生产总额就会由10夸特增加到23夸特。假定由于人口增加和价格下降,需求会把这23夸特吸收掉,那就会产生如下的结果:

表　Ⅲ

土地等级	产量		投资	每夸特的生产价格	利润		地租	
	夸特	先令			夸特	先令	夸特	先令
A	2	60	50	30	$\frac{1}{3}$	10	0	0
B	4	120	50	15	$2\frac{1}{3}$	70	2	60
C	7	210	50	$8\frac{4}{7}$	$5\frac{1}{3}$	160	5	150
D	10	300	50	6	$8\frac{1}{3}$	250	8	240
合　计	23	—	—	—	—	—	15	450

在这里,数字比例同其他各表一样是任意选择的,但所作的假定是完全合理的。

第一个并且主要的一个假定是,农业的改良在各级土地上产生的效果是不同的;这里,在最好土地C和D上就比在A和B上效果大。经验已经表明,通常的情况就是这样,虽然与此相反的情况也可能出现。如果改良在较坏土地上比在较好土地上效果大,较好土地的地租就会减少,而不会增加。——不过,在这个表Ⅲ中,随着各级土地肥力的绝对增长,我们同时假定较好土地C和D的较高的相对肥力也增长,因此,在投资相等时,产量的差额将增大,从而级差地租也将增大。

第二个假定是,随着总产量的增长,总需求也同步增长。**第一**,我们无须把这种增长看做是突然发生的,而应看做是逐渐进行的,一直到第III序列形成时为止。**第二**,认为必要生活资料的消费不会随着生活资料变得便宜而增长,是错误的。英国谷物法[68]的废除,已证明相反的事实(见纽曼的著作[318]),而相反的见解之所以产生,只是因为单纯由气候引起的收获上的突然的巨大差别,会时而引起谷物价格的异常低落,时而引起它的异常上涨。在这种情况下,如果价格的暂时的突然降低来不及对扩大消费发生充分的影响,那么,在价格降低是由于起调节作用的生产价格本身的下降引起,因而带有持久性质的场合,就会出现相反的情况。**第三**,一部分谷物可以以白兰地酒或啤酒的形式消费。并且,这两种商品的增长的消费,决不会局限于狭窄的界限内。**第四**,事情部分地取决于人口的增长,部分地也取决于以下事实:这个国家可以是一个出口谷物的国家(到18世纪中叶为止,英国还是一个这样的国家),以致需要不单纯是由国内消费的界限来调节。**最后**,小麦生产的增加和生产费用的降低,可以促使小麦代替黑麦或燕麦成为人民大众的主要食物,这样一来,小麦的市场就会扩大,正如在产量减少和价格提高时,可以发生相反的情形一样。——因此,在这些前提下,按照以上假定的数字比例,第III序列就会得出以下结果:每夸特的价格由60先令下降到30先令,即下降50%,产量和第 I 序列相比,由10夸特增加到23夸特,即增加130%;B的地租不变,C的地租增加25%,D的地租增加$33\frac{1}{3}$%,地租总额则由18镑增加到$22\frac{1}{2}$镑,即增加25%。

以上三个表可以理解为社会一定状态下的几个阶段,例如并存于三个不同的国家,或者可以理解为同一个国家不同发展时期的彼

此衔接的阶段。比较这三个表(其中的第Ⅰ序列要用两次,一次是由A上升到D,一次是由D下降到A),可以得出以下结论:

1. 序列在完成时(不管它的形成过程如何)总好像是一个下降的序列,因为人们在考察地租时,总是先从提供最高地租的土地出发,最后才谈到不提供地租的土地。

2. 不提供地租的最坏土地的生产价格,总是起调节作用的市场价格,虽然在构成上升序列的第Ⅰ表中,只是因为耕种越来越好的土地,起调节作用的市场价格才保持不变。在这种情况下,就A级土地保持调节作用的程度要取决于最好土地的产量这一点而言,最好土地所生产的谷物的价格是起调节作用的。如果B、C、D的产量超过需要,A就会失去调节的作用。施托尔希把最好土地选作起调节作用的土地时,他就是这样想的。319美国的谷物价格也是这样调节英国的谷物价格的。

3. 级差地租是由于农耕发展各个阶段的各级土地自然肥力的差别而产生的(这里还是把土地的位置撇开不说),就是说,它的产生是由于最好土地面积有限,是由于等量资本必须投在对等量资本提供不等量产品的不同的各级土地上。

4. 级差地租和已划为某一等级的级差地租的存在,可以按下降的序列,即由较好土地到较坏土地的序列形成,也可以反过来,按上升的序列,即由较坏土地到较好土地的序列形成;还可以按两个方向相互交叉的序列形成(第Ⅰ序列可以由D到A,也可以由A到D而形成。第Ⅱ序列包括这两种运动)。

5. 按照级差地租的形成方式,级差地租在土地产品价格不变、上涨和下降时都可以形成。在价格下降时,总产量和总地租都可以增大,而且在迄今没有地租的土地上也能形成地租,虽然最坏土地A

已经为较好土地所代替,或者它自身已经变为较好的土地,虽然另外一些较好土地,甚至最好土地的地租已经减少(表II);这个过程,还可以和(货币)地租总额的减少结合在一起。最后,当价格因耕作普遍改进而下降,以致最坏土地的产量和产品价格降低时,一部分较好土地的地租可以保持不变或者减少,但最好土地的地租可以增长。各级土地和最坏土地相比的级差地租,在产量差额已定时,当然总是取决于例如小麦每夸特的价格。但在价格已定时,级差地租就取决于产量差额的大小,而在一切土地的绝对肥力都增进时,如果较好土地的肥力比较坏土地的肥力相对地说提高得更多,这个差额就会随着增大。因此,在价格为60先令时(表I),D的地租是由D对A的产量差额决定的,因而是由3夸特的余额决定的;所以,地租等于3×60＝180先令。但在表III(在那里,价格为30先令),它是由D超过A的产量的余额8夸特决定的;8×30＝240先令。

因此,在威斯特、马尔萨斯、李嘉图等人那里[320]还占统治地位的有关级差地租的第一个错误假定就被推翻了。按照这个错误的假定,级差地租必然是以耕种越来越坏的土地或农业肥力越来越下降为前提的。我们已经看到,在耕种越来越好的土地时,能产生级差地租。当较好土地代替以前的较坏土地而处于最低等级时,也能产生级差地租;级差地租可以和农业的进步结合在一起。它的条件只是土地等级的不同。在涉及生产率的发展时,级差地租的前提就是:土地总面积的绝对肥力的提高,不会消除这种等级的不同,而是使它或者扩大,或者不变,或者只是缩小。

从18世纪初叶到中叶,在英国,尽管金和银的价格下降,谷物价格还是不断下降,与此同时(就整个时期来说),地租、地租总额、耕地面积、农业产量和人口都增加了。这种情况是和形成上升序列的第

II表组合在一起的第I表相符合的,但这样一来,最坏土地A或者进行改良,或者不再用于种植谷物,当然这并不是说,这种土地不会用于其他农业或工业的目的。

从19世纪初(应更精确地指出日期[321])到1815年,谷物价格不断上涨,同时地租、地租总额、耕地面积、农业产量和人口也不断增加。这种情况是和形成下降序列的第I表相符合的。(这里应当引用一些关于当时耕种较坏土地的情况)[322]

在配第和戴韦南特时期,农民和土地所有者对改良和开垦土地有怨言;较好土地的地租下降了,地租总额却由于提供地租的土地的面积扩大而增加。[323]

(关于这三点,以后应作进一步的引证;关于一国已耕土地的各个部分的肥力差别,也是一样。)

关于级差地租,一般应当指出:市场价值始终超过产品总量的总生产价格。例如,拿第I表来说,总产量10夸特会卖到600先令,因为市场价格是由A的生产价格决定的,每夸特等于60先令。但实际的生产价格是:

A 1夸特＝60先令	1夸特＝60先令
B 2夸特＝60先令	1夸特＝30先令
C 3夸特＝60先令	1夸特＝20先令
D 4夸特＝60先令	1夸特＝15先令
10夸特＝240先令	平均1夸特＝24先令

10夸特的实际生产价格是240先令;但它们要按600先令的价格出售,贵250%。实际平均价格是每夸特24先令;但市场价格是60先令,也贵250%。

这是由在资本主义生产方式基础上通过竞争而实现的市场价值

所决定的;这种决定产生了一个虚假的社会价值。这种情况是由市场价值规律造成的,土地产品受这个规律支配。产品(也包括土地产品)市场价值的决定,是一种社会行为,虽然这是一种不自觉的、无意的行为。这种行为必然是以产品的交换价值为依据,而不是以土地及其肥力的差别为依据。如果我们设想社会的资本主义形式已被扬弃,社会已被组成为一个自觉的、有计划的联合体,10夸特就会只代表一定量的独立的劳动时间,而和240先令内所包含的劳动时间相等。因此,社会就不会按产品内所包含的实际劳动时间的二倍半来购买这种土地产品;这样,土地所有者阶级存在的基础就会消失。这样一来,结果就像从国外进口产品使产品价格便宜了同一数额完全一样。因此,如果说,维持现在的生产方式,但假定级差地租转归国家,土地产品的价格在其他条件相同时会保持不变,当然是正确的;但如果说,在资本主义生产由联合体代替以后,产品的价值还依旧不变,却是错误的。同种商品的市场价格的等同性,是价值的社会性质在资本主义生产方式的基础上,以及一般说来在一种以**个人**之间的商品交换为基础的生产基础上借以实现的方式。被当做消费者来看的社会在土地产品上过多支付的东西,社会劳动时间实现在农业生产上时形成负数的东西,现在对社会上的一部分人即土地所有者来说却成了正数。

第二种情况(这对于理解下一章对级差地租II的说明很重要)是:

这里要讨论的问题,不仅是每英亩或每公顷的地租,不仅是每英亩的生产价格和市场价格间的差额,或每英亩的个别生产价格和一般生产价格间的差额,而且是已耕种的各级土地各有多少英亩。在这里,直接说来,重要的只是地租总额的大小,即总耕地面积的总地租的大小;但这同时使我们可以进一步去说明地租率的提高,虽然在这里价格既没有上涨,各级土地的相对肥力的差额在价格下降时也没有扩大。从以上情况我们可以得出:

表 I

土地等级	英亩	生产费用	产量	谷物地租	货币地租
A	1	3镑	1夸特	0	0
B	1	3镑	2夸特	1夸特	3镑
C	1	3镑	3夸特	2夸特	6镑
D	1	3镑	4夸特	3夸特	9镑
合 计	4	—	10夸特	6夸特	18镑

假定各级土地已耕的英亩数都增加一倍。这样,我们就可以得出:

表 Ia

土地等级	英亩	生产费用	产量	谷物地租	货币地租
A	2	6镑	2夸特	0	0
B	2	6镑	4夸特	2夸特	6镑
C	2	6镑	6夸特	4夸特	12镑
D	2	6镑	8夸特	6夸特	18镑
合 计	8	—	20夸特	12夸特	36镑

我们还要假定两种情况。第一种情况是,生产已在最坏的两级

土地上扩大。这时,我们就得出下表:

表　Ib

土地等级	英　亩	生产费用		产　量	谷物地租	货币地租
		每英亩	合　计			
A	4	3镑	12镑	4夸特	0	0
B	4	3镑	12镑	8夸特	4夸特	12镑
C	2	3镑	6镑	6夸特	4夸特	12镑
D	2	3镑	6镑	8夸特	6夸特	18镑
合　计	12	—	36镑	26夸特	14夸特	42镑

最后,假定生产和耕地面积在四级土地上有不同程度的扩大:

表　Ic

土地等级	英　亩	生产费用		产　量	谷物地租	货币地租
		每英亩	合　计			
A	1	3镑	3镑	1夸特	0	0
B	2	3镑	6镑	4夸特	2夸特	6镑
C	5	3镑	15镑	15夸特	10夸特	30镑
D	4	3镑	12镑	16夸特	12夸特	36镑
合　计	12	—	36镑	36夸特	24夸特	72镑

　　首先,每英亩的地租,在所有这四种情况I,Ia,Ib,Ic中都是相同的,因为等量资本在每英亩同级土地上获得的结果实际上保持不变;

这里只是假定,每一国家在每一定时候都会有这种情况:各级土地在总耕地面积中占有的比例是一定的;而且假定,互相比较的两国或同一国家在不同时期常有这种情况:总耕地面积分配于各级土地间的比例会有变动。

拿Ia同I比较,我们就会看到,如果四级土地的耕种面积按同一比例增加,总产量就会随着耕种的英亩数增加一倍而增加一倍,谷物地租和货币地租也会增加一倍。

但如果我们先后拿Ib和Ic同I比较,我们就会发现,在这两种情况下,耕地面积都增加了两倍。在这两种情况下,耕地面积都由4英亩增加到12英亩。不过,在Ib中,不提供地租的A,和只提供极少级差地租的B,在增加额中占有最大的部分,就是说,在新耕地8英亩中,A和B各占3英亩,合计6英亩;C和D只是各占1英亩,合计2英亩。换句话说,在增加额中,A和B占$\frac{3}{4}$;C和D只占$\frac{1}{4}$。在这个前提下,和I比较,Ib的耕地面积虽然已增加两倍,产量却没有相应增加两倍,因为产量没有由10夸特增加到30夸特,而只增加到26夸特。另一方面,因为增加额中有相当大一部分属于不提供地租的A级土地,较好土地的增加额中又是大部分属于B级土地,所以谷物地租只是由6夸特增加到14夸特,货币地租由18镑增加到42镑。

再拿Ic同I比较。在Ic中,不支付地租的土地面积一点也没有增加,支付最少地租的土地的面积只是略有增加,增加的主要部分属于C和D。这时我们发现,耕地面积增加两倍时,产量会由10夸特增加到36夸特,即增加两倍以上;谷物地租也由6夸特增加到24夸特,或者说增加了三倍,同样,货币地租也由18镑增加到72镑。

在所有这些情况下,按照事物的本性来说,土地产品的价格始终不变;在所有这些情况下,只要耕地的扩大不是仅仅限于那些不支付地租的最坏土地,那么,地租总额就会随着这种扩大而增加。不过,增加额是不同的。如果扩大的是好地,以致产量不只是按照土地扩大的比例增加,而是更迅速地增加,那么,谷物地租和货币地租就会相应增加。如果是最坏土地和等级与此相近的土地在扩大耕地中占优势(假定最坏土地等级不变),那么,地租总额就不会随着耕地的扩大而相应增加。因此,假定有两个国家,它们的不提供地租的土地A状况相同,地租总额就同最坏土地和较坏土地在总耕地面积中所占的份额成反比,因而,也同等量资本投在相等的总面积上得到的产品总量成反比。因此,一国总土地面积内最坏耕地的量和较好耕地的量之间的对比关系对地租总额的影响,同最坏耕地的质和较好及最好耕地的质之间的对比关系对每英亩的地租的影响,因而在其他情况相同的场合对地租总额的影响,这两者是相反的。这两个要素的混淆,是引起反对级差地租的各种奇谈怪论的原因。

可见,单是由于耕地的扩大,以及与此相联系的在土地上使用的资本和劳动的增加,地租总额就会增加。

但是,最重要的一点是:虽然按照假定,各级土地按每英亩计算的地租的比例不变,因而和每英亩所投资本对比来看,地租率也是不变的,但是会出现下述情况:拿Ia同I比较——在Ia中,耕地的英亩数以及投在它们上面的资本额都已按比例增大——,我们就会发现,当总产量按照耕地面积扩大的比例增加,即二者都增加一倍时,地租总额也会增加一倍。英亩数由4增加到8,地租总额也由18镑增加到36镑。

让我们拿4英亩的总面积来说,这上面的地租总额是18镑,因而,把不提供地租的土地也计算在内的平均地租是$4\frac{1}{2}$镑。例如,假定这4英亩全部归一个土地所有者所有,他就可以这样去计算;全国的平均地租也可以这样去统计。用10镑资本可以产生18镑的地租总额。我们把这两个数字之比叫做地租率;在这里,地租率是180%。

Ia中的地租率也是一样的,在这里,耕种的土地不是4英亩而是8英亩,但各级土地是按同一比例增加的。36镑的地租总额,在耕地为8英亩,投资为20镑时,会产生每英亩$4\frac{1}{2}$镑的平均地租和180%的地租率。

但是,只要我们考察一下Ib(在这里,主要是两种较坏土地增加了),我们就会发现,12英亩的地租是42镑,从而每英亩的平均地租是$3\frac{1}{2}$镑。投资总额是30镑,所以地租率是140%。这样,每英亩的平均地租就减少了1镑,而地租率也由180%下降到140%。所以在这里,在地租总额由18镑增加到42镑时,按每英亩计算的和按资本计算的平均地租都下降了;这种下降和生产的增大是同时发生的,但不是按比例的。尽管各级土地的地租按每英亩计算和按所投的资本计算都保持不变,但平均地租还是下降了。这是因为耕地的增加额有$\frac{3}{4}$属于不提供地租的土地A和提供最少地租的土地B。

假定在Ib的情况下,全部扩大只限于A级土地,我们面前的土地就是A级9英亩,B级、C级、D级各1英亩。地租总额仍旧是18镑,所以12英亩中每英亩的平均地租是$1\frac{1}{2}$镑;30镑投资有18镑地租,因此,地租率是60%。平均地租按每英亩计算和按投资计算,都已大大减少,地租总额也没有增加。

最后,让我们拿Ic同I和Ib相比较。同I相比,土地面积增加了两倍,投资也增加了两倍。12英亩的地租总额是72镑,所以每英亩的地租是6镑,而在表 I 中是 $4\frac{1}{2}$ 镑。按所投资本计算的地租率(72镑:30镑)是240%,而不是180%。总产量由10夸特增加到36夸特。

同Ib相比,耕地的英亩总数,所用的资本,各种耕地间的差额都没有变化,但分配不同。在这里产量已不是26夸特,而是36夸特,每英亩的平均地租不是 $3\frac{1}{2}$ 镑,而是6镑,按等量的全部预付资本计算的地租率不是140%,而是240%。

不管我们是把Ia、Ib、Ic各表的不同状态,看做不同国家同时并存的状态,还是看做同一国家相继发生的状态,根据以上的说明,可以得出以下的结论:在谷物价格由于不提供地租的最坏土地的产量不变而不变时,在各级耕地肥力的差额不变时,在各级耕地各相等部分(英亩)的等额投资的各自产量不变时,从而在各级土地每英亩地租间的比例不变,并且按同级土地的每个部分所投资本计算的地租率不变时,**第一**,地租总额总是随着耕地面积的扩大,因而也随着投资量的增加而增加,如果耕地的全部增加只限于无租的土地,则是例外;**第二**,无论是每英亩的平均地租(地租总额除以耕地的英亩总数),还是平均地租率(地租总额除以投资总额),都会发生很大变化,虽然二者变化的方向相同,但是彼此的比例不同。把耕地的增加只限于无租的土地A这种情况撇开不说,我们会发现,每英亩的平均地租和按农业投资计算的平均地租率,都取决于各级土地在总耕地面积中所占的比例部分,或者同样可以说,取决于投资总额在肥力不等的各级土地上的分配。不管耕地面积是多是少,从而(把耕地的增加只限于A的情形除外)也不管地租总额是大是小,只要各级土地在总面积中所占的比例不变,每英亩的平均地租或按投资计算的平均地租率就会不变。尽管地租总额会随着耕地的扩大、投资的增加而增加，甚至显著增加，但只要不提供地租和只提供少量级差地租的土地，比提供地租较多的较好土地扩大得快，每英亩的平均地租和按资本计算的平均地租率就会降低。相反地，要是较好土地在总耕地面积中相对地占有较大的部分，因而在它们上面的投资相对地较多，每英亩的平均地租和按资本计算的平均地租率就会相应地提高。

因此，如果像统计学著作通常在比较同时期的不同国家，或同一国家的不同时期时所做的那样，对总耕地每英亩或每公顷的平均地租进行考察，那么，就会看到，每英亩地租的平均水平，从而地租总额，会按一定的比例（虽然不是按同等的比例，而是按一种大得多的比例）和一国农业的绝对的而不是相对的肥力相一致，也就是说，和该国在等面积上平均提供的产量相一致。因为，较好土地在总耕地面积中所占的部分越大，在等面积上同量投资所获得的产品量就越大，每英亩的平均地租也就越大。反过来，情况也就相反。地租好像不是由不同肥力之间的对比关系决定的，而是由绝对肥力决定的，这样一来级差地租的规律就被抛弃了。因此，有人就否认某些现象，或有人试图以谷物平均价格之间和耕地级差肥力之间并不存在差别来加以说明。而实际上这些现象的产生不过是由于以下事实：在无租土地的肥力相等，从而生产价格相等，并且各级土地间的差额也相等时，地租总额对总耕地面积的对比关系，或对土地上的投资总额的对比关系，不只是由每英亩的地租决定的，也不只是由按资本计算的地租率决定的，而同样是由各级土地在总耕地面积中所占的比例数决定的，或者同样可以说，是由所用总资本在各级土地之间的分配决定的。奇怪得很，这个事实直到目前竟被人完全忽视了。无论如何，我们看到（而这对我们研究的进程来说是重要的）：在价格不变，各种耕地的肥力差额不变,每英亩的地租不变,或按实际提供地租的各级土地每英亩的投资计算的地租率不变,即按一切实际提供地租的资本计算的地租率不变时,每英亩平均地租的相对水平和平均地租率,或地租总额对土地投资总额的比率,可以由于耕作的单纯粗放的扩大而提高或降低。

———

关于已在第 I 项下考察的级差地租的形式,还必须作以下的补充。这种补充部分地对于级差地租 II 也是适用的。

第一,我们已经看到,每英亩的平均地租或按资本计算的平均地租率,可以在耕作扩大、价格不变和耕地的级差肥力不变时提高。一旦一国的土地全部被占有,一旦土地投资、耕作和人口达到一定的水平——一旦资本主义生产方式取得统治地位,并且也支配着农业,以上这些条件就会作为前提存在——,各种质量的未耕地的价格(假定只有级差地租存在),就是由具有相同质量和相等位置的已耕地的价格决定的。这种土地虽然不提供地租,但在除去所需的开垦费用之后,将会有相同的价格。土地的价格当然不外是资本化的地租。但是,即使在已耕地的价格上面,人们支付的也只是未来的地租,例如在标准的利息率为5%时,预先一次付清的便是20年的地租。土地售出时,它是作为会提供地租的土地来出售的,并且地租(它在这里被视为土地的果实,其实,它只是从表面上看才是这样)的预期性质不能把未耕地和已耕地区别开来。未耕地的价格,和它的地租(土地的价格是这种地租的简略的表现形式)一样,在土地未被实际利用时,完全是想象的。不过,这样一来,这种价格已经先验地决定,一旦找到买主,就会实现。因此,如果说一国的实际平均地租决定于该国实际的平均年地租总额及其对总耕地面积的对比关系,那么未耕地部分的价格则决定于已耕地部分的价格,所以只是已耕地上的投资及其结果的一种反映。因为除了最坏土地外,一切等级的土地都会提供地租(而且这种地租和我们在考察级差地租II时将要看到的一样,会随着资本量以及和这个量相适应的耕作的集约化一起增加),所以,对未耕地部分来说会形成一个名义价格,并且这种未耕地会变成一种商品,对它的所有者来说变成财富的一个源泉。同时,这种情况说明,为什么整个地区的土地价格,甚至未耕地的价格都会增长(奥普戴克[324])。土地投机,例如,美国的土地投机,就只是以资本和劳动在未耕地上的这种反映为基础的。

第二,总的说来,耕地的扩大或者是向较坏土地发展,或者是根据既有的各级土地的现状按不同比例向各级土地发展。当然,向较坏土地发展,决不是任意选择的,而只能是——在资本主义生产方式的前提下——价格上涨的结果,并且在每一种生产方式下都只能是必然性的结果。但也并不是无条件的。较坏土地可以由于位置好,比那种相对较好的土地优先被人利用。在年轻的国家中,位置对于耕地的扩大是具有决定意义的。并且,尽管一个地带的土地从整体来说属于比较肥沃的一类,但是从局部来说,较好土地和较坏土地会参差交错在一起,并且由于较坏土地和较好土地连成一片,就不得不耕种较坏土地。如果有一块较坏土地处于较好土地的包围之中,那么这些较好土地就会使这块较坏土地同那些比较肥沃但不是和已耕地或可耕地连在一起的土地相比在位置上处于更有利的地位。

因此,密歇根州在美国西部各州中就成了最早输出谷物的州之一。虽然它的土地总的看来是贫瘠的,但因靠近纽约州,并且可以通过湖泊和伊利运河开辟水上运输,所以这首先就使它比那些土地天然肥沃但更加靠西的各州处于更优越的地位。这个州的例子,拿来和纽约州对照一下,也向我们显示了由较好土地向较坏土地推移的情形。纽约州特别是它的西部地区的土地,是无比肥沃的,特别有利于种植小麦。由于掠夺性的耕作,这块肥沃的土地已变得不肥沃了;现在,密歇根州的土地看起来更肥沃些。

> "1838年,面粉是从布法罗装船,运往西部,而纽约州和上加拿大的小麦产区是主要的面粉供应地。现在,仅仅12年后,已有大量小麦和面粉从西部运来,沿伊利湖,通过伊利运河,经布法罗及其邻港布莱克罗克运往东部。由于1847年欧洲的饥荒,小麦和面粉的出口特别受到了刺激。因此,纽约州西部的小麦变得便宜了,种植小麦的收益减少了;这种情况使纽约州的农场主宁愿饲养家畜、生产奶制品和栽种果树等等,因为在他们看来,在这些部门,西北部地区还没有力量直接同他们竞争。"(詹·韦·约翰斯顿《北美农业、经济和社会问题札记》1851年伦敦版第1卷第222、223页)

第三,下面的假定是错误的:殖民地,一般来说年轻国家,可以按比较便宜的价格出口谷物,所以,那里的土地必然具有较大的自然肥力。在那里,谷物不仅低于它的价值出售,而且低于它的生产价格,即低于由较古老的国家的平均利润率决定的生产价格出售。

如果我们像约翰斯顿所说的那样(同上,第223页),

> "习惯于把每年向布法罗运来如此大量小麦的这几个新建州,同较大的自然肥力和广阔无边的富饶土地的观念联系在一起",

那么,这首先是取决于经济条件。一个像密歇根这样的地方,在开始的时候,几乎全部人口都从事农业,特别是从事大宗农产品的生产,他们只能用这种产品来交换工业品和各种热带产品。所以,他们的剩余产品全部都是谷物。这一点,从一开始就把以现代世界市场为基础的殖民地国家,同以前的特别是古代的殖民地国家区别开来。现代殖民地是通过世界市场现成地得到衣服、工具等等产品的,而在以前的情况下这些产品必须由这些国家自己生产。美国南部各州只有在这个基础上，才能把棉花作为主要产品来生产。允许它们这样做的，是世界市场的分工。所以，从它们很年轻，人口比较稀少来看，它们**好像**能生产出非常多的剩余产品，但是，这并不是由于它们的土地肥沃，也不是由于它们的劳动富有成效，而是由于它们的劳动，从而体现它们的劳动的剩余产品，具有一种片面的形式。

另外，那些新近开垦、以前从未耕种过、相对地说比较不肥沃的土地，在气候条件不是特别坏的环境下，至少已在土壤表层积累了许多易溶解的植物养料，以致无须施用肥料，甚至只须粗放耕作，也能长期获得收成。西部的大草原还有这样的好处：它们简直不需要任何开垦的费用，因为它们天然就是可以耕种的土地[(33a)]。这种比较不肥沃的地区会获得剩余产品，并不是由于土地的肥力高，从而每英亩的产量高，而是由于可以粗放耕作的土地面积很大，因为这种土地对耕作者来说不用花费什么，或者同古老国家相比，只需极少的费用。在实行分成制的地方，如纽约、密歇根、加拿大等的某些地区，就是这样。一个家庭可以粗放耕作比如说100英亩。每英亩的产量虽然不大，但100英亩将提供相当多的剩余产品，可供出售。此外，不在人工牧场上，而在天然牧场上饲养牲畜，几乎不需要任何费用。这里起决定作用的，不是土地的质，而是土地的量。这种粗放耕作的可

(33a)〔正好是这种大草原或干草原地带的开垦的迅速发展，近来使"人口压迫着生活资料"[325]这样一个轰动一时的马尔萨斯命题，变成了幼稚可笑的东西。相反地，它引起了地主的下述怨言：如果不用暴力阻止那些压迫着人口的生活资料的增加，农业和德国就会同归于尽。但是这种干草原、大草原、潘帕斯草原、利亚诺斯草原等等的开垦，现在还不过刚刚开始，所以，它对欧洲农业的变革作用，将给人以全然不同于往昔的感受。——弗·恩·〕

能性,自然会或快或慢地消失,新土地越肥沃,消失得越慢;它的产品出口得越多,消失得越快。

> "但是,这样的土地最初仍然会提供好收成,甚至小麦的好收成。从这种土地获得第一次收益的人,能够把大量剩余小麦运到市场上去。"(同上,第224页)

在那些自古就从事耕作的国家,由于所有权关系,由于已耕地价格决定未耕地价格等等,不可能有这种粗放经营。

因此,和李嘉图所想象的相反,这种土地不一定是非常肥沃的,也不是只有肥力相等的土地才会被耕种。这一点可以从以下事实看出:1848年,密歇根州种植小麦465 900英亩,生产了4 739 300蒲式耳,每英亩平均$10\frac{1}{5}$蒲式耳;扣除麦种,每英亩略少于9蒲式耳。该州29县中,每英亩平均生产7蒲式耳的有2县,8蒲式耳——3县,9蒲式耳——2县,10蒲式耳——7县,11蒲式耳——6县,12蒲式耳——3县,13蒲式耳——4县,16蒲式耳——只有1县,还有1个县为18蒲式耳(同上,第225页)。

对实际的耕种来说,较高的土地肥力和这种肥力被立即利用的较大可能性是一回事。但是,土地肥力的这种立即被利用的可能性,在天然贫瘠的土地上比在天然富饶的土地上要更大些。移民首先着手耕种的正是这种天然贫瘠的土地,在缺少资本时,也不得不这样做。

最后,耕种扩大到较大的土地面积上,即扩大到由A到D的各级土地上,——先撇开以上考察的情况,即必须耕种比以往耕地更坏的土地的情况不说,——例如,耕种较大面积的B和C的土地,这从来不是以谷物价格的预先上涨为前提,就像例如棉纺业逐年的扩大,无须以棉纱价格的不断上涨为前提一样。虽然市场价格的大幅度涨落会影响生产的规模,但是,撇开这点不说,甚至在其水平既不阻碍生产、也不特别促进生产的平均价格下,农业(像资本主义经营的其他一切生产部门一样)会不断发生一种相对的生产过剩。这种生产过剩本来和积累是一回事,并且在其他生产方式下,是直接由人口的增加引起,在殖民地,则是由不断的移民引起。需要不断增加,人们预见到这种情形,就不断向新的土地投入新的资本;虽然这要考虑到不同土地产品的种种情况。引起这种现象的,是新资本的形成本身。就资本家个人来说,他总是按自己所能支配的资本量来计算自己的生产规模,只要他自己对此还能进行监控的话。他所关心的是在市场上占到尽可能大的地盘。如果生产过剩了,他不会归咎于自己,而是归咎于他的竞争者。资本家个人可以通过在现有市场上占有更大的份额,也可以通过扩大市场本身,来扩大自己的生产。

第四十章

级差地租的第二形式
（级差地租Ⅱ）

以上我们只是把级差地租看做投在面积相等而肥力不同的土地上的等量资本所具有的不同生产率的结果,所以,级差地租是由投在最坏的无租土地上的资本的收益和投在较好土地上的资本的收益之间的差额决定的。在那里,我们假定若干资本同时投在不同的地块上,所以,每投入一笔新的资本,土地的耕作范围就会相应扩展,耕地面积就会相应扩大。但是,级差地租实质上终究只是投在土地上的等量资本所具有的不同生产率的结果。那么,生产率不同的各资本量连续投在同一地块上和同时投在不同地块上,假定结果相同,这是否会有什么差别呢?

首先,不能否认,就超额利润的形成来说,这两种场合是毫无差别的:在一种场合下,投在A级一英亩土地上的3镑生产费用生产1夸特,从而3镑成为1夸特的生产价格和起调节作用的市场价格,投在B级一英亩土地上的3镑生产费用生产2夸特,并提供一个3镑的超额利润,而投在C级一英亩土地上的3镑生产费用生产3夸特,并提供6镑的超额利润,最后,投在D级一英亩土地上的3镑生产费用生产4夸特,并提供9镑的超额利润;在另一场合下,这12镑生产费用或10镑资本,以同样的收益按同一顺序投在同一英亩上,从而取得同样的结果。在这两种场合下,都是一个10镑的资本,其依次投入的价值部分各为$2\frac{1}{2}$镑,不管它们是同时投在肥力不同的四英亩上,还是相继投在同一英亩上。由于它们的产量不同,其中一部分不会提供超额利润,而其他各部分会按照它们的收益和不提供地租的投资的收益之间的差额提供超额利润。

资本各价值部分的超额利润和不同的超额利润率,在这两种场合都是按同样的方式形成的。地租无非是这个形成地租实体的超额利润的一种形式。但是,无论如何,在第二个方法上,超额利润到地租的转化,也就是使超额利润由资本主义租地农场主手里转到土地所有者手里的这种形式变化,会遇到各种困难。英国租地农场主所以顽强抗拒政府的农业统计,其原因就在于此。他们在确定他们投资的实际成果方面所以和土地所有者进行斗争,其原因也在于此(摩尔顿[326])。地租是在土地出租时确定的,此后,在租约有效期间,由连续投资所产生的超额利润落入租地农场主的腰包。正因为这样,租地农场主总是力争签订长期租约;但另一方面,由于地主占优势,每年都可解除的租约增加了。

因此,从一开始就很清楚:带来不同结果的各个等量资本,不管是同时投在同样大的各块土地上,还是相继投在同一块土地上,都不会影响超额利润的形成规律,但是,这对于超额利润转化为地租来说,却有重大的差别。后一个方法会把这种转化限制在一方面更为狭小,另一方面更不稳定的界限内。因此,在实行集约化耕作(在经济学上,所谓集约化耕作,无非是指资本集中在同一块土地上,而不是分散在若干毗连的土地上)的各国,税务员的工作,正如摩尔顿在他所著的《地产的资源》一书中所说的,就成了一种极为重要、复杂、困难的职业。如果土地改良的效果比较持久,那么,在租约满期时,人工增进的土地的级差肥力,就会和土地的自然的级差肥力合而为一,因此,地租的评定就会和肥力不同的各级土地之间的地租的评定重合起来。另一方面,就超额利润的形成决定于经营资本的量这点来说,一定量经营资本产生的地租额,会加算到一国的平均地租中去;因此也就要求新的租地农场主掌握足够的资本,以便按同样集约化的方法继续进行耕种。

————

在考察级差地租II时,还要强调指出如下几点:

第一,级差地租II的基础和出发点,不仅从历史上来说,而且就级差地租II在任何一定时期内的运动来说,都是级差地租I,就是说,是肥力和位置不同的各级土地的同时并行的耕种,也就是农业总资本的不同组成部分在不同质的地块上同时并行的使用。

历史地看,这是不言而喻的。在殖民地,移民只须投很少的资本;主要的生产要素是劳动和土地。每个家长都企图在他的移民伙伴们经营的场所旁边,为自己和家属开辟一个独立经营的场所。早在资本主义以前的各种生产方式下,在真正的农业中一般说来必然是这种情形。在作为独立的生产部门的牧羊业或整个畜牧业中,或多或少都是共同利用土地,并且一开始就是粗放经营。资本主义生产方式是从生产资料在事实上或法律上为耕者自己所有的旧生产方式上发展起来的,一句话,是从农业的手工业经营上发展起来的。按照事物的本性来说,生产资料只是由此才逐渐走向集中,并逐渐转化为资本,而同转化为雇佣工人的直接生产者相对立。就资本主义生产方式正是在这里表现出自己的特征来说,这首先特别是发生在牧羊业和畜牧业上；所以，并不是发生在资本在较小规模土地范围内的集中上，而是发生在较大规模的生产上，这样就可以节省马的饲养费用及其他生产费用；事实上并不是由于在同一土地上使用了更多的资本。此外，按照耕作的自然规律，当耕作达到一定的水平，地力已经相应地耗尽的时候，资本（在这里同时指已经生产出来的生产资料）就成为土地耕作的决定要素。在已耕地同未耕地相比只占较小面积，地力也还没有耗尽的时候（在真正的农耕和植物性食物占统治地位以前，当畜牧和肉食盛行的时期，情形就是这样），这种刚刚开始的新生产方式同农民生产的区别，首先就在于由**一个**资本家投资耕种的土地面积较大，也就是资本以粗放的方法投在较大的土地面积上。因此，一开始就要记住：级差地租I是作为出发点的历史基础。另一方面，级差地租II的运动，在任何一定的瞬间，都只是出现在这样一个领域内，这个领域本身又是级差地租I的形形色色的基础。

第二，在级差地租的第II形式上，除了肥力的差别，还有资本（以及获得信用的能力）在租地农场主之间的分配上的差别。在真正的工业中，对每个生产部门来说，都会迅速形成各自的经营规模上的最低限额和与此相应的资本的最低限额，资本达不到这个限额，单个的经营便不能顺利进行。同样，在每个生产部门中又会形成多数生产者所必须拥有并且实际也拥有的、高于这个最低限额的标准的平均资本量。大于平均资本量的资本会提供额外利润，而小于平均资本量的资本就得不到平均利润。资本主义生产方式只是缓慢地、非均衡地侵入农业，这是我们在英国这个农业的资本主义生产方式的典型国家中可以看到的。如果没有谷物的自由进口，或者因自由进口的数量很小，影响有限，那么，市场价格就要由耕种较坏的土地的生产者来决定,就是说,要由在低于平均生产条件的较不利条件下进行经营的生产者来决定。用于农业的并且一般可以由农业支配的资本总量中的一大部分,就是掌握在这些生产者手中。

诚然,例如农民在他的小块土地上耗费了大量劳动,但是,这种劳动是孤立的,并且被剥夺了实现生产率的各种社会的和物质的客观条件。

这种情况使实际的资本主义租地农场主能够把超额利润的一部分占为己有;如果资本主义生产方式在农业中,也同在工业中一样均衡地发展,那么,至少就上述这点来说,这种情况就不会发生。

让我们首先只考察级差地租II中的超额利润的形成,暂且不考虑这种超额利润能够转化为地租的条件。

这里很明显,级差地租II只是级差地租I的不同的表现,而实质上二者是一致的。在级差地租I中,各级土地的不同肥力所以会发生影响,只是因为不同的肥力使投在土地上的各个资本在资本量相等时或就资本的比例量考察时,会产生出不同的结果,不同的产量。不论这种不同的结果是由相继投在同一块土地上的各个资本产生的,还是由投在好几块等级不同的土地上的各个资本产生的,都不会使肥力的差别或它们的产量的差别发生变化,因此也不会使生产率较高的投资部分的级差地租的形成发生变化。在投资相等的情况下,土地仍然显示出不同的肥力,不过,在这里一个资本分成几部分相继投在同一土地上所完成的事情,也就是级差地租I的场合下社会资本各等量部分投在各级土地上所完成的事情。

如果表I①中由各个租地农场主以四个独立资本的形式（每个2$\frac{1}{2}$镑）分别投在四级土地A、B、C、D各一英亩上的这10镑资本，现在不投在原来的土地上，而相继投在D级土地的同一英亩上，结果第一次投资提供了4夸特，第二次投资提供了3夸特，第三次投资提供了2夸特，最后一次投资提供了1夸特（或者把这个序列反过来也行），那么，收益最小的资本部分所提供的1夸特的价格＝3镑，就不会提供级差地租，但是只要生产价格为3镑的小麦的供给仍有必要，它就会决定生产价格。既然按照假定生产是以资本主义方式进行的，因而在3镑价格中已经包含着资本2$\frac{1}{2}$镑一般都会提供的平均利润，那么，其他三个各2$\frac{1}{2}$镑的资本部分，都会依产品的差额而产生超额利润，因为它们的产品都不是按照自己的生产价格出售的，而是按照那个收益最小的2$\frac{1}{2}$镑的投资的生产价格出售的；这个收益最小的投资不提供地租，而且它的产品的价格是按照生产价格的一般规律决定的。超额利润的形成，将和表I相同。

这里再一次表明，级差地租II是以级差地租I为前提的。一个2$\frac{1}{2}$镑的资本提供的最低限额的产品，即在最坏土地上提供的产品，在这里被假定是1夸特。现在假定，D级土地的租地农场主，除了投入2$\frac{1}{2}$镑，为他提供4夸特，并且他也要为此支付3夸特的级差地租以外，还在同一土地上投入2$\frac{1}{2}$镑，但只为他提供1夸特，和投在最坏土地A上的等量资本一样。在这种场合，这就会是一个不提供地租的投资，因为它只为这个农场主提供平均利润。这里没有任何可以转化为地租的超额利润。可是，另一方面，在D上的第二次投资

---

①见本卷第746页。——编者注

的收益的减少,也不会对利润率有任何影响。这就如同$2\frac{1}{2}$镑新投在A级另一英亩土地上一样。这种情况决不会影响超额利润,所以也不会影响A、B、C、D各级土地的级差地租。但对租地农场主来说,D级土地上这$2\frac{1}{2}$镑的追加投资,按照假定,也应和D级一英亩土地上原来的$2\frac{1}{2}$镑投资一样有利,虽然后者提供的是4夸特的产量。如果还有两个各$2\frac{1}{2}$镑的投资,第一个提供了3夸特,第二个提供了2夸特的追加产品,那么,和D级土地的第一次投资即生出4夸特因而提供3夸特超额利润的$2\frac{1}{2}$镑投资的收益相比,就又出现了减少的情况。但是,这只是超额利润量的减少。这既不会影响平均利润,也不会影响起调节作用的生产价格。只有在造成超额利润减少的追加生产使A级土地的生产成为多余,因而把A级的一英亩土地从耕地中排挤出去时,才会发生这样的影响。在这种场合,D级一英亩土地上的追加投资的生产率的下降,势必引起生产价格的下降。例如,当B级一英亩土地成为调节市场价格的无租土地时,生产价格就会由3镑下降到$1\frac{1}{2}$镑。

D的产品现在$=4+1+3+2=10$夸特,而在以前$=4$夸特。但由B调节的每夸特的价格,下降到$1\frac{1}{2}$镑。D和B之间的差额$=10-2=8$夸特,按每夸特$1\frac{1}{2}$镑计算,$=12$镑,但D的货币地租以前$=9$镑。这一点是应当注意的。尽管两个各$2\frac{1}{2}$镑的追加资本的超额利润率都下降了,按每英亩计算的地租额还是增长$33\frac{1}{3}$%。

由此可见,尽管例如李嘉图对级差地租的论述极其片面,把它看做是很简单的事情[①],可是,级差地租,特别是在它的同第Ⅰ形式联

---

① 见本卷第731—732页。——编者注

系在一起的第II形式上，会引起多么复杂的种种组合。例如，以上我们看到：起调节作用的市场价格下降，而同时肥沃的土地的地租却增加，从而绝对产量和绝对超额产品都增加。（在级差地租I的下降序列中，每英亩的相对超额产品，从而地租，可能增加，虽然每英亩的绝对超额产品仍旧不变，甚至减少。）但是同时，在同一土地上相继投入的几个资本的生产率会减低，尽管其中大部分是用在比较肥沃的土地上。从一个观点来看——就产量和生产价格来说——，劳动生产率是提高了。但从另一个观点来看，劳动生产率是下降了，因为对同一土地上的不同投资来说，超额利润率和每英亩的超额产品都减少了。

级差地租II，在连续投入的几个资本的生产率下降的场合，只有当这些资本只能投入最坏土地A的时候，才必然会引起生产价格的上涨和生产率的绝对降低。如果一英亩A级土地本来用 $2\frac{1}{2}$ 镑的投资会提供1夸特，其生产价格为3镑，在追加投资 $2\frac{1}{2}$ 镑，即总共投资5镑时，总共只提供 $1\frac{1}{2}$ 夸特，那么，这 $1\frac{1}{2}$ 夸特的生产价格就＝6镑，因此1夸特的生产价格就＝4镑。在投资增加时，生产率的每一次下降，在这里就表现为每英亩产量的相对减少，但在较好的各级土地上，则只表现为多余的超额的产品的减少。

但是，按照事物的本性来说，发展集约化耕作，也就是说，在同一土地上连续进行投资，这主要是或在较大程度上是在较好土地上进行的。（我们说的不是那种会使以前不能使用的土地变为有用土地的永久性改良。）因此，连续投资下的肥力的下降，必然主要是以上述方式表现出来。较好土地所以被人看中，是因为这种土地包含有肥力的大多数自然要素只待利用，最有希望为投在它上面的资本生利。

谷物法[68]废除后，在英国，耕作是更加集约化了；以前种植小麦的大量土地被用在其他的目的上,特别是变成了牧场,另一方面,最适于种植小麦的肥沃土地,也进行了排水及其他的改良;因此,种植小麦的资本已经集中在更狭小的土地面积上了。

在这种情况下——而最好土地的最大超额利润和无租的A级土地的产量之间的种种可能的超额率,在这里不是和每英亩超额产品的相对增加,而是和它的绝对增加相一致——,新形成的超额利润(可能的地租)所代表的,并不是以前的平均利润中现在已经转化为地租的部分(以前代表平均利润的产品部分),而是追加的超额利润,它由这个形式转化为地租。

另一方面,只有在下述情况下,即在谷物需求增加,以致市场价格上涨到A的生产价格以上,从而A、B或任何其他一级土地的超额产品只能按高于3镑的价格来供应的情况下,A、B、C、D中任何一级土地上追加投资的收获的减少,才会引起生产价格和起调节作用的市场价格的上涨。只要这个情况长期继续下去并且没有出现耕种追加的A级土地(至少A级质量的土地)的现象,或者没有其他的影响使谷物的供给变便宜,那么在其他情况不变时,工资就会因面包价格上涨而上涨,利润率就会相应下降。在这个场合,增加的需求不管是通过耕种比A更坏的土地来满足,还是通过追加四级土地中任何一级土地上的投资来满足,都是无关紧要的。级差地租的增加都和利润率的下降结合在一起。

这是一种情况,在这种情况下,已耕地上以后追加的资本的生产率的下降,能够引起生产价格的上涨、利润率的下降和较高的级差地租的形成,因为在这样的条件下,所有各级土地的级差地租都会增加,就好像现在已经由比A更坏的土地来调节市场价格一样。而李嘉图把这一种情况说成是唯一的情况,正常的情况,他把级差地租Ⅱ

的全部形成,都归结为这种情况。①

如果耕种的只是A级土地,在它上面的连续投资又没有引起产品的按比例的增加,情况也确实会是这样。

因此,在这里,在级差地租II的场合,级差地租I已经完全被人忘记了。

除了这种情况,即已耕地提供的供给已经不够,从而市场价格长期高于生产价格,直到来耕种新追加的较坏土地,或者,投在各级土地上的追加资本的总产品只能按高于以前的生产价格来供应,——除了这种情况,追加资本的生产率的按比例的下降,则不会影响起调节作用的生产价格和利润率。此外,可能还有如下三种情况:

(a)如果A、B、C、D任何一级土地上的追加资本只提供由A的生产价格决定的利润率,那么就不会形成任何超额利润,从而也不会形成任何可能的地租,正如耕种追加的A级土地时的情况一样。

(b)如果追加的资本提供较高的产量,那么,不言而喻,只要起调节作用的价格保持不变,就会形成新的超额利润(可能的地租)。但也并不必然是这种情形,也就是说,如果这种追加生产把A级土地从耕地中排挤出去,从而把它从互相竞争的各级土地序列中排挤出去时,情形就不是这样。这时,起调节作用的生产价格就会下跌。如果这种下跌和工资的下降结合在一起,或者,如果比较低廉的产品成为不变资本的要素,利润率就会提高。如果追加资本的生产率的提高发生在最好土地C和D上,那么,价格的下跌和利润率的提高会以怎样的程度同更大的超额利润(也就是更大的地租)的形成结合在一起,这就完全取决于新追加的资本的生产率提高的程度和新追

---

① 见本卷第731—732页。——编者注

加的资本的数量。工资不下降,利润率也可以因不变资本的要素变得便宜而提高。

(c)如果追加的投资伴有超额利润的减少,但它的产量超过A级土地上的等量资本的产量而形成余额,那么,只要这个增加了的供给不致把A级土地从耕地中排挤出去,在一切情况下都会形成新的超额利润,而且可以同时在D、C、B、A各级土地上形成新的超额利润。相反地,如果把最坏土地A从耕地中排挤出去,起调节作用的生产价格就会下跌,而以货币表现的超额利润从而级差地租是增加还是减少,就取决于每夸特价格的减少和形成超额利润的夸特数的增加这二者之间的对比关系。但是,不管怎样,有一点值得注意:在各个连续投资的超额利润减少时,生产价格并不像乍看起来那样必然上涨,而是可能下跌。

这些超额收益减少的追加投资,和如下的情况是完全符合的:例如,有四个各$2\frac{1}{2}$镑的新的独立的资本,投在其肥力介于A和B之间、B和C之间以及C和D之间的各种土地上,并分别生产出$1\frac{1}{2}$夸特、$2\frac{1}{3}$夸特、$2\frac{2}{3}$夸特和3夸特。在所有这几种土地上,所有这四个追加的资本都会形成超额利润,即可能的地租,虽然超额利润率同相应的较好土地上的等量投资的超额利润率相比是下降了。而且,不管这四个资本是全部投在D或其他土地上面,还是分配在D和A之间,都完全一样。

现在我们来谈谈级差地租的两种形式之间的一个本质区别。

在生产价格不变和差额不变时,就级差地租I来说,每英亩的平均地租或按资本计算的平均地租率,可以同地租总额一起增加;但是,这个平均只是一个抽象。按每英亩或按资本计算的实际地租额,在这里仍然不变。

就另一形式来说，在相同的前提下，按英亩计算的地租额却可以增加，虽然按所投资本计算的地租率仍然不变。

我们假定，在A、B、C、D每一级土地上的投资不是$2\frac{1}{2}$镑，而是5镑，也就是说，总投资不是10镑，而是20镑，在它们的相对肥力不变的情况下，生产增加一倍。这就如同耕种其中每一级土地不是一英亩而是二英亩但费用不变时的情况完全一样。利润率保持不变，它和超额利润或地租的比率也仍旧不变。但如果A现在提供2夸特，B提供4夸特，C提供6夸特，D提供8夸特，那么，因为这种增加不是由于资本不变时肥力增加一倍，而是由于资本加倍时肥力的比例不变，所以生产价格仍和以前一样是每夸特3镑。现在A的2夸特的费用是6镑，而以前是1夸特3镑。在所有这四级土地上，利润都增加一倍，但只是因为所投资本增加了一倍。地租也会按相同的比例增加一倍；对B来说，地租不是1夸特，而是2夸特；对C来说，不是2夸特，而是4夸特；对D来说，不是3夸特，而是6夸特；与此相适应，B、C、D的货币地租，也分别是6镑、12镑、18镑。每英亩的货币地租和每英亩的产量一样增加一倍，因此，这个货币地租借以资本化的土地价格，也增加一倍。照这样计算，谷物地租和货币地租，从而土地价格，都提高了，因为作为计算标准的英亩，是一块大小不变的土地。相反，在按所投资本计算的地租率上，地租的比例量没有发生任何变化。36镑的地租总额和20镑的投资之比，等于18镑的地租总额和10镑的投资之比。每一级土地的货币地租和它上面所投的资本之比，也是这样；例如，拿C级土地来说，12镑地租和5镑资本之比，等于以前6镑地租和$2\frac{1}{2}$镑资本之比。在这里，在所投资本之间没有出现任何新的差额，但是产生了新的超额利润，这只是因为追加资本投在任何一级提供地租的土地上，或投在各级提供地租的土地上,会按同样的比例提供产量。例如,如果加倍的投资只投在C上面,那么,C、B、D之间的按资本计算的级差地租仍旧不变;因为得自土地C的地租额增加一倍时,所投资本也增加一倍。

由此可见,在生产价格不变,利润率不变和差额不变(因而,按资本计算的超额利润率或地租率也不变)时,每英亩的产品地租额和货币地租额,从而土地的价格,都可能提高。

在超额利润率下降,从而地租率下降时,也就是说,在那些仍旧提供地租的追加投资的生产率下降时,也能发生同样的情况。如果第二个$2\frac{1}{2}$镑的投资没有使产量增加一倍,而是B只提供$3\frac{1}{2}$夸特,C只提供5夸特,D只提供7夸特,那么,这第二个$2\frac{1}{2}$镑投资的级差地租,对B来说就不是1夸特而只是$\frac{1}{2}$夸特,对C来说就不是2夸特而是1夸特,对D来说就不是3夸特而是2夸特。对两个连续投入的资本来说,地租和资本之比如下:

第一个投资		第二个投资	
B:地租3镑	资本$2\frac{1}{2}$镑	地租$1\frac{1}{2}$镑	资本$2\frac{1}{2}$镑
C:地租6镑	资本$2\frac{1}{2}$镑	地租3镑	资本$2\frac{1}{2}$镑
D:地租9镑	资本$2\frac{1}{2}$镑	地租6镑	资本$2\frac{1}{2}$镑

尽管资本的相对生产率,因而按资本计算的超额利润率下降,但谷物地租和货币地租,对B来说还是由1夸特增加到$1\frac{1}{2}$夸特(由3镑增加到$4\frac{1}{2}$镑);对C来说还是由2夸特增加到3夸特(由6镑增加到9镑);对D来说还是由3夸特增加到5夸特(由9镑增加到15镑)。在这个场合,各个追加的资本和投在A上面的资本相比的差额都已减少,生产价格则仍旧不变,但每英亩的地租增加了,因而每英亩的

土地价格也提高了。

关于级差地租II(它的前提是以级差地租 I 作为自己的基础)的种种组合,我们下面来谈。

第四十一章

级差地租II——第一种情况：
生产价格不变

这个前提意味着：市场价格仍由投在最坏土地A上的资本调节。

I. 如果投在任何一级提供地租的土地B、C、D上的追加资本，只和投在A级土地上的同量资本生产一样多的东西，也就是说，如果这个追加资本只按起调节作用的生产价格来提供平均利润，不提供任何超额利润，那么，它对地租的影响就等于零。一切都照旧。这就等于，有任意英亩数的A级土地即最坏土地加入耕地面积。

II. 假定追加资本在每级土地上，都生产出和各自的量成比例的追加产品；也就是说，产量会依照各级土地特有的肥力，并按追加资本增加的比例而增加。我们在第三十九章的出发点是下表：

表　I

土地等级	英亩	资本（镑）	利润（镑）	生产费用（镑）	产量（夸特）	售价（镑）	收益（镑）	地租		超额利润率
								夸特	镑	
A	1	$2\frac{1}{2}$	$\frac{1}{2}$	3	1	3	3	0	0	0
B	1	$2\frac{1}{2}$	$\frac{1}{2}$	3	2	3	6	1	3	120%
C	1	$2\frac{1}{2}$	$\frac{1}{2}$	3	3	3	9	2	6	240%
D	1	$2\frac{1}{2}$	$\frac{1}{2}$	3	4	3	12	3	9	360%
合计	4	10	—	12	10	—	30	6	18	—

现在这个表已经变为：

表　II

土地等级	英亩	资本（镑）	利润（镑）	生产费用（镑）	产量（夸特）	售价（镑）	收益（镑）	地租		超额利润率
								夸特	镑	
A	1	$2\frac{1}{2} + 2\frac{1}{2} = 5$	1	6	2	3	6	0	0	—
B	1	$2\frac{1}{2} + 2\frac{1}{2} = 5$	1	6	4	3	12	2	6	120%
C	1	$2\frac{1}{2} + 2\frac{1}{2} = 5$	1	6	6	3	18	4	12	240%
D	1	$2\frac{1}{2} + 2\frac{1}{2} = 5$	1	6	8	3	24	6	18	360%
	4	20	—	—	20	—	60	12	36	—

在这里,没有必要像表中那样,使所有各级土地的投资都加倍。只要在一级或几级提供地租的土地上使用了追加资本,不管比例是多少,规律总是一样。所需要的只是,每一级土地的产量都按资本增加的比例而增加。在这里,地租的提高只是土地投资增加的结果,而且是和资本的这种增加成比例的。产量和地租的这种增加是投资增加的结果,而且是和投资的增加成比例的,就产量和地租量来说,这种增加就好像发生下述情形一样:提供地租的同质土地的耕种面积已经扩大,并且使用和过去在同级土地上投入的同样多的资本来进行耕种。例如,拿表II来说,如果把每英亩 $2\frac{1}{2}$ 镑的追加资本分别投在B、C、D各级土地的另外一英亩上,那么,结果是一样的。

其次,这个例子的前提不是资本的使用更有效,而只是在同一土地面积上以同一效益投入更多的资本。

在这里,一切比例关系都仍旧不变。当然,如果我们不考察比例差额,而只考察纯粹的算术差额,那么,各级土地的级差地租是会变动的。例如,我们假定,追加资本只投在B和D上。这样,D和A的差额就=7夸特,而以前=3夸特;B和A的差额就=3夸特,而以前=1夸特;C和B的差额是=-1,而以前=+1,等等。这个算术差额,在级差地租I的场合,就它表示等量投资的生产率的差别来说,是有决定意义的,但在这里没有任何意义,因为这个算术差额只是在每个相等资本部分在不同地块上的差额仍旧不变的情况下,投资追加或不追加的不同情况的结果。

III. 追加资本带来超额产品,因而产生超额利润,不过比率下降,不和追加资本的增加成比例。

表　III

土地等级	英亩	资本（镑）	利润（镑）	生产费用（镑）	产量（夸特）	售价（镑）	收益（镑）	地租		超额利润率
								夸特	镑	
A	1	$2\frac{1}{2}$	$\frac{1}{2}$	3	1	3	3	0	0	0
B	1	$2\frac{1}{2}+2\frac{1}{2}=5$	1	6	$2+1\frac{1}{2}=3\frac{1}{2}$	3	$10\frac{1}{2}$	$1\frac{1}{2}$	$4\frac{1}{2}$	90%
C	1	$2\frac{1}{2}+2\frac{1}{2}=5$	1	6	$3+2\ =5$	3	15	3	9	180%
D	1	$2\frac{1}{2}+2\frac{1}{2}=5$	1	6	$4+3\frac{1}{2}=7\frac{1}{2}$	3	$22\frac{1}{2}$	$5\frac{1}{2}$	$16\frac{1}{2}$	330%
—		$17\frac{1}{2}$	$3\frac{1}{2}$	21	17	—	51	10	30	—

在这第三种假定的情况下,追加投资即第二次投资是均等地还是不均等地分配在各级土地上,超额利润的生产是按相等的比率还是按不相等的比率下降,追加的投资是全部投在同一级提供地租的土地上,还是均等地或不均等地分配在各级提供地租的土地上,这都是无关紧要的。所有这些情况对这里所要说明的规律都是无关紧要的。这里唯一的前提是,对任何一种提供地租的土地的追加投资都会提供超额利润,但它提供的超额利润和资本的增加量之间的比率会下降。这种下降的界限,以上表为例来说,是在4夸特＝12镑(在最好土地D上第一次投资的产品)和1夸特＝3镑(在最坏土地A上同量投资的产品)之间变动。在连续投资的生产率降低的情况下,对于任何一种提供超额利润的土地上的连续投资所提供的产品来说,投在最好土地上的资本I的产量构成最高界限,投在不提供地租、没有超额利润的最坏土地A上的等额资本的产量构成最低界

限。如果说第II种假定相当于发生如下情况：在较好土地中有新的同质地块加入耕种面积，耕地中某种耕地数量增加了；那么第III种假定则相当于发生这样的情况：有追加地块投入耕种，它们的等级不同的肥力分配在D和A之间，也就是分配在最好土地的地块和最坏土地的地块之间。如果连续投资只投在D级土地上，它们就能够包容D和A之间现有的差别，也包容D和C之间的差别，同样也包容D和B之间的差别。如果它们全部投在C级土地上，那就只会包容C和A之间或C和B之间的差别；如果它们全部投在B级土地上，那就只包容B和A之间的差别。

规律是：在所有各级土地上，地租都会绝对增加，虽然这种增加并不和追加投资成比例。

不论就追加资本来说，还是就全部投在土地上的资本来说，超额利润率都降低了；但超额利润的绝对量却增加了；正如整个资本的利润率的下降通常总是和利润绝对量的增加结合在一起一样。例如，在B上面的投资的平均超额利润率＝资本的90%，而它的第一次投资的平均超额利润率却＝120%。但总的超额利润已经由1夸特增加到 $1\frac{1}{2}$ 夸特，由3磅增加到 $4\frac{1}{2}$ 磅。总地租，就它本身来看——不和预付资本的已经加倍的数量相联系——是绝对增加了。各级土地的地租的差额以及它们互相之间的比例在这里会发生变动；但差额的这种变动，在这里是各地租互相比较有所增加的结果，而不是这种增加的原因。

IV. 关于较好土地上的追加投资比原来的投资产量大的情形，不需要作进一步的分析。不言而喻，在这种假定下，每英亩的地租会增加，并且增加的比例大于追加资本，不论这种资本投在哪一级土地上。在这个场合，追加的投资和土地的改良是结合在一起的。这里意味着一个较小的追加资本和从前一个较大的追加资本相比会产生同样或更大的效果。这种情况和上述情况不完全一致；而这种区别对一切投资来说都是重要的。例如，如果100提供的利润是10，而在一定形式上使用的200提供的利润是40，那么利润就由10％增加到20％；这就等于，如果50使用得更有效，它所提供的利润不是5，而是10。在这里，我们假定，利润的增加和产量的按比例增加结合在一起。不过，所不同的是，在一个场合，我必须把资本加倍，而在另一个场合，我用以前的资本获得加倍的效果。第一，我是用以前一半的活劳动和对象化劳动，生产出同以前一样多的产品；或者第二，是用同量的劳动，生产出两倍于以前的产品；或者第三，是用加倍的劳动，生产出四倍于以前的产品，这几种情况是完全不同的。在第一种情况下，劳动以活的或对象化的形式游离出来，可以用在别的地方；对劳动和资本的支配能力将会增加。资本（和劳动）的游离本身，就是财富的增加；其作用就像通过积累而获得这个追加资本是一样的，只不过节省了从事积累的劳动。

假定一个100的资本生产了10米长的产品。这100包括不变资本，也包括活劳动和利润。所以每米的费用是10。现在，如果我能够用同样一个100的资本生产20米，每米的费用就是5。但是，如果我能用资本50生产10米，1米的费用也是5；只要原来的商品供给是足够的，就会有50的资本游离出来。如果我必须投入资本200来生产40米，每米的费用也是5。在这里，在价值规定或甚至价格规定上，看不出什么区别；在产量和资本预付的比率上，也看不出什么区别。不过，在第一种情况下，会有资本游离出来；在第二种情况下，在需要加倍生产时，可以节省追加资本；在第三种情况下，只有增加预付资本才能得到增加的产品，虽然和增加的产品要由旧有生产力来提供的场合相比,预付资本并不是按相同的比例增加。(这属于第一篇。)

从资本主义生产的观点来看,如果重视的不是剩余价值的增加,而是成本价格的下降,——在起调节作用的生产价格仍旧不变时,甚至剩余价值形成要素即劳动上的费用的节省,也会使资本家得到这种好处,并为他形成利润,——那么,使用不变资本总是比使用可变资本更便宜。这实际上是以同资本主义生产方式相适应的信用发展和借贷资本的充裕为前提的。一方面,我使用100镑追加的不变资本,假定100镑就是5名工人一年的产品;另一方面,又把100镑用在可变资本上。如果剩余价值率=100%,5名工人所创造的价值就=200镑;相反,100镑不变资本的价值=100镑,而作为资本,也许在利息率=5%时,便=105镑。相同的货币额,根据它们在生产上是作为不变资本的价值量还是作为可变资本的价值量来预付,从它们的产品来看会表现极不相同的价值。其次,至于商品的费用,从资本家的观点来看,还有这样的区别:在100镑的不变资本中,在它是投在固定资本上面的时候,只有损耗部分加入商品的价值,而投在工资上面的100镑,却必须完全在商品的价值中再生产出来。

在殖民地移民那里,一般地说,在独立小生产者(他们完全没有资本,或付高额利息才能取得资本)那里,代表工资的那部分产品是他们的收入,而对资本家来说,这部分产品却代表资本预付。所以,前者会把这种劳动支出看做劳动收益的必要先决条件,而这种劳动收益也就是他首先考虑的事情。至于扣除必要劳动以后的剩余劳动,在任何情况下都是实现在剩余产品中;只要他能够把这种产品出售,或者自己使用,他就会把它看做是不费他分文的产品,因为在它上面没有花费任何对象化劳动。对他来说,只有对象化劳动的耗费,才是财富的让渡。他当然想按尽可能高的价格出售；但对他来说，即使低于价值和低于资本主义生产价格出售，总还是有了利润，只要这种利润没有由于借贷、抵押等等而已经预先被人拿去。相反，对资本家来说，无论可变资本的支出，还是不变资本的支出，都是资本的预付。在其他一切条件相同时，预付的不变资本相对地较多，会减低成本价格，并且实际上也会减低商品的价值。因此，虽然利润单纯来自剩余劳动，单纯来自可变资本的使用，但资本家个人仍然会认为，活劳动是他的生产费用中花费最大的、最需要缩减到最低限度的要素。这不过是以资本主义的歪曲的形式反映如下事实：使用过去的劳动相对多于活劳动，这意味着社会劳动生产率的提高和社会财富的增加。可见，从竞争的观点看，一切都失真了，一切都颠倒地表现出来。

在生产价格不变的前提下，追加投资可以在生产率不变、提高或降低的条件下投在较好土地上，即B级以上的各级土地上。在我们的前提下，对A级土地的追加投资，只有在生产率不变时（在这个场合，A级土地仍旧不会提供地租），或在生产率提高时（在这个场合，投在A级土地上的资本有一部分会提供地租，但其余的部分不会），才有可能。但是，在假定A的生产力降低的场合，这是不可能的，因为这时候生产价格已经不是不变，而是上涨。不过，在所有这一切情况下，也就是说，无论各追加投资带来的超额产品是和投资的量保持原来的比例，还是高于这个比例，或低于这个比例，从而，在资本增加时，无论资本的超额利润率是不变，是上涨，还是下降，每英亩的超额产品以及与之相应的超额利润都会增加，从而地租，谷物地租和货币地租，也会增加。按每英亩计算的超额利润（或地租）的单纯数量的增加，也就是，按一个不变单位(这里就是任何一定量的土地,一英亩或一公顷)计算的超额利润量的增加,在这里表现为增长的比例。所以,在这些情况下,按每英亩计算的地租量的增加,只是投在土地上的资本的增加的结果。而且这个结果是在生产价格不变的时候发生的,无论追加资本的生产率是不变,是降低,还是提高,都是一样。后面这些情况会影响每英亩的地租量增加的数目,但不会影响这个增加的事实本身。这就是级差地租II所特有的、使它同级差地租I区别开来的现象。如果追加的投资不是在时间上相继地投在同一土地上,而是在空间上并行地投在新的、质量相当的追加土地上,地租的总量将会增加,并且正如前面指出的,总耕地面积的平均地租也会增加,但每英亩的地租量不会增加。如果从总生产的和超额产品的总量和价值来看,结果保持不变,那么资本在较小土地上的积聚就会增进每英亩的地租量,而在相同的情况下,资本在较大土地上的分散,在其他条件不变时,却不会引起这个结果。但资本主义生产方式越发展,资本就越是积聚在同一土地上,所以按每英亩计算的地租也就越提高。因此,如果有两个国家,它们的生产价格是一样的,各级土地间的差别是一样的,所投资本的总额也是相同的,但是其中一国主要采用在有限土地上连续投资的形式,另一国主要采用在比较广阔的土地上并行投资的形式,那么,每英亩的地租,从而土地的价格,在前一个国家就比较高,而在后一个国家就比较低,虽然地租总额在这两个国家是相等的。因此在这里,地租量的差别既不能由各级土地的自然肥力的差别来说明,也不能由所用劳动的数量来说明,而只能由不同的投资方法来说明。

在这里,我们说超额产品时,总是指产品中那个代表超额利润的相应部分。在其他地方,我们说剩余产品或超额产品时,却是指那个代表全部剩余价值的产品部分,在个别场合,也指那个代表平均利润的产品部分。我们在论述提供地租的资本时赋予这个名词的特殊意义,正如以前表明的,是会引起误解的。

第四十二章

级差地租II——第二种情况：
生产价格下降

当追加投资的生产率不变、降低或提高时，生产价格都可能下降。

I. 追加投资的生产率不变

这个情况假定：各级土地的产量，会按照土地的质量，随着投在土地上的资本的增加而按同一程度增加。这意味着：在各级土地的差别不变时，超额产品按投资增加的比例而增加。所以，这个情况排除了A级土地上任何一个会影响级差地租的追加投资。A级土地的超额利润率＝0；因此，它现在仍然＝0，因为已经假定，追加资本的生产力不变，因而超额利润率也不变。

在这些假定的条件下，起调节作用的生产价格所以能够下跌，只是因为起调节作用的已经不是A级土地的生产价格，而是较好一级的B级土地的生产价格，或任何一种比A好的土地的生产价格；这样，资本就会从A级土地上抽出，或者，如果是C级土地的生产价格起调节作用,因而一切较坏土地都从种植小麦的土地的竞争中退出来,资本就会从A和B两级土地上抽出。在上述的假定下,做到这一点的条件是,追加投资的追加产品足以满足需要,以致较坏土地A等等的产品对于保证供给已经成为多余。

我们拿表II来说,但假定满足需要所需的是18夸特,而不是20夸特。这时,A会退出;B和它的每夸特30先令的生产价格将起调节作用。因此,级差地租会取得如下的形式:

表　IV

土地等级	英亩	资本(镑)	利润(镑)	生产费用(镑)	产量(夸特)	每夸特售价(镑)	收益(镑)	地租		超额利润率
								谷物(夸特)	货币(镑)	
B	1	5	1	6	4	$1\frac{1}{2}$	6	0	0	0
C	1	5	1	6	6	$1\frac{1}{2}$	9	2	3	60%
D	1	5	1	6	8	$1\frac{1}{2}$	12	4	6	120%
合计	3	15	3	18	18	—	27	6	9	—

因此,和表II相比,总地租已经由36镑减少到9镑,谷物地租也已经由12夸特减少到6夸特;总产量只减少2夸特,由20夸特减少到18夸特。按资本计算的超额利润率,却已经下降到原来的三分之一,由180%减少到60%。所以在这个场合,随着生产价格的下降,谷物地租和货币地租也会减少。

和表I相比,只是货币地租减少了;谷物地租在两个场合都是6夸特;不过在一个场合＝18镑,在另一个场合＝9镑。对C级土地来说,谷物地租和表I相比是一样的。事实上,通过作用相等的追加资本所完成的追加生产,A的产品被排除出市场,因而A级土地被排除出竞争的生产要素之列,一个新的级差地租I已经形成,在这种地租上,较好的B级土地起着从前较坏的A级土地所起的同一作用。因此,一方面,B的地租没有了;另一方面,按照假定,B、C和D之间的差额不会因为投入追加资本而发生变化。因此,转化为地租的产品部分就减少了。

如果出现上述结果——即把A级土地除外,仍能满足需求——,是因为投在C或D或这两级土地上的资本已经增加一倍以上,那么,情形就会不同。例如,如果在C上面有了第三次投资,我们就会得到下表:

表　IVa

土地等级	英亩	资本（镑）	利润（镑）	生产费用（镑）	产量（夸特）	售价（镑）	收益（镑）	地租		超额利润率
								谷物（夸特）	货币（镑）	
B	1	5	1	6	4	$1\frac{1}{2}$	6	0	0	0
C	1	$7\frac{1}{2}$	$1\frac{1}{2}$	9	9	$1\frac{1}{2}$	$13\frac{1}{2}$	3	$4\frac{1}{2}$	60%
D	1	5	1	6	8	$1\frac{1}{2}$	12	4	6	120%
合计	3	$17\frac{1}{2}$	$3\frac{1}{2}$	21	21	—	$31\frac{1}{2}$	7	$10\frac{1}{2}$	—

和表IV相比,在这里,C的产量由6夸特增加到9夸特,超额产品由2夸特增加到3夸特,货币地租由3镑增加到$4\frac{1}{2}$镑。但同表

II（在那里，C的货币地租是12镑）和表I（在那里，C的货币地租是6镑）相比，C的货币地租已经下降。谷物地租总额＝7夸特，和表II（12夸特）相比已经下降，但和表I（6夸特）相比已经增加；货币地租总额（$10\frac{1}{2}$镑）和两表（18镑和36镑）相比都已经下降。

如果第三次投资中$2\frac{1}{2}$镑是投在B级土地上，那么，生产量固然会发生变化，但地租不受影响，因为按照假定，各个连续的投资不会在同级土地上造成任何差额，并且B级土地不会提供任何地租。

相反，假定第三次投资是投在D级土地上，而不是投在C级土地上，我们就会得到下表：

表　IVb

土地等级	英亩	资本（镑）	利润（镑）	生产费用（镑）	产量（夸特）	售价（镑）	收益（镑）	地租（夸特）	地租（镑）	超额利润率
B	1	5	1	6	4	$1\frac{1}{2}$	6	0	0	0
C	1	5	1	6	6	$1\frac{1}{2}$	9	2	3	60%
D	1	$7\frac{1}{2}$	$1\frac{1}{2}$	9	12	$1\frac{1}{2}$	18	6	9	120%
合计	3	$17\frac{1}{2}$	$3\frac{1}{2}$	21	22	—	33	8	12	—

在这里，总产量是22夸特，比表I增加一倍还多，虽然预付资本只是$17\frac{1}{2}$镑比10镑，增加还不到一倍。和表II相比，总产量多2夸特，虽然表II的预付资本更大，是20镑。

和表I相比，D级土地的谷物地租已经由3夸特增加到6夸特，货币地租仍旧不变,还是9镑。和表II相比,D级土地的谷物地租仍旧是6夸特,但货币地租由18镑减少到9镑。

再说总地租,表IVb的谷物地租=8夸特,比表I的6夸特多,也比表IVa的7夸特多,但比表II的12夸特少。表IVb的货币地租=12镑,比表IVa的$10\frac{1}{2}$镑多,比表I的18镑少,也比表II的36镑少。

在表IVb的各种条件下,在B没有地租后,要使地租总额仍然和表I的地租总额相等,我们必须再有6镑的超额利润,也就是必须再有4夸特,每夸特的新的生产价格是$1\frac{1}{2}$镑。这样,我们就会又有一个18镑的地租总额,和表I相同。为此所需要的追加资本的量,要看我们是把这个资本投在C上还是投在D上,还是分开投在这两种土地上而有所不同。

对C来说,5镑资本会提供2夸特的超额产品,所以10镑追加资本将会提供4夸特的追加超额产品。对D来说,5镑的追加额,在追加投资的生产率不变这一在这里作为基础的前提下,已经足够生产4夸特的追加谷物地租。由此,我们可以得出如下的结果。

表　IVc

土地等级	英亩	资本(镑)	利润(镑)	生产费用(镑)	产量(夸特)	售价(镑)	收益(镑)	地租		超额利润率
								(夸特)	(镑)	
B	1	5	1	6	4	$1\frac{1}{2}$	6	0	0	0
C	1	15	3	18	18	$1\frac{1}{2}$	27	6	9	60%
D	1	$7\frac{1}{2}$	$1\frac{1}{2}$	9	12	$1\frac{1}{2}$	18	6	9	120%
合计	3	$27\frac{1}{2}$	$5\frac{1}{2}$	33	34	—	51	12	18	—

表　IVd

土地等级	英亩	资本（镑）	利润（镑）	生产费用（镑）	产量（夸特）	售价（镑）	收益（镑）	地租		超额利润率
								（夸特）	（镑）	
B	1	5	1	6	4	$1\frac{1}{2}$	6	0	0	0
C	1	5	1	6	6	$1\frac{1}{2}$	9	2	3	60%
D	1	$12\frac{1}{2}$	$2\frac{1}{2}$	15	20	$1\frac{1}{2}$	30	10	15	120%
合计	3	$22\frac{1}{2}$	$4\frac{1}{2}$	27	30	—	45	12	18	—

货币地租总额恰好是表II(在那里,追加资本是在生产价格不变的条件下投入的)的货币地租总额的一半。

最重要的是,把以上二表和表I相比。

我们看到,当生产价格下降一半,由每夸特60先令跌到30先令时,货币地租总额不变,仍旧是18镑,谷物地租则相应地增加一倍,由6夸特增加到12夸特。B的地租没有了;C的货币地租在表IVc增加一半,在表IVd则减少一半;D的货币地租在表IVc仍旧=9镑,在表IVd则由9镑增加到15镑。产量已经由10夸特增加到表IVc的34夸特和表IVd的30夸特;利润已经由2镑增加到表IVc的$5\frac{1}{2}$镑和表IVd的$4\frac{1}{2}$镑。总投资在一个场合由10镑增加到$27\frac{1}{2}$镑,在另一场合由10镑增加到$22\frac{1}{2}$镑,所以在这两个场合都增加一倍以上。地租率,即按预付资本计算的地租,对每级土地来说,在从表IV到表IVd的所有的表上都是一样。这一点已经包含在如下假定中:每一级土地上两个连续投资的生产率不变。但是,和表I相比,无论就所有各级土地的平均情况来说,还是就每级土地的个别情况来说，地租率都已经下降。在表I，地租率平均＝180％，而在表IVc，平均＝$\frac{18}{27\frac{1}{2}}\times 100 = 65\frac{5}{11}$％，在表IVd，平均＝$\frac{18}{22\frac{1}{2}}\times$100＝80％。每英亩的平均货币地租已经增加。它的平均数以前在表I是按全部4英亩计算，每英亩$4\frac{1}{2}$镑，现在在表IVc和表IVd，按3英亩计算，每英亩6镑。按提供地租的土地计算，货币地租的平均数以前是每英亩6镑，现在是每英亩9镑。所以每英亩地租的货币价值已经提高，并且现在代表比以前多一倍的谷物产品；但是现在12夸特谷物地租还不到总产量34夸特或30夸特的一半，而在表I，6夸特已经代表总产量10夸特的$\frac{3}{5}$。所以，地租作为总产量的一部分来看虽然已经减少，按所投资本计算，也已经减少，但它的货币价值按每英亩计算已经增加，它的产品价值增加得更多。我们拿表IVd中的D级土地来说，这里生产费用＝15镑，其中所投资本＝$12\frac{1}{2}$镑。货币地租＝15镑。在表I，同一个D级土地的生产费用＝3镑，所投资本＝$2\frac{1}{2}$镑，货币地租＝9镑，后者等于生产费用的三倍，几乎等于资本的四倍。在表IVd，D的货币地租是15镑，恰好与生产费用相等，只比资本大$\frac{1}{5}$。不过每英亩的货币地租已经大$\frac{2}{3}$，不是9镑，而是15镑。在表I，3夸特的谷物地租＝总产量4夸特的$\frac{3}{4}$；在表IVd，谷物地租是10夸特，等于D级土地一英亩的总产量（20夸特）的一半。由此可见，每英亩地租的货币价值和谷物价值能够增加，虽然它只形成总收益中变小的一部分，和预付资本相比也已经减少。

表I的总产量的价值＝30镑，地租＝18镑，超过总产量的价值的一半。表IVd的总产量的价值＝45镑，其中地租是18镑，不到总产量的价值的一半。

　　尽管每夸特的价格下降$1\frac{1}{2}$镑即50%,尽管参加竞争的土地由4英亩减少到3英亩,但总货币地租却仍然保持不变,而谷物地租还增加一倍,按每英亩计算的谷物地租和货币地租也都增加,其原因就在于已经生产出更多夸特的超额产品。谷物价格下跌50%,超额产品增加100%。但是,要得到这个结果,在我们现在假定的条件下,总产量必须增加两倍,较好土地上的投资也必须增加一倍以上。较好土地上的投资必须按怎样的比例增加,首先取决于追加投资在较好土地和最好土地之间是怎样分配的;这里总是假定,资本在每级土地上的生产率,都会同资本量成比例地增加。

　　如果生产价格下降的程度较小,产生同额货币地租所需要的追加资本就会较少。如果要把A从耕地中排挤出去所必需的供给——这不只取决于A每英亩的产量,而且也取决于A在全部耕地面积中所占的比例——已经更大了,因而比A好的各级土地所必需的追加资本量已经更大了,在其他条件不变的情况下,货币地租和谷物地租就会增加得更多,虽然二者在B级土地上都已不复存在。

　　如果从A级土地抽出的资本=5镑,那么要在这里加以比较的两个表就是表Ⅱ和表Ⅳd。总产量已经由20夸特增加到30夸特。货币地租却只有一半,是18镑而不是36镑;谷物地租仍旧不变=12夸特。

　　如果在D级土地上44夸特的总产量=66镑可以用$27\frac{1}{2}$镑资本生产出来——按照D原有的比率计算,每个$2\frac{1}{2}$镑的资本都有产品4夸特——,那么,地租总额就会重新达到表Ⅱ的水平,并且表的形式如下:

土地等级	资　本 (镑)	产　量 (夸特)	谷物地租 (夸特)	货币地租 (镑)
B	5	4	0	0
C	5	6	2	3
D	$27\frac{1}{2}$	44	22	33
合　计	$37\frac{1}{2}$	54	24	36

这里的总产量是54夸特,表II的总产量却是20夸特;货币地租仍旧一样,=36镑。但这里的总资本是$37\frac{1}{2}$镑,而表II是20镑。全部预付资本几乎增加一倍,产量几乎增加两倍;谷物地租已经增加一倍,但货币地租仍旧不变。所以,如果价格在生产率不变的情况下由于在提供地租的较好土地(即一切比A好的土地)上投入追加的货币资本而下降,总资本就会有一种不是同产量和谷物地租按同一比例增加的趋势;因此,价格下降所引起的货币地租的损失,又可以由谷物地租的增加得到补偿。这一规律也表现在下面一点上:如果预付资本投在C上的比投在D上的多,也就是说,投在提供地租较少的土地上的,比投在提供地租较多的土地上的多,预付资本就必须相应地增多。简单说来就是,为了使货币地租保持不变或增加,必须生产出超额产品的一定的追加额;为此所需的资本,在提供超额产品的土地的肥力越大时,将越小。如果B和C之间,C和D之间的差额更大,所需的追加资本就会更小。这个一定的比例,第一,要取决于价格下降的比例,即现在不提供地租的土地B和以前不提供地租的土地A之间的差额;第二,取决于B以上各级较好土地之间的差额的比例;第三,取决于新投入的追加资本的量;第四,取决于这个追加资本在各级土地上的分配。

事实上,我们知道,这个规律所表示的,不过是在谈第一种情况时已经阐明的事情:生产价格已定时,不管它的量是多少,地租都会因追加投资而增加。这是因为,由于A已被排挤出去,现在就有了一个新的级差地租Ⅰ,它以B为最坏土地,以每夸特$1\frac{1}{2}$镑为新的生产价格。这适用于表Ⅳ,也适用于表Ⅱ。规律是一样的,只是现在作为出发点的不是土地A,而是土地B,不是3镑的生产价格,而是$1\frac{1}{2}$镑的生产价格。

　　这里重要的一点只是:既然需要有若干追加资本,才能使资本从土地A抽出,并使供给在没有A的情况下也能得到满足,这就表明,在这种情况发生的同时,每英亩的地租可以仍旧不变、增加或减少,即使不是在所有土地上都是这样,至少在某些土地上和就已耕地的平均情况来说是这样。我们已经看到,谷物地租和货币地租的变动是不均衡的。只是由于传统,谷物地租在经济学上才仍然具有某种作用。我们同样也可以举出这样的情况:比如说,一个工厂主现在用他5镑的利润买到的棉纱可以比以前用他10镑的利润买到的棉纱多得多。不过,这无论如何已经说明,地主老爷们如果同时又是制造厂、制糖厂、酿酒厂等等的厂主或股东,在货币地租下降的时候,他们作为本人所需的原料的生产者,仍然可以获得很大的利益。(34)

---

　　(34)以上Ⅳa至Ⅳd各表由于包含一个贯串全部的计算上的错误而必须重新计算。这诚然不会影响这些表所阐明的理论观点,但关于每英亩的产量,这些表部分地包含着十分畸形的数值。这其实也是无关紧要的。在一切立体地形图和纵剖面地形图上,人们采用的垂直比例尺度总是显著地大于水平比例尺度。不过,如果有人觉得他的农民感情由此受到损害,他尽可以用任何他认为合适的数字,去乘英亩数。在表Ⅰ,我们可以用每英亩10蒲式耳、12蒲式耳、14蒲式耳、16蒲式耳(8蒲式耳=1夸特)来代替每英亩1夸特、2夸特、3夸特、4夸特。由此推出的其他各表的数字,仍然在概率的范围内;我们将会发现,其结果,即地租的增加和资本的增加之比,将会完全一样。下章由编者加进的各表就是这样编制的。——弗·恩·

II. 追加资本的生产率降低

这个情况不会引出什么新的东西,只要在这里假定,同刚才考察过的情况一样,生产价格所以能够下降只是因为追加资本投在比A好的土地上,A的产品已经变为多余,因而资本已经从A抽出,或A已经用在别种产品的生产上。这种情况已经在上面详细论述过了。已经指出,在相同的情况下,每英亩的谷物地租和货币地租可以增加、减少或者不变。

为了便于比较,我们先把表 I 抄在下面:

表 I

土地等级	英亩	资本(镑)	利润(镑)	每夸特的生产费用(镑)	产量(夸特)	谷物地租(夸特)	货币地租(镑)	超额利润率
A	1	$2\frac{1}{2}$	$\frac{1}{2}$	3	1	0	0	0
B	1	$2\frac{1}{2}$	$\frac{1}{2}$	$1\frac{1}{2}$	2	1	3	120%
C	1	$2\frac{1}{2}$	$\frac{1}{2}$	1	3	2	6	240%
D	1	$2\frac{1}{2}$	$\frac{1}{2}$	$\frac{3}{4}$	4	3	9	360%
合计	4	10	—	—	10	6	18	180%(平均)

现在我们假定B、C、D在生产率降低时提供的16夸特,已经足以把A从耕地中排挤出去,表III就会变成下表:

表　V

土地等级	英亩	投资(镑)	利润(镑)	产量(夸特)	售价(镑)	收益(镑)	谷物地租(夸特)	货币地租(镑)	超额利润率
B	1	$2\frac{1}{2}+2\frac{1}{2}$	1	$2+1\frac{1}{2}=3\frac{1}{2}$	$1\frac{5}{7}$	6	0	0	0
C	1	$2\frac{1}{2}+2\frac{1}{2}$	1	$3+2\ \ =5$	$1\frac{5}{7}$	$8\frac{4}{7}$	$1\frac{1}{2}$	$2\frac{4}{7}$	$51\frac{3}{7}\%$
D	1	$2\frac{1}{2}+2\frac{1}{2}$	1	$4+3\frac{1}{2}=7\frac{1}{2}$	$1\frac{5}{7}$	$12\frac{6}{7}$	4	$6\frac{6}{7}$	$137\frac{1}{7}\%$
合　计	3	15	—	16	—	$27\frac{3}{7}$	$5\frac{1}{2}$	$9\frac{3}{7}$	$94\frac{2}{7}\%$① (平均)

这里,追加资本的生产率降低,但各级土地上的降低额不等,同时起调节作用的生产价格由3镑下降到$1\frac{5}{7}$镑。投资增加了一半,由10镑增加到15镑。货币地租差不多降低一半,由18镑降到$9\frac{3}{7}$镑,谷物地租却只减少$\frac{1}{12}$,由6夸特减少到$5\frac{1}{2}$夸特。总产量由10夸特增加到16夸特,增加了60%。谷物地租占总产量三分之一强。预付资本和货币地租之比为$15:9\frac{3}{7}$,以前为$10:18$。

III. 追加资本的生产率提高

这个情况和本章开头论述的变例 I ——生产价格在生产率不变

---

① 在这里和在以下各表中,恩格斯算出的这个数字只是按提供地租的土地计算的平均数;按B—D计算的平均数 $=62\frac{6}{7}\%$。——编者注

时下跌——的区别只是在于:当需要一定数量的追加产品把A级土地排挤出去时,这种情况在这里可以更快地发生。

在追加投资的生产率降低和提高的场合,追加投资都会依照它们在各级土地间的分配情况而产生不同的影响。随着这种不同影响使差额减缓或扩大,各级较好土地的级差地租,从而地租总额,也将会按比例减少或增加,这和级差地租I中已经看到的情形一样。此外,一切取决于和A一起被排挤掉的土地面积和资本的数量,以及在生产率提高时为提供追加产品以满足需求所必需的预付资本的相对量。

在这里,只有一点值得我们研究,而且实际上也是这一点使我们回过头来研究这个级差利润是如何转化为级差地租的,这就是:

在第一种情况即生产价格不变的情况中,投在A级土地上的追加资本和级差地租本身无关,因为A级土地仍旧不提供地租,它的产品的价格不变,并且继续起调节市场的作用。

在第二种情况的变例I(生产价格在生产率不变时下跌)中,A级土地必然会被排挤掉,在变例II(生产价格在生产率降低时下跌)中更是这样;因为,否则A级土地的追加投资必然会提高生产价格。但在这里,在第二种情况的变例III(生产价格因追加资本的生产率提高而下跌)中,这个追加资本在一定情况下可以投在A级土地上,也可以投在各级较好土地上。

我们假定,投在A上的追加资本$2\frac{1}{2}$镑,不是生产1夸特,而是生产$1\frac{1}{5}$夸特。

表　Ⅵ

土地等级	英亩	资本（镑）	利润（镑）	生产费用（镑）	产量（夸特）	售价（镑）	收益（镑）	地租（夸特）	地租（镑）	超额利润率
A	1	$2\frac{1}{2}+2\frac{1}{2}=5$	1	6	$1+1\frac{1}{5}=2\frac{1}{5}$	$2\frac{8}{11}$	6	0	0	0
B	1	$2\frac{1}{2}+2\frac{1}{2}=5$	1	6	$2+2\frac{2}{5}=4\frac{2}{5}$	$2\frac{8}{11}$	12	$2\frac{1}{5}$	6	120%
C	1	$2\frac{1}{2}+2\frac{1}{2}=5$	1	6	$3+3\frac{3}{5}=6\frac{3}{5}$	$2\frac{8}{11}$	18	$4\frac{2}{5}$	12	240%
D	1	$2\frac{1}{2}+2\frac{1}{2}=5$	1	6	$4+4\frac{4}{5}=8\frac{4}{5}$	$2\frac{8}{11}$	24	$6\frac{3}{5}$	18	360%
	4	20	4	24	22	—	60	$13\frac{1}{5}$	36	240%

这个表，除了要和基本的表Ⅰ相比较，也要和表Ⅱ（在那里，投资加倍，生产率不变，生产成果和投资成比例）相比较。

按照假定，起调节作用的生产价格下降了。如果它不变，还是＝3镑，那么，以前仅投资$2\frac{1}{2}$镑时不提供任何地租的最坏土地A，现在也就会提供地租了，尽管并没有更坏的土地被人耕种；而这是因为同一土地的生产率已经增加，但只是对资本的一部分来说是这样，对原有资本这是不适用的。第一个3镑的生产费用生产1夸特；第二个3镑的生产费用生产$1\frac{1}{5}$夸特；但全部产品$2\frac{1}{5}$夸特现在是按照它的平均价格出售的。因为生产率随着追加投资而增加，所以这必然包含着某种改良。这可以是这样：一般地说，在每英亩上使用更多的资本（更多的肥料，更多的使用机械的劳动等等）。也可以是这样：一般地说，只是由于这个追加资本，才有可能实现一个质上不同的、生产效率更大的投资。在这两个场合,都是每英亩花费5镑资本,得到$2\frac{1}{5}$夸特的产量,而用这个资本的一半即$2\frac{1}{2}$镑,那就只会得到1夸特的产量。把暂时的市场状况撇开不说,只有在A级土地的相当大的面积上继续只用每英亩$2\frac{1}{2}$镑的资本来耕种,A级土地的产品才能继续按较高的生产价格,而不是按新的平均价格出售。但是,每英亩投资5镑的新比例以及改良的经营方法一旦普遍实行,起调节作用的生产价格就必然会下降到$2\frac{8}{11}$镑。这两个资本部分之间的差别就会消失,于是A级土地一英亩如果仍只用$2\frac{1}{2}$镑来耕种,事实上就是非正常的,是与新的生产条件不相适应的。这时,问题不再是同一英亩上的资本不同部分的收益的差别,而是每英亩总投资是充足还是不充足的差别。由此可以看出,**第一**,相当多租地农场主(必须是相当多,因为如果人数少,他们就只得被迫低于他们的生产价格出售)手中的不充足的资本,同各级土地本身在下降序列中存在的差别,起着完全相同的作用。较坏土地的低劣耕种,将会使较好土地的地租增加;它甚至会在质地同样坏但耕作已改良的土地上创造出地租,而这种土地往常是不会提供地租的。**第二**,我们看到,级差地租在它是由同一个总面积上的连续投资产生时,实际上会化成一个平均数,在这个平均数上,不同投资的作用已经不再能够辨认和区别,因此不会在最坏土地上生出地租;而是第一,它们会使比如说A级土地一英亩总收获的平均价格,成为新的起调节作用的价格;第二,它们会表现为新条件下充分耕种土地所必要的每英亩资本总量的变动,并且在资本总量中,各个连续投资及其各自的作用已经不可区分地混在一起。较好土地的个别的级差地租也是这样。总之,在增大的投资现在已成为标准的条件下,在每个场合,级差地租都是由该级土地提供的平均产量同最坏土地的产量相比而形成的差额决定的。

没有一块土地是不用投资就提供产品的。甚至就简单的级差地租即级差地租Ⅰ来说，也是这样；我们说一英亩A级土地即调节生产价格的土地会按某种价格提供若干产品，较好的B、C、D级土地会提供若干级差产品，因而在那个起调节作用的价格下会提供若干货币地租，这时，我们总是假定，这里投入的是现有生产条件下已被看做标准的一定资本额。正如在工业中一样，每个营业部门都必须有一定的最低限额的资本，才可以按照商品的生产价格来生产商品。

如果由于在同一土地上有了和各种改良结合在一起的、连续的投资，这个最低限额发生了变化，那么，这也是逐渐发生的。例如，在A级土地还有一定的英亩数尚未取得这种追加的经营资本时，由于生产价格不变，A级土地中那些耕种得比较好的英亩就会产生出地租，一切较好土地如B、C、D的地租也会提高。但新的经营方法一旦普及，成为标准的经营方法，生产价格就会下降；较好土地的地租就会再下降，而尚未具有现在的平均经营资本的那部分A级土地，就只好低于它的个别生产价格，因而低于平均利润出售它的产品。

在生产价格下跌时，这种情况甚至在追加资本的生产率降低的时候也会发生，只要所需的总产量，由于投资的增加，已经可以由较好土地来提供，从而，例如，经营资本从A级土地上抽出，也就是说，A级土地不再参加这种产品(例如小麦)的生产上的竞争。现在平均投在新的起调节作用的较好的B级土地上的资本量就成为标准；当我们说土地的不同肥力时，也是假定每英亩使用了这种新的标准的资本量。

另一方面，很清楚，这种平均投资，例如英国1848年以前每英亩8镑，1848年以后每英亩12镑，在缔结租约时会当做标准。对投资超过标准的租地农场主来说,超额利润在租约有效期间是不会转化为地租的。租约满期后,它会不会转化为地租,取决于那些能够进行同样的额外投资的租地农场主的竞争。这里不谈那种永久性的、在资本支出相等甚至减少时也能继续保证产量增加的土地改良。这种改良虽然是资本的产物,但起着和土地性质的自然差异完全相同的作用。

因此,我们知道,在级差地租II中,有一个因素必须加以考虑,这个因素在级差地租I本身中没有表现出来,因为不管每英亩标准投资额有怎样的变动,级差地租I都可以继续存在下去。这个因素,一方面,在于起调节作用的A级土地上的各个投资的各个结果变得模糊不清;A级土地的产量,现在不过表现为每英亩的标准平均产量。另一方面,在于每英亩投资的标准最低限额或平均量发生变动,以致这种变动表现为土地的特性。最后,在于超额利润转化为地租形式的方式有了差别。

其次,同表I及表II相比,表VI现在表明,谷物地租比表I增加一倍以上,比表II增加$1\frac{1}{5}$夸特;货币地租和表I相比,增加一倍,和表II相比,却没有变化。如果(在其他各种假定相同的条件下)追加资本有更大的部分投在较好的各级土地上,另一方面也就是说,如果追加资本在A级土地上所发生的作用减少,以致A级土地每夸特的起调节作用的平均价格提高,那么,货币地租就会显著增加。

如果资本追加所带来的肥力的提高在各级土地上发生不同的作用,那就会引起各级土地级差地租的变动。

无论如何已经证明,在生产价格因追加投资的生产率提高而下降时——也就是在这种生产率提高的比例大于资本预付增加的比例时——,每英亩的地租,例如在投资增加一倍时,不只是能够增加一倍,而且能够增加一倍以上。但是,如果生产价格因A级土地的生产率提高得更快而下降得更低,那么,每英亩的地租也可能下降。

例如我们假定B和C的追加投资不是和A的追加投资按相同的比例提高生产率,以致对B和C来说比例差额减少,产量的增加就弥补不了价格的下降,这样,和表II相比,D的地租将会增加,B和C的地租则会减少。

表　VIa

土地等级	英亩	资本（镑）	利润（镑）	每英亩的产量（夸特）	售价（镑）	收益（镑）	谷物地租（夸特）	货币地租（镑）
A	1	$2\frac{1}{2}+2\frac{1}{2}=5$	1	$1+3\ \ =4$	$1\frac{1}{2}$	6	0	0
B	1	$2\frac{1}{2}+2\frac{1}{2}=5$	1	$2+2\frac{1}{2}=4\frac{1}{2}$	$1\frac{1}{2}$	$6\frac{3}{4}$	$\frac{1}{2}$	$\frac{3}{4}$
C	1	$2\frac{1}{2}+2\frac{1}{2}=5$	1	$3+5\ \ =8$	$1\frac{1}{2}$	12	4	6
D	1	$2\frac{1}{2}+2\frac{1}{2}=5$	1	$4+12=16$	$1\frac{1}{2}$	24	12	18
合计	4	20	—	$32\frac{1}{2}$	—	—	$16\frac{1}{2}$	$24\frac{3}{4}$

最后,如果在肥力按相同的比例增加的条件下,在较好土地上比在A级土地上投入更多的追加资本,或者,如果在较好土地上的各追加投资的生产率提高,那么,货币地租就会增加。在这两个场合,差额都会增加。

如果由追加投资引起的改良会全面或部分减少差额,并且对A的影响大于对B和C的影响,那么,货币地租就会下降。最好土地的生产率的增加越小,它就下降得越多。谷物地租是增加、下降还是不变,则取决于影响的不平衡的程度。

如果各级土地的追加肥力的比例差额不变,但在提供地租的土地上比在无租土地A上,在提供地租较多的土地上比在提供地租较少的土地上投入更多的资本,或者如果追加资本相等,但和A级土地相比,较好土地和最好土地上的肥力增加得更多,那么,货币地租就会提高,谷物地租也会提高,提高的程度同较高级土地上肥力增加超过较低级土地上肥力增加的程度成比例。

但是,在所有情况下,如果增长的生产力是资本增加的结果,不单纯是投资不变时肥力提高的结果,那么,地租就会相对地提高。这是绝对的观点,它表明,在这里和以前的所有情况一样,地租和每英亩的已经增加的地租(和级差地租I中就全部耕地面积计算的平均总地租的量一样),都是土地上投资增加的结果,而不管这种投资是在价格不变或下降时以不变的生产率发生作用,还是在价格不变或下降时以降低的生产率发生作用,还是在价格下降时以提高的生产率发生作用。因为,我们假定,价格在追加资本的生产率不变、降低或提高时不变,或价格在生产率不变、降低或提高时下降,而这个假定可以归结为这样的假定:价格不变或下降时追加资本的生产率不变,价格不变或下降时生产率降低,价格不变和下降时生产率提高。虽然在所有这一切场合,地租可以不变和下降,但在其他条件相同的情况下,如果资本的追加使用不是肥力增加的条件,地租就会下降得更厉害。因此,资本追加总是地租相对高昂的原因,虽然地租会绝对地下降。

第四十三章

级差地租II——第三种情况：
生产价格上涨。结论

〔生产价格的上涨是以不支付地租的最坏土地的生产率的降低为前提的。只有当投在A上面的$2\frac{1}{2}$镑所生产的不到1夸特,5镑所生产的不到2夸特时,或者必须耕种比A更坏的土地时,起调节作用的生产价格才会高于每夸特3镑。

在第二次投资的生产率不变或提高时,上述情况只有在第一次$2\frac{1}{2}$镑投资的生产率已降低的场合,才是可能的。这样的情况是经常会发生的。例如,因浅耕而地力枯竭的表土,用旧的耕作方法,只会提供不断减少的收获,这时用深耕方法犁起深层土,通过比较合理的耕作,就会提供比以前多的收获。但严格地说,这种特殊情况不属于这里研究的范围。对较好土地来说,甚至假定那里发生类似情况时,**第一次**$2\frac{1}{2}$镑投资的生产率的下降,也会引起级差地租I的下降;但在这里,我们只考察级差地租II。不过,如果不是假定存在着级差地租II,以上这种特殊情况是不可能发生的,并且这种情况事实上表现为级差地租I的一种变形对级差地租II的反作用,所以,我们要举例说明。

表 VII

土地等级	英亩	投资（镑）	利润（镑）	生产费用（镑）	产量（夸特）	售价（镑）	收益（镑）	谷物地租（夸特）	货币地租（镑）	地租率
A	1	$2\frac{1}{2}+2\frac{1}{2}$	1	6	$\frac{1}{2}+1\frac{1}{4}=1\frac{3}{4}$	$3\frac{3}{7}$	6	0	0	0
B	1	$2\frac{1}{2}+2\frac{1}{2}$	1	6	$1+2\frac{1}{2}=3\frac{1}{2}$	$3\frac{3}{7}$	12	$1\frac{3}{4}$	6	120%
C	1	$2\frac{1}{2}+2\frac{1}{2}$	1	6	$1\frac{1}{2}+3\frac{3}{4}=5\frac{1}{4}$	$3\frac{3}{7}$	18	$3\frac{1}{2}$	12	240%
D	1	$2\frac{1}{2}+2\frac{1}{2}$	1	6	$2+5=7$	$3\frac{3}{7}$	24	$5\frac{1}{4}$	18	360%
	—	20	—	—	$17\frac{1}{2}$	—	60	$10\frac{1}{2}$	36	240%[327]

货币地租和货币收益,都和表Ⅱ一样。已提高的起调节作用的生产价格,恰好弥补减少了的产量;因为二者按相反的比例变动,所以,二者的积不变。

上例假定,第二次投资的生产力比第一次投资原有的生产率高。如果我们假定第二次投资的生产率只和第一次投资原有的生产率相同,情况还是一样,如下表:

表 VIII

土地等级	英亩	投资（镑）	利润（镑）	生产费用（镑）	产量（夸特）	售价（镑）	收益（镑）	地租		超额利润率
								谷物（夸特）	货币（镑）	
A	1	$2\frac{1}{2}+2\frac{1}{2}=5$	1	6	$\frac{1}{2}+1=1\frac{1}{2}$	4	6	0	0	0
B	1	$2\frac{1}{2}+2\frac{1}{2}=5$	1	6	$1+2=3$	4	12	$1\frac{1}{2}$	6	120%
C	1	$2\frac{1}{2}+2\frac{1}{2}=5$	1	6	$1\frac{1}{2}+3=4\frac{1}{2}$	4	18	3	12	240%
D	1	$2\frac{1}{2}+2\frac{1}{2}=5$	1	6	$2+4=6$	4	24	$4\frac{1}{2}$	18	360%
	—	20	—	—	15	—	60	9	36	240%[327]

在这里,生产价格按同一比例上涨,这也使得生产率的降低在收益和货币地租方面都充分得到补偿。

第三种情况,只有在第二次投资的生产率下降,第一次投资的生产率不变时(在第一和第二两种情况下,我们总是这样假定),才会以纯粹的形式出现。在这里,级差地租Ⅰ不受影响,只是由级差地租Ⅱ产生的那个部分有变化。我们可以举两个例子;在第一例中,第二次投资的生产率降低到原来的 $\frac{1}{2}$;在第二例中,第二次投资的生产率降低到原来的 $\frac{1}{4}$。

表　Ⅸ

土地等级	英亩	投资 (镑)	利润 (镑)	生产费用 (镑)	产量 (夸特)	售价 (镑)	收益 (镑)	地租 谷物 (夸特)	地租 货币 (镑)	地租率
A	1	$2\frac{1}{2} + 2\frac{1}{2} = 5$	1	6	$1 + \frac{1}{2} = 1\frac{1}{2}$	4	6	0	0	0
B	1	$2\frac{1}{2} + 2\frac{1}{2} = 5$	1	6	$2 + 1 = 3$	4	12	$1\frac{1}{2}$	6	120%
C	1	$2\frac{1}{2} + 2\frac{1}{2} = 5$	1	6	$3 + 1\frac{1}{2} = 4\frac{1}{2}$	4	18	3	12	240%
D	1	$2\frac{1}{2} + 2\frac{1}{2} = 5$	1	6	$4 + 2 = 6$	4	24	$4\frac{1}{2}$	18	360%
—		20	—		15	—	60	9	36	240%[327]

表Ⅸ和表Ⅷ相同,不过在表Ⅷ中是第一次投资的生产率降低;在表Ⅸ中是第二次投资的生产率降低。

表 X

土地等级	英亩	投资(镑)	利润(镑)	生产费用(镑)	产量(夸特)	售价(镑)	收益(镑)	地租 谷物(夸特)	地租 货币(镑)	地租率
A	1	$2\frac{1}{2} + 2\frac{1}{2} = 5$	1	6	$1 + \frac{1}{4} = 1\frac{1}{4}$	$4\frac{4}{5}$	6	0	0	0
B	1	$2\frac{1}{2} + 2\frac{1}{2} = 5$	1	6	$2 + \frac{1}{2} = 2\frac{1}{2}$	$4\frac{4}{5}$	12	$1\frac{1}{4}$	6	120%
C	1	$2\frac{1}{2} + 2\frac{1}{2} = 5$	1	6	$3 + \frac{3}{4} = 3\frac{3}{4}$	$4\frac{4}{5}$	18	$2\frac{1}{2}$	12	240%
D	1	$2\frac{1}{2} + 2\frac{1}{2} = 5$	1	6	$4 + 1 = 5$	$4\frac{4}{5}$	24	$3\frac{3}{4}$	18	360%
—		20	—	24	$12\frac{1}{2}$	—	60	$7\frac{1}{2}$	36	240%[327]

表X中的总收益、货币地租和地租率,也和表II,表VII,表VIII中的相同,因为产量和售价又按相反的比例变动,而投资不变。

生产价格上涨时的另一种可能的情况,即一向不值得耕种的较坏土地现在已被开垦的情况,又怎样呢?

我们假定有这样一种土地(我们用a来表示)参加竞争。因此,那个一向无租的土地A也将提供地租,于是以上的表VII、表VIII和表X,将取得如下的形式:

表　VIIa

土地等级	英亩	资本(镑)	利润(镑)	生产费用(镑)	产量(夸特)	售价(镑)	收益(镑)	地租(夸特)	地租(镑)	增加
a	1	5	1	6	$1\frac{1}{2}$	4	6	0	0	0
A	1	$2\frac{1}{2}+2\frac{1}{2}$	1	6	$\frac{1}{2}+1\frac{1}{4}=1\frac{3}{4}$	4	7	$\frac{1}{4}$	1	1
B	1	$2\frac{1}{2}+2\frac{1}{2}$	1	6	$1\ \ +2\frac{1}{2}=3\frac{1}{2}$	4	14	2	8	$1+7$
C	1	$2\frac{1}{2}+2\frac{1}{2}$	1	6	$1\frac{1}{2}+3\frac{3}{4}=5\frac{1}{4}$	4	21	$3\frac{3}{4}$	15	$1+2\times7$
D	1	$2\frac{1}{2}+2\frac{1}{2}$	1	6	$2\ \ +5\ \ =7$	4	28	$5\frac{1}{2}$	22	$1+3\times7$
—	—	—	—	30	19	—	76	$11\frac{1}{2}$	46	—

表　VIIIa

土地等级	英亩	资本(镑)	利润(镑)	生产费用(镑)	产量(夸特)	售价(镑)	收益(镑)	地租(夸特)	地租(镑)	增加
a	1	5	1	6	$1\frac{1}{4}$	$4\frac{4}{5}$	6	0	0	0
A	1	$2\frac{1}{2}+2\frac{1}{2}$	1	6	$\frac{1}{2}+1=1\frac{1}{2}$	$4\frac{4}{5}$	$7\frac{1}{5}$	$\frac{1}{4}$	$1\frac{1}{5}$	$1\frac{1}{5}$
B	1	$2\frac{1}{2}+2\frac{1}{2}$	1	6	$1\ \ +2=3$	$4\frac{4}{5}$	$14\frac{2}{5}$	$1\frac{3}{4}$	$8\frac{2}{5}$	$1\frac{1}{5}+7\frac{1}{5}$
C	1	$2\frac{1}{2}+2\frac{1}{2}$	1	6	$1\frac{1}{2}+3=4\frac{1}{2}$	$4\frac{4}{5}$	$21\frac{3}{5}$	$3\frac{1}{4}$	$15\frac{3}{5}$	$1\frac{1}{5}+2\times7\frac{1}{5}$
D	1	$2\frac{1}{2}+2\frac{1}{2}$	1	6	$2\ \ +4=6$	$4\frac{4}{5}$	$28\frac{4}{5}$	$4\frac{3}{4}$	$22\frac{4}{5}$	$1\frac{1}{5}+3\times7\frac{1}{5}$
	5	—	—	30	$16\frac{1}{4}$	—	78	10	48	—

表 Xa

土地等级	英亩	资 本 (镑)	利润 (镑)	生产费用 (镑)	产 量 (夸特)	售价 (镑)	收益 (镑)	地租 (夸特)	地租 (镑)	增 加
a	1	5	1	6	$1\frac{1}{8}$	$5\frac{1}{3}$	6	0	0	0
A	1	$2\frac{1}{2}+2\frac{1}{2}$	1	6	$1+\frac{1}{4}=1\frac{1}{4}$	$5\frac{1}{3}$	$6\frac{2}{3}$	$\frac{1}{8}$	$\frac{2}{3}$	$\frac{2}{3}$
B	1	$2\frac{1}{2}+2\frac{1}{2}$	1	6	$2+\frac{1}{2}=2\frac{1}{2}$	$5\frac{1}{3}$	$13\frac{1}{3}$	$1\frac{3}{8}$	$7\frac{1}{3}$	$\frac{2}{3}+6\frac{2}{3}$
C	1	$2\frac{1}{2}+2\frac{1}{2}$	1	6	$3+\frac{3}{4}=3\frac{3}{4}$	$5\frac{1}{3}$	20	$2\frac{5}{8}$	14	$\frac{2}{3}+2\times6\frac{2}{3}$
D	1	$2\frac{1}{2}+2\frac{1}{2}$	1	6	$4+1\ =5$	$5\frac{1}{3}$	$26\frac{2}{3}$	$3\frac{7}{8}$	$20\frac{2}{3}$	$\frac{2}{3}+3\times6\frac{2}{3}$
—	—	—	—	30	$13\frac{5}{8}$	—	$72\frac{2}{3}$	8	$42\frac{2}{3}$	—

由于a级土地的加入,产生了一种新的级差地租I,因此在这个新的基础上,级差地租II也会以一种变化了的形式表现出来。在上述三表的每一个表中,a级土地各有不同的肥力;按比例增加的肥力序列,只是从A级土地开始。地租的上升序列,也与此相适应。从前无租而现在有租的最坏土地的地租,形成一个不变数,被简单地加在一切较高的地租上;只有减去这个不变数,才会清楚地表现出一切较高地租上的差额的序列,以及这种序列和各种土地的肥力序列的平行状态。在所有这些表上,由A到D的肥力之比是1:2:3:4;与此相应,各级地租的比:

在表VIIa中是$1:1+7:1+2\times7:1+3\times7$,

在表VIIIa中是$1\frac{1}{5}:1\frac{1}{5}+7\frac{1}{5}:1\frac{1}{5}+2\times7\frac{1}{5}:1\frac{1}{5}+3\times$

$7\frac{1}{5}$，

在表Xa中是$\frac{2}{3}:\frac{2}{3}+6\frac{2}{3}:\frac{2}{3}+2\times 6\frac{2}{3}:\frac{2}{3}+3\times 6\frac{2}{3}$。

总之，如果A的地租＝n，并且肥力较高一级的土地的地租＝n＋m，序列就是：n∶n＋m∶n＋2m∶n＋3m等等。——弗·恩·〕

————

〔因为上述第三种情况，在手稿上只有一个标题，没有详细阐述，所以编者的任务，是像上面那样尽力予以补充。此外，编者还要根据以上关于级差地租Ⅱ包含的三种主要情况和九种派生情况的全部研究，得出一般性的结论。但手稿所举的各例是不大适合这个目的的。第一，这些例子中加以比较的各级土地，在面积相等时它们的收益之间的比是1∶2∶3∶4；因此，差额一开始就已经过分夸大，并且在这个基础上进一步作出各种假定和计算时，会导出十分不近情理的数值。第二，这些例子会引起完全错误的假象。如果肥力程度成1∶2∶3∶4之比，地租成0∶1∶2∶3的序列，人们立即就会认为，可以从第一个序列推出第二个序列，并以总收益的二倍、三倍等等来说明地租的二倍、三倍等等。但这是完全错误的。甚至当肥力程度的比是n∶n＋1∶n＋2∶n＋3∶n＋4时，地租的比也会是0∶1∶2∶3∶4；地租之比和肥力**程度**之比并不成比例，而是和以无租土地作为零计算的肥力**差额**之比成比例。

手稿上的表是为说明正文而必须列举的。但为了给以下的研究结果提供一个一目了然的根据，我在下面举出一系列新表，在这些表中，收益是以蒲式耳（$\frac{1}{8}$夸特或36.35公升）和先令（＝马克）计算的。

第一个表（表Ⅺ）相当于以上的表Ⅰ。其中列举五级土地A—E

的收益和地租,**第一次**投资50先令,加上利润10先令,形成每英亩的总生产费用＝60先令。谷物收获量定得很低,每英亩10、12、14、16、18蒲式耳。由此得到的起调节作用的生产价格,是每蒲式耳6先令。

　　以下的13个表相当于本章及前二章论述的级差地租II的三种情况,假定同一土地每英亩的**追加**投资为50先令,生产价格不变,下降,或上涨。这三种情况中的每一种情况,又按照第二次投资和第一次投资相比时生产率1.不变,2.降低,或3.提高的不同情况分别加以说明。这里得出了几个还特别可以用图表来说明的变例。

　　第一种情况:生产价格不变。这时我们得到:

变例1:第二次投资的生产率不变(表XII)。

变例2:生产率降低。这种情形只能发生在A级土地上没有第二次投资的时候。这样一来,或者

　　　　(a)B级土地也不提供地租(表XIII),或者

　　　　(b)B级土地不是完全没有地租(表XIV)。

变例3:生产率提高(表XV)。这个情况也排除A级土地上的第二次投资。

　　第二种情况:生产价格下降。我们得到:

变例1:第二次投资的生产率不变(表XVI)。

变例2:生产率降低(表XVII)。

　　这两个变例都假定A级土地退出竞争,B级土地变成无租土地,并且调节生产价格。

变例3:生产率提高(表XVIII)。在这里A级土地仍起调节作用。

　　第三种情况:生产价格上涨。这时可能有两种方式:或者A级土地仍然是无租的,并且仍然起调节价格的作用;或者比A级更坏

的土地加入竞争,并调节价格,因此A级土地也提供地租。

第一种方式:A级土地仍然起调节作用。

变例1:第二次投资的生产率不变(表XIX);在我们的假定下,这个
　　　情况只有在第一次投资的生产率降低时才会发生。

变例2:第二次投资的生产率降低(表XX);这种情况并不排除第一
　　　次投资生产率不变的现象。

变例3:第二次投资的生产率提高(表XXI);这又假定第一次投资的
　　　生产率降低。

第二种方式:一种较坏的土地(以a表示)加入竞争;A级土地提
供地租。

变例1:第二次投资的生产率不变(表XXII)。

变例2:生产率降低(表XXIII)。

变例3:生产率提高(表XXIV)。

这三个变例都符合问题的一般条件,无须进一步加以说明。

现在列表如下:

表　XI

土地等级	生产费用(先令)	产量(蒲式耳)	售价(先令)	收益(先令)	地租(先令)	地租的增加
A	60	10	6	60	0	0
B	60	12	6	72	12	12
C	60	14	6	84	24	2 × 12
D	60	16	6	96	36	3 × 12
E	60	18	6	108	48	4 × 12
—	—	—	—	—	120	10 × 12

在同一土地上有第二次投资时:

第一种情况:生产价格不变。

变例1:第二次投资的生产率不变。

表　XII

土地等级	生产费用 (先令)	产量 (蒲式耳)	售价 (先令)	收益 (先令)	地租 (先令)	地租的增加
A	60＋60＝120	10＋10＝20	6	120	0	0
B	60＋60＝120	12＋12＝24	6	144	24	24
C	60＋60＝120	14＋14＝28	6	168	48	2 × 24
D	60＋60＝120	16＋16＝32	6	192	72	3 × 24
E	60＋60＝120	18＋18＝36	6	216	96	4 × 24
—	—	—	—	—	240	10 × 24

变例2:第二次投资的生产率降低;A级土地没有第二次投资。

1. B级土地变为无租土地:

表　XIII

土地等级	生产费用 (先令)	产量 (蒲式耳)	售价 (先令)	收益 (先令)	地租 (先令)	地租的增加
A	60	10	6	60	0	0
B	60＋60＝120	12＋ 8 ＝20	6	120	0	0
C	60＋60＝120	14＋ $9\frac{1}{3}$ ＝23$\frac{1}{3}$	6	140	20	20
D	60＋60＝120	16＋10$\frac{2}{3}$＝26$\frac{2}{3}$	6	160	40	2 × 20
E	60＋60＝120	18＋12 ＝30	6	180	60	3 × 20
	—	—	—	—	120	6 × 20

2. B级土地不是完全没有地租。

表　XIV

土地 等级	生产费用 （先令）	产　量 （蒲式耳）	售价 （先令）	收益 （先令）	地租 （先令）	地租的增加
A	60	10	6	60	0	0
B	$60+60=120$	$12+\ 9\ \ =21$	6	126	6	6
C	$60+60=120$	$14+10\frac{1}{2}=24\frac{1}{2}$	6	147	27	$6+21$
D	$60+60=120$	$16+12\frac{1}{2}=28\frac{1}{2}$	6	168	48	$6+2\times21$
E	$60+60=120$	$18+13\frac{1}{2}=31\frac{1}{2}$	6	189	69	$6+3\times21$
	—	—	—	—	150	$4\times6+6\times21$

变例3：第二次投资的生产率提高，A级土地在这里也没有第二次
　　　投资。

表　XV

土地 等级	生产费用 （先令）	产　量 （蒲式耳）	售价 （先令）	收益 （先令）	地租 （先令）	地租的增加
A	60	10	6	60	0	0
B	$60+60=120$	$12+15\ \ =27$	6	162	42	42
C	$60+60=120$	$14+17\frac{1}{2}=31\frac{1}{2}$	6	189	69	$42+27$
D	$60+60=120$	$16+20\ \ =36$	6	216	96	$42+2\times27$
E	$60+60=120$	$18+22\frac{1}{2}=40\frac{1}{2}$	6	243	123	$42+3\times27$
	—	—	—	—	330	$4\times42+6\times27$

　　　第二种情况：生产价格下降。

变例1：第二次投资的生产率不变。A级土地退出竞争，B级土地变为
　　　无租土地。

表　XVI

土地等级	生产费用(先令)	产量(蒲式耳)	售价(先令)	收益(先令)	地租(先令)	地租的增加
B	$60+60=120$	$12+12=24$	5	120	0	0
C	$60+60=120$	$14+14=28$	5	140	20	20
D	$60+60=120$	$16+16=32$	5	160	40	2×20
E	$60+60=120$	$18+18=36$	5	180	60	3×20
	—	—	—	—	120	6×20

变例2:第二次投资的生产率降低;A级土地退出竞争,B级土地变为
无租土地。

表　XVII

土地等级	生产费用(先令)	产量(蒲式耳)	售价(先令)	收益(先令)	地租(先令)	地租的增加
B	$60+60=120$	$12+9\ \ \ =21$	$5\frac{5}{7}$	120	0	0
C	$60+60=120$	$14+10\frac{1}{2}=24\frac{1}{2}$	$5\frac{5}{7}$	140	20	20
D	$60+60=120$	$16+12\ \ \ =28$	$5\frac{5}{7}$	160	40	2×20
E	$60+60=120$	$18+13\frac{1}{2}=31\frac{1}{2}$	$5\frac{5}{7}$	180	60	3×20
	—	—	—	—	120	6×20

变例3:第二次投资的生产率提高;A级土地仍参加竞争。B级土地提
供地租。

表　XVIII

土地等级	生产费用（先令）	产量（蒲式耳）	售价（先令）	收益（先令）	地租（先令）	地租的增加
A	$60+60=120$	$10+15=25$	$4\frac{4}{5}$	120	0	0
B	$60+60=120$	$12+18=30$	$4\frac{4}{5}$	144	24	24
C	$60+60=120$	$14+21=35$	$4\frac{4}{5}$	168	48	2×24
D	$60+60=120$	$16+24=40$	$4\frac{4}{5}$	192	72	3×24
E	$60+60=120$	$18+27=45$	$4\frac{4}{5}$	216	96	4×24
—	—	—	—	—	240	10×24

第三种情况：生产价格上涨。

A. A级土地仍然是无租的，并仍起调节价格的作用。

变例1：第二次投资的生产率不变；这要假定第一次投资的生产率降低。

表　XIX

土地等级	生产费用（先令）	产量（蒲式耳）	售价（先令）	收益（先令）	地租（先令）	地租的增加
A	$60+60=120$	$7\frac{1}{2}+10=17\frac{1}{2}$	$6\frac{6}{7}$	120	0	0
B	$60+60=120$	$9\ +12=21$	$6\frac{6}{7}$	144	24	24
C	$60+60=120$	$10\frac{1}{2}+14=24\frac{1}{2}$	$6\frac{6}{7}$	168	48	2×24
D	$60+60=120$	$12\ +16=28$	$6\frac{6}{7}$	192	72	3×24
E	$60+60=120$	$13\frac{1}{2}+18=31\frac{1}{2}$	$6\frac{6}{7}$	216	96	4×24
—	—	—	—	—	240	10×24

变例2：第二次投资的生产率降低；这并不排斥第一次投资的生产率

不变。

表　XX

土地等级	生产费用(先令)	产量(蒲式耳)	售价(先令)	收益(先令)	地租(先令)	地租的增加
A	60＋60＝120	10＋5＝15	8	120	0	0
B	60＋60＝120	12＋6＝18	8	144	24	24
C	60＋60＝120	14＋7＝21	8	168	48	2 × 24
D	60＋60＝120	16＋8＝24	8	192	72	3 × 24
E	60＋60＝120	18＋9＝27	8	216	96	4 × 24
	—	—	—	—	240	10 × 24

变例3:第二次投资的生产率提高;按照假定,这要求第一次投资的
　　　生产率降低。

表　XXI

土地等级	生产费用(先令)	产量(蒲式耳)	售价(先令)	收益(先令)	地租(先令)	地租的增加
A	60＋60＝120	$5＋12\frac{1}{2}＝17\frac{1}{2}$	$6\frac{6}{7}$	120	0	0
B	60＋60＝120	$6＋15＝21$	$6\frac{6}{7}$	144	24	24
C	60＋60＝120	$7＋17\frac{1}{2}＝24\frac{1}{2}$	$6\frac{6}{7}$	168	48	2 × 24
D	60＋60＝120	$8＋20＝28$	$6\frac{6}{7}$	192	72	3 × 24
E	60＋60＝120	$9＋22\frac{1}{2}＝31\frac{1}{2}$	$6\frac{6}{7}$	216	96	4 × 24
	—	—	—	—	240	10 × 24

　　B.一种较坏的土地(用a表示)起调节价格的作用,因而A级土地
也提供地租。这种情形,对所有的变例来说,都允许第二次投资的

生产率不变。

变例1：第二次投资的生产率不变。

表　XXII

土地等级	生产费用（先令）	产量（蒲式耳）	售价（先令）	收益（先令）	地租（先令）	地租的增加
a	120	16	$7\frac{1}{2}$	120	0	0
A	60＋60＝120	10＋10＝20	$7\frac{1}{2}$	150	30	30
B	60＋60＝120	12＋12＝24	$7\frac{1}{2}$	180	60	2×30
C	60＋60＝120	14＋14＝28	$7\frac{1}{2}$	210	90	3×30
D	60＋60＝120	16＋16＝32	$7\frac{1}{2}$	240	120	4×30
E	60＋60＝120	18＋18＝36	$7\frac{1}{2}$	270	150	5×30
	—	—	—	—	450	15×30

变例2：第二次投资的生产率下降。

表　XXIII

土地等级	生产费用（先令）	产量（蒲式耳）	售价（先令）	收益（先令）	地租（先令）	地租的增加
a	120	15	8	120	0	0
A	60＋60＝120	$10＋7\frac{1}{2}＝17\frac{1}{2}$	8	140	20	20
B	60＋60＝120	$12＋9＝21$	8	168	48	20＋28
C	60＋60＝120	$14＋10\frac{1}{2}＝24\frac{1}{2}$	8	196	76	20＋2×28
D	60＋60＝120	$16＋12＝28$	8	224	104	20＋3×28
E	60＋60＝120	$18＋13\frac{1}{2}＝31\frac{1}{2}$	8	252	132	20＋4×28
	—	—	—	—	380	5×20＋10×28

变例3:第二次投资的生产率提高。

表 **XXIV**

土地等级	生产费用（先令）	产量（蒲式耳）	售价（先令）	收益（先令）	地租（先令）	地租的增加
a	120	16	$7\frac{1}{2}$	120	0	0
A	$60+60=120$	$10+12\frac{1}{2}=22\frac{1}{2}$	$7\frac{1}{2}$	$168\frac{3}{4}$	$48\frac{3}{4}$	$15+33\frac{3}{4}$
B	$60+60=120$	$12+15\quad=27$	$7\frac{1}{2}$	$202\frac{1}{2}$	$82\frac{1}{2}$	$15+2\times33\frac{3}{4}$
C	$60+60=120$	$14+17\frac{1}{2}=31\frac{1}{2}$	$7\frac{1}{2}$	$236\frac{1}{4}$	$116\frac{1}{4}$	$15+3\times33\frac{3}{4}$
D	$60+60=120$	$16+20\quad=36$	$7\frac{1}{2}$	270	150	$15+4\times33\frac{3}{4}$
E	$60+60=120$	$18+22\frac{1}{2}=40\frac{1}{2}$	$7\frac{1}{2}$	$303\frac{3}{4}$	$183\frac{3}{4}$	$15+5\times33\frac{3}{4}$
	—	—	—	—	$581\frac{1}{4}$	$5\times15+15\times33\frac{3}{4}$

从以上各表得出如下结论:

首先,把没有地租的起调节作用的土地作为零点,地租序列恰好与肥力差额序列成比例。对地租起决定作用的,不是绝对的收益,而只是收益的差额。无论各级土地每英亩分别提供1、2、3、4、5蒲式耳,还是提供11、12、13、14、15蒲式耳产品,地租在这两种情况下形成的序列,都是0、1、2、3、4蒲式耳或与此相应的货币额。

但是,这个结论,就同一土地上反复进行投资的总地租额来说,是更重要得多的。

在以上研究的13例中,有5例地租总额都在投资增加一倍时**增**

加一倍。不是10×12先令,而是10×24先令=240先令。这五例是:

第一种情况,价格不变,变例1:生产按等速度增长(表XII)。

第二种情况,价格下降,变例3:生产按加速度增长(表XVIII)。

第三种情况,价格上涨,第一种方式(A级土地仍起调节作用)所包括的所有3个变例(表XIX,XX,XXI)。

有4例地租增加**一倍以上**。这4例是:

第一种情况,变例3,价格不变,但生产按加速度增长(表XV)。地租总额增加到330先令。

第三种情况,第二种方式(A级土地提供地租)所包括的所有3个变例(表XXII,地租=15×30=450先令;表XXIII,地租=5×20+10×28=380先令;表XXIV,地租=$5×15+15×33\frac{3}{4}=581\frac{1}{4}$先令)。

有一例地租总额**增加了**,但不是增加第一次投资提供的地租额的一倍:

第一种情况,价格不变,变例2:第二次投资的生产率降低,不过是以B级土地不是完全没有地租为条件的(表XIV,地租=4×6+6×21=150先令)。

最后,只有3例是,一切土地合计的地租总额,在进行第二次投资时,和第一次投资时(表XI)一样。在这几例中,A级土地退出竞争,B级土地成了起调节作用的无租土地。因此,不仅B级土地的地租会消失,而且这一地租还会从地租序列中每一后续等级中扣减;结果就是由此而来的。这几例是:

第一种情况,变例2,那里的条件是,A级土地要被排挤(表XIII)。地租总额是6×20,因而=10×12=120,和表XI一样。

第二种情况,变例1和变例2。在那里,按照假定,A级土地也必然被排挤(表XVI和表XVII),地租总额也是$6 \times 20 = 10 \times 12 = 120$先令。

这也就是说,在所有可能的情况中,就大多数情况来说,由于土地投资增加,每英亩有租土地的地租,特别是地租总额都会增加。在我们研究过的13例中,只有3例地租总额不变。在这3例中,最坏的、一向无租的、起调节作用的土地退出竞争,高一级的土地代替了它的位置,成为无租土地。但就在这3例中,最好的土地的地租同第一次投资产生的地租相比也增加了。当C的地租由24先令减少到20先令时,D和E的地租则由36先令和48先令增加到40先令和60先令。

总地租下降到低于第一次投资的地租水平(表XI)的情形,只有在下述情况下才是可能的:A级土地和B级土地都退出竞争,C级土地起调节作用并且变为无租土地。

可见,只要已耕种的土地仍有竞争能力,土地上使用的资本越多,一国的农业和整个文明越发展,每英亩的地租和地租总额就增加得越多,社会以超额利润形式付给大土地所有者的贡赋也就越多。

这个规律说明了大土地所有者阶级的可惊的顽强生命力。任何一个社会阶级也不像他们那样浪费;任何一个社会阶级也不像他们那样竟有权要求维持一种传统的"适合身份"的奢侈生活,而不管挥霍掉的钱是从哪里来的;任何一个社会阶级也不像他们那样可以放心大胆地负债累累。他们总会再站住脚,因为别人在土地上的投资为他们提供地租,并且这种地租远远超过资本家从土地取得的利润。

但是,这个规律也说明,为什么大土地所有者的这种顽强生命力会逐渐枯竭。

当英国谷物关税[68]在1846年废除时,英国的工厂主们都以为,这样一来,他们会把土地贵族变为需要救济的贫民。但实际不是这样,土地贵族反而比以前任何时候都更富有了。这是怎么回事呢?非常简单。第一,从那以后,租地农场主必须按照契约每年对每英亩投资12镑,而不是8镑。第二,在下院也拥有很多代表的地主们,批给自己一笔巨大的国家补助金,用于土地的排水及其他永久性的改良。因为最坏土地没有完全被排挤掉,至多不过改为别的用途,并且在大多数情况下这也只是暂时的现象,所以,地租就与投资的增加成比例地增加了,土地贵族也比以前任何时候都更富有了。

但是,一切都是短暂的。横渡海洋的轮船,南北美洲和印度的铁路,使一些十分特别的地带能够参加欧洲谷物市场上的竞争。一方面,有北美的大草原、阿根廷的潘帕斯草原,这些草原是天然宜于开垦的;这些处女地,甚至用原始的耕作方法,不施肥料,也能够连年得到丰收。此外,还有俄罗斯和印度的共产主义公社[328]的土地,这些公社为了获得纳税的钱(这种税是暴虐的国家专制制度经常用酷刑逼迫它们交纳的),必须卖掉它们的一部分产品,并且这部分产品越来越增多。出售这种产品,不考虑生产费用的多少,而是按照商人出的价钱,因为在支付期限到来时,农民无论如何要得到货币。欧洲的租地农场主和农民在地租维持原样的情况下,当然竞争不过这种草原处女地以及屈服于赋税重压的俄罗斯和印度的农民。一部分欧洲土地就从种植谷物的竞争中完全退出来;地租到处都在下降;我们列举的第二种情况的变例2(价格下降,追加投资的生产率也下降)成了欧洲的通例。因此,从苏格兰到意大利,从法国南部到东普鲁士,到处都听得到地主的怨言。值得庆幸的是,所有草原还远没有全被开垦;还留有足够数量的草原可以使欧洲所有大地主以及小地主遭到破产。——弗·恩·〕

————

对地租进行考察的各个项目如下:

A. 级差地租。

1. 级差地租的概念。以水力作为例解。过渡到真正的农业地租。

2. 由各级土地的不同肥力产生的级差地租I。

3. 由同一土地上的连续投资产生的级差地租II。关于级差地租II,要研究以下各种情况:

　　(a)生产价格不变;

　　(b)生产价格下降;

　　(c)生产价格上涨。

还要研究:

　　(d)超额利润转化为地租。

4. 这一地租对利润率的影响。

B. 绝对地租。

C. 土地价格。

D. 关于地租的结论。

————

对级差地租进行的考察,可以得出如下一般的结论:

第一,超额利润可以按不同的途径形成。一方面,是以级差地租I为基础,也就是说,以全部农业资本投入由肥力不同的各级土地构成的土地面积为基础。其次,作为级差地租II,是以同一土地

821

上的连续投资有不同的级差生产率为基础,也就是说,在这里,和最坏的、无租的、但调节生产价格的土地上的等量投资相比,具有较高的生产率,例如,表现为若干夸特小麦。但是,不论这种超额利润是怎样产生的,它所以转化为地租,从而由租地农场主手里转到土地所有者手里,总是具有下列先决条件:各个连续投资的各部分产品所具有的不同的实际的个别生产价格(与一般的、调节市场的生产价格无关),已事先平均化为个别平均生产价格。一英亩产品的一般的起调节作用的生产价格超过其个别的平均生产价格而形成的余额,形成每英亩的地租,并成为每英亩地租的尺度。就级差地租I来说,级差结果本身就是可以区别的,因为它们是在不同的、互相分开的、彼此靠近的土地上,在假定每英亩进行标准投资以及与此相应地进行标准耕种的情况下形成的。就级差地租II来说,必须使级差结果先变成可以区别的,实际上必须使它再转化为级差地租I,而这一点只有按照上述的方法才能做到。例如,我们来看第226页[①]上的表III。

  B级土地第一个$2\frac{1}{2}$镑的投资每英亩产生2夸特,第二个同样大的投资每英亩产生$1\frac{1}{2}$夸特;在同一英亩上合计产生$3\frac{1}{2}$夸特。就这个从同一土地产生的$3\frac{1}{2}$夸特来看,看不出其中哪一部分是第一个投资的产物,哪一部分是第二个投资的产物。事实上,它们是总资本5镑的产物;实际情况只是,一个$2\frac{1}{2}$镑的资本产生2夸特,一个5镑的资本却不是产生4夸特,而是产生$3\frac{1}{2}$夸特。即使5镑产生4夸特,从而两个投资的产量相等,或者甚至产生5夸特,从而第

---

  ①见本卷第776页。——编者注

二个投资产生1夸特的余额,情形也完全一样。前2夸特的生产价格是每夸特$1\frac{1}{2}$镑,后$1\frac{1}{2}$夸特的生产价格是每夸特2镑。因此$3\frac{1}{2}$夸特总计的费用是6镑。这是总产品的个别生产价格,平均计算是每夸特1镑$14\frac{2}{7}$先令,就是说约为$1\frac{3}{4}$镑。按A级土地决定的一般生产价格3镑计算,这一个别生产价格会提供每夸特$1\frac{1}{4}$镑的超额利润,$3\frac{1}{2}$夸特合计$4\frac{3}{8}$镑。按B级土地的平均生产价格计算,这体现在约$1\frac{1}{2}$夸特中。也就是说,B级土地的超额利润体现在B的一部分产品中,即$1\frac{1}{2}$夸特中,而这就是以谷物来表现的地租;按一般生产价格计算,这些谷物要卖$4\frac{1}{2}$镑。但是相反地,B级土地一英亩比A级土地一英亩多余的产品,并不直接就是超额利润的表现,因此也并不直接就是超额产品的表现。按照假定,B级土地每英亩生产$3\frac{1}{2}$夸特,A级土地每英亩只生产1夸特。所以,B级土地一英亩的多余的产品是$2\frac{1}{2}$夸特,但超额产品却只是$1\frac{1}{2}$夸特;因为B级土地上的投资,比A级土地上的投资多一倍,生产费用也多一倍。如果A级土地同样有5镑投资,生产率不变,它的产品就是2夸特,而不是1夸特,由此可见,实际的超额产品,并不是由$3\frac{1}{2}$和1比较,而是由$3\frac{1}{2}$和2比较得出来的。所以,超额产品不是$2\frac{1}{2}$夸特,而只是$1\frac{1}{2}$夸特。其次,如果B级土地的第三个投资$2\frac{1}{2}$镑只生产1夸特,因而和A级土地的情况一样,这1夸特要费3镑,它的出售价格3镑就只够弥补生产费用,只提供平均利润,而不提供超额利润,因此也就没有任何部分可以转化为地租。任何一级土地每英亩的产量和A级土地每英亩的产量相比较时,既看不出它是同额投资的产品还是较大投资的产品;也看不出,追加产品是只够补偿生产价格,还是产生于追加资本的较高的生产率。

第二,在我们考察新的超额利润的形成时,追加投资的界限是只够补偿生产费用的投资,就是说,这个投资生产1夸特的费用和A级土地一英亩上同额投资生产1夸特的费用相等,按照假定是3镑。在追加投资的生产率降低时,根据前面的说明,可以得出以下结论:B级土地每英亩总投资不再提供地租的界限是,B级土地每英亩产品的个别平均生产价格已上涨到A级土地每英亩的生产价格。

如果B级土地上追加的投资只能补偿生产价格,而不提供超额利润,也不形成新的地租,这虽然会提高每夸特的个别平均生产价格,但不会影响以前投资所形成的超额利润或地租。因为平均生产价格总是低于A级土地的生产价格,并且当每夸特价格的余额减少时,夸特数将按相同的比例增加,所以价格的全部余额仍然不变。

在上述假定的情况下,最初两个投资5镑在B级土地上生产$3\frac{1}{2}$夸特,因而按照假定,地租是$1\frac{1}{2}$夸特=$4\frac{1}{2}$镑。如果有第三个投资$2\frac{1}{2}$镑加进去,它只生产出追加的1夸特,那么,总生产价格(包括20%的利润)$4\frac{1}{2}$夸特=9镑,每夸特的平均价格=2镑。所以,B级土地每夸特的平均生产价格已由$1\frac{5}{7}$镑增加到2镑,和A级土地的起调节作用的价格相比,每夸特的超额利润也已由$1\frac{2}{7}$镑减少到1镑。但$1\times4\frac{1}{2}=4\frac{1}{2}$镑,和以前$1\frac{2}{7}\times3\frac{1}{2}=4\frac{1}{2}$镑完全一样。

假定再有第四个和第五个追加的投资各$2\frac{1}{2}$镑投在B级土地上,这两个投资只是按一般的生产价格各生产1夸特,那么,每英亩的总产量现在就是$6\frac{1}{2}$夸特,它的生产费用是15镑。对B级土地来说,每夸特的平均生产价格已由2镑再增加到$2\frac{4}{13}$镑,和A级土地起调节作用的生产价格相比,每夸特的超额利润,已由1镑再减少到$\frac{9}{13}$镑。但这$\frac{9}{13}$镑现在是按$6\frac{1}{2}$夸特计算,而不是按$4\frac{1}{2}$夸特计算。

$$\frac{9}{13} \times 6\frac{1}{2} = 1 \times 4\frac{1}{2} = 4\frac{1}{2}镑。$$

首先,由此得出的结论是,在这些情况下,不必提高起调节作用的生产价格,就可以在各种提供地租的土地上投入追加资本,甚至直到追加资本完全不提供超额利润,而只提供平均利润时为止。其次,由此得出的结论是,在这里,不管每夸特的超额利润怎样减少,每英亩的超额利润总额还是不变;这种减少,会不断由每英亩生产的夸特数目的相应增加而得到补偿。要使平均生产价格提高到一般生产价格的水平(因此,在这里,对B级土地来说,就是上涨到3镑),必须追加投资,而这种追加资本的产品的生产价格要高于3镑这一起调节作用的生产价格。但是,我们将看到,单是这样也不足以直接使B级土地每夸特的平均生产价格提高到和一般生产价格3镑相等的程度。

我们假定B级土地:

1. 按以上所说的生产价格6镑,生产$3\frac{1}{2}$夸特。这是两个各$2\frac{1}{2}$镑的投资;这两个投资都形成超额利润,不过是按下降的水平形成的。

2. 再按3镑生产1夸特;这个投资的个别生产价格,和起调节作用的生产价格相等。

3. 再按4镑生产1夸特;这个投资的个别生产价格,比起调节作用的价格高$33\frac{1}{3}$%。

这样,我们已由$10\frac{7}{10}$镑的投资,按13镑,每英亩生产$5\frac{1}{2}$夸特;投资额比原来的投资额增加了三倍,但产量比第一个投资的产量增加还不到两倍。

$5\frac{1}{2}$ 夸特按13镑计算,每夸特的平均生产价格是 $2\frac{4}{11}$ 镑。所以,在起调节作用的生产价格为3镑时,每夸特有 $\frac{7}{11}$ 镑的余额可以转化为地租。按起调节作用的价格3镑出售, $5\frac{1}{2}$ 夸特卖 $16\frac{1}{2}$ 镑,减去生产费用13镑,还有超额利润或地租 $3\frac{1}{2}$ 镑。这 $3\frac{1}{2}$ 镑,按B级土地现在每夸特的平均生产价格计算,也就是按每夸特 $2\frac{4}{11}$ 镑计算,代表 $1\frac{25}{52}$ 夸特。货币地租下降了1镑,谷物地租下降了大约 $\frac{1}{2}$ 夸特,但是,尽管B级土地上的第四个追加投资不仅不生产超额利润,而且达不到平均利润,可是超额利润和地租仍然存在。我们假定,不仅第三个投资,而且第二个投资也是按照超过起调节作用的生产价格的价格进行生产的,因此总生产是:按6镑生产 $3\frac{1}{2}$ 夸特＋按8镑生产2夸特,总共按14镑生产费用生产 $5\frac{1}{2}$ 夸特。每夸特的平均生产价格是 $2\frac{6}{11}$ 镑,还留下 $\frac{5}{11}$ 镑的余额。这 $5\frac{1}{2}$ 夸特按3镑出售,得 $16\frac{1}{2}$ 镑;减去14镑的生产费用,还留下 $2\frac{1}{2}$ 镑作为地租。按B现在的平均生产价格计算,这等于 $\frac{55}{56}$ 夸特。所以,总还是留有地租,虽然比以前少。

无论如何,这种情况表明,在有追加投资的较好土地上的产品的费用超过起调节作用的生产价格时,地租不会消失,至少在实践上允许的界限以内是这样,不过必然会减少,并且这种减少一方面同这种生产率较低的资本在总投资中所占的份额成比例,另一方面同这种资本的生产率的降低成比例。这种资本的产品的平均价格,总还是低于起调节作用的价格,所以总还是会留下可以转化为地租的超额利润。

现在我们假定,由于连续四次投资($2\frac{1}{2}$ 镑, $2\frac{1}{2}$ 镑,5镑,5镑)的生产率的逐步降低,B每夸特的平均价格和一般的生产价格是一致的。

资　本 （镑）	利　润 （镑）	产　量 （夸特）	生产费用		售　价 （镑）	收　益 （镑）	形成地租的余额	
			每夸特 （镑）	总计 （镑）			（夸特）	（镑）
1.　$2\frac{1}{2}$	$\frac{1}{2}$	2	$1\frac{1}{2}$	3	3	6	1	3
2.　$2\frac{1}{2}$	$\frac{1}{2}$	$1\frac{1}{2}$	2	3	3	$4\frac{1}{2}$	$\frac{1}{2}$	$1\frac{1}{2}$
3.　5	1	$1\frac{1}{2}$	4	6	3	$4\frac{1}{2}$	$-\frac{1}{2}$	$-1\frac{1}{2}$
4.　5	1	1	6	6	3	3	-1	-3
15	3	6	—	18	—	18	0	0

在这里，租地农场主是按照每夸特的个别生产价格出售每一夸特的，所以，夸特总数额是按照每夸特的平均生产价格出售的，而这个平均生产价格是和起调节作用的价格3镑一致的。所以，他仍然为他的15镑资本取得了20%的利润＝3镑。但地租已消失。当每夸特的个别生产价格和一般生产价格这样拉平时，余额到哪里去了呢？

第一次投资$2\frac{1}{2}$镑的超额利润是3镑；第二次投资$2\frac{1}{2}$镑的超额利润是$1\frac{1}{2}$镑；因此预付资本的$\frac{1}{3}$即5镑的超额利润，总计为$4\frac{1}{2}$镑＝90%。

第三次投资5镑不但没有产生超额利润；它的产品$1\frac{1}{2}$夸特，按照一般生产价格出售，还会产生$1\frac{1}{2}$镑的负数。最后，第四次投资5镑的产品1夸特，按照一般生产价格出售，又会产生3镑的负数。所以，这两次投资一共产生$4\frac{1}{2}$镑的负数，同第一次和第二次投资产生的超额利润$4\frac{1}{2}$镑相等。

超额利润和负利润互相抵消了。因此，地租消失了。但事实上这种情况之所以可能,只是因为剩余价值中形成超额利润或地租的要素,现在已经加入平均利润的形成。租地农场主靠牺牲地租,才由15镑赚到3镑或20%的平均利润。

B的个别平均生产价格平均化为A的一般的调节市场价格的生产价格,是以下述情况为前提的:前几次投资的产品的个别价格低于起调节作用的价格而形成的差额,越来越为以后几次投资的产品的个别价格高于起调节作用的价格而形成的差额所抵消,最后完全拉平。前几次投资的产品本身出售时表现为超额利润的东西,会逐渐变为它们的平均生产价格的一部分,加入平均利润的形成,直到最后完全被平均利润所吸收。

如果投在B上面的资本不是15镑,只是5镑,并且上表中追加的$2\frac{1}{2}$夸特,是由于按每英亩投资$2\frac{1}{2}$镑新耕种A级土地$2\frac{1}{2}$英亩而生产出来的,那么,投入的追加资本就只是$6\frac{1}{4}$镑,因而,为生产这6夸特而用在A和B上面的总支出也只是$11\frac{1}{4}$镑,而不是15镑,这6夸特的总生产费用(包括利润)也只是$13\frac{1}{2}$镑。这6夸特仍然总共卖18镑,不过投资已减少$3\frac{3}{4}$镑,而B的地租仍然是每英亩$4\frac{1}{2}$镑。如果追加的$2\frac{1}{2}$夸特必须靠比A更坏的土地,例如A_{-1},A_{-2}来生产,情况就会不同,这样一来,对A_{-1}级土地的$1\frac{1}{2}$夸特来说,每夸特的生产价格=4镑,而对最后1夸特,即A_{-2}级土地所生产的1夸特来说,生产价格=6镑。这时,6镑就会成为每夸特的起调节作用的生产价格。B级土地的$3\frac{1}{2}$夸特就会卖21镑,而不是$10\frac{1}{2}$镑,所提供的地租就会是15镑,而不是$4\frac{1}{2}$镑;以谷物计算,是$2\frac{1}{2}$夸特,而不是$1\frac{1}{2}$夸特。同样,A级土地每夸特现在也会提供3镑的地租=$\frac{1}{2}$夸特。

在我们进一步论述这点以前,还要指出一点。

只要总资本中生产$1\frac{1}{2}$夸特余额的部分,为总资本中生产$1\frac{1}{2}$夸特负额的部分所抵消,B级土地1夸特的平均价格就会通过互相拉平而形成,而与由A调节的一般的生产价格每夸特3镑相一致。至于这种平均化究竟什么时候可以达到,或者说,为了这个目的必须有多少资本以不足的生产力投在B级土地上,那么,在前几次投资的超额生产率已定的情况下,这取决于以后几次投资的生产率同最坏的起调节作用的土地A上的等量投资相比相对不足的情况,或者说,取决于以后几次投资的产品的个别生产价格同起调节作用的价格相比的情况。

————

根据以上所述,首先可以得出如下结论:

第一,只要各追加资本是以超额生产率投在同一土地上,即使这种生产率越来越下降,每英亩的绝对的谷物地租和货币地租也会增加,虽然相对地即和预付资本相比(即超额利润率或地租率)会降低。在这里,界限是由这样一种追加资本形成的,这种追加资本只提供平均利润,或它的产品的个别生产价格和一般生产价格是一致的。在这些情况下,生产价格将不变,除非比较坏的土地的生产由于供给增加而变为多余。甚至价格下降时,这些追加资本在一定界限内仍然能生产超额利润,虽然是减少了的超额利润。

第二,只生产平均利润、其超额生产率=0的追加投资,决不会改变现有的超额利润量,从而也不会改变地租量。因此,较好的土地每夸特的个别平均价格将会提高;每夸特的余额减少了,但提供这个减少了的余额的夸特数却增加了;因此,二者的积将不变。

第三,如果追加投资的产品的个别生产价格,超过起调节作用的价格,因此,追加投资的超额生产率不仅=0,而且比零小,是一个负数,也就是说,比同额投资在起调节作用的A级土地上的生产率还小,那么,追加投资就会使较好土地的总产品的个别平均价格越来越接近一般生产价格,因而越来越减少二者间形成超额利润或地租的差额。原来形成超额利润或地租的东西,现在越来越多地加入平均利润的形成。但投在B级土地一英亩上的总资本将继续提供超额利润,虽然它会随着生产率不足的资本的总量的增加而减少,并且会按生产率不足的程度而减少。在资本增加,生产增加时,这里每英亩的地租将绝对下降,而不是像在第二种情况下那样,只是相对地即同投资的增加量相比会下降。

只有当较好土地B的总产品的个别平均生产价格和起调节作用的价格一致时,地租才会消失。这时,生产率较高的前几次投资的超额利润,就会全部加入平均利润的形成。

每英亩地租的下降是以地租归于消失的那个点为最低界限的。但是,并不是一当追加投资以不足的生产率进行生产时就达到了这个点,而是在下述情况下才达到这个点,即生产率不足的追加投资已够多了,以致它们的作用足以抵消前几次投资的超额生产率,所投总资本的生产率已经和A级土地的资本的生产率相等,B级土地每夸特的个别平均价格已经和A级土地每夸特的个别平均价格相等。

即使在这种情况下,虽然地租已经消失,起调节作用的生产价格,每夸特3镑,仍然不变。只是或者由于追加资本生产率不足的程度已经增加,或者由于具有同一不足生产率的追加资本量已经加大,才必然会使生产价格的提高超过这个点。例如,在前面第265页①

---

① 见本卷第827页。——编者注

的那个表内,如果在同一土地上按每夸特4镑生产出来的是$2\frac{1}{2}$夸特,而不是$1\frac{1}{2}$夸特,那么,合计7夸特的生产费用就是22镑;每夸特的费用就是$3\frac{1}{7}$镑,比一般生产价格贵$\frac{1}{7}$镑。因此,一般生产价格必须提高。

因此,直到最好土地的每夸特的个别平均价格和一般生产价格变得相等,直到后者超过前者的余额完全消失,从而超额利润和地租完全消失以前,还可以长时期使用生产率不足的、甚至生产率越来越不足的追加资本。

甚至在这种情况下,当较好土地的地租消失时,它们的产品的个别平均价格只不过和一般生产价格一致,因此一般生产价格仍不需要提高。

在以上的例子中,在较好土地B——但它在较好土地或有租土地的序列中处于最低的等级——上,$3\frac{1}{2}$夸特是由一个具有超额生产率的5镑资本生产出来的,$2\frac{1}{2}$夸特是由一个具有不足生产率的10镑资本生产出来的,合计6夸特;所以,$\frac{5}{12}$是由后面这些生产率不足的资本部分生产出来的。并且只有达到这个点,这6夸特的个别平均生产价格才提高到每夸特3镑,因此和一般的生产价格一致。

但是在土地所有权规律的支配下,后面这$2\frac{1}{2}$夸特是不能用这种方式按每夸特3镑生产的,除非它们能在$2\frac{1}{2}$英亩新的A级土地上生产出来。追加资本尚能按一般生产价格来进行生产的情况形成一个界限。超过这个界限,同一土地上的追加投资就必须停止。

这就是说,租地农场主一旦要对前两次投资支付$4\frac{1}{2}$镑的地租,他就要继续支付这个地租,并且每夸特生产费用高于3镑的每次投资,都会使他的利润减少。这样一来,在生产率不足的场合下,个别平均价格的平均化就遇到阻碍。

我们再就上例来研究一下这种情形。在这个例子中,A级土地每夸特3镑的生产价格,对B级土地来说,起着调节价格的作用。

资　本 (镑)	利　润 (镑)	生产费用 (镑)	产　量 (夸特)	每夸特的 生产费用 (镑)	售　价		超额 利润 (镑)	损　失 (镑)
					每夸特 (镑)	总计 (镑)		
$2\frac{1}{2}$	$\frac{1}{2}$	3	2	$1\frac{1}{2}$	3	6	3	—
$2\frac{1}{2}$	$\frac{1}{2}$	3	$1\frac{1}{2}$	2	3	$4\frac{1}{2}$	$1\frac{1}{2}$	—
5	1	6	$1\frac{1}{2}$	4	3	$4\frac{1}{2}$	—	$1\frac{1}{2}$
5	1	6	1	6	3	3	—	3
15	3	18	—	—	—	18	$4\frac{1}{2}$	$4\frac{1}{2}$

前两次投资所生产的$3\frac{1}{2}$夸特的生产费用,对租地农场主来说,同样是每夸特3镑,这时他要支付$4\frac{1}{2}$镑的地租,结果,他的个别生产价格和一般生产价格之间的差额就不是流进他的腰包。因此,对他来说,前两次投资的产品的价格余额,不能用来弥补第三次投资和第四次投资产量上的不足。

第三次投资所产生的$1\frac{1}{2}$夸特的费用,对租地农场主来说是6镑(包括利润在内);但在起调节作用的价格为每夸特3镑时,他只能把这$1\frac{1}{2}$夸特卖$4\frac{1}{2}$镑。所以,他不仅会失掉全部利润,而且除此以外还要损失$\frac{1}{2}$镑,即所投资本5镑的10%。就第三次投资来说,他的利润和资本的损失是$1\frac{1}{2}$镑;就第四次投资来说,他的利润和资本的损失是3镑,合计是$4\frac{1}{2}$镑,恰好和前面两次较好的投资的地租相等。但前面那两次投资的个别生产价格,不能作为平均化因素进入B的总产品的个别平均生产价格,因为它的余额要继续作为地租交给另一个人。

如果为了满足需要,有必要由第三次投资来生产追加的$1\frac{1}{2}$夸特,起调节作用的市场价格就必须上涨到每夸特4镑。由于起调节作用的市场价格的这种提高,B的第一次投资和第二次投资的地租将增加,并且A也会形成地租。

因此,级差地租虽然只是超额利润到地租的一种形式上的转化,土地所有权在这里只是使土地所有者能够把超额利润从租地农场主手里转到自己手里,但是我们还是会发现,同一块土地上的连续投资,或者说同一地块上投资的增加,在资本的生产率下降和起调节作用的价格不变的情况下,将会更早得多地遇到它的界限,就是说,由于超额利润到地租的纯粹形式上的转化(这是土地所有权的结果)而在事实上或多或少遇到一种人为的界限。因此,在这里,一般生产价格的上涨(在这里,这种上涨在界限比往常变得更狭小的情况下是必要的)不仅是级差地租上涨的原因,而且级差地租作为地租的存在同时又是一般生产价格更早、更迅速地上涨的原因。通过这种上涨,便保证了已成为必要的追加产品的供给。

此外,还要说明一点:

如果A级土地通过第二次投资提供的追加产品低于4镑,或者,如果有一种比A更坏的新的土地加入竞争,它的生产价格虽然超过3镑,但低于4镑,那么,起调节作用的价格就不能由于在B级土地上追加资本而像上例中那样提高到4镑。所以我们看到,级差地租I虽然是级差地租II的基础,但它们同时互为界限,这使得资本有时连续投在同一块土地上,有时并行地投在新追加的土地上。在别的情况下,例如在有较好土地加入序列时,它们也同样会互为界限。

第四十四章

最坏耕地也有级差地租

假定对谷物的需求不断增加,并且供给只能通过提供地租的土地上生产率不足的连续投资,或者通过A级土地上生产率也不断降低的追加投资,或者通过比A更坏的新地上的投资来满足。

让我们把B级土地,作为提供地租的土地的代表。

追加的投资,要求市场价格提高到一向起调节作用的生产价格(每夸特3镑)以上,以便使1夸特(在这里,它可以代表100万夸特,1英亩可以代表100万英亩)的追加生产在B级土地上成为可能。这样,在C和D等地租最高的各级土地上也能得到追加产品,但只是在超额生产力不断减低的情况下得到的,可是我们假定,B的1夸特是满足需求所必需的。如果这1夸特通过B上的资本追加来生产,能够比通过A上的等量资本追加,或通过耕种更坏的 A_{-1} 级土地来生产更便宜(例如 A_{-1} 级土地只能按4镑生产1夸特,而A上的追加资本已能按 $3\frac{3}{4}$ 镑生产1夸特),那么B上的追加资本,就会调节市场价格。

A和以前一样已经按3镑生产了1夸特。B也和以前一样已经按个别生产价格总共6镑,总共生产了 $3\frac{1}{2}$ 夸特。如果现在再要生产1夸特,在B上必须追加4镑生产费用(包括利润),而在A上用

$3\frac{3}{4}$镑就可以生产出来,那么,不言而喻,这1夸特将由A来生产,而不是由B来生产。因此,我们假定,这1夸特在B上可以用$3\frac{1}{2}$镑追加生产费用生产出来。在这个场合,$3\frac{1}{2}$镑就成为整个生产的起调节作用的价格。这样,B就可以按$15\frac{3}{4}$镑出售自己的产品$4\frac{1}{2}$夸特了。其中有前$3\frac{1}{2}$夸特的生产费用6镑和后1夸特的生产费用$3\frac{1}{2}$镑,共计$9\frac{1}{2}$镑。剩下来作为地租的超额利润＝$6\frac{1}{4}$镑,而以前只是$4\frac{1}{2}$镑。在这个场合,A一英亩也会提供地租$\frac{1}{2}$镑;但是,调节生产价格$3\frac{1}{2}$镑的,已不是最坏土地A,而是较好土地B了。这里当然是假定,和以前已耕的土地有同样有利位置的新的A级土地,已经没法弄到,因此必须按更大的生产费用,对已耕的一块A级土地进行第二次投资,或耕种更坏的土地A_{-1}。只要级差地租II通过连续的投资而产生出来,上涨的生产价格的界限,就能够由较好土地来调节;这时,构成级差地租I的基础的最坏土地也能够提供地租。因此,单纯就级差地租来说,所有的已耕地都会提供地租。这样,我们就会得出如下两个表,其中我们把生产费用理解为预付资本加20%的利润之和,也就是每$2\frac{1}{2}$镑资本加$\frac{1}{2}$镑利润,合计3镑。

土　地 等　级	英亩	生产费用 (镑)	产　量 (夸特)	售　价 (镑)	货币收益 (镑)	谷物地租 (夸特)	货币地租 (镑)
A	1	3	1	3	3	0	0
B	1	6	$3\frac{1}{2}$	3	$10\frac{1}{2}$	$1\frac{1}{2}$	$4\frac{1}{2}$
C	1	6	$5\frac{1}{2}$	3	$16\frac{1}{2}$	$3\frac{1}{2}$	$10\frac{1}{2}$
D	1	6	$7\frac{1}{2}$	3	$22\frac{1}{2}$	$5\frac{1}{2}$	$16\frac{1}{2}$
合　计	4	21	$17\frac{1}{2}$	—	$52\frac{1}{2}$	$10\frac{1}{2}$	$31\frac{1}{2}$

这是B级土地上还没有投入那个只提供1夸特的$3\frac{1}{2}$镑新投资以前的情况。有了这个投资以后,情况如下:

土 地 等 级	英亩	生产费用 (镑)	产 量 (夸特)	售 价 (镑)	货币收益 (镑)	谷物地租 (夸特)	货币地租 (镑)
A	1	3	1	$3\frac{1}{2}$	$3\frac{1}{2}$	$\frac{1}{7}$	$\frac{1}{2}$
B	1	$9\frac{1}{2}$	$4\frac{1}{2}$	$3\frac{1}{2}$	$15\frac{3}{4}$	$1\frac{11}{14}$	$6\frac{1}{4}$
C	1	6	$5\frac{1}{2}$	$3\frac{1}{2}$	$19\frac{1}{4}$	$3\frac{11}{14}$	$13\frac{1}{4}$
D	1	6	$7\frac{1}{2}$	$3\frac{1}{2}$	$26\frac{1}{4}$	$5\frac{11}{14}$	$20\frac{1}{4}$
合 计	4	$24\frac{1}{2}$	$18\frac{1}{2}$	—	$64\frac{3}{4}$	$11\frac{1}{2}$	$40\frac{1}{4}$

〔这里的计算,又是不完全正确的。B的租地农场主为$4\frac{1}{2}$夸特付出:第一,$9\frac{1}{2}$镑生产费用,第二,$4\frac{1}{2}$镑地租,合计14镑;平均每夸特=$3\frac{1}{9}$镑。因此,他的总生产的这个平均价格,成了起调节作用的市场价格。按此计算,A的地租就是$\frac{1}{9}$镑,而不是$\frac{1}{2}$镑;B的地租和以前一样仍然是$4\frac{1}{2}$镑。$4\frac{1}{2}$夸特按每夸特$3\frac{1}{9}$镑计算=14镑,其中$9\frac{1}{2}$镑是生产费用,剩下$4\frac{1}{2}$镑作为超额利润。由此可见,尽管数字必须改变,这个例子已经表明,已提供地租的较好土地,能够通过级差地租Ⅱ来调节价格,因而**所有的**土地,包括以前无租的土地,都能够变成提供地租的土地。——弗·恩·〕

只要谷物的起调节作用的生产价格上涨了,也就是说,只要起调节作用的土地上1夸特谷物变贵了,或某一级土地上起调节作用的投资增加了,那么,谷物地租就必然会增加。这就像各级土地都变得比较不肥沃了,例如用$2\frac{1}{2}$镑的新投资,都只生产出$\frac{5}{7}$夸特,而不是生产出1夸特。这些土地上用同额投资多生产出来的谷物,都转化为体现超额利润从而体现地租的超额产品了。假定利润率仍然不变,租地农场主用他的利润所能买到的谷物就减少了。如果工资没有提高,那利润率可以仍然不变,这或是因为工资被压低到身体的最低限度,也就是说,被压低到劳动力的正常价值以下;或是因为工人的由工业供应的其他消费品相对地变得便宜了;或是因为工作日延长或强化,因而非农业生产部门的、但调节农业利润的利润率即使不提高,也保持不变;或是因为在农业上虽然投入同额的资本,但不变资本较多,可变资本较少。

我们考察了第一种方法,即不耕种更坏的土地,地租也可以在以往最坏的土地A上产生的方法;也就是说,地租的产生是由于土地A的以往起调节作用的个别生产价格,和最后追加的资本以不足的生产力在较好土地上提供必要追加产品时所形成的新的更高的生产价格相比,有一个差额。

如果追加产品必须由A$_{-1}$级土地来提供,而这种土地只能按4镑的费用提供1夸特,那么,A每英亩的地租就会提高到1镑。但是在这个场合,A$_{-1}$就代替A成为最坏的耕地,而A就成为提供地租的土地序列中的最低一级。级差地租I也就发生变化。因此,这种情形不属于级差地租II的考察范围之内。级差地租II是由同一块土地上连续投资的不同生产率产生的。

但是,除此以外,级差地租还可以在A级土地上由两种方式产生。

一个场合是,在价格(任何一种价格,甚至和以前的价格相比已经下降的价格)保持不变时,追加的投资产生出超额生产率。很明显,正是在最坏土地上,在达到某一点以前,必然总是发生这种情形。

第二个场合是,与此相反,在A级土地上连续投资的生产率降低。

在这两个场合都假定,生产的增加是需求状况所决定的。

但是,在这里,从级差地租的观点来看,由于以前说明过的规律,即总生产(或资本总支出)中1夸特的个别平均生产价格总是起决定的作用,所以产生了一个特别的困难。但A级土地与较好土地不同,对它来说,在其外部并不存在一个生产价格,使得各个新的投资的个别生产价格和一般生产价格的平均化受到限制。因为A的个别生产价格,恰好就是调节市场价格的一般生产价格。

我们假定:

1. **在连续投资的生产力提高时**,在A一英亩上,用5镑预付资本,相应地也就是6镑生产费用,可以生产出3夸特,而不是2夸特。第一次投资$2\frac{1}{2}$镑提供1夸特,第二次投资$2\frac{1}{2}$镑提供2夸特。在这个场合,6镑生产费用提供了3夸特,所以每夸特平均花费2镑;如果3夸特各按2镑出售,A就仍然不提供地租,发生变化的只是级差地租II的基础;2镑代替3镑成为起调节作用的生产价格;现在一个$2\frac{1}{2}$镑的资本,在最坏土地上,平均生产$1\frac{1}{2}$夸特,而不是1夸特了,并且现在对一切有$2\frac{1}{2}$镑投资的比较高级的土地来说,这是公认的生产率。从现在起,这些土地以前的超额产品,就有一部分要加入它们的必要产品的形成,而它们的超额利润有一部分要加入平均利润的形成。

另一方面,如果像在较好土地上那样进行计算(在那里,平均计算不会影响绝对的余额,因为对这种土地来说,一般生产价格是作为投资的界限规定的），那么，第一次投资提供的1夸特就花费3镑，第二次投资提供的2夸特就不过各花费$1\frac{1}{2}$镑。因此，在A上就产生1夸特的谷物地租和3镑的货币地租，而3夸特是按旧价格共9镑出售的。如果再投入生产率和第二次投资相等的第三个资本$2\frac{1}{2}$镑，那么，用9镑生产费用就可生产总共5夸特。如果起调节作用的，仍然是A的个别平均生产价格，那么，每夸特现在就必须按$1\frac{4}{5}$镑出售。平均价格就会再度下降，这并不是由于第三个投资的生产率有了新的提高，而只是由于加进了一个和第二次投资有相等的追加生产率的新的投资。A级土地上几个生产率较高但保持不变的连续投资，不会像在提供地租的土地上那样提高地租，但会相应地降低生产价格，并在其他条件不变的情况下，相应地降低其他各级土地的级差地租。相反地，如果按3镑生产费用生产1夸特的第一次投资本身仍起调节作用，那么，这5夸特就会按15镑出售，A级土地以后的投资的级差地租就会等于6镑。把追加资本加到A的一英亩上，不论在什么形式上进行，在这里都会是一种改良，并且追加资本也会使原来的资本部分有更高的生产率。说资本的$\frac{1}{3}$生产了1夸特，而其余$\frac{2}{3}$生产了4夸特，那是荒谬的。每英亩9镑总是生产5夸特，而原来3镑只生产1夸特。至于这里会不会产生地租，产生超额利润，完全要看情况而定。通常起调节作用的生产价格必然会下降。如果这种改良的、但需要更多费用的耕作方法所以会在A级土地上采用，只是因为在较好土地上也采用了这种耕作方法，也就是说，只是因为农业发生了普遍的革命，那么，情况就会是这样。因此，现在说到A级土地的自然肥力时，就要假定它是用6镑或9镑而不是用3镑来进行耕种的。如果提供该国大量供应品的A级土地的已耕地大多数采用了这种新的方法，那情况就更是这样。但是，如果这种改良最初只在A的一小部分面积上采用,那么,这个耕作得比较好的部分,就会提供超额利润,土地所有者就会迅速地把它的全部或一部分转化为地租,并把它作为地租固定下来。因此,如果需求和增长的供给齐头并进,地租就会随着这种新的耕作方法在A级土地的全部面积上的逐步推广,逐渐在一切A级土地上形成,超额生产率的成果就会根据市场状况,全部或部分地被没收。因此,在资本支出增大时,A的生产价格平均化为它的产品的平均价格,会由于这个增大的投资的超额利润被固定为地租而受到阻碍。在这个场合,和我们以前在较好土地上,在追加资本的生产力降低时所看到的情形一样,又是超额利润转化为地租,即土地所有权的介入会把生产价格提高,因此,级差地租就不单纯是由个别生产价格和一般生产价格之间的差额引起的。对A级土地来说,这个情况会阻碍这两种价格的一致,因为它会阻碍A级土地的平均生产价格起调节生产价格的作用;因此它会保留一个高于必要水平的生产价格,并由此创造出地租。甚至在从国外自由输入谷物的时候,同样的结果也会发生或继续保持下去,因为租地农场主被迫把那种不提供地租,在由国外决定的生产价格下也能够在谷物生产上进行竞争的土地,用于其他用途(例如用做牧场),因此只有那种提供地租的土地,也就是每夸特的个别平均生产价格低于由国外决定的生产价格的土地,才会用在谷物生产上。总的说来,我们假定,在上述场合,生产价格将会降低,但不是一直降低到它的平均价格水平,而是比平均价格高,但低于最坏耕地A的生产价格,这样A级新地的竞争就会受到限制。

2.**在追加资本的生产力降低时**。假定A_{-1}级土地只能按4镑来生产追加的1夸特,A级土地却能按$3\frac{3}{4}$镑,也就是按更便宜的费用生产追加的1夸特,但和它的第一次投资所生产的1夸特相比,还是贵了$\frac{3}{4}$镑。在这个场合，A所生产的2夸特的总价格就$=6\frac{3}{4}$镑；因此每夸特的平均价格就$=3\frac{3}{8}$镑。生产价格将会提高，但只提高$\frac{3}{8}$镑；如果把追加资本投入按$3\frac{3}{4}$镑生产1夸特的新的土地上，那么，生产价格就会再提高$\frac{3}{8}$镑，达到$3\frac{3}{4}$镑，从而引起一切其他级差地租的相应提高。

因此，A每夸特$3\frac{3}{8}$镑的生产价格，就会平均化为A投资增加时的平均生产价格，并起调节的作用；它不会提供地租，因为没有超额利润。

但如果这个由第二次投资生产的1夸特按$3\frac{3}{4}$镑出售，那么，A级土地现在就会提供$\frac{3}{4}$镑的地租，并且A级土地中没有进行追加投资，因而仍按3镑生产1夸特的各英亩，也会提供$\frac{3}{4}$镑的地租。只要A还有未耕的地块存在，价格就只能暂时提高到$3\frac{3}{4}$镑。A的新地块加入竞争，将会把生产价格维持在3镑上，直到因位置有利而可以按少于$3\frac{3}{4}$镑的费用生产1夸特的A级全部土地都已耕种为止。这正是我们所要假定的，虽然土地所有者在有一英亩土地提供地租的时候，是不会让租地农场主不付地租就租到另一英亩土地的。

是生产价格平均化为平均价格，还是第二次投资的个别生产价格$3\frac{3}{4}$镑变成起调节作用的价格，这又取决于第二次投资在现有的A级土地上所达到的普遍程度。只有土地所有者赢得时间，把在需求满足以前以每夸特$3\frac{3}{4}$镑的价格所得到的超额利润作为地租固定下来，$3\frac{3}{4}$镑变成起调节作用的价格这一情况才会发生。

————

关于在连续投资时土地生产率降低的情形，可参看李比希的著作[329]。我们已经看到，投资的超额生产力的递减，在生产价格不变的时候,会不断增加每英亩的地租,甚至在生产价格下降的时候,也会产生这样的结果。

但是一般地说还必须指出以下一点:

从资本主义生产方式的观点来看,如果为了获得同一产品而必须投资,必须对以前无须付费的东西付费,那么,这个产品就总会变得相对昂贵。因为生产上所耗费的资本的补偿,只是指表现为一定生产资料的价值的补偿。作为要素加入生产但无须付代价的自然要素,不论在生产中起什么作用,都不是作为资本的组成部分加入生产,而是作为资本的无偿的自然力,也就是,作为劳动的无偿的自然生产力加入生产的。但在资本主义生产方式的基础上,这种无偿的自然力,像一切生产力一样,表现为资本的生产力。因此,如果这样一种本来无须付代价的自然力加入生产,那么,只要利用它提供出来的产品足以满足需要,它在价格的决定上就不会计算进去。但是,如果在发展的进程中,必须提供的产品比利用这种自然力所能生产出来的还要多,也就是说,如果必须在不利用这种自然力的情况下,或者说必须在人或人的劳动的协助下生产出这个追加产品,那么,一个新的追加的要素就会加入到资本中去。因此,要获得这个产品,就需要付出相对来说比较多的资本。在一切其他条件不变的情况下,生产就会变得昂贵。

———

〔以下采自一本标明"开始于1876年2月中旬"的笔记本。[330]〕
级差地租和地租只是投入土地的资本的利息。

所谓永久性改良,——这种改良通过各种方法来改变土地的物理性质,部分地也改变土地的化学性质,这是要花费资本的,可以看做是把资本并入土地,——几乎可以说,就是使一块位于一定的有限的地段上的土地,拥有另一块位于别的地段(往往就在邻近)上的土地所天然具备的那种属性。一块土地天然是平坦的,另一块必须加以平整;一块土地有天然的排水沟,另一块则需要人工排水;一块土地天然有很深的泥土层,另一块则必须用人工去加深;一块黏性土地天然含有适量的砂,另一块则只有靠人工造成这种情况;一块草地天然能保持湿润或覆盖一层湿土,另一块则必须通过劳动,或者用资产阶级经济学的用语来说,必须通过资本,才能做到这一点。

　　有一种确实令人发笑的理论,认为在一块靠人工获得相对优越性的土地上,地租是利息,而在另一块天然具有这种优越性的土地上,地租却不是利息。[①](事实上,问题被曲解为这样:因为在一个场合地租和利息实际上是一致的,所以,在另一个场合,当它们实际上不一致时,就必须把地租称做利息或谎称为利息。)但是土地在投资以后会提供地租,并不是因为已经在土地上进行了投资,而是因为这种投资已经使土地变成一个比以前有更高生产率的投资场所。假定一国的全部土地都需要这种投资,那么,每一块还没有得到这种投资的土地,就都必须首先通过这个阶段,而一块已经具有这种投资的土地所提供的地租(它在这种情况下提供的利息)也是级差地租,就像这块土地天然具有这种优越性,而另一块土地则必须靠人工才能获得这种优越性一样。

　　一旦投入的资本分期偿还,这种可分解为利息的地租也就会变成纯粹的级差地租。否则,同一个资本就必然要作为双重的资本而存在了。

———

①见本卷第701—702页。——编者注

一个最可笑的现象是,凡是反对李嘉图,反对只由劳动决定价值的人[331],在谈到由土地差别产生的级差地租时,认为在这里决定价值的是自然,而不是劳动;同时认为,土地的位置具有这种决定作用,甚至进一步认为,在耕作中投入土地的资本的利息,也有这种决定作用。相同的劳动使一定时间内创造的产品具有相同的价值;不过,这个产品的大小或量,从而属于这个产品的每一相应部分的价值部分,在劳动量已定时,只取决于这个产品的量,而这个产品的量又取决于这个既定劳动量的生产率,而不是取决于这个劳动量的大小。至于这种生产率来源于自然还是来源于社会,是完全无关紧要的。只有在这种生产率本身要花费劳动,也就是说要花费资本的时候,它才会使生产费用增加一个新的组成部分,而在它单纯来源于自然的时候,却不是这样。

第四十五章
绝 对 地 租

在分析级差地租时,我们是从最坏的土地不支付地租这一前提出发的;或者用更一般的说法就是:只有这样一种土地才支付地租,这种土地的产品的个别生产价格低于调节市场的生产价格,因此,就产生了超额利润,超额利润就转化为地租。首先必须指出,级差地租本身的规律和这个前提的正确与否完全无关。

如果我们把调节市场的一般生产价格叫做P,那么,P是和最坏土地A的产品的个别生产价格相一致的;也就是说,这种价格将补偿生产中消耗的不变资本和可变资本加上平均利润(= 企业主收入加上利息)。

地租在这里等于零。较好一级土地B的个别生产价格 = P′,而P > P′;也就是说,P可以补偿B级土地的产品的现实生产价格而有余。现在假定P − P′ = d;因而d,即P超过P′的余额,就是B级土地的租地农场主所获得的超额利润。这个d转化为必须支付给土地所有者的地租。假定第三级土地C的现实生产价格是P″,而P − P″ = 2d;这2d也会转化为地租;同样,假定第四级土地D的个别生产价格是P‴,而P − P‴ = 3d,后者也会转化为地租,等等。现在,我们假定,对A级土地来说,设定地租 = 0,因而产品的价格 = P + 0这个前提是不对的。相反,A级土地也会提供地租＝r。这时,我们就会得出以下两个结论。

第一,A级土地产品的价格,不是由它的生产价格来调节,而包含着一个超过它的生产价格的余额,即＝P＋r。既然假定资本主义生产方式处于正常状态,也就是说,既然假定租地农场主支付给土地所有者的这个余额r,不是从工资中扣除的,也不是从资本的平均利润中扣除的,那么,他能够支付这个余额,就只是因为他的产品高于生产价格出售,因此,如果他不把这个余额以地租形式支付给土地所有者,他的产品就会给他提供一个超额利润。这样,各级土地在市场上的全部产品的起调节作用的市场价格,就不是资本一般在一切生产部门都会提供的那个生产价格(等于费用加上平均利润),而是生产价格加上地租了,不是P,而是P＋r了。因为A级土地产品的价格,一般来说代表起调节作用的一般市场价格的界限,即代表使总产品能够得到供给的那种价格的界限,并且就这一点来说,调节着这个总产品的价格。

但是**第二**,在这种情况下,虽然土地产品的一般价格会发生本质的变化,但级差地租的规律决不会因此就失去作用。既然A级土地产品的价格,从而一般市场价格＝P＋r,那么,B、C、D等各级土地的产品的价格,也同样＝P＋r。但对B级土地来说,因为P－P′＝d,所以,(P＋r)－(P′＋r)同样＝d。对C级土地来说,P－P″＝(P＋r)－(P″＋r)＝2d;最后,对D级土地来说,P－P‴＝(P＋r)－(P‴＋r)＝3d,等等。因此,虽然地租会包含一个和级差地租规律无关的要素,并且会随土地产品的价格同时得到普遍的增加,但是,级差地租仍然不变,并且受同一规律调节。由此可见,不管最不肥沃的土地的地租的情况怎样,级差地租的规律都不仅和这种地租无关,而且理解级差地租性质的唯一方法,就是假定A级土地的地租＝0。不管它恰好＝0,还是＞0,在我们考察级差地租时,都是无关紧要的,而事实上也不在我们考虑的范围之内。

因此,级差地租的规律是和以下的研究结果无关的。

如果我们进一步追问一下,最坏土地A的产品不支付地租这一前提的基础是什么?那么,答复就必然是这样:如果土地产品(例如谷物)的市场价格所达到的高度能使投在A级土地上的追加的预付资本达到普通的生产价格,也就是说,为资本提供普通的平均利润,那么,这个条件就足以使追加资本投到A级土地上。这就是说,这个条件已足以使资本家投入新的资本而得到普通利润,并进行正常的资本增殖。

这里应当指出,就是在这种情况下,市场价格也必然高于A的生产价格。这是因为一旦有了追加的供给,供求关系显然就会发生变化。以前是供给不足,现在是供给充足了。因此,价格必然会下跌。要使价格能够下跌,它必须已经高于A的生产价格。但是,由于新耕种的A级土地的肥力较差,所以价格不会再下跌到和B级土地的生产价格调节市场的时候一样低。A的生产价格,并不是市场价格暂时提高的界限,而是市场价格比较持久的提高的界限。——另一方面,如果新耕种的土地比一向起调节作用的A级土地肥沃,但也只够满足追加的需求,那么,市场价格就保持不变。但是,在这种情况下,对最低级土地是否支付地租的研究,和我们这里正进行的研究也是一致的,因为在这里,A级土地不支付地租这个前提,也要由以下事实来说明:市场价格已足以使资本主义的租地农场主恰好用这个价格来补偿已经用掉的资本加上平均利润;简单说来就是,市场价格对他提供了他的商品的生产价格。

无论如何,只要资本主义的租地农场主作为资本家可以作出决断,他就尽可以在这些情况下耕种A级土地。资本正常增殖的条件在A级土地上现已存在。但是,即使假定租地农场主不能支付地租,现在只能够按资本增殖的平均条件在A级土地上进行投资,从这个前提出发也决不能得出结论说:这个属于A级的土地,现在会立即让租地农场主去支配。租地农场主不支付地租而能按普通利润来增殖他的资本这一事实,对土地所有者来说,决不是把土地白白借给租地农场主并如此慈善地给这位营业伙伴以无息信贷的理由。这样一个前提,意味着土地所有权被抽象掉,土地所有权被废除。而土地所有权的存在,正好是对投资的一个限制,正好是对资本在土地上任意增殖的一个限制。这个限制决不会由于租地农场主单纯有下面这种想法而消失:如果他不支付地租,也就是说,如果他实际上能把土地所有权看做是不存在的,那么,谷物价格的水平就使他能够通过利用A级土地的办法从自己的资本中取得普通的利润。但土地所有权的垄断,作为资本的限制的土地所有权,是级差地租的前提,因为,如果没有这种垄断,超额利润就不会转化为地租,就不会落到土地所有者手里,而会落到租地农场主手里。甚至在作为级差地租的地租并不存在的地方,也就是,在A级土地上,作为限制的土地所有权还是继续存在。如果我们考察一下在一个实行资本主义生产的国家中,资本可以投在土地上而不付地租的各种情况,那么,我们就会发现,所有这些情况都意味着土地所有权的废除,即使不是法律上的废除,也是事实上的废除。但是,这种废除只有在非常有限的、按其性质来说只是偶然的情况下才会发生。

第一,当土地所有者自己就是资本家,或资本家自己就是土地所有者的时候。在这种情况下,只要市场价格已经提高,足以使他从现在的A级土地上得到生产价格,即资本的补偿加上平均利润,他就会**亲自经营**他的土地。为什么?因为对他来说,土地所有权不会构成对他的投资的限制。他可以把土地视为简单的自然要素,因而决定他行动的只是对他的资本的增殖的考虑,即资本主义的考虑。这种情形在实践中是会发生的,但只是例外。正如土地的资本主义耕种要以执行职能的资本和土地所有权的分离作为前提一样,这种耕种作为常规也排除土地所有者自己的经营。显然,土地所有者自己经营纯粹是偶然的事情。如果对谷物的需求的增加要求耕种的A级土地多于自己经营的土地所有者所拥有的该级土地,也就是说,如果为了耕种所有A级土地,必须出租其中的一部分,那么,关于土地所有权对投资构成的限制已被废除①这一假设马上就会站不住脚。这是一个荒谬的矛盾:先从与资本主义生产方式相适应的资本和土地的分离、租地农场主和土地所有者的分离出发,然后又反过来假定,凡是在土地所有权没有独立于资本而存在,因而资本从土地的耕种上得不到地租的场合和一切地方,作为常规都是由土地所有者自己经营。(见以下引用的亚·斯密关于矿山地租所说的话。②)土地所有权的这种废除是偶然的。它可能发生,也可能不发生。

第二,在一整片租地中间,可能会有一些个别的地块,它们按照当前的市场价格水平不能支付地租,因此实际上是无偿出租的,但是土地所有者对此却不是这样看的,因为他所看到的,只是这片租地的地租总额,而不是其中个别地块的特别地租。在这种情况下,对租地农场主来说,如果考虑的是租地中那些无租的地块,那么,作为投资

---

① 1894年版中是"见解",马克思的手稿中是"废除"。——编者注
② 见本卷第876页。——编者注

限制的土地所有权就消失了,并且是由于他和土地所有者本人订立的契约而消失的。但是,他所以能不支付这些地块的地租,只是因为他支付了把这些地块作为附属部分包含在内的那片土地的地租。这里的前提恰好是一种复杂的情况:为了弥补供给的不足而不得不使用的较坏的A级土地,不是一个独立的新的生产场所,这种土地只是掺杂在较好土地中间的一个不可分离的部分。而我们现在要研究的情形,却正好是A级地块必须独立经营,也就是说,必须在资本主义生产方式的一般前提下独立出租。

第三,一个租地农场主可以把追加资本投在同一租地上,虽然这样取得的追加产品,按照现行的市场价格,只会为他提供生产价格,为他提供普通利润,而不能使他支付追加的地租。这样,对投在土地上的资本的一部分来说,他支付地租,而对另一部分来说,则不支付。但是,这个假定对于问题的解决也没有什么帮助,这一点从下面就可以看出:如果市场价格(同时还有土地的肥力)使他能用追加的资本获得较大的收益,这个较大的收益,和旧有的资本一样,除了生产价格外,还给他提供一个超额利润,那么,在租约未满期间,他就会把这个超额利润据为己有。为什么?因为在租约未满期间,土地所有权对他在土地上投资的限制并不存在。但是,要保证能得到这个超额利润,就应当有追加的较坏土地被独立地开垦和独立地租用,而这一简单的事实就无可反驳地表明,在旧有土地上追加投资,已不足以保证必要的增加了的供给。一个假定排斥另一个假定。诚然,现在可以说,最坏土地A的地租,不论和土地所有者自耕(但这只是一种偶然的例外)的土地比较,还是和投在不提供任何地租的旧租地上的追加投资比较,它本身都是级差地租。但是,第一,这个级差地租不是由于各级土地肥力的差别而产生的,因而**不是**以A级土地不支付地租,其产品按生产价格出售这一点为前提。第二,同一租地上的追加投资是否提供地租的问题,和新耕种的A级土地是否支付地租的问题完全无关,这正像下面这种情况一样,例如,对于建立一个新的独立的工厂企业来说,同一企业部门的另一工厂主是把不能在本企业中充分增殖的资本部分投在有息证券上,还是用来实行某种扩大,即给他带来的所得虽然达不到充足的利润但会高于利息的那种扩大,这是完全无关的。这对他来说是次要的事情。另一方面,追加的新企业必须提供平均利润,并且正是希望得到平均利润才建立的。当然,旧租地上的追加投资和A级新地的追加耕种会互相成为限制。追加资本能在比较不利的生产条件下投到同一租地上去的界限,是由A级土地上进行竞争的各个新的投资决定的;另一方面,这一级土地所能提供的地租,也受到旧租地上进行竞争的各个追加投资的限制。

不过,这一切错误的辩解,都解决不了问题。这个问题简单地说就是:假定谷物(我们在这种研究中以谷物代表一切土地产品)的市场价格已足以使部分A级土地得到耕种,已足以使这些新土地上的投资得到产品的生产价格,即资本的补偿加上平均利润。也就是说,假定资本正常增殖的条件在A级土地上已经存在。这就够了吗?这时,这个资本是否就能实际投入呢?或者,市场价格还必须上涨到使最坏土地A也提供地租的程度呢?这就是说,土地所有者的垄断是否会对投资施加那样一种限制,即从纯粹资本主义的观点来看没有这种垄断就不复存在的限制?从提出问题本身所依据的条件就可以看出:如果旧租地上例如已经有了追加投资,这种投资按照当前的市场价格不提供地租,只提供平均利润,那么,这种情况根本没有解决资本是否能够真正投入同样只提供平均利润但不提供地租的A级土地的问题。而这正是问题的所在。耕种A级新土地的必要性已经证明，不提供地租的追加投资满足不了需求。如果A级土地的追加耕种只有在这种土地提供地租，从而提供超过生产价格的余额时才会发生，那么，只可能有两种情况。或者，市场价格所达到的水平，应足以使旧租地上最后的追加投资也提供超额利润，而不管这个超额利润是被租地农场主拿去，还是被土地所有者拿去。这时，价格的这种上涨和最后的追加投资所产生的这种超额利润，是由于A级土地不提供地租就不可能被耕种而造成的。因为，如果生产价格，单纯平均利润的提供已足以使A级土地得到耕种，那么，价格就不会上涨到这个地步；并且，一当这些新土地只不过提供这种生产价格时，它们的竞争就已经开始了。这时，A级土地上同样不提供地租的投资，就会和旧租地上不提供地租的追加投资发生竞争。——或者，旧租地上的最后投资并不提供地租，但市场价格已上涨到足以使A级土地有可能被耕种并提供地租。在这种情况下，不提供地租的追加投资之所以可能，只是因为A级土地不可能被耕种，直到市场价格使它能够支付地租时为止。没有这个条件，A级土地的耕种早在价格较低的时候就已经开始了；旧租地上以后那些需要有高的市场价格才会提供普通利润、但不提供地租的投资，也就不会发生了。这些投资甚至在高的市场价格下也只提供平均利润。因此，随着A级土地的耕种而作为A的生产价格来起调节作用的市场价格如果较低，这些投资就不会提供这种利润，也就是说，在这个前提下，这些投资就根本不会发生。诚然，和旧租地上这些不提供地租的投资相比，A级土地的地租会形成一种级差地租。但是A级土地所以会形成这种级差地租，只是由于，它们如果不提供地租，就根本不可能被耕种；也就是说,只是由于这种本身不是由土地差别决定的地租已成为必要,并且这使得旧租地上可能的追加投资受到限制。在这两种情况下,A级土地的地租都不是谷物价格上涨的简单的结果,相反地,最坏土地必须提供地租才会让人耕种这一事实,却是谷物价格上涨到使这个条件得以实现的原因。

　　级差地租有这样一个特点:土地所有权在这里仅仅取去超额利润,否则这种超额利润就会被租地农场主据为己有,而在一定情况下,在租约未满期间,实际上也是被租地农场主据为己有。在这里,土地所有权只是商品价格中一个未经它本身参与就产生(确切些说,是由于调节市场价格的生产价格决定于竞争这一点产生的)并转化为超额利润的部分发生转移的原因,即价格的这个部分由一个人手里转移到另一个人手里,由资本家手里转移到土地所有者手里的原因。但在这里,土地所有权并不是**创造**这个价格组成部分的原因,也不是作为这个组成部分的前提的价格上涨的原因。然而,如果最坏土地A——虽然它的耕种会提供生产价格——不提供一个超过生产价格的余额,即地租,就不可能被耕种,那么,土地所有权就是引起**这个**价格上涨的原因。**土地所有权本身已经产生地租**。即使现在A级土地支付的地租,和这里分析的第二种情形一样,同旧租地上最后的只支付生产价格的追加投资相比,构成一个级差地租,情况也不会有所改变。因为,起调节作用的市场价格如不上涨到足以使A级土地也提供一个地租,A级土地就不可能被耕种,这一事实而且只有这一事实,才是市场价格在这里所以会提高到这样一种程度的原因,在这种程度上,旧租地上的最后投资固然只收回自己的生产价格,不过这是这样一种生产价格,它同时还提供A级土地的地租。在这里,A级土地总得支付地租这一事实,就是A级土地和旧租地的最后投资之间所以会产生级差地租的原因。

在谷物价格由生产价格调节的前提下,凡是我们说A级土地不支付地租,那我们是在地租这个词作为范畴的含义上说的。如果租地农场主支付的租金是一种扣除,不管是从他的工人的正常工资中做的扣除,还是从他自己的正常平均利润中做的扣除,那么,他支付的并不是地租,并不是他的商品价格中一个不同于工资和利润的独立组成部分。我们早已指出,这种情形在实践中经常发生。只要一个国家农业工人的工资普遍地被压低到工资的正常平均水平以下,从而工资的一个扣除额,工资的一部分普遍地加到地租上,那么这对最坏土地的租地农场主来说也并不能例外。在那种使最坏土地有耕种可能的生产价格中,这种低微工资已经是一个构成要素,所以,产品按生产价格出售,不会使这种土地的租地农场主有支付地租的能力。土地所有者也可以把他的土地出租给一个工人,这个工人情愿把出售价格超过工资部分的全部或绝大部分以地租形式付给别人。在所有这些情况下,虽然都支付了租金,但没有支付真正的地租。但是,在存在着各种和资本主义生产方式相适应的关系的地方,地租和租金必然是合而为一的。而这里要研究的,也正是这种正常的关系。

以上考察的情形,就是说,在资本主义生产方式下,土地上的投资实际上可以在不提供地租的情况下发生,——如果说这种情形也无助于解决我们的问题,那么,引用殖民地的关系就更没有用了。殖民地之所以成为殖民地——在这里,我们只是就真正的农业殖民地而言——,不只是由于它拥有尚处于自然状态的大量肥沃的土地。而是由于这样一种情况:这些土地还没有被人占有,还没有受土地所有权的支配。就土地来说,造成旧的国家和殖民地之间巨大区别的,是土地所有权在法律上或事实上的不存在。这一点韦克菲尔德[35]曾正确地指出过[332]，而在他以前，老米拉波(重农学派)和另外一些老一辈的经济学家也很早就发现了。不管殖民地移民是无条件地占有土地，或者实际上只是以土地的名义价格的名义支付给国家一笔费用，才取得对土地的合法权利，在这里都是完全无关紧要的。已经定居的移民是土地的法律上的所有者这一情况，在这里也是无关紧要的。事实上，土地所有权在这里并不构成对投资的限制，也不构成对没有资本的劳动的投入的限制；先来定居的移民已经占有一部分土地，这并不排斥新来的人也能把新的土地变为他们的资本或他们的劳动的使用场所。因此，当我们要研究土地所有权在它使土地作为投资场所受到限制的地方，将对土地产品的价格和地租发生怎样的影响时，却谈什么自由的资产阶级的殖民地，这是极为荒谬的，因为在那里，既不存在农业上的资本主义生产方式，也不存在和它相适应的土地所有权形式，在那里，土地所有权实际上根本不存在。例如，李嘉图在论地租的那一章[333]就是这样做的。他起初说，要研究土地的占有对土地产品价值的影响，但紧接着他却以殖民地为例，假定那里的土地相对地说还处于原始状态中，土地的利用也没有受到土地所有权垄断的限制。

　　单纯法律上的土地所有权，不会为土地所有者创造任何地租。但这种所有权使他有权不让别人去使用他的土地，直到经济关系能使土地的利用给他提供一个余额，而不论土地是用于真正的农业，还是用于其他生产目的，例如建筑等等。他不能增加或减少这个就业

---

(35)韦克菲尔德《英国和美国》1833年伦敦版。参看《资本论》第1册第25章。

场所的绝对量,但能增加或减少市场上的土地量。所以,正如傅立叶曾指出的,一个很能说明问题的事实是,在所有文明国家中,都有相当大的一部分土地始终无人耕种。[334]

因此,假定需求状况要求开垦新的土地,比如说,要求开垦不如一向耕种的土地那样肥沃的土地,那么,土地所有者会因为土地产品的市场价格已上涨到足以使这种土地上的投资为租地农场主提供生产价格,从而提供普通利润,就白白地把这些土地出租吗?绝对不会。投资必须给他提供地租。只有能够向他支付租金,他才会把土地租出去。所以,市场价格必须涨到生产价格以上,达到 $P+r$,才能向土地所有者支付地租。因为按照假定,土地不出租,土地所有权就没有任何收益,在经济上就没有价值,所以,市场价格只要稍稍超过生产价格,就足以使新的最坏的土地进入市场。

现在产生了这样的问题:由于最坏土地也提供地租,即这种不可能来自于肥力差别的地租,是不是就得出结论说,土地产品的价格必然是普通意义上的垄断价格,或者说,必然是一种使地租像在赋税那样的形式上被包含在内的价格,只不过这种赋税由土地所有者征收,而不是由国家征收呢?这种赋税有自己的一定的经济上的界限,这是不言而喻的。旧租地上的追加投资,外国的土地产品——假定土地产品可以自由进口——的竞争,土地所有者之间的互相竞争,最后,消费者的需要和支付能力,都会使这种赋税受到限制。但是问题不在这里。问题在于,最坏土地支付的地租,是否像税金加到课税商品的价格中去一样,加到这种土地的产品的价格(按照假定,它调节着一般的市场价格)中去,也就是说,是否作为一个和商品价值无关的要素加到这种土地的产品的价格中去。

这决不是必然的结论,而所以会作出这样的论断,只是因为商品的价值和商品的生产价格之间的区别一直没有被人理解。我们已经知道,一个商品的生产价格和它的价值决不是一回事,虽然商品的生产价格,就商品的总和来看,只是由商品的总价值来调节,虽然不同种商品的生产价格的变动,在其他一切情况不变时,完全是由这些商品的价值的变动决定的。我们已经指出,一个商品的生产价格可以高于它的价值,或低于它的价值,只有在例外的情况下才和它的价值相一致。所以,土地产品高于它们的生产价格出售这一事实,决不证明它们也高于它们的价值出售,正如工业品平均按它们的生产价格出售这一事实,决不证明它们是按它们的价值出售一样。农产品高于它们的生产价格但低于它们的价值出售的现象是可能的;另一方面同样可能的是,许多工业品只是因为高于它们的价值出售,才提供生产价格。

　　一个商品的生产价格和它的价值的比率,完全是由生产它所用的资本的可变部分和不变部分的比率,即由生产它所用的资本的有机构成决定的。如果一个生产部门中的资本构成低于社会平均资本的构成,也就是说,如果该资本中投在工资上的可变部分,和投在物质劳动条件上的不变部分的比率,大于社会平均资本中可变部分和不变部分的比率,那么,它的产品的价值就必然会高于它的生产价格。这就是说,一个这样的资本,因为使用了更多的活劳动,所以在对劳动的剥削程度相等的情况下,将会比社会平均资本的一个同样大的部分生产出更多的剩余价值,从而生产出更多的利润。因此,它的产品的价值,就会高于它的生产价格,因为这个生产价格等于资本的补偿加上平均利润,而平均利润则小于这个商品上生产的利润。社会平均资本所生产的剩余价值,比这种有机构成低的资本所生产的剩余价值要小。如果投在一定生产部门的资本的构成,高于社会平均资本,情形就会相反。它所生产的商品的价值,就会低于这些商品的生产价格;一般来说,最发达的工业部门的产品的情况就是这样。

如果一定生产部门的资本的构成低于社会平均资本,那么,这首先只是用另一种说法表现以下事实:这个特殊生产部门中的社会劳动生产力低于平均水平;因为生产力已经达到的程度表现在不变资本部分对可变资本部分的相对优势上,或表现在一定量资本投在工资上的那个部分的不断减少上。反过来,如果资本在一定生产部门内的构成较高,那么,这就表示生产力的发展超过了平均水平。

撇开真正的艺术家工作不说(按照事物的本性来说,这种艺术家工作的考察不属于我们讨论的问题之内),不言而喻,不同生产部门,按照它们的技术特点,需要有不变资本和可变资本的不同比率,所以活劳动在一些部门必然占有较多的位置,而在另一些部门必然占有较少的位置。例如,在必须与农业严格区别的采掘业中,原料作为不变资本的一个要素已完全不存在,甚至辅助材料也只是有时才有重要作用。可是不变资本的另一个部分,即固定资本,在采矿业中却起着重要的作用。但就是在这里,我们也可以根据不变资本同可变资本相比的相对增长来衡量发展的进步程度。

真正农业上的资本构成如果低于社会平均资本的构成,那么,这首先表示,在生产发达的各国,农业的发展程度没有达到加工工业的水平。撇开其他一切经济状况,并且一部分有决定作用的经济状况不说,这个事实已经由下述情况得到说明:力学各科,特别是它们的应用,同化学、地质学和生理学,特别是它们在农业上的应用的较晚的,并且部分地还十分幼稚的发展比较起来,发展得比较早,而且比

较快。此外,一个不容置疑并早已为人所共知的⁽³⁶⁾事实是,农业本
身的进步,总是表现在不变资本部分同可变资本部分相比的相对的
增长上。在一个进入资本主义生产的国家,例如英国,农业资本的构
成是否低于社会平均资本的构成,这是一个只能用统计来确定的问
题,并且,就我们的目的来说,对此也没有必要进行详细的探讨。无论
如何,在理论上已经确定的是:农产品的价值只有在这个前提下才能
高于它们的生产价格;也就是说,农业上一定量的资本,与同等数量
的有社会平均构成的资本相比,会生产较多的剩余价值,或同样也可
以说,会推动和支配较多的剩余劳动(因此,也就是使用较多的活劳
动一般)。

因此,这个假定,对我们这里所研究的并且只有在这个假定下
才会出现的地租形式来说,是足够了。在这个假说不成立的地方,和
这个假说相适应的地租形式也就不成立。

但是,单是农产品的价值超过它们的生产价格这样一个事实本
身,无论如何不足以说明一种同各级土地的不同肥力或同一土地上
各连续投资的不同生产率无关的地租的存在,一句话,即在概念上
不同于级差地租,因而可以称为**绝对地租**的那种地租的存在。许多
工业品具有这样的特性:它们的价值高于它们的生产价格,但它们
不会因此就提供一个可以转化为地租的超过平均利润的余额或超
额利润。恰好相反。生产价格以及它所包含的一般利润率的存在和概
念,是建立在单个商品不是按照它们的价值出售这样一个基础上的。
生产价格是由商品价值的平均化产生的。这种平均化在不同生产部
门各自耗费的资本价值得到补偿以后,使全部剩余价值不是按各个

---

(36)见东巴尔³³⁵和理·琼斯³³⁶。

生产部门所生产的、从而包含在其产品中的剩余价值所占的比例来进行分配,而是按各个预付资本的量所占的比例来进行分配。只有这样,平均利润和以平均利润为特征要素的商品生产价格才会产生。资本的不断趋势是,通过竞争来实现总资本所生产的剩余价值的分配的这种平均化,并克服这种平均化的一切阻碍。所以,资本的趋势是,只容许这样一种超额利润,这种超额利润在一切情况下都不是来自于商品的价值和生产价格之间的差额,而是来自于调节市场的一般生产价格和与它相区别的个别生产价格之间的差额;所以超额利润不是发生在两个不同生产部门之间,而是发生在每个生产部门之内;因此,它不会影响不同生产部门的一般生产价格,也就是说,不会影响一般利润率,反而以价值转化为生产价格和以一般利润率为前提。但是,正如前面已经指出的,这个前提是建立在社会总资本在不同生产部门之间的不断变动的成比例的分配上,建立在资本的不断流入和流出上,建立在资本由一个部门转移到另一个部门的可能性上,总之,建立在资本在这些不同生产部门(对社会总资本各独立部分来说,就是同样多的可使用的投资场所)之间的自由运动上。在这里,我们假定,例如,在商品的价值高于其生产价格或所生产的剩余价值超过平均利润的某一生产部门中,没有任何限制,或者只有偶然的暂时的限制,会妨碍资本的竞争把价值化为生产价格,从而把这个生产部门的超额剩余价值成比例地分配于资本所开发的一切部门。但是,如果发生了相反的情形,如果资本遇到了一种外力,对这种外力,资本只能局部地克服或完全不能克服,这种外力限制资本投入一些特殊生产部门,只有在完全排斥或部分地排斥剩余价值一般平均化为平均利润的条件下才允许资本投入这种特殊生产部门,那么很明显,在这种生产部门中,由于商品的价值超过其生产价格,就会产生超额利润,这个超额利润将会转化为地租,并且作为地租能够与利润相对立而独立起来。当资本投在土地上时,土地所有权或者说土地所有者,就作为这样一种外力和限制,出现在资本或资本家面前。

在这里,土地所有权就是障碍。因此,不纳税,也就是说,不交地租,就不能对从前未耕种或未出租的土地投入任何新的资本,虽然新耕种的土地是一种不会提供任何级差地租的土地,并且如果没有土地所有权,只要市场价格略微上涨,它就已被耕种,以致起调节作用的市场价格使这种最坏土地的耕种者只能得到他的生产价格。但是,因为有了土地所有权的限制,市场价格必须上涨到一定的程度,才使土地除了生产价格外,还能支付一个余额,也就是说,支付地租。但是,因为按照假定,农业资本所生产的商品的价值高于它们的生产价格,所以,这个地租(除了我们立即就要研究的一种情形外)就是价值超过生产价格而形成的余额或这个余额中的一部分。地租究竟是等于价值和生产价格之间的全部差额,还是仅仅等于这个差额的一个或大或小的部分,这完全取决于供求状况和新耕种的土地面积。只要地租不等于农产品的价值超过它们的生产价格而形成的余额,这个余额中的一部分便总会参与所有剩余价值在各单个资本之间的一般平均化和成比例的分配。一旦地租等于价值超过生产价格而形成的余额,超过平均利润的这全部剩余价值,就会被排除于这个平均化之外。但是,无论这个绝对地租等于价值超过生产价格而形成的全部余额,还是只等于其中的一部分,农产品总是按垄断价格出售,这并不是因为它们的价格高于它们的价值,而是因为它们的价格等于它们的价值,或者,因为它们的价格低于它们的价值,但又高于它们的生产价格。农产品的垄断在于:它们不像价值高于一般生产价格的工业品那样,会平均化为生产价格。因为无论在价值中还是生产价格中都有一个部分,是一个事实上已经确定的不变量,是成本价格,即生产上已消耗的资本=k,所以,它们的差别在于另一个部分,在于可变的部分,即剩余价值。剩余价值在生产价格中=p,即利润,也就是等于按社会资本和每个作为社会资本的一个部分的单个资本计算的总剩余价值,但它在商品价值中等于这个特殊资本所生产的实际的剩余价值,并成为这个特殊资本所生产的商品价值的一个组成部分。如果商品的价值高于它的生产价格,那么,生产价格就=k+p,价值则=k+p+d,因而,p+d=商品中包含的剩余价值。所以,价值和生产价格之间的差额=d,即这个资本所生产的剩余价值超过按一般利润率分配给这个资本的剩余价值而形成的余额。由此可以得出结论说,农产品的价格可以在达不到它们的价值的情况下,高于它们的生产价格。其次,可以得出结论说,农产品的价格,在达到它们的价值以前,可以持续上涨,直到一定点为止。还可以得出结论说,农产品的价值超过它们的生产价格而形成的余额,所以能成为它们的一般市场价格的决定要素,只是因为有土地所有权的垄断。最后,可以得出结论说,在这种情况下,产品价格上涨不是地租的原因,相反地地租倒是产品价格上涨的原因。如果最坏土地单位面积产品的价格=P+r,一切级差地租就都会按r的相应倍数增加,因为按照假定,P+r成了起调节作用的市场价格。

如果非农业的社会资本的平均构成=85c+15v,剩余价值率100%,生产价格就=115。如果农业资本的构成=75c+25v,剩余价值率相等,产品的价值和起调节作用的市场价格就=125。如果农产品同非农产品互相平均,化为平均价格(为了简单起见,我们把这两个生产部门的总资本看做是相等的),总剩余价值就=40,也就是资本200的20%。一个部门的产品就会和另一个部门的产品一样都按120来出售。所以,在平均化为生产价格时,非农产品的平均市场价格就会高于它们的价值,农产品的平均市场价格就会低于它们的价值。如果农产品按照它们的全部价值出售,那么,和平均化的场合相比,它们就要提高5,而工业品就要减少5。如果市场情况不允许农产品按它们的全部价值出售,不允许它们按超过生产价格的全部余额出售,那么,结果就会介于两极之间;工业品将略高于它们的价值出售,农产品将略高于它们的生产价格出售。

虽然土地所有权能使土地产品的价格超过它们的生产价格,但市场价格将在多大程度上高于生产价格,接近于价值,因而农业上生产的超过既定平均利润的剩余价值,将在多大程度上转化为地租,或在多大程度上参与剩余价值到平均利润的一般平均化,这都不取决于土地所有权,而取决于一般的市场状况。在任何情况下,这个来自于价值超过生产价格的余额的绝对地租,都只是农业剩余价值的一部分,都只是这个剩余价值到地租的转化,都只是土地所有者对这个剩余价值的攫取;正像级差地租来自于超额利润到地租的转化,来自于土地所有权在起调节作用的一般生产价格下对这个超额利润的攫取一样。这两个地租形式,是唯一正常的地租形式。除此以外,地租只能以真正的垄断价格为基础,这种垄断价格既不是由商品的生产价格决定,也不是由商品的价值决定,而是由购买者的需要和支付能力决定。对垄断价格的考察属于竞争学说的范围,在那里,将研究市场价格的现实运动。

如果一个国家的可耕地已全部出租——假定资本主义生产方式和正常状况普遍存在——,那么,就没有不提供地租的土地,但是可能有的投资,投在土地上的资本的个别部分,并不提供地租;因为一旦土地出租,土地所有权对必要的投资就不再起绝对限制的作用了。但就是在这以后,土地所有权仍然会起相对限制的作用,因为投入土地的资本最终转归土地所有者所有,这就给租地农场主造成了极为确定的界限。只有在这种情况下,整个地租才会转化为级差地租,这个级差地租已不是由土地质量的差别决定,而是由一定土地上的最后投资所产生的超额利润和租赁最坏土地时支付的地租这二者之间的差额决定。只有在必须向土地所有者纳贡才允许把土地作为投资场所时,土地所有权才作为绝对的限制而发生作用。一旦土地被允许当做投资场所使用,土地所有者就不能再对既定地块上的投资数额施加绝对的限制了。一般来说,第三者对建筑地段的土地所有权,也对房屋建筑构成限制。但是,一旦为了建筑房屋租下这一土地,承租人想在这一地段上建筑的房屋的高低,就完全由他自己决定了。

如果农业资本的平均构成等于或高于社会平均资本的构成,那么,上述意义上的绝对地租,也就是既和级差地租不同,又和以真正垄断价格为基础的地租不同的地租,就会消失。这样,农产品的价值就不会高于它的生产价格;农业资本和非农业资本相比,就不会推动更多的劳动,因此也就不会实现更多的剩余劳动。如果随着耕作的进步,农业资本的构成已和社会平均资本的构成相等,那么,这样的现象就会发生。

乍一看来,这似乎是矛盾的:一方面假定农业资本的构成提高,也就是说,它的不变部分比它的可变部分相对地增大,另一方面又假定土地产品的价格上涨到足以使新的、比以往耕种的土地更坏的土地也能支付地租,而这种地租在这种情况下只能来自市场价格超过价值和生产价格的余额,简单地说,只能来自产品的垄断价格。

在这里必须作出以下区别。

首先,我们在考察利润率的形成时已经看到,从技术上看构成相等的各个资本,也就是说,相对于机器和原料而言所推动的劳动是一样多的各个资本,仍会因不变资本部分有不同的价值而有不同的构成。原料或机器在一种情况下,可能比在另一种情况下要贵。为了推动同量劳动(按照假定,这是对同量原料进行加工所必要的),在一种情况下必须比在另一种情况下预付较大的资本,因为,比如说,如果必须从资本100中支付的原料在一种情况下花费40,而在另一种情况下花费20,那么,我用资本100就不能推动同样多的劳动。但是,只要较贵的原料的价格下降到较贱的原料的价格,这些资本的技术构成相等这一事实,就会立即表现出来。这时可变资本和不变资本的这些价值比率就会相等,虽然所用的活劳动同所用劳动条件的量及性质的技术比率,并没有发生变化。另一方面,从单纯价值构成的角度来看,一个有机构成较低的资本,只是由于它的不变部分的价值的提高,表面上可能和一个有机构成较高的资本处于同一阶段上。假定有一个资本＝60c＋40v,因为它使用的机器和原料比使用的活劳动力多,另一个资本＝40c＋60v,因为它使用的活劳动多(60％),使用的机器少(比如说10％),并且同使用的劳动力相比,使用的原料少,而且便宜(比如说30％)。只要原料和辅助材料的价值由30上涨到80,两个资本的构成就会相等,从而第二个资本现在有机器10,原料80,劳动力60,即90c＋60v,按百分比计算,也是＝60c＋40v,同时技术构成并没有发生任何变化。所以,有机构成相等的各个资本,可以有不同的价值构成;价值构成的百分比相等的各个资本,可以处于有机构成的不同阶段上,从而可以表示劳动社会生产力的不同的发展阶段。因此,单是农业资本在价值构成上已经达到一般水平这一情况,并不证明,劳动的社会生产力在农业资本中已经发展到同样高的水平。这也许只能表明,农业资本本身的产品(这种产品会重新成为它的生产条件的一部分)变贵了,或肥料之类的辅助材料原先随手可得,而现在必须从远地运来,等等。

但是,除了这点以外,还要考虑到农业的独特性质。

假定节省劳动的机器、化学的辅助材料等等,在农业中的应用扩大了,因而不变资本同所用劳动力的量相比,在技术方面,即不仅在价值方面,而且在量方面已经增大。而在农业中(采矿业中也一样),问题不仅涉及劳动的社会生产率,而且涉及由劳动的自然条件决定的劳动的自然生产率。可能有这种情况:在农业中,社会生产力的增长仅仅补偿或甚至补偿不了自然力的减低——这种补偿总是只能起暂时的作用——,所以,尽管技术发展,产品还是不会便宜,只是产品的价格不致上涨得更高而已。也可能有这种情况:在谷物价格上涨时,产品的绝对量减少,而相对的超额产品却增加。当主要由机器或牲畜构成的、只有损耗部分需要补偿的不变资本相对增大,而投在工资上面的、必须不断由产品来全部补偿的可变资本部分相应减少时,就可能出现这种情况。

但是,也可能有这种情况:在技术辅助手段尚处于较低阶段时,较坏土地本来必须有市场价格的较大的上涨,才能被耕种并提供地租,但随着农业的进步,只要市场价格稍微超过平均价格,就可以做到这一点。

例如,在大规模的畜牧业中,和作为牲畜本身存在的不变资本相比,所用劳动力的数量是非常微小的,这一情况也许可以看做下述说法的有力反驳:按百分比计算,农业资本比非农业的社会平均资本推动更多的劳动力。不过,这里应当指出,我们在阐明地租时,是把农业资本中生产主要植物性食物,即总的说来生产各文明国家中主要生活资料的那一部分当做有决定意义的部分,并以此为出发点。亚·斯密已经证明(这是他的贡献之一),在畜牧业中存在着完全另一种价格决定方法,并且总的说来,就一切不是为生产主要生活资料(例如谷物)而投在土地上的资本的平均状况来说,也是这样。在这里,价格是这样决定的:例如,一块土地用做畜牧业的人工牧场,但这块土地同样也可以变成有一定质量的耕地,那么,这块土地的产品的价格必须提高到足够的程度,才能使这块土地提供和一块质量相等的耕地所提供的一样多的地租[337];在这里,谷物地的地租就会参与决定牲畜的价格。因此,拉姆赛曾正确指出,这样一来,通过地租,通过土地所有权的经济表现,也就是,通过土地所有权,牲畜的价格就被人为地提高了[338]。

> "由于耕作的扩大,天然牧场的面积对于提供食用牲畜已经不够了。很大一部分耕地必须用来饲养牲畜,所以牲畜的价格必须提高到不仅足以对饲养牲畜使用的劳动进行支付,并且要和这种土地作为耕地时一样,使土地所有者能够得到地租,租地农场主能够得到利润。荒野地上饲养的牲畜,就会和最好的耕地上饲养的一样,在同一市场上按其重量和质量以同样的价格出售。这种荒野地的所有者从中得到利益,并按照牲畜价格相应地提高自己土地的地租。"(亚·斯密《国民财富的性质和原因的研究》第1卷第1篇第11章第1节)

因此,在这里,与谷物地租不同,级差地租是有利于较坏土地的。

绝对地租说明了一些现象,这些现象乍看起来使人感到,地租只是由垄断价格引起的。为了进一步说明亚·斯密举的例子,我们可以拿挪威的某一森林的所有者来说,这种森林没有经过任何人工营造,因而不是造林活动的产物。如果这种森林的所有者从一个比如为了英国的需求而采伐木材的资本家那里得到地租,或者他自己作为一个资本家来采伐木材,那么,在木材上,他除了得到预付资本的利润外,还得到一个或大或小的地租。这个地租就好像是这个纯粹自然产物的纯粹的垄断加价。但是事实上,资本在这里几乎只是由投在劳动上的可变资本构成,因此也比其他的同量资本推动更多的剩余劳动。因此,和那些构成较高的资本的产品相比,木材价值中包含着无酬劳动或剩余价值的一个更大的余额。所以从这种木材上可以获得平均利润,并可以有一个相当大的余额以地租的形式归森林所有者所有。反过来说,也要设想,在木材的采伐很容易扩大,也就是说,木材的产量能够迅速增加的情况下,需求必须有非常显著的增加,木材的价格才会和它的价值相等,无酬劳动的(超过其中作为平均利润归资本家所有的部分的)全部余额,才会以地租的形式归森林所有者所有。

我们曾假定,新耕种的土地,质量比最后耕种的最坏土地还要差。如果新耕种的土地较好,它就会提供级差地租。但是我们这里研究的,正好是地租并不表现为级差地租的情况。在这里,只可能有两种情况。新耕种的土地比最后耕种的土地差些,或者和最后耕种的土地一样。如果差些,那么,这个问题已经研究过了。因此,还要研究的,只是两者一样的情况。

我们在考察级差地租时已经阐明,随着耕作的进步,一样的或甚至更好的土地,也和较坏的土地一样,同样能成为新的耕地。

第一,因为在级差地租上(以及在地租一般上,因为甚至在非级差地租上,也总是会出现这样的问题:一方面,土地的肥力,和另一方面,土地的位置,是否允许这块土地的耕种在起调节作用的市场价格下能提供利润和地租),两种条件发生方向相反的作用,它们时而互相抵消,时而交替地起着决定性的影响。市场价格的上涨,——假定耕作的成本价格没有下跌,换句话说,假定技术上的进步没有成为新耕作的一个新增加的要素,——能够促使人们去耕种那些以前由于位置而被排挤在竞争之外的比较肥沃的土地。或者,就比较不肥沃的土地来说,市场价格的上涨,能够使它的位置的优越性提高到令它的较低的生产能力得到补偿。或者,没有市场价格的上涨,位置也能通过交通工具的改良,使较好土地进入竞争,例如,我们在北美拥有大草原的各州,就可以到处看到这种情况。在老的文明国家,这种情况也是经常发生的,虽然在程度上不能和殖民地相比。韦克菲尔德曾正确指出,在殖民地,位置有决定的作用。[339]所以,首先,位置和肥力的互相矛盾的影响和位置因素的可变性(位置因素会不断被抵消,会发生不断的、累进的、起抵消作用的变化),会交替地使同样的、较好的或较坏的土地同旧的耕地发生新的竞争。

第二,随着自然科学和农艺学的发展,土地的肥力也在变化,因为可以使土地的各种要素立即被利用的各种手段发生变化。因此,法国以及英格兰东部各郡以前被视为坏地的砂质土地,最近已上升为头等土地。(见帕西的著作[340])另一方面,有的土地所以被看做坏地,并不是由于它的化学构成,而只是由于某些机械的、物理的障碍妨碍它的耕作,所以,一旦发现克服这些障碍的手段,它就变为好地了。

第三,在所有老的文明国家中,各种历史的和传统的旧关系,例如在国有地、公有地等的形式上,使大片大片的土地纯粹偶然地被排除在耕种之外,这些土地只是逐渐地被耕种。它们被投入耕种的次序,既不取决于它们的土质,也不取决于它们的位置,而是取决于一些完全外在的情况。只要研究一下英国公有地的历史,看看这种公有地怎样通过圈地法[341]陆续转化为私有财产而被开垦,那就再没有比下面这种怪诞的假想更为荒唐可笑的了:似乎有个现代农业化学家,例如李比希,指导着这个序列的选择,似乎他标明了某些土地由于其化学性质而适于耕种,而其他的土地则被排斥在外。其实在这里起决定作用的,是贼偷方便的机会,即为大地主们的占有提供的似是而非的法律借口。

第四,人口增长和资本增长所达到的每一发展程度会给土地耕作的扩大带来一定的、即使是有弹性的限制;有些偶然状况的作用会暂时影响市场价格,如连年的丰收和歉收就是这样,——撇开这些情况不说,土地耕作面积的扩大总是取决于一国资本市场和营业状态的整个情况。在资本紧迫时期,即使未耕地能给租地农场主(不管他付不付地租)提供平均利润,也不足以使追加资本投入农业。在资本过剩时期,即使市场价格不上涨,只要其他方面具备了正常的条件,资本就会涌到农业上来。那些比以往耕种的土地还要好的土地,事实上只是由于位置的原因,或者由于从前不能打破的那些使它被排除在外的限制,或者由于偶然的因素,而被排挤在竞争之外。因此,我们只好经营那些和最后耕种的土地质量相同的土地。但在新的土地和最后耕种的土地之间,始终存在着开垦费用上的差别,并且它们是否会被开垦,还要取决于市场价格和信用关系的状况。只要这种土地以后实际进入竞争,在其他情况不变时,市场价格又会下降到它以前的水平,于是,新耕种的土地提供的地租就会和质量相当的旧土地提供的是一样的。认为这种土地不会提供地租这一假定,在这一假定的支持者那里,是用他们尚待证明的假定,即最后的土地不提供地租这一点去证明的。那倒可以用同样的方法去证明,最后建成的房屋即使租出去,却除了提供本来的房租以外,不提供任何地租。事实上,它在提供房租以前,在往往长期空着的时候就已经提供地租。一块土地上的连续投资能提供相应的追加收益,因而能提供和第一

次投资一样的地租,同样,那些和最后耕种的土地质量相同的土地,
也能以相同的费用,提供相同的收益。否则,我们就根本无法理解,质
量相同的土地怎么会陆续被耕种,而不是要么全部耕种,要么一块也
不耕种,以免引起普遍的竞争。土地所有者总想取得地租,也就是说,
总想不花代价而获得什么东西;但资本要在一定的条件下才会满足
他的愿望。因此,土地互相之间的竞争,不是取决于土地所有者是否
让它们去进行竞争,而是取决于有没有资本可以在新的土地上同其
他的资本进行竞争。

　　只要真正的农业地租单纯是垄断价格,那么,这种垄断价格只
能是微小的;同样,无论产品价值超过它的生产价格的余额是多少,
在正常条件下,绝对地租也只能是微小的。因此,绝对地租的本质在
于:不同生产部门内的各等量资本,在剩余价值率相等或劳动的剥削
程度相等时,会按它们的不同的平均构成,生产出不等量的剩余价
值。在工业上,这些不同的剩余价值量,会平均化为平均利润,平均分
配在作为社会资本的相应部分的各个资本上。在生产上要用土地时,
不论是用在农业上还是用在原料的开采上,土地所有权都会阻碍投
在土地上面的各个资本的这种平均化过程,并攫取剩余价值的一部
分,否则这一部分剩余价值是会进入平均化为一般利润率的过程的。
这样,地租就成了商品价值的一部分,更确切地说,成了商品剩余价
值的一部分,不过它不是落入从工人那里把它榨取出来的资本家阶
级手中,而是落入从资本家那里把它榨取出来的土地所有者手中。
这里的前提是,农业资本比非农业资本的一个同样大的部分推动更
多的劳动。差额有多大,或者这个差额一般是否存在,这取决于农
业和工业相比的相对发展程度。按照事物的本性来说,随着农业的
进步,这个差额必然会缩小,除非工业资本中可变资本部分同不变

资本部分相比减少的比例,比在农业资本中更大。

　　这种绝对地租,在真正的采掘工业中起着更为重要的作用,在那里,不变资本的一个要素即原料是完全不存在的;并且在那里,除了其中很大一部分资本是由机器和其他固定资本构成的部门以外,占统治地位的必然是最低的资本构成。正是在那里,在地租似乎只是由垄断价格产生的地方,需要有非常有利的市场状况,才能使商品按它们的价值出售,或使地租同商品的剩余价值超过商品生产价格的全部余额相等。例如,渔场、采石场、野生林等等的地租,就是这样(37)。

---

　　(37)李嘉图对这点的考察非常肤浅。参看他在有关挪威的森林地租问题上反驳亚·斯密的言论,见《政治经济学和赋税原理》第2章开头。342

第四十六章
建筑地段的地租。
矿山地租。土地价格

　　凡是存在地租的地方，都有级差地租，而且这种级差地租都遵循着和农业级差地租相同的规律。凡是自然力能被垄断并保证使用它的产业家得到超额利润的地方(不论是瀑布，是富饶的矿山，是盛产鱼类的水域，还是位置有利的建筑地段)，那些因对一部分土地享有权利而成为这种自然物所有者的人，就会以地租形式，从执行职能的资本那里把这种超额利润夺走。至于建筑上使用的土地，亚·斯密已经说明，它的地租的基础，和一切非农业土地的地租的基础一样，是由真正的农业地租调节的(《国民财富的性质和原因的研究》第1卷第1篇第11章第2、3节)。这种地租的特征在于：首先，位置在这里对级差地租具有决定性的影响(例如，这对葡萄种植业和大城市的建筑地段来说，是十分重要的)；其次，所有者显然具有完全的被动性，他的主动性(特别是在采矿业)只在于利用社会发展的进步，而对于这种进步，他并不像产业资本家那样有过什么贡献，冒过什么风险；最后，在许多情况下垄断价格占有优势，特别在对贫穷进行最无耻的榨取方面是这样(因为贫穷对于房租，是一个比波托西银矿[343]

对于西班牙更为富饶的源泉[38]），并且这种土地所有权一旦和产业资本结合在一个人手里，便会产生巨大的权力，使得产业资本可以把为工资而进行斗争的工人从他们的容身之所地球上实际排除出去[39]。在这里，社会上一部分人向另一部分人要求一种贡赋，作为后者在地球上居住的权利的代价，因为土地所有权本来就包含土地所有者剥削地球的躯体、内脏、空气，从而剥削生命的维持和发展的权利。不仅人口的增加，以及随之而来的住房需要的增大，而且固定资本的发展（这种固定资本或者合并在土地中，或者扎根在土地中，建立在土地上，如所有工业建筑物、铁路、货栈、工厂建筑物、船坞等等），都必然会提高建筑地段的地租。在这里，即使有凯里那样的强烈愿望346，也不可能把房租（就其作为投在房屋上的资本的利息和折旧来说）同单纯土地的地租混为一谈，特别在土地所有者和建筑投机家完全是不同的人的时候（例如在英国）。在这里，我们要考察两个要素：一方面，土地为了再生产或采掘的目的而被利用；另一方面，空间是一切生产和一切人类活动的要素。从这两个方面，土地所有权都要求得到它的贡赋。对建筑地段的需求，会提高作为空间和地基的土地的价值，而对土地的各种可用做建筑材料的要素的需求，同时也会因此增加[40]。

　　在迅速发展的城市内，特别是在像伦敦那样按工厂大规模生产方式从事建筑的地方，建筑投机的真正主要对象是地租，而不是房

---

　　[38]兰格；纽曼。344

　　[39]克劳林顿的罢工。恩格斯《英国工人阶级状况》第307页。345

　　[40]"伦敦街道铺砌石头路面，使苏格兰海滨一些不毛岩石的所有者，可以从一向没有用的石头地得到地租。"（亚·斯密，第1篇第11章第2节347）

屋。关于这一点,我们已在第二册第十二章第215、216页,用1857年伦敦一个大建筑投机家爱德华·卡普斯向银行法委员会提供的证词,作为例子加以说明了。[348]他在那里说(第5435号):

　　"我相信,一个人要想发迹,单靠公平交易是不行的……　除此以外,他还必须从事建筑投机,而且必须大规模地进行;因为,建筑业主从建筑本身取得的利润是很小的,他通过提高地租取得他的主要利润。例如,他租用一块地皮,每年付租300镑;当他按照精密的建筑计划,在这块地皮上面建筑起适当等级的房屋时,他每年就能由此得到400镑或450镑,而他的利润与其说来源于在许多情况下他几乎完全不加考虑的建筑物利润,不如说来源于每年增加100镑或150镑的地租。"

　　在这里不要忘记,在通常以99年为期的租约期满以后,土地以及土地上的一切建筑物,以及在租佃期内通常增加一两倍以上的地租,都会从建筑投机家或他的合法继承人那里,再回到原来那个土地所有者的最后继承人手里。

　　真正的矿山地租的决定方法,和农业地租是完全一样的。

　　"有一些矿山,它们的产品仅够支付劳动的报酬,并补偿其中所投的资本以及普通利润。它们能给企业主提供一些利润,但不能给土地所有者提供地租。它们只有由土地所有者开采才能带来利益,这种土地所有者作为自己的企业主,从自己投入的资本中得到普通利润。苏格兰的许多煤矿就是这样开采的,并且也只能这样开采。土地所有者不允许别的什么人不支付地租就去开采这些煤矿,可是没有人能为此支付地租。"(亚·斯密,第1篇第11章第2节[349])

　　我们必须加以区别,究竟是因为产品或土地本身有一个与地租无关的垄断价格,所以地租才由垄断价格产生,还是因为有地租存在,所以产品才按垄断价格出售。当我们说垄断价格时,一般是指那种只决定于购买者的购买欲和支付能力的价格,它既与一般生产价格所决定的价格,也与产品价值所决定的价格无关。一个葡萄园在它所产的葡萄酒特别好时(这种葡萄酒一般说来只能进行比较小量的生产),就会提供一个垄断价格。由于这个垄断价格(它超过产品价值的余额,只决定于高贵的饮酒者的财富和嗜好),葡萄种植者将实现一个相当大的超额利润。这种在这里由垄断价格产生的超额利润,由于土地所有者对这块具有独特性质的土地的所有权而转化为地租,并以这种形式落入土地所有者手中。因此,在这里,是垄断价格造成地租。反过来,如果由于土地所有权对在未耕地上进行不付地租的投资造成限制,以致谷物不仅要高于它的生产价格出售,而且还要高于它的价值出售,那么,地租就会造成垄断价格。一些人所以能把社会的一部分剩余劳动作为贡赋来占有,并且随着生产的发展,占有得越来越多,只是由于他们拥有土地所有权,而这个事实却被以下的情况掩盖了:资本化的地租,也就是说,正是这个资本化的贡赋,表现为土地价格,因此土地也像任何其他交易品一样可以出售。因此对购买者来说,他对地租的索取权,好像不是白白得到的,不是不付出劳动,不冒风险,不具有资本的企业精神,就白白得到的,而是支付了它的等价物才得到的。像以前已经指出的那样①,在购买者看来,地租不过表现为他用以购买土地以及地租索取权的那个资本的利息。对已经购买黑人的奴隶主来说也完全是这样,他对黑人的所有权,好像不是靠奴隶制度本身,而是通过商品的买卖而获得的。不过,这个权利本身并不是由出售产生,而只是由出售转移。这个权利在它能被出售以前,必须已经存在;不论是一次出售,还是一系列这样的出售,不断反复的出售,都不能创造这种权利。总之,创造这种权利的,是生产关系。一旦生产关系达到必须蜕皮的地步,这种权利

---

① 见本卷第702—704页。——编者注

的和一切以它为依据的交易的物质的、在经济上和历史上有存在理由的、从社会生活的生产过程中产生的源泉,就会消失。从一个较高级的经济的社会形态的角度来看,个别人对土地的私有权,和一个人对另一个人的私有权一样,是十分荒谬的。甚至整个社会,一个民族,以至一切同时存在的社会加在一起,都不是土地的所有者。他们只是土地的占有者,土地的受益者,并且他们应当作为好家长把经过改良的土地传给后代。

————

在以下有关土地价格的研究中,我们要撇开一切竞争波动,一切土地投机,甚至小土地所有制(在这里,土地是生产者的主要工具,因此生产者不管按什么价格都必须购买它)。

I. 土地价格可以在地租不增加的情况下提高;即:

1. 单纯由于利息率的下降,结果,地租按更贵的价格出售,因此,资本化的地租,土地价格,就增长了;

2. 因为投入土地的资本的利息增长了。

II. 土地价格可以因地租增加而提高。

地租可以因土地产品的价格提高而增加。在这种情况下,无论最坏耕地的地租是高、是低、还是根本没有,级差地租率都会提高。我们把地租率理解为转化为地租的剩余价值部分和生产土地产品的预付资本之间的比率。这个地租率,和超额产品对总产品的比率是不同的,因为总产品不包括全部预付资本,也就是说,不包括继续与产品并存的固定资本。不过,这里的意思是:在提供级差地租的各级土地上,产品中一个越来越大的部分转化为多余的超额产品。在最坏土地上,土地产品价格的提高才造成地租,并从而造成土地价格。

但是,地租也可以在土地产品价格没有提高时增加。土地产品价格可以保持不变,甚至下降。

　　地租在土地产品价格保持不变时所以会增加(撇开垄断价格不说),或者只是因为在旧地的投资量不变的情况下,耕种了质量较好的新地,但这种新地只够满足已经增长的需求,因此起调节作用的市场价格仍然不变。在这个场合,旧地的价格不会提高,但新耕地的价格,会提高到旧地的价格以上。

　　地租所以会提高,或者是因为在相对肥力和市场价格都保持不变的情况下,经营土地的资本的量已经增长。因此,虽然和预付资本相比,地租仍然不变,但地租量,比如说,会因资本本身增加一倍而增加一倍。既然价格没有下降,第二次投资也就会和第一次投资一样提供一个超额利润,这个利润在租佃期满后,也会转化为地租。这时,地租量增加了,因为产生地租的资本的量增加了。有人断言,同一地段上连续投入的各个资本,只有当它们的收益不等,从而产生级差地租的时候,才会生出地租,这个断言和下面的说法是一样的:如果有两个各1 000镑的资本投在两块肥力相等的土地上,尽管这两块地都属于提供级差地租的较好土地,但其中只有一块能提供地租。(因此,地租的量,一个国家的地租总额,会在个别地段的价格,或者地租率,或者甚至个别地段的地租量都不增加的情况下,随着投资的量一起增加;在这种情况下,地租的量会随着耕种面积的扩大而增加。这种增加,甚至可能和个别土地的地租的下降结合在一起。)不然的话,这个断言就和另一种说法一样:两块相邻的不同土地上的投资所遵循的规律,不同于同一块土地上的连续投资。但我们正好是从这两种情况的规律的同一性,从不管是同一地段还是不同地段上的投资的生产率的增加,引出级差地租的。在这里存在的并被人忽视的唯一差异是:在对不同地段的土地连续进行投资时,这种投资会受到土地所有权的限制,而在对同一地段连续进行投资时,情况就不是这样。因此,也就产生了相对立的作用,使这些不同的投资形式在实践中互相限制。在这里,资本始终没有什么区别。如果资本构成不变,剩余价值率也不变,那么,利润率也就不变,因此在资本增加一倍时,利润量也增加一倍。同样,在所假定的情况下,地租率也保持不变。如果1 000镑的资本提供的地租是x,那么,在所假定的情况下,2 000镑的资本提供的地租就是2x。但按土地面积(土地面积不变,因为按照假定,加倍的资本是投在同一土地上的)计算,由于地租的量增加,地租的水平也提高了。以前提供2镑地租的同一英亩,现在提供4镑。(41)

拿一部分剩余价值即货币地租——因为货币是价值的独立表现——同土地相比较,这本身就是荒谬的、不合理的;因为这里互相比较的量是不可通约的,一方面是一定的使用价值,是若干平方英尺的土地,另一方面是价值,具体地说是剩余价值。这种比较事实上不过表示,在既定的情况下,若干平方英尺土地的所有权,使土地所有者能攫取一定量的无酬劳动,这种无酬劳动是由像在马铃薯堆里拱

------

(41)洛贝尔图斯——他那本关于地租的重要著作350,我们将在本书第四册再加以讨论86——的功绩之一,是阐述了这一点。他的错误只是在于,第一,他假定,对资本来说,利润的增加总是表现为资本的增加,因而在利润量增加时,比率仍然不变。但这是错误的,因为在资本构成发生变化时,尽管对劳动的剥削程度不变,利润率正是会由于不变资本部分价值同可变资本部分价值的比率的下降而提高。——第二,他的错误在于,他把货币地租对一定量土地(例如一英亩土地)的比率,看做是古典经济学在研究地租增减时的一般前提。这又是错误的。古典经济学在对地租的实物形式进行考察时,总是就地租和产品的关系来看地租率;在它把地租作为货币地租进行考察时,总是就地租和预付资本的关系来看地租率,因为事实上这些都是合理的表现。

来拱去的猪一样在这若干平方英尺内拱来拱去的资本实现的〔在手稿中这里有一个括号,括号中写着:李比希[351],但又画掉了〕。显然,这种说法的意义,就如同拿一张五镑银行券同地球的直径相比较一样。然而,表现并在实际上概括一定经济关系的那些不合理形式的中介作用,同这种关系的实际承担者的日常事务毫不相干;并且,因为他们已经习惯于在这种关系内活动,所以他们一点也不觉得其中有什么别扭的地方。一个完全的矛盾,对他们来说决不是什么神秘的东西。他们对于那些没有内在联系并且孤立地看是荒唐的表现形式感到如此自在,就像鱼在水中一样。黑格尔关于某些数学公式所说的话,在这里也是适用的。他说,普通常识认为不合理的东西,其实是合理的,而普通常识认为合理的东西,其实是不合理的。[352]

因此,就对土地面积本身的关系来看,地租量的增加和地租率的增加表现得完全一样;因此,如果能够说明其中一种情况的条件对于另一种情况却不存在,那倒是令人感到困惑了。

但是,甚至在土地产品价格下降时,土地价格也能提高。

在这种情况下,由于级差的扩大,较好土地的级差地租从而土地价格可以增加。或者,在情况不是这样时,土地产品的价格在劳动生产力增加时可以下降,但生产的增加,除抵消价格的下降外还有余。假定1夸特原来的费用是60先令。如果同一英亩用同一资本生产出2夸特,而不是1夸特,并且1夸特的价格下降到40先令,那么,2夸特就提供80先令,所以,虽然每夸特的价格下降了$\frac{1}{3}$,同一资本在同一英亩上的产品的价值还是提高了$\frac{1}{3}$。至于在产品不高于它的生产价格或价值出售的场合,怎么可能产生这种情况,我们在分析级差地租时已经说明了。事实上,这一点只能靠两种方法来实现。或者是,较坏土地已被排除在竞争之外,但是较好土地的价格提高了,如果级差地租增大了,就是说普遍实行的改良在各级土地上产生了不同的效果,情况就是如此。或者是,由于劳动生产率的提高,在最坏土地上,同一生产价格(以及同一价值,如果支付绝对地租的话)表现为较大量的产品。产品仍然代表同一价值,但它的每个相应部分的价格下降了,而这些部分的数目却增加了。如果使用同一资本,这种情况是不可能的;因为在这种情况下,总是同一价值会在任一数量的产品上表现出来。但是,如果有一个追加资本用来购买石膏、鸟粪等等,总之,去进行那种在很多年内都能收效的改良,那么,这种情况就是可能的。条件是:1夸特的价格固然下降了,但不是随着夸特数的增加而按同一比例下降。

III. 这些使地租提高,从而使一般土地价格或各类别土地价格提高的不同条件,可以部分地发生竞争,部分地互相排斥,并且只能交替地发生作用。但是,根据以上所述可以看出,不能从土地价格的增加直接得出地租增加的结论,也不能从地租的增加(这种增加总会引起土地价格的增加)直接得出土地产品增加的结论(42)。

————

人们不去研究地力枯竭的现实的合乎自然规律的原因(所有对级差地租有所论述的经济学家,由于当时农业化学的状况,都不认识这些原因),而竟然求助于一种肤浅的见解:在一块空间有限的土地上,并不是任何数量的资本都可以投入。例如《爱丁堡评论》在反驳理查·琼斯时写道,不能靠耕种索霍广场354来养活整个英国。355如果把这看做农业的一种特别的缺陷,那么,事实的真相却正好相反。在农业中,各个连续的投资是会有成果的,因为土地本身是作为生产

————

(42)关于在地租增加的情况下土地价格下降的事实,见帕西的著作353。

工具起作用的。而就工厂来说,土地只是作为地基,作为场地,作为操作的空间基地发生作用,所以情况就不是这样,或只在很狭窄的界限内才是这样。当然,和分散的手工业相比,人们可以在一个狭小的空间内集中巨大的生产设施,大工业就是这样做的。但是,在生产力发展的既定阶段上,总是需要有一定的空间,并且建筑物在高度上也有它一定的实际界限。生产的扩大超过这种界限,也就要求扩大土地面积。投在机器等等上的固定资本不会因为使用而得到改良,相反地,它会因为使用而受到磨损。新的发明在这里也会引起一些改良,但在生产力的既定发展阶段上,机器只会日益陈旧。在生产力迅速发展时,全部旧机器必然会被更有利的机器所取代,也就是说,必然会丧失作用。与此相反,土地只要处理得当,就会不断改良。土地的优点是,各个连续的投资能够带来利益,而不会使以前的投资丧失作用。不过这个优点同时也包含着这些连续投资在收益上产生差额的可能性。

第四十七章
资本主义地租的起源

I. 导　　论

我们必须弄明白,从作为资本主义生产方式的理论表现的现代经济学的观点来看,地租研究上的困难究竟在哪里。这一点甚至一大批近代的著作家也还没有理解,他们一再重新试图对地租作"新"的说明,就是证明。在这里,所谓新,几乎总是倒退到早已被驳倒的观点上去。困难不在于说明农业资本所生产的剩余产品和与之相适应的剩余价值一般。这个问题不如说已经在对一切生产资本——不管它是投在什么部门——所生产的剩余价值的分析中得到解决了。困难在于证明,在剩余价值已经在各个资本之间平均化为平均利润之后,即各个资本在一切生产部门的全部社会资本所生产的总剩余价值中分得与它们的相对量相适应的比例部分之后,也就是说,在这种平均化之后,在待分配的全部剩余价值看来都已分配完毕之后,从哪里又会冒出这种剩余价值的超额部分,由投在土地上的资本以地租形式支付给土地所有者。即使把促使现代经济学家作为产业资本反对土地所有权的代言人去研究这个问题的实际动机——在论述地租史的一章,我们将较详细地论述这些动机——完全撇开不说,那么这个问题对于作为理论家的他们来说也具有决定性的意义。认为在投入农业的资本上出现的地租,是来自这个投资部门本身的一种特别的作用,是来自地壳本身具有的各种特性,这就是放弃价值概念本身,因而也就是放弃在这个领域内取得科学认识的一切可能性。甚至那种简单的感觉,即以为地租是从土地产品的价格中支付的,——甚至在地租是以实物形式支付的地方,只要租地农场主应当得到自己的生产价格,也会产生这样的看法——就已经表明,用农业的自然生产率高于其他产业部门的生产率来解释这个价格超过普通生产价格而形成的余额,解释农产品的相对比较贵,这是多么荒唐;因为,恰好相反,劳动的生产效率越高,它的产品的每一部分就越便宜,因为体现同量劳动从而体现同一价值的使用价值的量就越大。

因此,地租分析上的全部困难在于,要说明的是农业利润超过平均利润而形成的余额,即不是说明剩余价值,而是说明这个生产部门所特有的超额的剩余价值,也就是说,不是说明"纯产品",而是说明这个纯产品超过其他产业部门的纯产品而形成的余额。平均利润本身是在十分确定的历史的生产关系下发生的社会生活过程的一个产物,一个形成物,正如我们已看到的,这个产物要以极为复杂的中介过程为前提。要能够谈论超过平均利润的余额,这个平均利润本身必须已被确立为标准,并且已被确立为生产的调节器(在资本主义生产方式下就是这样)。在资本尚未执行强行榨取一切剩余劳动,并直接占有一切剩余价值这一职能,从而资本还没有使社会劳动或只是偶尔使社会劳动从属于自己的社会形式中,根本谈不上现代意义的地租,谈不上作为超过平均利润即超过每个资本在社会总资本所生产的剩余价值中所占比例部分而形成的余额的地租。可是,例如帕西先生就很幼稚(见下面),他说什么在原始状态下地租就已经是超过利润即超过剩余价值的一个历史规定的社会形式而形成的余额，所以按帕西先生的说法，在没有任何社会的情况下，这种社会形式也几乎一样能够存在。[353]

　　老的经济学家们只是刚刚开始分析当时还不发达的资本主义生产方式，对他们来说，地租的分析或者毫无困难，或者困难的性质完全不同。配第、康替龙，总之，那些离封建时期比较近的著作家们，都把地租看成是剩余价值一般的正常形式[356]，而对他们来说，利润还模糊地和工资混在一起，充其量也不过表现为这个剩余价值中由资本家从土地所有者那里强行取走的部分。可见，他们是从下述状态出发的：第一，农业人口还占国民的绝大部分；第二，土地所有者还表现为这样的人，他凭对土地所有权的垄断，能够把直接生产者的剩余劳动直接占为己有，土地所有权因此也还表现为生产的主要条件。因此对这些经济学家来说，还不可能这样提出问题，即反过来从资本主义生产方式的观点出发去研究，土地所有权怎么能把资本所生产的（也就是从直接生产者手里夺取的）、并且已经由资本直接占有的剩余价值的一部分再从资本手里夺走。

　　在**重农学派**[357]那里，困难的性质已经不同。他们作为资本的实际上最早的系统代言人，试图分析剩余价值一般的性质。对他们来说，这个分析和地租的分析是一致的，因为在他们看来，地租是剩余价值借以存在的唯一形式。因此，在他们看来，提供地租的资本或农业资本，是唯一的生产剩余价值的资本，它所推动的农业劳动，是唯一的生产剩余价值的劳动，所以从资本主义的观点出发，完全正确地把这种农业劳动看做是唯一的生产劳动。他们完全正确地把剩余价值的生产看做是决定性的事情。他们的巨大贡献，除了其他一些将在本书第四册[86]加以论述的以外，首先是，他们和重商主义[180]相反，从只是在流通领域执行职能的商业资本回到了生产资本。重商主义以它那种粗浅的现实主义，形成了当时真正的庸俗经济学，在后者的实际利益面前，配第及其后继者们作出的科学分析的开端，完全被抛诸脑后。在这里，我们在批判重商主义时，只是附带谈到它关于资本和剩余价值的见解。以前已经指出，货币主义[229]把为世界市场进行的生产，以及产品到商品从而到货币的转化，正确地宣告为资本主义生产的前提和条件。[240]当它以重商主义继续向前发展时，起决定作用的已经不是商品价值到货币的转化，而是剩余价值的生产了，但这是从流通领域的没有概念的观点出发的，同时这种剩余价值这样一来就表现为剩余货币，表现为贸易差额中的余额。但是，下列事实准确地表现了当时有利害关系的商人和工厂主的特征，并且同他们所代表的那个资本主义发展时期是相适应的。这就是：由封建农业社会到工业社会的转变，以及各国在世界市场上进行的相应的工业战争，都取决于资本的加速发展，这种发展可以不是沿着所谓自然的道路而是靠强制的手段达到。是让国民资本逐渐地、缓慢地转化为产业资本呢，还是通过以保护关税的形式主要向上地所有者、中小农民和手工业者征收赋税，通过加快剥夺独立的直接生产者，通过强制地加快资本的积累和积聚，总之，通过加快形成资本主义生产方式的条件，来从时间上加快这种转化，那是有巨大差别的。这同时还会在自然国民生产力的资本主义的和产业方式的利用上，造成重大的差别。因此，重商主义的民族性质，不只是其发言人的一句口头禅。他们借口仅仅致力于国民财富和国家资源，实际上把资本家阶级的利益和发财致富宣布为国家的最终目的，并且宣告资产阶级社会的到来，去代替旧的神圣国家。不过同时他们已经意识到，资本和资本家阶级的利益的发展，资本主义生产的发展，已成了现代社会中国民实力和国民优势的基础。

其次，重农学派的正确之点在于，剩余价值的全部生产，从而资本的全部发展，按自然基础来说，实际上都是建立在农业劳动生产率的基础上的。如果人在一个工作日内，不能生产出比每个劳动者再生产自身所需的生活资料更多的生活资料，在最狭窄的意义上说，也就是生产出更多的农产品，如果他全部劳动力每日的耗费只够再生产他满足个人需要所不可缺少的生活资料，那就根本谈不上剩余产品，也谈不上剩余价值。超过劳动者个人需要的农业劳动生产率，是全部社会的基础，并且首先是资本主义生产的基础。资本主义生产，使社会中一个越来越增大的部分，脱离直接生活资料的生产，并且像斯图亚特所说的那样，转化为自由人手[358]，使他们可以在别的部门任人剥削。

但是，那些较近的经济学著作家，例如德尔[359]、帕西[353]等等，他们在整个古典经济学趋于没落，甚至即将终结的时候，又重捡起了关于剩余劳动和剩余价值一般的自然条件的最原始的观点，并且在地租早已被人阐明为剩余价值的一个特殊形式和特殊部分之后，还自以为对地租提出了某种新的和独到的见解，对于这些人，我们该说些什么呢? 庸俗经济学的特征恰恰在于，当那种在一定的已经过去的发展阶段上是新颖的、创造性的、深刻的和正确的见解已变成平凡、陈旧和错误的东西的时候，又把它们重新捡起来。这样，它也就供认，它对于古典经济学已经研究过的问题毫无所知。它把这些问题，和那些只在资产阶级社会的一个较低发展水平上才能提出的问题混为一谈。至于他们无休止地、自以为是地反复咀嚼重农学派关于自由贸易的论点，我们也可以这样说。这些论点，尽管在实践上还使某些国家发生兴趣，却早已失去任何理论意义了。

在真正的自然经济中，农产品根本不进入或只有极小部分进入流通过程,甚至代表土地所有者收入的那部分产品也只有一个比较小的部分进入流通过程,例如古代罗马许多大领地和查理大帝时的领地都是这样,整个中世纪的情形也或多或少是这样(见万萨德《法国劳动和劳动者的历史》)。在这种经济中,大领地的产品和剩余产品,决不单纯是农业劳动的产品,其中也包括工业劳动的产品。家庭手工业劳动和工场手工业劳动,作为农业这个基础的副业,在古代和中世纪的欧洲,以及在传统组织至今还没有遭到破坏的印度公社328中,是这种自然经济赖以建立的生产方式的条件。资本主义生产方式完全消灭了这种联系;对于这个过程,人们特别可以根据18世纪最后30多年的英国进行广泛的研究。那些在或多或少还是半封建的社会内成长的思想家,例如赫伦施万德,甚至在18世纪末,还把农业和工业的这种分离,看做是一种有勇无谋的社会冒险,是一种不可思议的冒险的生存方式。甚至在那种同资本主义农业具有最大相似点的迦太基和罗马的古代农业中,这种农业同种植园经济相似的地方,也超过同那种与真正的资本主义经营方式相适应的形式相似的地方。(42a)这是一种形式上的相似,而对于已经理解资本主义生产方式,并且不是例如像蒙森先生(43)那样把任何货币经济都揭示为

(42a)亚·斯密曾着重指出,在他那个时候地租和利润尚未分开360(并且对我们现在这个时候来说,热带和亚热带的种植园经济的情况也还是这样),因为土地所有者同时就是资本家,例如,就像卡托在他的领地上那样361。但是这种分离正好是资本主义生产方式的前提,并且,奴隶制的基础同资本主义生产方式的概念也是完全矛盾的。

(43)蒙森先生在他的《罗马史》中,完全不是在现代经济学和现代社会的意义上来使用资本家这个词,而是按照通俗的观念去使用它362。这种观念作为反映过去状况的古旧传统,在英美两国已经不再流行,但在欧洲大陆仍然继续流行着。

资本主义生产方式的人来说,这种相似从所有本质之点来看都完全
是一种错觉。这种相似之处在古代意大利大陆上是根本找不到的,也
许只有在西西里可以找到,因为这个岛是作为对罗马的农业进贡地
而存在的,因此,农业基本上是以出口为目标。在那里,可以找到现代
意义上的租地农场主。

　　有一种关于地租性质的错误见解,是以下述情况为基础的:实
物形式的地租,自中世纪的自然经济以来,并且是在与资本主义生
产方式的条件完全矛盾的情况下,部分地作为教会什一税,部分地
作为由旧的契约长久保存下来的古董,一直沿袭到现代。由此就造
成一种印象,好像地租不是由农产品的价格产生的,而是由它的量
产生的,因而不是由社会关系产生的,而是由土地产生的。我们以前
已经指出[363],虽然剩余价值体现在超额产品上,但是反过来,超额产
品作为产品量的单纯增加额并不就表示剩余价值。它可以表示价值
的减少。不然的话,1860年的棉纺工业,和1840年相比,必然表示一
个巨额的剩余价值;其实恰好相反,棉纱的价格已经下降。地租也可
以由于农作物的连年歉收而大大增加,因为谷物的价格将会上涨,尽
管这个超额价值将会体现在一个数量绝对减少而价格已经更贵的小
麦的量中。反过来,地租也可以由于农作物连年丰收而下降,因为价
格将会下降,尽管这个已经下降的地租将会体现在一个数量已经增
加而价格已经比较便宜的小麦的量中。关于产品地租,首先应该指
出,它只是一个由过时的生产方式遗留下来的并作为遗迹残存的传
统,它和资本主义生产方式的矛盾表现在:它可以由于私人的契约而
自行消失,而在立法可以进行干涉的场合,例如拿英国的教会什一税
来说,它还可以作为一种不合理的东西被强制取消。[364]第二,产品地
租在它还在资本主义生产方式的基础上继续存在的地方,它只是并且

也只能是货币地租穿上中世纪的外衣的一种表现而已。例如,假定小麦每夸特40先令。在这一夸特中,必须有一部分补偿其中包含的工资并被卖掉,以便能够把它重新投下;另一个部分也必须卖掉,以便支付摊到这一夸特上的那部分赋税。在资本主义生产方式已经发展、社会分工也随着发展了的地方,种子,甚至一部分肥料,都会作为商品进入再生产过程,因此必须购买它们,以便补充;为了提供这方面所需的货币,这一夸特又有一部分必须卖掉。如果它们无须真正当做商品购买,而是以实物形式从产品中取出来,重新作为生产条件进入小麦的再生产——这种情况不仅在农业中发生,而且也在许多生产不变资本的生产部门中发生——,它们就要列入计算,用计算货币来表示,并且作为成本价格的组成部分予以扣除。机器和固定资本本身的损耗必须用货币来补偿。最后,还有利润,它是按这个用现实货币或计算货币表示的成本总额计算的。这个利润体现在总产品的一个确定的部分中,后者是由总产品的价格决定的。余下的部分便形成地租。如果契约规定的产品地租大于这个由价格决定的余额,它就不是地租,而是对利润的扣除了。由于这种可能性,不以产品价格为依据的产品地租——因而它可以大于或小于现实的地租,所以不仅可以成为利润的扣除,而且也可以成为资本补偿部分的扣除——,已经是一个过时的形式。事实上,产品地租在它不仅在名义上而且在实质上是地租的时候,完全要由产品价格超过它的生产费用的余额决定。不过它要假定这个可变量是一个不变量。但是,认为产品在实物形式上首先应足够供养劳动者,然后足以使资本主义租地农场主得到多于自身需要的食物,而在这以外的余额就形成实物地租,这是一个令人感到多么亲切的观念。这和一个棉布工厂主生产20万码布的情况完全一样。这若干码布不仅足以使他的工人有衣服可穿,使他的妻子儿女和他自己有衣服可穿而有余,使他在此以外还有布可卖,最后还用布来支付巨额的地租。事情就是这样简单!只要从20万码布中减去生产费用,就必然会剩下布的一个余额作为地租。但是,不知道布的售价,就从20万码布中减去比如说1万镑生产费用,从布中减去货币,从使用价值本身中减去交换价值,然后去确定若干码布超过若干镑的余额,这事实上是一种幼稚可笑的想法。这种想法比化圆为方还要荒唐,因为后者至少还以极限的概念作为基础,而在极限上,直线和曲线变得模糊了。但这个想法正好是帕西先生的药方[353]。布在头脑中或实际上转化为货币以前,从布中要减去货币!余额就是地租,但这个地租要在实物形式上(例如见卡尔·阿恩德的著作[365]),而不是用"诡辩"的邪术去掌握!实物地租的这种完全复辟,不过是这样一种蠢举:从若干舍费耳小麦中扣除生产价格,从一个容量中扣除一个货币额。

II. 劳 动 地 租[366]

如果我们考察地租的最简单的形式,即**劳动地租**——在这个场合,直接生产者以每周的一部分,用实际上或法律上属于他所有的劳动工具(犁、牲口等等)来耕种实际上属于他所有的土地,并以每周的其他几天,无代价地在地主的土地上为地主劳动——,那么,事情还是十分清楚的,在这里,地租和剩余价值是一致的。在这里,无酬剩余劳动所借以表现的形式是地租,而不是利润。在这里,劳动者(自给自足的农奴)在多大程度上能够得到一个超过他自己的必不可少的生存资料的余额,即超过资本主义生产方式下我们称之为工资的余额,在其他条件不变时,取决

于他的劳动时间是按什么比例划分为为自己劳动的时间和为地主从事
徭役劳动的时间。因此,超过必要生存资料的这个余额,在资本主义生
产方式下表现为利润的东西的这个萌芽,完全是由地租的多少决定的。
在这里,地租不仅直接是无酬剩余劳动,并且也表现为无酬剩余劳动;
这是替各种生产条件的"所有者"所进行的无酬剩余劳动。在这里,这些
生产条件和土地是一回事,并且就它们和土地有区别而言,只是被当做
土地的附属物。徭役劳动者的产品在这里必须在补偿他的生存资料之
外,足够补偿他的各种劳动条件,这一点对一切生产方式来说始终是
一样的,因为这并不是一切生产方式的特殊形式的结果,而是一切连
续不断的和再生产的劳动的自然条件,也就是任何继续进行的生产的
自然条件,这种生产同时总是再生产,因而也是它本身的作用条件的
再生产。并且很清楚,在直接劳动者仍然是他自己的生存资料生产所
必需的生产资料和劳动条件的"占有者"的一切形式内,财产关系必然
同时表现为直接的统治和从属的关系,因而直接生产者是作为不自由
的人出现的;这种不自由,可以从实行徭役劳动的农奴制减轻到单纯
的贡赋义务。在这里,按照前提,直接生产者还占有自己的生产资料,即
他实现自己的劳动和生产自己的生存资料所必需的物质的劳动条件;
他独立地经营他的农业和与农业结合在一起的农村家庭工业。这种独
立性,不会因为这些小农(例如在印度)相互组成一种或多或少带有自
发性质的生产公社而消失,因为这里所说的独立性,只是对名义上的
地主而言的。在这些条件下,要从小农身上为名义上的地主榨取剩余劳
动,只能通过超经济的强制,而不管这种强制采取什么形式[44]。使这种

---

(44)在征服一个国家之后,征服者紧接着要做的总是把人也占有。参看兰
盖367,并见默泽368。

小农和奴隶经济或种植园经济区别开来的是,奴隶要用别人的生产条件从事劳动,并且不是独立的。所以这里必须有人身的依附关系,必须有不管什么程度的人身不自由和人身作为土地的附属物对土地的依附,必须有本来意义的依附制度。同直接生产者直接相对立的,如果不是私有土地的所有者,而是像在亚洲那样,是既作为土地所有者同时又作为主权者的国家,那么,地租和赋税就会合为一体,或者不如说,在这种情况下就不存在任何同这个地租形式不同的赋税。在这种状态下,对于依附关系来说,无论从政治上或从经济上说,除了面对这种国家的一切臣属关系所共有的形式以外,不需要更严酷的形式。在这里,国家就是最高的地主。在这里,主权就是在全国范围内集中的土地所有权。但因此在这种情况下也就没有私有土地的所有权,虽然存在着对土地的私人的和共同的占有权和用益权。

从直接生产者身上榨取无酬剩余劳动的独特经济形式,决定了统治和从属的关系,这种关系是直接从生产本身中生长出来的,并且又对生产发生决定性的反作用。但是,这种从生产关系本身中生长出来的经济共同体的全部结构,从而这种共同体的独特的政治结构,都是建立在上述的经济形式上的。任何时候,我们总是要在生产条件的所有者同直接生产者的直接关系——这种关系的任何当时的形式必然总是同劳动方式和劳动社会生产力的一定的发展阶段相适应——当中,为整个社会结构,从而也为主权关系和依附关系的政治形式,总之,为任何当时的独特的国家形式,发现最隐蔽的秘密,发现隐藏着的基础。不过,这并不妨碍相同的经济基础——按主要条件来说相同——可以由于无数不同的经验的情况,自然条件,种族关系,各种从外部发生作用的历史影响等等,而在现象上显示出无穷无尽的变异和色彩差异,这些变异和差异只有通过对这些经验上已存在的情况进行分析才可以理解。

　　关于劳动地租这个最简单的和最原始的地租形式,有一点是非常明显的:在这里,地租是剩余价值的原始形式,并且和剩余价值是一致的。但是,此外,剩余价值和别人无酬劳动的一致性在这里不需要加以分析,因为这种一致性还以其可以看得见的明显的形式而存在着,直接生产者为自己的劳动和他为地主的劳动在空间和时间上还是分开的,他为地主的劳动直接表现在为另一个人进行的强制劳动的野蛮形式上。同样,土地所具有的提供地租的"属性",在这里,也归结为一种明显的公开的秘密,因为被束缚在土地上的人类劳动力,以及迫使劳动力的所有者不得不超过满足本人必不可少的需要的程度来尽量使用劳动力的那种所有权关系,也包括在提供地租的自然之中。地租直接就是土地所有者对劳动力的这种超额耗费的占有;因为直接生产者在此以外没有向他支付任何地租。在这里,不仅剩余价值和地租是一致的,而且剩余价值还明显地具有剩余劳动的形式,同时地租的自然条件或界限也十分清楚地表现出来,因为它们就是剩余劳动一般的自然条件和界限。直接生产者,第一,必须有足够的劳动力;第二,他的劳动的自然条件,从而首先是他所耕种的土地的自然条件,必须有足够的肥力,一句话,就是他的自然劳动生产率足以使他在满足本人必不可少的需要所必需的劳动之外,有可能从事剩余劳动。这种可能性不会创造地租。只有变这种可能性为现实性的强制,才创造地租。但这种可能性本身,是同主观的和客观的自然条件结合在一起的。这也完全没有什么神秘的地方。如果劳动力是微小的,劳动的自然条件是贫乏的,那么,剩余劳动也是微小的,但是,这时候,一方面生产者的需要,另一方面剩余劳动剥削者的相对人数,最后,这种收益很小的、为少数从事剥削的私有者进行的剩余劳动借以实现的剩余产品,也都是微小的。

最后,就劳动地租来看,这一点是不言而喻的:假定其他一切条件不变,直接生产者能在多大程度上改善自己的状况,使自己富裕起来,生产出一个超过必要生存资料的余额,或者,如果我们愿意预先使用资本主义的表达方法,那就是他是否能够或在多大程度上能够为自己提供一个利润,即超过他自己所能生产的工资的一个余额,这完全取决于剩余劳动或徭役劳动的相对量。在这里,地租是剩余劳动的正常的、吞并一切的、可说是合法的形式,而远不是超过利润的余额,也就是说,在这里远不是超过工资以外的任何别的余额之上的余额;这样一种利润,在其他条件相同时,不仅其大小,甚至其存在,都取决于地租的大小,也就是说,取决于强制地为土地所有者进行的剩余劳动的大小。

某些历史学家感到惊异的是,虽然直接生产者不是所有者,而只是占有者,并且他的全部剩余劳动实际上依照法律都属于土地所有者,可是在这种关系下,负有徭役义务的人或农奴竟能有财产和——相对地说——财富的独立发展。但是,很清楚,在作为这一社会生产关系以及与之相适应的生产方式的基础的这种自然形成的不发达的状态中,传统必然起着非常重要的作用。其次,很清楚,在这里也和一贯的情形一样,社会上占统治地位的那部分人的利益,总是要把现状作为法律加以神圣化,并且要把现状的由习惯和传统造成的各种限制,用法律固定下来。撇开其他一切情况不说,只要现状的基础即作为现状的基础的关系的不断再生产,随着时间的推移,取得了有规则的和有秩序的形式,这种情况就会自然产生;并且,这种规则和秩序本身,对任何取得社会固定性和不以单纯偶然性与任意性为转移的社会独立性的生产方式来说,都是一个必不可少的要素。这种规则和秩序,正好是一种生产方式的社会固定的形式,因而是它相对地摆脱了单纯偶然性和单纯任意性的形式。在生产过程以及与之相适应的社会关系的停滞状态中,一种生产方式所以能取得这个形式,只是由于它本身的反复的再生产。如果这种再生产持续一个时期,那么,它就会作为习惯和传统固定下来,最后被作为明文的法律加以神圣化。但是,因为这种剩余劳动的形式即徭役劳动,是建立在劳动的一切社会生产力的不发展,劳动方式本身的原始性的基础上,所以和发达的生产方式下特别是资本主义生产下相比,它自然只会在直接生产者的总劳动中,占有一个小得多的部分。例如,我们假定为地主进行的徭役劳动原来是每周两天。这每周两天的徭役劳动因此会固定下来,成为一个不变量,而由习惯法或成文法在法律上规定下来。但是直接生产者自己支配的每周其余几天的生产效率,却是一个可变量。这个可变量必然随着他的经验的增多而得到发展,正如他所认识的新的需要,他的产品的市场的扩大,他对他这一部分劳动力的支配的越来越大的保证,都会刺激他去提高自己劳动力的紧张程度;在这里,不要忘记,这种劳动力的使用决不限于农业,也包括农村家庭工业。因此,这里已经有了某种经济发展的可能性,当然,这种可能性要取决于环境的适宜、天生的种族性格等等。

III. 产 品 地 租

劳动地租转化为产品地租,从经济学的观点来说,丝毫没有改变地租的本质。就我们这里考察的几种形式来说,地租的本质就在于,它是剩余价值或剩余劳动的唯一的占统治地位的和正常的形式。而这又表现为:地租是**占有**本人再生产所必需的劳动条件的直接生产者必须向这一状态下无所不包的劳动条件即土地的**所有者**提供的唯一的剩余劳动或唯一的剩余产品;另一方面,也只有土地才作为别人所有的、和直接生产者相独立的、人格化为土地所有者的劳动条件而出现在直接生产者面前。在产品地租是地租的占统治地位的和最发达的形式的时候,它又总是或多或少伴随有先前的形式的残余,即直接用劳动即徭役劳动来交付地租的形式的残余,而不管地主是私人还是国家。产品地租的前提是直接生产者已处于较高的文明状态,从而他的劳动以及整个社会已处于较高的发展阶段。产品地租和先前的形式的区别在于,剩余劳动已不再在它的自然形态上,从而也不再在地主或地主代表者的直接监督和强制下进行。驱使直接生产者的,已经是各种关系的力量,而不是直接的强制,是法律的规定,而不是鞭子,他已经不得不自己负责来进行这种剩余劳动了。剩余生产,是指直接生产者超过本人必不可少的需要而在实际上属于他自己的生产场所之内即他自己耕种的土地之内进行的生产,而不是像以前那样是在自己耕种的土地之旁和之外的领主庄园中进行的生产。这种剩余生产,在这里已经成为一个不言而喻的常规。在这种关系中,直接生产者或多或少可以支配自己的全部劳动时间的使用,虽然这个劳动时间的一部分(原来几乎是它的全部剩余部分)仍然是无偿地属于土地所有者;只是后者现在已经不是直接在劳动时间的自然形式上得到它,而是在它借以实现的产品的自然形式上得到它。为土地所有者的劳动所造成的非常麻烦的、依徭役劳动的不同管理方式而程度不同地起着干扰作用的中断(参看《资本论》第一册第八章第2节《工厂主和领主》),在产品地租以纯粹形式出现的地方不再发生了,或者在某些徭役劳动仍然和产品地租并存的地方,至少也压缩为一年中几次短暂的间歇。生产者为自己的劳动和他为土地所有者的劳动，在时间上和空间上已不再明显分开。纯粹的产品地租虽然也可以残存在已经进一步发展的生产方式和生产关系内，但它的前提仍然是自然经济，也就是说，经营条件的全部或绝大部分，还是在经济自身中生产的，并直接从经济自身的总产品中得到补偿和再生产。此外，它还要以农村家庭工业和农业相结合为前提；形成地租的剩余产品，是这个农工合一的家庭劳动的产品，而不管这个产品地租是像中世纪常见的情况那样，或多或少包括工业品在内，还是只以真正的土地产品来交纳。在这个地租形式上，体现剩余劳动的产品地租，根本不需要把农民家庭的全部剩余劳动吮吸光。相反，和劳动地租的场合相比，生产者已经有了较大的活动余地，可腾出时间来从事剩余劳动，这种劳动的产品，同满足他的最必不可少的需要的劳动产品一样，归他自己所有。这个形式也会使各个直接生产者的经济状况出现较大的差别。至少，已经有这样的可能性，并且，有可能这些直接生产者也获得再去直接剥削别人劳动的手段。但这不是我们在这里要讨论的问题，因为我们在这里研究的是产品地租的纯粹形式。总的说来，我们在这里不可能研究使不同地租形式可以结合和混杂在一起的无穷无尽的各种组合。由于产品地租形式同一定种类的产品和生产本身相联系，由于对这种形式来说农业和家庭工业的结合是必不可少的，由于农民家庭这样一来实现了几乎完全的自给自足，由于它不依赖于市场和它以外那部分社会的生产运动和历史运动，总之，由于自然经济本身的性质，这种形式也就完全适合于为静止的社会状态提供基础，如像我们在亚洲看到的那样。在这里，和在以前的劳动地租形式上一样，地租是剩余价值的正常形式，从而也是剩余劳动的正常形式，即直接生产者不得不无偿地，实际上也就是在强制下——虽然对他的这种强制已经不是旧的野蛮的形式——为他的最重要的劳动条件即土地的所有者完成的全部剩余劳动的正常形式。利润(如果我们把直接生产者的劳动超过必要劳动的余额中由他自己占有的部分暂时先名不副实地叫做利润)并不决定产品地租,倒不如说这种利润是在产品地租的背后发生的,并且以产品地租的大小为自己的自然界限。产品地租所达到的规模可以严重威胁劳动条件的再生产,生产资料本身的再生产,使生产的扩大或多或少成为不可能,并且迫使直接生产者只能得到身体所需要的最低限度的生活资料。当这个形式为一个从事征服的商业民族所发现、所利用时,例如像英国人在印度所做的那样,情况尤其是这样。

IV. 货 币 地 租

在这里,我们把货币地租——它和建立在资本主义生产方式基础上的产业地租或商业地租不同,后者只是超过平均利润的余额——理解为单纯由产品地租的形式转化而产生的地租,就像产品地租本身只是已经转化的劳动地租一样。在这里,直接生产者不是把产品,而是把产品的价格付给他的土地所有者(不管是国家还是私人)。因此,一个实物形式的产品余额已经不够;它必须由这个实物形式转化为货币形式。虽然直接生产者仍然要继续亲自生产至少是他的生存资料的绝大部分,但是现在他的一部分产品必须转化为商品,当做商品来生产。因此,整个生产方式的性质就或多或少发生了变化。生产方式失去了它的独立性,失去了超然于社会联系之外的性质。现在由或多或少的货币支出所构成的生产费用所占的比率有了决定性的意义;无论如何,总产品中超过一方面必须重新用做再生产资料,另一方面必须用做直接生存资料的部分而要转化为货币的那部分余额,现在有了决定性的意义。但这种地租的基础,虽然已日趋解体,还是和在那种构成出发点的产品地租的场合下一样。直接生产者仍旧是继承的或其他传统的土地占有者,他必须向他的这种最重要的生产条件的所有者即地主,以转化为货币的剩余产品的形式,提供剩余的强制劳动,也就是没有报酬、没有得到等价的劳动。对那些和土地不同的劳动条件,即对农具和其他动产的所有权,在先前的各种形式下就已经先是在事实上,然后又在法律上,转化为直接生产者的所有权;这一点对货币地租形式来说,更是先决条件。起初只是偶然的,尔后或多或少在全国范围内发生的从产品地租到货币地租的转化,要以商业、城市工业、一般商品生产、从而货币流通有了比较显著的发展为前提。这种转化还要以产品有一个市场价格,并或多或少接近自己的价值出售为前提,而在先前的几种形式下,却不需要如此。在欧洲东部,我们现在也还可以局部地看到这种转化过程。没有社会劳动生产力的一定的发展,这种转化是不能实现的,下述事实就证明了这一点:罗马帝国屡次试图实行这种转化都遭到了失败,本来打算至少把实物地租中作为国税而存在的那部分转化为货币地租,可是后来又恢复了实物地租。又如在法国革命[369]前,货币地租和先前各种地租形式的残余混杂在一起,也表明了这种转变的困难。

但是,作为产品地租的转化形式并和它相对立的货币地租,是我们以上所考察的那种地租,即作为剩余价值的和向生产条件所有者提供的无酬剩余劳动的正常形式的地租的最后形式,同时又是它的解体形式。纯粹形式的货币地租,和劳动地租、产品地租一样,不代表超过利润的余额。从概念上说，它吞并利润。只要利润实际上是作为剩余劳动的一个特殊部分产生于地租之旁，那么货币地租也和先前各种形式的地租一样，仍然是这种萌芽状态的利润的正常限制。这个萌芽状态的利润，只有当体现为货币地租的剩余劳动完成以后，仍有可能使用自己的剩余劳动或别人的劳动时，才能发展起来。如果利润确实产生于这个地租之旁，那么，不是利润限制了地租，相反地，是地租限制了利润。但是，上面已经讲过，货币地租同时就是以上考察的那种显然同剩余价值和剩余劳动一致的地租的解体形式，即作为剩余价值的正常形式和统治形式的地租的解体形式。

货币地租在其进一步的发展中——撇开一切中间形式，例如撇开小农租佃者的形式不说——必然或者使土地变为自由的农民财产，或者导致资本主义生产方式的形式，导致资本主义租地农场主所支付的地租。

在实行货币地租时，占有并耕种一部分土地的隶属农民和土地所有者之间的传统的合乎习惯法的关系，必然转化为一种由契约规定的、按实在法的固定规则确定的纯粹的货币关系。因此，从事耕作的占有者实际上变成了单纯的租佃者。一方面，这种转化在其他方面均适宜的一般生产关系下，会被利用来逐渐剥夺旧的农民占有者，而代之以资本主义租地农场主；另一方面，这种转化又使从前的占有者得以赎免交租的义务，转化为一个对自己耕种的土地取得完全所有权的独立农民。此外，在由实物地租转化为货币地租时，不仅与此同时必然形成一个无产的、为货币而受人雇用的短工阶级，而且甚至在这种转化之前就形成这个阶级。在这个新阶级刚刚产生，还只是偶然出现的时期，在那些境况较佳的有交租义务的农民中间，必然有那种自行剥削农业雇佣工人的习惯发展起来，正如早在封建时期，富裕的依附农自己又拥有依附农一样。因此，他们积累一定的财产并且本人转化为未来资本家的可能性也就逐渐发展起来。在这些旧式的、亲自劳动的土地占有者中间，也就形成了培植资本主义租地农场主的温床，他们的发展，取决于农村以外的资本主义生产的一般发展，如果像在16世纪的英国那样，由于出现了特别有利的情况，对他们起了促进作用，例如，当时由于货币不断贬值，传统的长期租约使土地所有者蒙受损失，却使租地农场主发了财，那么，租地农场主就会特别迅速地发展起来。

此外，地租一旦取得货币地租的形式，同时，交租农民和土地所有者的关系一旦取得契约关系的形式，——这种转化一般只是在世界市场、商业和工业已有一定的比较高的发展程度以后才有可能，——也就必然出现租赁土地给资本家的现象。这些资本家一向置身在农村范围之外，现在却把他们在城市中获得的资本和城市中已经发展的资本主义经营方式，即产品只是作为商品，并且只是作为占有剩余价值的手段来生产的形式，带到农村和农业中来。这个形式只有在那些在从封建主义生产方式过渡到资本主义生产方式时期支配着世界市场的国家，才能成为一般的常规。一旦资本主义租地农场主出现在土地所有者和实际从事劳动的农民之间，一切从农村旧的生产方式产生的关系就会解体。租地农场主成了这种农业工人的实际指挥官，成了他们的剩余劳动的实际剥削者，而土地所有者现在只和这种资本主义租地农场主发生直接关系，而且是单纯的货币关系和契约关系。因此，地租的性质也发生了变化，并且这种变化不仅是实际的和偶然的(这在以前各种形式上已经部分地发生过)，而且是正常的，是在它的公认的和占统治地位的形式上发生的。它已经由剩余价值和剩余劳动的正常形式，下降为这个剩余劳动超过从事剥削的资本家以利润形式占有的部分而形成的余额,并且全部剩余劳动,即利润和超过利润的余额,现在都直接由他榨取,以总剩余产品的形式由他取得,并转化为货币。现在,他交给土地所有者的地租,只是他用他的资本直接剥削农业工人而榨取的这个剩余价值的一个超额部分。他要交给土地所有者多少,平均说来,其界限是由资本在非农业生产部门提供的平均利润和由后者调节的非农业的生产价格决定的。因此,现在地租就由剩余价值和剩余劳动的正常形式,变为这个特殊生产部门即农业生产部门所特有的、超过被资本当做应优先归自己所有并且通常也归自己所有的东西而要求取得的那部分剩余劳动而形成的余额。现在,剩余价值的正常形式已经不是地租,而是利润,地租已经不是剩余价值一般在特殊情况下独立化的形式,而只是剩余价值的一个分支即超额利润在特殊情况下独立化的形式。至于生产方式本身的逐渐的变化是怎样和这种变化相适应的,则不必深入研究了。这一点从下述事实已经可以得到说明:对资本主义租地农场主来说,土地产品作为商品来生产已经成了正常现象;以前只有超过他的生存资料的余额才转化为商品,而现在这种商品相对说来只有一个微不足道的部分直接转化为他的生存资料。现在,已经不是土地使农业劳动直接从属于自身和自身的生产率,而是资本使农业劳动直接从属于自身和自身的生产率。

平均利润和由它调节的生产价格,是在农村关系之外,在城市商业和工业的范围内形成的。有交租义务的农民的利润,不会进入利润平均化的过程,因为他和土地所有者的关系,不是资本主义的关系。当他赚到利润,也就是说,当他靠自己的劳动,或靠剥削别人的劳动,而实现一个超过本人必要生存资料的余额时,这件事是在正常的关系背后发生的,在其他条件不变的情况下,这个利润的量并不决定地租,相反地,它本身是由作为它的界限的地租决定的。中世纪的高利润率,不只是由于资本的构成很低,即其中投在工资上的可变要素占优势造成的。这种高利润率是由于农村中盛行的欺诈,由于土地所有者的地租中及其隶属农民的收入中有一部分被占有而造成的。如果说在中世纪,在封建制度没有像在意大利那样被例外的城市发展所破坏的地方,到处都是农村在政治上榨取城市,那么,城市则无论在什么地方都毫无例外地通过它的垄断价格、它的赋税制度、它的行会、它的直接的商业诈骗和它的高利贷在经济上剥削农村。

人们也许会认为,单是资本主义租地农场主出现在农业生产上这一点就会证明,从来就要以这一或那一形式支付地租的那些土地产品的价格,至少在租地农场主出现在农业生产上时,必然是高于工业的生产价格的,而无论这是因为土地产品的价格已经达到垄断价格的水平,还是因为这一价格已经上涨到土地产品价值的高度,并且土地产品的价值实际上高于由平均利润调节的生产价格。因为,如果不是这样,那么,按土地产品的现有价格,资本主义租地农场主似乎就不可能首先由这些产品的价格来实现平均利润,然后从同一个价格中再以地租形式支付一个超过这个利润的余额。人们也许会由此得出结论说:资本主义租地农场主在同土地所有者订立租约时所遵循的一般利润率,在形成时是没有把地租包括在内的,所以,一旦一般利润率在农业生产上开始起调节作用,这个余额就会被发现,并被支付给土地所有者。例如,洛贝尔图斯先生就是用这种传统的方法来说明问题的[350]。但是:

第一,资本在农业上作为一种独立的和主导的力量,并不是一下子普遍出现的,而是逐渐出现在各个特殊生产部门内。它首先占领的不是真正的农业,而是畜牧业特别是牧羊业之类的生产部门。牧羊业的主要产品羊毛在工业兴起之际所提供的市场价格最初经常会超过生产价格而形成一个余额,只是到后来才被拉平。例如,16世纪英国的情况就是这样。

第二,因为这种资本主义生产最初只是偶然出现的,所以,不可能提出任何论据来反对下述假定:资本主义生产首先只控制那些由于有特殊的肥力或特别有利的位置而一般说来能够支付级差地租的土地。

第三,即使假定,在这种生产方式(事实上,它以城市需求比重的增加为前提)出现时,土地产品的价格高于生产价格,例如,17世纪最后30多年英国的情况毫无疑问就是这样,那么,只要这种生产方式在一定程度上从农业单纯从属于资本的状态中挣脱出来,并且只要同这种生产方式的发展必然结合在一起的农业改良和生产费用的降低已经发生,土地产品价格高于生产价格的情况,就会由于反作用,即由于土地产品价格的下降而趋于平衡,例如,18世纪上半叶英国的情况就是这样。[370]

因此,用这种传统的方法,是不能说明作为超过平均利润的余额的地租的。不论地租最初是出现在怎样的历史情况下,它一旦扎下根来,就只能在前面已经阐述过的现代条件下发生。

最后,关于产品地租到货币地租的转化,还应该指出:资本化的地租即土地价格,从而土地让渡的可能性和土地的让渡,会随着这种转化而变为本质的要素,因此,不仅从前有交租义务的人能够转化成独立的农民所有者,并且城市的以及其他的货币所有者也能购买土地,再把土地租给农民或资本家,并把地租当做他这样投入的资本的利息形式而加以享用;因此,这种情形也会促使以前的剥削方式,所有者和实际耕作者之间的关系,以及地租本身发生变革。

V. 分成制和农民的小块土地所有制

在这里,我们就要结束我们对地租的一系列研究。

在劳动地租、产品地租、货币地租(只是当做产品地租的转化形式)这一切地租形式上,支付地租的人都被假定是土地的实际耕作者和实际占有者,他们的无酬剩余劳动直接落入土地所有者手里。甚至在最后一个形式即货币地租上——只要它是纯粹的,也就是说,只是产品地租的转化形式——,这种情况不仅是可能的,而且实际上也是如此。

分成制可以看成是由地租的原始形式到资本主义地租的过渡形式,在这种形式下,经营者(租地农民)除了提供劳动(自己的或别人的劳动),还提供经营资本的一部分,土地所有者除了提供土地,还提供经营资本的另一部分(例如牲畜),产品则按一定的、不同国家有所不同的比例,在租地人和土地所有者之间进行分配。在这里,从一方面说,租地农民没有足够的资本去实行完全的资本主义经营。从另一方面说,土地所有者在这里所得到的部分并不具有纯粹的地租形式。它可能实际上包含他所预付的资本的利息和一个超额地租。它也可能实际上吞并了租地农民的全部剩余劳动,或者从这个剩余劳动中留给租地农民一个或大或小的部分。但重要的是,地租在这里已不再表现为剩余价值一般的正常形式。一方面,只使用本人劳动或者也使用别人劳动的租地人,不是作为劳动者,而是作为一部分劳动工具的所有者,作为他自己的资本家,要求产品的一部分。另一方面,土地所有者也不只是根据他对土地的所有权,并且也作为资本的贷放者,要求得到自己的一份$^{(44a)}$。

古代土地公有制的残余,在过渡到独立的农民经济以后,还在例如波兰和罗马尼亚保留下来。这种残余在那些地方成了实现向比较低级的地租形式过渡的借口。土地一部分属于单个农民,由他们独立耕种。另一部分则共同耕种,形成剩余产品,一部分用于公社的开支,一部分用做备荒的储存等等。剩余产品的最后这两部分,以及最终全部剩余产品连同生长这个剩余产品的土地,都逐渐为国家官吏和私人所掠夺;原来的有义务共同耕种这种土地的自由的农民土地所有者,这样就变为有义务从事徭役或交纳产品地租的人,而公有地的掠夺者则变为不仅是被掠夺的公有地的所有者,并且也是农民自有土地的所有者。

我们用不着在这里深入研究真正的奴隶经济(它也要经历各个阶段,从主要为自身需要而从事经营的家长制,一直到为世界市场而从事经营的真正种植园制度),也用不着深入研究大地主经济,在这种经济中,土地所有者自己出资进行耕种,占有一切生产工具,并剥削不自由的或自由的、付给实物报酬或货币报酬的雇农的劳动。在这里,土地所有者和生产工具的所有者,从而包括在这些生产要素里的劳动者的直接剥削者,是合而为一的。地租和利润也是合而为一的,剩余价值的不同形式的分离是不存在的。劳动者的在这里体现为剩余产品的全部剩余劳动,都直接被全部生产工具(其中包括土地,在奴隶制度的原始形式下也包括直接生产者本身)的所有者所榨取。在资本主义观念占统治地位的地方,例如在美国的种植园里,这全部剩余价值被看成是利润;而在资本主义生产方式本身还不存在,

---

(44a)参看比雷、托克维尔、西斯蒙第。371

同它相适应的观念也还没有从资本主义国家传入的地方,这全部剩余价值就表现为地租。无论如何,这个形式都不会引起什么困难。土地所有者的收入(不论把它叫什么),即他所占有的可供自由支配的剩余产品,在这里是直接占有全部无酬剩余劳动的正常的和主要的形式,而土地所有权是这种占有的基础。

再看一看**小块土地所有制**。在这里,农民同时就是他的土地的自由所有者,土地则是他的主要生产工具,是他的劳动和他的资本的不可缺少的活动场所。在这个形式下,不支付任何租金;因而,地租不表现为剩余价值的一个分离出来的形式,尽管在资本主义生产方式通常已经发展的国家里,同其他生产部门比较,它也会表现为超额利润,不过这种超额利润,和劳动的全部收益一样,为农民所得。

土地所有权的这个形式的前提是:正如在先前各种更古老的土地所有权形式下一样,和城市人口相比,农村人口在数量上占有巨大优势,因此,尽管资本主义生产方式通常已取得统治地位,但相对地说还不大发展,从而在其他生产部门内,资本的积聚也是在狭小界限内进行的,资本的分散仍占优势。按照事物的本性,农产品的绝大部分,在这里必然作为直接的生存资料,由它的生产者即农民本人消费,并且只有除此以外的余额,才作为商品进入同城市的贸易。在这里,土地产品的平均市场价格不管是怎样决定的,级差地租,即质量较好的土地或位置较好的土地所得到的商品价格的余额部分,在这里显然和在资本主义生产方式中一样,必然是存在的。即使这个形式是出现在一般市场价格根本还没有发展起来的社会状态内,这个级差地租也是存在的;这时,它表现为超额的剩余产品。不过它是流入了那些在比较有利的自然条件下实现自己劳动的农民的口袋。正是在这种形式下,土地价格也会作为一个要素,加入农民的实际生产

费用,这是由于,随着这个形式的进一步发展,或者在分配遗产时土
地会作为一定的货币价值来接受,或者在全部财产或其构成部分的
不断变动中土地会由耕种者自己购买,所需的钱则大部分用抵押的
方法得到;因此,在这里,土地价格这个无非是资本化的地租就成了
一个作为前提的要素,从而地租也就好像同土地的肥力和位置上的
任何差别无关而独立存在着,——但正是在这里,一般说来,我们要
假定绝对地租不存在,就是说最坏土地不支付地租;因为,绝对地租
的先决条件或者是产品价值超过它的生产价格以上的已经实现了的
余额,或者是超过产品价值的垄断价格。但因为在这里,农业的经营
大部分是为了直接生活的目的,土地对大多数人口来说是他们的劳
动和资本的不可缺少的活动场所,所以,产品的起调节作用的市场价
格,只有在特殊情况下,才会达到它的价值;但是,由于活劳动的要素
占优势,这个价值照例高于生产价格,虽然价值超过生产价格的这个
余额,也会因盛行小块土地经济的国家中非农业资本的构成也很低
而受到限制。对那些拥有小块土地的农民来说,一方面,就他是小资
本家而言,资本的平均利润并不表现为经营的界限;另一方面,就他
是土地所有者而言,地租的必要性也不表现为经营的界限。对于他作
为小资本家来说,只有他扣除实际成本后付给自己的工资才表现为
绝对的界限。只要产品的价格足以补偿他的这个工资,他就会耕种他
的土地;并且直到工资下降到满足身体需要的最低限度,他往往也
这样做。至于他作为土地所有者,那么,对他来说,土地所有权的限
制已经不存在;土地所有权的限制只有和同它分离的资本(包括劳
动)相对立,才会表现出来,这是由于它阻碍资本的投入。当然,土地
价格的利息(通常还要付给一个第三者,即抵押债权人)也是一种限
制。但这个利息可以由将会在资本主义关系下形成利润的那一部分

剩余劳动来支付。所以,在土地价格中和在为土地价格而支付的利息中已经预先包含了地租,它只能是超过维持农民生存所必不可少的劳动以上的、已经资本化的剩余劳动的一部分,不过这个剩余劳动不会实现为商品价值中一个与全部平均利润相等的部分,更不会实现为超过这个实现为平均利润的剩余劳动的一个余额,即超额利润。地租可以是平均利润中的扣除额,甚至可以是平均利润中唯一实现的部分。要使这种拥有小块土地的农民能够耕种他的土地,或购买土地进行耕种,没有必要像在正常资本主义生产方式下那样,使土地产品的市场价格提高到足以向他提供平均利润的水平,更没有必要提高到足以提供一个超过平均利润的固定在地租形式上的余额的水平。所以,市场价格无须提高到同他的产品的价值或生产价格相等的水平。这就是小块土地所有制占统治地位的国家的谷物价格所以低于资本主义生产方式的国家的原因之一。在最不利的条件下劳动的农民,他们的剩余劳动的一部分白白地送给了社会,它既不参与生产价格的调节,也不参与价值一般的形成。因此,这种较低的价格是生产者贫穷的结果,而决不是他们的劳动生产率的结果。

自耕农的这种自由小块土地所有制形式,作为占统治地位的正常形式,一方面,在古典古代的极盛时期,形成社会的经济基础,另一方面,在现代各民族中,我们又发现它是封建土地所有制解体所产生的各种形式之一。英国的自耕农[268],瑞典的农民等级,法国的和德国西部的农民,都属于这一类。在这里,我们没有谈到殖民地,因为那里的独立农民是在不同的条件下发展起来的。

自耕农的自由所有权,对小生产来说,也就是对下述生产方式来说,显然是土地所有权的最正常的形式,——在这种生产方式中,土地的占有是劳动者对本人的劳动产品拥有所有权的一个条件;在这种生产方式中,耕者不管是一个自由的土地所有者,还是一个隶属农民,总是独立地,作为单独的劳动者,同他的家人一起生产自己的生存资料。土地的所有权是这种生产方式充分发展的必要条件,正如工具的所有权是手工业生产自由发展的必要条件一样。在这里,土地的所有权是个人独立性发展的基础。它是农业本身发展的一个必要的过渡点。这种土地所有权衰亡的原因表明了它的限度。这些原因就是:它的正常的补充物即农村家庭工业,由于大工业的发展而被消灭;处在这种耕作下的土地逐渐贫瘠和地力枯竭;公有地(这在一切地方都是小块土地经济的第二个补充物,并且只是因为有了公有地,小块土地经济才有可能饲养牲畜)为大土地所有者所霸占;作为种植园经营的大农业或以资本主义方式经营的大农业加入竞争。农业上的各种改良一方面降低了土地产品的价格,另一方面要求较大的投资和更多的物质生产条件,这些也促进了上述土地所有权的灭亡,例如在18世纪上半叶的英国,情况就是这样。

小块土地所有制按其性质来说排斥社会劳动生产力的发展、劳动的社会形式、资本的社会积聚、大规模的畜牧和对科学的累进的应用。

高利贷和税收制度必然到处使这种所有制陷入贫困境地。资本在土地价格上的支出,势必夺去用于耕种的资本。生产资料无止境地分散,生产者本身无止境地互相分离。人力发生巨大的浪费。生产条件越来越恶化和生产资料越来越昂贵是小块土地所有制的必然规律。对这种生产方式来说,好年成也是一种不幸。[45]

小农业在它和自由的土地所有权结合在一起的地方所特有的弊

---

[45]见图克引用的法国国王的演说。372

病之一,来自于耕者必须投入一笔资本购买土地。(这同样适用于这样一种过渡形式,在这种形式下,大土地所有者首先投入一笔资本购买土地,然后作为自己的租地农场主来从事经营。)由于土地在这里作为单纯的商品取得了可动性,财产的变动也就增加了(46),这样一来,对每个新的一代来说,在每次分配遗产时,从农民的观点看来,土地都要重新作为投资出现,也就是说,成为他所购买来的土地。因此,土地价格在这里也就在各项虚假的生产费用中,或在单个生产者的产品成本价格中构成一个压倒一切的要素。

土地价格不外是资本化的因而是预期的地租。如果农业是按资本主义的方式经营的,土地所有者只得到地租,租地农场主对土地除了支付这个年租外,不再支付别的什么,那么,很清楚,土地所有者自己为了购买土地而投入的资本,对他来说虽然也是生息的投资,但与投在农业本身上的资本毫无关系。它既不是在农业上执行职能的固定资本的一部分,也不是在农业上执行职能的流动资本的一部分(47);它不过为买者提供索取年租的权利,但是和这个地租的生产绝对无关。土地的买者把这个资本正好是付给出卖土地的人,于是卖者就放弃他对土地的所有权。因此,这个资本不再作为买者的资

---

(46)见穆尼哀和吕比雄的著作。373

(47)马龙博士先生(《粗放经营还是集约经营?》〔马克思没有引用关于这本小册子的其他材料〕)是从他所反驳的那些人的错误假定出发的。374他认为,用于购买土地的资本是一种"创业资本",然后在创业资本和经营资本的定义上,也就是,在固定资本和流动资本的定义上进行争辩。他关于资本一般的非常幼稚的观念(鉴于德国"国民经济学"的状况,这对一个非经济学家来说,是可以原谅的),使他无法知道,这个资本既不是创业资本,也不是经营资本,正如某人在证券交易所中投下的用来购买股票或国债券的资本,对这个人来说,代表一种投资,但并不是"投"在任何生产部门。

本存在;它已不再为他所有;所以,这个资本已经不属于他能以某种方式投在土地本身上的资本。无论他是用高价或低价购买土地,或者白白得到土地,都不会使租地农场主投在农业经营上的资本发生改变,也不会使地租发生改变,而发生变化的只是:对他来说,这个地租是表现为利息还是表现为非利息,或者是表现为较高的利息还是表现为较低的利息。

例如,拿奴隶经济来说。在这里,为购买奴隶而支付的价格,不过是预期的、资本化的、将从奴隶身上榨出的剩余价值或利润。但是购买奴隶付出的资本,不属于用来从奴隶身上榨出利润或剩余劳动的资本。恰好相反。这是奴隶主转让出去的资本,是他在现实生产上可使用的资本中的扣除额。对他来说,这已经不复存在了,正如用于购买土地的资本对农业来说已经不复存在一样。最好的证明是:这个资本要在奴隶主或地主再把奴隶或土地卖掉的时候,才会重新出现在他们手里。不过,这时对买者来说,同样的情况将会出现。他已经购买奴隶的事实,还不能使他立即剥削奴隶。他只有进一步投资到奴隶经济本身中去才能达到这个目的。

同一个资本不能双重地存在,既在土地卖者手中,又在土地买者手中。它从买者手里转移到卖者手里,事情就此完结。买者现在没有资本,而有了一块土地。这个新的土地所有者,会把由这块土地上的实际投资所生出的地租,算做不是投在土地上而是为取得土地所付出的资本的利息,这一情况丝毫也不会影响土地这个因素的经济性质,正如某人曾经为购买利息率为百分之三的统一公债而付出1 000镑这一情况,和那个用其收入来支付国债利息的资本完全无关一样。

事实上,购买土地的货币,和购买国债券的货币完全一样,只是

自在的资本,正如每一个价值额在资本主义生产方式的基础上是自在的资本,是可能的资本一样。为土地而支付的东西,和为国债券而支付的东西,为所购买的其他商品而支付的东西一样,是一个货币额。这个货币额是自在的资本,因为它可以转化为资本。卖者得到的货币是否实际转化为资本,取决于他对货币的使用。对买者来说,这个货币和他已经最终支出的任何其他货币一样,再也不能作为资本执行职能了。按照他的计算,这个货币是作为生息资本执行职能的,因为他把他在地租或国债利息形式上的收入,算做他为购买这种收入的索取权而花费的货币的利息。只有通过再卖掉,他才能把这个货币当做资本来实现。但这时,又有另一个新的买者处在和他过去一样的情况中,这样支出的货币,对支出者来说,决不会通过转手而转化为现实的资本。

在小土地所有制的情况下,有一种错觉要更顽固得多:似乎土地本身具有价值,所以完全和机器或原料一样作为资本加入产品的生产价格。但我们已经看到,只有在两种情况下,地租,从而资本化的地租即土地价格,才能作为决定的因素加入土地产品的价格。第一种情况是,由于农业资本(这个资本和购买土地的资本毫无共同之处)的构成,土地产品的价值高于它的生产价格,市场情况又使土地所有者能够实现这个差额。第二种情况是存在垄断价格。这两种情况,在小块土地经济和小土地所有制的场合,都很少发生,因为正是在这里,生产的很大部分都是为满足本身的需要,并且生产的进行不受一般利润率的调节。甚至在这种小块土地经济是在租地上进行的地方,租金比在其他任何情况下都在更大的程度上包括利润的一部分,甚至包括工资的一种扣除;在这种场合,它只是名义上的地租,不是那种同工资和利润相对立的作为独立范畴的地租。

因此,为购买土地而支出货币资本,并不是投入农业资本。这其实是相应地减少了小农在他们的生产领域本身中可以支配的资本。这相应地减少了他们的生产资料的数量,从而缩小了再生产的经济基础。这使小农遭受高利贷的盘剥,因为在这个领域内,真正的信用一般说来是比较少的。这种支出是农业的一个障碍,即使进行这种购买的是大田庄,也是如此。这种支出实际上和资本主义生产方式是矛盾的,对资本主义生产方式来说,土地所有者是否负债,他的土地是继承来的,还是买来的,这是完全没有关系的。他究竟是自己收取地租,还是必须再把它付给一个抵押债权人,这不会在租地农场本身的经营上引起任何变化。

我们已经知道,在地租已定时,土地价格是由利息率调节的。如果利息率低,土地价格就高;反过来道理是一样的。所以,在正常情况下,高的土地价格必然和低的利息率相并行,结果,农民如果由于利息率低而按高价支付土地,那么同一个低利息率,也必然使他能以有利的条件通过信用取得经营资本。但在小块土地所有制占统治地位的地方,情况实际上不是这样。第一,信用的一般规律并不适用于农民,因为这个规律要以生产者是资本家为前提。第二,在小块土地所有制占统治地位——在这里不谈殖民地——和拥有小块土地的农民是国民的主体的地方,资本的形成,也就是说,社会的再生产,相对地说是微弱的,而前面已经说明过的意义上的借贷货币资本的形成,则更加微弱。这要以积聚和一个富有的有闲资本家阶级的存在作为前提(马西[375])。第三,在这里,土地所有权是绝大部分生产者的生活条件,是他们的资本的不可缺少的投资场所,所以,土地价格上涨是由于对地产的需求超过其供给,而和利息率无关,并且往往和利息率一起上涨。在这里土地按小块出售的价格比在大块出售的场合要高得多,因为在这里,小块土地的买者的人数是多的,大块土地的买者的人数是少的(黑帮[376],吕比雄[377],纽曼[378])。由于这一切原因,在这里土地价格也会在利息率相对高的情况下上涨。在这里,农民从用来购买土地的投资上取得的利息是相对较低的(穆尼哀[379]),而与此相对应的是,反过来对抵押债权人支付的高利贷利息却是很高的。爱尔兰制度[380]的情况也是这样,只是形式不同而已。

因此,土地价格这个和生产本身无关的要素,在这里可以提高到使生产不能进行的程度(东巴尔)。

土地价格起这样一种作用,土地的买卖即土地作为商品的流通发展到这样的程度,这些实际上都是资本主义生产方式发展的结果,因为在这里,商品已经成为一切产品和一切生产工具的一般形式。另一方面,这些现象却又只有在资本主义生产方式的发展还很有限,还没有展开它的全部特性的地方才会发生;因为这些现象正好是以下述事实为基础:农业不属于或尚未属于资本主义生产方式,而是属于一种由已经消亡的社会形式遗留下来的生产方式。因此,在这里,资本主义生产方式的缺点,以及资本主义生产方式下生产者对于自己产品的货币价格的依赖性,和资本主义生产方式发展的不充分所产生的缺点是一回事。农民变成了商人和产业家,但没有具备那些让他能够把自己的产品当做商品来进行生产的条件。

土地价格对生产者来说是成本价格的要素,但对产品来说不是生产价格的要素(即使地租会参加决定土地产品的价格,但预付20年或更多年数的资本化的地租,决不会参加决定土地产品的价格)。这种冲突,不过是体现着土地私有权同合理的农业、同土地正常的社会利用之间的矛盾的形式之一。但是另一方面,土地私有权,从而对直接生产者的土地的剥夺——一些人拥有土地私有权,意味着另一些人丧失土地所有权——又是资本主义生产方式的基础。

在这里,对小农业来说,土地价格,即土地私有权的形式和结果,表现为对生产本身的限制。对大农业和以资本主义生产方式为基础的大地产来说,这种所有权也是一种限制,因为它会限制租地农场主所进行的、最终不是对他自己有利而是对土地所有者有利的生产投资。在这两个形式上,对地力的榨取和滥用(撇开这种榨取不是取决于社会发展已经达到的程度,而是取决于生产者个人的偶然的不同的境况这一点不说)代替了对土地这个人类世世代代共同的永久的财产,即他们不能出让的生存条件和再生产条件所进行的自觉的合理的经营。在小所有制的场合,发生这种情况是由于缺乏应用社会劳动生产力的手段和科学。在大所有制的场合,却是由于这些手段被用来尽快地增加租地农场主和土地所有者的财富。在这两个场合,都是由于对市场价格的依赖。

一切对小土地所有制的批判,最后都归结为把私有权当做农业的限制和障碍来批判。一切对大土地所有制的反批判也是这样。当然,在这两个场合,都把政治的次要的考虑撇开不说。一切土地私有权对农业生产和对土地本身的合理经营、维护和改良所设置的这种限制和障碍,在这两个场合,只是展开的形式不同罢了,而人们在争论有关弊病的这些特殊形式时,却忘记了弊病的终极原因。

小土地所有制的前提是:人口的最大多数生活在农村,占统治地位的,不是社会劳动,而是孤立劳动;在这种情况下,财富和再生产的发展,无论是再生产的物质条件还是精神条件的发展,都是不可能的,因而,也不可能具有合理耕作的条件。在另一个方面,大土地所有制使农业人口减少到一个不断下降的最低限量,而同他们相对立,又造成一个不断增长的拥挤在大城市中的工业人口。由此产生了各种条件,这些条件在社会的以及由生活的自然规律所决定的物质变换的联系中造成一个无法弥补的裂缝,于是就造成了地力的浪费,并且这种浪费通过商业而远及国外(李比希[381])。

如果说小土地所有制创造出了一个半处于社会之外的未开化的阶级,它兼有原始社会形式的一切粗野性和文明国家的一切贫困痛苦,那么,大土地所有制则在劳动力的天然能力借以逃身的最后领域,在劳动力作为更新民族生活力的后备力量借以积蓄的最后领域,即在农村本身中,破坏了劳动力。大工业和按工业方式经营的大农业共同发生作用。如果说它们原来的区别在于,前者更多地滥用和破坏劳动力,即人类的自然力,而后者更直接地滥用和破坏土地的自然力,那么,在以后的发展进程中,二者会携手并进,因为产业制度在农村也使劳动者精力衰竭,而工业和商业则为农业提供使土地贫瘠的各种手段。

第 七 篇

各种收入及其源泉[382]

第四十八章
三位一体的公式

$$I^{(48)383}$$

资本—利润(企业主收入加上利息),土地—地租,劳动—工资,这就是把社会生产过程的一切秘密都包括在内的三位一体的形式。

其次,因为正如以前已经指出的那样[①],利息表现为资本所固有的、独特的产物,与此相反,企业主收入则表现为不以资本为转移的工资,所以,上述三位一体的形式可以进一步归结为:

资本—利息,土地—地租,劳动—工资;在这个形式中,利润,这个体现资本主义生产方式的独特特征的剩余价值形式,就幸运地被

---

(48)以下三个片断,分散在第六篇的手稿的不同地方。——弗·恩·

---

① 见本卷第23章。——编者注

排除了。

如果我们现在更仔细地考察一下这个经济上的三位一体,我们就会发现:

第一,每年可供支配的财富的各种所谓源泉,属于完全不同的领域,彼此之间毫无相同之处。它们互相之间的关系,就像公证人的手续费、甜菜和音乐之间的关系一样。

资本,土地,劳动!但资本不是物,而是一定的、社会的、属于一定历史社会形态的生产关系,后者体现在一个物上,并赋予这个物以独特的社会性质。资本不是物质的和生产出来的生产资料的总和。资本是已经转化为资本的生产资料,这种生产资料本身不是资本,就像金或银本身不是货币一样。社会某一部分人所垄断的生产资料,同活劳动力相对立而独立化的这种劳动力的产品和活动条件,通过这种对立在资本上人格化了。不仅工人的已经转化为独立权力的产品,作为其生产者的统治者和购买者的产品,而且这种劳动的社会力量及未来的……〔?这里字迹不清〕形式①,也作为生产者的产品的属性而与生产者相对立。因此,在这里,对于历史地形成的社会生产过程的因素之一,我们有了一个确定的、乍一看来极为神秘的社会形式。

现在,与此并列,又有土地,这个无机的自然界本身,这个完全处在原始状态中的"粗糙的混沌一团的天然物"384。价值是劳动,因此,剩余价值不可能是土地。土地的绝对肥力所起的作用,不过是使一定量的劳动提供一定的、受土地的自然肥力所制约的产品。土地肥力的差别所造成的结果是:同量劳动和资本,也就是同一价值,表

---

① 根据辨认,这里可能是"这种劳动的社会力量及有关形式"。——编者注

现在不等量的土地产品上；因此，这些产品具有不同的个别价值。这些个别价值平均化为市场价值，促使

"肥沃土地同较坏的土地相比所提供的利益……从耕种者或消费者手里转移到土地所有者手里"。（李嘉图《原理》第62页）

最后，作为其中的第三个同盟者[385]的，只是一个幽灵——劳动，这只不过是一个抽象，就它本身来说，是根本不存在的；或者，如果我们就……〔这里字迹不清〕来说①，只是指人借以实现人和自然之间的物质变换的人类一般的生产活动，它不仅已经脱掉一切社会形式和性质规定，而且甚至在它的单纯的自然存在上，不以社会为转移，超越一切社会之上，并且作为生命的表现和证实，是尚属非社会的人和已经有某种社会规定的人所共同具有的。

II

资本—利息；土地所有权，土地私有权，而且是现代的、与资本主义生产方式相适应的土地私有权—地租；雇佣劳动—工资。这样，各种收入源泉之间的联系尽在这个形式之中。像资本一样，雇佣劳动和土地所有权也是历史规定的社会形式；一个是劳动的社会形式，另一个是被垄断的土地的社会形式。而且二者都是与资本相适应的、属于同一个经济的社会形态的形式。

---

①根据辨认，这里的大意是"如果我们就它在这里所表示的意思来说"。——编者注

在这个公式中第一件引人注目的事情是：在资本旁边，在一个生产要素的属于一定生产方式、属于社会生产过程一定历史形态的这个形式旁边，在一个与一定社会形式结合在一起、并且表现在这个社会形式上的生产要素旁边，一方面直接排上土地，另一方面直接排上劳动，即直接排上现实劳动过程的两个要素，而这二者在这种物质形式上，是一切生产方式共同具有的，是每一个生产过程的物质要素，而与生产过程的社会形式无关。

第二，在资本—利息，土地—地租，劳动—工资这个公式中，资本、土地和劳动，分别表现为利息（代替利润）、地租和工资的源泉，而利息、地租和工资则是它们各自的产物，它们的果实。前者是根据，后者是归结；前者是原因，后者是结果；而且每一个源泉都把它的产物当做是从它分离出来的、生产出来的东西。这三种收入，利息（代替利润）、地租、工资，就是产品价值的三个部分，总之，就是价值部分，或者用货币来表示，就是一定的货币部分，价格部分。虽然资本—利息这个公式是资本的最无概念的公式，但终究是资本的一个公式。但土地怎么会创造一个价值，即一个社会地规定的劳动量，而且恰恰又是它自己的产品中形成地租的那个特殊价值部分呢？在生产一种使用价值、一种物质产品例如小麦时，土地是起着生产要素的作用。但它和**小麦价值**的生产无关。就小麦上体现着价值来说，小麦只是被看做一定量的对象化社会劳动，和这种劳动借以体现的特殊物质或这种物质的特殊使用价值完全无关。这同下述情况并不矛盾：1. 在其他条件相同时，小麦的贵贱取决于土地的生产率。农业劳动的生产率是和自然条件联系在一起的，并且由于自然条件的生产率不同，同量劳动会体现为较多或较少的产品或使用价值。体现在一舍费耳中的劳动量究竟有多大，取决于同量劳动所提供的舍费耳的数量。在这里,价值体现在多少产品中,取决于土地的生产率;但这个价值是已定的,同这种分配无关。价值体现在使用价值中,而使用价值是创造价值的一个条件;但是,如果在一个方面摆上一个使用价值,即土地,在另一个方面摆上一个价值,而且是一个特殊的价值部分,借此形成一个对立,那是愚蠢的做法。2.〔手稿至此中断。³⁸⁶〕

III

庸俗经济学所做的事情,实际上不过是对于局限在资产阶级生产关系中的生产当事人的观念,当做教义来加以解释、系统化和辩护。因此,我们并不感到奇怪的是,庸俗经济学恰好对于各种经济关系的异化的表现形式——在这种形式下,各种经济关系显然是荒谬的,完全矛盾的;如果事物的表现形式和事物的本质会直接合而为一,一切科学就都成为多余的了——感到很自在,而且各种经济关系的内部联系越是隐蔽,这些关系对普通人的观念来说越是习以为常,它们对庸俗经济学来说就越显得是不言自明的。因此,庸俗经济学丝毫没有想到,被它当做出发点的这个三位一体:土地—地租,资本—利息,劳动—工资或劳动价格,是三个显然不可能组合在一起的部分。首先,我们看到的是没有价值的使用价值**土地**和交换价值**地租**:于是,一种当做物来理解的社会关系,竟被设定在同自然的一种比例关系上;也就是说,让两个不能通约的量互相保持一种比例。然后是**资本—利息**。如果资本被理解为一定的、在货币上取得独立表现的价值额,那么,说一个价值是比它的所值更大的价值,显然是无稽之谈。正是在资本—利息这个形式上,一切中介都消失了,资本归

结为它的最一般的、但因此也就无法从它本身得到说明的和荒谬的
公式。正是由于这个缘故,庸俗经济学家宁愿用资本—利息这个公
式,而不用资本—利润这个公式,因为前一个公式具有价值和它自身
不相等这一神秘性质,而后一个公式却和现实的资本关系较为接近。
不过,由于庸俗经济学家不安地感到,4不是5,因而100塔勒不可能
是110塔勒,所以他又抛开作为价值的资本,而求助于资本的物质实
体,求助于资本的作为劳动生产条件的使用价值,如机器、原料等等。
这样一来,为了代替前一个无法理解的4＝5的关系,就又重新搬出
一个完全不能通约的关系,即一方是使用价值,是物,另一方是一定
的社会生产关系,是剩余价值;这就像在土地所有权的场合见到的情
形一样。对庸俗经济学家来说,只要他达到了这种不能通约的关系,
一切就都清楚了,他就不感到还有进一步深思的必要了。因为,他正
好达到了资产阶级观念上的"合理"了。最后,**劳动—工资**,劳动的价
格,像我们在第一册①中所证明过的那样,这种说法显然是和价值的
概念相矛盾的,也是和价格的概念相矛盾的,因为一般说来,价格只
是价值的一定表现[387];而"劳动的价格"是和"黄色的对数"一样不合
理的。但在这里,庸俗经济学家才感到真正的满足,因为他现在终于
达到了资产者认为他为劳动支付了货币这一深刻见解,并且因为恰
好这个公式和价值概念的矛盾使他免除了理解价值的义务。

————

我们[49]已经看到,资本主义生产过程是社会生产过程一般的

———

(49)按照手稿,这才是第四十八章的开始。——[弗·恩·]

———

①指《资本论》第一卷。——编者注

一个历史地规定的形式。而社会生产过程既是人类生活的物质生存条件的生产过程，又是一个在特殊的、历史的和经济的生产关系中进行的过程，是生产和再生产着这些生产关系本身，因而生产和再生产着这个过程的承担者、他们的物质生存条件和他们的互相关系即他们的一定的经济的社会形式的过程。因为，这种生产的承担者同自然的关系以及他们互相之间的关系，他们借以进行生产的各种关系的总体，就是从社会经济结构方面来看的社会。资本主义生产过程像它以前的所有生产过程一样，也是在一定的物质条件下进行的，但是，这些物质条件同时也是各个个人在他们的生活的再生产过程中所处的一定的社会关系的承担者。这些物质条件，和这些社会关系一样，一方面是资本主义生产过程的前提，另一方面又是资本主义生产过程的结果和创造物；它们是由资本主义生产过程生产和再生产的。我们还看到，资本——而资本家只是人格化的资本，他在生产过程中只是作为资本的承担者执行职能——会在与它相适应的社会生产过程中，从直接生产者即工人身上榨取一定量的剩余劳动，这种剩余劳动是资本未付等价物而得到的，并且按它的本质来说，总是强制劳动，尽管它看起来非常像是自由协商议定的结果。这种剩余劳动体现为剩余价值，而这个剩余价值存在于剩余产品中。剩余劳动一般作为超过一定的需要量的劳动，应当始终存在。只不过它在资本主义制度下，像在奴隶制度等等下一样，具有对抗的形式，并且是以社会上的一部分人完全游手好闲作为补充。为了对偶然事故提供保险，为了保证再生产过程的必要的、同需要的发展和人口的增长相适应的累进的扩大（从资本主义观点来说叫做积累），一定量的剩余劳动是必要的。资本的文明面之一是，它榨取这种剩余劳动的方式和条件，同以前的奴隶制、农奴制等形式相比，都更有利于生产力的发展,有利于社会关系的发展,有利于更高级的新形态的各种要素的创造。因此,资本一方面会导致这样一个阶段,在这个阶段上,社会上的一部分人靠牺牲另一部分人来强制和垄断社会发展(包括这种发展的物质方面和精神方面的利益)的现象将会消灭;另一方面,这个阶段又会为这样一些关系创造出物质手段和萌芽,这些关系在一个更高级的社会形式中,使这种剩余劳动能够同物质劳动一般所占用的时间的更大的节制结合在一起。因为,依照劳动生产力发展的不同情况,剩余劳动可以在一个小的总工作日中成为大的,也可以在一个大的总工作日中成为相对小的。如果必要劳动时间＝3,剩余劳动＝3,总工作日就＝6,剩余劳动率就＝100%。如果必要劳动＝9,剩余劳动＝3,总工作日就＝12,剩余劳动率就只＝$33\frac{1}{3}$%。不过,在一定时间内,从而在一定的剩余劳动时间内,究竟能生产多少使用价值,取决于劳动生产率。也就是说,社会的现实财富和社会再生产过程不断扩大的可能性,并不是取决于剩余劳动时间的长短,而是取决于剩余劳动的生产率和进行这种剩余劳动的生产条件的优劣程度。事实上,自由王国只是在必要性和外在目的规定要做的劳动终止的地方才开始;因而按照事物的本性来说,它存在于真正物质生产领域的彼岸。像野蛮人为了满足自己的需要,为了维持和再生产自己的生命,必须与自然搏斗一样,文明人也必须这样做;而且在一切社会形式中,在一切可能的生产方式中,他都必须这样做。这个自然必然性的王国会随着人的发展而扩大,因为需要会扩大;但是,满足这种需要的生产力同时也会扩大。这个领域内的自由只能是:社会化的人,联合起来的生产者,将合理地调节他们和自然之间的物质变换,把它置于他们的共同控制之下,而不让它作为一种盲目的力量来统治自己;靠消耗最小的力量,在最无愧于和最适合于他们的人类本性的条件下来进行这种物质变换。但是,这个领域始终是一个必然王国。在这个必然王国的彼岸,作为目的本身的人类能力的发挥,真正的自由王国,就开始了。但是,这个自由王国只有建立在必然王国的基础上,才能繁荣起来。工作日的缩短是根本条件。

在资本主义社会中,这个剩余价值或剩余产品——如果我们把分配上的偶然波动撇开不说,只考察分配的调节规律,分配的起规范作用的界限——是作为一份份的股息,按照社会资本中每个资本所占的份额的比例,在资本家之间进行分配的。在这个形态上,剩余价值表现为资本应得的平均利润。这个平均利润又分为企业主收入和利息,并在这两个范畴下分归各种不同的资本家所有。但资本对于剩余价值或剩余产品的这种占有和分配,受到土地所有权方面的限制。正像职能资本家从工人身上吸取剩余劳动,从而在利润的形式上吸取剩余价值和剩余产品一样,土地所有者也要在地租的形式上,按照以前已经说明的规律,再从资本家那里吸取这个剩余价值或剩余产品的一部分。

因此,当我们在这里说利润是归资本所有的那部分剩余价值时,我们所指的是平均利润(等于企业主收入加上利息),它已经由于从总利润(在数量上和总剩余价值相等)中扣除地租而受到限制;地租的扣除是前提。因此,资本利润(企业主收入加上利息)和地租不过是剩余价值的两个特殊组成部分,不过是剩余价值因属于资本或属于土地所有权而区别开来的两个范畴,两个项目。它们丝毫也不会改变剩余价值的本质。它们加起来,就形成社会剩余价值的总和。资本直接从工人身上吸取体现为剩余价值和剩余产品的剩余劳动。因此,在这个意义上,资本可以被看做剩余价值的生产者。土地所有权却和现实的生产过程无关。它的作用只限于把已经生产出来的剩余价值的一部分,从资本的口袋里转移到它自己的口袋里。不过,土地所有者在资本主义生产过程中起某种作用,不仅因为他对资本施加压力,也不仅因为大土地所有制是资本主义生产的一个前提和条件(因为大土地所有制是对劳动者的劳动条件进行剥夺的前提和条件),而且特别因为土地所有者表现为最重要的生产条件之一的人格化。

最后,工人作为他个人的劳动力的所有者和出售者,在工资的名义下得到一部分产品。这部分产品体现着他的劳动中被我们叫做必要劳动的那个部分,也就是维持和再生产这个劳动力所必需的劳动部分,而不管这种维持和再生产的条件是较贫乏的还是较富裕的,是较有利的还是较不利的。

不管这些关系在其他方面看起来多么不一致,但它们都有一个共同点:资本逐年为资本家提供利润,土地逐年为土地所有者提供地租,劳动力——在正常条件下,并且在它仍然是可以使用的劳动力的时期内——逐年为工人提供工资。每年生产的总价值中的这三个价值部分,以及每年生产的总产品中和它们相适应的部分——在这里我们先撇开积累不说——,可以每年由它们各自的所有者消费掉,而不致造成它们的再生产源泉的枯竭。它们好像是一棵长生树上或者不如说三棵长生树上的每年供人食用的果实,它们形成三个阶级即资本家、土地所有者和工人的逐年收入。这些收入,是由职能资本家作为剩余劳动的直接吸取者和一般劳动的使用者来进行分配的。因此,资本家的资本,土地所有者的土地,工人的劳动力或者不如说他的劳动本身(因为他实际出售的只是表现出来的劳动力,而且像以前所说的那样,在资本主义生产方式的基础上,劳动力的价格必然会对他表现为劳动的价格),对资本家、土地所有者和工人来说,表现为他们各自特有的收入,即利润、地租和工资的三个不同的源泉。它们从下述意义上讲确实是收入的源泉:对资本家来说,资本是一台汲取剩余劳动的永久的抽水机;对土地所有者来说,土地是一块永久的磁石,它会把资本所汲取的剩余价值的一部分吸引过来;最后,劳动则是一个不断更新的条件和不断更新的手段,使工人在工资的名义下取得他所创造的一部分价值,从而取得社会产品中由这部分价值来计量的一个部分,即必要生活资料。其次,它们从下述意义上讲是收入的源泉:资本会把价值的一部分,从而把年劳动产品的一部分固定在利润的形式上,土地所有权会把另一部分固定在地租的形式上,雇佣劳动会把第三部分固定在工资的形式上,并且正是由于这种转化,使它们变成了资本家的收入、土地所有者的收入和工人的收入,但是并没有创造转化为这几个不同范畴的实体本身。相反,这种分配是以这种实体已经存在为前提的,也就是说,是以年产品的总价值为前提的,而这个总价值不外就是对象化的社会劳动。但在生产当事人面前,在生产过程的不同职能的承担者面前,事情却不是以这种形式表现出来的,而是相反地以一种颠倒的形式表现出来的。为什么会这样呢,在研究的进程中,我们将进一步说明。对那些生产当事人来说,资本、土地所有权和劳动,表现为三个不同的、独立的源泉,每年生产的价值——从而这个价值借以存在的产品——的三个不同的组成部分,就是从这些源泉本身产生出来的;因此,不仅这个价值作为社会生产过程的各特殊因素所分得的收入的不同形式,是从这些源泉产生出来的,而且这个价值本身,从而这些收入形式的实体,也是从这些源泉产生出来的。

〔这里,手稿缺了对开纸一页。〕

……级差地租是和土地的相对肥力结合在一起的,也就是说,是和土地本身产生的各种属性结合在一起的。但是第一,就它是以不同等级的土地的产品的不同的个别价值为基础来说,这不过就是我们刚刚说过的那个规定;第二,就它是以不同于这些个别价值的起调节作用的一般市场价值为基础来说,这是一个通过竞争来实现的社会规律,既和土地无关,也和土地肥力的不同程度无关。

看来,似乎至少在"劳动—工资"这个公式中可能表现着某种合理的关系。但是,它像"土地—地租"一样没有表现这种关系。就劳动形成价值,并体现为商品的价值来说,它和这个价值在不同范畴之间的分配无关。就劳动具有雇佣劳动的特殊的社会性质来说,它不形成价值。整个说来,我们以前已经指出,工资或劳动的价格只是劳动力的价值或价格的不合理的说法;并且,这种劳动力出售时所处的一定的社会条件同作为一般生产要素的劳动无关。劳动也对象化在商品的一个价值部分即那个作为工资构成劳动力价格的价值部分中;它创造产品的这个部分,和创造产品的其他部分一样;不过,它对象化在这个部分中,和对象化在形成地租或利润的那些部分中相比,不会更多些,也没有什么不同。而且整个说来,当我们把劳动确定为形成价值的要素时,我们不是从它作为生产条件的具体形式上来考察它,而是从一种和雇佣劳动的社会规定性不同的社会规定性上来考察它。

甚至"资本—利润"这个说法,在这里也是不正确的。如果仅从资本生产剩余价值这方面来说,也就是,从资本对工人的关系,即资本通过对劳动力即对雇佣工人的强制来榨取剩余劳动的关系来说,那么,这个剩余价值,除了包括利润(企业主收入加上利息)之外,还包括地租,总之,包括全部没有分割的剩余价值。相反,在这里,资本作为收入的源泉,只和归资本家所有的那部分有关。这不是资本榨取的全部剩余价值,而只是资本为资本家榨取的那部分剩余价值。一旦这个公式转化为"资本—利息"的公式,一切联系就更看不出来了。

如果说,第一,我们考察的是这三个源泉的不可比拟性,那么,第二,现在我们看到,它们的产物,它们的幼仔,即各种收入,反而全都属于同一个范围,即价值的范围。但是,这种不可比拟的情况(这不仅是不能通约的量之间的关系,而且是完全不一致的、彼此毫无关系的、不能互相比较的物之间的关系)会因下述缘故而等同起来:事实上,资本也像土地和劳动一样,只是就它的物质实体来看的,因而是单纯作为生产出来的生产资料来看的;这时,它作为同工人的关系以及作为价值的性质都被抽象掉了。

第三,因此,在这个意义上,资本—利息(利润),土地—地租,劳动—工资这个公式,显示出一种匀称一致的不一致性质。事实上,既然雇佣劳动不是表现为劳动的社会地规定的形式,而是一切劳动按其性质都表现为雇佣劳动(被资本主义生产关系束缚的人,就是这样看的),那么,对象的劳动条件——生产出来的生产资料和土地——对于雇佣劳动所采取的一定的特有的社会形式(它们反过来又以雇佣劳动为前提),也就直接地和这些劳动条件的物质存在,换句话说,和它们在实际劳动过程中普遍具有的形态,即不以这个过程的每一历史地规定的社会形式为转移的、甚至不以其**任何**社会形式为转移的形态合而为一了。因此,劳动条件的这种和劳动相异化的、和劳动相对立而独立化的、并由此形成的转化形态——在这种形态下,生产出来的生产资料已转化为资本,土地已转化为被垄断的土地,转化为土地所有权——,这种属于一定历史时期的形态,就和生产出来的生产资料和土地在生产过程一般中的存在和职能合而为一了。这种生产资料就其本身来说天然是资本，资本则不外是这种生产资料的纯粹"经济学名称"；同样，土地就其本身来说也天然是若干土地所有者所垄断的土地。正像在资本和资本家——他事实上不外是人格化的资本——身上，产品成为生产者面前的独立权力一样，在土地所有者身上，土地也人格化了，也会用后腿站立起来，并且作为独立的权力，要求在它帮助下生产出来的产品中占有自己的一份；所以，不是土地得到了产品中归土地所有的那一部分，用来恢复和提高土地的生产率，而是土地所有者得到了这个产品的一部分，用来高价售卖和挥霍浪费。很清楚，资本是以作为雇佣劳动的劳动为前提的。但是，同样很清楚，如果作为雇佣劳动的劳动是出发点，以致劳动一般和雇佣劳动合而为一好像是不言而喻的事情，那么资本和被垄断的土地，也就必然会表现为劳动条件的自然形式，而与劳动一般相对立。现在，资本表现为劳动资料的自然形式，从而表现为纯粹物的性质和由劳动资料在一般劳动过程中的职能所产生的性质。因此，资本和生产出来的生产资料就变成了同义词。同样，土地和被私有权垄断的土地也变成了同义词。因此，天然就是资本的劳动资料本身也就成了利润的源泉，土地本身则成了地租的源泉。

劳动本身，就它作为有目的的生产活动这个简单的规定性而言，不是同作为社会形式规定性的生产资料发生关系，而是同作为物质实体、作为劳动材料和劳动资料的生产资料发生关系。这些生产资料也只是在物质方面，作为各种使用价值来互相区别，即土地是作为非生产出来的劳动资料，而其余的东西是作为生产出来的劳动资料而互相区别。因此，如果劳动和雇佣劳动合而为一，那种使劳动条件和劳动对立起来的一定的社会形式也就会和劳动条件的物质存在合而为一。这样，劳动资料本身就是资本，土地本身也就是土地所有权了。这些劳动条件在劳动面前所显示出来的形式上的独立,它们在雇佣劳动面前所具有的这种独立化的特殊形式,也就成了它们作为物,作为物质生产条件所具有的不可分离的属性,成了它们作为生产要素必然会有的、内在地固有的性质了。它们在资本主义生产过程中具有的为一定的历史时代所决定的社会性质,也就成了它们的自然的、可以说是一向就有的、作为生产过程的要素天生固有的物质性质了。因此,土地作为劳动的原始活动场所,作为自然力的王国,作为一切劳动对象的现成的武库在一般生产过程中所起的那份作用,以及生产出来的生产资料(工具、原料等等)在一般生产过程中所起的那份作用,似乎必然表现在它们作为资本和土地所有权各自应得的份额上,也就是表现在它们的社会代表在利润(利息)和地租的形式上应得的份额上,同样,工人的劳动在生产过程中所起的那份作用,会以工资的形式表现在工人应得的份额上。因此地租、利润、工资,好像是由土地、生产出来的生产资料和劳动在简单劳动过程中所起的作用产生的;甚至我们把这个劳动过程看做只是人和自然之间发生的过程,并把一切历史规定性撇开不说,也是这样。如果说体现雇佣工人为自己完成的劳动的产品,即体现他的收益,体现他的收入的产品,只是工资,只是价值(因而是用这个价值来计量的社会产品)中代表他的工资的部分,那么,这又只是以另一种形式表达同一件事情。因此,如果雇佣劳动和劳动一般合而为一,工资也就会和劳动的产品合而为一,工资所代表的价值部分也就会和劳动所创造的价值一般合而为一。但是这样一来,其他的价值部分,即利润和地租,也就会同工资相独立,并且它们应当由它们自己的、和劳动根本不同并且不以劳动为转移的源泉产生;它们应当由那些共同起作用的生产要素产生,而它们就是属于那些生产要素的所有者的,这样,利润就是由生产资料,即资本的物质要素产生的,地租就是由土地所有者所代表的土地或由自然产生的(罗雪尔[388])。

因此,土地所有权、资本和雇佣劳动,就从下述意义上的收入源泉,即资本使资本家以利润的形式吸取他从劳动中榨取的剩余价值的一部分,土地的垄断使土地所有者以地租的形式吸取剩余价值的另一部分,劳动使工人以工资的形式取得最后一个可供支配的价值部分这种意义上的源泉,也就是从这种作为中介使价值的一部分转化为利润形式,使第二部分转化为地租形式,使第三部分转化为工资形式的源泉,转化成了真正的源泉,这个源泉本身产生出这几个价值部分和这几个价值部分借以存在或可以转化成的各相关产品部分,因而是产生出产品价值本身的最后源泉[(50)]。

在论述资本主义生产方式甚至商品生产的最简单的范畴时,在论述商品和货币时,我们已经指出了一种神秘性质,它把在生产中由财富的各种物质要素充当承担者的社会关系,变成这些物本身的属性(商品),并且更直截了当地把生产关系本身变成物(货币)。一切已经有商品生产和货币流通的社会形式,都有这种颠倒。但是,在资本主义生产方式下和在构成其占统治地位的范畴,构成其起决定作用的生产关系的资本那里,这种着了魔的颠倒的世界就会更厉害得多地发展起来。如果我们首先在直接生产过程中考察资本,把它看做是剩余劳动的吸取者,那么,这种关系还是非常简单的,实际的联

---

(50)"工资、利润和地租,是一切收入的三个原始源泉,也是一切交换价值的三个原始源泉。"(亚当·斯密[389])——"因此,物质生产的原因,同时就是现有各种原始收入的源泉"。(施托尔希[《政治经济学教程》1815年圣彼得堡版]第1卷第259页)

系会强加于这个过程的承担者即资本家本身,并且还被他们意识到。为工作日的界限而进行的激烈斗争,就有力地证明了这一点。但是,甚至在这个没有中介的领域内,在劳动和资本之间的直接过程的领域内,事情也不会如此简单。随着相对剩余价值在真正的特定的资本主义生产方式下的发展,——与此同时劳动的社会生产力也发展了,——这些生产力以及劳动在直接劳动过程中的社会联系,都好像由劳动转移到资本身上了。因此,资本已经变成了一种非常神秘的东西,因为劳动的一切社会生产力,都好像不为劳动本身所有,而为资本所有,都好像是从资本自身生长出来的力量。然后流通过程插进来了。资本的甚至农业资本的一切部分,都会随着这种独特的资本主义生产方式的发展,被卷入流通过程的物质变换和形式变换中去。这是原始价值生产的关系完全退居次要地位的一个领域。早在直接生产过程中,资本家就已经同时作为商品生产者,作为商品生产的指挥者进行活动。因此,对他来说,这个生产过程决不单纯表现为剩余价值的生产过程。但是,不管资本在直接生产过程中所吸取的并且体现在商品中的剩余价值究竟如何,商品中包含的价值和剩余价值都必须在流通过程中才能得到实现。于是,生产上预付的价值的收回,特别是商品中包含的剩余价值,似乎不是单纯在流通中实现,而是从流通中产生出来的;这个假象特别由于以下两个情况而更加强化:首先是让渡的利润,这种利润取决于欺骗、狡诈、知情、机灵以及市场行情的千变万化;其次是这样一个情况,即除了劳动时间以外,在这里又出现了第二个决定的要素,即流通时间。流通时间虽然只是对价值和剩余价值的形成起消极限制的作用,但是它具有一种假象,好像它和劳动本身一样是一个积极的原因,好像它会带来一个从资本的本性中产生的、不以劳动为转移的规定。在第二册中,我们对于这个流通领域当然只能就它所产生的各种形式规定进行说明，论证资本的形态在流通领域内的继续发展。但是事实上，这个领域是一个竞争的领域，就每一个别情况来看，在这个领域中是偶然性占统治地位。因此，在这个领域中，通过这些偶然性来为自己开辟道路并调节着这些偶然性的内部规律，只有在对这些偶然性进行大量概括的基础上才能看到。因此，对单个的生产当事人本身来说，这种内部规律仍然是看不出来，不能理解的。此外，现实的生产过程，作为直接生产过程和流通过程的统一，又产生出种种新的形态，在这些形态中，内部联系的线索越来越消失，各种生产关系越来越互相独立，各种价值组成部分越来越硬化为互相独立的形式。

我们已经看到，剩余价值转化为利润，既是由生产过程决定的，也同样是由流通过程决定的。利润形式的剩余价值，不再和它从中产生的投在劳动上的资本部分发生关系，而是和总资本发生关系。利润率受它本身的各种规律调节；这些规律，在剩余价值率不变时，允许利润率发生变化，甚至决定着利润率的变化。这一切使剩余价值的真正性质越来越隐蔽，从而也使资本的实际的驱动机构越来越隐蔽。由于利润转化为平均利润，价值转化为生产价格，转化为起调节作用的平均市场价格，情况就更是这样了。在这里，一个复杂的社会过程插进来了。这就是资本的平均化过程。这个过程使商品的相对平均价格同它们的价值相分离，使不同生产部门（完全撇开每个特殊生产部门内的单个投资不说）的平均利润同特殊资本对劳动的实际剥削相分离。在这里，不仅看起来是这样，而且事实上商品的平均价格不同于商品的价值，因而不同于实现在商品中的劳动，并且特殊资本的平均利润不同于这个资本从它所雇用的工人身上榨取出来的剩余价值。商品的价值还只是直接地表现在变化的劳动生产力对生产价格的涨落,对生产价格的运动——而不是对生产价格的最后界限——产生的影响上。利润还只是表现为由对劳动的直接剥削附带地决定的东西,因为对劳动的这种直接剥削使得资本家可以在似乎不以这种剥削为转移的起调节作用的市场价格下实现一个偏离平均利润的利润。正常的平均利润本身好像是资本所固有的,不以剥削为转移的;过度的剥削,或者,甚至十分有利的例外条件下的平均剥削,好像只决定对平均利润的偏离,并不决定平均利润本身。利润分割为企业主收入和利息(更不用说这中间还要插进商业利润和货币经营业利润了,这两种利润都是以流通为基础,好像完全是从流通中产生的,而不是从生产过程本身中产生的),就完成了剩余价值形式的独立化,完成了它的形式对于它的实体,对于它的本质的硬化。利润的一部分与它的另一部分相反,完全从资本关系本身中分离出来,并且表现为不是来自剥削雇佣劳动的职能,而是来自资本家本身从事的雇佣劳动。与此相反,利息则好像和工人的雇佣劳动无关,也和资本家自己的劳动无关,而是来自作为其本身的独立源泉的资本。如果说资本起初在流通的表面上表现为资本物神,表现为创造价值的价值,那么,现在它又在生息资本的形式上,取得了它的最异化最特别的形式。由于这个原因,"资本—利息"这个公式,作为"土地—地租"和"劳动—工资"之外的第三个环节,也就比"资本—利润"这个公式彻底得多了,因为在利润的场合,人们总还想起它的起源;而在利息的场合,不仅想不到它的起源,而且让人想到的是和这个起源完全相反的形式。

最后,在作为剩余价值的独立源泉的资本之旁,出现土地所有权,它是对平均利润的限制,并把剩余价值的一部分转移到这样一个阶级手里,这个阶级既不亲自劳动,又不直接剥削工人,也不像生息资本那样可以说出一些在道义上宽慰自己的理由,比如说什么贷放资本要冒风险和作出牺牲。在这里,因为剩余价值的一部分好像不是直接和社会关系联系在一起,而是直接和一个自然要素即土地联系在一起,所以剩余价值的不同部分互相异化和硬化的形式就完成了,内部联系就最终割断了,剩余价值的源泉就完全被掩盖起来了,而这正是由于和生产过程的不同物质要素结合在一起的各个生产关系已经互相独立化了。

在资本—利润(或者,更恰当地说是资本—利息),土地—地租,劳动—工资中,在这个表示价值和财富一般的各个组成部分同其各种源泉的联系的经济三位一体中,资本主义生产方式的神秘化,社会关系的物化,物质的生产关系和它们的历史社会规定性的直接融合已经完成:这是一个着了魔的、颠倒的、倒立着的世界。在这个世界里,资本先生和土地太太,作为社会的人物,同时又直接作为单纯的物,在兴妖作怪。古典经济学把利息归结为利润的一部分,把地租归结为超过平均利润的余额,使这二者以剩余价值的形式一致起来;此外,把流通过程当做单纯的形式变化来说明;最后,在直接生产过程中把商品的价值和剩余价值归结为劳动;这样,它就把上面那些虚伪的假象和错觉,把财富的不同社会要素互相间的这种独立化和硬化,把这种物的人格化和生产关系的物化,把日常生活中的这个宗教揭穿了。这是古典经济学的伟大功绩。然而,甚至古典经济学的最优秀的代表——从资产阶级的观点出发,只能是这样——,也还或多或少地被束缚在他们曾批判地予以揭穿的假象世界里,因而,都或多或少地陷入不彻底性、半途而废状态和没有解决的矛盾之中。另一方面,实际的生产当事人对资本—利息,土地—地租,劳动—工资这些异化的不合理的形式,感到很自在,这也同样是自然的事情,因为他们就是在这些假象的形态中活动的,他们每天都要和这些形态打交道。庸俗经济学无非是对实际的生产当事人的日常观念进行教学式的、或多或少教义式的翻译,把这些观念安排在某种有条理的秩序中。因此,它会在这个消灭了整个内部联系的三位一体中,为自己的浅薄的妄自尊大,找到自然的不容怀疑的基础,这也同样是自然的事情。同时,这个公式也是符合统治阶级的利益的,因为它宣布统治阶级的收入源泉具有自然的必然性和永恒的合理性,并把这个观点推崇为教条。

在叙述生产关系的物化和生产关系对生产当事人的独立化时,我们没有谈到,这些联系由于世界市场,世界市场行情,市场价格的变动,信用的期限,工商业的周期,繁荣和危机的交替,会以怎样的方式对生产当事人表现为压倒的、不可抗拒地统治他们的自然规律,并且在他们面前作为盲目的必然性发生作用。我们没有谈到这些问题,是因为竞争的实际运动在我们的计划范围之外,我们只需要把资本主义生产方式的内部组织,在它的可说是理想的平均形式中叙述出来。

在以前的各种社会形式下,这种经济上的神秘化主要只同货币和生息资本有关。按照事物的本性来说,这种神秘化在下述场合是被排除的:第一,生产主要是为了使用价值,为了本人的直接需要;第二,例如在古代和中世纪,奴隶制或农奴制形成社会生产的广阔基础,在那里,生产条件对生产者的统治,已经为统治和从属的关系所掩盖,这种关系表现为并且显而易见是生产过程的直接动力。在自然发生的共产主义占统治地位的原始公社中,甚至在古代的城市公社中,公社本身及其条件表现为生产的基础,而公社的再生产表现为生产的最终目的。甚至在中世纪的行会制度中,无论资本还是劳动都不是不受束缚的。相反,它们的关系由公会制度,由各种与这一制度相联系的关系,各种与这些关系相适应的关于职业义务、师徒制度等等的观念所决定。只有在资本主义生产方式中……①

---

①手稿至此中断。——编者注

第四十九章

关于生产过程的分析

我们在以下的研究中可以把生产价格和价值的区别撇开不说，因为像在这里所做的那样，当我们考察劳动的全部年产品的价值，也就是考察社会总资本的产品的价值时，这种区别就不存在了。

利润（企业主收入加上利息）和地租，不外是商品剩余价值的各个特殊部分所采取的独特形式。剩余价值的大小，是剩余价值可以分割成的各个部分的总和的界限。因此，平均利润加上地租就等于剩余价值。商品中包含的一部分剩余劳动，从而一部分剩余价值，有可能不直接加入形成平均利润的平均化过程；这时，商品价值的一部分就根本不会在商品的价格中表现出来。不过，第一，这种情况将会由于下述事实得到补偿：或者是在低于价值出售的商品形成不变资本的要素时，利润率会提高，或者是在低于价值出售的商品作为个人消费品加入作为收入来消费的那部分价值时，利润和地租会表现为更多的产品。第二，这种情况在平均运动中会抵消。无论如何，即使商品价格中没有表现出来的一部分剩余价值在形成价格时消失了，平均利润加上地租的总和在其正常形式上决不会大于全部剩余价值，虽然会小于全部剩余价值。它的正常形式是以与劳动力的价值相适应的工资为前提的。甚至垄断地租，只要它不是对工资的扣除，

943

因而不形成任何特殊的范畴,它就必然间接地总是剩余价值的一部分;虽然它不像级差地租那样,是包含地租的那种商品本身的价格超过商品本身的生产费用的那部分余额;也不像绝对地租那样,是包含地租的那种商品本身的剩余价值超过商品本身按平均利润计算的剩余价值部分的那部分余额,但毕竟是同这种具有垄断价格的商品进行交换的其他商品的剩余价值的一部分。——平均利润加上地租的总和,决不会大于分成这两部分而在这种分割以前就已存在的量。因此,不管商品的全部剩余价值,即商品中包含的全部剩余劳动,是否都在商品的价格中得到实现,这对我们的研究来说是没有关系的。由于劳动生产力的不断变动,生产某个商品的社会必要劳动的量也会不断变动,在这种情况下,有一部分商品总是要在不正常的条件下生产出来,因而总是要低于自己的个别价值出售,单是由于这一原因,剩余劳动就已经不会全部实现。但无论如何,利润加上地租等于全部已实现的剩余价值(剩余劳动),而对我们这里的研究来说,已实现的剩余价值可以看做同全部剩余价值相等;因为利润和地租就是已实现的剩余价值,总的说来,也就是加入商品价格的剩余价值,因而实际上也就是形成这个价格的一个组成部分的全部剩余价值。

另一方面,工资,即收入的第三个独特形式,总是等于资本的可变组成部分,即不是用于劳动资料,而是用来购买活劳动力,用来支付工人的报酬的组成部分。(靠人们花费收入来支付报酬的那种劳动本身,是从工资、利润或地租中支付的,因而它不形成用来支付它的那些商品的价值部分。因此,在分析商品价值及其分割成的各个组成部分时,这种劳动可以不必考察。)这是工人的总工作日中用来再生产可变资本价值,从而再生产劳动价格的那部分工作日的对象化,是工人用来再生产他自己的劳动力的价值或他的劳动的价格的

那部分商品价值。工人的总工作日分为两部分。一部分是工人为了再
生产他自己的生活资料的价值所必须完成的劳动量；这是他的总劳
动中的有酬部分，是他的劳动中为维持他自己和再生产他自己所必
要的部分。工作日中整个其余的部分，是工人在他的工资价值中实现
的劳动以外完成的全部剩余劳动量，这是剩余劳动，是无酬劳动，表
现为他的全部商品生产中的剩余价值（因而表现为剩余商品量）；这
个剩余价值又分为几个名称不同的部分，分为利润（企业主收入加上
利息）和地租。

　　可见，商品中代表工人在一天或一年内所追加的总劳动的总价
值部分，即年产品中由这个劳动所创造的总价值，分为工资价值、利
润和地租。因为，这个总劳动分为必要劳动和无酬的剩余劳动，工人
通过必要劳动创造出作为报酬支付给自己的产品价值部分即工资，
通过无酬的剩余劳动创造出代表剩余价值的产品价值部分，而这一
部分后来又分为利润和地租。除了这个劳动之外，工人再没有完成什
么劳动；除了这个采取工资、利润、地租形式的产品总价值之外，工人
再没有创造什么价值。年产品中体现工人在一年内新追加的劳动的
价值，等于工资（或可变资本的价值）加上剩余价值，这个剩余价值又
分为利润和地租的形式。

　　因此，年产品中由工人在一年内创造的总价值部分，表现为三
种收入的年价值总额，也就是表现为工资价值、利润和地租。因此很
明显，在一年所创造的产品价值中没有再生产出不变资本部分的价
值，因为工资只等于生产中预付的可变资本部分的价值，地租和利润
只等于剩余价值，即超过预付资本的总价值（等于不变资本的价值加
上可变资本的价值）而生产的价值余额。

　　转化为利润和地租形式的剩余价值，有一部分不是作为收入来

消费,而是被用于积累,这种情况与我们这里要解决的困难完全没有关系。其中作为积累基金积蓄下来的部分,是用来形成新的追加资本,而不是用来补偿旧的资本,既不是用来补偿旧资本中投在劳动力上面的组成部分,也不是用来补偿旧资本中投在劳动资料上面的组成部分。因此,在这里为了简便起见,我们可以假定,收入全部用于个人消费。困难表现在两个方面。一方面:在各种收入(工资、利润、地租)借以消费的年产品价值中,包含一个等于加入其中的不变资本部分的价值部分。这个年产品价值,除了包含分解为工资的价值部分和分解为利润和地租的价值部分以外,还包含这样一个价值部分。因此,其价值＝工资＋利润＋地租＋C(代表其中的不变价值部分)。只同工资＋利润＋地租相等的一年内生产的价值,怎么能够买到一个价值等于(工资＋利润＋地租)＋C的产品呢?一年内生产的价值,怎么能够买到一个比这个价值本身有更大价值的产品呢?

另一方面:如果我们把不变资本中没有加入产品的部分,因而在商品的年生产之后仍然继续存在,但是价值已经减少的部分撇开不说,也就是,如果我们把那个曾被使用但是没有消费掉的固定资本暂时撇开不说,那么,预付资本中以原料和辅助材料形式存在的不变部分,就会完全加入新产品,而劳动资料的一部分会完全消费掉,另一部分只是部分地消费掉,因此,它的价值只有一部分会在生产中消费掉。所有这些在生产中消费掉的不变资本部分,都必须在实物形式上得到补偿。假定其他一切条件不变,特别是劳动生产力不变,它就要花费同以前一样多的劳动量来加以补偿,也就是说,必须用一个相等的价值来加以补偿。如果不是这样,再生产本身就不能按原有的规模进行。但是,谁应当去完成这种劳动,又是谁完成这种劳动的呢?

关于第一个困难:谁应当支付产品中包含的不变价值部分,并且用什么来支付?这里的前提是,在生产中消费的不变资本的价值,会作为产品价值部分再现出来。这个前提和第二个困难的前提并不矛盾。因为,我们在第一册第五章(劳动过程和价值增殖过程)已经指出:新劳动的单纯追加,虽然并不再生产旧的价值,而只是给旧的价值创造一个追加额,只是创造一个追加的价值,但同时旧的价值会保存在产品中;不过,保存旧价值靠这种劳动,并不是因为它是创造价值的劳动,是劳动一般,而是靠它的作为一定生产劳动的职能。因此,为了在收入即一年内创造的全部价值借以花费的那些产品中保存不变部分的价值,并不需要任何追加劳动。但是,为了补偿过去一年在价值和使用价值两方面消费的不变资本,当然需要新的追加劳动。没有这种补偿,再生产就根本不可能继续进行。

新追加的全部劳动表现为一年内新创造的价值,而这种价值又会分解为三种收入:工资、利润和地租。——因此,一方面,没有留下任何多余的社会劳动用来补偿已经消费的不变资本,这一资本的一部分必须在实物和价值两方面再生产出来,一部分则只需要在价值方面(作为固定资本的单纯损耗)再生产出来。另一方面,每年由劳动创造出来的,分割为工资、利润和地租形式的并以这些形式来花费的价值,看来不足以支付或购买年产品中除了这些收入的价值之外还必然包含的不变资本部分。

我们看到,这里提出的问题已经在第二册第三篇考察社会总资本的再生产时解决了。我们在这里回过来谈这个问题,首先是因为在那里剩余价值还没有在它的收入形式上即利润(企业主收入加上利息)和地租形式上加以阐明,因而还不能在这些形式上加以研究;其次还因为正是在工资、利润和地租形式的分析上,包含着一个从亚当·斯密以来贯穿整个政治经济学的令人难以置信的错误。[390]

在那里,我们把全部资本分成两大部类:第Ⅰ部类生产生产资料;第Ⅱ部类生产个人消费资料。某些产品(例如马、谷物等)既可以供个人消费又可以用做生产资料的事实,丝毫也不会排除这种分类的绝对正确性。这种分类实际上不是假说,而只是事实的表现。我们拿一个国家的年产品来说。这个产品的一部分,尽管能够充当生产资料,却进入个人消费。这是工资、利润和地租借以花费出去的产品。这个产品是社会资本的一定部类的产品。这同一资本也可能生产属于第Ⅰ部类的产品。只要这样做,那么,提供那些属于第Ⅰ部类的、供生产消费的产品的,就不是这个资本中耗费在第Ⅱ部类产品即真正属于个人消费的产品上的那个部分。第Ⅱ部类的全部产品,即进入个人消费的全部产品,从而收入借以花费出去的全部产品,是耗费在它上面的资本加上所生产的余额的存在形式。因此,它是只投在消费资料生产上的资本的产品。同样,年产品中充当再生产资料(原料和劳动工具)的第Ⅰ部类,尽管在其他场合在实物形式上也能够充当消费资料,但它是只投在生产资料生产上的资本的产品。构成不变资本的绝大部分产品,从物质方面来看也是处在不能进入个人消费的形式上。即使它能够进入个人消费,例如农民可以吃掉他的谷种,可以杀掉他的役畜,可是经济上的限制给农民带来的感觉就和这个部分好像处在不能消费的形式上完全一样。

正如已经指出的那样,我们在考察这两个部类时,都把不变资本中那个从实物和价值两方面来看都不以两个部类的年产品为转移而继续独立存在的固定部分撇开不说。

在第Ⅱ部类——工资、利润和地租就是花费在这个部类的产品上,总之,收入就是耗费在这个部类的产品上——,从价值方面来看,产品本身也是由三个组成部分构成的。一个组成部分等于生产中已经消耗的不变资本部分的价值;第二个组成部分等于生产中预付的可变资本部分,即支付工资的资本部分的价值;最后,第三个组成部分等于生产出来的剩余价值,也就是＝利润＋地租。第II部类产品的第一个组成部分,不变资本部分的价值,既不能为第II部类的资本家和工人所消费,也不能为土地所有者所消费。它不是他们的收入的部分,它必须在实物形式上得到补偿,而为了能够进行这种补偿,就必须把它卖掉。相反,这个产品的其他两个组成部分,等于这个部类所创造的各种收入的价值,即＝工资＋利润＋地租。

在第I部类,从形式上看,产品是由同样几个组成部分构成的。但是,在这里形成收入的部分,工资＋利润＋地租,总之,可变资本部分＋剩余价值,并不是在第I部类产品的实物形式上消费,而是在第II部类的产品上消费。因此,第I部类各种收入的价值,必须消费在第II部类中形成第II部类待补偿的不变资本的那部分产品上。第II部类中必须用来补偿自己的不变资本的那部分产品,会在它的实物形式上,被第I部类的工人、资本家和土地所有者消费。他们把他们的收入用在第II部类的这个产品上。另一方面,代表第I部类收入的第I部类的产品,也会在其实物形式上,由第II部类用在生产消费上,因为它会在实物形式上补偿第II部类的不变资本。最后,第I部类消费掉的不变资本部分,会用该部类自己的产品,即恰好由劳动资料、原料、辅助材料等等构成的产品来补偿,这部分地是通过第I部类的资本家互相之间进行交换,部分地是通过这些资本家中的一部分人又可能把自己的产品直接当做生产资料来使用。

让我们再来看看以前的简单再生产的公式(第二册第二十章第II节)[391]:

$$
\left.\begin{array}{l}
\text{I.}\ 4\,000c+1\,000v+1\,000m=6\,000 \\
\text{II.}\ 2\,000c+\ \ \ 500v+\ \ \ 500m=3\,000
\end{array}\right\}=9\,000
$$

按照这个公式,第II部类的500v＋500m＝1 000会由生产者和土地所有者作为收入来消费;剩下的2 000c需要补偿。这个部分会被第I部类的工人、资本家和收租人消费掉,他们的收入＝1 000v＋1 000m＝2 000。这样消费的第II部类的产品,是由第I部类作为收入来消费的,而表现为不能消费的产品的第I部类的收入部分,则由第II部类作为不变资本来消费。因此,剩下来要计算的是第I部类的4 000c。这要由第I部类自己的产品＝6 000,或者不如说＝6 000－2 000来补偿;因为这2 000已经转化为第II部类的不变资本了。必须指出,数字当然是任意假定的,因此,第I部类的收入的价值和第II部类的不变资本的价值之间的比例,似乎也是任意的。但是很明显,如果再生产过程正常进行,并且其他条件不变,也就是撇开积累不说,那么第I部类的工资、利润和地租的价值总额,就必须等于第II部类的不变资本部分的价值。否则,不是第II部类不能补偿它的不变资本,就是第I部类不能把它的收入由不能消费的形式转化为可以消费的形式。

因此,每年的商品产品的价值,和一笔单独投资的商品产品的价值以及任何一个商品的价值完全一样,会分解成两个价值组成部分:一个部分是补偿预付不变资本价值的A;另一个部分是表现为工资、利润和地租这种收入形式的B。既然前一个价值部分A在其他条件不变时,1. 决不采取收入的形式,2. 总是以资本的形式,而且正是以不变资本的形式流回,所以,后一个价值部分B会和前一个价值部分A形成一种对立。但是,后一个组成部分B本身又包含着对立。利润和地租同工资的共同之处在于:三者都是收入的形式。尽管如此,它们有着本质的区别:利润和地租体现着剩余价值,即无酬劳动,工资则体现着有酬劳动。产品中代表已经支出的工资的价值部分,即补偿工资的价值部分,并且在我们假定再生产按相同的规模并在相同的条件下进行的时候会再转化为工资的价值部分,首先会作为可变资本,作为必须重新预付在再生产上的资本的组成部分流回。这个组成部分执行双重职能。它先以资本的形式存在,并且作为资本和劳动力相交换。在工人手里,它转化为工人出卖自己的劳动力所取得的收入,并且作为收入转化为生活资料并被消费掉。这个双重的过程,是以货币流通作为中介表现出来的。可变资本要用货币预付,作为工资支付出去。这是它作为资本的第一个职能。它和劳动力相交换,并转化为这种劳动力的表现,即转化为劳动。这是从资本家方面来看的过程。但是第二,工人会用这个货币来购买自己生产的商品产品的一部分,这个部分是用这个货币来计量的,并且由工人作为收入来消费。如果我们在想象中把货币流通撇开,那么工人的一部分产品就是以现成资本的形式存在于资本家手中。资本家把这个部分作为资本来预付,把它付给工人以换取新的劳动力;而工人则直接地或者通过同其他商品的交换,把它作为收入来消费。因此,在再生产中要转化为工资,转化为工人收入的那部分产品价值,首先以资本的形式,更确切地说,以可变资本的形式,流回资本家手中。它以这种形式流回,是劳动作为雇佣劳动、生产资料作为资本、生产过程本身作为资本主义生产过程不断重新再生产出来的一个重要条件。

为了避免不必要的困难,必须把总收益和纯收益同总收入和纯收入区别开来。

总收益或总产品是再生产出来的全部产品。把固定资本中曾被使用但是没有消费掉的部分撇开不说,总收益或总产品的价值,等于预付的、并在生产中消费掉的资本即不变资本和可变资本的价值,加上分解为利润和地租的剩余价值。或者,如果我们不是考察单个资本的产品,而是考察社会总资本的产品,那么,总收益等于构成不变资本和可变资本的物质要素加上表现为利润和地租的那种剩余产品的物质要素。

总收入是总生产中扣除了补偿预付的、并在生产中消费掉的不变资本的价值部分和由这个价值部分计量的产品部分以后,总产品所余下的价值部分和由这个价值部分计量的产品部分。因而,总收入等于工资(或预定要重新成为工人收入的产品部分)＋利润＋地租。但是,纯收入却是剩余价值,因而是剩余产品,这种剩余产品是扣除了工资以后所余下的,实际上也就是由资本实现的并与土地所有者瓜分的剩余价值和由这个剩余价值计量的剩余产品。

我们已经知道,每一个商品的价值和每一个资本的全部商品产品的价值,都分成两部分:一部分只补偿不变资本;另一部分虽然本身有一部分会作为可变资本流回,因而会以资本的**形式**流回,却预定要全部转化为总收入,并采取工资、利润和地租的形式,这三者的总和就是总收入。我们还知道,一个社会的年总产品的价值也是这样。单个资本家的产品和社会的产品之间的区别只在于:从单个资本家来看,纯收入不同于总收入,因为后者包括工资,前者不包括工资。如果考察整个社会的收入,那么国民收入是工资加上利润加上地租,也就是总收入。但是,这也只是一种抽象,因为在资本主义生产的基础上,整个社会是站在资本主义的立脚点上,因而只把分解为利润和地租的收入看做纯收入。

但是,如果像萨伊先生那样,认为全部收益,全部总产品,对一个国家来说都分解为纯收益,或者同纯收益没有区别,因而这种区别从国家的角度来看不复存在,那么,这种幻想不过是亚当·斯密以来贯穿整个政治经济学的荒谬教条的必然的和最后的表现,即认为商品价值最终全部分解为收入即工资、利润和地租[(51)]这样一种教条的必然的和最后的表现。[394]

就每个单个资本家来说,他的一部分产品必须再转化为资本(这里也撇开再生产的扩大或积累不说),不仅要转化为可变资本(这种资本本身又要再转化为工人的收入,因而要转化为一种收入形式),而且要转化为不变资本(这种资本决不能转化为收入),要认识到这一点自然是非常容易的。最简单地观察一下生产过程,就可以清楚地看到这一点。只有从总体上来考察生产过程时才发生困难。作为收入即以工资、利润和地租的形式消费的(不管是个人消费还是生产消费都一样)全部产品部分的价值,实际上在分析时会完全归结为由工资加上利润加上地租所构成的价值总和,也就是归结为三种收入的总价值,虽然这个产品部分的价值和不加入收入的产品部分的价值完全一样,也包含一个价值部分＝

[(51)]对于萨伊这样一个缺乏思考力的人,李嘉图非常中肯地评论说:"关于纯产品和总产品,萨伊先生有这样一种说法:'生产出来的全部价值是总产品;这一价值扣除生产费用后就是纯产品!'(第2卷第491页)[392]这样说来,就不可能有纯产品了,因为根据萨伊先生的说法,生产费用是由地租、工资和利润构成的。在第508页上他又说:'因此,如果一切都任其自然的话,产品的价值,生产性服务的价值和生产费用的价值,都是性质相同的价值。'从全部取去全部之后,就没有什么可剩下的了。"(李嘉图《原理》第32章第512页注)——此外,我们在以后将会看到[393],李嘉图也从来没有反驳过亚当·斯密对商品价格的错误分析,斯密把商品价格分解为各种收入的价值总和。李嘉图对这种分析的错误并不介意,并且在他自己进行分析时,认为只要把商品价值的不变部分"抽象掉",这种分析就是正确的。有时他也采取了同样的思考方法。

C,即这些产品部分中包含的不变资本的价值,因此,显而易见,它不可能只以收入的价值为限。以上这种情况,一方面在实际上是不可否认的事实,另一方面在理论上又是同样不可否认的矛盾,这是一个困难。要绕过这个困难,最容易的办法就是断言:商品价值只是在表面上,从单个资本家的角度来看,才包含另外一个和以收入的形式存在的部分不同的价值部分。说什么对一个人表现为收入的东西,对另一个人会形成资本,这样的空话倒是使人们免去一切进一步的思考。但是,如果全部产品的价值都可以以收入的形式消费,旧资本又怎么能够得到补偿;每一个资本的产品价值怎么能够等于三种收入加上C(不变资本)的价值总和,而所有资本的产品价值加起来的总和却等于三种收入加上零的价值总和。这一切当然表现为无法解决的谜,并且不得不这样来解释:这种分析根本不可能揭示价格的各种简单要素的秘密,不如说只好满足于恶性循环和无穷无尽的推论。结果是,表现为不变资本的东西,可以分解为工资、利润和地租,而表现工资、利润和地租的商品价值,又是由工资、利润和地租决定的,依此类推,无穷无尽。(52)

---

(52)"在任何一个社会内,任何一个商品的价格最终都要分解为这三个部分〈即工资、利润、地租〉或其中的某一部分……　也许有人以为必须有第四个部分,用来补偿租地农场主的资本,或者说,补偿他的役畜和其他农具的损耗。但是必须考虑到,任何一种农具的价格,例如一匹役马的价格,本身又是由上述三个部分构成:养马用的土地的地租,养马的劳动,预付这块土地的地租和这种劳动的工资的租地农场主的利润。因此,谷物的价格虽然要补偿马的价格和饲养费用,但全部价格仍然直接地或最终地分解为这三个部分:地租、劳动〈应当说工资〉和利润。"(亚当·斯密395)我们以后还要指出,亚当·斯密自己也感到了这个遁词的矛盾和缺陷。396因为,斯密把我们推来推去,但在任何地方都没有举出这样一个实际的投资,在这种投资下,产品价格最终全部分解为这三个部分而不再有别的东西,结果这不外仍是一种遁词。

商品价值最终可以分解为工资＋利润＋地租这样一个根本错误的教条，也可以这样来表述：消费者最终必须对总产品的全部价值实行支付。或者这样来表述：生产者和消费者之间的货币流通，最终必须同生产者彼此之间的货币流通相等（图克[397]）。所有这些论点，都和它们所依据的那个根本论点一样是错误的。

导致这种错误的并且显然是荒谬的分析的各种困难，可以概述如下：

1. 不理解不变资本和可变资本的基本关系，所以也不理解剩余价值的性质，从而不理解资本主义生产方式的整个基础。资本的每个部分产品的价值，每个商品的价值，都包含：一个价值部分＝不变资本，一个价值部分＝可变资本（它转化为工人的工资）和一个价值部分＝剩余价值（它后来分为利润和地租）。因此，工人用他的工资，资本家用他的利润，土地所有者用他的地租，怎么能够购买这样一些商品，它们每一个都不仅包含这三个组成部分之一，而且包含所有这三个组成部分？由工资、利润和地租这三个收入源泉加在一起形成的价值总和，怎么能够购买进入这各种收入的获得者的总消费中去的这样一些商品，它们除了包含这三个价值组成部分以外，还包含又一个价值组成部分，即不变资本部分？他们怎么能够用一个由三部分构成的价值购买一个由四部分构成的价值？[53]我们在第二册第

---

[53]蒲鲁东提出下面这个狭隘的公式，表明他没有能力理解这一点，这个公式是：工人不能买回自己的产品，因为产品包括了附加到成本价格上的利息。[398]但是，欧仁·福尔卡德先生是怎样纠正他的呢？[399]福尔卡德说："如果蒲鲁东的不同意见是正确的，那么，这种意见不仅涉及资本的利润，而且会消灭产业存在的可能性。如果工人生产某物只得到80，却被迫要支付100来购买该物，如果他的工资只能从产品中买回他加进产品的价值，这就等于说，工人不能

三篇已经作了分析。

2. 不理解劳动在追加新价值时,以何种方式在新形式上把旧价值保存下来,而不是把这个旧价值重新生产出来。

3. 不理解再生产过程从总资本而不是从单个资本来看时所表现出来的联系。不理解这样一个困难:工资和剩余价值,从而一年内新追加的劳动创造的全部价值借以实现的产品,怎么能补偿它的不变价值部分,同时又分解为仅限于各种收入的价值;进一步说,新追加劳动的总额既然只实现为工资和剩余价值,只表现为二者的价值总

买回任何物品,工资支付不了任何物品。事实上,成本价格除了包含工人的工资以外,总是包含某种别的东西;出售价格除了包含企业主的利润以外,也总是包含某种别的东西,例如包含原料的价格,这种价格是往往要支付给外国的……　蒲鲁东忘记了国民资本的不断增长,他忘记了这种增长对一切工作者都是确凿无疑的,不仅对企业主如此,对工人也是如此。"(《两大陆评论》1848年第24卷第998、999页)[400]在这里,我们看到了资产阶级的思想贫乏以最适合于它的智慧形式所表现出来的乐观主义。首先,福尔卡德先生相信,如果工人在他所生产的价值之外得不到更多的价值,他就活不下去;其实正相反,如果工人真正得到他所生产的价值,资本主义生产方式就不可能存在了。第二,他正确地概括了蒲鲁东只是从狭隘的角度提出的那个困难。商品价格不仅包含超过工资的余额,而且也包含超过利润的余额,即不变的价值部分。因此,按照蒲鲁东的说法推论,资本家也不能用他的利润买回商品。福尔卡德又怎样解开这个谜呢?用一句毫无意义的空话——资本会增长。因此,资本的不断增长据说从下述事实也可得到证明:在资本为100时政治经济学家认为商品价格的分析是不可能的,在资本为10 000时这种分析就成为多余的了。如果一个化学家对于土地产品怎么会比土地包含更多的碳素这样一个问题回答说,这是由于土地生产的不断增长,人们关于这个化学家将说些什么呢?在庸俗经济学中,想把资产阶级世界看成是可能有的最美好世界的善良愿望,代替了爱好真理和致力于科学研究的一切必要。

和,生产中消费掉的不变资本在物质和价值两方面怎么能够由新的东西来补偿。主要的困难正在于此,正在于对再生产以及再生产的各个组成部分之间的关系从物质性质和价值关系两方面来进行分析。

4. 此外,还有一个困难,这个困难在剩余价值的各个组成部分表现为互相独立的各种收入的形式时会更加棘手。这个困难就是:收入和资本这两个固定的规定会互相交换、互换位置,以致从单个资本家的角度出发,它们似乎只是相对的规定,而在考察整个生产过程时,它们似乎消失了。例如,生产不变资本的第I部类的工人和资本家的收入,在价值和物质两方面补偿生产消费资料的第II部类的资本家的不变资本。因此,人们可以用这样一种观念来避开困难:对一个人来说是收入的东西,对另一个人来说则是资本,因此,这些规定和商品价值的各个组成部分的实际独立化毫无关系。其次,最终要形成收入借以花费的物质要素即消费资料的那些商品,在一年内要通过不同的阶段,例如毛纱、毛织品。在一个阶段上,它们形成不变资本的一部分,在另一个阶段上,它们供个人消费,因而完全加入收入。这样,人们就可以像亚当·斯密一样认为,不变资本只是商品价值的一个表面的要素,它会在总的联系中消失。[401]而且,这样就会发生可变资本和收入之间的交换。工人用他的工资购买商品中形成他的收入的部分。因此,他同时也就使资本家的可变资本的货币形式得到了补偿。最后,形成不变资本的一部分产品,会以实物形式或者通过不变资本的生产者互相之间的交换而得到补偿;这是一个同消费者毫无关系的过程。忽略了这一点,就会产生一种假象,似乎消费者的收入会补偿整个产品,因而也补偿不变的价值部分。

5. 除了价值转化为生产价格所造成的混乱以外，由于剩余价值转化为各个特殊的、互相独立的并且同各个生产要素有关的收入形式，即转化为利润和地租，还会出现进一步的混乱。人们已经忘记：商品的价值是基础；至于这个商品价值分成各个特殊的组成部分，这些价值组成部分进一步发展成各种收入形式，转化为不同生产要素的不同所有者对这些个别的价值组成部分的关系，并按一定的范畴和名义在这些所有者之间进行分配，这丝毫也不会改变价值决定和价值决定的规律本身。利润的平均化即全部剩余价值在不同资本之间的分配，和土地所有权部分地（在绝对地租的场合）对这个平均化过程造成的障碍，会使商品的起调节作用的平均价格偏离它的个别价值，这种情况也丝毫不会改变价值规律。这种情况又只会影响剩余价值加到不同商品价格上去的增加额，但是不会把剩余价值本身取消，也不会把作为这些不同价格组成部分的源泉的商品总价值取消。

这就是我们将要在下一章考察的混乱；这种混乱必然同价值来源于它本身的各个组成部分的假象结合在一起。这就是说，商品的不同价值组成部分，首先会在各种收入上取得独立的形式，并且作为这样的收入，它们不是把商品的价值当做自己的源泉，而是把各个特别的物质生产要素当做自己的源泉。它们同这些生产要素确实有关，不过不是作为价值组成部分，而是作为收入，作为归这些特定类别的生产当事人即工人、资本家、土地所有者所有的价值组成部分。现在人们可以设想，这些价值组成部分不是由商品的价值分解而成，相反，由于这些组成部分结合在一起才形成了商品的价值，于是形成了这样一个美妙的恶性循环：商品的价值来自工资、利润和地租的价值总和，而工资价值、利润和地租，反过来又由商品的价值决定，等等(54)。

在再生产的正常状态下,只有一部分新追加的劳动用在不变资本的生产上,因而用在不变资本的补偿上;这就是用来补偿生产消费资料即收入的物质要素时用掉的不变资本的那个部分。这种情况会由于这个不变部分不需要第II部类花费任何追加劳动而得到平衡。但是,这个不变资本(从整个再生产过程来看,就是说其中已经包含

---

(54)"用在材料、原料和成品上的流动资本本身,是由商品构成的。这些商品的必要价格,是由同样的要素构成的。因此,在考察一个国家商品的总体时,把这部分流动资本算在必要价格的要素内,就是把同一个东西计算两次。"(施托尔希《政治经济学教程》第2卷第140页)——施托尔希把流动资本的这些要素(固定资本不过是改变了形式的流动资本)理解为不变价值部分。"不错,工人的工资同企业主利润中由工资(如果我们把工资当做一部分生活资料来看)构成的部分一样,也是由那些按市场价格购买的、本身包含工资、资本利息、地租和企业主利润的商品构成的……这种看法不过证明,要把必要价格分解为它的最简单的要素,是不可能的。"(同上,第140页注)施托尔希在他的《论国民收入的性质》(1824年巴黎版)一书中反驳萨伊时,固然已经看出,把商品价值仅仅分解为各种收入的错误分析,会得出荒谬的结论,并且不是从单个资本家的立场,而是从一个国家的立场,正确地指出了这些结论的荒诞无稽,但是他自己在分析"必要价格"时并没有前进一步。关于必要价格,他在他的《教程》一书中说,要把它分解为它的现实要素,而又不陷入错误的无止境的循环中去,是不可能的。"很明显,年产品的价值分成资本和利润两部分,年产品价值的这两部分中,每一部分都要有规则地用来购买国民所需要的产品,以便维持该国的资本和更新它的消费基金。"(第134、135页)……"难道一家人〈一个自耕农民的家庭〉能够住自己的粮仓或畜棚,吃自己的谷种和饲料,穿自己役畜的毛皮,用自己的农具当娱乐品吗?按照萨伊先生的论点,对所有这些问题必须作肯定的回答。"(第135、136页)……"如果承认一个国家的收入等于该国的总产品,就是说不必扣除任何资本,那么也必须承认,这个国家可以把年产品的全部价值非生产地消费掉,而丝毫无损于该国的未来收入。"(第147页)"构成一个国家的资本的产品,是不能消费的。"(第150页)

了第I部类和第II部类之间的这种平衡)并不是新追加劳动的产品，尽管这个产品没有这个不变资本就不可能生产出来——这个不变资本在再生产过程中，从物质方面来看，总是处在各种会使它遭到损失的意外和危险中。(此外，从价值方面来看，由于劳动生产力的变化，这个不变资本也可能贬值；但这种情况只与单个资本家有关。)因此，利润的一部分，即剩余价值的一部分，从而只体现新追加劳动的剩余产品(从价值方面来看)的一部分，必须充当保险基金。在这里，这个保险基金是不是由保险公司作为一种单独的业务来管理，这丝毫也不会改变问题的实质。这种基金是收入中既不作为收入来消费也不必用作积累基金的唯一部分。它是否事实上用做积累基金，或者只是用来补偿再生产上的损失，取决于偶然的情况。这也是在剩余价值和剩余产品、从而剩余劳动中，除了用来积累，即用来扩大再生产过程的部分以外，甚至在资本主义生产方式消灭之后，也必须继续存在的唯一部分。当然，这要有一个前提，就是通常由直接生产者消费的部分，不再限于它目前的最低水平。除了为那些由于年龄关系还不能参加生产或者已不能参加生产的人而从事的剩余劳动以外，一切为养活不劳动的人而从事的劳动都会消失。如果我们想一想社会开始时的情况，那么，当时还不存在生产出来的生产资料，因此，也不存在其自身价值会进入产品中去并在再生产按原有规模进行时必须由产品以实物形式和按照其价值决定的量来补偿的不变资本。但是在那里，自然界已经直接提供了生活资料，起初不需要人们去生产它们。因此，自然界也就使那些只有很少需要必须满足的野蛮人，除了为占有自然界已有的生活资料所花费的劳动以外，有时间把另一些自然产物变成弓箭、石刀、独木舟之类的生产资料，而不是去利用还不存在的生产资料进行新的生产。野蛮人的这个过程，单从物质方面来看,完全相当于剩余劳动再转化为新资本的过程。在积累过程中,剩余劳动的这种产品转化为资本的现象还会不断发生;而一切新资本都来自利润、地租或收入的其他形式,即来自剩余劳动这一事实,会使人产生一种错误的观念,好像商品的全部价值都来自收入。相反,更仔细地分析一下就可以看到,由利润到资本的再转化倒是表明了如下事实:不断地以收入形式表现出来的追加劳动,并非用来保持或再生产旧的资本价值,而是用来创造新的多余的资本,只要这一劳动不是作为收入被消费掉。

全部困难来自这样一个事实:一切新追加的劳动,只要它所创造的价值不归结为工资,就表现为利润——利润在这里被理解为剩余价值的一般形式——,也就是表现为一个价值,这个价值不费资本家分文,因而当然无须用来为资本家补偿任何预付的东西,补偿任何资本。因此,这个价值存在于可供支配的追加财富的形式上,总之,从单个资本家来看,存在于他的收入的形式上。但是,这个新创造的价值既可以用于生产消费,也可以用于个人消费,既可以作为资本来用,也可以作为收入来用。按照它的实物形式来说,它的一部分必须用于生产消费。因此很明显,年追加劳动既创造资本,也创造收入;这一点也表现在积累过程上。但是,用来新创造资本的那部分劳动力(因而,同野蛮人的那部分不是用来获取食物,而是用来制造获取食物的工具的工作日相似),是看不出来的,因为剩余劳动的全部产品首先表现为利润的形式;而这个规定实际上同这个剩余产品本身毫无关系,而只是涉及资本家同他装进腰包的剩余价值的私自关系。工人创造的剩余价值实际上要分为收入和资本,也就是说,分为消费资料和追加的生产资料。但是,上年留下来的旧的不变资本(把受到损坏、因而相应报废的部分撇开不说,也就是就旧资本无须再生产而言,并且,再生产过程遇到的这种干扰是属于保险的项目),从价值方面来看,并不是由新追加的劳动再生产的。

我们还看到,新追加劳动的一部分总是被吸收来再生产和补偿已经消费掉的不变资本,尽管这种新追加的劳动只是分解为各种收入,即工资、利润和地租。但在这里有两点被忽视了:1.这个劳动的产品有一部分价值**并不是**这个新追加劳动的产品,而是已有的并且已经消费掉的不变资本;因此,代表这个价值部分的产品部分,也不转化为收入,而是以实物形式补偿这个不变资本的生产资料;2.真正代表这个新追加劳动的价值部分,不是在实物形式上作为收入被消费,而是补偿另一个部门的不变资本,在那里,不变资本被转化成了可以作为收入来消费的实物形式,但是这个实物形式也不完全是新追加劳动的产品。

当再生产按原有规模进行时,每一个已经消费掉的不变资本要素,即使不是在数量上和形式上,至少在效率上要以实物形式得到相应种类的新物品的补偿。如果劳动生产力不变,那么,这种实物形式的补偿,就意味着不变资本在其旧形式上所具有的同一价值得到补偿。但是,如果劳动生产力提高了,以致同一物质要素可以用减少的劳动再生产出来,那么,产品价值的一个减少的部分,就能够在实物形式上充分补偿不变部分。这时,余下的部分就可以用来形成新的追加资本,或者可以使增大部分的产品采取消费资料的形式,或者可以使剩余劳动减少。相反,如果劳动生产力降低了,那么,必须用增大部分的产品来补偿旧的资本;剩余产品就会减少。

由利润,或一般说来,由剩余价值的任何形式再转化为资本的事实——我们撇开历史地规定的经济形式不说,只把这种转化看做新生产资料的单纯形成——表明:劳动者除了要用劳动来获得直接生活资料以外,还要用劳动来生产生产资料的状况始终会存在。利润转化为资本,无非就是把一部分剩余劳动用来形成新的追加的生产资料。而这一过程以利润转化为资本的形式出现,无非表示,支配着这种剩余劳动的不是工人,而是资本家。至于这种剩余劳动必须首先经过一个表现为收入(而例如在野蛮人那里,它却表现为直接用来生产生产资料的剩余劳动)的阶段,那也只是表示,这种劳动或它的产品是由非劳动者占有。但是,实际上转化为资本的东西,不是利润本身。剩余价值转化为资本,只是表示剩余价值和剩余产品不是被资本家当做收入用在个人消费上。实际上这样转化的东西,是价值,是对象化劳动,是直接体现这个价值的产品,或者是这个价值先转化为货币,然后交换来的产品。即使利润再转化为资本,剩余价值的这个特定形式,利润,也不是这个新资本的源泉。这时,剩余价值只是从一种形式转化为另一种形式。但是,使它变为资本的,并不是这种形式转化。现在作为资本来执行职能的,是商品及其价值。但是,对商品价值没有进行支付这一点——只是由于这一点,这个价值才成为剩余价值——,同劳动的对象化,同价值本身毫无关系。

　　误解在各种形式上表现出来。例如有人认为,构成不变资本的商品同样包含工资、利润和地租这几个要素。又如有人认为,对一个人来说代表收入的东西,对另一个人来说则代表资本,因此,这只是主观的关系。比如说,纺纱业主的棉纱就包含着一个对他来说代表利润的价值部分。因此,如果织布业主购买棉纱,他就把纺纱业主的利润实现了,但是这个棉纱对他自己来说,只是他的不变资本的一部分。

　　除了我们在前面就收入和资本的关系已经作过的说明以外,在这里还应指出:从价值方面来看,同棉纱一起作为组成部分加入织布业主的资本的东西,是棉纱的价值。不管这个价值的各部分对纺纱业主本人来说怎样分解为资本和收入,换句话说,怎样分解为有酬劳动和无酬劳动,这同商品本身的价值决定完全没有关系(撇开平均利润所引起的各种变化不说)。在这里,背后总是隐藏着这样一种看法:利润或一般说来剩余价值,是超过商品价值的余额,只有通过抬高价格、互相欺骗和让渡利润才能产生出来。在商品的生产价格或者甚至价值得到支付时,表现为商品出售者收入形式的商品价值的各个组成部分,当然也得到支付。不言而喻,这里谈的不是垄断价格。

其次,说构成不变资本的商品组成部分,像其他所有商品价值一样,对生产者和生产资料的所有者来说可以归结为那些分解为工资、利润和地租的价值部分,这种说法是完全正确的。这不过是下面这样一个事实的资本主义的表现形式:全部商品价值都只是一个商品中包含的社会必要劳动的尺度。但是,我们已经在第一册中指出[402],这种情况根本不会妨碍任何一个资本的商品产品分割为各个单独的部分,其中一部分只代表不变资本部分,另一部分只代表可变资本部分,第三部分只代表剩余价值。

施托尔希下面这段话,也表达了许多其他人的意见。他说:

"形成国民收入的各种可出售的产品,在政治经济学上必须用两种不同的方法来考察:在对个人的关系上应看做价值;在对国民的关系上应看做财富;因为国民的收入,不是像个人的收入那样,按照它的价值来估计,而是按照它的效用,或者说按照它所能满足的需要来估计。"(《论国民收入的性质》第19页)

第一,将一个把自己的生产方式建立在价值基础上,进而按照资本主义方式组织起来的国家,看成是一个单纯为了满足国民需要而工作的总体,这是错误的抽象。

第二,在资本主义生产方式消灭以后,但社会生产依然存在的情况下,价值决定仍会在下述意义上起支配作用:劳动时间的调节和社会劳动在不同的生产类别之间的分配,最后,与此有关的簿记,将比以前任何时候都更重要。

第五十章

竞争的假象

以上已经指出,商品的价值或由商品总价值调节的生产价格,分解为如下几个部分:

1. 补偿不变资本的价值部分,也就是代表生产商品时以生产资料的形式用掉的过去劳动的价值部分;一句话,就是加入商品生产过程的生产资料的价值或价格。在这里,我们从来不是说单个商品,而是说商品资本,即资本的产品在一定期间例如一年内借以表现的形式,单个商品只是商品资本的要素,这一要素从价值来看同样也分割为同一些组成部分。

2. 可变资本的价值部分,这部分计量工人的收入,对工人来说,转化为工资;因此,工人就是以这个可变价值部分的形式再生产他的工资的;总之,在商品生产中新加到第一部分即不变部分上去的劳动的有酬部分,就是体现在这个价值部分上。

3. 剩余价值,即商品产品中体现无酬劳动或剩余劳动的价值部分。这个最后的价值部分,又采取各种独立的形式,这些形式同时又是收入的形式:资本利润(资本本身的利息,和资本作为职能资本的企业主收入)和地租(属于参与生产过程的土地的所有者所有)的形式。第二部分和第三部分,即不断采取工资(只不过它总是要先通过可变资本的形式)、利润和地租这些收入形式的价值部分,和第一部分即不变部分的区别在于:由新加到不变部分即商品生产资料上的劳动所对象化成的全部价值,都分解为上述收入形式的价值部分。如果把不变价值部分撇开不说,下述说法就是正确的:商品价值就其代表新追加的劳动来说,不断分解为三个部分,这三个部分形成三种收入形式,即工资、利润和地租[55],它们各自的价值量,即它们各自在总价值中所占的部分,是由不同的、特有的、以前已经说明过的规律决定的。但是反过来,说工资的价值、利润率和地租率是构成价值的独立要素,而商品的价值(如果把不变部分撇开不说)就是由这些要素结合而成,却是错误的;换句话说,说它们是商品价值或生产价格的组成部分,是错误的[56]。

我们立即可以看出这里的区别。

_____

(55)在加到不变资本部分上的价值分割为工资、利润和地租的场合,不言而喻,这些都是价值的部分。当然,我们可以设想,它们是存在于体现这个价值的直接产品中,即存在于一个特殊生产部门如纺纱业的工人和资本家所生产的直接产品棉纱中。但是实际上,它们体现在这个产品中,和体现在任何一个有相同价值的商品中或物质财富的任何一个有相同价值的组成部分中是一样的,不多也不少。并且,工资实际是用货币支付的,也就是说,是用纯粹的价值表现支付的,利息和地租也是这样。对资本家来说,他的产品转化为纯粹的价值表现,的确非常重要;在分配上,这种转化已经成为前提。这些价值是由某种产品或商品的生产产生的,但它们是否再转化为相同的产品或商品,工人是买回他直接生产的产品的一部分,还是购买别人的不同种劳动的产品,这与问题本身没有关系。洛贝尔图斯先生在这个问题上绞脑汁是徒劳无益的。403

(56)"只要指出这样一点就够了:调节原产品和工业商品的价值的一般原则同样适用于各种金属;金属的价值不取决于利润率,不取决于工资率,也不取决于为矿山而支付的租金,而是取决于获得金属并把它运上市场所必需的劳动总量。"(李嘉图《原理》第3章第77页)

假定资本500的产品价值＝400c＋100v＋150m＝650；这150m再分为利润75＋地租75。为了避免不必要的困难，我们再假定，这个资本具有平均构成，因而它的生产价格和它的价值是一致的；当我们把这单个资本的产品看做总资本中一个与该资本的量相当的部分的产品时，这种一致性总是会发生的。

在这里，由可变资本计量的工资，占预付资本的20％；按总资本计算的剩余价值，占预付资本的30％，即利润占15％，地租占15％。商品中由新追加的劳动对象化成的整个价值部分，等于100v＋150m＝250。它的量与它分为工资、利润和地租没有关系。我们从这几个部分互相间的比例看到，用货币100，比如说100镑来支付的劳动力，会提供一个体现为250镑货币额的劳动量。从这里我们看到，工人所完成的剩余劳动，等于他为自己所完成的劳动的$1\frac{1}{2}$倍。如果工作日＝10小时，他就是为自己劳动4小时，为资本家劳动6小时。因此，被付给100镑的工人的劳动，体现在250镑的货币价值中。在工人和资本家之间，在资本家和土地所有者之间进行分配的不外就是这250镑价值。这就是新加到生产资料价值400上的全部价值。因此，这样生产的、由其中对象化劳动的量决定的商品价值250，就形成工人、资本家和土地所有者能以收入形式，即工资、利润和地租形式，从这个价值取出的各份额的界限。

假定一个有机构成相同，也就是说，所使用的活的劳动力和所推动的不变资本的比例相同的资本，不得不为推动不变资本400的同一劳动力支付150，而不是支付100镑；再假定利润和地租也按不同的比例来分配剩余价值。因为已经假定150镑的可变资本，和以前100镑的可变资本推动同量的劳动，所以，新生产的价值仍旧＝250，总产品的价值也仍旧＝650。但现在我们看到的是400c＋150v＋

100m；并且这100m也许要分为利润45和地租55。新生产的总价值分为工资、利润和地租的比例极不相同；预付的总资本的量也不相同，虽然它所推动的劳动总量还是一样。工资占预付资本的$27\frac{3}{11}$％，利润占预付资本的$8\frac{2}{11}$％，地租占预付资本的10％；因此，总剩余价值略多于预付资本的18％。

由于工资的提高，总劳动中的无酬部分改变了，因而剩余价值也改变了。在10小时的工作日中，工人为自己劳动6小时，而只为资本家劳动4小时。利润和地租的比例也不同了。已经减少的剩余价值，在资本家和土地所有者之间按改变了的比例进行分配。最后，因为不变资本的价值仍旧不变，而预付的可变资本的价值增加了，所以，已经减少的剩余价值，会表现为一个减少得更多的总利润率。在这里，我们把总利润率理解为总剩余价值对全部预付资本的比率。

工资价值、利润率和地租率的变动，不管调节这些部分互相间的比例的各种规律会起什么作用，总只能在新创造的商品价值250所划定的界限内进行。只有在地租以垄断价格为基础时，才会产生例外。这不会使规律有丝毫改变，只不过使考察复杂化。因为，在这种场合，如果我们只考察产品本身，不同的就只是剩余价值的分割；但是，如果我们考察它和其他商品比较而言的相对价值，区别就只在于，其他商品里包含的剩余价值，将会有一部分转移到这种特殊的商品上来。

让我们扼要地复述一下：

产品的价值	新价值	剩余价值率	总利润率
第一种情形：400c + 100v + 150m = 650	250	150％	30％
第二种情形：400c + 150v + 100m = 650	250	$66\frac{2}{3}$％	$18\frac{2}{11}$％

首先，剩余价值比以前减少三分之一，由150减为100。利润率

下降略多于三分之一，由30%下降到18%，因为已经减少的剩余价值要按已经增加的预付总资本来计算。但它并不和剩余价值率按相同的比例下降。剩余价值率由$\frac{150}{100}$下降到$\frac{100}{150}$，即由150%下降到$66\frac{2}{3}$%，而利润率只由$\frac{150}{500}$下降到$\frac{100}{550}$，即由30%下降到$18\frac{2}{11}$%。因此，利润率按比例来说比剩余价值量下降得多，但比剩余价值率下降得少。其次，我们看到，如果使用的劳动量和以前相同，尽管预付资本由于它的可变部分的增加而增大，产品的价值和总量却仍旧不变。预付资本的这种增大，对一个开始新营业的资本家来说，确实是件令人不安的事情。但是，从整个再生产来看，可变资本的增加只不过表示，在由新追加的劳动新创造的价值中，要有一个更大的部分转化为工资，因而要首先转化为可变资本，而不是转化为剩余价值和剩余产品。因此，产品的价值仍旧不变，因为它一方面受不变资本价值400的限制，另一方面受一个体现新追加的劳动的数字250的限制。这二者都没有改变。这个产品，只要它本身再加入不变资本，就会和以前一样，在同一价值量中，代表同样大的使用价值量；因此，同一数量的不变资本要素保持着相同的价值。如果工资提高不是因为工人得到自己劳动的一个更大的部分，而是相反，工人得到自己劳动的一个更大的部分，是因为劳动生产率已经降低，那么，情况就会不同。这时，体现同一劳动即有酬劳动加上无酬劳动的总价值仍旧不变；但体现这个劳动量的产品量将会减少，因而产品的每个相应部分的价格就会提高，因为每个部分代表了更多的劳动。已经提高的工资150不会比以前的工资100代表更多的产品；已经减少的剩余价值100，和以前相比，也只代表以前的产品的$\frac{2}{3}$，即以前表现为100的产品或使用价值量的$66\frac{2}{3}$%。在这种情况下，如果这个产品加入不变资本，不变资本就会变贵。但这不是工资提高的结果，相反，工资提高是商品变贵的结果，是同量劳动的生产率降低的结果。这里产生一种假象，似乎工资提高使得产品变贵；但实际上，在这里，工资的提高，并不是商品价值变化的原因，而是这种变化的结果，而商品价值的变化是由于劳动生产率的降低所引起的。

相反，如果其他条件相同，因而所使用的同一劳动量仍旧体现为250，但劳动所使用的生产资料的价值提高了或降低了，那么，同量产品的价值就会按这种提高或降低的同一数量提高或降低。450c＋100v＋150m使产品价值＝700；而350c＋100v＋150m则使同量产品的价值只等于600，而不是等于以前的650。因此，如果推动同量劳动的预付资本增加了或减少了，而这种增加或减少是由于不变资本部分价值量发生变化，那么，在其他条件相同时，产品的价值就会提高或降低。相反，如果预付资本的增加或减少，是由于在劳动生产力保持不变时可变资本部分的价值量发生变化，那么，产品的价值就仍旧不变。不变资本的价值的增加或减少，不会由相反的运动得到补偿。可变资本的价值的增加或减少，在劳动生产率不变的前提下，会由剩余价值的相反的运动得到补偿，以致可变资本的价值加上剩余价值，也就是说，由劳动新追加到生产资料上并新体现在产品中的价值仍旧不变。

相反地，如果可变资本或工资的价值的增加或减少是商品涨价或跌价的结果，也就是说，是这种投资所使用的劳动的生产率降低或提高的结果，那就会影响产品的价值。不过在这里，工资的涨落，不是原因，而只是结果。

与此相反，如果在上例中，在不变资本400c保持不变时，由100v＋150m到150v＋100m的变化，即可变资本的提高，不是该特殊部门例如纺纱业中劳动生产力降低的结果，而是为工人提供食物的农业中劳动生产力降低的结果，从而是这些食物变贵的结果，那么，产品的价值就保持不变。650的价值，就会和以前一样体现在同一数量的棉纱中。

其次，从以上的说明可以得出结论：如果在那些产品可供工人消费的生产部门内，由于节约等等，不变资本的支出减少了，那么，这就会和所使用的劳动本身的生产率直接提高一样，由于使工人的生活资料便宜，引起工资的减少，从而引起剩余价值的增加。因此，在这里，利润率的增长有双重原因：一是不变资本的价值减少，二是剩余价值增加。在考察剩余价值到利润的转化时，我们曾假定工资不是降低，而是保持不变，因为在那里，我们要撇开剩余价值率的变动来研究利润率的变动。此外，我们在那里说明的规律是普遍的规律，并且这些规律也适用于不提供工人消费的产品的各种投资，也就是其产品的价值变化对工资没有影响的各种投资。

————

因此，每年由新追加的劳动新加到生产资料或不变资本部分上的价值，分化并分解为工资、利润和地租这些不同的收入形式，这不会改变价值本身的界限，不会改变分为这些不同范畴的价值总和；同样，这各个部分之间的相互比例的变化也不会改变这些部分的总和，不会改变这个既定的价值量。100这个既定数始终是100，而不管它是分为50＋50，还是20＋70＋10，还是40＋30＋30。产品中分割为这几种收入的价值部分，完全和资本的不变价值部分一样，是由商品的价值决定的，也就是说，是由在各该场合商品中对象化的劳动量决定的。因此，第一，分为工资、利润和地租的商品价值量是已定的，也就是说，商品各价值部分的总和的绝对界限是已定的。第二，就各个范畴本身来说，它们的平均的和起调节作用的界限也是已定

的。工资是各个范畴的这种界限的基础。一方面，工资由自然规律调
节；工资的最低限度是由工人维持和再生产自己的劳动力在身体上
所必需的生活资料的最低限度规定的，也就是由一定量的商品规定
的。这些商品的价值是由它们的再生产所需要的劳动时间决定的，
从而是由新追加到生产资料上的那部分劳动决定的，或者是由工作
日中工人为生产和再生产这种必要生活资料的价值的等价物所需
要的部分决定的。比如工人每天平均的生活资料的价值＝6小时的
平均劳动，工人就必须每天平均为自己劳动6小时。他的劳动力的实
际价值会偏离身体上的这个最低限度；气候和社会发展水平不同，
劳动力的实际价值也就不同；它不仅取决于身体需要，而且也取决
于成为第二天性的历史地发展起来的社会需要。但在每个国家，在
一定的时期，这个起调节作用的平均工资都是一个已定的量。因此，
其他一切收入的价值就有了一个界限。这个价值总是等于总工作日
（在这里，它和平均工作日相一致，因为它包括社会总资本所推动的
劳动总量）借以得到体现的价值减去总工作日中体现工资的部分。
因此，这个价值的界限是由无酬劳动所借以表现的价值的界限决定
的，也就是由这个无酬劳动的量决定的。如果工人用来再生产自己
的工资价值的工作日部分的最后界限，是他的工资的身体上的最低
限度，那么，工作日的另一部分——代表他的剩余劳动的部分，即表
示剩余价值的价值部分——的界限，就是工作日的身体上的最高限
度，即工人在维持和再生产自己的劳动力的情况下每天一般可以提
供的劳动时间的总量。因为在当前的探讨中，说的是每年新追加的总
劳动借以体现的价值的分配，所以在这里，可以把工作日看成是一个
不变量，并且假定它是一个不变量，而不管它会以怎样程度上下偏
离它的身体上的最高限度。因此，形成剩余价值并分解为利润和地

租的价值部分的绝对界限是已定的,是由工作日的有酬部分以外的
无酬部分决定的,因而是由总产品中体现这个剩余劳动的价值部分
决定的。如果我们像我已经做过的那样,把这些在界限上已定的并
且按全部预付资本计算的剩余价值叫做利润,那么,这个利润按绝
对量来说,就等于剩余价值,因而它的界限也和剩余价值的界限一
样,都是按照规律来决定的。但利润率的高度,同样也是一个要保持
在确定的、由商品价值决定的界限以内的量。利润率是全部剩余价
值对生产上预付的社会总资本的比率。如果资本＝500(假定单位是
百万),剩余价值＝100,那么20%就是利润率的绝对界限。社会利润
按这个比率在不同生产部门的投资之间进行分配,就产生偏离商品
价值的生产价格,这就是现实中起调节作用的平均市场价格。但是
这种偏离,既没有使价值决定价格的性质消失,也没有使利润的合
乎规律的界限消失。商品的价值等于生产商品时用掉的资本加上包
含在商品中的剩余价值,商品的生产价格则等于生产商品时用掉的
资本k加上按一般利润率归于它的剩余价值,例如在生产该商品所
预付的资本(包括已经用掉的资本和单纯使用的资本)上加上20%。
但是这个20%的追加额本身,是由社会总资本所生产的剩余价值和
这个剩余价值同资本价值的比率决定的,因此它是20%,不是10%,
也不是100%。因此,价值转化为生产价格,并没有取消利润的界限,
只是改变了它在构成社会资本的各个不同的特殊资本之间的分配,
按照这些资本在这个总资本中所占的价值部分的比例,把它均等地
分配给这些资本。市场价格固然会高于或低于这个起调节作用的生
产价格,但是这些变动会互相抵消。如果我们考察较长时期的物价
表,把商品实际价值因劳动生产力变动而发生变化的情况和生产过
程因自然事故或社会事故而受到干扰的情况撇开不说,我们将感

到惊奇的是:第一,各次偏离的界限比较狭窄,第二,这各次偏离的平衡具有规律性。在这里,我们也将发现凯特勒在社会现象上论证过的那种起调节作用的平均数的统治作用[404]。如果商品价值平均化为生产价格的过程没有遇到障碍,地租就都是级差地租,也就是说,地租就以超额利润的平均化为限,这种超额利润本来是起调节作用的生产价格使一部分资本家得到的,而现在为土地所有者占有。因此,在这里,地租的确定的价值界限,就是生产价格通过一般利润率实现的调节作用所引起的个别利润率的偏离。如果土地所有权阻碍商品价值平均化为生产价格,并占有绝对地租,那么,绝对地租就会受到土地产品的价值超过它的生产价格而形成的余额的限制,因而受到土地产品中包含的剩余价值超过按一般利润率应归各个资本所有的利润而形成的余额的限制。这个差额于是形成地租的界限;地租仍然只是既定的、商品中包含的剩余价值的确定部分。

　　最后,如果各不同生产部门中剩余价值平均化为平均利润的过程,遇到人为的垄断或自然的垄断的障碍,特别是遇到土地所有权的垄断的障碍,以致有可能形成一个高于生产价格和高于受垄断影响的商品的价值的垄断价格,那么,由商品价值规定的界限也不会因此消失。某些商品的垄断价格,不过是把其他商品生产者的一部分利润,转移到具有垄断价格的商品上。剩余价值在不同生产部门之间的分配,会间接受到局部的干扰,但这种干扰不会改变这个剩余价值本身的界限。如果这种具有垄断价格的商品进入工人的必要的消费,那么,在工人照旧得到他的劳动力的价值的情况下,这种商品就会使工资提高,并从而使剩余价值缩小。它也可能使工资被压低到劳动力的价值以下,但是工资只不过要高于身体上的最低限度。在这种场合,垄断价格就要通过对实际工资(即工人靠同量劳动而得到的使用价值的量)的扣除和对其他资本家的利润的扣除来支付。垄断价格能够在什么界限内影响商品价格的正常调节,是可以确定和准确计算出来的。

因此,正如新追加的并且一般会分解为收入的商品价值的分割,会在必要劳动和剩余劳动之间,工资和剩余价值之间的比例上遇到既定的和起调节作用的界限一样,剩余价值本身分割为利润和地租,也会在调节利润率平均化过程的各个规律上遇到这种界限。就利润分割为利息和企业主收入来说,平均利润本身就是二者总和的界限。平均利润提供一定量的价值由它们去分割,并且也只有这个量能够由它们去分割。在这里,特定的分割比例具有偶然性,这就是说,完全要由竞争关系来决定。在其他场合,供求相抵等于消除市场价格同它的起调节作用的平均价格的偏离,即等于消除竞争的影响,而在这里,竞争则是唯一的决定的要素。为什么呢?因为同一个生产因素即资本,必须把归它所有的剩余价值部分,在这个生产因素的两个所有者之间进行分割。至于平均利润的分割在这里没有确定的合乎规律的界限,这并不会使它作为商品价值部分所具有的界限消失;就像一个企业的两个股东,由于各种不同的外在条件而不等地分配利润,这丝毫不会影响这个利润的界限一样。

因此,如果商品价值中体现新追加到生产资料价值上的劳动的部分,会分解成以各种收入形式取得互相独立的形态的不同部分,那么,决不能因此就把工资、利润和地租看做这样一些构成要素,从这些要素的结合或总和中会产生出商品本身的起调节作用的价格("自然价格","必要价格"),因而,商品价值,在扣除不变价值部分后,不是一个原始的会分成这三部分的统一体,相反,这三部分中每一部分的价格都是独立地决定的,只要这三个独立的量相加,就形成商品的价格。实际上,商品价值是一个已定的量,不管工资、利润、地租相互间的相对量如何,商品价值总是它们的全部价值的整体。而按照上述错误的见解,工资、利润、地租是三个独立的价值量,它们的总量产生、限制和决定商品价值量。

首先,很清楚,如果工资、利润、地租构成商品的价格,那么,这种情况既会适用于商品价值中的不变部分,也会适用于商品价值中体现可变资本和剩余价值的其余部分。因此,这里可以完全不考虑这个不变部分,因为构成这个不变部分的各种商品的价值,也会归结为工资、利润和地租的价值的总和。正如已经指出的,这种见解甚至否认这样一个不变价值部分的存在。

其次,很清楚,价值的概念在这里完全消失了。剩下的只是如下意义上的价格的观念:把一定数量的货币支付给劳动力、资本和土地的所有者。但货币是什么呢?货币不是物,而是价值的一定的形式,因而又以价值为前提。因此,我们就说,用一定量的金或银来支付这些生产要素,或者说,在头脑中让这些生产要素和一定量的金或银相等。但金银和其他一切商品一样,本身也是商品(启蒙经济学家以有这种认识而感到骄傲)。因此,金银的价格,也是由工资、利润和地租决定的。因此,我们不能通过让工资、利润和地租与一定量的金银相等的办法来决定工资、利润和地租,因为被当做它们的等价物而用来对它们进行估价的金银的价值,正是应该首先由它们决定,而与金银无关,也就是说,与每一商品中正好作为上述三因素的产物的价值无关。因此,说工资、利润和地租的价值在于它们与一定量的金银相等,那不啻是说,它们与一定量的工资、利润和地租相等。

我们首先拿工资来说。因为,即使按照这种见解,我们也必须从劳动开始。工资的起调节作用的价格,即工资的市场价格围绕着波动的那个价格是怎样决定的呢?

我们不妨说,这是由劳动力的需求和供给决定的。但这里说的是对劳动力的什么样的需求呢?说的是资本提出的需求。因此,对劳动的需求就等于资本的供给。要能谈得上资本的供给,我们首先就必须知道什么是资本。资本是由什么构成的呢?拿它的最简单的表现来说,是由货币和商品构成的。但货币不过是商品的一种形式。因此,资本是由商品构成的。但是,按照假定,商品价值首先是由生产商品的劳动的价格即工资决定的。在这里,工资是前提,并且被看成是商品价格的构成要素。于是,这个价格要由所提供的劳动对资本的比例来决定。资本本身的价格等于构成资本的商品的价格。资本对劳动的需求等于资本的供给。资本的供给等于具有一定价格的一个商品量的供给,这个价格首先由劳动的价格调节,而劳动的价格,又等于为交换工人的劳动而付给工人的构成可变资本的那部分商品的价格;构成这个可变资本的商品的价格,首先又是由劳动的价格决定的,因为商品的价格是由工资、利润和地租的价格决定的。因此,我们不能以资本为前提来决定工资,因为资本本身的价值是由工资参与决定的。

此外,把竞争带到问题中来,丝毫也不能帮助我们。竞争使劳动的市场价格提高或降低。假定劳动的需求和供给相抵,那么工资又由什么决定呢?由竞争决定。但我们正好假定不再由竞争决定,假定竞争已经由于它的两种相反的力量的平衡而不起作用。我们正是要找出工资的自然价格,即不由竞争调节而是反过来调节竞争的劳动价格。

还只有一个办法,就是使劳动的必要价格由工人的必要生活资料来决定。但这种生活资料也是有价格的商品。因此,劳动价格是由必要生活资料的价格决定,而生活资料的价格,同所有其他商品的价格一样,首先是由劳动价格决定。因此,由生活资料价格决定的劳动价格,还是要由劳动价格决定。劳动价格由劳动价格决定。换句话说,我们不知道劳动价格究竟是由什么决定的。在这里,劳动有价格,是因为它被当做商品。因此,要谈劳动价格,我们就必须知道价格究竟是什么。但用这种方法,我们恰恰无法知道价格究竟是什么。

尽管如此,我们还是假定,劳动的必要价格就是按这种令人满意的方法决定的。但形成商品价格第二要素的平均利润,即每个资本在正常条件下的利润又是怎样决定的呢?平均利润应当由平均利润率决定;平均利润率又是怎样决定的呢?由资本家之间的竞争决定吗?但这种竞争已经以利润的存在为前提。它假定同一个生产部门或不同的生产部门有不同的利润率,因而有不同的利润。竞争之所以能够影响利润率,只是因为它影响商品的价格。竞争只能使同一个生产部门内的生产者以相等的价格出售他们的商品,并使不同生产部门内的生产者按照这样一个价格出售商品,这个价格使他们得到相同的利润,得到已经部分地由工资决定的商品价格上的同一比例的加价。因此,竞争只能使不等的利润率平均化。要使不等的利润率平均化,利润作为商品价格的要素必须已经存在。竞争不创造利润。利润的水平,在平均化过程发生的时候便形成了。竞争不过使它提高或降低,但并不创造它。并且,当我们说必要利润率时,我们正是想要知道那种不以竞争的运动为转移却反而调节竞争的利润率。平均利润率是在互相竞争的资本家势均力敌的时候出现的。竞争可以造成这种均势,但不能造成在这种均势下出现的利润率。当这种均势形成的时候,一般利润率为什么会是10%、20%或100%呢?是由于竞争吗?正好相反,竞争消除了那些造成与10%或20%

或100%相偏离的原因。它导致某一商品价格，在这一价格下，每个资本都比例于它的量提供相同的利润。但这个利润本身的量与竞争无关。竞争只是使一切偏离不断地归于这个数量。一个人和其他人竞争；竞争迫使他和其他人一样按同一价格出售商品。但这个价格为什么是10或20或100呢？

这样，只有一个办法，就是把利润率，从而利润，解释为一个以无法理解的方式决定的加价，它被加到在此之前已经由工资决定的商品价格上去。竞争告诉我们的唯一的一点是，这个利润率必须是一个已定的量。而我们在说一般利润率和利润的"必要价格"之前，就已经知道这一点了。

把这个荒谬的推论过程搬到地租上来重新探讨一番，是完全不必要的。无须重新探讨就可以看到，如果把这个过程多少贯彻下去，就会使利润和地租表现为由一些无法理解的规律决定的单纯加价，它们被加到首先由工资决定的商品价格上去。一句话，竞争必须说明经济学家所不理解的一切东西，其实正好相反，经济学家必须说明竞争。

有一种幻想，认为利润和地租这两个价格组成部分是由流通创造出来，也就是说是通过出售产生的。在这里，如果我们撇开这种幻想不说——而流通永远不会提供事先没有向它提供的东西——，那么，事情就可以简单地归结为：

假定一个商品由工资决定的价格=100；利润率为工资的10%，地租为工资的15%。这样，由工资、利润和地租的总和决定的商品价格就=125。这个25的加价不可能由商品的出售产生。因为所有互相出售商品的人，每人都把只值工资100的商品，按125卖给对方，结果就像大家都按100来卖一样。因此，这个行为必须脱离开流通过程来考察。

如果三者分享现在值125的商品本身——假定资本家先按125把商品卖出，然后把100付给工人，把10付给自己，把15付给地租所得者，这并不会使事情发生变化——，工人就得到价值和产品的 $\frac{4}{5}$ = 100。资本家得到价值和产品的 $\frac{2}{25}$，地租所得者得到价值和产品的 $\frac{3}{25}$。在资本家是按125而不是按100来出售的时候，他也只是把体现工人劳动的产品的 $\frac{4}{5}$ 付给工人。如果他付给工人80，留下20，把其中的8归自己，12归地租所得者，那情况也完全一样。这时，他似乎是按商品的价值出售商品的，因为这些加价事实上只是一些和商品价值（按照假定已经由工资价值决定）无关的提价。这是通过迂回的道路归结为这样一点：按照这个见解，工资这个词，即100，等于产品的价值，也就是说，等于体现这一定量劳动的货币额；但是这个价值又不同于实际工资，因此它留下一个余额。不过，这个余额在这里是由于名义上的加价产生的。因此，如果工资等于110，不是 = 100，利润就必须 = 11，地租就必须 = $16\frac{1}{2}$，因而商品的价格也必须 = $137\frac{1}{2}$。比例仍旧不变。但是，因为分配总是通过加在工资上的百分之几的名义上的加价而实现的，所以价格会随工资而涨落。在这里，工资首先被假定和商品的价值相等，然后又和它区别开来。实际上，这是通过毫无概念的迂回道路把问题归结为：商品的价值是由其中包含的劳动量决定的，而工资的价值则是由必要生活资料的价格决定的，价值超过工资的余额形成利润和地租。

商品扣除它生产上所耗费的生产资料的价值以后的价值，这个既定的、由对象化在商品产品中的劳动量决定的价值量，分为三个组成部分，它们作为工资、利润和地租，取得独立的、互不相关的收入形式。这种分割，在资本主义生产的显露出来的表面上，因而也在那些受这种表面现象束缚的当事人的观念中,总是颠倒地表现出来。

假定某一个商品的总价值＝300,其中200是商品生产上所消耗的生产资料或不变资本要素的价值。这样,剩下的100便是在商品生产过程中加到这个商品上的新价值的总额。这个新价值100就是可以用来分为这三种收入形式的全部数额。我们假定工资＝x,利润＝y,地租＝z,那么,在我们所说的场合,x＋y＋z的和就总是＝100。但在工业家、商人和银行家的观念中,以及在庸俗经济学家的观念中,事情则完全不是这样。在他们看来,不是商品扣除它生产上所消耗的生产资料的价值以后的价值＝100,然后这100分为x、y、z。在他们看来,商品的价格只是由不以商品的价值为转移并互相独立地决定的工资、利润和地租的价值量合在一起构成的,因此,x、y、z中每一个本身都是独立地提供和决定的,并且,这几个价值量的总和,不管可能大于100还是小于100,形成商品本身的价值量,这个价值量就是由这几个形成商品价值的要素相加的结果。这种混乱之所以必然产生,是因为:

第一,商品价值的各个组成部分是作为独立的收入互相对立的,并且它们作为独立的收入,是与劳动、资本和土地这三种彼此完全不同的生产要素发生关系,因而好像它们就是由这些东西产生的。对劳动力、资本和土地这三者的所有权,就是商品的这些不同的价值组成部分所以会分别属于各自的所有者,并转化为他们的收入的原因。但价值并不是因它转化为收入而产生的,它在能够转化为收入,能够取得这种形式以前,必须已经存在。这三个部分的相对量是由彼此不同的规律决定的,它们和商品价值本身的联系以及它们受商品价值本身限制的事实,决不会在表面上显现出来,所以,颠倒的假象必然更具有迷惑作用。

第二,我们已经说过①,工资的一般提高或降低,在其他条件相同的情况下,会使一般利润率发生方向相反的变动,因而会改变不同商品的生产价格,按照各有关生产部门的资本平均构成的不同情况,使其中一些上涨,另外一些下降。因此,在这里,在某些生产部门无论如何会有这样的经验:工资上涨,商品的平均价格就上涨,工资下跌,商品的平均价格就下跌。至于不以工资为转移的商品价值对这种变动的隐蔽的调节作用,却是"经验"说明不了的。相反,如果工资的上涨是局部的,只是在特殊生产部门内由于特殊的情况才发生的,这些商品的价格在名义上就会相应地提高。这时,一种商品与自身包含的工资保持不变的其他商品相比相对价值上的这种提高,便只是剩余价值在不同生产部门之间的平均分配遭到局部干扰的反应,只是一个使特殊利润率平均化为一般利润率的手段。这里"经验"说明的,仍旧是价格由工资决定。因此,在这两种场合经验说明的,都是工资决定商品价格。经验说明不了的,则是这种联系的隐蔽的原因。其次,劳动的平均价格,即劳动力的价值,是由必要生活资料的生产价格决定的。后者上涨或下跌,前者也会随着上涨或下跌。在这里,经验再一次说明,工资和商品价格之间存在着某种联系;但原因可以表现为结果,结果也可以表现为原因,这种情况在市场价格发生变动时也可以看到。这时,与工资提高到平均工资以上的现象相对应的,是同繁荣时期联系在一起的市场价格提高到生产价格以上的现象,而与随后而来的工资降低到平均工资以下的现象相对应的,则是市场价格降低到生产价格以下的现象。撇开市场价格的波动不说,工资提高,利润率就降低,工资降低,利润率就提高的经验,显然

---

① 见本卷第222—226页。——编者注

必定总是和生产价格受商品价值制约这一点相符合。但我们说过①，利润率可以由不变资本价值的变动来决定，而与工资变动无关；因此，工资和利润率可以不按相反的方向，而按相同的方向变动，二者可以一同提高，或一同降低。如果剩余价值率和利润率是直接一致的，这种情况就不可能发生。在工资由于生活资料价格提高而提高时，利润率也能因劳动强度加大或工作日延长而保持不变，甚至提高。所有这些经验，都证实了由于各个价值组成部分具有独立的颠倒的形式而引起的假象，好像决定商品价值的，只是工资，或工资加上利润。只要在工资上产生了这样的假象，似乎劳动的价格和由劳动创造的价值是一致的，那么，不言而喻，对于利润和地租来说，这样的假象也会产生。因此，利润和地租的价格即它们的货币表现的调节，就必然和劳动以及由劳动创造的价值无关。

第三，假定商品价值或不过表面看来和商品价值无关的生产价格，直接地和不断地表现为和商品的市场价格相一致，而不只是通过不断波动的市场价格的不断的平衡来充当起调节作用的平均价格。再假定，再生产总是在同一些保持不变的条件下进行，因而在资本的一切要素上劳动生产率都保持不变。最后，假定每个生产部门的商品产品中通过把新的劳动量从而新生产的价值加到生产资料价值上而形成的价值部分，总是按照不变的比例分为工资、利润和地租，以致实际支付的工资总是和劳动力的价值直接相一致，实际实现的利润总是和总剩余价值中按平均利润率应归总资本的各个独立执行职能的部分所有的那部分剩余价值直接相一致，实际的地租也总是和在这个基础上地租通常不能超出的界限直接相一致。一句话，假定

---

① 见本卷第120—137页。——编者注

社会价值产品的分割和生产价格的调节,都是在资本主义的基础上,但在排除竞争的情况下进行的。

在这各种假定下——商品的价值不变,并且也表现为不变;商品产品分解为收入的价值部分始终是一个不变的量,并且总是表现为一个不变的量;最后,这个已定的不变的价值部分又总是按不变的比例分为工资、利润和地租——,甚至在这各种假定下,现实的运动也必然会以颠倒的形式表现出来:好像不是一个预先已定的价值量分为具有互相独立的收入形式的三部分,而是反过来,好像这个价值量是由构成这个价值量的各个独立地、分别地决定的要素的总和,即由工资、利润和地租的总和形成的。这种假象必然会产生,因为在单个资本及其商品产品的现实运动中,不是商品价值表现为这种分割的前提,而是相反,它所分成的各个组成部分表现为商品价值的前提。首先,我们已经说过,对每个资本家来说,商品的成本价格表现为一个已定的量,并且在现实的生产价格上总是表现为这样一个已定的量。但成本价格等于不变资本即预付的生产资料的价值加上劳动力的价值,而后者对生产当事人来说表现为劳动价格这一不合理的形式,以致工资同时又表现为工人的收入。劳动的平均价格是一个已定的量,因为劳动力的价值,和任何其他商品的价值一样,是由它的再生产上必要的劳动时间决定的。但就商品中这个分解为工资的价值部分来说,它的产生并不是因为它采取了工资这个形式,不是因为资本家以工资这个表现形式把工人在他自己的产品中所得的部分预付给工人,而是因为工人生产了一个和他的工资相当的等价物,也就是说,因为他用日劳动或年劳动的一部分生产了包含在他的劳动力价格内的价值。但工资在与它相当的价值等价物被生产出来以前,已经由契约规定。因此,工资作为一个在商品和商品价值生产出来以前数量已定的价格要素,作为成本价格的一个组成部分,不是表现为一个以独立的形式从商品总价值中分离出来的部分,而是相反,表现为已定的量,它预先决定商品的总价值,也就是说,是价格或价值的形成要素。平均利润在商品生产价格上所起的作用,和工资在商品成本价格上所起的作用相类似,因为生产价格等于成本价格加上预付资本的平均利润。这个平均利润在实践中所以会在资本家本人的观念和计算上成为一个起调节作用的要素,不仅因为它会决定资本由一个投资部门到另一个投资部门的转移,而且因为它对一切涉及较长期再生产过程的销售和契约来说,都起着调节的作用。但是,平均利润只要起这种作用,它就是一个预先存在的量,实际上和每个特殊生产部门所生产的价值和剩余价值无关,因而更和这些部门内任何一个投资所生产的价值和剩余价值无关。从现象上看,平均利润不是价值分割的结果,相反,是一个和商品产品的价值无关的、在商品生产过程中预先存在并决定着商品本身的平均价格的量,也就是说,是价值的形成要素。并且剩余价值由于其不同部分分解为彼此完全独立的形式,还以更为具体的形式,表现为形成商品价值的前提。平均利润中采取利息形式的那一部分,在职能资本家面前,就是作为商品和商品价值的生产上一个预先存在的要素独立出现的。利息量尽管变动很大,但在任何一个瞬间,对任何一个资本家来说,总是作为一个已定的量,加入这个资本家所生产的商品的成本价格。农业资本家以契约规定的租金的形式和其他企业家以营业场所的租金的形式支付的地租,也是这样。剩余价值所分成的这些部分,因为对单个资本家来说作为成本价格的要素是已定的,所以反而表现为剩余价值的形成要素;它们表现为商品价格的一个部分的形成要素,就像工资表现为商品价格的另一个部分的形成要素一样。这些由商品价值的分割带来的产物所以不断地表现为价值形成本身的前提,其秘密简单说来就在于:资本主义的生产方式,和任何别的生产方式一样,不仅不断再生产物质的产品,而且不断再生产社会的经济关系,即再生产物质产品形成上的经济的形式规定性。因此,它的结果会不断表现为它的前提,像它的前提会不断表现为它的结果一样。单个资本家正是预先把同一些关系的这种不断再生产当做不言而喻的、毫无疑问的事实。只要资本主义生产本身继续存在,新追加的劳动的一部分就会不断地化为工资,另一部分就会不断地化为利润(利息和企业主收入),第三部分就会不断地化为地租。在不同生产要素所有者之间订立契约时,这是前提,并且,不管相对的数量关系在各个场合发生多大变动,这个前提总是实在的。各个价值部分在相互对立中采取的一定的形式所以是前提,是因为这一定形式不断地被再生产出来。它所以不断地被再生产出来,是因为它不断地成为前提。

诚然,经验和现象也都表明,市场价格(资本家实际上只把市场价格的影响看做价值决定),从量的方面来看,决不取决于这些预先的东西;市场价格不以契约所定的利息或地租的高低为转移。但市场价格只有通过变动才成为不变的;它们在较长期间内的平均数,恰好就形成工资、利润和地租的各自的平均数,后者表现为不变的、归根到底支配着市场价格的量。

另一方面,下面这种想法好像很简单:如果工资、利润和地租成为价值的形成要素,是因为它们表现为价值生产的前提,并且是单个资本家的成本价格和生产价格的前提,那么,其价值作为已定量加入每种商品生产的不变资本部分,也是价值的形成要素。但不变资本部分不外是一些商品的总和,因而不外是一些商品价值的总和。因此，我们就得到荒谬的同义反复:商品价值是商品价值的形成要素和原因。

但是，如果资本家出于某种利益要对这个问题进行思考——一个资本家作为资本家来思考问题，只取决于他的利益和他的利己动机——，经验就会告诉他，他自己生产的产品，会作为不变资本部分加入其他的生产部门，而其他生产部门的产品，也会作为不变资本部分加入他的产品。因为对他来说，在只涉及他进行的新的生产的情况下，价值的追加表面看来是由工资、利润、地租的量形成，所以，这也适用于由其他资本家的产品构成的不变部分。因此，不变资本部分的价格，从而商品的总价值，最终都会归结为由几个独立的、按不同规律调节的和由不同源泉形成的价值形成要素，即由工资、利润和地租相加而成的价值总额，虽然这种归结方法的秘密并不是完全不可认识的。

第四，商品是否按照价值出售，因而价值决定本身，对单个资本家来说完全是无关紧要的。价值决定，一开始就已经是某种在他背后，靠各种和他无关的关系的力量来进行的过程，因为在每个生产部门，成为起调节作用的平均价格的，不是价值，而是和价值不同的生产价格。价值决定本身之所以会使每个特殊生产部门的单个资本家和资本感到兴趣，并对其有决定的作用，不过因为劳动生产力的提高或降低使商品生产上必要的劳动量减少或增加，这在一种情况下，使他按现有的市场价格能够得到额外的利润，在另一种情况下，则使他不得不提高商品的价格，因为已经有更多的工资，更多的不变资本，因而也有更多的利息，加入单位产品或单个商品。价值决定之所以会使他感到兴趣，只是因为对他自己来说，它会提高或降低商品的生产费用，也就是说，只是因为它会使他处于特殊的地位。

　　另一方面,在他看来,工资、利息和地租,不仅对于他作为职能资本家所获得的利润部分(即企业主收入)能据以实现的那种价格来说,是起调节作用的界限,而且对于为保证再生产能够继续进行而必须作为商品出售依据的那种价格来说,也是起调节作用的界限。只要他在工资、利息和地租为他个人所确定的成本价格以外,从价格中还能获得普通的或较大的企业主收入,那么,他在出售时能否实现商品中包含的价值和剩余价值,对他来说完全是无关紧要的。因此,撇开不变资本部分不说,在他看来,工资、利息和地租就是商品价格的起限定作用的、因而起创造作用和决定作用的要素。例如,如果他能够成功地把工资压低到劳动力的价值以下,即压低到工资的正常水平以下,按较低的利息率获得资本并低于地租的正常水平支付租金,那么,他是否低于产品的价值,甚至是否低于一般生产价格出售产品,因而白白地放弃商品中包含的剩余劳动的一部分,对他来说完全是无关紧要的。以上所说,甚至也适用于不变资本部分。例如,如果一个产业家能够低于原料的生产价格购买原料,那么,即使他再低于生产价格出售这种原料制成的产品,他也还是能不受损失。只要商品价格超过必须予以支付、必须用等价物来偿付的各种要素而形成的余额保持不变或者增加,他的企业主收入就会保持不变甚至增加。但是,除了作为已定的价格量加入他的商品生产中的生产资料的价值外,作为起限定作用和调节作用的价格量加入这种生产中的东西,正是工资、利息和地租。因此,在他看来,它们好像是决定商品价格的要素。从这个观点来看,企业主收入也就好像取决于那个以偶然的竞争关系为转移的市场价格超过由上述价格要素决定的商品内在价值而形成的余额;或者,就企业主收入本身作为决定要素加入市场价格来说,它本身又好像取决于买者和卖者之间的竞争。

在单个资本家之间进行的竞争和在世界市场上进行的竞争中，作为不变的和起调节作用的量加入到计算中去的，是工资、利息和地租的已定的和预先存在的量。这个量不变，不是指它们的量不会变化，而是指它们在每一单独场合都是已定的，并且对不断波动的市场价格来说形成不变的界限。例如，在世界市场上进行的竞争中，问题仅仅在于：在工资、利息和地租已定时，按照或低于既定的一般市场价格出售商品是否能够得到利益，也就是说，能够实现相当的企业主收入。如果一个国家由于资本主义生产方式总的说来不发展，因而工资和土地价格低廉，资本的利息却很高，而另一个国家的工资和土地价格名义上很高，资本的利息却很低，那么，资本家在前一国家就会使用较多的劳动和土地，在后一国家就会相对地使用较多的资本。在估计两个国家之间这里可能在多大程度上发生竞争时，这些因素是起决定作用的要素。因此在这里，经验从理论方面，资本家的利己盘算从实践方面表明：商品价格由工资、利息和地租决定，由劳动的价格、资本的价格和土地的价格决定；这些价格要素确实是起调节作用的价格形成要素。

当然，这里总有一个要素不是预先存在的，而是由商品的市场价格产生的。这就是超过由工资、利息和地租这几个要素相加得出的成本价格而形成的余额。这第四个要素，在每一单独场合，都表现为由竞争决定，在把各个场合加以平均的情况下，则是由平均利润决定。这个平均利润又是由同一个竞争来调节，不过这是在较长期间内的事情。

第五，在资本主义生产方式的基础上，很清楚，体现新追加的劳动的价值会分割为工资、利润和地租这几种收入形式，因此，这个方法（不说我们论述地租时作为例证所举的各个过去的历史时期）在这几种收入形式的存在条件自始就不具备的地方，也会被人应用。这就是说，一切都会通过类比而被归入这些收入形式之中。

如果有一个独立劳动者——假定是一个小农，因为在这种情况下，这三个收入形式都可以应用——是为自己而劳动，并且也出售自己的产品，那么，他首先就会被看成是他自己的雇主（资本家），把自己当做工人来使用，并且会被看成是他自己的土地所有者，把自己当做自己的租佃者来使用。他把自己当做雇佣工人支付给自己工资，把自己当做资本家支付给自己利润，把自己当做土地所有者支付给自己地租。资本主义生产方式和与之相适应的关系既然被假定为一般的社会的基础，那么，就这个独立劳动者不是靠自己的劳动，而是靠对生产资料——在这里，生产资料一般已经采取资本的形式——的占有而能占有自己的剩余劳动来说，这种归类方法是正确的。其次，只要他是把他的产品作为商品来生产，因而要依赖于这个产品的价格（甚至在不是这样的时候，这个价格也是可以估计的），他能够实现的剩余劳动的量，就不是取决于剩余劳动自身的量，而是取决于一般利润率；同样，可能超过由一般利润率所决定的剩余价值份额而形成的余额，也不是由他所提供的劳动量决定，而他能够占有这个余额，只是因为他是土地的所有者。正因为这样一种和资本主义生产方式不相适应的生产形式可以被归入资本主义生产方式的几种收入形式之中——并且这在一定程度上并不是不正确的——，所以，资本主义关系好像是每一种生产方式的自然关系这一假象，就更加具有迷惑作用。

当然，如果我们把工资归结为它的一般基础，也就是说，归结为工人本人劳动产品中加入工人个人消费的部分；如果我们把这个部分从资本主义的限制下解放出来，把它扩大到一方面为社会现有的生产力(也就是工人自己的劳动作为现实的社会劳动所具有的社会生产力)所许可,另一方面为个性的充分发展所必要的消费的范围;如果我们再把剩余劳动和剩余产品缩小到社会现有生产条件下一方面为了形成保险基金和准备金,另一方面为了按照社会需要所决定的程度来不断扩大再生产所要求的限度;最后,如果我们把有劳动能力的人必须总是为社会中还不能劳动或已经不能劳动的成员而进行的劳动的量,包括到1. 必要劳动和2. 剩余劳动中去,也就是说,如果我们把工资和剩余价值,必要劳动和剩余劳动的独特的资本主义性质去掉,——那么,剩下的就不再是这几种形式,而只是它们的为一切社会生产方式所共有的基础。

此外,这种归类方法,也为以前各种占统治地位的生产方式如封建的生产方式所固有。那些和封建的生产方式完全不相适应、完全处于这种生产方式之外的生产关系,也被归入封建关系之中。例如英国的自由农民保有地[tenures in common socage](与骑士保有地[tenures on knight's service]相反)就是这样。这种自由农民保有地只不过有缴纳货币的义务,只不过在名义上是封建的。[405]

第五十一章

分配关系和生产关系

可见,由每年新追加的劳动新加进的价值——从而,年产品中体现这个价值并且能够从总收益中取出和分离出来的部分——,分成三个部分,它们采取三种不同的收入形式,这些形式表明,这个价值的一部分属于或归于劳动力的所有者,另一部分属于或归于资本的所有者,第三部分属于或归于地产的所有者。因此,这就是分配的关系或形式,因为它们表示出新生产的总价值在不同生产要素的所有者中间进行分配的关系。

按照通常的看法,这些分配关系被认为是自然的关系,是从一切社会生产的性质,从人类生产本身的各种规律中产生出来的关系。诚然,不能否认,资本主义以前的社会出现过其他的分配方式,但是,人们把那些方式说成是这种自然分配关系的未发展的、未完成的、被伪装了的、没有被还原为最纯粹表现和最高形态的、具有异样色彩的方式。

这种见解中唯一正确的一点是:在任何一种社会生产(例如,自然发生的印度公社[328]的社会生产,或秘鲁人的多半是人为发展起来的共产主义的社会生产)中,总是能够区分出劳动的两个部分,一个部分的产品直接由生产者及其家属用于个人的消费,另一个部分即始终是剩余劳动的那个部分的产品,总是用来满足一般的社会需要,而不问这种剩余产品怎样分配,也不问谁执行这种社会需要的代表的职能。在这里我们撇开用于生产消费的部分不说。这样,不同分配方式的同一性就归结到一点:如果我们把它们的区别和特殊形式抽掉,只抓住同它们的区别相对立的一致,它们就是同一的。

更有学识、更有批判意识的人们,虽然承认分配关系的历史发展性质[56a],但同时却更加固执地认为,生产关系本身具有不变的、从人类本性产生出来的,因而与一切历史发展无关的性质。

相反,对资本主义生产方式的科学分析却证明:资本主义生产方式是一种特殊的、具有独特历史规定性的生产方式;它和任何其他一定的生产方式一样,把社会生产力及其发展形式的一个既定的阶段作为自己的历史条件,而这个条件又是一个先行过程的历史结果和产物,并且是新的生产方式由以产生的既定基础;同这种独特的、历史地规定的生产方式相适应的生产关系——即人们在他们的社会生活过程中、在他们的社会生活的生产中所处的各种关系——,具有一种独特的、历史的和暂时的性质;最后,分配关系本质上和这些生产关系是同一的,是生产关系的反面,所以二者共有同样的历史的暂时的性质。

在考察分配关系时,人们首先是从年产品分为工资、利润和地租这种所谓的事实出发。但是,把事实说成这样是错误的。产品一方面分为资本,另一方面分为各种收入。其中一种收入,工资,总是先以**资本形式**同工人相对立,然后才取得收入的形式,即工人的收入的

(56a) 约·斯图亚特·穆勒《略论政治经济学的某些有待解决的问题》1844年伦敦版。

形式。生产出来的劳动条件和劳动产品总是作为资本同直接生产者相对立这个事实，从一开始就意味着：物质劳动条件和工人相对立而具有一定的社会性质，因而在生产本身中，工人同劳动条件的所有者之间，并且工人彼此之间，是处在一定的关系中。这些劳动条件转化为资本这个事实，又意味着直接生产者被剥夺了土地，因而存在着一定的土地所有权形式。

如果产品的一部分不转化为资本，它的另一部分就不会采取工资、利润和地租的形式。

另一方面，如果说资本主义生产方式以生产条件的这种一定的社会形式为前提，那么，它会不断地把这种形式再生产出来。它不仅生产出物质的产品，而且不断地再生产出产品在其中生产出来的那种生产关系，因而也不断地再生产出相应的分配关系。

当然，可以说，资本（以及资本作为自身的对立物而包括进来的土地所有权）本身已经以这样一种分配为前提：劳动者被剥夺了劳动条件，这些条件集中在少数个人手中，另外一些个人对土地拥有排他的所有权，总之，就是存在着论原始积累的那一部分（第一册第二十四章）已经说明过的全部关系。但是，这种分配完全不同于人们把分配关系看做与生产关系相对立而赋予它以一种历史性质时所理解的那种东西。人们谈到这种分配关系，指的是对产品中归个人消费的部分的各种索取权。相反，前面所说的分配关系，却是在生产关系本身内部由生产关系的一定当事人在同直接生产者的对立中所执行的那些特殊社会职能的基础。这种分配关系赋予生产条件本身及其代表以特殊的社会的质。它们决定着生产的全部性质和全部运动。

资本主义生产方式一开始就有两个特征。

第一，它生产的产品是商品。使它和其他生产方式相区别的，不在于生产商品,而在于,成为商品是它的产品的占统治地位的、决定的性质。这首先意味着,工人自己也只是表现为商品的出售者,因而表现为自由的雇佣工人,这样,劳动就表现为雇佣劳动。有了以上说明,已无须重新论证资本和雇佣劳动的关系怎样决定着这种生产方式的全部性质。这种生产方式的主要当事人,资本家和雇佣工人,本身不过是资本和雇佣劳动的体现者,人格化,是由社会生产过程加在个人身上的一定的社会性质,是这些一定的社会生产关系的产物。

这种性质,即1. 产品作为商品和2. 商品作为资本产品的性质,已经包含着一切流通关系,即产品必须通过并在其中取得一定社会性质的一定的社会过程;同样,这种性质也包含着生产当事人之间的一定的关系,这种关系决定着他们的产品的价值实现和产品到生活资料或生产资料的再转化。但是,即使撇开这点不说,从上述两种性质,即产品作为商品的性质,或商品作为按资本主义方式生产出来的商品的性质,就会得出全部价值决定和价值对全部生产的调节作用。在这个十分独特的价值形式上,一方面,劳动只作为社会劳动起作用;另一方面,这个社会劳动的分配,它的产品的互相补充,它的产品的物质变换,它从属于和被纳入社会的传动机构,这一切却听任资本主义生产者个人偶然的、互相抵消的冲动去摆布。因为这些人不过作为商品占有者互相对立,每个人都企图尽可能以高价出售商品(甚至生产本身似乎也只是由他们任意调节的),所以,内在规律只有通过他们之间的竞争,他们互相施加的压力来实现,正是通过这种竞争和压力,各种偏离得以互相抵消。在这里,价值规律不过作为内在规律,对单个当事人作为盲目的自然规律起作用,并且是在生产的偶然波动中,实现着生产的社会平衡。

其次,在商品中,特别是在作为资本产品的商品中,已经包含着作为整个资本主义生产方式的特征的社会生产规定的物化和生产的物质基础的主体化。

资本主义生产方式的**第二个**特征是,剩余价值的生产是生产的直接目的和决定动机。资本本质上是生产资本的,但只有生产剩余价值,它才生产资本。在考察相对剩余价值时,进而在考察剩余价值转化为利润时,我们已经看到,在这上面怎样建立起资本主义时期所特有的一种生产方式,这是劳动社会生产力发展的一种特殊形式,不过,这种劳动社会生产力是作为与工人相对立的资本的独立力量而发展的,并因而直接与工人本身的发展相对立。这种为了价值和剩余价值而进行的生产,像较为详细的说明所已经指出的那样,包含着一种不断发生作用的趋势,就是要把生产商品所必需的劳动时间,即把商品的价值,缩减到当时的社会平均水平以下。力求将成本价格缩减到它的最低限度的努力,成了提高劳动社会生产力的最有力的杠杆,不过在这里,劳动社会生产力的提高只是表现为资本生产力的不断提高。

资本家作为资本的人格化在直接生产过程中取得的权威,他作为生产的领导者和统治者而担任的社会职能,同建立在奴隶生产、农奴生产等等基础上的权威,有重大的区别。

尽管在资本主义生产的基础上,对于直接生产者大众来说,他们的生产的社会性质是以实行严格管理的权威的形式,并且是以劳动过程的完全按等级组织的社会机制的形式出现的,——这种权威的承担者,只是作为同劳动相对立的劳动条件的人格化,而不是像在以前的各种生产形式中那样,是作为政治的统治者或神权政体的统治者得到这种权威的,——但是,在这种权威的承担者中间,在只是作为商品占有者互相对立的资本家本身中间,占统治地位的却是极端无政府状态,在这种状态中,生产的社会联系只是表现为对于个人随意性起压倒作用的自然规律。

只是由于劳动采取雇佣劳动的形式,生产资料采取资本的形式这样的前提——也就是说,只是由于这两个基本的生产要素采取这种独特的社会形式——,价值(产品)的一部分才表现为剩余价值,这个剩余价值才表现为利润(地租),表现为资本家的赢利,表现为可供支配的、归他所有的追加的财富。但也只是由于一部分价值这样表现**为他的利润**,用来扩大再生产并构成一部分利润的追加生产资料,才表现为新的追加资本,并且整个再生产过程的扩大,才表现为资本主义的积累过程。

尽管劳动作为雇佣劳动的形式对整个过程的面貌和生产本身的特殊方式有决定的作用,雇佣劳动却并不决定价值。在价值的决定上所涉及的,只是社会一般劳动时间,只是社会一般可以支配的劳动量,而不同的产品在这个劳动量中所吸收的相对量,又在一定程度上决定着这些产品的各自的社会比重。当然,社会劳动时间在商品价值上作为决定要素起作用的一定形式,从下述意义上说是同劳动作为雇佣劳动的形式,以及生产资料作为资本这一相应形式联系在一起的,就是说,只有在这个基础上,商品生产才成为生产的一般形式。

我们再来考察一下这种所谓的分配关系本身。工资以雇佣劳动为前提,利润以资本为前提。因此,这些一定的分配形式是以生产条件的一定的社会性质和生产当事人之间的一定的社会关系为前提的。因此,一定的分配关系只是历史地规定的生产关系的表现。

现在我们来谈利润。剩余价值的这种一定的形式,是在资本主义生产形式中新形成生产资料的前提;因而是一种支配再生产的关系,虽然在资本家个人看来,好像他真正能够把全部利润当做收入来消费掉。但他会在这方面碰到限制,这些限制以保险基金和准备金的形式,以竞争规律等形式出现在他面前,并且在实践中向他证明,利润并不只是个人消费品的分配范畴。其次,整个资本主义生产过程,是由产品的价格来调节的。可是起调节作用的生产价格本身,又是由利润率的平均化和与之相适应的资本在不同社会生产部门之间的分配来调节的。因此,在这里,利润不是表现为产品分配的主要因素,而是表现为产品生产本身的主要因素,即资本和劳动本身在不同生产部门之间分配的因素。利润分割为企业主收入和利息,这表现为同一收入的分配。但这种分割的发生,首先是由于资本作为自行增殖的、生产剩余价值的价值的发展,由于占统治地位的生产过程的这种一定的社会形式的发展。这种分割从它本身发展出了信用和信用制度,因而也发展出了生产的形式。在利息上等等,所谓的分配形式是作为决定的生产要素加入价格的。

至于地租,它能够表现为只是分配的形式,因为土地所有权本身在生产过程本身中不执行职能,至少不执行正常的职能。但是1.地租只限于超过平均利润的余额;2.土地所有者从生产过程和整个社会生活过程的操纵者和统治者降为单纯土地出租人,单纯用土地放高利贷的人,单纯收租人, —这些事实却是资本主义生产方式的独特的历史产物。土地取得土地所有权的形式,是资本主义生产方式的历史前提。土地所有权取得允许农业实行资本主义经营方式的形式,是这个生产方式的特殊性质的产物。人们尽可以把其他社会形式中土地所有者的收入也称为地租。但那种地租和这个生产方式中出现的地租有本质的区别。

可见,所谓的分配关系,是同生产过程的历史地规定的特殊社会形式,以及人们在他们的人类生活的再生产过程中相互所处的关系相适应的,并且是由这些形式和关系产生的。这些分配关系的历史性质就是生产关系的历史性质,分配关系不过表现生产关系的一个方面。资本主义的分配不同于各种由其他生产方式产生的分配形式,而每一种分配形式,都会随着它由以产生并且与之相适应的一定的生产形式的消失而消失。

　　只把分配关系看做历史的东西而不把生产关系看做历史的东西的见解,一方面,只是资产阶级经济学刚开始进行还带有局限性的批判时的见解。[406]另一方面,这种见解建立在一种混同上面,这就是,把社会的生产过程,同反常的孤立的人在没有任何社会帮助的情况下也必须完成的简单劳动过程相混同。就劳动过程只是人和自然之间的单纯过程来说,劳动过程的简单要素是这个过程的一切社会发展形式所共有的。但劳动过程的每个一定的历史形式,都会进一步发展这个过程的物质基础和社会形式。这个一定的历史形式达到一定的成熟阶段就会被抛弃,并让位给较高级的形式。分配关系,从而与之相适应的生产关系的一定的历史形式,同生产力,即生产能力及其要素的发展这两个方面之间的矛盾和对立一旦有了广度和深度,就表明这样的危机时刻已经到来。这时,在生产的物质发展和它的社会形式之间就发生冲突(57)。

---

(57)见论竞争和合作的著作(1832年版?)[407]。

第五十二章

阶　　级

　　单纯劳动力的所有者、资本的所有者和土地的所有者——他们各自的收入源泉是工资、利润和地租——，也就是说，雇佣工人、资本家和土地所有者，形成建立在资本主义生产方式基础上的现代社会的三大阶级。

　　在英国，现代社会的经济结构无疑已经达到最高度的、最典型的发展。但甚至在这里，这种阶级结构也还没有以纯粹的形式表现出来。在这里，一些中间的和过渡的阶层也到处使界限规定模糊起来（虽然这种情况在农村比在城市少得多）。不过，这种情况对我们的考察来说是无关紧要的。我们已经看到，资本主义生产方式的经常趋势和发展规律，是使生产资料越来越同劳动分离，使分散的生产资料越来越大量积聚在一起，从而，使劳动转化为雇佣劳动，使生产资料转化为资本。另一方面，适应于这种趋势，土地所有权同资本和劳动相分离而独立[58]，换句话说，一切土地所有权都转化为同资本主

---

　　[58]弗·李斯特说得对："大领地上盛行的自给自足的经济，不过证明还缺少文明、交通工具、国内工业和富裕城市。因此，我们在俄罗斯、波兰、匈牙利、梅克伦堡到处都看见这种自给自足的经济。以前在英国，这种经济也很盛行；但是，随着商业和工业的勃兴，它们就分成一些中型农场，被租佃制代替了。"（《农业制度、小农经济和移民》1842年版第10页）

义生产方式相适应的土地所有权形式。

首先要解答的一个问题是：是什么形成阶级？这个问题自然会由另外一个问题的解答而得到解答：是什么使雇佣工人、资本家、土地所有者成为社会三大阶级的成员？

乍一看来，好像就是收入和收入源泉的同一性。正是这三大社会集团，其成员，形成这些集团的个人，分别靠工资、利润和地租来生活，也就是分别靠他们的劳动力、他们的资本和他们的土地所有权来生活。

不过从这个观点来看，例如，医生和官吏似乎也形成两个阶级，因为他们属于两个不同的社会集团，其中每个集团的成员的收入都来自同一源泉。对于社会分工在工人、资本家和土地所有者中间造成的利益和地位的无止境的划分，——例如，土地所有者分成葡萄园所有者，耕地所有者，森林所有者，矿山所有者，渔场所有者，——似乎同样也可以这样说。

〔手稿至此中断。〕

弗·恩格斯

《资本论》第三册增补[408]

《资本论》第三册自从交给公众评判以来，已经遇到许多不同的解释。这并没有出乎意料。在编辑出版时，我最关心的是要编成一个尽可能真实的文本，即尽可能用马克思自己的话来表述马克思新得出的各种成果。只是在绝对不可避免的地方，并且在读者一点也不会怀疑是谁在向他说话的地方，我才加进自己的话。这样做曾经遭到指责。人们认为，我应该把摆在我面前的材料变成一本系统地整理好的书，像法国人所说的，en faire un livre，换句话说，就是为了读者的方便而牺牲原文的真实性。但是，我不是这样来理解我的任务的。我没有任何权力作这样的改写。像马克思这样的人有权要求人们听到他的原话，让他的科学发现原原本本按照他自己的叙述传给后世。其次，我也丝毫不愿意擅自侵犯这样一位卓越的人的遗著；那样做对我来说就是失信。第三，那样做也根本没有用处。对于那些不会读或不愿意读的人来说，对于那些在读第一册时就已经不是花费必要的力气去正确理解它，而是花费更多的力气去曲解它的人来说，无论你下多少功夫都是徒劳无益的。而对于那些希望真正理解它的人来说，最重要的却正好是原著本身；对于这些人来说，我的改写顶多只有解说的价值，而且是对某种没有出版的和没有机会见到的东西进行的解说。但是，在初次争论时，就必然要查对原著；在一而再、再而三进行争论时，全部出版原著就是不可避免的了。

　　这样的争论，对于一部包含着这样多新东西，但却只有一个匆忙写成的、有的地方还留有缺口的初稿的著作来说,是很自然的。在这里,为了排除理解上的困难,为了把一些重要的、其意义在原文中没有充分强调的观点提到更重要的地位,并且为了根据1895年的形势对1865年写成的原文作个别较为重要的补充,我插进来说几句当然会有用处。事实上已经有两点,在我看来需要作一简短的说明。

I. 价值规律和利润率

这两个因素之间的表面矛盾的解决,在马克思的原文发表之后会和发表之前一样引起争论,本来是预料中的事。有些人曾经期待出现真正的奇迹,因此,当他们看到面前出现的不是所期待的戏法,而是对于对立的一种简单合理的、平淡无奇的解决时,就感到失望了。当然,最乐于感到失望的,是那位大名鼎鼎的洛里亚。他终于发现了一个阿基米德的支点[409],凭借这个支点,像他这样一个小妖居然能把马克思建立的坚固大厦举到空中,摔得粉碎。他愤怒地叫道:什么,这就是解决办法吗?简直是故弄玄虚!经济学家们谈论价值,指的是那种实际上在交换中确定的价值。

“但是,任何一个稍有点理智的经济学家都不会,而且将来也不会去研究这样一种价值,商品既不按照它来出售,**也不能按照它来出售**(nè possono vendersi mai)…… 当马克思主张,**从未**充当商品出售依据的价值,是比例于商品中包含的劳动来决定的时候,难道他不是以相反的形式重复正统派经济学家的下述论点:充当商品出售依据的价值,**不是**比例于商品中耗费的劳动?…… 马克思说,虽然个别价格会偏离个别价值,但全部商品的总价格始终和它们的总价值一致,或者说始终和商品总量中包含的劳动量一致,这样说也无济于事。

因为价值既然不外是一个商品和另一个商品相交换的比例,所以单是总价值这
个观念,就已经是荒谬的,是胡说……是形容语的矛盾。"

洛里亚还说什么,马克思在这部著作开头就说过,交换所以能使两种商品相等,只是因为它们里面包含有一个同种的并且同样大的要素,这就是同样大的劳动量;现在马克思又极其庄重地否定了自己的主张,断言商品不是按照它们里面包含的劳动量的比例,而是按照完全另外一种比例进行交换。

"什么时候见过这样十足的谬论,这样重大的理论上的破产?什么时候见过
这样大吹大擂的、这样庄重的科学上的自杀行为?"(《最新集萃》1895年2月1日
第477、478和479页)

请看,我们的洛里亚真是大喜过望了。他不是有理由把马克思当做和他一样的人,当做下流的骗子吗?请看,马克思完全像洛里亚一样在愚弄他的读者,完全像这位渺小到极点的意大利经济学教授一样靠故弄玄虚来过活。不过,这位杜尔卡马腊尽可以这样做,因为他精通此道。而笨拙的北方人马克思却完全陷入了窘境,说了一些胡言乱语和荒谬的话,最后只落得一个庄重的自杀。

我们暂且把商品从未按照也不能按照由劳动决定的价值来出售这个武断的说法留到以后再谈。在这里,我们只看一看洛里亚先生的这个论断,

"价值不外是一个商品和另一个商品相交换的比例,所以单是商品的总价值这
个观念,就已经是荒谬的,是胡说……"

要是这样,两个商品互相交换的比例,它们的价值,就纯粹是一种偶然的,从外部飞到商品上面来的东西,可能今天是这样,

明天又是那样。一公担小麦是和一克金交换还是和一公斤金交换，丝毫不取决于小麦或金所固有的条件，而是取决于一些和它们二者全然无关的情况。因为不然的话，这些条件也必然在交换中发生作用，大体上支配着交换，并且还无视交换而独立存在，这样才能谈得上商品的总价值。但是，大名鼎鼎的洛里亚却认为这是胡说。不管两个商品按什么比例互相交换，这个比例就是它们的价值，这就是一切。因此，价值和价格是同一的。每一个商品有多少种价格，就有多少种价值。而价格是由需求和供给决定的。如果有人还要进一步提出问题，并期望得到答案，那他就是一个傻瓜。

不过事情终究还有一点小小的麻烦。在正常情况下，需求和供给是平衡的。因此我们把世界上现有的全部商品分成两半，一类代表需求，同样大的另一类代表供给。假定每一类商品所代表的价格都是10 000亿马克、法郎、镑或任何其他货币单位。按照亚当·里斯的算法把它们加起来，就是20 000亿的价格或价值。但是洛里亚先生却说：胡说，荒谬。这两类商品加在一起，可以代表20 000亿的价格。但是，说到价值，情况就不同了。如果我们说的是价格，那就是10 000 + 10 000 = 20 000。但是，如果我们说的是价值，那就是10 000 + 10 000 = 0。至少在这里谈到商品总体时情形是这样。因为在这里，双方中每一方的商品之所以值10 000亿，是由于双方中每一方都愿意并且能够对另一方的商品给予这个数额。但是，如果我们把双方的商品全部集中在第三者手里，那么第一个人手里就不再有价值了，第二个人也不再有价值了，第三个人更没有了——结果是谁也没有。在这里，我们看到我们的南方人卡利奥斯特罗如此这般把价值概念化为乌有的拿手好戏，不禁要再一次惊叹起来。这

恩格斯为《资本论》第三卷增补的
《价值规律和利润率》手稿的第一页

就是庸俗经济学的完成!⁽¹⁾

---

(1)这位"因为有名声所以被人知道"的先生(用海涅的话来说)后来也觉得,对于我为第三卷所作的序言,——在这篇序言已经在1895年《评论》第1期上用意大利文发表之后,——非作出答复不可。答复登载在1895年2月25日的《社会改革》上。他先对我奉承了一番,这在他来说是必不可少的,但正因为如此,也就加倍令人讨厌。然后他声明说,他从来没有想要把马克思在唯物史观方面的功劳据为己有。他说他早在1885年就承认了这些功劳,那是在一篇杂志论文中附带地提了一下。但是,正是在应当表示承认的地方,即在他的那本涉及这个问题的著作中,他却更加顽固地闭口不谈这些功劳。在这本书中,直到第129页才提到马克思的名字,而且只是在说到法国的小土地所有制时才提到。而现在他却大胆宣布,马克思根本不是这个理论的创始人;如果说这个理论不是由亚里士多德早就大体上提了出来,那么至少哈林顿在1656年已经明确无误地宣布了它,并且在马克思之前很久,已经有一连串历史学家、政治家、法学家和经济学家对这个理论作了阐述。这就是在洛里亚著作的法文版中可以读到的一切。总之,马克思是一个十足的剽窃者。在我使他不可能再从马克思那里剽窃什么来大吹大擂之后,他就厚起脸皮说,马克思完全和他一样,也是用别人的羽毛来装饰自己。——关于我在其他方面对他的抨击,洛里亚只提到这样一点,即他原来曾以为,马克思根本没有打算写《资本论》第二卷,更谈不上第三卷。"现在恩格斯得意扬扬地把第二卷和第三卷扔在我面前作为答复……妙极了!这两卷书使我感到这么大的愉快,我由此得到了这么多精神上的享受,以致从来没有一个胜利像今天的失败——如果这真是失败的话——这样使我觉得如此可喜。但是,这真是失败吗?马克思真的为了发表而写下这么一大堆不连贯的笔记,好让恩格斯怀着虔敬的友谊把它们编在一起吗?真的可以设想,马克思……以为这些文稿会成为他的著作和他的体系的王冠吗?真的可以相信,马克思会发表关于平均利润率的那一章吗?在这一章里,好多年前就答应要提出的解决,被归结为最无聊的故弄玄虚和最庸俗的文字游戏。这至少是可以怀疑的…… 在我看来,这证明马克思在发表他的光辉(splendido)著作以后就没有打算写什么续卷。说不定,他原来就是想把他的巨著交给他的继承人去完成,而自己不担负什么责任。"

在第267页上就是这样写的。海涅关于他的庸俗的德国读者说过一句最在布劳恩的《社会立法文库》第七卷第四期上，韦尔纳·桑巴特对于马克思体系的轮廓，总的说来作了出色的描述。第一次由一位德国大学教授，做到了在马克思的著作中大体上看出马克思真正说的是什么，声称对马克思体系的评论不应当是反驳——"让政治野心家去这样干吧"——，而只应当是进一步的发展。当然，桑巴特也在研究我们现在的题目。他研究了价值在马克思体系中具有什么意义的问题，并且得出了如下结论：价值在按资本主义方式生产出来的商品的交换关系中不会表现出来；价值在资本主义生产当事人的意识中是不存在的；它不是经验上的事实，而是思想上、逻辑上的事实；在马克思那里，价值概念按其物质规定性来说，不外是劳动的社会生产力构成经济存在的基础这样一个事实的经济表现；价值规律最终支配着资本主义经济制度下的经济过程，并且对这种经济制度来说普遍具有这样的内容：商品价值是最终支配着一切经济过程的劳动生产力借以发挥决定性作用的一种特有的历史形式。——以上就是桑巴特的说法。这样理解价值规律对资本主义生产形式的意义，不能说不正确。但是，在我看来，这样理解未免太空泛了，还可以提出一个比较严密、比较确切的说法；我认为，这样的理解并没有包括价值规律对于那些受这个规律支配的社会经济发展阶段的全部意义。

在布劳恩的《社会政治中央导报》(1895年2月25日第22期)

轻蔑不过的话："作者终于和他的读者搞熟了，好像读者是有理性的生物了。"[410]大名鼎鼎的洛里亚又要把他的读者看成什么呢？

最后，又向我这个倒霉的人倾注了一大堆新的恭维话。在这样做时，我们的斯加纳列尔很像巴兰，他本来是去诅咒人的，但是他的嘴却不听使唤，竟说出了"祝福和爱戴的话"。善良的巴兰与众不同之处正在于，他骑着一头比主人还要聪明伶俐的驴。可是这一回，巴兰显然把他的驴留在家里了。[411]

上,也有一篇关于《资本论》第三卷的精辟论文,作者是康拉德·施米特。特别要指出的是,这篇文章中论证了,马克思怎样从剩余价值中引出平均利润,从而第一次回答了到现在为止的经济学从来没有提出过的问题:这个平均利润率的水平是怎样决定的,比如说为什么是10%或15%,而不是50%或100%。自从我们知道,首先由产业资本家占有的剩余价值是产业利润和地租的唯一源泉以来,这个问题就自然而然地解决了。施米特的论文的这一部分可以看做是直接为洛里亚之流的经济学家写的,如果使那些什么也不愿意看的人睁开眼睛并不是白费力气的话。

关于价值规律,施米特也有他的一些形式方面的思考。他把价值规律叫做为说明实际交换过程而提出的一种科学**假说**;这个假说甚至在表面上同它完全矛盾的竞争价格现象面前,也被说成是必要的理论上的出发点,是说明这些现象所必不可少的东西。他认为,没有价值规律,就不可能有对于资本主义现实的经济活动的任何理论认识。而在一封他同意我引用的私人信件中,施米特直接宣称资本主义生产形式内的价值规律是一种虚构,即使是理论上必要的虚构。[412]但是我认为,这种理解是完全不正确的。价值规律对于资本主义生产来说远比单纯的假说——更不用说比虚构,即使是必要的虚构——,具有更重大得多、更确定得多的意义。

无论桑巴特还是施米特——至于那位大名鼎鼎的洛里亚,我在这里顺便提到他,只是把他当做逗人笑的庸俗经济学的陪衬——都没有充分注意到:这里所涉及的,不仅是纯粹的逻辑过程,而且是历史过程和对这个过程加以说明的思想反映,是对这个过程的内部联系的逻辑研究。

　　具有决定意义的是马克思《资本论》第三卷（上）第154页①上的一段话："全部困难是由这样一个事实产生的：商品不只是当做**商品**来交换，而是当做**资本的产品**来交换。这些资本要求从剩余价值的总量中，分到和它们各自的量成比例的一份，或者在它们的量相等时，要求分到相等的一份。"为了说明这种区别，我们现在假定，工人占有自己的生产资料，他们平均劳动时间一样长，劳动强度一样大，并且互相直接交换他们的商品。这样，两个工人在一天内通过他们的劳动加到他们的产品上的新价值就一样多，但是，每个人的产品却会由于以前已经体现在生产资料中的劳动不等而具有不同的价值。已经体现在生产资料中的价值部分代表资本主义经济的不变资本；新追加的价值中用在工人生活资料上的部分代表可变资本；新价值中余下的部分代表剩余价值，这部分价值在这里属于工人。因此，两个工人在扣除只是由他们预付的"不变"价值部分的补偿以后，会得到相等的价值；但代表剩余价值的部分同生产资料价值的比率——它相当于资本主义的利润率——对二者来说却是不同的。不过，因为他们每个人在交换时都使生产资料的价值得到了补偿，所以这件事情也就完全无关紧要了。"因此，商品按照它们的价值或接近于它们的价值进行的交换，比那种按照它们的生产价格进行的交换，所要求的发展阶段要**低得多**。按照它们的生产价格进行的交换，则需要资本主义的发展达到一定的高度……　因此，撇开价格和价格变动受价值规律支配不说，把商品价值看做不仅**在理论上**，而且**在历史上**先于生产价格，是完全恰当的。这适用于**生产资料归劳动者所有**的那种状态；这种状态，无论在古代世界还是近代世界，都可以在自耕

---

　　①见本卷第196页。——编者注

农和手工业者那里看到。这也符合我们以前所说的见解,即产品发展成为商品,是由不同共同体之间的交换,而不是由同一公社各个成员之间的交换引起的。这一点,正像它适用于这种原始状态一样,也适用于后来以奴隶制和农奴制为基础的状态,同时也适用于手工业行会组织,只要它处于这样一种情况:固定在每个生产部门中的生产资料很不容易从一个部门转移到另一个部门,因而不同部门的互相关系就好像不同的国家或不同的共产主义共同体之间的关系一样。"(马克思《资本论》第三卷(上)第155、156页[①])

如果马克思来得及把这个第三册再整理一遍,他毫无疑问会把这段话大大加以发挥。现在这段话,不过是关于这个问题所要说的内容的一个大概轮廓。因此,我们要较为详细地谈谈这一点。

我们都知道,在社会的初期,产品是由生产者自己消费的,这些生产者自发地组织在或多或少是按共产主义方式组织起来的公社中;用这些产品的余额和外人进行交换,从而引起产品到商品的转化,是以后的事,这种交换起先只是发生在各个不同的氏族公社之间,但后来在公社内部也实行起来,于是大大地促进公社分解为大小不等的家庭集团。但即使在这种解体发生之后,进行交换的家长也仍旧是劳动的农民;他们靠自己家庭的帮助,在自己的田地上生产他们所需要的几乎一切物品,只有一小部分必需品是用自己的剩余产品同外界交换来的。一个家庭不仅从事农业和畜牧业,而且还把农牧业产品加工成现成的消费品,有些地方甚至还用手磨磨粉,烤面包,把亚麻和羊毛纺成纱,染上色并织成织物,鞣皮,建造并修缮木头房子,制造工具和器具,不少地方还从事木工活和铁工活,以致家庭

---

① 参看本卷第197—198页。——编者注

或家庭集团基本上可以自给自足。

　　一个这样的家庭要向其他家庭交换或购买的少数物品,在德国,甚至直到19世纪初,还主要是手工业生产的物品。农民并不是不会生产这些物品,他所以自己不生产这些物品,只是因为得不到原料,或者因为买到的物品要好得多或便宜得多。因此,中世纪的农民相当准确地知道,要制造他换来的物品,需要多少劳动时间。村里的铁匠和车匠就在他眼前干活;裁缝和鞋匠也是这样,在我少年时代,裁缝和鞋匠们还挨家挨户地来到我们莱茵地区的农民家里,把各家自备的原料做成衣服和鞋子。农民和卖东西给他的人本身都是劳动者,交换的物品也是他们各人自己的产品。他们在生产这些产品时耗费了什么呢?劳动,并且只是劳动。他们为补偿工具、为生产和加工原料而花费的,只是他们自己的劳动力。因此,如果不按照花费在他们这些产品上的劳动的比例,他们又能怎样用这些产品同其他从事劳动的生产者的产品进行交换呢?在这里,花在这些产品上的劳动时间不仅对于互相交换的产品量的数量规定来说是唯一合适的尺度;在这里,也根本不可能有别的尺度。不然的话,难道可以设想,农民和手工业者竟如此愚蠢,以致有人会拿10小时劳动的产品来和另一个人1小时劳动的产品交换吗?在农民自然经济的整个时期内,只可能有这样一种交换,即互相交换的商品量趋向于越来越用它们所体现的劳动量来计量。自从货币进入这种经济方式的时候起,一方面,适应价值规律(注意,指马克思所表述的价值规律!)的趋势变得更明显了,但另一方面,这种趋势又由于高利贷资本和苛捐杂税的干扰而受到了破坏;价格平均起来达到几乎完全接近价值的程度就需要更长的期间了。

　　以上所说,也适用于农民的产品和城市手工业者的产品之间的交换。起初,这种交换是在没有商人作中介的情况下,在城市的集日里直接进行的。农民就在集市上卖出买进。在那里,不仅农民知道手工业者的劳动条件,而且手工业者也知道农民的劳动条件。因为手工业者自己在某种程度上也还是一个农民,他不仅有菜园和果园,而且往往还有一小块土地,一两头母牛、猪、家禽等等。因此,中世纪的人能够按照原料、辅助材料、劳动时间而相当精确地互相计算出生产费用——至少就日常用品来说是这样。

但是,在这种以劳动量为尺度的交换中,对于那些需要较长劳动时间、劳动又为不规则的间歇所中断、劳动的成果也不确定的产品来说,例如对于谷物或牲畜来说,这个劳动量又怎样——即使只是间接地、相对地——计算呢?而且不会算的人又怎么办呢?显然,只有通过一个漫长的、往往是在暗中不断摸索、经过曲折才逐渐接近的过程,而且在这个过程中也像在别处一样,人们只有吃一堑才能够长一智。但是,每个人必须大体上收回成本这一点又总是会帮助找出正确的方向,而且,进入交易的物品的种类不多,这些物品的生产方法往往几百年都没有什么变化,这一切又使得上述目的比较容易达到。其实要使这些产品的相对价值量相当近似地确定下来,决不需要很长的时间,这一点,单是由下面这样一个事实就可以得到证明:像牲畜这样的商品,由于每头牲畜的生产时间很长,它的相对价值似乎是最难确定的,但它却成了最早的、几乎得到普遍承认的货币商品。要使牲畜成为货币商品,牲畜的价值,它对一系列其他商品的交换比率,必须已经具有比较不寻常的、在包含有许多部落的区域内已经得到一致承认的确定性。当时的人——不管是牲畜饲养者还是他们的买主——肯定都已相当精明,他们不会在交换中得不到等价物而把所耗费的劳动时间白白送给别人。相反,人们越是接近商品生产的原始状态——例如俄国人和东方人——,甚至在今天,他们就越是把更多的时间浪费在持久的、互不相让的讨价还价上,去为他们花费在产品上的劳动时间争得充分的代价。

从价值由劳动时间决定这一点出发,全部商品生产,以及价值规律的各个方面借以发生作用的多种多样的关系发展起来了,这在《资本论》第一册第一篇中已作了叙述;也就是说,特别是那些使劳动成为形成价值的唯一因素的条件发展起来了。而且,这些条件是在当事人并未意识到的情况下起作用的,只有通过辛勤的理论研究才能从日常实践中把它们抽象出来,也就是说,它们是按自然规律的方式起作用,而马克思也已证明,这一切都是从商品生产的本性中必然发生的。最重要和最关键的进步,是向金属货币的过渡。但是这种过渡也造成了如下的后果:价值由劳动时间决定这一事实,从此在商品交换的表面上再也看不出来了。从实践的观点来看,货币已经成了决定性的价值尺度;而且,进入交易的商品种类越是繁多,越是来自遥远的地方,因而生产这些商品所必需的劳动时间越是难以掌握,情况就越是这样。此外,货币本身最初多半来自外地;即使本地出产贵金属,农民和手工业者一方面仍然无法近似地估计出花费在贵金属上的劳动,另一方面,对他们来说,由于习惯于用货币进行计算,关于劳动是价值尺度这种属性的意识已经变得十分模糊;货币在人民大众的观念中开始代表绝对价值了。

总之,只要经济规律发生作用,马克思的价值规律对于整个简单商品生产时期来说便是普遍适用的,也就是说,直到简单商品生产由于资本主义生产形式的出现而发生变形之前是普遍适用的。在此之前,价格都以马克思的规律所决定的价值为重心,并且围绕着这种价值而波动,以致简单商品生产发展得越是充分,一个不为外部的暴力干扰所中断的较长时期内的平均价格就越是与价值趋于一致,直至量的差额小到可以忽略不计的程度。因此,马克思的价值规律,从开始出现使产品转化为商品的那种交换时起,直到公元15世纪止这个时期内,在经济上是普遍适用的。但是,商品交换在有文字记载的历史之前就开始了。在埃及,至少可以追溯到公元前3500年,也许是5000年;在巴比伦,可以追溯到公元前4000年,也许是6000年;因此,价值规律已经在长达5000年至7000年的时期内起支配作用。现在,我们可以来欣赏一下洛里亚先生的彻底的深思精神了。洛里亚先生竟然把这个时期内普遍和直接适用的价值叫做这样一种价值,商品从未按照它来出售,也不能按照它来出售,并且说任何一个稍有点健全理智的经济学家都不会去研究它!

到目前为止,我们一直没有谈商人。直到现在,在我们进而考察简单商品生产向资本主义商品生产转化之前,我们可以不考虑商人的介入。商人对于从前一切停滞不变、可以说由于世袭而停滞不变的社会来说,是一个革命的要素。在这样的社会中,农民不仅把他的份地,而且也把他作为自由的私有者、自由的或依附的佃农或农奴的地位,世袭地和几乎不可转让地继承下来,城市手工业者则把他的手工业和他的行会特权,世袭地和几乎不可转让地继承下来,而且他们每一个人还会把他的买主、他的销售市场以及他自幼作为祖传职业学到的技能继承下来。现在商人来到了这个世界,他应当是这个世界发生变革的起点。但是,他并不是自觉的革命者;相反,他与这个世界骨肉相连。中世纪的商人决不是个人主义者;他像他的所有同时代人一样,本质上是共同体的成员。在农村,占统治地位的是从原始共产主义中生长起来的马尔克公社。起初,每个农民都有同样大小的份地,其中包括面积相等的每种质量的土地,并且每个人在公共马尔克中也相应地享有同样大小的权利。自从马尔克公社变为闭关自守的组织，没有新的份地可以分配以来，份地由于继承遗产等等原因而发生了再分割，与此相适应，马尔克的权利也发生了再分割；但是，由于仍旧以每份份地作为一个单位，结果产生了二分之一、四分之一、八分之一的份地，以及相应地在公共马尔克中分享二分之一、四分之一、八分之一的权利。以后的一切同业公会，都是按照马尔克公社的样子建立起来的，首先就是城市的行会，它的规章制度不过是马尔克的规章制度在享有特权的手工业上而不是在一个有限的土地面积上的应用。整个组织的中心点，是每个成员都同等地分享那些对全体来说都有保证的特权和利益。这一点还非常清楚地表现在1527年的埃尔伯费尔德和巴门的"纺纱业"特权上。(图恩《下莱茵的工业》第2卷第164页及以下几页)以上所说也适用于矿业劳动组合。在那里，每个股份都享有同等的一份利益，并且像马尔克成员的份地一样，每个股份的权利和义务也可以一道分割。以上所说也完全适用于经营海外贸易的商人公会。亚历山大里亚港或君士坦丁堡港的威尼斯人和热那亚人，他们每一个"民族"都在各自的商馆(Fondaco，除中心办事处之外，还包括宿舍、餐馆、仓库、展览厅和售货厅)建立了完整的商业公会；它们的成立是为了对付竞争者和顾客；它们按照内部确定的价格来出售商品；它们的商品都有一定的质量，要经过公开的检验并且往往盖上印记作为保证；它们还共同规定了向当地居民购买产品时许可支付的价格等等。汉撒同盟的人在挪威卑尔根的德意志桥上就是这样做的，他们的荷兰和英国的竞争者也是这样做的。凡是低于价格出售或高于价格购买的人都要倒霉！这种人受到的联合抵制在当时意味着必然的毁灭，更不用说商会对违反规章的人所直接给予的惩罚了。此外，还有为一定目的而建立起来的更狭窄的商业团体,例如,在14世纪和15世纪,多年控制着小亚细亚的福西亚明矾矿和希俄斯岛的明矾矿的热那亚的"摩阿那"。又如,从14世纪末就同意大利和西班牙做生意并在那里设立了分支机构的巨大的拉文斯贝格贸易公司;又如奥格斯堡的富格尔、韦尔泽、弗林、赫希斯泰特尔等和纽伦堡的希尔施福格尔等创立的德国公司,曾以66 000杜卡特的资本和三艘船,参加1505年至1506年葡萄牙对印度的远征,获得了150%(根据另一种材料,是175%)的纯利润。(海德《黎凡特①贸易史》第2卷第524页)此外,还有一系列别的"垄断"公司,对于它们,路德曾经表示了极大的愤怒。

在这里,我们第一次遇到了利润和利润率。而且是商人有意识地和自觉地力图使这个利润率对所有参加者都均等。威尼斯人在黎凡特各国,汉撒同盟的人在北方各国,购买商品时每人所支付的价格都和邻人一样,商品花费的运费也一样。他们出售商品得到的价格以及购买回头货时支付的价格,都和本"民族"的所有其他商人一样。因此,利润率对所有的人来说都是均等的。对大贸易公司来说,利润要按照投资份额的比例来分配是理所当然的事情,就像马尔克的权利要按照含权份地所占比例来分配,或者矿业的利润要按照股份所占比例来分配一样。因此,相等的利润率,在其充分发展的情况下本来是资本主义生产的最后结果之一,而这里在其最简单的形式上却表明是资本的历史出发点之一,甚至是马尔克公社直接生出的幼枝,而马尔克公社又是原始共产主义直接生出的幼枝。

这个原始的利润率必然是很高的。经商所冒的风险非常大,这不仅因为海盗异常猖獗;而且因为各竞争民族一有机会,往往会采取

①地中海东岸诸国的旧称。——编者注

各种各样的暴力行为;最后,销售和销售条件要依靠外国君主的特许,而违背或撤销特许的事情又经常发生。因此,利润中必须包含一笔很高的保险金。此外,周转是迟滞的,营业的进行是缓慢的,而在情况最好的时候(当然,这种时候很少是长久的),营业又是获得垄断利润的垄断贸易。当时通行的利息率很高,这也证明利润率平均是很高的,因为利息率整个说来总是要低于普通商业的利润率的。

但是,这种由商会的共同行动造成的、对一切参加者来说都相等的高利润率,只是在本商会的范围内,在这里也就是在一个"民族"的范围内才有效。威尼斯人、热那亚人、汉撒同盟的人、荷兰人——每个民族都各有特殊的利润率,甚至每个销售区域当初都或多或少各有特殊的利润率。这些不同的团体利润率的平均化,是通过相反的道路,即通过竞争来实现的。首先,同一个民族在不同市场上的利润率得到平均化。如果威尼斯的商品在亚历山大里亚得到的利润大于在塞浦路斯、君士坦丁堡或特拉佩宗特得到的利润,那么,威尼斯人就会把更多的资本投入对亚历山大里亚的贸易,而把相应的资本从其他市场的贸易中抽出。然后,在向同一些市场输出同种商品或类似商品的各民族之间,也必然会逐渐发生利润率的平均化,其中有些民族往往会被压垮,从而退出舞台。但是,这个过程不断为政治事件所中断,例如,整个黎凡特贸易由于蒙古人和土耳其人的入侵便因而归于衰落。1492年以来地理和商业上的大发现[174],只是加速并最后完成了这个衰落过程。

接着而来的销售区域的突然扩大,以及与此相连的交通线的巨大改变,起初并没有引起商业经营方式的任何重大的变化。起初,同印度和美洲进行贸易的也仍然主要是这些商会。不过,首先,站在这些商会背后的是一些较大的民族。经营美洲贸易的整个大联合的西班牙代替了经营黎凡特贸易的卡泰罗尼亚人;除西班牙外,还有英国和法国这样两个大国;甚至最小的荷兰和葡萄牙,也至少像前一个时期最强大的商业民族威尼斯一样强大。这种情况对16世纪和17世纪的行商、商业冒险家提供的支持,使那种对自己的成员实行武装保护的商会越来越成为多余的了,从而使商会的费用直接成为多余的负担。其次,财富在个人手里的积累现在已经显著加快,以致单个商人很快就能够在一个企业中投下像以前整个公司所投的那样多的资金。商业公司在它们还继续存在的地方多半都变成了武装的团体,它们在祖国的保护和庇护下,对新发现的整块土地实行征服,并进行垄断的剥削。但是,在新的地区主要也是以国家名义建立的殖民地越多,商会贸易就越会让位于单个商人的贸易,从而利润率的平均化就会越来越成为只是竞争的事情。

到现在为止,我们只了解了商业资本的利润率。因为,到现在为止还只有商业资本和高利贷资本;产业资本只是在这以后才发展起来。生产主要还是掌握在自有生产资料的劳动者手里,因而他们的劳动不为任何资本提供剩余价值。如果说他们必须无代价地把一部分产品交给第三者,那就是以贡赋的形式交给封建主。因此,商人资本至少在开始的时候只能从本国产品的外国购买者那里,或者从外国产品的本国购买者那里赚取利润;只是到了这个时期的最后,对意大利来说,也就是随着黎凡特贸易的衰落,外国的竞争和销路的困难才迫使制造出口商品的手工业生产者把商品低于价值卖给出口商人。因此,我们在这里看到了这样一种现象:在国内单个生产者之间进行的零售贸易中,商品平均说来是按照价值出售的,但是在国际贸易中,由于上面所说的理由,通常都不是如此。这种情况完全和现在的世界相反。现在,生产价格适用于国际贸易和批发商业,但在城市零售贸易中,价格的形成则是由完全不同的利润率来调节的。例如,现在牛肉从伦敦批发商人转到伦敦消费者个人手中时增加的价格,要大于从芝加哥批发商人转到伦敦批发商人手中时增加的价格(包括运费在内)。

在价格的形成上逐渐引起这种变革的工具是产业资本。产业资本的萌芽早在中世纪就已形成,它存在于以下三个领域:航运业、采矿业、纺织业。意大利和汉撒同盟各沿海共和国所经营的那种规模的航运业,没有水手即雇佣工人(他们的雇佣关系,可能被实行分红的组合形式所掩盖)是不行的,而且当时的大桡船,没有摇桨工即雇佣工人或奴隶也是不行的。原来由合伙的劳动者构成的矿业组合,几乎到处都变成了靠雇佣工人进行开采作业的股份公司。在纺织业中,商人已经开始让小织造工匠直接为自己服务,他供给他们纱,并且付给他们固定的工资,让他们把纱织成织物;总之,他已经由一个单纯的购买者变成所谓的**包买商**了。

在这里,我们看到了资本主义剩余价值形成的开端。矿业组合作为闭关自守的垄断团体,我们可以把它撇开不说。就航运业主来说,很明显,他们的利润至少应等于本国的普通利润加上保险费、船舶损耗费等等额外费用。而至于纺织业的包买商,他们最先把那种直接为资本家生产的商品拿到市场上来,并同手工业者自己生产的同类商品进行竞争,他们的情况又怎样呢?

商业资本的利润率早已存在。它也已经平均化为近似的平均率,至少对当地来说是这样。那么,是什么原因推动商人去承担包买商这一特别的业务呢?唯一的原因是:在出售价格与别人相等的情况下可望获得更大的利润。他已经有了这种前景。当他雇用小织造工匠来为自己服务时,他就打破了生产者只能出售自己制成的产品而不能出售别的东西这样一种传统的生产限制。商人资本家购买了暂时还占有生产工具但已经不再有原料的劳动力。这样,他就保障了织工经常有活干,却因此也就能够压低织工的工资,使他们完成的劳动时间的一部分得不到报酬。因此,包买商就成了超过他原来的商业利润以上的剩余价值的占有者。当然,他为了达到这个目的,还必须使用追加资本,去购买纱等物品并让它们留在织工手里,直到织成织物为止。而在以前,他只是在采购织物的时候才支付全部价格。但是第一,在大多数情况下,他还必须把一笔额外资本预付给织工,因为织工通常只有在无力偿债而陷于农奴地位的条件下才会屈从于新的生产条件。第二,即使撇开这点不说,计算总是采取如下的形式:

假定我们这个商人用资本30 000杜卡特、策欣、镑或任何其他货币单位来经营他的出口业务。其中10 000用来采购国内商品,20 000用在海外销售市场上。资本每两年周转一次。年周转额＝15 000。现在假定我们这个商人要自己经营织造业,成为包买商。为此他必须追加多少资本呢?我们假定他所出售的那批织物的生产时间平均为两个月(这段时间当然是很长的)。我们再假定一切都要用现金支付。因此,他必须追加足够的资本,以便为他的织工提供两个月的纱。因为他的年周转额是15 000,所以他在两个月内用来购买织物的是2 500。假定其中2 000代表纱的价值,500代表织工的工资。这样,我们这位商人就需要有追加资本2 000。我们假定他用新方法从织工那里占有的剩余价值只等于织物价值的5%,这当然只是一个很低的剩余价值率25%(2 000c＋500v＋125m;m'＝$\frac{125}{500}$＝25%,p'＝$\frac{125}{2\,500}$＝5%)。这样一来,我们这位商人从他的年周转额15 000中会赚到额外利润750,因此,只要$2\frac{2}{3}$年他就可以把他的追加资本捞回来了。

但是,为了加快销售和周转,从而使同一资本可以在较短的时间内赚到同样多的利润,也就是说,在同一时间内比以前赚到更多的利润,他会把他的剩余价值的一小部分赠给买者,也就是说,会比他的竞争者卖得便宜一些。这些竞争者也会逐渐变成包买商,这时,额外利润对所有的人都会变为普通利润,甚至对于所有人的已经增加的资本来说,还会变为更低的利润。利润率的均等再一次形成了,虽然所形成的利润率的水平可能不一样了,因为国内生产的剩余价值已经有一部分让给国外的买者了。

产业从属于资本的下一步,是工场手工业的出现。工场手工业使得在17世纪和18世纪还多半是自己充当自己的出口商人的工场手工业者(在德国直到1850年几乎普遍都是这样,甚至到今天有些地方也还是这样),有可能比他的落后的竞争者即手工业者按比较便宜的方法从事生产。同一个过程又发生了。工场手工业资本家占有的剩余价值使得他或者同他分享剩余价值的出口商人,能够比自己的竞争者卖得便宜一些,直到新的生产方式得到普遍推广为止,这时平均化就又重新出现。已有的商业利润率,即使它只是在局部地区实现了平均化,仍然是一张普罗克拉斯提斯的床,以它为标准,超额的产业剩余价值都会被毫不留情地砍掉。

如果说工场手工业由于产品变得便宜而迅速发展起来,那么大工业就更加如此。大工业通过它的不断更新的生产革命,使商品的生产费用越降越低,并且无情地排挤掉以往的一切生产方式。它还由此为资本最终地征服了国内市场,使自给自足的农民家庭的小生产和自然经济陷于绝境,把小生产者间的直接交换排挤掉,使整个民族为资本服务。它还使不同商业部门和工业部门的利润率平均化为**一个**一般的利润率,最后,它在这个平均化过程中保证工业取得应有的支配地位,因为它把一向阻碍资本从一个部门转移到另一个部门的绝大部分障碍清除掉。这样,对整个交换来说,价值转化为生产价格的过程就大致完成了。可见这种转化是在当事人的意识或意图之外,依照客观规律进行的。至于竞争会使超过一般利润率的利润降为一般水平,因而会从最初的产业家占有者手里把超过平均水平的剩余价值重新夺走,这在理论上完全没有困难。而在实践上却很困难,因为占有超额剩余价值的各生产部门,也就是说,可变资本较多而不变资本较少,因而资本构成较低的各生产部门,按照它们的性质来说,从属于资本主义的经营恰恰是最晚的,而且是最不充分的;首先是农业。相反,至于把生产价格提高到商品价值以上,——而这是为了把资本构成较高的部门的产品中所包含的不足的剩余价值提高到平均利润率水平所必需的,——这在理论上看来好像是非常困难的,而在实践上正如我们所看到的那样,却是最容易和最先办到的。因为,这类商品在刚开始按照资本主义方式生产并加入资本主义商业中去的时候,会同那些按照资本主义以前的方法生产的、因而比较贵的同类商品进行竞争。这样,资本主义的生产者即使放弃一部分剩余价值,也仍然能够获得当地通行的利润率。这种利润率本来和剩余价值没有直接关系,因为在按照资本主义方式生产之前,也就是在产业利润率成为可能之前,这种利润率早已从商业资本中产生了。

II. 交 易 所

1. 从第三卷第五篇,特别是第[二十七]章可以看出,交易所在整个资本主义生产中占有怎样的地位。但是,自从1865年写作本书以来,情况已经发生了变化,这种变化使今天交易所的作用大大增加了,并且还在不断增加。这种变化在其进一步的发展中有一种趋势,要把全部生产,工业生产和农业生产,以及全部交往,交通工具和交换职能,都集中在交易所经纪人手里,这样,交易所就成为资本主义生产本身的最突出的代表。

2. 1865年交易所在资本主义体系中还是一个**次要的**要素。国债券代表着交易所证券的主要部分,它们的数量也还比较少。此外,股份银行在大陆和美国虽已盛行,但它们在英国却刚刚在着手并吞贵族的私人银行。它们的数量还比较少。第三,铁路股票和现在相比也还比较少。直接生产事业还很少采取股份形式。这种形式像银行一样,大多数出现在一些**比较贫穷的**国家,如德国、奥地利、美国等等。当时,"老板的监督"还是一种不可克服的迷信。

因此,当时交易所还是资本家们互相夺取他们积累的资本的地方,它同工人所以直接有关,不过在于它是资本主义经济的普遍的败坏道德的影响的新证据,并且是下述加尔文教义的证实:在这个世间,福与祸,富与贫,即享乐和权力与穷困和受奴役,都是上帝预先决定的,或者说是碰运气。

3. 现在情况不同了。自1866年危机以来,积累以不断加快的速度进行,以致在所有的工业国,至少在英国,生产的扩展赶不上积累的增长,单个资本家的积累已经不能在扩大自身营业方面全部用掉;英国的棉纺织业在1845年就已如此,还有铁路投机。但是随着这种积累的增长,食利者的人数也增加了。这种人对营业上经常出现的紧张已感到厌烦,只想悠闲自在,或者只揽一点像公司董事或监事之类的闲差事。第三,为了便于这样流来流去的大量货币资本得到使用,现在又在以前没有设立过有限公司的地方,到处都设立了合法的新式有限公司。以前负无限责任的股东的责任,也或多或少地减轻了(1890年德国的股份公司。认股额的40%!)。

4. 此后,工业逐渐转变为股份企业。一个部门接着一个部门遭到这种命运。首先是现在需要巨额投资的铁业(在此以前是采矿业,不过还没有矿业股票)。然后是化学工业,以及机器制造厂。在大陆,有纺织业,在英国,还只有兰开夏郡的少数几个地方(奥尔德姆的纺纱业,伯恩利的织布业等等,缝衣合作社,但后者只是准备阶段,在下一次危机到来时,又会落到老板手里),啤酒厂(数年前,有几家美国啤酒厂卖给了英国资本,然后有基尼斯、巴斯、奥尔索普等公司)。然后有托拉斯。这种托拉斯创立了实行共同管理的巨大企业(例如联合制碱托拉斯)。普通的独家商号只不过越来越成为使营业扩大到足以"建立股份公司"地步的准备阶段。

商业也是这样。里夫公司、帕森斯公司、莫利公司、莫里逊—狄龙公司,全都建立股份公司了。现在,甚至零售商店都已如此,而且不单是徒具"百货商店"之类的合作商店的虚名。

在英国,银行和其他信用机构也是这样。——大批新设的,都是股份有限公司。甚至像格林银行等一些老银行,也从原来只有七个私人股东变成有限公司了。

5. 在农业方面也有同样的情形。大大扩充的银行,特别是在德国(在各式各样的官僚名义下),日益成为抵押土地的持有者;连同这些银行的股票一起,地产的实际的最高所有权被转移到了交易所手中;而在田庄落入债权人手里的时候,情形就更是如此。在这里,开垦草原所引起的农业革命,产生了强烈影响;长此以往,总有一天,英国和法国的土地也都会控制在交易所手中。

6. 现在,一切国外投资都已采取股份形式。如果只讲英国:美国的铁路、北与南(参看证券行情表)、戈尔德贝格等等。

7. 然后是开拓殖民地。现在,这纯粹是交易所的附属物。欧洲列强为了交易所的利益在几年前就把非洲瓜分了。法国人征服了突尼斯和东京①。非洲已被直接租给各个公司(尼日尔,南非,德属西南非和德属东非)。马绍纳兰和纳塔尔也为了交易所的利益而被罗得斯占领了。

---

①越南北部的旧称。——编者注

注　釋

索　引

注　释

1　《资本论》第三卷系统地阐述了资本主义生产的总过程,分析了剩余价值
　　转化为利润和利润转化为平均利润,商品价值转化为生产价格,揭示了工
　　人创造的剩余价值的不同表现形式,以及全部剩余价值在产业资本家、商
　　业资本家、借贷资本家和土地所有者之间的分配,说明在资本主义制度
　　下,工人不仅受直接雇用他的资本家的剥削,而且受整个资本家阶级的剥
　　削。本卷是《资本论》理论部分的终结,恩格斯说这一卷"是光彩夺目的,它
　　将给人以雷鸣电闪般的印象"(见《马克思恩格斯全集》中文第1版第36卷
　　第336页)。

　　　　第三卷的理论是逐步形成的。在1857—1858年写的《资本论》第一个
　　手稿中,马克思开始找到了解决第三卷一些重要理论问题的钥匙。他论述
　　了剩余价值与它的转化形式利润之间的关系,研究了利润和利润率形成
　　的机制,还第一次科学地说明了利润率下降趋势这一资本主义生产的重
　　要规律。在1861—1863年的手稿中,第三卷的理论内容得到进一步的充实
　　和完善。马克思提出和解决了涉及第三卷理论的重大问题,包括成本价
　　格、生产价格和平均利润、商业资本和货币资本、地租、收入及其源泉等问
　　题。这些成果为第三卷的理论内容和结构打下了基础。

　　　　在1863—1865年期间,马克思分别撰写了《资本论》三册的手稿。马克
　　思在写完第一册手稿之后,从1864年下半年开始到1865年底,交叉着写了
　　第三册和第二册(第I稿)的手稿。据考证,第三册前半部分手稿(剩余价值
　　转化为利润;利润转化为平均利润;利润率趋向下降的规律)写于1864年
　　下半年,1865年上半年写的是第二册手稿(第I稿),1865年下半年写成了
　　第三册后半部分手稿(商业资本、货币资本、地租等)。这部第三册手稿是
　　马克思生前留下的《资本论》第三册的唯一完整的手稿,编号为第I稿,成
　　为恩格斯后来编辑出版《资本论》第三卷的基础。

　　　　1867年9月《资本论》第一卷出版后,马克思继续从事第二册和第三册

手稿的写作。马克思逝世前,他主要写了第二册的各个手稿,属于第三册的手稿只有该册第一章的两个修改稿的开头部分,编号为第II稿和第III稿,还有一个用方程式来说明剩余价值率和利润率关系的手稿。马克思晚年还为他的地租理论收集了美国和俄国土地关系的新材料,准备加工以后补充到手稿中,但计划未能实现。

马克思逝世后,恩格斯承担了《资本论》后两卷的编辑出版工作,把第二册编成第二卷,第三册编成第三卷。1885年2月恩格斯完成第二卷的编辑工作后,立即着手辨认和口授第三卷的手稿,到7月底形成了一部"誊清稿"。他以第三册第I稿为基础,吸收第II、III稿的成果,并请人整理和简化了方程式手稿,吸收到正文中。他还结合马克思逝世后出现的经济现象补写了某些片断。原手稿分为七章,恩格斯将它编成七篇五十二章,并在卷末写了两个增补:《价值规律和利润率》和《交易所》。关于恩格斯对各篇章内容的具体编辑工作,他自己在第三卷《序言》中作了较详细的说明。恩格斯本想尽早完成第三卷的编辑出版工作,但领导国际工人运动的重担、各种学术和著述活动以及健康状况的恶化,使这项工作历时十年才完成,1894年11月《资本论》第三卷在汉堡出版。

本卷的中译文和《马克思恩格斯全集》中文第2版第46卷一致,是在《马克思恩格斯全集》中文第1版第25卷译文的基础上,根据民主德国统一社会党中央马列主义研究院编辑出版的《马克思恩格斯全集》德文版第25卷并参考《马克思恩格斯全集》历史考证版第2部分第15卷重新校订的。——3。

2 《资本论》第一卷英文版是由赛·穆尔和爱·艾威林根据德文第三版翻译、最后由恩格斯审定的。1887年初由英国出版商威·斯·桑南夏恩分两册在伦敦出版。——3。

3 国际工人协会简称国际,后通称第一国际,是无产阶级第一个国际性的革命联合组织,1864年9月28日在伦敦成立。马克思参与了第一国际的创建,是它的实际领袖,恩格斯参加了对国际后期的领导工作。在马克思和恩格斯的指导下,第一国际领导了各国工人的经济斗争和政治斗争,积极支持了被压迫民族的解放运动,坚决地揭露和批判了蒲鲁东主义、巴枯宁主义、拉萨尔主义、工联主义等机会主义流派,促进了各国工人的国际团结。第一国际在1872年海牙代表大会以后实际上已停止了活动,1876年7月15日正式宣布解散。第一国际的历史意义在于它"奠定了工人国际组织的基础,使工人做好向资本进行革命进攻的准备"（见《列宁全集》中文第2版第36卷第290页）。——7。

4　俄国1861年改革指俄国废除农奴制度的改革。19世纪中叶,农奴制严重地阻碍资本主义的发展,1853—1856年克里木战争（见注221）失败后,革命形势发展,农民运动日益高涨。亚历山大二世政府被迫颁布《关于农民脱离农奴依附关系的一八六一年二月十九日法令》。该法令规定农民有人身自由,地主不得买卖或赠送农奴;农民有权支配自己的财产,进行诉讼和从事工商业活动,但土地仍归地主所有,农奴要获得上述自由必须交付高额赎金。这次改革虽然维护了地主阶级的利益,但仍为资本主义发展创造了条件。——10。

5　马克思1868年4月30日给恩格斯的信中有对《资本论》第三卷内容的介绍,在结尾的第VII点中谈到关于资本主义社会中与三种收入形式相适应的三大阶级必然产生阶级斗争的观点。——11。

6　指下列报告:《银行法特别委员会的报告。附委员会会议记录、证词、附件和索引》,根据下院决定于1857年7月30日刊印;《银行法特别委员会的报告。附委员会会议记录、证词、附件和索引》,根据下院决定于1858年7月1日刊印。——12。

7　恩格斯未能实现把《剩余价值理论》作为《资本论》第四卷出版的计划。1905—1910年卡·考茨基编辑出版了《剩余价值理论》德文版。1954—1961年苏共中央马列主义研究院出版了《剩余价值理论》俄文版;德国统一社会党中央马列主义研究院于1956—1962年以俄文版为依据出版了德文新版本。《剩余价值理论》作为《马克思恩格斯全集》俄文第二版第26卷（三册）分别于1962、1963和1964年出版。《剩余价值理论》的第一个中文译本是郭大力根据考茨基的版本翻译的,书名为《剩余价值学说史》,共三卷,1949年6月在长春由新中国书局出版发行。《剩余价值理论》现收入《马克思恩格斯全集》中文第二版第33—35卷。——12。

8　指德国讲坛社会主义者—国家社会主义者及其追随者,特别是指鲁·海·迈耶尔、泰·科扎克以及阿·瓦格纳。——12。

9　威·莱克西斯在《康拉德年鉴》,即《国民经济和统计年鉴》新辑1885年第11卷发表的评《资本论》第二卷的文章为《马克思的资本理论》。

　　关于莱克西斯的这篇文章,还可参看恩格斯1888年10月8日和1895年3月12日给康·施米特的信、1886年11月9日给尼·弗·丹尼尔逊的信。——12。

10　"边际效用"论是产生于19世纪70年代的资产阶级庸俗价值理论。它的创始人是奥地利经济学家卡·门格尔、英国经济学家和哲学家斯·杰文斯和法国经济学家莱·瓦尔拉。这一学派的理论与马克思的劳动价值论相对立,其基础是"边际效用"价值论。按照这种理论,价值的基础不是社会必要劳动,而是商品的所谓边际效用,这种边际效用反映了对满足购买者最不迫切需要的商品的效用的主观评价。"边际效用"论的拥护者认为劳动价值的理论不正确,他们说,实际上价格和价值是不一致的,价值通常由一些偶然的、与生产无关的情况,诸如商品稀少之类的情况所决定,从而掩盖了资本主义制度下对雇佣劳动的剥削这一事实。在现代资产阶级政治经济学中,"边际效用"论直到20世纪初仍广为流传。——14。

11　复本位制是金银两种金属同时起货币作用的币制。关于威·莱克西斯为复本位制辩护的主张,见他的《货币本位问题的批判分析》(1881年《德意志帝国立法、行政和国民经济年鉴》第5年卷第1分册第87—132页)。——15、357。

12　关于康·施米特的这本著作,见恩格斯1888年10月8日、1889年10月17日、1890年4月12日和1895年3月12日给康·施米特的信、1889年11月15日给奥·倍倍尔的信、1889年4月20日和1891年9月28日给卡·考茨基的信。——15。

13　指黑格尔关于概念和现实的关系,即所谓思维和存在的同一性的观点。恩格斯在1895年3月12日给康·施米特的信中在分析施米特关于利润率和价值规律的观点时也谈到了黑格尔关于概念和现实的关系。——15。

14　指康·施米特《平均利润率和马克思的价值规律》一文,见1892—1893年《新时代》第11年卷第1册第3期第68—75页;第4期第112—124页。——17。

15　指彼·法尔曼《马克思价值理论批判》一文,见1892年《国民经济和统计年鉴》第3辑第3卷第793—808页。——17。

16　鉴于有人认为《资本论》第三卷似乎同第一卷存在矛盾,恩格斯在本卷的增补《价值规律和利润率》中再次回到对《资本论》出发前提即简单商品生产的考察。见本卷第1006—1027页。——17。

17　关于彼·法尔曼的文章,见恩格斯1891年12月27日和1895年1月3日给卡·考茨基的信、1892年9月12日和1895年3月12日给康·施米特的信、1894年12月4日给弗·阿·左尔格的信。——18。

18　指尤·沃尔弗《马克思的平均利润率的谜》,见1891年《国民经济和统计年鉴》(即《康拉德年鉴》)第3辑第2卷第352—367页。

　　　关于沃尔弗的文章,见恩格斯1891年9月28日给卡·考茨基的信、1891年11月1日和1892年2月4日给康·施米特的信。——19。

19　指阿·洛里亚《卡尔·马克思》一文,见1883年4月《科学、文学和艺术最新集萃》第38卷第7期第509—542页。

　　　关于洛里亚的文章,见恩格斯1883年4月底给洛里亚的信、1890年4月12日给康·施米特的信。——20。

20　关于经济关系对政治关系来说归根结底是第一性的这一发现,事实上在马克思恩格斯写于1844年的《神圣家族》第四章和第五章开头部分以及写于1845—1846年的《德意志意识形态》的《一　费尔巴哈》(《马克思恩格斯文集》第1卷)中,就有明确的阐述。——21。

21　这里的第一册指阿·洛里亚使用的《资本论》第一卷法文版,其中第十一章相当于德文版第九章《剩余价值率和剩余价值量》。——21。

22　参看本书第1卷第371—372页。——21。

23　马克思在1867年写的《资本论》第一版序言中说:《资本论》第二卷"将探讨资本的流通过程(第二册)和总过程的各种形式(第三册)"。这里所说的第二卷后来由恩格斯编为两卷出版,这就是《资本论》第二卷和第三卷。见本书第1卷第13页。——22。

24 指恩格斯为马克思《资本论》第二卷所写序言的结尾处(见本书第2卷第24—25页)。——22。

25 指《评斯蒂贝林先生〈论资本密集对工资和劳动剥削的影响〉》一文,见1887年《新时代》第5年卷第3期第123—127页。——24。

26 恩格斯在本卷中提到《资本论》第一卷的引文时注明的是该书德文第二版和第三版的页码。这里的201/193页相当于本书第1卷第245页。——33。

27 见本书第2卷第171—387页。——40。

28 见本书第1卷第258页及以下几页。——41。

29 见本书第1卷第245页。——41。

30 见本书第1卷第247页。——41。

31 见本书第1卷第630—632页。——45。

32 见乔·拉姆赛《论财富的分配》1836年爱丁堡版第184页。——47。

33 关于托·马尔萨斯以赞同的态度引用罗·托伦斯的观点,见马克思《政治经济学批判(1861—1863年手稿)》第XIII笔记本第758—759页。——47。

34 根据18世纪化学中占统治地位的观点,燃烧的过程决定于可燃物体中一种特殊的物质——燃素,它在燃烧时从可燃物体中逸出。但是,由于人们知道,金属在空气中燃烧时重量增加了,于是主张燃素说的人便断言燃素具有一种在物理学上无法解释的负重量。法国化学家安·洛·拉瓦锡证明了这种理论是毫无根据的,他把燃烧过程正确地解释为燃烧着的物质和氧化合的反应。关于燃素说曾经起过的积极作用,恩格斯曾在《〈反杜林论〉旧序》(《马克思恩格斯文集》第9卷)的结尾部分和《资本论》第二卷(本书第2卷)序言中加以论述。——47。

35 见马克思《政治经济学批判(1857—1858年手稿)》第IV笔记本第26—27页(《马克思恩格斯全集》中文第2版第30卷第408—410页)。——47。

36 蒲鲁东的人民银行是1849年1月31日成立的。他打算借助这个银行通过和平的途径实现他的"社会主义",即消灭信贷利息,在生产者获得自己劳动收入的全部等价物的基础上进行没有货币的交换。这个银行在开始正常业务活动之前就于4月初宣告关闭。马克思在《哲学的贫困》(《马克思恩格斯文集》第1卷)这部著作中对蒲鲁东的观点作了详细的批判分析。——47。

37　见本书第1卷第255页。——48。

38　见本书第1卷第355页。——48。

39　见本书第1卷第196—197、821—823页。——49。

40　见本书第1卷第613—622页。——53。

41　参看本书第1卷第386—387页。——53。

42　关于托·马尔萨斯的庸俗的价值规定,见马克思《政治经济学批判(1861—1863年手稿)》第XIII笔记本第765—767页。——56。

43　大概指黑格尔《逻辑学》第1部《客观逻辑》的第2编《本质论》中的说法,其中第1章《作为反思自身的本质》,特别是第3节《反思》中有这方面的论述,或见《哲学全书纲要》中《本质论》第112—122节。并见本书第1卷第72页。——56。

44　见本书第1卷第368—371页。——59。

45　见本书第1卷第593—606页。——60。

46　见本书第2卷第326及以下几页。——83。

47　见本书第2卷第280—281页。——84。

48　见本书第2卷第16章第326—341页。——87、89。

49　见本书第1卷第253页。——88。

50　$153\frac{11}{13}$ 应为 $153\frac{11}{13}$ %。——89。

51　指威·莱克西斯,见他的《马克思的资本理论》(1885年《国民经济和统计年鉴》新辑第11卷第458—460页)。这里提到的《资本论》第二卷的例子,见本书第2卷第326—346页。——89。

52 见本书第1卷第376—377页。——93。

53 指安·尤尔《工厂哲学:或论大不列颠工厂制度的科学、道德和商业的经济》1835年伦敦第2版。——95。

54 见本书第1卷第697—698页。——97。

55 兰盖关于罗马债务人的身体代表债权人的货币这句话出自他的著作《民法论,或社会的基本原理》1767年伦敦版第2卷第5册第20章。——99。

56 见本书第1卷第377—378页。——100。

57 指罗奇代尔城(曼彻斯特工业区)工人在空想社会主义者的思想影响下,于1844年成立的名为公平先驱社的消费合作社;它是英国及其他国家工人合作运动的萌芽。——100。

58 见本书第1卷第267—350页。——101。

59 "杀人并不就是杀人犯"(Killing no murder)是英国的一种流行说法,这句话原是17世纪中叶英国资产阶级革命时期出版的一本小册子的书名。小册子的作者平等派塞克斯比号召消灭英格兰、苏格兰和爱尔兰的护国公奥·克伦威尔,并说明杀死暴君并不是犯杀人罪。——105。

60 王座法院是英国的高等法院之一,1873年改革后成为最高法院的分院。在此之前,它一直是最高刑事法院和所有刑事案件和民事案件的最高上诉法院,有权重新审理下级司法机构的判决。——105。

61 见本书第1卷第535页。——106。

62 见本书第1卷第338—339页。——107。

63 见本书第1卷第294—295页。——110。

64 马克思曾在《政治经济学批判(1861—1863年手稿)》第XIX笔记本第1227页,后来又在《资本论》第一卷第十三章《机器和大工业》中引用了詹·内史密斯这封信(见本书第1卷第442—443、477—478页)。——
112。

65　见安·尤尔《工厂哲学：或论大不列颠工厂制度的科学、道德和商业的经
　　济》1835年伦敦第2版，查·拜比吉《论机器和工厂的经济》1832年伦敦版第
　　280—281页。——119。

66　罗·托伦斯关于原料价格对利润率影响的错误解释，见他的《论财富的生
　　产》1821年伦敦版第28页及以下几页；马克思在《剩余价值理论》中对托伦
　　斯的观点作了批判分析，见马克思《政治经济学批判(1861—1863年手
　　稿)》第XIV笔记本第782—790页。——122。

67　大·李嘉图在世界贸易对利润率的影响问题上的错误观点，见他的《政治
　　经济学和赋税原理》1821年伦敦第3版第131—138页；马克思对李嘉图的
　　有关观点作了批判分析，见马克思《政治经济学批判(1861—1863年手
　　稿)》第XIII笔记本第672—673页。——122。

68　英国的谷物关税是根据所谓的谷物法征收的。1815年起实施的谷物法旨在
　　限制或禁止从国外输入谷物，是为了维护大土地占有者的利益而实施的。
　　谷物法规定,当英国本国的谷物价格低于每夸特80先令时,禁止输入谷物。
　　1822年对这项法律作了某些修改,1828年实行了滑动比率制,即国内市场
　　谷物价格下跌时谷物进口关税就提高、反之,英国谷物价格上涨时谷物进
　　口关税就降低。谷物法的实施严重影响了贫民阶层的生活,同时也不利于
　　工业资产阶级,因为它使劳动力涨价,妨碍国内贸易的发展。谷物法的实施
　　引起了工业资产阶级与土地贵族之间的斗争。这一斗争是由曼彻斯特的工
　　厂主理·科布顿和约·布莱特于1838年创立的反谷物法同盟领导、在自由
　　贸易的口号下进行的。1846年6月26日英国议会通过了《关于修改进口谷
　　物法的法令》和《关于调整某些关税的法令》,从而谷物关税也随之废除。
　　——122、365、706、766、820。

69　十小时工作日法案是英国议会在1847年6月8日通过的,作为法律于1848
　　年5月1日起生效。该法律将妇女和儿童的日劳动时间限制为10小时。但
　　是,许多英国工厂主并不遵守这项法律,他们寻找种种借口把工作日从早
　　晨5时半延续到晚上8时半。工厂视察员伦·霍纳的报告就是很好的证明。

详见本书第1卷第314—330页。——123。

70　美国南北战争即1861—1865年的美国内战。19世纪中叶,美国南部种植园主奴隶制与北部资产阶级雇佣劳动制的矛盾日益尖锐。1860年11月,主张限制奴隶制的共和党候选人林肯当选为总统,美国南部的奴隶主发动了维护奴隶制的叛乱。1861年2月,南部先后宣布脱离联邦的各州在蒙哥马利大会上成立南部同盟,公开分裂国家,并于当年4月12日炮轰萨姆特要塞(南卡罗来纳州),挑起内战。1865年4月,南部同盟的首都里士满被攻克,南部同盟的联军投降,战争结束。北部各州在南北战争中取得了胜利,维护了国家的统一,并为资本主义的发展扫清了道路。——125、144。

71　查·拜比吉《论机器和工厂的经济》1832年伦敦版第280—281页。——129。

72　经济学家中的和谐论者凯里认为,工人在总产品中所占份额的价值增长了,而资本则通过利润的增长得到了补偿。见《马克思恩格斯全集》中文第2版第31卷第155页。——129。

73　大·李嘉图《政治经济学和赋税原理》1821年伦敦第3版第2章。——130。

74　见本书第2卷第389—590页。——133。

75　1861—1865年的棉荒或棉纺织业危机,指美国内战(见注70)期间因北军舰队封锁南部各蓄奴州海港,严格限制美国棉花出口,致使英国和欧洲其他国家因棉花供应中断而出现棉荒,欧洲大部分棉纺织业陷于瘫痪。1862年英国就有75%以上的纱锭和织布机停工,纺织工人接连两三年陷于失业或半失业状态,生活状况严重恶化。——137。

76　见本书第1卷第660页及以下几页。——149。

77　1848年的国家工场是1848年二月革命(见注232)后根据法国临时政府的法令仓促建立起来的。国家工场一律采取军事化方式进行生产,对工人实行以工代赈的办法,发给面包卡和军饷。临时政府这样做的目的,一方面是使路易·勃朗关于劳动组织的思想在工人中丧失威信,另一方面是想利用以军事方式组织起来的国家工场的工人来反对革命的无产阶级。但是这个分裂工人阶级的计划没有成功,革命情绪在国家工场中继续高涨,于是政府便采取减少工人人数，将他们派到外省参加公共工程等办法来达到取消国家工场的目的。这些做法引起了巴黎无产阶级的极大愤怒，成了巴黎六月起义的导火线之一。起义者利用国家工场内部已有的军事组织采取行动。起义被镇压后，卡芬雅克政府于1848年7月3日下令解散了国家工场。——151。

78 洛贝尔图斯关于资本的量的变化不会影响利润率的观点，见他的《给冯·基尔希曼的社会问题书简。第三封：驳李嘉图的地租学说，并论证新的租的理论》1851年柏林版第125页。对洛贝尔图斯的利润率理论，马克思在《剩余价值理论》中作了详细的批判分析，见马克思《政治经济学批判（1861—1863年手稿）》第X笔记本第473—482页。——155。

79 参看马克思《政治经济学批判（1861—1863年手稿）》第XVI笔记本第1000—1001页（《马克思恩格斯全集》中文第2版第32卷第451—453页）。——157。

80 亚·斯密关于不同生产部门劳动剥削上的差别的论述，见他的《国民财富的性质和原因的研究》1776年伦敦版第1卷第10章。——159。

81 见本书第1卷第57—58页。——159。

82 见本书第1卷第707页。——163。

83 安·舍尔比利埃《富或贫。社会财富当前分配的因果》1841年巴黎版。舍尔比利埃关于一般利润率的形成的观点，马克思在《剩余价值理论》中作了专门的考察，见马克思《政治经济学批判（1861—1863年手稿）》第XVIII笔记本第1109—1110页。——178。

84 见本书第1卷第254—255页。——180。

85 托·柯贝特《个人致富的原因和方法的研究，或贸易和投机原理的解释》1841年伦敦版。关于柯贝特的有关论述，参看马克思《政治经济学批判（1861—1863年手稿）》第XVIII笔记本第1083—1084页。——186。

86 指《剩余价值理论》。见马克思《政治经济学批判（1861—1863年手稿）》第VI笔记本第220—221、259—263页，第VII笔记本第319页，第XVI笔记本第994页。——188、880、886。

87 托·马尔萨斯《政治经济学原理》1836年伦敦第2版第268页。马克思《政治经济学批判(1861—1863年手稿)》第X笔记本第472页,第XIII笔记本第765—766页和第XVI笔记本第974页分析了马尔萨斯关于资本的每个部分都产生同样大小的利润的观点。——190。

88 托·柯贝特《个人致富的原因和方法的研究,或贸易和投机原理的解释》1841年伦敦版。关于柯贝特的有关论述,参看马克思《政治经济学批判(1861—1863年手稿)》第XVIII笔记本第1076—1077页。——191。

89 定居法(Settlement Laws)是自1662年起在英国实施的法律,它实际上剥夺了农业工人从一地迁徙另一地的权利。定居法又是济贫法(见注301)的组成部分,对于向济贫所请求救济的农业工人,均得依据法院的判决强迫他们迁返原籍。这一立法限制了工人迁徙的自由,从而为雇主创造了把工人的工资压低到最低限度的条件。1854年2月10日,向下院提出的一项禁止在英格兰和威尔士实行强迫贫民迁徙的法案未获通过。——195。

90 见格·路·毛勒的下述著作:《马尔克制度、农户制度、乡村制度、城市制度和公共政权的历史概论》1854年慕尼黑版;《德国马尔克制度史》1856年埃朗根版;《德国领主庄园、农户和农户制度史》1862—1863年埃朗根版第1—4卷;《德国乡村制度史》1865—1866年埃朗根版第1—2卷;《德国城市制度史》1869—1871年埃朗根版第1—4卷。

路·亨·摩尔根《古代社会,或人类从蒙昧时代经过野蛮时代到文明时代的发展过程的研究》1877年伦敦版。参看恩格斯《家庭、私有制和国家的起源》(《马克思恩格斯文集》第4卷)。——198。

91 见本书第1卷第107页。——198。

92 见大·李嘉图《政治经济学和赋税原理》1821年伦敦第3版第60—61页,并参看马克思《政治经济学批判(1861—1863年手稿)》第XI笔记本第580页。——200。

93 见大·李嘉图《政治经济学和赋税原理》1821年伦敦第3版第15页,并参看马克思《政治经济学批判(1861—1863年手稿)》第XI笔记本第526—527

页。——200。

94　见《马克思恩格斯全集》中文第2版第31卷第424、438页。——203。

95　见《马克思恩格斯全集》中文第2版第31卷第419—431页。——203。

96　这些观点见下述著作:大·李嘉图《政治经济学和赋税原理》1821年伦敦第3版第60—61页;亨·施托尔希《政治经济学教程,或论决定人民幸福的原理》1815年圣彼得堡版第2卷第78—79页。马克思在《剩余价值理论》中对这些观点作了评价,见马克思《政治经济学批判(1861—1863年手稿)》第X笔记本第485—487页。——204。

97　托·柯贝特关于价格由最好条件下生产的商品来调节的观点,见他的《个人致富的原因和方法的研究,或贸易和投机原理的解释》1841年伦敦版第42—44页。马克思在《政治经济学批判(1861—1863年手稿)》第XVIII笔记本第1078页对这一观点作了评价。——204。

98　参看《马克思恩格斯文集》第8卷第92—93页。——211。

99　匿名著作《评政治经济学上若干用语的争论》的作者所引的这句话,出自托·马尔萨斯《政治经济学原理》1820年伦敦版第75页。——213。

100　托·马尔萨斯《政治经济学原理》1836年伦敦版第77、78、208页。——220。

101　大·李嘉图《政治经济学和赋税原理》1821年伦敦第3版第36—41页。——226。

102　"一群只会模仿的奴仆"(Servum pecus imitatorum)是套用了贺拉斯《书信集》第1册第19封信中的一句话"啊,只会模仿的奴仆群!"(O imitatores, servum pecus!)——226。

103　关于大·李嘉图有关工资变动对生产价格的影响的观点及其片面性,马克思在《剩余价值理论》中作了批判性分析,见马克思《政治经济学批判(1861—1863年手稿)》第XI笔记本第536—542页。——226。

104　关于在资本主义社会的表面上本质和现象是颠倒的观点,见《马克思恩格斯全集》中文第2版第30卷第394页,第31卷第163—164页,马克思《政治经济学批判(1861—1863年手稿)》第XVI笔记本第994页。——231。

105　见托·柯贝特《个人致富的原因和方法的研究,或贸易和投机原理的解释》1841年伦敦版第100—102页。——232。

106　指马克思《剩余价值理论》中关于大·李嘉图的利润理论和积累理论的章节,见马克思《政治经济学批判(1861—1863年手稿)》第XIII笔记本第673—694、730—732页。——237、250。

107　莱特即印度农民,在18世纪末19世纪初英国殖民者实行新的土地税收法以前,在英国殖民者没有破坏印度的村社以前,他们是享有充分权利的村社农民。在从1793年起实行所谓柴明达尔制度的地区,莱特成了柴明达尔(地主)的佃农。在19世纪初孟买和马德拉斯两管区实行"莱特瓦尔"土地税收制后,莱特成为国有土地的持有者,并按印度英政府随意规定的数额缴纳地租税。根据"莱特瓦尔"制度,莱特同时被宣布为他们所租佃的土地的所有者。由于实行这种在法律上自相矛盾的土地税收制,为农民规定了高得无力缴纳的地租,致使农民欠税日增,其土地逐渐转到包买商和高利贷者手里。——239。

108　关于劳动还没有在形式上从属于资本的国家中的利息和利润的情况,见马克思《政治经济学批判(1861—1863年手稿)》第XXI笔记本第1314—1315页,第XV笔记本第944—945页。——239。

109　关于贫困会产生人口,见马克思《政治经济学批判(1861—1863年手稿)》第XXI笔记本第1342页。——243。

110　指《资本论》第一卷中所阐明的资本主义积累的绝对的、一般的规律,见本书第1卷第742页。——247。

111　"原来这就是痛哭流涕的原因!"(Hinc illae lacrimae!),这句话出自罗马剧作家忒伦底乌斯的喜剧《安德罗斯岛的姑娘》第1幕第1场。——249。

112　见威·罗雪尔《国民经济体系》第1卷《国民经济学原理》1858年斯图加特—奥格斯堡增订第3版第108节第192页。——250、343。

113　关于亚·斯密的利润理论,马克思在《剩余价值理论》中作了批判性分析,见马克思《政治经济学批判(1861—1863年手稿)》第XI笔记本第552—560页。——250。

114　让渡利润(Profit upon Alienation)是詹·斯图亚特在《政治经济学原理研究》1805年伦敦版第1卷第244页使用的用语,其含义是:资本家的利润来自商品高于其价值的出售。马克思在《剩余价值理论》中分析了这一提法,见马克思《政治经济学批判(1861—1863年手稿)》第VI笔记本第220—221页。——256、367。

115　见本书第1卷第367—373、381—383、462—465、470—472、697—699、717—722页。——256。

116　见本书第1卷第368—369页。——256。

117　关于庸俗经济学家的这种做法,见马克思《政治经济学批判(1861—1863年手稿)》第XV笔记本第891、912、922页。——256。

118　大·李嘉图有关对外贸易对利润率的影响的观点,见他的《政治经济学和赋税原理》1821年伦敦第3版第7章。马克思在《剩余价值理论》中分析了李嘉图的这一错误观点,见马克思《政治经济学批判(1861—1863年手稿)》第XII笔记本第637页,第XIII笔记本第672—673页。——264。

119　大·李嘉图关于剩余价值与工资的关系的错误观点,马克思在《剩余价值理论》中作了批判性分析,见马克思《政治经济学批判(1861—1863年手稿)》第XII笔记本第655—656、659—660页。——269。

120　参看马克思《政治经济学批判(1861—1863年手稿)》第XVI笔记本第1006页。——270。

121　爱·威斯特《论资本用于土地,并论对谷物进口严加限制的失策》,牛津大学学院一研究员著,1815年伦敦版。——270。

122　大·李嘉图关于产业利润包含全部剩余价值这个假定,马克思在《剩余价值理论》中作了评价,见马克思《政治经济学批判(1861—1863年手稿)》第X笔记本第452页。——271。

123　关于剩余价值的生产是资本主义生产的直接目的和决定性动机,见马克思《政治经济学批判(1861—1863年手稿)》第XIII笔记本第705页。——
272。

124　关于高利润率和工作日的关系,见马克思《政治经济学批判(1861—1863
年手稿)》第XV笔记本第881页。——274。

125　见托·查默斯《论政治经济学同社会的道德状况和道德远景的关系》1832
年格拉斯哥第2版第88—89页及以下几页。——274。

126　指英国国教会,即英格兰圣公会,16世纪欧洲宗教改革运动时期产生于英
国。当时英格兰新贵族和资产阶级对罗马教皇干预英国事务日益不满。
1533年,英王亨利八世禁止英格兰教会向罗马教廷缴纳岁贡。1534年,促
使国会通过《至尊法案》,规定英格兰教会不再受制于教皇而以国王为最
高元首,并将英格兰教会立为英格兰地区的国教,称英国国教会。苏格兰、
威尔士和北爱尔兰等地的圣公会均非国教,组织上不从属于英国国教会。
英格兰圣公会产生初期在教义、仪式和组织制度方面大多因袭天主教传
统,17世纪以后,受加尔文教影响很大。——274。

127　见马克思《政治经济学批判(1861—1863年手稿)》第XVI笔记本第1002页
及以下几页。——275。

128　这句话只有在剩余价值率相同的前提下才是正确的。例如,如果24个每天
只劳动2小时的工人每人每天只提供10分钟剩余劳动,而两个每天劳动12
小时的工人每人每天提供6小时剩余劳动,那么,这两个工人提供的剩余
劳动是24个工人提供的剩余劳动的3倍。——276。

129　参看《马克思恩格斯文集》第8卷第90—91页,马克思《政治经济学批判
(1861—1863年手稿)》第XXI笔记本第1310页。——279。

130　见马克思《政治经济学批判(1861—1863年手稿)》第XVI笔记本第1005
页。——279。

131　见马克思《政治经济学批判(1861—1863年手稿)》第XIII笔记本第706—
708页,第XVI笔记本第1006页。——286。

132　马克思这里显然是指大·李嘉图《政治经济学和赋税原理》1821年伦敦版

第341—342页。见马克思《政治经济学批判(1861—1863年手稿)》第XIII笔记本第711—712、722页。——286。

133　大·李嘉图在其《政治经济学和赋税原理》1821年伦敦版第339—340页中持这种观点。见马克思《政治经济学批判(1861—1863年手稿)》第XIII笔记本第710—711页。——286。

134　关于马克思对大·李嘉图这种观点的评价,见马克思《政治经济学批判(1861—1863年手稿)》第XI笔记本第497页。——288。

135　关于劳动生产率与自然条件的关系,见马克思《政治经济学批判(1861—1863年手稿)》第XVI笔记本第1010—1011、1014页。——289。

136　见本书第1卷第450—452页。——292。

137　指马克思《政治经济学批判(1861—1863年手稿)》第XVI笔记本第1014—1017页。——292。

138　以上这几段文字(本卷第292—294页)是恩格斯依据马克思《政治经济学批判(1861—1863年手稿)》第XVI笔记本第1018—1021页的内容改写的。并见本书第1卷第717—724页。——294。

139　关于利润率降低的论述,参看马克思《政治经济学批判(1861—1863年手稿)》第XVII笔记本第1023—1025页。——295。

140　关于理·琼斯的有关观点,参看马克思《政治经济学批判(1861—1863年手稿)》第XVIII笔记本第1132—1133页。——295。

141　以上这几段文字,参看马克思《政治经济学批判(1861—1863年手稿)》第XVIII笔记本第1137页。——296。

142　关于大·李嘉图等人把商业资本和产业资本混淆起来的情况,参看马克思《政治经济学批判(1861—1863年手稿)》第XV笔记本第972—973页。——297。

143　见本书第2卷第101—115页。——297。

144　见本书第1卷第171—175页。——298。

145　见本书第2卷第116—137页。——299。

146　本段和以下七段的论述,参看马克思《政治经济学批判(1861—1863年手稿)》第XV笔记本第965—967页。——305。

147　从本段起至本章结束的论述,参看马克思《政治经济学批判(1861—1863年手稿)》第XV笔记本第968—971页。——309。

148　关于对赛·纽曼的分析,参看马克思《政治经济学批判(1861—1863年手稿)》第XVIII笔记本第1075页。——311。

149　见本书第2卷第138—145页。——313。

150　关于商人资本怎样从生产资本所生产的剩余价值或利润中获得它自己的那一份,看马克思《政治经济学批判(1861—1863年手稿)》第XV笔记本第973页。——314。

151　指约·贝勒斯《论贫民、工业、贸易、殖民地和道德堕落》1699年伦敦版。——319。

152　参看马克思《政治经济学批判(1861—1863年手稿)》第XVII笔记本第1030、1035页。——327。

153　参看马克思《政治经济学批判(1861—1863年手稿)》第XVII笔记本第1032页。——333。

154　参看马克思《政治经济学批判(1861—1863年手稿)》第XVII笔记本第1033—1034页。——335。

155　以上三段论述,参看马克思《政治经济学批判(1861—1863年手稿)》第XV笔记本第964页,第XVII笔记本第1034、1035页。——336。

156　见本书第2卷第470—473页和第478—483页。——340。

157　荷兰东印度公司是存在于1602—1798年的荷兰贸易公司。它是荷兰在印度尼西亚推行殖民主义掠夺政策的工具。公司不仅控制贸易垄断权,而且具有政府职权。它用强制手段巩固和保存当地的奴隶占有制关系和封建关系,在为荷兰效劳的土著政权的封建官僚机构的帮助下,掠夺当地被征服的居民。公司从印度尼西亚运出农产品,通过销售这些产品获取巨额收入;后来,还强制性地引进新的农作物(特别是咖啡),其收获全部归公司占有。荷兰人的残酷剥削和压迫引起印度尼西亚人民举行一系列大规模的起义,随着荷兰共和国的全面衰落,该公司于1798年宣告倒闭。——342、367。

158　托·柯贝特这句话,采自马克思《政治经济学批判(1861—1863年手稿)》第XVIII笔记本第1077页。——342。

159　见《资本论》第一卷第十五章《劳动力价格和剩余价值的量的变化》(本书第1卷第593—606页)。——343。

160　按照马克思在写作1857—1858年经济学手稿的过程中形成的经济学理论结构计划,他把资本分成"一般性"、"特殊性"、"个别性"这几部分来研究。他写成的《资本论》大体上相当于"一般性"范围,而"各资本的竞争"应属于"特殊性"范围内详加研究的问题,因而不属于《资本论》的范围。参看《马克思恩格斯全集》中文第2版第30卷第220、233—234页。——346、401。

161　参看本书第1卷第355—356、367—368、621—622、656页。——348。

162　参看马克思《政治经济学批判(1861—1863年手稿)》第XVII笔记本第1036页。——353。

163　见《马克思恩格斯全集》中文第2版第31卷第443页;在《资本论》第一卷中也有关于货币是交换过程的产物的阐述,见本书第1卷第106—107页。——353。

164　关于罗马和希腊的汇兑业务,见卡·迪·休耳曼《中世纪城市》1826—1827年波恩版第442—450页。马克思《伦敦笔记》第XVII笔记本中有对该书作的摘录。——354。

165　以上四段论述,参看马克思《政治经济学批判(1861—1863年手稿)》第XVII笔记本第1037页,第XV笔记本第963、960—961页。——356。

166　参看马克思《政治经济学批判(1861—1863年手稿)》第XV笔记本第963页。——360。

167 威·罗雪尔把生产本身说成是消费的"中介",见他的《国民经济体系》第1
卷《国民经济学原理》1858年斯图加特—奥格斯堡增订第3版第60节第103
页。——361。

168 威·罗雪尔从1848年起任莱比锡大学教授,这里的"在莱比锡受过教育",
暗指听取罗雪尔的说教。——361。

169 参看马克思《政治经济学批判(1861—1863年手稿)》第XIII笔记本第672
页,第XV笔记本第972—973页。——362。

170 参看马克思《政治经济学批判(1861—1863年手稿)》第XV笔记本第947—
947a页。——366。

171 古希腊哲学家伊壁鸠鲁认为有无数的世界,这些世界是按照它们本身
的自然规律产生和存在的。神虽然存在,但存在于世界之外,存在于世
界之间的空隙中,对宇宙的发展和人的生活没有任何影响。——368、
677。

172 本段和以下三段的论述,参看马克思《政治经济学批判(1861—1863年手
稿)》第XV笔记本第947、949页。——368。

173 引自马丁·路德的《论商业与高利贷》,见《可尊敬的马丁·路德博士先生著
作集。第六部》1589年维滕贝格版第296、297页。——369。

174 地理上的发现,指古巴、海地和巴哈马群岛的发现,北美大陆的发现,绕过
非洲南端到达印度的航路的发现以及南美大陆的发现,由此世界市场大
大扩大,开始了殖民地掠夺,加速了欧洲资本的原始积累。地理发现后意
大利北部热那亚、威尼斯等商业城市丧失了原有的作用,而葡萄牙、尼德
兰、西班牙和英国由于地处大西洋沿岸而开始在世界贸易中起主要作用。
——371、1022。

175 约·马西的匿名著作《论决定自然利息率的原因。对威廉·配第爵士和
洛克先生关于这个问题的见解的考察》1750年伦敦版第60页。参看马
克思《政治经济学批判(1861—1863年手稿)》第XXI笔记本第1300页。
——371。

176　陶尔哈姆莱茨区是伦敦东市区。——373。

177　参看马克思《政治经济学批判(1861—1863年手稿)》第XVIII笔记本第1156页。——374。

178　见约·亨·莫·波珀《从科学复兴至18世纪末的工艺学历史》1807—1811年格丁根版第1卷第70页。——374。

179　参看马克思《政治经济学批判(1861—1863年手稿)》第XV笔记本第900页。——375。

180　关于重商主义,见本书第1卷第167—168、181页。——375、886。

181　关于货币的两种贷放形式,参看马克思《政治经济学批判(1861—1863年手稿)》第XV笔记本第933页。——384。

182　引自《无息信贷。弗·巴师夏先生和蒲鲁东先生的辩论》1850年巴黎版第9页上的这句话出自《人民之声报》编者之一沙·弗·舍韦的手笔。他是《无息信贷》一书中《第一封信》的作者。并见马克思《政治经济学批判(1861—1863年手稿)》第XV笔记本第936页。——386。

183　参看马克思《政治经济学批判(1861—1863年手稿)》第XV笔记本第893—894页。——390。

184　参看马克思《政治经济学批判(1861—1863年手稿)》第XV笔记本第904—905页。——398。

185　约·马西的这段话,采自马克思《政治经济学批判(1861—1863年手稿)》第XXI笔记本第1300页。——406。

186　乔·奥普戴克《论政治经济学》1851年纽约版第86—87页上有一段话:"当一个人借钱给另一个人时,他通常会为这笔钱发挥的效用或用处而收取一定的报酬,名为利息。这种报酬一般是每年借款数的3%—9%,虽然在特殊情况下短期内会超出这个限度。因此,平均数大约是6%。但如果我们减去1%的税收和损失风险,剩下的每年5%就成为货币形式的资本的平均纯收入。因为货币和生产资本的每种其他形式可以互相交换,而且是按照它们所有者的意愿以相等的份额互相交换,所以每年的5%就是每一种生产资本的平均纯收入;又因为生产资本和土地也以相等的份额互相交换,所以土地的年纯收入也是5%。"——407。

187 马克思讽刺地把卡·阿恩德叫做"犬税哲学家",因为这位作者在自己的著作的第88节中专门论证了犬税的正确性和合理性。参看马克思《政治经济学批判(1857—1858年手稿)》第Ⅶ笔记本第51页(《马克思恩格斯全集》中文第2版第31卷第264页),马克思《政治经济学批判(1861—1863年手稿)》第ⅩⅤ笔记本第923页。——407。

188 从本段起至本章结束的论述,参看马克思《政治经济学批判(1861—1863年手稿)》第ⅩⅤ笔记本第896—899页。——413。

189 参看马克思《政治经济学批判(1861—1863年手稿)》第ⅩⅤ笔记本第916—917页。——421。

190 见约·马西的匿名著作《论决定自然利息率的原因。对威廉·配第爵士和洛克先生关于这个问题的见解的考察》1750年伦敦版第49页;大·休谟《论利息》(1752年问世的这篇文章收入大·休谟《对若干问题的论述》(两卷集)1764年伦敦新版第1卷第329—336页)。参看马克思《政治经济学批判(1861—1863年手稿)》第ⅩⅩ笔记本第1293a、1294a页,第ⅩⅪ笔记本第1300、1301页。——422。

191 关于乔·拉姆赛的有关观点,参看马克思《政治经济学批判(1861—1863年手稿)》第ⅩⅧ笔记本第1099页。——425。

192 参看马克思《政治经济学批判(1861—1863年手稿)》第ⅩⅤ笔记本第914页。——428。

193 关于与资本所有者相区别的产业资本家,参看马克思《政治经济学批判(1861—1863年手稿)》第ⅩⅤ笔记本第916页。——429。

194 见亚·斯密《国民财富的性质和原因的研究》第1篇第6章。并见马克思《政治经济学批判(1861—1863年手稿)》第ⅩⅤ笔记本第918页。——431。

195 斐力卡斯(Villicus)即奴隶制庄园中的管事。古罗马的斐力卡斯,作为管理人居于农业奴隶之首,但由于"管事的劳动比奴隶的劳动轻,得到的报酬也比奴隶少"(见泰·蒙森《罗马史》1856年柏林第2版第1卷第809、810页)。——432。

196　马贡农书是迦太基作家马贡论述农业,特别是论述在迦太基很发达的以奴隶制为基础的种植业的著作。写作年月不详,共28卷。该著作在迦太基灭亡以后经罗马元老院批准译成拉丁文,并被官方推荐为合理组织罗马农业的模范著作。——432。

197　见1859年12月20日《纽约每日论坛报》第5822号。——433。

198　关于安·尤尔的这种说法,参看马克思《政治经济学批判(1861—1863年手稿)》第XX笔记本第1250页。——434。

199　关于庸俗经济学家的这种观点,参看马克思《政治经济学批判(1861—1863年手稿)》第XV笔记本第918、923页。——435。

200　参看马克思《政治经济学批判(1861—1863年手稿)》第XV笔记本第918—919页。——437。

201　从本章开始至此的论述,参看马克思《政治经济学批判(1861—1863年手稿)》第XV笔记本第891—899页。——443。

202　"害了相思病",见歌德《浮士德》第1部第5场《莱比锡的欧北和酒寮》,马克思在《资本论》第一卷第五章第2节《价值增殖过程》(本书第1卷第227页)曾谈到资本是自行增殖的价值,它用"好像害了相思病"的劲头开始去"劳动"。——443。

203　关于马丁·路德反对高利贷的观点,马克思《政治经济学批判(1861—1863年手稿)》第XV笔记本第937—938页已有论述。——443。

204　经院哲学,也称烦琐哲学,是欧洲中世纪基督教学院中形成的一种哲学。经院哲学家们通过烦琐的抽象推理的方法来解释基督教教义和信条,实际上把哲学当做"神学的婢女"。他们认为,一般概念(神创造的)对于个别事物来说是永恒的。对于任何事物的解释,在于找到"隐藏的质",即天生的属性。——444。

205　关于威·皮特的还债基金,详见马克思1858年4月写的《迪斯累里先生的预算》一文。马克思对理·普赖斯关于复利的错误见解的批判,见马克思《政治经济学批判(1857—1858年手稿)》第VII笔记本第47—48页(《马克思恩格斯全集》中文第2版第31卷第254—255页),马克思《政治经济学批判(1861—1863年手稿)》第XVIII笔记本第1066—1068页。——444。

206　见托·马尔萨斯《人口原理》1798年伦敦版第25—26页。——446。

207　《经济学家》杂志上的这段话采自马克思《政治经济学批判(1861—1863年手稿)》第XVIII笔记本第1067页。——447。

208　见约·斯·穆勒《政治经济学原理及其对社会哲学的某些应用》1849年伦敦第2版第1卷第91—92页,亨·查·凯里《社会科学原理》1859年费城版第3卷第71—73页,威·罗雪尔《国民经济体系》第1卷《国民经济学原理》1858年斯图加特—奥格斯堡增订第3版第45节。——448。

209　托·霍吉斯金关于复利问题的观点,马克思《政治经济学批判(1861—1863年手稿)》第XV笔记本第879—889页有较详细的论述。——449。

210　票据交换所是1775年在伦敦伦巴特街(见注213)成立的,参与其业务的有英格兰银行和伦敦其他较大的银行,它的任务是为这些银行的票据和支票等互相间抵消债权。——451。

211　委托销售(consignatio)是在国外代销商品的一种形式,由出口商(托售人)把商品运往外国商行(代销人)的货栈,委托后者依双方签署的书面协议中的条件代为出售。——459、556。

212　关于1844年银行法的内容和意义,见本卷第34章《通货原理和1844年英国的银行立法》。——460、476、490、537、608、640。

213　伦巴特街是伦敦的金融中心西蒂区的一条街,一些大银行设在这里;伦敦金融市场的同义语。——461、564。

214　明辛街是伦敦的一条街,是殖民地商品批发交易的中心地。——461、564、635。

215　奥弗伦—葛尼公司是19世纪中叶英国伦敦证券业和金融业中的大股份公司之一,曾被称为"银行家的银行家"。葛尼死后10年,1866年5月10日该公司因负债1100万镑而倒闭,引起了当时伦敦股票市场上有名的"黑暗的星期五"恐慌。关于葛尼的投机活动,参看马克思和恩格斯1855年7月6日前后写的文章《人民同警察的冲突。——论克里木事件》。——463。

216　1847年危机的原因是由于40年代中期谷物歉收,英国的生活资料进口价格上涨,英格兰银行黄金大量外流。1847年4月,货币市场发生恐慌,与此同时,谷物市场商品充斥,要求大量的货币和信贷。1847年10月危机达到最高峰。由于停止实行1844年皮尔银行法(见本卷第34章),英格兰银行获得了新的手段,迅速克服了货币危机,但经济危机的根本原因即生产过剩仍然存在。——465、471、549、629、670。

217　指1849年10月25日约·罗素勋爵关于停止执行1844年皮尔银行法(见本卷第34章)的通告信。1847年,随着英国黄金储备的减少,英格兰银行券的发行量也急剧减少,该银行的发行部因发行量枯竭而濒临破产。罗素内阁于10月23日决定暂停执行皮尔银行法。罗素勋爵于25日以政府信函的形式对此作了正式通告。——469。

218　"通货原理"(Currency principle)或"通货学派"理论(Currency theory)是19世纪广泛流行于英国的一种货币理论,是资产阶级经济学家对1825年开始的资本主义周期性发展所作出的一种反应。它以大·李嘉图的货币数量论为出发点,认为商品的价值和价格决定于流通领域中的货币数量。它以保持稳定的货币流通为目的,认为银行券所必需的黄金保证和根据贵金属进出口情况调整银行券的发行量是达到这一目的的唯一手段。从这些错误的前提出发,"通货学派"认为生产过剩的经济危机的决定性原因,是由于它所宣布的货币流通规律遭到破坏。这一理论的代表人物有赛·琼·劳埃德(1850年起为奥弗斯顿男爵)、罗·托伦斯、乔·沃·诺曼、威·克莱、乔·阿巴思诺特等人,他们主张把金属货币流通的抽象规律推广到银行券的发行上。除了金属货币以外,他们还把银行券称做"通货"。英国政府依据这个理论所进行的尝试(包括1844年和1845年银行法)没有收到任何成效,从而证明了这一理论在科学上缺乏根据,在实践上也不能解决问题(见本卷第34章和《马克思恩格斯全集》中文第2版第31卷第576—579页)。——472、506、622。

219　关于流通资本和流动资本的区别,见本书第2卷第186—188页。——476。

220　关于1857年8月的危机,参看马克思和恩格斯1857年12月的通信。——477、497、629、640。

221　克里木战争是1853—1856年俄国对英国、法国、土耳其和撒丁的联盟进行的战争。这场战争是由于这些国家在近东的经济和政治利益发生冲突而引起的,故又称东方战争。——479。

222　1792—1815年战争即反雅各宾战争,是英国、普鲁士、奥地利和俄国等参加的欧洲国家同盟为反对资产阶级革命时期的法兰西共和国和拿破仑法国而进行的长达23年的战争,也称二十三年战争。英国于1793年初加入反法同盟的联军,公开参战。战争期间,为对付劳动群众,英国政府在国内建立了残酷的恐怖制度,镇压了多起人民起义,并颁布了禁止工人结社的法令。资产阶级在这一时期要求把工作日从10小时延长到12、14和18小时。——479、706。

223　指欧门—恩格斯公司。——486。

224　大·李嘉图的货币学说,见他的《政治经济学和赋税原理》第7章《论对外贸易》;马克思对这一理论的批判,见马克思《政治经济学批判。第一分册》第二章(《马克思恩格斯全集》中文第2版第31卷第569—574页)。——487。

225　巴拿马骗局又称巴拿马丑闻,指巴拿马运河股份公司通过收买法国国务活动家、官员和报刊而制造的一场骗局。为了给开凿经过巴拿马地峡的运河筹措资金,工程师和实业家斐·莱塞普斯于1879年在法国成立了一家股份公司。1888年底,这家公司垮台,引起了大批小股东的破产和无数企业的倒闭。后来,到1892年才发现,该公司为了掩盖它真实的财政状况和滥用所筹集的资金的行为,曾广泛采用收买和贿赂手段,法国前内阁总理弗雷西内、鲁维埃、弗洛凯和其他身居要职的官员都接受过贿赂。1893年,巴拿马运河公司的案件被资产阶级司法机关悄悄了结,被判罪的仅限于公司的领导人莱塞普斯和一些次要人物。"巴拿马"一词在一段时间内成为大骗局的代名词。恩格斯在1892年12月31日给弗·阿·左尔格的信中曾经谈到这一事件。——498。

226　马克思在《国际工人协会成立宣言》(1864年10月)中对工人的合作工厂给予很高的评价,称其为"伟大的社会试验"(见《马克思恩格斯文集》第3卷第12页)。——499。

227　见本书第2卷第31—74页。——504。

228　见《马克思恩格斯全集》中文第2版第31卷第499页。——508。

229　关于认为贵金属是唯一的真正财富的货币主义,见《马克思恩格斯全集》中文第2版第31卷第552—554页,本书第1卷第101页。——513、649、670、887。

230　见《马克思恩格斯全集》中文第2版第31卷第543—547页,本书第1卷第168—170页。——514。

231　可能指威·配第《献给英明人士》第8页的一段话:"假如每年本国的资本或财富的收入只有1 500万镑,而支出达4 000万镑,那么不足的2 500万镑就要由人口的劳动来提供…… 既然每年只生产1 500万镑收入的王国资本价值为25 000万镑,那么生产2 500万镑收入的人口价值就是$416\frac{20}{30}$万镑。"——528。

232　二月革命指1848年2月爆发的法国资产阶级民主革命。代表金融资产阶级利益的"七月王朝"推行极端反动的政策,反对任何政治改革和经济改革,阻碍资本主义发展,加剧对无产阶级和农民的剥削,引起全国人民的不满;农业歉收和经济危机进一步加深了国内矛盾。1848年2月22—24日巴黎爆发了革命,推翻了"七月王朝",建立了资产阶级共和派的临时政府,宣布成立了法兰西第二共和国。法国二月革命在欧洲1848—1849年革命中具有重要影响。无产阶级和小资产阶级积极参加了革命,但革命果实却落到了资产阶级手里。——531。

233　亚·斯密《国民财富的性质和原因的研究》1848年阿伯丁—伦敦版第236页。——534。

234　关于所谓资本过剩,参看马克思《政治经济学批判(1861—1863年手稿)》第XIII笔记本第706—708页。——539、573。

235　见本书第2卷第470—473页。——544。

236　见本书第1卷第473页。——551。

237　指1842年英国侵略者在鸦片战争后强迫清朝政府签订的《南京条约》。
　　　——551。

238　恩格斯在1885年初就指出了危机周期的改变(见他1885年2月中写的文
　　　章《1845年和1885年的英国》)。1886年在《资本论》第一卷英文版序言(本
　　　书第1卷第34—35页),1887年在《英国工人阶级状况》美国版序言《美国工
　　　人运动》(《马克思恩格斯文集》第4卷)中,恩格斯再次谈到了危机周期的
　　　改变。——554。

239　澳大利亚和加利福尼亚金矿分别发现于1851年和1848年,这些金矿的开
　　　采,刺激了资本主义国家的工业和证券交易所的发展。关于发现金矿所产
　　　生的影响,见本书第1卷第140—141、860—861页。——568、601、641。

240　关于产业资本家进行的现实积累,见本书第1卷第653—887页。——568、
　　　887。

241　关于节约和节欲,见本书第1卷第223—224、264、682—691页。——574。

242　见本书第1卷第141—142、162—163页。——591。

243　见本书第1卷第164页。——593。

244　"苏格兰人讨厌金子"这句话是苏格兰一家银行的经理威·肯尼迪向商业
　　　危机委员会作证时说的,参看本卷第637页。——595、670。

245　银行限制法(Bank Restriction Act)是1797年5月由英国政府颁布的。该
　　　法规定英格兰银行券的强制性的牌价,并且停止用银行券兑换黄金。1819
　　　年通过了恢复银行券兑换黄金的法令。实际上这种兑换到1821年才完全
　　　恢复。银行限制法生效时期是1799—1819年。马克思这里把该法实施期间
　　　写做1797—1820年。——601。

246　见本书第2卷第435—549页。——602。

247　巡回法庭是英国最高法院的法官定期巡回审理刑事和民事案件的法庭。

——607。

248　东印度公司是存在于1600—1858年的英国贸易公司,是英国在印度、中国和亚洲其他国家经营垄断贸易,推行殖民主义掠夺政策的工具。从18世纪中叶起,公司拥有军队和舰队,成为巨大的军事力量。在公司的名义下,英国殖民主义者完成了对印度的占领。该公司长期控制着同印度进行贸易的垄断权和印度最主要的行政权。1857—1859年印度的民族解放起义迫使英国改变殖民统治的形式,于是公司被撤销,印度被宣布为英王的领地。——607。

249　伯明翰的阿特伍德派通称伯明翰派或小先令派,是19世纪上半叶在英国的伯明翰产生的一个经济学学派,他们宣扬观念的货币计量单位理论,把货币仅仅看做"计算名称",否认货币的计算名称(例如镑、先令)与一定量的贵金属相联系。这一学派的代表人物是托·阿特伍德和马·阿特伍德兄弟以及理·斯普纳等人。他们提出了一个降低英国货币单位含金量的方案,这一方案被称为"小先令方案"。这一学派的别名由此而来。同时,"小先令派"还反对旨在减少流通中货币量的措施。他们认为运用他们的理论就可以通过人为地提高价格而使工业振兴,保证国家普遍繁荣。然而,他们提出的使货币贬值的办法,实际上只是为以贬值的货币来清偿国家和私人的债务创造条件,从而为各种贷款的获得者即国库和大企业主带来利益。关于马克思对伯明翰派的评价,参看《马克思恩格斯全集》中文第2版第31卷第476—477页以及本书第1卷第267—272页。——610、634。

250　引自海涅的讽刺诗《宗教辩论》(《罗曼采罗》诗集),其中描写了中世纪天主教嘉布遣会士和有学问的犹太教拉比之间的一场宗教辩论。拉比在辩论中引用犹太教的圣书《泰斯维斯-钟托夫》。嘉布遣会士回答说:"让《泰斯维斯-钟托夫》见鬼去吧!"这时愤怒的拉比高声叫道:"连《泰斯维斯-钟托夫》都不再适用了,哪还有什么东西适用呢?天哪!"——611。

251　见《马克思恩格斯全集》中文第2版第31卷第564—574页。——619。

252　见《马克思恩格斯全集》中文第2版第31卷第568—569页。——620。

253　见《马克思恩格斯全集》中文第2版第31卷第577—579页。——622。

254 指1851年在中国爆发的太平天国起义。——625。

255 见《马克思恩格斯全集》中文第2版第31卷第476—477页。——634。

256 见本书第2卷第255—265页。——636。

257 见《马克思恩格斯全集》中文第2版第31卷第541页,本书第1卷第162页。——649。

258 指1848年由法国二月革命(见注232)引起的欧洲大陆各国发生的一系列革命。——670。

259 "信仰使人得救",是套用了圣经中的一句话。见《新约全书·马可福音》第16章第16节:"信而受洗的必然得救"。——670。

260 参看本书第1卷第171、191、583、860页。——671、688。

261 参看本书第1卷第153—158页。——671。

262 关于"生产条件同生产者的异化",马克思《1844年经济学哲学手稿》中的《异化劳动和私有财产》(《马克思恩格斯文集》第1卷)中已有论述。——674。

263 以上四段的论述,参看马克思《政治经济学批判(1861—1863年手稿)》第XV笔记本第938—939页。——675。

264 卡·休耳曼的这段叙述,采自马克思《政治经济学批判(1861—1863年手稿)》第XV笔记本第944页。——676。

265 以上三段的论述,参看马克思《政治经济学批判(1861—1863年手稿)》第XV笔记本第945、946、947b—948页。——678。

266 公立当铺(Monts-de-piété)是14、15和16世纪在意大利和法国为了反对小高利贷者而创办的。创办者的设想是:这种当铺必须从事某种慈善事业,给贫民提供以财产为抵押的少量贷款。实际上公立当铺起了有利于高利贷者的作用。——680。

267 休·张伯伦《住在埃塞克斯街的休·张伯伦医师的建议:设立给予农村可靠

的活期贷款的银行,使土地所有者普遍得到福利,使土地价值大大提高,使贸易和商业的利益不减少》1695年伦敦版。

约·布里斯科《论百万基金法、彩票条例和英格兰银行最近取得的资金。指明这些资金对贵族和绅士是有害的,对国家贸易是毁灭性的。建议设立一个国家农业银行给陛下以优惠条件的贷款,免除贵族和绅士的税务,增加他们的年收入,并使王国所有臣民富裕起来》1696年伦敦第3版。——680。

268　自耕农是拥有人身自由、但在地主土地上垦殖的农民。关于英国的自耕农,见马克思《政治经济学批判(1861—1863年手稿)》第XXII笔记本第1403、1406、1410、1452页。并见本书第1卷第829—833页。——680、911。

269　《对货币利息的错误看法,或论证利息的降低是国家富裕的结果而不是其原因,百分之六是王国当前条件下合适的利息率》于1668年在伦敦匿名出版。目前尚不能证实它的作者就是托·曼利。——682。

270　暗指苏格兰财政经济学家约翰·罗,他认为国家可以依靠把不可兑现的银行券投入流通的办法来扩大国内的财富。1716年他在法国创办了一家私人银行。1718年这家银行改组成国家银行。罗氏银行在无限发行信贷券的同时从流通中收回了硬币。结果交易所的买空卖空和投机倒把活动空前猖獗,1720年国家银行完全倒闭,"罗氏体系"也彻底破产。——682。

271　引自《银行信用,或对信用银行有效性和可靠性的研究。乡绅和伦敦商人的一次对话》一文,见约·弗兰西斯《英格兰银行史》1848年伦敦第3版第1卷第39—40页。——683。

272　动产信用公司(Société générale du Crédit Mobilier)是法国的一家大股份银行,由埃·贝列拉和伊·贝列拉兄弟俩于1852年创办并为同年11月18日法令所批准。动产信用公司的主要目的是充当信贷的中介及参与工业企业和其他企业的创立。该公司广泛地参与了法国、奥地利、匈牙利、瑞士、西班牙和俄国的铁路建设。公司的收入主要来源于自己开办的股份公司在交易所进行的有价证券投机买卖。动产信用公司用发行本公司的股票得来的资金收买各种公司的股票,它自己的股票只是以它持有的其他企业的有价证券作担保,而其他各公司的股票则是以它们本身的财产价值作担保。因此,同一项实际财产产生了双倍的虚拟资本。一种形式是企业的股票,另一种形式是拨款给该企业并收买其股票的动产信用公司的股票。该公司同拿破仑第三的政府关系密切,并在其庇护下进行投机活动。1867年该公司破产,1871年清算完毕。动产信用公司在19世纪50年代作为新型金融企业出现,是当时这一反动时期特有的产物。在这一时期,交易所的买空卖空、投机倒把活动异常猖獗。中欧的其他国家也效仿动产信用公司纷纷建立类似的机构。马克思对动产信用公司所作的分析,参看他1856—1857年间在《纽约每日论坛报》上发表的题为《法国的动产信用公司》的几篇文章。——684。

273 见《马克思恩格斯全集》中文第2版第31卷第480—481页。——687。

274 蒲鲁东既要保存商品生产又要废除货币的观点,见他的《无息信贷。弗·巴师夏先生和蒲鲁东先生的辩论》(1850年巴黎版)中关于"无息信贷"的理论。马克思对这一理论的批判见《马克思恩格斯全集》中文第2版第31卷第255—257页。——687。

275 关于高利贷只是剥削已有的生产关系的论述,参看马克思《政治经济学批判(1861—1863年手稿)》第XV笔记本第948页。——689。

276 指借入100古尔登必须每年在莱比锡举办的三次博览会上各支付利息10%,因此总利息为30%。莱比锡从前每年举办三次博览会:新年、复活节(春季)和米迦勒节(秋季)。——690。

277 马克思曾对达·诺思的著作《贸易论》作过摘录,见《政治经济学批判(1861—1863年手稿)》第XXIII笔记本第1418—1420页。——691。

278 在中世纪的欧洲,封建领主等往往向宗教团体或慈善团体转让不动产,而这种不动产转让给教会以后永远不能再向他人转让,因而被称为由所谓"死手"占有。——692。

279 关于本篇的写作和编辑工作情况,见马克思1866年2月13日给恩格斯的信、1870年1月24日给塞·德巴普的信、恩格斯1886年11月9日给尼·弗·丹尼尔逊的信。——693。

280 见亚·斯密《国民财富的性质和原因的研究》,热·加尔涅的新译本,附译者的注释和评述,1802年巴黎版第1卷第310—336页,并见马克思《政治经济学批判(1861—1863年手稿)》第XII笔记本第626—627页。——694。

281　黑格尔在《法哲学原理》1840年柏林第2版第79页第44节写道:"人有权把他的意志体现在任何物中,因而使该物成为我的东西;人具有这种权利作为他的实体性的目的,因为物在其自身中不具有这种目的,而是从我意志中获得它的规定和灵魂的。这就是人对一切物据为己有的绝对权利。"——695。

282　关于土地私有权的产生,参看《马克思恩格斯全集》中文第2版第30卷第135页及以下几页。——696。

283　克兰即氏族,在凯尔特民族中,除指氏族外偶尔也指部落;在氏族关系解体时期,则指一群血缘相近且具有想象中的共同祖先的人们。克兰内部保存着土地公有制和氏族制度的古老习俗。在苏格兰和威尔士的个别地区,克兰一直存在到19世纪。——696。

284　马尔克公社是在原始共产主义基础上形成的农村公社组织,是古代日耳曼人从氏族公社向土地私有制过渡的一种社会组织形式。4—6世纪日耳曼人进入罗马帝国后,曾在各地按照公社组织形式定居。此外,马尔克还存在于法兰西的北部、英格兰、瑞典、挪威和丹麦一带。参看恩格斯1882年写的《马尔克》(《马克思恩格斯全集》中文第2版第25卷第564—584页)一文。——696。

285　见詹·韦·约翰斯顿《北美农业、经济和社会问题札记》1851年爱丁堡—伦敦版第1卷第53—54页。——696。

286　见沙·孔德《论财产》1834年巴黎版第1卷第228页。——697。

287　见马克思《哲学的贫困》第2章第4节《土地所有权或地租》(《马克思恩格斯文集》第1卷)。——698。

288　见詹·安德森《关于导致不列颠目前粮荒的情况的冷静考察》1801年伦敦第2版第35—36、38页,马克思《政治经济学批判(1861—1863年手稿)》第XI笔记本第512—513页摘录了安德森的有关文字;亨·查·凯里《过去、现在和将来》1848年费城版第129页的观点,见马克思《政治经济学批判

(1861—1863年手稿)》第XI笔记本第490a页。——699。

289　"为享受果实而生"(Fruges consumere nati)，见贺拉斯《书信集》第1卷第2封信第27行。——700。

290　詹·安德森在他于1777年匿名出版的《谷物法性质探讨。论苏格兰新谷物法案》中曾"顺便考察地租性质"，关于该书的评论，见马克思《政治经济学批判(1861—1863年手稿)》第XI笔记本第495—515页。安德森在后来的著作中，也讨论过地租问题，对他的这些著作，马克思作了摘录。——700。

291　伦敦西头是伦敦的豪华住宅区，贵族和大资产阶级的住宅都集中在这里。——701。

292　庙关是伦敦的一处历史文物，位于滨河路和弗利特之间的石头门，西蒂区和威斯敏斯特区的分界。1879年被拆除。——701。

293　见亨·查·凯里《政治经济学原理》第1卷《关于财富的生产和分配规律》1837年费城版第129—130页。——702。

294　马克思在《政治经济学批判(1861—1863年手稿)》第XXIII笔记本第1418—1419页指出，达·诺思和约·洛克的观点是以威·配第的观点为依据的，后者维护高利贷者而反对地主，并把"货币的租金"和"土地的租金"相提并论。与此有关的论点见威·配第《赋税论》1667年伦敦版第4章第19—27页，第5章第28页；达·诺思《贸易论》1691年伦敦版第4页；约·洛克《略论降低利息和提高货币价值的后果。1691年》；雅·杜尔哥《关于财富的形成和分配的考察》(欧·德尔新编《杜尔哥全集》1844年巴黎版第1卷第73、85节)。并见马克思《政治经济学批判(1861—1863年手稿)》第XV笔记本第905—906页。——702。

295　见本书第1卷第668—678页。——702。

296　约·肯宁安在《论手工业和商业。兼评赋税对我国工厂中的劳动价格的影响》1770年伦敦版第102页曾谈到，在1600年，土地购买价格相当于"12年的租金"，而在1688年相当于"18年的租金"。爱·斯密斯在《把纯租当做永恒收入的错误观点》1850年伦敦版中指出，土地价格当时在60年间一直维持在"28年租金到30年租金"之间。——703。

297　指1848年7月26日阿·梯也尔针对蒲鲁东在法国国民议会财政委员会上的
　　　提案所作的演说(见《国民议会会议记录》1849年巴黎版第2卷第666—671
　　　页)。关于梯也尔的这一演说,并见马克思在1848年8月写的《蒲鲁东反对
　　　梯也尔的演说》一文。——704。

298　1853年英国下院通过《租佃权法案》,该法案规定:租佃者在租佃期满时应
　　　当得到补偿金,以偿付他在土地上所进行的改良。有关情况,见马克思《印
　　　度问题。——爱尔兰的租佃者权利》(《马克思恩格斯全集》中文第2版第12
　　　卷第171—177页)。——706。

299　指《论农业和谷物法的三篇得奖论文》一书,由全国反谷物法同盟编,1842
　　　年在曼彻斯特和伦敦出版。收入该书的有乔·霍普、拉·格雷格和阿·摩尔
　　　斯的获得反谷物法同盟奖金的三篇论文。——707。

300　指蓝皮书《王国谷物法请愿特别委员会的报告。附证词和附件》,根据下院
　　　决定于1814年7月26日刊印,《关于谷物和谷物法的报告:上院委员会受命
　　　研究关于谷物的生长、贸易、消费状况以及有关法律的第1、2号报告》,根
　　　据下院决定于1814年11月23日刊印。
　　　　　蓝皮书(Blue Books)是英国议会或政府的(包括政府向议会提交的)
　　　文件或报告书的通称,因封皮为蓝色而得名。英国从17世纪开始发表蓝皮
　　　书,它是英国经济史和外交史方面主要的官方资料。——707。

301　济贫法是英国自16世纪中叶开始陆续颁布的有关救济贫民的一系列法律
　　　的总称。1601年颁布了第一个济贫法,根据该法,每个教区必须缴纳救济
　　　贫民的特别税,教区中无法维持本人及其家庭生活的居民皆可通过济贫
　　　会得到救济。关于在农村中实施该法的情形,参看本书第1卷第776—777
　　　页。——708。

302　安·舍夫茨别利伯爵(即阿什利勋爵)从1844年至1846年初在下院多次提出
　　　把工作日缩短到10小时的法律草案。在此之前,1840年曾根据阿什利的提
　　　案,成立了一个皇家委员会,以调查仍未实施1833年工厂法的工业部门中
　　　工人的状况。1842年他提出了禁止妇女和13岁以下的儿童在矿井中劳动
　　　的法案。1845年,他又提出了在薄印花布厂中限制童工的法案。——708。

303　关于这里所说的统计材料,见本书第1卷第778—781页。马克思曾提示材

料来源引自1845年《经济学家》杂志第3卷上的文章《农业工人的工资》。
——708。

304　指英国上院工资水平问题调查委员会,该委员会曾于1814—1815年召开
会议。——708。

305　指英国1849—1859年间进行的多场战争,其中包括克里木战争(1853—
1856年),对中国的战争(1856—1858年,1859—1860年),对波斯的战争
(1856—1857年),为征服印度进行的一系列战争,以及1857—1859年镇压
印度民族解放起义等。——708。

306　技艺和手工业协会(Society of Arts and Trades)是一个于1754年在伦敦
成立的资产阶级慈善性质的教育团体。19世纪50年代,协会的领导人是阿
尔伯特亲王。协会宣称,它的宗旨是"促进技艺、手工业和商业的发展"并
酬劳那些"在解决穷人就业、扩大商业贸易以及对国家财富增长等方面作
出贡献的人"。1853年,该协会为了阻挠英国群众性罢工运动的发展和宪
章派酝酿成立工人议会,企图充当工人和企业主之间的调停人。马克思称
该协会为"技艺和骗术协会"(参看《马克思恩格斯全集》中文第2版第13卷
第68页)。——709。

307　指英国全国社会科学促进协会召开的一次会议。
　　全国社会科学促进协会(National Association for the Promotion of
Social Science)是于1857年成立的资产阶级教育性质和慈善性质的团体,
它的成员有许多是议会议员。——709。

308　这里引用的是约·洛·摩尔顿的著作,而前面提到的是约·查·摩尔顿。——
710。

309　指法兰西研究院,它是法国的最高科学机构,由若干部分即若干学院组
成;1795年成立。——710。

310　莱·德·拉韦涅在《英格兰、苏格兰和爱尔兰的农村经济》1855年爱丁
堡—伦敦版第147和156页提供了如下数据:英国农业中的工资在
1800年每周平均为7先令3便士,在一些地方是9先令10便士。据说,在
50年代初,在工业区周工资最高时平均为8—12先令。关于不列颠农

业无产阶级的工资情况,见本书第1卷第774—802页。——712。

311　见帕·爱·达夫《政治学原理》1854年爱丁堡—伦敦版第264页。——713。

312　见本书第1卷第249—251、267—268页。——713。

313　见帕·爱·达夫《政治学原理》1854年爱丁堡—伦敦版第279页。——719。

314　见《马克思恩格斯全集》中文第2版第31卷第431—433页,本书第1卷第107—108页。——719。

315　见《论马尔萨斯先生近来提倡的关于需求的性质和消费的必要性的原理,从这一原理所得出的结论是:税收和供养非生产的消费者可以导致财富的增长》1821年伦敦版第105—109页。马克思《政治经济学批判(1861—1863年手稿)》第XIV笔记本第777页有对这一匿名著作作的摘录。——727。

316　马克思在这里以及在后面一些场合使用"生产费用"这一术语,指的是生产价格。——734。

317　关于"不是农业利润决定工业利润,而是相反"这一点,见马克思《政治经济学批判(1861—1863年手稿)》第XIII笔记本第692页,第XIV笔记本第799—800页。——737。

318　见弗·威·纽曼《政治经济学讲演集》1851年伦敦版第158页。——741。

319　亨·施托尔希把最好的土地选做起调节作用的土地时,他的观点是:"肥力最大的土地决定所有其他与之竞争的土地的地租率。因此,只要肥力最大的土地的产品能够满足需求,处于竞争中的肥力较小的土地就不会被开发,或者至少不会提供地租。"见他的《政治经济学教程,或论决定人民幸福的原理》1815年圣彼得堡版第2卷第78—79页。并见马克思《政治经济学批判(1861—1863年手稿)》第X笔记本第488页,第XII笔记本第591页。——742。

320　爱·威斯特《论资本用于土地,并论对谷物进口严加限制的失策》,牛津大学学院一研究员著,1815年伦敦版;托·罗·马尔萨斯《政治经济学原理的实际应用》,根据作者的手稿和札记作了大量补充,1836年伦敦第2版;托·罗·马尔萨斯《关于地租的本质和增长及其调整原则的研究》1815年伦敦版;大·李嘉图《政治经济学和赋税原理》1821年伦敦第3版第2章。——743。

321　可能指1797年。参看马克思《政治经济学批判(1861—1863年手稿)》第 XI笔记本第506页。——744。

322　马克思在《政治经济学批判(1861—1863年手稿)》第XI笔记本第508页写道:"连威斯特也说:'在农业改良了的情况下,用在旧制度下最好土地上用的那样少的费用,就能够在二等或三等质量的土地上进行生产。'(爱·威斯特《谷物价格和工资》1826年伦敦版第98页)。"——744。

323　威·配第在《政治算术论文集》1699年伦敦版第230页指出:"地主对排干沼泽、垦伐森林、圈围公有地、栽种驴喜豆和三叶草常出怨言,因为这些做法引起食品价格的下降。"

　　查·戴韦南特在《论公共收入和英国贸易》1698年伦敦版第2部分第26—27页说:"地租可能在一些地区和一些郡内下降,但整个说来国内的土地仍然可以不断改良;比方说,如果公园和森林被垦伐,公有地被圈围,如果沼泽被排干,许多地段由于耕种和施肥而改良,那么,自然,这一定会使那些过去已经充分改良、现在已无法再改良的土地的价值减低;虽然某些私人的地租收入因此降低,但与此同时,王国的总地租却由于这些改良而提高。"他在第28页写道:"1666年至1688年期间,私人地租下降了,但王国的地租总额,在这期间比前几年有更大的增加,因为这段时间内土地的改良比以往任何时候都大,都普遍。"

　　参看马克思《政治经济学批判(1861—1863年手稿)》第XI笔记本第494页。——744。

324　见乔·奥普戴克《论政治经济学》1851年纽约版第88—98页以及第180等页。——754。

325　人口压迫着生活资料这个论点出自马尔萨斯。他在《关于地租的本质和增长及其调整原则的研究》1815年伦敦版第48—49页写道:"但是任何一个有人性的人,都不希望这种努力永远不变地坚持下去。作为权宜之计,这种努力是十分值得赞扬的,如果这种努力永远坚持下去,其结果就和一个国家的居民在饮食上濒于绝境差不多。"——756。

326　指约·洛·摩尔顿《地产的资源。论农业的改进和地产的综合经营》1858年伦敦版。有关税务员的工作的论述,见该书第13章《地产的估价》即第209—242页。——760。

327　恩格斯在此表和第VIII、IX和X表中得出的240%这一结果,是按B、C、D三类土地的地租率平均计算的。如果按A、B、C、D四类土地计算,这一平均数字为180%。见本卷第811页上的表I。——803。

328　关于印度公社的情况,参看本书第1卷第413—415页。——820、889、993。

329　在马克思1865年的摘录笔记中,有采自尤·李比希《霍亨海姆的埃米尔·沃尔夫博士先生和农业化学》(1855年)的如下摘录:"在每摩尔根施肥110磅的情况下,1磅鸟粪可增产土豆25$\frac{1}{2}$磅,在施肥220磅的情况下,1磅鸟粪只增产12$\frac{1}{2}$磅,在施肥330磅的情况下,1磅鸟粪只增产2$\frac{1}{2}$磅,在施肥440磅的情况下,1磅鸟粪只增产1$\frac{3}{4}$磅。"——842。

330　马克思在该札记本的绿色封皮内页标明:"第XI笔记本(1876年)。(5月中旬开始,第1页除外)(第1页起的内容是:(1)关于级差地租I的札记)"。

　　笔记本第9页被马克思编为页码"1",并写有"开始于1876年2月中旬"字样,接下来是关于级差地租的一般论述。正文从"级差地租和地租只是投入土地的资本的利息"开始,到本章结束,便是恩格斯采自该札记本的这几段论述。——843。

331　马克思在《政治经济学批判(1861—1863年手稿)》中提到的"反对李嘉图,反对只由劳动决定价值"这一论点的人有赛·贝利、沙·加尼耳、约·拉·麦克库洛赫、托·罗·马尔萨斯、詹·穆勒、让·巴·萨伊和罗·托伦斯。见马克思《政治经济学批判(1861—1863年手稿)》第VIII笔记本第358—359、370页,第XI笔记本第523—524、525、527、536—537页,第XIII笔记本第757页,第XIV笔记本第814—815、827、834、836—837、844—845页。——845。

332　见爱·吉·韦克菲尔德《英国和美国》1833年伦敦版第2卷第125页:"土地要成为殖民的要素,不仅必须是未耕种的,而且必须是能够变为私人财产的公共财产。"——856。

333　见大·李嘉图《政治经济学和赋税原理》1821年伦敦第3版第2章。并见马克思《政治经济学批判(1861—1863年手稿)》第XI笔记本第560—561页。——856。

334　见沙·傅立叶《经济的和协作的新世界》1829年巴黎版第402页。——857。

335　见马·东巴尔《罗维尔的农业年鉴,或关于农业、农业经济和农业法的各种材料》1828年巴黎版第4分册第301—330页。并见马克思《政治经济学批判(1861—1863年手稿)》第X笔记本第449页。——860。

336　见理·琼斯《论财富的分配和税收的源泉》1831年伦敦版第227页。并见马克思《政治经济学批判(1861—1863年手稿)》第XVIII笔记本第1121—1130页。——860。

337　亚·斯密关于土地产品价格变动的分析,见他的《国民财富的性质和原因的研究》1776年伦敦版第1卷第181—198页。马克思《政治经济学批判(1861—1863年手稿)》第XII笔记本第632—635页对此有评价。——868。

338　见乔·拉姆赛《论财富的分配》1836年爱丁堡—伦敦版第278—279页。并见马克思《政治经济学批判(1861—1863年手稿)》第XVIII笔记本第1101页。——868。

339　见爱·吉·韦克菲尔德《英国和美国》1833年伦敦版第1卷第214—215页:"无论在美国还是在澳大利亚,在所有的新居住地,几乎没有道路,为得到靠近市场的土地或通向市场的道路,竞争十分激烈,以致所有适宜的地段,只要不是完全不毛之地,就被视为比远离市场的最为肥沃的土地还有价值。"——870。

340　指伊·菲·帕西《地租》,见《政治经济学词典》1854年巴黎版第2卷。帕西在该书第515页写道:"在上世纪末由于不会利用而仍然遭到轻视的土地,花费很少费用就成为最有肥力的土地。那些在英国曾被称为贫瘠的土地,在法国曾被称为瘠薄的干旱土地,如今已成为极易开发和租金最高的土地。"——870。

341　关于圈地法,参看本书第1卷第832—836页。——870。

342　大·李嘉图有关挪威森林地租问题的观点,见他的《政治经济学和赋税原理》1821年伦敦第3版第53—55页。马克思《政治经济学批判(1861—1863年手稿)》第XI笔记本第564—567页对此有评价。——873。

343　波托西银矿位于玻利维亚西南部的波托西省,蕴藏量丰富,于1545年被发现,17世纪成为最重要的银矿中心,它提供的银产量约占当时世界总产量的一半。——874。

344　指赛·兰格《国家的贫困;贫困的原因及其防止办法》1844年伦敦版。兰格在该书第150页写道:"任何情况都不像工人阶级的居住条件这样露骨这样无耻地使人权成为产权的牺牲品。每个大城市都是使人成为牺牲品的场所,都是一个祭坛,每年要屠杀成千上万的人来祭祀贪婪的摩洛赫。"

弗·威·纽曼《政治经济学讲演集》1851年伦敦版第129—130页也有关于贫民和房租等情况的描写。——875。

345　见恩格斯《英国工人阶级状况》中《矿业无产阶级》一节。——875。

346　暗喻亨·查·凯里关于资产阶级社会中可以实现阶级和谐的观点,见注72。——875。

347　见亚·斯密《国民财富的性质和原因的研究》1776年伦敦版第1卷第204—205页。——875。

348　见《银行法特别委员会的报告。委员会会议记录、证词、附件和索引》,根据下院决定于1857年7月30日刊印,1857年伦敦版第509页。——876。

349　见亚·斯密《国民财富的性质和原因的研究》1776年伦敦版第1卷第207页。——876。

350　指洛贝尔图斯《给冯·基尔希曼的社会问题书简。第三封:驳李嘉图的地租学说,并论证新的租的理论》1851年柏林版。马克思《政治经济学批判(1861—1863年手稿)》第X笔记本第445—522页对洛贝尔图斯地租的理论作了详尽的批判分析。——880、905。

351 尤·李比希在《化学在农业和生理学中的应用》中有一段文字:"马铃薯由于根系四处扩张,就像一头猪一样,使土地得到翻松,甚至使较贫瘠的土地也能长出好庄稼。"马克思在1865年曾对该书作过摘录。——881。

352 见黑格尔《哲学全书纲要》第1部《逻辑学》1840年柏林版(《黑格尔全集》第6卷)。黑格尔在该书第404页写道:"在这里,也和在其他场合一样,在术语上常常发生颠倒,即被称做合理的东西,是理智的东西,而被称做无理的东西,却是理性的开端和迹象。"——881。

353 指伊·帕西《地租》,见《政治经济学词典》1854年巴黎版第2卷。帕西关于地租的观点,见该书第511页。——882、886、888、892。

354 索霍广场是伦敦索霍区的豪华地区。——882。

355 指《爱丁堡评论》上发表的一篇评论理·琼斯刚出版的《论财富的分配》一书的未署名文章,见《爱丁堡评论》1831年8—12月第54卷第94—95页。——882。

356 威·配第关于地租是剩余价值的正常形式的观点,见他的《赋税论》1667年伦敦版第23—24页。马克思在《政治经济学批判(1861—1863年手稿)》中详细分析了配第的观点,见该手稿第VIII笔记本第318、346—347、364页,第XXII笔记本第1348—1351、1397—1399页。

　　理·康替龙在他的《试论一般商业的性质》一书中发表的类似观点,见他的《政论集》1756年阿姆斯特丹版第3卷第175—177页。——886。

357 对重农学派在有关问题上的贡献及其体系的矛盾的评述,见本书第1卷第223、681—682页,马克思《政治经济学批判(1861—1863年手稿)》第VI笔记本第222—233页。——886。

358 "自由人手"是詹·斯图亚特在他的著作《政治经济学原理研究》1770年都柏林版中所使用的术语,特指由于农业的发展而为工业生产游离出来的劳动力。他在该书第1卷第30—31、48、151、153及396页上多次谈到了自由人手。

马克思于1851年在他的伦敦笔记第VIII笔记本中详细地摘引了斯图亚特的著作。他在第12页上把斯图亚特关于"自由人手"的一段引文概括如下："不是必须从事食品生产的那部分人口,斯图亚特称之为自由人手,因为他们的工作,在农民过剩的情况下通过与社会需要相适合的劳动为自己获取生活资料的活动,会随着这些社会需要的不同而变化,而社会需要又会随着时代精神的不同而变化。"马克思在《政治经济学批判(1857—1858年手稿)》第VII笔记本第26页也引用了斯图亚特著作第1卷第396页上的有关论述,见《马克思恩格斯全集》中文第2版第31卷第185页。

马克思在《政治经济学批判(1857—1858年手稿)》中一般地叙述了斯图亚特的经济学观点,特别是叙述了斯图亚特关于"自由人手"在历史上出现的条件的思想。马克思在《政治经济学批判(1861—1863年手稿)》第VI笔记本第225页考察斯图亚特的观点时,特别强调了斯图亚特对科学地解决这个问题所作出的贡献。——888。

359　见欧·德尔《绪论》,载于《重农学派》,附欧·德尔的绪论和评注,1846年巴黎版第1部。参看本卷第909—910页和马克思《政治经济学批判(1861—1863年手稿)》第VI笔记本第229页。——888。

360　见亚·斯密《国民财富的性质和原因的研究》1776年伦敦版第1卷第64页。——889。

361　这一事实马克思采自泰·蒙森的《罗马史》1856年柏林第2版第1卷第806页和第807页的注。——889。

362　泰·蒙森在《罗马史》1856年柏林第2版第1卷第807、832页写道:"只有当罗马资本家开始大规模据有海外领地的时候,租佃才会真正有价值……资本家提供借贷不再是为了利息,这已经不够了,因为小业主已经得不到多大的利润。而且,这不仅仅已经完全不够,不如说,资本家们要去购买耕地,并且最好是把它们变成由承租人管理的产业,使用奴隶来进行生产。"——889。

363　见本书第1卷第265—266、655—656、719—720页。——890。

364　指英国1836—1860年实施的什一税折现法令,该法令废除了以实物交纳教会什一税的办法,改为定期交纳货币地租。——890。

365　见卡·阿恩德《与垄断精神及共产主义相对立的合乎自然的国民经济学。附与本书有关的资料的评述》1845年哈瑙版第126—137、461—462页。并见马克思《政治经济学批判(1861—1863年手稿)》第VI笔记本第225页。——892。

366　从此以下至第912页第三段为止的论述,马克思依据的是理·琼斯《论财富的分配和税收的源泉》(1831年伦敦版)一书中的材料。马克思在1851年就对此书作了详细摘录(见《马克思恩格斯全集》历史考证版第4部分第8卷第615—640页)。在这部长达300页的内容丰富的著作中,有一半篇幅的内容涉及资本主义以前的各种地租形式的历史,其中包括"劳役地租或农奴地租"、"分成制地租"、"小屋贫农地租"以及"租地农场主地租"。马克思经过仔细分析后强调指出,琼斯在历史细节上虽然犯了一些错误,但这不影响他在区分地租的各种历史形式方面所作的重大贡献。参看马克思《政治经济学批判(1861—1863年手稿)》第XVIII笔记本第1121—1133页。——892。

367　见尼·兰盖《民法论,或社会的基本原理》1767年伦敦版(两卷集),该书第1卷第309页写道:"最初的征服者们,只是为了不受惩罚地过游手好闲的生活,才实行统治;他们成为国王,只是为了拥有生存资料。"参看马克思《政治经济学批判(1861—1863年手稿)》第VIII笔记本第438—440页。——893。

368　见尤·默泽《奥斯纳布吕克史》1780年柏林—斯德丁版第4卷第164—167页。——893。

369　指1789—1794年法国资产阶级推翻封建专制统治确立资本主义制度的革命。——901。

370　詹·安德森在《关于导致不列颠目前粮荒的情况的冷静考察》1801年伦敦版第11页上确认:"从1700到1750年,小麦的价格不断下降,从每夸特

2镑18先令1便士降到1镑12先令6便士。"相应的资料及统计表格,见马克思《政治经济学批判(1861—1863年手稿)》第XI笔记本第507—512页。——906。

371　见安·比雷《政治经济学教程》1842年布鲁塞尔版;亚·托克维尔《旧制度和革命》1856年巴黎版;西斯蒙第《政治经济学新原理,或论财富同人口的关系》1827年巴黎第2版第1卷。——908。

372　托·图克和威·纽马奇《价格和流通状况的历史。1848—1856年》(两卷集),即《价格史。1792年到现在》第5、6卷。图克引用的法国国王的演说,见该书1857年伦敦版第6卷第29—30页。——912。

373　见穆尼哀《论法国农业。根据官方文件。附吕比雄的评注》1846年巴黎版第1—2卷;莫·吕比雄《法国和英国的社会结构》1837年巴黎新版第47页及以下几页,第64、105页。——913。

374　马龙在《粗放经营还是集约经营?农业经营学的一章》1859年奥珀伦版第5—6页上写道:"我们这些处于不幸境地的后裔一清二楚地知道,为了得到允许把自己的劳动用在一块土地上,我们首先必须付出一笔资本(按照国民经济学的说法,就是积累劳动)。这笔预付资本我们称之为创业资本,而必须用来使这笔资本或其等价物(物品)获得收益的劳动,或者说用来支付这一劳动的资本,我们通常则称之为经营资本。

在着手写这本小书之际,我以为,'创业资本和经营资本'这样的概念,在各类农民的意识中理应是经过精确界定的。可是,这期间我为此目的只须浏览一下公众所能见到的各种经营学说,就不能不相信,在这里既见不到统一的通用概念,也见不到有关这些概念的统一的术语(如果说还有这样的术语的话)。"——913。

375　见约·马西《论决定自然利息率的原因。对威廉·配第爵士和洛克先生关于这个问题的见解的考察》1750年伦敦版。马克思在《政治经济学批判(1861—1863年手稿)》第XXI笔记本第1300页曾对该书作了摘录。——916。

376　黑帮(Bandes Noires)是一个投机家社团,19世纪成立于法国。黑帮大规模收购在法国革命期间被宣布为国家财产的田庄、地产和修道院,在对小块地的需求大大超过对大块土地的需求,因而小块地的价格大大提高时,就把大地产分成小块出售,以获取高利。——917。

377 见莫·吕比雄《法国和英国的社会结构》1837年巴黎新版。——917。

378 见弗·威·纽曼《政治经济学讲演集》1851年伦敦版第180—181页。——917。

379 见穆尼哀《论法国农业。根据官方文件。附吕比雄的评注》1846年巴黎版第
1卷第267—273、295—297页。——917。

380 关于爱尔兰制度,见本卷第705—706页,并见本书第1卷第803—819页。
——917。

381 见尤·李比希《化学在农业和生理学中的应用》1862年不伦瑞克第7版
第292—302页。——919。

382 本篇采自马克思手稿第七章《各种收入及其源泉》的稿本。其中有一部分
是以他的《政治经济学批判(1861—1863年手稿)》第ⅩⅤ笔记本第891—
944页中的《各种收入及其源泉》为依据的。——921。

383 恩格斯编辑的第四十八章的分节和编排顺序,同马克思的原稿不完全一
致。原稿开头部分是以恩格斯作脚注(49)的地方为开端(见本卷第926
页),恩格斯编为本章第Ⅰ、Ⅱ节的文字,应接在恩格斯注明"手稿缺了对开
纸一页"的地方(见本卷第931页)。第Ⅲ节的全部一长段文字(见本卷第
925—926页),原是马克思写在手稿第六篇中的一段插论(位置在本卷第
881页第一段末尾)。——921。

384 "粗糙的混沌一团的天然物"(Rudis indigestaque moles)是奥维狄乌斯《变
形记》第1章第7行的诗句。——922。

385 "第三个同盟者",出自席勒的叙事诗《人质》,是暴君狄奥尼修斯要求加入
两个忠实朋友的同盟时说的话。——923。

386 实际上手稿并未中断,而是换另种稿纸继续写下去,下接以"……级差地
租是和土地的相对肥力结合在一起的"(见本卷第931页)这句话为开端的
论述。——925。

387 关于劳动力的价值或价格转化为工资,见本书第1卷第613—622页。——

926。

388　见威·罗雪尔《国民经济体系》第1卷《国民经济学原理》1858年斯图加特—奥格斯堡增订第3版。——936。

389　见亚·斯密《国民财富的性质和原因的研究》1776年伦敦版第1卷第63页。马克思对斯密关于工资、利润和地租的观点以及关于价值源泉的观点的详细分析,见他的《政治经济学批判(1861—1863年手稿)》第VI笔记本第251—265页,并见本书第2卷第19章第II节《亚当·斯密》。——936。

390　关于经济学家们的这一错误的评述,参看本书第1卷第597—598页。——948。

391　见本书第2卷第438—442页。——949。

392　见让·巴·萨伊《论政治经济学,或略论财富是怎样产生、分配和消费的》1819年巴黎第4版第2卷。——953。

393　见马克思《政治经济学批判(1861—1863年手稿)》第XII笔记本第666页。——953。

394　关于商品价值最终全部分解为收入这一观点的批判,参看本书第1卷第680—682页。——953。

395　见亚·斯密《国民财富的性质和原因的研究》1776年伦敦版第1卷第60—61页。——954。

396　见马克思《政治经济学批判(1861—1863年手稿)》第VI笔记本第265—269页。——954。

397　见托·图克《通货原理研究》1844年伦敦第2版第1卷第36页。——955。

398　皮·约·蒲鲁东《什么是财产?或关于法和权力的原理的研究》1841年巴黎版第201—202页上写道:"但是无论职业有多少,经济规律始终是相同的:要使生产者能够维持生活,就必须使他的工资能够买回他的产品。那些经济学家不能不知道他们所谓科学的这个基本的原则;那么,为什么他们要这样固执地保卫所有权、工资的不平等和高利贷的合法性以及利润的公正性呢?这一切事项都是违背那个经济规律并使交易成为不可能的。一个企业家用10万法郎买原料,5万法郎付工资,然后希望从产品中取得20万法郎的代价,即希望在原料上和雇员的劳动上获取利润;但如果原料的供应者和工人用他们加在一起的工资不能买回他们为企业家所生产的产品,那么他们怎能维持生活呢?"——955。

399 关于欧·福尔卡德对蒲鲁东的"纠正",参看马克思《政治经济学批判(1861—1863年手稿)》第V笔记本第210—211页,第VII笔记本第275页。——955。

400 见欧·福尔卡德《社会主义的战争》第二篇文章:《革命的和社会的政治经济学》,载于1848年《两大陆评论》(巴黎)新辑第24卷。——956。

401 参看马克思《政治经济学批判(1861—1863年手稿)》第VI笔记本第255—257页。——957。

402 见本书第1卷第245页。——964。

403 见洛贝尔图斯《给冯·基尔希曼的社会问题书简。第三封:驳李嘉图的地租学说,并论证新的租的理论》1851年柏林版第27页及以下几页。——967。

404 参看阿·凯特勒《论人和人的能力之发展,或试论社会物理学》1835年巴黎版第1—2卷。——975。

405 参看查·尼特《关于地产的历史和现状的两篇讲演》,1859—1860年在牛津大学发表的系列讲演的头两篇,1860年伦敦—牛津版第22页。——992。

406 关于分配关系的这种见解,参看马克思《政治经济学批判(1861—1863年手稿)》第II笔记本第76—78页,第XIV笔记本第775、790页,第XV笔记本第920页,并见本书第1卷第96—97页。——1000。

407 指《一篇比较竞争和合作的利弊的得奖论文》1834年伦敦版。——1000。

408 《〈资本论〉第三册增补》是恩格斯在编辑整理《资本论》第三卷期间和该

卷出版之后围绕价值规律和利润率问题以及交易所问题撰写的两篇论文。1895年5月21日,恩格斯在致卡·考茨基的信中说:"我打算给你一篇使你高兴的著作在《新时代》上刊登,这就是《资本论》第三卷增补:I.《价值规律和利润率》,答桑巴特和康·施米特的疑问。随后就是II.从1865年马克思著文论述交易所以后交易所作用的巨大变化。"(见《马克思恩格斯全集》中文第1版第39卷第461页)恩格斯在信中提到的《价值规律和利润率》一文写于1895年4月初—6月初。在这篇论文中,恩格斯批驳了资产阶级经济学家提出的关于《资本论》第一卷中的劳动价值理论与第三卷中的生产价格理论"相互矛盾"的观点,阐述了价值规律对于那些受这个规律支配的社会经济发展阶段的意义,强调对价值规律的研究实质上是对历史过程的内部联系的逻辑研究;恩格斯还根据经济史的事实,对价值随着简单商品经济和资本主义的发展而转化为生产价格的过程作了科学的说明。这篇论文在恩格斯逝世后不久发表在德国社会民主党理论刊物《新时代》1895—1896年第14年卷第1册第1、2期。关于第二篇论文,即阐述1865年以后交易所作用发生巨大变化的文章,恩格斯只留下了一个提纲。这个提纲写于1891年11—12月,至迟写于1892年10—11月,标题是《交易所。〈资本论〉第三卷补充说明》。恩格斯在提纲中列出了论文的七个要点,概述了19世纪60年代中期至90年代初资本主义经济发生的重大变化,指出交易所已经成为"资本主义生产本身的最突出的代表"(见本卷第1028页),并根据资本主义的全部生产和交往的发展趋势,揭示了交易所作用扩大的原因。这个提纲的俄译文第一次发表在《布尔什维克。联共(布)中央政治经济双周刊》1932年第23—24期。苏联的哲学和社会经济杂志《在马克思主义旗帜下》1933年第7年卷第3期首次用德文原文发表了这个提纲。——1003。

409　指古希腊数学家阿基米德的名言:"给我一个坚实的支点,我将把地球彻底翻转过来。"——1006。

410　见海涅诗集《〈罗曼采罗〉后记》。——1012。

411　关于圣经传说中巴兰的故事,见《旧约全书·民数记》第22—24章。——1012。

412　康·施米特关于资本主义生产形式内的价值规律是一种虚构的观点,见他于1895年3月1日写给恩格斯的信。恩格斯在1895年3月12日给施米特的信中对这种错误观点作了批判性分析。——1013。

人 名 索 引

A

阿巴思诺特,乔治(Arbuthnot, George 1802—1865)——英国财政部官员;经济学著作家;通货原理的拥护者,罗·皮尔爵士的私人秘书。——622。

阿恩德,卡尔(Arnd, Karl 1788—1877)——德国资产阶级经济学家,庸俗政治经济学的代表人物。——407、892。

阿基米德(Archimedes 公元前287前后—212)——古希腊数学家和力学家。——1006。

阿什利——见舍夫茨别利伯爵,安东尼·阿什利·库珀。

阿特伍德,马赛厄斯(Attwood, Matthias 1779—1851)——英国银行家和经济学家,以"小先令派"闻名的伯明翰派代表人物。——634。

阿特伍德,托马斯(Attwood, Thomas 1783—1856)——英国银行家、政治家和经济学家。——610、634。

安·斯图亚特(Anna[Ann, Anne]Stuart 1665—1714)——英国女王(1702—1714)。——690。

安德森,亚当(Anderson, Adam 1692前后—1765)——苏格兰资产阶级经济学家,写有关于贸易史方面的著作。——371。

安德森,詹姆斯(Anderson, James 1739—1808)——苏格兰资产阶级经济学家,研究了级差地租理论的基本特征。——699、700。

安德森,詹姆斯·安德鲁(Anderson, James Andrew)——英国银行家,19世纪中叶为苏格兰银行经理。——595、596、637。

安凡丹,巴泰勒米·普罗斯佩(Enfantin, Barthélemy-Prosper人称安凡丹老爹Père Enfantin 1796—1864)——法国空想社会主义者,圣西门的门徒,同巴扎尔一起领导圣西门学派;自40年代中起在许多资本主义企业中担任领导职务。——684。

奥德,威廉·密勒(Ord, William Miller 1834—1902)——英国医生。——110、

111。

奥德曼,卡尔·古斯塔夫(Odermann, Karl Gustav 1815—1904)——德国教育家,写有许多贸易教科书。——349。

奥弗伦—葛尼公司(Overend, Gurney and Co.)——伦敦的一家大贴现银行。——463、466、590、596、650。

奥弗斯顿勋爵——见劳埃德,赛米尔·琼斯,奥弗斯顿男爵。

奥康瑙尔,查理(O'Conor, Charles 1804—1884)——美国律师和政治家,民主党人。——433。

奥普戴克,乔治(Opdyke, George 1805—1880)——美国企业家、政治家和经济学家。——407、754。

奥日埃,马利(Augier, Marie 19世纪中叶)——法国新闻工作者,财政经济学家,写有经济学方面的著作。——672、691。

B

巴尔扎克,奥诺雷·德(Balzac, Honoré de 1799—1850)——法国现实主义作家。——47。

巴师夏,弗雷德里克(Bastiat, Frédéric 1801—1850)——法国资产阶级庸俗经济学家,阶级调和论的代表人物。——169。

拜比吉,查理(Babbage, Charles 1792—1871)——英国数学家、力学家和资产阶级经济学家。——119、129。

贝恩斯,约翰(Baynes, John)——英国政论家,布莱克本市议会议员;1857年发表了两篇关于棉花贸易的论文。——139—140。

贝尔(Bell, G. M.)——苏格兰银行经理(19世纪上半叶);写有一些论述银行业和货币流通的著作。——618。

贝尔纳-奥斯本,拉尔夫(Bernal Osborne, Ralph 1808—1882)——英国政治活动家,自由党人,议会议员;曾任海军部秘书长(1852—1858)。——153。

贝克,罗伯特(Baker, Robert)——英国工厂视察员(1878年以前)。——104、106、138—139、141、143。

贝克尔,伊曼努尔(Bekker, Immanuel 1785—1871)——德国语言学家,整理并出版了古典古代著作家(柏拉图、亚里士多德、阿里斯托芬等)的著作。——432。

贝魁尔,康斯坦丁(Pecqueur, Constantin 1801—1887)——法国经济学家,空想

社会主义者,圣西门的学生。——688。

贝勒斯,约翰(Bellers, John 1654—1725)——英国经济学家;强调劳动对财富形成的意义;曾提出一些空想的社会改革方案。——319。

贝列拉,雅克·埃米尔(Péreire, Jacques-Émile 1800—1875)——法国银行家,20—30年代为圣西门主义者,第二帝国时期为波拿巴主义者,立法团议员;1852年与其弟伊·贝列拉创办股份银行动产信用公司。——684。

贝列拉,伊萨克(Péreire, Isaac 1806—1880)——法国银行家,20—30年代为圣西门主义者,第二帝国时期为波拿巴主义者,立法团议员;1852年与其兄埃·贝列拉一起创办股份银行动产信用公司;写有信贷方面的著作。——500。

贝林(Baring)——英国金融和银行家族。——606。

贝色麦,亨利(Bessemer, Henry 1813—1898)——英国工程师和化学家;曾发明较节约的炼钢方法。——84。

本廷克,乔治(Bentinck, George 1802—1848)——英国政治活动家,辉格党人,议会议员,保护关税主义的拥护者。——470。

比肯斯菲尔德伯爵——见迪斯累里,本杰明。

比雷,安东·欧仁(Buret, Antoine-Eugène 1811—1842)——法国经济学家和社会学家,西斯蒙第的信徒,空想社会主义观点的代表人物。——908。

毕希,约翰·格奥尔格(Büsch, Johann Georg 1728—1800)——德国经济学家,基本上持重商主义观点。——692。

波珀,约翰·亨利希·莫里茨·冯(Poppe, Johann Heinrich Moritz von 1776—1854)——德国数学家和工艺学家。——374。

博赞克特,詹姆斯·惠特曼(Bosanquet, James Whatman 1804—1877)——英国银行家、经济学家和历史学家;除写有一些经济学著作外,还发表过一系列有关圣经年表的著作。——416。

布莱特,约翰(Bright, John 1811—1889)——英国政治活动家,棉纺厂主,自由贸易派领袖和反谷物法同盟创始人;60年代初起为自由党(资产阶级激进派)左翼领袖;曾多次任自由党内阁的大臣。——712。

布朗,威廉(Brown, William 1784—1864)——英国商人和银行家,自由贸易的拥护者。——636。

布劳恩,亨利希(Braun, Heinrich 1854—1927)——德国新闻工作者,社会民主党人,改良主义者,《新时代》杂志创办人之一,《社会立法和统计学文库》、《社会政治中央导报》等刊物的编辑,帝国国会议员。——1011—1012。

家。——889。

赫希斯泰特尔(Höchstetter)——15—16世纪奥格斯堡的商人和银行世家。——1021。

黑格尔,乔治·威廉·弗里德里希(Hegel, Georg Wilhelm Friedrich 1770—1831)——德国古典哲学的主要代表。——15、56、695、881。

亨德森(Henderson)——英国布莱克本济贫法委员会主席(19世纪下半叶)。——150。

亨利八世(Henry VIII 1491—1547)——英国国王(1509—1547)。——690。

怀利,亚历山大·亨利(Wylie, Alexander Henry)——英国商人(19世纪中叶)。——587、626—627。

霍吉斯金,托马斯(Hodgskin, Thomas 1787—1869)——英国经济学家和政论家,空想社会主义者;他以李嘉图的理论为依据,批判资本主义,维护无产阶级的利益。——437、449。

霍纳,伦纳德(Horner, Leonard 1785—1864)——英国地质学家和社会活动家,曾任工厂视察员(1833—1859),维护工人利益。——104、105、112、140、143。

霍奇森,亚当(Hodgson, Adam)——英国银行家,19世纪40年代任利物浦股份银行董事。——463、464、550、551。

J

基瑟尔巴赫,威廉(Kiesselbach, Wilhelm)——德国历史学家和社会学家(19世纪下半叶)。——365。

吉尔巴特,詹姆斯·威廉(Gilbart, James William 1794—1863)——英国银行家和经济学家,写有许多有关银行业的著作。——379、404、455、458、612、616、690。

吉尔克里斯特,珀西(Gilchrist, Percy)——英国化学家,同悉·托·吉尔克里斯特一起研究出一种新的炼钢法。——84。

吉尔克里斯特,悉尼·托马斯(Gilchrist, Sidney Thomas 1850—1885)——英国冶金专家和发明家。——84。

加德纳,罗伯特(Gardner, Robert)——英国棉纺厂厂主,1844年将开设在普雷斯顿各企业的工作日从12小时缩减到11小时。——463、551。

加尔文,让(Calvin, Jean 1509—1564)——法国神学家和宗教改革运动的活动家,新教宗派之一加尔文宗的创始人。——1028。

加里波第,朱泽培(Garibaldi, Giuseppe 1807—1882)——意大利革命家,民主

K

凯利,爱德华·斯蒂林弗利特(Cayley, Edward Stillingfleet 1802—1862)——英国经济学家和政治活动家,议会议员。——482、610。

凯特勒,阿道夫·朗贝尔·雅克(Quételet, Adolphe-Lambert-Jacques 1796—1874)——比利时统计学家、数学家和天文学家;"平均的个人"论的创立者。——975。

坎伯尔男爵,约翰(Campbell, John, Baron 1779—1861)——英国法学家和国务活动家,辉格党人,议会议员;王座法院首席法官(1850—1859),大法官(1859—1861);1858年曾审理西蒙·贝尔纳的案件。——104。

康替龙,理查(Cantillon, Richard 1680—1734)——英国经济学家,商人,重农学派和亚·斯密的先驱;《试论一般商业的性质》一书的作者。——886。

柯贝特,托马斯(Corbet, Thomas 19世纪)——英国资产阶级经济学家,李嘉图的追随者。——186、191、204、232、342。

柯蒂斯,蒂莫西·亚伯拉罕(Curtis, Timothy Abraham)——英格兰银行董事,19世纪40年代为东印度公司董事。——438。

柯顿,威廉(Cotton, William 1786—1866)——英国商业家和银行家;英格兰银行董事(1821—1865);称量黄金的自动天平的发明者。——470。

柯里(Currie 19世纪)——格林—米尔斯—柯里公司合伙人。——616。

科克兰,沙尔(Coquelin, Charles 1803—1852)——法国资产阶级经济学家,自由贸易的拥护者。——452。

克莱,威廉(Clay, Sir William 1791—1869)——英国政治家和经济学家;辉格党人,议会议员(1832—1857),"通货原理"的拥护者。——622。

克罗斯,约翰(Cross, John 19世纪)——英国农业短工。——712。

肯尼迪,普里姆罗斯·威廉(Kennedy, Primrose William)——英国银行家,19世纪中叶为苏格兰银行经理。——595、637。

孔德,弗朗索瓦·沙尔·路易(Comte, François-Charles-Louis 1782—1837)——法国自由主义政论家和庸俗经济学家。——696、697。

L

拉德克利夫,约翰·内坦(Radcliffe, John Netten 1826—1884)——英国医生,流行病学家,流行病协会名誉秘书长(1862—1867)和会长(1875—1877),枢密院卫生视察员(1869—1883)。——111。

拉姆赛,乔治(Ramsay, George 1800—1871)——英国经济学家,资产阶级古典

1875)——德国庸俗经济学家和政治活动家,资产阶级化的普鲁士容克的思想家,普鲁士容克的"国家社会主义"理论家。——12、155、880、905、967。

洛克,约翰(Locke, John 1632—1704)——英国唯物主义经验论哲学家和经济学家,启蒙思想家;早期资产阶级天赋人权理论的代表。——394、702。

洛里亚,阿基尔(Loria, Achille 1857—1943)——意大利社会学家和经济学家,庸俗政治经济学的代表人物。——20—24、1007、1008、1011—1013、1019。

M

马尔萨斯,托马斯·罗伯特(Malthus, Thomas Robert 1766—1834)——英国经济学家,教士,人口论的主要代表。——43、47、53、56、190、213、220、446、727、743、756。

马贡(Mago 公元前550前后—500)——迦太基的执政者,迦太基强国的奠基人之一,写有28卷论述农业的书,这些书被译成希腊文和拉丁文。——432。

马龙(Maron, H.)——关于农业问题的小册子《粗放经营还是集约经营?》(1859)一书的作者。——913。

马西,约瑟夫(Massie, Joseph 死于1784年)——英国经济学家,资产阶级古典政治经济学的代表人物。——371、394、402、403、406、409、422、916。

马歇尔(Marshall)——英格兰银行出纳员。——590。

迈内尔特,泰奥多尔·海尔曼(Meynert, Theodor Hermann 1833—1892)——奥地利医生,神经病理学家和精神病学家。——4。

麦考莱,托马斯·巴宾顿(Macaulay, Thomas Babington 1800—1859)——英国历史学家和政治活动家,辉格党人,议会议员;印度总督所属参事室参事(1833—1838);曾主持制定印度刑法典,这部法典于1860年被批准为法律。——682。

麦克库洛赫,约翰·拉姆赛(McCulloch, John Ramsay 1789—1864)——英国资产阶级经济学家和统计学家,李嘉图经济学说的庸俗化者。——76、249、265。

麦克唐奈,约翰(MacDonnell, John)——英国银行家,爱尔兰银行总裁(19世纪中叶)。——595。

曼利,托马斯(Manley, Thomas 1628—1690)——英国资产阶级经济学家和著作家,重商主义者。——682。

毛勒,格奥尔格·路德维希(Maurer, Georg Ludwig 1790—1872)——德国历史学

帕麦斯顿子爵,亨利·约翰·坦普尔(Palmerston, Henry John Temple, Viscount 1784—1865)——英国国务活动家,初为托利党人,1830年起为辉格党领袖,依靠该党右派;曾任军务大臣(1809—1828),外交大臣(1830—1834、1835—1841和1846—1851),内务大臣(1852—1855)和首相(1855—1858和1859—1865)。——105、706。

帕芒蒂耶,安东·奥古斯坦(Parmentier, Antoine-Augustin 1737—1813)——法国农学家,药剂师,慈善家;写有一些关于农业问题的著作。——118。

帕特森,威廉(Paterson, William 1658—1719)——苏格兰商人,英格兰银行和苏格兰银行的创建人。——682。

帕西,伊波利特·菲利贝尔(Passy, Hippolyte-Philibert 1793—1880)——法国政治活动家和经济学家,奥尔良党人,七月王朝时期曾数度入阁,第二共和国时期任财政部长(1848—1849)。——870、882、885—886、888、892。

配第,威廉(Petty, William 1623—1687)——英国经济学家和统计学家,英国资产阶级古典政治经济学的创始人。——394、528、744、886、887。

皮尔,罗伯特(Peel, Robert 1788—1850)——英国国务活动家和经济学家,托利党温和派(亦称皮尔派,该派即因他而得名)的领袖;曾任内务大臣(1822—1827和1828—1830),首相(1834—1835和1841—1846);1844年和1845年银行法的起草人;在自由党人的支持下废除了谷物法(1846)。——620、622。

皮斯,约瑟夫(Pease, Joseph)——英国银行家。——455、471。

皮特(小皮特),威廉(Pitt, William, the Younger 1759—1806)——英国国务活动家,托利党领袖之一;反对18世纪末法国资产阶级革命的战争的主要策划者之一;1781年起为议会议员,曾任财政大臣(1782—1783)和首相(1783—1801和1804—1806)。——444、446。

平达(Pindaros 约公元前522—442)——古希腊抒情诗人,写有一些瑰丽的颂诗。——434。

蒲鲁东,皮埃尔·约瑟夫(Proudhon, Pierre-Joseph 1809—1865)——法国政论家、经济学家和社会学家,小资产阶级思想家,无政府主义理论的创始人,第二共和国时期是制宪议会议员(1848)。——47、386—388、397、687、704、956。

普赖斯,理查(Price, Richard 1723—1791)——英国政论家、经济学家和道德论哲学家;资产阶级激进主义者。——444—447、449。

普林尼(老普林尼)(盖尤斯·普林尼·塞孔德)(Gaius Plinius Secundus Major

托伦斯,罗伯特(Torrens, Robert 1780—1864)——英国资产阶级经济学家,自由贸易论者,"通货原理"学派的代表人物,李嘉图经济学说的庸俗化者,否认劳动价值论适用于资本主义生产方式的条件。——46、47、53、122、396、622。

W

万萨德,皮埃尔·德尼(Vinçard, Pierre-Denis 1820—1882)——法国工人和政论家,1848年革命的参加者,曾参加卢森堡宫委员会;合作运动的积极活动家,写有一些有关工人阶级状况的著作,国际巴黎支部成员。——889。

威尔逊,詹姆斯(Wilson, James 1805—1860)——英国经济学家和政治活动家;议会议员(1847—1859),自由贸易论者;《经济学家》的创办人和编辑;曾任财政部财务次官(1853—1858)、印度财政大臣(1859—1860);货币数量论的反对者。——501、509、603、604、612、614、622、637、653—657、659—662。

威尔逊-帕滕,约翰(Wilson-Patten, John 1802—1892)——英国政治活动家,资产阶级激进主义者,议会议员。——105。

威斯特,爱德华(West, Edward 1782—1828)——英国经济学家,资产阶级古典政治经济学的代表人物之一,研究过地租问题。——270、743。

韦尔泽家族——15—16世纪奥格斯堡的商人和银行世家;曾贷款给欧洲许多国家的君主。——1021。

韦克菲尔德,爱德华·吉本(Wakefield, Edward Gibbon 1796—1862)——英国国务活动家和经济学家,曾提出资产阶级殖民理论。——856。

韦里,彼得罗(Verri, Pietro 1728—1797)——意大利经济学家,重农学派学说的最初批评者之一。——311。

魏格林,托马斯(Weguelin, Thomas)——英国商业家,自由党人,议会议员,1857年为英格兰银行总裁。——509、562、566、568、587、596、648、655。

沃尔顿,阿尔弗勒德·阿姆斯特朗(Walton, Alfred Armstrong 生于1816年)——英国民主运动活动家、政论家和经济学家,建筑师;改革同盟盟员,全国改革同盟主席,国际总委员会委员(1867—1870),洛桑代表大会(1867)代表;《从诺曼人征服到目前为止大不列颠和爱尔兰土地占有史》(1865)一书的作者。——700。

沃尔弗,尤利乌斯(Wolf, Julius 1862—1937)——德国资产阶级经济学家,庸俗政治经济学的代表。——19、20、23—24。

伍德,查理(Wood, Charles 1800—1885)——英国政治活动家,辉格党人,后为自由党人；曾任财政大臣(1846—1852)，印度事务督察委员会主席(1852—1855)，海军首席大臣(1855—1858)，印度事务大臣(1859—1866)，掌玺大臣(1870—1874)。——627、659—662。

伍尔夫，阿瑟(Woolf, Arthur 1766—1837)——英国工程师和发明家。——113—114。

X

西门子，弗里德里希(Siemens, Friedrich 1826—1904)——德国工程师和企业家；1856年设计蓄热式高炉，这种高炉在1867年经过改良后首先用于炼钢。——84。

西蒙，约翰(Simon, Sir John 1816—1904)——英国医生，枢密院医官，曾对英国的保健事业进行改革。——106、109、111。

西尼耳，纳索·威廉(Senior, Nassau William 1790—1864)——英国资产阶级庸俗经济学家，反对缩短工作日。——41、53。

西斯蒙第，让·沙尔·莱奥纳尔·西蒙德·德(Sismondi, Jean-Charles-Léonard Simonde de 1773—1842)——瑞士经济学家和历史学家，政治经济学中浪漫学派的代表人物。——540、908。

希尔施福格尔(Hirschvogel)——15—16世纪纽伦堡的商人世家。——1021。

肖伯纳，乔治(Shaw, George Bernard 1856—1950)——英国剧作家和政论家，1844年起为费边社社员。——14。

休耳曼，卡尔·迪特里希(Hüllmann, Karl Dietrich 1765—1846)——德国资产阶级历史学家，写有一些中世纪史方面的著作。——354、356、676。

休谟，大卫(Hume, David 1711—1776)——英国哲学家、历史学家和经济学家，主观唯心主义者，近代不可知论的创始人；重商主义的反对者，货币数量论的早期代表人物。——422、620。

Y

亚里士多德(Aristoteles 公元前384—322)——古希腊哲学家，在哲学上摇摆于唯物主义和唯心主义之间，奴隶主阶级的思想家，按其经济观点来说是奴隶占有制自然经济的维护者，他最先分析了价值的形式；柏拉图的学生。——432、1011。

亚历山大，纳撒尼尔(Alexander, Nathaniel)——英国商人，商行经理，19世纪上

文学作品和神话中的人物索引

B

巴兰——据圣经传说,是预言家,是美索不达米亚的巫师,巴勒召他来诅咒以色列人,他有一头会说话的驴,"巴兰的驴"已成为一句谚语,比喻平常沉默驯服,突然开口抗议的人。——1012。

D

杜尔卡马腊——意大利民间假面喜剧中的人物,滑头和骗子的典型。——24、1007。

M

摩洛赫——古腓尼基和迦太基的宗教中的太阳神、火神和战神,祭祀摩洛赫时要用活人做祭品;因此摩洛赫这一名字成了残忍、吞噬一切的暴力的化身。——447。

P

普罗克拉斯提斯——古希腊神话中的一个身材高大的强盗,他强迫所有过路的人躺在他所设置的一张床上,若比床长则砍足,短则拉长。——1026。

S

斯加纳列尔——莫里哀的喜剧《不得已的医生》及意大利民间假面喜剧中的人物,说大话的庸人和胆小鬼的典型。——24、1012。

Y

以赛亚——圣经中的先知,据传说是圣经中以赛亚书的作者。——369。
以西结——圣经中的先知。——369。

文 献 索 引

卡·马克思和弗·恩格斯的著作

卡·马克思

《哲学的贫困。答蒲鲁东先生的〈贫困的哲学〉》1847年巴黎—布鲁塞尔版
(Misère de la philosophie. Réponse à la philosophie de la misère de M.
Proudhon. Paris, Bruxelles 1847)。——687、698。

《政治经济学批判。第一分册》1859年柏林版(Zur Kritik der politischen
Oekonomie. H. 1. Berlin 1859)。——203、353、508、514、619—622、634、687、
719。

《政治经济学批判(1861—1863年手稿)》(Zur Kritik der politischen Oekonomie.
Manuskript 1861—1863)。——12、188、886。

《资本论》,约·鲁瓦先生译,译文经作者审定,1872—1875年巴黎版(Le capital.
Trad. de M. J. Roy, entièrement rev. par l'auteur. Paris 1872—1875)。——
21。

《资本论。对资本主义生产的批判分析》,赛·穆尔和爱·艾威林译自德文第3版,弗·
恩格斯审定,1887年伦敦版上、下卷(Capital: a critical analysis of capitalist
production. Tranl. from the 3rd German ed., by S. Moore and E. Aveling and ed. by
F. Engels. Vol. 1. 2. London 1887)。——3、8。

《资本论(1863—1865年经济学手稿)》第3册(Das Kapital. Ökonomisches
Manuskript 1863—1865. Buch 3)。——8—12、84。

《资本论。政治经济学批判》第1卷《资本的生产过程》1867年汉堡版(Das Kapital.
Kritik der politischen Oekonomie. B. 1. Buch 1: Der Produktionsprocess des
Kapitals. Hamburg 1867)。——7、11、16、17、21。

《资本论。政治经济学批判》第1卷《资本的生产过程》1872年汉堡修订第2版

(Das Kapital. Kritik der politischen Oekonomie. B. 1. Buch 1: Der Produktionsprocess des Kapitals. 2. verb. Aufl. Hamburg 1872)。——11、29、38、41、45、46、48、49、53、88、97、106、107、110、149、159、180、182、202、275、292、354、450、505、521、551、591—594、649、671、680、688、696、708、712、719、856、898、926、947、964、995、1018。

《资本论。政治经济学批判》第1卷《资本的生产过程》1883年汉堡增订第3版(Das Kapital. Kritik der politischen Oekonomie. B. 1. Buch 1: Der Produktionsprocess des Kapitals. 3. verm. Aufl. Hamburg 1883)。——11、29、38、41、45、46、48、49、53、88、97、100、106、107、110、149、159、163、180、182、202、275、292、354、450、505、521、551、591—594、649、671、680、696、708、712、719、856、898、926、947、964、995、1018。

《资本论。政治经济学批判》第1卷《资本的生产过程》，弗·恩格斯编，1890年汉堡修订第4版(Das Kapital. Kritik der politischen Oekonomie. B. 1. Buch 1: Der Produktionsprocess des Kapitals. 4. durchges. Aufl. Hrsg. von F. Engels. Hamburg 1890)。——551、591—594、649、671、680、696、708、712、719、856、898、926、947、964、995、1018。

《资本论。政治经济学批判》第2卷《资本的流通过程》，弗·恩格斯编，1885年汉堡版(Das Kapital. Kritik der politischen Oekonomie. B. 2. Buch 2: Der Circulationsprocess des Kapitals. Hrsg. von F. Engels. Hamburg 1885)。——3—7、12、16、22、29、52、58、59、83—85、87—89、133、182、297、299、313、321、335、340、344、382、504、507、544、602、636、876、937、947、949、955—956。

《资本论。政治经济学批判》第3卷(上、下)《资本主义生产的总过程》，弗·恩格斯编，附恩格斯的《增补》，1894年汉堡版(Das Kapital. Kritik dcr politischen Oekonomie. B. 3. Buch 3: Th.1. 2. Der Gesammtprocess der kapitalistischen Produktion. Hrsg. von F. Engels. Hamburg 1894. Engels' Erg.)。——1005、1011、1014、1015。

弗·恩格斯

《编者序》(《〈资本论〉第一卷英文版序言》)，载于卡·马克思《资本论。对资本主义生产的批判分析》，赛·穆尔和爱·艾威林译自德文第3版，弗·恩格斯审定，1887年伦敦版上卷(Editor's preface. In: K. Marx: Capital: a critical analysis of capitalist production. Transl. from the 3rd German ed., by S. Moore and E.

Aveling and ed. by F. Engels. Vol. 1. London 1887)。——3、8、554。

《卡·马克思〈资本论〉第三卷序言》,载于1895年1月《评论》(那不勒斯)("Capitale" di C. Marx. Prefazione al 3. volume di Frederico Engels. In: La Rassegna. Neapel. Januar 1895)。——1011。

《英国工人阶级状况。根据亲身观察和可靠材料》1845年莱比锡版(Die Lage der arbeitenden Klasse in England. Nach eigner Anschauung und authentischen Quellen. Leipzig 1845)。——875。

《英国工人阶级状况。根据亲身观察和可靠材料》1892年斯图加特第2版(Die Lage der arbeitenden Klasse in England. Nach eigner Anschauung und authentischen Quellen. 2. Aufl. Stuttgart 1892)。——875。

其他作者的著作

A

阿恩德,卡·《与垄断精神及共产主义相对立的合乎自然的国民经济学。附与本书有关的资料的评述》1845年哈瑙版(Arndt, K.: Die naturgemässe Volkswirthschaft, gegenüber dem Monopoliengeiste und dem Communismus, mit einem Rückblicke auf die einschlagende Literatur. Hanau 1845)。——407、892。

阿什利,安·《工厂十小时工作日法案。1844年3月15日星期五在下院的演说》1844年伦敦版(Ashley, A.: Ten hours' factory bill. The speech in the House of Commons, on Friday, March 15th, 1844. London 1844)。——708。

安德森,亚·《商业起源古今编年史》(两卷集)1764年伦敦版第1卷(Anderson, A.: An historical and chronological deduction of the origin of commerce, from the earliest accounts to the present time. Containing an history of the great commercial interests of the British Empire. With an app. In 2 vols. Vol. 1. London 1764)。——371。

安德森,詹·《谷物法性质探讨。论苏格兰新谷物法案》1777年爱丁堡版(Anderson, J.: An enquiry into the nature of the corn-laws; with a view to the new corn-bill proposed for Scotland. Edinburgh 1777)。——700。

安德森,詹·《关于导致不列颠目前粮荒的情况的冷静考察》1801年伦敦第2版

(Anderson, J.: A calm investigation of the circumstances that have led to the present scarcity of grain in Britain: Suggesting the means of alleviating that evil, and of preventing the recurrence of such a calamity in future. 2. ed. London 1801)。——699、700。

安德森,詹·《漫谈农学、博物学、技艺和各类文献》(六卷集)1799—1802年伦敦版 (Anderson, J.: Recreations in agriculture, natural-history, arts, and miscellaneous literature. Vol. 1—6. London 1799—1802)。——700。

安德森,詹·《农业和农村事务论文集》(三卷集)1796年爱丁堡版第3卷 (Anderson, J.: Essays. Relating to agriculture and rural affairs. Vol. 1—3. Vol. 3. Edinburgh 1796)。——700。

安德森,詹·《迄今阻碍欧洲农业进步的原因的研究》1779年爱丁堡版(Anderson, J.: An inquiry into the causes that have hitherto retarded the advancement of agriculture in Europe: with hints for removing the circumstances that have chiefly obstructed its progress. Edinburgh 1779)。——700。

安凡丹,巴·普·——见巴扎尔,圣阿芒/巴·普·安凡丹《圣西门学说释义》。

安凡丹,巴·普·《政治经济学和政治学(圣西门宗教)》1831年巴黎版(Enfantin, B.-P.: Économie politique et politique. Articles extraits du Globe. Paris 1831. Religion Saint-Simonienne)。——684、687。

奥德曼,卡·古·——见费勒,弗·恩·/卡·古·奥德曼《商业算术大全》。

奥康瑙尔,查·《拯救联盟大会》,载于1859年12月20日《纽约每日论坛报》第5822号(O'Conor, Ch.: Grand Union-Saving Meeting. The Academy of music crowded. Speeches by Mayor Tiemann··· Charles O'Conor··· In: New York Daily Tribune. Nr. 5822, 20. Dezember 1859)。——433。

奥普戴克,乔·《论政治经济学》1851年纽约版(Opdyke, G.: A treatise on political economy. New York 1851)。——407、754。

奥日埃,马·《论公共信用及其古今史》1842年巴黎版(Augier, M.: Du crédit public et de son histoire depuis les temps anciens jusqu'à nos jours. Paris 1842)。——672、691。

B

巴师夏,弗·/皮·约·蒲鲁东《无息信贷。弗·巴师夏先生和蒲鲁东先生的辩论》1850年巴黎版(Bastiat, F. / P.-J. Proudhon: Gratuité du crédit. Discussion entre M. F. Bastiat et M. Proudhon. Paris 1850)。——386—388、687。

巴扎尔,圣阿芒/巴·普·安凡丹《圣西门学说释义》第1年卷,1828—1829年,1831年巴黎第3版(Bazard, Saint-Amand / B. -P. Enfantin: Doctrine de Saint-Simon. Exposition. 1. année. 1828—1829. 3. éd., revue et augmentée. Paris 1831)。——684—685。

拜比吉,查·《论机器和工厂的经济》1832年伦敦版(Babbage, Ch.: On the economy of machinery and manufactures. London 1832)。——119、129。

拜比吉,查·《论机器和工厂的经济》,爱·比奥译自英文第3版,1833年巴黎版(Babbage, Ch.: Traité sur l'économie des machines et des manufactures. Trad. de l'anglais sur la 3. éd., par Éd. Biot. Paris 1833)。——119、129。

贝尔,G. M.《股份银行业哲学》1840年伦敦版(Bell, G. M.: The philosophy of joint stock banking. London 1840)。——618。

贝魁尔,康·《社会经济和政治经济的新理论,或关于社会组织的探讨》1842年巴黎版(Pecqueur, C.: Théorie nouvelle d'économie sociale et politique, ou études sur l'organisation des sociétés. Paris 1842)。——688。

贝勒斯,约·《论贫民、工业、贸易、殖民地和道德堕落》1699年伦敦版(Bellers, J.: Essays about the poor, manufactures, trade, plantations, and immorality. London 1699)。——319。

比雷,安·欧·《政治经济学教程》1842年布鲁塞尔版(Buret, A.-E.: Cours d'économie politique. Bruxelles 1842)。——908。

毕希,约·格·《论商业的各种业务的理论和实践》(两卷集),由G. P. H. 诺曼插入补充,1808年汉堡增订和修订第3版第2卷(Büsch, J. G.: Theoretisch-praktische Darstellung der Handlung in ihren mannichfaltigen Geschäften. 3. verm. und verb. Ausg. mit Einschaltungen und Nachträgen von G. P. H. Normann. B. 1. 2. B. 2. Hamburg 1808)。——692。

波珀,约·亨·莫·《从科学复兴至18世纪末的工艺学历史》(三卷集)1807—1811年格丁根版第1卷(Poppe, J. H. M.: Geschichte der Technologie seit der Wiederherstellung der Wissenschaften bis an das Ende des achtzehnten Jahrhunderts. B. 1—3. B. 1. Göttingen 1807—1811)。——374。

博赞克特,詹·惠·《硬币、纸币和信用货币及其数量和价值的调节手段》1842年伦敦版(Bosanquet, J. Wh.: Metallic, paper, and credit currency, and the means of regulating their quantity and value. London 1842)。——416、451。

博赞克特,詹·惠·《硬币、纸币和信用货币及其数量和价值的调节手段》1842年伦敦版。引自托·图克《通货原理研究》1844年伦敦第2版(Bosanquet, J. Wh.: Metallic, paper, and credit currency, and the means of regulating their quantity and value. London 1842. Nach: Th. Tooke: An inquiry into the currency principle. 2. ed. London 1844)。——416。

布里斯科,约·《论百万基金法、彩票条例和英格兰银行最近取得的资金。指明这些资金对贵族和绅士是有害的,对国家贸易是毁灭性的。建议设立一个国家农业银行给陛下以优惠条件的贷款,免除贵族和绅士的税务,增加他们的年收入,并使王国所有臣民富裕起来》1696年伦敦第3版(Briscoe, J.: A discourse on the late funds of the million-act, lottery-act, and Bank of England. Shewing, that they are injurious to the nobility and gentry, and ruinous to the trade of the nation. Together with proposals for the supplying their majesties with money on easy terms, exempting the nobility, gentry &c from taxes, enlarging their yearly estates, and enriching all the subjects in the Kingdom, by a national landbank. 3. ed., with an app. London 1696)。——680。

C

查默斯,托·《论政治经济学同社会的道德状况和道德远景的关系》1832年格拉斯哥第2版(Chalmers, Th.: On political economy in connexion with the moral state and moral prospects of society. 2. ed. Glasgow 1832)。——274、500。

柴尔德,乔·《论贸易,特别是东印度的贸易》1669年和1689年伦敦版(Child, J.: A discourse concerning trade, and that in particular of the East-Indies. London 1669 und 1689)。——681—682。

柴尔德,乔·《论商业和论货币利息降低所产生的利益。附托·卡耳佩珀所写的〈略论反对高利贷〉》,译自英文,1754年阿姆斯特丹—柏林版(Child, J.: Traités sur le commerce et sur les avantages qui résultent de la réduction de l'interest de l'argent; avec un petit traité contre l'usure; par Th. Culpeper. Trad. de l'anglois. Amsterdam, Berlin 1754)。——446—447、681—682。

D

达夫,帕·爱·《政治学原理》(共两册),第一册《方法论》,第二册《学说》,附英国政治经济学创始人安·耶伦顿的报告,1854年爱丁堡—伦敦版(Dove, P. E.: The elements of political science. In 2 books. Book 1. On method. Book 2. On doctrine. With an account of A. Yarranton, the founder of English political economy. Edinburgh, London 1854)。——713、719。

戴韦南特,查·《论公共收入和英国贸易》(两卷集)1698年伦敦版第2卷 (Davenant, Ch.: Discourses on the public revenues, and on the trade of England. In 2 pts. Pt. 2. London 1698)。——744。

德尔,欧·《绪论》,载于《重农学派》,附欧·德尔的绪论和评注,1846年巴黎版第 1部(Daire, E.: Introduktion. In: Physiocrates. Quesnay, Dupont de Nemours, Mercier de la Rivière, L'Abbé Baudeau, Le Trosne, avec une introd. sur la doctrine des physiocrates, des comm. et des notices historiques, par E. Daire. Pt. 1. Paris 1846)。——888。

东巴尔,马·《收入、分配的调节。对前一篇文章的增补》,载于《罗维尔的农业年 鉴》1828年巴黎版第4卷(Dombasle, M.: Des baux à partage de fruits. Addition à l'article précédent. In: Annales agricoles de Roville. Livr. 4. Paris 1828)。—— 860、917。

杜尔哥,安·罗·雅·《关于财富的形成和分配的考察》,载于《杜尔哥全集》,欧·德 尔新编,1844年巴黎版第1卷(Turgot, A. R. J.: Réflexions sur la formation et la distribution des richesses. In: Œuvres. Nouv. éd. par E. Daire. T. 1. Paris 1844)。——702。

杜罗·德拉马尔,阿·茹·《罗马人的政治经济学》(两卷集)1840年巴黎版第1卷 (Dureau de la Malle, A. -J.: Économie politique des Romains. T. 1. 2. T. 1. Paris 1840)。——118。

《对英格兰利息的几点看法》,一位商业爱好者著,1697年伦敦版(Some thoughts of the interest of England. By a lover of commerce. London 1697)。——686。

F

法尔曼,彼·《马克思价值理论批判》,载于1892年《国民经济和统计年鉴》(耶拿) 第3辑第3卷(Fireman, P.: Kritik der Marx'schen Werttheorie. In: Jahrbücher für Nationalökonomie und Statistik. 3. Folge. B. 3. Jena 1892)。——17、18、 19、26。

菲瑟灵,西·《实用国民经济手册》(共三部)1860—1862年阿姆斯特丹版第1部 (Vissering, S.: Handboek van Praktische Staathuishoudkunde. Dln. 1—3. Dl.

1. Amsterdam 1860—1862）。——354—356。

费勒，弗·恩·/卡·古·奥德曼《商业算术大全》1859年莱比锡增订及修订第7版(Feller, F. E./C. G. Odermann: Das Ganze der kaufmännischen Arithmetik. Für Handels-, Real- und Gewerbschulen, so wie zum Selbstunterricht für Geschäftsmänner überhaupt. 7., verm. und in Folge der im Münz- und Gewichtswesen eingetretenen Veränderungen z. Th. umgearb. Aufl. Leipzig 1859）。——349。

弗兰西斯，约·《英格兰银行史，它的时代和传统》1848年伦敦第3版第1—2卷(Francis, J.: History of the Bank of England, its times and traditions. 3. ed. Vol. 1. 2. London 1848）。——681—683。

福尔卡德，欧·《社会主义的战争》第二篇文章：《革命的和社会的政治经济学》，载于1848年《两大陆评论》(巴黎)第18年卷新辑第24卷(Forcade, E.: La guerre du socialisme. II. L'économie politique révolutionnaire et sociale. In: Revue des Deux Mondes. 18. année. Nouv. sér. T. 24. Paris 1848）。——955—956。

福塞特，亨·《英国工人的经济状况》1865年剑桥—伦敦版(Fawcett, H.: The economic position of the British labourer. Cambridge, London 1865）。——709。

傅立叶，沙·《经济的和协作的新世界，或按情欲分类的引人入胜的和合乎自然的劳动方式的发现》1829年巴黎版(Fourier, Ch.: Le nouveau monde industriel et sociétaire, ou invention du procédé d'industrie attrayante et naturelle distribuée en séries passionnées. Paris 1829）。——857。

富拉顿，约·《论通货的调整。原理的分析，根据这些原理提出在某些固定的范围内限制英格兰银行和全国其他银行机构将来的贷款发行活动》1845年伦敦增订第2版(Fullarton, J.: On the regulation of currencies; being an examination of the principles, on which it is proposed to restrict, within certain fixed limits, the future issues on credit of the Bank of England, and of the other banking establishments throughout the country. 2. ed. with corr. and add. London 1845）。——455、508—509、510、513—516、520—522。

G

《高利贷和利息概论》。引自马·奥日埃《论公共信用》1842年巴黎版第206页(Traité de l'usure et des intérêts. Nach: M. Augier: Du crédit public etc. Paris 1842, p. 206）。——672。

格雷格,罗·海·《从工人健康和道德影响看工厂问题。"十小时工作日法案"对英国及其他国家工业的影响》1837年伦敦版。引自《工厂视察员向女王陛下内务大臣所作的报告。截至1848年10月31日为止的半年》1849年伦敦版(Greg, R. H.: The factory question, considered in relation to its effects on the health and morals of those employed in factories. And the "Ten Hours Bill", in relation to its effects upon the manufactures of England, and those of foreign countries. London 1837. Nach: Reports of the inspectors of factories to Her Majesty's Principal Secretary of State for the Home Department: for the half-year ending 31ˢᵗ October 1848. London 1849)。——122。

H

哈伯德,约·盖·《通货和国家》1843年伦敦版(Hubbard, J. G.: The currency and the country. London 1843)。——469。

哈德卡斯尔,丹·《银行和银行家》1843年伦敦第2版(Hardcastle, D.: Banks and bankers. 2. ed., with an app., comprising a review of the failures amongst private and joint stock banks. London 1843)。——617—618、691。

哈林顿,詹·《托兰的"大洋洲"及其他著作集》1747年伦敦第3版(Harrington, J.: The Oceana and other works collected, etc. by Toland. 3. ed. London 1747)。——1011。

海德,威·《中世纪黎凡特贸易史》(两卷集)1879年斯图加特版第2卷(Heyd, W.: Geschichte des Levantehandels im Mittelalter. B. 1. 2. B. 2. Stuttgart 1879)。——1021。

汉密尔顿,罗·《关于大不列颠国债的产生和发展、偿还和现状以及管理的调查》1814年爱丁堡增订第2版(Hamilton, R.: An inquiry concerning the rise and progress, the redemption and present state, and the management, of the national debt of Great Britain. 2. ed., enl. Edinburgh 1814)。——445。

黑格尔,乔·威·弗·《法哲学原理,或自然法和国家学纲要》1840年柏林第2版(《黑格尔全集》第8卷)(Hegel, G. W. F.: Grundlinien der Philosophie des Rechts, oder Naturrecht und Staatswissenschaft im Grundrisse. Hrsg. von Ed. Gans. 2. Aufl. Berlin 1840. Werke. Vollst. Ausg. durch einen Verein von Freunden des Verewigten… B. 8)。——695。

黑格尔,乔·威·弗·《哲学全书纲要》第1部《逻辑学》1840年柏林版(《黑格尔全集》第6卷）(Hegel, G. W. F.: Encyclopädie der philosophischen Wissenschaften im Grundrisse. Th. 1: Die Logik. Hrsg. von L. von Henning. Berlin 1840. Werke. Vollst. Ausg. durch einen Verein von Freunden des Verewigten… B. 6）。——881。

霍吉斯金,托·《保护劳动反对资本的要求,或资本非生产性的证明。关于当前雇佣工人的团结》,一个工人著,1825年伦敦版(Hodgskin, Th.: Labour defended against the claims of capital; or, the unproductiveness of capital proved. With reference to the present combinations amongst journeymen. By a labouer. London 1825）。——437、449。

<h2 style="text-align:center">J</h2>

基瑟尔巴赫,威·《中世纪世界贸易史和欧洲社会生活的发展》1860年斯图加特版(Kiesselbach, W.: Der Gang des Welthandels und die Entwicklung des europäischen Völkerlebens im Mittelalter. Stuttgart 1860）。——365。

吉尔巴特,詹·威·《论1839货币市场紧张的原因》1840年伦敦版(Gilbart, J. W.: An inquiry into the causes of the pressure on the money market during the year 1839. London 1840）。——612、616。

吉尔巴特,詹·威·《银行实用业务概论》(两卷集)1849年伦敦第5版第1卷(Gilbart, J. W.: A practical treatise on banking. 5. ed. In 2 vols. Vol. 1. London 1849）。——404。

吉尔巴特,詹·威·《银行业的历史和原理》1834年伦敦版(Gilbart, J. W.: The history and principles of banking. London 1834）。——379、455—458、690。

金尼尔,约·G.[约·加德纳]《危机和通货。附英格兰和苏格兰银行制度的对比》1847年伦敦版(Kinnear, J. G.[J. Gardiner]: The crisis and the currency. With a comparison between the English and Scotch systems of banking. London 1847）。——502、595—596。

《金融大骗案》——见赛·兰格《科尔、戴维森和戈登公司金融大骗案新辑》。

<h2 style="text-align:center">K</h2>

凯尔恩斯,约·埃·《奴隶劳力:它的性质、经过及其可能的前途。试论涉及美国冲突的实际争论问题》1862年伦敦版(Cairnes, J. E.: The slave power . Its character, career, & probable designs. Being an attempt to explain the real issues involved in the American contest. London 1862）。——431。

凯里，亨·查·《过去、现在和将来》1848年费城版（Carey, H. Ch.: The past, the present, and the future. Philadelphia 1848）。——699。

凯里，亨·查·《社会科学原理》（三卷集）1859年费城—伦敦—巴黎版第3卷（Carey, H. Ch.: Principles of social science. In 3 vols. Vol. 3. Philadelphia, London, Paris 1859）。——448。

凯里，亨·查·《政治经济学原理》第1卷《关于财富的生产和分配规律》1837年费城版（Carey, H. Ch.: Principles of political economy. Pt. 1. Of the laws of the production and distribution of wealth. Philadelphia 1837）。——701。

凯特勒，阿·《论人和人的能力之发展》，首次译成英文，1842年爱丁堡版（Quételet, A.: A treatise on man and the development of his faculties. Now first transl. into English. Edinburgh 1842）。——975。

康替龙，理·《试论一般商业的性质》，译自英文，载于《政论集》1756年阿姆斯特丹版第3卷（Cantillon, R.: Essai sur la nature du commerce en général. Trad. de l'anglois. In: Discours politiques. T. 3. Amsterdam 1756）。——886。

柯贝特，托·《个人致富的原因和方法的研究，或贸易和投机原理的解释》（两卷集）1841年伦敦版（Corbet, Th.: An inquiry into the causes and modes of the wealth of individuals; or the principles of trade and speculation explained. Pt.1.2. London 1841）。——186、191、204、232、342。

科克兰，沙·《工业信贷和工业银行》，载于1842年《两大陆评论》（巴黎）第4辑第31卷（Coquelin, Ch.: Du crédit et des banques dans l'industrie. In: Revue des Deux Mondes. 4. sér. T. 31. Paris 1842）。——452。

肯宁安，约·《论手工业和商业。兼评赋税对我国工厂中的劳动价格的影响》1770年伦敦版（Cunningham, J.: An essay on trade and commerce. containing observations on taxes, as they are supposed to affect the price of labour in our manufactories. Together with some interesting reflections on the importance of our trade to America. London 1770）。——703。

孔德，沙·《论财产》1834年巴黎版第1—2卷（Comte, Ch.: Traité de la propriété. T. 1. 2. Paris 1834）。——696、697。

L

拉姆赛，乔·《论财富的分配》1836年爱丁堡—伦敦版（Ramsay, G.: An essay on

the distribution of wealth. Edinburgh, London 1836）。——47、53、311、405—
406、426、868。

拉韦涅,莱·德·《英格兰、苏格兰和爱尔兰的农村经济》1854年巴黎版(Lavergne,
L. de: Essai sur l'économie rurale de l'Angleterre, de l'Écosse et de l'Irlande.
Paris 1854）。——710—711。

拉韦涅,莱·德·《英格兰、苏格兰和爱尔兰的农村经济》,译自法文,并附署名苏格兰
农场主的注释,1855年爱丁堡—伦敦版(Lavergne, L. de: The rural economy of
England, Scotland, and Ireland. Transl. from the French with notes by a Scottish farmer.
Edinburgh, London 1855）。——710—711。

莱克西斯,威·《货币本位问题的批判分析》,载于1881年《德意志帝国立法、行政
和国民经济年鉴》(莱比锡)第5年卷第1册(Lexis, W.: Kritische Erörterungen
über die Währungsfrage. In: Jahrbuch für Gesetzgebung, Verwaltung und
Volkswirthschaft im Deutschen Reich··· Hrsg. von G. Schmoller. Leipzig. Jg. 5.
1881. H. 1）。——14。

莱克西斯,威·《马克思的资本理论》,载于1885年《国民经济和统计年鉴》(耶拿)新
辑第11卷(Lexis, W.: Die Marx'sche Kapitaltheorie. In: Jahrbücher für
Nationalökonomie und Statistik. Neue Folge. B. 11. Jena 1885）。——12—
15。

兰盖,西·尼·昂·《民法论,或社会的基本原理》1767年伦敦版第1—2卷(Linguet,
S. -N. -H.: Théorie des loix civiles, ou principes fondamentaux de la société. T.
1. 2. Londres 1767）。——99、893。

兰格,赛·《国家的贫困;贫困的原因及其防止办法》1844年伦敦版(Laing, S.:
National distress; its causes and remedies. London 1844）。 —875。

兰格,赛·《科尔、戴维森和戈登公司金融大骗案新辑》1856年伦敦版(Laing, S.:
A new series of the great city frauds of Cole, Davidson & Gordon. London
1856）。——607。

雷登,弗·威·《欧洲各大国领土和人口关系的比较文化统计学》1848年柏林版
(Reden, F. W.: Vergleichende Kultur-Statistik der Gebiets- und Bevöl-
kerungsverhältnisse der Gross-Staaten Europas. Berlin 1848）。——528。

李比希,尤·《化学在农业和生理学中的应用》(两卷集)1862年不伦瑞克第7版第
1卷(Liebig, J.: Die Chemie und ihre Anwendung auf Agricultur und Physiologie.
7. Aufl. In 2 Th. Th.1. Braunschweig 1862）。——842、919。

李比希，尤·《农作自然规律导论》1862年不伦瑞克版(Liebig, J.: Einleitung in die Naturgesetze des Feldbaues. Braunschweig 1862)。——881。

李嘉图，大·《政治经济学和赋税原理》1821年伦敦第3版(Ricardo, D.: On the principles of political economy, and taxation. 3. ed. London 1821)。——122、130、200、204、220、226、264、288、731、732、743、765、856、873、923、953、967。

李嘉图，大·《政治经济学和赋税原理》，载于《李嘉图全集》，附约·拉·麦克库洛赫关于作者生平和著作的评论，1852年伦敦第2版(Ricardo, D.: Principles of political economy, and taxation. In: The works of Ricardo. With a notice of the live and writings of the author, by J. R. MacCulloch. 2. ed. London 1852)。——200、249、265。

李斯特，弗·《农业制度、小农经济和移民》1842年斯图加特—蒂宾根版(List, F.: Die Ackerverfassung, die Zwergwirthschaft und die Auswanderung. Stuttgart, Tübingen 1842)。——1001。

利瑟姆，威·《关于通货问题的书信》1840年伦敦修订和增订第2版(Leatham, W.: Letters on the currency, addressed to Charles Wood… ascertaining for the first time, on true principles, the amount of inland and foreign bills of exchange in circulation for several consecutive years, and out at one time. 2. ed., with corr. and add. London 1840)。——451。

卢扎克，埃·《荷兰财富》(四卷集)1782年莱顿版第3卷。引自西·菲瑟灵《实用国民经济手册》(共三册)1860—1861年阿姆斯特丹版第1册(Luzac, E.: Hollands Rijkdom. Dln. 1—4. Dl. 3. Leyden 1782. Nach: S.Vissering: Handboek van Praktische Staathuishoudkunde. Dln 1—3. Dl. 1. Amsterdam 1860—1861)。——356。

路德，马·《给牧师们的谕示：讲道时要反对高利贷》1540年维滕贝格版(Luther, M.: An die Pfarrherrn wider den Wucher zu predigen. Vermanung. Wittenberg 1540)。——388、443—444、690、691。

路德，马·《论商业与高利贷》，载于《可尊敬的马丁·路德博士先生著作集》1589年维滕贝格版第6部(Luther, M.: Von Kauffshandlung und Wucher. In: Der Sechste Teil der Bücher des Ehrnwirdigen Herrn Doctoris Martini Lutheri. Wittenberg 1589)。——369。

吕比雄，莫·《法国和英国的社会结构》1837年巴黎新版(Rubichon, M.: Du mécanisme de la société en France et en Angleterre. Nouv. éd. Paris 1837)。

——709、913、917。

《论马尔萨斯先生近来提倡的关于需求的性质和消费的必要性的原理,从这一
原理所得出的结论是:税收和供养非生产的消费者可以导致财富的增长》
1821年伦敦版(An inquiry into those principles, respecting the nature of
demand and the necessity of consumption, lately advocated by Mr. Malthus,
from which it is concluded, that taxation and the maintenance of unproductive
consumers can be conducive to the progress of wealth. London 1821)。——
216、727。

《论农业和谷物法的三篇得奖论文》,全国反谷物法同盟编,1842年曼彻斯特—
伦敦版(The three prize essays on agriculture and the corn law. Publ. by the
National Anti-Corn-Law League. Manchester, London 1842)。——707。

罗雪尔,威·《国民经济学原理》1858年斯图加特—奥格斯堡增订第3版(罗雪尔
《国民经济体系》第1卷)(Roscher, W.: Die Grundlagen der Nationalökonomie.
3. verm. und verb. Aufl. Stuttgart, Augsburg 1858. Roscher: System der
Volkswirthschaft. B. 1.)。——250、343、361、448、936。

罗伊,亨·《兑换理论。1844年银行法》1864年伦敦版(Roy, H.: The theory of the
exchanges. The bank charter act of 1844. The abuse of the metallic principle to
depreciation. London 1864)。——405、408。

洛贝尔图斯-亚格措夫,约·卡·《给冯·基尔希曼的社会问题书简。第三封:驳李
嘉图的地租学说,并论证新的租的理论》1851年柏林版(Rodbertus-Jagetzow,
J. K.: Sociale Briefe an von Kirchmann. Dritter Brief: Widerlegung der
Ricardo'schen Lehre von der Grundrente und Begründung einer neuen
Rententheorie. Berlin 1851)。   155、880、905、967。

洛克,约·《略论降低利息和提高货币价值的后果。1691年》,载于《洛克著作集》
(四卷集)1777年伦敦第8版第2卷(Locke, J.: Some considerations of the con-
sequences of the lowering of interest, and raising the value of money. 1691. In:
The works of Locke. 8. ed. In 4 vols. Vol. 2. London 1777)。——702。

洛里亚,阿·《关于政治制度的经济学说》1886年罗马—都灵—佛罗伦萨版
(Loria, A.: La teoria economica della costituzione politica. Roma, Torino,
Firenze 1886)。——20、21、1008。

洛里亚,阿·《卡尔·马克思》,载于1883年4月1日《科学、文学和艺术最新集萃》
(罗马)第2辑第38卷第7期(Loria, A.: Karl Marx. In: Nuova antologia. Rivista

di scienze, lettere ed arti. Roma. Ser. 2. Vol. 38. Nr. 7, 1. April 1883)。——20。

洛里亚,阿·《卡尔·马克思的遗著》,载于1895年2月1日《科学、文学和艺术最新集萃》(罗马)第3辑第55卷第3期(Loria, A.: L'opera postuma di Carlo Marx. In: Nuova antologia. Rivista di scienze, lettere ed arti. Roma. Ser. 3. Vol. 55. Nr. 3, 1. Februar 1895)。——1006—1008。

洛里亚,阿·《评康拉德·施米特博士〈在马克思的价值规律基础上的平均利润率〉1889年斯图加特版》,载于1890年《国民经济和统计年鉴》(耶拿)新辑第20卷(Loria, A.: Die Durchschnittsprofitrate auf Grundlage des Marx'schen Wertgesetzes. Von Dr. Conrad Schmidt. Stuttgart 1889. In: Jahrbücher für Nationalökonomie und Statistik. Neue Folge. B. 20. Jena 1890)。——22—23。

M

马尔萨斯,托·罗·《关于地租的本质和增长及其调整原则的研究》1815年伦敦版(Malthus, Th. R.: An inquiry into the nature and progress of rent, and the principles by which it is regulated. London 1815)。——743。

马尔萨斯,托·罗·《人口原理。人口对社会未来进步的影响,兼评葛德文先生、孔多塞先生和其他著述家的观点》1798年伦敦版(Malthus, Th. R.: An essay on the principle of population, as it affects the future improvement of society, with remarks on the speculations of Mr. Godwin, M. Condorcet, and other writers. London 1798)。——446、756。

马尔萨斯,托·罗·《政治经济学定义》1827年伦敦版(Malthus, Th. R.: Definitions in political economy, preceded by an inquiry into the rules which ought to guide political economists in the definition and use of their terms; with remarks on the deviation from these rules in their writings. London 1827)。——44。

马尔萨斯,托·罗·《政治经济学定义》,附约·卡泽诺夫的序言、注释和补充评论,1853年伦敦版(Malthus, Th. R.: Definitions in political economy, preceded by an inquiry into the rules which ought to guide political economists in the definition and use of their terms; with remarks on the deviation from these rules in their writings. A new ed. with a preface, notes, and supplementary remarks by J. Cazenove. London 1853)。——47。

马尔萨斯,托·罗·《政治经济学原理的实际应用》1820年伦敦版。引自《评政治经济学上若干用语的争论，特别是有关价值、供求的争论》1821年伦敦版（Malthus, Th. R.: Principles of political economy considered with a view to their practical application. London 1820. Nach: Observations on certain verbal disputes in political economy. etc. London 1821）。——213、743。

马尔萨斯，托·罗·《政治经济学原理的实际应用》，根据作者的手稿和札记作了大量补充，1836年伦敦第2版（Malthus, Th. R.: Principles of political economy considered with a view to their practical application. 2. ed., with considerable add. from the author's own manuscript and an orig. memoir. London 1836）。——43、190、220。

马龙《粗放经营还是集约经营？农业经营学的一章》1859年奥珀伦版（Maron: Extensiv oder intensiv? Ein Kapitel aus der landwirthschaftlichen Betriebslehre. Oppeln 1859）。——913。

马西，约·《论决定自然利息率的原因。对威廉·配第爵士和洛克先生关于这个问题的见解的考察》1750年伦敦版（Massie, J.: An essay on the governing causes of the natural rate of interest; wherein the sentiments of Sir William Petty and Mr. Locke, on that head, are considered. London 1750）。——371、394、402、403、406、409、422、916。

麦考莱，托·巴·《詹姆斯二世登极以来的英国史》（五卷集）1855年伦敦版第4卷（Macaulay, Th. B.: The history of England from the accession of James the Second. Vol. 1 –5. Vol. 4. London 1855）。——682—683。

曼利，托·《对货币利息的错误看法，或论证利息的降低是国家富裕的结果而不是其原因，百分之六是王国当前条件下合适的利息率》1668年伦敦版（Manley, Th.: Interest of money mistaken, or a treatise, proving, that the abatement of interest is the effect and not the cause of the riches of a nation, and that six percent is a proportionable interest to the present condition of this Kingdom. London 1668）。——682。

毛勒，格·路·《德国城市制度史》1869—1871年埃朗根版第1—4卷（Maurer, G. L.: Geschichte der Städteverfassung in Deutschland. B. 1—4. Erlangen 1869—1871）。——198。

毛勒，格·路·《德国领主庄园、农户和农户制度史》（四卷集）1862—1863年埃朗根版（Maurer, G. L.: Geschichte der Fronhöfe, der Bauernhöfe und der Hofverfassung in Deutschland. B. 1—4. Erlangen 1862—1863）。——198。

毛勒,格·路·《德国马尔克制度史》1856年埃朗根版(Maurer, G. L.: Geschichte der Markenverfassung in Deutschland. Erlangen 1856)。——198。

毛勒,格·路·《德国乡村制度史》(两卷集)1865—1866年埃朗根版(Maurer, G. L.: Geschichte der Dorfverfassung in Deutschland. B. 1—2. Erlangen 1865—1866)。——198。

毛勒,格·路·《马尔克制度、农户制度、乡村制度、城市制度和公共政权的历史概论》1854年慕尼黑版(Maurer, G. L.: Einleitung zur Geschichte der Mark-, Hof-, Dorf- und Stadt-Verfassung und der öffentlichen Gewalt. München 1854)。——198。

蒙森,泰·《罗马史》(三卷集)1856—1857年柏林第2版第1卷(Mommsen, Th.: Römische Geschichte. 2. Aufl. B. 1—3. B. 1. Berlin 1856—1857)。——365、432、889。

弥勒,亚·亨·《治国艺术原理》(共三册)1809年柏林版第2、3册(Müller, A. H.: Die Elemente der Staatskunst. Oeffentliche Vorlesung, vor Sr. Durchlaucht dem Prinzen Bernhard von Sachsen-Weimar und einer Versammlung von Staatsmännern und Diplomaten, in Winter von 1808 auf 1809, zu Dresden, gehalten. Th. 1—3. Th. 2. 3. Berlin 1809)。——399、447。

摩尔顿,约·查·《论农业中使用的动力》,载于1859年12月9日《技艺协会杂志》(伦敦)第368期。引自1860年1月21日《经济学家》(伦敦)第856期,标题:《农业的进步和工资》(Morton, J. Ch.: On the forces used in agriculture. In: The Journal of the Society of Arts, and of the Institutions in Union. Nr. 368, 9. Dezember 1859. Nach: The Economist. London. Nr. 856, 21. Januar 1860. U. d. T.: Agricultural progress and wages)。——709。

摩尔顿,约·洛·《地产的资源。论农业的改进和地产的综合经营》1858年伦敦版(Morton, J. L.: The resources of estates. Being a treatise on the agricultural improvement and general management of landed property. London 1858)。——710、761。

摩尔根,路·亨·《古代社会,或人类从蒙昧时代经过野蛮时代到文明时代的发展过程的研究》1877年伦敦版(Morgan, L. H.: Ancient society, or researches in the lines of human progress from savagery, through barbarism to civilization. London 1877)。——198。

默泽,尤·《奥斯纳布吕克史》(四卷集)1780年柏林—斯德丁版第4卷(Möser, J.:

Osnabrückische Geschichte. Th. 1—4. Th. 4. Berlin, Stettin 1780)。——893。

穆勒,约·斯·《略论政治经济学的某些有待解决的问题》1844年伦敦版(Mill, J.
St.: Essays on some unsettled questions of political economy. London 1844)。
——994。

穆勒,约·斯·《政治经济学原理及其对社会哲学的某些应用》1849年伦敦第2版
第1卷(Mill, J. St.: Principles of political economy with some of their applica-
tions to social philosophy. 2. ed. Vol. 1. London 1849)。——438、448。

穆尼哀,L.《论法国农业。根据官方文件。附吕比雄的评注》(两卷集)1846年巴黎
版第1卷(Mounier, L.: De l'agriculture en France, d'après les documents
officiels. Avec des remarques par Rubichon. T. 1. 2. T. 1. Paris 1846)。——
913、917。

N

尼特,查·《关于地产的历史和现状的两篇讲演。1859—1860年在牛津大学发表
的系列讲演的头两篇》1860年牛津—伦敦版(Neate, Ch.: Two lectures on
the history and conditions of landed property. Being the first of a series
delivered in the years 1850—1860, in the University of Oxford. Oxford,
London 1860)。——992。

纽曼,弗·威·《政治经济学讲演集》1851年伦敦版(Newman, F. W.: Lectures on
political economy. London 1851)。——673、741、875、917。

纽曼,赛·菲·《政治经济学原理》1835年安多弗—纽约版(Newman, S. Ph.:
Elements of political economy. Andover, New York 1835)。——311。

诺思,达·《贸易论:主要是关于利息、硬币的铸造和损坏、货币量的扩大问题》
1691年伦敦版(North, D.: Discourses upon trade; principally directed to the
cases of the interest, coinage, clipping, increase of money. London 1691)。
——691、702。

P

帕西,伊·菲·《地租》,载于《政治经济学词典》(两卷集)1854年巴黎版第2卷
(Passy, Hi. -Ph.: De la rente du sol. In: Dictionnaire de l'économie politique.
T. 1. 2. T. 2. Paris 1854)。——870、882、886、888、892。

配第,威·《爱尔兰的政治解剖。附〈献给英明人士〉》1691年伦敦版(Petty, W.: The

political anatomy of Ireland. To which is added Verbum sapienti. London 1691）。——528。

配第，威·《赋税论》1667年伦敦版（Petty, W.: A treatise of taxes, and contributions. London 1667）。——886。

配第，威·《政治算术》，载于威·配第《政治算术论文集》1699年伦敦版（Petty, W.: Political arithmetic, or a discourse concerning the extent and value of lands, people, buildings. In: W. Petty: Several essays in political arithmetic. London 1699）。——744。

皮特，威·《尊敬的财政大臣威廉·皮特的演说》。引自詹·梅·罗德戴尔《论公共财富的性质和起源及其增加的方法和原因》1808年巴黎版（Pitt, W.: The speech of the Right Honourable William Pitt, chancellor of the exchequer, on Friday, the 17th day of February 1792 on proposing the application of an additional sum for the reduction of the public debt, and the repeal of certain duties on malt, on female servants, on carts and waggons, on houses, and on candles. Nach: J. M. Lauderdale: Recherches sur la nature et l'origine de la richesse publique, et sur les moyens et les causes qui concourent à son accroissement. Traduit de l'anglais par E. Lagentie de Lavaîsse. Paris 1808）。——444—446。

《评理查·琼斯的〈论财富的分配和税收的源泉〉》1831年伦敦版》，载于1831年8—12月《爱丁堡评论，或批评杂志》第54卷第107期（Rezension zu: An essay on the distribution of wealth, and on the sources of taxation. By the Rev. Richard Jones, London 1831. In: The Edinburgh Review, or Critical Journal. August to December 1831. Nr. 107. Art. 4. Vol. 54）。——882。

《评斯蒂贝林先生〈论资本密集对工资和劳动剥削的影响〉》，载于1887年《新时代》（斯图加特）第5年卷第3期（Bemerkung zu dem Aufsatze des Herrn Stiebeling: "Ueber den Einfluß der Verdichtung des Kapitals auf den Lohn und die Ausbeutung der Arbeit". In: Die Neue Zeit. Stuttgart. Jg. 5. 1887. H. 3）。——24。

《评政治经济学上若干用语的争论，特别是有关价值、供求的争论》1821年伦敦版（Observations on certain verbal disputes in political economy, particularly relating to value, and to demand and supply. London 1821）。——204、213—214。

蒲鲁东，皮·约·——见巴师夏，弗·/皮·约·蒲鲁东《无息信贷。弗·巴师夏先生和蒲鲁东先生的辩论》。

蒲鲁东,皮·约·《什么是财产?或关于法和权力的原理的研究》1841年巴黎版。引自欧·福尔卡德《社会主义的战争》第二篇文章:《革命的和社会的政治经济学》,载于1848年《两大陆评论》(巴黎)第18年卷新辑第24卷(Proudhon, P.-J.: Qu'est-ce que la propriété? Ou recherches sur le principe du droit et du gouvernement. Premier mémoire. Paris 1841. Nach: E. Forcade: La guerre du socialisme. 2. L'économie politique revolutionnaire et sociale. In: Revue des Deux Mondes. 18. année. Nouv. sér. T. 24. Paris 1848)。——955—956。

普赖斯,理·《关于国债问题告公众书》1772年伦敦第2版(Price, R.: An appeal to the public, on the subject of the national debt. 2. ed. London 1772)。——445。

普赖斯,理·《评继承支付、孀老赡养金方案、人寿保险金计算法以及国债》1772年伦敦第2版(Price, R.: Observations on reversionary payments; on schemes for providing annuities for widows, and for persons in old age; on the method of calculating the values of assurances on lives; and on the national debt. 2. ed. London 1772)。——445。

普林尼《博物志》。引自杜罗·德拉马尔《罗马人的政治经济学》1840年巴黎版第1卷(Plinius: Naturalis historia. Nach: Dureau de la Malle: Économie politique des Romains. T. 1. Paris 1840)。——118。

Q

琼斯,理·《论财富的分配和税收的源泉》1831年伦敦版(Jones, R.: An essay on the distribution of wealth, and the sources of taxation. London 1831)。——860。

琼斯,理·《1833年2月27日在伦敦国王学院讲述的政治经济学绪论。附工资讲座大纲》1833年伦敦版(Jones, R.: An introductory lecture on political economy, delivered at King's College. London, 27th February 1833. To which is added a syllabus of a course of lectures on the wages of labor. London 1833)。——295。

S

萨伊,让·巴·《论政治经济学,或略论财富是怎样产生、分配和消费的》(两卷集)

1817年巴黎第3版第1卷(Say, J.-B.: Traité d'économie politique, ou simple exposition de la manière dont se forment, se distribuent et se consomment les richesses. 3. éd. T. 1. 2. T. 1. Paris 1817)。——311。

萨伊,让·巴·《论政治经济学,或略论财富是怎样产生、分配和消费的》1819年巴黎修订及增订第4版第2卷。引自大·李嘉图《政治经济学和赋税原理》1821年伦敦第3版(Say, J. -B.: Traité d'économie politique, ou simple exposition de la manière dont se forment, se distribuent et se consomment les richesses. 4. éd., corr. et augm. T. 2. Paris 1819. Nach: D. Ricardo: On the principles of political economy, and taxation. 3. ed. London 1821)。——952。

塞克斯比,爱·《杀人并不就是杀人犯》1657年版(Sexby, E.: Killing no murder. O. O. 1657)。——105。

桑巴特,韦·《卡尔·马克思经济学体系批判》,载于1894年《社会立法和统计学文库》(柏林)第7卷第4期(Sombart, W.: Zur Kritik des ökonomischen Systems von Karl Marx. In: Archiv für soziale Gesetzgebung und Statistik. Berlin. B. 7. H. 4. 1894)。——1012。

舍尔比利埃,安·《富或贫。社会财富当前分配的因果》1841年巴黎第2版(Cherbuliez, A.: Richesse ou pauvreté. Exposition des causes et des effets de la distribution actuelle des richesses sociales. 2. éd. Paris 1841)。第1版1840年以《富人或穷人》(Richeu ou pauvre)为书名在巴黎和日内瓦出版。——178。

圣西门,昂·《新基督教》1825年巴黎版(Saint-Simon, H.: Nouveau christianisme. Dialogues entre un conservateur et un novateur. Premier dialogue. Paris 1825)。——684。

施米特,康·《平均利润率和马克思的价值规律》,载于1892—1893年《新时代》(斯图加特)第11年卷第1册第3—4期(Schmidt, C.: Die Durchschnittsprofitrate und das Marx'sche Wertgesetz. In: Die Neue Zeit. Stuttgart. Jg. 11. 1892—1893. B. 1. H. 3—4)。——17。

施米特,康·《在马克思的价值规律基础上的平均利润率》1889年斯图加特版(Schmidt, C.: Die Durchschnittsprofitrate auf Grundlage des Marx'schen Werthgesetzes. Stuttgart 1889)。——15—17。

施米特,康·《〈资本论〉第三卷》,载于1895年2月25日《社会政治中央导报》(柏林)第4年卷第22期(Schmidt, C.: Der dritte Band des "Kapital". In: Sozialpolitisches Centralblatt. Berlin. Jg. 4. H. 22. 25. Februar 1895)。——

1013。

施托尔希,亨·《论国民收入的性质》1824年巴黎版(Storch, H.: Considération sur la nature du revenu national. Paris 1824)。——959、964。

施托尔希,亨·《政治经济学教程,或论决定人民幸福的原理》(六卷集)1815年圣彼得堡版第1、2卷(Storch, H.: Cours d'économie politique, ou exposition des principes qui déterminent la prospérité des nations. T. 1—6. T. 1—2. St.-Pétersbourg 1815)。——204、742、936、959。

斯蒂贝林,乔·《价值规律和利润率》1890年纽约版(Stiebeling, G.: Das Werthgesetz und die Profitrate. Leichtfaßliche Auseinandersetzung einiger wissenschaftlicher Fragen. Mit einem polemischen Vorwort. New York 1890)。——25。

斯蒂贝林,乔·《论资本密集对工资和劳动剥削的影响》,载于1886年《新时代》(斯图加特)第4年卷第11期(Stiebeling, G.: Ueber den Einfluß der Verdichtung des Kapitals auf den Lohn und die Ausbeutung der Arbeit. In: Die Neue Zeit. Stuttgart. Jg. 4. 1886. H. 11)。——24。

斯密,亚·《国民财富的性质和原因的研究》(又译《国富论》)(两卷集)1776年伦敦版(Smith, A.: An inquiry into the nature and causes of the wealth of nations. In 2 vols. London 1776)。——159、265、366、534、694、850、868、874—876、889、936、954。

斯密,亚·《国民财富的性质和原因的研究》(五卷集),热·加尔涅的新译本,附译者的注释和评述,1802年巴黎版第1—3卷(Smith, A.: Recherches sur la nature et les causes de la richesse des nations. Trad. nouv., avec des notes et observations; par G. Garnier. T. 1—5. T. 1—3. Paris 1802)。——220、431、694。

斯密,亚·《国民财富的性质和原因的研究》1848年阿伯丁—伦敦版(Smith, A.: An inquiry into the nature and causes of the wealth of nations. With a memoir of the author's life. Complete in 1 vol. Aberdeen, London 1848)。——366、369、534。

斯密斯,爱·《把纯租当做永恒收入的错误观点》1850年伦敦版(Smith, E.: The error mistaking net rental for permanent income. London 1850)。——108。

斯图亚特,詹·《政治经济学原理研究,或自由国家内政学概论》(三卷集)1770年都柏林版第1卷(Steuart, J.: An inquiry into the principles of political economy.

Being an essay on the science of domestic policy in free nations. In 3 vols. Vol. 1. Dublin 1770）。第1版1767年在伦敦出版。——888。

斯图亚特，詹·《政治经济学原理研究，或自由国家内政学概论》（五卷集）1789年巴黎版第4卷（Steuart, J.: Recherche des principes de l'économie politique, ou essai sur la science de la police intérieure des nations libres. T. 1—5. T. 4. Paris 1789）。第1版1767年在伦敦出版。——409。

<h2 style="text-align:center">T</h2>

塔克特，约·德·《劳动人口今昔状况的历史，农业、工业和商业的发展》（两卷集）1846年伦敦版第1卷（Tuckett, J. D.: A history of the past and present state of the labouring population, including the progress of agriculture, manufactures, and commerce. Vol. 1. 2. Vol. 1. London 1846）。——680。

梯也尔，路·阿·《财产论》1848年巴黎版（Thiers, L. A.: De la propriété. Paris 1848）。——704。

梯也尔，路·阿·《1848年7月26日在国民议会反对蒲鲁东的演说》，载于《国民议会会议记录》1849年巴黎版第2卷（Thiers, L. A.: Rede in der Nationalversammlung gegen Proudhon am 26. Juli 1848. In: Compte rendu des séances de l'Assemblée Nationale. Exposés des motifs et projets de lois présentés par le gouvernement; rapports de MM. les représentants. T. 2. Du 17 Juin ou 7 Août 1848. Paris 1849）。——704。

《通货论评述。给苏格兰人民的一封信：论政府干涉苏格兰现存银行制度的危险》，英国一银行家著，1845年爱丁堡版（The currency theory reviewed; in a letter to the Scottish people on the menaced interference by government with the existing system of banking in Scotland. By a banker in England. Edinburgh 1845）。——457—458、468、493、494、535、589。

《同印度的贸易。曼彻斯特[通讯]，1847年11月24日星期三》，载于1847年11月24日《曼彻斯特卫报》（The trade with India. [Korrespondenz aus:] Manchester, Wednesday, November 24, 1847. In: The Manchester Guardian. 24. November 1847）。——461。

图恩，阿·《下莱茵的工业及工人》（两卷合订本）1879年莱比锡版第2卷：《贝格地区的工业》（Thun, A.: Die Industrie am Niederrhein und ihre Arbeiter. Zwei Theile in einem Bande. Th. 2: Die Industrie des bergischen Landes. Solingen,

Remscheid und Elberfeld-Barmen. Leipzig 1879)。——1020。

图克,托·《价格和流通状况的历史。1793—1837年》(两卷集)1838年伦敦版第2
卷(Tooke, Th.: A history of prices, and of the state of the circulation, from 1793
to 1837; preceded by a brief sketch of the state of the corn trade in the last two
centuries. In 2 vols. Vol. 2. London 1838)。——415、549。

图克,托·《价格和流通状况的历史。1839—1847年。附通货问题概述》1848年伦
敦版(Tooke, Th.: A history of prices, and of the state of the circulation, from
1839 to 1847 inclusive. With a general review of the currency question, and
remarks on the operation of the act. London 1848)。——404。

图克,托·《通货原理研究,通货与价格的关系》1844年伦敦第2版(Tooke,
Th.: An inquiry into the currency principle; the connection of the currency with
prices, and the expediency of a separation of issue from banking. 2. ed. London
1844)。——397、416、452、455、497、501—502、955。

图克,托·/威·纽马奇《价格和流通状况的历史。1848—1856年》(两卷集),载于《价
格史。1792年到现在》1857年伦敦版第5、6卷(Tooke, Th./W. Newmarch: A his-
tory of prices, and of the state of the circulation, during the nine years 1848—1856.
In 2 vols.; forming the 5. and 6. vol. of the History of prices from 1792 to the
present time. Vol. 5. 6. London 1857)。——912。

托克维尔,亚·《旧制度和革命》1856年巴黎版(Tocqueville, A.: L'ancien régime
et la révolution. Paris 1856)。——908。

托伦斯,罗·《论财富的生产》1821年伦敦版(Torrens, R.: An essay on the pro-
duction of wealth. With an app., in which the principles of political economy
are applied to the actual circumstances of this country. London 1821)。——46、
122。

托伦斯,罗·《论1844年银行法的实施对商业信贷的影响》1847年伦敦第2版
(Torrens, R.: On the operation of the bank charter act of 1844, as it affects
commercial credit. 2. ed. London 1847)。——396。

W

万萨德,皮·德·《法国劳动和劳动者的历史》1845—1846年巴黎版第1、2卷
(Vinçard, P. -D.: Histoire du travail et des travailleurs en France. T. 1. 2. Paris
1845—1846)。——889。

威斯特,爱·《谷物价格和工资,并论斯密博士、李嘉图先生和马尔萨斯先生关于这些问题的学说》1826年伦敦版(West, E.: Price of corn and wages of labour, with observations upon Dr. Smith's, Mr. Ricardo's, and Mr. Malthus's doctrines upon those subjects; and an attempt at an exposition of the causes of the fluctuation of the price of corn during the last thirty years. London 1826)。——743。

威斯特,爱·《论资本用于土地,并论对谷物进口严加限制的失策》,牛津大学学院一研究员著,1815年伦敦版(West, E.: Essay on the application of capital to land, with observations shewing the impolicy of any great restriction of the importation of corn, and that the bounty of 1688 did not lower the price of it. By a fellow of University College, Oxford, London 1815)。——270、743。

韦克菲尔德,爱·吉·《英国和美国。两国社会状况和政治状况的比较》(两卷集)1833年伦敦版(Wakefield, E. G.: England and America. A comparison of the social and political state of both nations. In 2 vols. London 1833)。——856、870。

韦里,彼·《政治经济学研究》,附乔·里·卡尔利的注释,载于《意大利政治经济学名家文集·现代部分》,彼·库斯托第编,1804年米兰版第15卷(Verri, P.: Meditazioni sulla economia politica. con annotazioni di G. -R. Carli. In: Scrittori classici italiani di economia politica. Hrsg. P. Custodi. Parte moderna. T. 15. Milano 1804)。——311。

沃尔顿,阿·《从诺曼人征服到目前为止大不列颠和爱尔兰土地占有史。献给联合王国国民》1865年伦敦版(Walton, A.: History of the landed tenures of Great Britain and Ireland, from the Norman conquest to the present time, dedicated to the people of the United Kingdom. London 1865)。——700—701。

沃尔弗,尤·《马克思的平均利润率的谜》,载于1891年《国民经济和统计年鉴》(耶拿)第3辑第2卷(Wolf, J.: Das Rätsel der Durchschnittsprofitrate bei Marx. In: Jahrbücher für Nationalökonomie und Statistik. 3. Folge. B. 2. Jena 1891)。——19、20。

沃尔弗,尤·《社会主义和资本主义社会制度》1892年斯图加特版(Wolf, J.: Sozialismus und Kapitalistische Gesellschaftsordnung. Kritische Würdigung beider als Grundlegung einer Sozialpolitik. Stuttgart 1892)。——24。

X

西尼耳,纳·威·《关于工厂法对棉纺织业的影响的书信。附伦纳德·霍纳给西尼耳先生的信以及埃·阿什沃思先生、汤普森先生和西尼耳先生之间的谈话记录》1837年伦敦版(Senior, N. W.: Letters on the factory act, as it affects the cotton manufacture. To which are appended, a letter to Mr. Senior from Leonard Horner, and minutes of a conversation between Mr. E. Ashworth, Mr. Thompson and Mr. Senior. London 1837)。——41、53。

西斯蒙第,让·沙·莱·西蒙德·德·《政治经济学新原理,或论财富同人口的关系》(两卷集)1827年巴黎第2版(Sismondi, J.-Ch.-L. Simonde de: Nouveaux principes d'économie politique, ou de la richesses dans ses rapports avec la population. 2. éd. T. 1. 2. Paris 1827)。——540、908。

休耳曼,卡·迪·《中世纪城市》(四卷集)1826—1827年波恩版第1、2卷(Hüllmann, K. D.: Städtewesen des Mittelalters. Th.1—4. Th. 1. 2. Bonn 1826—1827)。——354、356、675—676。

休谟,大·《论利息》,载于休谟《对若干问题的论述》(两卷集)1764年伦敦新版第1卷《道德、政治和文学概论》(Hume, D.: Of interest. In: Hume: Essays and treatises on several subjects. A new ed. Vol. 1. 2. Vol. 1: Containing essays, moral, political and literary. London 1764)。——422。

Y

亚里士多德《政治学》,载于《亚里士多德全集》,伊·贝克尔编,1837年牛津版第10卷(Aristoteles: De republica libri VIII et economica. Politica. In: Opera. Ex rec. I. Bekkeri. T.10. Oxonii 1837)。——432。

亚里士多德《政治学》,原文依据伊·贝克尔文本作了新的校订并译成德文,另附完整的考证资料和译者阿·施塔尔编制的人名索引,1839年莱比锡版(希腊文德文对照)(Aristoteles: Politik in acht Büchern; Der Urtext nach I. Bekkers Textesrec. auf's Neue berichtigt und in's Deutsche übertr., so wie mit vollst. krit. Apparate und einem Verz. der Eigennamen vers. von A. Stahr. Leipzig 1839. Text: griech., dt.)。——432。

《一篇比较竞争和合作的利弊的得奖论文》1834年伦敦版(A prize essay on the comparative merits of competition and cooperation. London 1834)。——

1000。

伊文思，戴·莫·《西蒂区，或伦敦营业生理学；附交易所和咖啡馆概述》1845年伦敦版（Evans, D. M.: The city; or, the physiology of London business; with sketches on exchange, and at the coffee houses. London 1845）。——438。

《银行信用，或对信用银行有效性和可靠性的研究。乡绅和伦敦商人的一次对话》。引自约·弗兰西斯《英格兰银行史》1848年伦敦第3版第1卷第39—40页（Bank Credit; or the Usefulness and Security of the Bank of Credit examined, in a Dialogue between a Country Gentleman and a London Merchant. Nach: J. Francis: History of the Bank of England. 3. ed. Vol. 1. London 1848. P. 39—40）。——683。

尤尔，安·《工厂哲学，或加工棉、毛、麻、丝的工业经济学。附英国各工厂使用的各种机器的描述》，译文经作者审定，1836年巴黎版第1卷（Ure, A.: Philosophie des manufactures ou économie industrielle de la fabrication du coton, de la laine, du lin et de la soie, avec la description des diverses machines employées dans les ateliers anglais. Trad. sous les yeux de l'auteur. T. 1. 2. T. 1. Paris 1836）。——95、119、434。

尤尔，安·《工厂哲学：或论大不列颠工厂制度的科学、道德和商业的经济》1835年伦敦修订第2版（Ure, A.: The philosophy of manufactures: or, an exposition of the scientific, moral, and commercial economy of the factory system of Great Britain. 2. ed. corr. London 1835）。——95、119。

约翰斯顿，詹·芬·韦·《北美农业、经济和社会问题札记》（两卷集）1851年爱丁堡—伦敦版第1卷（Johnston, J. F. W.: Notes on North America, agricultural, economical, and social. In 2 vols. Vol. 1. Edinburgh, London 1851）。——696、697、755、757。

Z

张伯伦，休·《建议设立一种普通银行：这个银行可以恰当地称之为英格兰农业银行》1695年伦敦版（Chamberlain, H.: A proposal for erecting a general bank. Which may be fitly called the Land Bank of England. London 1695）。——680。

张伯伦，休·《有益的反思——关于简要说明拟议中的英格兰银行的小册子。附张伯伦医师对他设想的银行的简单描述》1694年伦敦第2版（Chamberlain, H.: Some useful reflections upon a pamphlet called a brief account of the intended

Bank of England, whereunto is annexed a short description of Doctor Chamberlain's bank. 2. ed. London 1694）。——680。

张伯伦，休·《住在埃塞克斯街的休·张伯伦医师的建议：设立给予农村可靠的活期贷款的银行，使土地所有者普遍得到福利，使土地价值大大提高，使贸易和商业的利益不减少》1695年伦敦版（Chamberlain, H.: A Proposal by Dr. Hugh Chamberlain, in Essex-Street, for a bank of secure current credit to be founded upon land, in order to the general good of landed men, to the great increase of the value of land, and the no less benefit of trade and commerce. London 1695）。——680。

《租佃权法案。1853年》（Pächterentschädigungsbill. 1853）。——706。

议会报告和其他官方文件

D

《调查商业危机原因的上院秘密委员会证词记录。1857年》（Minutes of Evidence, taken before the Secret Committee of the House of Lords appointed to inquire into the Causes of Distress etc. 1857）。——465、644。

G

《工厂视察员向女王陛下内务大臣所作的报告》（Reports of the inspectors of factories to Her Majesty's Principal Secretary of State for the Home Department）：

—《截至1845年10月31日为止的半年》1846年伦敦版（For the half-year ending 31st October 1845. London 1846）。——140。

—《截至1846年10月31日为止的半年》1847年伦敦版（For the half-year ending 31st October 1846. London 1847）。——140、141。

—《截至1847年10月31日为止的半年》1848年伦敦版（For the half-year ending 31st October 1847. London 1848）。——141—142。

—《截至1848年10月31日为止的半年》1849年伦敦版（For the half-year ending 31st October 1848. London 1849）。——92、123。

—《截至1849年4月30日为止的半年》1849年伦敦版（For the half-year ending

30th April 1849. London 1849)。——142。

——《截至1849年10月31日为止的半年》1850年伦敦版(For the half-year ending 31st October 1849. London 1850)。——142。

——《截至1850年4月30日为止的半年》1850年伦敦版(For the half-year ending 30th April 1850. London 1850)。——125、143。

——《截至1850年10月31日为止的半年》1851年伦敦版(For the half-year ending 31st October 1850. London 1851)。——139、143。

——《截至1851年4月30日为止的半年》1851年伦敦版(For the half-year ending 30th April 1851. London 1851)。——139。

——《截至1852年10月31日为止的半年》1852年伦敦版(For the half-year ending 31st October 1852. London 1852)。——112—114。

——《截至1853年4月30日为止的半年》1853年伦敦版(For the half-year ending 30th April 1853. London 1853)。——143。

——《截至1853年10月31日为止的半年》1854年伦敦版(For the half-year ending 31st October 1853. London 1854)。——143。

——《截至1854年4月30日为止的半年》1854年伦敦版(For the half-year ending 30th April 1854. London 1854)。——143。

——《截至1855年10月31日为止的半年》1856年伦敦版(For the half-year ending 31st October 1855. London 1856)。——104。

——《截至1858年10月31日为止的半年》1858年伦敦版(For the half-year ending 31st October 1858. London 1858)。——91、137—138。

——《截至1859年4月30日为止的半年》1859年伦敦版(For the half-year ending 30th April 1859. London 1859)。——144。

——《截至1859年10月31日为止的半年》1860年伦敦版(For the half-year ending 31st October 1859. London 1860)。——144。

——《截至1860年4月30日为止的半年》1860年伦敦版(For the half-year ending 30th April 1860. London 1860)。——144。

——《截至1860年10月31日为止的半年》1860年伦敦版(For the half-year ending 31st October 1860. London 1860)。——144。

——《截至1861年4月30日为止的半年》1861年伦敦版(For the half-year ending 30th April 1861. London 1861)。——106、145、146。

——《截至1861年10月31日为止的半年》1862年伦敦版(For the half-year ending

K

引自1842年7—10月《威斯敏斯特评论》(伦敦)第38卷(First report of the Children's Employment Commissioners: Mines and collieries. Presented to both Houses of Parliament, by command of Her Majesty. 21 April 1842. London 1842. Nach: The Westminster Review. London.Vol. 38. Juli to Oktober 1842)。——103。

M

《煤矿事故。答可尊敬的下院1861年5月3日的质询摘要》,根据下院决定于1862年2月6日刊印(Coal mine accidents. Abstract of return to an address of the Honourable the House of Commons, dated 3 May 1861. Ordered by the House of Commons, to be printed, 6 February 1862)。——103。

S

《商业危机秘密委员会第1号报告。附证词》,根据下院决定于1848年6月8日刊印,1848年伦敦版(First report from the secret committee on commercial distress. With the minutes of evidence. Ordered by the House of Commons, to be printed, 8 June 1848. London 1848)。——9、11、455、461、462—466、469—472、513、531、536、550—552。

《上院秘密委员会受命调查一度遍及商业界的危机的原因以及随时能兑现的银行券发行管理法对该阶级的影响的报告。附证词和附件》,根据下院决定于1848年7月28日刊印,1857年重印,1857年伦敦版(Report from the secret committee of the House of Lords appointed to inquire into the causes of the distress which has for some time prevailed among the commercial classes, and how far it has been affected by the laws for regulating the issue of bank notes payable on demand. Together with the minutes of evidence, and an app. Ordered, by the House of Commons, to be printed, 28 July 1848. Reprinted,1857. London 1857)。——11、459、462—463、465、466、474、579、594—599、610—612、615—616、626、627、631—634、636、644。

《上院血汗制特别委员会第1号报告。附委员会会议记录、证词和附件》,根据下院决定于1888年8月11日刊印,1888年伦敦版(First report from the select committee of the House of Lords on the sweating system. Together with the proceedings of the committee, minutes of evidence, and appendix. Ordered, by the House of Commons, to be printed, 11 August 1888. London 1888)。——374。

W

《王国谷物法请愿特别委员会的报告。附证词和附件》，根据下院决定于1814年7月26日刊印，1814年伦敦版(Report from the select committee on petitions relating to the corn laws of this Kingdom. Together with the minutes of evidence, and an app. of accounts. Ordered, by the House of Commons, to be printed, 26 July 1814. London 1814)。——707。

Y

《银行法特别委员会的报告。附委员会会议记录、证词、附件和索引》，根据下院决定于1857年7月30日刊印，1857年伦敦版(Report from the select committee on bank acts. Together with the proceedings of the committee, minutes of evidence, app. and index. Ordered, by the House of Commons, to be printed, 30 July 1857. Pt. 1. 2. London 1857)。——12、378、407、466、471—472、474、477—483、486—492、509、549、558、562、566、568、576—578、587—588、590、593、596—599、602—612、614—616、622—626、630—632、634—636、638、641、642、645—649、651—652、654—662、877。

《银行法特别委员会的报告。附委员会会议记录、证词、附件和索引》，根据下院决定于1858年7月1日刊印，1858年伦敦版(Report from the select committee on the bank acts. Together with the proceedings of the committee, minutes of evidence, app. and index. Ordered, by the House of Commons, to be printed, 1 July 1858. London 1858)。——12、407、537—538、549、562—563、565、593 – 595、640。

《英格兰和威尔士人口调查。1861年》1862—1863年伦敦版(Census of England and Wales for the year 1861. London 1862—1863)。——701。

文 学 著 作

A

奥维狄乌斯《变形记》。——922。

B

巴尔扎克《农民》。——47。

G

歌德《浮士德》。——443。

H

海涅《〈罗曼采罗〉后记》。——1012。
海涅《自白》。——1011。
海涅《宗教辩论》。——611。
贺拉斯《书信集》。——226、700。

T

《泰斯维斯-钟托夫》。——611。
忒伦底乌斯《安德罗斯岛的姑娘》。——249。

X

席勒《人质》。——923。

圣经
—《旧约全书·民数记》。——1012。
—《旧约全书·以赛亚书》。——369。
—《新约全书·马可福音》。——670。

报 刊 索 引

A

《爱丁堡评论,或批评杂志》(The Edinburgh Review, or Critical Journal)——英国的一家杂志,自由派的文学、政治刊物;1802—1829年在爱丁堡和伦敦出版。——882。

C

《晨星报》(The Morning Star)——英国的一家日报,自由贸易派的机关报,1856—1869年在伦敦出版;报纸还出版定期晚刊《晚星报》(Evening Star)。——712。

G

《国民经济和统计年鉴》(Jahrbücher für Nationalökonomie und Statistik)——德国的一家经济学杂志,由布·希尔德布兰德创办,约·康拉德编辑出版,1863—1897年以半月刊形式在耶拿出版。——12、17、18、19、20、22。

J

《技艺协会和联合会机关杂志》(The Journal of the Society of Arts, and of the Institutions in Union)——英国的一家周报,1852年在伦敦创办,主要刊登技艺和古代文化研究方面的文章。——709。

《经济学家。每周商业时报,银行家的报纸,铁路监控:政治文学总汇报》(The Economist. Weekly commercial Times, Bankers' Gazette, and Railway Monitor: a political, literary, and general newspaper)——英国的一家周刊,1843年由詹·威尔逊在伦敦创办,大工业资产阶级的喉舌。——402、447、449、494、497、563—564、612、622、638、649、662—666。

K

《康拉德年鉴》——见《国民经济和统计年鉴》。

《科学、文学和艺术最新集萃》(Nuova Antologia di scienze, lettere ed arti)——
　　意大利自由派的文学、艺术和科学杂志;1866—1877年在佛罗伦萨出版,每月
　　一期,1878—1943年在罗马出版,每月两期。——20、1007。

L

《两大陆评论》(Revue des Deux Mondes)——法国的一家历史、政治、文学、艺
　　术和经济学问题的半月刊;1828—1944年在巴黎出版。——452、956。

M

《曼彻斯特卫报》(The Manchester Guardian)——英国的一家报纸,自由贸易派
　　的机关报;1821年在曼彻斯特创刊,最初为周报,后改为每周出两次,1855年
　　起改为日报。——461。

《每日新闻》(The Daily News)——英国自由派的报纸,曼彻斯特学派的机关报,
　　工业资产阶级的喉舌。1846年1月21日由威·黑尔斯在伦敦创刊,1909年起同
　　时在伦敦和曼彻斯特出版,1930年停刊。第一任编辑为查·狄更斯,继任的编
　　辑有约·福斯特、哈·马蒂诺(1852—1866)、亨·约·林肯、总编辑约·鲁宾逊
　　(1868—1901)、编辑阿·加德纳(1902—1919),最后一任编辑为斯·霍奇森。60
　　年代末起亨·拉布谢尔是报纸的三个所有者之一,另一个所有者为赛·莫利;
　　1901年起为某公司所有,数月后归乔·卡德伯里独有。报纸支持自由派的观
　　点,1862年美国内战爆发,它是英国报纸中唯一支持北方的报纸。70—80年代
　　马克思和恩格斯曾为报纸撰稿。——410、537、615。

N

《纽约每日论坛报》(New-York Daily Tribune)——美国的一家日报,由霍·格
　　里利和托·麦克尔拉思等创办,1841年4月10日—1924年在纽约出版;50年代
　　中期以前是美国辉格党左翼的机关报,后来是共和党的机关报;40—50年代
　　站在进步的立场上坚决反对奴隶占有制;1851年8月—1862年3月马克思和恩
　　格斯为报纸撰稿;美国内战开始后,报纸日益离开进步立场,马克思和恩格斯
　　遂停止撰稿并与报纸断绝关系。除日报外,还出每周版《纽约每周论坛报》

(New-York Weekly Tribune)(1841年9月起)和半周版《半周论坛报》(Semi-
Weekly Tribune)(不迟于1845年),1853年5月起《半周论坛报》改名为《纽约
半周论坛报》(New-York Semi-Weekly Tribune)。——433。

《农业、工业、商业、文学、政治、艺术评论》(La Rassegna Agraria, Industriale,
Commerciale, Litteraria, Politica, Artistica)——意大利的一家双周刊,1892—
1895年在那不勒斯出版。——1011。

S

《社会改革》(La Riforma Sociale)——意大利的一家自由派月刊,1894年起在
都灵和罗马出版。——1011。

《社会立法和统计学文库》(Archiv für soziale Gesetzgebung und Statistik)——
德国一家进步的政治经济杂志,出版人是亨·布劳恩,1888—1903年在蒂宾根
和柏林以季刊形式出版。——1012。

《社会政治中央导报》(Sozialpolitisches Centralblatt)——德国社会民主党的周
刊,1892—1895年由亨·布劳恩在柏林出版;1895年同《社会实践报》(Blätter
für Soziale Praxis)合并后改名为《社会实践》(Soziale Praxis)。——1012。

T

《泰晤士报》(The Times)——英国的一家资产阶级报纸,保守党的机关报,1785
年1月1日在伦敦创刊,报名为《环球纪事日报》(Daily Universal Register),
1788年1月1日起改名为《泰晤士报》,每日出版;创办人和主要所有人为约·
沃尔特,1812年起主要所有人为约·沃尔特第二,约·沃尔特第三继其后为主
要所有人;19世纪先后任编辑的有:主编托·巴恩斯(1817—1841)、约·塔·德
莱恩(1841—1877)、托·切纳里(1877—1884)、乔·厄·巴克尔(1884—1912),
助理编辑乔·韦·达森特(1845—1870)等,50—60年代的撰稿人有罗·娄、亨·
里夫、兰邦等人;莫·莫里斯为财务和政务经理(40年代末起),威·弗·奥·德莱
恩为财务经理之一(1858年前);报纸与政府、教会和垄断组织关系密切,是专
业性和营业性的报纸,1866—1873年间曾报道国际的活动和刊登国际的文
件。——497。

X

《新时代。精神生活和社会生活评论》(Die Neue Zeit. Revue des geistigen und

öffentlichen Lebens)——德国社会民主党的理论杂志；1883—1890年10月在斯图加特出版，每月一期，以后至1923年秋每周一期；1883—1917年10月由卡·考茨基担任编辑，1917年10月—1923年秋由亨·库诺担任编辑，从90年代初起，弗·梅林为该杂志撰稿；1885—1894年恩格斯在杂志上发表了许多文章，经常提出忠告，帮助杂志编辑部端正方向，并且不时地批评编辑部在杂志上背离马克思主义；从90年代后半期起，即在恩格斯逝世以后，杂志开始经常刊登修正主义者的文章；第一次世界大战期间，杂志采取中派立场。——17、24、1003。

名 目 索 引

计量单位和货币名称表

重　　量

1吨（Ton英国）	＝20英担	1016.050公斤
1英担（Hundredweight英国）	＝112磅	50.802公斤
1英担（Hundredweight美国）	＝100磅	45.360公斤
1夸特（Quart）	＝28磅	12.700公斤
1英石（Stone）	＝14磅	6.350公斤
1磅（Pound）	＝16盎司	453.592 克
1盎司（Ounce）		28.349 克

金药衡

1磅（Troy pound）	＝12盎司	372.242 克
1盎司（Troy ounce）		31.103 克
1格令（Grain）		0.065 克

长　　度

1英里（Mile）	＝5280英尺	1609.329 米
1码（Yard英国）	＝3英尺	91.439厘米
1码（Elle德国）		66.690厘米
1英尺（Foot）	＝12英寸	30.480厘米
1英寸（Inch）		2.540厘米

面　　积

1英亩（Acre）	＝4路得	6.0703市亩
		40.47 公亩
		4047.0 平方米

1路得(Rood)		1011.7 平方米
1公亩(Are)		100.0 平方米
1摩尔根(Morgen)		2523.0 平方米

容　量

1蒲式耳(Bushel)	=8加仑	36.349升
1加仑(Gallon)	=8品脱	4.546升
1品脱(Pint)		0.568升

货　币

1镑(英国金币)	=20先令
1先令(英国银币)	=12便士
1便士(英国铜币)	=4法寻
1法寻(英国铜币)	$=\frac{1}{4}$便士
1基尼(英国金币)	=21先令
1索维林(英国金币)	=1镑
1法郎(法国铸币)	=100生丁
1利弗尔(法国银币)	=1法郎
1生丁(法国辅币)	$=\frac{1}{100}$法郎
1塔勒(德国银币)	=3马克
1马克(德国银币)	=100分尼
1格罗申(德国银币)	=12分尼
1分尼(德国铜币)	$=\frac{1}{100}$马克
古尔登(德国和荷兰金币)	
德拉马(希腊银币)	
瑞斯(葡萄牙铸币)	
马拉维第(西班牙金币)	
杜卡特(欧洲金币,起源于意大利)	

第三卷编审人员

译文校订

张钟朴　周亮勋　王锡君

题注和说明

韦建桦　顾锦屏　王锡君　王学东
李其庆

资料审核和修订

蒋仁祥　章　林　章丽莉　王栋华
胡永钦　刘洪涛　沈　延　刘　英
朱　羿　李　楠　李朝晖　朱　毅
程雨凡　姜　颖　孙晓迪

全卷译文和资料审定

王锡君

责任编辑：曹　歌
艺术顾问：宁成春
封面设计：肖　辉　林芝玉
版式设计：汪　莹

图书在版编目(CIP)数据

资本论(纪念版) 第三卷／马克思著；中共中央马克思恩格斯列宁斯大林著作编译局
　编译.—北京：人民出版社，2018.3(2021.1重印)
ISBN 978-7-01-018989-5

Ⅰ.资…　Ⅱ.①马…②中…　Ⅲ.马克思著作–马克思主义政治经济学　Ⅳ.①A123

中国版本图书馆CIP数据核字(2018)第035880号

书　　　名　资本论（纪念版）
　　　　　　ZIBENLUN JINIANBAN
　　　　　　第三卷
编 译 者　中共中央马克思恩格斯列宁斯大林著作编译局
出版发行　人 民 出 版 社
　　　　　　（北京市东城区隆福寺街99号　邮编　100706）
邮购电话　(010)65250042　65289539
经　　　销　新华书店
印　　　刷　北京盛通印刷股份有限公司
版　　　次　2018年3月第1版　2021年1月第3次印刷
开　　　本　787毫米×1092毫米 1/16
印　　　张　75.5
字　　　数　951千字
书　　　号　ISBN 978-7-01-018989-5
定　　　价　155.00元